COLLECTION
FOLIO HISTOIRE

Jacques Le Goff

Saint Louis

Gallimard

Dans la même collection

LA NAISSANCE DU PURGATOIRE, *n° 31.*
HISTOIRE ET MÉMOIRE, *n° 20.*
SAINT FRANÇOIS D'ASSISE, *n° 234.*

© *Éditions Gallimard, 1996.*

Jacques Le Goff (1924-2014) était agrégé d'histoire, ancien élève de l'École normale supérieure, ancien membre de l'École française de Rome. Il a étudié aux universités de Prague et d'Oxford (Lincoln College). Sa carrière s'est déroulée à la Faculté des lettres et sciences humaines de Lille, au Centre national de la recherche scientifique et à la VIe Section de l'École pratique des hautes études (devenue École des hautes études en sciences sociales en 1975) dont il fut président, après Fernand Braudel, de 1972 à 1977, et où il est directeur d'études honoraire. Il a publié de nombreux ouvrages, traduits en plusieurs langues étrangères, parmi lesquels *Les Intellectuels au Moyen Âge* (Seuil, 1957), *La Civilisation de l'Occident médiéval* (Arthaud, 1964), *La Bourse et la Vie* (Hachette, 1986), *L'Europe est-elle née au Moyen Âge ?* (Seuil, 2003), *Le Dieu du Moyen Âge* (Bayard, 2003), *Héros et merveilles du Moyen Âge* (Seuil, 2005), *Le Moyen Âge et l'Argent* (Perrin, 2010), et chez Gallimard, notamment, *Pour un autre Moyen Âge* (1977), *La Naissance du Purgatoire* (1981), *L'Imaginaire médiéval* (1986), *Histoire et mémoire* (1988, Folio Histoire n° 20).

Dans la tradition de l'École des *Annales* — il fut codirecteur de la revue —, il est resté fidèle à l'idée d'une histoire totale. Pionnier dans le domaine de l'anthropologie historique et de l'histoire des mentalités, il s'est intéressé à la méthodologie historique et a dirigé avec Pierre Nora *Faire de l'histoire. Nouveaux problèmes, nouvelles approches, nouveaux objets* (3 vol., coll. Bibliothèque des Histoires, 1974 ; rééd. Folio Histoire n° 188, 2011) et, avec Roger Chartier et Jacques Revel, *La Nouvelle Histoire* (Retz, 1978).

Il a présidé de 1983 à 1985 la Commission nationale pour la rénovation de l'enseignement de l'histoire et de la géographie. Il a animé à partir de 1968 l'émission « Les lundis de l'histoire » sur France Culture (prix Diderot-Universalis 1986). Il a reçu le Grand Prix national d'Histoire en 1987, la Médaille d'or du CNRS en 1991, et a été fait Commandeur des Arts et des Lettres en 1997.

Pour Hanka

Avant-propos

L'élaboration et la rédaction de ce livre ont duré une quinzaine d'années. J'ai bénéficié, pendant cette longue période, d'aides précieuses. Ma reconnaissance va d'abord à l'École des hautes études en sciences sociales (qui a succédé, à partir de 1975, à la VIe section de l'École pratique des hautes études) qui, depuis trente-cinq ans, m'a permis de combiner étroitement, dans un dialogue interdisciplinaire, recherche et enseignement. Ma dette est particulièrement grande à l'égard des jeunes chercheurs et des collègues, français et étrangers, qui ont activement participé à mon séminaire.

Je remercie celles et ceux qui, par leurs informations et leurs recherches, ont enrichi la réalisation de cet ouvrage, spécialement Colette Ribaucourt, Philippe Buc, Jacques Dalarun et surtout Marie-Claire et Pierre Gasnault. Ma gratitude est très vive, pour leur lecture du manuscrit, leurs critiques, leurs corrections et suggestions, à l'égard de mes chers collègues et amis Jean-Claude Schmitt et Jacques Revel.

Ce dernier a accompli sur le premier jet de mon texte un travail d'une minutie et d'une qualité exceptionnelles. Le temps qu'il y a consacré, l'intelligence qu'il a manifestée dans cette véritable collaboration sont tels que ma reconnaissance ne saurait les égaler.

Je remercie pour leurs généreuses et judicieuses

corrections frère Pierre B. Beguin, Yves-Marie Deshays et Paul Cuny.

J'ai mis, cette fois-ci encore, à rude épreuve la compétence, le dévouement et le labeur de mon excellente secrétaire Christine Bonnefoy. Je la remercie, elle aussi, de tout cœur.

Je dis aussi ma gratitude à mon vieil et cher ami Pierre Nora qui a accueilli ce livre dans sa prestigieuse « Bibliothèque des Histoires ». J'y associe ceux qui, chez Gallimard, ont réalisé une magnifique ultime mise au point de mon manuscrit, elle aussi intelligente et minutieuse : Isabelle Châtelet, lectrice exemplaire, et mon cher ami Louis Évrard. Une grande tristesse a marqué la fin de ce travail. Alors que je lisais les dernières notes et corrections de Louis Évrard, j'appris sa mort subite et inattendue. Je voudrais rendre ici un hommage admiratif et affectueux à cet homme d'une intégrité et d'une rigueur morales et intellectuelles hors pair, à cet humaniste d'exceptionnelle érudition et culture, à cet homme discret et généreux à qui de nombreux livres et auteurs doivent tant. Ma reconnaissance va aussi à Nicole Évrard, ainsi qu'à ma fille Barbara qui a établi les index.

Je n'ai pu tenir à l'écart de ce long effort ma femme et mes enfants. Je leur ai beaucoup, trop sans doute, au cours de ces années, parlé de Saint Louis. Je ne suis pas sûr qu'ils en fassent, rassasiés par mes propos, leur personnage historique préféré. Je les remercie pour leur patience, leur soutien, leur affection.

Sa piété, qui était celle d'un anachorète, ne lui ôta aucune vertu de roi. Une sage économie ne déroba rien à sa libéralité. Il sut accorder une politique profonde avec une justice exacte et peut-être est-il le seul souverain qui mérite cette louange : prudent et ferme dans le conseil, intrépide dans les combats sans être emporté, compatissant comme s'il n'avait jamais été que malheureux. Il n'est pas donné à l'homme de porter plus loin la vertu.

VOLTAIRE
Essai sur les mœurs, chapitre LVIII.

Introduction

Le XIIIe siècle central, qu'on a parfois appelé « le siècle de Saint Louis », a moins attiré les historiens que le XIIe siècle, créatif et bouillonnant, et le XIVe, qui s'enfonce dans la grande crise de l'automne du Moyen Âge. Louis IX — entre son grand-père Philippe Auguste et son petit-fils Philippe le Bel, qui ont accaparé l'attention des historiens — est, à notre surprise, « le moins connu des grands rois de la France médiévale ». Deux ouvrages récents, ceux de l'Américain William Chester Jordan et du Français Jean Richard, l'ont montré dominé par une idée, la fascination de la croisade et l'obsession de la Terre sainte. Saint Louis me paraît bien plus complexe, son long règne de quarante-quatre ans est plus contrasté et la période où il a vécu plus agitée que ne le laisse entendre le terme d'« apogée » du Moyen Âge par lequel on l'a parfois caractérisé.

Le XIIIe siècle n'est pourtant pas l'objet de cette étude. On l'y rencontrera, bien entendu, parce que Louis y a vécu et qu'il est la matière de sa vie et de son action. Mais ce livre traite d'un homme et ne parle de son temps que dans la mesure où il permet de l'éclairer. Mon propos n'est pas « le règne de Saint Louis », ni « Saint Louis et son royaume », « Saint Louis et la Chrétienté », ni « Saint Louis et son époque », même si je suis conduit à rencontrer ces thèmes. Si parler du saint roi m'amène parfois à évoquer en détail et en profondeur un vaste domaine, c'est qu'il a été, avec l'empereur Frédéric II, le personnage politique le plus important du XIIIe siècle central dans l'Occident chrétien. Mais alors que Frédéric II, dans lequel on voit aujourd'hui l'un des précurseurs de l'État moderne, est resté un marginal fasciné par la frontière culturelle méditerranéenne, Louis IX est, géographiquement, chronologiquement, idéologiquement, le plus central des grands personnages de la chrétienté du XIIIe siècle. De là, l'idée de lui consacrer une biographie. Elle ne va pourtant pas de soi.

*

Quand j'ai — lentement, il y a plus de dix ans — décidé d'entamer une enquête sur un personnage majeur de l'Occident médiéval et de donner à son résultat la forme du genre biographique, j'imaginais que c'était, pour un historien, une entreprise difficile et que, eu égard à la façon de faire de l'histoire que j'avais jusqu'alors pratiquée, elle me dépayserait. J'avais raison sur le premier point et me trompais sur le second.

Le sentiment de la difficulté que j'évoque peut paraître à première vue paradoxal. Les publications biographiques ayant surabondé depuis quelques années, car le genre est à la mode, on peut penser qu'il s'agit là d'un exercice aisé, où il suffit d'être documenté, ce qui est généralement possible, et de posséder un certain talent d'écriture. L'insatisfaction que me procuraient la plupart de ces ouvrages anachroniquement psychologiques — ou usant trop facilement de la notion de mentalité pour jouer, sans vraie explication ni esprit critique, de l'exotisme du passé —, rhétoriques, superficiels, trop souvent anecdotiques, me forçait à m'interroger sur les implications et sur les exigences de la biographie historique. Je me suis ainsi convaincu de cette évidence intimidante : la biographie historique est une des plus difficiles façons de faire de l'histoire.

En revanche, en pensant me dépayser, j'ai retrouvé presque tous les grands problèmes de l'enquête et de l'écriture historiques auxquels je m'étais affronté jusqu'alors. Certes, j'ai été confirmé dans l'idée que la biographie est une façon particulière de faire de l'histoire. Mais elle ne requérait pas seulement les méthodes intrinsèques à la pratique historienne : position d'un problème, quête et critique des sources, traitement dans une durée suffisante pour repérer la dialectique de la continuité et du changement, écriture propre à mettre en valeur un effort d'explication, conscience de l'enjeu actuel — c'est-à-dire, d'abord, de la distance qui nous sépare — de la question traitée. La biographie confronte aujourd'hui l'historien avec les problèmes essentiels — mais classiques — de son métier d'une façon particulièrement aiguë et complexe. Toutefois, elle le fait dans un registre qui a souvent cessé de nous être accoutumé.

Car il y a eu — particulièrement sensible dans le mouvement issu des *Annales* — une éclipse de la biographie historique au cœur du XXe siècle, malgré quelques exceptions éclatantes. Les historiens ont plus ou moins abandonné le genre aux romanciers — leurs vieux concurrents en ce domaine. Marc Bloch le constatait — sans le mépris qu'on a prétendu pour cette forme historiographique, avec regret au contraire —, probablement avec le sentiment que la biographie, comme l'histoire politique, n'était pas prête à accueillir les renouvellements de la pensée et de la pratique historiennes. À propos de la définition que donnait Fustel de Coulanges, l'un des pères de la nouvelle histoire, au XXe siècle : « L'histoire est la science des sociétés humaines », il observait : « C'est peut-être réduire à l'excès, dans l'histoire, la part de l'individu. »

Aujourd'hui où l'histoire, avec les sciences sociales, connaît une période d'intense révision critique de ses certitudes, au sein de la crise de mutation générale des sociétés occidentales, la biographie me semble en partie libérée des blocages où de faux problèmes la maintenaient. Elle peut même devenir un observatoire privilégié pour réfléchir utilement sur les conventions et sur les ambitions du métier d'historien, sur les limites de ses acquis, sur les redéfinitions dont il a besoin.

C'est pourquoi, en présentant ce livre, en définissant ce que j'ai cherché à faire, il me faut exposer ce que ne doit pas être une biographie historique aujourd'hui. Car ce sont ces refus qui m'ont fait retrouver, sur un terrain particulièrement difficile, mes façons de faire de l'histoire, en mutation, plus visiblement peut-être ici qu'ailleurs.

*

Habitué par ma formation d'historien à tenter une histoire globale, j'ai été rapidement frappé par l'exigence de la biographie à faire de son personnage ce que nous avons considéré, Pierre Toubert et moi, comme un sujet « globalisant » autour duquel s'organise tout le champ de la recherche. Or quel objet, plus et mieux qu'un personnage, cristallise autour de lui l'ensemble de son environnement et l'ensemble des domaines que découpe l'historien dans le champ du savoir historique ? Saint Louis participe à la fois de l'économique, du social, du politique, du religieux, du culturel ; il agit dans tous ces domaines, en les pensant d'une façon que l'historien doit analyser et expliquer — même si la recherche d'une connaissance intégrale de l'individu en question demeure une « quête utopique ». Il faut, en effet, plus que pour tout autre objet d'étude historique, savoir ici respecter les manques, les lacunes que laisse la documentation, ne pas vouloir reconstituer ce que cachent les silences de et sur Saint Louis, les discontinuités et les disjonctions aussi, qui rompent la trame et l'unité apparente d'une vie. Mais une biographie n'est pas seulement la collection de tout ce qu'on peut et de tout ce qu'on doit savoir sur un personnage.

Si un personnage « globalise » ainsi une somme de phénomènes de nature diverse, ce n'est pas parce qu'il serait plus « concret » par rapport à d'autres objets de l'historien. On a justement dénoncé la fausse opposition entre « un faux concret de la biographie » et un « faux abstrait » de l'histoire politique, par exemple. Mais la démarche biographique, plus encore que les autres démarches historiques, vise à produire des « effets de réel ». Ce qui la rapproche encore de la démarche du romancier. Ces « effets de réel » ne relèvent pas seulement du style, de l'écriture de l'historien. Celui-ci doit être capable, grâce à sa familiarité avec les sources et avec la période où vit son personnage, de mettre dans les documents eux-mêmes, grâce à un « démontage approprié », des « effets de réel » à la vérité desquels on peut conclure. Ou, plus simplement, de décortiquer ces documents pour y faire apparaître ce qui entraîne une conviction raisonnable de réalité historique. On verra que Saint Louis bénéficie d'un témoin exceptionnel, Joinville, qui fait souvent dire à l'historien : « Ah oui ! cela, c'est bien le "vrai" Saint

Louis ! » Et pourtant, l'historien doit rester sur ses gardes.

Il choisit, en effet, de se soumettre à une contrainte majeure : celle de la documentation qui dicte l'ambition et les limites de son enquête. Il diffère en cela du romancier, même quand celui-ci se préoccupe de s'informer sur la vérité qu'il prétend décrire. Or, il se trouve que Saint Louis est (avec saint François d'Assise) le personnage du XIIIe siècle sur lequel nous sommes le mieux renseignés de première main. Parce qu'il a été roi et parce qu'il a été saint. L'histoire a parlé surtout des grands et elle ne s'est longtemps intéressée à eux que comme des individus. C'est particulièrement vrai au Moyen Âge. Mais l'avantage apparent que présente ainsi le dossier Saint Louis pour l'historien est largement balancé par les doutes que l'on peut entretenir sur la fiabilité de ces sources. Elles risquent plus que d'autres sinon de mentir, du moins de nous présenter un Saint Louis imaginé, imaginaire.

Une première raison tient à la qualité et aux objectifs des biographes anciens de Louis qui sont presque tous, les plus importants en tout cas, des hagiographes. Ils ne veulent pas seulement faire de lui un roi saint. Ils veulent en faire un roi et un saint selon les idéaux des groupes idéologiques auxquels ils appartiennent. Il existe ainsi un Saint Louis des nouveaux ordres mendiants — Dominicains et Franciscains — et un Saint Louis des Bénédictins de l'abbaye royale de Saint-Denis, davantage saint mendiant pour les premiers, plutôt roi « national » modèle pour les seconds. Autre cause de manipulation, les sources qui nous présentent le personnage du roi sont essentiellement des sources littéraires. Ce sont surtout des *Vitae*, des *Vies* de saints écrites en latin. Or la littérature médiévale se distribue en *genres* qui obéissent à des règles. Le genre hagiographique, même si l'évolution de la conception de la sainteté au XIIIe siècle lui consent un peu plus de liberté, est donc plein de stéréotypes. Le Saint Louis de nos sources n'est-il qu'un assemblage de lieux communs ? J'ai dû consacrer toute la partie centrale de mon étude à évaluer la fiabilité de ces sources, en étudiant les conditions de la production de la mémoire de Saint Louis au XIIIe et au tout début du XIVe siècle, non seulement selon les méthodes classiques de la critique des sources, mais, plus radicalement, en tant que production systématique de mémoire. Il m'a fallu me demander s'il était possible d'approcher un Saint Louis qu'on pourrait dire « vrai », vraiment historique, à travers les sources.

La nature de ces *Vies* constituait à la fois une justification et un nouveau danger pour mon entreprise. La *Vie* hagiographique est une histoire, même si le récit s'organise autour de manifestations de vertus et de piété, et comporte, en général à part, un catalogue de miracles. Je pouvais, en passant de la biographie hagiographique du XIIIe siècle à la biographie historique de la fin du XXe siècle, vérifier la fausse opposition qu'on a voulu récemment ranimer entre l'histoire narrative et une histoire « structuraliste » — que l'on aurait naguère nommée sociologique et, plus tôt encore, institutionnelle. Or toute histoire est narrative car, se plaçant par définition dans le temps, dans la successivité, elle est obligatoirement associée au récit. Mais pas seulement. D'abord le récit, contrairement à ce que beaucoup croient — même chez les historiens —, n'a rien d'immédiat. Il est le résultat de toute une série d'opérations intellectuelles et scientifiques que l'on a tout intérêt à rendre visibles, voire à justifier. Il induit aussi une interprétation et il comporte, lui aussi, un sérieux danger. Jean-Claude Passeron a signalé le risque de « l'excès de sens et de cohérence inhérent à toute approche biographique ». Ce qu'il nomme « l'utopie biographique » ne consiste pas seulement dans le risque de croire que « rien n'est insignifiant » dans le récit biographique sans choix ni critique, il est peut-être plus encore dans l'illusion qu'il reconstitue authentiquement un destin. Or, une vie, et peut-être encore plus la vie d'un personnage doté d'un pouvoir aussi fort dans la réalité politique et symbolique qu'un roi doublé d'un saint, peut être illusoirement conçue comme prédéterminée par sa fonction et par sa perfection finale. Aux modèles qui ont inspiré les hagiographes, n'ajoutons-nous pas un modèle suggéré par la rhétorique historienne et que Giovanni Levi a défini comme associant « une chronologie ordonnée, une personnalité cohérente et stable, des actions sans inertie et des décisions sans incertitudes » ?

J'ai essayé de plusieurs façons d'échapper à la logique contraignante de cette « illusion biographique » dénoncée par Pierre Bourdieu. Saint Louis ne va pas imperturbablement vers son destin de roi saint, dans les conditions du XIIIe siècle et selon les modèles dominant son temps. Il se construit lui-même et construit son époque autant qu'il est construit par elle. Et cette construction est faite de hasards, d'hésitations, de choix. Il est vain de vouloir imaginer une biographie — de même que tout phénomène historique — autrement que comme nous savons qu'elle s'est déroulée. On n'écrit pas l'histoire avec des si. Mais nous devons percevoir qu'en de nombreuses occasions Saint Louis, même s'il croyait lui-même l'histoire menée par la Providence, aurait pu agir autrement qu'il ne l'a fait. Pour un chrétien, il peut exister plusieurs façons de réagir aux provocations de la Providence tout en lui obéissant. J'ai tenté de montrer que Louis se définissait peu à peu à travers une succession de choix inopinés. Et j'ai constamment interrompu le fil de sa trajectoire biographique en cherchant à rendre compte des problèmes qu'il rencontrait à différentes étapes de sa vie. J'ai aussi essayé de définir les difficultés que pose à l'historien le repérage de ces moments de vie. Le couple de gouvernants, unique dans l'histoire de la France, qu'il a longtemps formé avec sa mère, Blanche de Castille, rend impossible à l'historien de dater une « prise du pouvoir de Louis IX » comme on le fait pour Louis XIV. Quand il apprend le raid mongol en Europe centrale, quand la maladie le met au seuil même de la mort, quand il est libéré de captivité par les musulmans en Égypte, quand il rentre de Terre sainte dans son royaume après six ans d'absence, Louis doit choisir. Il doit prendre les décisions qui composent dans l'imprévisibilité le personnage qui sera finalement Saint Louis. Et je n'évoque que quelques-uns des événements importants qui ont requis de lui des décisions lourdes de conséquences. C'est dans la quotidienneté de l'exercice de sa fonction royale et dans la construction, secrète, inconsciente et incertaine, de sa sainteté que l'existence de Saint Louis devient une vie dont le biographe peut tenter de rendre compte.

Giovanni Levi affirme avec justesse que « la biographie constitue [...] le lieu idéal pour vérifier le caractère interstitiel — et néanmoins important — de la liberté dont disposent les agents, comme pour observer la façon dont fonctionnent concrètement des systèmes normatifs qui ne sont jamais exempts de contradictions ». Je me suis efforcé d'apprécier la marge de pouvoir que fournissent à Saint Louis la nature et la plasticité des institutions monarchiques au milieu du XIIIe siècle, le prestige grandissant d'une royauté sacrée qui est pourtant encore loin d'être absolue et dont le pouvoir thaumaturgique est strictement cantonné, sa lutte avec le temps et avec l'espace, avec une économie qu'il ne sait même pas nommer. Je n'ai pas cherché à cacher les contradictions qui ont pesé sur le personnage et la vie de Louis : entre ses penchants pour la chair et la bonne chère et ses idéaux de maîtrise de la sexualité et de la gourmandise, entre la piété « hilare » des mendiants et la pratique ascétique rigoureuse de la tradition monastique, entre le faste du devoir royal et l'humilité d'un souverain qui a voulu se comporter sinon comme le plus humble des laïcs, du moins comme un chrétien aussi humble qu'il doit l'être, entre un roi qui déclare « nul ne tient davantage à la vie que "moi" » et qui s'expose souvent à la mort, pense constamment à sa mort et aux morts, entre un roi qui est de plus en plus roi de France et qui se veut roi pour la Chrétienté.

Ce problème des incertitudes et des contradictions d'une vie, que rencontre toute tentative de biographie historique, est à vrai dire modifié par des caractéristiques particulières au cas de Saint Louis. Presque tous ses biographes anciens affirment l'existence d'un tournant, une rupture même, dans sa vie, de part et d'autre de la croisade. Avant 1254, on aurait affaire à un roi pieusement normal, comme tout roi chrétien. Après cette date, on serait en face d'un souverain pénitentiel et eschatologique, qui se prépare et veut préparer ses sujets au salut éternel en faisant régner un ordre religieux et moral dans son royaume et qui s'apprête à être lui-même un roi Christ. Cette représentation de la vie et du règne de Louis IX obéit au modèle hagiographique, qui cherche dans la vie des saints un moment de « conversion », en même temps qu'au modèle de la royauté biblique qui fait de Saint Louis un nouveau Josias, dont l'Ancien Testament présente le règne coupé en deux pour la redécouverte et la réactualisation du Pentateuque. J'apporte moi-même une hypothèse qui peut conforter cette thèse du tournant de 1254 : j'accorde, en effet, une très grande importance à la rencontre, cette année-là, de Louis débarquant en Provence au retour de la Terre sainte avec un franciscain professant des idées millénaristes — appelant à la réalisation ici-bas d'un long état de justice et de paix préfigurant le Paradis —, le frère Hugues de Digne. Mais le changement est-il si grand entre le roi dévot des reliques de la Passion acquises en 1239, le souverain créant des enquêteurs redresseurs de torts en 1247 et le législateur de la « grande ordonnance » de fin 1254, qui institue un ordre moral dans son royaume ? Ce qui, d'ailleurs, permet à l'historien d'échapper en partie à une rationalisation abusive dans le déroulement de la vie de Saint Louis, c'est que ses biographes ont eu recours, selon les habitudes scolaires et intellectuelles du XIIIe siècle, à trois types d'arguments dont l'entrecroisement permet d'échapper à un seul type de rationalisation. Il y a les *autorités* : Écritures saintes et Pères de l'Église qui permettent aux biographes de lui appliquer des modèles bibliques. Puis les *raisons* qui, elles, relèvent des méthodes de la nouvelle scolastique. Si le troisième type, celui des *exempla*, anecdotes édifiantes, véhicule un grand nombre de lieux communs, il introduit la fantaisie narrative qui brouille la rigidité des deux premiers types de démonstration.

Le principal problème vient ici de ce que, sans que les sources le disent explicitement, on a l'impression que très tôt Louis IX, sans avoir eu l'orgueil de se vouloir saint, a été en quelque sorte « programmé » par sa mère et par les conseillers de sa jeunesse et qu'il s'est lui-même très tôt projeté pour être l'incarnation du roi chrétien idéal. Sa vie ne serait plus alors que la réalisation volontaire et passionnée de ce projet. Contrairement à William C. Jordan qui — non sans talent et subtilité — voit en Saint Louis un roi déchiré entre son devoir royal et une dévotion de type mendiant, je crois que Saint Louis, avec une habileté d'autant plus extraordinaire qu'il l'a assimilée jusqu'à la rendre inconsciente, a mentalement et pratiquement concilié, sans affres intérieures, la politique et la religion, le réalisme et la morale. On aura l'occasion de le vérifier à maintes reprises dans ce livre.

Cette tension vers un projet ne débarrasse pas sa biographie, linéaire, de ses hésitations, de ses accrocs, de ses repentirs et de ses contradictions en conformité avec la rectitude royale, jadis définie par Isidore de Séville, selon qui « roi » vient de « régir droit » *(rex a recte regendo)*. Si Louis a échappé aux drames, cette constante aspiration à se vouloir roi idéal incarné installe dans sa biographie une incertitude qui demeure, de bout en bout, passionnante. Et d'ailleurs, certains témoignages ne nous tendent-ils pas un miroir où l'image du saint roi est singulièrement déformée ?

*

Ce qui m'a aussi évité d'être dépaysé en élaborant une biographie de Saint Louis, c'est que j'ai pu rapidement éliminer un autre faux problème : l'opposition prétendue entre l'individu et la société dont Pierre Bourdieu a montré l'inanité. L'individu n'existe que dans un réseau de relations sociales diversifiées et cette diversité lui permet aussi de développer son jeu. La connaissance de la société est nécessaire pour voir s'y constituer et y vivre un personnage individuel. J'ai, dans mes travaux antérieurs, étudié l'apparition au XIIIe siècle de deux nouveaux groupes sociaux : celui des marchands, qui m'a amené à scruter les rapports de l'économie et de la morale, problème qu'a aussi rencontré Saint Louis ; et celui des universitaires, que j'ai naguère appelés « intellectuels » : ils ont fourni leurs cadres supérieurs aux institutions ecclésiastiques et, de façon moins affirmée, aux gouvernements laïques ; ils ont en outre promu un troisième pouvoir, celui du savoir institutionnalisé *(studium)* à côté du pouvoir ecclésiastique *(sacerdotium)* et du pouvoir princier *(regnum)*. Avec ces intellectuels et ce nouveau pouvoir, Louis a eu des relations limitées. J'ai enfin étudié les membres d'une plus vaste société ; celle qui s'est retrouvée dans un lieu de l'au-delà récemment découvert au XIIIe siècle : les morts au Purgatoire et leurs relations avec les vivants. Or Saint Louis n'a pas cessé d'avoir commerce avec la mort, les morts et l'au-delà. Le paysage social dans lequel a vécu le saint roi m'était donc, dans une large mesure, familier. J'étais à même d'y repérer ce que sa trajectoire y avait, tout à la fois, de normal et d'exceptionnel. Car avec lui j'accédais au sommet du pouvoir politique et au Paradis.

J'accédais à un individu — ou, plutôt, je devais me demander si je pouvais accéder à lui. Car le problème personnel se compliquait en débouchant sur une interrogation générale. Saint Louis a vécu en un temps où certains historiens ont cru déceler une émergence, une invention de l'individu. J'en discute longuement dans le corps de ce livre. Mais il est fort important de rappeler sans plus attendre que Louis a vécu en un siècle qui a vu en ses débuts l'apparition de l'examen de conscience (imposé par le canon du quatrième concile du Latran, 1215, sur la confession auriculaire annuelle obligatoire pour tous les chrétiens), mais aussi, sur sa fin, la naissance du portrait individuel dans l'art. Louis a-t-il été un individu ? Et en quel sens ? Pour reprendre une distinction judicieuse de Marcel Mauss entre le « sens du moi » et le concept d'individu, je crois que Saint Louis a eu le premier mais qu'il a ignoré le second. En tout cas, il a sans doute été le premier roi de France à faire de la conscience, attitude individuelle, une vertu royale.

*

Enfin, j'ai retrouvé dans l'enquête biographique une des préoccupations essentielles de l'historien, celle du temps. Sous une forme d'abord plurielle, celle de la diversité des temps que nous retrouvons, je crois, aujourd'hui, après une phase où l'Occident a été dominé par le temps unifié de l'horloge mécanique et de la montre, temps réduit en miettes par la crise de nos sociétés et par celle des sciences sociales. Saint Louis, lui, a vécu à une époque antérieure à ce temps en voie d'unification sur lequel le prince va tenter d'établir son pouvoir. Il n'y a pas, au XIIIe siècle, un temps, mais des temps du roi. Par rapport aux autres hommes, le souverain est en relation avec un nombre supérieur de temps et les rapports qu'il entretient avec eux, quoique soumis aux conditions de l'époque, sont parfois hors du commun : le temps du pouvoir a des rythmes propres d'emploi du temps, de voyages, d'exercice du pouvoir. Il peut, dans certaines limites, décider du temps (le roi, lui aussi, mesure le temps par la consommation des chandelles, l'observation des cadrans solaires, la sonnerie des cloches et le déroulement du calendrier liturgique). Mais, surtout, le travail biographique m'a appris à regarder un type de temps auquel je n'étais pas habitué : le temps d'une vie qui, pour un roi et son historien, ne se confond pas avec celui du règne. Restituer à un individu, mieux, à un roi, cette mesure d'un temps biologique — même si Louis IX, roi à douze ans, a été presque pendant toute sa vie sur le trône —, social, « du berceau à la tombe » comme disent les ethnologues, ouvre de nouvelles perspectives de chronologie et de périodisation. C'est une unité de mesure d'un temps surtout politique, plus chaude si ce temps est, comme c'est le cas avec lui, dynastique, temps imprévu dans son début et dans sa fin, mais que le roi et lui seul, en tant qu'individu, porte avec lui en tous lieux et en tous temps. Le sociologue Jean-Claude Chamboredon a pertinemment parlé de l'articulation du temps de la biographie et des temps de l'histoire. J'ai été attentif à la façon dont les périodes et le style général de l'évolution dans un temps de la vie de Saint Louis se déroulent par rapport aux diverses conjonctures temporelles du XIIIe siècle : économiques, sociales, politiques, intellectuelles, religieuses. Saint Louis a été contemporain de la fin du grand essor économique, de la fin du servage paysan et de l'affirmation de la bourgeoisie urbaine, de la construction de l'État féodal moderne, du triomphe de la scolastique et de l'établissement de la piété mendiante. Le rythme de ces grands événements a diversement recoupé la jeunesse, la maturité et la vieillesse du roi, les phases de son comportement avant et après sa maladie de 1244, avant et après le retour de la croisade en 1254, tantôt en pointe, souvent en harmonie, parfois décalé. Il semble parfois hâter l'histoire et parfois la freiner.

*

Pour conclure, je me contenterai ici de trois remarques. Il ne faut d'abord pas oublier que les hommes, en tant qu'individus ou en groupe, constituent une partie considérable de leurs connaissances et de leurs habitudes dans leur enfance et leur jeunesse, où ils ont subi l'influence de gens plus âgés, parents, maîtres, vieillards qui comptaient davantage dans un monde où la mémoire était plus puissante que dans les sociétés où règne l'écrit et où la vieillesse faisait autorité. Leur compas chronologique s'ouvre donc bien avant leur naissance. Si Marc Bloch a eu raison de dire que « les hommes sont plus les fils de leur temps que de leurs pères », on peut préciser : de leur temps et du temps de leurs pères. Né en 1214, Louis, le premier roi de France qui ait connu son grand-père (Philippe Auguste), a été en bien des domaines autant un homme du XIIe que du XIIIe siècle.

La biographie de Saint Louis offre une seconde originalité : le roi a été canonisé après sa mort. On verra les difficultés qui ont retardé cette promotion. Il en est résulté une période de vingt-sept ans entre la date de sa mort (1270) et celle de sa canonisation (1297), pendant laquelle les partisans de sa sainteté l'ont en quelque sorte maintenu en vie pour qu'il ne sorte pas de la mémoire des témoins et de la curie pontificale. Cette période constitue une espèce de supplément de vie qu'il m'a fallu prendre en compte. Elle a aussi été le moment d'une puissante réélaboration de sa biographie.

Mon dessein est donc de présenter une histoire « totale » de Saint Louis, successivement selon sa vie, selon les sources et selon les thèmes fondamentaux de la personnalité du roi en lui-même et en son temps.

Enfin, si comme le veut Borges, un homme n'est vraiment mort que lorsque le dernier homme qui l'a connu est mort à son tour, nous avons la chance de connaître sinon cet homme, du moins celui qui, parmi ceux qui ont bien connu Saint Louis, est mort le dernier, Joinville, qui a dicté son témoignage exceptionnel plus de trente ans après la mort de Louis et qui est mort lui-même quarante-sept ans après son royal ami, à l'âge de quatre-vingt-treize ans. La biographie que j'ai tentée va donc jusqu'à la mort définitive de Saint Louis. Mais pas plus avant. Car écrire une vie de Saint Louis après Saint Louis, une histoire de l'image historique du saint roi, sujet passionnant, aurait relevé d'une autre problématique.

*

J'ai donc conçu ce livre en gardant présentes à l'esprit deux questions préjudicielles, qui ne sont que les deux faces d'une même question : est-il possible d'écrire une biographie de Saint Louis ? Saint Louis a-t-il existé ?

Dans une première partie, j'ai présenté les résultats de ma tentative de biographie. Elle est plus proprement narrative, mais scandée par les problèmes posés aux étapes principales de cette vie telle que Louis l'a construite.

J'ai consacré une deuxième partie à l'étude critique de la production de la mémoire du roi saint par les contemporains et me suis attaché à justifier la réponse finalement affirmative que je donne à la question : « Saint Louis a-t-il existé ? » Dans la troisième et dernière partie, j'ai essayé de cheminer vers l'intérieur du personnage de Saint Louis, en explorant les principales perspectives qui en font un roi idéal et unique pour le XIIIe siècle, un roi qui s'accomplit en roi Christ, mais ne peut que recevoir — ce qui est déjà une belle récompense — l'auréole de la sainteté.

Cette structure et cette conception de la biographie m'ont amené à citer beaucoup de textes. J'ai voulu que le lecteur voie et entende mon personnage comme je l'ai vu et entendu moi-même, car Saint Louis est le premier roi de France qui parle dans les sources — d'une voix qui est, bien entendu, celle d'une époque où l'oralité ne se fait entendre qu'à travers l'écrit. J'ai été enfin amené à reprendre certains morceaux de textes et certains thèmes aux différents moments de ma démarche, selon les approches successives que je tentais pour appréhender mon personnage. L'écho fait partie du type d'approche que j'ai mis en œuvre pour tenter de parvenir jusqu'à un Saint Louis vraisemblable et pour y faire accéder le lecteur. J'espère qu'il trouvera quelque intérêt et éprouvera quelques surprises à m'accompagner dans cette enquête.

NOTE DE L'INTRODUCTION

La vogue récemment renouvelée de la biographie historique a suscité de nombreux colloques et articles. Les articles qui ont le plus servi ma réflexion et la problématique de ce livre sont le texte d'un historien, Giovanni LEVI, « Les usages de la biographie » (*Annales. E.S.C.*, 1989, pp. 1325-1336), et ceux de deux sociologues, Jean-Claude CHAMBOREDON, « Le temps de la biographie et les temps de l'histoire », dans *Quotidienneté et histoire* (colloque de l'École normale supérieure, Lyon, mai 1982, pp. 17-29), et Jean-Claude PASSERON, « Le scénario et le corpus. Biographies, flux, itinéraires, trajectoires » (dans *Le Raisonnement sociologique*, Paris, 1991, pp. 185-206). Et, bien entendu, l'article classique de Pierre BOURDIEU, « L'illusion biographique » (*Actes de la recherche en sciences sociales*, 62-63, janvier 1986, pp. 69-72). Voir aussi les remarques de Bernard Guenée dans l'Introduction d'*Entre l'Église et l'État. Quatre vies de prélats français à la fin du Moyen Âge* (Paris, 1987, pp. 7-16).

On peut consulter, entre autres :
— G. Klingenstein (éd.), *Biographie und Geschichtswissenschaft*, Vienne, 1979.
— E. Engelberg et H. Schleser, « Zu Geschichte und Theorie der historischen Biographie. Theorie verständnisbiographische Totalität — Darstellungstypen und Formen », *Zeitschrift für Geschichtswissenschaft*, 30, 1990.

— *Problèmes et méthodes de la biographie* (Actes du colloque de la Sorbonne, mai 1989).
— *Sources, travaux historiques*, Publications de la Sorbonne, 1985.
— *Colloque « Biographie et cycle de vie »* (Marseille, 1988).
— *Enquête. Cahiers du Cercom*, n° 51, mars 1989, Association internationale de sociologie.

Pendant que je préparais cet ouvrage j'ai exposé quelques-uns des problèmes qu'il me posait dans deux articles :
— « Comment écrire une biographie historique aujourd'hui ? », *Le Débat*, n° 54, mars-avril 1989, pp. 48-53.
— « Whys and Ways of Writing a Biography : The case of Saint Louis », *Exemplaria*, I/1, mars 1989, pp. 207-225.
La question à laquelle j'ai essayé de répondre, avec Pierre Toubert, est celle qui donne son titre à un article commun :
— « Une histoire totale du Moyen Âge est-elle possible ? », *Actes du 100e Congrès national des sociétés savantes* (Paris, 1975), Paris, 1977, pp. 31-44.
La réflexion de Marc Bloch est tirée d'*Apologie pour l'histoire ou métier d'historien*, 1re éd. (posthume), 1949, nouvelle édition critique préparée par Étienne Bloch (avec une préface de J. Le Goff), Paris, 1993.

L'expression « démontage » appliquée non à un personnage, mais à une « structure sociale », se trouve dans un manuscrit inédit de Marc Bloch faisant partie de ses archives volées par les Allemands et récemment retrouvées à Moscou. Il sera publié dans *Les Cahiers Marc Bloch* par Étienne Bloch à l'amabilité de qui j'en dois la communication.

Le jugement de Pierre BOURDIEU sur « l'opposition tout à fait absurde scientifiquement entre individu et société » se trouve dans « Fieldword in Philosophy » (*Choses dites*, Paris, 1987, p. 43). Marcel MAUSS a présenté la distinction entre « sens du moi » et « concept d'individu » dans « Une catégorie de l'esprit humain : la notion de personne, celle de "moi" » (repris dans *Sociologie et anthropologie*, Paris, 8e éd., 1983, p. 335). Sur « la société dans l'homme », voir Norbert ELIAS, *La Société des individus*, trad. fr. Paris, 1991.

PREMIÈRE PARTIE

LA VIE DE SAINT LOUIS

I

DE LA NAISSANCE AU MARIAGE
(1214-1234)

La naissance d'un des plus célèbres rois de France est, comme sa destinée, entourée d'incertitudes.

Louis, second fils connu de Louis, fils aîné et héritier du roi de France, Philippe II Auguste[1], et de la femme de Louis, Blanche de Castille, est né un 25 avril, très probablement celui de l'année 1214, à Poissy, à une trentaine de kilomètres de Paris, seigneurie que son père avait reçue de son grand-père en 1209, l'année où celui-ci fut, à vingt-deux ans, tardivement armé chevalier. À la mort de son père, en 1226, l'enfant deviendra le roi Louis IX, qui mourra en 1270, et, à partir de sa canonisation en 1297, Saint Louis, nom sous lequel par la suite et aujourd'hui encore il sera habituellement appelé. Saint Louis, devenu roi, a aimé à se désigner par le nom de Louis de Poissy, non seulement parce que c'était une habitude fréquente des grands personnages d'alors de joindre à leur prénom celui du lieu où ils étaient nés, mais surtout parce que Saint Louis, en bon chrétien, considérait que sa vraie naissance datait du jour de son baptême à Poissy.

Ainsi, la naissance de Saint Louis évoque, à elle seule, quelques traits fondamentaux des structures dans lesquelles s'insère, au début du XIIIe siècle, l'histoire de la monarchie française. Le premier, c'est l'importance du hasard biologique dans le destin des familles et, plus particulièrement, dans celui de la famille royale. La fécondité des couples, le nombre et le sexe des enfants dans une dynastie où, sans règle proclamée[2], la tradition a écarté de la succession à la couronne les filles et leurs fils, la mortalité des enfants jeunes ou en bas âge, tels sont les premiers facteurs de transmission du pouvoir royal.

Dans une société où il n'y a pas d'état civil pour assurer la mémoire des morts précoces (les premiers registres paroissiaux, encore rares, apparaissent au XIVe siècle) et où l'enfant, comme l'a bien vu Philippe Ariès, s'il est chéri de ses parents, n'est pas une valeur qui suscite l'intérêt, le nombre et l'identité des enfants de la famille royale tôt disparus ne nous sont pas connus. Louis et Blanche, les parents de Saint Louis, ont certainement eu, comme il arrive souvent en ce temps de forte mortalité infantile qui n'épargne pas les familles des puissants, deux ou trois premiers enfants morts en bas âge dont nous ne connaissons ni le nombre exact, ni le sexe, ni les dates de naissance et de mort. Lors de leur mariage, en 1200, Louis avait treize ans et Blanche douze ans. Leur premier fils connu, celui qui aurait dû être l'héritier de la couronne, Philippe, est né en 1209 et mort à neuf ans en 1218. Saint Louis n'est devenu l'aîné des fils survivants et donc l'héritier de la couronne qu'à l'âge de quatre ans. La mort des fils aînés n'a pas été exceptionnelle chez les Capétiens : Henri Ier, seul roi de 1031 à 1060, avait eu un frère aîné, Hugues, mort avant leur père Robert le Pieux ; Louis VII, seul roi de 1137 à 1180, avait eu un frère aîné, Philippe, mort avant son père Louis VI, et Saint Louis lui-même aura pour successeur son fils puîné Philippe III, héritier depuis la mort en 1260 de son frère aîné, Louis, décédé à l'âge de seize ans. Dans le cas de Saint Louis, héritier à quatre ans, la mort de son frère aîné n'a guère dû laisser de trace psychologique, l'enfant ne devant avoir qu'un faible souvenir du temps bref où il ne fut pas destiné à devenir roi. Mais ces morts prématurées de fils aînés royaux brouillent pour la postérité la liste des noms des rois, car les dynasties royales, en particulier la capétienne, n'ont pas choisi au hasard les prénoms (en fait les noms) des fils des rois, comme l'a démontré Andrew Lewis. L'essentiel est fourni par les prénoms des Robertiens-Capétiens, Robert et Hugues, et secondairement Eudes et Henri. Puis, on voit apparaître, sans doute, sous l'influence d'Anne de Kiev, épouse russe d'Henri Ier, le prénom grec Philippe ; et plus tard, quand les tabous qui frappent les noms des grands Carolingiens s'effacèrent avec la reconnaissance de l'ascendance carolingienne des Capétiens, le prénom Louis (forme de Clovis) qui relie aussi les Capétiens aux Mérovingiens (Louis VI né en 1081) et, enfin, Charles (Pierre Charlot, fils naturel de Philippe Auguste). Il s'y ajoutera, parmi les frères de Saint Louis, un Jean et un Alphonse, venus, par la reine mère Blanche, de la famille royale de Castille.

À la fin du XIIe siècle, on avait tendance dans la famille royale capétienne à donner au fils aîné le prénom de son grand-père et, au second fils, celui de son père. Ainsi le frère aîné de Saint Louis avait reçu le nom de son grand-père Philippe (Auguste) et Louis le prénom de son père, le futur Louis VIII. On ne peut donc reconnaître le code des prénoms des rois de France qu'en tenant compte des éventuels aînés décédés. Saint Louis naît dans une dynastie dont l'emblématique — en l'occurrence celle des (pré)noms royaux — est en train de bien se fixer.

On ne s'intéresse pas, par ailleurs, à la date exacte et complète de la naissance des enfants, même lorsqu'il s'agit des enfants royaux, sauf exception. Nous savons ainsi que le grand-père de Saint Louis, Philippe Auguste, est né dans la nuit du 21 au 22 août 1165 parce que sa naissance longtemps désirée apparut comme un miracle et fut notée par les chroniqueurs comme un événement. Avant lui, son père Louis VII n'avait eu de ses trois mariages successifs que des filles et, à quarante-cinq ans, il était considéré comme un vieil homme peut-être incapable de procréer, même si sa troisième femme était très jeune. En revanche, les contemporains ne trouvèrent pas mémorable la naissance du futur Louis VIII ni celle de ses deux fils, l'aîné Philippe, mort à neuf ans, et le puîné, Saint Louis. Ainsi ne connaissons-nous pas en toute certitude l'année de la naissance de Saint Louis. Comme des sources fiables nous disent qu'il mourut en 1270 à cinquante-six ans ou dans sa cinquante-sixième année, on peut hésiter entre 1214 et 1215. On a aussi pensé à 1213 ou à 1216, mais c'est invraisemblable. Comme la plupart des historiens aujourd'hui, je pense que la bonne date est 1214. Le lecteur fera aussitôt le rapprochement avec la date de la grande victoire du grand-père de Saint Louis, Philippe Auguste, à Bouvines, le 27 juillet de cette même année[3]. Saint Louis est très probablement né trois mois avant ce grand événement, une des dates majeures de la mémoire historique des Français. Aucun contemporain, bien que la victoire de Bouvines ait eu un grand retentissement, même populaire, en son temps, n'a fait ce rapprochement. Le mémorable a changé de nature entre le XIIIe siècle et la fin du XXe.

La plupart des premiers biographes de Saint Louis ont cependant noté le jour de sa naissance, le 25 avril. D'abord parce que le christianisme considérait — en dehors de tout horoscope de la naissance ou « nativité », genre de texte qui ne commencera à se répandre qu'au XIVe siècle — que le jour de la naissance était essentiel parce que la fête ou le patron du jour paraissait prophétiser le destin du nouveau-né ou, au moins, lui garantir un intercesseur privilégié auprès de Dieu.

Sur la signification de cette naissance un 25 avril, jour de la Saint-Marc, les biographes de Saint Louis se sont expliqués. Une des meilleures versions est celle de Joinville, le compagnon proche de Saint Louis.

> Ainsi que je le lui ai ouï dire, il naquit le jour de saint Marc l'évangéliste après Pâques. Ce jour on porte des croix aux processions en beaucoup de lieux, et en France on les appelle les croix noires. Ce fut donc comme une prophétie de la grande foison de gens qui moururent dans ces deux croisades, c'est à savoir dans celle d'Égypte, et dans l'autre là où il mourut à Carthage ; car maints grands deuils en furent en ce monde, et maintes grandes joies en sont au paradis, pour ceux qui dans ces deux pèlerinages moururent vrais croisés[4].

Dès sa naissance, nous voici, grâce à ce texte qui n'est pas isolé, non seulement informés d'une pratique processionnelle de tradition païenne, folklorique, à peine christianisée, concernant les morts, mais aussi confrontés à une image pour nous insolite de Saint Louis que la tradition du Moyen Âge n'a pas fait aborder aux territoires actuels de la mémoire historique. Saint Louis, hôte du Paradis, sans doute, mais un Saint Louis qui, en ce temps de proximité avec la mort, apparaît comme un roi des morts et de la mort, un roi funèbre.

L'ENFANT HÉRITIER

En 1218, Louis devient à quatre ans héritier probable du trône, après son père Louis, si Dieu leur prête vie. La mort de son frère aîné Philippe a eu lieu dans l'indifférence des chroniqueurs, sans doute parce qu'il était très jeune, il n'avait que neuf ans, et parce qu'il paraissait loin du trône, son grand-père Philippe Auguste régnant encore. Près d'un siècle auparavant, en 1131, déjà un Philippe était mort, âgé de quinze ans, le fils aîné de Louis VI, sacré roi comme coadjuteur de son père, deux ans auparavant. Ce Philippe avait été enterré à Saint-Denis, nécropole des rois, tandis que le frère aîné de Saint Louis ne fut enterré qu'à Notre-Dame de Paris où son père, devenu le roi Louis VIII, et sa mère, Blanche de Castille, auraient fondé pour lui une chapelle en 1225[5].

Aucun événement mémorable n'est associé au jeune Louis devenu *primogenitus*, officiellement « premier-né », héritier du trône, aucune information précise le concernant n'est parvenue jusqu'à nous jusqu'en 1226. Ses parents, et spécialement sa mère, lui font donner une éducation particulièrement soignée, comme il sied à un futur roi, non seulement parce que depuis les Carolingiens un souverain doit être religieusement et moralement formé à la fonction royale, préparé à protéger l'Église et à suivre ses conseils, mais aussi parce que la maxime lancée par l'évêque de Chartres, l'Anglais Jean de Salisbury, dans son *Policraticus* (1159) : « Un roi illettré n'est qu'un âne couronné[6] », inspire de plus en plus les dynasties et les cours chrétiennes, et les invite à donner aux futurs rois une bonne formation latine venue des arts libéraux classiques. On devine que l'enfant, comme les jeunes aristocrates de son temps, a été plus en contact avec sa mère qu'avec son père, qui a probablement pris le relais à l'âge où il a dû faire son apprentissage militaire. L'enfant a aussi vécu, il aimera à le rappeler, au contact de son grand-père vieillissant, le grand Philippe Auguste qui, après son éclatante victoire de Bouvines en juillet 1214, quatre mois après sa naissance, laisse à son fils, le père de Louis, le soin de guerroyer avec plus ou moins de succès, plutôt moins que plus, en Angleterre et plus victorieusement en Languedoc. Le roi, qui a eu cinquante ans en 1215, a désormais tendance à se reposer sur ses lauriers de roi victorieux. Le (re)conquérant de la Normandie, le vainqueur de Bouvines, est devenu Philippe le Conquérant. Quelques conseillers expérimentés et fidèles gouvernent sagement et fermement le royaume du souverain qui a apporté à son peuple le plus beau cadeau des rois, la paix. À leur tête, frère Guérin, le moine hospitalier devenu évêque de Senlis, est presque un vice-roi mais sans ambition personnelle et sans descendance dynastique, puisque clerc. Philippe Auguste a dû aimer la présence de son petit-fils, qui sera le premier roi de France à avoir connu son grand-père, ce qui ne peut que renforcer le sens dynastique, surtout si le grand-père a une forte personnalité.

La force dynastique entoure l'enfant Louis. Un père qui semble à peine entrevu, mais qu'on surnommera le Lion, et deux parents présents, très présents, un grand-père qui a été fort et qui reste toujours puissant, une mère qui se révélera comme la femme forte des Écritures. Il n'y a pas d'exemple de faiblesse autour de l'enfant.

Le 14 juillet 1223, Philippe Auguste, âgé de cinquante-sept ans, meurt du paludisme à Mantes. Sa mort est l'occasion de deux nouveautés dans l'histoire des rois capétiens.

La première concerne les funérailles, qui revêtent un aspect exceptionnellement fastueux. Pour la première fois en France, Philippe Auguste est enterré selon la « coutume royale » *(more regio)* inspirée du cérémonial byzantin et, de façon plus proche, de celui des funérailles des rois anglais Plantagenêts. Le corps est exposé avec les insignes royaux, les *regalia*. Le roi a été revêtu des vêtements royaux, tunique et dalmatique, recouverts d'un drap d'or. Il porte la couronne et le sceptre. Enterré à Saint-Denis, où il a été transporté par un cortège de barons et d'évêques, il a gardé, le lendemain de sa mort, le visage découvert[7]. C'est le corps à la fois collectif — par les insignes — et individuel — par le visage — du roi qui est ainsi solennellement inhumé. L'enfant, qui n'a pas dû suivre le cortège ni assister aux funérailles, a sans doute eu des échos de la cérémonie. Il a appris qu'on n'enterre pas un roi de France n'importe où ni n'importe comment. Le roi s'affirme plus roi que jamais dans la mort.

Autre nouveauté : à la cour royale et dans l'Église de France, certains, à en croire les récits de quelques chroniqueurs, ont songé à faire reconnaître en Philippe Auguste un saint. Seul, auparavant, semble-t-il, le moine bénédictin Helgaud, de Fleury-sur-Loire, avait tenté dans sa *Vie de Robert le Pieux*, près de deux siècles plus tôt, de faire passer le fils de Hugues Capet pour un saint. Il n'y avait pas réussi. Les thuriféraires de Philippe Auguste n'y parvinrent pas davantage. Ils avançaient pourtant certains miracles opérés par le roi et, tout comme sa naissance avait été miraculeuse (il fut Philippe *Dieudonné*), sa mort fut environnée des signes auxquels se reconnaît la mort des saints : une comète l'a annoncée, un chevalier italien mourant en a eu la vision et il a guéri pour pouvoir en témoigner auprès d'un cardinal et du pape qui, la vérité de la nouvelle vérifiée, l'a annoncée en plein consistoire. Mais, en 1223, il ne suffisait plus de rumeurs de miracles, de comètes et de visions. La proclamation de la sainteté dépendait d'un procès de canonisation en cour de Rome. Comment le pape aurait-il pu reconnaître la sainteté d'un roi que son prédécesseur avait excommunié pour sa vie conjugale jugée scandaleuse à Rome[8] ? Que l'enfant ait eu vent ou non de la tentative avortée de « canonisation » de son grand-père et, si ce fut le cas, qu'il y ait consciemment ou inconsciemment songé, il réussira en tout cas là où Philippe Auguste avait échoué. Sur deux points essentiels, on pourra présenter en sa faveur un dossier bien différent. Il accomplit des miracles non pendant sa vie, mais après sa mort, conformément à la décision du pape Innocent III au début de ce XIIIe siècle de ne reconnaître officiellement comme vrais miracles que les miracles posthumes, afin de confondre les faux thaumaturges et d'empêcher les chrétiens de suivre les sorciers faiseurs de prétendus miracles et les faux prophètes[9]. Saint Louis sera aussi proclamé saint à cause de ses vertus et de sa vie chrétienne, en particulier sa vie conjugale. La sainteté change de contenu au XIIIe siècle. On essaya de faire Philippe Auguste saint selon un vieux modèle de sainteté. Saint Louis sera un saint moderne avec tout ce que cela comporte de traditionnel aussi[10].

Saint Louis, en tout cas, aimera raconter des souvenirs de son grand-père. S'il lui arrive de s'emporter à l'égard d'un serviteur, il rappelle que Philippe Auguste en faisait autant et que ce n'était que justice. Guillaume de Saint-Pathus raconte qu'un soir où, au moment de se coucher, Saint Louis, souffrant d'une jambe, voulut voir la rougeur qu'il avait à cette jambe ; un vieux domestique qui tenait une chandelle au-dessus de la jambe du roi pour l'éclairer laissa tomber dessus une goutte de cire brûlante : « Le saint qui s'asseyait sur le lit, à cause de la douleur qu'il ressentit, s'allongea sur le lit et dit : "Ah ! Jean !" Et ledit Jean répondit : "Ha ! je vous ai fait mal !" Et le saint roi répondit : "Jean, mon aïeul vous chassa de son hôtel pour moins que cela." Ledit Jean avait en effet raconté au saint roi et à d'autres que le roi Philippe l'avait chassé de son hôtel parce qu'il avait mis dans le feu [de la cheminée] des bûches qui craquaient en brûlant. » Saint Louis n'en tint pas rigueur à Jean et le garda à son service, prouvant ainsi, selon son entourage et son hagiographe, sa bonté et sa supériorité sur son grand-père[11].

Joinville rapporte un épisode identique, mais Saint Louis y est moins à son avantage par rapport à son grand-père. Alors que le roi était à Hyères, au retour de sa première croisade en 1254, il allait à pied, mais le chemin devint si raide qu'il voulut monter sur son palefroi. Comme on ne le lui avait pas amené, il dut monter sur celui de Joinville. Quand Ponce, son écuyer, arriva enfin avec le palefroi du roi, celui-ci « lui courut dessus très irrité et le réprimanda sévèrement ». Joinville lui dit alors : « Sire, vous devez beaucoup passer à Ponce l'écuyer car il a servi votre aïeul et votre père et vous. » Mais le roi, ne désarmant pas, répondit à Joinville : « Sénéchal, il ne nous a pas servis ; c'est nous qui l'avons servi quand nous l'avons souffert près de nous avec les mauvaises qualités qu'il a. Car le roi Philippe mon aïeul me dit qu'on devait récompenser ses gens, l'un plus, l'autre moins, selon qu'ils servent, et il disait encore que nul ne pouvait être bon gouverneur de terre, s'il ne savait aussi hardiment et aussi durement refuser qu'il saurait donner[12]. »

Ainsi, l'enfant commença à apprendre auprès de son grand-père le métier de roi. Et c'est à lui qu'il voudra qu'on se réfère dans ses *Enseignements à son fils*, ce Miroir des princes, ce testament moral qu'il composera peu de temps avant sa mort à l'intention du futur Philippe III.

> Je veux que tu te rappelles une parole du roi Philippe, mon aïeul, qu'un membre de son conseil qui l'avait entendue me rapporta. Le roi était un jour avec son conseil privé, et ceux de son conseil lui disaient que les clercs lui faisaient beaucoup de tort et que l'on s'étonnait de la façon dont il le tolérait. Et il répondit : « Je sais bien qu'ils me font beaucoup de tort, mais quand je pense aux honneurs que Notre Seigneur m'a faits, je préfère supporter mon dommage plutôt que de causer un esclandre entre moi et Sainte Église[13]. »

Voilà Philippe Auguste couché à côté de ses pères dans la nécropole royale de Saint-Denis et Louis désormais héritier du trône de France. Trois ans après, en 1226, son propre père, Louis VIII, rejoint son grand-père au cimetière des rois et voilà l'enfant Louis roi de France à douze ans.

LE MONDE AUTOUR DE L'ENFANT ROI

Situons le jeune roi dans le monde qui l'entoure, même là où il n'ira jamais, et parmi les grands personnages, ses contemporains, même ceux qu'il ignore et ne connaîtra pas, et aussi ceux qui seront ses interlocuteurs, ses adversaires, ses ennemis.

Pour comprendre la place de Saint Louis dans l'histoire dont il va être un des protagonistes, il faut le replacer dans les plus larges horizons. Si l'on enferme l'histoire dans l'espace étroit de la vie de son héros, fût-ce le royaume de France, on la saisira mal parce qu'on manquera de références et d'échelle. C'est d'autant plus nécessaire que Louis va agir au-delà du royaume de France dans l'espace de la Chrétienté, même s'il ne s'y aventure pas physiquement, et va en sortir pour aller en personne dans le monde hostile de l'Islam, en Afrique du Nord et dans le Proche-Orient, et, par l'intermédiaire de ses desseins, de ses rêves et de ses messagers, jusqu'au cœur de l'Orient, ce réservoir de merveilles et de cauchemars.

L'HORIZON ORIENTAL :
BYZANCE, ISLAM, EMPIRE MONGOL

Trois grands ensembles constituent l'essentiel du monde dans lequel Saint Louis vient de devenir roi de France. En apparence, ces trois ensembles sont plus brillants que la petite Chrétienté latine à laquelle appartient le royaume de France. Mais l'un — Byzance — a commencé sa lente agonie, l'autre — l'Islam — est entré dans la stagnation et le morcellement, le troisième, c'est celui de la conquête mongole, vague aussi unificatrice que dévastatrice.

Le plus proche, c'est le monde byzantin. Il semble proche par la géographie, la religion et la récente histoire militaire et politique. L'Empire byzantin est une peau de chagrin que rongent en Asie Mineure les Turcs Seldjoukides et dont se détachent dans les Balkans européens les Serbes et, surtout, les Bulgares. Ceux-ci ont fondé un second empire avec la dynastie asénide qui atteint un apogée sous les rois Kalojan (1196-1207) et Jean III Asen (1218-1241). La religion, le christianisme grec qui se considère comme la seule orthodoxie chrétienne depuis le schisme de 1054 entre Grecs et Latins, est plus une cause d'affrontement qu'un lien entre les deux Chrétientés. La menace turque met certes à l'ordre du jour une réunion des deux Églises, objectif qui suscitera de longues négociations au temps de Saint Louis entre la papauté et les Byzantins et qui conduira, quatre ans après sa mort, à une officielle réconciliation au deuxième concile de Lyon (1274). Mais le rapprochement sera politique plus que religieux. Superficiel, il sera éphémère.

Une illusion habite la Chrétienté latine dans la première moitié du XIIIe siècle : reconquérir sur les Grecs byzantins schismatiques Constantinople et y fonder un empire latin chrétien. Le rêve semble réalisé à la naissance de Saint Louis. En 1204, les croisés de la quatrième croisade, poussés par les Vénitiens créanciers de l'empereur de Byzance, ont pris Constantinople, et y ont fondé l'année suivante un empire latin. Le premier empereur, le comte de Flandre, Baudouin Ier, est fait prisonnier dès 1205 par les Bulgares à Andrinople et meurt en captivité. Mais un empire latin se maintient à Byzance. À partir de 1228, l'empereur sera Baudouin II de Courtenay. Endetté, il vendra à Saint Louis en 1239 les reliques de la Passion. En 1261, il sera chassé de Constantinople par Michel VIII Paléologue. Saint Louis, obsédé par la croisade en Terre sainte, ne montrera pas d'empressement à aider Baudouin II pour reconquérir Constantinople. Le rêve d'un empire latin sur les bords du Bosphore est désormais bien fini. L'espoir d'une domination des chrétiens latins d'obédience romaine sur les sujets grecs orthodoxes de l'ancien Empire byzantin, d'une réunification avec un empereur du Saint Empire romain germanique en Occident et un empereur latin à Constantinople, de l'ancien empire d'obédience romaine sous la conduite spirituelle du pape, s'est évanoui. Le Péloponnèse reste aux mains des princes latins de Morée et le commerce de ce qui demeure de l'Empire byzantin est accaparé par les Vénitiens et les Génois. Finalement, Byzance n'aura joué qu'un rôle très marginal dans la politique et les pensées de Saint Louis.

Le monde musulman est au même moment traversé de mouvements contrastés : des poussées de puissance et un lent processus de déclin, même si celui-ci n'est pas aussi net que l'historiographie occidentale le présente. À l'ouest, c'est la débâcle du grand empire musulman d'Occident fondé au XIIe siècle par les Almohades berbères du Maroc qui avaient étendu leur domination sur tout le Maghreb et la moitié sud de l'Espagne. La Reconquista chrétienne après la grande victoire des rois coalisés à Las Navas de Tolosa en 1212 voit les Portugais reprendre Beja (1235), les Aragonais les Baléares (1235) et Valence (1238), les Castillans Cordoue (1236), Murcie (1243), Carthagène (1244), Séville (1248), Cadix (1265). Seul reste le réduit musulman de Grenade et de Malaga. Le Maghreb se fractionne en trois domaines, celui des Hafsides à Tunis, celui des Ziyanides dans l'Atlas central, celui des Mérinides dans le Sud marocain. Il n'y aura pas d'horizon espagnol de la croisade pour Saint Louis puisque les Espagnols s'en chargent et le roi de France pourra nourrir l'illusion que le sultan de Tunis sera ou bien aisément converti ou bien facilement vaincu.

Au Proche-Orient, après la mort du grand Saladin (1193) qui avait repris Jérusalem aux chrétiens, ses successeurs, les Ayyūbides, se partagent le sultanat et se déchirent en Syrie et en Égypte. Cela ne les empêche pas de triompher des croisés imprudents lors de l'expédition du roi de Jérusalem, Jean de Brienne, en Égypte (1217-1221) et de reprendre en 1244 Jérusalem qui avait été cédé à l'empereur Frédéric II contre une forte somme en 1229. Et déjà monte la puissance des esclaves mercenaires (Slaves, Grecs, Tcherkesses et surtout Turcs), les Mamelouks, qui remplaceront les Ayyūbides en 1250 et l'un d'eux, Baïbars (mort en 1277), après avoir chassé les Mongols de Syrie, s'emparera du sultanat en 1260 et réduira à Saint-Jean-d'Acre, dont la prise en 1292 mettra fin à l'installation des Latins en Terre sainte, le royaume latin sans cesse rétréci qui s'appelle encore royaume de Jérusalem. Une révolution de palais, alors que Saint Louis en 1250 est prisonnier des musulmans d'Égypte, ne les empêchera même pas de triompher du roi de France et de lui imposer leurs conditions de paix. Cet Islam où triomphe l'orthodoxie sunnite, et à qui les Mongols enlèvent Bagdad en 1258, a perdu son unité politique et son dynamisme économique. Il est toujours — Saint Louis l'a éprouvé — un redoutable ennemi pour les chrétiens.

Mais le grand événement mondial au XIIIᵉ siècle, c'est la constitution de l'Empire mongol. Le géant génial qui se dresse au seuil du siècle c'est Temüdjin, qui se fit appeler le chef suprême, Gengis Khan (Cinggis qan). Il fut chez les Mongols païens l'objet d'un culte au lendemain même de sa mort et il transmit à ses descendants, à l'instar de toutes les grandes familles turques ou mongoles de l'Asie centrale ancienne, un récit mythique d'origine : « L'origine de Gengis Khan est le loup bleu, né avec son destin fixé par le Ciel supérieur, et sa femme est la biche fauve[14]. » Gengis Khan transforma le monde mongol nomade d'un empire des steppes en un empire universel. Né vers 1160, il amène à sa conclusion une évolution politique et sociale commencée des décennies avant lui, il se débarrasse de ses supérieurs et de ses rivaux et, en 1206, au cours d'une assemblée qui réunit les chefs de toutes les tribus mongoles, « il fonde l'État mongol » et prend le nom de Gengis Khan. Il achève l'organisation militaire des Mongols et leur donne une administration civile « qui a vocation à gouverner le monde ». Il se croit élu par le « Ciel bleu éternel », la force surnaturelle suprême de la religion turco-mongole, pour conquérir le monde. Il se lance à sa conquête en 1207, sept ans avant la naissance de Saint Louis. Il soumet en 1207 les peuples de la forêt sibérienne, entre 1207 et 1212 les peuples sédentarisés des marches chinoises du Nord, de Mandchourie. Les restes des empires turcs à l'ouest, sur les rives de l'Ili et du lac Balkach, se placent sous sa domination. À partir de 1209 il conquiert le Tibet sinisé, la Chine du Nord avec Pékin (Tahing, 1215) et la Corée. À partir de 1211, il s'attaque à des pays musulmans, de 1219 à 1223 c'est la grande invasion de l'Ouest, la destruction des royaumes des Qara-Kitai et des Turcs du Khārezm, l'annexion du Turkestan oriental, de l'Afghanistan et de la Perse. Ses lieutenants firent des raids de pillage et de reconnaissance entre la Caspienne et la mer Noire, à travers les steppes des Qiptchaqs ou Coumans et le royaume bulgare de la Volga. En 1226, Gengis Khan repartit en campagne vers le sud et s'empara définitivement du royaume chinois de Si-Hia et de sa capitale Tchong-hing (l'actuel Ningxia) sur le Huang He. L'année suivante, 1227, il mourut. Il avait prévu un partage de cet immense empire entre ses quatre fils, mais avec maintien d'une unité sous la prééminence de l'un d'entre eux, le troisième Ögödei. Je n'entrerai pas dans le détail complexe de l'histoire politique mongole après Gengis Khan. Ce serait trop s'éloigner de Saint Louis : il n'eut d'ailleurs sur toute cette histoire extraordinaire, qui bouleversa et remodela la plus grande partie du continent asiatique dont la petite Europe chrétienne n'était que l'appendice, que des informations vagues et fragmentaires. De cet énorme mouvement il ne connut guère que le déferlement ultime à l'ouest des extrêmes vagues mongoles, en Russie où, de 1237 à 1240, elles ravagèrent Riazan, Vladimir, Moscou, Tver, Novgorod, Kiev et l'Ukraine et, en 1241, dans la Pologne du Sud (Cracovie s'en souvient encore), la Hongrie, jusqu'aux environs de Vienne. Ce fut après les Huns d'Attila au Vᵉ siècle, les Avars entre le VIᵉ et le VIIIᵉ siècle jusqu'à leur soumission par Charlemagne, le plus grand péril jaune que connut la Chrétienté occidentale. Il la terrifia[15].

Dans ces Mongols, qu'ils nommaient Tartares, car à travers cette confusion de peuples des clercs chrétiens retrouvaient les Enfers de l'Antiquité, les hommes d'Occident crurent reconnaître les peuples de Gog et Magog désignés par l'Apocalypse (xx, 7-8) comme les hordes que Satan déchaînerait des quatre coins du monde à la fin des temps pour accabler les humains à l'époque de l'Antéchrist. Le haut Moyen Âge en avait fait des cannibales exterminateurs et dévoreurs qu'Alexandre avait enfermés dans de hautes murailles à l'extrême orient de l'Asie et qui les franchiraient en cet ultime temps d'effroi terrestre[16]. Pour les pessimistes, ces « nouveaux démons » vont s'unir aux démoniaques Sarrasins, héritiers, eux aussi, d'une tradition sacrée annonçant la venue de forces infernales, pour accabler les chrétiens. « Les invasions mongoles, en étendant l'aire méditerranéenne des croisades et de la rencontre avec la civilisation musulmane, rendaient encore présente au monde occidental la menace des forces monstrueuses de destruction, contemplées dans la tradition biblique et coranique[17]. » Un écho de cette peur anime l'œuvre du franciscain anglais Roger Bacon qui a longtemps séjourné à Paris, quoique surtout marqué par l'esprit d'Oxford, et qui écrit son œuvre majeure, l'*Opus majus*, entre 1265 et 1268 à la requête de son protecteur Gui Foulques ou Foulcois, conseiller de Saint Louis qui devient en 1265 le pape Clément IV. « Le monde entier est presque en état de damnation », s'écrie-t-il. « Quoi qu'il en soit des Tartares et des Sarrasins il est certain que l'Antéchrist et les siens parviendront à cette fin. Et si l'Église ne se hâte pas par de saintes mesures de faire obstacle à ces machinations et de les détruire, elle sera accablée de façon intolérable par les fléaux des chrétiens. Tous les hommes savants croient que nous ne sommes plus très éloignés des temps de l'Antéchrist[18]. » Le moine anglais Matthieu Paris les décrivit comme « des hommes inhumains et bestiaux, qu'il faut appeler monstres plutôt qu'hommes, buveurs assoiffés de sang, qui déchiraient et dévoraient la chair des chiens et des hommes[19]... ». Le bestiaire imaginaire se confondait avec la réalité. Une fois encore s'effaçait — comme en avaient l'habitude les hommes du Moyen Âge — la frontière entre le rêve et la vie. Les cauchemars étaient bien réels.

Face aux menaces de Gog et de Magog, c'est-à-dire des Mongols, des Sarrasins et de l'Antéchrist, Roger Bacon ne voit qu'une arme, une défense possible : *Reformatio*, la Réforme. Que les chrétiens, que l'Église et la république des fidèles retrouvent le chemin de

De la naissance au mariage

« la vraie loi ». Saint Louis, dans le même temps, a même attitude. Les malheurs des chrétiens, les siens, ceux du royaume de France, ont pour cause profonde le péché, et, pour éviter de succomber devant les peuples fléaux de Dieu, il faut faire pénitence, se purifier, se réformer.

Face aux Mongols, Saint Louis, lui aussi, a d'abord été pris de panique. Au moment de l'extrême avance mongole en Europe centrale, en 1241, le bénédictin Matthieu Paris lui prête ce dialogue avec sa mère alors que la Chrétienté est plongée dans les jeûnes et les prières pour obtenir que le Seigneur apaisé « écrase l'orgueil des Tartares ».

« Alors que ce terrible fléau de la colère divine menaçait les peuples, on assura que la mère du roi de France, une femme vénérable et aimée de Dieu, la reine Blanche dit : "Où es-tu mon fils, roi Louis ?" Et lui accourant : "Qu'est-ce donc, mère ?" Poussant de profonds soupirs elle fondit en larmes, et quoique femme, mesurant ces périls imminents d'une façon qui n'était pas d'une femme, elle dit : "Que faire, très cher fils, face à un si lugubre événement, dont la rumeur terrifiante a franchi nos frontières ?" À ces mots, le roi, avec des larmes dans la voix, mais sous l'inspiration divine, lui répondit : "Courage, mère, dressons-nous à l'appel de la consolation céleste. De deux choses l'une. S'ils arrivent jusqu'à nous, ou bien nous les rejetterons dans les demeures tartaréennes[20], d'où ils sont sortis, ceux que nous appelons Tartares, ou bien c'est eux qui nous enverront tous au ciel." » Il voulait dire : « Ou bien nous les repousserons ou, s'il nous arrive d'être vaincus, nous passerons vers Dieu en confesseurs du Christ ou en martyrs[21]. » Ces mots rapportés auraient rendu courage aux Français et à leurs voisins. Pour ne pas être en reste, l'empereur Frédéric II envoya aux princes chrétiens une lettre sur le péril tartare, évoquant « cette gent barbare sortie des extrémités de la terre, dont on ignore l'origine, envoyée par Dieu pour corriger son peuple non pour faire périr, espérons-le, toute la Chrétienté mais qu'il gardera en réserve pour la fin des temps[22] ».

Face aux Mongols, surtout quand il apparut que leurs incursions européennes de 1239-1241 n'auraient pas de suite, il y eut aussi les optimistes. Ils puisaient leurs espoirs à deux sources : la religion et la diplomatie.

Les Mongols étaient païens et tolérants en matière de religion. Plusieurs petits-fils de Gengis Khan épousèrent des princesses chrétiennes nestoriennes[23]. L'un d'eux se fit bouddhiste. Il n'en fallait pas plus pour éveiller un des grands fantasmes chrétiens du XIIIe siècle, que Saint Louis ressentit plus que quiconque : la conversion des princes mongols. On racontait que ceux-ci, suivant un jeu plus ou moins sérieux, très à la mode au XIIIe siècle de l'Atlantique à la mer de Chine (Saint Louis fit disputer devant lui des clercs chrétiens et des rabbins), faisaient débattre devant eux des chrétiens, des musulmans, des bouddhistes, des taoïstes, etc., espérant peut-être trouver une religion plus convaincante et l'embrasser.

Certains chrétiens d'Occident espérèrent aussi que, convertis ou non, les Mongols pouvaient devenir des alliés contre les musulmans de Syrie et d'Égypte qu'ils prendraient alors à revers. En effet, ils avaient pris Damas en 1260, mais les Mamelouks d'Égypte les en chassèrent presque aussitôt. L'année 1260 voit la conquête mongole s'arrêter, sauf en Chine du Sud. Le péril asiatique pour les chrétiens s'appellera bientôt les Turcs.

Cependant, les optimistes — et Saint Louis devint l'un d'eux — songèrent à envoyer des messagers aux princes mongols dans l'espoir de les convertir au christianisme et d'en faire des alliés contre les musulmans. Les Khans mongols firent de même, mais ils cherchaient moins des alliés que de nouveaux sujets, conformément à leur habitude de préférer, quand c'était possible, la soumission pacifique à la conquête militaire.

Aux yeux des Mongols habitués aux grands espaces et à la confrontation avec de grandes puissances, l'Occident chrétien n'était qu'un ensemble de peuples faibles régis par de petits chefs. Ils n'étaient pas des interlocuteurs valables. Le pape Innocent IV avait donné le signal des ambassades chrétiennes aux « Tartares » en 1245. En décembre 1248, Saint Louis, qui hivernait à Chypre en attendant de débarquer en Égypte, reçut une ambassade mongole envoyée par le représentant du grand Khan en Iran à la demande de celui-ci, Güyük, petit-fils de Gengis Khan. La lettre soulignait la liberté complète et l'égalité octroyée à tous les chrétiens dans l'Empire mongol. Saint Louis répondit en envoyant à Güyük un messager, le dominicain André de Longjumeau, porteur de cadeaux dont une magnifique tente écarlate destinée à servir de chapelle. Mais quand il parvint à la cour du Khan Güyük, la régente, sa mère, répondit en insistant sur la soumission attendue du roi de France et réclama un tribut annuel. Saint Louis, qui reçut cette réponse en Terre sainte en 1253, se repentit, nous dit Joinville, d'avoir envoyé un messager. Mais pendant qu'il séjournait en Terre sainte, le bruit courut qu'un descendant de Gengis Khan, Sartaq, s'était converti au christianisme. Sans en faire un véritable ambassadeur, Saint Louis chargea le franciscain Guillaume de Rubrouck de porter une lettre à Sartaq, qui évoquait vaguement la possibilité d'une politique commune entre chrétiens et Mongols. Le messager et la lettre furent finalement envoyés au grand Khan Möngke dans sa capitale de Karakorum en Mongolie. La lettre se perdit, Guillaume de Rubrouck exposa sans succès la foi chrétienne à Möngke qui envoya en retour à Saint Louis une lettre où il rappelait surtout le roi de France à la soumission. Quand le franciscain revint à Chypre, Saint Louis était rentré en France et la correspondance diplomatique entre Saint Louis et les Mongols cessa[24]. Pourtant, en 1262, le frère de Möngke, mort en 1259, Hülegü, envoya une grosse ambassade à Paris (les monstres tartares étaient devenus « vingt-quatre nobles tartares, accompagnés de deux frères Prêcheurs servant d'interprètes »). Il remerciait pour l'envoi de la tente écarlate qui avait été très appréciée et proposait au roi de France (les Mongols avaient maintenant fait la différence entre le pape, souverain spirituel, et le roi de France, souverain temporel qu'ils considéraient comme le plus puissant des princes chrétiens) une alliance en bonne et due forme en Syrie contre les musulmans. Les Mongols fourniraient une armée de terre et le roi de France une flotte dont les Mongols étaient dépourvus. Ce serait l'alliance du continent asiatique et de la Méditerranée chrétienne. Jérusalem et les lieux saints seraient rendus aux chrétiens[25]. Cette amorce de dialogue, ces tentatives avortées de communication où les frères Mendiants spécialistes des langues auraient pu jouer un rôle plus important, manifeste l'impuissance de la Chrétienté médiévale, Saint Louis compris, à s'ouvrir à un monde en face duquel elle ne se sentait pas en position de force. Il semble que Saint Louis et ses conseillers s'arrêtèrent au rappel — peut-être seulement symbolique, mais dans la politique médiévale les symboles pèsent lourd — de la soumission du roi de France au Khan mongol et ne donnèrent aucune suite à cette lettre. Des négociations traînèrent pendant plusieurs années encore entre le pape et les Mongols, sans résultat.

Tout l'Orient n'aura été pour Saint Louis que mirages. Mirage d'un empire latin de Constantinople et d'une réunion des Églises chrétiennes latine et grecque à laquelle s'employa particulièrement, à la demande de la papauté, un homme lié au roi de France, le cardinal Eudes de Châteauroux, franciscain qui avait été chancelier de l'Église de Paris. Mirage d'un affaiblissement des princes musulmans déchirés par des rivalités internes et qui pourtant furent vainqueurs de Saint Louis et reprirent cette Terre sainte qu'il avait voulu défendre. Mirage d'une conversion des Mongols au christianisme et d'une alliance franco-mongole contre les musulmans. À un moment où la Chrétienté se recentre sur elle-même, se désengage peu à peu de la croisade, où les mendiants eux-mêmes sont tiraillés entre leur apostolat en Chrétienté et une œuvre missionnaire en Afrique et en Asie, Saint Louis, en porte à faux entre le souci de son royaume et ses rêves excentrés, ne pourra être qu'un liquidateur de la croisade et le prince de l'irréalisme face aux horizons lointains de la Chrétienté. De l'Orient, Saint Louis ne gagnera que d'insignes reliques et une auréole de martyr que l'Église romaine, pour finir, ne lui reconnaîtra pas.

LA CHRÉTIENTÉ

Le monde de Saint Louis, autant que la France, c'est la Chrétienté[26]. Il dirige souverainement la première et est une des têtes de la seconde qui englobe son royaume. Il n'y a — et il ne ressent — aucune contradiction entre les deux appartenances. La notion d'une unité de l'Extrême-Occident autour de la religion chrétienne existait au XIIIe siècle. Elle s'exprimait en général par les termes « peuple chrétien » *(populus christianus)* ou « république chrétienne » *(respublica christiana)* ou encore « monde chrétien » *(orbis christianus)*. Mais « Chrétienté » *(Christianitas)* s'emploie aussi et le terme apparaît en ancien français vers 1040 dans la *Chanson d'Alexis*. Un jour l'évêque Gui d'Auxerre, parlant au nom des prélats du royaume de France, dit à Saint Louis interloqué : « Sire, ces archevêques et ces évêques qui sont ici m'ont chargé de vous dire que la Chrétienté *(cretientés)* déchoit et se perd entre vos mains[27]... » Au début du premier concile de Lyon en 1245, le pape Innocent IV définit la Chrétienté par ses adversaires : l'insolence des Sarrasins, le schisme des Grecs et la férocité des Tartares[28]. Cette Chrétienté, république spirituelle, se définit aussi par l'espace qu'elle occupe. Innocent IV veut fermer aux Mongols les « portes de la Chrétienté » *(januae christianitatis)* et leur opposer trois royaumes : Pologne, Lituanie, Volhynie[29]. Un choix en effet — qui est un des grands débats, souvent sous-jacent, du siècle de Saint Louis — s'impose aux chrétiens : donner la priorité à la défense de la Terre sainte, la croisade, ou à la défense de l'Europe, ce qui implique l'accomplissement de la conversion des peuples païens de l'Europe orientale : Lituaniens, Prussiens et, plus au sud, menaçant la Hongrie, Coumans. La frontière de la Chrétienté latine est-elle toujours sur le Jourdain ou sur le Dniepr ? Saint Louis ne semble pas avoir hésité et a repris la réponse traditionnelle depuis 1095, depuis qu'Urbain II a prêché la croisade à Clermont.

À L'ABOUTISSEMENT D'UN ESSOR

Pourtant, la tendance de la Chrétienté est à se replier sur l'Europe. L'esprit de croisade vacille. La clef de ce changement d'attitude est à chercher dans la prospérité même de l'Occident. L'essor a porté le flux des chrétiens en Orient et le même essor porte le reflux en Europe. À la fin du XIe siècle, la trop rapide croissance démographique de la Chrétienté n'avait pu être absorbée par l'Europe et cette Chrétienté juvénile, où les jeunes étaient privés de terre, de femmes et de pouvoir, se déchaînait en violences internes. Le premier flot de la féodalité sauvage ne pouvait être endigué par le mouvement de paix. L'Église le détourna contre les musulmans et comme la Reconquista espagnole était insuffisante pour absorber le surplus d'hommes, de convoitises et d'énergie des Latins, elle le dirigea vers l'Orient. Mais, au milieu du XIIIe siècle, la prospérité interne a atteint son apogée en Occident. Défrichements et « révolution agricole » font reculer la famine. Il n'y a plus alors en Occident de famine générale.

Les progrès de l'économie rurale ont favorisé le progrès social. Même si le système seigneurial enserre les hommes dans un réseau étroit, les affranchissements s'accélèrent, et si l'air de la ville ne rend pas aussi libre qu'un proverbe allemand le dit[30], l'explosion urbaine accueille les hommes dans les villes, ranime l'artisanat et le commerce, y compris le commerce lointain, la production textile progresse de façon spectaculaire, le bâtiment va, va très bien, et la pierre remplace de plus en plus le bois. La part de la monnaie dans les échanges monte en flèche et les maîtres de la frappe monétaire frappent des pièces à haute valeur, les « gros » d'argent. Le XIIIe siècle est le siècle du retour à la frappe de l'or éteinte depuis Charlemagne en Occident. Saint Louis est le premier roi de France qui battra monnaie d'or, l'écu, en 1266. La prospérité force les seigneurs à l'octroi de libertés et impose des bornes à la violence. La doctrine de limitation de la guerre à la guerre juste, et le cantonnement de celle-ci dans des périodes restreintes, fait passer la paix d'un idéal à une réalité. À la protection de la veuve et de l'orphelin il convient d'ajouter celle du marchand, et comme la nouvelle société sécrète des pauvres aussi en grand nombre, il faut leur apporter, par la multiplication des hôpitaux et des léproseries, une sollicitude qui, ambiguë, oscille entre la charité et l'enfermement. À côté de l'Église, des confréries et des corporations, l'État naissant donne un avant-goût du *Welfare State*. Saint Louis se distinguera dans ce domaine.

La ville apporte aussi de nouveaux besoins culturels et les moyens de les satisfaire. Les écoles se multiplient qui, au XIIIe siècle, alphabétisent une part croissante des jeunes citadins. Elles ne se limitent plus aux futurs clercs, mais accueillent aussi de plus en plus d'élèves laïcs. Ce sont surtout des garçons qui, désormais, savent lire, écrire, compter, mais il y a aussi des maîtresses d'école. Des corporations enseignantes se forment, qui accapareront le nom général d'université[31], créent dans la société chrétienne au temps de Saint Louis un nouveau pouvoir à côté du Règne *(Regnum)* et du Sacerdoce, le Savoir *(Studium)*, incarné par les universités. Les universités donnent une seconde vie au latin, langue internationale du savoir, un latin le plus souvent forgé, le latin scolastique, mais, jusque dans les collèges universitaires — malgré les règlements —, l'usage de la langue vulgaire fait des progrès rapides. Les langues vernaculaires deviennent des langues littéraires. Sous Saint Louis, l'administration du royaume de France commence à écrire en français, et il est le premier roi de France que nous pouvons entendre s'exprimer en français. Le théâtre renaît, qui sort de l'Église et prend la ville pour scène. Les fêtes se répandent dans la rue, mêlant aux liturgies savantes les rites plus ou moins païens d'une campagne qui envahit la ville, Carnaval combat et refoule Carême, un fabliau de 1250 entraîne l'imaginaire dans un pays nouveau, fort éloigné de l'ascétisme chrétien, le pays de Cocagne. L'art, toujours au service de Dieu et des puissants, cherche, au-delà de la manifestation du pouvoir, à satisfaire de plus en plus des goûts esthétiques plus largement partagés, attirant autant le ciel sur la terre qu'il élève la terre vers le ciel. Le triomphe du vitrail inonde les églises de lumière colorée, la sculpture montre un « beau Dieu » à Amiens et fait sourire les anges à Reims. Le gothique est une fête. Sur la terre comme au ciel, les valeurs restent profondément chrétiennes. Les jardins terrestres — où l'on peut, grâce à l'amour, cueillir la rose — sont l'écho renouvelé du jardin d'Éden où Ève cueillit la pomme fatale. La terre n'est plus seulement le reflet rongé par le péché du Paradis perdu ; l'homme, fait à l'image de Dieu et collaborant ici-bas à l'œuvre divine de la Création, peut y produire et y goûter des biens qui s'épanouiront au Paradis retrouvé à la fin du temps : la science, la beauté, la richesse bien acquise, le calcul licite, le corps qui ressuscitera, le rire même, longtemps suspect aux yeux de l'Église, commencent ici-bas, par le travail de l'homme, leur carrière éternelle[32]. La Chrétienté semble perdre, au XIIIe siècle, son vernis barbare. Le jugement de Dieu s'estompe, l'ordalie est interdite par le quatrième concile du Latran (1215), mais est lente à disparaître dans la pratique[33]. Si la preuve par le feu, l'eau, le fer rouge, disparaît assez vite, on n'extirpera le jugement par le duel, par « gages de bataille », forme de l'ordalie préférée par les guerriers, que bien plus tard. Saint Louis s'y efforcera sans succès.

Il est de plus en plus difficile pour ces chrétiens attachés au bien-être nouveau de leurs demeures européennes de s'en détacher pour les mérites douteux de la croisade. Celui qui s'est voulu le plus proche ami de Saint Louis, admiratif et dévoué, au demeurant un chevalier chrétien dont le saint roi a parfois dû calmer l'impétuosité, Joinville, refuse de le suivre à sa seconde croisade :

> Je fus beaucoup pressé par le roi de France et le roi de Navarre[34] de me croiser. À cela je répondis que, tant que j'avais été au service de Dieu et du roi outre-mer, et depuis que j'en revins, les sergents du roi de France et du roi de Navarre m'avaient détruit et appauvri mes gens, tellement que le temps ne serait jamais où moi et eux n'en valussions pis. Et je leur disais ainsi, que si j'en voulais faire au gré de Dieu, je demeurerais ici pour aider et défendre mon peuple ; car si je mettais mon corps en l'aventure du pèlerinage de la croix, là où je voyais tout clair que ce serait pour le mal et dommage de mes gens, j'en courroucerais Dieu, qui mit [offrit] son corps pour sauver son peuple. Je pensai que tous ceux-là firent un péché mortel qui lui conseillèrent le voyage, parce que au point où il était en France, tout le royaume était en bonne paix au dedans et avec tous ses voisins, et depuis qu'il partit l'état du royaume ne fit jamais qu'empirer[35].

Le sénéchal refuse ainsi la croisade, rapatriant en quelque sorte son devoir dans sa seigneurie champenoise, croyant que désormais suivre Dieu, l'imiter, ce n'est pas courir « l'aventure du pèlerinage de la croix », mais « aider et défendre son peuple » sur sa terre de Joinville. Pour le sauver de qui, de quoi ? De Satan, des Sarrasins, des Tartares ? Non, des « sergents du roi de France et du roi de Navarre », pour garder à ses dépendants les profits de l'essor de la Chrétienté. Le sénéchal feint de se comporter en chevalier de ses vassaux et de ses paysans là où il agit comme ces hommes nouveaux, fermés à la prouesse et à l'aventure, en bourgeois. Quand, vingt ans plus tôt, il avait suivi le roi en Terre sainte, « je ne voulus jamais retourner mes yeux vers Joinville, dit-il, de peur que le cœur ne m'attendrît du beau château que je laissais et de mes deux enfants[36] ». Vingt ans après, il a quarante-trois ans, ses enfants ont grandi, mais son château retient, dans cette Chrétienté que lui aussi ne veut plus quitter, le sire de Joinville.

Faut-il que Saint Louis, qui pourtant aimait la vie et cette terre ici-bas, ait été envoûté par cette image terrestre de la Jérusalem céleste pour repartir ainsi, tournant le dos à son siècle, portant sa croix, vers cette Jérusalem que ses contemporains chrétiens laissaient se détacher de leur suffisante Chrétienté ! Parmi les prières qu'on prête à Saint Louis mourant, il y a : « Sire Dieu, donnez-nous que nous puissions mépriser la prospérité de ce monde[37]. » Il a vécu très profondément les inquiétudes religieuses de son époque[38].

INQUIÉTUDES RELIGIEUSES

La prospérité même de la Chrétienté du XIIIe siècle est sans doute une des causes des inquiétudes religieuses qui la tourmentent.

Depuis les environs de l'an mille, l'enrichissement croissant des puissants, laïques et ecclésiastiques, l'attachement de plus en plus fort au monde dans des couches de plus en plus nombreuses de la société occidentale chrétienne suscitent diverses réactions d'inquiétude et de rejet. Une intense activité de contestation spirituelle se manifeste dans l'Église et hors de l'Église, dans les milieux monastique, ecclésiastique et aussi laïque. La cible générale, c'est l'Église et sa rapacité, que ces chrétiens exigeants estiment particulièrement scandaleuses dans la pratique courante d'achat des dignités ecclésiastiques — à commencer par les évêchés — que l'on appelle simonie, du nom de Simon le Magicien, qui avait essayé d'acheter leurs dons spirituels aux apôtres. Cette offensive vise aussi en priorité la tête de l'Église, la papauté, première puissance à constituer un État monarchique levant des redevances financières de plus en plus lourdes, récoltant et maniant des sommes d'argent de plus en plus considérables. Des clercs critiques composent des textes satiriques, parfois très violents, contre la curie romaine, qui circulent avec succès dans les milieux ecclésiastiques et les hautes sphères laïques, tel *L'Évangile selon le marc d'argent*[39]. Des prédicateurs itinérants, dont le comportement est suspect dans une société où chacun doit demeurer en un lieu stable, répandent ces idées. À la critique de l'argent, de l'Église, du pontife romain s'ajoute, ici et là, la contestation de certaines composantes du dogme chrétien et de certaines pratiques religieuses imposées par l'Église. On récuse toute hiérarchie, les sacrements, dont le mariage et la morale sexuelle qui lui est liée, le culte des images et, en particulier, du crucifix, le monopole que se réserve le clergé de la lecture directe des Écritures et de la prédication, le luxe des églises. On réclame le retour à la pratique stricte de l'Évangile, aux mœurs de l'Église primitive, on invite hommes et femmes « à suivre nus le Christ nu ». On refuse de prêter tout serment, ce qui revient à saper un des fondements de la société féodale. Saint Louis lui-même se refuse à jurer, même d'une façon autorisée par l'Église. Cette contestation se borne souvent à la critique des pratiques de pouvoir et d'argent et des excès dans l'usage des biens terrestres, à des appels à la réforme ; elle est parfois plus radicale, soit qu'elle rejette l'Église, soit qu'elle s'en prenne à des éléments essentiels du dogme chrétien. C'est alors que l'Église l'appelle hérésie et qu'elle condamne absolument ces mouvements contestataires, l'hérétique devant abjurer son erreur ou être retranché de la société chrétienne[40]. Ce n'est pas une crise d'incroyance mais, au contraire, une fièvre de foi, le désir de vivre ce « mépris du monde » que le monachisme et l'Église du haut Moyen Âge — imprudemment peut-être — ont si fort prôné. Le mouvement touche clercs et laïcs et toutes les couches de la société. Le royaume de France n'est pas épargné par cette agitation : le premier hérétique « populaire » connu aux alentours de l'an mille est un paysan de Vertus-en-Champagne, pris d'une crise religieuse alors qu'il travaillait sa vigne ; des clercs hérétiques sont brûlés à Orléans en 1022 ; un groupe hérétique se manifeste à Arras en 1025. Certains de ces groupes hérétiques ont eu, semble-t-il, des liens avec la famille royale capétienne : c'est le cas à Orléans en 1020, à Paris en 1210. Saint Louis déteste l'hérésie, mais la frontière entre orthodoxie et hérésie n'est pas toujours très nette. On parlera de sa rencontre, dont l'importance me paraît grande, au retour de la croisade, à Hyères, avec un franciscain professant les idées suspectes de Joachim de Flore[41].

Sa dévotion personnelle se situe dans la ligne de l'aspiration à l'imitation du Christ, sinon dans la pauvreté, difficile à pratiquer pour un roi de France, mais dans l'humilité. C'est un adepte du grand mouvement de pénitence qui enflamme la majorité de ces aspirants à la perfection évangélique. Comme beaucoup de ses contemporains, il est fasciné par les ermites qui se multiplient dans les solitudes forestières et insulaires de la Chrétienté, incarnant cette fuite du monde *(fuga mundi)*, d'un monde perverti par l'essor économique de l'Occident. Parmi les ordres religieux nouveaux qui, aux XIe et XIIe siècles, s'efforcent d'opérer la réforme du monachisme enlisé dans la richesse, la puissance et l'abandon du travail manuel, le plus attrayant est l'ordre de Cîteaux, auquel saint Bernard (mort en 1153) apporte l'auréole de son immense prestige. Dès la fin du XIIe siècle, on accuse les Cisterciens de s'être déjà, à leur tour, laissé séduire par les tentations du monde, mais ils restent, au XIIIe siècle, les symboles d'un monachisme réformé et épuré. À côté des Mendiants, nouveaux réguliers réformés du XIIIe siècle, les Cisterciens conservent la faveur de Saint Louis. C'est à un monastère cistercien qui lui doit son existence et qui fut sans doute son lieu favori, Royaumont, que son nom reste lié.

Cependant, la vague hérétique s'amplifiait au début du XIIIe siècle. De toutes ces hérésies, difficiles souvent à identifier sous les noms anciens ou fantaisistes que l'Église leur donnait, soit par ignorance de leur vraie nature, soit pour les déconsidérer comme résurgences de vieilles erreurs déjà condamnées très longtemps auparavant, la plus spectaculaire, et celle qui paraissait la plus dangereuse aux yeux de l'Église et des princes qui la défendaient, était celle que nous appelons aujourd'hui « catharisme ». Le nom le plus courant qu'on donne au XIIIe siècle à ces cathares en France est celui d'*aubigeois* (albigeois), car ils sont nombreux dans la France méridionale et on les appelle albigeois comme on appelle cahorsins les banquiers chrétiens considérés comme usuriers. Le catharisme est une religion dualiste et non monothéiste. Les cathares croient en l'existence de deux dieux, un dieu bon, invisible, qui sauve les âmes, roi d'un monde tout spirituel, et un dieu mauvais, maître du monde visible, matériel, qui perd les corps et les âmes. Ce Dieu mauvais, les cathares l'assimilent à Satan et au Dieu de colère de l'Ancien Testament. Son instrument ici-bas, c'est l'Église, assimilée à la Bête de l'Apocalypse. Pour l'Église chrétienne, c'est un danger absolu. Entre cette religion qui a ses rites, son clergé, sa hiérarchie (les « parfaits »), et le christianisme officiel, pas de compromis possible, même si beaucoup d'albigeois doivent se réfugier dans la clandestinité, accepter une façade orthodoxe. L'hérésie dualiste est un phénomène de la Chrétienté tout entière, aussi bien occidentale qu'orientale. Aux XIIe et XIIIe siècles, on la trouve en Aquitaine, en Champagne, en Flandre, en Rhénanie, en Piémont, mais elle a deux grands foyers en Orient, la Bulgarie et la Bosnie et deux en Occident : la Lombardie et le Languedoc[42]. Saint Louis va la trouver dans son royaume. À vrai dire, alors que son grand-père, Philippe Auguste, s'était refusé à la croisade contre les albigeois, son père, Louis VIII, avait déjà accompli le plus gros de la lutte militaire contre les hérétiques de la France méridionale. Saint Louis y mena la phase décisive, en 1226, de la croisade contre les albigeois[43].

L'attitude du comte de Toulouse, Raimond VI, favorable aux cathares et hostile à son suzerain capétien, a dû jouer, mais le roi a sans doute voulu redonner l'initiative à la monarchie sur les seigneurs et chevaliers du Nord qui avaient, à leur profit, attaqué les seigneurs méridionaux sous le couvert de la croisade. Et Louis VIII souhaitait aussi se mettre en meilleurs termes que son père avec la papauté.

Pour extirper les restes — vivaces — de l'hérésie, l'Église inventa alors un tribunal d'exception, l'Inquisition. Elle y pervertit un nouveau type de procédure dite précisément inquisitoriale. Elle est déclenchée par un juge alerté par une dénonciation, la rumeur publique ou la découverte d'un élément matériel révélant un crime ou un délit. Elle tend à se substituer à la procédure accusatoire où le juge est saisi par un accusateur, la victime ou ses proches, à qui il incombe de fournir les preuves. La procédure inquisitoriale a en théorie un double mérite : elle ne laisse impunis que les crimes ignorés et elle a pour objectif d'obtenir l'aveu[44] du coupable, preuve considérée comme la plus objective et la plus irréfutable. Mais la procédure inquisitoriale telle que la pratique l'Inquisition est secrète, se déroule sans témoins ni avocats pour l'accusé qui ignore, s'il y a dénonciation, le nom de ses accusateurs. La volonté de beaucoup d'inquisiteurs de forcer à avouer les accusés d'hérésie, soupçonnés d'être des dissimulateurs et des menteurs, conduit à l'usage de la torture, qui a tendance à se généraliser au cours du XIIIe siècle. Quand le tribunal de l'Inquisition prononce une condamnation grave, ce qui est fréquent, une forme particulièrement cruelle d'emprisonnement — parfois à vie —, l'emmurement ou la mort par le bûcher, l'Église, qui veut avoir l'air de garder les mains propres, confie au pouvoir laïque le soin d'exécuter la sentence. C'est ce qu'on appelle l'abandon au bras séculier. Le pape Grégoire IX ayant institué l'Inquisition en 1233, Saint Louis sera le premier roi de

France à faire périr des hérétiques condamnés par l'Inquisition[45].

Le déferlement hérétique dans la Chrétienté du XIIIe siècle n'était qu'un aspect du bouillonnement religieux. Celui-ci eut au moins deux autres expressions capitales, qui demeurèrent, pour l'essentiel, à l'intérieur de l'orthodoxie chrétienne.

La première est la naissance de nouveaux ordres religieux répondant à de nouveaux besoins spirituels et au désir de certains hommes et femmes de haute spiritualité d'être les apôtres de la société issue de l'essor économique et social. Ce furent les ordres Mendiants. En réaction contre le monachisme en déclin qui, dans la solitude, satisfaisait surtout les aspirations de la société aristocratique et chevaleresque, les frères, qui ne sont pas des moines, vivent non pas dans la solitude, dans ce « désert » de l'Occident qu'est la forêt, mais au milieu des hommes, dans les villes. Le principal gibier de leur apostolat, c'est la nouvelle société urbaine corrompue par l'hérésie. Leur première arme, c'est le modèle de leur vie, dans l'humilité et la pauvreté, ce qui les réduit à la quête. Dans ce monde où l'esprit de lucre, l'appât du gain, la cupidité *(avaritia)* prennent des formes nouvelles face à l'invasion de l'argent, ils se font « mendiants ». Et la réforme qu'ils incarnent dans leur comportement va être pour eux un atout pour se mettre efficacement au service de celle de la société.

Au terme d'une longue évolution qui a vu, au XIIe siècle, se transformer la conception du péché et de la pénitence, se réorganiser la vie spirituelle autour des intentions plutôt que des actes, le quatrième concile du Latran (1215) a rendu obligatoire pour tous les chrétiens la confession auriculaire individuelle au moins une fois l'an (on en fera la confession pascale), ouvrant la porte à un bouleversement de la vie psychologique et spirituelle par la pratique de l'examen de conscience, la recherche de cette forme d'aveu qu'est le repentir, nouveau centre de gravité de la pénitence. Les frères Mendiants apprennent aux prêtres à confesser, aux fidèles à se confesser[46]. Pour convaincre, ils ont recours à la parole. Ils ressuscitent et renouvellent la prédication. Ils font du sermon un média qui attire les foules[47]. Certains d'entre eux sont des vedettes de la prédication. Saint Louis, grand amateur de sermons, appellera ainsi le franciscain saint Bonaventure à prêcher devant lui et sa famille.

Les chrétiens avaient toujours été préoccupés par le salut et, en particulier, par la configuration de l'au-delà. À la fin du XIIe siècle et au début du XIIIe, la géographie de l'au-delà se transforme. Entre le Paradis et l'Enfer se glisse un au-delà doublement intermédiaire car il ne durera que le temps de l'histoire et s'absorbera dans l'éternité : le Purgatoire, où les pécheurs non endurcis peuvent expier et racheter après la mort par leurs souffrances et par les *suffrages* des vivants le restant de leur dette pénitentielle avant d'aller au Paradis[48]. Les frères Mendiants diffusent la croyance au Purgatoire et apprennent aux chrétiens à gérer autrement leur mort, car elle débouche désormais sur un jugement individuel immédiat dans l'attente du jugement dernier collectif. Et ils leur ouvrent — du moins aux familles des notables bourgeois — la sépulture dans leurs églises, au grand dam des curés de paroisses.

À l'origine des ordres Mendiants, il y a deux grands personnages très différents : l'Espagnol Dominique de Calaruega, fondateur des frères Prêcheurs (qu'on appellera, de son nom, « Dominicains ») et l'Italien François d'Assise, fondateur des Mineurs (de même appelés Franciscains)[49]. À ces deux ordres Mendiants principaux s'ajoutent, au cours du XIIIᵉ siècle, les Carmes en 1229 et, définitivement, en 1250, les Augustins en 1256. Saint Louis, qui a sept ans en 1221 quand meurt saint Dominique, qui sera canonisé en 1234, et douze ans en 1226, l'année où il devient roi, quand meurt saint François (canonisé dès 1228), va être le roi des ordres Mendiants. On le soupçonnera de vouloir se faire lui-même frère Mendiant[50].

L'autre expression du bouillonnement religieux du XIIIᵉ siècle, c'est la montée des laïcs dans l'Église[51]. Le développement des confréries va de pair avec l'essor d'une piété des laïcs[52]. Le grand mouvement de pénitence qui les emporte rehausse aussi leur place dans l'Église. La conjugalité, statut normal des laïcs, inspire de nouveaux idéaux religieux, tels que la chasteté conjugale. De cette promotion des laïcs, la femme bénéficie particulièrement. Sainte Claire est plus que la doublure de saint François, elle est la première femme à donner sa règle à un ordre féminin. Mais, plus nouveau encore, les ordres Mendiants donnent naissance non seulement à de seconds ordres féminins, mais à des tiers ordres laïcs. Sous le regard méfiant de l'Église, toujours attentive à contrôler la dévotion des laïcs et des femmes, des laïcs embrassent donc une vie à cheval sur la frontière qui sépare les clercs des laïcs : dans les villes, des femmes, notamment, mènent une vie dévote, sans être religieuses, dans des logements modestes souvent regroupés dans un même lieu. Ce sont les béguines, nouvelles venues du XIIIᵉ siècle[53].

Ces laïcs seront souvent sensibles aux courants mystiques dans le christianisme. Si les idées millénaristes[54] de l'abbé cistercien Joachim de Flore (mort en 1202) n'agitent surtout que quelques milieux religieux, notamment franciscains, le souci des fins dernières, la peur des derniers temps, la croyance en la proximité du Jugement dernier poussent certains laïcs vers des manifestations religieuses extrêmes, comme les processions de Flagellants de 1260[55]. La sainteté, naguère quasi-monopole des clercs et des moines, accueille des laïcs, hommes et femmes. Un marchand de Crémone, Homebon, mort en 1197, fut canonisé par Innocent III dès 1199, deux ans après sa mort[56]. Mais le plus célèbre des saints laïcs du XIIIe siècle, ce sera Saint Louis, un Saint Louis qui protège les béguines parisiennes, qui est un parangon d'époux chrétien et qu'effleurera au moins le joachimisme. Un Saint Louis qui est enfin un roi eschatologique, un roi obsédé par la hantise des derniers temps. Comme la majorité des chrétiens de son époque, Saint Louis vit entre la peur[57] qu'entretient une Église inquiète de voir les fidèles s'attacher de plus en plus au monde d'ici-bas et l'espérance comme « attente des biens à venir », dans une perspective où la vie terrestre est devenue autant un tremplin qu'un obstacle à la vie future[58]. Car le très chrétien Saint Louis est aussi un des grands acteurs politiques de la Chrétienté du XIIIe siècle.

ORGANISATION POLITIQUE : ÉMERGENCE DE L'ÉTAT MONARCHIQUE

Au temps de Saint Louis, la Chrétienté est encore troublée sur le plan politique par une renaissance du grand conflit entre les deux têtes de la société chrétienne, le pape et l'empereur, qui atteint une intensité paroxystique sous le pontificat d'Innocent IV

De la naissance au mariage

(1243-1254) face à l'autre grand personnage laïc du XIIIe siècle avec Saint Louis, l'empereur Frédéric II, figure hors du commun, presque en tout l'antithèse de Saint Louis[59]. Dans ce conflit, Louis se montrera respectueux de l'un et l'autre pouvoir traditionnel et, sous couvert d'une sorte de neutralité, en ce temps où le jeu d'échecs devient à la mode chez les grands[60], poussera ses pions, ceux de la monarchie française.

Le grand mouvement politique de la Chrétienté au XIIIe siècle, c'est, en effet, l'irrésistible ascension des monarchies et de l'État qu'elles construisent. Amorcée au siècle précédent, surtout en Angleterre, elle se poursuit au XIIIe siècle avec la monarchie pontificale qui de l'État moderne a bien le caractère centralisateur et bureaucratique croissant, mais qui n'en a pas la base territoriale (malgré les États du Patrimoine de Saint-Pierre en Italie centrale) et encore moins les fondements « nationaux », qui s'affirment en Castille, en Aragon et surtout en France. Un progrès décisif a été accompli par le grand-père tant admiré de Saint Louis, Philippe Auguste[61]. Saint Louis, de façon moins spectaculaire, moins bien étudiée par les historiens, fera faire d'autres progrès essentiels à l'élaboration d'un État monarchique français. Cet État monarchique, on y reviendra à propos du roi Louis IX, loin d'être incompatible avec la féodalité, se combine avec les structures et les mentalités féodales. Sa force vient de là[62].

Ce que réussissent les Français ou les Espagnols, les Anglais semblent ne le réussir qu'à demi. La monarchie anglaise si forte, si en avance sous Henri II (1154-1189), semble reculer sous ses fils, Richard Cœur de Lion (1189-1199) et, surtout, Jean sans Terre (1199-1216) et son petit-fils Henri III (1216-1272), le contemporain ennemi et ami de Saint Louis. En juin 1215, un an après la naissance de Saint Louis, Jean sans Terre, sous la pression des barons anglais, avait concédé la Grande Charte *(Magna Carta)*. Cet acte fondamental de l'histoire politique de l'Angleterre n'est pas la substitution du pouvoir baronnial au pouvoir royal. Il traduit une limitation du second dans une double perspective : la reconnaissance des privilèges non seulement des barons, mais aussi de la moyenne et petite noblesse, de l'Église, des villes et des bourgeois, l'affirmation que le roi est soumis aux lois qui lui sont supérieures, qu'il s'agisse des « lois existantes » ou de la loi morale qui impose au souverain des mesures « raisonnables » et lui interdit l'arbitraire[63].

En Allemagne, en revanche, malgré les efforts et les faux-semblants de Frédéric II, le pouvoir royal est à la dérive. Certes, Frédéric II a su forger en Italie du Sud et en Sicile un pouvoir central qui aurait pu être durablement fort s'il n'avait été de nature étrangère[64]. Mais non seulement il n'a pas rétabli, face à la papauté, le Saint Empire romain, malgré son couronnement à Rome par le pape Honorius III en 1220, et surtout il a dû abandonner le pouvoir réel aux princes allemands dans le « statut en faveur des princes » *(Statutum in favorem principum)* de 1231.

Une forme de pouvoir non monarchique et non centralisée s'étend en Italie. Le pouvoir communal, pour faire régner l'ordre dans les villes, cherche souvent à l'extérieur un étranger pour gouverner la cité avec le titre de podestat. Parfois, en ce siècle où pouvoir religieux et pouvoir laïc ne sont pas bien distingués, où l'ordre moral est confondu avec l'ordre tout court (Saint Louis aura lui-même tendance à effacer cette distinction à la fin de son règne), une ville se donne un religieux pour podestat. Ainsi, à Parme, en 1233, un mouvement qui veut faire régner la paix et la justice — par exemple en luttant contre l'usure, comme le fera Saint Louis — confie un pouvoir absolu à un franciscain, le frère Gherardo da Modena. C'est l'éphémère, mais significatif, mouvement de l'Alleluia[65]. Plus généralement, commence à se mettre en place dans l'Italie centro-septentrionale, la plus vivante économiquement, socialement et culturellement, en dehors du royaume de Naples et de Sicile, du Patrimoine de Saint-Pierre et des États féodaux alpins et subalpins, un regroupement des citoyens des villes en deux partis qui vont se disputer sans cesse le pouvoir et se bannir mutuellement, sous le couvert d'un soutien au pape ou à l'empereur : les guelfes et les gibelins. Cette anarchie politique contraste avec la prospérité économique. Si Pise amorce un certain déclin, Gênes, Florence, Venise affirment au XIIIe siècle leur puissance économique. Ce seront des partenaires éminents pour Saint Louis, en particulier Gênes qui lui procurera (comme elle l'avait fait pour Philippe Auguste) l'essentiel de ses flottes de croisade et une partie de ses opérations financières.

En Espagne et au Portugal, le paysage politique est dominé par la Reconquista sur les musulmans. Sous des rois guerriers et conquérants, la Castille et l'Aragon progressent sur la voie de la construction d'un État monarchique. Ferdinand III[66], cousin germain de Saint Louis, réunit définitivement le Leon à la Castille en 1230. Dans les États de la couronne d'Aragon, le poids de Barcelone et de la prospère Catalogne est de plus en plus grand.

Dans les royaumes scandinaves, où les villes sont peu nombreuses et peu puissantes, les dynasties royales luttent contre les grands. En Islande, le XIIIe siècle est le grand siècle des sagas, au début duquel apparaissent les premières « vraies » sagas, les sagas

« royales[67] », dans un pays qui ignore pourtant la royauté, idole politique du siècle. En Pologne et en Hongrie, ce sont les grands qui ont le dessus, surtout en Pologne où les princes doivent aussi lutter contre la colonisation allemande sous ses deux formes : l'installation des colons allemands sur les terres défrichées et dans les villes, la constitution d'un inquiétant État dominé par des moines-chevaliers, dont l'esprit de mission à l'égard des païens (Lituaniens, Prussiens) se doublait d'une volonté de conquête pure et simple, animée par un sentiment d'appartenance à la culture germanique : les chevaliers Teutoniques[68], dont l'expansion à l'est fut arrêtée par le prince russe de Novgorod, Alexandre Nevski, à la bataille du lac Tchoudsk ou Peïpous (1242)[69]. Ainsi, malgré les progrès d'une Chrétienté qui continue, sous la conduite de l'Église et d'une papauté raffermie, à partager les mêmes valeurs et qui, encadrée et réformée en profondeur par les ordres Mendiants, animée, grâce aux universités et à la scolastique, par une nouvelle impulsion intellectuelle, lutte contre l'hérésie, met de l'ordre dans l'économie, le savoir, la pratique religieuse, ébauche même une économie mondiale *(Weltwirtschaft)* et, au niveau supérieur, un marché commun dont les foires de Champagne sont le centre actif toute l'année, et qui se retrouve dans les grands conciles dits œcuméniques, quoique limités à l'Occident romain (Latran IV en 1215, Lyon I en 1245, Lyon II en 1274, dates qui encadrent la vie et le règne de Saint Louis), l'Occident chrétien au XIIIe siècle poursuit son morcellement politique. Le pouvoir impérial unitaire décline (de 1250 à 1273, c'est le grand interrègne) ; en Allemagne et surtout en Italie, le pouvoir appartient d'abord aux villes qui se soumettent au territoire environnant, plus ou moins grand, et constituent en maints endroits des cités-États ; mais l'avenir semble appartenir aux monarchies qui construisent autour du roi l'État moderne. À la pointe de ce mouvement se situe la France de Saint Louis.

LA FRANCE

Concentrons maintenant notre regard sur ce morceau de l'Extrême-Occident chrétien que constitue le royaume de France, dont vient d'hériter le jeune Louis en 1226[70].

La France, c'est d'abord la région la plus prospère dans son ensemble de la Chrétienté, surtout dans sa partie septentrionale : Flandre, Artois, Picardie, Champagne, Île-de-France, Normandie. Les campagnes, les villes y sont florissantes. C'est le pays le plus peuplé de la Chrétienté : dix millions d'habitants environ, a-t-on avancé, sur les soixante millions que compterait l'Europe[71].

Dix millions de Français au début du XIIIe siècle, dix millions de paysans, écrit Robert Fossier, en exagérant à peine, car, si les villes et la population urbaine jouent un rôle considérable et qui ira croissant sous le règne de Saint Louis, c'est en dépit de la modestie du chiffre de leur population. Le Paris de Philippe Auguste a dû dépasser les cent mille habitants, ce qui en fait la ville la plus peuplée de la Chrétienté. Au début du siècle suivant, elle atteindra probablement les deux cent mille et fera figure de monstre démographique. Mais après Paris, Gand et Montpellier approchent peut-être les quarante mille habitants, Toulouse doit en compter environ vingt-cinq mille[72], les autres « grandes » villes du royaume, Bruges, Rouen, Tours, Orléans, Amiens, Reims[73], Bordeaux, sans doute autour de vingt mille habitants. Certes, il faut inclure dans le monde urbain des bourgs qui en ont le statut et les fonctions (celles de marché notamment) à une très modeste échelle, mais dont la faible population et l'immersion dans la campagne environnante ne répondent guère à nos critères modernes. Dans cette société où la terre est encore presque tout, les hommes, ce sont essentiellement la minorité des seigneurs et la masse des paysans. Saint Louis est, à la base, un roi de paysans. Or ces vilains (le terme tend à englober les différentes catégories sociales de la campagne, même si les affranchissements s'accélèrent et si, sous Saint Louis, le nombre de serfs ne cesse de diminuer) seront presque absents de ce livre. Quand on s'intéresse au roi, les sources de l'époque qui nous permettent de l'approcher sont presque muettes sur le monde paysan. Si, dans les actes royaux, certaines chartes les concernent, s'ils sont, au plus profond de la hiérarchie sociale, finalement touchés par une partie des ordonnances royales, le nom du roi est ici une abstraction. Ce que les paysans français ont su, pensé de Saint Louis est presque impossible à savoir. Je demande aux lecteurs de ce livre de garder à l'esprit la présence silencieuse de cette foule paysanne qui n'affleure pas, mais sur le labeur de laquelle se fonde le glorieux règne de Saint Louis.

D'autres biens matériels et spirituels circulent dans cette société, qui manifestent et expliquent aussi la prospérité française. Les foires de Champagne, à qui l'on a attribué un rôle de « *clearing-house* embryonnaire » pour le financement des échanges de l'Occident du XIIIe siècle, ont atteint sous Philippe Auguste la plupart de leurs caractéristiques : régularité du cycle de six foires, début du grand rôle en matière de crédit, protection des marchands[74]. Philippe Auguste tire profit des foires en obligeant les marchands qui circulaient entre la Flandre, Paris et la Champagne d'emprunter la « route royale » et d'y payer les péages dont le principal fut celui de Bapaume.

La part prise au mouvement intellectuel et artistique n'est pas moins grande. Si Bologne est devenu le grand foyer de l'enseignement du droit, l'université de Paris, qui a reçu ses premiers statuts connus du cardinal Robert de Courson en 1215, est en train de devenir le centre de l'enseignement de la théologie, la plus haute des sciences en Chrétienté. L'architecture gothique, qu'on a pu appeler « art français », est en pleine floraison. Pour ne parler que des cathédrales où Saint Louis accomplira quelques-uns des actes les plus importants de son règne, notons que la façade de Notre-Dame de Paris est en construction depuis 1205 environ, le portail de la Vierge a été exécuté entre 1210 et 1220 et la rose occidentale vers 1220, la reconstruction de la cathédrale de Reims débute en 1210-1211, l'essentiel de la nouvelle cathédrale de Chartres est achevé vers 1220 et les vitraux sont créés et mis en place entre 1210 environ et 1236 ; enfin, la construction de la cathédrale d'Amiens commence en 1220. Saint Louis sera bien le roi des grands chantiers de cathédrales. Il sera aussi le roi des manuscrits précieux enluminés dans les ateliers parisiens[75].

Sous Philippe Auguste, en effet, Paris est devenu sinon la capitale, du moins la principale résidence du roi. Centre de mémoire et de continuité du pouvoir royal, c'est là que sont gardées en permanence, dans une pièce attenante à la chapelle du palais royal, les archives du royaume qui, à l'époque où elles suivaient le roi dans ses déplacements, étaient, à la bataille de Fréteval (1194), tombées entre les mains de Richard Cœur de Lion. Selon Robert-Henri Bautier, « la grande nouveauté du règne est précisément le recours constant à l'écrit[76] » — habitude que Saint Louis continuera tout en assurant un équilibre entre les progrès de l'écrit et un usage renouvelé de la parole.

Paris est au centre d'un système de lieux symboliques de la monarchie qui s'est constitué sous Philippe Auguste : Reims, où le roi est sacré et où l'on conserve la sainte ampoule ; Saint-Denis, où le roi est enterré dans la basilique abbatiale à laquelle Philippe Auguste a confié les *regalia*, les insignes du pouvoir royal, qui servent au sacre de Reims ; Paris, où le roi réside le plus souvent dans le palais de la Cité.

Paris, c'est le cœur de ce qu'on appelle alors la France proprement dite et qu'on nommera, à partir de la fin du XVe siècle, l'Île-de-France.

Une des portions les plus riches de cette France prospère est constituée par les régions qui composent le domaine royal où le roi est seigneur direct, en particulier son noyau, l'Île-de-France. Louis VII avait laissé à Philippe Auguste un domaine royal formant une bande allongée du nord au sud, de Compiègne et Senlis jusqu'au-delà de Bourges en passant par Paris et Orléans. À sa mort, Philippe Auguste a accru le domaine du Valois, du Vermandois, de l'Amiénois, de l'Artois, de Gien, du Bas-Berry et de la terre d'Auvergne. Surtout, il a enlevé au roi d'Angleterre la Normandie, le Maine, la Touraine, l'Anjou et la Saintonge : le domaine royal a été multiplié par quatre.

Plus généralement, le règne du grand-père a été le tournant de la monarchie française.

L'HÉRITAGE DU GRAND-PÈRE

Ce que Philippe Auguste, par-delà cet accroissement territorial considérable, légua à son fils et à son petit-fils est de trois ordres : administratif, financier, moral. Tout allait dans le sens d'un État monarchique.

L'innovation administrative fut la base du centralisme monarchique. La pièce maîtresse en fut l'institution des baillis, représentants directs du roi et de sa *curia* dans le domaine où ils faisaient appliquer ses décisions, réglaient les affaires qui leur étaient déléguées, veillaient à la rentrée des revenus extraordinaires, menaient les enquêtes qui leur étaient prescrites. Des préfets avant la lettre. D'autres envoyés sont aussi chargés d'aller enquêter dans le domaine et parfois en dehors. Ils se présentent comme « les défenseurs de la vérité, du droit, de la paix » (Ch. Petit-Dutaillis). Saint Louis ne fera que généraliser cette procédure et lui donner une coloration « mystique », leur action devant assurer le salut au roi et à ses sujets. Dans les anciens domaines des Plantagenêts, Philippe Auguste conserve les sénéchaux, mais il les utilise comme des baillis. Mais le profit est d'abord politique. Ainsi, « royaume et domaine tendent à se confondre » (Robert-Henri Bautier).

Dans le domaine financier, le progrès vint d'abord de la considérable augmentation des revenus due aux accroissements territoriaux, mais aussi à une meilleure tenue des comptes, à une meilleure surveillance des rentrées. Partant pour la croisade dès 1190, Philippe Auguste avait prescrit aux baillis de venir trois fois par an à Paris au Temple, où les chevaliers de l'Ordre gardaient le Trésor royal, pour y rendre compte. Une partie des recettes devait toujours être mise en réserve pour pouvoir faire face à des besoins imprévus. Après 1204 et la conquête des terres des Plantagenêts, de la Normandie avant tout, l'augmentation des revenus ordinaires aurait été de 80 000 livres parisis par an[77]. Au cours du règne, les revenus royaux semblent avoir doublé, passant de 228 000 livres au début du règne à 438 000 à la fin. Le testament de Philippe Auguste, en 1222, fait apparaître qu'en plus de legs considérables le roi laisse à son successeur des réserves trésorières très élevées[78] ; Saint Louis héritera bientôt de ce Trésor. Roi de la prospérité économique, il sera le roi de la richesse financière. Ses initiatives politiques, son prestige devront beaucoup à ce que le royaume a produit dans la période précédant son règne, à l'argent que son grand-père lui a laissé. Une source contemporaine l'appellera, à juste titre, « le roi riche ». C'est un héritier privilégié.

La société dans laquelle est né et vivra Saint Louis est autant guerrière que paysanne. Philippe Auguste n'a pas bouleversé, comme il l'a fait pour l'administration, la puissance militaire royale. Mais il l'a renforcée et adaptée à l'évolution de l'économie, de la pratique guerrière et de la société. Il a d'abord précisé et fait observer les obligations militaires que ses vassaux et les villes lui doivent, mesures d'autant plus nécessaires que l'effectif des armées grandit sous son règne. La « prisée des sergents », établie en 1194 et révisée en 1204, énumère, par exemple, le nombre d'hommes que doivent fournir les prévôtés de l'ancien domaine.

Il recourt de plus en plus à des guerriers soldés, à des mercenaires, à la fois pour répondre à la diffusion de l'économie monétaire, aux réticences croissantes des prestations militaires de féodaux et à la multiplication d'hommes écartés du travail rural ou urbain par l'exubérance démographique. Mais c'est une évolution dangereuse. Elle va peser de plus en plus lourd sur les finances royales et lâcher dans le royaume des hommes de guerre mal encadrés, violents, instables, difficiles à contrôler hors des périodes d'activité militaire.

En même temps, Philippe Auguste consolide ou fait bâtir de puissantes forteresses, face à la Flandre et aux possessions anglaises de l'Ouest. L'une d'elles, Vernon, aux portes de la Normandie, sera l'un des séjours préférés de Saint Louis[79]. Il entoure les villes du domaine de puissants remparts capables d'abriter le surplus de leur population résultant de la croissance démographique des XIe et XIIe siècles. Le cas le plus célèbre est celui de Paris. C'est dans un Paris récemment fortifié, dont les murailles s'appuient sur les forteresses du Louvre et des deux Châtelet se faisant face de part et d'autre du bras de la Seine, entre la rive droite et la Cité, que régnera Saint Louis.

Philippe Auguste lui laisse enfin un héritage moral fondé sur le développement de la « religion royale[80] », les progrès du statut juridique du royaume, même s'il n'y a pas de « lois fondamentales », et l'auréole patriotique de la victoire. On a vu qu'au-delà du sacre traditionnel le dépôt des *regalia* à Saint-Denis et le rituel des funérailles royales de 1223 avaient manifesté l'épanouissement de la symbolique royale et du caractère sacré de la monarchie et du monarque. Aucun document ne nous dit pourtant que Philippe Auguste ait « touché » les écrouelles et guéri ceux qui en étaient malades, comme le fera Saint Louis pour son plus grand prestige. La grande aspiration politique des Capétiens était de se soustraire à la suprématie de l'empereur, fût-elle théorique. Or, en 1202, le pape Innocent III, par la décrétale *Per venerabilem*, déclare que le roi de France « ne reconnaît aucun supérieur » au temporel. Sous Saint Louis, on rappellera que « le roi ne tient [son pouvoir] de personne d'autre que de Dieu et de lui-même[81] ».

Enfin, Philippe le Conquérant a été le vainqueur de Bouvines et le retour du roi à Paris a été l'occasion pour tous les ordres de la société française de manifester une joie qu'on ne peut qualifier d'expression du sentiment national (celui-ci n'exista pas vraiment au Moyen Âge, car il n'y eut pas de « nation » française), mais ce fut la première grande fête « patriotique » et le principal bénéficiaire en fut le roi et, à travers lui, la monarchie, « tant le seul amour du roi portait les peuples à se livrer aux transports de leur joie dans tous les villages », dit Guillaume le Breton dans sa *Philippide*[82]. Le jeune Louis IX éprouvera bientôt la fidélité monarchique des Parisiens.

En contrepartie de ces acquis essentiels, Philippe Auguste léguait un gros problème à ses successeurs. En 1154, Henri Plantagenêt, qui venait d'épouser Aliénor d'Aquitaine dont le roi de France, Louis VII, s'était séparé, devint roi d'Angleterre. Ses possessions françaises (presque tout l'Ouest, de la Normandie à l'Aquitaine) faisaient de lui un prince plus puissant en France que le roi de France. À ce motif de rivalité s'ajoutait le problème de la Flandre, qui supportait mal la souveraineté française et que ses intérêts économiques (besoin de laine anglaise comme matière première pour sa draperie et du débouché anglais pour celle-ci) portaient à s'entendre avec l'Angleterre. Bientôt commença ce qu'on a appelé la « première guerre de Cent Ans ». Malgré les succès spectaculaires de Philippe Auguste dans l'ouest de la France sur le roi d'Angleterre, malgré Bouvines où le comte de Flandre fut fait prisonnier, les Français n'avaient pas éliminé les Anglais. Le prince héritier, Louis, le père de Saint Louis, avait réussi à débarquer en Angleterre et à se faire couronner à Londres, mais il avait dû rembarquer rapidement. Des trêves avaient été signées, mais non la paix. Saint Louis devra se battre contre l'Anglais et s'efforcera de mettre fin à la première guerre de Cent Ans.

LE BREF RÈGNE DU PÈRE

Le court règne de Louis VIII (1223-1226[83]) laissa pourtant à son jeune fils Louis trois héritages importants.

Le premier fut l'engagement dans la France méridionale. Philippe Auguste n'avait pas voulu intervenir dans le Toulousain, mais il avait refusé de céder ses droits sur le comté de Toulouse. Louis VIII n'eut pas ses scrupules. Il accepta les droits d'Amaury de Montfort et se mit à la tête de la croisade contre les albigeois. Ainsi lança-t-il résolument la monarchie française vers le Midi et, avec elle, son fils.

L'art de gouverner par le pragmatisme autant que par la théorie qui anima les Capétiens incluait la prévoyance. Elle les poussa à dicter des sortes de testaments à des dates plus ou moins éloignées d'une mort qu'ils supposaient proche ou lointaine et, en tout cas, imprévisible. Pour un chrétien du Moyen Âge, à plus forte raison pour un roi responsable devant Dieu, en vertu des serments du sacre, de son royaume et de son peuple, la pire mort était la mort subite qui risquait de l'envoyer à l'improviste devant le Juge céleste, encore chargé de péchés non rachetés par la pénitence et donc voué à la damnation éternelle, gibier d'enfer. Depuis Louis VII, qui partit pour la deuxième croisade en 1147, les rois croisés prenaient l'habitude, avant de s'aventurer dans le pèlerinage d'outre-mer, de rédiger un texte destiné surtout à régler le gouvernement du royaume pendant leur absence et que les historiens ont appelé inexactement un testament. Le plus célèbre fut, en 1190, celui de Philippe Auguste partant pour la troisième croisade, dans lequel on a voulu voir aussi une ordonnance, car il y édictait des mesures concernant en particulier les baillis, qui fixaient l'administration du royaume au-delà du temps de son absence. À ces faux testaments de croisade, il faut ajouter d'autres pseudo-testaments, des textes organisant, d'un point de vue familial — mais dans le cas des rois, la famille, c'était une dynastie, et ces décisions avaient à la fois un caractère familial « féodal » et un caractère politique général —, le partage de leur succession entre leurs enfants. Dans la perspective de leur mort, ils ont aussi rédigé des recommandations à leurs enfants (tels les *Enseignements* à son fils et à sa fille dictés par Saint Louis à la fin de sa vie) ou des « dernières volontés » exprimées sur leur lit de mort — le plus souvent oralement — devant témoins qualifiés (celles que Louis VIII prononça réellement ou qui lui furent attribuées furent très importantes). De toutes ces décisions pour le futur, baptisées quelque peu métaphoriquement par les historiens « testaments », il faut distinguer les testaments proprement dits, destinés essentiellement à indiquer les legs à remettre à des institutions ou à des individus en échange des prières pour le défunt de la part des bénéficiaires. Toutes ces décisions royales revêtaient un caractère plus ou moins obligatoire. Les « testaments de croisade » avaient un caractère particulièrement impératif. En effet, ils rentraient dans la législation spéciale de la croisade et bénéficiaient de la garantie absolue de l'Église. Le « testament » dicté par Louis VIII en 1225 est proche d'un « testament de croisade » puisque le roi le dicta peu avant d'aller combattre les albigeois, mais la croisade contre Raimond VII de Toulouse, protecteur des hérétiques, n'avait pas été encore déclarée. En outre, il réunit en un seul texte un règlement familial de succession[84] et un testament proprement dit, dans lequel il fait don à l'ordre de Saint-Victor de l'or et des pierreries de ses couronnes et autres joyaux (hormis quelques pièces particulièrement symboliques et sacrées[85]) pour la fondation d'une nouvelle abbaye, ordonne diverses aumônes et restitutions (paiement de dettes et remboursement d'exactions) et désigne ses quatre exécuteurs testamentaires, tous fidèles de son père, Philippe Auguste. Respectant, bien entendu, la règle de dévolution du royaume indivisible à l'aîné (droit traditionnel de primogéniture), il réserve à son successeur — ce sera Louis, devenu l'aîné après la mort de son frère — « toute la terre que tenait notre très cher père Philippe, de pieuse mémoire, de la façon qu'il la tenait et que nous la tenons, en fiefs et domaines, hormis ces terres et fiefs et domaines que nous exceptons sur la présente page ».

Le second héritage que Louis VIII laissait à son fils, c'était, pour la défense du royaume, le Trésor royal, l'or et l'argent qui étaient dans la tour du Louvre, près de saint Thomas[86]. Mais, comme on vient de le lire, il en exceptait certains « fiefs et domaines ». Ces terres, il les destinait à ses fils puînés, suivant une tradition capétienne d'origine franque qui divisait entre les fils les terres patrimoniales. Mais la tradition dynastique limitait ces attributions pour réserver à l'aîné la continuité territoriale du royaume qui ne sera déclaré « inaliénable » qu'au XIVe siècle.

Néanmoins, il bénéficiait de la pratique substituant lentement une notion « étatique » du territoire du royaume à une notion familiale, patrimoniale. Mais, comme on le verra, la différence entre les volontés de Louis VIII et celles de ses prédécesseurs, c'est que ceux-ci, disposant d'un domaine restreint pour ne pas affaiblir leur successeur, ne concédaient aux puînés (en général peu nombreux, s'il y en avait) que des terres peu étendues et prises en général sur les territoires réunis au domaine royal sous leur propre règne. Or, en 1225, Louis VIII dispose d'un domaine royal formidablement dilaté, quadruplé par son père, et il prévoit, en plus de l'héritier (Louis), de pourvoir en terres trois fils puînés (il en a effectivement trois vivants à cette date, il en aura un quatrième, posthume). Il leur donne, en conséquence, d'importants lots de territoires. Face à cette situation que les hasards de l'histoire (hasard biologique, hasard de la conquête) ont rendue exceptionnelle, les historiens ont considéré que Louis VIII avait innové et créé un grave danger d'affaiblissement, voire de démembrement, du royaume. Ils lui attribuent la création d'un phénomène périlleux de l'histoire de la France médiévale, celui des *apanages* (le terme n'apparaîtra qu'à la fin du XIIIe siècle[87]).

Louis VIII se conformait, en fait, à l'usage qui était celui des grandes familles aristocratiques (mais la famille royale est une famille malgré tout exceptionnelle) et il énonça dans son testament son objectif : « Désireux de pourvoir, en toutes choses, celui qui à l'avenir nous succédera dans notre royaume, et de telle sorte que la tranquillité dudit royaume ne soit point troublée, nous avons disposé de toute notre terre et de tous nos biens meubles de la manière suivante... » Souci qui n'est pas théorique. Le passé, parfois récent, a montré, en France même, surtout en Angleterre ou en Castille, le mal que pouvaient faire les querelles familiales dynastiques, entre pères et fils, entre frères, dans un royaume. Mais Louis VIII lègue au petit Louis un délicat problème : l'héritage des fils sera-t-il bien une cause de tranquillité et non de troubles ? En tout cas, c'est une raison supplémentaire pour que nous suivions attentivement les rapports entre Saint Louis et ses frères. Comment va fonctionner le système de ceux que l'on commence à appeler « fils du roi de France » — couronnés ou non ?

En revanche, le troisième héritage légué par Louis VIII à son fils fut une tradition dynastique plus fermement assise dans la continuité monarchique française. Hugues Capet, en son temps et dans une certaine tradition historiographique, avait eu la réputation d'un usurpateur. Une interprétation particulièrement hostile de cette usurpation dont Dante se fait l'écho (*Divine Comédie*, Purgatoire, XX, 52) faisait de Hugues un fils de boucher. Même ceux qui admettaient la légitimité de la sélection par l'assemblée de barons et de prélats en 987 considéraient que son avènement marquait le remplacement de la dynastie carolingienne par une nouvelle dynastie. Se rattacher aux Carolingiens était pour les Capétiens un objectif politique et idéologique de première importance. C'était effacer l'accusation d'usurpation, reculer dans le passé l'origine de la dynastie et, surtout, se rattacher directement à ce personnage d'une histoire mythifiée, Charlemagne, et le soustraire au détournement qu'opéraient à leur profit les Allemands, bien que la tentative de canonisation de l'empereur, à l'instigation de Frédéric Barberousse à Aix-la-Chapelle, en 1165, ait été un demi-échec parce que prononcée par un anti-pape[88]. Pourtant, cette aspiration des Capétiens à être reconnus comme descendants de Charlemagne ne se transforma, selon le mot de Bernard Guenée[89], en véritable « ferveur carolingienne » que sous Philippe Auguste. La « littérature épique avait, selon lui, préparé le triomphe de Charlemagne ». Il est vrai que c'est sous Philippe Auguste qu'apparaît pour la première fois l'institution des Douze Pairs, et il est très probable qu'elle fut inspirée par les chansons de geste du cycle de Charlemagne[90]. L'imaginaire créait la réalité historique, la réalité institutionnelle. On en trouve une autre preuve dans l'engouement pour l'esprit prophétique dont Elizabeth Brown a bien montré qu'il imprégnait le règne de Philippe Auguste[91]. Depuis longtemps, l'histoire politique de la Chrétienté était dominée par des prophéties qui promettaient soit à l'empereur, soit au roi de France d'être le souverain des derniers temps. Ces prophéties millénaristes qui avaient enrôlé dans l'idéologie monarchique chrétienne les sibylles antiques, en particulier la sibylle de Tibur, se mariaient à d'autres qui annonçaient à certains fondateurs de dynastie que leur descendance n'aurait de fin qu'avec celle du monde lui-même. Tel avait été le cas de Clovis à qui, dans des œuvres comme l'*Histoire de l'Église de Reims* de Flodoard au Xe siècle, au moment de son baptême, saint Rémi, sous le coup d'une illumination miraculeuse, aurait prédit que sa descendance régnerait toujours. Saint Louis sera attentif à se rattacher, par-delà les Carolingiens, aux Mérovingiens, établissant une continuité entre ce qu'on appellera plus tard les trois races, les Capétiens constituant la troisième. Le prénom royal de Louis, d'ailleurs, rattachait les Capétiens non seulement aux Carolingiens de Louis le Pieux à Louis V (mort en 987 et à qui succéda Hugues Capet), mais à Clovis, dont le nom latin (*Hludovicus* ou *Chlodovicus*) était le même que Louis (*Ludovi-*

cus). Mais, à l'époque de Philippe Auguste, une autre prophétie rendait nécessaire « le retour à la race de Charlemagne » *(reditus ad stirpem Karoli)*. La prophétie de saint Valéry disait que ce saint avait promis à Hugues le Grand que son fils Hugues Capet et sa lignée tiendraient le royaume de France « jusqu'à la septième succession ». Or Philippe Auguste était le septième roi capétien. La dynastie allait-elle s'éteindre ? Le retour à la race de Charlemagne devait lui permettre de franchir ce cap dangereux au septième règne. On avança l'ascendance carolingienne de Philippe Auguste lui-même par sa mère, Adèle de Champagne[92]. Elle est affirmée par l'*Histoire des Francs jusqu'en 1214 (Gesta Francorum usque ad annum 1214)*. En 1208, Philippe Auguste appelle un bâtard qui vient de lui naître (et qui sera évêque de Noyon) Charlot, diminutif qui n'est évidemment ni péjoratif ni irrespectueux. Après 1214, Guillaume le Breton donne au vainqueur de Bouvines le surnom de *Carolides*. Mais la référence généalogique qui réussit, c'est celle qu'affirme André de Marchiennes (abbaye dont les comtes de Hainaut sont les bienfaiteurs), dans son *Histoire succincte des faits et de la succession des rois de France (Historia succincta de gestis et successione regnum Francorum)*, en 1196, où il souligne l'ascendance carolingienne d'Isabelle (ou Élisabeth) de Hainaut, première femme de Philippe Auguste et mère de leur fils aîné Louis. Isabelle descend de l'avant-dernier roi carolingien, Louis IV, et de son fils, Charles de Lorraine, écarté par Hugues Capet. Si Louis (qui sera, en effet, le roi Louis VIII) devient roi, le royaume sera revenu à la race de Charlemagne[93]. C'est ce qui arrive en 1223, avec l'avènement de Louis VIII, huitième roi capétien. La prophétie de saint Valéry s'est accomplie. Trois ans plus tard, l'enfant Louis devient à son tour le roi descendant de Charlemagne. C'est sous son règne que ce retour à Charlemagne sera accrédité, d'abord en 1244 dans le *Speculum historiale* (*Miroir de l'histoire*) que le dominicain Vincent de Beauvais, protégé du roi, écrit en latin, puis par la réorganisation de la disposition des tombes royales de Saint-Denis[94] effectuée entre 1263 et 1267 à la demande de Saint Louis, enfin, en 1274, dans la version française des *Grandes Chroniques de France* rédigée par le moine de Saint-Denis Primat, comme Saint Louis le lui avait demandé à la fin de sa vie[95].

LA MORT DU PÈRE

Revenons à l'enfant qui, en 1226, à douze ans, devient roi de France.

Son père, Louis VIII, avait pris la croix contre le comte de Toulouse, protecteur des hérétiques, le 30 janvier 1226. Il décida de l'attaquer à partir de la Provence, prit le chemin de Lyon et de la Provence et, devant la résistance d'Avignon, fit le siège de la ville et la prit en août. Il obtint ensuite aisément la soumission du Languedoc (Béziers, Carcassonne, Pamiers) et décida de rentrer à Paris en octobre, en passant par l'Auvergne. À la fin du mois, il fut pris de dysenterie et dut s'arrêter à Montpensier[96]. La maladie empira rapidement et sa mort s'annonça. Or, âgé cette année-là de trente-huit ans (il en avait trente-neuf en 1226), il n'avait rien prévu dans son testament de 1225 pour le gouvernement du royaume en son absence ou en cas de mort[97]. Cette prévoyance, habituelle en cas de croisade des rois de France outre-mer comme on l'a vu, ne dut pas lui paraître nécessaire dans le cas d'une croisade à l'intérieur du royaume.

Il fallait aviser. La succession automatique du jeune Louis devenu *primogenitus*, fils aîné du roi, ne parut pas assurée. Philippe Auguste, pour la première fois depuis les débuts de la dynastie capétienne, c'est-à-dire depuis plus de deux siècles, n'avait pas fait couronner roi son fils aîné de son vivant. La continuité de la dynastie semblait alors assurée et le modèle carolingien (les souverains carolingiens avaient en général fait couronner roi leur héritier de leur vivant) s'était, sur ce point, estompé. Mais un certain nombre de risques apparurent. L'héritier était un enfant. Le roi mourant avait un demi-frère, fils de Philippe Auguste et d'Agnès de Méran, Philippe dit Hurepel (le Hérissé), comte de Boulogne, dans la force de l'âge (il avait vingt-cinq ans), et de puissants barons, vassaux du roi, venaient de montrer leur peu d'empressement à servir le roi. Thibaud, comte de Champagne, Pierre Mauclerc, comte de Bretagne, et Hugues de Lusignan, comte de la Marche, avaient quitté l'armée royale à la fin de juillet, les quarante jours du service d'ost écoulés, sans attendre la fin du siège d'Avignon. Certains seigneurs, enfin, supportaient mal que l'un des principaux barons du royaume, le comte de Flandre, Ferrand de Portugal, un des vaincus de Bouvines, fût toujours rigoureusement détenu dans la tour du Louvre depuis douze ans.

Le 3 novembre, Louis VIII fit venir dans sa chambre de mourant les barons, les prélats et les personnages de quelque importance présents dans l'armée, vingt-six personnes parmi lesquelles les archevêques de Sens et de Bourges, les évêques de Beauvais, de Noyon et de Chartres, son demi-frère Philippe Hurepel, comte de Boulogne, les comtes de Blois, de

Montfort, de Soissons et de Sancerre, les sires de Bourbon et de Coucy et certains hauts dignitaires de son hôtel. Il leur fit promettre de prêter en personne, dès qu'il serait mort, l'hommage et la foi à son fils Louis (ou, s'il venait à disparaître, au puîné Robert) et de le faire au plus vite couronner roi[98].

C'est la seule décision de Louis VIII qui s'appuie sur un document irréfutable. Des textes moins sûrs apportent des précisions sur des actes ultérieurs du roi mourant. Selon le chroniqueur Philippe Mousket (ou Mouskès), évêque de Tournai, mort en 1241, Louis VIII aurait fait appeler trois de ses principaux fidèles, vieux conseillers de son père Philippe Auguste, Barthélémy de Roye et Jean de Nesle, à qui son père avait, entre autres, confié la surveillance des deux principaux prisonniers de Bouvines, le comte de Boulogne et le comte de Flandre, et l'évêque de Senlis, ce frère Guérin qui avait été plus qu'une éminence grise, une sorte de vice-roi officieux à la fin du règne de son père. Il les aurait adjurés de « prendre ses enfants en garde[99] ». Il ne s'agit pas ici d'une mission officielle mais, comme l'a écrit François Olivier-Martin, « le roi a simplement voulu confier la personne et la vie de ses enfants à des amis très chers et à des compagnons très sûrs[100] ». On retrouvera ces deux cercles dans l'entourage de Saint Louis : l'un est formé des grands qui composent le « conseil » ou, plutôt, qui préfigurent ce groupe, issu de la *Curia* royale, de barons, de prélats et de personnages élevés par la faveur du roi pour l'assister dans les grandes décisions ; l'autre cercle est celui des intimes bénéficiaires de confidences plus secrètes, chargés de missions plus personnelles, et parfois consultés pour un avis moins intéressé et plus amical.

Mais après cette prière à des proches fidèles, Louis VIII n'a encore rien dit sur un problème essentiel. Qui, au nom de ce roi enfant, va gouverner le royaume ? Aucun texte, aucune tradition ne le prévoit. Il ne s'agit plus, maintenant, de désigner des responsables en l'absence d'un roi parti à la croisade. Deux fois, cette situation s'était présentée. En 1147, quand Louis VII partit pour la deuxième croisade, il avait désigné un triumvirat : son plus proche conseiller, Suger, abbé de Saint-Denis, l'archevêque de Reims (déjà le couple de Saint-Denis et Reims !) et un laïc, le comte de Nevers, qui se retira presque aussitôt dans un cloître et fut remplacé par le comte de Vermandois, parent du roi. Mais l'archevêque de Reims, lointain, s'effaça. Le comte de Vermandois voulut jouer un jeu personnel ; Suger l'écarta et l'abbé de Saint-Denis dirigea seul le gouvernement du royaume en l'absence du roi.

Philippe Auguste, en 1190, à la veille de partir pour la troisième croisade, avait confié le royaume à sa mère, Adèle de Champagne, veuve de Louis VII, et au frère de celle-ci, l'oncle maternel du roi, Guillaume aux Blanches Mains, archevêque de Reims. La veuve du précédent roi, la mère du roi, pouvait donc exercer une fonction que les historiens ont maladroitement appelée « régence », terme qui n'apparaîtra qu'au XIVe siècle et qui désignera désormais une fonction plus officielle et mieux définie juridiquement. Au XIIe, au XIIIe siècle, il ne s'agit que de « garde et tutelle », même si les personnes désignées par le roi ou l'une d'entre elles se trouvent appelées à gouverner effectivement.

Dans un seul cas, il s'est agi de gouvernement du royaume pendant la minorité du roi. À la mort de son père Henri Ier, en 1060, Philippe Ier, qui avait été sacré roi à Reims l'année précédente, avait sept ou huit ans[101]. Henri avait confié la garde de son fils et du royaume à son beau-frère, Baudouin V, comte de

Flandre. Le problème de la succession ne se posant pas, le choix du roi fut sans doute dicté, à une époque où se manifestent des survivances « post-carolingiennes », par le souci d'assurer à son jeune successeur et au gouvernement du royaume la force et l'autorité d'un des plus puissants de ceux qu'un texte de 1067 appelle les « princes du palais royal » *(principes regalis palatii)*[102].

Dans les jours qui suivent la mort de Louis VIII à Montpensier, le 8 novembre, et ses funérailles à Saint-Denis, le 15 novembre, on s'aperçut que la tutelle du jeune roi et du royaume était passée entre les mains de la veuve de Louis VIII, la reine mère Blanche de Castille, âgée de trente-huit ans.

Cette situation apparaît légalisée par un acte indubitablement authentique, mais insolite. Dans cet acte qui fut versé au Trésor des chartes, c'est-à-dire aux Archives royales, l'archevêque de Sens, les évêques de Chartres et de Beauvais informèrent des destinataires non précisés, mais il s'agit vraisemblablement de l'ensemble des prélats du royaume à qui Louis VIII, sur son lit de mort, avait fait savoir qu'il décidait de placer son fils et successeur, le royaume et ses autres enfants sous le « bail et tutelle » de la reine Blanche, leur mère, jusqu'à ce qu'il parvienne « à l'âge légal[103] ». Cet acte est daté de l'année 1226, sans précision de mois ni de jour. Il est sûrement postérieur au 8 novembre, date de la mort de Louis VIII, cité dans l'acte comme défunt, et antérieur au 19 avril 1227, jour de Pâques et début de l'année 1227, selon l'usage officiel de l'époque.

Il est d'abord étrange que Louis VIII n'ait pas indiqué, ni dans son testament ni dans sa déclaration solennelle faite devant l'ensemble des hauts personnages présents autour de lui le 3 novembre 1226, qui il désignait ou, au moins, souhaitait pour exercer ce que nous appellerions la régence. Peut-être a-t-il été paralysé par cette sorte de timidité qui semble avoir poursuivi les Capétiens face à des décisions graves qui touchaient non seulement au gouvernement du royaume, mais à des problèmes dynastiques, familiaux. Une seconde étrangeté vient de ce qu'il aurait pris pour seuls témoins de sa décision, ou de ce qui est présenté comme telle, trois évêques sur les cinq qui avaient été présents à sa déclaration du 3 novembre et qui, autant que nous le savons, n'avaient pas quitté Montpensier. Seul s'impose le personnage de l'archevêque de Sens, supérieur de l'évêque de Paris, concurrent de l'archevêque de Reims (mais le dernier titulaire du siège de Reims était mort récemment et n'avait pas encore été remplacé) comme prélat royal par excellence.

Les historiens ont donc émis diverses hypothèses pour expliquer ce document essentiel pour la vie du futur Saint Louis, car la tutelle de sa mère est le fait qui a le plus marqué sa personnalité. Pour les uns, l'acte dit la vérité, et l'archevêque de Sens et les deux évêques n'ont fait que mettre par écrit les volontés réellement exprimées par Louis VIII. D'autres ont considéré cet acte comme un mensonge destiné à donner le poids d'une décision du roi mourant à une situation de fait, advenue après sa mort et interprétée comme résultant d'une sorte de coup de force de Blanche de Castille pour s'emparer du pouvoir. Une variante de cette seconde hypothèse me paraît la plus vraisemblable, mais elle ne peut être prouvée. Certains termes de la déclaration des trois prélats peuvent être retournés contre ce qu'ils veulent accréditer, c'est-à-dire l'authenticité de la décision de Louis VIII. Ils soulignent que le roi, quoique mourant, remplissait les conditions qui rendent légale et exécutoire l'expression des dernières volontés. Il leur aurait fait connaître ce qui ne peut être considéré comme une simple intention ou recommandation mais qui est présenté comme une décision souveraine (« il voulut et décida[104] »), et ils insistent d'une façon qui soulève autant le doute qu'elle peut faire naître la persuasion que le roi a pris sa décision « après mûre délibération[105] » et alors qu'il était encore « sain d'esprit[106] ». Il faut donc supposer le scénario suivant : les fidèles du roi, dévoués avant tout à la dynastie et à la continuité et consolidation du gouvernement monarchique, en l'absence de volontés officielles du mourant, se concertent. Cette concertation est rendue nécessaire en particulier par le fait qu'une partie de ces fidèles, Barthélemy de Roye, Jean de Nesle, le chancelier Guérin, évêque de Senlis, sont à Montpensier alors que d'autres sont restés à Paris. Leur objectif est d'assurer la continuité du gouvernement qu'ils assument eux-mêmes depuis le règne de Philippe Auguste et pendant le court règne de Louis VIII, mais aucun d'eux n'a une « situation sociale » qui lui permette de s'imposer, seul ou avec d'autres, comme tuteur du jeune roi et du royaume. Ils veulent, sans aucun doute, écarter deux éventualités. La première, la plus évidente, et qui a peut-être conduit Louis VIII au silence, c'est de confier la « régence » au mâle adulte le plus proche par le sang du jeune roi, son oncle, le demi-frère du roi défunt, le fils de Philippe Auguste, Philippe dit Hurepel, comte de Boulogne, puissant baron dans la fleur de l'âge (vingt-cinq ans), que les largesses de son père et son mariage avaient pourvu de cinq comtés. Ce serait ruiner la tradition patiemment établie en faveur du fils aîné du roi.

La seconde éventualité, qui, selon un chroniqueur contemporain de Saint Louis, le Ménestrel de Reims, et un chevalier trouvère, Hugues de la Ferté-

Bernard[107], fut effectivement revendiquée par les intéressés, était la constitution d'une assemblée de barons qui aurait gouverné au nom du jeune roi. L'idée serait alors venue à « l'équipe gouvernementale[108] » de confier la tutelle du roi et du royaume à la reine Blanche qui, femme et étrangère, serait, pensaient-ils, obligée de suivre leurs conseils. Ils auraient persuadé l'archevêque de Sens et les évêques de Chartres et de Beauvais, prêts, comme la plupart des prélats qui avaient depuis Hugues Capet soutenu la dynastie capétienne, à favoriser la succession royale selon la coutume qui avait imposé la primogéniture, d'envoyer la lettre où ils affirmaient avoir été les témoins de la désignation par Louis VIII de Blanche de Castille comme tutrice. Même si ce scénario est le vrai, on peut aussi penser que « l'équipe gouvernementale », loin d'avoir choisi Blanche pour sa faiblesse supposée, lui avait confié, au contraire, cette lourde tâche parce qu'ils la jugeaient digne et qu'ils avaient déjà apprécié sa fermeté. Les chroniqueurs montrent Blanche, qui était partie pour Montpensier à l'annonce de la maladie de son époux et qui n'aurait rencontré que son cercueil en route pour Saint-Denis, en proie à une violente douleur qui se manifesta aussi lors des funérailles. Mais Louis VIII enterré, elle se donna tout entière à la défense et à l'affirmation de son fils, le roi enfant, au maintien et au renforcement de la puissance de la monarchie française. Le pouvoir que le roi ou l'équipe gouvernementale lui avait donné pour le temps de la minorité de Louis, elle le saisit, l'exerça fortement et ne le lâcha plus.

MALHEUR À LA TERRE
DONT LE PRINCE EST UN ENFANT

Voilà donc à la tête du royaume un enfant de douze ans. Cela ne s'était pas produit depuis plus d'un siècle et demi, et le sentiment qui envahit les habitants du royaume — y compris, sans doute, ceux qui songeaient à profiter de la situation —, ce fut au moins l'inquiétude et peut-être l'angoisse[109].

Une fonction essentielle du roi est de mettre la société dont il est le chef en relation avec la divinité. Le roi médiéval — et c'est particulièrement vrai du roi de France —, quoique désigné par sa naissance et par une tradition dynastique, est l'élu de Dieu et, par son sacre, l'oint du Seigneur. Même si Dieu est en colère contre le peuple d'un royaume chrétien, le roi est un bouclier entre le mal et son peuple et, surtout, c'est par lui que passe la communication entre Dieu et le peuple, le royaume. Or un enfant, fût-il légitimement royal et même oint, est un intermédiaire fragile. La minorité d'un roi est une épreuve.

Il faut ici ouvrir le dossier de l'enfance au Moyen Âge, car il éclaire l'entrée de Louis en royauté.

Les historiens discutent de la place des enfants dans la société médiévale et de l'image de l'enfant dans le système de valeurs de l'époque. Cette place et cette image ont évolué, mais je pense avec Philippe Ariès que l'enfance a été fondamentalement une non-valeur au Moyen Âge. Non pas, bien sûr, qu'on n'aimait pas les enfants. Mais en dehors de la nature qui pousse le père et la mère à aimer leur enfant[110], on aimait en eux l'homme ou la femme qu'ils seraient[111]. L'enfance de l'homme-modèle du Moyen

Âge, le saint, est niée. Un futur saint manifeste sa sainteté en se montrant précocement adulte.

Le saint incarne de façon privilégiée au Moyen Âge un lieu commun venu de l'Antiquité tardive, celui du *puer-senex*, de l'enfant-vieillard. Selon Curtius, « ce *topos* est un reflet de la mentalité qui régnait à la fin de l'Antiquité. Toutes les civilisations à leur début et à leur apogée chantent les louanges de la jeunesse et vénèrent en même temps la vieillesse. Mais seule une civilisation à son déclin peut cultiver un idéal d'humanité tendant à détruire l'opposition jeunesse-vieillesse pour les unir dans une sorte de compromis[112] ». Ce *topos* évolue au Moyen Âge. Il se christianise. Il passe par le relais essentiel de Grégoire le Grand, à la fin du VIe siècle, une des grandes autorités du Moyen Âge. Grégoire l'applique à un des personnages qui vont dominer l'imaginaire médiéval, saint Benoît, second père, après saint Martin, du monachisme latin. Dans sa vie de saint Benoît, Grégoire dit de lui : « Ce fut un homme vénérable dans sa vie [...] dès l'enfance il portait un cœur de vieillard. » C'est ce qu'on dira de Saint Louis. Geoffroy de Beaulieu rappelle qu'étant enfant « il devenait de jour en jour un homme parfait[113] ». Henri-Irénée Marrou avait parlé de « l'homme contre l'enfant » dans l'Antiquité, je parlerais volontiers d'un Moyen Âge où il n'y a que de petits adultes et pas d'enfants[114]. L'enfance est un mauvais moment à passer. « C'est enfance », a souligné Jean-Charles Payen, signifiait : « C'est agir de façon déraisonnable. » L'attitude des adultes à l'égard des enfants donne l'impression qu'ils les sentent comme tout proches du péché originel. Le baptême, aux origines chrétiennes, était reçu à l'âge adulte ; il est désormais administré aussi rapidement que possible après la naissance comme pour donner à l'enfant la force de résister à Satan et aux mauvais instincts qui sont comme « naturellement » les tendances de son âge. Un roi qui est soit un roi prêtre, soit un roi guerrier ou un roi bienfaiteur — ou les trois à la fois —, comment peut-il s'incarner dans un enfant incapable d'administrer le sacré, d'être vainqueur, de créer des richesses ?

À tout état, l'homme du Moyen Âge et son mentor idéologique, l'Église, cherchent, pour le comprendre en profondeur, son modèle dans les Écritures. Qu'y trouvent-ils qui éclaire le statut de l'enfant ?

Le texte qui, au début du XIIIᵉ siècle, fait autorité auprès des clercs en matière de théorie politique et qui aborde le problème du roi enfant est le *Policraticus* de Jean de Salisbury (1159). Cet Anglais, qui a été collaborateur de Thomas Becket et qui a passé une grande partie de sa vie en France, aux écoles de Paris, à Reims, auprès de son ami l'abbé de Saint-Rémi, Pierre de Celle, et finalement à Chartres, l'autre grand centre scolaire du XIIᵉ siècle avec Paris dont il est devenu l'évêque jusqu'à sa mort en 1180[115]. Jean de Salisbury est un des grands représentants de l'humanisme chrétien du XIIᵉ siècle, un des grands intellectuels qui ont fait la synthèse entre l'idée de nature qui renaît à Chartres[116], la pensée antique classique réintégrée à la philosophie chrétienne, et le grand courant de la théologie chrétienne en plein renouvellement.

Jean de Salisbury traite du roi enfant dans le chapitre consacré au roi en tant que tête de l'État, car Jean a introduit le thème de la société comme corps humain dans la pensée politique chrétienne médiévale. Le fait et le principe que rencontre ici Jean est la succession héréditaire. Elle est justifiée par la promesse divine et le droit familial, mais elle découle de la nature. Le successeur naturel du roi doit répondre comme celui-ci à l'exigence de justice. La rupture de la légitimité dynastique intervient quand le père ou le fils contredisent cette exigence. La faute du père royal injuste est sanctionnée par Dieu qui lui refuse une progéniture. La Bible et l'histoire antique montrent que les mauvais rois n'ont pas joui de ce bénéfice successoral. Ainsi, Saül et ses trois fils ont péri dans la bataille de Gelboé contre les Philistins (I Samuel, XXXI) ; ainsi, Alexandre et César n'ont pas eu de descendance royale[117].

Ici se présente le dossier biblique sur le roi enfant ou sur le roi pris entre la jeunesse et la vieillesse, une jeunesse difficilement distinguable car la frontière est philosophiquement et idéologiquement imprécise entre elles. Ce dossier comprend trois pièces. Le premier exemple est celui de Roboam. Le fils de Salomon ayant méprisé le conseil des anciens, des vieillards, et suivi le conseil des jeunes, il perdit par le châtiment de Dieu une grande partie de son royaume. Il ne régna plus que sur Juda, tandis que Jéroboam devenait roi des autres tribus d'Israël (I Rois, XII). La morale de cette histoire, si l'on peut dire, est tirée à l'aide de la deuxième pièce du dossier, l'imprécation de l'Ecclésiaste (X, 16-17) : « Malheur à toi, terre dont le roi est un enfant[118]. » De Roboam on glisse à la troisième pièce du dossier et à l'exemple de Job (Job, XXVIII-XXIX) qui se rappelle le temps heureux de son passé[119] : « Si j'allais vers la porte de la ville, ils me préparaient un siège sur la place : à ma vue, les jeunes gens *(juvenes)* allaient se cacher et les vieillards se levaient et restaient debout. »

Giraud de Galles (ou le Cambrien), dans sa *Conquête de l'Irlande* (*Expugnatio Hibernica*, II, XXXV) écrite en 1209, explique le déclin de l'Irlande et l'échec du prince Jean, fils d'Henri II, dans son gouvernement par le jeune âge du prince : « Si un pays, même s'il a joui jadis d'une situation prospère, est gouverné par un prince enfant, il est maudit [allusion à Eccl., x, 16-17], surtout si, primitif et sans éducation, il est confié à un être primitif et qu'il faut éduquer. »

Voilà le contexte idéologique, fait de mauvais exemples et d'angoisse biblique, qui règne chez les clercs quand Louis devient roi à douze ans. Ils ne peuvent deviner la future sainteté du roi et lui appliquer le *topos* de l'enfant-vieillard ; leur seul espoir est que sa mère et son entourage continueront à lui donner et même renforceront la bonne éducation qui, seule, peut combattre victorieusement les faiblesses et les risques de l'enfance, en particulier de l'enfance des rois. Jean de Salisbury avait déjà évoqué la nécessité pour le roi de veiller à l'éducation de son fils héritier[120]. Mais c'est sous Saint Louis et à la demande de la famille royale que Vincent de Beauvais définira l'éducation des enfants royaux et manifestera qu'au milieu du XIIIe siècle l'image de l'enfant prend de la valeur[121].

Ce jeune roi Louis, fragile, et dont l'avènement fait entrer son royaume et ses sujets dans une période dangereuse où la fonction médiatrice que le roi exerce entre eux et Dieu risque d'être affaiblie, sait-on quand prendra fin son enfance, ou, pour parler en termes juridiques, sa minorité ?

Dans la décision que les trois prélats attribuent à son père mourant, Louis VIII est resté vague à ce sujet. Il aurait confié la tutelle du jeune roi à sa mère jusqu'à ce qu'il parvienne « à l'âge légal » *(ad aetatem legitimam)*. Or, à notre connaissance, il n'y a pas d'âge juridique de majorité des rois de France. Il faudra attendre Charles V, en 1374, pour qu'il soit fixé à quatorze ans[122]. Le droit canonique n'édicte rien à cet égard[123], aucun texte de droit romain n'est alors valide à ce sujet, le droit coutumier est divers, les exemples historiques ne sont pas clairs[124]. La vieille majorité germanique était à quatorze ans, mais des rois carolingiens ont été couronnés à treize ans. On voit cette majorité, à partir du XIe siècle, passer à vingt et un ans chez les nobles dans la plupart des principautés, tandis qu'elle se maintient à quatorze chez les roturiers. Montesquieu pensait que l'alourdissement de l'armement avait retardé l'âge du service militaire et donc de la majorité. Mais l'adoubement du jeune noble a lieu souvent plus tôt, quoique le père de Saint Louis, le futur Louis VIII, n'ait été fait chevalier, comme on l'a vu, qu'à vingt et un ans (ou vingt-deux) en 1209.

En 1215, une lettre du futur Louis VIII rappelle que la majorité est fixée à vingt et un ans dans le royaume de France. Le duc de Bourgogne, Hugues IV, le comte de Champagne, Thibaud IV, le comte de Bretagne, Jean le Roux, ne furent majeurs qu'à vingt et un ans. Les *Établissements* de Saint Louis (1270), les *Coutumes du Beauvaisis* de Philippe de Beaumanoir (vers 1280) indiquent que les nobles ne sont majeurs qu'à vingt et un ans. Mais un document de 1235 déclare que, en Flandre, les fils de la comtesse, Jean d'Avesnes et son frère Baudouin, âgés de seize et quinze ans, doivent être considérés comme majeurs (« leur âge est suffisant ») selon les coutumes de Flandre. Les frères de Saint Louis furent faits chevaliers et mis en possession de leurs « apanages » à vingt et un ans, Robert en 1237, Alphonse en 1241, Charles en 1247. Le fils et successeur de Saint Louis, Philippe, le futur Philippe III le Hardi, reçut de même la chevalerie en 1267, à vingt et un ans.

Mais il semble que la tendance ait été de reconnaître les rois capétiens majeurs plus tôt, à quatorze ans ou peu après. En effet, on veut limiter au maximum les périodes où le roi, garant du royaume et de la protection divine, n'est pas en pleine possession de ses pouvoirs. D'où le sacre très tôt, avant la mort du père, pendant près de deux siècles, puis le plus vite possible après, et l'avancement de la majorité au temps de l'adolescence. Philippe Ier gouverna seul vers quatorze ans et Philippe Auguste, seul roi à quatorze ans, fut aussi considéré comme majeur.

Pour Saint Louis, la situation est obscure et particulière. Nous ignorons quand il fut considéré comme majeur et agit en conséquence. Il est sûr que ce ne fut pas à quatorze ans. C'est que le pouvoir était depuis son avènement exercé par une femme, sa mère Blanche de Castille, qui n'eut visiblement pas envie de le quitter. Et Saint Louis semble s'être accommodé de la situation. Peut-être sa mère le maintint-elle sous le boisseau. Je crois plutôt que l'entente fut telle entre la mère et le fils qu'à la tutelle succéda presque insensiblement une sorte de cogouvernement de la mère et du fils, sans qu'on puisse dire que celui-ci régnât sans gouverner, car son autorité est visible assez tôt. En trois occasions au moins, dont on reparlera, la campagne de Bretagne en 1231, le règlement du conflit entre l'université de Paris et le prévôt royal la même année (il a dix-sept ans), le conflit avec l'évêque de Beauvais en 1233, il semble avoir agi de son propre chef et, dans l'affaire de l'Université, en prenant le contre-pied de l'attitude de sa mère.

Il est probable, toutefois, qu'après son mariage à vingt ans, en 1234, et ses vingt et un ans, l'année suivante, il gouverna effectivement, même si c'est aux côtés de sa mère. Les actes les mentionnent longtemps tous les deux sur le même plan et si, après 1235, il apparaît seul dans certains actes, des actes parallèles montrent les correspondants du roi solliciter en même temps sa mère, le plus souvent pour qu'elle use de son influence sur son fils. Il semble bien que ce ne fût pas là simple politesse, mais la reconnaissance d'une situation particulière et le recours à une autorité continuée. Blanche est la reine, et pendant la période où il y eut trois reines en France, la veuve de Philippe Auguste, la Danoise longtemps rejetée, Ingeburg, vivant le plus souvent dans son domaine de l'Orléanais (où elle mourut en 1236), Blanche et Marguerite de Provence que Saint Louis épousa en 1234, seule Blanche fut toujours appelée « la reine » tout court *(regina)*, alors qu'Ingeburg était qualifiée de « reine d'Orléans » *(regina Aurelianensis)* et Marguerite désignée comme la « jeune reine » *(juvenis regina)*.

Mais, dès 1227, Saint Louis, même encore enfant, a reçu seul les hommages de ses vassaux et la foi des seigneurs. Et, surtout, dès la fin de 1226, il a été sacré.

LE SACRE DE L'ENFANT ROI

Le premier acte en faveur de son fils, que Louis VIII avait réclamé, après l'hommage des barons et des prélats, c'était le sacre. Il en avait demandé l'accomplissement le plus rapide. Il importait que l'enfant devînt, quant à sa nature royale, roi complet le plus vite possible, à la fois pour rendre plus difficile toute contestation de sa légitimité et, plus essentiellement, pour faire cesser ce temps d'inquiétude pendant lequel un roi est mort et le suivant n'est pas encore devenu complètement son successeur.

Une miniature des *Heures de Jeanne de Navarre*, exécutée dans la première moitié du XIVe siècle, montre le jeune Louis et sa mère[125] se rendant en litière à Reims pour le sacre. On la représente comme déjà en tutelle de l'enfant roi et en possession du pouvoir, la couronne sur la tête, mais lui va vers la sacralité. Il est représenté nimbé, car la miniature, exécutée après la canonisation, est plutôt destinée à montrer l'éternité historique du roi saint, saint dès l'enfance, qu'à respecter, à la mode d'aujourd'hui, la vérité historique chronologique. C'est déjà Saint Louis qui va se faire oindre et couronner. L'histoire achevée a le pas sur l'histoire en train de se faire. L'enfance du roi est escamotée[126].

Je parlerai plus loin du sacre des rois de France au XIIIe siècle, car les documents liés à Saint Louis sur ce sujet sont postérieurs à sa consécration. Nous n'avons pas de récit de son sacre et ne sommes pas sûrs de l'ordonnance liturgique *(ordo)* qui y a présidé.

Les chroniqueurs ont noté trois aspects du sacre de Louis IX. Le premier est la hâte avec laquelle il a été accompli. On a vu pourquoi : l'angoisse du temps de l'interrègne (le second que connaît le royaume de France depuis que le nouveau roi n'a pas été oint du vivant de son père) est accrue par le jeune âge du roi, et la dynastie capétienne n'est pas encore toute-puissante. L'interrègne est un moment propice, non pour contester un successeur, car le droit du fils aîné du roi défunt est bien établi, mais pour faire pression sur ce roi incomplet et son entourage. À une époque où s'élabore la notion de crime de lèse-majesté à l'égard du roi, l'interrègne est un moment creux où la majesté du nouveau roi n'est pas encore bien instituée et où s'agiter ou se rebeller n'est pas très grave. Louis VIII est mort le 8 novembre, il a été enterré le 15, Louis IX est sacré le 29. Trois semaines, dans les conditions de faible maîtrise de l'espace et de complexité où est déjà parvenue l'organisation d'un sacre royal, c'est une prouesse.

Un deuxième problème, qui souligne bien les risques pour le royaume d'un roi enfant, c'est que Louis IX, à douze ans, n'a pas été fait chevalier. Or le roi de France doit, au premier chef, encore être un roi chevalier. La liturgie du sacre qui s'établira sous Louis IX s'adjoindra définitivement une première phase dans la cérémonie même qui sera un adoubement. Mais, même si elle existe en 1226, elle ne remplace pas un adoublement spécifique. En route pour Reims, l'enfant royal, au cours d'une étape à Soissons, y est adoubé[127].

Le troisième aspect sur lequel insistent les chroniqueurs, c'est l'absence du gratin, tant ecclésiastique que laïc (archevêques et grands féodaux), qui aurait marqué le sacre de Louis IX. Pourtant, Blanche de Castille et la poignée de grands qui avaient assisté Louis VIII dans son agonie à Montpensier envoyèrent largement des invitations au sacre de Reims, en invoquant, pour être plus persuasifs, les prescriptions de Louis VIII sur son lit de mort. Les listes de présents et d'absents dressées par les chroniqueurs sont contradictoires. Philippe Mousket, par exemple, y fait assister le duc de Bourgogne et le comte de Bar que Matthieu Paris (tributaire ici de son prédécesseur Roger de Wendover) en exclut. Peu importe. Il est clair que l'assistance des grands fut clairsemée et peu brillante. De plus, comme il arriva d'ailleurs relativement souvent pour les sacres des rois de France, il n'y avait pas d'archevêque à Reims, le successeur du prélat défunt n'ayant pas été encore, sinon désigné, du moins installé. Le cas, d'ailleurs, était prévu. L'évêque de Soissons, premier suffragant de l'archevêque de Reims, fut le prélat consécrateur et cela n'enleva aucune légitimité à la cérémonie, mais contribua sans doute à en diminuer le lustre.

Les chroniqueurs anglais nous donnent une curieuse et intéressante précision sur les circonstances du sacre. Plusieurs des seigneurs convoqués auraient réclamé, à l'occasion de cette inauguration royale, la libération de tous les prisonniers et, en particulier, des comtes de Flandre et de Boulogne, toujours incarcérés dans la forteresse royale du Louvre depuis Bouvines, c'est-à-dire depuis douze ans, l'âge du roi[128]. Plus que le côté politique de cette demande, c'est son aspect institutionnel qui me frappe. C'est la première allusion connue à une sorte d'amnistie liée au sacre, à une espèce de droit de grâce des rois de France au moment de leur consécration. Or ce droit de grâce reconnu aux monarques à l'occasion de leur avènement finit par s'établir régulièrement au XVIIe siècle seulement et semble s'être difficilement imposé. Tout sacrés, tout thaumaturges, tout-puissants qu'ils furent, les rois de France demeurèrent toujours soumis à Dieu et aux lois. Le droit de grâce que la République a accordé sans difficulté à ses présidents ne fut concédé qu'avec réticence aux rois. Ceux-ci n'accédèrent que lentement à une pleine souveraineté. On voit bien, d'ailleurs, dans cet épisode de 1226 l'attitude ambiguë des grands à l'égard du roi. Ils s'efforcent de lui imposer leur volonté, mais en lui reconnaissant un pouvoir exorbitant.

Avant d'examiner les aspects politiques du sacre, imaginons, dans la limite où les textes et les faits nous le permettent, les premiers pas du jeune roi.

Le voilà à douze ans propulsé sur le devant de la scène par la mort imprévue d'un père, d'abord sur la route d'Auvergne pour se rendre à cheval auprès de ce père mourant, mais apprenant en chemin la nouvelle fatale de la bouche de frère Guérin qui le fait sagement rentrer à Paris, assistant aux funérailles paternelles dans l'impressionnante liturgie funèbre royale sous les voûtes gothiques de Saint-Denis, reprenant, sur un char qui ressemble à une charrette de marchand, la route poussiéreuse et sinueuse de Reims *via* Soissons (la route médiévale n'est ni pavée ni droite, et l'enfant roi dut faire nettement plus que les cent cinquante-sept kilomètres de cet itinéraire aujourd'hui). À Soissons, l'enfant se soumet aux rites qui font normalement des adolescents des hommes par excellence, ces guerriers chrétiens que le jeune Perceval, dans le *Conte du Graal*, rencontrait avec terreur. À Reims, c'est pendant de longues heures, dans une cathédrale en construction, une liturgie aux gestes accablants pour un enfant, qui le charge d'un lourd manteau, d'insignes encombrants, d'une couronne pesante, dans le vertige des prières, des chants, de l'encens, des rites incompréhensibles, même pour un enfant doué à qui l'on a sans doute expliqué tout ce qui pouvait l'être pour son âge. Cérémonie froide, où brillent par leur absence inquiétante les prélats et les grands seigneurs qui auraient dû se presser autour de l'enfant roi. Puis, c'est le retour à Paris, dans le silence des chroniqueurs qui ne nous laissent pas apercevoir le moindre empressement des populations ni le moindre cri de joie ou d'encouragement. Mais, partout, à chaque instant, il y a une présence, celle de la mère aimante, protectrice et forte, déjà la femme forte de l'Ancien Testament dont parlera le pape Boniface VIII lors de la canonisation de Saint Louis.

Un enfant, fût-il roi, garde certainement le souvenir pesant et poignant de ces heures, de ces journées où tant d'événements, de paysages, de décors, de figures, de gestes ont défilé dans la lumière des pâles et courtes journées d'une fin d'automne dont les chroniqueurs ne nous ont pas dit le temps qu'il y fit. Selon la qualité des hommes, une telle épreuve aguerrit ou fragilise. Louis sera le digne fils de son père, guerrier hors pair, et de son grand-père, le vainqueur de Bouvines à cinquante ans, le digne fils de sa mère, l'Espagnole. Fort, comme eux, il s'initie autrement aux devoirs d'un roi que l'idéologie de l'époque commence à considérer comme un dur métier. Il honorera jusqu'à sa mort, et dans le souvenir, cette mère omniprésente.

UNE MINORITÉ DIFFICILE

Aux absences des grands au sacre de Louis IX, les chroniqueurs ont donné des motifs politiques. Ils ont peut-être exagéré. La cérémonie a été particulièrement précipitée. Recevoir des nouvelles, se préparer à un voyage, être en état de partir à temps prend du temps, au XIIIe siècle. Et puis, sans doute, le sacre d'un enfant n'est pas particulièrement attrayant pour ces prélats et ces grands seigneurs qui ont l'habitude de vivre dans une société d'hommes accomplis. L'interprétation de ces absences par les chroniqueurs provient en grande partie des événements qui suivent le sacre et qu'ils projettent en arrière pour en éclairer les péripéties. Mais les grands, cela est sûr, boudèrent le sacre et pour certains d'entre eux, au moins, les raisons de leur absence ont été politiques.

Je ne raconte ici que ce qui permet de mieux comprendre la vie de Louis IX, qui éclaire la fonction et la figure du roi. La tutrice et ses conseillers se hâtèrent de régler quelques cas individuels délicats dont la solution avait d'ailleurs été peut-être engagée —

selon certains — dans les derniers mois du règne de Louis VIII.

La tradition de succession dans la famille capétienne et les « volontés » de Louis VIII qui avaient assuré l'avènement du jeune Louis IX n'étaient pas si fermement établies qu'elles aient rendu inutiles des précautions à l'égard de certains membres de la famille royale. Le jeune roi avait deux oncles âgés de vingt-cinq ans et dix-sept ans en 1226. Ce dernier ne posait pas de problème. C'était un bâtard, porteur, pourtant, du lourd prénom de Charles, Pierre Charlot, que son père Philippe Auguste avait réussi à faire reconnaître par le pape Honorius III comme capable, malgré sa bâtardise, de recevoir des bénéfices ecclésiastiques, et qui était destiné à l'Église. Le cas du premier, Philippe dit Hurepel, était plus menaçant. C'était pour l'Église un bâtard, lui aussi, puisque le pape n'avait pas reconnu la validité du troisième mariage de Philippe Auguste avec Agnès de Méran, mère de Philippe, car elle considérait le roi de France comme toujours marié avec Ingeburg de Danemark (qui ne devait mourir qu'en 1236), répudiée au lendemain d'une nuit de noces infortunée. Philippe Hurepel avait été légitimé par le pape Innocent III et comme sa mère avait été acceptée par l'aristocratie française et, tacitement, par les prélats français comme reine de France légitime, sa position était beaucoup plus honorable que celle de son demi-frère. En apparence même, légalement, le statut de Philippe Hurepel était tout à fait normal. Je me demande pourtant si le vague souvenir de bâtardise qui pesait sur lui n'a pas contribué à le détourner de toute tentation sérieuse de contester le trône de France à son neveu[129].

Philippe Hurepel avait été assez richement doté de terres et de fiefs par son père Philippe Auguste et son frère Louis VIII, mais les terres qui lui avaient été données, ayant appartenu à Renaud de Boulogne, l'un des deux traîtres de Bouvines emprisonné au Louvre, avaient été considérées par les deux rois comme confisquées par la couronne et devant donc lui revenir si Philippe mourait sans descendance mâle (ce qui se produisit en 1236). Pour se concilier Philippe Hurepel, le jeune roi (c'est-à-dire sa mère et ses conseillers en son nom) lui donna aussitôt deux des trois châteaux que Louis VIII avait conservés sur ses terres, Mortain et Lillebonne, et l'hommage du comté de Saint-Pol, mais en lui imposant la clause de réversion à la couronne. Au début de l'année suivante, Philippe reçut encore du roi une rente viagère de six mille livres tournois, mais s'engagea pour lui et ses éventuels héritiers à ne plus rien réclamer en terres pour sa part d'héritage.

Parmi les barons, le cas le plus urgent était celui de Ferrand de Flandre (ou de Portugal, selon son origine), le traître de Bouvines, toujours enfermé au Louvre et que Louis VIII aurait promis de libérer. Il est explicitement mentionné dans la demande des grands faite au jeune roi concernant la grâce des prisonniers à l'occasion de son sacre. Ferrand fut élargi à l'Épiphanie (6 janvier) de 1227. Il paya une forte rançon, donna des gages au roi, à des conditions, semble-t-il, moins draconiennes que celles qu'aurait envisagées Louis VIII. Il lui fut désormais fidèle. Quant à Renaud de Boulogne, l'autre félon de Bouvines, il mourut dans sa prison du Louvre vers Pâques 1227.

Les nouveaux gouvernants firent ensuite un effort en direction des plus remuants des tenants de grands fiefs, le comte de Bretagne et Hugues de Lusignan, Hugues le Brun, comte de la Marche, toujours prêts à jouer à leur profit entre le roi de France et le roi d'Angleterre, et qui avaient quitté l'ost royal dans l'été 1226 lors du siège d'Avignon. Dans ce monde où la parenté — avec la terre — joue un si grand rôle dans les fidélités, dès mars 1227 est formé un projet de mariage entre Jean, né en 1219, second frère de Louis IX (il mourra en 1232), pour qui Louis VIII avait prévu le Maine et l'Anjou en « apanage », et Yolande, fille du comte de Bretagne, Pierre Mauclerc. Pierre recevra, en gage au jurement de l'accord, Angers, Le Mans, Baugé et Beaufort-en-Vallée. Lors de ces mêmes négociations à Vendôme, au printemps de 1227, Hugues le Brun s'engage à marier une de ses filles à Alphonse, troisième frère de Louis IX, né en 1220, futur « apanagé » en Poitou et Auvergne (c'est le futur Alphonse de Poitiers), et un de ses fils à Isabelle, sœur du roi, née en 1225. Il rend au roi certaines terres que lui avait données Louis VIII en échange d'une rente de dix mille livres tournois pendant dix ans, gagée sur Saint-Jean-d'Angély et une partie de l'Aunis.

L'effort le plus important concernait le personnage le plus menaçant pour le royaume de France, le roi d'Angleterre, Henri III, tout juste âgé de vingt ans. Dépouillé d'une importante partie de ses possessions françaises par le grand-père de Louis IX, il était encore présent dans le Sud-Ouest et ne cachait pas ses intentions de reconquérir une partie au moins des terres perdues en France. L'église de l'abbaye de Fontevrault dans le Maine — reconquis par Philippe Auguste — abrite la nécropole de ses ancêtres Plantagenêts, son grand-père Henri II, sa grand-mère, la fameuse Aliénor d'Aquitaine, la divorcée du roi de France Louis VII, son oncle Richard Cœur de Lion. Son représentant sur le continent est son frère, Richard de Cornouailles. En avril 1227, une première trêve est conclue entre le roi de France et Richard. En mai,

Henri III demande à Louis IX une trêve officielle et elle est arrêtée en juin. Entre-temps, Blanche de Castille avait amené à la paix un des plus puissants seigneurs mécontents, le comte de Champagne, Thibaud IV.

Ainsi, au seuil de l'été 1227, après six mois de règne, le jeune roi semble conforté dans son royaume.

Et, pourtant, tout bascule aussitôt. Joinville nous fait vivre l'angoisse du jeune roi. Le roi est un enfant, sa mère une « femme étrangère », qui « n'avait ni parents ni amis dans le royaume de France »[130]. Un nombre important de barons se réunit à Corbeil et décide de s'emparer du jeune roi, non qu'ils veuillent en faire un prisonnier ou le maltraiter, encore moins le détrôner, mais ils veulent le séparer de sa mère et de ses conseillers, le prendre en otage pour gouverner en son nom et s'arroger pouvoir, terres et richesses. Ils se donnent deux chefs prestigieux qui ne refusent pas, pour couvrir leur entreprise d'un semblant de légitimité dynastique, Philippe Hurepel, comte de Boulogne, « hérissé » sans malice ni cervelle, qui se laisse faire mollement et, pour mener la guerre, Pierre Mauclerc, le duc de Bretagne, le plus puissant et le moins fidèle des vassaux du roi de France, appartenant au lignage de Dreux, qui va, par le jeu des solidarités lignagères, jouer un rôle de premier plan dans la révolte contre Louis et sa mère. Le jeune roi, qui est allé avec sa mère à Vendôme pour négocier avec les barons incertains de l'Ouest, rentre à Paris par Orléans, puis par cette route d'Orléans à Paris, la grande artère, depuis Hugues Capet, du domaine royal capétien. À Montlhéry, il est bloqué à proximité des troupes des barons rassemblées à Corbeil. Et voici qu'en ce « besoin », nous dit Joinville, « le roi eut l'aide de Dieu ». Par le truchement de Joinville, nous entendons pour la première fois parler le jeune roi de treize ans. Voilà où commence la mémoire directe de Saint Louis telle qu'elle nous a été léguée.

> Et le saint roi me conta que ni lui ni sa mère, qui étaient à Montlhéri, n'osèrent revenir à Paris jusques à tant que les habitants de Paris les firent quérir en armes. Et il me conta que depuis Montlhéri, le chemin était tout plein de gens en armes et sans armes jusques à Paris et que tous criaient à Notre Seigneur qu'il lui donnât bonne et longue vie, et le défendît et gardât contre ses ennemis[131].

La fidélité populaire au roi vient de se déclencher. De nouveaux souvenirs s'incrustent alors dans la mémoire de l'enfant roi. Après le froid voyage de Reims, voilà la chaude chevauchée de Montlhéry à Paris, le souvenir qui confortera Louis IX dans son devoir de mériter la confiance et l'amour de son peuple. Dans ce monde de don et de contre-don, le jeune roi a vécu avec émotion le fait que ce système de réciprocité ne joue pas seulement au niveau supérieur des vassaux (où la fidélité n'est pas toujours au rendez-vous), mais aussi au niveau du peuple. Dieu a aidé le roi, mais la reine Blanche et ses conseillers ont suscité cette aide en s'aidant d'abord eux-mêmes. Au nom du jeune roi, ils ont envoyé des messages requérant leur fidélité et leur soutien aux Parisiens et aux bourgeois d'autres villes du domaine. Un souvenir de Bouvines joua-t-il ? Philippe Auguste y avait invoqué les fantassins des communes qui combattirent vaillamment et, sur le chemin du retour jusqu'à Paris, le grand-père de Saint Louis avait entendu les bravos du peuple. Il y a ainsi dans l'histoire de France quelques moments de communion entre le peuple et ses rois.

Cependant, le jeune roi a bénéficié de deux points importants marqués par sa mère et ses conseillers. Le comte Ferrand de Flandre libéré est resté d'une grande fidélité au roi et le comte de Champagne Thibaud IV réconcilié s'est montré d'une assistance qui ne faillira plus jusqu'à sa mort.

Mais la deuxième année de règne de Louis IX, 1228, voit se reformer, plus résolue, la coalition des barons. Avec l'appui de Philippe Hurepel, cette coalition, dont Enguerran de Coucy semble avoir été l'âme, ne s'en prend pas directement au roi ni à la tutrice, mais à leur plus puissant soutien, désormais Thibaud de Champagne. La campagne commence par un tir nourri de pamphlets, le plus souvent sous forme d'anecdotes dépréciatives ou même franchement injurieuses, circulant par écrit et surtout oralement, contre Blanche de Castille. C'est, me semble-t-il, la première apparition d'une opinion publique, de manifestations ouvertes, de jugements populaires collectifs, spontanés ou non, sur les affaires du royaume et le comportement des gouvernants, que suppose une telle campagne. Cette opinion publique française, qui s'exprime aussi, comme on le verra, par des chansons, parviendra sur le devant de la scène, sous le règne du petit-fils de Saint Louis, Philippe le Bel, à l'extrême fin du XIIIe et au début du XIVe siècle. Mais il n'est pas indifférent, pour comprendre la conduite de Saint Louis, de supposer que l'opinion publique française a commencé à se manifester sous son règne.

Que reproche-t-on à la régente ? De vider les caisses de la royauté au profit de ses parents castillans, de retarder le mariage du jeune roi pour mieux le dominer et gouverner, et, surtout, traditionnelle attaque de moralité, d'avoir de mauvaises mœurs : on l'accuse successivement d'être la maîtresse du légat pontifical Romain Frangipani, Romain de Saint-Ange, sur lequel elle s'appuie pour les relations de la royauté avec la papauté et avec l'Église et pour la poursuite de la croisade contre les albigeois auquel son époux, Louis VIII, avait pris une si grande part, puis du comte de Champagne, le rallié empressé Thibaud IV, grand poète courtois qui chante une dame en qui on voit la reine. Aucun document n'introduit l'historien dans le lit de Blanche de Castille, mais s'il se fie, comme il le lui faut parfois, à son intuition, appuyée sur une familiarité scientifique avec la période et les personnages, il estimera qu'il n'y eut là, comme je le crois, que pures calomnies. Le dessein des calomniateurs, d'ailleurs, n'était pas sot : la femme au Moyen Âge est dangereuse et doit être surveillée et matée tant qu'elle peut séduire l'homme et se conduire en descendante d'Ève. Mais la veuve, qui ne peut plus avoir de rapports sexuels ni enfanter, peut, selon son caractère, devenir un homme. C'est ce que diront d'elle les hagiographes de Saint Louis. Les calomniateurs veulent la ravaler à un statut de femme encore sexuée et lubrique, donc indigne de considération et de pouvoir, une fausse veuve, une tutrice indigne. L'intéressant, je le répète, c'est qu'il y ait eu des oreilles pour recueillir ces calomnies, non pas des oreilles d'individus à l'occasion d'une confidence orale à la cour, dans une assemblée, dans un bavardage de seigneurs ou de clercs, mais des oreilles, si l'on peut dire collectives, de membres d'un réseau de gens informés par des nouvelles écrites, non dans le long terme de la chronique destinée à la postérité, mais dans le court terme du pamphlet, né pour la diffusion immédiate dans une conjoncture étroite. Ces hommes des médias médiévaux que sont, avec les prédicateurs, les ménestrels et ce milieu de potiniers que semblent avoir formé les étudiants parisiens furent particulièrement acerbes à l'égard de la reine. Le Ménestrel de Reims racontera plus tard que Blanche se serait dévêtue en public pour montrer qu'elle n'était pas enceinte[132].

Heureusement pour la royauté, les barons étaient versatiles (c'est le jeu de la féodalité jonglant avec les droits et les devoirs du vassal) et impressionnés par la royauté, fût-elle représentée par un adolescent et une femme, comme leurs ancêtres avaient été, malgré tout, impressionnés par les faibles premiers Capétiens. Selon les intérêts et les foucades des vassaux, dans cette classe seigneuriale passionnée, aux sentiments instables, la complexe pratique de la fidélité vassalique pouvait changer brusquement des fidèles du roi en rebelles ou, au contraire, les ramener dans une obéissance où, sous le couvert de la mentalité féodale, ils retrouvaient le prestige fondamental du roi et de la royauté.

Quand Joinville écrit : « Et beaucoup de gens disent que le comte de Bretagne eût maté la reine et le roi, si en ce besoin le roi n'eût eu l'aide de Dieu », on peut traduire, sans irrespect pour la divine Providence, que Pierre Mauclerc eut peur du roi, c'est-à-dire de la royauté, c'est-à-dire, en effet, d'une institution divine et sacrée pour les Français du XIIIe siècle.

Il fallut cependant recourir aux opérations militaires, et le jeune roi, âgé de moins de seize ans, prit la tête de l'ost royal en 1230 dans trois campagnes, deux dans l'Ouest, contre le comte de Bretagne et ses complices, une vers l'est, en Champagne, pour protéger le comte contre ses ennemis. Quand le roi convoquait ses vassaux au service militaire qui lui était dû à certaines époques (le plus souvent au printemps) et pour une durée fixée par la coutume, les vassaux étaient mis au pied du mur. Refuser de répondre à la convocation du roi, déserter l'ost royal était un acte grave de désobéissance qui déliait le roi de son devoir de protection de ses vassaux rebelles et les exposait à ses représailles.

Pierre Mauclerc, reprenant son jeu de bascule, avait prêté hommage au roi d'Angleterre en octobre 1229 et refusa de se rendre à la convocation du roi de France à Melun, fin décembre. Louis IX leva alors contre lui l'ost royal ; les barons, sans se soustraire à leur devoir de vassal, n'envoyèrent que des contingents minimes, à l'exception du comte de Champagne, qui permit à l'armée royale d'être victorieuse. Une campagne en janvier aboutit à la reprise des places fortes d'Anjou cédées au Breton en 1227 : Angers, Baugé, Beaufort, et à la prise de Bellême. Le comte de Bretagne ayant fait appel au roi d'Angleterre, Henri III débarqua à Saint-Malo, mais n'osa engager les hostilités et s'enferma dans Nantes sans combattre. Louis IX prit la tête d'une nouvelle armée qui, pour une fois, grâce à l'aide de Hugues de Lusignan, comte de la Marche, prit Clisson et vint assiéger Ancenis. Le château de La Haye-Pesnel, près d'Avranches, appartenant à un des chefs des seigneurs rebelles, Fouques Pesnel, fut pris, rasé, le fief confisqué et donné par le roi au frère du rebelle. Mais le Breton et l'Anglais restèrent sur leurs positions, tandis que les barons quittèrent l'ost royal, comme ils l'avaient annoncé, pour se tourner contre le comte de Champagne. Louis IX dut entreprendre une nouvelle campagne dans l'Ouest, au printemps de 1231, et imposa à Pierre Mauclerc, en juin 1231, une trêve de trois ans à Saint-Aubin-du-Cormier.

Entre-temps, Louis IX, aidé dans ce conflit par le fidèle rallié, Ferrand de Flandre, qui tint en respect Philippe Hurepel, se posta en Champagne et les barons ennemis de Thibaud IV, n'osant pas combattre le roi, abandonnèrent les hostilités.

Cependant, la monarchie française avait remporté un grand succès dans un domaine où elle n'avait commencé à intervenir vigoureusement que sous le court règne de Louis VIII (1223-1226), le Midi occitan. En 1229, le gouvernement royal réussit à terminer la croisade des albigeois et à faire la paix avec l'indomptable et remuant comte de Toulouse, Raimond VII (1197-1249), fidèle successeur de son père Raimond VI (1156-1222) dans sa lutte contre les croisés du Nord et la pénétration royale dans le Midi. Sous l'habile direction du légat pontifical, le cardinal Romain de Saint-Ange, tout dévoué non seulement à Blanche de Castille, mais, surtout, au pouvoir royal français, les croisés, après la mort de Louis VIII, adoptèrent la politique moins glorieuse, mais plus efficace, de la terre brûlée. Ils ravagèrent les champs et les récoltes, entravèrent la vie économique dans les possessions de Raimond VII, en particulier dans la région de Toulouse. Celui-ci dut se résigner à faire la paix avec le gouvernement royal qui, là aussi, négocia un compromis. Les négociations s'ouvrirent à Sens, puis se transportèrent à Senlis et finalement à Meaux, possession du comte de Champagne, qui servit d'arbitre. Dans ce conflit, le jeune roi n'avait pas participé aux opérations militaires et nous ignorons la part qu'il prit à cette liquidation de la croisade.

Le traité fut juré à Meaux le 11 avril 1229 et aussitôt confirmé à Paris. Raimond retrouvait la plus grande partie de ses possessions, tout ce qui se trouvait dans les diocèses de Toulouse, de Cahors et d'Agen, et dans l'Albigeois méridional au sud du Tarn, à l'exception du Mirepoix, laissé à Guy de Lévis. Le roi de France recevait l'Albigeois septentrional avec la ville d'Albi. Le pape acquérait les terres que la maison comtale toulousaine de Saint-Gilles avait possédées à l'est du Rhône, dans le royaume d'Arles. La fille unique de Raimond VII, Jeanne, épouserait un frère du roi de France et lui apporterait en dot Toulouse et le Toulousain[133]. Elle hériterait des autres terres de son père si celui-ci mourait sans avoir eu d'autre enfant. Le roi recevait en gage sept châteaux, dont la citadelle de Toulouse, le château Narbonnais.

Raimond VII s'engageait à fonder à Toulouse une université pour aider à l'extirpation de l'hérésie et à partir en croisade. Logé comme un otage au Louvre, Raimond se réconcilia avec l'Église et la royauté le 13 avril. En habit de pénitent, en chemise et corde au cou, il fit amende honorable entre les mains du cardinal-légat à Notre-Dame puis, le même jour, il prêta l'hommage-lige (exclusif de tout autre ou, à tout le moins, prioritaire sur tout autre) à Louis IX. Le jeune roi de quinze ans, chevalier depuis trois ans, fit ensuite chevalier son vassal Raimond, âgé de trente-deux ans. En contre-don, il lui rendit la seigneurie du Rouergue.

Ce sont d'autres images qui se gravent dans la mémoire du jeune roi : l'infamie de l'hérésie ou du soutien à l'hérésie qui se lave par une cérémonie humiliante et impressionnante ; l'exercice solennel, dans le cadre de la cathédrale de sa « capitale », de la suzeraineté royale, par les gestes symboliques et frappants de l'hommage et de l'adoubement ; dans toute sa gloire, un roi féodal, et, peut-être, un rêve suscité par la promesse de croisade du comte, l'image du voyage outre-mer et de Jérusalem où tout péché est finalement lavé.

En tout cas, même s'il est impossible aux protagonistes de 1229 de prévoir que le mariage de Jeanne de Toulouse et d'Alphonse de Poitiers mènera à l'inclusion de l'Occitanie dans le domaine royal français moins de cinquante ans plus tard, c'est un bond du pouvoir monarchique capétien dans ce Midi attirant et redouté, dont les troublantes séductions ont été jusqu'ici toujours suivies de déceptions. Louis IX est le premier roi de France qui règne effectivement sur ces deux moitiés si contrastées du royaume de France, la septentrionale et la méridionale. Au grand accroissement de l'espace sous la dépendance effective de la monarchie française qu'avait réalisé à l'ouest son grand-père, il ajoute une nouvelle dilatation considérable de cet espace vers le sud. Il faut, en effet, ajouter aux clauses du traité de Meaux-Paris et de leurs conséquences les articles du traité de Melun, conclu en septembre de cette même année 1229 avec un autre révolté du Midi, Raymond Trencavel, vicomte de Béziers et Narbonne. Ici encore, compromis : Trencavel garde Béziers, mais cède Carcassonne. Cette vicomté, avec Beaucaire acquise à la commune d'Avignon par Louis VIII en 1226, et les vicomtés de Nîmes et Agde, cédées par un cousin de Trencavel, Bernard Aton, à Simon de Montfort (mais l'héritier de Simon, son fils Amaury, vient de confirmer, cette même année 1229, la cession de tous ses droits et terres dans le Midi au roi de France), forment deux nouvelles sénéchaussées (ainsi nomme-t-on les bailliages dans le Midi), celles de Beaucaire et de Carcassonne. Et, pour la première fois, le domaine royal français accède (sur un front étroit, mais c'est malgré tout capital) à la Méditerranée. Saint-Gilles, port très actif au XIIe siècle, est en plein déclin, n'étant plus en eau libre. Louis IX va bientôt décider la création d'un port royal sur la Méditerranée. Ce sera Aigues-Mortes. Le rêve de croisade disposera d'un tremplin matériel. Saint Louis est le premier roi de France qui pourra partir de son propre sol et non d'un sol étranger pour la croisade. Ainsi, même si l'originalité de la France méridionale, plus ou moins respectée, de gré ou de nécessité, par la monarchie française, va subsister longtemps, l'unité des deux Frances est réalisée par la force du Nord. Mais Saint Louis, qui y a pris peu de part, s'intéressera médiocrement, semble-t-il, à cette nouvelle moitié de son royaume. Elle est lointaine pour ce roi qui la voit de ses résidences de Paris et d'Île-de-France. Il est vrai qu'en sera le seigneur direct jusqu'à sa mort son frère Alphonse de Poitiers, en qui il a toute confiance et qui réside le plus souvent près de lui. Quant au Languedoc oriental, qui fait directement partie du domaine royal, si, après son retour de la croisade et grâce à ses conseillers méridionaux, il s'intéresse davantage à son administration dans le cadre de la réforme générale du royaume, ce sera essentiellement pour lui une route, désormais capétienne, pour aller à la croisade et en revenir.

Les premières années du règne de Saint Louis, qu'on se borne en général à présenter comme des années de difficultés et de risques — ce qu'elles furent sans doute —, furent aussi pour le jeune roi des années d'avancées décisives du pouvoir royal et de son prestige personnel. Grâce à sa présence sur les théâtres d'opérations militaires et aux assemblées de grands, grâce, bien entendu, à l'habile et énergique politique de sa mère et de ses conseillers, Louis apparut comme un guerrier et un souverain. Le petit adoubé de Soissons était devenu un roi chevalier, chef de guerre. Le transi de Montlhéry convoquait ses barons et, à l'exception bretonne près (mais la Bretagne sera encore longtemps une dure épine dans le corps du royaume de France), ils venaient et obéissaient.

On a insuffisamment souligné, en outre, deux événements révélateurs des progrès du pouvoir royal. La guerre entre le comte de Champagne et les barons était une guerre privée. Louis IX ne craignit pas de s'en mêler et le conflit changea de nature. Les barons durent lâcher leur proie. Le roi intervenait dans le domaine privé et il n'y figurait pas comme un allié ou un adversaire parmi les autres. Dans ce domaine essentiel de la guerre, le privé reculait devant le royal, que l'historien peut commencer à appeler le public.

D'autre part, lors de l'assemblée de Melun, en décembre 1230, où Louis convoqua tous les barons du royaume et où tous (ou à peu près, car on ne signale pas d'absence notoire) vinrent pour confirmer et étendre les mesures prises par son père et son grand-père contre les juifs, le jeune roi promulgua la première *ordonnance* connue (c'est-à-dire le premier acte royal émis en fonction de l'autorité souveraine, de la souveraineté), *valable pour tout le royaume* et pas seulement pour le domaine royal.

Il faut, dans la courte halte que nous faisons en 1230-1231 dans la vie de Saint Louis, dépasser le simple constat que « la crise est surmontée ». Souvent, si les périodes molles d'une évolution historique ne sont pas suivies de déclin, elles révèlent les progrès des forces dures à l'œuvre dans la profondeur et la longue durée des structures, et le creux de la vague en permet un jaillissement, un rebondissement plus fort. Sous les eaux troublées des événements apparaît l'élan des lames de fond.

Pendant cette minorité prolongée où le jeune roi semblait progressivement assumer les droits et devoirs de sa fonction, mais où Blanche de Castille continuait à apparaître au premier plan avec, dans l'ombre — car leur présence est rarement attestée dans les documents —, ses conseillers, Louis IX vit disparaître autour de lui quelques personnages clés, et il commença à montrer certains traits de son caractère et de son comportement politique.

Les trois principaux conseillers survivants du gouvernement de Philippe Auguste et de Louis VIII, qui jouèrent un si grand rôle au moment de la mort de ce dernier et à l'avènement du nouveau roi, disparurent plus ou moins rapidement. L'évêque de Senlis, frère Guérin, rendit les sceaux en 1227 et mourut avant la fin de l'année. Barthélemy de Roye, le chambrier, qui ne mourut qu'en 1237, semble s'être peu à peu effacé. Jean de Nesle n'apparaît que par intermittences. Un des principaux appuis de la famille royale reste en place : Gautier Cornut, archevêque de Sens, le prélat premier nommé dans les listes hiérarchiques d'ecclésiastiques.

Ces disparitions de vieillards s'accompagnent de celles de jeunes princes de la famille royale. Le deuxième frère du roi, Jean, qui avait été fiancé en 1227 (à neuf ans) à une fille du comte de Bretagne, est mort peu après. Le quatrième, Philippe Dagobert, meurt en 1235, à l'âge de douze ans à peu près. Charles, seul frère survivant après Robert et Alphonse, recevra, selon les volontés de Louis VIII, le Maine et l'Anjou en « apanage ». L'ensemble des « fils du roi de France » se resserre.

D'autres changements de personnes se sont produits à la tête des grands fiefs. Plus « politiques » sont les morts de Ferrand, comte de Flandre, ferme soutien du roi et de sa mère depuis 1227, qui meurt en 1233, suivi dans la tombe quelques mois après, en janvier 1234, par l'oncle du jeune roi, ce Philippe Hurepel, le Hérissé sans gloire ni constance. Ce décès-là lève, malgré tout, la seule hypothèque familiale. Un autre chef de la fronde du début du règne,

Robert de Dreux, meurt deux mois après. L'affaire de la succession de Champagne fut aussi réglée à l'avantage du roi. Les barons ennemis de Thibaud de Champagne, qui avaient piteusement échoué dans leurs opérations militaires, furent plus heureux dans leurs machinations dynastiques. Thibaud IV avait à faire face à une prétendante, sa cousine Alix, reine de Chypre, dont les droits au comté de Champagne pouvaient être soutenus car, fille aînée du comte Henri II, elle pouvait recevoir la succession du comté, la famille royale capétienne seule excluant les femmes de la succession. Le conflit entre Thibaud et sa cousine devint aigu quand, en 1233, Alix rentra en France. Finalement, un accord fut trouvé en 1234. La reine de Chypre abandonnait ses droits personnels sur le comté de Champagne moyennant une somme de quarante mille livres tournois et une rente de deux mille livres par an. C'était une somme énorme et Thibaud IV, malgré sa richesse — la Champagne était le lieu des plus grandes foires commerciales de la Chrétienté et il venait, en 1233, de devenir roi de Navarre, à la mort de son oncle Sanche, frère de sa mère —, était incapable de payer cette somme. Il s'adressa au roi, devenu son ami, et le gouvernement royal paya pour lui la reine Alix, mais, en échange, Thibaud abandonnait au roi de France la mouvance des comtés de Blois, de Chartres, de Sancerre et de la vicomté de Châteaudun. C'en était fini de la menace qu'avait fait peser sur la dynastie royale la principauté de Blois-Champagne qui enserrait l'Île-de-France et l'Orléanais, cœur du domaine royal.

L'AFFAIRE DE L'UNIVERSITÉ DE PARIS

Renouvellement de l'entourage, fin des principales menaces féodales : à la grande exception de l'Angleterre, la position du jeune roi sortait très renforcée de la crise. C'est aussi pendant les années 1227-1234 et surtout en 1231-1234 que le jeune roi manifesta quelques-uns des traits de caractère et de comportement politique qui furent attachés par la suite à l'image et à la mémoire de Saint Louis. Et c'est dans ses rapports avec l'université de Paris, avec les évêques, avec l'empereur et, surtout, dans le domaine de la dévotion que le futur Saint Louis commença à s'affirmer.

En 1229, l'université de Paris est une institution jeune. Issue de la fermentation des écoles que des maîtres ouvrent, de façon parfois éphémère, sur la colline Sainte-Geneviève, au long du bouillant XIIe siècle, et qui s'organisent en corporations au tournant du siècle, l'Université reçoit des privilèges de Philippe Auguste et des statuts de la papauté — la corporation universitaire est communauté de clercs et institution de chrétienté — au tout début du siècle. Le grand-père de Saint Louis a sans doute pressenti très tôt l'importance pour la monarchie française d'avoir à Paris, sa quasi-capitale, un foyer d'études supérieures qui pût apporter gloire, savoir et « hauts fonctionnaires » clercs et laïcs à la royauté[134]. Mais Philippe Auguste n'a sans doute pas eu de « politique universitaire », et ce sera aussi l'attitude habituelle de Saint Louis. Leurs interventions relèvent de l'ordre public en cas de troubles, de leur rôle de « bras séculier » si des condamnations ecclésiastiques le réclament, même s'ils ont conscience de l'utilité et du prestige qu'apporte l'université de Paris à la monarchie. Quand, en 1219, par la bulle *Super speculam*, le pape Honorius III interdit l'enseignement du droit romain à l'université de Paris, il ne faut sans doute pas y voir seulement l'intervention du roi de France soucieux d'éviter l'enseignement dans sa capitale d'un droit fondamentalement impérial, à un moment où il aspire à être reconnu indépendant de la supériorité de l'empereur. Il s'agit plutôt du désir du pape de ne pas voir l'attrait du droit faire ombrage à la théologie, dont le pontife voulait faire de Paris la capitale pour la Chrétienté. D'ailleurs, Honorius III interdit aussi l'enseignement de la médecine, autre concurrente possible. Cela obligera la monarchie à recruter ses juristes à Toulouse et, surtout, de plus en plus, à Orléans. L'importance de l'université de Paris pour le pouvoir capétien peut se mesurer au thème très fort, chez les clercs du XIIIe siècle, de la *translatio studii*. De même qu'il y a eu transfert du pouvoir impérial de l'Antiquité au Moyen Âge — *translatio imperii* des Empires d'Orient à l'Empire romain, puis au Saint Empire romain germanique —, il y a eu transfert du pouvoir intellectuel — *translatio studii* — d'Athènes à Rome, puis à Paris. Rome, capitale politique ; Paris, capitale intellectuelle de la Chrétienté : tels sont, ancrés dans des réalités institutionnelles, les mythes du pouvoir dont hérite le jeune roi de France. Perdre l'université de Paris, ce serait brader l'un des principaux fondements de son prestige et de son pouvoir. L'Italie, dit-on encore, a le pape, l'Allemagne, l'empereur, la France a l'Université. Les deux points forts de l'université de Paris, ce sont la faculté des arts, la propédeutique par l'enseignement des sept arts libéraux, le lieu de formation générale le plus ouvert aux nouveautés, le plus bouillonnant d'idées et de discussions, et la faculté de théologie, sommet du savoir, foyer de la nouvelle construction scolastique. Cette réunion de jeunes clercs, protégés par les privilèges de cléricature (exemption d'impôts, exclusivité de la compétence judiciaire de la corporation ou de l'officialité épiscopale pour les affaires de dogme et de foi), sans être tenus par les obligations de la prêtrise, constitue un milieu remuant, générateur de délits de mœurs — vols, viols, violence des jeunes — ou simplement de tapage : ivresse, chants, chahuts.

Il bouge sous l'œil inquiet du pouvoir royal, de l'évêque-chancelier, des bourgeois. Une bagarre d'étudiants chez un cabaretier dépendant de l'église Saint-Marcel, au faubourg du même nom, dégénère ; les sergents royaux et leurs archers, les policiers de l'époque, pour rétablir l'ordre, le font brutalement en tuant et blessant quelques étudiants : c'est l'origine d'un conflit aigu entre l'Université, les bourgeois, le pouvoir royal exercé par Blanche de Castille, qui se montre très ferme à l'égard des étudiants et qui, une fois de plus, est soutenue par le légat pontifical. C'est l'arrêt des cours, c'est la grève, la première grande grève connue de l'Occident. Elle s'accompagne, comme cela est déjà arrivé, d'une sécession, d'un départ de maîtres et d'étudiants pour une autre ville, mais, précédemment, les sécessions de maîtres et d'étudiants n'étaient pas liées à un arrêt général de l'enseignement. C'est l'occasion pour plusieurs princes ou villes de tenter un véritable *brain drain* de l'élite intellectuelle parisienne. Le roi d'Angleterre cherche à attirer les Parisiens dans la récente université d'Oxford, le comte de Bretagne rêve de fonder grâce à eux une université à Nantes. Les autorités toulousaines cherchent à débaucher les Parisiens pour aider au démarrage de l'université que Raimond VII vient de jurer de fonder : elles invoquent aussi bien le charme des Toulousaines que la promesse d'expliquer les livres d'Aristote, interdits à Paris. Mais la plupart des sécessionnistes n'iront pas loin. Ils veulent pouvoir revenir à Paris où les conditions de vie et de formation étaient pour eux si favorables. Le pouvoir universitaire naissant a besoin de se nourrir de tous les pouvoirs rassemblés à Paris. La majorité se retira à Angers et, surtout, à Orléans.

Il faudra deux ans, pourtant, pour que le conflit s'apaise. Les deux parties s'entêtèrent. Les enjeux étaient grands pour elles deux : pour l'Université, il s'agissait de son indépendance et de ses privilèges juridiques ; pour le pouvoir royal, de son autorité et de son droit à faire régner l'ordre public à Paris. L'apaisement vint d'abord de l'intervention du pape Grégoire IX, soucieux que l'Église pût disposer d'un grand centre théologique hors des territoires directement soumis à l'empereur : il pousse à la négociation et rappelle à l'ordre l'évêque de Paris, le légat pontifical et Blanche de Castille.

Mais il semble qu'après le long entêtement de Blanche de Castille Louis IX soit personnellement intervenu pour que le pouvoir royal réponde favorablement à la demande pontificale et fasse les concessions nécessaires. En digne petit-fils de son grand-père, avait-il mieux compris l'enjeu que l'Université représentait pour la monarchie française ? Guillaume de Nangis, transportant peut-être rétrospectivement en 1230 l'attitude de la monarchie française à la fin du siècle, a attribué avec insistance cette clairvoyance au jeune roi. Il a parfaitement exposé l'idéologie des rapports entre l'université de Paris et le royaume de France dans un texte qui n'exprime sans doute que les idées d'un moine de Saint-Denis mais qui, comme j'en fais l'hypothèse, rapporte ce qui s'est réellement passé et les motivations du jeune Saint Louis.

> En cette même année [1229] il s'éleva une grande dissension à Paris entre les clercs et les bourgeois et les bourgeois occirent quelques clercs ; ce pourquoi les universités sortirent de Paris et allèrent en diverses provinces. Quand le roi vit que cessait à Paris l'étude des lettres et de la philosophie par laquelle les trésors de l'intelligence *(sens)* et de la sagesse *(sapience)* sont acquis, ce qui vaut plus que tous les autres trésors, et qu'elle était partie de Paris, elle qui était venue de Grèce à Rome en France avec le titre de chevalerie, le roi doux et débonnaire fut très inquiet et eut grand peur que de si grands et si riches trésors ne s'éloignassent de son royaume, car les richesses de salut sont pleines de sens et de savoir, et parce qu'il ne voulait pas que le seigneur lui reprochât : « Parce que tu as jeté et éloigné science de ton royaume, sache que tu t'es éloigné de moi. » Le roi ne tarda à mander les clercs et les bourgeois, et il fit si bien que les bourgeois satisfirent les clercs pour les méfaits qu'ils avaient commis contre eux. Et le roi le fit spécialement, car sapience est un très précieux joyau et l'étude des lettres et de philosophie vint premièrement de Grèce à Rome et de Rome en France avec le titre de chevalerie en suivant saint Denis qui prêchait la foi en France [...][135].

Et l'historiographe de Saint-Denis inscrit l'université parisienne dans la symbolique royale en faisant de sapience, avec foi et chevalerie, les trois symboles des trois fleurs de lys de la monarchie. Certes, le moine de Saint-Denis a encore une conception thésaurisatrice du savoir, bien archaïque par rapport aux conceptions des maîtres séculiers et mendiants de l'Université sur l'enseignement et la diffusion du savoir, mais on voit comment il réussit à introduire

Saint-Denis et son monastère dans la genèse mythique de la *translatio studii*. On saisit ici le processus de genèse du mythe « national » français produit par le couple de Saint-Denis et de la royauté, de Saint-Denis et de Paris.

Le roi paya une amende pour les violences subies par les étudiants de la part des sergents royaux, renouvela les privilèges de l'Université, promit de faire respecter par les propriétaires parisiens le prix taxé de la location des chambres d'étudiants en créant une commission de deux maîtres et de deux bourgeois pour surveiller l'observation de cette mesure. Il obligea les bourgeois à donner de leur côté réparation pour le meurtre ou le molestage des étudiants, leur fit jurer ainsi qu'à l'évêque de Paris, aux abbés de Sainte-Geneviève et de Saint-Germain-des-Prés et aux chanoines du chapitre de Saint-Marcel, de ne faire désormais aucun tort aux membres de l'Université.

Le pape valida les diplômes obtenus par les étudiants réfugiés à Angers et à Orléans pendant la sécession à condition qu'ils revinssent à Paris ; il reconnut aux maîtres et étudiants le droit de grève si, quinze jours après le meurtre d'un des leurs, les coupables n'avaient pas donné satisfaction de leur acte. Par la bulle *Parens scientiarum* d'avril 1231, qu'on a appelée la *Charte* de l'université de Paris, Grégoire assurait définitivement à l'Université son autonomie et ses privilèges. Voilà une *Grande Charte* qui, au contraire de l'anglaise, n'allait pas contre le pouvoir royal, mais pouvait le servir. Le jeune Louis IX sut le reconnaître.

LOUIS ET L'EMPEREUR FRÉDÉRIC II

Dans un autre domaine essentiel, celui des rapports du roi de France avec l'empereur, on pressent aussi une intervention personnelle précoce du jeune roi.

Les Capétiens, depuis longtemps, depuis toujours, même si Hugues Capet avait joué de sa parenté ottonienne, avaient cherché à soustraire leur royaume à toute dépendance vis-à-vis de l'empereur, parfois avec éclat, comme Louis VI en 1124, mais le plus souvent discrètement. Ils surent aussi tirer profit des violents conflits qui opposèrent, à plusieurs reprises, du XIe au XIVe siècle, papes et empereurs.

Saint Louis continue en ce sens, et non sans succès. En même temps, il s'efforce de respecter la dignité impériale. Il se sentait membre d'un corps, la Chrétienté, qui avait deux têtes, le pape et l'empereur. Le pape était maître des choses spirituelles, et l'empereur, hors du Saint Empire germanique, avait droit à une révérence spéciale. Mais, pour toutes les choses temporelles, ni l'Église (pape ou évêques) ni l'empereur n'avaient de droit, de pouvoir juridique dans le royaume de France. Cette conception se combine très bien chez lui avec le désir de tenir, si possible, dans le domaine moral la balance égale entre le pape et l'empereur, pour sauvegarder l'unité symbolique de la Chrétienté bicéphale. Au fur et à mesure que Saint Louis mûrissant, puis vieillissant, sera de plus en plus en quête de justice et de paix, dans le conflit entre le pape et l'empereur sa conduite sera animée par un désir croissant d'objectivité et de réconciliation.

Une certaine sympathie semble avoir, de loin,

existé entre ces deux plus grandes figures politiques du XIIIᵉ siècle, si différentes l'une de l'autre, si opposées même, l'empereur Frédéric II ne pensant qu'à son rêve impérial, le roi de France, Louis IX, à son rêve eschatologique, mais tous deux ayant en commun une vision totale de la Chrétienté, de l'extrême orient d'Europe à Jérusalem, l'un par tous les moyens du héros humain, l'autre par toutes les voies du héros chrétien.

Il semble bien que les initiatives françaises de 1232 en direction de Frédéric II aient porté la marque personnelle du jeune roi de France, car il commençait, là aussi, à prendre ses distances politiques vis-à-vis de sa mère et de ses conseillers. En mai et juin, Louis renouvela des « traités » avec Frédéric et son fils, Henri, roi des Romains. Les Hohenstaufen lui promettaient de surveiller les tentatives anti-françaises du roi d'Angleterre et de ne pas permettre de guerres privées entre ses vassaux impériaux et les vassaux du roi de France. Frédéric II ratifia cette entente alors qu'il présidait une assemblée de princes allemands dans le Frioul. Il traitait Louis de frère, et les deux souverains se faisaient mutuellement les promesses de fidélité et d'assistance que les vassaux faisaient habituellement à leurs seigneurs.

CONFLITS AVEC LES ÉVÊQUES : L'AFFAIRE DE BEAUVAIS

Dans une autre série de problèmes, le jeune roi apparaît plus nettement sur le devant de la scène, et ce n'est ni comme figurant ni comme simple exécutant. Il s'agit de conflits de juridiction avec des évêques. Ceux-ci, en effet, à côté de leur pouvoir proprement ecclésiastique et spirituel et le confondant souvent plus ou moins avec lui, disposaient d'un pouvoir temporel, judiciaire notamment, qu'ils tenaient d'un titre seigneurial ou prétendaient faire découler de leur fonction épiscopale. Dans les années 1230, le pouvoir royal eut des problèmes avec, par exemple, les archevêques de Rouen et de Reims. Mais le plus grave et le plus long concerne l'évêque de Beauvais[136].

Il opposa au roi un personnage qui aurait dû avoir son oreille. En effet, Milon de Nanteuil, élu évêque de Beauvais en 1217 et consacré à Rome par le pape Honorius III en 1222, avait été un compagnon de Philippe Auguste à la croisade où il avait été fait prisonnier, un proche de Louis VIII qu'il avait accompagné à la croisade contre les albigeois et qu'il avait assisté à Montpensier dans sa dernière maladie.

Le conflit fut triangulaire, opposant la commune bourgeoise, l'évêque, qui était aussi comte, et le roi. Les bourgeois étaient répartis en deux classes, les *populares*, qui représentaient vingt et un métiers, et les *majores*, qui comprenaient les seuls changeurs, nombreux et puissants, car l'évêque avait le droit de battre monnaie. Une entente entre Philippe Auguste et la commune avait confié l'élection du maire à douze pairs, six nommés par les *populares* et six par les *majores*, chaque groupe désignant un candidat entre lesquels l'évêque choisissait le maire. En 1232, cet accord n'ayant pu fonctionner, le roi, qui avait constaté, ce qui se renouvellera ailleurs, que les *majores* dominaient la ville en commettant, surtout en matière fiscale, beaucoup d'injustices, désigna, à la manière des communes italiennes faisant appel à un étranger supposé neutre entre les factions, un bourgeois de Senlis comme maire. Les habitants de

Beauvais se révoltèrent contre cet intrus ; l'émeute fit un certain nombre de morts.

Lors d'une entrevue à Bresles entre le roi, sa mère et l'évêque Milon, l'évêque demanda au roi de ne pas s'occuper d'une affaire qui, selon lui, ne regardait pas la justice royale, mais la justice épiscopale. Le roi lui répondit qu'il irait lui-même régler l'affaire à Beauvais et lui dit d'un ton cassant : « Vous verrez ce que je ferai. » Les mesures auxquelles Louis IX présida lui-même furent spectaculaires. Il fit arrêter un nombre important d'habitants que l'on enferma d'abord dans les halles transformées en prisons, puis pour lesquels on construisit de nouvelles prisons. On abattit solennellement quinze maisons appartenant aux bourgeois les plus compromis et le roi assigna à résidence à Paris plus de 1 500 personnes, selon un document. Louis IX et sa suite avaient résidé quatre jours à Beauvais. Depuis un accord passé avec Philippe Auguste, l'évêque de Beauvais payait chaque année cent livres parisis au roi, ce qui rachetait le droit de gîte du roi, c'est-à-dire l'obligation de payer les dépenses du roi et de sa suite pendant son séjour. Sous prétexte que ce séjour était exceptionnel, le roi réclama à l'évêque huit cents livres pour droit de gîte. L'évêque, surpris, demanda un délai pour payer. Le roi fit aussitôt saisir le temporel de l'évêque, c'est-à-dire les sources de ses revenus autres que ceux liés à sa fonction religieuse. Tout le vin de l'évêque, par exemple, fut saisi dans ses caves et vendu sur la place publique. Ce dernier acte eut sans doute pour motif la volonté du roi de montrer énergiquement sa détermination à défendre ses droits.

L'évêque organisa alors la résistance au roi, en appela à l'archevêque de Reims, son supérieur, aux autres évêques de la province et même au pape. Tous prirent son parti contre le roi. L'évêque jeta l'interdit, c'est-à-dire suspendit l'administration des sacrements, dans le diocèse. Des conciles ou, plutôt, des synodes provinciaux d'évêques condamnèrent l'attitude du roi ; le pape Grégoire IX lui écrivit lettre sur lettre pour le fléchir et écrivit même à la reine Blanche pour qu'elle use de son influence sur son fils. Le conflit s'étendit, après la mort de Milon de Nanteuil (septembre 1234), à la province de Reims. À Reims, pensant bénéficier de l'appui du roi, les bourgeois se soulevèrent contre l'archevêque. En avril 1235, le pape nomma un médiateur, Pierre de Colmieu, prévôt de Saint-Omer, qui allait devenir l'année suivante archevêque de Rouen. Rien n'ébranla le roi. En réponse aux prélats, il réunit à Saint-Denis, en septembre 1235, une assemblée de toute la noblesse de France à qui il fit signer une lettre au pape, protestant contre les prétentions des évêques en général et, en particulier, de l'archevêque de Reims et de l'évêque de Beauvais, déclarant que les temporels épiscopaux ne relevaient que de la justice laïque, royale et seigneuriale. Le pape protesta avec véhémence, menaça le roi d'excommunication, rappelant des précédents du temps de son précédesseur, Honorius III. Le roi ne céda pas et insista à plusieurs reprises sur l'inefficacité d'excommunications et d'interdits prononcés à tort et à travers.

L'affaire finit pourtant par s'apaiser doucement et lentement. Un nouvel évêque plus conciliant fut élu en 1238. Les papes, Grégoire IX (mort en 1241) puis Innocent IV (élu en 1243), en proie à un conflit aigu avec l'empereur Frédéric II, ménagèrent de plus en plus le roi de France et, surtout, les droits du roi en matière de temporel ecclésiastique. La supériorité des tribunaux royaux sur les officialités épiscopales n'était déjà plus contestée dans les années 1240[137].

L'affaire est éclairante pour l'évolution institutionnelle du royaume et elle permet de saisir la conduite de Saint Louis. Le respect du roi à l'égard de la papauté et de l'Église ne va pas jusqu'à abandonner les droits de la royauté en matière de temporel. Plus, d'ailleurs, que d'un retour à la tradition, il s'agit de progrès du pouvoir royal. L'affaire de Beauvais et de Reims, les textes et déclarations auxquels elle a donné lieu sont une préfiguration — le début ? — du conflit qui opposa le petit-fils de Saint Louis, Philippe le Bel, et le pape Boniface VIII, soixante-dix ans plus tard. Dans sa lettre du 22 mars 1236, le pape écrit : « Dans le tort fait à l'Église de Beauvais, c'est un tort fait à toute l'Église "gallicane" [de France], et même à l'Église universelle. » Si Saint Louis se montre inflexible, voire cassant, quand les droits du roi et du royaume sont en jeu, c'est qu'à dix-huit ans le roi très chrétien est déjà sans faiblesse à l'égard des empiétements de la papauté et des évêques sur la justice royale en marche et sans complaisance face à l'abus ecclésiastique en matière d'excommunication et d'interdit[138]. Ce qui est surtout manifeste, c'est qu'au-delà de son caractère et de sa politique, une irrésistible évolution l'emporte vers la consolidation des prérogatives de la justice royale, vers l'affirmation grandissante de l'État.

LE ROI DÉVOT : LA FONDATION DE ROYAUMONT

Un autre trait de caractère et de comportement qui annonce le futur Saint Louis se révèle dans ces années 1229-1234, entre la quinzième et la vingtième année du roi : il est un roi dévot.

Dans son testament, son père Louis VIII avait laissé une forte somme pour fonder près de Paris un monastère auquel la famille royale aurait été particulièrement liée et qui, plus que d'autres, prierait pour elle. On retrouve dans cette intention la vieille alliance entre le monachisme et le pouvoir royal, que, dès Hugues Capet, continuant la tradition de ses ancêtres Robertiens — ce fut une des principales raisons de son succès —, la dynastie capétienne a voulu conclure avec quelques grands monastères : Tours, Fleury-sur-Loire (où fut enterré Philippe Ier), Barbeau (que Louis VII choisit pour sépulture) et, surtout, bien entendu, Saint-Denis. Louis VIII avait attribué cette fondation aux chanoines réguliers de Saint-Victor de Paris, monastère suburbain installé sur les pentes de la montagne Sainte-Geneviève qui avait joué un grand rôle dans le mouvement scolaire et théologique du XIIe siècle. Il conservait un grand prestige, même si l'historien peut estimer aujourd'hui qu'il avait déjà amorcé son lent déclin face à l'Université et aux Mendiants. Or, quand, en 1229, Louis IX et Blanche de Castille réalisent la fondation du feu roi, ils l'attribuent à l'ordre de Cîteaux. Transfert d'autant plus surprenant que l'abbé de Saint-Victor, Jean, désigné dans le testament de Louis VIII comme garant de l'exécution de sa fondation, semble avoir été un des familiers du jeune roi et de sa mère. Mais l'attrait déjà signalé du monachisme réformé cistercien sur Louis fut plus fort. Comme pour beaucoup de chrétiens de cette époque, Cîteaux fut pour Saint Louis une sorte de transition vers les ordres Mendiants qui ne constituaient pas encore l'essentiel de son entourage.

Avec la fondation de Royaumont se montrent non

seulement le goût de Louis IX pour les édifices religieux, mais aussi sa piété, mêlée d'humilité, et son autoritarisme en matière de dévotion.

De son goût précoce pour les édifices religieux, Joinville témoigne : « Dès le premier temps qu'il en vint à tenir son royaume et qu'il se sut connaître il commença à édifier des églises et plusieurs maisons religieuses, entre lesquelles l'abbaye de Royaumont l'emporte en beauté et grandeur[139]. » La construction de Royaumont est aussi pour le jeune roi une occasion d'humilité et de pénitence. D'une façon symbolique, Louis se fait manœuvre, dans la tradition monastique du bénédictisme primitif remis à l'honneur par Cîteaux au XIIe siècle. Guillaume de Saint-Pathus, dans sa biographie écrite d'après les pièces du procès de canonisation à la fin du XIIIe siècle, nous le montre au travail : « Et comme les moines sortaient, selon la coutume de l'ordre de Cîteaux, après l'heure de tierce, au travail *(labour)* et à porter les pierres et le mortier à l'endroit où l'on faisait le mur, le benoît roi prenait la civière et la portait chargée de pierres et allait devant, et un moine la portait derrière, et ainsi fit le benoît roi plusieurs fois à cette époque[140]. » Et comme Guillaume de Saint-Pathus relate ce pieux comportement dans le chapitre consacré à l'amour de Saint Louis pour ses proches, il ajoute : « Et aussi à cette époque le benoît roi faisait porter la civière par ses frères monseigneur Alphonse, monseigneur Robert et monseigneur Charles. Et il y avait avec chacun d'eux un des moines à porter la civière de l'autre côté. Et le saint roi faisait faire la même chose à d'autres chevaliers de sa suite *(compagnie)*. Et comme ses frères voulaient quelquefois parler, crier et jouer[141], le benoît roi leur disait : "Les moines observent ici le silence et nous devons l'observer aussi." Et comme les frères du benoît roi chargeaient beaucoup leurs civières[142] et voulaient se reposer à mi-chemin, il leur disait : "Les moines ne se reposent pas, vous ne devez pas non plus vous reposer." Ainsi le saint roi formait les siens [sa *mesnie* : ses parents et son entourage] à bien faire. » Les proches de Louis commencent à savoir ce qu'il en coûte de vivre dans sa proximité et de jouir de son affection.

Pour y construire l'abbaye voulue par Louis VIII et qu'ils donnèrent aux Cisterciens, le roi et sa mère avaient choisi un lieu proche d'Asnières-sur-Oise, au diocèse de Beauvais, où le jeune roi résidait de temps en temps et qu'ils acquirent à cet effet. L'endroit s'appelait Cuimont, mais il fut débaptisé pour être nommé Royaumont (« mont royal »), nom qui manifestait les liens étroits entre le monastère et la royauté. Dès 1232, le chapitre général de Cîteaux, à la demande des moines de Saint-Denis, décida que la fête de Saint-Denis serait célébrée dans tous les monastères de l'ordre par deux messes et les autres solennités des fêtes chômées, sauf que les convers ne cesseraient pas le travail. On comprend mieux, par un renseignement de ce genre, les faveurs accordées par Saint Louis aux Cisterciens qui venaient de se lier à lui par une sorte d'alliance de prière créant une parenté spirituelle entre les moines de l'abbaye et la dynastie, mais aussi le pouvoir royal. Cîteaux, par Royaumont et par cette alliance, entrait dans ce réseau royal dont Saint-Denis était le foyer.

LE ROI DÉVOT :
LA PERTE DU SAINT CLOU

L'autre événement dévotionnel de ses débuts fut la perte et la retrouvaille d'une insigne relique de Saint-Denis, le saint clou. Laissons encore la parole à Guillaume de Nangis qui, moine de Saint-Denis, a donné à l'événement — un fait divers — la dimension d'un drame cosmique :

> L'année suivante [1232], il advint dans cette même église [Saint-Denis] que le très saint clou, un de ceux dont notre seigneur fut crucifié, qui y fut apporté dès le temps de Charles le Chauve, roi de France et empereur de Rome qui le donna à ladite église, tomba du vase où il était gardé pendant qu'on le donnait à baiser aux pèlerins et il fut perdu parmi la multitude des gens qui le baisaient le tiers jour des calendes de mars [28 février], mais après on le retrouva par grand miracle et on le rapporta à ladite église avec grande joie et grande liesse le premier avril suivant[143]. La douleur et la compassion que le saint roi Louis et sa noble mère la reine Blanche eurent d'une aussi grande perte doit être mentionnée. Le roi Louis et la reine sa mère, quand ils apprirent la perte de ce très haut trésor et ce qui était advenu au saint clou sous leur règne, eurent grande douleur et dirent qu'on ne pouvait pas leur apporter de nouvelle plus cruelle ni qui les fasse souffrir plus cruellement. Le très bon et très noble roi Louis, à cause de la grande douleur qu'il eut, ne put se contenir mais il se mit à crier bien haut qu'il préférerait que la meilleure cité de son royaume fût détruite et périe. Lorsqu'il sut la douleur et les pleurs que l'abbé et les moines de Saint-Denis faisaient jour et nuit sans pouvoir se consoler, il leur envoya des hommes sages et beaux parleurs *(bien parlants)* pour les réconforter et il voulut venir en personne, mais ses gens l'en empê-

chèrent. Il fit commander et crier dans tout Paris, par les rues et les places, que si quelqu'un savait quelque chose sur la perte du saint clou et si quelqu'un l'avait trouvé ou recelé, il devait le rendre aussitôt et il aurait cent livres de la bourse du roi. Que dire de plus ? L'angoisse et la tristesse de la perte du saint clou fut si grande en tous lieux qu'on peut à peine le raconter. Quand ceux de Paris entendirent le cri du roi et la nouvelle de la perte du saint clou, ils furent très tourmentés et beaucoup d'hommes, femmes, enfants, clercs, écoliers [étudiants] commencèrent à braire et crier du fond du cœur, en pleurs et en larmes ; ils coururent dans les églises pour appeler l'aide de Dieu dans un si grand péril. Ce n'est pas seulement Paris qui pleurait, mais tous ceux qui dans le royaume de France apprirent la perte du saint et précieux clou pleuraient. Beaucoup d'hommes sages craignaient qu'à cause de cette cruelle perte advenue au début du règne il n'arrive de grands malheurs ou épidémies et que cela ne préageât la destruction — que Dieu l'en garde — de tout le corps du royaume de France[144].

Ascendant des reliques sur tout un peuple, révélation publique de l'intense attraction exercée par elles sur le jeune roi, excès dans l'expression émotive d'un sentiment religieux bien proche de la magie, orchestration d'une dévotion fondée sur des objets matériels sacralisés par l'Église, où se distingue encore la politique à long terme de Saint-Denis qui relie la France de Saint Louis à Jésus par le pseudo-apôtre Denys et à la dynastie carolingienne, ce fait divers projette une lumière crue sur la piété chrétienne du XIIIe siècle au sein de laquelle Saint Louis n'est plus une exception, mais la sublimation royale du tréfonds religieux d'un peuple qu'on peut bouleverser par des reliques et des miracles. La croyance reste inébranlable chez les plus simples et chez les plus sages et les plus puissants, en la vertu sacrée d'objets qui garantissent la prospérité d'un royaume et dont la perte occasionnelle peut prédire la ruine. Les Romains n'interrogeaient pas avec plus d'angoisse le foie des victimes, le vol et l'appétit des oiseaux que les Français du XIIIe siècle n'enquêtaient sur la perte d'un clou sacré. Le jeune Louis partage et excite la plus profonde religiosité pour nous « primitive » de son peuple et commence à bâtir son image et sa politique sur l'expression publique et intense de ces sentiments. Pourtant, dans son entourage, on estime ces manifestations pieuses excessives, indignes d'un roi qui doit montrer sa mesure et donner l'exemple de la raison. Déjà, Louis choque ceux qui sont attachés à une idée traditionnelle du comportement d'un roi. La majesté royale est-elle compatible avec ces signes d'une piété combinant des gestes qui expriment l'intensité de la croyance en un sacré très ancien (culte des reliques, vénération des lieux de culte : églises et monastères) avec ceux d'une dévotion individuelle nouvelle proclamant l'humilité, l'horreur du péché, le besoin de pénitence ? Pour Louis, il n'y aura pas de problème intime : il se sent, il se veut à la fois et sans contradiction roi de France, conscient de ses devoirs, y compris dans l'apparence et le symbolique, et chrétien qui, pour être exemplaire et assurer son salut et celui de son peuple, doit manifester sa foi selon les anciennes et les nouvelles pratiques, et doit le faire, selon une expression qui lui sera chère, non seulement « de cœur », dans sa conscience, mais aussi « de corps », dans son comportement sensible. Mais, autour de lui, ses conseillers, ceux qui le veulent solidaire des valeurs et de l'attitude des niveaux sociaux auxquels il appartient (aristocratie, prélats), et le peuple, qui voit en lui un chef laïque, bref cette opinion publique en formation, ne vont-ils pas être partagés entre deux sentiments : l'admiration et la gêne, voire la condamnation d'une attitude jugée scandaleuse et dangereuse, indigne de la fonction royale et périlleuse pour le royaume et ses sujets ? Le règne de Louis va se dérouler dans cet écart entre la conduite du roi confiant dans la compatibilité, mieux même, dans la fusion nécessaire de ses deux soucis majeurs : le bien du royaume et de son peuple, son salut personnel qui doit, puisqu'il est roi, se confondre avec celui du royaume et de ses sujets — et le trouble de l'opinion publique française partagée entre son émerveillement devant la piété du roi et sa crainte que ce ne soit pas le comportement exigé d'un roi. Louis aura quelques instants ou même quelques périodes de doute, notamment après l'échec de sa croisade, mais il se ressaisira toujours, persuadé qu'il est dans cette « droite » voie qui définit la fonction royale[145]. Néanmoins, dans cette société où c'est un grand péché de ne pas y occuper de façon claire sa place, de transgresser l'*état (status)* dans lequel Dieu nous a placés, d'être à cheval sur les frontières sociales nettes voulues par Dieu et, en particulier, celles qui séparent les clercs des laïcs, dans cette société qui n'acceptera jamais pour chef un Melchisédech, un roi prêtre — Louis est lui-même persuadé de la nécessité de cette distinction et s'efforcera de rester dans les limites de l'état laïque, même s'il s'avance à l'extrême limite de la frontière au-delà de laquelle on entre dans le monde des clercs, des religieux —, le comportement du roi de France est inquiétant. N'est-il pas, au fond, cet hybride scandaleux, un roi moine et, plus tard, quand il s'entoure de frères des nouveaux ordres Mendiants, un roi frère ? Finalement, la bonne solution sera trouvée par la majorité de l'opinion publique et sanctionnée par l'Église : il sera un roi *saint*, un roi *laïc* et *saint*. Mais à travers les avatars hasardeux d'un long règne et d'une vie, qui, pour le XIIIe siècle, est une longue vie.

II

DU MARIAGE À LA CROISADE
(1234-1248)

On ignore quand Louis a été reconnu majeur. Certainement en 1234, à vingt ans, ou, au plus tard, en 1235 à vingt et un ans. La majorité des rois de France n'a été fixée qu'en 1375 par Charles V. Et elle l'a été à quatorze ans. Le cas de Louis est exceptionnel. Blanche de Castille a si bien gouverné pendant la jeunesse de son fils et a pris, semble-t-il, si bien goût au pouvoir, avec, en réalité, non seulement l'appui de ses conseillers, mais l'assentiment des grands, qu'elle a prolongé sa tutelle sur son fils et sur le royaume. Sans doute, le jeune roi, on l'a vu, a commencé à intervenir dans certaines affaires et a manifesté sa volonté, sinon son pouvoir. Et il l'a fait probablement avec une certaine efficacité en quelques occasions : grève de l'université de Paris, relations avec les évêques. Le passage à la majorité et au gouvernement personnel ne se laisse déceler ni dans les sources ni dans les faits. C'est parce qu'une situation insolite s'est installée sans rupture : une sorte de « coroyauté », de fait, de Louis et de sa mère. Une « coroyauté » inégale, comme on verra, mais tacitement partagée[1].

LE MARIAGE DE LOUIS IX (1234)

En 1233, Louis IX a dix-neuf ans et il n'est toujours pas marié ni même fiancé, ce qui, à l'époque, est surprenant pour un personnage de cette importance. On aurait murmuré dans l'entourage du jeune roi, accusant sa mère de retarder une union qui aurait pu diminuer son ascendant sur son fils et limiter son pouvoir dans les affaires du royaume. Plus tard, sa conduite à l'égard de sa bru donne une certaine vraisemblance à ce soupçon. Il faut aussi ne pas oublier que le mariage d'un roi de France n'est pas une mince affaire et qu'il faut lui trouver une épouse de rang élevé, apportant des avantages politiques, et, ce qui est évidemment plus difficile à deviner — mais les gens du Moyen Âge croient pouvoir se livrer là-dessus à des supputations plus ou moins fondées —, capable de donner à son époux une progéniture sinon abondante, du moins masculine. Au Moyen Âge, les mariages des puissants sont conclus par les parents pour des raisons de convenance familiale (dynastique et politique dans le cas d'un souverain) sans que les futurs époux aient leur mot à dire ni même, le plus souvent, qu'ils se soient rencontrés avant le mariage[2]. L'amour se réfugie alors dans le rapt, le concubinage, l'adultère et la littérature. Mariage d'amour n'a pas de sens au Moyen Âge. L'amour moderne, l'amour d'Occident, est né et a longtemps vécu dans l'imaginaire ou l'illégalité, avant de se réaliser dans la pratique conjugale. Il est né de la contrariété du sentiment amoureux.

Guillaume de Nangis fait du mariage la conséquence d'un désir du roi, mais Louis n'a probablement fait que se conformer à l'usage, et la date des épousailles a dû résulter de l'accord entre le roi, sa mère, leurs principaux conseillers et la disponibilité d'une jeune fille idoine : « L'an de grâce de Notre Seigneur 1234, huitième année du règne du roi Saint Louis et dix neuvième de son âge, il désira avoir un fruit de son corps qui tînt après lui le royaume [c'est-à-dire un héritier mâle] et il voulut se marier, non pour cause de luxure mais pour procréer une lignée[3]. »

Le choix se porta sur la fille aînée de Raimond Bérenger V, comte de Provence depuis 1209, le premier comte de la dynastie aragonaise de Provence à résider de façon à peu près constante dans ses terres provençales, le plus souvent à Aix ou à Brignoles. Le mariage introduisait le roi dans une région triplement intéressante pour la couronne de France. Il complétait la pénétration des Capétiens dans les anciens domaines du comte de Toulouse, dans ce Midi longtemps dominé par les hérétiques. Il accentuait la présence de la monarchie française sur les rivages de la Méditerranée où Louis IX venait se poser en médiateur, en février 1234, entre son futur beau-père et le comte de Toulouse, Raimond VII, en conflit pour la garde de Marseille ; il faisait sentir son influence en terre d'Empire, sur la rive gauche du Rhône, dans ce royaume d'Arles dont l'empereur Henri VI, à la fin du XIIe siècle, avait confié le vicariat à Richard Cœur de Lion. Du même coup, le mariage provençal faisait aussi partie de la stratégie anti-anglaise du pouvoir royal français.

Après Marguerite, qui va épouser le roi de France, Raimond Bérenger V, qui a perdu deux fils en bas âge et n'a pas d'héritier mâle, a trois autres filles[4]. La seconde, Aliénor ou Éléonore, épousera en 1236 le roi d'Angleterre Henri III — c'est la riposte anglaise au mariage de Louis et de Marguerite —, la troisième, Sanchie (ou Sanche), épousera en 1241 le frère d'Henri III, Richard de Cornouailles, et sera couronnée à ses côtés reine des Romains à Aix-la-Chapelle en 1257, mais elle ne sera pas impératrice, son époux ayant échoué à devenir empereur, et elle mourra dès 1261. Pour que le comté de Provence ne soit pas absorbé dans un des grands royaumes d'Occident, la France ou l'Angleterre, Raimond Bérenger V, qui mourra en 1245, dicte avant sa mort un testament instituant héritière du comté sa quatrième fille, Béatrice, et, si Béatrice n'avait pas d'enfant et Sanchie pas de fils, la Provence reviendrait au roi Jacques d'Aragon. Mais, en 1246, Béatrice épouse le plus jeune frère du roi de France, Charles d'Anjou[5], et quand celui-ci, par la grâce de la papauté, devient roi de Naples et de Sicile, Béatrice est couronnée reine en 1265, et meurt moins d'une année après. La Provence sera alors rattachée au royaume de Naples et de Sicile[6].

Il était tentant d'évoquer ce comte qui eut quatre filles, toutes quatre reines, et qui devint, même si ce fut partiellement de façon posthume, le beau-père de la Chrétienté. Il était nécessaire de décrire le réseau d'alliances dans lequel entre Louis IX en 1234, réseau qui se réalisera entre 1236 et 1246. Certes, la reine Marguerite et ses trois sœurs n'ont pas constitué de groupe compact, à la différence de Louis IX et ses trois frères. Si les deux aînées, la reine de France et la reine d'Angleterre, à peu près au même âge, semblent avoir été très liées, il n'en va pas de même entre les deux aînées et les deux cadettes. Séparées par plusieurs années, elles n'ont pas eu d'enfance et de jeunesse communes et les aînées semblent en avoir voulu à la plus jeune d'avoir hérité de leur père. Les rapports entre la France et l'Angleterre montrent bien à la fois l'efficacité et les limites de ces parentés par alliance dans les familles royales médiévales. Incapables d'empêcher le conflit armé qui éclatera entre les deux rois, Louis IX et Henri III, au début des années 1240, ces liens de famille joueront par la suite un rôle positif, et quand Saint Louis entrera définitivement dans sa fonction d'apaiseur, il s'appuiera sur eux.

Louis et Marguerite sont parents au quatrième degré, mais, le 2 janvier 1234, le pape Grégoire IX les relève de l'empêchement de mariage pour consanguinité à cause de « l'urgente nécessité et évidente utilité » d'une union qui doit aider à ramener la paix dans une région troublée par l'hérésie et par la guerre contre les hérétiques. Marguerite est à peine nubile. Elle a treize ans, et c'est peut-être aussi une raison du mariage relativement tardif de Louis qui aurait attendu que l'épouse convoitée soit en état d'être physiquement apte au mariage. Il est décidé que le mariage aura lieu à Sens, facile d'accès de Paris comme de Provence, siège d'un archevêché prestigieux, dont dépend l'évêché de Paris. Sens est alors occupé par un des principaux conseillers du pouvoir royal, Gautier Cornut, et la ville est fière de sa cathédrale, l'une des premières et plus belles cathédrales gothiques.

Tout se précipite en mai. Les deux envoyés du jeune roi chargés d'aller recevoir la fiancée en Provence et de l'accompagner jusqu'au lieu du mariage, l'archevêque Gautier Cornut et Jean de Nesle, fidèle conseiller hérité de Philippe Auguste et de Louis VIII, font rédiger à Lyon par écrit la promesse de mariage du roi qui s'engage à épouser Marguerite avant l'Ascension, cette année-là le 1er juin. L'engagement répond à un acte scellé à Sisteron le 30 avril dans lequel le comte et la comtesse de Provence promettaient de payer au roi de France une somme de huit mille marcs d'argent payables en cinq ans comme dot de Marguerite et de lui remettre en gage le château de Tarascon. Le 17 mai, le comte de Provence s'engage à payer au roi un supplément de deux mille marcs[7]. Marguerite, conduite par son oncle Guillaume de Savoie, évêque de Valence, passe à Tournus le 19 mai et arrive à Sens peu avant le 28. Louis, qui est encore à Fontainebleau le 24 mai, est le 25 à Pont-sur-Yonne, s'arrête à l'abbaye de Sainte-Colombe près de Sens où il passe les trois journées des 26, 27 et 28 mai. Le mariage a lieu le samedi 27 mai, veille du dimanche avant l'Ascension[8].

L'assistance est brillante. La suite de Louis comprend sa mère, Blanche de Castille, ses frères Robert et Alphonse, son cousin Alphonse de Portugal (le futur roi Alphonse III), neveu de Blanche de Castille, divers nobles dont le fidèle Barthélemy de Roye, le vieux serviteur de Philippe Auguste, et plusieurs dames qui assureront la suite de Marguerite. Parmi les assistants qui ont répondu à l'appel du roi, il y a l'archevêque de Tours, les évêques d'Auxerre, Chartres, Meaux, Orléans, Paris et Troyes, les abbés de Saint-Denis et des monastères de Sens, Saint-Jean, Saint-Rémi et Saint-Pierre-le-Vif, ainsi que l'archidiacre et les chanoines du chapitre de Sens, la comtesse de Flandre et de Hainaut, Jeanne, le comte de la Marche Hugues X, sire de Lusignan, Archambaud IX, sire de Bourbon, le duc de Bourgogne Hugues IV et sa femme, Mathilde d'Artois, comtesse de Courtenay et de Nevers, et son mari Guigues V, comte de Forez, et, enfin et non le moindre, le comte de Toulouse, Raimond VII. Il y a donc les prélats plus ou moins liés à la monarchie, dont l'évêque de Paris et l'abbé de Saint-Denis (l'archevêque de Reims est en dehors de l'événement), les grands seigneurs de la région et les détenteurs de trois des plus grands fiefs, la Flandre, la Marche et le comté de Toulouse, Hugues de Lusignan et Raimond VII étant deux grands vassaux le plus souvent peu disposés à manifester leur fidélité au roi.

La cérémonie du mariage se déroule en deux temps[9]. D'abord sur une estrade devant l'église à l'extérieur, car longtemps le mariage n'a été au Moyen Âge qu'un contrat privé. Au XIIIe siècle, il est en train de devenir un sacrement et de passer sous le contrôle de l'Église. La célébration extérieure permet aussi de donner une dernière publicité au mariage (après la publication des bans rendue obligatoire par le quatrième concile du Latran vingt ans auparavant, en 1215) et l'on demande une dernière fois aux assistants s'ils ne connaissent pas d'empêchement à l'union ; mais la dispense pontificale a réglé le problème. L'archevêque exhorte ensuite les fiancés, puis vient le rite essentiel qui, dans cette société du geste, s'exprime par un geste symbolique, la jonction des mains droites *(dextrarum junctio)*, qui rappelle celui d'hommage du vassal plaçant ses mains dans celles du seigneur. Ce geste signifie le consentement mutuel des époux car, dans la liturgie du mariage, la femme est l'égale de l'homme, à quelques détails près. Normalement, c'est le père de la mariée qui effectue l'union des mains droites des époux. En l'absence du comte de Provence, c'est probablement l'oncle de Marguerite, Guillaume de Savoie, évêque de Valence, qui a accompli le geste.

L'archevêque, en invoquant le Saint-Esprit, bénit et encense un anneau qu'il remet ensuite au roi, qui le passe à la main droite de Marguerite, d'abord au pouce (en disant : « *In nomine Patris* », Au nom du Père), puis à l'index (en poursuivant par : « *et filii* », et du Fils, et enfin au médium (en terminant par : « *et Spiritus Sancti, Amen* », et du Saint Esprit,

Amen). Louis donna ensuite treize deniers, le treizain — geste dont la signification est inconnue —, à Marguerite, qui les remit sans doute à l'archevêque, ainsi que la charte nuptiale attestant la conclusion du mariage. L'écrit, au Moyen Âge, complète souvent le geste. Des prières dites par l'archevêque, une bénédiction et un encensement des époux terminent cette première phase. Les jeunes mariés entrent alors dans l'église.

La seconde phase du mariage est essentiellement une messe. Plusieurs textes adaptés à la circonstance y sont lus ou chantés, un passage de la première Épître de saint Paul aux Corinthiens (VI, 15-20) (« Ne savez-vous pas que vos corps sont des membres du Christ ?... Fuyez la fornication !... Ne savez-vous pas que votre corps est un temple du Saint-Esprit ?... »), l'Évangile de Marc (X, 1-9) (« Il les fit homme et femme [...]. Ainsi ils ne sont plus deux, mais une seule chair [...]. Quiconque répudie sa femme et en épouse une autre commet un adultère à son égard et si une femme répudie son mari et en épouse un autre elle commet un adultère »), une Préface remerciant Dieu : « Toi qui as noué l'alliance nuptiale par un joug suave d'amour et un indissoluble lien de paix pour que la multiplication des fils d'adoption s'accomplisse par la chaste fécondité de saintes épousailles. »

Deux rites particuliers accomplis au cours de la messe sont significatifs. Après la Préface, les deux époux se prosternent aux pieds de l'archevêque, on étend un voile nuptial *(velatio nuptialis)* sur Louis et Marguerite « prostrés », tandis que l'archevêque appelle la grâce de Dieu sur le couple. Un rite semblable, qui est un rite d'initiation ou de passage (ici du célibat à l'état conjugal), a lieu lors des ordinations (passage de laïc à clerc, ou de prêtre à évêque) et lors du sacre royal (passage de roi de fait à roi consacré, donc sacré). Le rite se conclut après une longue prière où l'on forme le vœu que l'épouse soit aimable à son mari comme Rachel, sage comme Rébecca, fidèle comme Sara.

Au moment de l'invocation : « Que la paix du seigneur soit toujours avec vous » *(Pax Domini sit semper vobiscum)*, le roi monte à l'autel recevoir de l'archevêque le baiser de paix qu'il va porter à son épouse. Un contemporain, le dominicain Guillaume Peyraut, souligne l'importance de ce baiser (autre rite vassalique) par lequel l'époux promet amour et protection à sa femme : « Le mari a fait promesse d'aimer sa femme quand il lui a donné à la messe, en présence du corps du Seigneur, ce baiser qui en tout temps est signe d'amour et de paix. » Puis Louis et Marguerite communient.

Après la messe, deux rites qui n'ont pas laissé de traces pour le mariage de Louis et de Marguerite, mais qui ont dû être accomplis, achèvent le passage des époux à l'état conjugal. Un pain et une coupe de vin (substitut de la communion sous les deux espèces que fait, à l'instar des prêtres, le roi, seul de tous les laïcs, à la messe de son sacre) sont bénis par l'officiant et partagés symboliquement par les époux. Enfin, c'est la bénédiction de la chambre nuptiale par l'officiant, puis les époux sont assis ou couchés sur le lit. C'est, à l'évidence, un rite de fécondité, soulignant la finalité procréatrice du mariage, sa justification.

Nous savons par une confidence, bien longtemps après, de la reine Marguerite que le jeune époux royal ne toucha pas sa femme pendant la nuit de noces, respectant, comme les époux chrétiens très dévots et formalistes, les trois « nuits de Tobie » recommandées par l'Église en vertu de l'exemple de Tobie, dans l'Ancien Testament.

Cependant, au lendemain du mariage, le dimanche 28 mai 1234, la jeune et nouvelle reine fut couronnée. L'inauguration — pour employer un terme anglais qui n'existe malheureusement pas en français pour les personnes — des reines de France a connu au Moyen Âge une évolution déclinante. Au XIIIe siècle, encore ointes (mais non avec l'huile miraculeuse de la sainte ampoule, réservée au roi) et couronnées lors du sacre du roi si celui-ci est marié, ou bien couronnées dans une cérémonie spéciale peu après leur mariage si leur époux est déjà roi, elles ont cessé d'être sacrées avec le roi au XVe siècle et leur couronnement est devenu, au cours du XVIe siècle, une cérémonie mineure[10]. Le lieu habituel du couronnement individuel de la reine est Saint-Denis, jamais Reims, mais Saint-Denis n'a pas le monopole de cette cérémonie. L'église de Sens était suffisamment prestigieuse pour que sa cathédrale fût le théâtre de la cérémonie. La proximité de celle-ci avec le mariage, le lendemain, peut être considérée probablement comme une attention de Louis IX à l'égard de sa très jeune épouse.

La cérémonie s'est sans doute déroulée selon l'*ordo* contenu dans un manuscrit de 1250 environ. J'analyserai les deux cérémonies, sacre du roi, couronnement de la reine, dans la troisième partie de ce livre. Retenons encore qu'elle a été suivie par un grand festin et que Louis IX a adoubé quelques chevaliers et a touché peut-être des malades des écrouelles en vertu de son pouvoir thaumaturgique[11]. À l'occasion du couronnement de la reine, le roi aurait donc repris les rites qui font suite à son propre sacre et qui en découlent. Je ne crois pas, en revanche, comme on l'a parfois écrit, que Louis IX aurait aussi créé à Sens

« un nouvel ordre de chevalerie », la *Coste de Geneste*[12]. Cet ordre n'est attesté qu'un siècle et demi plus tard, sous Charles VI, qui a essayé sans succès de le lancer et qui l'a très probablement créé lui-même. Pour lui donner plus de lustre, on lui a inventé une origine, en fait légendaire, remontant à Saint Louis, le « grand homme » (et le saint) de la dynastie. La création d'un tel ordre de chevalerie ne convient ni à l'esprit du XIIIe siècle ni au comportement de Saint Louis, tout roi chevalier qu'il ait été et voulu être[13].

Nous avons la chance de posséder les comptes des dépenses faites par la royauté à l'occasion du mariage de Sens. Ils nous permettent d'entrevoir les aspects matériels, économiques et symboliques de l'événement[14].

Les festivités de Sens ont, semble-t-il, coûté 2 526 livres au Trésor royal. La somme a payé, notamment, le transport du cortège royal et de ses bagages venus par charrettes ou par bateaux, le harnachement des chevaux, les tapis, les estrades en bois et la loge de feuillage où Louis était assis sur un drap de soie pour la cérémonie extérieure, les bijoux, les cadeaux, dont une coupe d'or pour le bouteiller, les nappes et les serviettes pour le festin et surtout les vêtements, nombreux et fastueux, comportant beaucoup de drap, de soie, de fourrures[15]. C'est là le grand luxe vestimentaire du Moyen Âge. Pour le roi et sa suite, on avait fait confectionner « des chapeaux de feutre fourrés d'étoffe couleur de paon ou ornés de plumes de paon, et de coton », pour la jeune reine on a choisi « de la fourrure d'hermine et de zibeline ». Marguerite portait une robe de brunette rose et sa couronne d'or coûta 58 livres. « Monseigneur Alphonse de Portugal, le neveu », était vêtu de pourpre. On dépensa pour le pain 98 livres, pour le vin 307 livres, pour les mets cuisinés 667 livres, pour la cire 50 livres. Marguerite avait amené avec elle six joueurs de trompette et un ménestrel du comte de Provence. D'autres ménestrels vinrent animer les jeux et les danses.

Le mariage de Saint Louis se fit donc selon le faste des mariages royaux de l'époque. Le jeune roi, qui s'est toujours soucié de tenir son rang, mais qui limitera de plus en plus par la suite les signes extérieurs de la richesse et du pouvoir, était encore immergé dans la tradition du luxe royal.

Le 8 juin, Louis et Marguerite firent leur entrée à Paris au milieu de nouvelles festivités[16].

LA « CHEVALERIE » DES FRÈRES.
APPARITION DE JOINVILLE

Ces habitudes fastueuses se retrouvent dans trois cérémonies familiales qui parachèveront l'unité et le rang du quatuor de « fils du roi » que constituaient Louis IX avec ses trois frères survivants. Il s'agit de la « chevalerie », c'est-à-dire de l'adoubement des frères, occasion de grandes festivités. Pour ces jeunes gens, c'était une triple entrée dans tous les droits de la majorité, en ce cas à vingt ans, dans la société supérieure des laïcs, dans la chevalerie et dans le gouvernement de leurs héritages. L'événement était conforme au testament de Louis VIII, mais il était présenté comme une décision personnelle de Louis IX.

Ainsi vont être adoubés en 1237 Robert, mis en possession de l'Artois, en 1241 Alphonse, qui reçut le Poitou, et, en 1246, Charles, qui fut investi de l'Anjou. Un témoignage exceptionnel nous a gardé le souvenir de la chevalerie d'Alphonse de Poitiers à

Saumur le 24 juin 1241, en ce jour de la Saint-Jean où les chevaliers chrétiens célébraient leur entrée dans la maturité chevaleresque le jour même où d'antiques rites païens, les feux de la Saint-Jean, conservaient la mémoire de fêtes du solstice d'été et de l'entrée de l'année dans son zénith.

Ce témoin privilégié, c'est le jeune Joinville. Il est, à dix-sept ans, encore écuyer et l'un des acteurs modestes, mais éblouis, de cette fête qui l'introduit dans la proximité de la famille royale. Pour la première fois, probablement, il aperçoit le roi, de dix ans son aîné, dont il deviendra, quelques années plus tard, un des familiers, un des compagnons intimes, éperdu d'admiration et d'affection. Il en léguera à la postérité la chère mémoire dans une extraordinaire et inestimable biographie.

> Le roi tint une grande cour à Saumur en Anjou ; et je fus là, et je vous témoigne que ce fut la mieux ordonnée que j'aie jamais vue. Car à la table du roi mangeait, auprès de lui, le comte de Poitiers, qu'il avait fait nouveau chevalier à la Saint-Jean ; et après le comte de Poitiers, mangeait le comte Jean de Dreux, qu'il avait fait aussi nouveau chevalier ; après Jean de Dreux, mangeait le comte de la Marche ; après le comte de la Marche, le bon comte Pierre de Bretagne. Et devant la table du roi vis-à-vis le comte de Dreux, mangeait monseigneur le roi de Navarre, en cotte et en manteau de satin, bien paré d'une courroie, d'une agrafe et d'un drapeau d'or ; et je tranchais devant lui.
>
> Devant le roi, servait à manger le comte d'Artois son frère ; devant le roi, tranchait du couteau le bon comte Jean de Soissons. Pour garder la table du roi, il y avait monseigneur Imbert de Beaujeu, qui depuis fut connétable de France, et monseigneur Enguerran de Coucy et monseigneur Archambaud de Bourbon. Derrière ces trois barons, il y avait bien trente de leurs chevaliers, en cottes de drap de soie, pour les garder ;

et derrière ces chevaliers, il y avait une grande quantité de sergents, vêtus aux armes du comte de Poitiers, appliquées sur taffetas. Le roi avait vêtu une cotte de satin bleu, et un surcot et un manteau de satin vermeil fourré d'hermine, et sur la tête un chapeau de coton, qui lui seyait mal parce qu'il était alors jeune homme.

Le roi donna cette fête dans les halles de Saumur ; et on disait que le grand roi Henri d'Angleterre les avait faites pour donner ses grandes fêtes. Ces halles sont faites à la guise des cloîtres des moines blancs ; mais je crois qu'à beaucoup près il n'en est aucun de si grand [...] car à la paroi du cloître où mangeait le roi, qui était environné de chevaliers et de sergents qui tenaient grand espace, mangeaient encore à une table vingt évêques ou archevêques ; et encore après [...], mangeait à côté de cette table la reine Blanche, sa mère, au bout du cloître, du côté où le roi ne mangeait pas[17].

Émerveillement d'un très jeune homme, de surplus « provincial », venu du modeste château familial de Champagne, mais aussi pour nous un des premiers regards « vrais » sur l'aspect extérieur de Saint Louis. Un roi encore fastueux par son environnement et par sa personne, mais un détail nous montre que chemine, en ce roi de vingt-sept ans, l'appel à l'humilité et à l'éloignement des apparences mondaines : il est mal coiffé, il porte un chapeau de coton qui jure avec le reste de son vêtement, qui le vieillit et l'enlaidit. La séduction naissante qu'exerce Louis sur le jeune Joinville, élevé dans le respect de la bienséance et de la coquetterie chevaleresque, rend celui-ci clairvoyant, sensible au détail significatif sur quoi se jette l'ogre historien, amateur de la chair fraîche de l'histoire qui lui est trop souvent refusée.

LE ROI PÈRE

Voilà donc Louis, depuis le 27 mai 1234, marié à une jeune fille dont les contemporains ont loué la beauté, de même que celle de ses sœurs. Marié pour procréer. C'est l'enseignement de l'Église, l'exigence dynastique, la satisfaction d'un tempérament qui, pour se plier à la morale et aux règles de la conjugalité chrétienne, n'en profitera pas moins de tout ce qui est « concédé » à la chair. C'est bien l'époux selon saint Paul : « Mieux vaut se marier que brûler. »

Pourtant, le couple n'aura pas de fruit avant 1240, six ans après le mariage. Fécondité tardive de la jeune reine, fausses couches ou même mort d'enfants en bas âge (Blanche de Castille en a perdu plusieurs ainsi, au début de son mariage) dont les documents et les chroniqueurs de l'époque ne parlent pas (seuls laissent une trace ceux qui parviennent à un âge où l'espoir est raisonnable de les voir jouer un rôle, soit en parvenant à l'âge de la majorité, soit en étant fiancés dans le cadre de la stratégie matrimoniale de la dynastie) ? Nous l'ignorons.

Pour commencer, deux filles, ce qui n'assure rien pour l'avenir dynastique, Blanche, née le 12 juillet 1240, mais qui meurt trois ans après, puis Isabelle, née le 18 mars 1242, et enfin trois garçons, Louis, né le 25 février 1244, Philippe, né le 1er mai 1245, et Jean, né et mort presque aussitôt en 1248. Quand le roi partira à la croisade, en août 1248, deux fils semblent assurer l'avenir. Le couple royal engendrera encore six enfants, trois en Orient, trois après le retour en France. Sur les onze enfants de Louis et de Marguerite, sept survivront à leur père, dont quatre fils. Ainsi va, au XIIIe siècle, la démographie d'une famille royale normalement féconde.

LE ROI DES RELIQUES :
LA COURONNE D'ÉPINES

Dans la Chrétienté du XIIIe siècle, une grande manifestation de dévotion, qui est en même temps la source d'un grand prestige, est la possession de reliques insignes. La fortune d'une ville, d'une seigneurie, d'un royaume peut en dépendre. Une relique est un trésor actif qui engendre protection et bienfaits. Saint Louis l'a éprouvé avec le vol du saint clou de Saint-Denis.

Or, en 1237, le jeune Baudouin, neveu de Baudouin IX de Flandre, devenu, après la prise de Constantinople par les croisés latins, en 1204, le premier empereur latin de Constantinople, et fils de Pierre de Courtenay, également empereur de Constantinople de 1216 à 1219, vient en France demander contre les Grecs des secours au roi et à la Chrétienté. Il a dix-neuf ans et doit bientôt, à sa majorité, ceindre le diadème impérial qui lui est dû par sa naissance mais qu'a ceint, en attendant, son beau-père Jean de Brienne. Mais l'empire latin de Constantinople, continûment grignoté par les Grecs qui ne laissent aux Latins que la capitale et ses environs, n'est plus qu'une peau de chagrin.

Pendant son séjour en France, où il a été bien accueilli par le roi Louis son cousin[18], il apprend deux mauvaises nouvelles : la mort de Jean de Brienne et l'intention des barons latins de Constantinople, pressés par un besoin d'argent devenu dramatique, de vendre à des étrangers la plus précieuse des reliques conservées à Constantinople, la couronne d'épines qu'en signe d'humilité Jésus a portée pendant sa Passion. Le nouvel empereur, Baudouin II, supplie Louis et Blanche de Castille de l'aider et de ne pas permettre que la sainte couronne tombe en des mains étrangères.

Le roi et sa mère s'enflamment aussitôt : quelle merveilleuse perspective que d'acquérir cette couronne qui comble leur piété et flatte leur gloire ! Couronne d'humilité, la relique est malgré tout une couronne, c'est une relique royale. Elle incarne cette royauté souffrante et humble qui est devenue l'image du Christ dans la dévotion dolente du XIIIe siècle et que l'imagination transporte sur la tête du roi, image de Jésus ici-bas, image du règne dans la souffrance et du triomphe sur la mort par la souffrance. On ne peut s'empêcher de remarquer, quelles que soient la profondeur et l'authenticité des sentiments de Louis en cette affaire, que c'est un « beau coup ». Le jeune roi de France s'impose à la Chrétienté. L'enjeu politique et idéologique n'a évidemment pas échappé au roi et à sa mère. Après la *translatio imperii* et la *translatio studii* de l'Orient vers l'Occident, voici la *Translatio Sacratissimae Passionis instrumentorum*, le « transfert des instruments de la Très Sainte Passion ». Et la destination de cette relique insigne, son lieu d'élection, c'est la France, qui apparaît de plus en plus comme la terre chérie de Dieu et de Jésus. C'est ce que souligne Gautier Cornut, l'archevêque de Sens, l'ami et le serviteur du roi, la tête de l'Église « gallicane » :

> De même que notre Seigneur Jésus Christ a choisi la Terre de la promesse [la Terre sainte] pour y montrer les mystères de sa rédemption, de même il semble

bien et on croit que pour vénérer plus pieusement le triomphe de sa Passion il a choisi spécialement notre France *(nostram Galliam)* pour que de l'Orient à l'Occident soit loué le nom du Seigneur par le transfert opéré par notre Seigneur et Rédempteur de la région *(a climate)* de la Grèce qu'on dit la plus proche de l'Orient à la France qui touche aux frontières de l'Occident, des instruments de sa très Sainte Passion[19].

La France devient une nouvelle Terre sainte. Et de Louis le prélat dit : « Il se réjouissait de ce que le Seigneur, pour manifester un honneur de cette importance ait choisi *sa* France *(suam Galliam)* dans laquelle la foi en sa clémence est si forte et où les mystères de notre salut son célébrés avec une si grande dévotion[20]. »

Alors commencent les aventures de la couronne d'épines, ses tribulations, son long et merveilleux voyage de Constantinople à Paris.

De Paris Baudouin II envoie un émissaire avec une lettre ordonnant la remise de la couronne d'épines aux envoyés que Louis dépêche de son côté, deux dominicains, Jacques et André, dont le premier a été prieur de l'ordre des Prêcheurs à Constantinople et pourra reconnaître l'authenticité de la relique. Il faut comprendre, en effet, l'attitude des chrétiens d'Occident face aux reliques en général et à celle-ci, exceptionnelle, en particulier. Ils ne doutent pas que la vraie couronne d'épines du Christ ait pu être conservée à Constantinople. Les voyages en Terre sainte de sainte Hélène, mère de l'empereur Constantin, au IVe siècle, et inventrice de la Vraie Croix dans la tradition chrétienne, et de l'empereur Héraclius qui, en 630, aurait rapporté cette Vraie Croix de Jérusalem à Constantinople fournissent une base historique à cette croyance. La « critique » des reliques, qui se développe en Occident aux XIᵉ et XIIᵉ siècles et qui inspire à l'abbé bénédictin Guibert de Nogent son célèbre traité « Des reliques des saints » *(De pignoribus sanctorum)*, vers 1119-1129[21], fait prendre quantité de précautions tout au long du transfert de la très sainte relique. À chaque étape, on vérifie soigneusement que l'objet sacré transporté dans une châsse spéciale (comme l'huile miraculeuse de Reims a été conservée dans la sainte ampoule) n'a pas été remplacé par une copie, par un faux.

Quand les envoyés de l'empereur Baudouin II et du roi de France Louis IX arrivent à Constantinople, ils apprennent que le besoin d'argent est devenu entretemps si urgent que les barons latins ont emprunté aux marchands-banquiers vénitiens et leur ont donné en gage la couronne d'épines. Si la relique n'a pas été rachetée avant la fête des saints martyrs Gervais et Protais (18 juin), elle deviendra la possession des Vénitiens et sera transférée dans la cité de la lagune. On retrouve ici les marchands vénitiens au service de la fabuleuse politique de reliques de la Sérénissime, qui a réussi, dès le début du IXᵉ siècle, une autre affaire sensationnelle en achetant à Alexandrie les reliques de saint Marc qui constitueront une part importante du prestige de la république des Doges. Mais, coup de théâtre, les envoyés de Baudouin et de Louis arrivent avant la date fatidique, et le roi de France, qui a acheté la couronne d'épines, fait valoir sa priorité. Des négociations s'engagent et, finalement, les Vénitiens acceptent de laisser l'insigne relique au roi de France à une condition : que la couronne d'épines aille d'abord à Venise et que la cité des Doges recueille le bénéfice, fût-il passager, de la présence matérielle de la prodigieuse relique à Venise. Touchée par elle, la République y puisera une part de protection, de bienfaits, de prestige.

Quand ces tractations prennent fin, on est arrivé à la Noël de 1238. Est-il prudent de confier à la mer, en ce temps d'hiver si hostile à la navigation, un bien si précieux ? De plus, on apprend que les Grecs ont su par leurs espions la vente de la relique et son imminent transport par mer. Ils ont semé de galères les itinéraires possibles pour s'emparer de la sainte marchandise. Pourtant, au milieu des larmes et des gémissements des habitants de Constantinople, la couronne d'épines prend la mer. Dieu la protège, elle arrive sans encombre à Venise où elle est exposée dans la chapelle du palais, la chapelle Saint-Marc. Le frère André reste à Venise pour surveiller la relique, tandis que le frère Jacques va annoncer la bonne nouvelle à Louis et à sa mère. Il revient en grande hâte à Venise avec l'énorme somme de l'achat (nous en ignorons le montant) et avec des envoyés de Baudouin II, garants de l'opération et de l'engagement de l'empereur de Constantinople. De nouvelles négociations s'ouvrent dans lesquelles des marchands français présents à Venise jouent un rôle actif. Finalement, les Vénitiens n'osent pas s'opposer à la volonté de Baudouin et à l'insistance du roi de France. Venise pleure à son tour, en laissant à contrecœur la couronne repartir vers sa destination finale.

Le transport va se faire, cette fois-ci, par terre, mais les craintes n'en sont pas moins grandes. La relique continue pourtant à faire sentir sa protection et à prouver que le roi de France bénéficie de la protection divine. Pour plus de sécurité, les convoyeurs se sont munis d'un sauf-conduit impérial de Frédéric II, la plus haute garantie juridique de la Chrétienté en matière de sûreté temporelle. Le miracle se renouvelle avec les conditions climatiques. Pas une goutte de pluie ne tombe sur le convoi pendant le transport diurne. En revanche, quand la relique est à l'abri dans les hospices qui l'hébergent pour la nuit, la pluie tombe en abondance. Le signe de la protection divine est donc manifeste.

Comme, cinq ans plus tôt, il était venu au-devant de sa fiancée, Louis accourt pour accueillir sa sainte acquisition. Il emmène avec lui sa mère, ses frères, l'archevêque de Sens, Gautier Cornut, actif dans cette phase du voyage, l'évêque d'Auxerre, Bernard, de nombreux barons et chevaliers. Il rencontre le saint objet à Villeneuve-l'Archevêque.

L'émotion est intense quand on présente au roi la châsse d'or qui contient la relique. On vérifie qu'elle porte intacts les sceaux des barons latins de Constantinople, les expéditeurs et ceux du doge de Venise, le réexpéditeur. On enlève le couvercle et on découvre l'inestimable joyau *(inaestimabilis margarita)*. Le roi, la reine mère, leurs compagnons sont étreints par l'émotion, versent des larmes abondantes, poussent de nombreux soupirs. « Ils restent figés à la vue de l'objet amoureusement désiré, leurs esprits dévots sont saisis d'une telle ferveur qu'ils croient voir devant eux le Seigneur en personne portant à cet instant la couronne d'épines[22]. » Paul Rousset, dans une étude aiguë sur la mentalité des croisés qui croyaient châtier, lors de la prise de Jérusalem en 1099, ceux-là mêmes qui avaient crucifié le Christ, a subtilement analysé cette abolition du temps historique qu'un tel comportement supposait[23]. Devant la couronne d'épines, Saint Louis et ses compagnons retrouvent spontanément le même état d'esprit. Telle est la flexibilité du temps chrétien médiéval. Sous le coup d'une grande émotion, née de la résurrection de la mémoire du Christ, le temps terrestre s'arrête, se concentre en cette pointe de l'instant que saint Augustin a si profondément évoquée comme l'approche extrême du sentiment d'éternité. Neuf ans avant de partir pour la croisade, Saint Louis a vécu l'extase du croisé. C'est la veille de la Saint-Laurent, le 9 août 1239.

Puis vient la procession de pénitence qui accompagne l'insigne de la royauté humiliée du Christ, l'union du roi et de ses compagnons à la Passion de Jésus, l'insertion dans l'Incarnation revenue. Le roi et son frère aîné Robert, pieds nus, en chemise (ne portant qu'une seule tunique sur le corps), portent la châsse de Villeneuve-l'Archevêque à Sens au milieu de chevaliers qui ont ôté leurs souliers. Arrivée en ville au milieu d'une foule immense qui applaudit, escortée des clercs vêtus d'ornements de soie, de moines et de religieux qui portent toutes les reliques des saints de la ville et de la région, venus, en quelque sorte, saluer le Seigneur vivant dans sa relique, la procession avance par les rues et les places ornées de tapis et de tentures, parmi les sons retentissants des cloches et des orgues. Quand le soir tombe, le cortège se fait marche aux flambeaux, illuminée par des cierges en torsades *(cum candelis tortilibus)*. La relique est déposée finalement pour la nuit dans la cathédrale Saint-Étienne. On sent, à lire Gautier Cornut, l'archevêque rempli de bonheur. Ces heures que la couronne d'épines a passées dans sa cité, dans son église, c'est l'extraordinaire récompense d'une vie au service de Dieu et de la royauté.

Le lendemain commence la dernière étape du voyage : en huit jours, le transport par bateau sur l'Yonne et la Seine jusqu'à Vincennes où le roi a son palais suburbain. La châsse est exposée sur un haut échafaud près de l'église Saint-Antoine pour être vue de tout le peuple de Paris accouru. Ici encore, tout le clergé est venu avec les reliques des saints parisiens. Des prédicateurs exaltent l'honneur qui échoit au royaume de France. Puis, comme à Sens, c'est l'entrée de la châsse dans les murs de la capitale, portée par Louis et son frère Robert, pieds nus, en chemise, suivi de prélats, de clercs, de religieux, de chevaliers, eux aussi pieds nus.

La relique fait d'abord halte quelques instants dans la cathédrale Sainte-Marie (Notre-Dame) où la dévotion à la Mère du Christ s'exprime en union avec celle rendue à son fils. Enfin, la couronne d'épines atteint le terme de son voyage des bords du Bosphore à ceux de la Seine, le palais royal. Elle est déposée dans la chapelle du palais, la chapelle Saint-Nicolas. Protectrice du royaume, la couronne est d'abord une insigne possession du roi. Relique royale, mais privée, même si sa protection doit s'étendre, à travers le roi, sur son royaume et ses sujets.

Et comme les malheurs et le besoin d'argent de l'empereur de Constantinople continuent et s'accroissent, Louis complète à grands frais sa collection des reliques de la Passion. En 1241, il acquiert une grande partie de la Vraie Croix, la sainte éponge, avec laquelle ses cruels bourreaux donnèrent du vinaigre à boire à Jésus crucifié, et le fer de la sainte lance, avec laquelle Longin lui perça le flanc.

LA SAINTE-CHAPELLE

La chapelle palatine Saint-Nicolas était bien modeste pour de tels trésors. Aux reliques de la Passion, à la couronne du Christ, il fallait une église qui fût une châsse glorieuse, un palais digne du Seigneur. Louis fait alors construire une nouvelle chapelle, celle à laquelle reste attaché le simple nom de

Sainte-Chapelle qui désigne des chapelles palatines. En effet, la Sainte-Chapelle a été par la volonté de Saint Louis à la fois « un monumental reliquaire » et un « sanctuaire royal » (Louis Grodecki). Louis n'a jamais perdu une occasion d'associer la gloire du roi à celle de Dieu.

En mai 1243, le pape Innocent IV accorde des privilèges à la future chapelle. En janvier 1246, Louis fonde un collège de chanoines pour la garde des reliques et la célébration des cultes. En 1246 et 1248, des chartes royales prévoient des ressources pour entretenir le bâtiment, en particulier les vitraux. La consécration solennelle en présence du roi a lieu le 26 avril 1248, deux mois avant le départ de Saint Louis pour la croisade. La construction de la chapelle, y compris les vitraux et probablement les sculptures, a donc été réalisée en un temps record. La Sainte-Chapelle, d'après l'enquête du procès de canonisation de Saint Louis, a coûté quarante mille livres tournois et la châsse des reliques de la Passion cent mille. Nous ignorons le nom de l'architecte principal et de ses aides[24].

Dès l'époque de Louis IX, la Sainte-Chapelle passait pour un chef-d'œuvre. Le chroniqueur anglais Matthieu Paris l'appelle « une chapelle d'une merveilleuse beauté digne de ce trésor royal[25] ». Personne n'a mieux dit qu'Henri Focillon le charme de cette église : « Les dimensions de la Sainte-Chapelle, beaucoup plus vastes que celles de chapelles absidales d'Amiens, leurs contemporaines, donnent aussi une plus étrange et plus paradoxale autorité à un parti qui semble défier les lois de la pesanteur, du moins quand on l'examine à l'intérieur de la nef. La masse murale, éliminée pour faire place aux verrières, se retrouve dans l'énormité des contreforts, comme si les murs latéraux avaient basculé pour former un butement perpendiculaire. De plus, l'archivolte des fenêtres reçoit une charge nouvelle qui l'empêche de céder aux poussées, sous forme d'un triangle de pierre, le gâble, qui, évitant de peser sur les reins de l'arc, mais accumulant au-dessus de la clef toute la hauteur de ses assises, joue un rôle analogue aux pyramidions des culées. Tout, d'ailleurs, dans cet édifice trahit le raffinement des solutions, depuis le système d'équilibre que nous venons d'analyser sommairement et qui est concerté pour l'effet intérieur, jusqu'au voûtement de la chapelle basse qui lui sert de socle. Il y a là une sorte de rigueur dans la grâce qui n'est pas médiocre. Cette pensée enchanta le siècle, qui l'accueillit comme son chef-d'œuvre[26]. »

Quelles que soient la hardiesse et la beauté de la Sainte-Chapelle et de ses vitraux, on a aussi souligné qu'elle n'innove pas vraiment, elle porte simplement à son comble l'architecture des chapelles absidiales gothiques traditionnelles, l'allongement des fenêtres hautes, l'art du vitrail du gothique classique ; elle porte aussi la marque des limites que ses fonctions lui ont imposées : des dimensions qui restent modestes, car elle n'est que chapelle palatine, la rupture de certaines lignes et de certains volumes qu'exige la présentation des reliques. C'est pour ces reliques qui constituent, selon l'heureuse expression de Jean Richard, le *palladium* (« bouclier sacré ») du royaume de France, qu'est aménagée la chapelle haute[27]. On a pu définir la verrière dite « des reliques » comme « la clé de tout le programme iconographique[28] ». Ce monument aussi lié à la personnalité de Saint Louis, à ses objectifs de dévotion et de pouvoir, à sa mémoire, ne lui ressemble-t-il pas, en définitive ? La modestie alliée à la hardiesse et à l'ostentation, l'élan suprême de la tradition qui s'arrête au bord de l'innovation ?

UN ROI ESCHATOLOGIQUE : L'APOCALYPSE MONGOLE

On a vu[29] qu'à l'échelle du monde le grand événement du XIIIᵉ siècle, c'est la constitution de l'Empire mongol. Avec ces Mongols, Louis IX n'aura que des contacts lointains par l'intermédiaire d'ambassadeurs porteurs de vagues propositions fragilisées par l'ignorance mutuelle et l'illusion. Pour l'heure, le roi de France partage l'angoisse de la Chrétienté quand, la Russie et l'Ukraine dévastées, les Mongols s'avancent en Hongrie et dans le sud de la Pologne et, en 1241, parviennent à Cracovie et aux abords de Vienne. Rappelons l'essentiel de l'épisode qu'on peut dire, à la lettre, apocalyptique : il révèle à Louis, dans une vision, les perspectives ultimes de son destin lié à celui de la Chrétienté et de l'humanité. C'est une nouvelle expérience religieuse d'une grande intensité que vit alors Saint Louis. Ces hordes sont peut-être celles des peuples de Gog et Magog qui ont franchi les murs de leur confinement extrême-oriental et qui apportent les massacres et les ruines annoncées par l'Apocalypse comme prélude à la fin du monde. Angoissé mais ferme, s'il est bien vrai que, comme l'a relaté Matthieu Paris, au milieu des larmes qu'il répand toujours dans ces moments d'extrême émotion, de joie ou de crainte, il écrit à sa mère : « Courage, s'ils arrivent jusqu'à nous, ou bien nous les rejetterons dans leurs demeures infernales ceux que nous appelons Tartares, ou bien c'est eux qui nous enverront au ciel. »

Deux destins (peut-être deux désirs) entr'apparaissent au jeune roi de vingt-sept ans : un destin eschatologique, celui des derniers temps, et un destin de martyr.

LE ROI VAINQUEUR :
LA GUERRE CONTRE LES ANGLAIS

Mais des dangers plus ordinaires menaçaient le royaume.

La royauté anglaise n'avait pas cessé, pendant l'enfance et la jeunesse de Louis IX, d'être le grand adversaire de la monarchie française et la principale menace qui pesait sur la construction de l'État monarchique français.

Henri III avait succédé, à neuf ans, à son père Jean sans Terre, en 1216. Devenu majeur, il n'avait pas renoncé aux territoires anglais en France reconquis par Philippe Auguste et contestait le jugement de la cour des pairs français qui avait reconnu la légitimité de la confiscation des fiefs de Jean sans Terre dans la France de l'Ouest par le roi de France. Mais pris entre les barons anglais, qui avaient limité son pouvoir en arrachant la Grande Charte à son père, et les barons français comme le comte de Bretagne et le comte de la Marche, qui comptaient sur lui pour les émanciper de leur soumission au roi de France, pris aussi entre son prudent conseiller Hubert de Burgh et son bouillant frère, Richard de Cornouailles, Henri III n'avait pendant longtemps manifesté que des velléités de reconquête. L'appui qu'avaient donné successivement à ses revendications les papes Honorius III et Grégoire IX n'avait pas impressionné Blanche de Castille, le jeune Louis et leurs conseillers. La piteuse campagne anglaise de 1231-1232 s'était, on s'en souvient, terminée par des trêves et, en novembre 1234, le principal allié d'Henri III en France, le comte de Bretagne, Pierre Mauclerc, s'était rallié au roi de France. En 1238, le pape Grégoire IX, qui cherchait à maintenir un équilibre entre les deux royaumes et qui, surtout, ménageait de plus en plus le roi de France face à l'empereur à qui commençait à l'opposer un violent conflit, fit accepter à Henri III et à Louis IX le renouvellement des trêves pour cinq ans.

La rupture vint d'un des principaux acteurs traditionnels du théâtre politique de la France de l'Ouest, Hugues X de Lusignan, Hugues le Brun, comte de la Marche, qui, à partir de 1238, trouve en face de lui un nouveau protagoniste dans la région, le propre frère du roi de France, Alphonse. Quand, en 1227, Blanche de Castille et ses conseillers avaient réussi à neutraliser Hugues de la Marche, l'accord avait prévu le mariage d'une fille de Hugues X avec l'un des frères de Louis IX, précisément Alphonse. Or, en 1229, Alphonse était fiancé à Jeanne, fille du comte de Toulouse, dans le cadre du traité de Meaux-Paris qui avait mis fin à la croisade des albigeois. En compensation, lors des renouvellements de l'accord entre le roi et le comte de la Marche en 1230, la sœur du roi, Isabelle, devait épouser Hugues, fils aîné et héritier de Hugues X. Mais, en 1238, le jeune Hugues de la Marche épousa Yolande, fille du comte de Bretagne, Pierre Mauclerc, tandis qu'entre 1238 et 1241, à une date que nous ignorons, Alphonse épousa effectivement Jeanne de Toulouse. En 1241, au moment de sa chevalerie et de sa majorité, il reçut du roi son frère le comté de Poitiers et l'Auvergne, conformément au testament de Louis VIII.

Les terres du nouveau comte prennent en tenailles le comté de la Marche et, surtout, Hugues X devait transférer son hommage de vassal du roi de France, seigneur très honorable, à Alphonse de Poitiers, seigneur de moindre rang. Cependant, après les fêtes de Saumur, Hugues X prêta l'hommage à Alphonse de Poitiers. La situation déplaît encore plus à sa femme, Isabelle d'Angoulême, veuve de Jean sans Terre qui, remariée avec le comte de la Marche, souhaite conserver néanmoins son rang de reine. Voici ce qui va décider de la rupture : Louis IX avait, en 1230, à l'occasion de la promesse de mariage entre sa sœur Isabelle et le jeune Hugues de la Marche, remis en gage à Hugues X l'Aunis et Saint-Jean-d'Angély ; maintenant qu'Alphonse a pris possession de son comté de Poitou dont ces gages dépendaient, le roi de France, arguant de la rupture du mariage envisagé (on ne sait qui en fut responsable), réclame la remise à Alphonse de Poitiers de l'Aunis et de Saint-Jean-d'Angély.

Décidé à rompre, Hugues X détruit symboliquement la maison qu'il possède à Poitiers pour venir y prêter hommage à son seigneur et, lors de l'assemblée solennelle des vassaux du comte de Poitou à Poitiers, à la Noël 1241, il dénonça publiquement son hommage. Louis, après avoir vainement tenté de faire revenir le comte sur sa décision, soumet son cas à la cour des pairs de France, qui prononce la confiscation des fiefs du rebelle.

Sans attendre, le comte de la Marche a déjà constitué une ligue contre le roi de France. Y ont adhéré la plupart des barons poitevins, le sénéchal de Guyenne, les villes de Bordeaux, Bayonne, La Réole et Saint-Émilion, le comte de Toulouse, Raimond VII, et la plupart des barons du Languedoc. Ainsi s'est formée une redoutable alliance qui réunit une grande partie des seigneuries et des villes au sud de la Loire. Le roi d'Angleterre s'est, dès ses débuts, intéressé à cette coalition, mais il a d'abord été retenu par les engagements pris lors des trêves de 1238 et par les réticences des barons anglais. Certains contemporains ont soupçonné l'empereur Frédéric II d'avoir encouragé les coalisés et de s'être rapproché d'Henri III d'Angleterre, son beau-frère[30]. Il semble que l'empereur, que Louis IX continuait à ménager, ait été plus prudent. Cette même année 1241, le pape Grégoire IX, qui a excommunié Frédéric II une nouvelle fois en 1239, a offert à Louis IX la couronne de roi des Romains pour son frère Robert d'Artois. Ce geste suppose, avec l'autorité royale en Allemagne, la promesse de la couronne impériale. Le roi de France, qui ne veut pas se lancer dans l'aventure et souhaite maintenir de bonnes relations avec l'empereur, sans abandonner certaines interventions dans le royaume d'Arles, décline l'offre pour son frère, autorise certains de ses vassaux à se mettre au service de Frédéric II et refuse de se joindre à la coalition que le pape tente de nouer contre Frédéric.

Il rassure l'empereur tout en l'humiliant. Les envoyés de Louis déclarent en effet à Frédéric II : « Le Seigneur ne veut pas que nous souhaitions jamais attaquer un chrétien sans une bonne raison. L'ambition ne nous pousse pas. Nous croyons en effet que notre sire le roi de France, qu'une lignée de sang royal a promu à gouverner le royaume de France, est supérieur à tout empereur que seule une élection volontaire promeut. Il suffit au comte Robert d'être le frère d'un si grand roi[31]. »

Grégoire IX meurt le 22 août 1241, et le trône pontifical va demeurer vacant jusqu'à l'élection d'Innocent IV, presque deux ans plus tard, le 25 juin 1243[32].

Après la déchéance de Hugues de la Marche, le roi d'Angleterre décide de se joindre à la coalition pour faire valoir ses droits en France. En revanche, le comte de Bretagne, Pierre Mauclerc, qui vient de rentrer de Terre sainte où il avait participé à la « croisade des barons » (1239-1241) grâce à un prêt du roi de France, ne bouge pas.

La guerre va durer un an, du 28 avril 1242 au 7 avril 1243[33]. Elle comprend trois phases : du 28 avril au 20 juillet 1242, le roi de France n'eut devant lui que le comte de la Marche et ses alliés, et c'est une guerre de sièges ; du 21 juillet au 4 août 1242, Louis IX marche sur les Anglais, les bat devant Saintes et les refoule jusqu'à Blaye ; du 4 août 1242 au 7 avril 1243, la guerre se transporte contre le comte de Toulouse, Raimond VII, qui fait sa soumission le 20 octobre ; les Anglais tentent, sans succès, le blocus de La Rochelle en octobre-novembre, Henri III faisant de vaines tentatives pour reconstituer son armée et ses alliances.

Je ne m'arrête avec quelque détail que sur les deux premières phases, car c'est alors que Louis acquiert son prestige militaire, c'est là qu'il prend une nouvelle dimension.

Huit jours après Pâques qui, en 1242, tombe le 20 avril, Louis a convoqué l'ost royal qui se réunit le 28 avril à Chinon. Le 4 mai, de Poitiers où il est avec ses frères, Louis donne le signal de la campagne. Il est à la tête d'une forte armée : 4 000 chevaliers, 20 000 écuyers, sergents et arbalétriers, 1 000 chariots. Les villes fourniront l'approvisionnement nécessaire. Cette armée entre en campagne en ordre parfait « comme c'était l'usage des Français », dit le bénédictin anglais Matthieu Paris. Elle assiège et prend successivement les châteaux de Montreuil-

Bonin, Béruge, Fontenay, Prez, Saint-Gelais, Tonnay-Boutonne, Matus, Thoré, Saint-Affaire[34]. Les Français sont bien équipés en engins de siège : tours de bois, machines lance-pierres, « engins dressés ». Cet équipement et la fougue des Français encouragés par leur roi expliquent ces succès répétés. Il y eut de nombreux prisonniers que le roi envoie à Paris et en d'autres lieux du royaume. Près de Taillebourg, l'armée française rencontre l'armée anglaise.

Henri III a quitté Portsmouth le 9 mai et a débarqué à Royan le 13[35]. De vains pourparlers, sans conviction de part et d'autre, n'ont pas abouti. Le 16 juin, Henri III déclare la guerre au roi de France et fait en hâte des préparatifs, car il est venu avec peu de troupes, tandis que les Français achèvent la conquête du Poitou.

Le 20 juillet donc, les Français à la recherche des Anglais arrivent devant Taillebourg qui se livre à eux. Deux ponts sur la Charente existent près de là, un pont de pierre prolongé par une chaussée, un pont de bois lancé entre Taillebourg et Saintes. Le 21 juillet, les armées se trouvent en présence de part et d'autre de la Charente qui n'était pas guéable à cet endroit. Les Français repoussent les Anglais sur le pont de pierre et ceux-ci refluent en toute hâte sur Saintes. Le lendemain, 22 juillet, Louis IX traverse la Charente et la bataille s'engage devant Saintes : « Là, écrit Guillaume de Nangis, il y eut une merveilleuse et forte bataille, et grande occision de gens et la bataille dura très longtemps, âpre et dure, mais à la fin les Anglais ne purent soutenir les assauts des Français et se mirent à fuir. Quand le roi d'Angleterre s'en aperçut, tout ébahi, il s'en retourna le plus vite qu'il put vers la cité de Saintes. Les Français, les voyant en déroute, les poursuivirent en grande hâte et en occirent et firent prisonniers un grand nombre

[…]. La nuit du jour de cette bataille, le roi d'Angleterre et le comte de la Marche s'enfuirent avec tout le reste de leurs gens et évacuèrent la cité et le château de Saintes. Le lendemain matin, 24 juillet, les citoyens de Saintes vinrent remettre au roi Louis les clés du château et de la cité ; le roi Louis y fit mettre garnison[36]. »

Henri III est replié sur Pons, mais, le 25 juillet, le seigneur de Pons, Renaud, se soumet à Louis IX qui était parvenu à Colombières. Le 26 juillet, Hugues de Lusignan se soumet à son tour. Henri III manque d'être pris dans Barbezieux, où il s'est réfugié et d'où il s'échappe dans la nuit du 26 au 27 juillet, en abandonnant ses bagages et sa chapelle. Il rejoint Blaye, mais doit l'évacuer devant la progression du roi de France qui y entre le 4 août, tandis qu'Henri III retourne à Bordeaux.

La soumission de Hugues X est spectaculaire. Il vient avec sa femme et ses trois fils (dont les deux plus jeunes venaient d'être faits chevaliers par le roi d'Angleterre), pleurant et soupirant, s'agenouiller devant le roi de France, réclamant à haute voix son pardon. Le roi le fait se lever et lui accorde pardon à condition qu'il rende à Alphonse de Poitiers tous les châteaux qu'il lui a pris et qu'il lui donne à lui-même trois châteaux en gage. Geoffroy de Rancon, sire de Taillebourg, qui, ayant à se venger d'un affront du comte de la Marche, a livré Taillebourg à Louis IX et s'était laissé pousser les cheveux jusqu'à ce qu'il fût vengé, se fait alors couper publiquement les cheveux. Hugues de la Marche laisse en cette affaire son prestige, et ce d'autant plus qu'un chevalier français plus jeune et de grand renom militaire lui ayant jeté son gant pour le provoquer en duel, l'entourage de Hugues le Brun, qui redoute que celui-ci n'y laisse sa vie, demande au roi de France d'intervenir. Celui-ci, apitoyé, obtient du défieur de renoncer au combat.

Louis IX, dont les pertes à la bataille ont été relativement faibles, doit alors affronter une épidémie de dysenterie qui décime son armée. Lui-même en est atteint et certains personnages de son entourage s'en alarment, en pensant à l'épidémie semblable qui a emporté Louis VIII à Montpensier au retour de la croisade contre les albigeois. Le guerrier médiéval que la bataille a épargné a souvent succombé devant l'épidémie. Affaibli mais guéri, Louis peut rentrer à la fin d'août à Tours et, de là, à Paris. Sur le front, la guerre paraît finie. Henri III, resté en Gascogne, a ordonné le blocus par mer de La Rochelle qui échoue. Son frère Richard de Cornouailles s'est rembarqué pour l'Angleterre dès octobre 1242. Le roi d'Angleterre, qui a, en juin, envoyé de Saintes un projet d'alliance contre le roi de France à l'empereur Frédéric II, lui écrit le 8 janvier 1243 pour lui annoncer la fin de ses espérances. En mars, il demande à Louis IX qui les lui accorde sans difficulté des trêves pour cinq ans.

Ainsi s'impose, plus encore que dans le souvenir des campagnes du roi jeune adolescent après son avènement, plus présent qu'actif sur les champs de bataille, l'image du roi guerrier, du roi chef de guerre, du roi chevalier, et, comme il sied à un roi sacré, du roi vainqueur. Le roi s'affirme dans cette deuxième fonction que tous ses ancêtres avaient exercée plus ou moins brillamment. Le roi adorateur de reliques sait s'illustrer dans ces batailles qui font battre les cœurs de la noblesse médiévale et que même un moine comme Guillaume de Nangis qualifie de « merveilleuses ».

Cependant, le roi de France a remporté un autre

succès décisif dans le Midi languedocien et sur le comte de Toulouse, Raimond VII.

Les seigneurs du Midi semblent avoir longtemps bénéficié d'une indulgence personnelle de Blanche de Castille. Le roi laissait l'Église installer en 1233 l'Inquisition et ne prenait pas de part directe à la persécution des hérétiques. Mais, en 1240, le vicomte de Béziers, Trencavel, a voulu reprendre les terres enlevées à son père en 1209 lors de l'expédition des croisés du Nord contre les hérétiques méridionaux. Ces terres étaient devenues, par le traité de Meaux-Paris en 1229, possession définitive du roi de France qui en avait fait la sénéchaussée de Béziers-Carcassonne. Trencavel a tenté de s'emparer de Carcassonne mais le sénéchal royal, l'archevêque de Narbonne, l'évêque de Toulouse, des nobles de la région se sont enfermés dans la cité et y ont résisté jusqu'à ce qu'une armée royale de secours force Trencavel à lever le siège.

C'est alors que Raimond VII de Toulouse, qui a pourtant renouvelé son hommage au roi de France en 1241, s'allie, en 1242, à la coalition des barons poitevins et du roi d'Angleterre. Les comtes de Foix, de Comminges, d'Armagnac, de Rodez, les vicomtes de Narbonne et de Béziers rallient le comte de Toulouse alors que d'autres lignages comme les chevaliers du Carcassès ou les seigneurs d'Anduze, au pied des Cévennes, sont restés fidèles au roi. Un coup de main des gens de Montségur met le feu aux poudres. Le 29 mai 1242, ils assassinent deux inquisiteurs et l'archidiacre de Toulouse dans la maison du comte de Toulouse, en Avignonet. Raimond VII, qui a rejoint Henri III à Blaye fin juillet, après la défaite du roi d'Angleterre à Saintes, se fait remettre Narbonne le 17 août par le vicomte Aimery, s'empare d'Albi et proclame le retour de ces deux villes dans ses possessions.

Louis, qui a mis l'Ouest et le roi d'Angleterre à la raison, envoie deux armées en Languedoc. Le comte de Foix lâche aussitôt le comte de Toulouse, il est délié par le roi de sa vassalité envers Raimond VII, qu'il défie dès le 15 octobre. Raimond VII est bientôt contraint de demander son pardon au roi, en sollicitant Blanche de Castille d'intervenir auprès de son fils. Le roi l'accorde, et le comte de Toulouse obtient un nouveau traité à Lorris, en janvier 1243. Il renonce à Narbonne et Albi, promet d'abattre certains châteaux, s'engage à extirper sur ses terres les hérétiques — en grande perte de vitesse — et à accomplir enfin son vœu de croisade.

La « pacification » du Midi durera quelques années pour achever de réduire quelques points isolés de résistance. Un épisode devenu légendaire en est le siège de Montségur, en 1243-1244. Le bailli Hugues d'Arcis assiège la citadelle parce que son seigneur, refusant de reconnaître le traité de Lorris, continuait sa rébellion contre le roi. Il semble que la vie sauve aurait été promise aux assiégés lors de leur reddition. Mais seuls les simples rebelles sont pardonnés, ceux qui s'avouent hérétiques périssent sur le bûcher. Ce sont là les derniers soubresauts antiroyaux du Midi. Saint Louis va laisser à ses officiers et, après 1249, à son frère Alphonse de Poitiers, devenu successeur de son beau-père Raimond VII, le soin d'aider l'Église à combattre les derniers hérétiques sans marquer, semble-t-il, à la différence de son père, le désir de s'engager personnellement dans cette région où il ne viendra jamais, à l'exception de la marginale et neuve Aigues-Mortes.

LA MALADIE DU ROI
ET LE VŒU DE CROISADE

En 1244, le roi, qui avait été sérieusement malade deux ans auparavant à la fin de la guerre de Poitou, subit une nouvelle attaque, probablement de cette dysenterie qui accablait si souvent les hommes et les femmes du Moyen Âge et dont le retour scande la vie de Louis IX[37]. Il tombe malade à Pontoise, vers la Sainte-Luce, le 10 décembre. Très vite son état s'aggrave et l'on craint le pire. Le 14, selon son constant souci, plus urgent dans le péril de mort, afin de se mettre en règle avec Dieu, l'Église et sa conscience, il nomme deux arbitres pour régler les différends qu'il a avec le chapitre de Notre-Dame. Dans tout le royaume, on ordonne des campagnes de quêtes, de prières et de processions solennelles. Sa mère, selon ce qui deviendra l'usage pour les rois de France mourants, fait apporter à Pontoise pour qu'il les touche les précieuses reliques de la chapelle royale. Un jour, on le croit mort. Joinville, qui situe la scène à Paris, raconte :

> Il fut à telle extrémité, ainsi qu'on le disait, que l'une des dames qui le gardait lui voulait tirer le drap sur le visage, et disait qu'il était mort. Et une autre dame, qui était de l'autre côté du lit, ne le souffrit pas ; mais elle disait qu'il avait encore l'âme au corps. Et comme il venait d'ouïr le débat de ces deux dames, Notre Seigneur opéra en lui et lui envoya tantôt la santé, car avant il était muet et ne pouvait parler. Et sitôt qu'il fut en état de parler il requit qu'on lui donnât la croix [...][38].

À l'annonce de ce vœu, les réactions sont partagées comme l'est, en ce milieu du XIIIe siècle, la Chrétienté face à la croisade[39]. L'enthousiasme du XIIe siècle (que n'ont pas toujours partagé les souverains chrétiens) est en grande partie retombé[40]. Les échecs renouvelés ont découragé : celui de la troisième croisade de Frédéric Barberousse, Richard Cœur de Lion et Philippe Auguste en 1189-1192, celui de la quatrième croisade des barons français (1199) dérivés vers Constantinople (1204), de la cinquième croisade (1217-1221). La croisade des Enfants, en 1212, n'a été qu'un épisode émouvant, dramatique et catastrophique. La sixième croisade de Frédéric II en 1228-1229, l'empereur excommunié, a abouti au succès scandaleux de la récupération de Jérusalem par les chrétiens au prix d'un traité honteux avec les musulmans.

Un trouvère s'est pourtant fait l'apologiste de Saint Louis croisé. Il s'émerveille qu'un homme « loyal et entier, prud'homme à droiture », menant « sainte vie, nette, pure, sans péché et sans ordure », se soit croisé alors qu'on le faisait habituellement pour faire pénitence. Il croit savoir que, pendant sa maladie, le roi a eu une vision et il lui fait dire : « Car longuement a été outre-mer mon esprit, et ce mien corps s'en ira, si Dieu veut, et conquerra la terre sur les Sarrasins... », et affirme, contrairement à ce que nous savons par d'autres sources : « Tous furent joyeux et en liesse, quand ils ouïrent le roi[41]... » Ce trouvère propagandiste exprime sans doute le sentiment de la majorité populaire et idéaliste. Mais chez les politiques et dans certains milieux, il y a des avis contraires. La « raison » qui gouverne de plus en plus les milieux dirigeants et les couches instruites combat l'enthousiasme traditionnel et irréfléchi du peuple et des dévots de la croisade. Certains arguments indirects pèsent finalement peu.

La croisade est parfois atteinte, comme par ricochet, par la critique de la fiscalité pontificale et de l'emprise croissante de la papauté sur la Chrétienté, d'autant plus que les papes ont tendance à étendre l'idée de croisade non seulement à la lutte contre les hérétiques en Occident — et c'est la croisade des albigeois —, à l'agression de 1204 contre les chrétiens orthodoxes grecs, mais aussi au conflit essentiellement politique qui les oppose aux Staufen et particulièrement à Frédéric II (qui mourra en 1250), à la fin du pontificat de Grégoire IX (1227-1241) et sous celui d'Innocent IV (1243-1254). Le clergé, en particulier, en France, en Angleterre, en Espagne (où il a les excuses du financement d'une autre croisade, la Reconquista), supportera mal les décimes qu'Innocent IV accorde à Louis IX pour sa croisade. Mais la croisade n'est pas la vraie cible de ces critiques, c'est la fiscalité pontificale. D'ailleurs, certains de ces critiques accusent la papauté d'avoir affaibli et même tué l'esprit de croisade par sa cupidité.

On ne doit pas non plus accorder trop d'importance à l'hostilité des hérétiques car, si elle est, pour l'histoire, le signe de l'existence d'un courant contestataire, à la fois très poussé vers le passé et parfois très moderne de résonance, cette hostilité ne franchit guère la zone d'influence restreinte de ces milieux. Les Vaudois ont condamné la croisade comme contraire à l'esprit et à la lettre du christianisme, qui interdit l'homicide. Les cathares, eux aussi hostiles à la guerre, voient dans les prédicateurs de la croisade des assassins. Plus influent, peut-être, le marginal Joachim de Flore, mort en 1202, et qui inspire le courant millénariste du XIIIe siècle[42], estime que la croisade va contre le dessein de Dieu qui veut convertir les musulmans plutôt que les exterminer[43].

Mais la raison du déclin de l'esprit de croisade me

paraît plus profonde. Le front du combat chrétien s'est, pour beaucoup, restreint à l'Europe : à ses frontières géographiques menacées par les Prussiens, les Tartares, les Coumans, et sur lesquelles la Reconquista marque dans la péninsule Ibérique des points décisifs ; à l'intérieur de ses frontières aussi, où l'hérésie n'est pas encore complètement abattue. Plus encore peut-être, la révolution intérieure des consciences, qui, depuis un siècle environ, est en train de s'opérer dans les esprits et les cœurs des chrétiens d'Occident, modifie profondément les données de la croisade. La conversion est devenue, plus qu'un coup de foudre extérieur, la cristallisation intérieure d'un long processus d'éducation et de désir. Le chrétien « converti » peut découvrir en lui une Jérusalem qui rend moins nécessaire la reconquête de la Jérusalem terrestre, la conversion de l'Infidèle devient une motivation grandissante à côté de la volonté de le chasser, de l'asservir ou de le tuer. L'esprit missionnaire s'insinue dans l'esprit de croisade[44]. Les Franciscains et saint François lui-même manifestent en Terre sainte et en terre infidèle même cette nouvelle exigence. Louis IX, entouré de frères Mendiants, a dû entendre cette musique nouvelle, même s'il ne renonce pas à l'expédition armée. Au concile de Lyon de 1245, le pape Innocent IV, tout en faisant de sa lutte contre l'empereur Frédéric II une croisade interne, insiste sur l'importance de la prédication aux Infidèles. Surtout, les hommes et les femmes d'Occident, au milieu du XIIIe siècle, sont de plus en plus attachés aux biens matériels et moraux qui s'accroissent en Occident même : prospérité économique, essor culturel et artistique, progrès de la sécurité dans les seigneuries mieux gouvernées et les États naissants. La Chrétienté d'Europe requiert et retient davantage les passions des chrétiens. Un roi chrétien a surtout pour fonction, désormais, de bien gouverner son royaume, de ménager son corps physique comme son corps politique et de demeurer parmi ses sujets. Blanche de Castille et la majorité de l'entourage du roi, aussi bien ecclésiastique que laïque, ont opéré cette mutation. Lui non.

Ainsi, cette farouche chrétienne en qui s'incarne la nouvelle politique chrétienne, Blanche de Castille, réagit mal à l'annonce du vœu de croisade. Joinville témoigne : « Alors la reine sa mère ouït dire que la parole lui était revenue, et elle en montra aussi grande joie qu'elle put. Et quand elle sut qu'il était croisé, ainsi que lui-même le contait, elle montra aussi grand deuil que si elle l'eût vu mort. » Sans doute aussi, son attitude est celle d'une mère passionnément aimante que tourmente la vision d'une longue séparation et des grands dangers de l'outre-mer. Selon Matthieu Paris, Blanche de Castille et même l'évêque de Paris, Guillaume d'Auvergne, qui a reçu le vœu de croisade du roi, firent, quand il fut guéri de sa maladie, une ultime tentative pour le faire renoncer à son dessein. Ils lui ont fait remarquer que son vœu n'était pas valable, car il l'avait prononcé étant malade et sans la possession de tous ses moyens mentaux. Avec ce mélange de brusquerie, de jeu théâtral et d'humour que Louis semble avoir aimé manifester, il arrache violemment alors la croix cousue sur son vêtement et ordonne à l'évêque de Paris de la lui rendre « pour qu'on ne puisse plus dire qu'il l'a prise sans savoir ce qu'il faisait » puisqu'il est, cette fois, sain de corps et d'esprit.

Pour Louis, poussant à l'extrême la foi qu'on lui a inculquée, la croisade est le couronnement du comportement d'un prince chrétien. Laissera-t-il à ses ancêtres, à certains de ses contemporains la gloire du passage et du combat pour la Terre sainte ? Pour lui, la tradition de croisade n'est pas périmée. La Jérusalem terrestre est toujours désirable. La Chrétienté, ce n'est pas seulement l'Occident européen, mais les lieux où le Christ a vécu et est mort. Il est de ces chrétiens pour qui la Passion de Jésus est un événement toujours contemporain et qui doit passer à l'action dans le présent, et pas seulement pour retrouver un passé sacré. Il veut sur le livre du Jugement inscrire son nom de croisé à la suite de ceux de sa famille et de son royaume qui l'ont précédé. Présent religieux et passé dynastique s'unissent pour lui faire prendre la croix[45].

En faisant vœu de croisade, Louis IX a d'abord un comportement traditionnel. Son arrière-grand-père, Louis VII, avait fait le pèlerinage de Jérusalem (1147-1149), type même de la croisade pénitentielle puisque le roi allait chercher en Terre sainte l'absolution définitive de deux gros péchés : l'incendie par les armées royales, en 1142, lors d'une expédition contre le comte de Champagne, de l'église de Vitry où près de 1 300 personnes périrent, et le refus de laisser s'installer sur le siège archiépiscopal de Bourges Pierre de La Châtre, régulièrement élu, ce qui avait déterminé le pape Innocent II à jeter l'interdit sur le royaume. Puis saint Bernard et le nouveau pape, Eugène III, un cistercien très lié à l'abbé de Clairvaux, ont fait pression sur le roi de France. Il n'y a pas de saint Bernard auprès de Louis IX et l'impulsion à la croisade ne vient que de lui-même. Philippe Auguste, le grand-père si différent et pourtant aimé et admiré, a, lui aussi, pris la croix en 1188, à la suite de la reprise de Jérusalem par Saladin en 1187. Peu motivé, il a débarqué à Acre en avril 1191, mais est rentré en Occident dès le début d'août de la même année. Il a laissé le souvenir d'un roi déserteur de la croisade, d'un « roi failli ».

Louis IX veut-il aussi effacer le déshonneur de son grand-père ? Son père Louis VIII a accompli une « croisade de substitution » contre les albigeois, Blanche de Castille a dû évoquer devant son fils la Reconquista, les « croisades espagnoles ». Et celui que la propagande capétienne revendique comme le grand ancêtre, Charlemagne, n'est-il pas légendairement associé au pèlerinage en Terre sainte[46] ? En 1239, une brochette de barons liés au roi, dont Thibaud IV de Champagne et Richard de Cornouailles, frère du roi d'Angleterre, ont pris la croix[47]. Mais Louis IX a, sans nul doute, une sensibilité particulière, personnelle, à la croisade, celle-ci n'est-elle pas, sinon son grand dessein, du moins une pièce essentielle de ce dessein[48] ?

En tout cas, si Louis IX était sans doute au courant des menaces que faisaient peser sur les lieux saints les Turcs Khārezmiens chassés de Mésopotamie par les Mongols et appelés contre les chrétiens par le sultan d'Égypte Ayyūb, il n'apprit que tardivement le pillage par les Turcs de Jérusalem le 23 août 1244 et la défaite catastrophique infligée le 17 octobre à La Forbie, près de Gaza, aux Francs et à leurs alliés musulmans de Syrie par une armée égyptienne renforcée par les Khārezmiens. La décision de Saint Louis de se croiser fut prise avant l'annonce de ces drames. Le choix du roi ne fut pas dicté par ces événements. Il le prit de sa seule volonté.

LE ROI, LE PAPE ET L'EMPEREUR

Cependant, la renaissance du grand conflit qui secoua la Chrétienté du XIe au XIVe siècle, la lutte entre ses deux têtes, le pape et l'empereur, atteint jusqu'au roi de France. À l'égard de ces deux super-puissances, l'attitude de Louis IX est constante et parallèle. Monarque du royaume désormais le plus puissant en Chrétienté, le roi de France a les moyens de cette politique. Il s'agit de rendre à chacun ce qui paraît lui être dû : au pape, un filial et obéissant respect dans le domaine spirituel ; à l'empereur, une reconnaissance formelle et courtoise de sa prééminence symbolique. Mais, à tous deux, le roi de France interdit toute immixtion dans les affaires temporelles relevant de sa seule autorité et impose le respect de son indépendance temporelle. Vis-à-vis du remuant Frédéric II, fort de la reconnaissance par le pape Innocent III, au début du siècle, du fait que le roi de France « ne reconnaît pas de supérieur en son royaume », Louis conserve une attitude de neutralité respectueuse mais, comme pour le pape, il sait, quand il le faut, faire alterner la fermeté et la déférence. Tel, pense-t-il, doit être le bon comportement entre princes chrétiens[49].

On a vu comment Louis IX a laissé des chevaliers français combattre en Lombardie dans les troupes impériales et comment il a refusé pour son frère Robert d'Artois la couronne d'Allemagne que le pape lui offrait. Mais, le 3 mai 1241, une flotte génoise qui amenait de nombreux prélats au concile convoqué par Grégoire IX a été vaincue par une flotte pisane au service de l'empereur et les dignitaires ecclésiastiques faits prisonniers par Frédéric II. Parmi eux, des Français, et non des moindres : les archevêques d'Auch, Bordeaux et Rouen, les évêques d'Agde, Carcassonne et Nîmes, les abbés de Cîteaux, Clairvaux, Cluny, Fécamp et La Merci-Dieu. Sitôt informé, Louis, qui, quelques mois auparavant, a rencontré Frédéric II à Vaucouleurs et croit pouvoir compter sur sa bienveillance, délègue l'abbé de Corbie et un des chevaliers de sa maison, Gervais d'Escrennes, les réclamer à l'empereur. Mais, comme le rapporte Guillaume de Nangis, Frédéric II, qui avait préalablement demandé au roi de France de ne pas permettre aux prélats de son royaume d'en sortir pour répondre à la convocation pontificale, envoie les captifs en prison à Naples et fait répondre insolemment au roi de France : « Que votre royale majesté ne s'étonne pas si César retient étroitement et en angoisse ceux qui étaient venus pour mettre César en angoisse. » Stupéfait, Louis dépêche à Frédéric l'abbé de Cluny, que celui-ci a, peu après son arrestation, relâché, porteur d'une lettre qui déclare :

> Notre foi et notre espérance ont tenu fermement jusqu'ici, si bien qu'aucun sujet de noise [querelle], de plaid [discussion, procès] ou de haine n'a pu pendant longtemps se produire entre notre royaume et votre empire [on notera les termes qui expriment à la fois une inégalité de dignité et une égalité de fait] : car nos prédécesseurs qui ont tenu notre royaume de France, ont toujours aimé et honoré la solennelle hautesse de l'empire de Rome ; et nous qui venons après eux, nous tenons fermement et sans changement le propos de nos devanciers ; mais vous, nous semble-t-il, vous rompez l'amitié et l'alliance de paix et de concorde. Vous tenez nos prélats qui étaient allés au siège [pontifical] de Rome par foi et par obéissance, ne pouvant refuser l'ordre du pape, et vous les faites prendre en mer, ce que nous supportons avec peine et douleur. Soyez sûr que nous savons d'après leurs lettres qu'ils ne pensaient à rien faire qui vous fût contraire. Donc, comme ils n'ont rien fait à votre détriment, il appartient à votre majesté de les rendre et de les délivrer. Réfléchissez et mettez dans la balance d'un droit jugement notre message et ne retenez pas les prélats par la force et par votre seule volonté ; car le royaume de

France n'est pas encore si affaibli qu'il se laisse mener à vos éperons[50].

Superbe déclaration qui fait reculer Frédéric II, car le chroniqueur nous dit : « Quand l'empereur entendit les paroles contenues dans les lettres du roi Louis, il rendit les prélats de son royaume contre son cœur et contre sa volonté, parce qu'il hésita à le mettre en colère[51]. »

Cependant, Louis poursuit la mise en ordre de son royaume. Le maintien de la paix entre princes chrétiens lui paraît exiger qu'un seigneur ne puisse être vassal de deux rois régnant dans deux royaumes différents. Aussi, en 1244, ordonne-t-il aux seigneurs — surtout nombreux en Normandie —, qui étaient ses vassaux et ceux du roi d'Angleterre pour des terres outre-Manche, de choisir entre les deux. Henri III riposte en enlevant leurs terres anglaises à tous les seigneurs français. Saint Louis montre ainsi ce que doit être à ses yeux une monarchie féodale : un État où la vassalité et l'appartenance au royaume sont étroitement unies, où les seigneurs sont à la fois les vassaux et les sujets du roi.

Il veut ensuite créer des liens étroits entre la monarchie française et l'ordre de Cîteaux, pour lequel il a autant de vénération que pour les nouveaux ordres Mendiants. Il décide de venir à Cîteaux en grande pompe pour le chapitre général de l'automne 1244, à la veille de la Saint-Michel. Comme à son habitude, il profite de ce voyage pour visiter sur sa route des lieux de pèlerinage, des reliques et des monastères. Ainsi s'arrête-t-il à l'église de la Madeleine, à Vézelay, et au monastère de Vitteaux-en-Auxois. Il est accompagné de sa mère, la reine Blanche, qui avait obtenu du pape le privilège d'être autorisée à entrer avec douze femmes dans les couvents cisterciens, de ses frères Robert d'Artois et Alphonse de Poitiers, du duc de Bourgogne et de six autres comtes français. Parvenus à distance d'un jet de flèche du monastère, ils mettent pied à terre par déférence et se rendent en prières en procession à l'église. Par égard pour le roi et sa mère et en raison de la fatigue du voyage, les moines leur permettent de manger de la viande, mais dans la maison du duc de Bourgogne qui est en dehors de la clôture. Ils acceptent que les femmes auxquelles le pape avait donné l'autorisation entrent dans le monastère, à condition de ne pas y coucher. Surtout, le chapitre général décide de mettre au mémento des vivants de toutes les maisons de l'ordre en France les noms de Louis et de sa mère pour une intention particulière. De semblables liens de prière unissent le roi aux Dominicains, aux Franciscains, aux Prémontrés et aux Grandmontains. Ces chaînes d'oraisons sont destinées à assurer le salut du roi et de sa mère. Mais, dans la piété d'un roi médiéval, où presque chaque geste de dévotion est aussi un geste politique, il tisse des liens entre la dynastie et les ordres religieux, ces puissances spirituelles et temporelles avec lesquelles il noue ces réseaux de parenté « artificielle » qui sont au Moyen Âge presque aussi solides que ceux de la parenté charnelle.

À Grégoire IX, mort en août 1241, et à Célestin IV, qui décéda au bout de douze jours de pontificat, succéda en juin 1243 Innocent IV[52]. Le conflit avec Frédéric prit immédiatement un tour aigu.

Alors qu'il se trouve au chapitre général cistercien, Louis reçoit des envoyés du pape, porteurs d'une lettre demandant au roi de France de lui accorder en France un asile qui le mettrait à l'abri des attaques de Frédéric II. Il renouvellerait ainsi le geste de son aïeul Louis VII, qui avait accueilli le pape Alexandre III persécuté par le grand-père de l'empereur,

Frédéric Ier Barberousse. Louis IX leur répond avec beaucoup de déférence mais de fermeté qu'il a pris le conseil de ses barons et que ceux-ci lui ont formellement déconseillé de permettre au pape de se réfugier en France. Il ne veut décidément pas choisir trop nettement un camp entre le pape et l'empereur. Innocent IV n'en continuera pas moins à compter sur le soutien du roi de France. Fuyant l'Italie peu sûre, il vient s'installer à Lyon, qui fait en principe partie de l'Empire, mais qui est presque indépendante, sous l'autorité de son archevêque, à proximité immédiate de la France qui y exerce son influence[53].

Innocent IV arrive à Lyon le 2 décembre pour y apprendre la grave maladie du roi de France, mais il est bientôt rassuré. Le 27 décembre 1244, il annonce la convocation d'un concile œcuménique à Lyon pour la Saint-Jean prochaine et cite l'empereur à comparaître devant le concile pour s'y justifier et entendre la sentence.

Selon la coutume, les princes laïques sont aussi invités au concile, mais Louis, toujours soucieux de ne pas trop s'engager, ne vient pas à Lyon. Le concile dépose en juillet 1245 Frédéric II, le déclarant déchu à la fois de l'Empire et de tous ses royaumes. Louis, qui pense surtout à sa croisade, propose à Innocent IV une entrevue à Cluny avec l'espoir de préparer une réconciliation entre le pape et l'empereur et le désir de conforter ainsi le soutien à sa croisade que le pape a annoncé au concile. Matthieu Paris prétend que le roi de France interdit au pape d'entrer plus loin que Cluny dans le royaume de France, mais ce geste discourtois est peu vraisemblable. Louis IX et Innocent IV arrivent à Cluny[54] avec un grand cortège de membres de la famille royale et de barons d'un côté, de cardinaux et de prélats de l'autre. Les entretiens auxquels n'assistent que le pape, le roi de

France et sa mère Blanche de Castille, qui semble toujours cogouverner le royaume de France, sont restés secrets. On put constater, du moins, malgré des affrontements parfois vifs[55], que les relations entre le pape et le roi de France sont demeurées amicales, qu'Innocent a renforcé son appui à la croisade de Louis, mais qu'il a refusé tout geste de conciliation à l'égard de Frédéric II.

Louis IX s'obstine donc dans son attitude de neutralité, traitant Frédéric dans ses lettres de « très excellent et très cher ami, empereur toujours auguste, roi de Sicile et de Jérusalem ». Il tente sans succès, en 1246, une nouvelle médiation auprès du pape en faveur de Frédéric, mais quand il apprend, en 1247, que Frédéric rassemble une importante armée pour marcher sur Lyon où le pape réside toujours, il envoie des troupes considérables pour défendre le pontife. Frédéric II, qui s'est avancé jusqu'aux Alpes, se retire sur Parme. Cependant, les relations vont demeurer cordiales entre l'empereur et le roi de France. Après avoir sauvé le pape, Louis, fidèle à sa politique d'équilibre, n'en soutient pas moins avec vigueur une révolte des seigneurs laïques français contre le clergé et adresse au pape un mémoire protestant vivement contre le comportement de la curie pontificale à l'égard de l'Église et du royaume de France, violant leurs juridictions et les accablant d'exactions[56].

SAINT LOUIS ET LA MÉDITERRANÉE

Ce jeu politique complexe ne distrait pas pour autant le roi de son grand dessein. En décidant de partir à la croisade, il inscrit une page nouvelle dans l'histoire des relations entre la monarchie française et la Méditerranée[57]. La mer intérieure n'a jamais constitué jusque-là un horizon de la politique de la Gaule, puis du royaume de Francie occidentale, ancêtres de la France. Conquise par les Mérovingiens sur les Ostrogoths au VIe siècle, la Provence n'avait cessé de se rebeller jusqu'à ce qu'elle fût brutalement soumise par Charles Martel dans les années 730-740. Mais les Carolingiens, par la suite, avaient déplacé de la Méditerranée vers le nord le centre de gravité de leur empire et, au partage de Verdun, la Provence était passée dans le domaine de la Lotharingie ; la Méditerranée, entre Rhône et Alpes, allait ainsi rester littoral de l'empire jusqu'à la fin du XVe siècle. Entre Rhône et Pyrénées, la côte méditerranéenne, en revanche, fait théoriquement partie du royaume de Francie occidentale et, donc, du royaume capétien à partir de 987, mais, jusqu'au XIIIe siècle, les seigneurs languedociens ne reconnaissent guère qu'en théorie la suzeraineté capétienne et l'influence de l'Aragon reste forte du Roussillon à Montpellier. Ce n'est qu'avec la fin de la croisade des albigeois et le règne de Louis IX que la Méditerranée entre dans les réalités territoriales et dans l'horizon politique de la monarchie française. En 1229, Amaury de Montfort cède au roi de France tous ses droits dans le Midi, et le domaine royal s'agrandit des sénéchaussées de Beaucaire (la ville avait été achetée par Louis VIII en 1226 à la commune d'Avignon) et de Carcassonne. Pour la première fois, le domaine royal français accède à la Méditerranée et, comme Saint-Gilles, port très actif au XIIe siècle, n'était plus en eau libre, Louis IX va faire construire celui d'Aigues-Mortes.

Les expéditions de croisade de Louis VII et Philippe Auguste n'avaient été accompagnées d'aucune politique méditerranéenne. Pour le transport de leurs armées, les rois dépendirent de Marseille et, surtout, de Gênes. Pourtant, en dehors de toute action royale, il y a une présence française importante dans la Méditerranée orientale et elle va constituer un des éléments de la situation dans laquelle va se dérouler la croisade de Louis IX.

L'aristocratie et la chevalerie françaises ont pris une part déterminante aux premières croisades — surtout à la première — et à la création du royaume latin de Jérusalem et des principautés chrétiennes de Terre sainte. En témoignent les titres des chroniques sur la prise de Jérusalem et la conquête de la Terre sainte : les *Gesta Francorum Jerusalem expugnantium* (« Hauts faits des Français conquérants de Jérusalem »), d'un clerc inconnu, même si le héros en est le Normand Bohémond, et les fameux *Gesta Dei per Francos* (« Hauts faits de Dieu par l'intermédiaire des Francs ») de l'abbé Guibert de Nogent. Dès le début s'est accréditée la conviction d'une « élection eschatologique des Francs » pour la croisade[58] ; Saint Louis va la recueillir, il va la vivre.

Les « Francs » (en majorité des Français) ont été, en effet, les principaux occupants et colonisateurs du littoral méditerranéen du Proche-Orient. On a comparé la Syrie du XIIe siècle, pénétrée par la colonisation rurale et urbaine à la fois, semée de « villes neuves » qui étaient autant de bourgades françaises, à une « nouvelle France » comparable à ce que seront plus tard le Canada des XVIIe-XVIIIe siècles ou l'Algérie du XIXe[59].

Parmi les atouts des Français en Méditerranée, il ne faut pas oublier la langue. En ce XIIIe siècle où les langues vernaculaires font une percée décisive non seulement dans la littérature, mais aussi dans les documents écrits du droit et de l'administration, et où le français apparaît, derrière le latin et de façon plus vivante, comme une nouvelle langue internationale de la Chrétienté, on parle de plus en plus français autour de la Méditerranée. Sans doute, en Italie du Sud et en Sicile, le français parlé par les Normands décline, mais à Chypre, conquise par Richard Cœur de Lion en 1191 et où les Lusignan ont installé leur dynastie en 1192, la classe dirigeante parle français et la majorité de la population une *lingua franca* faite de français, d'italien et de grec[60]. Surtout, dans les États latins d'outre-mer, la langue française en même temps que les modes et usages français ont pris racine, et la seconde génération de « Francs » née dans le Levant vit dans une véritable « France d'outre-mer »[61]. Langue quotidienne, le français était aussi la langue de rédaction des coutumes qui, comme dans la Chrétienté européenne, sont mises par écrit au XIIIe siècle, le *Livre au Roi*, les *Assises de la Cour aux bourgeois*, le *Livre de Jean d'Ibelin*, etc.[62].

La Méditerranée que va affronter Louis IX est, au XIIIe siècle, le lieu de rencontres, d'échanges et d'affrontements entre trois grandes aires culturelles et politiques : la Chrétienté latine, la Chrétienté grecque byzantine, le monde musulman, qui borde toute la côte méridionale (de l'Égypte au Maroc), et le sud de l'Espagne. Pendant la plus grande partie du règne de Louis IX, Constantinople, la partie européenne de l'Empire byzantin et le nord-ouest de l'Anatolie sont gouvernés par des Latins qui ont formé, lors de la quatrième croisade en 1204, le royaume latin de Constantinople que les Grecs reconquerront en 1261. Cependant, la Reconquista chrétienne sur les musulmans progresse rapidement en Espagne[63].

Cette Méditerranée est d'abord un espace *physique*, difficile à maîtriser technologiquement et psychologiquement. L'Occident connaît au XIIIe siècle des progrès dans la navigation maritime, mais on ne sait dans quelle mesure ils ont touché l'aire méditerranéenne. Le gouvernail d'étambot mobile à l'arrière, dans l'axe du navire, ne semble avoir pénétré des mers du Nord en Méditerranée qu'au début du XIVe siècle : les navires vénitiens et génois affrétés par Saint Louis utilisent comme par le passé deux gouvernails latéraux. L'usage de la boussole, connue en Occident vers 1190, ne se répand que très lentement[64]. Il reste que Gênes et Venise construisent pour leur commerce des navires de grandes dimensions qui peuvent aisément se transformer en transports militaires, chargeant un nombre important d'hommes sur leurs deux ponts, de chevaux, de vivres et d'eau potable dans leur cale. À Marseille, Joinville a assisté avec un étonnement admiratif à l'embarquement des chevaux dans ces véritables nefs de débarquement : « Le jour que nous entrâmes dans nos nefs, on fit ouvrir la porte de la nef et l'on mit dedans tous nos chevaux que nous devions mener outremer ; puis on referma la porte et on la boucha bien, comme lorsqu'on "noie" un tonneau parce que, quand la nef est en haute mer, toute la porte est dans l'eau[65]. »

La *nave* (nef) vénitienne, la *Roccaforte*, affrétée par Saint Louis, a une longueur totale de 38,19 mètres, elle mesure 14,22 mètres dans sa plus grande largeur, 9,35 mètres de hauteur à la partie moyenne de la coque et 13,70 mètres sous les châteaux. On a estimé son tonnage à près de 600 tonnes et son déplacement (c'est-à-dire le volume d'eau occupé dans la mer) à près de 1 200 tonnes[66]. Le principal défaut de ces grandes nefs était leur dérive importante[67]. La cartographie maritime, de son côté, progresse lentement, et la plus ancienne carte nautique du Moyen Âge dont nous ayons une mention se trouvait à bord du navire sur lequel Saint Louis a gagné Tunis en 1270, selon le témoignage du chroniqueur de Saint-Denis, Guillaume de Nangis[68].

Tempêtes et aventures de mer ne manqueront pas à Saint Louis. Il faut attendre la belle saison pour naviguer. Saint Louis s'embarque à Aigues-Mortes le 25 août 1248 et arrive au port de Limassol, dans l'île de Chypre, dans la nuit du 17 au 18 septembre. Mais la crainte du mauvais temps renverra le débarquement en Égypte au printemps de l'année suivante. Ce qui n'empêchera pas que, en mai 1249, alors que la flotte française arrive au large de l'Égypte, un fort vent emporte une partie des navires et sépare du roi, qui n'en conserve avec lui que sept cents, la majorité des deux mille huit cents chevaliers qu'il a emmenés. Ils ne lui reviendront pas avant longtemps.

Au retour, au printemps 1254, le navire du roi pris dans la brume s'échoue sur un banc de sable devant Chypre, puis la flotte est prise dans une tempête si violente que la reine promet à Joinville de donner à Saint-Nicolas-de-Varangéville (Saint-Nicolas-du-Port, en Lorraine) un ex-voto prestigieux : une nef d'argent de cinq marcs[69].

Mer dangereuse, donc, que cette Méditerranée, surtout pour des Français en grande majorité terriens. Frédéric Barberousse, lui aussi, redoutait la mer et, pour cela, il avait choisi pour la troisième croisade la route de terre qui lui fut fatale. Philippe Auguste, à cette même croisade, eut le mal de mer et semble en avoir gardé de l'appréhension à l'égard de la mer. Joinville compte parmi les principales preuves de courage de Saint Louis l'intrépidité avec laquelle le roi affronta la fortune de mer et ne perdit son sang-froid ni lors de l'échouage de son navire ni lors du coup de tabac qui suivit[70]. Quand il note ses souvenirs, il s'émerveille de voir comme le roi a osé braver la mer : « Celui-là est bien follement hardi qui ose se mettre en tel péril avec le bien d'autrui ou en péché mortel ; car l'on s'endort le soir là où on ne sait si on ne se trouvera pas au fond de la mer le matin[71]. »

Que Saint Louis ait surmonté la peur de la mer, si commune au XIIIe siècle dans le pèlerinage pénitentiel de la croisade, sera mis au compte des preuves de sa sainteté[72].

La Méditerranée du XIIIe siècle est aussi un espace *économique*. Ce sont les villes italiennes qui, du côté chrétien, le dominent. Le temps d'Amalfi est passé. Celui de Pise, de Gênes, de Venise est venu. Quand Louis IX fait construire sur le littoral récemment réuni au domaine royal le port d'Aigues-Mortes, il y voit d'abord un intérêt économique. Il veut y développer le commerce et y attirer des marchands italiens, génois en l'occurrence ; à cet effet, il acquiert les terres que possédait l'abbaye de Psalmodi sur le cordon littoral qui ferme alors la lagune d'Aigues-Mortes[73]. Dès 1239, une partie de la « croisade des barons », menée par le comte Thibaud IV de Champagne, roi de Navarre, et le duc Hugues de Bourgogne, a pu s'embarquer dans le port encore rudimentaire d'Aigues-Mortes, même si la majorité d'entre eux est partie de Marseille. Avec Aigues-Mortes, Louis IX fait de la Méditerranée une nouvelle frontière, un nouvel horizon de la France.

La Méditerranée pour Louis IX, c'est enfin et surtout un espace *religieux*. Avec les hommes circulent aussi des religions diverses. À partir de la fin du XIe siècle, les expéditions de croisade achèvent de faire de la Méditerranée pour les chrétiens latins un front de reconquête par la force ou la persuasion : croisade et mission. L'espace de ces chrétiens, c'est désormais l'Europe latine avec la péninsule Ibérique qu'il faut achever de reconquérir, plus les lieux saints, la Palestine, Jérusalem. Comme pour l'essor économique, la Méditerranée est redevenue pour l'expansion religieuse un enjeu central. Le pèlerinage à Jérusalem, forme traditionnelle de dévotion, pénitentielle ou non, a pris, à partir de la fin du XIe siècle, une forme violente, militaire, la croisade[74]. Mais à partir du début du XIIIe siècle, toute une série de raisons, on l'a vu, conduisent les chrétiens d'Occident sinon à remplacer la croisade par la mission pacifique, du moins à la doubler d'efforts de conversion par les prédications et l'exemple[75]. Au premier rang de ces missionnaires dans le Levant, en Terre sainte, on y trouve les Franciscains. François d'Assise lui-même et son « second », frère Élie, ont fait le voyage. Des couvents franciscains ont été créés dans les États latins de Syrie et de Palestine, à Antioche, Tripoli, Beyrouth, Tyr, Sidon, Acre, Jaffa et à Chypre. D'autres tentatives missionnaires franciscaines ont aussi eu lieu en Afrique, tel le voyage de frère Gilles à Tunis, en 1219, mais elles ont été des échecs, parfois sanglants, comme le massacre des martyrs de Marrakech en 1220 et de Ceuta en 1227[76]. Après la mort de Saint Louis (1270), de nouveaux efforts de conversion seront plus méthodiquement préparés par les ordres Mendiants[77] et ils nourriront l'espérance de Raymond Lulle. Au XIVe siècle, lorsque le front militaire des croisades aura été fermé, la tradition du pèlerinage outre-mer se poursuivra.

La Méditerranée du XIIIe siècle est bien, pour les chrétiens latins et pour Saint Louis, en particulier, l'espace de la grande illusion, celle de la conversion : conversion des musulmans, conversion des Mongols, retour des chrétiens orthodoxes grecs à la Chrétienté romaine par la réalisation de l'union des Églises[78].

LES PRÉPARATIFS DE LA CROISADE

Il s'agit d'abord de résoudre le problème : comment maîtriser l'espace méditerranéen ? La première question était celle du port d'embarquement ; Aigues-Mortes a été donc choisi. Le nouveau port a été préféré à Narbonne et à Montpellier, politiquement peu sûrs (le premier du fait de son attachement à la dynastie comtale toulousaine, le second à cause de l'influence aragonaise), et aux ports extérieurs au royaume : Marseille, où s'embarquent pourtant beaucoup de croisés français, y compris Joinville, et Gênes, ancien port de croisade pour Philippe Auguste. Au retour de Terre sainte, Saint Louis, après hésitation, débarquera aux Salins d'Hyères, car la Provence est solidement tenue alors par son frère Charles d'Anjou qui en a hérité en 1246 par son mariage avec Béatrice de Provence. Avant de partir, Louis a procédé, à la Pentecôte de 1246, à la « chevalerie » (adoubement) de son frère à Melun en grande solennité et l'a mis en possession des comtés d'Anjou et du Maine que lui a destinés leur père, Louis VIII. L'essentiel fut donc la construction pressée du port d'Aigues-Mortes, une des plus remarquables réalisations urbaines de la France médiévale, d'où Saint Louis s'embarque[79]. Aigues-Mortes est désormais destiné à être la tête et le terminus de l'*iter hierosolymitanum* (« la route de Jérusalem »).

La préparation matérielle consiste ensuite en l'achat

ou en la location de navires pour le transport de l'armée de la croisade. Ce sont encore Gênes et Venise et, secondairement, Marseille qui fournissent le plus grand nombre de bateaux[80]. Elle comprend aussi la collecte d'un ravitaillement suffisant : Joinville décrit la « grant foison de la pourvéance le roi » à Chypre en 1349, il évoque le vin rassemblé en grands « celliers » au milieu des champs et en tas de tonneaux sur le rivage de la mer ainsi que les blés, froments et orges formant des « montagnes » dans la campagne aux environs de Limassol[81]. Une telle entreprise posait d'énormes problèmes logistiques. William Jordan a montré à propos d'Aigues-Mortes le soin exceptionnel et l'audace avec lesquels Louis a préparé la croisade. Pour amener à Aigues-Mortes les quantités considérables de matières premières requises par l'équipement et le ravitaillement de l'armée de croisade — en particulier le sel et surtout le bois —, Louis a accordé de grands avantages aux Montpelliérains pour leur faire accepter la concurrence du nouveau port ; il fait remodeler avec un mélange de « cajolerie, de concessions et de force » la route des Cévennes en y supprimant tous les péages et en déboisant la région : en 1253 encore, les jeunes mariés d'Alès, où le roi avait réquisitionné des charpentiers expérimentés et fait abattre les forêts environnantes, ne pourront trouver le bois nécessaire à la fabrication de torches pour les festivités habituelles des noces[82].

La préparation financière n'est pas moins minutieuse : elle met surtout à contribution les villes et l'Église de France. Les premières paient dons et emprunts forcés, la seconde accepte que l'aide de croisade passe du vingtième au dixième[83]. Le roi met par ailleurs au point des accords avec les Templiers et avec les banquiers italiens qui lui permettent de transférer en Terre sainte des sommes prélevées sur le Trésor royal et d'obtenir des prêts[84]. Ce système de financement a, dans l'ensemble, bien fonctionné. Le paiement de la rançon du roi sera ainsi effectué sans grande difficulté. Il est vrai qu'elle n'est pas d'un montant exceptionnellement élevé : 200 000 livres, moins d'une année du revenu royal alors que celle de Richard Cœur de Lion, évaluée en termes équivalents, s'était élevée à 500 000 livres au moins, représentant quatre ans du revenu de la monarchie anglaise[85]. De même, les dépenses importantes faites par Louis en Terre sainte pour fortifier villes et châteaux seront acquittées sans grand problème. On peut débattre pour savoir si l'absence prolongée du roi a ou non été néfaste au royaume de France. Il semble bien que, financièrement parlant, l'expédition ne l'a pas grevé lourdement[86].

La préparation diplomatique de la croisade, en revanche, n'est pas un succès. L'empereur Frédéric II et le pape Innocent IV feignirent de soutenir le projet de Louis, mais le premier avertit ses amis musulmans en Orient des projets du roi de France et le second détourna contre le seul Frédéric II, en Europe, les mesures de financement de la croisade décidées par le concile de Lyon en 1245. Les rois de Castille et d'Aragon, tout absorbés par la Reconquista dans la péninsule Ibérique, ne bougeront pas. Seuls quelques contingents anglais se joignent à l'armée de Saint Louis. Décidément, la croisade tourne de plus en plus le dos à l'Orient pour livrer combat en Europe, comme elle le fait en Espagne et au Portugal, comme elle l'avait fait contre les albigeois. Les Aragonais n'ont pas encore vraiment entamé leur expansion en Méditerranée. Seules les villes italiennes continuent leur entreprise de colonisation économique et territoriale en Orient. Mais elles n'ont pas d'objectifs religieux. La politique méditerranéenne de Saint Louis est ainsi isolée entre une politique de croisade qui se détourne de la Méditerranée et une politique d'expansion économique et territoriale de la Chrétienté (italienne avant d'être aussi espagnole) qui se détache de plus en plus de tout projet religieux. Louis prolonge une Méditerranée de la croisade qui, après lui, deviendra, pour l'Occident, une Méditerranée des épices.

Rien d'étonnant, donc, si sa préparation de la croisade est aussi — et de façon nécessaire à ses yeux — une préparation religieuse. Elle revêt trois aspects principaux : une campagne de prières et de sermons, dans laquelle se distinguèrent les Cisterciens et les Dominicains, une sorte de politique pénitentielle de l'administration royale, marquée par la grande enquête de 1247, confiée surtout à des Dominicains et à des Franciscains, en vue de réparer les péchés de cette administration par restitution des exactions et redressement des dénis de justice, enfin des mesures contre les juifs, notamment les usuriers.

Pour la prédication de croisade, Louis IX demande au pape Innocent IV, selon la coutume, de désigner un légat pontifical pour la diriger. Lors du concile de Lyon, en 1245, le choix du pape se porta sur un personnage de premier plan, connu du roi, Eudes de Châteauroux, ancien chanoine de Notre-Dame de Paris, chancelier de l'université de Paris de 1238 à 1244, date à laquelle Innocent IV l'a fait cardinal[87]. En même temps, le pape fit reprendre par le concile les mesures en faveur de la croisade et des croisés édictées par le quatrième concile du Latran de 1215. Ces mesures sont très diverses, mais toutes ont pour objectif d'assurer le succès de la croisade en purifiant les croisés, mais aussi les chrétiens demeurant en Occident, de leurs péchés et en accordant à ceux qui partiront de grands avantages matériels et spirituels.

L'orgueil qui se manifeste par le luxe devra être refréné par les « états » — les catégories sociales — dont c'est le péché spécifique : les nobles et les riches. Ils devront se nourrir et se vêtir modestement. Les tournois — fêtes de tous les vices[88] interdites sans succès par l'Église depuis le quatrième concile du Latran de 1215 — sont à nouveau prohibés dans la Chrétienté pour trois ans, de même que les guerres pour quatre ans pendant lesquels on observera les prescriptions de la paix. Les croisés bénéficieront de l'exemption de tout impôt et l'intérêt sur leurs dettes sera aboli ; il y aura rémission des péchés pour tous ceux qui fourniront leurs vaisseaux ou qui feront prêcher la croisade, et ceux qui se croiseront pourront toucher pendant trois ans les revenus de leurs bénéfices ecclésiastiques ; le dixième pour le pape et les cardinaux sera octroyé au subside de Terre sainte. Seront excommuniés les pirates qui attaqueraient des navires de croisés, les chrétiens qui feraient commerce avec les Sarrasins et, en particulier, ceux qui leur vendraient des armes, et les croisés parjures de leurs serments de croisade. En revanche, il y a promesse de salut éternel pour les croisés et pour tous ceux qui auront aidé à la réalisation de la croisade[89].

La grande mesure à la fois politique et religieuse destinée en France à contribuer au succès de la croisade, c'est, dans l'esprit de Louis, la grande campagne des enquêteurs royaux en 1247. Cette enquête, dont l'objectif est de dresser la liste des injustices commises par les agents du roi en son nom pour les faire disparaître et accorder une satisfaction aux sujets royaux lésés, c'est, en fait, une mesure pénitentielle suivie de réparation. Ainsi, le roi laissera un royaume en paix, débarrassé des griefs qui pourraient amener certains de ses sujets à en troubler la tranquillité en son absence, et, purifié du péché d'avoir mal rempli sa fonction royale en laissant ses agents violer la justice, il pourra espérer obtenir de Dieu le succès de son entreprise.

On peut encore considérer que s'ajoutent aux restitutions royales pénitentielles, dues surtout aux rapports des enquêteurs, les aumônes et privilèges octroyés par le roi à des établissements religieux en échange de prières pour la croisade, et toutes les mesures destinées à faire régner la justice et la paix dans le royaume : ainsi le règlement de la succession de Flandre par arbitrage entre les fils concurrents issus des deux mariages successifs de la comtesse et leurs familles, les Avesnes et les Dampierre (1246).

Quant aux juifs, outre la répression accrue de leurs pratiques usuraires, ils doivent subir de nouvelles attaques orchestrées par le légat pontifical contre le Talmud, qui ne semblent pas, toutefois, avoir été suivies des confiscations et des destructions de copies du Talmud comparables à celles de 1240-1244[90].

Il ne semble pas, enfin, que Saint Louis ait été bien préparé ou ait même sérieusement songé à se préparer à la connaissance des musulmans auxquels il allait s'affronter. Il ne les considère pas comme des païens, mais comme les membres d'une secte mauvaise et absurde. Il a sans doute eu des échos des idées que professait à leur égard, dans son *De fide et legibus*, Guillaume d'Auvergne, évêque de Paris de 1228 à 1249, qui a été un des conseillers de sa jeunesse. Il y aurait dans la loi des Sarrasins, selon lui, un mélange de bien et de mal, mais on ne doit avoir aucune faiblesse pour cette secte. Saint Louis, en Égypte, sera amené par l'expérience à se faire sa propre opinion[91].

III

LA CROISADE ET LE SÉJOUR EN TERRE SAINTE (1248-1254)

LA CROISADE, PENSÉE DU RÈGNE ?

William Ch. Jordan, dans un livre brillant et solide[1], estime que Saint Louis a été fasciné par l'idée de la croisade et que celle-ci a dominé son règne et sa politique. Jean Richard, auteur de l'autre remarquable biographie récente du roi, n'est pas loin de partager cette opinion. Je la crois exagérée. Saint Louis a surtout voulu, me semble-t-il, réaliser, incarner le modèle du roi chrétien idéal, pour accomplir son salut en servant son royaume de France et la Chrétienté ; la croisade faisait partie de cette visée, de ce programme. En ce sens, Saint Louis aura été un croisé traditionnel, comme l'avaient été son aïeul Louis VII et son grand-père Philippe Auguste, même s'il nourrissait sa pulsion de croisade d'une dévotion plus moderne et plus christique, et d'un engagement personnel plus passionné : il fut « le croisé à l'antique mode, refusant toutes les entreprises diplomatiques aux fins de traités ou de trêves où Frédéric II a montré la voie et même l'orientation d'une politique missionnaire de la papauté, essai de pénétration pacifique[2] ». Il a pourtant essayé de combiner guerre et conversion. La croisade, sans être l'objectif ultime, a été l'une des grandes pensées du règne.

SAINT LOUIS ET L'ORIENT

La croisade de 1248 répond cependant à des conceptions originales[3]. Sans doute Louis, en choisissant l'Égypte pour lieu de débarquement, se conforme-t-il à la tradition de Baudouin Ier (1118), d'Amaury Ier (1163-1169) et de Jean de Brienne (1218-1221) : l'Égypte et Damiette apparaissaient aux chrétiens comme la clef militaire et politique de la Palestine[4]. Mais, selon Matthieu Paris, le roi Louis aurait été plus loin et songé à l'établissement de chrétiens en Égypte : « Il n'y avait rien qui préoccupait plus le roi de France, après la prise de Damiette, que le fait de ne pas avoir assez d'hommes pour garder et peupler les pays conquis et à conquérir. Et le roi apporta avec lui des charrues, des herses, des bêches et autres instruments aratoires. » Une colonisation, sans doute limitée à Damiette et à quelques secteurs d'importance stratégique en Égypte, devait donc accompagner la reconquête de Jérusalem ou, plutôt, y préluder, pour mieux assurer par la suite la protection de la Terre sainte[5]. La création et la construction d'une église chrétienne à Damiette après la prise de la ville confirment l'intention d'installer en Égypte un peuplement chrétien[6].

À ce projet d'établissement dans le nord de l'Égypte s'ajoute la probable préparation de Saint Louis à un séjour prolongé en Terre sainte, là où la plupart des rois chrétiens, croisés avant lui, y compris les rois de France, avaient, semble-t-il, prévu un retour aussi rapide que possible dans leur royaume européen. Il est difficile de dire si le roi Louis a prévu le long séjour qu'il finira par décider dans des circonstances elles imprévues, au lendemain de sa défaite, de sa captivité et de sa libération en 1250. Certains historiens voient là une improvisation suscitée par les événements et même « un tournant de la politique orientale des rois capétiens », le passage de la croisade occasionnelle à la protection permanente des Lieux saints[7]. Je pense, au contraire, que Saint Louis avait prévu de rester en Orient, après le succès militaire escompté en Égypte, pour y diriger une œuvre de mise en défense des territoires chrétiens. La défaite en Égypte ne fit que rendre plus nécessaire à ses yeux, aussi bien du point de vue militaire que du point de vue moral et religieux, une présence en Terre sainte qui ne s'achèvera qu'avec l'annonce de la mort de Blanche de Castille et le retour en France en 1254. Le tournant de la politique méditerranéenne et orientale de Saint Louis s'est décidé lentement, de 1239 environ à 1248.

Saint Louis imprime à l'idéologie de la croisade un tournant majeur : au-delà du Saint-Sépulcre, du tombeau du Christ, au-delà de Jérusalem, mémoire de la passion du Christ, c'est le Christ lui-même que Saint Louis va chercher en Orient. Du signe de la croix il veut parvenir jusqu'au Crucifié lui-même. Roi souffrant qui apparaîtra peu à peu comme un roi hostie, un roi Christ dont les biographes et hagiographes diffuseront l'image, Saint Louis a dès 1239, dès le vol du saint clou, affirmé sa dévotion au Christ de la Passion, crucifié à Jérusalem. Ce fut comme la première station du chemin de croix du roi qui le conduira en Orient et à la captivité, en Afrique et à la mort.

En 1239 aussi, la fine fleur des barons français, sous la conduite de Thibaud IV de Champagne, est partie pour la Terre sainte. Le jeune roi a favorisé les croisés en autorisant leur départ, en facilitant le financement de leur expédition. Il a même donné un caractère « royal » à leur armée en permettant au connétable Amaury de Montfort d'y porter les fleurs de lys. Le frère du roi d'Angleterre, Richard de Cornouailles, rejoignit l'armée des barons et ils obtinrent en 1241 un accord qui rendait Jérusalem aux chrétiens. Saint Louis a peut-être vu dans la réussite de cette expédition un motif d'émulation personnelle.

Le trouvère qui a raconté et loué la façon dont Louis prit la croix lui fait dire, rappelons-le, au sortir de la maladie, « longuement a été Outremer mon esprit[8] ». Ainsi l'outre-mer a été aussi pour le roi un horizon onirique, un rêve nourri par les « images et représentations collectives » de la croisade[9] et d'abord par l'imaginaire de la double Jérusalem, terrestre et céleste, et du tombeau du Christ, mais aussi, sans doute, par la multitude des visions et prophéties qui ont accompagné tel ou tel épisode des croisades[10]. Dans la vie affective de Saint Louis, dans sa vie passionnelle, dans son cœur, Jérusalem, princesse lointaine, a sans doute été la grande rivale de Blanche de Castille.

DE PARIS À AIGUES-MORTES

Comme lors de l'accueil des reliques de la Passion, mais cette fois-ci avec les rites de croisade — départ pour la guerre sainte et sortie du royaume — recommence la grande liturgie pénitentielle. Le vendredi après la Pentecôte, 12 juin 1248, Louis vient à Saint-Denis prendre l'oriflamme, l'écharpe et le bâton de la main du cardinal-légat Eudes : il associe de cette manière l'insigne royal du roi de France partant en expédition guerrière et ceux du pèlerin prenant le chemin du pèlerinage de croisade. Puis il retourne à Paris et se rend pieds nus accompagné d'une grande procession du peuple à l'abbaye royale de Saint-Antoine-des-Champs, fondée en 1198 par Foulques, curé de Neuilly, célèbre prédicateur de la première croisade. Là, il se recommande aux prières des religieuses et il quitte les lieux à cheval pour aller coucher au palais royal de Corbeil. Il y reste quelques jours, y établit officiellement sa mère comme régente du royaume en son absence et lui confie des pouvoirs étendus mais, malgré tout, définis[11]. On voit ici la commodité pour le gouvernement du royaume du rôle joué jusqu'alors par Blanche de Castille qui, tout en étant subordonnée au roi son fils (comment aurait-il pu en être autrement dans la monarchie capétienne qui excluait les femmes de la succession ?), a continué, au-delà de la majorité de Louis, à tenir la place d'une sorte d'associée au roi. À ses qualités de caractère, elle joint une connaissance des affaires qui rendait inutile une mise au courant. C'est une sécurité pour le roi qui compte aussi sur les conseillers qu'il laisse à sa mère et dont il sait qu'elle ne se défera pas à la légère[12].

Le départ de Paris, en ce 12 juin 1248, marque aussi un tournant dans la vie de Saint Louis qui a beaucoup frappé son entourage et au-delà. C'est une modification d'image, mais, comme il arrive souvent, le changement d'apparence exprime une rupture plus profonde. On a vu que les règlements de croisade, réitérés par le concile de Lyon de 1245, enjoignaient aux croisés la modestie dans le vêtement. On peut aisément imaginer que le strict Louis a respecté et fait respecter ces mesures. Joinville dit en effet que tant qu'il fut en Orient avec le roi, il ne vit jamais dans toute l'armée aucune broderie sur les cottes d'armes. Mais pour lui-même, comme à son habitude, il ne se contente pas d'appliquer rigoureusement les prescriptions de l'Église, il va bien au-delà. Le Nain de Tillemont a bien décrit, d'après les sources, ce changement de l'apparence du roi :

> Depuis qu'il fut parti de Paris, il n'usa plus d'habits ni de fourrures d'écarlate, de vert ou d'autre couleur éclatante, de petit-gris, de menu-vair, ou d'autres choses précieuses dont les Occidentaux faisaient alors leurs cottes d'armes. Il voulut toujours être habillé fort simplement de bleu et de pers[13], de camelot[14], ou de noire brunette, ou de soie noire ; et toutes les fourrures de ses robes et de ses couvertures étaient de peaux de lapin, d'agneau, de lièvre et quelquefois d'écureuil. Il quitta de même tous les ornements d'or et d'argent en ses selles, brides et autres choses de cette nature. Il ne voulait pas même que les rênes ni le poitrail de ses chevaux fussent de soie, ni que ses étriers, mors et éperons fussent dorés, n'y souffrant que de simple fer[15].

Mais le plus remarquable est que Saint Louis conservera cette apparence au retour de la croisade, sauf en de très rares circonstances exceptionnelles, jusqu'à la fin de sa vie. La plupart des historiens s'accordent pour voir dans ce renoncement aux fastes vestimentaires le signe d'un tournant dans la vie du roi, le passage d'un genre de vie et de gouvernement simplement conformes aux recommandations de l'Église à un comportement personnel et politique proprement religieux, d'un simple conformisme à un véritable « ordre moral ». En général, on date ce tournant du retour de la croisade, en 1254. Or les signes extérieurs de cette mutation apparaissent dès 1248. Je crois qu'il y eut en 1247-1248 un premier tournant marqué par l'envoi des enquêteurs et une politique de réparation pénitentielle des abus royaux et par les renoncements vestimentaires. Ce changement est étroitement lié à la croisade et à sa législation. Sans doute, un second tournant, plus décisif, aura lieu en 1254. Il marquera l'intériorisation et la généralisation dans toute l'action gouvernementale du roi d'une évolution qui, en 1247-1248, était restée plus extérieure. Ce furent les deux temps de la marche de Louis IX vers une vie et un règne purificateurs et même eschatologiques.

À Corbeil, Louis fait enfin ses adieux à sa mère et il s'avance vers le Midi, en faisant une longue halte à Sens où se tient le chapitre général de l'ordre franciscain. Une fois de plus, il y arrive au bout d'une étape pénitentielle, en costume de pèlerin et à pied. Un témoin privilégié, le chroniqueur franciscain frère Salimbene de Parme, nous a laissé le portrait physique le plus frappant du roi[16]. Une autre étape importante est celle de Lyon, où réside toujours le pape avec qui le roi a une longue entrevue. Il en obtient une pleine et entière absolution et la promesse que le pontife protégera le royaume de France des éventuelles entreprises du roi d'Angleterre avec qui les trêves passées n'ont pas été encore renouvelées, mais il échoue dans un ultime effort pour réconcilier Innocent IV et l'empereur Frédéric II.

De Lyon Louis descend le Rhône et rencontre le puissant château fort de la Roche-de-Glun ; Roger de Clérieu, un « très méchant homme », exige un droit de péage de tous les passants, y compris les pèlerins, et s'ils ne veulent pas payer, il les vole et va jusqu'à les tuer. C'est un de ces châtelains mi-exacteurs mi-brigands dont l'histoire et la légende du Moyen Âge sont pleines. Le roi refuse de payer le péage et Roger ayant pris des otages, Louis fait le siège du château, le prend en peu de jours et le fait démolir.

Louis IX arrive enfin à Aigues-Mortes, au milieu du mois d'août. Le 25 août, il s'embarque avec sa suite. Il a ordonné à presque toute sa famille proche de le suivre, à l'exception de sa mère, de ses jeunes enfants et de sa belle-sœur, la comtesse d'Artois, dont la grossesse n'est pas loin de son terme. Il a voulu que la croisade soit aussi une expédition familiale montrant l'engagement d'une parenté qu'il voit comme une sorte d'entité : celle des frères et de leurs épouses. La reine Marguerite de Provence l'accompagne, de même que ses frères Robert d'Artois, Charles d'Anjou avec sa femme Béatrice[17] ; son frère Alphonse de Poitiers doit s'embarquer à Marseille[18], tout comme son beau-père, le comte de Toulouse Raimond VII, qui est venu saluer le roi à Aigues-Mortes, mais veut rejoindre à Marseille sa belle nef qu'il a fait venir d'Angleterre par le détroit de Gibraltar.

Bien qu'il soit difficile d'avancer des chiffres et que les historiens ne soient pas d'accord à ce sujet, on peut estimer que l'armée de la croisade rassemble un peu plus de deux mille cinq cents chevaliers et autant d'écuyers et valets d'armes, une dizaine de milliers de fantassins, cinq mille arbalétriers, au total près de vingt-cinq mille hommes et sept ou huit mille chevaux, chiffres considérables pour l'époque. La plus grande partie de cette armée, chevaliers compris, est à la solde du roi. La flotte royale, selon Le Nain de Tillemont, comprend trente-huit grands vaisseaux et des centaines d'embarcations plus modestes. D'après Matthieu Paris, il n'y a pas assez de bateaux pour embarquer tous les soldats qui ont été recrutés. Le roi laisse à Aigues-Mortes un millier de mercenaires, en majorité italiens, surtout des Génois et des Pisans qui suscitent des incidents. Mais l'épisode est mal connu. Peut-être Louis IX ne veut-il pas embarquer des hommes qui ne lui inspirent pas confiance et en qui il ne voit pas des croisés animés de l'esprit religieux qu'il souhaite. Peut-être Matthieu Paris a-t-il exagéré l'incident.

Le roi, sa famille et le gros de l'armée embarquent donc à Aigues-Mortes le 25 août 1248, jour qui serait, vingt-deux ans plus tard, celui de sa mort à sa seconde croisade. L'absence de vent retarde le départ de la flotte royale, qui finit par quitter Aigues-Mortes le 28 août.

Je ne raconterai pas dans le détail événementiel la croisade de Louis IX et son séjour en Terre sainte. Le lecteur peut le lire chez Joinville plus agréablement. Je ne m'attache ici qu'à tout ce qui peut éclairer directement ou indirectement le personnage de Saint Louis, permettre d'apprécier son rôle et son poids dans l'histoire et mettre en valeur la saveur d'une vie.

J'ai dit[19] combien la mauvaise maîtrise de la mer a démesurément allongé le voyage jusqu'en Égypte : la crainte de voyager pendant l'hiver immobilise à Chypre Louis, sa flotte et son armée pendant plus de huit mois et lors du débarquement, début juin 1249, le vent emporte loin de lui de nombreux navires et chevaliers.

VOYAGE ET CAMPAGNE D'ÉGYPTE

Le voyage de la croisade de 1248-1249 a lieu, pour l'essentiel, dans les formes traditionnelles. Si le départ de Saint Louis d'Aigues-Mortes représente une nouveauté importante dans la politique méditerranéenne des rois de France et dans les trajets de croisade, d'autres croisés s'embarquent dans des ports plus habituels, tels que Marseille d'où part Joinville. Depuis que Chypre a été conquise par Richard Cœur de Lion, en 1191, et que la dynastie « latine » des Lusignan s'y est établie, l'île est destinée à servir de base aux opérations de croisade. René Grousset a pu justement dire que le royaume latin de Chypre a été essentiel dans la prolongation de l'existence des États latins de Terre sainte pendant un siècle. L'empereur Frédéric II y avait débarqué en 1228 pour sa drôle de croisade et avait fait passer l'île sous son contrôle, mais sa suzeraineté n'était plus effective dès 1233. Le jeune Henri Ier de Lusignan, d'abord sous la régence de sa mère, puis sous sa seule autorité, règne sur l'île depuis 1246 (il mourra en 1253), tout en laissant, semble-t-il, l'aristocratie et le clergé la gouverner. Ce roi si falot n'est même pas mentionné par Joinville. Mais, en 1247, le pape Innocent IV l'a délié de son serment à l'empereur et pris son royaume sous la protection du Saint-Siège. L'île joue parfaitement son rôle de base de croisade pour Louis IX. Il y avait accumulé du ravitaillement dès 1246, y débarque le 17 septembre 1248 et doit y hiverner jusqu'au 30 mai 1249.

De même, le débarquement près de Damiette et la prise de la ville, le 5 juin 1249, ne font que reproduire la prise de la ville par Jean de Brienne en 1218[20].

Mais, dans les mois qui suivent, la croisade tourne mal. Saint Louis et son armée font d'abord l'expérience des épidémies. La Méditerranée, et spécialement la Méditerranée orientale, est le monde des épidémies : dysenteries, typhus, scorbut — la peste a disparu autour de la Méditerranée au cours du VIIIe siècle, n'y revenant qu'au milieu du XIVe[21].

Il y a aussi, certes, la supériorité militaire des musulmans dans certains domaines. Ainsi, la force que les chrétiens devaient à leurs machines de guerre fut presque entièrement annihilée par le feu grégeois[22]. Joinville, qui l'a éprouvé, montre avec sa puissance habituelle d'évocation Louis et son armée impuissants, aux prises avec le feu grégeois :

> Un soir où nous gardions de nuit les *chats-châteaux*[23], il advint qu'ils nous amenèrent un engin qu'on appelle *pierrière*, ce qu'ils n'avaient pas encore fait, et ils mirent le feu grégeois dans la fronde de l'engin. Quand monseigneur Gautier d'Écurey, le bon chevalier, qui était avec moi, vit cela, il nous dit ainsi : « Seigneurs, nous sommes dans le plus grand péril où nous ayons jamais été ; car s'ils brûlent nos châteaux et que nous demeurions, nous sommes perdus et brûlés ; et si nous laissons nos postes qu'on nous a baillés à garder nous sommes honnis ; c'est pourquoi nul ne nous peut défendre de ce péril, excepté Dieu. Je suis donc d'avis et vous conseille que toutes les fois qu'ils nous lanceront le feu, nous nous mettions sur nos coudes et nos genoux, et priions Notre-Seigneur pour qu'il nous garde de ce péril. » Sitôt qu'ils lancèrent le premier coup, nous nous mîmes sur nos coudes et nos genoux, ainsi qu'il nous l'avait enseigné. Le premier coup qu'ils lancèrent vint entre nos deux chats-châteaux.

Ainsi, les musulmans parviennent à détruire les deux chats-châteaux des croisés, puis un troisième que le roi avait fait construire après la destruction des deux premiers avec le bois des vaisseaux qui avaient apporté les bagages[24].

La maladie vint alors aggraver la situation et les souffrances du roi et de l'armée :

> À cause de ce malheur, et à cause de la malignité du pays, où il ne tombe jamais une goutte d'eau, nous vint

la maladie de l'armée, qui était telle, que la chair de nos jambes séchait toute, et la peau de nos jambes devenait tachetée de noir et de couleur de terre, ainsi qu'une vieille botte ; et à nous qui avions telle maladie, il venait de la chair pourrie aux gencives ; et nul ne réchappait de cette maladie, mais il lui en fallait mourir. Le signe de la mort était tel, que quand le nez saignait, il fallait mourir.

À cause des blessures que j'eus le jour de carême-prenant, la maladie de l'armée me prit, dans la bouche et aux jambes, et une fièvre double tierce, et un rhume de cerveau si grand que le rhume me coulait de la tête par les narines ; et pour lesdites maladies, je me mis au lit malade à la mi-carême : d'où il advint que mon prêtre me chantait la messe devant mon lit, en mon pavillon ; et il avait la maladie que j'avais.

La maladie commença à empirer dans le camp de telle manière qu'il venait tant de chair morte aux gencives de nos gens, qu'il fallait que les barbiers ôtassent la chair morte, pour leur donner moyen de mâcher les aliments et d'avaler. C'était grand pitié d'ouïr geindre dans le camp les gens auxquels on coupait la chair morte ; car ils geignaient comme femmes qui sont en mal d'enfant.

On tente alors une retraite par terre et par eau :

Le roi, qui avait la maladie de l'armée et la dysenterie très fort, se serait bien sauvé dans les galères, s'il eût voulu ; mais il dit que, s'il plaisait à Dieu, il ne laisserait pas son peuple. Le soir, il se pâma par plusieurs fois ; et à cause de la forte dysenterie qu'il avait, il lui fallut couper le fond de son caleçon, tant de fois il descendait pour aller à la garde-robe[25].

Survient la défaite du roi chevalier et de la « furia » de la chevalerie française. Elle se produit au terme d'une série d'exploits. La victoire de la Mansourah, le 9 février 1250, a été l'apogée de Saint Louis en roi chevalier, selon le témoignage de Joinville : « Le roi vint avec son corps de bataille, à grands cris et à grand bruit de trompettes et de timbales, et il s'arrêta sur un chemin en chaussée. Jamais je ne vis si beau chevalier ; car il paraissait au-dessus de tous ses gens, les dépassant des épaules, un heaume doré sur la tête, une épée d'Allemagne à la main[26]. » Quant au combat, « ce fut un très beau fait d'armes car nul n'y tirait de l'arc ni de l'arbalète mais c'était un combat à la masse et à l'épée[27] ». Voilà l'état d'esprit de la chevalerie française qui annonce les grands désastres de la guerre de Cent Ans. Ainsi, Robert d'Artois, l'aîné des frères du roi, malgré le plan de bataille prévu, se jette inconsidérément sur un groupe de Turcs, entraînant avec lui les chevaliers du Temple, et pour avoir poursuivi les musulmans au-delà de toute prudence, se fait prendre au piège et massacrer[28].

Enfin l'armée, affaiblie par sa victoire même, exténuée par l'épidémie (« la maladie de l'ost », comme l'appelle Joinville), doit battre en retraite car Saint Louis et les siens ont oublié de s'assurer la maîtrise du Nil pour l'acheminement de leur ravitaillement. Les musulmans leur coupent désormais la route du grand fleuve. L'armée croisée en retraite est écrasée le 6 avril 1250 à Fariskur. Le roi, qui a démontré qu'il était un bon chevalier mais un piètre stratège, et une grande partie de son armée sont faits prisonniers. De nombreux blessés ou malades sont massacrés par les Sarrasins, de même qu'en 1191 Richard Cœur de Lion avait fait égorger deux mille sept cents prisonniers musulmans aux environs d'Acre.

LE ROI PRISONNIER

Être fait prisonnier est le pire malheur qui puisse arriver à un roi. Richard Cœur de Lion l'avait éprouvé. Mais être fait prisonnier par des Infidèles est le pire malheur qui puisse arriver à un roi chrétien.

Pourtant, Saint Louis sait renverser à son profit cette désastreuse situation. D'abord la reine Marguerite, devenue chef de la partie de l'armée de croisade demeurée sur les navires de la flotte en mer, réunit en un temps record les 400 000 besants (200 000 livres) constituant le premier versement de la rançon et, le 6 mai, il est libéré. Son emprisonnement n'a duré qu'un mois. Il y aura montré une dignité et un courage que raconta son chapelain Guillaume de Chartres qui ne l'avait pas quitté pendant cette épreuve. Il pense d'abord aux autres croisés prisonniers, il refuse toute déclaration qui serait contraire à sa foi chrétienne et, pour cela, brave la torture et la mort. Même quand il apprend que ses mandants avaient réussi à voler les musulmans de 20 000 livres lors du paiement de la rançon, il se met en colère, estimant que sa parole devait être gardée même si c'est à des mécréants qu'elle avait été donnée. Ce fait, dont témoignera Joinville aux procès de canonisation, sera mis au nombre des actes les plus vertueux par lequel Louis IX aura manifesté sa sainteté et sera rappelé par le prêcheur Jean de Semois lors de la levée solennelle du corps de Saint Louis à Saint-Denis, après sa canonisation[29]. En discutant avec ses interlocuteurs musulmans, Saint Louis, s'il conserve la même détestation de leur fausse religion, apprend que le dialogue avec eux est possible. Un émir lui ayant fait remarquer que seul un fou pouvait se risquer sur la mer comme il l'avait fait (les musulmans d'alors n'étaient pas non plus des marins, et comme les chrétiens redoutaient la Méditerranée), il en convient en riant. Mais, surtout, il se montre capable d'admirer la bibliothèque d'ouvrages religieux du sultan, bien qu'elle soit composée de livres d'abomination et d'erreur, et, le premier des rois de France, il constitue à son retour une bibliothèque de manuscrit d'ouvrages religieux, bien entendu chrétiens, dans sa Sainte-Chapelle[30].

LE ROI LOINTAIN

Contrairement aux autres souverains chrétiens, qui étaient toujours restés moins de deux ans en Terre sainte, qu'ils aient réussi ou échoué dans leur croisade, Saint Louis décide d'y rester pour un séjour d'une durée indéterminée. Par un message, d'un caractère tout à fait nouveau[31], destiné à l'opinion publique française — dont l'existence sans doute récente est à nouveau prouvée par le souci du roi de l'informer —, il annonce la triste nouvelle à son peuple. C'est une lettre d'Acre écrite en août 1250 que porteront en France ses frères Alphonse de Poitiers et Charles d'Anjou. Il y raconte de façon véridique les succès et les épreuves de la campagne d'Égypte, la mort de son frère, sa captivité, les conditions de la trêve de dix ans conclue avec le Soudan. Il affirme avoir été résolu à rentrer en France après sa libération, mais y avoir renoncé en voyant les musulmans bientôt violer l'accord conclu. Il a donc décidé de rester en Terre sainte après avoir consulté les barons de France et du royaume de Jérusalem ainsi que les chevaliers des ordres militaires. Il reste dans l'attente de « quelque chose de bon, la délivrance des captifs, la conservation des châteaux et forteresses du royaume de Jérusalem, et autres avantages pour la chrétienté, surtout depuis que la discorde s'était élevée entre le soudan d'Alep et ceux qui gouvernaient au Caire ». Il appelle enfin ses sujets à se croiser et à le rejoindre en Terre sainte[32]. Ce n'était certes pas la première fois que le royaume de France était orphelin de son roi parti à la croisade. Mais aucune de ces absences n'aura duré aussi longtemps que celle de Louis, presque six ans (d'août 1248 à juillet 1254).

Il est vrai que la régente Blanche avait, outre ses qualités et ses compétences, les moyens pour gouverner ; son fils lui avait laissé des pouvoirs étendus explicitement énoncés, d'excellents conseillers rompus aux affaires, tant ecclésiastiques que laïcs, des moyens financiers suffisants. Quand Louis, en 1250, décide de s'attarder en Terre sainte, il le souligne : « Je me suis avisé que, si je demeure, je n'y vois point de péril que mon royaume se perde, car madame la reine a bien des gens pour le défendre[33]. » Il renvoie d'ailleurs en France pour l'épauler ses deux frères survivants, Alphonse de Poitiers, qui vient de recevoir l'héritage de son beau-père Raimond VII, comte de Toulouse, mort en 1249, et Charles d'Anjou, comte de Provence, qui, en réalité, s'occupera surtout de ses intérêts personnels et soulèvera parfois l'irritation de son royal frère. Alphonse, en revanche, s'acquittera de ses devoirs et présidera parfois le conseil royal demeuré à Paris.

L'AFFAIRE DES PASTOUREAUX

Blanche de Castille se trouve en 1251 aux prises avec un événement grave, inattendu et exceptionnel, le mouvement des pastoureaux. Il vaut la peine de s'y arrêter, car c'est un des plus beaux exemples du rôle de l'imaginaire dans l'histoire, et il est étroitement lié à une certaine image de Saint Louis qui habita et anima les masses populaires. Le phénomène a abasourdi les clercs et les intellectuels du temps : « un prodige stupéfiant et inouï » *(mirabile prodigium et novitas)*, dit Guillaume de Nangis ; « un événement stupéfiant » *(quoddam mirabile)*, écrit Matthieu Paris[34].

Écoutons Guillaume de Nangis :

> 1251. Un prodige stupéfiant et inouï se produisit dans le royaume de France. Des chefs de brigands, pour séduire les gens simples et semer le désir dans le peuple par de fausses imaginations *(falsis adinventionibus)* feignaient d'avoir vu des anges en vision et des apparitions de la bienheureuse Vierge Marie qui leur aurait commandé de prendre la croix et avec des bergers *(pastores)* et des gens les plus simples du peuple que Dieu avait choisis, de former comme une armée pour secourir la Terre sainte, et venir en aide là-bas au roi de France et ils représentaient avec des images brodées le contenu de cette vision sur des bannières qu'ils faisaient porter devant eux. Ils traversèrent d'abord la Flandre et la Picardie et attiraient, comme l'aimant attire le fer, à travers les villages et les champs par leurs appels trompeurs, les bergers et les plus simples gens du peuple. Quand ils parvinrent en France [Île-de-France] ils étaient devenus si nombreux qu'ils avançaient groupés par centaines et par milliers comme une armée et quand ils allaient par la campa-

gne près des bergeries et des troupeaux de moutons, les bergers abandonnaient leurs troupeaux et sans avertir leurs familles poussés par je ne sais quelle frénésie se joignaient à leur criminelle expédition. Si les bergers et les gens simples agissaient ainsi sans avoir conscience de ce qu'ils faisaient mais avec de bonnes intentions, en revanche il y avait parmi eux des bandits et des assassins en grand nombre, conscients du but criminel qu'ils poursuivaient en secret et ce sont les instructions de ces chefs qui dirigeaient la troupe. Traversant les villages et les villes en brandissant des poignards, des haches et d'autres sortes d'armes, ils terrorisaient si bien les populations qu'aucune personne pourvue d'un pouvoir judiciaire n'osait s'opposer à eux et ils étaient tombés à un tel niveau d'erreur qu'ils faisaient des fiançailles, distribuaient des croix, prononçaient l'absolution des péchés sur la seule mine et, ce qui est pis, ils avaient si bien entraîné dans leur erreur le bon peuple que la plupart affirmaient et d'autres croyaient que les aliments et les vins qu'on leur apportait non seulement ne leur faisaient pas défaut mais étaient remplacés en plus grande quantité. Le clergé, apprenant que le peuple était tombé dans une si grande erreur, fut rempli de tristesse ; il voulut s'opposer à cette erreur et souleva ainsi une telle haine chez les bergers et le peuple que beaucoup d'entre eux découverts à la campagne furent tués et devinrent ainsi martyrs. La reine Blanche qui, seule, gouvernait alors le royaume de France avec une merveilleuse habileté, les laissait faire non sans doute qu'elle eût épousé leur erreur, mais parce qu'elle espérait qu'ils porteraient secours à son fils, le saint roi Louis et à la Terre sainte. Après avoir traversé Paris, ils pensèrent n'avoir plus rien à craindre, se vantant d'être des hommes de bien et ils le soutenaient avec des arguments rationnels car quand ils avaient été à Paris où est la source de toute sagesse, on ne les avait jamais contredits[35]. Alors ils développèrent sans mesure ni retenue leurs erreurs, se mirent à voler et à piller systématiquement. Parvenus à Orléans, ils attaquèrent les clercs de l'université et en tuèrent beaucoup, mais nombre d'entre eux aussi furent tués. Leur chef[36] qu'ils appelaient le maître de Hongrie[37], en arrivant avec ses troupes d'Orléans à Bourges, envahit les synagogues des Juifs, détruisit leurs livres et les dépouilla injustement de tous leurs biens. Mais comme il quittait la ville avec le peuple qui l'accompagnait, les habitants de Bourges en armes les poursuivirent et tuèrent le maître et la plupart de ses compagnons. Après leur chute, d'autres qui s'étaient dispersés en divers lieux à cause de leurs méfaits furent tués ou pendus. Le reste s'évanouit comme de la fumée.

Le bénédictin anglais Matthieu Paris, qui donne d'autres détails, fait du Maître de Hongrie un vieillard qui aurait déjà suscité la croisade des Enfants en 1212, se serait converti à l'islam à Tolède et aurait été envoyé par le sultan de Babylone (sultan d'Égypte) pour livrer aux musulmans la France privée de ses croisés et veuve de son roi. Selon lui, les pastoureaux ne se seraient pas évanouis aussi rapidement que l'affirme Guillaume de Nangis. Ils se seraient fractionnés en petits groupes. Le chef de l'un d'eux aurait été pris et noyé dans la Garonne. Un autre serait allé en Angleterre et aurait été mis en pièces à Storeham. Un reliquat, enfin, se serait repenti et, par pénitence, aurait réellement rejoint Saint Louis en Terre sainte et où il se serait mis à son service.

Je n'analyserai pas en profondeur un mouvement où se mêlent la lutte des classes, l'anticléricalisme, l'antijudaïsme, le millénarisme, le rôle de meneurs charismatiques, le dévoiement des masses, d'inquiétants accès récurrents de bestialité fanatique et criminelle sous les apparences de l'idéal et de la foi. Mais cet épisode, qui déborde largement une biographie de Saint Louis et mérite une étude à part, doit être évoqué, car il a été probablement suscité en partie par la lettre envoyée de Terre sainte par le roi à son peuple. Il révèle certaines profondeurs troubles du royaume de Saint Louis et les perversions que son charisme et sa politique de croisade pouvaient éveiller.

Blanche de Castille en cette affaire n'a pas su réagir vite. Il semble que, déconcertée, elle ait reçu le Maître de Hongrie, peut-être à l'abbaye de Maubuisson. Il est vrai que, sans être très âgée (en 1251, elle avait soixante-trois ans, ce qui est bien la vieillesse au Moyen Âge), elle décline et a probablement commencé à être sérieusement malade.

L'activité gouvernementale de la régente et du conseil ont d'ailleurs, en l'absence de problèmes importants et urgents, fonctionné au ralenti. Il est vrai que le roi continue de Terre sainte à s'occuper de son royaume. On a noté que les actes conservés dans les archives de la *Curia* en provenance de Terre sainte sont, en fait, bien plus nombreux que ceux rédigés à Paris[38].

À partir de 1253, comme on l'a montré, le prince Louis paraît exercer le pouvoir d'après des actes d'archives dont les sceaux ont disparu, ce qui empêche de savoir si l'on s'est servi du sceau personnel du roi ou d'un autre. Le titre qui lui est donné exprime l'affirmation d'une hiérarchie dynastique plus marquée : il est le « premier-né » *(primogenitus)* du roi. C'est de lui qu'émanent les actes, des lettres sont adressées — par exemple, en juin 1253, par l'abbé de Cluny « à Louis, par la grâce de Dieu premier-né de notre illustre seigneur Louis et à son conseil[39] ». Sans doute, cet enfant de huit ans ne gouverne pas vraiment. Et, ici encore, l'éloignement du roi rend possible une innovation. Le « conseil » qui assiste le jeune prince n'est plus l'ancien conseil judiciaire *(Curia)*, mais un conseil de gouvernement. En faisant prendre, ou en laissant prendre, au conseil qui à Paris, au nom de son fils, assure le gouvernement le nom de conseil royal, jusqu'alors réservé à celui qui est avec la personne du roi (donc alors en Terre sainte), Louis IX accentue la prise de conscience de l'existence d'un État qui se détache de la personne physique du roi. Le roi est lointain, l'État devient présent.

LOUIS IX EN TERRE SAINTE

Ce long séjour, qui dure de mai 1250 à avril 1254, est marqué par trois décisions importantes qui révèlent des infléchissements dans la politique méditerranéenne de croisade du roi de France. Rester en Terre sainte pour en organiser la défense et consacrer l'essentiel des effectifs et des dépenses à la fortification des châteaux et des villes, c'est passer d'une politique de conquête ou de reconquête à une politique de résistance.

Les déclarations faites à l'occasion du renoncement de Louis au pèlerinage de Jérusalem laissent pourtant la porte ouverte à la pensée de la reconquête de la ville sainte. Quand, en effet, le roi apprend à Jaffa que le sultan de Damas est prêt à lui accorder un sauf-conduit pour se rendre en pèlerinage à Jérusalem, on lui rappelle qu'en 1192 Richard Cœur de Lion a refusé d'aller en un lieu d'où il pourrait apercevoir Jérusalem, car il ne voulait pas voir la sainte cité de Dieu sans pouvoir la délivrer de ses ennemis. Son entourage a donc convaincu Saint Louis que « si lui, qui était le plus grand roi des chrétiens, faisait son pèlerinage sans délivrer la cité des ennemis de

Dieu, tous les autres rois et les autres pèlerins qui viendraient après lui se tiendraient tous pour contents de faire leur pèlerinage ainsi que le roi de France l'aurait fait, et ne s'inquiéteraient pas de la délivrance de Jérusalem ». Ainsi, le roi de France garde un caractère privilégié dans la conduite de la croisade dont il maintient la potentialité. Il faut renoncer à voir Jérusalem pour conserver la volonté et l'espoir de la toucher, de la posséder.

Enfin, c'est au cours de son séjour en Terre sainte que Saint Louis voit s'évanouir l'illusion mongole, l'espoir de convertir les envahisseurs venus d'Asie et, en tout cas, de prendre avec eux le monde musulman en tenaille. Le dominicain André de Longjumeau, que le roi avait envoyé auprès du grand Khan, revient et rejoint, sans doute au printemps de 1251, le roi qui est alors à Césarée. Les envoyés mongols qui l'accompagnent lui réclament un fort tribut en signe de soumission. Le roi, dit Joinville, « se repentit fort d'avoir envoyé » cette ambassade. Il tentera pourtant un nouvel essai de conversion du grand Khan en lui envoyant en 1253 le franciscain Guillaume de Rubrouck, qui reviendra à Nicosie en juin 1255. Louis est déjà rentré en France à cette date et lorsqu'il lui écrit pour rendre compte de sa mission, il doit en reconnaître l'échec : la conversion du Khan n'était qu'un faux bruit et une illusion[40].

LA CROISADE, LOUIS IX ET L'OCCIDENT

Peut-on, à la lumière de la sixième croisade, celle de Saint Louis, la dernière des Occidentaux en Terre sainte, et de ses résultats tirer un bilan non des effets immédiats de cette expédition qui, paradoxalement, servit par son échec même l'image de Louis IX, mais — selon une plus longue durée — de l'entreprise occidentale de la croisade ? La croisade de Tunis, en effet, ne sera qu'un appendice, une postface, dont les conséquences se limiteront à Louis et à sa famille. Du fait qu'après 1254 le rideau est tiré sur ce spectaculaire phénomène d'un siècle et demi qu'a été la croisade chrétienne, l'historien doit jeter un regard d'ensemble sur ce long épisode pour mieux peser la place qu'y tient Saint Louis et, pour son personnage, ce qu'a signifié sa croisade[41].

Matériellement, le résultat est nul. Aucune terre n'a été durablement conquise, à l'exception de Chypre : elle l'a été sur les Byzantins qui l'avaient arrachée aux musulmans au Xe siècle. Il n'y a pas eu non plus d'émigration et d'installation significatives des chrétiens en Orient. L'idée d'un trop-plein de population en Occident et, surtout, d'une disponibilité des cadets nobles sans terre pour l'aventure (les « jeunes » de Georges Duby), qui avait peut-être joué un rôle dans le déclenchement de la première croisade (encore que la motivation essentielle de la papauté ait alors été de déplacer et de fixer en Orient, de détourner contre les Infidèles les guerres intestines entre chrétiens), ne joue plus pour expliquer les croisades ultérieures. Le bilan de l'activité économique est, de son côté, plutôt négatif car, comme il est normal, la guerre a plus contrarié le commerce qu'elle ne l'a favorisé, à preuve le rôle insignifiant (à l'exception des Normands de Sicile) des Italiens — les grands protagonistes d'une expansion économique qui, elle, profita grandement à l'Occident. De tant d'efforts, il ne reste que les ruines de monuments imposants, à Jérusalem, à Acre surtout et, plus encore, à la frontière orientale de la Terre sainte ces impressionnantes forteresses qui, comme tant d'affirmations monumentales des guerres, ont été impuissantes à arrêter le cours de l'histoire et n'ont eu pour destin que de témoigner par leurs ruines grandioses de la vanité guerrière[42].

Faut-il estimer pour autant que les croisades ont saigné l'Occident chrétien en hommes et en richesses ? Je ne le crois pas. On ne peut dresser un bilan des morts chrétiens des croisades, ces morts justes et glorieux pour leurs contemporains, qui sont au mieux inutiles aux yeux de l'histoire, mais il est clair qu'ils n'ont pas affaibli la Chrétienté. Le seul résultat effectif des croisades, socialement important il est vrai, aura été de décapiter ou de déraciner des lignages nobles et d'accélérer l'extinction de certains d'entre eux. Quant au prix économique, il faut faire deux observations. L'une, c'est que le coût en fut limité par la monarchie. Le coût de la croisade de 1248-1254 a été évalué à 1 537 540 livres tournois, chiffre dont l'apparente précision ne doit pas faire illusion[43]. Il n'est que très approximatif, les documents chiffrés permettant une approche quantitative des réalités historiques en sont encore, au milieu du XIIIe siècle, au stade des balbutiements. Si l'on compare cependant ce chiffre possible au chiffre plus vraisemblable des revenus annuels du roi, 250 000 livres tournois, on peut en tirer l'impression que Louis IX a vidé les caisses que son grand-père, Philippe Auguste, avait remplies, le bref règne de son père Louis VIII (1223-1226) n'ayant pas eu beaucoup d'importance à cet égard. À cette hypothèse il faut opposer deux constats. D'abord, une partie seulement des considérables dépenses de la croisade est venu grever le Trésor royal. Le plus gros est venu des villes et surtout du clergé. Joinville raconte que, participant à Acre dans l'été 1250, après la libération de

Louis, à un conseil avec le légat et d'autres hauts personnages pour savoir si le roi devait rester en Terre sainte ou rentrer en France, il avança, contre ceux qui souhaitaient son départ pour des raisons d'économie, qu'il croyait savoir que le roi avait encore beaucoup d'argent, la croisade ayant été surtout financée par les clercs. Et s'adressant à lui : « On dit, sire (je ne sais si c'est vrai), que le roi n'a encore rien dépensé de ses deniers, mais seulement des deniers du clergé[44]. » Le roi ne répondit pas. Il est certain que cette opinion est en partie fausse. Le roi avait dépensé et dépenserait encore pour la croisade. D'abord en assurant la subsistance de certains croisés. Joinville est payé pour le savoir. Il avait été, lui aussi, fait prisonnier alors qu'il naviguait sur le Nil ; il avait, avant de se rendre, jeté dans le fleuve son trésor personnel (un écrin avec de l'argent et des bijoux monnayables) et même ce bien si précieux, les reliques qu'il portait avec lui. Il n'avait dû la vie sauve qu'à la protection d'un Sarrasin qui l'avait fait passer pour le cousin du roi. Il fut relâché avec ceux des prisonniers qui ne furent pas massacrés quand le roi eut signé le traité avec les musulmans et il retrouva son suzerain et ami. Mais il avait tout perdu. « Le roi dit : "Appelez-moi le sénéchal." J'allai à lui et m'agenouillai devant lui ; et il me fit asseoir et me dit ainsi : "Sénéchal, vous savez que je vous ai toujours beaucoup aimé et mes gens me disent qu'ils vous trouvent dur. Comment est-ce ? — Sire, je n'en puis mais ; car vous savez que je fus pris sur l'eau, et qu'il ne me demeura rien, mais que je perdis tout ce que j'avais." Et il me demanda ce que je demandais. Et je lui dis que je demandais deux mille livres jusqu'à Pâques pour les deux tiers de l'année[45]. »

Louis IX n'est pas dépensier et n'aime pas être sollicité pour ses deniers. Il calcule lui-même les besoins de Joinville. Il faut à celui-ci trois chevaliers qu'il devra payer quatre cents livres chacun. Le roi « compta sur ses doigts » : « Ce sont, fit-il, douze cents livres que vos nouveaux chevaliers coûteront. » Resteront huit cents livres pour « se monter et s'armer, et pour donner à manger à ses chevaliers ». Le compte y est et Louis le trouve raisonnable : « Vraiment, je ne vois point ici d'excès et je vous retiens. » En échange, Joinville, qui est sénéchal du comte de Champagne, non du roi dont il n'était qu'arrière-vassal, devient vassal direct du roi et doit lui prêter hommage. À la fin du contrat, à Pâques 1251, Louis lui demande ce qu'il veut pour rester encore un an avec lui. Joinville lui propose « un autre marché » et comme il a son franc-parler avec le roi il lui dit : « "Parce que vous vous fâchez quand on vous demande quelque chose, je veux que vous conveniez avec moi que si je vous demande quelque chose pendant toute une année, vous ne vous fâcherez pas ; et si vous me refusez je ne me fâcherai pas non plus." Quand il ouït cela, il commença à rire aux éclats *(si commença à rire moult clairement)* et me dit qu'il me retenait à cette condition ; et me prit par la main, et me mena par-devers le légat et vers son conseil, et leur répéta le marché que nous avions fait, et ils en furent très joyeux, parce que j'étais le plus riche qui fût dans le camp[46]. »

Les deux autres dépenses principales du roi ont été l'achat de navires et la reconstruction des châteaux forts de Terre sainte. Mais on doit ici s'efforcer de penser le problème en termes différents. Il n'existe, au XIIIe siècle, ni les structures matérielles ni les structures mentales correspondant à ce que nous appelons l'économie[47]. Des historiens contemporains — tout comme certains estiment que les revenus royaux ont été gaspillés à la croisade — ont imaginé que la construction des cathédrales aurait détourné en les engloutissant de grandes sommes d'argent des investissements productifs et ralenti, sinon tué, la prospérité économique. Mais la notion d'« investissements productifs » ne correspond alors à aucune réalité économique ou mentale. Avec les revenus qu'il reçoit de son domaine — en l'absence de tout impôt régulier —, auxquels s'ajoutent les revenus exceptionnels qu'il tire des villes ou du clergé, dans un nombre très limité de cas, comme la croisade, le roi doit payer son train de vie et celui de ses gens ainsi que les entreprises militaires. Louis n'étant pas l'homme du faste et des dépenses somptuaires, les sommes qu'il a dépensées pour la croisade, si la croisade n'avait pas eu lieu, auraient dormi dans son Trésor confié aux Templiers qui le gardaient dans le donjon du Temple de Paris où elles auraient été consacrées à d'autres expéditions guerrières. Or, en dehors de la croisade, de la guerre contre les Anglais et le comte de Toulouse en 1242, des expéditions contre les barons révoltés au début de son règne, puis en 1240 en Languedoc, Louis IX a fait régner la paix de façon exceptionnelle dans son royaume, jusqu'à la brève, et plus catastrophique encore, croisade de 1270. Certes, il n'a pas rempli le Trésor royal comme l'avait fait son grand-père, mais entre expéditions de croisade et périodes de paix la balance financière est, semble-t-il, plutôt nulle que négative.

Sur le plan culturel, la croisade a été un refus de dialogue et non l'occasion d'échanges. La guerre a empêché toute acculturation de part et d'autre. D'un côté, les chrétiens n'ont presque rien apporté ni rien laissé en Orient. Le grand historien américain du

Proche-Orient, Bernard Lewis, s'étonne : « L'influence des croisés sur les pays qu'ils dirigèrent pendant près de deux siècles fut à beaucoup d'égards étonnamment faible[48]. » De l'autre, les emprunts des chrétiens d'Occident au monde oriental ne passèrent pas en général par les croisades. C'est une légende qui a fait si souvent écrire que telle nouveauté des XIIe-XIIIe siècles en Occident a été apportée d'Orient par les croisés. Ou bien il s'agit d'inventions ou d'innovations trouvées par les chrétiens eux-mêmes en Occident, ou bien il s'agit d'emprunts effectifs à l'Orient, mais venus le plus souvent à travers les échanges commerciaux ou encore par l'intermédiaire des zones de contacts méditerranéennes : là, en Sicile et surtout en Espagne, où coexistaient des rapports guerriers d'hostilité, mais aussi des échanges culturels. S'il a pu exister une estime réciproque, elle s'est limitée à une certaine communauté d'idéal chevaleresque qui, au XIIe siècle en particulier, animait les seigneurs francs d'Orient et leurs homologues musulmans en Syrie-Palestine[49]. Estime dérisoire aux yeux de l'histoire entre deux classes sociales passéistes, dont l'une a grandement contribué à stériliser le monde musulman du Proche-Orient et à arrêter ses progrès, tandis que l'autre, en Occident, n'a pas réussi à freiner une évolution qui s'est faite en grande partie contre elle.

Des historiens ont bien voulu reprendre la boutade que j'ai lancée naguère : « Je ne vois guère que l'abricot comme fruit possible ramené des croisades par les chrétiens[50]. » Je serais peut-être plus pessimiste encore aujourd'hui. Car la croisade chrétienne a alimenté, revivifié l'esprit de la guerre sainte islamique, le *djihad*[51]. Plus qu'au Moyen Âge, la réaction contre la croisade médiévale s'est développée au XIXe siècle et son retentissement n'est pas absent de l'agressivité du réveil « intégriste » dans l'Islam contemporain. Croisade (dont il y a encore des nostalgiques en Occident), ou *djihad*, c'est la forme pervertie de la foi. Et je partage l'opinion de Steven Runciman : « Les hauts idéaux de la croisade ont été gâtés par la cruauté et la cupidité, la hardiesse et la résistance aux épreuves par une dévotion aveugle et étroite et la Guerre sainte n'a rien été de plus qu'un long acte d'intolérance au nom de Dieu, ce qui est le péché même contre l'Esprit[52]. »

On a vu parfois aussi dans la croisade médiévale le premier acte de colonisation de l'Occident[53]. Il y a du vrai dans cette interprétation. Un certain parallélisme existe par exemple entre les *poulains* et les *pieds-noirs* de l'Afrique du Nord contemporaine. Le terme désigne, par opposition aux croisés qui sont, par définition, « de passage », des Francs nés en Terre sainte et qui y résident de façon permanente ; ce sont les « petits » de chevaux (chevaliers) de la première génération qui a conquis la Terre sainte et qui s'y est installée. À partir de la fin du XIIe siècle, le sens du mot se dégrade, à la mesure du relâchement des rapports entre l'Occident chrétien et les États latins de Syrie-Palestine. Les Occidentaux reprochent aux « poulains » d'adopter des mœurs proches de celles des musulmans, d'avoir tendance à s'entendre avec eux, bref ne plus être les défenseurs de leur foi et de pratiquer ce que nous appellerions aujourd'hui tolérance, mot et réalité inconnus aux chrétiens occidentaux des XIIe et XIIIe siècles, sauf en de très rares exceptions. Au XIIIe siècle, le terme devient peu à peu une injure dans la bouche des Occidentaux, et le fossé se creuse entre poulains et croisés. Joinville nous en fournit un exemple significatif et imagé. Pendant la semaine où Louis IX mit en délibéré auprès de ses conseillers le choix entre le retour en France ou la prolongation de son séjour en Terre sainte, contre l'avis de la majorité, Joinville plaida avec chaleur pour le maintien en Orient. Il fut vivement attaqué et les discussions prirent un tour si violent que, par exemple, un vieux et célèbre chevalier pressé de rentrer en France, messire Jean de Beaumont, traita en plein conseil, devant le roi, son neveu messire Guillaume de Beaumont, maréchal de France, qui était d'un avis contraire, de « sale ordure » ! Quant à Joinville, il raconte : « On appelle les paysans du pays *poulains* et messire Pierre d'Avallon, qui demeurait à Sur [Tyr], ouït dire qu'on m'appelait poulain parce que j'avais conseillé au roi de demeurer avec les poulains. Aussi monseigneur Pierre d'Avallon me manda que je me défendisse contre ceux qui m'appelaient poulain, et que je leur dise que j'aimais mieux être poulain que roussin fourbu, ainsi qu'ils l'étaient[54]. »

On a soutenu que les croisades auraient aidé la Chrétienté occidentale à prendre conscience d'elle-même et témoigneraient d'une nouvelle sensibilité religieuse. Si cela est vrai, alors elles sont la réponse dévoyée de l'Occident au grand essor des XIe-XIIe siècles. Une réponse qui vient en retard et qui contredit, au XIIIe siècle en tout cas, l'évolution interne de la Chrétienté au moment où celle-ci, malgré une autre perversion, celle de l'Inquisition (dont Saint Louis se tint éloigné, sauf en ce qui concerne les juifs), trouve dans l'intériorisation de la conscience individuelle une voix plus pacifique et plus féconde. Saint Louis participa aussi de ce mouvement.

Le roi croisé est donc un nostalgique du passé, témoin, pour la moitié de lui-même, de l'impuissance des Occidentaux à faire servir leurs progrès à la transformation de l'Occident à laquelle il prit part pour son autre moitié.

Les croisades de Saint Louis sont — comme *La Mort le roi Artu* (« La mort du roi Arthur ») marque l'apothéose funèbre de la chevalerie — le point d'orgue mortel de la croisade, de cette phase agressive d'une Chrétienté pénitentielle et autosacrificielle. Il a incarné, à son ultime et plus haut point, cet égoïsme de la foi qui, au prix du sacrifice du croyant, mais pour son salut au détriment de l'« autre », porte l'intolérance et la mort.

Mais dans un monde médiéval où les idéaux de la croisade continuent, même chez ceux qui n'y croient plus (un Rutebeuf, un Joinville en témoignent), à susciter une admiration profonde, l'image de Saint Louis sort magnifiée de ces croisades catastrophiques. Elle est illuminée par « la beauté du mort » et entame un processus de « Mort et transfiguration ». Dans cette perspective, la croisade de Tunis sera, dans sa fulgurante et mortelle brièveté, une manière de couronnement.

LA MORT DE LA MÈRE

Un événement terrible pour Louis met fin, brutalement, à son séjour en Terre sainte. Au printemps de 1253, Louis apprend à Sidon la mort de sa mère, décédée le 27 novembre 1252. L'interruption des communications maritimes pendant l'hiver est responsable de ce délai qui accroît la douleur du roi. À cette douleur se mêle l'inquiétude, peut-être entretenue par certains dires des messagers. Le royaume est-il encore gouverné ? La tutrice, la régente disparue, le jeune prince de dix ans, ses oncles plus préoccupés de leurs terres que du royaume, ses conseillers sans doute désemparés ne sont probablement pas à la hauteur des problèmes que pose le gouvernement d'un royaume pourtant en paix et doté d'une administration solide. La conclusion s'impose immédiatement. Le roi s'abandonne quelques jours à des manifestations outrancières de douleur[55], puis décide de rentrer en France. Louis donne quelques ordres ultimes pour le renforcement des défenses chrétiennes de Terre sainte. Il ne s'agit plus que de tenir aussi longtemps que possible. Louis se rembarque. Il s'éloigne définitivement de la Jérusalem terrestre qu'il ne verra pas.

IV

D'UNE CROISADE À L'AUTRE ET À LA MORT
(1254-1270)

FORTUNES DE MER

Louis s'embarque à Acre le 24 ou le 25 avril 1254. Quelques jours plus tard, sur les côtes de Chypre, la nef du roi éperonne un banc de sable qui endommage la quille du bateau. On craint le naufrage, et c'est l'occasion d'admirer le sang-froid et le sens du devoir du roi qui refuse de quitter le navire, car tous ceux qui sont à bord ne pourraient comme lui être recueillis sur les autres bateaux.

Joinville, dans sa vie de Saint Louis qui, comme toutes les biographies de l'époque, est une suite d'images du roi construites au moyen d'anecdotes exemplaires, qui suivent en général l'ordre chronologique, nous livre deux images de Saint Louis sur le chemin du retour.

La première est celle du roi en promenade et de sa rencontre idyllique avec un représentant de la vie érémitique. La seconde anecdote illustre l'intransigeance de Louis, sévère justicier face à la conduite insouciante d'un adolescent, doublement coupable à ses yeux : pour avoir commis un péché qu'il estime capital, alors qu'il apparaît comme véniel à son entourage, et pour avoir failli mettre la flotte française en péril. C'est le roi défenseur de la morale et de l'intérêt général qui a appris à connaître la colère d'un Dieu qu'on brave par une conduite fautive et indisciplinée.

> Nous vînmes à une île qu'on appelle Lampedouse, là où nous prîmes tout plein de lapins ; et nous trouvâmes un ermitage ancien dans les roches, et trouvâmes le jardin qu'y avaient fait les ermites qui y demeurèrent anciennement : il y avait des oliviers, des figuiers, des ceps de vigne et d'autres arbres. Le ruisseau de la fontaine courait parmi le jardin. Le roi et nous allâmes jusques au bout du jardin, et trouvâmes, sous une première voûte, un oratoire blanchi à la chaux, et une croix vermeille de terre.
> Nous entrâmes sous la seconde voûte, et trouvâmes deux corps de gens morts, dont la chair était toute pourrie ; les côtes se tenaient encore toutes ensemble, et les os des mains étaient sur leurs poitrines ; et ils étaient couchés vers l'orient, de la manière que l'on met les corps en terre. Au moment de nous rembarquer dans notre nef, il nous manqua un de nos mariniers ; à cause de quoi le maître de la nef pensa qu'il était demeuré là pour être ermite ; et pour cela, Nicolas de Soisi, qui était maître sergent du roi, laissa trois sacs de biscuits sur le rivage, pour qu'il les trouvât et en vécût[1].

Le voyage en mer est donc une épreuve : tantôt c'est la tempête et tantôt l'absence de vent, tantôt ce sont les flots et les rochers qu'il faut redouter, tantôt ce sont les hommes. Ainsi, quand la flotte arrive au large de la Provence, son entourage, « la reine et tout le conseil » demandent à Louis de débarquer sans attendre : la terre est d'Empire, mais elle appartient à son frère, Charles d'Anjou, comte de Provence. Mais Louis IX veut aller jusqu'à « son » port, Aigues-Mortes, « qui était sa terre[2] ». Il finit par se laisser convaincre et débarque aux Salins d'Hyères le 10 juillet. Dans cette décision résignée a dû jouer la possibilité qu'on lui fit miroiter de rencontrer un franciscain fameux qui résidait alors au couvent d'Hyères.

LA RENCONTRE DE HUGUES DE DIGNE

Hugues de Digne (ou de Barjols) appartenait au courant rigoriste des Spirituels franciscains, il était même adepte des idées millénaristes de Joachim de Flore, mort en 1202, qui appelait à l'instauration sur terre d'un Évangile éternel. Ces idées étaient suspectes aux milieux gardiens de l'orthodoxie dans l'ordre franciscain et dans l'Église. L'ordre était alors en plein bouillonnement joachimite. Son chef, le ministre général Jean de Parme, élu en 1247, était un fervent joachimite. En cette année 1254 où le futur Saint Louis rencontre Hugues de Digne[3], un autre franciscain joachimite, Gerardo da Borgo San Donnino, écrit une *Introduction à l'Évangile éternel (Liber Introductorius ad Evangelium Eternum)* destinée à faire connaître et répandre les idées de l'abbé de Flore. Il suscite immédiatement de violentes réactions, en particulier à l'université de Paris, où un âpre conflit né de rivalités entre étudiants oppose les maîtres Mendiants en théologie (Dominicains et Franciscains) à certains maîtres séculiers. En 1256, le pape Alexandre IV condamne les thèses de Joachim de Flore et le livre de Gerardo da Borgo San Donnino. Hugues de Digne meurt sans doute cette année-là, en tout cas avant le 2 février 1257. Il échappe à toute condamnation, mais alors que ses admirateurs font état de nombreux miracles survenus sur sa tombe à Marseille, Hugues de Digne ne sera pas proclamé saint. Plus heureuse sera sa sœur Douceline, dont il a été le directeur de conscience, joachimite elle aussi, fondatrice d'une communauté de béguines près d'Hyères (1240), puis à Marseille (1255) où elle mourra en 1274, après avoir reçu la grâce de visions et d'extases[4]. En 1257, Jean de Parme se démit de ses fonctions, cédant le ministère général des Franciscains au jeune futur saint Bonaventure. Il passera en jugement pour hérésie et ne devra qu'au ferme soutien du cardinal Ottobono Fieschi, le prochain et éphémère pape Hadrien V (1276), d'échapper à une sévère condamnation. Hugues de Digne conservera un grand prestige, malgré ses imprudences, dans l'ordre franciscain. Saint Bonaventure reprendra à son compte, souvent littéralement, une grande partie de son commentaire de la règle de saint François, et un confrère, Salimbene de Parme, celui-là même qui avait vu Saint Louis partant pour la croisade au chapitre général de Sens en 1248, consacrera à Hugues des pages éblouies dans sa chronique. Le talent de prédicateur de Hugues, en particulier, l'a fasciné : sa voix sonnait comme une trompette et frappait les auditeurs comme des trombes d'eau[5].

Tel est le gourou franciscain qui éblouit aussi le roi de France dans l'été 1254. Joinville y était :

> Le roi ouït parler d'un cordelier qui avait nom frère Hugues ; et pour le grand renom qu'il avait, le roi envoya quérir ce cordelier pour le voir et l'ouïr parler. Le jour qu'il vint à Hyères, nous regardâmes au chemin par où il venait, et vîmes qu'une très grande foule d'hommes et de femmes le suivait à pied. Le roi le fit prêcher. Le commencement du sermon fut sur les religieux, et il dit ainsi : « Seigneurs, fit-il, je vois trop de religieux à la cour du roi, en sa compagnie. » Et sur ces paroles il ajouta : « Moi tout le premier[6]. »

Mais le sermon s'adresse surtout au roi :

> Il enseigna au roi en son sermon comment il se devait conduire au gré de son peuple ; et à la fin de son sermon il dit ainsi, qu'il avait lu la Bible et les livres qui vont à côté de la Bible, et qu'il n'avait jamais vu, ni au livre des croyants, ni aux livres des mécréants, que nul royaume ou nulle seigneurie fût jamais perdue, ou passée d'une seigneurie à une autre, ou d'un roi à un autre, excepté par défaut de justice. « Or, que le roi prenne garde, fit-il, puisqu'il s'en va en France, à faire si bien justice à son peuple qu'il en conserve l'amour de Dieu, de telle manière que Dieu ne lui ôte pas le royaume de France avec la vie[7]. »

Envoûté par le franciscain, le roi veut se l'attacher, au mépris de ce que celui-ci a dit dans son sermon. Hugues refuse. Mais Joinville pousse Louis, qui revient à la charge : que le frère l'accompagne aussi loin et longtemps qu'il le pourra. Hugues de Digne en colère réitère son refus. Tout au plus consent-il à rester un jour avec le roi.

Préméditée ou improvisée, cette rencontre avec Hugues de Digne me semble avoir eu une grande importance dans la vie du saint roi. Louis, accablé par l'échec de la croisade, en cherche les causes et se demande ce qu'il doit faire pour plaire à Dieu, faire son salut, celui de son peuple et servir la Chrétienté. Hugues lui montre une voie : faire régner ici-bas la justice dans la perspective de l'accomplissement des « derniers temps », de la promotion d'une cité terrestre évangélique ; bref, devenir un roi eschatologique. Je crois que ce programme religieux, qui correspond à la pensée et aux souhaits profonds de Louis, va devenir le programme politique de la dernière période de son règne. Hugues de Digne, relayé par les Mendiants moins mystiques de l'entourage du roi (Bonaventure prêchera plusieurs fois devant lui), va être l'inspirateur, dont l'influence durera après l'étonnante rencontre et après sa propre mort, de la dernière pensée politico-religieuse de Louis IX, tout comme Guillaume d'Auvergne, les Cisterciens de Royaumont et les Dominicains de Saint-Jacques l'avaient sans doute été avant la croisade.

Peut-on aussi rattacher à l'influence de Hugues de Digne un épisode qui interviendra peu après la mort du franciscain ? La querelle entre séculiers et Mendiants s'exaspère en 1255 avec le violent pamphlet du maître séculier Guillaume de Saint-Amour contre les Mendiants : le *Tractatus brevis de periculis novissimorum temporum* (« Bref traité sur les périls des derniers temps »). En 1257, le pape Alexandre IV condamne Guillaume de Saint-Amour et demande à Louis IX de l'expulser de France. Le roi cherche d'abord la conciliation, reçoit Guillaume, mais celui-ci, non content de s'entêter, accentue ses critiques contre les frères et s'en prend même au roi de France, accusé de se comporter en Mendiant et non en roi. Louis IX, en sa qualité de bras séculier de l'Église, exécute alors la requête du pape. Il restera sourd à tout pardon jusqu'à sa mort que suivra bientôt, en 1272, celle de Guillaume, toujours exilé dans sa ville natale de Saint-Amour[8].

LE RETOUR D'UN CROISÉ ACCABLÉ

Partant d'Hyères, Joinville accompagne le roi à Aix-en-Provence, d'où ils se rendent au pèlerinage de Sainte-Marie-Madeleine à la Sainte-Baume (« nous fûmes sous une voûte de roche très haute là où l'on disait que la Magdeleine avait été en ermitage dix-sept ans »), puis jusqu'à Beaucaire où Louis IX rentre sur le territoire du royaume de France. Joinville le quitte alors pour retourner en Champagne. Louis gagne ensuite Aigues-Mortes, Saint-Gilles, Nîmes, Alès, Le Puy, Brioude, Issoire, Clermont, Saint-Pourçain, Saint-Benoît-sur-Loire, son château royal de Vincennes, Saint-Denis, où il dépose l'oriflamme et la croix qu'il avait gardée pendant tout le voyage de retour, et enfin Paris, où il fait son entrée le 7 septembre 1254.

Selon Matthieu Paris, Louis est bien accueilli par son peuple, mais se montre accablé de tristesse :

> Le roi de France, l'esprit et le visage consternés, ne voulut accepter aucune consolation. Ni la musique ni les paroles plaisantes ou consolantes ne purent le faire rire ou lui faire plaisir. Ni le voyage dans son pays natal et son propre royaume, ni le salut respectueux de la foule venue à sa rencontre, ni l'hommage accompagné de cadeaux rendu à sa seigneurie ne le consolèrent ; les yeux baissés, poussant de fréquents soupirs il pensait en imagination à sa capture et à la confusion générale de la Chrétienté qu'elle avait entraînée. Un évêque pieux et plein de tact lui dit pour le consoler : « Craignez, mon très cher Seigneur et roi, de tomber dans un dégoût de la vie et une tristesse qui anéantissent la joie spirituelle et sont les marâtres de l'âme, c'est là le plus grand péché, car il fait tort au Saint-Esprit. Rappelez à votre vue et à votre réflexion la patience de Job, la souffrance d'Eustache. » Et il retraça leur histoire jusqu'à la considération finale que Dieu leur accorda. Alors le roi, le plus pieux des rois de la terre, répondit : « Si j'étais le seul à supporter la honte et l'adversité et si mes péchés ne retombaient pas sur l'Église universelle, je les supporterais sereinement. Mais malheureusement pour moi c'est toute la Chré-

tienté qui a connu à cause de moi la confusion. » On chanta la messe en l'honneur du Saint-Esprit pour qu'il en reçût la consolation, qui est plus forte que tout. Et désormais par la grâce de Dieu, il accepta les salutaires conseils de la consolation[9].

Matthieu Paris exagère sans doute et cède à la rhétorique du deuil. Mais tous les témoignages s'accordent à reconnaître un changement profond chez Louis, une sorte de conversion après la croisade à une plus grande austérité. Il ne quitte plus qu'exceptionnellement les sévères vêtements qu'il avait pris en bon croisé, mais qu'il n'abandonna pas avec la croix à Saint-Denis.

Joinville, de nouveau, en témoigne :

> Après que le roi fut revenu d'outre-mer, il vécut si dévotement que jamais depuis il ne porta fourrures ni de vair ni de petit-gris, ni écarlate, ni étriers ni éperons dorés. Ses vêtements étaient de camelin et de pers ; les fourrures de ses couvertures et de ses vêtements étaient de daim, ou de jambes de lièvres, ou d'agneaux. Il était si sobre de sa bouche qu'il ne commandait nullement ses mets, en dehors de ce que son cuisinier lui apprêtait ; et on le mettait devant lui, et il le mangeait. Il trempait son vin en un gobelet de verre ; et selon que le vin était, il mettait de l'eau en proportion, et tenait le gobelet en sa main pendant qu'on lui trempait son vin derrière sa table. Il faisait toujours manger ses pauvres, et après le repas leur faisait donner de ses deniers[10].

Et son confesseur, Geoffroy de Beaulieu, renchérit :

> Après son heureux retour en France les témoins de sa vie et les confidents de sa conscience virent à quel point il s'efforça d'être dévot envers Dieu, juste envers

ses sujets, miséricordieux envers les malheureux, humble envers lui-même et de faire de toutes ses forces des progrès en tout genre de vertus. Autant l'or l'emporte en valeur sur l'argent autant sa nouvelle manière de vivre, ramenée de Terre sainte, l'emportait en sainteté sur sa vie antérieure ; et, pourtant, dans sa jeunesse il avait toujours été bon, innocent, et exemplaire[11].

De la simplicité qu'il a toujours prônée, Louis est passé à l'austérité. Et cette austérité, il en fait aussi le principe de sa politique, qui répondra désormais à un programme de pénitence, de purification, d'ordre moral et religieux aux dimensions du royaume et de ses sujets. À nouveau s'entremêlent inextricablement l'effort pour atteindre des objectifs religieux et l'action pour renforcer le pouvoir monarchique.

Le réformateur du royaume

Le principal instrument de la politique royale va consister en une série d'ordonnances, c'est-à-dire de textes issus de la *potestas* royale et ayant force de loi. La multiplication de ces actes exprime les progrès du pouvoir monarchique d'autant que, si certaines ordonnances ont un espace de validité limité aux territoires jouissant d'une situation particulière (la Normandie[12], les pays de langue d'oc), elles ont de plus en plus tendance à s'appliquer à l'ensemble du royaume.

Dès décembre 1254, Louis promulgue un texte que les historiens nomment souvent la « grande ordonnance » à cause de l'ampleur et de l'importance des mesures qu'elle édicte. Elle tend à réformer ce qui compte le plus dans le gouvernement royal et à le réformer en profondeur. Ce qui, depuis presque deux siècles, a été le mot d'ordre de la papauté et des clercs, la réforme de l'Église, semble transféré au royaume de France en un programme d'ensemble.

Cependant, comme on l'a bien montré[13], la « grande ordonnance » de décembre 1254 est, en fait, la réunion de plusieurs textes émanés de l'autorité de Louis IX entre fin juillet et décembre 1254. L'ensemble est si imposant qu'il constitue par son ampleur une nouveauté, à tel point qu'elle a été considérée comme « la première ordonnance royale[14] » et comme « la charte des libertés françaises[15] ». On l'appelle au Moyen Âge *statutum generale* (« statut général ») ou, au pluriel, *statuta sancti Ludovici* (« statuts de Saint Louis ») et, en français, « establissement le roi »[16].

Dès son arrivée dans le domaine royal, Louis a pris des mesures de réformation du royaume concernant le Midi, deux mandements datés de Saint-Gilles et de Nîmes, de caractère local et régional, qui concernent les villes de Beaucaire et de Nîmes et la sénéchaussée de Beaucaire. Ces mesures immédiates ont très probablement été prises en réponse à des requêtes des habitants : Louis ordonne que ses décisions aient une large publicité, qu'elles soient proclamées en *place* publique. Elles prennent en compte les premiers résultats portés à sa connaissance des enquêtes de 1247. Ces textes abolissent des mesures prises par les sénéchaux royaux en violation des anciennes « coutumes des lieux ». Le roi se conforme à une habitude capétienne qui a beaucoup contribué à l'affermissement du pouvoir monarchique. C'est une curieuse alliance de tradition et de progrès. L'idée d'innovation était en général mal vue de populations attachées au maintien de coutumes considérées comme des privilèges, rehaussées par le prestige de l'ancienneté. En fait, l'affirmation d'un retour au passé est très souvent, au Moyen Âge, le moyen de légitimer et de conforter une évolution administrative et politique. Cela est particulièrement vrai dans le Midi, où la gestion royale directe est récente et où le roi a à cœur de marquer non seulement une continuité, mais un progrès dans le respect des traditions locales et régionales. Les officiers (fonctionnaires) royaux doivent désormais « rendre la justice sans distinction des personnes », n'accepter aucun cadeau (pain, vin ou fruit) supérieur à dix sous, refuser tout cadeau pour leurs femmes et leurs enfants, n'en faire aucun aux préposés à l'examen de leurs comptes ni à leurs supérieurs, leurs femmes et leurs enfants. C'est une moralisation de l'administration royale.

La grande ordonnance de décembre y ajoute une série de mesures concernant la pure moralité. Le blasphème, toute « parole impie contre Dieu, la Vierge et les saints », la pratique du jeu de dés, la fréquentation des bordels[17] et des tavernes sont interdits aux officiers royaux. Pratiquer l'usure est chez eux un délit assimilé à un vol. Elle comporte aussi d'autres mesures de réforme de la pratique administrative des officiers royaux. Ils ne pourront acheter des immeubles sur le territoire où ils exercent leurs fonctions, ni y marier leurs enfants, ni les y laisser entrer dans un couvent ou un monastère. Ils ne pourront mettre personne en prison pour dettes, sauf pour dettes envers le roi. Ils ne pourront lever aucune amende sans passage des coupables présumés en jugement, ils considéreront que tout accusé non encore condamné est présumé innocent. Ils ne vendront pas leurs offices. Ils n'empêcheront pas le transport des blés, mesure destinée à combattre les famines et empêcher le stockage des céréales. Ils devront rester ou laisser des procureurs pendant quarante jours en quittant leur office pour pouvoir y répondre éventuellement aux plaintes dont ils feraient l'objet. Un article additionnel interdit les réquisitions abusives de chevaux.

Mais ils ne sont pas seuls en cause : le jeu de dés et la fabrication même des dés sont interdits à tous dans tout le royaume ainsi que les jeux de « table » (trictrac ou dames) et d'échecs, doublement condamnables en tant que jeux de hasard et d'argent. Les prostituées[18] sont chassées des « bonnes villes » et particulièrement des rues du centre (« des rues qui sont au cœur desdites bonnes villes ») et reléguées, hors des murs, loin des églises et des cimetières[19]. Ceux qui leur loueraient des maisons verraient le loyer d'une année confisqué. À la population stable qui demeure dans les villes, l'accès aux tavernes est désormais interdit, tandis que l'usage des tavernes est réservé aux voyageurs (les « trespassants »).

Cette législation, qui exprime sans aucun doute les idées et la volonté de Saint Louis, peut nous paraître curieuse par son mélange de prescriptions morales, de règles de bonne administration et de principes modernes de justice. Les mesures réprimant le blasphème, le jeu, la prostitution, la fréquentation des tavernes ont un aspect archaïque, lié à la conception chrétienne de la fonction royale et à la façon particulièrement stricte dont Louis IX, au retour de la croisade malheureuse, en définit la pratique. Les prescriptions contre les juifs manifestent l'évolution de la Chrétienté médiévale de l'antijudaïsme vers l'antisémitisme, et nos sociétés antiracistes y reconnaissent tout ce que nous devons refuser d'une dérive du christianisme médiéval vers des persécutions et des crimes qui ont culminé dans les crimes antisémites de notre XXe siècle et dont nous devons dénoncer les racines historiques. La nécessité pour les suspects de délinquance et de crime de passer en jugement régulier et public, et l'affirmation de la présomption d'innocence sont des principes modernes de justice qui marquent un tournant des idées et des pratiques par rapport à la justice « féodale ». Nous savons que la présomption d'innocence des suspects et des inculpés est toujours difficile à faire respecter. Enfin, ce qui constitue le cœur de cette législation, le code de bonne conduite des « fonctionnaires » destiné aussi bien à la bonne marche de l'administration publique (royale) qu'à la volonté d'en inculquer une bonne image, pourrait nous apparaître comme une préoccupation d'un autre âge et d'une autre société si la lutte contre la corruption des représentants du pouvoir ne s'affirmait à nouveau comme un des principaux besoins et devoirs des sociétés contemporaines. Moyen Âge passé présent. Si le XXIᵉ siècle s'avère bien, entre autres, comme un siècle de l'exigence éthique, il devra puiser dans la longue durée une partie de son inspiration. Les grandes époques de l'histoire ont été des époques de moralisation.

Saint Louis revenant de la croisade est donc porté par une des tendances de son siècle et les différents textes qui forment la grande ordonnance de 1254 sont une œuvre collective, mais il est hors de doute que ce grand texte porte fortement l'empreinte des idées et de la volonté du roi. Il veut réaliser cette politique chrétienne idéale qu'il n'a pas inventée, mais dont la mise en œuvre lui apparaît comme un impératif de sa fonction. Ce sera le rachat de l'échec de la croisade. Son royaume doit être sauvé, lui aussi, corps et âme, et son propre salut dépend sinon de la réussite de ce programme politique, du moins de son engagement sans réserve dans sa mise en œuvre.

La Grande Ordonnance, qui étend à l'ensemble du royaume les mesures d'abord édictées pour certains lieux du Midi, est enfin complétée par le rappel et la reprise d'ordonnances anciennes : en particulier, un acte du début du règne (décembre 1230), qui faisait entériner par le roi des mesures prises par une assemblée de barons contre les juifs et leurs prêts usuraires, ainsi qu'une ordonnance perdue de 1240, renouvelant la condamnation des usuriers juifs et proscrivant le Talmud comme renfermant des passages blasphématoires à l'égard de Dieu et de la Vierge[20].

Les nouveaux hommes du roi

Louis décide, mais il sait aussi écouter les avis de conseillers de qualité dont il a su s'attacher les services, soit comme clercs de sa chancellerie, « grands officiers » administrant son « hôtel », membres de son Parlement ou membres du Conseil.

Certains forment un groupe d'intimes parfois appelés au Conseil, mais ils sont le plus souvent simples hôtes avec qui le roi aime s'entretenir familièrement à table, après les repas, ou à d'autres moments de la journée. Un couple est célèbre, dont Louis s'amusait à aiguiser une jalousie non exclusive d'estime et d'amitié, le sire de Joinville, sénéchal de Champagne[21], et Robert de Sorbon, chanoine de Notre-Dame de Paris. Un autre de ces familiers est le jeune comte de Champagne, Thibaud V, roi de Navarre, qui devint le gendre du roi en épousant sa fille Isabelle en 1255. On retrouve parmi eux, comme il est de tradition à la cour capétienne, des hommes d'Église et des seigneurs laïcs, en général de modeste noblesse, sur lesquels nous sommes moins bien renseignés, à l'exception de Joinville, qui, en parlant du roi, a beaucoup parlé de lui-même et sans doute exagéré son rôle.

Parmi les premiers, il y a d'abord Guy Foulcois (ou Foulques), entré dans les ordres après son veuvage, devenu clerc d'Alphonse de Poitiers, que Louis rencontre aussitôt rentré en France, à Saint-Gilles, et qui passe à son service. Il a eu sans doute une certaine influence sur les deux premiers textes qui ont été intégrés dans la grande ordonnance de 1254. Il deviendra en 1257 évêque du Puy, puis archevêque de Narbonne, cardinal-évêque de Sabine, sera finalement élu pape sous le nom de Clément IV (1265-1268) et se montrera évidemment favorable au roi de France. Deux autres conseillers de Louis IX seront faits cardinaux lors de la même promotion de 1261. Raoul Grosparmi, garde des sceaux du roi pendant la croisade, et Simon Monpris de Brie, un franciscain, qui a succédé à Raoul comme garde des sceaux et qui deviendra pape, lui aussi, sous le nom de Martin IV (1281-1285). C'est sous son pontificat que le procès de canonisation de Louis IX fera des progrès décisifs. Plus proche encore du roi est un autre franciscain, Eudes Rigaud, un des « Quatre Maîtres » qui avaient rédigé le commentaire officiel de la règle franciscaine en 1242, devenu ensuite maître régent au couvent des Cordeliers de Paris, maître en théologie à l'Université et, finalement, archevêque de Rouen[22].

Il y a enfin les frères Mendiants qui sont les conseillers spirituels du roi et, au premier rang d'entre eux, le dominicain Geoffroy de Beaulieu, son confesseur, qui sera après sa mort son premier biographe dans la perspective hagiographique de sa canonisation.

Il est aussi important de remarquer l'amorce d'un changement de taille dans la composition du Conseil royal et du Parlement après le retour du roi et, sans doute, comme on a vu, dès la période de « gouvernement » du prince héritier, Louis, en 1252-1254. Un certain nombre de « parlementaires » sont qualifiés de « maîtres ». Il semble bien s'agir de titulaires de titres universitaires, essentiellement de maîtres en droit, en droit civil. Ils inventent un droit monarchique qui se manifeste par une injection de droit romain dans le droit coutumier, qui devient de plus en plus un droit écrit et qui réalise peu à peu une synthèse efficace entre le droit romain, arraché au monopole impérial, et le droit féodal, une synthèse au service de la construction de l'État monarchique[23]. Ces « maîtres », les contemporains les appellent « légistes » et ils connaîtront leur apogée sous le règne du petit-fils de Saint Louis, Philippe IV le Bel. L'université de Paris ne les forme pas puisque la papauté — peut-être à l'instigation du roi de France, qui n'aurait pas aimé voir enseigner dans sa capitale un droit qui culminait dans l'autorité impériale — avait refusé à la nouvelle université une faculté de droit civil (romain). Ils sont le plus souvent passés par l'université d'Orléans, car l'invasion des légistes méridionaux formés à Toulouse n'a pas encore commencé, quoiqu'une certaine culture juridique que Guy Foulcois y avait sans doute acquise et mise successivement au service d'Alphonse de Poitiers, de Louis IX et de l'Église sur le trône pontifical, vienne sans doute du Midi. Plutôt que de véritables « légistes » comme Jacques de Révigny, professeur à Orléans de 1260 à 1280[24], ce sont des praticiens comme Pierre de Fontaines, qui fait appel à sa pratique de bailli du Vermandois pour concilier droit romain et droit coutumier. À la demande du roi, il écrit pour l'héritier du trône entre 1254 et 1258 le *Conseil à un ami*, montrant, sur des exemples précis d'administration d'un bailliage, qu'on ne peut suivre entièrement et uniquement ni le droit écrit, la *loi*, ni la coutume, le *droit* à proprement parler[25].

Enfin, les nouveaux hommes du roi, ce sont précisément ces baillis et ces sénéchaux qui représentent l'autorité royale dans les circonscriptions du domaine et du royaume, à la fois l'instrument et l'incarnation de la justice royale. Pour éviter les tentations de corruption ou le simple favoritisme né d'une longue fréquentation susceptible d'encourager une amitié sans complicité consciente, les changements d'affectation ou les remplacements sont fréquents parmi eux. Le règne de Louis IX connaît deux « temps forts » à cet égard : pendant la période 1254-1256 et dans les années 1264-1266. Les motifs des remplacements et des déplacements, ceux-ci moins nombreux que ceux-là au cours de la seconde période, sont difficiles à discerner. Pour la première, ils sont à l'évidence la conséquence des enquêtes et du retour du roi[26].

La justice dans les villes

La Grande Ordonnance est reprise en 1256. Cette nouvelle mouture présente certaines différences significatives avec les textes de 1254, les mesures prises alors par le roi ayant été promulguées sous quatre formes différentes (et même une cinquième en février 1255), en français, en latin, spécialement pour les pays de langue d'oïl ou pour les pays de langue d'oc, enfin pour l'ensemble du royaume.

L'ordonnance de 1256 résulte de la transformation des textes de 1254, qui étaient plutôt des instructions aux baillis et sénéchaux, en une véritable ordonnance générale pour le royaume. Le texte ne compte plus que vingt-six articles au lieu de trente. Ceux qui concernent les juifs et le commerce n'y sont pas repris. Les premiers s'intègrent dans une législation antijuive qui constitue désormais un chapitre à part dans l'action de la royauté. Les mesures réglant la circulation des blés sont plus des mesures de circonstance que de règles générales. Les articles instituant l'ordre religieux et moral contre les jeux, les blasphèmes et la prostitution sont organisés en un tout cohérent, ce qui reflète mieux, peut-être, la politique de Louis, mais celui-ci a dû consentir à atténuer certaines mesures, en particulier celles qui répriment la prostitution. Les prostituées sont chassées du centre des villes et de la proximité des lieux sacrés, mais tolérées ailleurs. C'est l'esquisse de ghettos de la prostitution. Louis a dû, sans doute, se résigner aux conseils de son entourage en faveur d'un contrôle plutôt que d'une interdiction de la prostitution, exutoire nécessaire à ce que l'on pensait de la faiblesse charnelle des fils d'Adam. En revanche, on voit disparaître l'allusion à la torture, la première dans une ordonnance royale française, qui figurait dans le seul texte de 1254 s'adressant aux baillis et sénéchaux du Midi[27]. Ce détail est important, il nous rappelle que l'emploi de la torture qui va s'étendre plus tard vient de l'Inquisition, de l'Église et du Midi, où se sont conjuguées la lutte contre l'hérésie par tous les moyens et la renaissance du droit romain. Toutefois, ce droit inspire la volonté du roi qu'on reconnaisse comme un principe juridique fondamental la présomption d'innocence : « Que nul ne soit privé de son droit sans faute reconnue et sans procès » *(nemo sine culpa vel causa privandus est jure suo).*

Nous pressentons ici ce qui chez Louis est ferme propos, engagement profond — la volonté de justice, l'effort pour purifier le royaume (l'ordonnance de 1256 étend les instructions de 1254 à toute la hiérarchie des agents royaux, jusqu'aux derniers échelons :

prévôts, vicomtes, viguiers, maires, forestiers, sergents et « autres ») — et ce qui échappe en partie à sa compétence ou à son intérêt, les techniques juridiques, l'adaptation du programme aux conditions concrètes de la vie sociale.

Le roi enquêteur

Le roi se transforme presque lui-même en enquêteur. Il montre à ses sujets deux aspects de sa fonction : le justicier, qui redevient itinérant et écoute, juge sur son chemin, le roi dans sa majesté, qui, à l'instar de la Majesté divine, sublime toutes formes de droit et de souveraineté, de *potestas* et d'*auctoritas*, et s'offre à la pure contemplation. Après avoir parcouru une partie du Languedoc à son retour de Terre sainte, il visite en 1255 Chartres, Tours, grands lieux de pèlerinage (la Vierge et saint Martin sont les protecteurs de la dynastie), la Picardie, l'Artois, la Flandre et la Champagne, les riches régions de la prospérité rurale et urbaine sur la grande frontière avec l'Empire et, en 1256, la Normandie, le joyau arraché par son grand-père Philippe Auguste aux Anglais.

Le roi et les enquêtes en Languedoc

Le Languedoc constitue cependant une terre d'élection des enquêtes, où la monarchie capétienne peut tout particulièrement tenter d'effacer et de faire oublier les exactions qu'après 1229 et après 1240-1242 les officiers royaux ont commises sans retenue ni vergogne, en bénéficiant de l'éloignement de Paris et du contexte répressif de l'hérésie — au détriment des populations, considérées comme des vaincus en terre conquise.

Joseph Strayer a donc judicieusement placé sous le patronage de « la conscience du roi » les enquêtes détaillées faites de 1258 à 1262 dans la sénéchaussée de Carcassonne-Béziers[28] après celles exécutées de 1254 à 1257 dans celle de Beaucaire, où les problèmes étaient moins graves et moins difficiles, car il n'y avait eu que peu d'hérétiques dans la région et ses habitants n'avaient pas participé aux révoltes de 1240 et 1242[29]. Ces enquêtes permettent de saisir assez précisément la pensée et l'action du roi. Il est intéressant de les observer avec quelque détail.

Dès le début de leur mission, les enquêteurs rencontrèrent des problèmes difficiles sur lesquels ils consultèrent le roi. Celui-ci répondit par une longue lettre en avril 1259[30]. Il y recommande une certaine indulgence, non comme principe juridique, mais d'un point de vue moral, en leur rappelant que la miséricorde doit tempérer la stricte justice. Il reconnaît qu'étant plus jeune il avait été plus sévère, mais incline maintenant à moins de rigueur. L'affirmation peut paraître étrange, car il semble plus soucieux d'ordre moral après son retour de la croisade. Mais il n'y a pas là contradiction. Son programme, c'est de faire vraiment régner justice et paix. Or, si elles doivent être recherchées avec plus de zèle, elles n'en régneront que mieux, la justice étant modérée et acceptée et la paix réalisée dans la réconciliation autant que la punition. Le roi eschatologique veut purifier les comportements fautifs dans le consentement.

La présomption d'innocence de l'accusé qui ne s'est pas enfui, ou qui n'a pas été jugé et condamné, est réaffirmée. Il faut notamment s'assurer que les suspects d'hérésie sont bien hérétiques. Les droits des femmes sur leurs héritages et leurs dots doivent être particulièrement respectés. La femme est un être faible, et il appartient à la justice royale de protéger spécialement les faibles : les femmes, les veuves, les pauvres. Il refuse, en particulier, que la femme puisse être pénalisée pour les fautes de son mari. Il n'accepte pas la responsabilité collective là où il n'y a pas complicité[31]. À propos du clergé, Louis est plus ambigu : il faut lui « rendre justice », ce qui peut être diversement entendu. On sait que Louis obéit vis-à-vis des gens d'Église à deux convictions qui, sans être contradictoires, aboutissent à des attitudes contrastées. Il respecte profondément et veut qu'on respecte la « Sainte Église » et ses membres, mais il est hostile — Hugues de Digne a dû le confirmer dans cette attitude — aux formes matérielles de son pouvoir. En 1247, il a soutenu la noblesse laïque de France contre l'Église. Il estime en tout cas que l'Église ne doit pas être riche[32].

Les sentences des enquêteurs sont conformes à ces instructions royales. Leur compréhension à l'égard des plaignants est assez grande. Sur 145 plaignants nommés individuellement dans les 130 sentences, 75 ont reçu un jugement complètement ou presque complètement favorable, 33 un jugement partiellement favorable et seulement 33 un jugement défavorable. C'étaient, pour la plupart, des hérétiques et des complices d'hérétiques déclarés. Sur quatre cas, les enquêteurs se déclarèrent incompétents. Sur 61 demandes faites par des hommes, 37 ont reçu un jugement positif, sur 55 faites par des femmes, le nombre s'élève à 45.

Les sentences rendues sont plus favorables aux villages qu'aux villes. Celles-ci ont pourtant été malmenées au cours de la lutte contre l'hérésie pour laquelle elles ont été des centres de résistance. Beaucoup de ces villes méridionales étaient perchées sur une colline ou à flanc de colline. On a détruit ces habitats propres à la résistance en transportant les habitants dans des sites de plaine. Les villes hautes ont été obligatoirement abandonnées au profit des villes basses. Les habitants lésés ont assez souvent reçu une indemnité s'ils n'étaient pas hérétiques. Le roi intervint personnellement, dans sa lettre d'avril 1259, pour qu'on indemnise les propriétaires des terres saisies pour la construction du nouveau bourg de Carcassonne, mais la plupart des communautés urbaines sont déboutées de leurs requêtes. Les plus durement traités sont les évêques. Le roi avait été troublé et même scandalisé par la quasi-indépendance et le pouvoir des évêques méridionaux. Malgré une lettre de Saint Louis en faveur de l'évêque de Béziers, les enquêteurs ne lui rendront pas les biens dont il réclamait la restitution et le roi ne semble pas avoir rappelé ses agents à l'ordre. Il en fut de même pour l'évêque et le chapitre de Lodève, bien que l'évêque ait produit quatre chartes de Philippe Auguste lui confirmant ses droits de haute justice. Les enquêteurs alléguèrent que seule une décision générale *(ordinatio generalis)* du roi pouvait régler une question de cette importance, et la décision royale ne viendra pas, laissant l'évêque dépossédé de son ancien droit.

Joseph Strayer porte un jugement globalement favorable sur l'activité et les jugements des enquêteurs : « On travaillait soigneusement et intelligemment ; on cherchait tous les témoignages ; on ne rendait les sentences qu'après un examen attentif. » Mais l'historien américain ajoute : « On n'était pas trop indulgent, sauf peut-être pour les femmes, et on ne faisait rien qui pût affaiblir le pouvoir royal. » La justice du roi en Languedoc aura été conforme à l'attitude générale de Saint Louis : la soumission à la morale et à la religion va de pair avec l'intérêt du roi, c'est-à-dire de l'État naissant.

Le roi et les villes

Le règne de Louis IX représente un moment essentiel dans l'histoire des villes françaises et le rôle du roi semble avoir été grand. Le milieu du XIIIe siècle a été, particulièrement en France, le point culminant du mouvement important d'urbanisation de l'Occident. Celui-ci s'est affirmé jusqu'alors de façon plus ou moins anarchique, même si l'on assiste partout à une double évolution coordonnée : évolution économique — les villes s'affirment comme marchés et centres de production artisanale —, évolution sociale et politique — les « bourgeois » ou « citoyens », couches supérieures et moyennes des citadins, arrachent plus ou moins facilement, plus ou moins complètement, le pouvoir dans les affaires urbaines aux seigneurs de la ville, seigneurs laïques ou ecclésiastiques (évêques) et, dans le domaine royal, au roi[33].

Au XIIe siècle, les Capétiens ont eu une politique urbaine dominée par trois préoccupations qui n'étaient pas toujours convergentes : le soutien de l'activité économique qui dépendait de plus en plus des villes, le désir de s'appuyer sur les communautés urbaines contre les seigneurs, petits et grands, du domaine, le souci de ne pas s'aliéner l'Église. Le règne de Philippe Auguste marque, à cet égard, un tournant. C'est d'abord la fin ou presque du mouvement communal, de la conquête de l'autonomie administrative par les villes. La dernière série importante de création de communes date de la décennie qui a précédé la bataille de Bouvines (1214), à laquelle les contingents militaires des villes ont pris une part notable. Philippe Auguste réclame aux villes le *service*, et d'abord le service militaire, *ost* et *chevauchée*, et il exige d'elles *fidélité*. Sous ce vocabulaire féodal se cache une réalité nouvelle, le pouvoir du monarque, lequel se conduit en roi de France plutôt qu'en seigneur féodal du domaine et suzerain dans le royaume. Philippe Auguste a voulu intégrer les villes dans le système monarchique « étatique » en exploitant les deux fonctions qu'on est en droit d'attendre de groupes laïques, la fonction militaire et la fonction économique.

Une nouvelle étape, décisive, se produit avec Louis IX. Les villes les plus importantes du royaume se constituent, en partie spontanément, en partie sous la pression du pouvoir royal, en une sorte de communautés objectives. C'est le réseau des « bonnes villes », terme apparu au tournant du XIIe au XIIIe siècle et dont l'usage devient courant dans les actes de la chancellerie royale et dans les textes du roi lui-même sous Louis IX. « Est bonne ville », comme on l'a bien formulé, « celle qui présente un intérêt pour le roi »[34]. Louis a été le premier roi des « bonnes villes ». Comme le dit encore justement le même historien, il « voit tout à la fois, dans ses bonnes villes, un véritable agent administratif, une communauté qu'il convient de toujours contrôler et aussi une force politique incomparable qui doit, en toutes circonstances, être ménagée [...]. Saint Louis les considère comme un des éléments essentiels de la concertation qu'il entend conduire avec le pays. Elles sont, à ses yeux, des communautés privilégiées auxquelles il convient de donner la parole mais qu'il faut aussi [...] soumettre à son contrôle ». Saint Louis, roi des villes, élément de la modernité. Ces villes, il les a fermement mais amicalement choyées. Dans ses *Ensei-*

gnements à son fils, selon une version qui n'est pas la version originale qu'il a écrite ou dictée, mais qui a été remaniée par plusieurs de ses biographes, de Geoffroy de Beaulieu à Guillaume de Nangis, sans trahir, me semble-t-il, non seulement la pensée du roi, mais probablement certains de ses propos[35], on lit : « Il me souvient bien de Paris et des bonnes villes de mon royaume qui m'aidèrent contre les barons quand je fus nouvellement couronné[36]. » Et encore : « Surtout garde les bonnes villes et les communes de ton royaume dans l'état et dans la franchise où tes devanciers les ont gardées ; et s'il y a quelque chose à amender, amende-le et redresse-le, et tiens-les en faveur et en amour ; car, à cause de la force et des richesses des grandes ("grosses") villes, tes sujets et les étrangers redouteront de rien faire contre toi, spécialement tes pairs et tes barons. » L'occasion de réformer l'administration des villes et leurs rapports avec le gouvernement royal lui est donnée par la levée sur les villes du nord de la France d'un impôt destiné à payer la lourde somme promise au roi d'Angleterre Henri III en 1257, lors de négociations qui aboutiront au traité de Paris en 1258[37], en compensation des territoires abandonnés par l'Anglais impécunieux : environ 134 000 livres tournois, ce qui, selon William Chester Jordan, a dû représenter au moins une demi-année des revenus de la couronne de France. Beaucoup de villes opposèrent au paiement de cet impôt l'argument de leur pauvreté et de leur incapacité à le payer. Le roi fit alors enquêter sur leurs finances, et ses enquêteurs constatent l'incapacité de la plupart des villes à présenter des comptes de façon acceptable. Le résultat des enquêtes fut consigné dans un ensemble de *rationes* (ou comptes) municipaux en 1259-1260[38]. Le roi, probablement choqué, comme le suppose Jordan, par la découverte de ce désordre, arrête alors une réorganisation fondamentale des finances urbaines qui fera l'objet, en 1262, de deux ordonnances : l'une pour la Normandie, l'autre pour la *Francia*, c'est-à-dire une large Île-de-France[39].

On peut aussi penser qu'une considération d'ordre social et moral est intervenue dans l'esprit de Louis IX. Le roi est toujours soucieux de protéger les faibles, lui qui recommande à son fils dans ses *Enseignements* : « S'il advient qu'il y ait querelle entre un pauvre et un riche, soutiens de préférence le pauvre contre le riche jusqu'à ce que tu saches la vérité, et quand tu la connaîtras, fais justice. » Il a dû être aussi choqué par la fréquente attitude des riches qui gouvernent à l'égard des pauvres. Peu après la mort de Louis IX, le bailli royal Philippe de Beaumanoir écrit, au chapitre L de ses célèbres *Coutumes de Beauvaisis* (dont il achève la rédaction en 1283), des observations qui semblent directement inspirées du roi défunt : « Il faut, dit-il, veiller à ce qu'on ne fasse pas de tort aux villes et à leur petit peuple *(li communs peuples)* et respecter et faire respecter leurs chartes et privilèges. Le seigneur des villes doit chaque année vérifier "l'estat de la ville" et contrôler l'action des maires et de ceux qui gouvernent la ville pour que les riches soient avertis qu'ils seront sévèrement punis s'ils commettent des méfaits et ne laissent pas les pauvres gagner leur pain en paix. S'il y a des conflits dans les villes, des pauvres contre les riches et des riches entre eux et qu'ils ne parviennent pas à élire le maire, les procureurs et les avocats, le seigneur de la ville doit nommer pour un an une personne capable pour gouverner la ville. Si les conflits portent sur les comptes, le seigneur doit faire venir devant lui tous ceux qui ont fait des recettes et des dépenses et ils doivent lui rendre compte. Il y a des villes où l'administration est confisquée par les riches et leurs familles, les petits et les moyens en étant exclus. Le seigneur doit exiger d'eux des comptes en public, en présence de délégués du commun[40]. »

Ce qui, d'après ces enquêtes, grève les finances urbaines, ce sont les voyages abusifs des officiers municipaux, le manque de formation d'employés pourtant bien payés, la prodigalité à l'égard des visiteurs de marque et le poids de l'endettement qui est à l'origine de pratiques usuraires, une des bêtes noires du roi. La principale mesure décidée par les ordonnances de 1262 est l'obligation pour le maire de toute bonne ville, accompagné de trois ou quatre personnes, de venir à la Saint-Martin (18 novembre) à Paris rendre compte à l'administration royale de la gestion financière de la ville pendant l'année écoulée. Les dons, dépenses et salaires sont strictement limités, les opérations usuraires interdites et l'argent de la ville doit être conservé dans le trésor communal.

Ces ordonnances ne semblent pas avoir été très bien respectées, mais l'intervention royale dans les villes s'accrut considérablement à cette occasion, et l'administration des villes royales apparaît à la fin du règne, malgré ses déficiences, comme un modèle à imiter.

De l'intervention royale qui se produit jusque dans le plus trivial détail, William Jordan cite comme exemple l'ordre que donne le roi, se substituant au conseil municipal, à la ville de Bourges de « chasser hors de la ville les porcs errants qui la polluent tout entière ». Du succès de l'intervention royale témoigne la consultation faite par la municipalité de Beaune, en 1264, auprès de la commune royale de Soissons, sur un point de leur charte de commune où elle était en désaccord avec le duc de Bourgogne. Dans sa réponse, la municipalité de Soissons souligne la supériorité de l'administration royale sur la ducale. Voici au moins l'exemple d'une bonne ville que le roi avait rendue fière et heureuse de sa tutelle[41].

C'est du règne de Saint Louis que date la reconnaissance, au moins théorique, de la supériorité des « lois du roi », c'est-à-dire de la « loi de l'État ». Mais les villes sont appelées par le roi à s'associer à l'expression de la « loi d'État » et, en matière économique, à collaborer à son élaboration. Surtout, elles deviennent des relais indispensables pour la diffusion et l'application de la législation royale, dont l'efficacité dépend en grande partie de cette collaboration des villes. Cela a été vrai surtout dans le Midi, récemment uni au reste du royaume[42].

Louis et Paris

Depuis que les Capétiens, au XIIe siècle, ont fait de Paris leur principale résidence, sans qu'on puisse à proprement parler lui donner le nom de capitale[43], et y ont installé les organismes centraux du royaume, depuis que Philippe Auguste l'a entouré d'une muraille et y a construit le château fort du Louvre, un lien particulier unit le roi à la ville. Louis IX ajoute les sentiments de reconnaissance à l'égard des Parisiens qui les ont soutenus, lui et sa mère, dans les temps difficiles du début du règne. Conformément à cette situation exceptionnelle, Paris n'a pas de bailli puisque le roi, qui y réside souvent avec sa cour, n'a pas à y être représenté. Le principal officier royal est le prévôt, dont l'autorité s'étend sur la prévôté et vicomté de Paris, qui englobe diverses châtellenies autour de Paris. Les origines de la municipalité parisienne sont obscures, mais il semble que les marchands liés au commerce sur la Seine, les « marchands de l'eau », aient exercé, peut-être depuis le règne de Philippe Auguste, une certaine juridiction en matière commerciale et qu'ils aient été représentés par un prévôt. Mais le premier prévôt des marchands de Paris dont le nom nous soit parvenu est un certain Evrouin de Valenciennes, mentionné dans un document daté d'avril 1263[44].

Au milieu du XIIIe siècle, l'administration parisienne pose au roi de gros problèmes. La criminalité, dans une ville dont la population ne cesse d'augmenter par immigration pour s'élever sans doute à 160 000 habitants vers 1250[45], atteint des proportions inquiétantes, l'absence d'une municipalité et d'une représentation des bourgeois bien définies, l'incertitude sur les attributions du prévôt royal et surtout, peut-être, le fait que la prévôté soit affermée et donc confiée au plus offrant, tous ces éléments font paradoxalement de la résidence principale du roi la ville du royaume la moins sûre et celle qui est administrée de la façon la plus incertaine. À son retour de la croisade, Louis prend les choses en main et procède à un redressement qui culmine avec la nomination, en 1261, d'une forte personnalité, Étienne Boileau, comme prévôt royal stipendié par le roi.

La « réforme » parisienne de Louis IX et le personnage d'Étienne Boileau ont fortement impressionné les contemporains. Guillaume de Nangis écrit dans sa chronique : « À cette époque la prévôté de Paris était à acheter ; en conséquence, les indigents étaient opprimés, on permettait tout aux riches, les étrangers pouvaient tout faire impunément. Le roi interdit la vente de la prévôté et institua une rémunération annuelle pour celui qui serait prévôt et il nomma prévôt Étienne Boileau qui prit possession de son office et en peu de jours rendit l'état de la ville beaucoup plus tranquille[46]. » Telle est la légende dorée de l'amendement presque miraculeux de Paris par Saint Louis et Étienne Boileau.

Nous entendons, avec plus de détails, le même son de cloche chez Joinville, qui est ici tributaire, d'ailleurs, de Guillaume de Nangis et des *Grandes Chroniques de France*, plus de trente ans après la mort de Saint Louis.

> La prévôté de Paris était alors vendue aux bourgeois de Paris, ou à d'aucuns ; et quand il advenait que d'aucuns l'avaient achetée, ils soutenaient leurs enfants et leurs neveux en leurs méfaits ; car les jeunes gens se fiaient en leurs parents et en leurs amis qui tenaient la prévôté. C'est pourquoi le menu peuple était fort foulé, et ne pouvait avoir raison des gens riches, à cause des grands présents et des dons qu'ils faisaient aux prévôts.
> Celui qui, en ce temps-là, disait la vérité devant le prévôt, ou qui voulait garder son serment pour n'être point parjure, au sujet de quelque dette ou de quelque chose sur quoi il fût tenu de répondre, le prévôt levait sur lui l'amende, et il était puni. À cause des grandes injustices et des grandes rapines qui étaient faites dans la prévôté, le menu peuple n'osait demeurer en la terre du roi mais allait demeurer en d'autres prévôtés et en d'autres seigneuries. Et la terre du roi était si déserte, que quand le prévôt tenait ses plaids, il n'y venait pas plus de dix personnes ou de douze.
> Avec cela il y avait tant de malfaiteurs et de larrons à Paris et dehors, que tout le pays en était plein. Le roi, qui mettait grand soin à faire que le menu peuple fût gardé, sut toute la vérité ; alors il ne voulut plus que la prévôté de Paris fût vendue, mais il donna grands et bons gages à ceux qui dorénavant la garderaient. Et il abolit toutes les mauvaises impositions dont le peuple pouvait être grevé ; et fit enquerre par tout le royaume et par tout le pays où il pourrait trouver un homme qui fît bonne et roide justice, et qui n'épargnât pas plus l'homme riche que le pauvre.

Alors lui fut indiqué Étienne Boileau, lequel maintint et garda si bien la prévôté, que nul malfaiteur, ni larron, ni meurtrier n'osa demeurer à Paris, qui ne fût tantôt pendu ou exterminé : ni parenté, ni lignage, ni or, ni argent ne le purent garantir. La terre du roi commença à s'amender, et le peuple y vint pour le bon droit qu'on y faisait. Alors elle se peupla tant et s'amenda que les ventes, les saisines, les achats et les autres choses valaient le double de ce que le roi y recevait auparavant[47].

Une remarque préalable. On peut entendre le dernier membre de phrase de deux façons. Ou bien il signifie que la vie économique parisienne produit deux fois plus qu'auparavant, et tel me semble devoir être le sens : il y a eu un boom économique à Paris à la suite de la tranquillité ramenée par le roi et le nouveau prévôt, Étienne Boileau. Ou bien, si l'on adopte la traduction de Natalis de Wailly, Joinville aurait mis en relation deux événements sans rapport réel entre eux et interpréterait comme un signe de progrès le doublement du prix des objets de l'activité économique parisienne, ce qui serait au contraire un signe de crise. Ceci ne peut être tout à fait exclu, car nous savons que la grande crise du XIVe siècle donne des signes avant-coureurs dans les dernières années du règne de Louis IX.

Il reste, en tout cas, que dans les années 1260 le roi a réglé pour l'essentiel les problèmes de l'administration parisienne.

Il laisse les bourgeois s'organiser ou, plus vraisemblablement, les y incite. Une hiérarchie d'électeurs choisit tous les deux ans parmi les « marchands de l'eau » ou « marchands hansés de Paris » quatre échevins et le prévôt des marchands qui, selon l'expression d'Arié Serper, « assumait la direction des affaires municipales ». Échevins et prévôt doivent être nés à Paris. Ils siègent dans la maison de ville appelée « parloir aux bourgeois ». Le prévôt préside un tribunal composé d'un certain nombre de bourgeois, qui décide des mesures nécessaires à la bonne administration de la ville à un niveau qui ne dépend pas directement du roi et de divers seigneurs ayant des droits dans telle ou telle partie de la ville. Ce tribunal exerce aussi une juridiction seigneuriale sur un certain nombre de rues dont la hanse (corporation) des marchands de l'eau est propriétaire. Mais l'essentiel de ses prérogatives est d'ordre économique. Il juge les causes relatives au commerce et à la navigation, il est le gardien des privilèges de la hanse et juge les procès concernant les marchands de l'eau. Il a le droit d'arrêter les contrevenants et de confisquer leurs marchandises, car seuls les marchands de l'eau peuvent transporter des denrées sur la Seine, depuis le pont de Mantes en aval jusqu'aux ponts de Paris. Le guet des bourgeois, appelé encore « guet assis » ou « guet dormant », est installé à poste fixe et fait respecter la juridiction de l'autorité municipale sur les quais, les fontaines, les égouts, les rivières et les ports. Le prévôt des marchands détient encore la justice sur les mesures, les crieurs de vin et les jaugeurs. Les noms des agents dépendant des bourgeois indiquent bien la nature du domaine confié à la juridiction municipale : *receveurs* ou *courtiers*, *mesureurs*, *jaugeurs*, *crieurs*, *taverniers* et *porteurs de sel*.

Comme on le verra, le roi n'est pas absent du domaine que nous appelons « économique », mais ce n'est pas ce qui l'intéresse le plus. La troisième fonction qui concerne la prospérité matérielle (inférieure en rang aux deux premières, religieuse et juridique et guerrière) est celle où sa présence est la moins forte, bien que Louis IX s'y insinue de plus en plus[48].

Le prévôt de Paris est transformé de « fonctionnaire local au point de vue domanial et judiciaire en un fonctionnaire aux compétences d'un bailli ». Dans la seconde moitié du XIIIe siècle, il rend la justice, perçoit les impôts, supervise les corps de métier et garde les privilèges de l'université de Paris. Il a l'administration militaire, financière et la police, en dehors de ce qui relève du prévôt des marchands et des seigneurs des « bourgs et terres », qui occupent des territoires restreints. Le *guet* constitue une partie importante de l'activité policière. Le *guet royal*, institué par Louis IX en 1254, a des compétences plus étendues et il est plus puissant que le guet des bourgeois. Il n'est pas fixe, mais se déplace selon les besoins. En 1254, il se compose de vingt sergents à cheval et de quarante sergents à pied, tous à la solde du roi. Ils sont commandés par le chevalier du guet, fonctionnaire royal placé sous l'autorité du prévôt royal. Le siège du prévôt était un imposant château fort, le Châtelet, à deux pas du palais royal, sur la rive droite de la Seine.

Nommé prévôt en 1261, Étienne Boileau apparaît bientôt comme un excellent administrateur et un homme à poigne. Mais si la reprise en main ne s'est pas effectuée comme par un coup de baguette magique, comme le voudrait Guillaume de Nangis, il rétablit de façon sensible la sécurité et réorganise les *métiers*, c'est-à-dire les corporations d'une façon bien conforme aux principes du roi, combinant protection et contrôle, comme c'est le cas pour les villes dans leur ensemble. L'instrument de cette politique est la rédaction des coutumes ou statuts de la centaine de corporations parisiennes. Nous avons conservé ce document exceptionnel, *Le Livre des métiers*, dit d'Étienne Boileau, rédigé vers 1268. Il se situe dans le grand mouvement de mise par écrit des coutumes. Le roi se préoccupe du sort des simples ouvriers, mais il entérine une structure hiérarchique qui confère un pouvoir presque discrétionnaire aux maîtres des métiers. *Le Livre des métiers* est, au fond, un règlement de police dans sa première partie, complétée par une liste fiscale qui comporte un relevé des diverses impositions levées non seulement sur les corporations, mais sur l'ensemble des Parisiens.

Tout en aidant à son organisation, Louis IX a donc mis la municipalité parisienne sous contrôle royal. Le prévôt royal peut réviser les décisions du prévôt des marchands. Ceux-ci, d'ailleurs, réclament eux-mêmes l'intervention royale à plusieurs reprises à la fin du règne. À la fin des années 1260, ils réclameront son soutien contre des marchands étrangers et, en 1269, à leur demande, il confirme leurs privilèges, renforçant ainsi « l'emprise du pouvoir royal sur les institutions municipales[49] ».

Le pouvoir à Paris, tel que Louis IX, sans le créer, l'a façonné, répond bien au caractère exceptionnel de la quasi-capitale parmi les villes de France, et cette structure est demeurée telle par-delà la parenthèse de la Révolution française, presque jusqu'aujourd'hui[50]. La ville n'aura pas de bailli, c'est-à-dire de préfet, mais un prévôt aux attributions de bailli, c'est-à-dire un préfet de police. Elle n'avait pas non plus de maire, mais un quasi-maire, le prévôt des marchands. Cette bicéphalie laisse, en fait, le pouvoir à un seul maître, le roi.

Le justicier sans indulgence : deux cas spectaculaires

Louis IX ne s'est pas contenté de définir les principes de justice par ordonnances et de la rendre à travers ses baillis, ses sénéchaux, ses enquêteurs et son prévôt parisien. Il s'est plu à la rendre parfois lui-même, pour des cas exemplaires. En ces années 1254-1260, il n'a pas toujours montré cette indulgence qu'il évoquait dans sa lettre de 1259 aux enquêteurs du Languedoc, ni cette miséricorde que les traités politiques réclamaient du prince pour en atténuer la rigueur de la justice, à l'instar du Juge suprême, Dieu de justice et de miséricorde.

Deux cas qui ont frappé les contemporains l'attestent. Sous l'année 1255, Guillaume de Nangis dans sa *Vie de Saint Louis* rapporte :

> Après que le roi Louis eut établi les établissements susdits [la Grande Ordonnance] et qu'ils eussent été publiés par le royaume de France, il advint qu'un homme de Paris, d'état moyen, jura vilainement contre le nom de Notre Seigneur et dit grand blasphème[51]. Pour cela, le bon roi Louis qui était très droiturier, le fit prendre et le fit marquer d'un fer rouge sur les lèvres, pour qu'il eût toujours mémoire de son péché et que les autres hésitent à jurer vilainement de leur créateur. De nombreuses gens [« des sages selon le siècle », dit le texte latin], quand ils le surent et virent, maudirent le roi et murmurèrent fort contre lui. Mais le bon roi, se souvenant de l'Écriture qui dit : « Vous serez bienheureux, quand les hommes vous maudiront à cause de moi[52] » et aussi : « Sire Dieu, ils me maudiront et tu les béniras », dit une parole bien chrétienne : à savoir qu'il voudrait être marqué avec un fer rouge à condition que tous les vilains jurons fussent ôtés de son royaume. Après cela il advint que le roi fit un nouveau bienfait au peuple de Paris, dont il reçut beaucoup de bénédictions, mais quand le roi le sut, il dit publiquement qu'il pensait recevoir plus de louange de Notre Seigneur pour les malédictions qu'on lui avait adressées à cause de celui qu'il avait fait marquer du fer rouge pour avoir méprisé Dieu qu'il n'attendait

recevoir de bénédictions que les gens lui adressaient pour ce qu'il avait fait pour le bien commun à Paris[53].

Quand il s'agit du blasphème, une de ses pires bêtes noires, la justice pour Louis se confond avec la sévérité — certains de ses contemporains diraient même « avec la cruauté ».
Et notre chroniqueur-biographe, le moine de Saint-Denis Guillaume de Nangis, enchaîne avec le second exemple.

> Et parce que le sage dit que le trône des rois est orné et consolidé par la justice, nous, pour louer la ferveur de justice qu'il avait, allons raconter ici l'affaire du sire de Coucy. Il advint en ce temps[54] qu'en l'abbaye de Saint-Nicolas au bois qui est près de la cité de Laon, demeuraient trois nobles jeunes gens [enfants] natifs de Flandre, venus pour apprendre le langage de France[55]. Ces jeunes gens allèrent jouer un jour dans le bois de l'abbaye avec des arcs et des flèches ferrées pour tirer et tuer les lapins. En suivant leur proie qu'ils avaient levée dans le bois de l'abbaye, ils entrèrent dans un bois appartenant à Enguerran le seigneur de Coucy. Ils furent pris et retenus par les sergents qui gardaient le bois. Quand Enguerran apprit ce qu'avaient fait ces jeunes gens par ses forestiers, cet homme cruel et sans pitié fit aussitôt pendre les jeunes gens. Mais quand l'abbé de Saint-Nicolas qui les avait en garde l'apprit, ainsi que messire Gilles le Brun, connétable de France au lignage de qui appartenaient les jeunes gens[56], ils vinrent trouver le roi Louis et lui demandèrent qu'il leur fît droit du sire de Coucy. Le bon roi droiturier, dès qu'il apprit la cruauté du sire de Coucy, le fit appeler et convoquer à sa cour pour répondre de ce vilain cas. Quand le sire de Coucy entendit le commandement du roi, il vint à la cour et dit qu'il ne devait pas être contraint à répondre sans conseil ; mais il voulait être jugé par les pairs de France, selon la coutume de baronnie. Mais il fut prouvé contre le sei-

gneur de Coucy par le registre de la cour de France que le sire de Coucy ne tenait pas sa terre en baronnie car la terre de Bove et la terre de Gournay qui entraînaient la seigneurie et la dignité de baronnie furent séparées de la terre de Coucy par partage entre frères ; c'est pourquoi il fut dit au seigneur de Coucy qu'il ne tenait pas sa terre en baronnie. Ces faits ayant été établis devant le roi Louis, il fit prendre et saisir le sire de Coucy, non pas par ses barons ni par ses chevaliers, mais par ses sergents d'armes [gendarmes] et le fit mettre en prison dans la tour du Louvre et fixa le jour où il devait répondre en présence des barons. Au jour dit, les barons de France vinrent au palais du roi et quand ils furent assemblés le roi fit venir le sire de Coucy et le contraignit à répondre sur le cas susdit. Le sire de Coucy, par la volonté du roi, appela alors tous les barons qui étaient de son lignage à son conseil, et ils vinrent presque tous et ils se retirèrent à part, si bien que le roi demeura presque tout seul, sauf quelques prud'hommes de son conseil. Mais l'intention du roi était de rester inflexible et de prononcer un juste jugement *(justum judicium judicare)*, c'est-à-dire de punir ledit sire selon la loi du talion et de le condamner à une mort semblable [à celle des jeunes gens]. Quand les barons s'aperçurent de la volonté du roi, ils le prièrent et requirent très doucement d'avoir pitié du sire de Coucy et de lui infliger une amende à sa décision. Le roi, qui brûlait de faire justice [« qui moult fut échaffé de justice faire »], répondit devant tous les barons que s'il croyait que Notre Seigneur lui sût aussi bon gré de le pendre que de le relâcher, il le pendrait, sans se soucier des barons de son lignage. Finalement, le roi se laissa fléchir par les humbles prières des barons et décida que le sire de Coucy rachèterait sa vie avec une amende de dix mille livres et ferait bâtir deux chapelles où l'on ferait tous les jours des prières chantées pour l'âme des trois jeunes gens. Il donnerait à l'abbaye le bois où les jeunes gens avaient été pendus et promettrait de passer trois ans en Terre sainte[57]. Le bon roi droiturier prit l'argent de l'amende, mais ne le mit pas dans son trésor, il le convertit en bonnes œuvres [...]. Laquelle chose fut et doit être un grand exemple pour tous ceux qui font respecter la justice, car un homme très noble et de si haut lignage, qui n'était accusé que par de pauvres gens, parvint difficilement à racheter sa vie devant celui qui tenait et gardait justice[58].

Fait divers exemplaire et commentaire significatif d'un moine de Saint-Denis, amplificateur de la politique royale, qui ne craint pas d'exagérer en opposant le rang d'Enguerran de Coucy et de ses barons aux victimes présentées comme de « pauvres gens », alors qu'il s'agit de jeunes nobles apparentés au connétable de France, familier du roi. Mais il est vrai que cette affaire, qui a retenti dans la mémoire historique des chroniqueurs et des enlumineurs, est caractéristique des principes et des attitudes de Saint Louis justicier : réduire au minimum la procédure féodale au profit de la justice royale (l'arrestation par des sergents royaux substitués à des chevaliers est significative), équilibrer le respect des coutumes par le pouvoir royal supérieur de décision, identifier la justice à la rigueur, puis la modérer par une indulgence correspondant aussi bien à l'idéal royal de miséricorde qu'à la bienveillance du roi pour ses barons. On pressent que Saint Louis a joué la comédie de l'inflexibilité pour mieux forcer les barons à l'humilité et mieux se prévaloir de sa bonté.

Mais deux systèmes de valeurs — sociales et juridiques — s'affirment ici et s'opposent : la justice féodale, arbitraire dès que le crime, fût-il mince en soi, viole la *potestas*, le pouvoir du seigneur, disposant ou croyant disposer de haute justice sur sa terre, et la justice royale, en définitive tout aussi arbitraire, mais qui s'impose en vertu du pouvoir supérieur de justice du souverain, *a fortiori* dans le cas d'Enguerran, puisque le roi s'y montre personnellement d'une fidélité rigoureuse à cet idéal de justice. C'est un roi droiturier, qui incarne l'idée de l'égalité de la justice pour les puissants et les misérables, même si la propagande monarchique donne un coup de pouce à la réalité. Progrès dans la justice qui peut, d'ailleurs, être lourd de menaces. Au nom d'une accusation plus ou moins fallacieuse de lèse-majesté (dont la notion se précise pendant le règne de Saint Louis[59]), la justice royale peut être encore plus redoutablement arbitraire. Sous Saint Louis perce son petit-fils Philippe le Bel, le roi des procès de lèse-majesté au nom de la raison d'État. On n'en est pas encore là. Visiblement, ce qui a choqué Saint Louis et déclenché sa colère, ce n'est pas seulement la disproportion et la cruauté du châtiment, c'est le fait que les jeunes gens ont été pendus *sans jugement*. Le roi se veut vraiment le garant de la justice dans son royaume. En outre, contrairement à ce que certains historiens ont avancé, le procès d'Enguerran de Coucy ne résulte pas de la nouvelle procédure inquisitoire, empruntée au droit romano-canonique[60] et que la royauté utilisera après l'Inquisition ecclésiastique pour convoquer un accusé sans qu'il y ait eu accusation de la victime ou d'un proche. C'est, au contraire, la procédure accusatoire traditionnelle qui a déclenché l'intervention royale puisque l'abbé de Saint-Nicolas-au-Bois et le connétable Gilles le Brun ont fait appel au roi.

Nouvelles mesures de purification :
contre les ordalies et l'usure,
contre juifs et lombards

L'enquête inquisitoire, introduite par le droit romano-canonique, s'oppose aussi à d'autres traditions judiciaires : les ordalies ou jugements de Dieu. Interdites par le quatrième concile du Latran (1215), celles-ci — épreuves par le feu ou par l'eau dont l'accusé doit sortir indemne, combats singuliers (« gages de bataille ») dont l'accusé ou son champion doit sortir vainqueur — ont continué à être pratiquées, en particulier dans le milieu nobiliaire[61]. L'Église leur substitue des preuves « rationnelles » et, en particulier, des preuves par témoin(s). L'État s'engage à son tour dans cette voie avec Louis IX. Une ordonnance royale de 1261 interdit les « gages de bataille » et les remplace par la procédure de l'enquête et la preuve par témoin(s). Comme le dit du roi un chroniqueur anonyme de la fin du XIIIe siècle : « Et sachez que tant qu'il vécut il ne toléra pas qu'il y eût bataille de champions ou de chevaliers au royaume de France pour meurtre, ou trahison, ou héritage ou dette ; mais il faisait tout faire par enquête de prud'hommes ou de gens loyaux sur parole[62]. »

Tout en rationalisant la pratique judiciaire, Louis poursuit le redressement des pratiques usuraires.

Une ordonnance de 1257 ou 1258 nomme une commission chargée de corriger l'application excessive des mesures prises antérieurement contre les juifs[63].

Les mots désignant des usuriers, sans autre précision, semblent marquer une importante évolution de la politique royale qui ne s'en prend plus seulement aux usuriers juifs, considérés comme principaux spécialistes de ces pratiques, mais aux usuriers chrétiens de plus en plus nombreux et dont les prêts usuraires représentent en général des sommes beaucoup plus élevées que les prêts des juifs et qui, par conséquent, prélèvent des intérêts plus grands en valeur absolue et parfois en pourcentage que les intérêts exigés par les juifs. Ceux-ci se limitent en général à des prêts à la consommation de faible valeur, mais qui s'accompagnent de mesures ressenties comme très vexatoires : prises de gages consistant en vêtements, mobilier ou cheptel.

Cette extension des mesures prises contre les usuriers à des non-juifs semble cependant s'être surtout limitée à des usuriers chrétiens mais étrangers. Une ordonnance de 1268 expulse du royaume les usuriers lombards (c'est-à-dire italiens), cahorsins[64] et les autres usuriers étrangers. Ils doivent être chassés dans un délai de trois mois pendant lequel leurs débiteurs pourront se faire restituer leurs gages en remboursant les prêts diminués des usures. Ces marchands sont toutefois autorisés à commercer en France à condition de ne pas exercer l'usure ni toute pratique prohibée. La motivation exprimée pour légitimer cette ordonnance n'est pas d'ordre moral, mais économique et politique : l'extorsion usuraire « appauvrit grandement notre royaume », estime le roi, et il faut aussi mettre un terme aux méfaits que ces étrangers sont réputés accomplir dans leurs maisons et officines[65]. La première expression semble révéler le début d'une prise de conscience d'un patrimoine économique « national » et de frontières économiques du royaume, celle qui conduira le petit-fils de Saint Louis à instituer des douanes et à interdire l'exportation de certains biens collectifs comme les métaux précieux. La seconde expression est inquiétante, puisque, au nom de l'intérêt de l'État, le roi invite à transformer des rumeurs en accusation. Bref, la raison d'État perce déjà[66]. Ce qu'il faut, en tout cas, semble-t-il, retenir de ces deux ordonnances, c'est que ce qui est condamné c'est l'usure, non le marchand, ni l'étranger, ni même le juif.

La « bonne » monnaie

La fin du règne de Louis IX est marquée par d'importantes réformes monétaires. Elles sont d'abord la conséquence de l'évolution économique et de la diffusion de l'économie monétaire. Je ne traiterai pas en détail ces aspects qui nous éloigneraient de la personne du roi. J'analyserai les aspects psychologiques, moraux et idéologiques de ces mesures qui font partie du programme d'assainissement du royaume dans une perspective religieuse. Je renvoie au moment où je traiterai d'ensemble les idées et l'action de Saint Louis comme « roi de la troisième fonction[67] » le problème de savoir comment les Français du milieu du XIIIe siècle — roi, gouvernants et intellectuels compris — ont conçu ce que nous appelons l'« économie ».

Les réformes monétaires[68] du roi s'échelonnent de 1262 à 1270. Elles comprennent : une ordonnance de 1262, qui interdit de contrefaire la monnaie royale et qui institue le monopole de la circulation dans le royaume en faveur de la monnaie royale, à l'exception des monnaies des seigneurs autorisés à en frapper, qui peuvent désormais circuler uniquement sur leur terre ; deux ordonnances qui interdisent l'usage, dans le royaume de France, d'une monnaie anglaise, les « esterlins » *(sterlings)* — la première, perdue, publiée entre 1262 et 1265, qui exige des sujets du roi, hommes d'Église compris, le serment de ne pas utiliser d'esterlins, et celle de 1265, qui fixe à la mi-août de 1266 la date ultime de leur circulation ; une autre ordonnance de 1265 qui reprend les mesures de 1262 prohibant l'imitation des monnaies royales et réserve à la monnaie royale le privilège de circuler dans tout le royaume, avec cette fois-ci une exception en faveur de monnaies régionales, les nantois, les angevins et les mançois, tolérées pour le motif explicite que « le peuple ne croit pas qu'il y ait assez de monnaie [royale] de tournois et de parisis » ; une ordonnance de juillet 1266 (dont on ne possède qu'un fragment) qui édicte la reprise de la frappe du denier parisis à de nouvelles conditions de poids et de teneur en métal fin et la création d'un gros tournois ; enfin, une ordonnance perdue, édictée entre 1266 et 1270, qui crée une monnaie d'or, l'écu[69].

Si l'on s'en tient à un point de vue « économique » moderne, ces mesures ont une triple importance.

La reprise de la frappe des parisis à un poids supérieur à celui des parisis antérieurs (1,2881 g par rapport à 1,2237 g pour le parisis de Philippe Auguste), mais avec une teneur de fin (ou titre) inférieure (0,4791 g d'argent fin contre 0,5009 g pour le parisis de Philippe Auguste), correspond, en fait, à une dévaluation. C'est une réponse plus ou moins consciente à ce que nous nommons inflation, à la détérioration continue, depuis au moins le XIIe siècle, de la monnaie. Cette évolution est due au besoin croissant d'espèces monétaires pour répondre aux progrès de l'économie monétaire et à l'augmentation de la frappe de monnaie par le roi et les seigneurs ayant droit de battre monnaie. Cet accroissement de la masse monétaire provient à la fois de la demande économique en hausse et du désir d'augmenter les bénéfices du seigneuriage, droit perçu directement par le seigneur sur la frappe des monnaies[70]. Au cours du XIIIe siècle, la part du seigneuriage dans les recettes du Trésor royal ne cesse de croître[71]. L'interdiction de l'imitation des monnaies royales et la limitation de la circulation des monnaies seigneuriales répondent aussi partiellement à cette volonté de réduire, sinon de faire disparaître, l'inflation.

Deux autres mesures, surtout, marquent une date dans l'histoire monétaire de la France. La plus spectaculaire est la reprise, après cinq siècles, de la frappe de l'or, le retour au bimétallisme de l'Antiquité et du haut Moyen Âge, qui faisait entrer la Chrétienté latine dans le club restreint des ensembles économiques et politiques bimétallistes : Byzance et l'Islam. Le roi Alphonse VIII de Castille, dès 1175, les derniers rois normands de Sicile et l'empereur Frédéric II en Italie du Sud avec ses *augustales*, en 1231, avaient eu plutôt des préoccupations de prestige ; l'importance économique de ces monnaies était très faible. Il en alla tout différemment de grandes cités marchandes italiennes. Lucques, peu avant 1246, Gênes, en 1252 *(genovino)*, surtout Florence, à partir de 1253, avec le *florin* et Venise, à partir de 1284, avec le *ducat* font une entrée fracassante et durable dans l'emploi de la monnaie d'or pour le grand commerce international et la collecte des impôts publics des monarchies occidentales. Les deux plus grandes de ces monarchies, l'anglaise et la française, ont cherché à entrer dans ce groupe de puissance commerciale et bancaire, principalement pour des raisons politiques de prestige monarchique. Henri III frappa, en 1257, un « penny d'or », mais ce fut un échec. Sa frappe et sa circulation seront arrêtées vers 1270 et il faudra attendre 1344 pour que l'Angleterre ait de nouveau une monnaie d'or, un florin. Saint Louis crée l'écu d'or en 1266, mais ce n'est pas non plus une réussite. L'écu cédera la place, à la fin du siècle, à différentes pièces d'or, dont le succès sera médiocre, avant un nouvel essor en 1330.

Le denier parisis et l'écu d'or sont donc plutôt des échecs, et le très petit nombre de ces pièces qui ont été conservées en témoigne. En revanche, le gros tournois est une très grande réussite non seulement en France, mais sur le marché international. Son succès de longue durée se poursuivra au XIVe siècle, même au temps des grands troubles monétaires. Il se situe avec bonheur dans un créneau monétaire correspondant à d'importants besoins.

Il est clair que la politique monétaire de Saint Louis répond aussi, de façon étroitement imbriquée dans les finalités économiques et financières, à des objectifs politiques. Ce qu'on a parfois appelé, au mépris d'une réalité plus complexe, la lutte de la monarchie étatique contre la féodalité trouve ici un champ d'application privilégié. Saint Louis reprend l'idée traditionnelle de la monnaie comme instrument régalien, comme objet d'un monopole étatique. Face aux barons et à l'Église, il doit se contenter de proclamer la supériorité de la monnaie royale sur les seigneuriales et de préparer l'éviction de ces dernières, mais il accomplit un pas décisif dans ce sens. Le monopole monétaire de la monarchie commence à se mettre en place. Une fois de plus, l'État monarchique en construction profite d'une triple poussée : celle du droit canonique en cours de constitution, celle, qui lui est liée, du droit romain renaissant et celle d'une opinion qui, comme l'a bien montré Thomas Bisson pour la période antérieure, demandait depuis longtemps aux pouvoirs politiques d'assurer la stabilité et la bonne qualité d'une monnaie que des gens en nombre croissant utilisaient de plus en plus souvent. La « conservation » *(conservatio monetae)* de la monnaie était une revendication qui se faisait insistante. Comme pour la justice, le roi, là où il était fort ou se renforçait, ne pouvait qu'en être le principal bénéficiaire, d'autant que le pouvoir monétaire allait dans le sens de cette image suprême du pouvoir à laquelle la royauté, notamment en France, s'identifiait toujours plus étroitement, la *majestas*, la majesté. Bientôt, la contrefaçon de la monnaie royale entre dans la liste des crimes de lèse-majesté et les faux-monnayeurs figureront, comme dans l'Antiquité, au premier plan des criminels.

La politique royale, en matière de monnaie, relève de son devoir de justice. L'action monétaire royale se situe dans le champ du combat de la « bonne » monnaie contre la « mauvaise », des « purs » deniers (comme disent les ordonnances de Saint Louis) contre les deniers « pelés », usés, contrefaits ou de mauvais aloi. Le combat pour une « bonne » monnaie (comme on dira au XIVe siècle), Saint Louis et ses conseillers savent très bien qu'il constitue un élément important de la formation des prix, ces prix que l'idéologie de l'époque veut « justes ». « Juste prix », « juste salaire », « bonne monnaie » sont les trois aspects d'une même conception morale de la vie socio-économique dont les canonistes et les théologiens du temps de Saint Louis se font les théoriciens. Par là, des mesures monétaires comme celles de Saint Louis se situent dans la perspective de ce qu'on appelait, déjà auparavant, la *renovatio monetae*, rénovation qui, pour ces hommes du Moyen Âge marqués par l'idéologie romaine et carolingienne, a une résonance religieuse, sacrée, quasi eschatologique. La réforme monétaire est une œuvre pie, voire proprement sacrée. Les frappeurs de monnaies, en particulier de monnaies d'or, le savent bien, qui représentent sur le florin florentin saint Jean, patron de la ville, et sur le ducat vénitien au droit le Christ en gloire, au revers saint Marc remettant l'étendard au doge agenouillé.

Saint Louis l'a bien compris. Sur le gros tournois, il fait figurer une croix et son nom royal *(Ludovicus rex)* avec la légende : « Béni soit le nom de Dieu notre Seigneur Jésus-Christ » *(Benedictus sit nomen Domini nostri Dei Jesu Christi)*. Mais, surtout, l'écu proclame la gloire du Christ et du roi. Au droit, on voit le symbole capétien, un écu aux fleurs de lys, avec la légende : « Louis par la grâce de Dieu roi de France » *(Ludovicus Dei gracia Francorum rex)*, et au revers une croix fleuronnée cantonnée de quatre fleurs de lys et la proclamation solennelle : « Le Christ triomphe, le Christ règne, le Christ domine » *(Christus vincit, Christus regnat, Christus imperat)*.

Un jour fort intéressant est jeté sur la politique monétaire de Louis IX par un document inattendu. Nous imaginons volontiers que les théologiens universitaires du Moyen Âge passaient leur temps à discuter de problèmes abstraits et intemporels. Or, à Pâques 1265, le célèbre maître parisien Gérard d'Abbeville doit répondre dans le débat de *quodlibet*, exercice imposé aux maîtres de l'Université deux fois par an, à Noël et à Pâques, à une question posée par les membres de la faculté de théologie : le roi avait-il le droit, dans son ordonnance récente, d'imposer à ses sujets, qui sont aussi les sujets des évêques et dont certains sont hommes d'Église, de s'engager par serment à ne plus utiliser d'esterlins (la monnaie anglaise) dans leurs transactions ? Le roi ne leur a-t-il pas fait ainsi « violence » — la question faisant d'ailleurs l'objet d'un procès devant le pape[72] ?

Cette question de chaude actualité, par le biais d'une formulation qui place le problème dans la compétence de la Faculté, est une invitation à examiner au fond le droit du roi en matière monétaire. Maître Gérard répond que le monnayage est bien une prérogative royale et il fonde cette affirmation sur une triple autorité : d'abord, celle de la Bible, par la bouche de Jésus (« Rendez à César ce qui est à César », Matthieu, XXII, 21) à propos de la pièce d'argent sur laquelle figurait l'effigie impériale, et celle de saint Paul prescrivant « que chacun soit soumis aux autorités les plus élevées » (Romains, XIII, 1), puis celle d'Aristote au sujet du bien commun dont le roi est le gardien suprême, enfin celle du droit canonique reprenant au droit romain la notion d'« utilité publique » *(utilitas publica)* telle qu'elle a été formulée en 1140 dans le *Décret* de Gratien (C.7, q. 1, c.35) et exprimée dans la bulle *Per venerabilem* d'Innocent III (1203) entérinant l'affirmation que le roi de France ne reconnaît pas de supérieur au temporel, telle qu'elle se trouve aussi dans la lettre, envoyée par le même Innocent III au roi d'Aragon, lui reconnaissant le droit et le devoir de veiller à ce que la monnaie soit « saine et loyale » et insérée dans le recueil des *Décrétales* inscrit dans le Code de droit canonique. Peu importe que Gérard souligne ensuite que « le retour aux esterlins est utile à tout le peuple et qu'en conséquence l'abandon des mesures prises est utile et doit intervenir au moment voulu », l'essentiel est qu'il a corroboré le droit royal en matière monétaire. Il semble, d'ailleurs, que devant l'hostilité d'une grande partie des clercs et des intellectuels Louis IX ait supprimé le serment de boycottage des esterlins, tout en réaffirmant la prohibition de leur utilisation dans le royaume. Pierre Michaud-Quantin suggère enfin une intéressante remarque : à la lumière de l'argumentation de Gérard, « les clercs de l'Université, l'auditoire immédiat du professeur, apparaissent comme lui-même totalement dépourvus de l'équipement intellectuel pour concevoir une politique sur le fait de la monnaie ». Contrairement à ce que certains historiens ont pu affirmer, les scolastiques, en tout cas au XIIIe siècle, restent incapables d'avoir des théories économiques adaptées aux réalités et aux problèmes de l'époque.

Le roi et les clercs de son entourage n'ont-ils donc pas de conseillers en matière économique et, notamment, monétaire ? Si, les bourgeois, et, plus particulièrement parmi eux, les grands marchands habitués au maniement de l'argent. Déjà en 1254 et en 1259, Louis IX avait institué pour les sénéchaussées du Midi des conseils destinés à éclairer les sénéchaux sur l'interdiction des exportations de blé et autres denrées en cas de pénurie dans la région. Ces conseils sont composés de prélats, de barons, de chevaliers et de bourgeois des bonnes villes. L'ordonnance de 1265 promulguée à Chartres sur le fait des monnaies a été rédigée après consultation par le roi de bourgeois assermentés de Paris, Orléans, Sens et Laon, dont les noms figurent dans le texte même de l'ordonnance[73]. Les problèmes économiques et notamment les problèmes monétaires sont à l'origine des assemblées des trois ordres. La monnaie introduit ainsi la bourgeoisie dans la machine de l'État. La bourgeoisie est bien devenue la représentation de la troisième fonction indo-européenne[74].

L'APAISEUR

Deux grands devoirs s'imposent au roi chrétien, deux idéaux dont la réalisation doit apporter le salut éternel du roi et de ses sujets : la justice d'abord, la *paix* en second lieu[75]. Ici l'action de Louis IX est double. D'un côté, il s'efforce de faire régner la paix dans les affaires où le roi est impliqué, donnant l'exemple et accordant sa préférence à la solution des grandes querelles de longue durée que l'histoire lui a léguées. Il veut éliminer les sujets de conflit, établir la paix sinon pour toujours, du moins pour longtemps. Entre le présent et l'éternité, il travaille aussi pour l'avenir. D'un autre côté, son prestige en fait le recours préféré des adversaires en quête de cette procédure chère aux hommes du Moyen Âge : l'arbitrage. L'action et le rayonnement de Louis débordent les frontières du royaume. Il va être l'arbitre, l'apaiseur de la Chrétienté.

Des traités de paix qu'il a scellés et des nombreux arbitrages qu'il a rendus, voici les plus importants, les plus spectaculaires.

L'héritage flamand

En Flandre, un des plus grands fiefs du royaume et probablement le plus riche, les femmes, selon l'habitude féodale et contrairement aux traditions royales capétiennes de succession uniquement masculine, héritaient du comté si le droit d'aînesse jouait en leur faveur. Mais, depuis près de trente ans, un imbroglio dû à la situation matrimoniale de la comtesse Marguerite se maintenait, à la faveur et en dépit de nombreux et importants rebondissements. De cet imbroglio je ne retiens que ce qui permet de comprendre l'intervention de Louis IX[76].

La comtesse Jeanne, veuve de Ferrand de Portugal, le vaincu de Bouvines, était morte en 1244. Étant sans enfants, elle laissait le comté à sa sœur cadette, Marguerite. Celle-ci avait épousé en premières noces Bouchard d'Avesnes, bailli de Hainaut. Mais ce mariage n'était pas valable, car Bouchard, d'abord destiné à entrer dans l'Église, avait été ordonné sous-diacre, et Jeanne obtint l'annulation du mariage de sa sœur en cour de Rome dès 1216. Marguerite et Bouchard d'Avesnes ne s'étaient pas séparés tout de suite et avaient eu deux fils. En 1223, Marguerite se remaria à Guillaume de Dampierre dont elle eut trois fils. Ainsi commença le conflit entre les Avesnes, qui mettaient en avant leur droit d'aînesse, et les Dampierre, qui déniaient l'héritage à leurs demi-frères, enfants illégitimes, et à qui allaient les préférences de leur mère.

Louis IX fut appelé à plusieurs reprises à intervenir, soit à l'initiative de l'une ou l'autre des deux parties, soit de son propre mouvement en tant que suzerain qui ne pouvait se désintéresser d'un de ses principaux fiefs. En 1235, il garantit un accord entre Jeanne et Marguerite prévoyant un partage inégal de l'héritage : deux septièmes aux d'Avesnes, cinq septièmes aux Dampierre. L'affaire était d'autant plus complexe que l'héritage était situé en partie dans le royaume de France (comté de Flandre) et en partie dans l'Empire (Flandre impériale à quoi s'ajouta, en 1245, le marquisat de Namur dont l'empereur Frédéric II avait investi la comtesse Marguerite, mais que le roi de France tenait en gage pour le gros prêt qu'il avait fait à l'empereur latin de Constantinople, Baudouin II de Flandre). L'absence d'empereur après la mort de Frédéric II, en 1250, laissa un champ plus libre au roi de France, d'ailleurs soucieux de rester impartial entre les divers prétendants qui, même reconnus rois des Romains (sans être donc couronnés empereurs), ne jouirent que d'une autorité limitée.

En 1246, dans le cadre des actions de pacification en vue de la croisade, Louis IX et le légat pontifical, Eudes de Châteauroux, avaient ménagé un accord sur la base du Hainaut aux Avesnes et de la Flandre aux Dampierre. Marguerite reconnut le titre de comte de Flandre à son fils, Guillaume de Dampierre, qui partit avec Louis IX à la croisade, en revint avec les principaux barons en 1250 et mourut accidentellement l'année suivante. Marguerite lui reconnut comme successeur, pour le comté de Flandre, son frère cadet, Guy, qui, en l'absence de Saint Louis resté en Terre sainte, vint prêter hommage à Blanche de Castille en février 1252. Cependant, la cour de Rome avait finalement reconnu la légitimité des d'Avesnes en 1249.

Mais la comtesse Marguerite refusa à Jean d'Avesnes le titre de comte de Hainaut, se contentant de lui laisser le marquisat de Namur dont elle lui avait cédé l'hommage en 1249. Elle poussa par ailleurs ses fils Dampierre, le comte de Flandre et son frère, et nombre de barons français à s'emparer des îles de Zélande qu'elle revendiquait pour le comté de Flandre. Le débarquement à Walcheren fut un désastre et, en juillet 1253, le comte de Hollande, frère du roi des Romains, fit prisonniers les Dampierre et plusieurs barons français. La comtesse Marguerite fit alors appel au plus jeune frère de Louis IX, Charles d'Anjou, à qui elle promit le Hainaut. Charles accepta et vint occuper Valenciennes et Mons, mais ses conseillers réussirent à lui faire éviter un conflit armé avec le roi des Romains, qui entretenait d'excellents rapports avec le roi de France.

Louis IX, de retour de la croisade, décide d'intervenir. Il avait pour cela trois bonnes raisons : le comte de Flandre et son frère, ses vassaux, étaient prisonniers (le comte de Hollande avait relâché les autres barons français), son propre frère était mêlé à l'affaire, il voulait faire respecter l'accord de 1246. Fort irrité par ses initiatives imprudentes, il commença par rappeler Charles d'Anjou à Paris.

Procédant avec prudence, il alla d'abord trouver à Gand la comtesse Marguerite pour manifester le soutien qu'il lui apportait et pour lui exposer ses intentions. La comtesse et ses fils d'Avesnes ayant accepté l'arbitrage de Louis IX, celui-ci reprit, par le « dit de Péronne » (24 septembre 1256), l'essentiel du traité de 1246, le Hainaut aux d'Avesnes, la Flandre aux Dampierre. Mais le Hainaut avait été donné à son frère. Le roi de France le fit céder tout en lui sauvant la face : la comtesse Marguerite lui racheta le Hainaut à très haut prix. Elle dut aussi payer une forte rançon au comte de Hollande pour la libération des Dampierre, mais, peu après, son fils d'Avesnes survivant, Baudouin, comte de Hainaut, se réconciliait avec elle. La paix était revenue à la frontière nord-est du royaume de France.

L'attitude de Saint Louis en cette affaire est caractéristique. Il veut concilier la justice et la paix avec les intérêts du royaume et les relations familiales auxquelles il tient tellement. Il fait rappeler dans le texte du « dit de Péronne » qu'il ne veut favoriser ni les d'Avesnes ni les Dampierre au détriment les uns des autres, car ils sont ses parents du même sang *(consanguinei nostri)*. Il manifeste même justice et même sens de la parenté, bien équilibrés, dans son attitude à l'égard de son frère. Enfin, il refuse d'intervenir à Namur et favorise le règlement définitif qui vit la cession du marquisat au comte de Flandre (1263). La paix valait bien le renoncement à un gage. L'opinion publique en Flandre demeurait cependant hostile au roi de France, les bourgeois lui reprochant d'être souvent à l'origine des lourdes charges qui pesaient sur eux. Il fut chahuté quand il vint à Gand en 1255. Le prestige du roi n'avait pas pesé assez lourd face à la longue durée d'habitude d'opposition.

*La paix avec l'Aragon :
le traité de Corbeil (1258)*

Entre la France et l'Espagne, au nord-est du royaume d'Aragon et de Catalogne, il n'y avait pas de Pyrénées. Les Capétiens avaient théoriquement hérité de la vieille marche d'Espagne carolingienne bien que Hugues Capet n'ait pu répondre à l'appel au secours des chrétiens contre les musulmans à la fin du Xe siècle et que, entérinant la distension puis l'effacement des liens, le concile de Tarragone ait prescrit de dater dorénavant les actes écrits selon l'année de l'ère chrétienne et non selon celle du règne des rois de France, habitude qui s'était plus ou moins bien perpétuée dans les comtés de Barcelone, de Roussillon, de Cerdagne, de Conflent, de Besalú, d'Ampurdán, d'Urgel, de Gérone et d'Osona. Devenus rois d'Aragon en 1162, les comtes de Barcelone avaient cessé de prêter l'hommage au roi de France. En revanche, les comtes de Barcelone, avant et après leur promotion comme rois d'Aragon, avaient peu à peu pénétré dans le Midi français.

Ce Midi, quoique partie du royaume capétien, avait semblé prêt parfois à s'en détacher pour former un ensemble indépendant autour des trois centres politiques qui ont paru de force à lui imposer leur prédominance : Poitiers, avec les ducs d'Aquitaine ; Toulouse, avec ses comtes, Barcelone avec ses comtes, puis rois. Mais l'État méridional, de part et d'autre des Pyrénées, avait avorté. Toutefois, les comtes de Barcelone prétendaient à la suzeraineté sur la vicomté de Carcassonne, les Trencavel leur ayant prêté hommage, et sur tous les domaines des comtes de Toulouse de la maison de Saint-Gilles. De plus, de la période pendant laquelle, à la fin du XIIe siècle, les rois d'Aragon avaient été comtes de Provence, ils avaient gardé la mouvance de l'héritage de Douce de Sarlat, femme de Raimond Bérenger III : une partie du Massif central avec le Gévaudan, Sarlat et Millau. La croisade des albigeois avait renversé la situation sans faire abandonner toutes leurs prétentions aux Aragonais. Simon de Montfort, qui avait d'abord reconnu la suzeraineté de Pierre II d'Aragon sur Carcassonne, avait considéré après la victoire de Muret, en 1213, que le roi d'Aragon avait perdu tous ses droits et tous ses domaines dans le royaume de France. Le conflit entre les deux royaumes s'était cristallisé autour de trois villes : Millau, Carcassonne et Montpellier. Millau, militairement occupé un moment, en 1237, par les Aragonais avait failli déclencher une guerre franco-aragonaise en 1234 et en 1240-1242. Pour défendre Carcassonne, Louis IX l'avait puissamment fortifiée et l'avait entourée d'une couronne de châteaux forts royaux (Peyrepertuse, Quéribus) occupés, avec l'autorisation de leurs seigneurs, par une garnison royale. Le problème de Montpellier était délicat. La dernière héritière en avait apporté la seigneurie, à la fin du XIIe siècle, à son époux, le roi d'Aragon, mais elle était tenue en fief par l'évêque de Maguelonne et, en 1252, celui-ci revendiqua la suzeraineté du roi de France pour se protéger de l'Aragonais.

La tension monta à nouveau lorsque le roi d'Aragon Jacques Ier ranima ses revendications sur Millau, le comté de Foix, le Gévaudan, le Fenouilledès. Les infants d'Aragon tentèrent des incursions dans la région de Carcassonne et les troubadours à la solde de Jacques Ier appelèrent à la guerre contre le roi de France. En retour, le sénéchal de Beaucaire mit l'embargo sur les vivres à destination de Montpellier et des terres aragonaises.

Mais l'intérêt des deux rois à liquider ces vieilles querelles l'emporta. Louis le fit par idéal et pour mieux établir son pouvoir sur un Midi encore mal intégré au royaume. Jacques Ier regardait ailleurs : vers le sud et la Reconquista sur les musulmans, vers l'ouest et la domination de la Méditerranée occidentale. Jacques Ier le Conquérant s'était emparé des Baléares de 1229 à 1235, de Valence en 1238, puis d'Alcira et de Jativa. Les deux rois désignèrent en 1255 deux arbitres ecclésiastiques, un Français et un Catalan, dont ils acceptèrent les propositions. Des envoyés de Jacques Ier vinrent signer le traité à Corbeil le 11 mai 1258 et il fut ratifié à Barcelone dès le 16 juillet suivant. Le roi de France renonçait à la marche d'Espagne, le roi d'Aragon aux pays de Carcassonne, Peyrepertuse, au Lauragais, au Razès, au Minervois, au Gévaudan, à Millau et Grizes, aux comtés de Toulouse et de Saint-Gilles, et, lors de la confirmation, à l'Agenais et au Comtat Venaissin. Le roi de France recevait le Fenouilledès en échange du Roussillon et du Besalú. La question de Montpellier ne fut pas réglée et, en 1264, Louis IX rappela avec force ses droits sur la ville. Le Roussillon resta une pomme de discorde entre la France et l'Espagne jusqu'à Louis XIV qui l'obtint par le traité des Pyrénées (1659).

La paix franco-anglaise : le traité de Paris (1259)

La plus grande entreprise de paix de Louis IX concernant le royaume de France a été le règlement du conflit séculaire avec l'Angleterre. Les possessions anglaises en France et en Gascogne étaient les plus graves menaces pour l'unité et l'indépendance du royaume français. Au milieu du XIIe siècle s'était constitué en France un vaste ensemble territorial — beaucoup plus grand que le domaine royal capétien — par la montée sur le trône d'Angleterre en 1154 du comte d'Anjou Henri Plantagenêt. Duc de Normandie en 1150, comte d'Anjou, du Maine et de la Touraine en 1151, Henri II avait épousé en 1152 la fameuse Aliénor d'Aquitaine, épouse légère et divorcée du roi de France Louis VII qui lui apporta l'Aquitaine (Poitou, Limousin, Périgord, Quercy, Saintonge, Guyenne[77]) et la Gascogne qui, malgré les prétentions des Capétiens, était demeurée indépendante du royaume de France. En 1202, Philippe Auguste, s'appuyant sur la condamnation par la cour de France du roi d'Angleterre Jean sans Terre pour forfaiture, avait déclaré les liens vassaliques rompus entre le roi de France et le roi d'Angleterre. En 1204-1205, Philippe Auguste avait conquis l'Anjou, le Maine, la Touraine et la Normandie, réunis au domaine royal quoique avec un régime spécial pour la Normandie. En 1246, Louis IX, lors de l'adoubement de son plus jeune frère Charles, lui remit l'Anjou et le Maine en apanage à la place d'un frère plus âgé pour qui Louis VIII avait prévu cet apanage et qui était mort jeune. On a vu qu'en 1242 une campagne du roi d'Angleterre Henri III, désireux de récupérer les terres sur lesquelles il maintenait ses droits dans l'ouest de la France, avait abouti à sa défaite, et la trêve conclue le 12 mars 1243 entre les deux rois avait laissé les choses en l'état pour cinq ans. La croisade prolongea le *statu quo*.

En 1253 et 1254, Henri III séjourna à Bordeaux pour mater une révolte des barons gascons. L'affaire résolue, il souhaita rentrer en Angleterre en passant par le royaume de France pour visiter l'abbaye de Fontevrault, en Anjou, nécropole de ses ancêtres, l'abbaye de Pontigny, où se trouvaient les reliques de saint Edmond Rich, archevêque de Cantorbéry, à qui l'avait opposé un différend et qui était mort en exil, et la cathédrale de Chartres, sanctuaire marial. Louis IX accorda volontiers cette autorisation à Henri et l'invita à Paris où ils fêtèrent ensemble la Noël 1254 avec les quatre sœurs, filles du feu comte de Provence, Marguerite, reine de France, Aliénor reine d'Angleterre, Sanchie, femme de Richard de Cornouailles, frère d'Henri III, et Béatrice, femme de Charles d'Anjou, frère de Louis IX. Une vive sympathie naquit entre les deux rois et Louis en fut renforcé dans son constant désir de tenir compte des liens de famille dans sa politique. Il raccompagna son beau-frère jusqu'à Boulogne où le roi d'Angleterre se rembarqua et il lui fit peu après cadeau d'un éléphant que lui avait offert le sultan d'Égypte[78].

Dès cette année, Henri III demanda le renouvellement des trêves et Louis IX l'accorda volontiers. En 1257, Louis n'appuya que mollement le roi Alphonse de Castille, concurrent du frère d'Henri III à l'Empire, et celui-ci, Richard de Cornouailles, fut élu roi des Romains et couronné avec sa femme Sanchie à Aix-la-Chapelle le 17 mai 1257. Mais il n'obtint pas la couronne impériale et le grand interrègne continua.

C'est en 1257 qu'Henri III envoya auprès de Louis IX l'évêque de Winchester dont la mission eut sans doute la double intention de rassurer le roi de France sur la politique anglaise dans l'Empire et de proposer la substitution d'un véritable traité aux trêves qui maintenaient une paix précaire entre les deux royaumes. Si Louis IX était un spécialiste de la paix, il n'en avait pas le monopole, et Henri III s'efforçait de soigner son image de roi chrétien face à celle de Louis IX. Mais il n'avait pas renoncé à ses prétentions sur les territoires que ses ancêtres avaient possédés en France, soutenant que les successeurs de son père, Jean sans Terre, n'étaient pas responsables des fautes de leur ancêtre. Les deux rois avaient visiblement l'intention d'aboutir à la paix, mais Henri III était de plus aux prises avec les barons anglais qui lui imposèrent en 1258 de nouvelles limitations à son pouvoir par les « provisions d'Oxford ». Les négociations furent longues et laborieuses[79]. Le traité fut enfin conclu à Paris le 28 mai 1258. Il fut juré, selon l'habitude, sur les Saints Évangiles, par les procureurs du roi d'Angleterre et du roi de France, en présence de celui-ci et de ses deux fils aînés, Louis et Philippe, âgés de quatorze et treize ans.

Le roi d'Angleterre renonçait définitivement à la Normandie, à l'Anjou, à la Touraine, au Maine et au Poitou, mais maintenait des droits sur l'Agenais et le Quercy et devait obtenir le renoncement de son frère Richard de Cornouailles et de sa sœur, Aliénor, comtesse de Leicester, à tous droits dans le royaume de France. Du roi de France, aisément capable de faire payer ses largesses par les villes du royaume, prospères et dociles, le roi d'Angleterre, à court d'argent, recevrait la somme nécessaire pour entretenir cinq cents chevaliers pendant deux ans et, chaque année, les revenus de l'Agenais jusqu'au règlement de la situation de cette terre. Le roi de France, en outre, donnait au roi d'Angleterre ses domaines dans les diocèses de Limoges, Cahors et Périgueux, sauf les terres tenues par les évêques de Limoges, de Cahors et de Périgueux, et les fiefs tenus de lui par ses frères Alphonse de Poitiers et Charles d'Anjou. Il promettait de donner au roi d'Angleterre, après la mort d'Alphonse de Poitiers, la partie de la Saintonge située au sud de la Charente. Mais le roi de France conservait son sénéchal en Périgord et pouvait y construire des villes neuves face aux bastides anglaises. Surtout, Bordeaux, Bayonne et la Gascogne rentraient dans la mouvance française, le roi d'Angleterre reconnaissait les tenir en fief du roi de France et, à ce titre, devenait pair de France, mais avec l'obligation de prêter au Capétien l'hommage du vassal.

Richard de Cornouailles et son fils ratifièrent le traité le 10 février 1259. Le 17 février, il fut ratifié à Westminster par des procureurs au nom du roi d'Angleterre. Le comte et la comtesse de Leicester — Simon de Montfort et sa femme Aliénor — se firent longtemps prier. Ils ne ratifièrent le traité qu'*in extremis*, le 4 décembre 1259. Invité par Louis IX, Henri III avait débarqué sur le continent le 14 novembre, accompagné par sa femme, son second fils Edmond et une nombreuse et magnifique escorte. Louis IX alla l'accueillir le 25 novembre à Saint-Denis et le logea à Paris dans son propre palais de la Cité. Le 4 décembre 1259, dans le jardin du palais, en présence de nombreux prélats et barons anglais et français et du peuple venu en foule, le roi d'Angleterre prêta hommage au roi de France, en mettant, genou en terre, ses mains dans celles de Louis IX. Cette cérémonie avait été précédée de la lecture solennelle du traité par le chancelier de France, le franciscain Eudes Rigaud, archevêque de Rouen.

Le traité suscita de vives discussions parmi les conseillers des deux rois. Joinville apporte un bon témoignage sur ce qui fut dit du côté français :

> Il advint que le saint roi négocia tant que le roi d'Angleterre, sa femme et ses enfants vinrent en France pour traiter de la paix entre lui et eux. Les gens de son conseil furent très contraires à cette paix, et ils lui disaient ainsi : « Sire, nous nous émerveillons beaucoup que votre volonté soit telle, que vous vouliez donner au roi d'Angleterre une si grande partie de votre terre, que vous et vos devanciers avez conquise sur lui et par sa forfaiture. D'où il nous semble que si vous croyez que vous n'y avez pas droit, vous ne faîtes pas bonne restitution au roi d'Angleterre, quand vous ne lui rendez pas toute la conquête que vous et vos devanciers avez faite ; et si vous croyez que vous y avez droit, il nous semble que vous perdez tout ce que vous lui rendez. »
>
> À cela le saint roi répondit en telle manière : « Seigneurs, je suis certain que les devanciers du roi d'Angleterre ont perdu tout à fait justement la conquête que je tiens ; et la terre que je lui donne, je ne la donne pas comme chose dont je sois tenu à lui ou à ses héritiers, mais pour mettre amour entre mes enfants et les siens, qui sont cousins germains. Et il me semble que ce que je lui donne je l'emploie bien, parce qu'il n'était pas mon homme, et que par là il entre en mon hommage[80]. »

Joinville, qui approuve le roi, conclut :

> Ce fut l'homme du monde qui se travailla le plus pour mettre la paix entre ses sujets, et spécialement entre les riches hommes voisins et les princes du royaume[81].

Joinville donne ensuite de nombreux exemples des conflits que Saint Louis apaisa dans le royaume de France et au-dehors et termine ce passage consacré au roi apaiseur par d'intéressants propos de Saint Louis.

> Au sujet de ces étrangers que le roi avait réconciliés, aucuns de son conseil lui disaient qu'il ne faisait pas bien de ne les pas laisser guerroyer ; car s'il les laissait bien s'appauvrir, ils ne lui courraient pas sus aussitôt que s'ils étaient bien riches. Et à cela le roi répondait et disait qu'ils ne parlaient pas bien : « Car si les princes voisins voyaient que je les laissasse guerroyer, ils se pourraient aviser entre eux et dire : "C'est par méchanceté que le roi nous laisse guerroyer." Alors il en adviendrait qu'à cause de la haine qu'ils auraient contre moi, ils me viendraient courir sus, et j'y pourrais bien perdre, sans compter que j'y gagnerais la haine de Dieu, qui dit : Bénis soient tous les pacifiques. »
>
> D'où il advint ainsi que les Bourguignons et les Lorrains, qu'il avait pacifiés, l'aimaient et lui obéissaient tant que je les vis venir plaider par-devant le roi, pour des procès qu'ils avaient entre eux, à la cour du roi à Reims, à Paris et à Orléans.

Rien n'éclaire mieux que ces deux pages de Joinville et les déclarations du roi qu'elles rapportent non seulement sur les motivations de Saint Louis dans son action de paix, mais sur les principes généraux de sa politique. C'est une inextricable union entre l'intérêt du royaume et l'accomplissement de l'idéal chrétien qui en constitue le fond. Il rend des terres au roi d'Angleterre mais, en échange, il en fait son vassal. Or en ce temps on ne rompt pas impunément un hommage. Dès 1274, le moine de Saint-Denis, Primat, dans sa rédaction faite en français à la demande de Saint Louis, avant sa mort, du « Roman des rois » qui deviendra *Les Grandes Chroniques de France*, souligne la portée de l'hommage pour la Gascogne et les historiens modernes approuvent ce jugement : « Avant 1259, comme le dit Primat, la Gascogne n'était dans la mouvance des rois de France ni de leur royaume » et, par conséquent, Henri III n'était, pas plus en droit qu'en fait, « l'homme » du roi de France. Le 4 décembre 1259, en faisant hommage à Louis IX pour la Gascogne, « ce que n'avait fait aucun de ses prédécesseurs, Henri III transformait en fief une terre jusque-là indépendante, un alleu. Au lieu de s'arrêter à la Gascogne, le royaume de France s'étendait désormais jusqu'aux Pyrénées »[82].

Une autre motivation de Saint Louis qu'on a déjà rencontrée est le sentiment familial. Ici encore, l'argument est-il mis au service d'une politique dont les ressorts sont autres ou est-ce cette politique qui est déterminée par l'impératif familial ? C'est l'un et l'autre sans qu'on puisse, comme d'habitude en Saint Louis, distinguer les pulsions affectives du réalisme politique.

Est-ce la haine de ses ennemis que Saint Louis redoute par réalisme politique ou la haine de Dieu qu'il craint par foi religieuse ? Il laisse se profiler celle-ci derrière celle-là, brouillant les pistes. Le devoir du chrétien double et sert l'intérêt du roi.

Le traité de Paris de 1259 mit-il vraiment fin à l'antagonisme franco-anglais sur le continent ? En 1271, Alphonse de Poitiers et sa femme Jeanne moururent sans enfants, cas prévu par le traité de 1259, mais le roi de France montra peu d'empressement à rendre l'Agenais et le sud de la Saintonge au roi d'Angleterre, et cette restitution, quand elle eut finalement lieu en 1286, laissa substituer des ambiguïtés et sur le tracé de frontières et sur les droits des deux souverains. Deux incidents servirent de prétexte à

Philippe le Bel en 1294, à Charles IV le Bel en 1324 pour intervenir militairement en Guyenne et prononcer la confiscation du fief. Dans les deux cas, la médiation pontificale amena sans difficulté la rétrocession du duché au roi d'Angleterre par le roi de France (en 1297 et en 1325). Mais la facile occupation du duché avait donné aux Français l'impression qu'une éventuelle reconquête des possessions anglaises en France serait aisée. Le plus grave n'est pas là. Les successeurs d'Henri III prêtèrent l'hommage au roi de France avec de moins en moins de bonne grâce. Édouard Ier le fit en 1274 et 1286, Édouard II au nom de son père en 1304 et, devenu roi d'Angleterre, en 1308, Édouard III pour son père en 1325 et en son propre nom en 1329. Ce dernier hommage eut lieu dans une situation nouvelle. En effet, le roi de France n'était plus un Capétien direct, mais le Valois Philippe VI, issu d'une branche cadette. Les grands français l'avaient préféré précisément à ce jeune roi d'Angleterre, petit-fils de Philippe le Bel mais par une femme, sa mère Isabelle, veuve d'Édouard II. Celle-ci avait en vain revendiqué pour son fils la couronne de France que la tradition capétienne réservait aux héritiers d'une filiation masculine. Le jeune Édouard ne vint prêter l'hommage à Philippe VI à Amiens en 1329 que parce qu'il était trop faible pour le refuser. Cette reconnaissance de vassalité par le roi d'Angleterre envers le roi de France était désormais très problématique pour trois raisons au moins : la situation territoriale et juridique en Guyenne n'avait pas été, en fait, définitivement réglée par l'accord du 31 mars 1327 entre Édouard III et Charles IV le Bel, bien qu'il ait été présenté comme une « paix finale » ; le changement dynastique en France avait créé une nouvelle situation entre les deux rois, l'Anglais se présentant comme un prétendant à la couronne de France ; et, surtout, peut-être, parce que l'évolution des monarchies anglaise et française vers des États « modernes » et « nationaux » rendait plus contestable et fragile la subordination d'un roi à l'autre en termes de féodalité. La clause que Louis IX avait voulue pour maîtriser définitivement le problème de la présence anglaise en France se révélait désormais le principal obstacle à la paix franco-anglaise. Si j'évoque cette suite d'événements bien au-delà du règne de Saint Louis, c'est parce qu'elle permet d'évaluer les idées de Saint Louis et son influence sur l'évolution des problèmes français et le cours des événements. Le traité de 1259 a réellement été un succès pour Saint Louis dans sa double et complémentaire intention : réaliser la paix entre l'Angleterre et la France par le lien le plus fort existant alors, la vassalité, qui, de surcroît, manifestait la prééminence du roi de France. Une évolution de structures et des événements difficilement prévisibles transformeront le traité de Paris en instrument de guerre. Cette guerre fut la guerre de Cent Ans, mais le saint roi n'était ni un prophète ni un devin.

La « mise » d'Amiens

De l'ensemble de ces arbitrages, j'en retiens un qui a frappé les historiens : celui que Saint Louis a rendu entre le roi d'Angleterre Henri III et ses barons. Tout le XIIIe siècle anglais avait été marqué par l'effort de l'aristocratie pour restreindre et contrôler le pouvoir royal. Cet effort aboutit à la Grande Charte (1215) et aux provisions d'Oxford (1258). L'opposition était menée par le propre beau-frère d'Henri III, Simon de Montfort, comte de Leicester. Le roi avait réussi à se faire relever de son serment d'observer les provisions d'Oxford par deux papes, Alexandre IV (1254-1261) et son successeur, Urbain IV. Mais les barons n'acceptèrent pas la décision pontificale. En décembre 1263, Henri III, d'un côté, et les barons, de l'autre, réclamèrent l'arbitrage de Louis IX, s'engageant à respecter sa « mise », sa décision arbitrale.

Il la rendit dès janvier 1264 à Amiens. Elle était, pour l'essentiel, favorable au roi d'Angleterre. Il ratifiait d'abord la bulle pontificale annulant les provisions d'Oxford. Il déclarait ensuite que le roi devait avoir la plénitude du pouvoir et la souveraineté sans restriction dont il jouissait auparavant. Mais il ajoutait qu'il fallait respecter « les privilèges royaux, les chartes, les libertés, les établissements et les bonnes coutumes du royaume d'Angleterre existant avant ces provisions ».

On a tenté de prouver que la « mise » d'Amiens n'est pas un vrai arbitrage, mais un jugement rendu par le roi de France en tant que seigneur du roi d'Angleterre et donc suzerain des barons anglais considérés comme ses arrière-vassaux. C'est dans un cadre purement féodal, et non en vertu d'une conception moderne de la monarchie, qu'il faudrait replacer le verdict d'Amiens[83]. Selon d'autres, au contraire, Louis IX aurait refusé aux barons le droit de limiter les pouvoirs du roi parce qu'il considérait que le roi était la source de tout pouvoir. Je crois que Louis IX s'est prononcé en raison de deux principes convergents : l'un est le respect de la fonction royale, qui n'a à être limitée que par le respect de la justice. Quand lui, roi de France, constate, à travers ses enquêteurs, que ses agents agissant en son nom ont commis une injustice, celle-ci doit être réparée. Mais on ne pouvait reprocher aucune injustice à Henri III. L'autre est que le roi n'a pas à observer les « mauvaises coutumes ». Et dans un esprit, il est vrai, traditionnel — mais Louis IX, roi féodal, combine le sentiment nouveau de la souveraineté royale inspirée par le droit romano-canonique avec le droit coutumier —, il assimile les provisions d'Oxford à de « mauvaises coutumes », rappelant que le roi d'Angleterre doit, en revanche, respecter les bonnes. Quant à l'autorité qui fonde sa décision, ce n'est pas celle de roi de France ni de seigneur et suzerain du roi d'Angleterre et de ses barons, c'est celle que lui confèrent les deux parties, en s'adressant à lui pour s'engager à observer sa décision. Louis IX, roi juste et apaiseur, s'appuie sur toutes les pratiques juridiques à sa portée, arbitrage compris, pour imposer son autorité, leur donnant pour fondement commun l'idéal religieux et moral du roi chrétien.

Les circonstances, assurément, le servent. Après la mort de Frédéric II (1250), c'est le grand interrègne, il n'y a plus d'empereur, le roi d'Angleterre est contesté dans son royaume, les rois espagnols sont absorbés par la Reconquista sur les musulmans. Mais à sa puissance matérielle il ajoute son prestige moral. Il s'impose à toute la Chrétienté au-dedans et au-dehors. C'est lui que le Khan mongol Hülegü considère comme « le plus éminent des rois des chrétiens d'Occident[84] ». Il n'est pas seulement « le plus grand roi d'Occident », il est le vrai chef moral de cette Chrétienté introuvable dont il a donné pendant quelques années l'illusoire impression qu'elle existait, parce qu'il y était partout respecté et qu'il en incarnait l'idéal de gouvernement.

Le roi apaiseur a voulu aller encore plus loin et il veut strictement réglementer la guerre et la paix dans son royaume. Un mandement, donné à Saint-Germain-en-Laye en janvier 1258, déclare que le roi, après délibération du Conseil, interdit toute guerre dans le royaume, les incendies, les attentats contre les charrues et menace les contrevenants de faire intervenir ses officiers contre eux[85]. On a contesté la portée de ce texte et on lui a refusé le caractère d'ordonnance qui lui avait été traditionnellement attribué[86]. Adressé à l'évêque du Puy, Guy Foulcois, familier du roi, sans doute à l'initiative de ce prélat juriste[87], ce mandement ne serait qu'une mesure de circonstance pour renforcer l'autorité de l'évêque et l'aider à maintenir la paix sur sa terre. Sans doute ; il est certain que Louis IX et ses successeurs devront renouveler souvent leurs efforts pour mettre fin aux guerres privées dans le royaume de France. Mais ce texte n'en est pas moins fort intéressant. Il montre comment le roi de France a « bricolé » la construction du pouvoir monarchique. Il révèle le rêve de la monarchie française : un roi maître de la guerre et de la paix. Louis IX songe à un roi pacifique, dont une des fonctions est de décider ce qui est guerre juste et ce qui ne l'est pas. Ses conseillers juristes songent à un pouvoir royal qui aura pleinement ressaisi un des grands attributs de la souveraineté : le droit de décider de la guerre et de la paix. Les deux rêves se confondent.

Louis IX a aussi essayé de déterminer les cas d'infraction de paix. Le texte de ce mandement est perdu. Il y est fait référence dans une ordonnance de Philippe III de 1275[88]. Louis IX a surtout cherché à ménager des *assensements* plutôt que des trêves, c'est-à-dire le serment de ne jamais user de violence à l'égard de telle ou telle personne. Une fois le serment fait, on ne pouvait se rétracter. La trêve était donc provisoire et l'assensement (théoriquement) perpétuel. Le Parlement garantit de plus en plus les assensements.

LOUIS IX ET L'AVENIR DE LA DYNASTIE CAPÉTIENNE ET DE LA FAMILLE ROYALE

La volonté eschatologique de Louis IX dans la dernière phase de son règne lui impose d'accomplir avec un maximum de zèle le devoir de tout souverain : faire son salut et celui de son royaume en assurant en premier l'avenir de sa dynastie et de sa famille.

Morts et naissances

Il faut d'abord faire la part des deuils. Quand Louis IX rentre en France en 1254, deux morts viennent de le plonger dans le deuil : celle de son frère puîné Robert d'Artois à la croisade (1250), celle de sa mère en France (décembre 1252).

Robert d'Artois, victime de sa fougue chevaleresque et de son imprudence, a été tué à la bataille de la Mansourah, le 9 février 1250. Louis, qui avait une affection spéciale pour le groupe de ses frères, en fut très affecté. Mais il n'y eut pas de problème de succession. Robert laissait un jeune fils[89], également appelé Robert, qui lui succéda et que Louis IX fit chevalier en 1267. Louis essaya de faire reconnaître son frère comme martyre pour être mort à la croisade, mais la papauté fit la sourde oreille comme elle le fera pour Louis lui-même, qu'elle reconnaîtra comme saint, mais non comme martyr. Pour elle, d'une part la croisade ouvrait l'accès au salut, mais non au martyre et, d'autre part, il fallait éviter toute tendance à une sainteté dynastique.

La mort de Blanche de Castille a été la grande douleur de Louis IX. Joinville et beaucoup de contemporains ont reproché au roi l'excès de sa réaction affective. Saint Louis porta deux grands deuils dans sa vie : sa mère et Jérusalem. Mais Blanche, c'était le passé, et elle était allée, selon sa volonté, attendre la résurrection hors des nécropoles royales de Saint-Denis et de Royaumont, à l'abbaye cistercienne de Maubuisson, qu'elle avait fondée et qui était son Royaumont.

Une mort inattendue est cruelle aussi pour Louis IX et grosse de plus graves conséquences : celle de son fils aîné, le prince héritier Louis, qui meurt inopinément en janvier 1260. Le roi ressent profondément cette mort qu'il annonça lui-même en termes émus, semble-t-il, à son principal conseiller, le chancelier Eudes Rigaud, archevêque de Rouen, qui l'a noté dans son journal. Le roi d'Angleterre, qui a passé la Noël à Paris avec la famille royale et le jeune prince et qui est sur le chemin du retour, rebrousse chemin et vient assister aux obsèques. Le jeune prince est enterré à Royaumont, car le roi a décidé que Saint-Denis serait réservé aux rois et aux reines de la dynastie ayant porté la couronne, Royaumont devenant la nécropole des enfants royaux qui n'auraient pas régné. Sa mort a frappé d'autant plus qu'il paraissait déjà tout près du pouvoir puisque, au-delà de sa situation d'héritier de la couronne, il avait exercé, durant la dernière période du séjour de son père en Terre sainte, théoriquement mais explicitement, une sorte de lieutenance du roi au gouvernement du royaume avec le titre de « premier-né » *(primogenitus)*. En outre, les chroniqueurs s'accordent à le décrire comme déjà rayonnant de vertus et de capacité royale, le digne fils de son père. Or, le problème des successeurs de roi tient une grande place dans les Miroirs des princes de l'époque. L'ultime grâce que Dieu accordait aux bons rois est de leur donner un bon successeur. Saint Louis a dû ressentir cette mort comme un avertissement divin. Il n'a pas encore assez mérité de son salut et de celui de ses sujets. Il lui faut donc intensifier encore la réforme morale du royaume, ce qu'il fera, on l'a vu.

La mort du jeune Louis apparaît comme un événement si sensible au roi qu'il reçoit des marques exceptionnelles de sympathie et de consolation. Le pape Alexandre IV lui écrit. Le principal intellectuel de son entourage, le dominicain Vincent de Beauvais, compose à son intention une « épître de consolation » que les historiens de la « consolation chrétienne » traditionnelle considèrent comme le chef-d'œuvre médiéval du genre avec le sermon de consolation de saint Bernard sur la mort de son propre frère[90]. Mais Louis IX a d'autres fils, en particulier le puîné, Philippe, qui n'a qu'un an de moins que son frère défunt et que le roi avait déjà, en certaines occasions — le jurement du traité de Paris, par exemple —, associé à son aîné. La succession dynastique ne semble pas mise en péril par la mort du jeune prince. Vincent de Beauvais le souligne en rappelant au roi que le cas s'est déjà produit dans l'histoire de la dynastie capétienne sans avoir entraîné des conséquences graves.

Louis et la reine Marguerite achèvent alors la constitution d'une abondante progéniture, selon la tradition d'une monarchie chrétienne, quand Dieu fait la grâce aux époux royaux de les rendre naturellement féconds. Le couple royal eut onze enfants. Une première fille, Blanche, née en 1240, mourut dès 1243. Vinrent ensuite Isabelle (née en 1242), Louis (né en 1244, mort en 1260), Philippe (né en 1245), un fils né et mort presque aussitôt, Jean, en 1248, trois enfants nés pendant la croisade et le séjour en Terre sainte, Jean Tristan, né en avril 1250 pendant la captivité de son père et dont le nom rappelait la tristesse des circonstances, Pierre, né en 1251, une nouvelle Blanche, née au début de 1253, et trois enfants nés après le retour en France, Marguerite (fin 1254 ou début 1255), Robert (1256), Agnès (1260). Nombreuse descendance donc, source de prestige et de pouvoir d'autant plus que Louis IX, à la différence de son père Louis VIII, n'accorda pas de terres très importantes à ses fils cadets. En 1269, quand, à la veille de son départ pour Tunis, il régla sa succession, il ne leur accorde que de petits comtés, mais les marie à des héritières riches en terres[91]. Pourtant, par l'intermédiaire de ses fils, Saint Louis allait être l'ancêtre de tous les rois de France. Ils pourront tous se dire — et le prêtre qui l'assiste le dira à Louis XVI sur l'échafaud — « fils de Saint Louis ».

Les fils cadets bien mariés, les fils aînés et les filles le furent aussi selon la coutume du temps : fiancés très jeunes, mariés jeunes à des conjoints que désignait la politique royale[92].

Un jeune noble ne devient homme, au XIIIe siècle, que lorsqu'il devient chevalier. Dans une famille royale où le roi, ses frères et ses fils doivent être chevaliers pour acquérir pleinement leur statut et assumer leurs fonctions, l'adoubement des jeunes hommes revêt une importance particulière. L'austère Louis IX sacrifie alors à l'éclat de cérémonies solennelles. Le plus magnifique de ces adoubements fut celui de Philippe, désormais héritier de la couronne, le futur Philippe III. Son adoubement, le 5 juin 1267, jour de la Pentecôte dont la féodalité chrétienne avait fait, succédant à la traditionnelle fête du printemps, le grand jour de fête de la monarchie et de l'aristocratie, fut célébré dans le jardin du palais de Paris au milieu d'une grande affluence de grands et de peuple, en même temps que l'adoubement de nombreux jeunes nobles. Il fit d'autant plus d'impression que Louis IX venait de se croiser pour la seconde fois, que beaucoup prédisaient que sa mauvaise santé ne lui permettrait pas de survivre à la croisade. Le nouveau chevalier n'était pas seulement l'héritier de la couronne, mais un proche roi.

La sœur et les frères

Le pieux Louis IX aurait souhaité que, à l'instar de ce qui se passait dans les grandes familles, certains de ses enfants entrassent dans l'Église. Il aurait volontiers vu Jean Tristan devenir dominicain, Pierre franciscain et Blanche se faire cistercienne à Maubuisson, le monastère de sa grand-mère. Les trois enfants résistèrent victorieusement à la pression d'un père pourtant autoritaire. La plus résistante fut sans doute Blanche, offrant le modèle inverse d'un comportement assez habituel chez les grandes familles chrétiennes royales, seigneuriales et même bourgeoises : la révolte de filles désireuses d'entrer au couvent contre leurs parents, surtout leurs pères hostiles à une vocation qui les privait des avantages des alliances matrimoniales de leurs filles. Blanche osa demander au pape Urbain IV, qui le lui accorda alors qu'elle n'avait pas encore onze ans (nous ignorons qui fut l'intermédiaire), le privilège d'être relevée de ses vœux si elle avait dû céder à la volonté paternelle. Même un pape trouvait parfois excessif le zèle religieux de Saint Louis. Mais le roi n'imposa pas ses désirs à ses enfants.

En revanche, il fut certainement heureux de la conduite de sa sœur Isabelle, née en 1225, qui eut une vie comparable à la sienne, indépendamment des différences du sexe et de la fonction. Elle fit vœu de chasteté et refusa notamment, après avoir été promise au fils aîné du comte de la Marche, d'épouser le fils de l'empereur Frédéric II, Conrad de Hohenstaufen. Elle vécut à la cour modestement vêtue et pratiquant des exercices de piété remarquables. Elle fonda le couvent des clarisses de Longchamp où elle se retira en 1263 et mourut en février 1270, peu avant le départ de Louis IX pour la croisade. Le roi assista très dévotement aux funérailles de sa sœur que l'Église béatifia, mais seulement en 1521. Le couvent de Longchamp fut peut-être le centre d'une tentative de culte monastique autour de la figure d'Isabelle : Philippe V le Long viendra, par exemple, y mourir en 1322, mais, au contraire de ce qui se passa en Europe centrale, l'Église semble avoir bloqué le développement d'une religion royale autour de princesses reconnues bienheureuses ou saintes[93]. Blanche de Castille avait eu, selon Joinville[94], une dévotion particulière pour sainte Élisabeth de Hongrie (ou de Thuringe), dont le fils la servait lors du grand festin offert par Louis IX à Saumur, en 1241, pour l'adoubement de son frère Alphonse. Blanche baisait, paraît-il, le jeune homme sur le front, là où elle pensait que sa sainte mère l'avait baisé. Isabelle dut attendre le XVIe siècle pour que sa piété exceptionnelle fût reconnue.

Des deux frères du roi survivant à la croisade, l'aîné Alphonse, mis en possession du Poitou, d'une partie de la Saintonge et de l'Auvergne par Louis IX en 1241, selon les volontés de leur père Louis VIII, devint en 1249, conformément aux conditions du traité de Paris de 1229 qui avait mis fin à la croisade contre les albigeois, comte de Toulouse. Il recueillait une grande partie de l'héritage de sa femme, Jeanne, fille du comte de Toulouse, Raimond VII. De santé fragile, il suivit pourtant son royal frère dont il fut très proche dans ses deux croisades. Il résida peu souvent sur ses terres, demeurant le plus souvent en Île-de-France et à Paris même, où il se fit bâtir un palais proche du Louvre. Il administra cependant remarquablement ses vastes domaines de la France du Midi et de l'Ouest, sur le modèle du domaine royal, grâce à de bons baillis et sénéchaux, et fournissant peut-être même certains modèles à l'administration royale. Les liens entre les frères sont venus ici conforter une semblable évolution de leur gouvernement, qui contribue fortement à expliquer que, après la mort d'Alphonse et de Jeanne sans enfants en 1271, lorsque, conformément au règlement de la succession des apanages royaux, les domaines d'Alphonse revinrent au domaine royal, leur intégration se fit très harmonieusement[95].

Le second frère fut l'enfant terrible de la famille[96]. Mis en possession, en 1246, de son apanage d'Anjou-Maine-Touraine, il recevait de sa femme Béatrice le comté de Provence hérité de son père Raimond Bérenger, mort en 1245, mais sur lequel la reine de France, Marguerite, fille aînée de Raimond Bérenger, maintenait des prétentions sur la Provence. Les terres de Charles étaient donc non seulement en deux parties, mais l'une était dans le royaume de France, l'autre dans l'Empire. Cette situation alimentait les ambitions et les imprudences de Charles, qui s'entendait mal avec ses sujets provençaux, notamment avec les villes, en particulier Marseille, qui le considéraient comme un étranger. Louis IX retint longtemps son frère. On l'a vu dans l'affaire du Hainaut dans laquelle Charles s'était jeté, alors que son royal frère était encore en Terre sainte. Mais Louis finit par accepter pour son frère, à l'appel de la papauté, l'héritage italien de Frédéric II, Italie du Sud et Sicile. Par les victoires de Bénévent (février 1266) et de Tagliacozzo (août), Charles conquit son royaume. Ainsi la dynastie capétienne régnait dans le Mezzogiorno italien, indépendante du royaume de France de Louis IX, mais fraternelle.

Dès 1261, l'empereur latin de Constantinople, dépossédé par Michel VIII Paléologue et les Grecs, avait essayé d'obtenir l'appui de Charles d'Anjou pour la reconquête de Constantinople. Après de nombreuses péripéties, Charles accepta, par un traité conclu le 27 mai 1267 à Viterbe sous les auspices de Clément IV. Il recevrait la suzeraineté sur la Morée, les îles de la mer Égée, l'Épire et Corfou, plus le tiers des terres qui seraient reconquises en commun. Au début de 1270, Charles envoya quelques troupes en Morée. Louis IX ne voyait pas d'un bon œil la nouvelle entreprise de son frère. Il n'avait plus qu'un objectif : sa nouvelle croisade. Il pensait que l'affaire de Constantinople pourrait être réglée par un compromis pacifique. Habilement, Michel Paléologue avait demandé sa médiation et laissait espérer la fin du schisme entre chrétiens grecs et latins. Charles d'Anjou n'avait pas d'autre solution que de participer d'abord à la nouvelle croisade de son frère, un frère qu'il admirait et dont il respectait l'autorité.

Ainsi Louis IX avait réglé selon ses principes et les intérêts du royaume de France et de la Chrétienté ses affaires de famille. Ces affaires ne concernaient pas seulement les vivants. Elles réclamaient la paix, l'ordre et la solidarité avec les morts. Georges Duby a brillamment montré que le lignage est un lieu de mémoire, que la passion généalogique exige le soin de la mémoire dynastique[97]. La rencontre des vivants et des morts au sein des grandes familles se fait dans les nécropoles.

Saint Louis et les corps royaux

Vers la fin de son règne, probablement en 1263-1264, Saint Louis fit réaménager les tombeaux de la nécropole royale de Saint-Denis et exécuter le plus grand programme funéraire du Moyen Âge : seize tombeaux de rois et de reines morts du VIIe au XIIe siècle, représentés par autant de statues de gisants — ensemble complété par les tombes de son grand-père Philippe Auguste (mort en 1223) et de son père Louis VIII (mort en 1226). En même temps, il s'évertua à réserver désormais la sépulture de Saint-Denis aux seules personnes de la famille royale, hommes et femmes, qui auraient effectivement porté la couronne.

Cet ambitieux et impressionnant programme ne pose pas seulement la question de la politique funéraire des Capétiens. Il ne s'éclaire que dans le contexte d'une révolution de longue durée — l'attitude du christianisme à l'égard des morts — et d'une mutation profonde de cette attitude entre le XIe et le XIIIe siècle, dont témoigne un nouveau thème de la sculpture : le gisant. Au fond transparaît un phénomène fondamental, la place du corps dans l'idéologie chrétienne médiévale, ou, plutôt, d'un corps particulier : le corps royal.

À l'origine, un paradoxe du christianisme : le statut ambigu du corps[98]. D'un côté, le corps est condamné comme la mauvaise partie de l'homme : « Car si vous vivez selon la chair vous mourrez. Mais si par l'Esprit vous faites mourir les œuvres du corps, vous vivrez » (Paul, Épître aux Romains, VIII, 13), et, dans la manichéisation barbare du haut Moyen Âge, le corps devient « l'abominable vêtement de l'âme »

(Grégoire le Grand). Pourtant, le corps est promis à la résurrection, et celui des saints et de ceux qui les auront rejoints après la purification par le feu purgatoire, à la gloire éternelle. C'est encore saint Paul qui l'affirme : « Pour nous, notre cité se trouve dans les cieux, d'où nous attendons ardemment, comme sauveur, le Seigneur Jésus-Christ, qui transfigurera notre corps de misère pour le conformer à son corps de gloire » (Épître aux Philippins, III, 20-21). Le corps du chrétien, vivant ou mort, est dans l'attente du corps de gloire qu'il revêtira s'il ne se complaît pas dans le corps de misère. Toute l'idéologie funéraire chrétienne va jouer entre ce corps de misère et ce corps de gloire, et s'ordonner autour de l'arrachement de l'un vers l'autre.

L'idéologie funéraire des Anciens était tout orientée vers la mémoire des morts[99]. Bien entendu, elle était particulièrement apparente dans le cas des morts les plus importants. En Mésopotamie, ce sont les morts royaux qui continuent à assurer l'ordre et la prospérité de leur société — avec le ciel, par l'intermédiaire de leurs statues dressées verticalement ; avec la terre, par la médiation de leurs ossements enterrés horizontalement[100]. En Grèce, ce sont les morts glorieux, les héros dont la commémoration rappelle plus « la singularité d'un destin personnel », la cohésion d'un groupe militaire — l'armée de l'âge épique — ou, à l'époque civique, de la cité elle-même[101]. Ou encore les évergètes morts dont la munificence funéraire est destinée, plutôt qu'à satisfaire « le tourment de l'au-delà », à perpétuer leur « ostentation »[102], ostentation visant à pérenniser, à travers leur propre mémoire, le pouvoir de leur catégorie sociale, celle des « notables »[103]. Dans le cas, enfin, des statues royales, il convient de souligner que dans la Mésopotamie ancienne, comme le roi est

« le médiateur envers le ciel, au lieu de coucher sa dépouille au fond de la tombe, on le dresse lui-même debout, après sa mort, sous forme d'une statue qu'on élève dans le palais ou dans les temples » et la statue est « *le mort lui-même* statufié »[104]. À l'époque hellénistique, le roi devient objet cultuel et sa tombe un *hierothesion*, une tombe sanctuaire[105]. Mais, en même temps — et c'est l'ambiguïté de la plupart des sociétés antiques notamment de la gréco-romaine —, le cadavre est un objet abominable[106]. Il est exclu de l'espace civique, rejeté aux confins extérieurs de la cité, mais les tombeaux — ceux des familles importantes en tout cas — sont volontiers placés le long des routes suburbaines et dans les lieux fréquentés pour mieux permettre le souvenir, sinon le culte des morts.

Avec le christianisme tout change. Si la dialectique du corps de misère et du corps de gloire semble fondamentale dans le comportement chrétien à l'égard des morts, il reste que, dans la pratique, la révolution chrétienne dans l'idéologie funéraire est née d'une des grandes nouveautés du christianisme : le culte des saints[107]. Ce culte est essentiellement un culte des morts, le seul qui subsiste dans le monde chrétien, mais en rupture avec celui qui existait dans l'Antiquité païenne. Le tombeau de saints devient le centre d'attraction des communautés chrétiennes. De même que les tombeaux des saints sont les lieux par excellence des guérisons miraculeuses — les restes du saint ne faisant, pour l'Église, que réaliser le pouvoir d'intercession des saints auprès de Dieu, alors que la masse, sans doute, les dote d'un pouvoir magique propre et immédiat —, de même les sépultures *ad sanctos*, « près des tombeaux de saints », sont pour ceux qui peuvent en bénéficier une sorte d'assurance de salut pour la vie future. Lors de la

Résurrection, ces privilégiés seront bien placés pour recevoir l'assistance de ces élus exceptionnels. Comme le dit Peter Brown, le tombeau du saint est « le lieu où se touchent, où se rejoignent le ciel et la terre », tandis que, pour les Anciens, les Grecs notamment, la mort était la grande ligne de partage entre les hommes et les dieux : quand un homme va mourir, les dieux doivent s'éloigner de lui[108].

La grande révolution de l'idéologie funéraire chrétienne liée à l'attraction des tombeaux des saints, c'est l'urbanisation (*inurbamento*, disent les Italiens) des morts, l'insertion de l'espace des morts dans l'espace des vivants, l'installation des cimetières dans les cités près des corps saints si possible, près des églises en tout cas[109].

On a vu une seconde révolution dans l'idéologie funéraire chrétienne avec l'effacement du caractère commémoratif du tombeau et de sa personnalisation. Erwin Panofsky a souligné que l'art funéraire chrétien exclut le principe « rétrospectif » ou « commémoratif » et est dominé par le principe « eschatologique » : le tombeau doit annoncer la résurrection et appeler à la vie éternelle[110]. Philippe Ariès a insisté sur le fait qu'à partir du Ve siècle environ la tombe chrétienne devient anonyme, elle ne comporte plus d'inscription ni de portrait. Il ne faut pourtant pas exagérer cette rupture avec l'idéologie funéraire antique. La sépulture chrétienne maintient une certaine idée de souvenir. Le monument ou la partie de monument où est placé le corps d'un saint est en général appelé *memoria*. Mais il est vrai que le monument funéraire chrétien a surtout pour fonction de rappeler au vivant que le corps est poussière et doit retourner à la poussière. La mémoire qu'il excite est bien une mémoire tournée vers les fins dernières de l'homme plutôt que vers son passé, vers ce qu'il a été sur terre.

Parmi les morts illustres qui réclament un traitement particulier, quoique inférieur à celui réservé aux corps des saints et différent de lui, il y a les puissants et, au premier rang de ces *potentes*, ces morts qui, depuis la plus haute Antiquité, ne sont pas comme les autres : les morts royaux[111]. Ils parviennent à se glisser dans l'espace où se retrouve le grand clivage entre les clercs et les laïcs : l'espace ecclésial. Enterrés *in sacrario*, c'est-à-dire dans le chœur ou dans un sanctuaire annexe, les rois ont tendance, dès le haut Moyen Âge, à considérer certaines églises comme la nécropole, le « panthéon » de leurs dynasties.

En Gaule, la tendance au choix d'églises funéraires royales se dessina dès les débuts de la dynastie mérovingienne[112]. Les Francs, avant leur conversion au christianisme, suivaient pour leurs chefs des coutumes funéraires très proches de celles des Romains. Ainsi Childéric Ier, père de Clovis, fut enterré sous un tumulus au bord d'une route antique près de Tournai. Tombe solitaire, extra-urbaine et, bien entendu, sans lien avec un monument de culte chrétien. Clovis change brutalement cette coutume. Désormais, tous les rois mérovingiens seront inhumés dans des basiliques chrétiennes, mais des basiliques suburbaines, *extra muros*. Y a-t-il dans ce choix (qu'on trouvera plus tard — et pour des siècles — à Saint-Denis) une relation plus ou moins latente entre le roi et l'espace, la conséquence de l'absence d'une vraie capitale, l'attraction des monastères suburbains[113] ?

Clovis choisit de se faire enterrer dans l'église des Saints-Apôtres qu'il fit construire sur la colline dominant Paris sur la rive gauche de la Seine, sans doute pour abriter les reliques de sainte Geneviève, morte probablement peu après 500. La reine Clothilde vint l'y rejoindre à sa mort, en 544.

Mais celui des fils de Clovis qui avait obtenu Paris dans son royaume, Childebert, se fit enterrer, en 558, dans un autre monastère suburbain, Saint-Vincent-et-Sainte-Croix qu'il avait lui-même fondé pour y placer les reliques qu'il avait rapportées d'Espagne (surtout la tunique de saint Vincent) et, sans doute aussi, pour être sa nécropole et celle de sa famille. L'évêque de Paris, saint Germain, y fut lui aussi enterré en 576 et il donna plus tard son nom à l'église rebaptisée Saint-Germain-des-Prés. La plupart des souverains mérovingiens de Paris, leurs épouses et leurs enfants furent en effet enterrés à Saint-Vincent-et-Sainte-Croix mais, pas plus que les Saints-Apôtres (plus tard Sainte-Geneviève), cette église n'eut le monopole des tombes royales, et il n'y eut pas, en définitive, de vraie nécropole royale mérovingienne.

Le choix d'une sépulture originale par un des rois mérovingiens devait se révéler lourd de conséquences pour l'avenir. Il existait à Saint-Denis, depuis la fin du Ve siècle, sur les lieux où auraient été enterrés Denis, premier évêque de Paris martyrisé en 250, puis les martyrs Rustique et Éleuthère, un monastère et une église à laquelle s'était intéressée sainte Geneviève. Les rois mérovingiens de Paris se lièrent peu à peu à cette abbaye et, vers 565-570, la reine Arnegonde, veuve de Clotaire Ier, y fut enterrée. Mais sa tombe, où l'on a récemment découvert de magnifiques bijoux, était placée de façon anonyme parmi d'autres et Saint-Denis ne semblait pas destiné à devenir une nécropole royale. Il en alla autrement quand Dagobert Ier, qui avait fait reconstruire l'église, y fut enterré en 639 ; au cours de sa dernière maladie, il s'était fait transporter à Saint-Denis, marquant ainsi sa volonté d'y avoir sa tombe.

Avec les Carolingiens, Saint-Denis parut en passe de devenir la nécropole de la nouvelle dynastie. Charles Martel, véritable fondateur de la dynastie, bien qu'il n'eût pas porté le titre royal, choisit donc pour sépulture Saint-Denis, où il fut enterré à sa mort, en 741. Choix qui tient sans doute à une dévotion particulière pour le saint, mais aussi, vraisemblablement, à une idée politique : s'attacher une des abbayes dévouées précédemment aux Mérovingiens et, faute de pouvoir le faire à Paris, à Saint-Vincent, le désir d'être inhumé auprès de rois de la dynastie dont il avait préparé la fin pour lui substituer ses descendants. Ainsi, le choix de la nécropole se politiserait encore davantage. Le lieu d'inhumation serait une revendication de légitimité et de continuité. De fait, le fils de Charles Martel, Pépin le Bref, choisit Saint-Denis d'abord pour y être couronné par le pape Étienne II, en 755, et, ensuite, pour y être inhumé en 768. Sa veuve vint l'y rejoindre en 783, reconstituant dans la mort un couple royal, comme ceux de Clovis et de Clothilde, de Dagobert et de Nanthilde. Mais le fils de Pépin rompt à nouveau la continuité funéraire royale à Saint-Denis. Charlemagne, qui a fait du royaume mérovingien réunifié par son grand-père et son père un empire, se choisit une nouvelle capitale qui sera aussi sa nécropole, Aix-la-Chapelle. Cette autre tentative est, elle aussi, sans lendemain. La plupart des descendants de Charlemagne choisissent d'autres églises. Une reprise de la tradition de sépulture à Saint-Denis a lieu avec Charles le Chauve, très lié à l'abbaye qui le considéra presque comme son second fondateur, après Dagobert, et où il fut enterré en 884, sept ans après sa mort.

Mais c'est avec une nouvelle dynastie, les Capétiens, que Saint-Denis va devenir définitivement le

« cimetière aux rois ». Ici encore, l'ambition de substitution et de continuité s'annonce tôt, à travers le choix du lieu funéraire. Eudes, roi des Francs, en 888, prend sous sa coupe l'abbaye de Saint-Denis et s'y fait enterrer en 898. Son neveu, Hugues Ier le Grand, y est aussi inhumé en 956. Mais c'est avec le fils de Hugues Ier, Hugues II, dit Hugues Capet, avec qui les Robertiens se changent en Capétiens et vont être rois des Francs, puis de France pendant des siècles, que Saint-Denis devient définitivement la nécropole royale. Jusqu'à Louis XI, à la fin du XVe siècle, seuls deux rois n'iront pas reposer à Saint-Denis : Philippe Ier, enterré en 1108 au monastère de Fleury (Saint-Benoît-sur-Loire), et Louis VII, inhumé en 1180 dans l'abbaye cistercienne de Barbeau, près de Melun, qu'il avait fondée.

Ce long détour permet de comprendre comment la politique funéraire royale s'est manifestée à travers de nombreuses hésitations et combien le choix d'un « cimetière aux rois » a été lent et soumis à de nombreux avatars. L'instrument idéologique et politique que la nécropole royale offrait à la monarchie française, c'est Saint Louis qui va pleinement l'utiliser. Avec lui, Saint-Denis va devenir un lieu d'immortalité monarchique.

Deux textes nous renseignent sur la politique funéraire de Saint Louis à Saint-Denis. Le premier se trouve dans la chronique officielle que l'abbaye rédigeait pour elle-même, les *Annales de Saint-Denis* : « 1263. Cette année-là, on opéra le transfert, le jour de la Saint-Grégoire, des rois Eudes, Hugues Capet, Robert, Constance sa femme, Henri, Louis le Gros, Philippe, fils de Louis le Gros, la reine Constance, qui vint d'Espagne. 1264. On transféra dans le chœur droit le roi Louis, fils de Dagobert, le roi Charles Martel, la reine Berthe, femme de Pépin, le roi Pépin, la reine Ermentrude, femme de Charles le Chauve, le roi Carloman, fils de Pépin, le roi Carloman, fils de Louis le Bègue, le roi Louis, fils de Louis le Bègue. » Dans sa *Chronique*, rédigée immédiatement après 1300, Guillaume de Nangis note à l'année 1267 : « À Saint-Denis en France le saint roi de France Louis et l'abbé Mathieu firent aussi le transfert simultané des rois des Francs qui reposaient en divers endroits de ce monastère ; les rois et les reines qui descendaient de la race de Charlemagne furent élevés à deux pieds et demi au-dessus de la terre et placés avec leurs images sculptées dans la partie droite du monastère, et ceux qui descendaient de la race du roi Hugues Capet dans la partie gauche. » Les différences de date ont peu d'importance pour notre propos. Celles de 1263-1264 données par les *Annales de Saint-Denis* me paraissent plus vraisemblables que celle de 1267, indiquée par Guillaume de Nangis. Seul Guillaume de Nangis mentionne le rôle éminent — conjointement avec l'abbé Mathieu de Vendôme — de Saint Louis dans cette opération. L'accord de l'abbé, avec lequel, d'ailleurs, le roi s'entendait très bien, était évidemment nécessaire, mais il ne fait pas de doute pour moi qu'il s'agit d'une décision, d'un acte volontaire de Saint Louis.

Cette décision est politique. Elle a un double aspect. La nécropole royale de Saint-Denis doit d'abord manifester la continuité entre les races de rois qui ont régné en France depuis les débuts de la monarchie franque. Une seule distinction est opérée : celle des Carolingiens et des Capétiens. Ce n'est pas seulement, sans doute, pour respecter une symétrie de la droite et de la gauche que les rois et reines sont répartis entre deux dynasties seulement, mais la discontinuité biologique entre Mérovingiens et Carolingiens est, volontairement ou par indifférence à cette péripétie, effacée. D'ailleurs, la représentation mérovingienne à Saint-Denis était bien faible. Dès lors que, comme on le verra, Dagobert et Nanthilde recevaient un sort à part, le seul Mérovingien qui se trouvait à Saint-Denis était le fils de Dagobert, Clovis II, auquel les *Annales de Saint-Denis* donnent le nom anachronique de Louis. C'est vraisemblablement — au moins en partie — cette faiblesse de la présence mérovingienne qui, en poussant à ignorer la coupure entre Mérovingiens et Carolingiens, a contribué à faire de Charles Martel un roi[114]. De toute façon, l'essentiel, pour Louis IX, c'est d'affirmer la continuité entre Carolingiens et Capétiens. C'est là que se situe l'articulation principale de la monarchie française, l'ambition de se rattacher à la figure la plus impressionnante de l'idéologie monarchique médiévale, Charlemagne, le désir de légitimer la dynastie capétienne longtemps vilipendée en la personne de son fondateur Hugues Capet — que Dante va bientôt encore évoquer avec mépris —, bref, ce que Bernard Guenée a appelé « la fierté d'être Capétien[115] ».

La seconde décision est de faire de Saint-Denis une nécropole royale au sens strict où seules les personnes ayant régné — ou plutôt ayant été couronnées ou supposées avoir été couronnées —, rois et reines, auront droit à y être placées. C'est le cas des seize personnages retenus par le programme de Saint Louis.

À droite, en allant de l'ouest vers l'est, de la nef vers le chœur, Charles Martel (mort en 741), transformé en roi, et Clovis II (sous le nom supposé de Louis), roi depuis 635 (en Bourgogne et en Neustrie), roi des Francs en 657, année de sa mort ; Pépin III le Bref, roi de 751 à 768, et sa femme Berthe (morte en 783), Ermentrude (morte en 869), femme de Charles le Chauve, et Carloman (en fait enterré à

Saint-Rémi de Reims), frère de Charlemagne, roi d'Alémanie, de Bourgogne et de Provence de 768 à 771 ; Louis III, roi de 879 à 882, et son frère Carloman III, coroi de 879 à 882, et seul roi des Francs de 882 à 884.

À gauche, Eudes, roi de 888 à 898, et son petit-neveu (Hugues Capet), roi de 987 à 996 ; Robert le Pieux, coroi avec son père Hugues Capet, puis seul roi de 996 à 1031, et sa troisième femme, Constance d'Arles, morte en 1032 ; Henri Ier, coroi à partir de 1027 et seul roi de 1031 à 1060, et son petit-fils Louis VI, coroi de 1108 à 1137 ; Philippe, fils de Louis VI, coroi de 1129 à 1131, et Constance de Castille, deuxième femme de Louis VII, morte en 1160.

Ce qui confirme la volonté de Saint Louis de réserver la nécropole de Saint-Denis aux seuls rois et reines, ce sont les dispositions qu'il prit pour la sépulture de Royaumont consacrée en 1235, qu'il avait fondée avec sa mère Blanche de Castille et qui fut, si l'on peut dire, son domaine religieux préféré, la nécropole des enfants royaux. Il y avait déjà fait transporter, avant même la consécration de l'église, le corps de son jeune frère Philippe Dagobert, mort en 1233 ou 1234. Il y fit ensuite déposer sa fille Blanche (1240-1243), son fils Jean (1247-1248) et son fils aîné, Louis, mort à l'âge de seize ans en 1260. Le plus étonnant fut que Saint Louis, apprenant sur son lit de mort devant Tunis, en août 1270, la mort de son fils bien-aimé Jean Tristan, comte de Nevers, né vingt ans plus tôt à Damiette, lors de la première croisade de son père et emporté par l'épidémie de dysenterie à laquelle le roi allait aussi succomber, ordonna qu'il fût inhumé à Royaumont, l'excluant ainsi de Saint-Denis[116].

Mais, ce qui est frappant, c'est qu'avec Saint Louis s'exprime un programme précis et grandiose. Ce qui s'affirme, ce n'est pas le roi seul, ou la famille royale, c'est la dynastie ou, plutôt, à nouveau la fiction de la continuité monarchique, le fait monarchique, la couronne. Un fait monarchique auquel la reine, car l'Église fait triompher son modèle monogamique du mariage[117], est associée. L'ordonnance des tombes de Saint-Denis par Saint Louis fait porter l'accent, quand cela est possible, sur les couples Pépin et Berthe, Robert et Constance. L'idéologie monarchique, qui prend sous Saint Louis une force nouvelle, s'exhibe, devient ostentatoire, soit dans ses expressions théoriques, soit, surtout, dans son cérémonial, parallèlement au nouveau cérémonial de la Fête-Dieu, instituée par Urbain IV en 1264 (Dieu est plus que jamais le grand modèle du roi), du couronnement, que règlent minutieusement des *ordines* nouveaux[118], aux funérailles et à l'ostentation mortuaire. Les rois morts vont désormais montrer la pérennité du fait monarchique. Ils sont enrôlés pour l'éternité dans la propagande de la monarchie et de la nation, une nation qui ne sait encore s'affirmer qu'à travers le *regnum*, le royaume.

Ce qui est nouveau, c'est que Saint Louis ne se contente pas de regrouper les corps royaux, il les exalte et les exhibe. Il les fait sortir du sol de la basilique et les « élève » dans des tombeaux, à deux pieds et demi au-dessus du niveau de la terre. Mieux encore, il les offre aux yeux sous l'apparence de statues sculptées placées sur ces tombeaux. Un programme artistique renforce et exprime le programme idéologique.

Il s'exprime d'abord dans un espace. À l'origine, comme c'était en général le cas pour les sépultures de grands personnages dans les églises, les rois de Saint-Denis étaient enterrés dans le chœur à proximité du grand autel (ou autel de la Sainte-Trinité) et de l'autel des reliques (de Saint-Denis, Rustique et Éleuthère), placé au fond du chœur. Quand Suger fit reconstruire le chœur entre 1140 et 1144, il fit sans doute déplacer l'autel de la Trinité sans toucher aux sépultures royales car, écrit-il dans sa *Vie de Louis VI*, lorsqu'il fallut enterrer le roi en 1137, on crut d'abord qu'il faudrait déplacer la tombe de l'empereur Charles le Chauve[119] — ce qui le choquait, car « ni le droit ni la coutume ne permettent d'exhumer des rois[120] ». Un siècle plus tard, l'attitude à l'égard des corps royaux avait changé. L'idée monarchique primait désormais le respect des cadavres royaux. Or, sous Saint Louis, le chœur fut remanié et, surtout, un nouveau transept d'une exceptionnelle ampleur fut construit. Les spécialistes discutent de la date de ce transept. Il me paraît très vraisemblable qu'il fut, en tout cas, destiné à recevoir les tombeaux royaux[121].

Le rassemblement dans un lieu déterminé et selon un ordre raisonné de seize corps de rois et de reines appartenant à trois dynasties successives dont on veut souligner la continuité, c'est déjà un programme impressionnant. Ce programme confine à l'extraordinaire quand Saint Louis le fait compléter par l'exécution simultanée de seize statues de gisants placées sur les tombes déjà exaltées. Il faut donc examiner la place dans l'idéologie funéraire royale de ce grand personnage créé par le christianisme médiéval : le gisant[122]. Mais il faut d'abord remonter de nouveau aux origines.

Philippe Ariès a magnifiquement analysé la révolution du tombeau de l'Antiquité à la chrétienté médiévale. Pour les familles riches (car ces programmes funéraires, au Moyen Âge comme dans l'Antiquité, ne concernaient que les catégories supérieures de la société), le tombeau est un monument, un mémorial, avec le portrait du mort, une inscription et, pour les plus riches, des sculptures. Avec le christianisme, la tombe devient anonyme ; portrait, inscription, sculpture disparaissent. Le sarcophage, peu à peu, cède la place au cercueil en plomb, puis en bois. Le tombeau s'enfonce au ras du sol et le monument funéraire chrétien typique est la dalle tombale. À partir de la fin du XIe siècle, il y a retour au tombeau commémoratif, renaissance de l'identité du mort. Cette mutation est un aspect du grand essor de l'Occident chrétien, du XIe au milieu du XIIIe siècle. L'apparente renaissance de l'Antiquité n'est qu'un moyen pour les clercs de formuler la puissante novation de ce développement. Un de ses aspects les plus significatifs est le retour à l'usage du tombeau visible et, comme le dit Philippe Ariès, « souvent dissocié du corps ». Le christianisme garde, en effet, vis-à-vis du corps une attitude ambiguë qui oscille entre l'indifférence et la révérence polie. Le corps n'est qu'un prétexte à leçon et celle-ci, la plus importante, peut se détacher de son origine périssable. Mais, en même temps, les hommes de la Chrétienté en expansion investissent de plus en plus dans cet ici-bas qu'ils transforment. Le *contemptus mundi*, le « mépris du monde », grand slogan de l'esprit monastique, recule face aux valeurs terrestres. Dans cette récupération de l'ici-bas, la sculpture retrouve les voies de la figuration et du tridimensionnel. C'est l'explosion de la statuaire. Elle touche les morts comme les vivants. La statue vivante et debout se détache de la colonne, la statue du mort couché s'arrache à la platitude de la dalle.

Il faut ici marquer la diversité des voies et des solutions. Si le mort debout ou assis ne ressuscite guère, le tombeau vertical et mural, le grand monument retrouvent le sens de la verticalité dans la commémoration funéraire. La dalle connaît un grand essor en Angleterre. La plaque d'émail a orné les tombes de Geoffroi Plantagenêt (seconde moitié du XIIe siècle), de Jean et de Blanche, enfants de Saint Louis à Royaumont[123].

Mais la création la plus originale est celle du gisant. Il faut ici souligner, avec Erwin Panofsky, un des grands clivages culturels et idéologiques de l'Occident médiéval. Dans la Chrétienté méridionale, en Italie et en Espagne, c'est la solution du tombeau vertical[124], du grand monument, qui l'emporte et, surtout, quand il y a gisant, ces gisants sont des morts : les draperies de leurs vêtements sont des plis de suaire, ils ne tiennent pas les attributs de leur pouvoir qu'on a déposés près d'eux, ils ne font pas de gestes et, surtout, leurs yeux sont fermés ou mi-clos. Au contraire, dans le gothique nordique, le gisant est sinon maintenu en vie, du moins pris dans la mise en scène d'une vision eschatologique : ses yeux sont ouverts sur la lumière éternelle. Erwin Panofsky a bien évalué l'équilibre qui existe dans ces gisants entre la volonté d'y exprimer la force des valeurs terrestres, l'exaltation de la mémoire de ces morts puissants et le désir de les représenter dans la perspective eschatologique dans laquelle ils doivent être vus : « La sculpture funéraire du Moyen Âge nordique tout en étant dans ses motivations essentiellement "prospective" ou *anticipatory* diffère de celle des premiers âges chrétiens en cela que les valeurs terrestres n'y sont plus ignorées[125]. »

Le thème du gisant, à partir du XIe siècle, a connu un essor à la faveur de deux figures du pouvoir qui caractérisent le Moyen Âge : les évêques et les rois. Le plus ancien gisant conservé dans la France du Nord est celui de Childebert, exécuté peu avant 1163 pour Saint-Germain-des-Prés. Le premier programme funéraire de gisants réalisé dans l'Occident médiéval semble être celui qui concerna les rois Plantagenêts à Fontevrault dans les premières années du XIIIe siècle. Il n'est pas impossible que l'exemple de Fontevrault — les monarchies anglaise et française s'étant, au cours du Moyen Âge, livrées à une véritable compétition dans le domaine non seulement de la puissance, mais des instruments et des symboles du pouvoir[126], Henri III et Saint Louis ayant noué d'étroites relations — ait inspiré le programme funéraire royal de Saint Louis à Saint-Denis. Mais celui-ci est d'une tout autre ampleur.

Philippe Ariès a posé le problème du rapport entre la mode sculpturale du gisant et le rituel de l'exposition du mort entre son décès et ses funérailles. Pour mettre l'accent sur l'invention idéologique, il a soutenu que le gisant n'était pas la copie du mort exposé mais que, au contraire, l'exposition du mort s'était faite sur le modèle du gisant. Je dirai, plus prudemment, qu'entre le milieu du XIIe et le milieu du XIIIe siècle l'habitude s'est prise, pour le cérémonial des funérailles des grands personnages, pour la description de la mort des héros dans les œuvres littéraires et dans la représentation des gisants par l'art, de montrer les morts illustres dans des poses nouvelles et identiques, allongés, la tête sur un coussin et les pieds sur des objets symboliques, munis d'insignes de leur pouvoir du temps où ils étaient vivants. Philippe Auguste fut le premier roi de France dont les documents nous disent que son corps fut exposé avec sceptre et couronne de sa mort à Mantes, le 14 juillet 1223, à son inhumation, le lendemain à Saint-Denis[127].

Quelle est la place, dans cette lignée de morts littéraires ou « réels », des gisants des tombeaux royaux de Saint-Denis ?

D'abord, le gisant reste un personnage chrétien, une création qui n'est qu'une créature, quelle qu'en soit l'exaltation. Comme l'a bien dit Willibald Sauerländer, à la différence de la statue antique, la statue médiévale, couchée ou debout, « n'est pas priée ou vénérée, elle n'est pas l'objet d'un culte, elle n'est toujours que la représentation, le reflet d'une figure de l'histoire du salut : image *(imago)* et non statue *(statua)* ». Image, double, archétype, *imago* au sens de la psychanalyse, proche du complexe, schème imaginaire instituant entre le personnage représenté et celui qui le regarde des relations qui, pour n'être pas du domaine de la domination par le sacré, le sont de la domination par le pouvoir. Le gisant récupère aussi une vieille aspiration des chrétiens face à la mort, très présente dans les inscriptions funéraires et la liturgie des morts des premiers siècles du christianisme. Le gisant est un *requiem* de pierre. Le sculpteur ne fait que représenter l'idée des contemporains du transfert des corps. Guillaume de Nangis, on l'a vu, parle de la « translation des rois de France qui *reposaient* en divers lieux de ce monastère ». Loin des morts assaillis par les démons, comme encore Dagobert sur le monument du chœur de l'abbatiale, les seize rois de la nécropole royale vivent dans le calme le temps qui les sépare de la résurrection. Le corps des rois et des reines est soustrait à la menace de l'enfer.

Les gisants sont représentés dans la force de l'âge. La sculpture funéraire de l'époque néglige l'âge auquel sont décédés les morts. Sur leurs dalles funéraires de Royaumont, les enfants de Saint Louis, Blanche et Jean, morts respectivement à trois et un ans, sont représentés comme de grands enfants, presque des adolescents. La vieillesse étant exclue de ces représentations idéalisées, il ne reste que deux catégories abstraites : l'enfance en marche vers l'âge adulte et le bel âge, le seul auquel le Moyen Âge a accordé une valeur vraiment positive, l'âge adulte. Peut-être l'idée que les morts ressusciteraient avec le corps de leur trente ou trente-trois ans, l'âge du Christ, a-t-il inspiré des sculpteurs. Mais je crois que l'idéal du bel âge suffit à expliquer l'aspect des gisants du XIIIe siècle.

Semblables aux statues gothiques représentant les personnages positifs (Dieu, la Vierge, les anges, les vertus, les rois et les reines bibliques), les gisants royaux, même si l'on peut distinguer des variations de style dues à trois artistes différents dans leurs traits, sont tous calmes et beaux. Il est donc vain de chercher sur le visage de ces gisants — d'ailleurs morts depuis longtemps, à la fin du règne de Saint Louis — la volonté d'un réalisme qui rendait l'individualité physique des morts royaux. Je crois, avec Alain Erlande-Brandenburg, que Saint Louis lui-même n'a pas été représenté sous ses propres traits par les artistes qui auraient pu le connaître ou auraient pu interroger des vivants qui l'avaient connu. Il y a, certes, dans les gisants du programme de Saint-Denis un effort pour restituer l'individualité des visages, mais ce n'est pas encore du réalisme. Les gisants relèvent d'une idéologie de la royauté, non d'une quête de la ressemblance singulière des rois.

Enfin et surtout, les gisants de Saint-Denis ont les yeux ouverts, ouverts sur l'éternité. Déjà Suger, parlant des funérailles de Louis VI, tout en insistant sur le rôle de Saint-Denis, sur l'importance de la proximité du corps du roi avec les reliques du saint, évoquait l'attente de la résurrection : « C'est là [entre l'autel de la Sainte Trinité et l'autel des reliques] qu'il attend le moment de participer à la résurrection future, d'autant plus proche en esprit du collège des saints esprits que son corps se trouve enseveli plus près des saints martyrs pour bénéficier de leur secours. » Et le savant abbé d'appeler à la rescousse Lucain (*Pharsale*, IV, 393), en modifiant et en déformant d'ailleurs la citation :

> *Felix qui potuit, mundi nutante ruina,*
> *Quo jaceat prescisse loco.*
>
> Heureux celui qui a pu savoir à l'avance
> quand le monde menacera ruine
> en quel point il se trouvera couché !

En définitive, le programme funéraire royal de Saint Louis à Saint-Denis assure à la monarchie, à la dynastie capétienne, le pouvoir absolu sur le temps. La continuité, qui y est affirmée, des Mérovingiens jusqu'à l'époque de Louis IX livre le passé à la monarchie. Depuis qu'il y a des rois des Francs, le pouvoir leur a appartenu. Le rassemblement simultané de tous ces rois et ces reines dont la vie s'est échelonnée sur six siècles, dont chacun n'a pas connu la plupart des autres, les fait se trouver désormais ensemble dans un éternel présent.

La position allongée, horizontale[128], de repos, de ces gisants, leurs yeux ouverts qui disent l'attente et l'espoir de la résurrection les relient au futur et à l'avenir. Un futur tranquille, celui du temps qui s'écoulera entre leur mort et le Jugement dernier que l'on croit de moins en moins proche[129], celui, enfin, de l'éternité que cherchent à apercevoir dans leurs prunelles vides, mais ouvertes, ces morts vivants, prêts à convertir leur gloire terrestre toujours présente en une gloire céleste[130].

LOUIS IX SE CROISE
POUR LA SECONDE FOIS

En 1267, Louis décide une nouvelle croisade. Il le fait connaître dans une assemblée de prélats et de barons, le jour de l'Annonciation, le 25 mars 1267. Lors d'une nouvelle assemblée, le 9 février 1268, il précise qu'il partira au mois de mai 1270. Sa décision a sans doute été prise dans l'été 1266, car il en a informé secrètement le pape, en octobre de cette année. Jean Richard a bien montré comment l'évolution de la situation militaire et politique en Méditerranée orientale expliquait cette décision. C'est ce qu'il appelle « le retour vers la Méditerranée et l'Orient[131] ».

Il y a d'abord eu l'établissement de son frère, Charles d'Anjou, en Italie du Sud et en Sicile. La Sicile peut devenir une base d'opérations plus sûre que sous le fantasque Frédéric II et ses héritiers et moins lointaine que Chypre.

Il y a eu, ensuite, le renoncement définitif à l'alliance mongole. Cependant, une lettre du Khan Hülegü à Saint Louis, rédigée en 1262, a offert une alliance explicite contre les musulmans et la promesse de laisser aux chrétiens Jérusalem et les lieux saints. Mais la conquête toute récente de la Syrie par les Mongols victorieux des musulmans laissait planer un doute sérieux sur leurs intentions en Terre sainte. Le rappel, dans la lettre d'Hülegü, de la nécessaire reconnaissance par les chrétiens de la suzeraineté mongole fournit la raison ou le prétexte du refus[132].

Il y a, en troisième lieu, la situation politique et militaire. Les Grecs ont reconquis Constantinople en 1261 et mis fin à l'empire latin de Byzance. La voie de terre et la partie des côtes septentrionales de la Méditerranée orientale sont entre leurs mains et elles sont devenues, du même coup, incertaines.

Enfin et surtout, les victoires du sultan mamelouk Baïbars en Palestine, la reconquête des Latins d'une partie du littoral de la Terre sainte marquent une aggravation et une accélération de la menace musulmane sur les lieux saints.

Comment faut-il comprendre le choix de Tunis comme destination première de la croisade ? On a souvent invoqué la pression exercée sur son frère par Charles d'Anjou, désormais roi de Sicile et soucieux de contrôler les deux rives du détroit de Sicile et le passage de Méditerranée occidentale en Méditerranée orientale. Il me semble que c'est plutôt la commodité d'utilisation de la Sicile qui a joué et non une pression directe de Charles, qui était surtout intéressé par l'Empire byzantin. Dans l'hypothèse que j'ai avancée d'une croisade qui serait autant une croisade d'expiation et de conversion qu'une croisade de conquête, le sultan de Tunis pouvait apparaître comme une cible religieuse favorable, car les illusions de la conversion d'un grand chef musulman semblent, à la fin des années 1260, s'être déplacées des sultans et émirs d'Orient sur le maître de Tunis. Enfin a pu jouer, comme on l'a supposé, l'ignorance de la géographie que Saint Louis et les Français partageaient avec tous leurs contemporains : ils auraient cru que la Tunisie était beaucoup plus proche de l'Égypte qu'elle ne l'était en réalité et qu'elle constituerait donc une bonne base terrestre pour une attaque ultérieure du sultan[133].

Ultimes purifications avant la croisade

À l'approche du départ fixé en 1270, les rappels de mesures purificatrices se multiplient.

Une ordonnance de 1268 ou de 1269 interdit et réprime de nouveau le « vilain serment », c'est-à-dire le blasphème, acte de lèse-majesté divine, auquel le roi est particulièrement sensible en raison de l'importance que, comme son siècle, il accorde à la parole et de l'idée, de plus en plus répandue, de lèse-majesté pour la construction de l'État monarchique. Le roi précise qu'elle doit être observée « dans les terres du roi, dans celles des seigneurs et dans les villes de commune », autrement dit dans l'ensemble du royaume[134].

En 1269, une ordonnance oblige les juifs à assister aux sermons des convertisseurs et à porter la rouelle de feutre ou de drap écarlate. Cette marque infamante, conforme aux pratiques médiévales en matière de signes d'infamie caractéristiques d'une société de la dénonciation symbolique, est l'ancêtre de l'étoile jaune. Louis IX avait obéi à un rappel de la papauté demandant aux princes chrétiens de faire appliquer cette mesure, décidée par le quatrième concile du Latran (1215), et à l'incitation d'un dominicain qui était probablement un juif converti[135].

Enfin, une semaine avant de s'embarquer, Louis envoie d'Aigues-Mortes, le 25 juin 1270, aux « lieutenants » à qui il avait confié le royaume en son absence, l'abbé de Saint-Denis, Mathieu de Vendôme, et Simon de Nesle, une lettre leur recommandant de sévir contre les pollueurs du royaume : blasphémateurs, prostituées, malfaiteurs et autres scélérats.

La campagne de prédication de la croisade fut également très active[136]. Cette stimulation fut sans doute d'autant plus nécessaire que le sentiment d'hostilité à la croisade grandissait[137]. Joinville lui-même refusa d'y participer. Il allégua que, pendant la croisade d'Égypte, les sergents du roi de France et ceux du roi de Navarre, comte de Champagne, avaient « détruit et appauvri ses gens » et que, s'il croisait à nouveau, il irait contre la volonté de Dieu qui lui avait donné pour office de protéger et « sauver son peuple[138] ». Ainsi la Chrétienté se repliait sur elle-même. Le service de Dieu n'était plus outremer, mais à l'intérieur de l'Europe chrétienne. La Terre sainte sortait des limites de la Chrétienté, et rares étaient désormais ceux qui, comme Saint Louis, voyaient en la Méditerranée une mer interne à la Chrétienté. Le poète Rutebeuf, partisan de la croisade, loue l'attitude de Saint Louis dont il attaque pourtant l'engouement pour les frères Mendiants, mais ses poèmes, notamment « La disputaison du croisé et du décroisé », expriment bien le débat qui secoue la Chrétienté[139].

La préparation matérielle de la croisade a été aussi minutieuse que pour la croisade d'Égypte. La préparation financière s'appuya à nouveau sur la levée de « tailles » urbaines et de décimes ecclésiastiques. Le roi eut aussi recours à des emprunts par l'intermédiaire des Templiers. Ses frères, en particulier Alphonse de Poitiers, se préparèrent aussi avec beaucoup de soin[140].

La préparation diplomatique eut encore moins de succès que pour la croisade d'Égypte. Après la mort du pape Clément IV, le 29 novembre 1268, la vacance du trône pontifical se prolongea jusqu'en 1271. Au moment de la croisade de Tunis, la Chrétienté n'a pas de pape. Le roi Jacques Ier d'Aragon voulut partir le premier en 1269, mais à destination d'Acre. Sa flotte fut prise dans une tempête et il renonça. Seul le fils aîné du roi d'Angleterre, Édouard, prit la croix, mais il ne devait embarquer à Aigues-Mortes que trois mois après Saint Louis.

La croisade de Tunis est cependant l'occasion d'une grande innovation. Excédé par les conditions des Vénitiens, Saint Louis traita essentiellement avec les Génois pour la constitution d'une flotte et, à côté des navires loués comme précédemment, il fit construire des bateaux qui resteront sa propriété. Au lieu de donner, comme en 1248, le commandement de la flotte à deux Génois, il nomme un Français amiral pour la première fois dans l'histoire de France, le seigneur picard Florent de Verennes. Mais, sous Philippe le Bel, c'est dans les mers du Nord que naîtra la marine militaire française au service des guerres contre les Anglais et les Flamands.

La croisade de Tunis voit aussi un effort pour mieux organiser la continuité de l'administration royale en l'absence du roi hors de France. On créa un sceau royal spécial : *Si(gillum) Ludovici Dei G(ratia) Francor(um) reg(is) in partibus transmarinis agentis* (« Sceau de Louis, par la grâce de Dieu roi des Français en expédition outremer »). L'envers offrait la représentation de la couronne dont on a souligné avec pertinence l'importance symbolique qu'elle a acquise : « Le modèle adopté en dit long sur la signification qu'avait prise le symbole de la couronne, à la faveur du travail des légistes de l'entourage royal[141]. » À nouveau, il a voulu mettre le plus de choses en ordre dans le royaume avant son départ. Il fait son testament au début de 1270. C'est essentiellement une liste de legs à des maisons religieuses. À une date indéterminée, il rédige ses conseils *(Enseignements)* à son fils Philippe et à sa fille Isabelle. Il avait fait, l'année précédente, une tournée dans le domaine royal comme avant la croisade de 1248 : il s'était alors acquis la faveur de prières en échange de la distribution de reliques, par exemple à l'évêque de Clermont, aux dominicains de Rouen, à un couvent de Dijon. Il suscitait des occasions de réparer des injustices dans des lieux qu'il avait peu fréquentés. Il visite ainsi Ham en Picardie, Meaux, Vendôme, Tours. En mars, il a réglé le problème du gouvernement en son absence. Il confie « la garde, la défense et l'administration du royaume », avec le sceau royal particulier, à l'abbé de Saint-Denis, Mathieu de Vendôme, et à Simon de Nesle, son plus ancien et proche conseiller. Si l'absence de la reine Marguerite et de hauts prélats étonne, il faut penser, je crois, avec Jean Richard, que « le roi de France a tenu à laisser le gouvernement à ceux qui étaient le plus étroitement associés à son exercice, pour assurer la continuité de l'action gouvernementale ; et ceci serait un indice de la dimension qu'avait prise le sens de l'État au temps de Saint Louis[142] ». Au tout récent évêque de Paris, Étienne Tempier, il confie enfin le droit de conférer les bénéfices, prébendes et dignités ecclésiastiques qui sont à la disposition du roi après avoir pris conseil du chancelier de l'Église de Paris, du prieur des Dominicains et du gardien des Franciscains de Paris, le chapitre de Notre-Dame, les Prêcheurs et les Mineurs — c'est le trio religieux maître de Saint Louis à Paris.

Le départ reproduit celui de 1248. Le 14 mars 1270, le roi va à Saint-Denis prendre le bâton de pèlerin et l'oriflamme, dont la levée signifie le départ en campagne de l'armée royale ; le 15, il se rend pieds nus du palais de la Cité à Notre-Dame de Paris. Il fait ses adieux à la reine Marguerite au château de Vincennes d'où il part. Les étapes du voyage sont jalonnées de grands sanctuaires, Villeneuve-Saint-Georges, Melun, Sens, Auxerre, Vézelay, Cluny, Mâcon, Vienne et Beaucaire. À Aigues-Mortes, le roi et ses trois fils sont rejoints par d'autres croisés, notamment son gendre, Thibaud de Navarre. Il faut attendre les navires, et une véritable bataille éclate entre Catalans et Provençaux d'un côté, Français de l'autre. Elle fait une centaine de morts. Louis fait pendre ceux qu'on estime responsables. Il s'embarque enfin le 1er juillet 1270 sur la nef *La Montjoie*.

La « voie de Tunis » va être, comme on sait, un chemin de croix pour Saint Louis. Le cauchemar d'Égypte se reproduit en pire. Après une brève escale en Sardaigne, et non en Sicile comme on s'y attendait (le secret fut gardé jusqu'au dernier moment)[143], le roi débarque près de Tunis, à la Goulette, le 17 juillet. Le débarquement est réussi[144], mais l'espoir d'une conversion de l'émir musulman se révèle très vite une nouvelle fois illusoire, sauf pour Louis, qui ne veut pas y renoncer. De nouveau, le fléau méditerranéen, l'épidémie de dysenterie ou de typhus, fond sur l'armée des croisés. Après son fils Jean Tristan, mort dès le 3 août, Saint Louis meurt à son tour le 25 août.

Des nombreux récits plus ou moins officiels de sa mort, je retiens celui de son confesseur Geoffroy de Beaulieu, témoin oculaire :

> Peu après [la mort, le 3 août, de son fils Jean Tristan, qu'on s'efforça de lui cacher mais qu'il apprit avec une grande douleur[145]] la volonté de Dieu qui voulut achever heureusement ses tribulations et lui donner le fruit glorieux de ces bonnes tribulations, il dut s'aliter sous le coup d'une fièvre continuelle et, comme la maladie s'aggravait, il reçut sain d'esprit, en pleine conscience très chrétiennement et très dévotement les derniers sacrements de l'Église. Quand nous lui montrions le sacrement de l'extrême-onction en récitant les sept psaumes avec la litanie, lui-même récitait les versets des psaumes et nommait les saints dans la litanie,

invoquant très dévotement leurs suffrages. Alors qu'à des signes manifestes il s'approchait de la fin, il n'avait pas d'autre souci que les affaires de Dieu et l'exaltation de la foi chrétienne. Comme il ne pouvait plus parler qu'à voix basse et avec peine, à nous, debout autour de lui et tendant l'oreille vers ses paroles, cet homme plein de Dieu et vraiment catholique disait : « Essayons, pour l'amour de Dieu, de faire prêcher et d'implanter la foi catholique à Tunis. Oh quel prédicateur capable pourrait-on y envoyer ! » Et il nommait un frère Prêcheur, qui y était allé en d'autres circonstances et était connu du roi de Tunis. C'est ainsi que ce vrai fidèle de Dieu, ce constant et zélé pratiquant de la foi chrétienne, acheva sa sainte vie dans la confession de la vraie foi. Comme la force de son corps et de sa voix déclinait peu à peu, il ne cessait pourtant de demander les suffrages des saints auxquels il était spécialement dévot, autant que ses efforts lui permettaient de parler, et surtout saint Denis, patron particulier de son royaume. Dans cet état, nous l'avons entendu répéter plusieurs fois dans un murmure la fin de la prière que l'on dit à Saint-Denis : « Nous te prions Seigneur, pour l'amour de toi, de nous donner la grâce de mépriser la prospérité terrestre et de ne pas craindre l'adversité. » Il répéta plusieurs fois ces paroles. Il répéta aussi plusieurs fois le début de la prière à saint Jacques apôtre : « Sois, Seigneur, le sanctificateur et le gardien de ton peuple[146] », et rappela dévotement la mémoire d'autres saints. Le serviteur de Dieu, allongé sur un lit de cendres répandues en forme de croix rendit son souffle bienheureux au Créateur ; et ce fut à l'heure précise où le fils de Dieu pour le salut du monde expira en mourant sur la croix[147].

Ainsi le roi-Christ mourut dans l'éternel présent de la mort salvatrice de Jésus. Selon une tradition, il aurait murmuré dans la nuit qui précéda sa mort : « Nous irons en Jérusalem. »

V

VERS LA SAINTETÉ :
DE LA MORT À LA CANONISATION
(1270-1297)

LES TRIBULATIONS DU CORPS ROYAL

Voilà le roi Louis IX mort en terre infidèle. Il ne peut être question de laisser ses restes en ces lieux hostiles, hors de la Chrétienté et loin de son royaume de France. Il faut rapatrier son cadavre. Cela oblige donc à avoir recours au procédé employé depuis Charles le Chauve, au IXe siècle, quand le souverain meurt loin de la nécropole royale et qu'on ne veut ou qu'on ne peut pas l'enterrer près de son lieu de mort : conserver son corps. Comme on ne maîtrise pas la technique de l'embaumement, on fait bouillir le corps dans du vin mélangé d'eau de telle sorte que les chairs se détachent des os qui sont la partie précieuse du corps à conserver.

Le problème technique se double d'un problème politique bien plus grave. Arrivé peu après la mort de son frère avec sa flotte et son armée (une tradition probablement légendaire veut qu'il ait débarqué au moment même de la mort du roi), Charles d'Anjou, roi de Sicile, tente de s'imposer comme chef de l'armée, face à son jeune neveu inexpérimenté, Philippe III. À l'instigation, sans doute, des conseillers de son père présents en Tunisie, le jeune roi affirme pourtant sans tarder son autorité. De même qu'on ne pouvait enterrer rapidement son père à Saint-Denis, il ne pourra lui-même être sacré à Reims avant des mois. Il se fait donc prêter, dès le 27 août, un serment de fidélité par les barons et les chefs d'armée qui l'entourent. Le 12 septembre, il envoie deux messagers confirmer à Mathieu de Vendôme les pouvoirs que son père avait confiés à lui et à Simon de Nesle. Il leur expédie également le testament de Louis IX et leur enjoint de continuer à utiliser le sceau d'absence que le défunt roi leur a laissé, mais en remplaçant dans l'inscription le nom de son père par le sien. De fait, on commencera à dater les actes de son règne à partir de la mort de son père, le 25 août 1270. Ainsi est réglé le délicat problème de l'interrègne selon les décisions de Louis IX et selon les modalités propres à assurer la continuité que la monarchie française a mises peu à peu au point.

Le sort du cadavre royal devient dès lors un enjeu politique entre Charles d'Anjou et son neveu, le jeune Philippe III. Chacun propose d'abord sa solution, qui semble correspondre à une optique différente raisonnable. Philippe veut que les restes de son père soient rapatriés le plus vite possible en France. Mais le voyage d'un tel « cadavre » ne s'improvise pas. Charles propose que les restes de son frère aillent reposer dans son royaume en Sicile. L'argument de la facilité semble l'inspirer : l'île est proche, le voyage sera rapide. Lui et ses successeurs veilleront sur les restes du roi. Mais, bien entendu, il y a derrière cet argument de bon sens un calcul politique. Selon la rumeur politique, Louis IX a des chances de devenir un saint officiel. Quelle source de prestige et de bénéfices matériels pour la dynastie angevine de Sicile que de posséder sur son sol ces reliques ! Finalement, nous disent les chroniqueurs, les deux rois, l'oncle et le neveu, parviennent à une solution plus « sage » (plus « saine », *sanior*). C'est d'abord un compromis entre les deux monarques : les entrailles et les chairs seront données au roi de Sicile, les ossements iront à Saint-Denis dans la nécropole royale. Le jeune roi, sans doute bien appuyé par les prélats et les grands français, a bien résisté. Il a gagné l'essentiel, les os susceptibles de devenir des reliques à part entière, les os, la partie dure du cadavre face à la mollesse des chairs et des entrailles, dans cette dialectique corporelle du dur et du mou, qui est, symboliquement, une dialectique de pouvoir. Pour le cœur, il y a un doute. Pour certains témoins comme Geoffroy de Beaulieu, Philippe III aurait accepté que son oncle l'emporte avec les entrailles à Monreale. Pour d'autres, plus crédibles, il l'emmena avec les os à Saint-Denis. On sait, en effet, que les moines de Saint-Denis estimaient que le cœur des rois devait demeurer avec leurs ossements[1], et une inscription du XVIIe siècle sur le tombeau de Saint-Denis attestera la présence du cœur à l'intérieur. Selon Louis Carolus-Barré, qui interprète les textes d'une façon qui me paraît les solliciter beaucoup, « l'armée exigea que son "cœur" demeurât en Afrique parmi les combattants et l'on ne sait trop ce qu'il devint[2] ». Une autre hypothèse, très contestable aussi, fit de la Sainte-Chapelle le lieu où fut déposé le cœur du saint roi[3].

Philippe s'est aussi rallié à l'idée de ne pas envoyer en avance, exposé à tous les dangers, le cadavre de son père, mais d'attendre qu'il puisse lui-même, le nouveau roi, l'accompagner en convoi, avec l'armée pour qui ce corps qu'on pressent être « saint » sera une protection, je n'ose dire un porte-bonheur.

On procède alors au dépeçage du cadavre royal. Les textes des témoignages convergent, avec quelques différences de détail. Selon Geoffroy de Beaulieu : « Les chairs de son corps furent bouillies et séparées de ses os[4]. » Selon Primat : « Les valets de la chambre du roi et tous les serviteurs *(ministres)* et ceux à qui l'office appartenait, prirent le corps du roi et le découpèrent *(départirent)* membre à membre et le firent cuire si longuement en eau et en vin que les os en churent tout blancs et tout nets de la chair et qu'on pouvait bien les ôter sans employer la force[5]. »

Après quelques escarmouches militaires et diplomatiques, les chrétiens signent un accord avec l'émir de Tunis le 30 octobre. L'émir obtient le départ des croisés et la récupération du terrain occupé contre une indemnité de guerre, la liberté de commerce en Tunisie pour les marchands chrétiens et le droit pour les prêtres chrétiens de prêcher et de prier dans leurs églises.

LE RETOUR EN FRANCE

Le 11 novembre, l'armée chrétienne rembarque et, le 14, la flotte jette l'ancre dans le port de Trapani, en Sicile. Le roi et la reine de France débarquent le 15, mais il restait beaucoup de monde à bord. Or, dans la nuit du 15 au 16, une terrible tempête se déchaîne et la plus grande partie de la flotte est détruite. Le voyage de retour est placé sous la protection des ossements de Louis IX et de son fils Jean Tristan dont le corps avait été bouilli comme le sien ; leurs ossements avaient été placés dans de petits cercueils. Celui de Louis IX était porté sur deux barres reposant sur le dos de deux chevaux. Le troisième contenait le corps du chapelain du feu roi, Pierre de Villebéon. Un nouveau deuil frappe la famille royale à Trapani : le gendre de Louis IX, Thibaud de Champagne, roi de Navarre, meurt à son tour. Le cortège s'accroît d'un cercueil. Il faudra bientôt en fabriquer un cinquième pour la nouvelle reine de France : la jeune Isabelle d'Aragon, femme de Philippe III, fait une chute de cheval le 11 janvier 1271 en traversant une rivière en crue en Calabre, donne prématurément le jour à un enfant mort-né et meurt le 30 janvier.

Voici le jeune roi et son armée avec ces cercueils, remontant lentement l'Italie, en traversant Rome, Viterbe où les cardinaux n'arrivent pas à élire un pape, Montefiascone, Orvieto, Florence, Bologne, Modène, Parme, Crémone, Milan, Verceil, franchissant les Alpes dans le Mont-Cenis, au pas de Suse ; remontant la vallée de la Maurienne, ils traversent Lyon, Mâcon, Cluny, Châlons, Troyes et arrivent finalement à Paris, le 21 mai 1271. Encore le nouveau roi a-t-il laissé deux autres cercueils derrière lui, ceux de son oncle Alphonse de Poitiers et de la femme de ce dernier, Jeanne, morts à un jour d'intervalle en Italie et enterrés dans la cathédrale de Savone. Le cercueil de Louis IX est exposé à Notre-Dame de Paris et les funérailles ont lieu à Saint-Denis le 22 mai, presque neuf mois après la mort du roi, au milieu de vifs incidents entre le clergé parisien et les moines de Saint-Denis.

VERS LA CANONISATION

Commence alors une période de survie pour le roi mort et enterré. Son corps a déjà fait des miracles.

Les entrailles en ont accompli de nombreux dans la dévote Sicile, terre fertile en miracles populaires. L'Église en reconnaîtra deux. Elle en acceptera deux autres survenus lors du passage du cercueil en Italie du Nord, à Parme et à Reggio d'Émilie, et un troisième survenu aux portes de Paris, à Bonneuil-sur-Marne. Bientôt, les miracles se multiplient à Saint-Denis, c'est le cas traditionnel des miracles accomplis au tombeau d'un saint.

Mais, depuis près d'un siècle, la renommée ne suffit plus pour faire des saints durablement reconnus dans la Chrétienté. La curie romaine s'est réservé le droit de faire des saints, elle est devenue, selon le mot de Jean-Claude Schmitt, « la fabrique des saints » ; elle les fabrique (ou les refuse) au terme d'un long processus, le procès en canonisation. C'est une procédure juridique d'enquête, qui prend souvent un aspect politique, car la curie romaine est une puissance pour qui la décision de la canonisation est un instrument de pouvoir. Pour faire ouvrir et aboutir un procès en canonisation, il faut enfin disposer, outre d'un bon dossier, de bons groupes de pression. Trois vont agir en faveur de la canonisation de Louis IX : la renommée *(bona fama, vox populi)*, la maison capétienne, l'Église de France. Il faut y ajouter les ordres religieux qu'il a favorisés et dont il était proche : Cisterciens, Dominicains, Franciscains. C'est beaucoup et pourtant, Louis IX va attendre vingt-sept ans après sa mort avant d'être canonisé. Ce qui scande cette longue période, ce sont les morts de papes qui restent peu de temps sur le trône pontifical (il faut souvent reprendre le procès depuis les phases antérieures, parfois lointaines, après la mort d'un pape) et l'alternance de pontifes favorables et de pontifes plus tièdes qui laissent dormir le dossier[6].

La première initiative revient au nouveau pape,

Grégoire X, élu le 1er septembre 1271 après une longue vacance. Thebaldo Visconti de Plaisance, qui n'était pas cardinal, se trouvait alors en Terre sainte. Arrivé à Viterbe, son premier acte pontifical est d'écrire le 4 mars 1272 au dominicain Geoffroy de Beaulieu, confesseur de Louis IX, pour lui demander de lui fournir le plus d'informations possible sur son royal pénitent pour qui il nourrit une vive admiration et qu'il considère comme un « véritable modèle pour tous les princes chrétiens ». Pontife hanté par la croisade, Grégoire X est fasciné par le croisé royal. Geoffroy de Beaulieu écrit en quelques semaines ou quelques mois un libelle de cinquante-deux chapitres sur la vie et le comportement de Louis, où il conclut qu'il estime que le défunt roi est digne d'être officiellement reconnu saint[7]. Grégoire X parle sans doute à Philippe III venu le saluer en mars 1274 à Lyon, avant l'ouverture du second concile œcuménique de Lyon (7 mai-17 juillet 1274), du procès de son père qu'il veut ouvrir. Mais le concile accapare l'attention du pape. L'année suivante, les groupes de pression s'activent. Nous possédons trois textes envoyés au pape pour lui demander de hâter l'ouverture du procès de canonisation de Louis IX : un de l'archevêque de Reims et de ses évêques suffragants (juin 1275), un autre de l'archevêque de Sens et de ses suffragants (juillet 1275), le dernier du prieur des dominicains de la « province » de France (septembre 1275). L'affaire prend une dimension « nationale » qui va s'accentuer. Grégoire demande alors à son cardinal-légat en France, Simon de Brie, ancien conseiller et chancelier de Louis IX, de procéder à une enquête *secrète* sur le feu roi. Simon de Brie procède rapidement, trop rapidement, car on lui reprochera d'avoir bâclé une affaire qui réclame un minutieux examen. Et voilà Grégoire X qui meurt le 10 janvier 1276.

Trois papes se succèdent sur le trône pontifical en moins d'un an et demi. Fin 1277, Nicolas III réclame une documentation sur les miracles et répond à Philippe III, qui lui a envoyé une ambassade pressante, qu'il lui faut une documentation plus approfondie, quelque persuadé qu'il soit de la sainteté de son père. Il charge de nouveau Simon de Brie d'un supplément d'enquête, *publique* cette fois-ci ; celui-ci se fait assister par deux prieurs, l'un dominicain et l'autre franciscain, par celui de Saint-Denis et deux autres religieux. Les résultats sont envoyés au pape qui en confie l'examen à deux cardinaux. Mais il meurt à son tour le 22 août 1280. C'est Simon de Brie qui lui succède. Devenu le pape Martin IV, il donne une impulsion décisive au procès. Une nouvelle assemblée de l'Église de France lui remet une supplique pressante. Il lui répond en assurant les prélats de sa bonne volonté, mais de la nécessité de faire les choses bien en ordre et posément. La sainteté de Louis IX n'en sera que mieux établie. Le 23 décembre 1281, Martin IV confie à l'archevêque de Rouen, aux évêques d'Auxerre et de Spolète l'enquête finale *(solenelle)* concernant la vie, les mœurs *(conversatio)* et les miracles de Louis. Il leur demande d'aller sur place, à Saint-Denis, enquêter sur les miracles que l'on dit se produire au tombeau de Louis et il leur adresse un schéma de questionnaire pour interroger les témoins. Les auditions durèrent de mai 1282 à mars 1283. Les enquêteurs entendront trois cent trente témoins sur les *miracles*, en général de pauvres gens, et trente-huit sur la *vie*, lesquels sont des gens importants, à commencer par le frère de Louis, le roi Charles d'Anjou (dont la déposition est reçue à Naples), ses deux fils, le roi Philippe III et le comte Pierre d'Alençon, les deux « régents » du royaume pendant la croisade de Tunis, Mathieu de Vendôme et Simon de Nesle, des chevaliers (dont l'ami et futur biographe du roi Joinville), des religieux et même trois religieuses hospitalières.

Les dossiers sont envoyés à Rome, mais l'affaire suit encore son cours quand Martin IV meurt le 28 mars 1285. Son successeur, Honorius IV, fait lire et discuter plusieurs miracles en consistoire, mais il disparaît le 3 avril 1287. Nicolas IV (1288-1292), un franciscain, désigne une nouvelle commission de trois cardinaux (les précédents étaient morts) pour poursuivre l'examen minutieux des miracles, mais cet examen n'était pas terminé à sa mort. Le trône pontifical demeura encore vide pendant plus d'un an et demi et le bénédictin Célestin V, élu par inattention et qui se rendit bientôt compte qu'il n'est pas fait pour la fonction, démissionne et retourne à son ermitage au bout de quelques mois en 1294. Pour le dossier de canonisation, ce cas unique de ce que Dante a appelé « le grand refus » représente quelques mois perdus supplémentaires.

Les choses changent définitivement avec l'élection, le 24 décembre 1294, du cardinal Benoît Caetani, qui prend le nom de Boniface VIII. Il est décidé à faire aboutir le procès. Il a, étant cardinal, recueilli la déposition du roi Charles d'Anjou et fait partie de la commission qui a examiné les miracles. Il semble avoir été sincèrement persuadé de la sainteté de Louis. Mais la motivation essentielle de sa décision est politique. Il veut établir de bonnes relations avec le roi de France Philippe IV le Bel, petit-fils de Louis IX, qui va devenir, quelques années plus tard, son pire ennemi.

Le 4 août 1297, à Orvieto, l'une des résidences du pape — comme ses prédécesseurs, il redoute l'insécurité que les rivalités des grandes familles et les accès de la populace lui font courir à Rome —,

Boniface VIII annonce sa décision de canoniser le roi. Il lui consacre un second sermon le 11 août et la bulle *Gloria, laus* prononce la canonisation solennelle de Louis IX dont la fête est fixée au jour anniversaire de sa mort, le 25 août. Voici qu'enfin les efforts individuels d'une vie et toutes les espérances nourries par la dynastie capétienne depuis plus de deux siècles sont couronnés de succès. Le royaume de France avait un roi saint.

Le roi, né sous le signe du deuil, mort en terre étrangère et infidèle, entrait dans la gloire.

Le 25 août 1298, lors d'une cérémonie solennelle à Saint-Denis en présence du roi, petit-fils du nouveau saint, Philippe IV le Bel, de nombreux témoins du procès de canonisation — dont Joinville — et d'autant de prélats, de barons, clercs, chevaliers, bourgeois et gens du peuple que la basilique peut en contenir, les ossements de Saint Louis sont « élevés » et placés dans une châsse derrière l'autel.

HISTOIRE DES RELIQUES

Je n'ai pas l'intention de suivre le sort de la mémoire et de l'image de Saint Louis, de 1297 à nos jours. Vaste et beau sujet qui éclairerait l'histoire d'une autre mémoire — active celle-là —, celle de la nation France[8]. Mais je veux encore évoquer le dramatique et curieux destin des restes corporels de Saint Louis.

Les ossements du saint roi sont donc dans la châsse où ils ont été déposés le 25 août 1298 derrière le maître-autel de Saint-Denis. Selon la coutume du temps, les rois de France successeurs de Saint Louis firent des cadeaux de ces reliques en offrant à telle église ou à tel personnage un os de leur ancêtre. Cette véritable politique des reliques fut pratiquée d'une façon quasi maniaque par Philippe le Bel. Le petit-fils de Saint Louis voulut transférer les reliques de son grand-père de Saint-Denis à la Sainte-Chapelle pour mieux les posséder dans son palais royal qu'il agrandissait alors magnifiquement.

Les reliques des saints sont, au Moyen Âge, l'objet d'un culte passionné[9]. Même si, depuis longtemps, depuis au moins la fin du XIe siècle, une critique des « fausses » reliques s'est instaurée dans l'Église, la croyance en la vertu des « vraies » reste fervente et générale, quels que soient la classe sociale et le niveau de culture. Elles guérissent. Leur action s'exerce par le toucher du tombeau ou de la châsse qui les contient. Saint Louis vivant n'a guéri, en les touchant, que les écrouelles. Désormais, le toucher de ses reliques peut théoriquement tout guérir. Son pouvoir n'est plus seulement thaumaturgique, mais proprement miraculeux. Et Saint-Denis aurait vu son prestige s'accroître encore en étant le lieu de ce miracle royal renouvelé, étendu, pérennisé. Mais Philippe le Bel voulut confisquer au profit du roi et de sa chapelle privée ces reliques insignes. La monarchie française, dès le début de sa marche vers l'absolutisme, voulait écarter le peuple de la vertu des reliques de Saint Louis. Le pape Boniface VIII, qui cherchait toujours à ménager de bonnes relations avec le roi de France, autorisa le roi à procéder à ce transfert, en laissant toutefois un bras ou un tibia aux moines de Saint-Denis. Mais ceux-ci ne se laissèrent pas faire. Philippe le Bel dut renoncer à ce projet. Il obtint pourtant une satisfaction partielle. Après son violent conflit avec Boniface VIII, les relations s'apaisèrent entre le roi de France et le nouveau pape, Clément V, le Français Bertrand de Got. Lors de son couronnement, en novembre 1305 à Lyon, Philippe le Bel, qui était allé assister à la cérémonie, obtint de Clément V son approbation du transfert à la Sainte-Chapelle de la tête de Saint Louis, à l'exception du menton, des dents et de la machoire inférieure qu'on laissa aux moines de Saint-Denis comme lot de consolation. Et peut-être le cœur fut-il aussi donné à la Sainte-Chapelle.

Elizabeth Brown a judicieusement remarqué que la tête est considérée chez de nombreux peuples comme la partie la plus importante du corps d'un individu, le centre de sa force et de son identité et que la mâchoire inférieure est pour beaucoup des mêmes peuples la seconde meilleure partie d'un corps humain. Par un macabre jeu de mots, l'opération fut, dès le XIVe siècle, justifiée par la considération qu'il était légitime et même bon que la tête du saint roi ait été transportée dans le lieu (la Sainte-Chapelle du palais royal) qui était considéré lui-même comme « la tête du royaume » *(caput regni)*. Trahissant son intention bien arrêtée, Philippe le Bel avait commandé, dès 1299, à un orfèvre parisien réputé, Guillaume Julien, un magnifique reliquaire pour le crâne destiné à la Sainte-Chapelle. La translation solennelle de Saint-Denis à Paris eut lieu le 17 mai 1306. Notre-Dame de Paris eut aussi son lot de consolation avec une côte du saint roi.

Les moines de Saint-Denis avaient obtenu quelques compensations. En 1300, Boniface VIII leur avait permis de célébrer chaque année une fête solennelle pour l'anniversaire de la mort du saint, le 25 août, et Philippe le Bel s'efforça d'aller régulièrement y assister. En 1306, après le transfert du crâne à la Sainte-Chapelle, celui que les moines de Saint-Denis considéraient comme l'âme damnée du roi en cette affaire, l'évêque d'Auxerre Pierre de Monay, mourut subitement le 29 mai et Philippe le Bel fut empêché de participer à la cérémonie du 25 août par une blessure à une jambe reçue lors d'une partie de chasse. Les Dionysiens y virent le signe d'une punition divine. Ils firent eux-mêmes confectionner un superbe reliquaire pour ce qui leur était resté de la tête de Saint Louis, et il fut solennellement inauguré le 25 août 1307 en présence de Philippe le Bel et d'une foule de prélats et de barons.

Cependant, le fractionnement du squelette de Saint Louis continuait. Philippe le Bel et ses successeurs donnèrent des phalanges de doigts au roi de Norvège, Haakon Magnusson, pour l'église dédiée au saint roi qu'il fit construire dans l'île de Tysoën, près de Bergen. Parmi les premiers bénéficiaires, il y eut les chanoines de Notre-Dame de Paris, les dominicains de Paris et de Reims, les abbayes de Royaumont et de Pontoise. Lors d'un voyage à Paris entre 1330 et 1340, la reine Blanche de Suède reçut un reliquaire contenant quelques fragments destiné au monastère de Sainte-Brigitte à Vadstena. L'empereur Charles IV, lors de son voyage à Paris en 1378, en reçut d'autres qu'il envoya à la cathédrale de Prague. En 1392, on plaça ce qui restait des os de Saint Louis dans une nouvelle châsse et, à cette occasion, Charles VI donna une côte à maître Pierre d'Ailly pour le pape, deux côtes aux ducs de Berry et de Bourgogne et un os aux prélats qui assistaient à la cérémonie pour qu'ils se le partagent entre eux. Vers 1430, le duc de Bavière Louis VII en reçut pour l'église de sa capitale, Ingolstadt. En 1568, l'ensemble des os fut réuni à Paris à l'occasion d'une procession solennelle contre les protestants. En septembre 1610, Marie de Médicis reçut un os, mais prise de remords, elle le rendit lors du sacre de Louis XIII. Anne d'Autriche ne reçut, elle, qu'un petit morceau de côte en 1616 et, insatisfaite, elle obtint une côte entière l'année suivante. Un peu plus tard, elle s'entremit avec le cardinal de Guise pour obtenir pour les jésuites de Paris et de Rome une autre côte et un os d'un bras. Lors des exhumations des cadavres royaux de Saint-Denis et des destructions de leurs restes, on ne trouva évidemment qu'un tombeau vide pour Saint Louis, puisque les ossements avaient été transportés dans la châsse en 1298[10]. Cette châsse a dû être détruite alors et ce qui restait d'ossements dispersé ou anéanti.

Que reste-t-il des reliques de Saint Louis ? Du reliquaire du chef de Saint Louis à la Sainte-Chapelle, seul un petit morceau d'émail de la châsse qui est conservé au cabinet des Médailles de la Bibliothèque nationale de Paris. Le maxillaire inférieur et la côte conservés à Notre-Dame de Paris n'ont pas échappé à la fragmentation des reliques : en 1926 l'archevêque de Paris offrait encore un morceau de la côte à l'église Saint-Louis-de-France à Montréal. La basilique de Saint-Denis expose un os de Saint Louis dans la chapelle absidiale de la Vierge. La date et les conditions de l'acquisition en sont inconnues : en 1941, la Société du mémorial de Saint-Denis a commandé un nouveau reliquaire pour l'abriter et le transfert de la relique dans la nouvelle châsse a donné lieu à une cérémonie solennelle en 1956[11].

Le destin du cœur de Saint Louis a troublé les érudits du XIXe siècle. Lors de travaux à la Sainte-Chapelle, en 1843, on découvrit près de l'autel les fragments d'un cœur. On émit l'hypothèse qu'il s'agissait de celui du saint roi, et une vive polémique opposa plusieurs des principaux érudits de l'époque[12]. Je fais mienne l'opinion d'Alain Erlande-Brandenburg : « L'absence de toute inscription, le fait que les chroniques n'aient jamais mentionné ce dépôt, l'oubli dans lequel serait tombée cette précieuse relique suffisent à écarter une telle identification[13]. » Il ajoute qu'il n'y a pas lieu de mettre en doute l'inscription qu'on pouvait lire encore au XVIIe siècle sur le tombeau de Saint Louis à Saint-Denis : « Ici sont enfermés les viscères de Saint Louis roi de France[14] », et comme les entrailles étaient à Montreale en Sicile, il ne peut s'agir que du cœur dont on a vu plus haut que Philippe III, en Tunisie, avait décidé de l'envoyer à Saint-Denis avec les os. Non transféré avec ceux-ci dans la châsse en 1298, il a dû se défaire dans le tombeau avant la Révolution où les fragments qui en restaient peut-être ont échappé à l'attention des destructeurs de 1793 et de dom Poirier.

Enfin, le sort des entrailles est assez étonnant. Demeurées à Monreale en Sicile jusqu'en 1860, elles ont été emportées en exil par le dernier roi bourbon de Sicile, François II, quand il fut chassé par les Mille de Garibaldi. Il emmena les précieuses entrailles à Gaète, où il se retira, puis à Rome. Quand il dut quitter Rome pour Paris, non sans faire des séjours dans le château qu'avait mis à sa disposition en Autriche l'empereur François-Joseph, il déposa ces reliques dans la chapelle de ce château. Dans son testament, rédigé en 1894, il légua le reliquaire des entrailles au cardinal Lavigerie et aux Pères blancs pour leur cathédrale de Carthage. Ainsi les entrailles de Saint Louis sont-elles revenues sur les lieux de la mort du saint roi[15].

La partition du cadavre de Saint Louis a eu lieu en 1270. En 1299, par la bulle *Detestandae feritatis*, le pape Boniface VIII interdit à l'avenir de telles pratiques qu'il qualifie de barbares et de monstrueuses[16]. Un nouveau sentiment de respect de l'intégrité du corps humain, fût-il réduit à l'état de cadavre, se faisait jour, mais il se heurta, en France notamment, à un autre sentiment grandissant à l'égard des corps des rois et des grands personnages : le désir de la pluralité des sépultures (tombeau du corps, tombeau du cœur, tombeau des entrailles en des lieux différents) qui multipliait la présence de leur mémoire physique. Le désir de prestige de la société d'Ancien Régime nourri par le goût du macabre et celui d'un art funéraire excessif continuant une tradition païenne l'emporta longtemps sur une conception du respect du corps humain que l'Église ne réussit pas à imposer au sommet de la société. Cette coutume monarchique favorisa la distribution des ossements de Saint Louis quand ils furent devenus des reliques.

DEUXIÈME PARTIE

LA PRODUCTION DE LA MÉMOIRE ROYALE : SAINT LOUIS A-T-IL EXISTÉ ?

Nous voici parvenus au moment où, après avoir vu vivre et mourir Saint Louis, nous devons nous demander si nous pouvons aller plus loin, essayer de savoir qui il était. Comme l'historien doit le faire, je n'ai raconté sa vie qu'à l'aide des seuls documents originaux, ceux d'époque. Mais la mémoire des témoins est, à des degrés divers, incertaine, modelée par des intérêts individuels et collectifs, et même l'histoire qui se veut vraie, sinon déjà « scientifique », encore balbutiante au XIIIe siècle, est, volontairement ou involontairement, dépendante de la situation et des objectifs de ceux qui l'ont écrite, et qui, pour l'écrire, et tout en l'écrivant, l'ont construite, produite. Comme il s'agit d'un roi et, qui plus est, d'un saint, d'un roi que beaucoup ont voulu faire reconnaître comme saint, la force et l'ampleur des manipulations ont dû être considérables. Pour savoir si nous pouvons espérer parvenir à l'individu (saint) Louis IX, il nous faut étudier soigneusement comment et pourquoi a été produite sa mémoire.

L'entreprise que je propose au lecteur va au-delà de ce qu'on appelle traditionnellement dans le métier de l'historien « la critique des sources ». Elle vise à savoir si, par le moyen des documents, seul matériau authentique du travail de l'historien, celui-ci peut connaître autre chose que l'expression des intérêts des milieux et individus producteurs de mémoire dans la Chrétienté du XIIIᵉ siècle et les moyens de cette production à cette époque. Est-ce bien Saint Louis qui se laisse saisir à l'issue de cet examen, ou allons-nous seulement apprendre comment ceux qui avaient des raisons et des ressources matérielles et intellectuelles pour le léguer à notre mémoire n'avaient ni le désir ni la possibilité de nous faire connaître l'individu Saint Louis que nous avons aujourd'hui le légitime souhait de saisir, de comprendre ? Est-ce le modèle d'un roi, un type de saint qu'ils ont construit, ou est-ce ce roi-là, ce saint-là, quelqu'un qui a existé ? Il nous faut donc, pour poursuivre notre quête de Saint Louis, mettre radicalement en cause l'entreprise. Le Saint Louis de nos documents a-t-il existé ? Et comme c'est le seul qui s'offre à nous, Saint Louis a-t-il existé ?

Quel que soit, pour essayer d'atteindre et d'expliquer Saint Louis, mon effort pour l'aborder en historien, et en historien qui bénéficie des progrès considérables que son métier a acquis depuis le Moyen Âge, je ne me dissimule pas que ce Saint Louis est aussi « mon » Saint Louis. Non que ce soit le propos de cet ouvrage de proposer une image subjective de Saint Louis. Je ne discuterai pas ici du problème de la vérité historique. Mais je crois que le métier d'historien est un métier de vérité, qui met en œuvre des méthodes « scientifiques », c'est-à-dire démontrables et vérifiables. Je ne suis pourtant ni assez naïf ni assez vaniteux pour croire que « mon » Saint Louis est le « vrai » Saint Louis. Du début à la fin de ce livre, je m'applique, sans ennuyer le lecteur par cette autocritique sous-jacente, à tenir compte de ma propre situation, de ma propre formation, de mes *habitus personnels* dans la production de « mon Saint Louis ».

Cette deuxième partie de ce livre comporte aussi, en sous-sol, l'application que je me fais à moi-même dans ce travail du mot de Marc Bloch : « L'historien n'a rien d'un homme libre[1]. »

Il faut donc maintenant essayer de répondre à une série de questions. Quels documents nous renseignent involontairement sur Saint Louis ? Quels documents résultent, au contraire, d'une volonté de léguer une certaine idée, une certaine image de lui à la postérité ? Qu'est-ce que ses contemporains ont estimé de lui « mémorable », digne d'entrer dans la mémoire collective ? Quels ont été les principaux centres de production de la mémoire royale, quels étaient leurs intérêts conscients ou inconscients ? Dans quels réseaux de traditions la mémoire de Saint Louis a-t-elle été prise ? Et de quoi ces documents ne nous parlent-ils pas et que nous aimerions connaître, qui fait partie aujourd'hui du questionnaire normal sur un personnage de premier plan, ou, plus simplement, sur un individu ? Dans quel ensemble de propagande et de silences la mémoire de Saint Louis nous a-t-elle été léguée ?

I

LE ROI
DES DOCUMENTS OFFICIELS

Cette approche des souverains et des gouvernements à l'aide des témoins administratifs a été longtemps reléguée dans les coulisses de l'histoire, confinée dans le registre mineur des sciences dites « auxiliaires » de l'histoire : la chronologie, la diplomatique, la sigillographie. Elle est pourtant, sans jeu de mots, une voie royale pour parvenir aux réalités du pouvoir à travers sa pratique routinière. Le rapport des rois avec l'écrit, avec les usages de chancellerie, avec les règles d'établissement et d'utilisation des expressions de leur souveraineté ou de leur volonté, avec la conservation des archives qui sont un des principaux fondements de leur pouvoir, fait partie de leur personnalité et de leur biographie. La personne de Saint Louis s'est manifestée à travers cette activité administrative, il a existé aussi par elle et, grâce à elle, en partie au moins, il continue à exister pour nous. Il n'apparaît pas, à travers ces témoins, comme le même roi que son grand-père Philippe Auguste ou son petit-fils Philippe le Bel[1].

Le premier ensemble d'informations sur Saint Louis est constitué par les documents officiels qui portent sa marque ou son nom. Aujourd'hui, les gouvernants écrivent ou, du moins, signent certains actes officiels importants et, pour les moins importants, délèguent leur signature. Au XIIIe siècle, on ne signe pas, un roi n'a pas de signature, celle-ci est remplacée par un sceau[2]. De même que le roi est seul souverain, le grand sceau royal est le seul à conférer une pleine autorité aux actes qu'il scelle. Il n'en existe qu'un à la fois. Même si l'on remploie la matrice du sceau du roi précédent — car la fabrication de la matrice d'un tel sceau a été « un travail long, coûteux et délicat » (M. Pastoureau) —, l'inscription avec le nom du souverain apparaît avec la prise de pouvoir du nouveau roi et ne disparaît qu'avec la mort du roi, à moins qu'en cours de règne le roi, exceptionnellement, n'en change. Quand on n'utilise plus un grand sceau (dit « sceau de majesté » parce que le souverain y apparaît assis dans une pose que les historiens de l'art ont assimilée à la majesté — ce pouvoir suprême et mystérieux du seul roi) et, en tout cas, à la mort du souverain, on le détruit. Saint Louis fut le premier à faire fabriquer un sceau d'absence destiné à servir pendant qu'il était à la croisade. C'est le sceau du roi lointain qui manifeste la continuité de son pouvoir et que seuls peuvent utiliser ceux à qui il a délégué son pouvoir. Le sceau est à la garde du chancelier qui, normalement, accompagne le roi dans ses déplacements à l'intérieur de son royaume. Un officier subalterne mais important, le chauffe-cire, suit toujours le roi, le chancelier et le grand sceau lors des déplacements du souverain.

La multiplication des actes de chancellerie, la nécessité d'accélérer le travail bureaucratique amenèrent, précisément sous Saint Louis, de nouveaux usages, vers 1250. Se constitue une hiérarchie des actes de la chancellerie royale qui se reconnaît à la façon dont ils sont scellés. Les chartes ou lettres patentes en forme de charte sont des actes scellés de cire verte sur lacs de soie rouge et vert[3]. Moins solennelles sont les lettres patentes scellées de cire jaune sur double queue. Vers 1250, les lettres patentes scellées de cire jaune sur simple queue, plus expéditives et qu'on nomme, en général, « mandements », à cause du mot *mandamus* qui marque dans le dispositif initial de l'acte la décision royale, constituent une catégorie diplomatique[4]. Enfin, à l'extrême fin du règne, on commence à éprouver le besoin de s'aider de mentions de service qui sont notées « hors de sceau » *(sic signatum extra sigillum)* et que les diplomatistes appellent « mentions hors de la teneur ». Le plus ancien exemple conservé date du 30 décembre 1269. C'est une lettre scellée sur simple queue par laquelle Saint Louis annonce à l'évêque de Clermont un envoi de reliques qu'il lui fait porter « par frère Guillaume de Chartres », cette indication figurant « hors de la teneur[5] ».

Il est évidemment très difficile d'apprécier si la production d'actes royaux résulte du simple fonctionnement des institutions ou d'une volonté déclarée, d'une action personnelle du souverain. Tout au plus peut-on remarquer que Louis IX était effectivement présent dans les lieux où les actes royaux étaient datés, ce qui ne sera plus le cas à partir de Philippe le Bel[6]. On peut en déduire que le roi a très probablement été au moins au courant de la teneur de ces actes, et ceux-ci nous permettent de connaître, comme on verra, les déplacements et séjours du roi.

Ce qui est certain, c'est que la bureaucratie royale connaît avec Saint Louis une nouvelle phase d'accroissement. Saint Louis est un roi de l'écrit. Cette amplification n'est pas seulement liée au développement des institutions royales, elle exprime aussi la conception que se fait Saint Louis de sa fonction, de son devoir d'intervention dans le royaume, de sa confiance dans l'efficacité de l'acte écrit, témoin de la volonté royale officielle[7].

Un saut quantitatif marquant un progrès qualitatif de l'administration royale avait eu lieu sous Philippe Auguste. On peut y voir l'effet d'une meilleure conservation des archives royales après la mésaventure de la bataille de Fréteval, en 1194, où les archives du roi de France étaient tombées aux mains de Richard Cœur de Lion, mais aussi, sans doute, à une forte progression de la rédaction d'actes due à l'accroissement du domaine royal. On possède 701 actes originaux de Philippe Auguste conservés (pour quarante-trois ans de règne) contre 96 de son grand-père Louis VI (pour vingt-neuf ans de règne) et 197 de son père Louis VII (pour quarante-trois ans de règne) et environ 1 900 actes de toute nature, soit le double de ce qu'avait laissé Louis VII. Et il ne faut pas oublier que les actes conservés ne représentent qu'une faible partie de ceux qui ont été produits. La royauté française est encore en retard à cet égard sur la monarchie pontificale, la plus grande et la plus précoce productrice d'actes écrits, et sur la monarchie anglaise, meilleure conservatrice de ses archives, mais qui continue à utiliser le rouleau *(roll)*, peu pratique. Il faudra attendre Philippe le Bel pour que ce retard soit rattrapé. Le règne de Saint Louis se situe au milieu du rattrapage.

On a publié d'une façon non systématique des catalogues des actes d'Henri Ier et de Louis, et, de façon exhaustive, les registres de Philippe Auguste et ceux de Philippe le Bel. L'époque de Saint Louis malheureusement et celle de son fils Philippe III correspondent à une lacune. Il n'entrait pas dans mon intention, de toute façon, d'étudier ces documents qui renseignent plus sur les institutions que sur le roi, mais il convient de demander encore à ces actes officiels donnés en son nom et marqués de son sceau quelques renseignements sur Saint Louis.

L'essentiel des actes de chancellerie se trouve dans un registre appelé *registrum Guarini*, du nom du chancelier Guérin, principal conseiller de Philippe Auguste, mort au début du règne de Saint Louis, qui en décida, en 1220, la réalisation pour refondre et compléter les deux premiers registres précédents[8].

Les actes transcrits dans un registre constituent une série chronologique. Ils inscrivent l'activité de l'institution ou du personnage, ici la chancellerie royale, dans le temps. Le registre Guérin, divisé en dix-sept chapitres avec des folios laissés en blanc pour des compléments (ce qui témoigne d'un sens de l'avenir dans l'administration royale), servit jusqu'en 1276, donc pendant tout le règne de Saint Louis. On sent le lien, qu'on peut dire personnel, entre le roi et ce livre de la mémoire administrative royale quand on voit le souverain emporter le registre à la croisade, après en avoir fait faire prudemment une copie, terminée plus d'un an avant son départ, en mai 1247. Signe de sa volonté de continuité gouvernementale (ce qui oblige à nuancer l'image du roi lointain), il y fait copier, de 1248 à 1255, les actes des décisions qu'il prend en Égypte, en Terre sainte et dans les premiers mois après son retour en France. Gérard Sivéry suppose que Saint Louis a pu emporter de nouveau ce registre à la croisade de Tunis, car on y découvre des actes datés en 1270[9]. Il y a repéré les témoignages de ce « bricolage » qui a longtemps représenté le pragmatisme royal. Il y décèle « ajouts, corrections, innovations », mais, le plus souvent, des essais à peine ébauchés d'adaptation de la politique royale à l'évolution des structures, comme en témoignent, par exemple, les tentations de substitution de l'évaluation des revenus en argent des fiefs à la simple énumération des charges chevaleresques. Saint Louis est le roi de l'irrésistible percée de l'économie monétaire. L'inachèvement des efforts de dénombrement des ressources royales est un autre signe de ces efforts inaboutis. Les listes restent inachevées, on doit avoir recours à de vieilles listes[10]. Le roi court après le temps dont il ne maîtrise pas l'accélération.

À côté des registres où Saint Louis, malgré des velléités d'innovation, continue, *grosso modo*, Philippe Auguste, il existe les coffres appelés *layettes* où sont conservées les chartes dont l'ensemble forme ce qu'on appelle significativement, dès le XIIIe siècle, le « Trésor » des chartes. En ce domaine, Saint Louis accomplit un geste essentiel. Philippe Auguste, après Fréteval, avait sédentarisé les archives royales. Saint Louis leur donne une résidence sacrée, dans la Sainte-Chapelle de son palais, au-dessus du Trésor de la sacristie. L'acte écrit authentique devient un objet précieux, à l'instar de l'orfèvrerie.

Ces *layettes* renferment les rapports du roi avec les princes étrangers, les grands feudataires du royaume et ses autres vassaux, sous forme de traités, hommages, promesses, cantines, c'est-à-dire tous les titres qui inventorient et authentifient les biens de la couronne, la correspondance passive et active du roi, c'est-à-dire les lettres envoyées et reçues, les copies, les actes renvoyés et réintégrés au Trésor sous le nom de *litterae redditae* ou *recuperatae*, les actes liés à de grandes affaires politiques comme, plus tard, la canonisation de Saint Louis, les acquisitions faites par le roi[11].

Il semble difficile de tirer de ces documents des informations sur la personne de Saint Louis[12].

On peut, toutefois, remarquer des ensembles d'actes concernant un problème qui suggèrent la constitution de dossiers ou, en tout cas, un effort spécial d'archivage sur des questions intéressant en particulier Saint Louis, sur ce qu'on pourrait presque appeler ses obsessions : ainsi, ce qui concerne la Terre sainte et les préparatifs de sa seconde croisade, pensée privilégiée ; ce qui est relatif aux arbitrages du roi et, en particulier, à sa médiation entre le roi d'Angleterre et ses barons, entre les barons de son propre royaume, souci du roi apaiseur d'éclairer et d'étayer ses décisions ; intérêt, enfin, pour sa famille, qui tint une si grande place, malgré quelques bizarreries, dans ses préoccupations d'homme et de souverain. C'est presque l'écho d'un pressentiment à la veille d'une nouvelle absence et de la mort. Il veut régler, notamment, le problème des apanages de ses derniers enfants dans la difficile conciliation de leurs intérêts et de ceux du royaume. Il y a chez lui, en cette époque dominée par la morale et l'eschatologie, comme une bureaucratie du scrupule — dynastique et monarchique.

Mais l'innovation la plus importante du règne, en matière de conservation d'actes royaux, est la constitution, à partir de 1254, des actes du Parlement de Paris. Les registres contenant ces actes reçurent, au XIVe siècle, le nom d'*olim* (« jadis ») parce qu'un des registres débutait par : « Olim *homines de Baiona* » (« Jadis les hommes de Bayonne... »), et le mot fut appliqué aux sept plus anciens registres. La date du début de ces registres est significative : 1254, c'est le retour de Saint Louis de Terre sainte, les entretiens après le débarquement en Provence avec le franciscain Hugues de Digne, qui attire l'attention du roi sur son devoir de justice, c'est l'année de la grande ordonnance de 1254, qui inaugure la période de l'ordre moral. C'est aussi ce qu'on a appelé « l'ouverture d'une ère d'amélioration dans l'activité du Parlement ». Celui-ci se distingue définitivement de l'ensemble de la Curie royale *(Curia regis)* pour se spécialiser dans les affaires de justice.

Certes, le Parlement fonctionne plus ou moins indépendamment du roi. Pourtant, le roi assiste presque toujours aux trois ou quatre réunions générales annuelles qu'il préside le lendemain ou à l'octave de la Pentecôte, de la Toussaint ou de la Saint-Martin d'hiver (11 novembre), de la Chandeleur et de la nativité de la Vierge. L'apparition de ces registres correspond bien aux volontés profondes de Saint Louis et à l'infléchissement décisif de sa conduite et de sa politique après son retour de croisade. C'est l'affirmation de plus en plus fréquente de la primauté de la justice royale sur les justices seigneuriales ou autres (urbaines, par exemple) par la procédure de l'*appel* au Parlement (Cour d'appel), c'est-à-dire à la justice royale. C'est aussi le moment de progrès décisifs dans le recours à la procédure écrite. Les *olim* sont la face bureaucratique de Saint Louis justicier[13]. C'est l'inscription dans l'écrit, dans la mémoire enregistrée, de la volonté et de la présence du roi dans ce nouveau rouage de l'État monarchique. Pour remplir sa fonction, il a besoin de continuité. Le premier rédacteur attitré des *olim* en qui l'on a vu un « greffier » du Parlement, Jean de Montluçon, a exercé son office de 1257 à 1273.

On pourrait supposer qu'il y a eu intervention particulière du roi quand apparaît la mention *de mandato regis* (« sur ordre du roi »). Bien que, la plupart du temps, les officiers royaux, notamment les baillis, pussent prendre une décision au nom du roi, on trouve parfois la distinction entre *quantum ad consilium* (« en ce qui concerne le conseil ») et *quantum ad regem* (« en ce qui concerne le roi »). Par exemple, il y a un acte relatif à l'enquête faite en 1260 au sujet du palefroi que les chambellans royaux demandèrent à l'abbé de Colombe quand il entra en charge où l'on note que l'expédition de l'enquête a été faite dans ce Parlement *quantum ad concilium*, mais non *quantum ad regem*, car quelqu'un devait lui en « parler »[14]. L'intérêt particulier que porte à ces archives Saint Louis se montre quand, en 1260, il ordonne le dépôt des pièces originales dans le Trésor de la Sainte-Chapelle. Ici aussi, on voit se constituer des dossiers sur ce qui, à un moment donné, suscite l'attention du roi. Ainsi Saint Louis, qui tantôt semble s'intéresser aux affaires du Languedoc, tantôt paraît indifférent à la France méridionale, fait verser en 1269 dans les archives du Parlement les pièces relatives à la conquête du Languedoc et, en particulier, les lettres et actes scellés concernant les anciens fiefs et droits de Simon de Montfort.

Dès la fin du règne de Saint Louis, les archives du Parlement sont débordées par l'afflux de documents. L'encombrement ne permet pas de faire régner l'ordre que, de toute façon, la bureaucratie royale naissante tâtonne à établir. Par exemple, le tri ne se fait pas bien entre les archives du Parlement et le Trésor des chartes. Les enquêtes du Parlement se mélangent avec les titres du Trésor. Déjà, Saint Louis disparaît derrière les documents d'archives.

La grosse lacune que les documents royaux de Saint Louis partagent avec ceux des autres rois de France provient de la perte des registres et des pièces comptables qui ont été anéantis dans l'incendie de la Chambre des comptes de Paris, en 1737. Il ne reste, pour le règne de Saint Louis, que quelques épaves « significatives », les comptes de l'hôtel, c'est-à-dire l'ensemble des services domestiques du souverain, sur tablettes de cire, par exemple les tablettes sur lesquelles le comptable de l'hôtel, Jean Sarrasin, a noté pour les termes de la Chandeleur 1256 à la Toussaint 1257, soit six cent trente-huit jours, la dépense quotidienne de l'hôtel[15]. On a conservé les comptes des années 1231, 1234, 1238, 1248, 1267. On a vu plus haut[16] des données chiffrées concernant les dépenses du mariage de Saint Louis, en 1234, et la récapitulation des dépenses de la croisade. Des chiffres relatifs au service d'ost ont été conservés aussi[17] et, surtout, les actes des enquêteurs, notamment pour les enquêtes de 1247[18]. Ainsi, les archives nous livrent l'image d'un Saint Louis qui écrit (c'est-à-dire fait écrire) beaucoup, qui conserve de plus en plus, mais qui compte peu. Il n'est pas environné de chiffres. C'est sans doute la conséquence des pertes de la comptabilité royale, car la monarchie se met à compter de plus en plus en ce XIIIe siècle que l'on a pu décrire comme le siècle de l'arithmétique et du calcul[19].

Avec les enquêtes, les ordonnances sont d'une particulière importance. Je rappelle que le terme est postérieur au Moyen Âge et que la dénomination de ce type d'acte et sa forme diplomatique résultant de sa nature juridique sont encore mal fixées sous Saint Louis. Il s'agit d'actes de portée législative et réglementaire que seul le roi a le droit d'édicter. On les appelle tantôt « établissements » *(stabilimenta)*, « statuts » *(statuta)*, « défenses » *(inhibitiones)*, ou encore, pour les monnaies, « attirement », « ordonnement », « établissement ». Ce sont des textes importants, de portée générale, valables pour le domaine royal ou une partie du royaume et, sous Saint Louis, de plus en plus pour l'ensemble du royaume[20]. La première « ordonnance » s'appliquant à tout le royaume a été édictée pendant la minorité de Saint Louis[21].

En l'absence d'une édition convenable des ordonnances des rois de France, il faut s'en tenir à l'impression, certainement juste, que donne une liste approximative[22]. Contre six ordonnances pour Philippe Auguste, on en a dénombré pour Louis IX vingt-cinq, sans compter huit règlements qui ont été assimilés à des ordonnances. Ces actes d'autorité de souveraineté concernent des domaines clés du pouvoir royal en expansion et des questions qui obsèdent Saint Louis : le Languedoc, les monnaies, les villes pour les premiers, les juifs et les usuriers, la réforme des mœurs pour les secondes, ainsi que les guerres privées et les jugements de Dieu, qui relèvent aussi de l'autorité royale.

Quelles que soient les incertitudes qui entourent ces actes, il est clair que, dans une certaine confusion, mais avec une volonté de plus en plus nette, le règne de Saint Louis est marqué par l'affirmation nouvelle (ou retrouvée depuis les Carolingiens) d'un « pouvoir législatif » du roi. Saint Louis a voulu être et a été, dans une certaine mesure, le premier roi capétien législateur.

On a enfin conservé quelques lettres de Saint Louis, soit dans l'édition des publications érudites de l'Ancien Régime, soit dans des fonds étrangers. C'est le cas de la lettre envoyée de Terre sainte, en 1250, à ses sujets après sa captivité[23] et de la lettre expédiée de Carthage après son débarquement à l'Église de France[24]. Le Public Record Office, à Londres, possède treize lettres de Saint Louis adressées à Henri III[25].

Malgré quelques touches personnelles, les actes royaux officiels de Saint Louis, provenant surtout de la mémoire monarchique collective, relativement « objectifs » et le plus souvent dénués de caractère personnel, nous offrent l'image d'un roi abstrait mais de plus en plus présent dans son royaume et dans l'histoire.

II

LE ROI
DES HAGIOGRAPHES MENDIANTS :
UN SAINT ROI
DU CHRISTIANISME RÉNOVÉ

La vie de Saint Louis est intimement liée au premier demi-siècle d'une nouvelle institution de l'Église : les ordres Mendiants. Depuis le milieu du XIe siècle, l'Église s'efforce de réagir aux changements profonds de la société occidentale. Les traits les plus marquants en sont un prodigieux essor économique : il culmine avec la diffusion de la monnaie dont Saint Louis a été un grand acteur ; le formidable mouvement urbain où le roi a aussi joué son rôle en contrôlant le gouvernement des « bonnes » villes autant qu'en augmentant le rôle de capitale de Paris ; la superbe floraison artistique romane et gothique dont les églises ont fourni à Saint Louis, de la Sainte-Chapelle à Notre-Dame de Paris et à la cathédrale d'Amiens, le cadre de ses dévotions ; enfin, des mutations des mentalités et de pratiques dans un nouvel équilibre des valeurs qui réajuste, par exemple, l'attrait plus fort de l'ici-bas et la crainte toujours vive de l'au-delà, le nouvel appât du gain et l'appel renouvelé de l'esprit de pauvreté, l'émergence de l'individu dans un remodelage des encadrements communautaires. À ces défis, l'Église a répondu par un premier mouvement de réforme, entre le milieu du XIe et le milieu du XIIe siècle : la réforme dite grégorienne (du pape Grégoire VII, 1073-1085). Elle a séparé plus strictement clercs et laïcs entre qui passe, désormais, le fossé de la sexualité : virginité, chasteté, célibat, d'un côté, mariage monogamique et indissoluble, de l'autre, et elle a défini de nouveaux rapports entre le spirituel et le temporel. Un second mouvement de réforme apparaît au début du XIIIe siècle. Aiguillonnés par les mouvements hérétiques qui mettent en cause l'enrichissement et l'établissement de l'Église dans le siècle, son éloignement des simples laïcs, l'écran qu'elle interpose entre l'Évangile et les fidèles, son impuissance à articuler une parole qui soit reçue pour telle par la masse chrétienne, des clercs et des laïcs ont réagi pour retourner à la lettre et à l'esprit de l'Évangile, pratiquer et donner en exemple l'humilité et la pauvreté, faire entendre la parole de Dieu.

LES ORDRES MENDIANTS

En 1215, le quatrième concile du Latran avait interdit de créer des ordres nouveaux hors les règles déjà existantes, les deux principales étant celle de saint Benoît et celle de saint Augustin. À l'appel de deux personnalités exceptionnelles, le chanoine régulier espagnol Domingo de Guzman et le laïc italien François d'Assise, on vit naître les frères Prêcheurs, dont le nom révèle l'importance qu'ils accordent à la prédication, et les frères Mineurs, ainsi appelés à cause de l'accent qu'ils mettent sur l'humilité. Les Prêcheurs, appelés couramment en France « Jacobins » (du nom de leur couvent parisien placé sous le patronage de saint Jacques) ou Dominicains (du nom de leur fondateur), adoptèrent une règle de chanoines réguliers proche de celle des Prémontrés avec des constitutions particulières en 1216 et 1220, codifiées en « règle » en 1226. Les Mineurs, appelés encore Cordeliers, à cause de la corde à nœuds qu'ils portaient à la ceinture, ou Franciscains, du nom de leur fondateur, reçurent du pape l'autorisation exceptionnelle d'obéir à une nouvelle règle que saint François, réticent à la transformation de sa communauté en ordre, rédigea en 1221, et qui ne fut acceptée par la curie pontificale que sous une forme corrigée en 1223. Refusant toute propriété, tout revenu foncier, les deux ordres vivaient du produit de leurs quêtes et de dons et furent pour cela appelés ordres Mendiants. François d'Assise, mort en 1226, l'année où Saint Louis devint roi, fut canonisé dès 1228, et Dominique, mort en 1221, le fut en 1233. Sous la pression de la papauté, d'autres religieux, les Carmes, rejoignirent les ordres Mendiants par étapes en 1229, 1247 et 1250. Pour former un quatrième ordre Mendiant, les Ermites de Saint-Augustin, le pape réunit en 1256 plusieurs congrégations d'anachorètes[1].

Les ordres Mendiants, qui installent leurs couvents dans les villes au milieu des hommes et non dans la solitude, dont les membres sont des *frères* et non des moines, qui s'adjoignent un second ordre (des sœurs) et un tiers ordre (les laïcs), prenant ainsi l'ensemble de la société dans les mailles de leurs filets, sont les instruments de l'Église pour réaliser la christianisation de la nouvelle société issue du grand essor des XIe-XIIIe siècles. En particulier, ceux qui sont nés d'une réaction de l'esprit de pauvreté face à l'essor économique, à la diffusion de l'argent, au développement de la recherche du gain, ont inventé, non sans paradoxe, des solutions éthiques et religieuses qui justifient le marchand, ils ont légitimé certaines opérations financières, permis, en somme, le développement du capitalisme. C'est au XIIIe siècle et sous leur impulsion, aussi bien dans la théorie que dans la pratique, que le grand débat sur argent et religion, que Max Weber[2] a placé sous le signe du protestantisme, a eu lieu. Ce que les Mendiants ont proposé et partiellement réussi à imposer, c'est une moralisation de la vie économique, et surtout de l'usage de l'argent[3]. Principaux conseillers de Saint Louis, ils ont, avec lui, en s'appuyant sur lui et en bénéficiant de son soutien, marqué la mentalité française de cette légitimation moraliste et méfiante de l'argent et des affaires qui la caractérise jusqu'aujourd'hui. C'est la marque commune de Saint Louis et des Mendiants que l'on retrouve sur le comportement économique de la majorité des Français et, en particulier, de leurs dirigeants les plus marquants au XXe siècle, de De Gaulle à Mitterrand[4].

Le succès des ordres Mendiants et, surtout, des deux premiers et principaux, les Dominicains et Franciscains, a été fulgurant. La France fut un des pays où ils s'établirent très tôt. Les premiers essais semblent dater de 1217 pour les Franciscains, à Vézelay, Auxerre et Paris en 1219, plus tôt pour saint Dominique (monastère féminin de Prouille en 1206, couvent de Toulouse en 1215, établissement à Paris en 1217). Mais la grande période d'implantation des couvents de Prêcheurs et de Mineurs en France, c'est la période 1230-1260, l'essentiel du règne de Saint Louis[5]. À la mort de Saint Louis, il y avait en France près de deux cents couvents franciscains, près de cent couvents dominicains, les Prêcheurs s'établissant généralement dans des villes plus importantes que celles choisies par les Mineurs.

Saint Louis est très tôt entouré de frères Mendiants. Le premier frère qu'il rencontra fut sans doute Jourdain de Saxe, successeur de saint Dominique et maître général des Prêcheurs de 1222 à

1237, qui, lors de ses séjours à Paris, semble avoir noué d'étroites relations avec Blanche de Castille. En 1226, à la mort de saint François, les frères Mineurs auraient envoyé au jeune roi et à la reine mère l'oreiller que saint François aurait utilisé jusqu'à sa mort[6]. L'enfant roi, qui allait devenir un exceptionnel amateur de reliques, dut, si le fait est authentique, en garder un profond souvenir.

Dès avant son départ pour sa première croisade, il a marqué sa prédilection pour les Mendiants. C'est essentiellement à eux qu'il a confié les deux entreprises qu'il avait eues le plus à cœur : d'abord, la Sainte-Chapelle et le culte des reliques exceptionnelles qu'il y avait déposées sur les trois offices spéciaux qui leur étaient annuellement consacrés, l'un étant à la charge du couvent dominicain de Paris, un deuxième à la charge du couvent franciscain, le troisième étant assuré par l'un des autres ordres religieux parisiens[7] ; puis, les enquêtes ordonnées dans le royaume comme préparation à la croisade, en 1247, que le roi confia pour la plupart à des frères Mendiants. C'est aussi grâce aux largesses royales que de nombreux couvents Mendiants furent construits à Paris, Rouen, Jaffa et Compiègne pour les Franciscains, à Rouen, Mâcon, Jaffa, Compiègne, Béziers, Carcassonne et Caen pour les Dominicains, sans compter des agrandissements du couvent Saint-Jacques à Paris, ainsi que le couvent des Dominicains de Rouen. Après son retour de la Terre sainte, en 1254, son plus proche conseiller et ami fut le franciscain Eudes Rigaud, archevêque de Rouen.

Je ne crois pas, en revanche, contrairement à ce que dit Geoffroy de Beaulieu, son confesseur dominicain, que Saint Louis ait sérieusement pensé à devenir lui-même frère Mendiant (son incapacité à choisir entre les Dominicains et les Franciscains étant, selon Geoffroy, la seule raison de la non-réalisation de ce souhait). Il était trop imbu de son devoir de roi et de sa vocation de pieux laïc pour déserter la place où Dieu l'avait mis, fût-ce pour en choisir une plus honorable, mais avec moins de responsabilité. Il est très vraisemblable, en revanche, qu'il ait souhaité que son second et son troisième fils prennent la robe, l'un des Dominicains, l'autre des Franciscains.

Saint Louis et les Mendiants ont, au fond, les mêmes objectifs et souvent les mêmes méthodes : se servir du pouvoir pour une réforme religieuse et morale de la société, qui prenait la plupart du temps l'aspect de ce que nous appellerions une réforme politique. Saint Louis utilise les Mendiants pour ses enquêtes, les Mendiants qui se mettent parfois directement en avant là où, dans les villes italiennes par exemple, il n'y a pas de pouvoir fort comme dans une monarchie et où c'est la réforme même des statuts des villes qu'ils doivent entreprendre[8], investissant le pouvoir royal pour lui inspirer son action et ses réformes.

Les Mendiants élaborent enfin un nouveau modèle de sainteté[9]. Il est donc normal que la papauté, dont ils sont devenus les agents les plus zélés, leur confie un rôle de premier plan dans la canonisation de Saint Louis, et la mémoire du roi, avant et après la canonisation, est d'abord celle qu'en donnent des Mendiants en vue, qui ne se contentent pas dans leurs écrits consacrés à Louis, pas encore ou déjà saint, d'exprimer leur reconnaissance pour leur bienfaiteur, mais qui saisissent cette occasion pour affirmer, à travers lui, les idéaux de leurs ordres. Le saint qu'ils décrivent, c'est un frère Mendiant qui aurait été roi. Trois Mendiants ont eu pour la mémoire de Saint Louis une importance particulière. Deux d'entre eux pour avoir écrit, avant la canonisation, des biographies afin, précisément, de le faire reconnaître pour saint, le troisième pour avoir rédigé sa *Vie*, en quelque sorte officielle, en se servant notamment du dossier du procès de canonisation par ailleurs perdu.

GEOFFROY DE BEAULIEU

Le premier est le dominicain Geoffroy de Beaulieu, confesseur du roi pendant « environ les vingt dernières années de sa vie » selon ses propres termes, qui l'a accompagné à Tunis et l'a assisté dans ses derniers moments. C'est à lui que le nouveau pape Grégoire X, dès le 4 mars 1272, avant même sa consécration le 27 mars, demande « de le renseigner le plus tôt possible sur la manière dont il se comportait en tous et chacun de ses actes et sur sa pratique des choses de la religion[10] ». Ce que Geoffroy va donc rédiger et envoyer au pape, probablement à la fin de 1272 ou au début de 1273, c'est un exposé *(libellus)* de cinquante-deux chapitres intitulé *Vita et sancta*[11] *conversatio piae memoriae Ludovici quondam regis Francorum*, « Vie et saint comportement de Louis de pieuse mémoire, naguère roi de France[12] ». C'est, en fait, une hagiographie succincte puisque destinée à déclencher le processus qui doit conduire à la canonisation de Louis IX. C'est bien ce que Dieu a daigné « inspirer à sa mémoire », ce qu'il se rappelle de mémorable au sujet du « feu roi », que Geoffroy raconte. Il a agi non seulement sur l'ordre du pape mais par obéissance envers ses supérieurs — sans aucun doute ceux de l'ordre dominicain, au premier chef. L'entreprise émane donc du pape et de l'ordre des Prêcheurs.

L'éloge (car il n'y a presque que des éloges du roi) se développe d'une façon assez désordonnée où l'on peut, toutefois, reconnaître quelques lignes générales. Louis est comparé à Josias (chapitres I à IV, ce qui permet de glisser au chapitre IV un éloge appuyé de Blanche de Castille à propos de la mère de Josias citée dans l'Ancien Testament). Ses vertus et sa piété forment l'essentiel du traité (chapitres V à XXIV), dont deux chapitres, le douzième et le quatorzième, consacrés à son désir d'abdiquer et de devenir frère Mendiant et à son souhait de voir deux de ses fils entrer chez les Mendiants et sa fille Blanche dans un couvent de religieuses ; le quinzième chapitre reprend l'essentiel de ses *Enseignements* à son fils et héritier présentés comme son « testament », et un autre chapitre raconte son pèlerinage à Nazareth. Une partie relativement chronologique évoque ensuite sa première croisade (chapitres XXV à XXVIII avec une longue description de son deuil, à l'annonce de la mort de sa mère, où il faudrait, pour suivre l'ordre chronologique, insérer le pèlerinage à Nazareth), puis son retour en France (chapitres XXXI à XXXVI), la préparation de sa seconde croisade (chapitres XXXVII à XLI), la croisade de Tunis, la mort du roi, le sort de ses restes, l'ensevelissement des os à Saint-Denis (chapitres XLII à L) et deux chapitres de conclusion : un retour au point de départ, la comparaison pertinente avec Josias, la conclusion sans ambages : « Il est digne d'être inscrit parmi les saints[13]. »

Il n'y a, selon l'habitude des *Vitae* de saints, aucune date. Geoffroy juxtapose une partie thématique à une partie *grosso modo* chronologique qui correspond, d'une part, à la période pendant laquelle il a été confesseur du roi et, d'autre part, à la partie de la vie et du règne de Saint Louis qui se situe après le tournant que représente pour presque tous ses biographes sa première croisade et son séjour en Terre sainte. Cette coupure contribue à justifier la comparaison avec Josias, dont le règne, selon l'Ancien Testament, a connu, lui aussi, deux périodes contrastées[14], comme pour un procès de canonisation. Le texte de Geoffroy est avant tout un témoignage, qui, voulant faire entrer Louis IX dans une catégorie, celle des saints, le dépeint comme conforme aux modèles qui définissent les saints.

Sur l'action de Saint Louis comme roi, on ne trouve guère qu'un court chapitre de quelques lignes, le chapitre VI, sur sa conduite dans le gouvernement de ses sujets[15]. On pourrait résumer le *libellus* de Geoffroy de Beaulieu en ces termes : « Mœurs pieuses d'un laïc très dévot qui aimait beaucoup les ordres Mendiants et sa mère et qui est allé deux fois à la croisade où il fut, la première fois, fait prisonnier et où, la seconde fois, il mourut très chrétiennement. »

GUILLAUME DE CHARTRES

Le second biographe et hagiographe Mendiant, pour ce que nous connaissons de lui, double et continue le premier. Dominicain lui aussi, Guillaume de Chartres a été le chapelain de Saint Louis pendant sa première croisade et il a partagé sa captivité, lui apportant le réconfort des services religieux autorisés par les musulmans. Revenu en France, il est entré au bout de cinq ans et demi, en 1259 ou 1260 donc, chez les Dominicains, mais il est resté dans l'entourage royal. Il a assisté, lors de la croisade de

Tunis, à la mort du roi et a fait partie du cortège qui a accompagné ses ossements à travers l'Italie et la France jusqu'à Saint-Denis. Il a voulu apporter un complément au traité de Geoffroy de Beaulieu après la mort de celui-ci, mais il n'a pas dû tarder à mourir, lui aussi, car il n'apparaît pas parmi les témoins au procès de canonisation en 1282, alors que sa présence auprès du roi en des occasions exceptionnelles aurait dû lui valoir de témoigner.

Son *libellus*, qui est bref[16], est composé, comme les hagiographies habituelles du XIIIe siècle, de deux parties, l'une, appelée la « vie » *(Vita)*, mais le plus souvent consacrée aux vertus du saint plutôt qu'à sa biographie, et l'autre dédiée aux miracles. Ayant, en effet, vécu un peu plus longtemps que Geoffroy de Beaulieu, il a eu plus de miracles à faire connaître, advenus soit au tombeau du roi à Saint-Denis, soit ailleurs, et il a voulu combler quelques omissions de Geoffroy.

Ancien chapelain, il évoque la construction de la Sainte-Chapelle et les pratiques dévotionnelles de Saint Louis, il rappelle des souvenirs de la croisade d'Égypte et de Terre sainte, rapporte des anecdotes significatives quant aux vertus du roi. Plus que Geoffroy de Beaulieu, il parle du gouvernement du royaume dans la perspective d'un renforcement de l'autorité royale et d'un rôle particulier du roi à servir l'Église, la justice et la paix (respect pour l'Église, soutien aux inquisiteurs, abolition des « mauvaises » coutumes et punitions des officiers malhonnêtes, mesures contre les juifs et les usuriers, lutte contre les guerres privées et remplacement de la procédure « par gages de bataille » par la procédure « par témoins » et « par arguments », *per testes* et *per rationes*), insiste tout autant que Geoffroy sur son humilité, sa charité et sa pratique des « œuvres de miséricorde », sur sa frugalité et son ascétisme aussi. Son *libellus* se rapproche d'un « Miroir des princes[17] ».

Prêcheur, lui aussi, il souligne, comme Geoffroy, la prédilection de Louis pour les frères des ordres Mendiants et pour les bienfaits exceptionnels octroyés à leurs couvents. Un de ses rares apports plus personnels est la façon dont il raconte longuement, avec des détails parfois différents, la mort du roi à laquelle il a, lui aussi, assisté.

Quand le roi est mort, il le loue comme un roi chrétien idéal, un roi modèle pour les autres rois, un roi-soleil[18].

Mais sa principale originalité est de rapporter près de cinq pages (36 à 41) de miracles circonstanciés, dix-sept exactement, dûment vérifiés et authentifiés. Ces miracles ont eu lieu pendant les années 1271 et 1272. Ils sont datés. Ce sont, en effet, les seuls événements sur lesquels peut s'édifier la sainteté de Louis IX. Sa vie ne vaut que par des vertus dont la valeur vient d'un exercice habituel et la sainteté du roi ne dépend pas d'une chronologie humaine.

GUILLAUME DE SAINT-PATHUS

Un troisième hagiographe de Saint Louis est un franciscain, Guillaume de Saint-Pathus, le confesseur de la reine Marguerite de 1277 environ à la mort de celle-ci, en 1295, puis de sa fille Blanche, veuve de l'infant Ferdinand de Castille. Il semble *a priori* le moins fiable, sinon le moins intéressant. Il écrit après la canonisation, probablement en 1303, plus de trente ans après la mort de Saint Louis, qu'il n'a pas connu. Pourtant, c'est probablement lui qui nous donne les informations qui nous renseignent le mieux sur l'image de sainteté de Saint Louis auprès de ses contemporains et sur ce qui a rendu le roi mémorable. Il a, en effet, utilisé et, semble-t-il, suivi de près le dossier du procès de canonisation de Louis IX, qui n'est pas parvenu jusqu'à nous, à l'exception de fragments qui nous permettent justement d'apprécier la fidélité de Guillaume à ce document essentiel[19]. C'est donc plus une image en train d'être fabriquée qu'une image déjà toute faite qu'il nous donne de Saint Louis. Comme il est habituel au XIIIe siècle, Guillaume de Saint-Pathus a rédigé, d'une part, cette *Vita* et, en même temps, complètement indispensable, un catalogue des miracles officiels retenus par la commission de canonisation[20].

En fait, le franciscain a dû utiliser non le texte complet des dépositions des trois cent trente témoins, mais un résumé qui constituait la *Vie* officielle, approuvée par la curie *(Vita per curiam approbata)* et qui est perdue. Le confesseur de la reine a ensuite arrangé, dans des limites assez étroites, ce résumé officiel, et un traducteur inconnu a traduit en français le texte latin original pour la *Vie* comme pour les *Miracles* : c'est cette traduction que nous possédons[21]. Les *Miracles*, qui forment donc un recueil séparé, sont donc maintenant au nombre de soixante-cinq, c'est-à-dire que l'hagiographie de Saint Louis a désormais atteint un équilibre entre vie et miracles. À l'évidence, Saint Louis, conformément à ce que souhaitait l'Église depuis Innocent III, n'a pas accompli de miracles avant sa mort : d'où un déséquilibre au profit de la vie (c'est-à-dire des vertus et de la piété) dans les témoignages antérieurs au procès de canonisation. Toutefois, on peut dire que la canonisation a fait basculer l'image de Saint Louis du prestige spirituel et moral vers la thaumaturgie : et pourtant les Mendiants qui composèrent la *Vie* de Saint Louis étaient eux-mêmes très sensibles aux miracles, et la Curie pontificale allait tenir le plus grand compte de cette *Vie*. Le « supplément de vie », entre 1270 et 1297, a privilégié un faiseur de miracles.

Il faut revenir sur les témoins du procès, car Guillaume de Saint-Pathus transmet plus encore leur image de Saint Louis que celle qu'il a pu se faire à les lire ou à entendre d'autres témoignages. Le Saint Louis de Guillaume de Saint-Pathus est la création collective des témoins du procès. Il ne s'agit évidemment que des témoins sur la *Vie*, au nombre de trente-huit[22].

L'ordre hiérarchique dans lequel les cite Guillaume est intéressant. D'abord, les deux rois proches du saint, le fils et successeur Philippe III, le frère Charles d'Anjou, roi de Sicile ; puis deux évêques, celui d'Évreux et celui de Senlis ; ensuite, les trois abbés des abbayes favorites du saint, l'abbé de Saint-Denis, bénédictin, régent du royaume pendant la croisade de Tunis, et les deux abbés cisterciens de Royaumont et de Chaalis ; après eux, neuf barons, à commencer par Pierre d'Alençon, fils du saint, Jean d'Acre, fils du roi de Jérusalem, cousin du saint et bouteiller de France, Simon de Nesle, second régent pendant la croisade de Tunis, Pierre de Chambly, connétable de Philippe III, Jean de Joinville, sénéchal de Champagne, familier du saint, dont il écrira plus tard une vie fameuse. Suivent deux clercs du roi, cinq frères Prêcheurs, un cistercien, sept domestiques du saint dont deux cuisiniers, trois bourgeois, trois sœurs moniales, le chirurgien du roi. Si tous ont été proches du saint, on dénombre vingt-quatre laïcs en trois groupes principaux (parents du roi, barons, domestiques, plus quelques bourgeois) contre seulement quatorze clercs, dont deux prélats, trois abbés, deux clercs de la Curie royale, cinq frères Prêcheurs, trois moniales.

Ce saint est un saint laïc et un roi : la part des laïcs et des familiers du roi est donc ici prépondérante, mais il faut noter que ce que nous savons de la mentalité et de la piété de ces laïcs est très proche de la spiritualité et de la pratique dévotionnelle des clercs avec qui ils vivent. Il reste que ce saint a été présenté comme saint par un nombre disproportionné de dominicains, le tiers des témoins ecclésiastiques, plus le rédacteur franciscain de la *Vie*, et que s'il a bénéficié du témoignage de trois religieuses, aucune des femmes de sa famille n'a été appelée à témoigner.

Il est intéressant aussi de noter d'où sont originaires et où ont vécu ces témoins qui indiquent aussi l'espace dans lequel le roi vivait. Si beaucoup sont là pour l'avoir fréquenté pendant ses deux grandes épreuves, ses deux croisades, si l'on excepte les membres de sa famille, ils viennent des diocèses d'Évreux, de Senlis, de Beauvais, de Noyon, de Paris, de Châlons, de Sens, de Rouen, de Reims, de Soissons, de Compiègne, de Chartres, deux valets étant des Bretons du diocèse de Nantes. C'est un saint de l'Île-de-France et des régions avoisinantes et de la croisade.

Guillaume de Saint-Pathus a soigneusement ordonné les informations tirées du dossier de canonisation[23]. La *Vie* est encadrée par trois chapitres proprement biographiques, dans l'ordre chronologique. Les deux premiers présentent l'enfance et la jeunesse du saint, sans grand détail d'ailleurs, en insistant sur sa mère — le couple de Louis et Blanche est décidément indissociable — et sur sa bonne éducation. Le dernier raconte la mort et accrédite la version qui fait dire au roi mourant : « Ô Jérusalem ! Ô Jérusalem ! »

Dix-huit chapitres parlent de l'exercice des trois vertus théologales par Saint Louis (foi, espérance, charité, c'est-à-dire amour), de la triple forme de sa piété (dévotion, étude des Écritures, prière), des deux façons de s'occuper du prochain (amour et compassion) et de sa pratique des œuvres de miséricorde (pitié), de ses cinq principales vertus dans sa conduite (humilité, patience, pénitence, « beauté de conscience ») et de ses trois plus grandes vertus de roi (justice, honnêteté, clémence) et de son trait le plus constant de caractère : sa « longue » persévérance. Le dix-huitième débouche sur la mort du saint.

L'essentiel de ce que les hagiographes appellent la *Vie* du saint est donc la pratique habituelle de la dévotion et des vertus. Cette conception de la *Vie*, qui est, en fait, un genre littéraire, s'éloigne beaucoup de notre conception d'une biographie. S'il y a des événements dans la vie d'un saint, ils ne forment pas une suite chronologique. L'hagiographe, dans chaque chapitre, donne des précisions sur la conduite habituelle du saint et, plus rarement, il raconte une anecdote illustrant ses propos, exemplaire.

Ainsi, au huitième chapitre, où il reparle des habitudes de prière du roi, Guillaume de Saint-Pathus raconte :

> [...] et en plus des autres oraisons, le saint roi s'agenouillait chaque jour le soir cinquante fois et à chaque fois il se levait tout droit et se ragenouillait, et à chaque fois qu'il s'agenouillait il disait très lentement un Ave Maria ; et après cela il ne buvait point[24] mais entrait dans son lit[25].

En voici une qui eut pour théâtre l'abbaye cistercienne de Chaalis :

> Et le benoît roi avait les saints hommes en si grande révérence qu'il était une fois à Chaalis en l'église, qui est de l'ordre de Cîteaux, au diocèse de Senlis, et il entendit dire que les corps des moines qui y mouraient étaient lavés sur une pierre qui était là. Et le benoît roi baisa cette pierre et dit : « Ah Dieu ! Tant de saints hommes ont été ici lavés[26] ! »

Bien entendu, le franciscain insiste sur l'affection spéciale que le saint avait pour les ordres Mendiants. Il rappelle que chaque fois qu'il venait dans une ville où des couvents Mendiants s'étaient établis, il faisait distribuer des aumônes et des aliments aux frères[27]. Sa largesse à leur égard se manifestait même à Paris où le roi venait souvent et où les frères étaient nombreux. Elle s'étendait alors aux frères des ordres Mendiants secondaires, ceux « qui n'avaient pas de possessions ».

Il faut ajouter à ce dossier de Saint Louis, saint des Mendiants[28], un document qui lui est très lié. Il s'agit d'un sermon du même Guillaume de Saint-Pathus, écrit postérieurement à sa *Vie* et à ses *Miracles* de Saint Louis, donc après 1303 et toujours d'après cette *Vita approbata* perdue, résumé du dossier de canonisation. Après avoir été le confesseur de la reine Marguerite, morte en 1295, Guillaume était alors celui de sa fille Blanche, veuve de l'infant Ferdinand de Castille : fonction qu'il remplissait encore en 1314-1315, Blanche devant mourir en 1323. Ce sermon est un panégyrique de Saint Louis. Il correspond parfaitement au genre du sermon scolastique tel qu'il a été défini et pratiqué à la fin du XIIIe et au XIVe siècle. Ce texte a paru « insipide » même à son érudit éditeur, le même que celui de la *Vie de Saint Louis* de Guillaume de Saint-Pathus, Henri-François Delaborde[29]. Celui-ci n'en a publié que ce qu'il appelle « les passages historiques », outre « le début et la péroraison ». C'est donner une image fausse, mal corrigée par la présentation d'ensemble, du sermon de Guillaume de Saint-Pathus. Celui-ci n'a pas cherché à répondre aux curiosités des hommes du XIXe et du XXe siècle. Il a composé un sermon hagiographique à partir d'un *thème*. Ce thème est, selon les lois de l'époque, forcément tiré de la Bible et choisi pour sa pertinence au regard de l'objectif du sermon. Celui-ci étant de faire l'éloge de Saint Louis, le thème retenu a été une expression du premier livre des Maccabées (II, 17) : *Princeps clarissimus et magnus es* (« Tu es un prince très illustre et grand »). Il est dès lors clair que le travail du prédicateur va consister à faire entrer Saint Louis dans le cadre du développement scolastique de ce thème et non l'inverse. La définition de Saint Louis comme le *generosus, famosus, virtuosus* (« de noble origine, de bonne renommée, de grande vertu ») entraîne une série de subdivisions scolastiques appliquées aux vertus de Saint Louis et articulées autour de la « dignité de sa prééminence royale », de la « sincérité de son comportement moral » et de la « sublimité de sa perfection intégrale » qui justifient qu'on lui applique les trois mots, *princeps*, *clarissimus* et *magnus*, le caractérisant.

Puis chacune de ces qualités est à son tour subdivisée en d'autres, définies soit par des « autorités » (d'autres versets bibliques), soit par des « raisons » (des arguments rationnels). Par exemple, « la dignité de sa prééminence royale » se décompose en quatre vertus : la « splendeur de sa sagesse » (illustrée par le verset des Rois « *David sedens in cathedra sapien-*

tissimus princeps », « David assis sur le trône, prince très sage »), la « douceur de sa compassion » (illustrée par ce verset d'Ézéchiel « *Servus meus David erit princeps in medio eorum* », « Mon serviteur David sera leur prince »), l'« éclat de sa continence » et « la ferveur de sa dévotion » démontrés par des preuves et non des autorités.

En fait, ce sermon est un véritable « Miroir des princes » sous une forme homilétique. Guillaume de Saint-Pathus a un modèle du prince idéal dans la tête, et il accommode plutôt la *Vie* (c'est-à-dire l'exercice habituel de ses vertus) de Saint Louis à ce modèle que l'inverse[30]. Le *genre* du sermon se recoupe ici avec le genre du « Miroir des princes » dans le cas de Saint Louis, car ce qui intéresse les « mémorialistes » du XIIIe siècle, c'est de nous imposer d'abord un modèle du prince chrétien idéal et de ne nous montrer, secondairement, que la vie de Saint Louis est conforme à ce modèle. En Saint Louis, ce n'est pas l'homme, mais le modèle qui les intéresse. Et la plus grande partie du dossier de mémorisation de Saint Louis par ses contemporains forme un ensemble structuré de textes qui se renvoient les uns aux autres parce qu'ils sont produits par les mêmes fabricants de mémoire : des clercs, dans les mêmes centres de production (abbayes, couvents), selon des *genres* qui se font écho : « vies », « miroirs », « sermons », etc. Nous sommes ainsi pris dans une masse de mémoire à l'intérieur de laquelle s'impose à nous une image, en grande partie stéréotypée, de Saint Louis.

Les événements anecdotiques de la vie de Saint Louis auxquels fait allusion le sermon sont peu de chose. Il s'agit d'épisodes figurant en général dans la *Vie* et les *Miracles*. Seuls quatre passages du sermon sont sans équivalent dans la *Vie*[31].

Le premier, dont Guillaume donne la reine Marguerite elle-même comme source, montre Saint Louis dans l'intimité de sa famille, avec sa femme et ses enfants[32], le second, également rapporté par Marguerite, raconte que la reine jetait un vêtement sur les épaules de son époux lorsqu'il se relevait la nuit pour prier. Un troisième relate que Saint Louis restait en oraison, après les matines, un temps égal à la durée de cet office. Le quatrième passage qui décrit les disciplines dont il se fouettait et qu'il aimait offrir ne figure pas, en effet, dans la *Vie* de Guillaume de Saint-Pathus, mais correspond à un passage de la *Vie* de Geoffroy de Beaulieu[33].

Guillaume applique à Saint Louis l'étymologie du roi : *rex a recte regendo* (« roi vient de gouverner droit »)[34], et celle du prince (*princeps qui primus capiat*, « celui qui prend le premier »). Il « a pris le premier parce que, en raison de la primogéniture *(ratione primogeniture)*, il est parvenu à la dignité de la majesté royale ».

Le sermon est bien un « Miroir des princes » adapté à Saint Louis et à la monarchie française. Si le sermon obéit dans sa forme aux méthodes scolastiques, il n'en est pas influencé quant au fond. Les Mendiants de l'entourage royal ignorent les grands docteurs Mendiants, Alexandre de Halès, saint Bonaventure, saint Albert le Grand, saint Thomas d'Aquin. Saint Louis est le saint de la dévotion, mais non de la théologie mendiante. Saint Louis est un saint préscolastique[35].

III

LE ROI DE SAINT-DENIS :
UN SAINT ROI DYNASTIQUE
ET « NATIONAL »

Dans l'image royale que les clercs ont appliquée à Saint Louis, il y a deux faces : celle modelée par les frères des ordres Mendiants, qui met surtout en vedette le saint, celle façonnée par les moines de l'abbaye bénédictine de Saint-Denis, qui met l'accent sur le roi. Pour les premiers, il s'agit d'un saint roi et Guillaume de Saint-Pathus en a fait le thème de son sermon. Pour les seconds, ce roi est un roi saint et sa sainteté vient enrichir l'image royale. Si le groupe de pression des Mendiants représente une force nouvelle, née en même temps que Saint Louis, le lieu de mémoire de Saint-Denis remonte presque aux origines de la monarchie française. Son saint patron est le premier évêque de Paris, Denis, martyrisé au IIIe siècle, et que la tradition diffusée au IXe siècle par l'abbé Hilduin confondit avec Denys l'Aréopagite, l'Athénien converti par saint Paul ; son origine est une église construite sur les lieux où, pensait-on au Moyen Âge, saint Denis avait été enterré. Anne Lombard-Jourdan pense, avec des arguments convaincants, que le lieu a une très longue tradition. Il occuperait la place centrale où se réunissaient les Gaulois pour un culte commun : situé sur la route de l'étain des îles Britanniques à l'Italie au Moyen Âge, très tôt lié à la ville gallo-romaine de Lutèce devenue Paris, avec qui Saint-Denis a formé un couple destiné à être la double et indissociable capitale de la France[1].

Trois hommes ont fait la gloire de Saint-Denis et construit le rôle de mémoire « nationale » que Saint-Denis a ensuite prolongé, confirmé et enrichi[2]. Le premier est le Mérovingien Dagobert qui, au VIIe siècle, transforma l'église en abbaye bénédictine, l'a fait reconstruire et s'y est fait enterrer, inaugurant ce qui va devenir, après un rôle funéraire intermittent, avec les Capétiens, le « cimetière aux rois ». Le second est le Carolingien Charles le Chauve qui, renouant avec ses ancêtres Charles Martel et Pépin le Bref, a doté magnifiquement l'abbaye où, selon sa volonté, il a été enterré en 884, sept ans après sa mort survenue dans les Alpes. Le troisième est Suger, abbé de Saint-Denis de 1122 à 1151, qui lia définitivement l'abbaye, où il donna le signal de l'art gothique en faisant reconstruire l'église, à la dynastie capétienne. Il est devenu le principal conseiller des rois Louis VI et Louis VII et il a fait de l'étendard de l'abbaye l'oriflamme de l'armée royale. Suger a fait aussitôt remanier une *Histoire de Charlemagne* qui est devenue « un des livres les plus lus d'Occident » (Colette Beaune). Il a constitué une bibliothèque qui a permis à Saint-Denis de reprendre et d'assurer pleinement le rôle historiographique de Fleury (Saint-Benoît-sur-Loire) qui avait voulu être, au XIe siècle, le lieu de mémoire de la monarchie capétienne[3]. Saint-Denis lui ravit ce privilège, au XIIe siècle, pour le continuer et l'assumer pleinement[4].

Cette fonction se renforça sous le règne de Philippe Auguste (1179-1223), qui a confié officiellement à l'abbaye la garde des insignes royaux utilisés pour le sacre à Reims, mais qui a aussi été le héros d'une vie rédigée par le moine Rigord, l'auteur d'une courte chronique des rois de France destinée à être un guide pour les visiteurs de l'abbaye. Dans ses *Gesta Philippi Augusti*, Rigord entoure le souverain d'une aura miraculeuse que l'entourage royal a cherché à utiliser après la mort du souverain pour avancer le projet d'une reconnaissance de la sainteté de Philippe Auguste. Mais le projet s'est heurté à l'image négative que l'Église répandait par ailleurs d'un roi bigame qui n'avait pas voulu, bravant les foudres pontificales, honorer son mariage avec Ingeburg de Danemark[5].

On a vu comment Saint Louis, très soucieux de maintenir des liens étroits avec l'abbaye, surtout à la fin de son règne, au temps de l'abbatiat de Mathieu de Vendôme dont il a fait l'un des deux régents du royaume avant de partir pour Tunis, avait fait remanier la nécropole royale de façon à rendre visible le grand dessein de la monarchie capétienne, atteint avec son père, Louis VIII. Ce grand dessein, que Saint-Denis avait servi avec éclat, était celui d'imposer l'image d'une continuité dynastique des Mérovingiens aux Carolingiens et aux Capétiens, surtout en revendiquant le retour des Capétiens à la « race » de Charlemagne, personnage prestigieux et central, référence originelle que la monarchie française disputait à l'Empire allemand *(reditus ad stirpem Karoli)*.

PRIMAT

Le règne de Saint Louis a vu la prolongation, au-delà de 1180, des *Gesta Francorum usque 1180* (« Histoire des Francs jusqu'en 1180 ») par diverses chroniques latines. Le roi Louis a pris une initiative capitale en demandant à Saint-Denis d'écrire, à partir des chroniques latines antérieures, une Chronique des rois de France en français, décision de grande portée pour deux raisons : c'était un pas décisif vers la constitution d'une histoire de France quasi officielle, regroupant et rationalisant en un seul corps les chroniques antérieures ; c'était l'apparition d'une mémoire en français, débordant le milieu des clercs, accessible à au moins une minorité de laïcs cultivés et intéressés à l'histoire des rois, embryon d'une histoire « nationale ».

Cette œuvre a été confiée par l'abbé de Saint-Denis au moine Primat, qui n'acheva la tâche qu'en 1274 et remit solennellement son livre à Philippe III, fils de Saint Louis, scène immortalisée par une miniature.

Le « Roman aux rois[6] » s'arrête avant le règne de Saint Louis. Mais il porte si fortement l'empreinte de son commanditaire et donne à la tradition royale française qui a produit Saint Louis une expression de si grande et longue portée qu'il faut faire ici sa place à Primat.

Bernard Guenée a rappelé que l'érudition moderne a cru d'abord que Primat n'était que le copiste du manuscrit remis en 1274 à Philippe III, puisqu'il était le simple traducteur d'œuvres latines chrétiennes. On voit aujourd'hui en lui, avec Bernard Guenée, un des meilleurs historiens de la grande école historiographique dionysienne[7], un « grand historien[8] ». Certes, c'est un historien à la mode du Moyen Âge, c'est-à-dire un compilateur qui s'efforce d'intégrer, en le respectant à la lettre, tout ce qu'il y a d'important à ses yeux dans les sources qu'il utilise. Historien « sérieux », Primat a utilisé beaucoup de sources, toutes celles qui lui semblaient susceptibles de contribuer à l'image de l'histoire de France qu'il voulait donner. Ses thèmes essentiels sont la continuité, du baptême de Clovis à Philippe Auguste, la gloire carolingienne, qui rejaillit sur toute la suite monarchique française, la faveur que Dieu a toujours manifestée à la France, par exemple la naissance « miraculeuse » de Philippe Auguste, fils tardif d'un roi, Louis VII, à qui ses épouses successives n'avaient donné que des filles. À côté des rois apparaît la France, « dame renommée sur [c'est-à-dire au-dessus de] les autres nations », héritière non seulement de la foi catholique d'abord venue chez elle avec Clovis, mais aussi de la culture antique, car « clergie [savoir] et chevalerie sont en France de Grèce et de Rome venues ». D'ailleurs, Primat reprend et diffuse la légende des origines troyennes de la monarchie française. C'est à peine si, après 1196, Primat est un peu gêné par la conduite matrimoniale de Philippe Auguste. Réalisateur d'une idée de Saint Louis, Primat a donné au « Roman des rois » la cohérence et le ton patriotique d'une histoire de France. L'histoire de France de Primat a posé les bases d'une grandeur française que Saint Louis va venir couronner. Elle semble n'attendre que lui[9].

GUILLAUME DE NANGIS ET LA *VIE DE SAINT LOUIS*

La principale source dionysienne pour la connaissance de Saint Louis est l'œuvre du moine Guillaume de Nangis, grand historien[10]. On lui a adressé des éloges ambigus : tout en lui reconnaissant une « irréprochable objectivité », en soulignant qu'il ne jugeait pas, que ce soit pour louer ou blâmer, on a prétendu qu'on chercherait en vain dans son œuvre « une autre idée générale que celle de la soumission aux pouvoirs civil et ecclésiastique » et qu'il rapportait « les plus grandes fautes des rois de France sans commentaire »[11]. Je crois qu'il faut distinguer entre le Guillaume de Nangis biographe de Saint Louis et de Philippe III le Hardi et le Guillaume de Nangis auteur d'une *Chronique universelle* où le règne de Saint Louis tient une place importante. Ce décalage provient essentiellement de la différence entre genres littéraires, régis au Moyen Âge par des règles strictes.

Guillaume, né sans doute vers 1250, entré jeune à Saint-Denis, y a rempli, à partir d'une date inconnue, les fonctions d'archiviste. C'est là qu'il écrit, probablement après 1285, une *Vie* de Louis IX (terminée avant la canonisation de 1297) et une *Vie* de Philippe III ainsi qu'une *Chronique universelle* où il continue l'œuvre du chroniqueur du début du XIIe siècle, Sigebert de Gembloux. Il est sans originalité avant 1113, puis plus personnel ensuite ; le Saint Louis est de seconde main, mais il est la source originale et essentielle pour Philippe III et pour les premières années du règne de Philippe IV le Bel[12]. Il est mort sans doute en 1300.

LA *CHRONIQUE UNIVERSELLE* DE GUILLAUME DE NANGIS

La *Chronique* est en effet « objective ». Elle se présente sous la forme traditionnelle d'« Annales », indiquant de façon sèche les principaux événements, année par année. Les développements narratifs, les idées générales, les jugements, les événements jugés secondaires en sont exclus. Ainsi, pour l'année 1231, l'épisode de la perte du saint clou, sur lequel Guillaume de Nangis s'est longuement arrêté dans la *Vie* de Saint Louis et à propos duquel ses remarques sont si intéressantes sur les manifestations de piété du jeune roi et sur la façon dont elles ont été reçues par son entourage[13], a complètement disparu dans la *Chronique* qui reprend pourtant la *Vie*, mais en la réduisant à un schéma événementiel. La part de Saint Louis demeure néanmoins très importante dans une chronique *universelle* où apparaissent d'autres états et d'autres personnages. Une certaine idée de l'histoire transparaît pourtant dans la structure de la *Chronique*. Guillaume de Nangis s'intéresse surtout aux hommes et, en particulier, aux grands personnages qui sont, sinon les moteurs de l'histoire (le seul véritable moteur est Dieu), du moins les héros de cette histoire humaine. Mais ces hommes peuvent être aussi des acteurs collectifs. Enfin, Guillaume met aussi parfois l'accent sur le lieu de tel événement. Car il a le sens des « lieux » où se fait l'histoire et où se construit la mémoire.

Voici deux exemples significatifs de cette conception de l'histoire-chronique et de la place qu'y occupe Saint Louis.

Quatre événements sont mentionnés pour l'année 1229 auxquels Guillaume consacre quatre paragraphes[14].

Le premier raconte la révolte du comte de Bretagne et sa répression par le jeune Louis IX. Il commence par : « Le comte de Bretagne » *(Cornes Britanniae)* et fait rapidement intervenir le roi de France : « Le comte de Bretagne, affecté par la perte du château de Bellène [Bellême], se mit à nouveau à envahir la terre du roi de France Louis. » Et celui-ci ravit dès lors la première place au comte de Bretagne, initiateur de la guerre. « Le roi, ne supportant pas cette attitude, réunit à nouveau une armée [...]. » Et le paragraphe se termine sur le roi de France victorieux : « et pendant quatre ans et même plus le roi de France Louis gouverna en paix son royaume » *(Ludovicus Franciae rex regnum gubernavit)*. Guillaume, que l'on dit « objectif », « ne jugeant pas », condamne, en fait, le comte de Bretagne par la seule mise en ordre du récit et par le choix des mots. Pour exprimer que le comte a envahi la terre royale, il utilise le mot *infestare* dont le sens premier, « infester », est très péjoratif. Le comte est un méchant, il est puni en étant non seulement vaincu, mais « humilié » (*Et sic, Petro Britanniae comite humiliato*, « Et ainsi, le comte de Bretagne Pierre ayant été humilié »). La rébellion du comte contre le roi est très sévèrement condamnée, au-delà de la révolte du vassal contre son seigneur dont il n'est pas question ici, c'est l'injure faite au *roi* qui est condamnée[15].

Guillaume de Nangis, qui écrit au début du règne de Philippe le Bel, une vingtaine d'années après la mort de Saint Louis, a eu tendance à donner du roi de France une image encore plus puissante : « Le roi y fut plus présent que jamais[16]. » Le Louis IX de Guillaume de Nangis, c'est un Philippe le Bel précoce, non par le caractère (Philippe le Bel était d'ailleurs déjà une énigme pour les chroniqueurs de son époque), mais par le pouvoir qu'il a exercé. Ainsi, après Primat, Guillaume de Nangis fait du Saint Louis de Saint-Denis un roi, si j'ose dire, toujours plus royal.

Le second paragraphe de l'année 1229 — et il est de plus de moitié plus court que le précédent — est dédié au roi d'Aragon, Jacques Ier le Conquérant. Le roi inaugure le paragraphe : « Le roi d'Aragon... » Guillaume rappelle ses conquêtes sur les Sarrasins :

les Baléares et Valence, lieu du martyre de saint Vincent. Il augmente la Chrétienté. Car sa chronique est celle de la Chrétienté et la place majeure qu'y a Saint Louis est bien ce qui fait de lui le souverain le plus puissant de la Chrétienté.

Le troisième paragraphe (trois lignes) est dédié à deux autres grands personnages de la Chrétienté dont le renom de sainteté s'est imposé cette année-là : sainte Élisabeth, « fille du roi de Hongrie, épouse du Landgrave de Thuringe », et saint Antoine de Padoue, « de l'ordre des frères Mineurs ». Guillaume met son lecteur dans une atmosphère de sainteté.

Le dernier paragraphe (quatorze lignes) est consacré à la grande affaire de la Chrétienté à laquelle Saint Louis prendra plus tard une si grande part, la croisade. Les premiers héros sont collectifs, c'est la foule des croisés. Guillaume a aussi le sens du rôle des masses dans l'histoire : « Une grande foule de croisés » *(multitudine magna peregrinorum crusesignatorum)*. Puis arrivent les deux principaux personnages « officiels » de la Chrétienté, le pape et l'empereur. L'empereur n'y paraît pas à son avantage. Dès le départ de la croisade, Frédéric II abandonne « en cachette » *(furtive)* les croisés et rentre à Brindisi. Le pape l'excommunie. Un dernier grand personnage est le sultan musulman. Guillaume, très attentif à ce qui se passe en Orient, qui partage encore la conception traditionnelle de la Chrétienté comprenant la Chrétienté latine européenne *plus* la Terre sainte, se contente de noter sa mort.

L'année suivante, 1230, est plus intéressante encore du point de vue de l'écriture de Saint Louis.

Le roi inaugure l'année : « *Ludovicus rex Franciae.* » Il fonde l'abbaye de Royaumont, dans l'évêché de Beauvais, près de Beaumont-sur-Oise. Guillaume le montre ainsi dans une de ses activités les plus mémorables, comme fondateur et bienfaiteur d'églises, d'abbayes et de couvents surtout. Et l'on sait bien, à la fin du XIIIe siècle, que Royaumont a été l'abbaye chérie du roi, son *lieu* de prédilection.

Le second paragraphe, de trois lignes également, réintroduit l'empereur, dont l'image continue à se détériorer. « L'empereur romain Frédéric envoya des ambassadeurs au sultan de Babylone et fit avec lui, à ce qu'on dit, un pacte d'amitié suspect à la Chrétienté[17]. » Suit un long développement (trente-sept lignes dont, à vrai dire, vingt d'additions postérieures de Guillaume) du plus haut intérêt pour la mémoire de Saint Louis.

Au départ, c'est un lieu qui est mis en avant, mais pas n'importe lequel, la capitale du jeune roi. Les acteurs de l'événement sont les deux groupes dominant à Paris, les bourgeois et les clercs de la jeune université.

> À Paris entre écoliers [*scholares*, qui désigne à la fois les maîtres et les étudiants] et bourgeois s'éleva une grande querelle ; en effet, les bourgeois avaient tué des clercs et pour cette raison les clercs, quittant Paris, s'étaient dispersés dans toutes les régions du monde[18].

Apparaît bientôt le jeune roi, âgé de seize ans.

> Le roi Louis voyant que l'étude des lettres et de la philosophie, par quoi on acquiert le trésor de la science qui l'emporte sur tous les autres[19] [trésor qui était venu d'abord d'Athènes à Rome, puis de Rome en Gaule, sous le nom de chevalerie, à la suite de Denys l'Aréopagite], avait quitté Paris, en fut profondément désolé. Et le roi très pieux craignant qu'un si grand et si bon trésor ne s'éloigne de son royaume, parce que « la sagesse et la science sont les richesses du salut[20] », et parce qu'il ne voulait pas que Dieu puisse

lui dire un jour : « Tu as repoussé la science, je te repousserai[21] », il ordonna aux clercs susdits de revenir à Paris, les accueillit avec une extrême clémence à leur retour et les fit rapidement indemniser par les bourgeois qui avaient commis des forfaits à leur encontre.

Le texte qui suit est une addition qui ne figure pas dans le plus ancien manuscrit conservé de la *Chronique*, mais dont le savant éditeur n'a pas pu décider si elle est de Guillaume de Nangis lui-même ou d'un continuateur. Elle est en tout cas intéressante pour connaître l'image de Saint Louis que l'on cultivait dans le milieu de Saint-Denis.

En effet, si le trésor si précieux de la sagesse salvatrice avait été enlevé au royaume de France, l'emblème fleurdelysé des rois de France en resterait étrangement abîmé. Car, comme Dieu et notre Seigneur Jésus-Christ a voulu orner le royaume de France plus particulièrement que tous les autres royaumes par la foi, la sagesse et la chevalerie, les rois de France ont traditionnellement fait peindre sur leurs armes et leurs drapeaux une fleur de lys trifoliée, comme s'ils voulaient dire à l'univers : la foi, la sagesse et la prouesse chevaleresque servent, de par la providence et la grâce de Dieu, notre royaume plus abondamment que tous les autres. Ces deux feuilles semblables signifient, en effet, la sagesse et la chevalerie qui gardent et défendent la troisième feuille placée plus haut entre elles qui signifie la foi. Car la foi est gouvernée et régie par la sagesse et défendue par la chevalerie. Aussi longtemps que ces trois vertus seront bien liées entre elles *(sibi invicem cohaerentia)* dans le royaume de France dans la paix, la force et l'ordre *(pacifice, fortiter et ordinatim)* le royaume sera solidement debout *(stabit)*. Si elles en étaient séparées ou lui étaient arrachées, tout le royaume divisé contre lui-même serait désolé et s'effondrerait[22].

Ce texte résume, avec un relief exceptionnel, la philosophie de l'histoire « nationale » qui a progressivement émergé en France à partir du XIIe siècle. Trois thèmes essentiels s'y entremêlent. Le premier est celui de la *translatio studii*, du transfert de la science, du savoir, d'Athènes à Rome et en France. De même que l'Allemagne a été la bénéficiaire de la *translatio imperii*, du transfert du pouvoir, la France a reçu l'héritage du savoir. Chez elle, indissolublement unis, le christianisme a apporté le prestige du savant et la gloire du guerrier. Déjà, au XIIe siècle, le couple de la clergie et de la chevalerie béni par l'Église a manifesté la place éminente du royaume dans la Chrétienté. Dans ses romans courtois, un Chrétien de Troyes a vanté ce couple prestigieux, nulle part aussi brillant qu'en France. Au XIIIe siècle, un troisième pouvoir, celui du savoir universitaire, s'est affirmé à Paris, foyer de la plus haute science, la théologie, est venu conforter le pouvoir laïque, incarné dans la monarchie, et le pouvoir spirituel, représenté par les prêtres. Une nouvelle triade trifonctionnelle : *sacerdotium, regnum, studium*, a exprimé cette nouvelle figure du pouvoir[23]. C'est sous Saint Louis que ce système de valeurs a trouvé en France sa plus haute incarnation. Louis IX a favorisé l'ascension du pouvoir des prêtres, de celui du roi et de celui des hommes de science. Alors que sa mère était insensible au nouveau pouvoir des intellectuels et n'avait pas su retenir maîtres et étudiants à Paris, une intuition de jeunesse lui a permis de mettre fin à la grève et à la sécession qui pouvait entraîner la mort de l'institution. Saint Louis, en stabilisant l'université de Paris, a assuré au royaume de France sa prééminence. Comme c'est lui aussi qui a porté au plus haut niveau le prestige des fleurs de lys, comme emblème de la monarchie française, on peut, selon la méthode d'interprétation allégorique à la mode alors, interpréter les trois feuilles des fleurs de lys comme le symbole de ces trois pouvoirs. La foi y est ancrée dans la sagesse et le savoir, conformément au grand mouvement intellectuel qui, de saint Anselme à Thomas d'Aquin, des centres de savoir monastique au centre urbain parisien, creuset de la science scolastique, a cherché à la rendre intelligible : *fides quaerens intellectum*. À cette trilogie éthico-sociale correspond une trilogie politico-idéologique : celle de la paix, de la force et de l'ordre qu'incarne aussi Saint Louis. Telle est, au tournant du XIIIe au XIVe siècle, l'image que Saint-Denis donne de Saint Louis, et peu importe que le développement de la chronique soit de Guillaume de Nangis lui-même ou d'un continuateur dionysien[24]. Il est le roi des fleurs de lys, dont le mérite particulier est qu'aux deux feuilles de la clergie et de la chevalerie, de la foi et de la force, on n'ait pas arraché la troisième feuille qui fournit à l'ensemble sa cohérence : la science. Il est le roi du savoir qui structure le système politique et social[25].

Dans cette grande montée en puissance de la France, on trouve à l'origine le rôle essentiel de saint Denis, puisque c'est grâce à lui que sagesse et chevalerie sont venues de Grèce en France. On comprend mieux alors la fureur des moines dionysiens contre Abélard au siècle précédent. Face à l'intellectuel critique, qui était à la recherche de la vérité historique et scientifique, qui voulait et pouvait prouver que le saint patron de l'abbaye n'avait jamais été l'Aréopagite, c'est un autre système que la grande abbaye aide la monarchie française à mettre sur pied, un système de pouvoir stable ancré dans l'histoire traditionnelle et dans l'imaginaire symbolique[26]. Ce système, Abélard ne se rendait probablement pas compte que son obstination à chercher la vérité historique, telle que nous l'entendons aujourd'hui, le sapait dans ses fondements. Ainsi arrive-t-on à la paix, à la force et à l'ordre. Si la notion gramscienne d'« intellectuel organique » a trouvé une application pertinente, c'est bien dans la Chrétienté du XIIIe siècle, et ce sont eux, les moines de Saint-Denis, ces grands idéologues, qui ont fait Saint Louis roi de l'État monarchique français.

Par-delà ce rappel du rôle historique de Saint-Denis, Guillaume de Nangis, membre du lobby dionysien, ne manque pas de souligner les liens privilégiés de Saint Louis avec l'abbaye tout comme ses hagiographes Mendiants insistaient sur ses faveurs à l'égard des frères. Pour l'année 1231, il note que « sur le conseil du roi de France Louis et de religieux, l'église de Saint-Denis en France[27] est rénovée sous l'abbatiat d'Eudes Clément ; ce que les moines n'osaient faire auparavant à cause du caractère sacré *(mysterium)* de la dédicace que cette église, comme on sait, a reçue de Dieu[28] ». Notons, en passant, que Guillaume en profite pour dire que Dieu n'a pas seulement fait des miracles en faveur de l'abbaye rivale de Saint-Rémi de Reims qu'il ne cite pas nommément, mais aussi de Saint-Denis. Retenons surtout la remarquable dialectique que Guillaume de Nangis, accusé par certains d'être dépourvu de toute conception originale de l'histoire, institue entre la tradition et la rénovation et, plus encore, son sens de l'historicité du sacré, qui s'enrichit dans le temps.

On aperçoit ici comment le Saint Louis de Saint-Denis utilise le Saint Louis des Mendiants.

Le Saint Louis de la *Chronique* de Guillaume de Nangis est donc un roi d'une France prééminente, plongé dans l'histoire universelle, comme le veut le genre. Si la *Chronique*, qui reprend souvent mot pour mot la *Vie* de Saint Louis, est émondée de détails qui peuvent sembler importants dans une biographie individuelle, mais superflus dans une chronique universelle contrainte d'aller à un essentiel plus général, elle comporte, en revanche, la relation de faits que le moine a écartés de la *Vie*. Il s'agit de notations concernant des singularités climatiques, des signes symboliques, des présages et des prodiges. Voici, pour l'année 1235, le premier événement signalé : « Une très grande famine *(fames valde magna)* survint en France, surtout en Aquitaine, si bien que les hommes mangeaient les herbes des champs, à l'instar des animaux. Le setier de blé valait en effet cent sous dans le Poitou et dans cette région beaucoup moururent de faim et souffrirent du mal des ardents » (p. 187). De même, pour l'année 1266 : « Dans le royaume de France, en août, avant l'aurore, une comète *(cometes horribilis)* apparut, qui dirigeait ses rayons vers l'Orient » (p. 230). Ces deux événements, qui affectent le royaume de France, n'apparaissent pas dans la *Vie* de Saint Louis, sous le règne de qui ils se sont produits. Guillaume de Nangis a isolé Saint Louis du merveilleux. Il l'a baigné dans le religieux et il l'a gardé du prodigieux.

LA *VIE* DE SAINT LOUIS DE GUILLAUME DE SAINT-PATHUS

La *Vie* de Saint Louis, qui a été écrite avant la canonisation, répond mieux au titre de *Vita et Gesta*. Le premier terme s'applique essentiellement à la vie des saints et, éventuellement, de personnages qui ont été proches d'eux par des fonctions empreintes d'un certain caractère sacré — des rois par exemple —, surtout s'ils ont été officiellement ou non auréolés d'une réputation de sainteté. La particularité de cette *Vie* est d'avoir été écrite avant la canonisation, mais sans que l'auteur ait personnellement connu le roi. Il note qu'il a simplement assisté, tout jeune moine sans doute, à l'arrivée et à l'ensevelissement de ses ossements à Saint-Denis. Le terme *Gesta* désigne les « faits et gestes » du héros, c'est une histoire. Guillaume s'y présente comme un simple moine dépourvu de culture littéraire — ce qui est un excès d'humilité — et reconnaît avoir travaillé de seconde main. On a remarqué qu'à l'inverse de la plupart des biographes du temps il ne dit pas avoir été le témoin oculaire de ce qu'il raconte. Il ne prétend pas : *vidi* (« j'ai vu »). La raison en est qu'il n'a sans doute pas connu Saint Louis, mais tient aussi au fait qu'il se veut « historien » et non « mémorialiste ». Il compile, arrange, cherche à expliquer. Il s'est servi de deux sources principales : la *Vie* de Geoffroy de Beaulieu et une *Vie* de Louis IX aujourd'hui perdue, œuvre de Gilon de Reims. Comme on peut vérifier la fidélité de Guillaume de Nangis au premier, on peut supposer qu'il en est allé de même avec le second et qu'il a ainsi sauvé l'essentiel de cette œuvre. Mais un compilateur — Bernard Guenée l'a pertinemment souligné — reste, au Moyen Âge, un auteur par l'arrangement de ses sources et par les interprétations qu'il suggère.

Guillaume distingue les événements majeurs, qui forment la trame continue de la *Vie* et de l'*Histoire* de Louis IX, des événements secondaires, qui n'en font qu'indirectement partie et qu'il note comme *incidentia* (« digressions »).

Son texte abonde en détails sur les troubles de la minorité, sur les opérations militaires (son Saint

Louis est un guerrier et la *militia* une des forces principales du royaume — il souligne que même les Tartares ont entendu dire que les « Français étaient merveilleusement forts batailleurs »), sur la naissance des fils du roi susceptibles d'assurer l'héritage (et il a compris la logique des prénoms : à l'aîné le nom du père du roi, au puîné celui de son grand-père, d'où Louis pour le premier-né, qui mourra en 1260, et Philippe pour le second, qui sera Philippe III). Sur les croisades surtout, en particulier sur celle de Tunis, chronologiquement plus proche. Il porte aussi une attention remarquable à Charles d'Anjou, déjà comme comte de Provence et, surtout, comme roi de Naples et de Sicile. C'est qu'une de ses principales motivations d'historiens, sinon la principale, est l'éloge des Français. Par sa brillante carrière politique et militaire, Charles est digne d'apparaître en bonne place à côté de son frère. Il lui fait d'ailleurs prononcer avant la bataille de Tagliacozzo (1268) un appel à la fierté française : « Seigneurs chevaliers de France nés, renommés de force et de prouesse[29]... »

Dieu est, certes, le maître de l'histoire. Les barons révoltés contre le jeune Louis renoncent à leur rébellion quand ils s'aperçoivent que la « main de Dieu » est avec lui. En 1239, le roi voit que le Seigneur l'a enfin soustrait aux menées de ses ennemis. Mais quand Guillaume s'émerveille de la facilité avec laquelle Louis fait prisonnier par les musulmans s'est rapidement racheté par une rançon d'un montant modeste, il partage la responsabilité de l'événement entre Dieu qui a fait un « miracle » et le « bon roi » dont les mérites ont contribué à ce résultat. Dans cette histoire où les conflits et les guerres tiennent une grande place, la cause principale en est la psychologie des grands. C'est l'orgueil (la *superbia*) de tel ou tel grand qui rompt la paix et la tranquillité[30].

Des manifestations de cet orgueil, de cette « présomption » (le comte de Bretagne et le comte de la Marche, les plus infidèles des grands vassaux du roi sont, le premier, « fier et hautain », le second « imbu de vanité et d'une odieuse présomption »), la pire est celle qui se tourne contre le roi. Guillaume s'en tient à ces raisons de caractère, car il discerne mal que ces agissements doivent être surtout jugés par rapport au code qui régit les rapports entre roi et vassaux. Il n'est pas à l'aise dans le vocabulaire juridique et, d'ailleurs, les conceptions du droit public, celles qui s'appliquent en particulier au pouvoir royal, sont en pleine évolution dans la seconde moitié du XIIIe siècle. Il semble ne pas très bien distinguer entre la *majestas* royale, cette mystérieuse et suprême sacralité, et la *potestas*, qui est la souveraineté. Il juge aussi Saint Louis en termes psychologiques et distingue mal dans sa conduite, ambiguë il est vrai, ce qui relève des sentiments et ce qui se rapporte à la politique institutionnelle. Il note lui aussi que Saint Louis est revenu changé de sa première croisade. Il voit que le roi, plein de remords et de mauvaise conscience, non seulement a commencé de mener une vie plus pénitente, plus ascétique, mais qu'il a durci son pouvoir. Il ne semble pas remarquer que le remords réel du roi le pousse à affirmer son pouvoir pour des motifs politiques. La grande ordonnance de 1254, dont Guillaume donne une version, a fait régner l'ordre moral : « Les barons et les chevaliers et tous les autres, grands et petits, qui virent, connurent et entendirent la sagesse divine qui était et régnait dans les faits et actes du roi Louis, quand il rendait une droite justice, le craignirent et honorèrent de plus en plus de jour en jour, parce qu'ils voyaient et savaient qu'il était saint homme et prud'homme ; il n'y eut plus désormais personne qui osât aller contre lui dans son royaume et, si quelqu'un se rebella, il fut aussitôt humilié » (p. 401). La paix qu'il a imposée en France et à l'étranger (c'est la période de Louis « l'apaiseur »), Dieu l'a fait durer pendant le règne de son fils Philippe (III) à cause des mérites du père. « Aussi le trône du royaume de France au temps du roi Louis resplendissait comme le soleil qui répand les rayons de sa lumière partout, en comparaison avec tous les autres royaumes » *(ibid.)*[31].

Le voilà donc, le Saint Louis de Saint-Denis, c'est un roi-soleil. Ou, plutôt, ce soleil, c'est le trône qui en diffuse les rayons et les bienfaits. Le roi est absorbé par les insignes royaux : sur le sceau par la couronne, dans l'historiographie par le trône. La métamorphose de Saint Louis après le retour de Terre sainte est aussi l'occasion, pour Guillaume de Nangis, d'insérer dans ses *Gesta* l'essentiel de la *Vita* de Geoffroy de Beaulieu, car elle apporte la preuve de sa sainteté. Un roi Mendiant apparaît à l'ombre du roi-soleil et Guillaume apporte sa contribution à la proche canonisation de son héros. Il en dit les mérites, il en raconte les premiers miracles. Pour promouvoir la France à travers ses rois, Saint-Denis fait feu de tout bois.

Il y a en Saint Louis un saint qui peut, à la manière des Mendiants, déstabiliser la société chrétienne, en y exaltant la pauvreté, l'humilité et cette paix qui est justice eschatologique. Il y a aussi en lui, selon la vision de Saint-Denis, un roi chrétien qui aide à la stabilisation de la Chrétienté par la cohésion de la foi, de la force et de l'ordre. Un saint roi *bifrons*. Mais les universitaires Mendiants, en trouvant un compromis pour les deux tendances, ont épargné la schizophrénie à Saint Louis, et les moines de Saint-

Denis ont ancré le roi Mendiant dans la trajectoire du pouvoir royal et du sentiment national.

Dans la synthèse de la monarchie chrétienne que réalise Guillaume de Nangis à travers le portrait de Louis IX, d'autres images du roi étaient apparues pendant la première période de son règne que le roi-soleil de la fin intègre, sans les abolir. Car le roi de la fin du XIIIe siècle n'est pas un monarque absolu. Des obligations réciproques de la féodalité entre seigneur et vassal, il a gardé le devoir de rendre à ses sujets la protection que leur vaut leur fidélité. Dès les débuts de son règne, Saint Louis « pensa en son cœur que la loyauté que les sujets doivent à leur seigneur » (Guillaume mêle le vocabulaire de la souveraineté — « sujet » — à celui de la féodalité — « seigneur »), « cette loyauté appelle une aide comparable du seigneur au sujet »[32]. Déjà, il est le roi « très bon et très noble » et mène « sainte vie », ce qui explique que Dieu lui donne, à lui et à son royaume, « prospérité ». Il s'oppose au modèle des mauvais princes, tels ces barons qui se rebellent contre lui, ou même à l'empereur Frédéric II qui, sans être à proprement parler mauvais, est « douteux ». Mais il existe aussi un modèle contraire suscité par « le diable, qui est toujours jaloux des bons » (p. 325).

Guillaume, dans sa *Vie* comme dans sa *Chronique*, est très intéressé par l'Orient, cette dimension essentielle qu'il ne faut pas oublier dans la vie et dans les préoccupations de Saint Louis. C'est en Orient que Guillaume trouve l'anti-bon roi, l'anti-Saint Louis. Ce n'est pas un sultan musulman, sarrasin ou turc, c'est le Vieux de la Montagne, roi d'une secte chiite extrémiste, les Assassins, avec qui Saint Louis a eu des contacts en Terre sainte. Ce roi « très mauvais et très méchant » que conseillait le diable est, en effet, devenu bon sur l'intervention de Dieu[33]. Guillaume

Le roi de Saint-Denis : un saint roi dynastique... 419

de Nangis a-t-il voulu ainsi justifier les relations diplomatiques de Saint Louis avec des princes infidèles ? Si c'est son intention, il se rencontre de nouveau avec les Mendiants, intermédiaires privilégiés du roi en Orient. Les deux historiographies, la mendiante et la dionysienne, soulignent l'horizon oriental de Louis.

IV

LE ROI DES *EXEMPLA*

Le XIIIᵉ siècle, à défaut de l'histoire qu'il n'isole pas bien encore ni comme une forme du temps des hommes, ni comme un genre littéraire, moins encore comme une discipline du savoir, est friand d'histoires, d'anecdotes[1]. Il semble aussi désireux d'apprendre. L'Église le sait et son effort didactique est grand. À ses principaux pédagogues, les prédicateurs, elle fournit des anecdotes. Ces historiettes édifiantes dont les prédicateurs truffent leurs sermons, ce sont des *exempla*.

L'*exemplum* médiéval est « un récit bref donné comme véridique et destiné à être inséré dans un discours (en général un sermon) pour convaincre un auditoire par une leçon salutaire[2] ». Ce récit s'efforce aussi de capter l'attention des auditeurs par son caractère plaisant ou frappant. C'est un artifice rhétorique, une anecdote destinée à faire passer une leçon. Comme les leçons des *exempla* ont pour finalité le salut de l'auditeur, on a pu appeler l'*exemplum* médiéval « un gadget eschatologique[3] ». « L'*exemplum* introduit dans le sermon la note réaliste et plaisante d'un récit qui rompt le mode d'énonciation général du sermon et semble établir entre le prédicateur et son public une furtive connivence. Mais qu'on ne s'y trompe pas : loin d'être un corps étranger, une unité isolée dans le sermon, il se relie à tous les autres arguments, et la rupture momentanée qu'il introduit renforce encore la fonction idéologique du sermon, parole d'autorité[4]. » Souvent proche du conte populaire qui en est une de ses sources ou de ses formes d'aboutissement, l'*exemplum*, lui aussi, montre un héros qui peut être un animal, comme dans la fable. L'*exemplum* antique tirait souvent son pouvoir de séduction du fait que le sujet de l'histoire était souvent précisément un héros, qui était lui-même un exemple vivant et dont les paroles et les actes avaient valeur exemplaire. Quand les chrétiens ont accueilli l'*exemplum* avec la plupart des autres formes de la culture antique, ils ont eu tendance à les rattacher aux grands modèles chrétiens de l'histoire sainte, à Jésus, lui-même modèle par excellence, à la Vierge, aux personnages de l'Ancien Testament. Ce type d'*exemplum* n'a pas été conservé par le Moyen Âge, qui a séparé la littérature des *exempla* de l'Histoire sainte et tenu les personnes sacrées et les personnages bibliques à l'écart de ces historiettes.

L'*exemplum* médiéval n'est pas naturellement prédisposé à accueillir les personnages historiques. D'abord, parce que destiné à tout chrétien, il a tendance à mettre en scène l'homme « commun », celui qui ne sort pas de l'ordinaire dans ses faits et gestes habituels, et l'on a pu dire des recueils d'*exempla* qu'ils composaient la « bible de la vie quotidienne ». Ensuite, parce que l'*exemplum* tend à objectiver l'anecdote, c'est-à-dire à retirer au héros son statut de sujet pour en faire un objet, un simple instrument de la leçon proposée au travers du récit, cette leçon devenant elle-même le sujet de l'histoire. Le personnage historique, dans un *exemplum* médiéval, n'est plus souvent qu'un prête-nom. Il est englué dans la « fonction idéologique du sermon », il est absorbé par l'usage qu'on en fait.

Pourtant, comme les *Vies* de saints et des grands personnages ont tendance à être composées comme des chapelets d'anecdotes édifiantes et, plus particulièrement, de miracles (mais les miracles sont à distinguer expressément des *exempla* et forment un genre tout à fait distinct), le collecteur d'*exempla* ou le prédicateur ont parfois été tentés de faire passer un morceau de *vita* au statut d'*exemplum*. Et la tentation peut être d'autant plus grande si le héros de la *vita* est un personnage prestigieux. Il y a, dans ce cas, un glissement de l'*exemplum* qui met en scène un chrétien anonyme ou quelconque vers un *exemplum* héroïque ou personnel. On a même cru pouvoir définir un *exemplum* « biographique » : il aurait pour origine une *vita* et « calquerait sa structure sur celle de la *vita* d'origine », mais l'anecdote y serait extraite de la biographie du personnage historique[5].

Ajoutons que l'*exemplum*, recourant le plus souvent à des *exemples* négatifs pour détourner le chrétien du péché, les personnages historiques qui peuvent le mieux donner lieu à des *exempta* sont les méchants. Les mauvais rois, Théodoric ou Charles Martel (assimilé à un roi), qui ont persécuté les catholiques et l'Église et qui ont été, selon la tradition, précipités dans l'Enfer en sont les meilleurs héros. Au XIIIe siècle, cependant, les rois de France sont parfois pris pour héros d'anecdotes qui circulent et viennent quelquefois échouer dans les recueils d'*exempla*. C'est un roi ambigu, Philippe Auguste[6], qui semble le premier, et plus que n'importe quel autre, en avoir fourni.

Si Saint Louis, par ses vertus et par les anecdotes édifiantes qui courent à son sujet, est un fournisseur potentiel d'*exempla*, il se trouve paradoxalement, par sa sainteté même, soupçonné, puis officiellement sanctionné, être un mauvais héros d'*exempla*.

Jugé saint, il ne montre pas les conduites condamnables qui pourraient être données négativement en « exemple ». Devenu saint, il échappe au genre pour être cantonné aux « Vies » et aux miracles.

LE TÉMOIGNAGE LIMITÉ DES *EXEMPLA*

Nous connaissons pourtant quelques *exempla* qui ont Saint Louis pour héros. Ils sont peu nombreux si on défalque, comme il le faut, les anecdotes où il n'apparaît que comme référence pour dater une historiette « au temps du roi Louis » et pour lui donner un cachet supplémentaire d'authenticité. Mais ils sont fort éclairants, en général, sur l'image de Saint Louis, sur les processus de mémorisation dont il a fait l'objet.

En voici deux tirés d'un traité à l'usage des prédicateurs, œuvre du dominicain Étienne de Bourbon, dont la vie et l'activité, après des études à Paris, ont eu pour centre le couvent des Prêcheurs de Lyon : il fut rédigé entre 1250 environ et sa mort en 1261[7]. Mort avant Saint Louis, il témoigne de la transformation rapide, durant la vie même des héros, des anecdotes courantes en *exempla*. Le premier, dans cet ouvrage qui traite des *Dons du Saint-Esprit*, vient illustrer le « troisième titre » de la cinquième partie consacrée au don de conseil *(donum consilii)*. Il s'agit de la force *(de fortitudine)* qui soutient le don de bon jugement *(consilium)* au moyen duquel l'homme peut choisir les vertus qui le conduisent au salut. Parmi les aides de cette force, il y a l'aumône, donnée par l'amour de Dieu *(elemosina data pro Deo)*.

C'est un *exemplum* « positif », dont le héros est le jeune Saint Louis.

> Le roi Louis de France, celui qui règne actuellement, dit un jour une excellente parole, laquelle fut répétée par un religieux qui se trouvait là et qui l'entendit de sa bouche. Un matin, alors que ce prince était encore tout jeune, une quantité de pauvres était rassemblée dans la cour de son palais et attendait l'aumône. Profitant de l'heure où chacun dormait encore, il sortit de sa chambre, seul avec un serviteur chargé d'une grosse somme en deniers et sous le costume d'un écuyer ; puis il se mit à distribuer le tout de sa propre main, donnant plus largement à ceux qui lui semblaient les plus misérables. Cela fait, il se retirait dans son appartement, lorsqu'un religieux, qui avait aperçu la scène de l'embrasure d'une fenêtre, où il s'entretenait avec la mère du roi, se porta à sa rencontre et lui dit : « Seigneur, j'ai parfaitement vu vos méfaits. — Mon très cher frère, répondit le prince tout confus, ces gens-là sont mes soudoyers [salariés] ; ils combattent pour moi contre mes adversaires et maintiennent le royaume en paix. Je ne leur ai pas encore payé toute la solde qui leur est due[8]. »

Cet *exemplum* illustre la valeur de l'aumône. Il recourt à la réputation de Saint Louis, déjà établie de son vivant, de généreux aumônier. Il fait aussi écho à l'image de la précocité des vertus et des pratiques charitables du roi. Mais il place la leçon de l'*exemplum*, qui est à la fois une maxime morale et un bon mot, dans la bouche d'un très jeune homme, où elle n'est pas très vraisemblable. Saint Louis sert à mettre en scène un *topos*, un lieu commun. L'*exemplum* utilise une image du roi et la renforce par une anecdote vouée au succès. Il aide ainsi à accréditer le souvenir d'un souverain exceptionnellement pieux. Il sert à lutter contre l'image d'un roi enfant fragile et a recours, pour construire la mémoire d'un homme exceptionnel, au procédé habituel aux hagiographies : les hommes exceptionnels, les saints ont, dès l'enfance, une mentalité et une conduite d'adulte. Saint Louis n'a pas eu d'enfance, car il a été un enfant prodige, très tôt semblable à un adulte[9].

Le second *exemplum* d'Étienne de Bourbon se réfère à l'épisode de la grave maladie du roi, en 1244, et de son vœu de croisade :

> Le roi de France était malade jusqu'à la mort, désespéré des médecins. Il se fit coucher sur la cendre, appela tous ceux qui se trouvaient là, et leur dit : « Voyez ! Moi qui étais le plus riche et le plus noble seigneur de l'univers, moi qui étais plus puissant que tous les autres hommes, qui les dominais par le rang, par la fortune, par le nombre de mes amis, je ne puis même pas extorquer de la mort le moindre délai ni de la maladie une seule heure de répit ! Que valent donc toutes ces choses ? » En l'entendant parler ainsi, les assistants sanglotaient. Mais, contre toute attente, le Seigneur le guérit au moment où on le croyait déjà mort. Il se releva, rendit grâce à Dieu, et c'est à la suite de cela qu'il prit la croix[10].

L'*exemplum* illustre le septième « titre » du premier livre qui traite *Du don de crainte (De dono timoris)* et, plus particulièrement, la neuvième des raisons pour lesquelles un chrétien doit craindre la mort, à savoir le fait d'être en proie à une très grave maladie.

À partir d'un fait historique réel — la maladie et le vœu de croisade de Saint Louis —, l'auteur de l'exemple en profite pour introduire de nouveau un lieu commun, un *topos*, l'impuissance du puissant et du riche en face de la mort. Ce discours, de même que la précision selon laquelle Saint Louis se serait fait placer sur un lit de cendres, ne se rencontre dans aucun autre témoignage sur cet épisode. Lecoy de la Marche y voit « des détails nouveaux » « rapportés de première main ». Ce n'est pas impossible. J'y vois plutôt une invention forgée ou simplement recueillie par l'auteur qui en profite — dans la logique de l'idéologie de l'*exemplum* en dehors de toute authenticité historique — pour introduire une allusion à une pratique habituelle chez les grands personnages : le dépôt du corps *in articulo mortis* sur un lit de cendres comme pénitence *in extremis*, et pour utiliser un *topos* traditionnel depuis l'Antiquité. Mon scepticisme quant à la vérité historique du discours de Saint Louis ne vient pas seulement de la banalité de ce lieu commun, mais de ce que l'idée et la formulation me paraissent très éloignées de ce que nous savons de la pensée et du vocabulaire du roi. L'allusion excessive à son pouvoir et à sa richesse, la personnification de la mort et l'absence de toute référence chrétienne me poussent à considérer ce discours comme apocryphe. Une fois encore, un fait connu, la maladie et la prise de croix de Saint Louis servent à donner un faux air authentique à une simple mise en scène historique d'un lieu commun. Étienne de Bourbon ne se soucie pas de ce que Saint Louis a « vraiment dit », mais de ce qu'il aurait pu dire de conforme à la volonté didactique et à la culture classique du dominicain. Saint Louis n'est pas plus dans cet *exemplum* que le précédent. Ces anecdotes ne sont que des sous-produits de l'image précocement stéréotypée du futur saint roi.

Le roi est plus absent encore dans un manuscrit de Tours du XIIIe siècle[11] où l'on trouve, parmi d'autres *exempla* concernant Guillaume d'Auvergne, évêque de Paris de 1228 à 1248 et qui fut, en effet, son familier et son conseiller, un *exemplum* évoquant Saint Louis. La scène se situe lors de la naissance du premier enfant du roi (il devrait donc s'agir de Blanche, née en 1241 et morte très jeune).

> La reine de France Marguerite, femme du roi Louis, eut d'abord une fille et on n'osa pas l'annoncer au roi. On appela l'évêque Guillaume pour qu'il le lui annonçât. Il se rendit auprès du roi et lui annonça la nouvelle en ces termes : Seigneur, réjouissez-vous, car je vous apporte de petits bœufs car aujourd'hui la couronne de France a gagné un roi ; en effet, vous avez une fille dont le mariage vous donnera un royaume alors que si vous aviez eu un fils, vous auriez dû lui donner un grand comté. Et ainsi il le mit en joie[12].

Passons sur l'élégance douteuse avec laquelle l'évêque évoque la fille du roi comme une future génisse et l'inexactitude qui lui fait dire que le roi aurait dû donner à ce fils une grande seigneurie puisque ce fils supposé, étant l'aîné[13], aurait reçu la couronne royale à la mort de son père et non un grand fief réservé aux fils puînés. En outre, Louis VII avait été très malheureux de n'avoir pendant longtemps que des filles et la naissance relativement tardive du futur Philippe Auguste avait été considérée comme un miracle. Mais même si Saint Louis se préoccupa d'avoir des héritiers mâles (il eut par la suite six fils), on le voit capable de mal réagir à l'annonce de la naissance d'une fille au point qu'il faut recourir à un vénérable annonciateur de la nouvelle et au biais d'un bon mot. Il est clair que cette histoire est une invention pour placer une plaisanterie et rappelle, plus que les habitudes de succession de la monarchie française, la façon dont les filles sont méprisées dans une société traditionnelle. Saint Louis n'est ici qu'un pur nom emprunté pour les besoins de l'*exemplum*.

Un autre *exemplum*, qui me paraît plus intéressant, pourrait figurer au chapitre de justice de Saint Louis[14] :

Le roi Saint Louis avait pris l'habitude de lire, tous les vendredis saints, le psautier tout entier, depuis le commencement jusqu'à la fin. Or, une année, certain personnage, appartenant à une noble famille, se trouvait détenu au Châtelet, en raison de nombreux forfaits qu'il avait commis. Le grand vendredi arrivé, le roi se retira dans sa chapelle et s'absorba dans son pieux exercice. Mais les parents et amis du prisonnier vinrent le relancer jusque dans le sanctuaire, conduits par son propre fils et par les princes ses frères. En les apercevant, il posa le doigt sur le verset où il en était resté, afin de recommencer à cet endroit sa lecture interrompue. Un des seigneurs, qui avait reçu la mission de parler au nom des autres, lui dit en l'abordant : « Très illustre sire, c'est aujourd'hui un jour de grâce et de miséricorde. À pareil jour, notre Sauveur nous a rachetés, et du haut de la croix a pardonné au larron ; il est mort en priant pour ses bourreaux. Or, nous tous, ici présents, nous nous jetons à vos genoux, très illustre sire, et vous supplions humblement de suivre l'exemple de Jésus-Christ, en ayant pitié de ce noble captif qui gémit dans les cachots du Châtelet. » Le pieux roi les écouta avec bonté ; il s'apprêtait à faire éclater sa clémence, lorsque, levant le doigt qu'il tenait appuyé sur le psautier, il lut dessous un verset ainsi conçu : « Heureux ceux qui gardent la justice et rendent leurs jugements tous les jours de la vie. » Il réfléchit un moment ; puis, pour toute réponse, il dit aux suppliants de faire venir le prévôt de Paris, et il se remit à lire. Ceux-ci persuadés qu'ils allaient obtenir le pardon du coupable et sa délivrance, envoyèrent au plus vite après le prévôt. Le magistrat fut bientôt en présence de son souverain. Louis l'adjura alors de lui énumérer les crimes commis par le prisonnier, s'il en savait le détail. Devant cette sommation, le prévôt, n'osant pas déguiser la vérité, s'exécuta et raconta une série d'énormités à faire frémir. Le roi, après l'avoir entendu, lui commanda de laisser un libre cours à la justice et de mener le criminel à la potence le jour même, sans avoir égard à la solennité que l'on célébrait[15].

Ici encore, rien ne garantit l'authenticité de l'anecdote, le genre de l'*exemplum* relevant, pour la plus grande part, soit du « on-dit » colportant le vrai ou le faux, soit de la pure et simple invention. Mais l'historiette illustre bien ce que nous devinons par d'autres sources, le conflit en Saint Louis entre la sévérité et la miséricorde, conflit étroitement lié à l'idéologie royale des « Miroirs des princes », qui prônent l'équilibre entre les deux attitudes, et qui semble avoir divisé l'entourage de Saint Louis et l'opinion du temps entre un camp de l'indulgence et un camp de la rigueur. L'*exemplum* pourrait bien avoir été forgé par le courant anti-laxiste. Le penchant du tempérament violent du roi va à la répression, la miséricorde résulte de son effort à mettre en œuvre un christianime plus doux qui est, fondamentalement, celui de la spiritualité des Mendiants, mais qui n'a pas empêché ceux-ci, à travers l'Inquisition, d'agir en justiciers sans pitié. L'*exemplum* illustre aussi les cas de conscience du roi face au non-respect éventuel de la lettre des prescriptions ecclésiastiques. Ces prescriptions ne sont pas sacrées pour Saint Louis. Une urgence morale peut faire transgresser un tabou rituel. Une sentence de mort peut intervenir un vendredi saint tout comme le maigre du vendredi peut être enfreint pour le banquet avec Henri III[16].

Deux autres *exempla* me paraissent illustrer cette utilisation de Saint Louis par de grands courants idéologiques du XIIIe siècle qui exploitent de façon vraisemblablement des événements de sa vie. Le premier situe Saint Louis dans la promotion de laïcs en matière religieuse[17] :

Un clerc savant prêchait devant le roi Louis, et, dans son sermon, il eut l'occasion de prononcer ces paroles : « Au moment de la Passion, tous les apôtres abandonnèrent le Christ, et la foi s'éteignit dans leur cœur. Seule, la Vierge Marie la conserva depuis le jour de la Passion jusqu'à celui de la Résurrection ; en mémoire de quoi, dans la semaine de pénitence, aux matines, on éteint les unes après les autres toutes les lumières, sauf une seule, que l'on réserve pour les rallumer à Pâques. » À ces mots, un autre clerc, d'un rang plus éminent, se leva pour reprendre l'orateur : « Je vous engage, dit-il, à n'affirmer que ce qui est écrit ; les apôtres, en effet, ont abandonné Jésus-Christ de corps, mais non de cœur. » Le malheureux prédicateur allait être obligé de se rétracter en pleine chaire, lorsque le roi, se levant à son tour, intervint : « La proposition avancée n'est point fausse, dit-il ; on la trouve écrite bel et bien dans les Pères. Apportez-moi le livre de saint Augustin. » On s'empresse d'obéir ; le livre est apporté, et, à la confusion du malencontreux interrupteur, le roi montre à qui veut le voir un texte du *Commentaire sur l'Évangile de saint Jean*, par l'illustre docteur, ainsi conçu : « *Fugerunt, relicto eo corde et corpore.* Ils s'enfuirent, l'abandonnant de cœur et de corps[18]. »

Une première lecture met en valeur le goût de Saint Louis pour l'intervention en matière de foi et la culture scripturaire et patristique du roi[19]. Respectueux de la séparation des compétences et des fonctions entre clercs et laïcs, Saint Louis n'hésitait pas à s'avancer dans le domaine religieux aussi loin qu'il était permis à un laïc (exceptionnel il est vrai, mais laïc tout de même) de le faire. La prédication au XIIIe siècle s'est détachée de la liturgie de la messe. Cette évolution autorise le roi à intervenir au milieu d'un sermon. Sans garantie d'authenticité, l'anecdote n'est donc pas invraisemblable. L'*exemplum* est surtout destiné à souligner l'érudition patristique du roi.

Le second *exemplum* semble d'origine italienne[20] :

> Le roi Louis posa un jour au frère Bonaventure la question suivante : « Qu'est-ce que l'homme devrait préférer, s'il avait le choix, ou de ne point exister, ou d'exister pour être condamné aux tourments éternels ? » Bonaventure lui répondit : « Monseigneur, cette question suppose deux points : d'une part, l'offense perpétuelle de Dieu, sans laquelle le juge suprême n'infligerait pas une peine éternelle, et, d'autre part, une souffrance sans fin. Comme personne ne saurait accepter de demeurer en état d'hostilité perpétuelle avec Dieu, je pense qu'il vaudrait mieux choisir de ne point exister. » Alors ce très pieux adorateur de la Majesté divine et ce prince très chrétien ajouta, en se tournant vers les assistants : « Je m'en tiens à la décision de mon frère Bonaventure, et je vous atteste que j'aimerais mille fois mieux être réduit au néant que de vivre éternellement dans ce monde, et même d'y jouir de la toute-puissance royale, en offensant mon Créateur. »

L'anecdote, qui émane des milieux franciscains et qui est avant tout destinée à souligner le prestige de saint Bonaventure, va encore dans le sens des idées et de la conduite de Saint Louis tels que nous les connaissons par des témoignages plus sûrs. C'est l'estime où le roi tient les frères Mendiants et, plus particulièrement, la séduction qu'exerce sur lui Bonaventure comme théologien (le terme « décision » évoque l'autorité d'un maître universitaire) et surtout comme prédicateur. L'illustre franciscain, un des grands théologiens de l'université de Paris, élu ministre général de son ordre en 1257, a prêché plusieurs fois devant Louis et la famille royale[21]. Quant au fond, on retrouve la conviction, plusieurs fois formulée par Saint Louis, selon Joinville notamment[22], que la mort est préférable à la vie dans le péché mortel.

J'ai enfin retenu deux *exempla* tirés d'un recueil qui se situe un peu en dehors des limites chronologiques que j'ai assignées à ce livre. Compilé par un dominicain, il fait partie d'un ensemble de traités à l'usage des prédicateurs rassemblés dans un manuscrit rédigé à Bologne en 1326[23].

Le premier, le cinquante-neuvième du recueil, s'intitule : « Un serment irréfléchi » *(De iuramento improviso)*.

> Au temps du bienheureux Louis, roi de France, un grand évêque vint d'Allemagne à Paris pour rendre visite au roi. Il emmenait avec lui pour le soutenir deux jeunes gens, fils de son frère. Un jour que l'évêque était occupé à ses affaires, ceux-ci, jouant pour s'amuser à la chasse avec les oiseaux, entrèrent dans le verger d'un grand noble. Celui-ci les vit de son palais, demanda qui ils étaient et comme personne ne put le renseigner il les fit pendre aux arbres. L'évêque raconta l'affaire au roi. Le roi étant avec l'évêque en fut incontinent très choqué et jura sur les saints Évangiles de faire pendre le noble. Il exposa l'affaire dans son conseil et la majorité le dissuada de mettre son serment à exécution, alléguant qu'il en résulterait un grand différend dans le royaume. Le roi convoqua de nombreux religieux savants et leur demanda s'il pouvait se dispenser d'accomplir son serment. Ceux-ci répondirent que cette renonciation serait une bonne chose en considération du bien commun de tout le royaume, alléguant qu'Hérode n'était pas tenu par son serment de faire décapiter [saint] Jean [Baptiste], car la demande de la jeune [Salomé] était déraisonnable et inique. Aussi quoique cet évêque ait demandé à juste titre justice de la mort de ses neveux, comme il en serait résulté un grand trouble pour le royaume, le

roi n'était pas tenu d'exécuter le serment qu'il avait fait sans réfléchir. Et bien qu'il ne puisse pas réaliser son intention, il fit exécuter la lettre de son serment. Il fit suspendre le noble vivant et nu enfermé dans un sac pendant quelques heures au gibet et quand il eut été déposé, il lui fit payer comme satisfaction son poids en florins. Mais pour ne pas sembler avoir été poussé par la cupidité, il divisa cet argent en trois parts et en donna l'une aux Prêcheurs [dominicains] avec lequel nous avons construit un dortoir et un réfectoire et les deux autres aux Mineurs [franciscains] et aux moines de Saint Germain [des Prés] avec lequel ils ont fait construire des églises[24].

Cette histoire rappelle étrangement l'affaire du sire de Coucy et de la pendaison des trois jeunes nobles flamands qui avaient chassé dans sa forêt[25]. On y retrouve la même sévérité de Saint Louis à l'égard de la justice arbitraire des nobles, la même réaction d'hostilité d'une partie du royaume (essentiellement la noblesse), la même obligation pour le roi de faire machine arrière et d'accepter un compromis, à base pécuniaire. À cette leçon politique, l'*exemplum* ajoute un cas appelé à faire jurisprudence de non-exécution d'un serment (Saint Louis, en fait, détestait les serments ; l'*exemplum*, sur ce point au moins, s'écarte du vraisemblable). Le fait est doublement intéressant : il illustre l'importance du développement de la casuistique — sous l'action des scolastiques — au temps de Saint Louis et, comme dans l'affaire du vendredi saint, l'acceptation du non-respect d'une règle traditionnelle et en apparence sacrée (il s'agit d'un serment sur les Évangiles). Le plus intéressant est sans doute que le mot d'ordre politique qui devient prépondérant sous Saint Louis est celui du *bien commun*. Il y a enfin le témoignage, souligné par le groupe de pression Mendiant, de l'intérêt privilégié, mais non exclusif, que porte Saint Louis aux frères. Celui-ci apparaît ici non seulement comme un roi limité par la raison d'État et l'opinion, mais, une fois encore, comme le roi des Mendiants.

Le dernier *exemplum* s'intitule tout simplement : « De saint Louis » *(De beato Lodewico)*. Et pourtant...

> On dit de Saint Louis qu'un jour où il mangeait à Paris avec des maîtres et des frères dans la maison des hôtes [de notre couvent des Prêcheurs] il envoya un damoiseau vers le haut bout de la table pour voir ce que faisaient les frères dans le réfectoire. À son retour, celui-ci dit : « Ils se tiennent bien. Chacun est attentif à la lecture et à ce qu'il a devant lui. » Le roi répondit : « Ils ne se tiennent pas bien. » Une heure après, il l'envoya à nouveau et à son retour il dit au roi : « Ils se tiennent plus mal qu'avant car ils murmurent entre eux et n'écoutent pas le lecteur avec la même attention qu'auparavant. » Le roi répondit : « Ils se tiennent mieux. » Il l'envoya une troisième fois et, à son retour, il répondit qu'ils se tenaient aussi mal que possible, car ils criaient tellement que personne ne pouvait entendre le lecteur. Le roi répondit : « Maintenant ils se tiennent parfaitement. Quand les frères mangent bien, ils sont contents ; mais quand ils mangent mal, c'est à peine si l'un d'eux ouvre la bouche pour chanter, comme on le voit bien le vendredi saint[26]. »

Sauf la familiarité avec les frères Mendiants, la conduite de Saint Louis est tout à fait invraisemblable dans cette anecdote. Le pieux roi, adepte de la frugalité, n'aurait jamais pris à son compte cette « bonne histoire de frères », semblable aux « bons mots des moines » du haut Moyen Âge et à nos « histoires de curés ». Le genre de l'*exemplum* ne demande à ses héros qu'un nom-repère pour y accrocher une histoire. Nous avons ici un cas limite qui se situe aux antipodes de ce qu'aurait pu être un véritable *exem-*

plum biographique dont quelques anecdotes, on l'a vu, se rapprochent.

Il reste que les *exempla* véhiculent plus ou moins, à leur corps défendant car ce n'est pas leur finalité, des renseignements sur l'image stéréotypée de Saint Louis telle qu'elle existait en son temps et, parfois même, grossissent certains traits, oscillant entre l'authenticité et le lieu commun. C'est une image manipulée, simplifiée, pour obéir aux lois d'un genre narratif court à des fins édifiantes, aux besoins peu exigeants des prédicateurs, en général ordinaires, et peut-être du public de leurs auditeurs. C'est un produit de la pauvreté médiatique à la mesure des médias du XIIIe siècle. À travers les *exempla*, la mémoire de Saint Louis a elle-même créé des lieux communs enracinés dans les réalités idéologiques et mentales du XIIIe siècle. Le roi et son temps se renvoient leur image dans ce jeu de miroirs produit par les *exempla*.

LES HISTOIRES DU MÉNESTREL DE REIMS

Je fais suivre ces *exempla* proprement dits de récits pris chez un auteur anonyme du XIIIe siècle dont l'œuvre semble avoir été très peu connue au Moyen Âge : le Ménestrel de Reims. L'intérêt de l'ouvrage tient à sa nature et à sa destination. C'est un répertoire d'histoires, notées par un de ces comédiens ambulants qui allaient de château en château divertir des auditoires surtout nobles, mais aussi les bourgeois dans les villes, comme ceux de Reims dont il prend la défense quand il évoque leur conflit avec l'archevêque Henri de Braine, mort en 1240. Tout ce qu'on sait de lui, c'est qu'il était rémois et qu'il écrivit vers 1260. Son livre est une histoire universelle depuis 1150 environ, surtout constituée par une suite d'anecdotes ou d'historiettes que certains ont rapprochées des *exempla*, mais qui n'ont en commun avec ceux-ci que leur caractère de récits brefs. Il poursuit visiblement un double but : instruire et amuser, mais son talent (sans doute était-il meilleur conteur) est limité. Il larde d'apologues et de légendes un récit plus ou moins suivi chronologiquement. Il a le plus souvent recueilli des racontars et des rumeurs. Il se veut satirique, s'avance aux limites du croustillant, abonde en erreurs de toutes sortes, notamment chronologiques[27]. Il s'est surtout intéressé à l'histoire de la France et des croisades. Il n'a d'intérêt que du point de vue des mentalités et de la consommation culturelle. Alors que les auteurs ou les collecteurs d'*exempla* les transcrivaient en général en latin, les historiettes du Ménestrel de Reims ont été racontées et écrites en langue vulgaire, plus proche du langage habituel de Saint Louis. Le Ménestrel nous permet de parcourir de nouveau quelques épisodes de la vie de Saint Louis, non, comme je les ai présentés ici dans la première partie, tels que la critique historique nous permet de les établir aujourd'hui et de les mettre en perspective historique, mais tels qu'un « communicateur » du temps les a présentés à des publics contemporains, avec des erreurs d'information et des partis pris, sans doute destinés à flatter les goûts du public.

Le Ménestrel, par exemple, ne s'est pas contenté de recueillir les calomnies traînant sur de prétendues relations intimes entre Blanche de Castille et le cardinal-légat Romain de Saint-Ange, il ajoute que l'évêque de Beauvais l'ayant accusée d'être enceinte du prélat, elle se rendit nue sous un manteau à une assemblée de barons et d'évêques — dont celui de Beauvais — et que, montant sur une table, elle aurait ôté son manteau et se serait dénudée en disant : « Regardez-moi tous, d'aucuns disent que je suis enceinte d'enfant », et, s'étant bien montrée « devant et derrière », il apparut clairement qu'« elle n'avait enfant en ventre »[28]. Le Ménestrel, ou sa source, brode sur les ragots concernant Blanche de Castille distillés par un milieu baronnal dressé contre l'« étrangère » et l'enfant royal[29] en lui appliquant un conte type bien connu que l'on rencontre par exemple dans les *Miracles de Notre-Dame* de Gautier de Coincy, un best-seller de l'époque : une moniale (souvent une abbesse) est accusée d'être enceinte, elle se dénude en plein chapitre pour prouver son innocence. C'est ici une histoire inventée à partir de rumeurs et que, bien qu'il affirme la pureté de Blanche, le Ménestrel de Reims diffuse dans un milieu bien disposé à l'accueillir et qu'il flatte en lui offrant cette scène croustillante. Mais c'est aussi un témoignage sur la difficile atmosphère de la minorité de Louis : un roi enfant, une reine étrangère. Sa jeunesse s'est passée dans un milieu seigneurial masculin misogyne et xénophobe.

Le Ménestrel s'étend sur les troubles de la minorité et feint de s'apitoyer sur l'« enfant ». Il l'appelle toujours ainsi bien qu'il lui donne, à la mort de son père, quatorze ans : c'était l'âge traditionnel (mais mal fixé), dans la plupart des grands fiefs et dans la famille royale, de la majorité. Il le représente, mais sans détail intéressant, au sacre et dans les guerres de sa jeunesse puis, au moment du mariage de Louis, il glisse deux descriptions de la famille royale, de la famille de la reine, puis du couple pour l'information de son auditoire.

Ci vous disons du roi de France qui était en l'âge de vingt ans. La reine eut conseil [décida] de le marier et il prit à femme la fille du comte de Provence l'aînée qui en avait quatre. Le roi Henri d'Angleterre prit la seconde ; et le comte Richard son frère qui est maintenant roi d'Allemagne prit la troisième et le comte d'Anjou frère du roi de France prit la dernière et eut le comté de Provence ; car c'est la coutume du pays que le dernier enfant a tout s'il n'y a pas d'héritier mâle[30]. [...] Et sachez que cette demoiselle que le roi de France prit à femme eut à nom Marguerite et qu'elle est très bonne dame et très sage. Elle a du roi huit enfants, cinq fils et trois filles, l'aîné des fils avait à nom Louis[31], le second Philippe, le troisième Pierre, le quatrième Jean et le cinquième Robert. Et l'aînée des demoiselles a nom Isabeau et est mariée au roi de Navarre et la seconde a nom Marguerite et est donnée au fils du duc de Brabant et la troisième a nom Blanche[32].

Voilà, pour un auditoire friand de connaissances sur les grandes familles, une façon de situer Saint Louis et la reine dans le réseau familial étroit. Le Ménestrel ignore ou passe sous silence les enfants morts en bas âge : la fille aînée Blanche (1240-1244), Jean mort en 1248, peu après sa naissance et avant le départ de Louis et Marguerite pour la croisade, et la dernière, Agnès, née en 1260. Il intervertit le troisième et le quatrième fils, Jean Tristan, né à Damiette en 1250 pendant la captivité de son père, et Pierre, né en Terre sainte l'année suivante, en 1251. Peu exact, en général, en matière de dates, le Ménestrel est naturellement plus attentif à la chronologie de la famille royale. Le XIIIe siècle commence à mieux noter les dates de naissance et ce soin débute évidemment par les enfants des grands personnages.

Quand il en vient au conflit avec le comte de la Marche et le roi d'Angleterre — bon sujet aussi pour

Le roi des exempla

l'auditoire friand de faits guerriers —, le Ménestrel présente un Louis décidé, mais prudent. Ainsi, quand il apprend la venue d'Henri à Bordeaux « si ne fut pas ébahi, mais leur alla à l'encontre ». Il ne se démonte pas et se prépare soigneusement si bien que le comte de la Marche vit que le roi « était sage ».

Le troisième épisode de la vie de Louis qui donne matière à récit au Ménestrel est la croisade. Une série de scènes brèves, de petits tableaux la racontent. Le vœu de croisade : « Puis il advint un temps après qu'une très grande maladie le prit, et il fut malade au point d'être près de mourir et à cette heure il se croisa pour aller outre-mer et se rétablit et prépara son voyage, et fit prêcher la croisade. Et beaucoup de hauts hommes se croisèrent. » Suit alors une liste de croisés de haut rang, de noms plus ou moins célèbres propres à informer et délecter l'auditoire : « [...] et tant d'autres grands seigneurs que la France en demeura toute vide et que ce manque se fait encore sentir aujourd'hui[33]. » Le Ménestrel se fait l'écho d'une certaine hostilité à la croisade, surtout dans le milieu nobiliaire qui y a été saigné et s'y est appauvri.

La critique se fait plus franche, rejoint celle du bénédictin anglais Matthieu Paris sur le financement de la croisade, mais d'un autre point de vue.

> Mais le roi fit une chose dont il ne sortit rien de bien ; car il fut d'accord avec le délai de trois ans que les chevaliers demandèrent au légat pour un moratoire des dettes qu'ils devaient aux bourgeois avec la garantie du légat. Et, sur ce, ils s'en allèrent outre-mer. Mais ce n'est pas ce que fit Godefroy de Bouillon, qui vendit pour toujours son duché, et alla outre-mer avec ses seuls biens propres et n'emporta rien du bien d'autrui. Ainsi fit-il et l'Écriture dit que Dieu ne veut jamais se servir en rien de rapine[34]

On rencontre à nouveau ici un grand problème des hommes du XIIIe siècle et d'abord des rois, un problème que Saint Louis résolut, mais en soulevant des critiques et en laissant apercevoir que la question des finances, dès qu'il s'agissait de guerre et d'entreprises exceptionnelles, posait un problème presque insoluble à la classe nobiliaire et, surtout, à la monarchie qui ne pouvait plus se satisfaire des simples revenus du domaine et des prestations de ses vassaux. D'une façon évidente, Saint Louis a été le premier roi de l'endettement. Depuis la première croisade où un Godefroy de Bouillon partait en Terre sainte sans espoir de retour et suffisamment amoureux de l'outre-mer pour s'y investir tout entier, que les temps sont changés ! Désormais, comme Joinville qui ne veut pas se retourner vers son château en partant pour la croisade de peur de trop s'attendrir, mais qui le fait dans son cœur[35], les chevaliers croisés partent l'esprit tourné vers ce qu'ils laissent : leur famille, leur château, leur patrie, leurs intérêts, en pensant avec angoisse au retour. Saint Louis est le roi croisé de cette nostalgie.

Puis vient une scène de foule et de grand spectacle : « Quand le roi eut préparé son voyage, il prit l'écharpe et son bourdon à Notre-Dame à Paris et les évêques chantèrent la messe. Et il partit de Notre-Dame, lui et la reine et ses frères et leurs femmes déchaussés et pieds nus, et toutes les congrégations et le peuple de Paris les accompagnèrent jusqu'à Saint-Denis en larmes et en pleurs. Et là le roi prit congé d'eux, et les renvoya à Paris et il pleura beaucoup à leur départ[36]. » La voilà, l'émotion du départ pour la croisade, le grand ébranlement collectif du pèlerinage militaire à Jérusalem. Mais, désormais, le roi et les siens partent, le peuple reste. Son voyage se réduit à la participation à une cérémonie et à une procession. Mais ceux qui partent s'en vont dans des flots de larmes : Moyen Âge mâle, mais larmoyant. Saint Louis, roi des larmes, est aussi pourtant, comme on le verra, roi de la douleur des larmes impossibles[37].

Dans le texte du Ménestrel, l'émotion se fait même individuelle, la scène intime, comme dans le face-à-face dialogué de la mère et du fils :

> Mais la reine sa mère demeura avec lui et l'accompagna trois jours malgré le roi. Et alors il lui dit : « Belle très douce mère, par cette foi que vous me devez, retournez maintenant. Je vous laisse mes trois enfants à garder, Louis, Philippe et Isabelle, et vous laisse à gouverner le royaume de France et je sais bien qu'ils seront bien gardés et le royaume bien gouverné. » Alors la reine lui répondit en pleurant : « Beau très doux fils, comment mon cœur pourra-t-il souffrir la séparation entre moi et vous ? Il sera plus dur que pierre s'il ne se sépare en deux moitiés ; car vous m'avez été le meilleur fils qui jamais fut à mère. » À ces mots elle tomba évanouie, le roi la redressa, l'embrassa et prit congé d'elle en pleurant ; et les frères du roi et leurs femmes prirent congé de la reine en pleurant. Et la reine s'évanouit à nouveau et quand elle fut revenue à elle, elle dit : « Beau tendre fils, je ne vous verrai jamais plus, mon cœur me le dit. » Et elle dit vrai, car elle mourut avant qu'il revînt[38].

Il n'est pas possible de reproduire ici tous les épisodes de cette *Histoire de Saint Louis* en anecdotes. Je passe donc le récit abrégé du voyage à Aigues-Mortes, de la navigation et du séjour à Chypre. Mais voici un épisode intéressant qui semble authentique d'après certains recoupements, mais que seul précise le Ménestrel[39]. Nous sommes au printemps 1249, au départ de Chypre pour l'Égypte. « Et le roi voulut alors qu'ils entrassent tous sur les navires et ce fut fait quand il l'eut commandé. Et il envoya à chaque commandant de navire des lettres closes, et leur interdit de les lire avant d'être sortis du port. Et quand ils furent partis, chacun brisa les sceaux de la lettre du roi et ils virent que le roi leur commandait d'aller tous à Damiette et alors chacun commanda aux mariniers de s'y diriger[40]. »

L'épisode nous introduit au cœur des secrets qu'impose désormais la stratégie. Saint Louis recommencera en 1270 ce jeu du secret de la destination. En 1249, on peut hésiter entre deux directions : l'Égypte ou la Palestine. En 1270, le suspense sera encore plus grand : on avait prévu de débarquer à l'est, on choisira Carthage et Tunis. On sent que Saint Louis en Méditerranée agit dans un monde d'espions et que, de façon générale, à la guerre comme en paix, le secret, qui n'est certes pas une invention du XIIIe siècle, devient, malgré tout, une arme des chefs.

La scène suivante est celle du débarquement. Joinville l'a racontée et le Ménestrel a été bien informé. Voici leurs récits parallèles, témoignage vécu chez l'un, transformation chez l'autre d'un renseignement, cette fois-ci sérieux, en conte historique.

Le Ménestrel raconte que le port de Damiette fut d'un abord difficile et que les musulmans tirèrent tant de flèches sur les bateaux chrétiens qui s'approchaient que « les chrétiens firent une pause ».

> Et quand le roi vit que les chrétiens s'arrêtaient, il entra dans une violente colère. Il joignit les pieds et sauta en mer tout armé, l'écu au cou et l'épée au poing ; et la mer lui arrivait jusqu'à la ceinture et il arriva au rivage grâce à Dieu. Et il se mit entre les Sarrasins et batailla contre eux à merveille. Et on s'émerveilla à le voir. Et quand les chrétiens virent le

roi agir ainsi, ils sautèrent dans la mer par paquets, et prirent terre et s'écrièrent Montjoie et combattirent et tuèrent tant [d'ennemis] qu'on ne le peut dénombrer et sans cesse ils sortaient des navires[41].

Joinville raconte aussi la scène, avec un bien plus grand talent.

> Quand le roi ouït dire que l'enseigne de saint Denis était à terre, il traversa à grands pas son vaisseau et malgré le légat qui était avec lui, jamais il ne la voulut laisser, et sauta dans la mer, où il fut dans l'eau jusqu'aux aisselles. Et il alla l'écu au col et le heaume en tête et la lance en main jusques à ses gens qui étaient sur le rivage de la mer. Quand il vint à terre et qu'il aperçut les Sarrasins, il demanda quelques gens c'étaient, et on lui dit que c'étaient des Sarrasins et il mit la lance sous son aisselle et l'écu devant lui, et il eût couru aux Sarrasins si ses prud'hommes, qui étaient avec lui l'eussent souffert[42].

Joinville, témoin oculaire, apporte plus de détails et de précisions, mais le Ménestrel retient ce qui lui paraît l'essentiel de l'épisode. À travers ces artisans laïcs de la mémoire de Saint Louis, on voit bien apparaître le roi chevalier[43].

Viennent ensuite la prise de Damiette et les principaux épisodes de la campagne d'Égypte, selon un modèle qui est aussi celui de Matthieu Paris : à côté du roi sage (malgré son coup de sang au débarquement), il y a chez les croisés le fou, le méchant, son frère le comte Robert d'Artois. Par sa faute, c'est la défaite, la capture du roi, son emprisonnement sur lequel le Ménestrel n'insiste pas et qu'il raccourcit à dix jours. Il réduit aussi à peu de chose le séjour en Terre sainte, la maladie et la mort de Blanche de Castille, le retour du roi en France. Comme Matthieu

Paris, il s'étend sur les affaires de Flandre, mais surtout sur la réconciliation franco-anglaise. C'est alors qu'il insiste sur un trait du caractère de Saint Louis qui a frappé ses contemporains et qui a joué un rôle important dans le comportement politique du roi : la « conscience[44] », et, pour qualifier Louis, il recourt à l'étiquette que celui-ci avait revendiquée : le prud'homme[45] : « Nous dirons maintenant du roi Louis le prud'homme qui règne à présent ; sa conscience le reprit de la terre de Normandie que le roi Philippe avait conquise sur le roi Jehan d'Angleterre, le mauvais roi [...][46]. » Le Ménestrel mélange ensuite deux événements, la visite d'Henri III à Paris en 1254[47] et le traité franco-anglais de 1259. Il fait conclure le traité dès 1254 et dit que Saint Louis, qui était en « doute » de son bon droit[48], fut délivré de ce doute par le traité et rétablissement de l'« amitié » avec son beau-frère Henri III : « et la conscience au roi de France fut apaisée ». De même, le Ménestrel confond en un seul les deux séjours du roi d'Angleterre à Paris en 1254 et en 1259. Ce n'est pas en 1254, mais en 1259 que « fit le roi anglais hommage à Paris, en la maison [du roi de France], en présence du peuple[49] ». Donnant raison à Saint Louis, qui accordait une grande importance à cet hommage du roi d'Angleterre, le Ménestrel souligne l'événement et il qualifie l'accord de « bon[50] ».

Le Ménestrel est ici intéressant parce qu'en parlant de la *conscience* du roi il ne souligne pas seulement un trait psychologique du scrupuleux Saint Louis, mais il ouvre son répertoire, dont les préoccupations sont habituellement bien superficielles, à une notion très importante dans la mutation des valeurs du XIIIe siècle. Le père Chenu a pu parler de « naissance de la conscience » aux XIIe-XIIIe siècles[51], d'une ouverture des individus à la recherche intérieure de l'intention, à l'introspection, à l'intériorisation de la vie morale que stimule définitivement l'obligation de la confession au moins annuelle prescrite à tous les chrétiens par le quatrième concile du Latran en 1215, confession que doit précéder un examen de conscience dont les frères Mendiants — encore eux — se font une spécialité et auquel ils forment leurs fidèles. L'éveil de la conscience ne change pas les seules conduites et les mentalités, il devient, comme on le voit avec Saint Louis et le traité franco-anglais de 1259, une donnée politique. La dernière anecdote du Ménestrel de Reims qui concerne Saint Louis est liée à la mort du fils aîné du roi Louis en 1260, un jeune homme de seize ans qu'on disait « merveilleusement sage et gracieux ». La douleur du roi ressemble à celle qu'il montra quand il apprit la mort de sa mère : « Il menait tel deuil que nul ne le pouvait apaiser [...] ainsi menait le roi son deuil de son enfant qu'il aimait beaucoup et il était si triste que nul ne pouvait lui arracher une parole[52]. » L'archevêque de Reims Eudes Rigaud, un franciscain ami et conseiller du roi, vint le « voir et conforter » : « Il lui disait beaucoup de bons mots de l'Écriture et de la patience de saint Job. » Nous rencontrons ici le thème de la patience de Saint Louis. À cette assimilation de Saint Louis avec Job, Matthieu Paris a donné toute sa signification, toute sa force[53]. Pour consoler le roi, l'archevêque « lui conta un essemple *(exemplum)* d'une mésange qui fut prise en une mésangière dans le jardin à un païsan ; quand le païsan la tint, il lui dit qu'il la mangerait[54] ».

Il vaut la peine de résumer le conte que le Ménestrel, ravi de l'occasion d'amuser son auditoire, détaille longuement. La mésange répond au paysan que, s'il la mange, il n'en sera guère rassasié car elle est bien petite. En revanche, s'il la laisse aller, elle lui donnera trois bons conseils qui lui seront bien utiles. Le paysan, convaincu, la relâche et se fait donner les trois conseils suivants : « Ce que tu tiens dans tes mains, ne le jette pas à tes pieds ; ne crois pas tout ce que tu entendras ; ne mène pas trop grand deuil de ce que tu ne pourras avoir ni recouvrer. » La leçon, pour le paysan, est claire : la mésange se moque de sa crédulité et de sa naïveté. Ce que l'archevêque retient à l'attention de Saint Louis, c'est évidemment le troisième conseil : « Sire, dit l'archevêque, vous voyez bien que vous ne pouvez recouvrer votre fils et vous devez croire qu'il est en paradis et vous devez vous consoler. » On dit que Saint Louis vit que l'archevêque disait vrai, qu'il se consola « et oublia son deuil[55] ». De nouveau, Saint Louis et la mort de son fils ne sont que des prétextes pour placer une histoire amusante et édifiante, peu adaptée, en fait, au personnage et à la situation.

Mais ce dernier exemple nous rappelle que Saint Louis a vécu en un temps où le folklore pénétrait encore la culture des classes supérieures de la société, où ce qui était bon pour un paysan pouvait l'être pour un roi et où les oiseaux ne se contentaient pas d'écouter saint François, mais parlaient eux-mêmes et pouvaient donner des leçons aux princes. Moyen Âge rural, noble et paysan. Saint Louis pouvait se mettre à l'écoute d'une mésange.

Le Ménestrel de Reims nous donne ainsi un dernier témoignage sur la mémoire de Saint Louis. On l'a vu raconter sur le roi les mêmes anecdotes que le bénédictin anglais Matthieu Paris et, plus tard, le seigneur champenois Joinville. Puisque nous examinons la production de la mémoire de Saint Louis, il est vain de rechercher une filiation des sources chez ces trois témoins. Joinville a vu et entendu le roi, mais il a aussi recueilli des on-dit. Saint Louis s'est trouvé au cœur d'un grand réseau d'informations, de récits, de rumeurs qui ont circulé à travers ce vaste ensemble culturel qu'a été la Chrétienté du XIIIe siècle. Son image s'est aussi formée et déformée dans ce jeu de miroirs multiples. Le Ménestrel est l'un d'eux.

V

PRÉFIGURATION DE SAINT LOUIS
DANS L'ANCIEN TESTAMENT

La source qui s'offre maintenant à nous pour la construction d'une image typique de Saint Louis a été d'un poids bien plus grand que les précédentes.

Quand, à partir du Vᵉ siècle, l'Occident chrétien est né de la décomposition de l'Empire romain sous l'effet de l'installation des « Barbares », il s'est fragmenté en ensembles territoriaux, avec, à leur tête, un chef qui reçut le nom de roi[1]. Le régime monarchique médiéval est le résultat d'une situation historique qui a recueilli plusieurs héritages de royautés anciennes. Mais, du point de vue idéologique, l'héritage dominant a été celui de la Bible, surtout dès lors que, en 752, Pépin le Bref reçut l'onction royale à la manière de Saül et de David. L'idéal monarchique s'inspire surtout de l'Ancien Testament. Les idéologues chrétiens du Moyen Âge y ont trouvé à la fois des modèles royaux individuels et une théorie du « bon roi ».

Le seul et le vrai roi est Yahvé. Le roi terrestre doit être élu par lui, lui être fidèle et le servir, et, à la limite, être son image. Ce qui fait le roi légitime et sanctifie sa fonction et son pouvoir, c'est l'onction. Dans ses devoirs, après le service de Dieu, le roi a des obligations envers ses sujets : il doit faire respecter les lois, protéger ses sujets et, surtout, faire régner la justice et la paix. Parmi les rois, il y en aura finalement un pour posséder le gouvernement du monde, un roi messie.

Telles sont les caractéristiques que l'Ancien Testament a léguées aux rois du Moyen Âge occidental. Mais il y a aussi de bons et de mauvais rois. Dans la Bible, ces derniers sont évidemment des rois étrangers, idolâtres, persécuteurs des juifs. Les deux plus célèbres sont, sans nom individuel, Pharaon l'Égyptien et, personnalisé, Nabuchodonosor le Babylonien. Mais parmi les rois juifs de l'Ancien Testament, il en a aussi existé de bons et de mauvais. Le modèle du bon roi, toujours fidèle à Yahvé, est David qui, pourtant, ne fut pas parfait. Le cas de Salomon est plus ambigu. L'Ancien Testament lui est largement favorable. Mais on y sent déjà l'existence d'un courant hostile[2]. Or, au Moyen Âge, « le roi Salomon fut choisi comme le prototype du monarque méchant[3] ». La légende qui s'est emparée de lui et l'avait rapproché d'Alexandre le Grand a transformé le roi sage et bâtisseur du Temple en monarque luxurieux, idolâtre et sorcier. Victime de la concupiscence charnelle, Salomon finit par se livrer aux démons qu'il avait d'abord subjugués pour leur faire construire le Temple. Suivant une tradition talmudique, l'un d'eux, Asmodée, se moque particulièrement de lui. Oscillant entre magie blanche et magie noire, Salomon finit par devenir suppôt du diable. C'est le Faust du Moyen Âge[4].

Dans les Miroirs des princes médiévaux, dans les cérémonies royales officielles, c'est évidemment le modèle de David qui est évoqué. D'abord en Orient, où l'empereur Marcien est acclamé en 451 au concile de Chalcédoine sous le titre de *novus David*, « nouveau David » ; en Occident, l'invocation n'intervient qu'en 626-627, en faveur de Clotaire II[5]. Mais c'est surtout avec les Carolingiens que se développe le genre des « Miroirs des princes » proprement dit[6]. La référence à David, soit comme modèle idéal, soit comme inspirateur d'un monarque réel présenté comme un « nouveau David », est, de loin, la plus importante[7]. Charlemagne, bien entendu, en bénéficie[8], que son entourage appelait habituellement David. Mais l'usage semble s'en être surtout répandu à partir de Louis le Pieux. Lors de l'onction du sacre, ce titre évoque l'idée d'une seconde naissance ou, plutôt, d'un second baptême du souverain. De façon générale, cette assimilation du monarque à David est à replacer dans un large usage de la Bible et, surtout, de l'Ancien Testament, dans l'idéologie politique médiévale[9]. On rencontre surtout cette attitude dans le haut Moyen Âge et, plus particulièrement, à l'époque carolingienne. On va voir que cette tradition se perpétue et qu'elle est, par exemple, très vivante au XIIIe siècle. Sans nul doute David est, de tous les rois bibliques, celui qui a connu le plus grand succès. Smaragde, dans un des plus importants Miroirs des princes carolingiens, la *Via Regia (Voie royale)*, écrite entre 819 et 830, proposait comme modèles aux princes chrétiens, entre autres, Josué, David, Ezéchias, Salomon et Osias[10]. À ces rois bibliques, Smaragde reconnaissait la plupart des vertus nécessaires à un roi : *timor domini, sapientia, prudentia, simplicitas, patientia, iustitia, iudicium, misericordia, humilitas, zelum rectitudinis, clementia, consilium*[11].

Il est même arrivé que le modèle vétéro-testamentaire d'un monarque médiéval ne fût pas un roi, mais un patriarche ou un prophète. Une chronique allemande évoque Frédéric Barberousse partant en 1188 pour la croisade *quasi alter Moyses* (« comme un autre Moïse »)[12]. De même, Guillaume de Chartres compare Louis à Moïse : « Et ainsi que le Seigneur a dit à Moïse : "Agis selon le modèle qui t'a été dévoilé sur la montagne", ainsi à chacun d'entre nous a été indiqué et montré ce qu'il fallait faire sur cette haute montagne, c'est-à-dire l'excellence de la dignité et de la noblesse de cet illustre roi, l'évidence de sa bonté et l'éminence de sa vie[13]. »

C'est à Abraham que Geoffroy de Beaulieu compare Louis pour le placer bien au-dessus du patriarche : « Si on a vanté Abraham pour sa justice car il voulut un jour offrir son fils unique, sur l'ordre du Seigneur, le Seigneur n'estimera-t-il pas ce royal fidèle bien plus digne de la justice éternelle et de la récompense définitive, lui qui, non pas une seule fois mais deux, s'est très pieusement exposé à la mort, lui-même et ses frères, et la fleur de l'armée de tout son royaume, pour servir le Sauveur ; surtout dans cette dernière pieuse et malheureuse croisade de Tunis où, avec ses propres fils, et toute son armée, pour le zèle et l'exaltation de la foi chrétienne, il a mérité d'y devenir l'hostie du Christ et où, comme un martyr et un champion infatigable du Seigneur, il a consommé dans le Seigneur l'heureuse fin de sa vie[14]. » Allant jusqu'à évoquer l'hostie et le martyre, Geoffroy fait de Louis un « *super Abraham* ». Boniface VIII refusera ces outrances, mais fera tout de même de Louis un « surhomme »[15]. Dans le sermon qu'il prononce le jour de la canonisation de Saint Louis, le dimanche 11 août 1297, le pape Boniface VIII compare le saint roi à Samuel dont le nom signifie *obediens Deo*, « obéissant à Dieu ». Car Louis « obéit à Dieu jusqu'à la mort[16] ».

DAVID ET SALOMON

Mais les références essentielles pour un roi idéal ou un roi idéalisé sont bien celles de rois bibliques. Dans sa *Vie de Robert le Pieux*, probablement écrite immédiatement après la mort du roi, en 1031-1033, le bénédictin Helgaud de Fleury évoque huit fois David et il affirme, dès le début de son ouvrage, puis répète tout à la fin que nul roi n'a montré tant de vertus ni accompli tant de bonnes œuvres depuis « le saint roi et prophète David[17] ». Le XIIe siècle a vu un regain de comparaison entre rois bibliques et rois contemporains. Il s'agit, en effet, de donner une assise dans l'histoire sainte à la monarchie qui s'affirme, surtout en Angleterre, en Espagne et plus encore en France. Le nouvel art gothique, art royal, introduit et développe deux grands thèmes iconographiques à la gloire de la royauté : les portails royaux et l'arbre de Jessé. Le grand idéologue et ministre de la royauté gothique française, Suger, exhibe, dans la sculpture et le vitrail, les deux thèmes qui ne sont que deux expressions d'une même idéologie monarchique. Le symbolisme typologique, qui fait correspondre à chaque personnage ou événement du Nouveau Testament ou du monde contemporain un personnage ou un événement modèle dans l'Ancien Testament, favorise ce programme idéologique. Rois et reines bibliques viennent témoigner pour les rois et les reines d'aujourd'hui. Et la filiation qui conduit de Jessé à David, puis à Marie et à Jésus, donne à la monarchie une généalogie sacrée en un temps où s'affirment irrésistiblement les valeurs et les manières de pensée de la culture généalogique[18]. Enfin, le roi n'est plus seulement l'élu de Dieu, l'oint de Dieu, il en est l'image. *Rex imago Dei* : « Le roi image de Dieu. » Le roi c'est Dieu sur terre[19].

Dans cette promotion du roi, le destin de Salomon, modèle comme on l'a vu ambigu, subit des avatars contradictoires.

Thomas Becket, le célèbre archevêque de Cantorbéry au XIIe siècle, a professé, comme on l'a bien montré, un « idéal de la royauté biblique[20] ». Becket est central dans le conflit qui oppose l'Église au roi d'Angleterre, Henri II. Il est impossible de comparer Henri à David car si celui-ci, à côté de ses grands mérites, a lourdement péché dans sa vie privée, commettant l'adultère et l'homicide, il ne s'est pas obstiné et s'est humilié devant le prophète Nathan. Yahvé, après avoir fait périr l'enfant de David et de Bethsabée, a pardonné à David et lui a permis d'avoir un second enfant de Bethsabée, Salomon (II Samuel, XII). En revanche, Becket voit dans le méchant Salomon la préfiguration d'Henri II. Au contraire de David, Salomon, luxurieux, lui aussi, et finalement idolâtre, ne s'est pas repenti, et Yahvé l'a puni en scindant en deux le royaume d'Israël après sa mort (I Rois, XI). Les démêlés d'Henri II d'Angleterre avec son Église et enfin le meurtre de Thomas Becket ont conduit les clercs anglais à diaboliser la famille des Plantagenêts, qu'ils ont fait descendre d'une Mélusine satanique. Dans un Miroir des princes, le *De principis instructione* (« De l'instruction du prince ») écrit de 1190 environ à 1217 environ, Giraud de Galles, qui a été un conseiller d'Henri II, campe un portrait très noir du roi défunt et, refusant de le comparer à David et à Auguste, évoque à son sujet Hérode et Néron[21]. Emporté par son hostilité à la dynastie anglaise, Giraud fait un vibrant éloge de la monarchie française, de son roi vivant, Philippe Auguste, et de son fils et héritier Louis, le futur

Louis VIII. La mauvaise entente entre la royauté anglaise et l'Église d'Angleterre, hostilité que le cadavre de Thomas Becket, largement exploité par l'Église romaine, a changée en haine durable, a été tout au bénéfice de la monarchie française. Ce que le roi d'Angleterre a perdu en prestige emprunté à la monarchie vétéro-testamentaire, le roi de France, obéissant à Dieu et à l'Église, l'a acquis. Il va devenir, au XIIIe siècle, aidé par la propagande artistique qui multiplie aux porches des églises et à leurs vitraux les statues et les figures de rois et de reines d'Israël et de Juda, les peintures éclatantes de l'arbre de Jessé, le grand bénéficiaire du symbolisme typologique hérité de la Bible. Le souverain français bénéficie ainsi d'une double promotion dans le domaine de l'idéologie monarchique fondée sur l'Ancien Testament. La première est celle du modèle de Salomon. Le fils de David avait jusqu'alors joui d'une réputation contradictoire. D'un côté il subissait la diabolisation croissante que l'on a relevée, de l'autre il restait le constructeur du Temple, l'exemple de la richesse et de la sagesse. C'est sous ce second aspect que son image s'est de plus en plus imposée aux princes de l'époque sous l'influence du *Policraticus sive de nugis curialium* (« Policraticus ou des futilités des courtisans »), un Miroir des princes présentant un nouvel idéal monarchique, dans lequel Jean de Salisbury avait proposé une nouvelle image du bon roi, un roi instruit, sinon intellectuel[22]. Or le roi sage *(sapiens)* de l'Ancien Testament, c'est Salomon. Il profite ainsi d'une revalorisation de son modèle, qui s'affirme parallèlement à sa satanisation et en contradiction avec elle.

Le second promu est Josias. Parmi les monarques bibliques, Josias ne semble pas avoir souvent servi de modèle de référence pour les rois de l'Occident médiéval[23]. Or c'est à lui que Saint Louis paraît avoir été de préférence comparé.

Certes, le roi biblique par excellence, David, a été évoqué par ses contemporains à propos de Saint Louis. C'est le cas dans un sermon prononcé par Guillaume de Saint-Pathus[24]. Des quatre principales vertus qu'il reconnaît à celui-ci *(splendor sapientie, dulcor compassionis, nitor continentie, fervor devotionis*[25]*)*, les deux premières se réfèrent au roi biblique : « *David sedens in cathedra sapientissimus princeps*[26] » (II Samuel, XXIII, 8) et « *Servus meus David erit princeps in medio eorum*[27] » (Ezéchiel, XXXIV, 24). Le parallèle avec David se trouve enfin dans le quatrième office liturgique pour la fête de Saint Louis, le 25 août, office qui semble être l'œuvre de bénédictins et apparaît pour la première fois dans un manuscrit de Saint-Germain-des-Prés, peu après la canonisation de 1297[28]. Le thème du sermon de Guillaume de Saint-Pathus sur Saint Louis implique une comparaison avec Mathathias, le père des Maccabées, puisqu'il s'agit des paroles adressées par les envoyés d'Antiochus à ce prince : « *Princeps clarissimus et magnus es*[29] » (I Maccabées, II, 17). Mais plus significative est l'apparition, à côté du modèle de David, de celui de Salomon dans un *ordo* du sacre et couronnement des rois de France, qui date à peu près certainement du règne de Louis IX[30]. Marc Bloch a noté que l'« exemple de David et de Salomon permettait de restituer aux rois, chrétiennement, leur caractère sacré[31] ». Aussi les deux noms reviennent-ils régulièrement dans les *ordines* du sacre royal. Dans l'*ordo* dont on vient de parler, après que le roi a prêté serment une seconde fois, un des évêques présents demande dans une prière à Dieu de le visiter comme Moïse, Josué, Gédéon et Samuel, et de verser sur lui la même rosée de sa sagesse qu'il avait fait couler sur le bienheureux David et sur son fils Salomon. Puis, lorsque l'archevêque de Reims procède à l'onction des mains du roi, il évoque l'onction de David par Samuel. Enfin, dans la préface de la prière dite après l'onction du roi, il est fait allusion à l'élévation de David au pouvoir royal suprême et au don de sagesse et de paix fait par Dieu à Salomon. Et Dieu est prié de doter le roi de la même fidélité qu'Abraham, de la même mansuétude que Moïse, du même courage que Samuel, de la même humilité que David et de la même sagesse que Salomon.

Enfin, dans son sermon du 11 août 1297 pour la canonisation de Saint Louis, Boniface VIII prend pour thème : « *Magnificatus est ergo rex Salomon, super omnes reges terrae, divitiis et sapientia* » (I Rois, x, 23). Ou plutôt, sans mentionner le nom de Salomon et sans citer la puissance, la richesse et la sagesse de Salomon exaltées par le Livre saint, il modifie la citation en introduisant une épithète mieux accordée au nouveau saint qu'au monarque biblique : *pacificus* (« *Rex pacificus magnificatus est*[32] »).

LOUIS ET JOSIAS

Josias n'apparaît que fugitivement dans un Miroir des princes du temps de Saint Louis, le *De eruditione filiorum nobilium* (« De l'éducation des enfants nobles »), écrit par le dominicain Vincent de Beauvais pour un clerc, nommé Simon, qui était le maître d'école du fils du roi, Philippe, le futur Philippe III le Hardi[33]. Le Prêcheur, qui fait un éloge appuyé de l'enfance — au moment où l'enfant paraît de plus en plus valorisé dans une société qui, jusqu'alors, n'avait pas fait grand cas de lui —, affirme que, grâce à l'élection divine, les « premiers et meilleurs » rois d'Israël ont été des enfants[34]. Il donne pour exemple David *(« iunior inter fratres suos »)*, (I Samuel, XVI, 11) et Josias, qui avait huit ans quand il commença à régner (II Rois, XXII, 1)[35]. Vincent de Beauvais veut, sans nul doute, inviter ici à un rapprochement avec Louis IX sacré roi à douze ans. Mais il ne songe pas à la politique capétienne de succession selon la primogéniture, car cette politique dynastique s'exprime alors plus masculine dans la réalité que dans la théorie.

Josias apparaît encore dans les offices liturgiques pour Saint Louis canonisé. Dans le troisième d'entre eux (premier répons du troisième nocturne), le thème de l'enfance revient : « Dès l'enfance, Saint Louis a cherché Dieu de tout son cœur comme le roi Josias[36]. » Ailleurs (dans l'hymne de *Laudes* du deuxième office), il est dit que Saint Louis, comme Josias, « rendait à Dieu un culte empressé, en paroles et en actes[37] ». Ici encore, ce que ses hagiographes nous disent de la dévotion concrète de Saint Louis coïncide avec ce que l'Ancien Testament dit de Josias[38] : « Il n'y eut pas avant lui de roi semblable à lui qui se retournât vers le Seigneur de tout son cœur, de toute son âme et de toutes ses forces » (II Rois, XXIII, 25).

Mais la comparaison entre Louis IX et Josias semble bien avoir été la trouvaille de son premier biographe, son confesseur pendant les vingt dernières années de sa vie, le dominicain Geoffroy de Beaulieu. Il écrivit sa vie de Saint Louis à la demande du pape Grégoire X, qui songeait déjà, entre 1273 et 1275, à la canonisation du roi de France, récemment disparu[39]. Dès le début, Geoffroy annonce que, pour faire l'éloge de Louis IX, il se servira de l'éloge fait dans la Bible du roi Josias. Il utilise trois passages de l'Ancien Testament, l'un dans l'Ecclésiastique (chap. IL), un dans le second livre des Rois (chap. XXII) et le dernier dans le second livre des Chroniques *(Paralipomenon*, chap. XXXIV).

Le chapitre IL de l'Ecclésiastique dit :

> Le souvenir de Josias est une mixture d'encens
> préparée par les soins du parfumeur,
> Il est comme le miel doux à toutes les bouches,
> comme une musique au milieu d'un banquet.
> Lui-même prit la bonne voie, celle de convertir
>   le peuple
> il extirpa l'impiété abominable,
> il dirigea son cœur vers le Seigneur
> en des temps impies il fit prévaloir la piété[40].

De l'histoire de Josias, telle qu'elle se trouve en termes très voisins dans le chapitre XXII du second livre des Rois et dans le chapitre XXXIV du second livre des Chroniques, Geoffroy de Beaulieu fait le résumé suivant : « Lorsque Josias était encore enfant, il commença à chercher le Seigneur et il fit ce qui était droit et agréable sous le regard du Seigneur et il marcha par toutes les voies de David son père[41]. Il ne s'écarta ni à droite ni à gauche. Le nom de sa mère était Ydida. Il fit restaurer le temple et la maison du Seigneur. Il n'y eut pas avant lui de roi semblable à lui pour s'abandonner au Seigneur de tout son cœur, de toute son âme et de toute sa force ; et après lui, il n'en parut pas de pareil à lui. Il fit, en effet, une pâque dont il n'y en avait pas eu de semblable auparavant et dont aucun roi ne fit par la suite de semblable. » Et Geoffroy ajoute : « Tout cela, je vais le montrer, s'applique bien à notre glorieux roi. »

De ces homologies, il retient explicitement trois :

le *nom* de Josias convient à Louis ; tous deux ont mené une vie sainte, très chrétienne et pure.

On sait l'importance, au Moyen Âge, du *nom* ; il est l'essence, la vérité de la personne qui le porte. Le jeu des étymologies faussement savantes permet de trouver son *sens* profond. Or le nom de Josias peut être interprété de quatre façons différentes qui, toutes, conviennent à Louis IX. Il peut, en effet, signifier *Salus Domini, Elevatio Domini, Incensum Domini, Sacrificium*. Or qui, plus que Louis, a travaillé au salut de la Chrétienté, à l'élévation et à l'exaltation de la foi chrétienne, à l'encensement d'une dévotion née dans l'enfance et, finalement, au sacrifice de sa vie à la croisade ? Hostie royale, comme le dira Joinville, Saint Louis, tel le Christ, est mort devant Tunis à trois heures de l'après-midi.

Ensuite, Louis a été, comme Josias, innocent et droit. Comme Josias, il suivit en cela l'exemple de son père. Ce père, c'est, pour Josias, David, que Geoffroy de Beaulieu, prenant le terme de *pater* au pied de la lettre, interprète ainsi (et non comme aïeul, ce qui conviendrait mieux), et, pour Louis IX, c'est son vrai père, Louis VIII, qui a montré sa foi et sa rectitude en allant mener la croisade contre les albigeois et qui, lui aussi ou, plutôt, lui déjà, mourut au retour de la croisade. Ainsi, prolongeant dans le temps les deux séquences semblables, Geoffroy met en rapport les deux couples du père et du fils, David et Josias, Louis VIII et Louis IX. Ou encore, Louis IX a deux pères, un père terrestre, qui est aussi un modèle, et un père symbolique, qui a été lui-même, dans une histoire antérieure, le fils d'un père modèle. En outre, en reprenant l'expression *non declinavit ad dexteram neque ad sinistram* (« il ne s'écarta ni à droite ni à gauche »), il retrouve aussi la définition du roi par Isidore de Séville : *rex a recte regendo*.

Enfin, le plus remarquable est peut-être que Geoffroy de Beaulieu fait un sort à une phrase du second livre des Rois qui se contente de nommer la mère de Josias, Ydida. Il en profite pour faire l'éloge de la mère de Louis, Blanche de Castille, et proposer ainsi comme une Sainte Famille royale : le père, Louis VIII, la mère Blanche, le fils Louis IX, qui n'en apparaît que davantage comme une *imago* de Jésus.

Le reste de la *Vita* se développe selon les usages de l'hagiographie de l'époque, mêlant habilement des séquences historiques (où Geoffroy glisse de temps en temps son propre témoignage) et des développements sur les vertus du roi. Le modèle de Josias est toujours sous-jacent, mais affleure rarement. Le nom du roi biblique revient à propos de la pénitence et de la confession et, surtout, à propos de la législation religieuse, des mesures contre les jureurs et les blasphémateurs, des efforts de Louis pour restaurer l'observance religieuse dans son royaume. Il mérite pleinement ici le nom de Josias, car, comme lui, « *tulit abominationes impietatis, et gubernavit ad Dominum cor suum et in diebus peccatorum corroboravit pietatem in cultum divinum*[42] ».

En bon prédicateur et littérateur, Geoffroy de Beaulieu termine sa *Vita* en revenant à Josias et à sa première citation biblique : « Que nous reste-t-il d'autre, si ce n'est que reste perpétuellement la mémoire si parfumée, si douce comme le miel, si mélodieuse dans l'Église de Dieu de *notre Josias* ? » Louis IX n'est pas seulement un « second », un « autre » Josias, c'est *notre* Josias. Qu'est-ce à dire, sinon que Louis IX n'est pas seulement le Josias de notre époque, c'est notre Josias à nous, celui qui nous permet de revivre une « histoire sainte » ?

Le continuateur de Geoffroy de Beaulieu, Guillaume de Chartres, un dominicain lui aussi, qui a été chapelain du roi, mais qui écrit après la canonisation du roi, après 1297, reprend enfin plus brièvement le parallèle avec Josias. Il retient, mais condense le texte biblique sur la *memoria Josiae*, l'allusion au nom de Josias, mais cette mémoire s'évapore vite dans le parfum et la musique. Josias n'est plus qu'un « odorant souvenir[43] ».

La motivation profonde de la comparaison entre Saint Louis et Josias me paraît résider, en définitive, dans le passage déjà évoqué plus haut où Geoffroy de Beaulieu rapproche les dernières années du règne de Saint Louis de celles de Josias. Les biographes et hagiographes de Saint Louis s'accordent pour trouver qu'il y a dans sa vie et son règne deux grandes phases : avant et après la croisade de 1248. Le roi est, certes, dès l'enfance, vertueux et pieux, mais d'une façon normale, sauf peut-être son goût pour cette aventure démodée : la croisade. Il s'habille et mange selon son rang, plaisante souvent. Il est épris de justice, crée des enquêteurs royaux, mais légifère peu. Après 1254, il mène une vie ascétique, veut imposer à ses sujets des lois d'ordre moral et religieux : contre le jeu, la prostitution, le blasphème, il pousse presque maladivement ses enquêteurs à être de véritables inquisiteurs des agents royaux. Il veut, dans sa propre personne et dans celle de ses sujets, extirper le péché qui a causé l'échec de la croisade d'Égypte. Il lui faut restaurer la religion pour mériter de gagner une seconde croisade ou, tout au moins, d'y trouver le martyre.

Or, que nous dit la Bible de Josias (II Rois, XXII-XXIII) ? Pendant les dix-huit premières années de son règne, « il fit ce qui est agréable à Yahvé et imita en tout la conduite de son ancêtre David, sans en dévier ni à droite ni à gauche ». Mais rien de plus. Puis, dans la dix-huitième année de son règne, il a fait restaurer le temple et y a trouvé le livre de la Loi, c'est-à-dire le Deutéronome. Josias et son peuple sont montés en procession solennelle au temple de Yahvé. Josias a renouvelé l'alliance, détruit tous les restes du paganisme dans le royaume de Juda, y compris la demeure des prostituées sacrées dans le temple de Yahvé et, après avoir mené à bien sa réforme religieuse, il a célébré une pâque extraordinaire en l'honneur de Yahvé à Jérusalem. Plus tard, il est mort à Megiddo en luttant contre le Pharaon qui s'apprêtait à envahir son royaume. Son corps a été ramené à Jérusalem.

Qui ne voit la similitude entre les deux rois et entre les deux règnes ? Alors s'éclaire le nouveau sens de cette comparaison traditionnelle entre les rois de la Chrétienté médiévale et ceux de l'Ancien Testament. Au XIIIe siècle, il faut plus et autre chose qu'une comparaison abstraite, située à un niveau purement idéologique, entre les deux rois qui n'ont pas d'autre ressemblance que d'avoir ou de vouloir incarner le modèle du prince agréable à Dieu. Désormais, une certaine *ressemblance historique* est aussi requise. Dès lors, plutôt que de mobiliser le meilleur modèle royal de l'Ancien Testament, David, mieux vaut rapprocher Saint Louis et un roi, un bon roi certes, mais dont le règne, surtout, a en quelque sorte préfiguré celui du roi de France.

Ainsi les deux rois se situent jusqu'à s'en confondre sur trois trajectoires semblables du temps : un temps symbolique de l'histoire, où l'histoire présente n'est que l'image du temps du grand passé biblique ; surtout un temps eschatologique, où chaque souverain s'efforce d'emporter son peuple vers son Dieu pour son salut éternel ; mais aussi un temps historique, où des segments reviennent, mais où les rois et les règnes ne sont plus interchangeables. Il faut qu'ils soient ressemblants, comme l'art va l'être avec le monde, le portrait avec l'individu, car ce que Saint Louis cherche à emprunter, paradoxalement, et avec une réussite peut-être imparfaite, à Josias, c'est une originalité *historique* et une *individualité*. Mais arrêtons-nous à cette frontière où le couple de Saint Louis et de Josias semble basculer du symbolisme intemporel dans l'histoire. Avec Josias, les producteurs de mémoire n'ont pas encore arraché Saint Louis à l'abstraction typologique. Il n'est qu'un Josias *bis*, un avatar de Josias.

VI

LE ROI
DES « MIROIRS DES PRINCES »

Dans l'organisation des sociétés les plus anciennes, l'historien peut souvent identifier une forme hiérarchique qui culmine dans un chef. Nous appelons une telle société monarchique et celui qui en est la tête « roi ». À l'origine, ce chef-roi ne présente pas seulement un caractère sacré, mais il concentre tous les pouvoirs de sa personne. Presque en même temps que s'impose ce type de chef, on tente de limiter son champ d'action. Ce sont d'abord les détenteurs du pouvoir militaire, de la puissance économique — souvent confondus, d'ailleurs, dans ces sociétés —, guerriers et riches propriétaires, qui s'efforcent d'accaparer ou de partager les pouvoirs du roi. Les Romains, très tôt, abolirent la monarchie pour la remplacer par une oligarchie, baptisée « république », et haïrent longtemps jusqu'au nom même du roi.

Il semble même que la naissance de la monarchie dans ces sociétés antiques ait marqué le passage d'une simple mémoire entretenue par des documents épars (inscriptions, tablettes, etc.), des mythes (celui de Gilgamesh, roi d'Uruk, par exemple) ou des monuments, à la conception et à la construction d'une véritable histoire, souvent légendaire dans ses origines traditionnelles, mais capable de constituer autour du roi une trame cohérente et continue, à la faveur d'un système qui ramène tout au monarque et à la succession des rois, laquelle est souvent renforcée par un principe dynastique. La monarchie offre à la fois une explication et une narration, les deux faces complémentaires de l'histoire. Pierre Gibert a donné de cette naissance conjointe de la monarchie et de l'histoire une forte et subtile démonstration pour l'ancien Israël, autour des premiers rois, Saül, David et Salomon[1].

D'autres personnages, en revanche, ont travaillé, avec plus d'ardeur encore, à contrôler les prérogatives royales dans le domaine religieux. Tel a été le souci des prêtres. Au début du VIIe siècle, l'archevêque et encyclopédiste Isidore de Séville, revenant à l'étymologie latine (*rex*, « roi » ; *regere*, « diriger » ; *recte*, « droit »), prétendait qu'un roi doit gouverner « droit » *(rex a recte regendo)*, faire aller « droit » les grands, les fonctionnaires et les sujets. On a déjà vu cette définition appliquée à Saint Louis. Le roi ne se contente pas d'être celui qui concentre en sa personne tous les pouvoirs, il doit être un concentré de toutes les vertus. À ce modèle ont été consacrés, du IXe au XIIIe siècle, des ouvrages particuliers spécialisés, les « Miroirs des princes[2] ».

Les clercs, auteurs de ces traités, avaient pour premier objectif d'éviter que le caractère « sacré » des rois ne débouchât sur un caractère divin ou sacerdotal de la fonction royale. Le roi ne devait être que l'élu désigné par Dieu, celui qui reçoit l'onction du sacre dans la tradition judéo-chrétienne (le septénaire des sacrements, constitué dans l'Occident du XIIe siècle, exclut le sacre royal de la liste des sacrements). L'effort de certains clercs pour faire du roi, aux XIIe et XIIIe siècles, l'« image de Dieu » n'a connu qu'un succès relatif. La tentative d'en faire un « roi prêtre » *(rex et sacerdos)* et de lui donner pour modèle biblique Melchisédech, « roi de Salem » et « prêtre du Dieu Très-Haut » (Genèse, XIV, 18), n'a pas eu de grande carrière dans la Bible, ni dans le christianisme ni dans l'idéologie chrétienne de l'Occident médiéval, malgré les efforts de quelques clercs au service des empereurs.

Dans cette volonté des prêtres d'écarter le roi de la condition sacerdotale, il apparaît que le clergé juif antique comme l'Église de l'Occident médiéval tenaient à obtenir l'engagement solennel du roi de professer et de défendre la foi orthodoxe et, tout particulièrement, de mettre sa puissance au service de l'Église. Ce fut le principal objet des promesses et bientôt des serments que durent prononcer les rois d'Occident à partir de l'époque carolingienne. Enfin, la limitation des pouvoirs du roi devait l'empêcher de devenir un tyran et de passer du côté du mal, du Diable. Les rois avaient donc, eux aussi, des devoirs, envers Dieu d'abord, puis envers les prêtres et l'Église, envers leurs sujets, envers leur peuple.

Les écrits dans lesquels, dès la plus haute époque des monarchies orientales, les clercs exprimaient ainsi les devoirs des rois portaient soit sur le respect de certains rites (ainsi dans la loi de Moïse), soit, surtout et de plus en plus, sur l'exercice des vertus, personnelles et publiques. Pour n'évoquer que la Bible — référence idéologique obligée dans l'Occident médiéval —, j'insisterai sur le petit traité d'éthique royale enchâssé dans le Deutéronome (XVII, 14-20). Ce texte, dont on observera l'influence à l'époque de Saint Louis, présente, malgré les interdictions qui y sont prononcées à l'intention des rois, une image optimiste de la royauté et de la personne royale. En revanche, au moment de l'institution royale, quand Yahvé répond « au peuple qui lui demandait un roi », l'Ancien Testament donne de la royauté une image très pessimiste, il voit dans le roi un inévitable tyran qui fera des Hébreux « ses esclaves » (I Samuel, VIII, 10-18). Ainsi, comme souvent, la Bible livre des arguments en faveur de la royauté et d'autres contre. Mais elle en a défini un critère : la royauté vaut ce que vaut le roi. Instruire le roi, lui proposer une éthique royale, c'est donc une des plus importantes fonctions du sacerdoce.

Au IVe siècle, quand le prince est devenu chrétien, il a fallu préciser la doctrine. Augustin l'a fait surtout au livre V, chapitre XXIV de *La Cité de Dieu* que H. H. Anton a appelé « Le premier miroir des princes chrétiens ». L'évêque d'Hippone y insiste sur la « Paix, l'Ordre, la Justice » *(Pax, Ordo, Justicia)* comme fondements de la monarchie et, selon la tradition romaine, de l'« empereur bienheureux » *(imperator felix)*, définit les vertus qui font du prince chrétien un bon prince. Puis, au tournant du VIe au VIIe siècle, le pape Grégoire le Grand, préoccupé, lui aussi, par le problème de la royauté et du roi, a souligné surtout l'importance de la justice comme idéal de la monarchie et vertu essentielle du roi.

MIROIRS CAROLINGIENS

C'est avec l'époque carolingienne que sont apparus des opuscules entièrement destinés à rappeler aux rois les vertus inhérentes à leur « fonction » *(officium)* ou à leur « ministère » *(ministerium)* et surtout nécessaires pour justifier leur élévation au trône ou, plutôt, la cérémonie religieuse qui rendait désormais effectif le choix que Dieu avait fait de leur personne. Si le choix de Dieu était le plus souvent conforme à celui que les hommes faisaient à l'intérieur d'une famille royale, il pouvait aussi entériner le glissement d'une famille à une autre, comme le remplacement des Mérovingiens par les Carolingiens au milieu du VIIIe siècle. Mais, peu à peu, en France par exemple, s'est fixé un droit héréditaire en faveur du premier ou du plus proche héritier mâle du roi défunt. C'est à Reims, en 816, que les deux cérémonies, celle de l'onction et celle du couronnement, ont fusionné pour le sacre de Louis le Pieux. On peut d'ailleurs considérer que les textes utilisés pour les sacres des rois chrétiens du Moyen Âge, les *ordines*, textes proprement liturgiques ou dossiers, aide-mémoire destinés à aider à l'accomplissement de la cérémonie, constituent une catégorie particulière de « Miroirs des princes ».

Le système culturel du Moyen Âge a beaucoup utilisé l'image du « miroir » *(speculum)*. Plutôt que d'exprimer par là la théorie, fondamentale depuis saint Augustin, du signe ou du reflet, chaque réalité terrestre n'étant que la réplique, plus ou moins réussie, d'un type idéal, il s'agit de montrer que c'est au contraire l'image vue dans le miroir qui est en fait l'image *idéale* de la réalité terrestre. Tout miroir est instrument de *vérité* et nous conduit donc au plus profond de l'imaginaire médiéval. Mais, le plus souvent, le miroir renonce à sa fonction métaphysique, théologique, pour devenir un genre normatif lié au processus de *moralisation*, d'illustration éthique, qui se développe au XIIe siècle et se généralise pendant le Moyen Âge tardif, à partir du XIIIe siècle. Tout Miroir devint *exemplaire*.

Les auteurs des « Miroirs des princes » carolingiens du IXe siècle, de hauts ecclésiastiques, ont proposé aux rois contemporains le modèle de certains rois de l'Ancien Testament, tels David surtout, Salomon, Ézéchias, Josias, etc. Ils s'attachent surtout aux vertus qui conviennent spécialement aux rois (avant tout la *justice*, mais aussi la *sagesse*, la *prudence*, la *patience*, la miséricorde, l'*humilité*, le *zèle pour la droiture*, la *clémence*, la *piété*, etc.). Ils insistent enfin sur le devoir impérieux qu'a le roi de protéger les Églises et les clercs. Ainsi s'affirme le rôle politique et idéologique croissant de l'Église à l'époque carolingienne. Mais tous ces « Miroirs » ne sont pas — sauf peut-être, dans une certaine mesure, chez Hincmar — des traités politiques[3].

LE *POLICRATICUS* DE JEAN DE SALISBURY

Un tournant se marque au milieu du XIIe siècle avec le *Policraticus* de Jean de Salisbury. C'est en 1159 le premier grand traité de science politique du Moyen Âge. Il a été écrit en Angleterre par un clerc de très haute stature intellectuelle, formé dans les écoles de Paris. Haut fonctionnaire ecclésiastique à la curie pontificale, puis secrétaire de Théobald, archevêque de Cantorbéry, Jean de Salisbury est devenu l'ami de Thomas Becket, s'est réfugié quelque temps à Reims auprès de son ami intime, le bénédictin Pierre de Celle, abbé de la célèbre abbaye de Saint-Rémi (où l'on gardait la sainte ampoule utilisée lors du sacre des rois de France), et termina sa carrière comme évêque de Chartres, de 1176 à sa mort, en 1180.

La contribution du *Policraticus* à l'idéologie royale du Moyen Âge est considérable. Jean de Salisbury y utilise un opuscule faussement attribué à Plutarque, mais vraisemblablement forgé à Rome vers 400, l'*Institutio Traiani*. Ce pseudo-manuel d'éducation de Trajan est, en fait, un « Miroir des princes ». On y trouve notamment, pour la première fois dans l'Occident chrétien (au XIIe siècle), la métaphore organiciste qui fait de la société politique un corps humain dont le roi est la tête. Mais, au-delà de l'*Institutio Traiani*, le *Policraticus* a aussi lancé le slogan du prince savant, intellectuel (*rex illiteratus quasi asinus coronatus*, « un roi illettré n'est qu'un âne couronné ») et a surtout donné à l'idéologie monarchique (que Jean avait vue à l'œuvre dans la bureaucratie naissante des cours anglaise et pontificale) des bases très solides. Jean de Salisbury a été l'un des hommes les plus cultivés de son temps, peut-être le meilleur représentant de la renaissance humaniste du XIIe siècle. Marqué par le « naturalisme » propre aux écoles de Paris et Chartres, il conçut la société — et le roi qui en est la tête — comme un ensemble organisé. Il a aussi lancé dans la discussion théologique et philosophique le thème du tyrannicide qui allait jouer un si grand rôle dans la science politique (et dans les réalités politiques) de la fin du Moyen Âge et de l'époque moderne. Enfin, il analysa le phénomène de la cour en train de se constituer et destiné à un si grand développement, du XIIe au XVIIIe siècle, avec un regard particulièrement critique. Le sous-titre (qui sera repris) du *Policraticus* est : *sive de nugis curialium* (« ou des futilités des courtisans[4] »).

MIROIRS DU XIIIᵉ SIÈCLE

Renouvelés par le modèle du *Policraticus* et par l'évolution rapide des monarchies vers des formes d'État, de bureaucratie, une nouvelle floraison de miroirs des princes s'épanouit au XIIIᵉ siècle[5]. Nul, sans doute, n'a vécu plus fortement cet enrichissement que le roi de France Louis IX. Il a suscité indirectement et directement favorisé la rédaction de plusieurs de ces textes, ainsi que de manuels du sacre *(ordines)* qui devaient l'aider dans cette tâche passionnée.

On a donc pu parler d'une « académie politique » de Saint Louis dont le cœur a été le couvent des Jacobins, le célèbre couvent Saint-Jacques des dominicains parisiens. On retrouve donc ici le lobby Mendiant et, plus particulièrement, dominicain, que l'on a déjà vu à l'œuvre dans la production du dossier hagiographique de Saint Louis. C'est à l'appel d'Humbert de Romans, grand maître de l'ordre de 1254 à 1263, sollicité par Saint Louis, que le couvent des Jacobins aurait confié à une équipe la rédaction de « Miroirs des princes » ou, plutôt, d'un vaste traité de politique. À ce traité appartiendrait le *De eruditione filiorum regalium* (ou *nobilium*), « De l'éducation des enfants royaux (ou "nobles") », que le dominicain Vincent de Beauvais, alors lecteur à l'abbaye cistercienne de Royaumont et déjà en rapport avec le roi, offrit à la reine Marguerite, dans une première édition, pour servir à l'éducation du jeune Philippe, le futur Philippe III, alors fils cadet du couple royal[6]. Une autre partie de ce traité serait le *De morali principis institutione* (« De l'institution morale du prince »), écrit entre 1260 et 1263 par le même Vincent de

Beauvais qui avait alors quitté Royaumont et qui dédia l'œuvre conjointement à Louis IX et à son gendre Thibaud, roi de Navarre et comte de Champagne. Enfin, un troisième volet serait constitué par le *De eruditione principum* (« De l'éducation des princes »), faussement attribué plus tard à Thomas d'Aquin (d'où le nom de Pseudo-Thomas donné par l'édition moderne à l'auteur) et peut-être rédigé par Vincent de Beauvais ou par un autre dominicain notoire, Guillaume Peyraut[7].

À ces trois traités dominicains il faut ajouter le *Morale somnium Pharaonis sive de regia disciplina* (le « Songe moralisé de Pharaon ou de la science royale »), composé probablement entre 1255 et 1260 par le cistercien Jean de Limoges pour Thibaud de Navarre, et le « Miroir » qui m'intéresse le plus ici, l'*Eruditio regum et principum* (« Éducation des rois et des princes ») du franciscain Gilbert de Tournai, écrit en 1259 pour Saint Louis. Enfin, il faut voir dans les *Enseignements* rédigés à la fin de sa vie par Saint Louis pour son fils Philippe, le futur Philippe III le Hardi, un véritable « Miroir des princes » écrit par le roi lui-même.

L'*ERUDITIO REGUM ET PRINCIPUM* DE GILBERT DE TOURNAI

De Gilbert (ou Guibert) de Tournai, on ne sait presque rien, sinon qu'il fut étudiant et maître à l'université de Paris, qu'il a été considéré en son temps comme une des gloires intellectuelles de son ordre et qu'à côté de divers traités d'éducation et de morale il a rédigé des sermons destinés notamment aux croisés. Il a probablement pris part à la croisade de Saint Louis en Égypte et en Terre sainte (1248-1254), et de l'amitié qu'il y aurait contractée avec le roi serait née l'*Eruditio*.

L'*Eruditio regum et principum*[8] se compose de trois lettres adressées à Saint Louis, dont la dernière indique qu'elle a été achevée à Paris, le jour de l'octave de la fête de Saint-François, c'est-à-dire le 11 octobre 1259. Les trois lettres traitent des quatre principes « nécessaires aux princes » selon l'*Institutio Traiani* : la révérence à l'égard de Dieu *(reverentia Dei)*, l'autodiscipline *(diligentia sui)*, la discipline à l'égard des puissants et des officiers *(disciplina potestatum et officialium)*, l'affection et la protection dues aux sujets *(affectus et protectio subditorum)*.

La première lettre comprend deux parties. La première (quatre chapitres), consacrée à la révérence due à Dieu *(reverentia Dei)*, met en valeur des structures intellectuelles et culturelles des clercs de la première partie du XIIIe siècle. Gilbert a recours au raisonnement par opposition : la démonstration se fait d'abord par un argument positif, la *reverentia Dei*, puis par l'analyse de l'argument négatif opposé, l'*irreverentia Dei* ; il a également recours au double système de références culturelles : le chrétien (surtout vétéro-testamentaire) et le païen. La méthode est traditionnelle : elle consiste à accumuler des *autorités* en faveur de la thèse que l'on veut soutenir. Dans ce cas, les références empruntées à la littérature païenne sont presque aussi nombreuses que celles tirées de la Bible et des Pères de l'Église[9]. La « renaissance » du XIIe siècle n'est pas loin.

L'auteur rappelle d'abord « par des exemples du Nouveau et de l'Ancien Testament que l'irrévérence à l'égard de Dieu chez les princes ruine les règnes et les principats ». Il montre ensuite « la même chose à l'aide des histoires des rois païens ». Notons, toutefois, l'opposition : les exemples bibliques sont des témoignages de vérités éternelles, les exemples païens ne sont que des témoignages « historiques ». L'histoire est le domaine de l'incertain, du versatile, elle a pour symbole la roue de Fortune. Le troisième chapitre fait référence à Saül, mort ignominieusement avec ses fils, aux rois Ela, Zimri, Nadab, Joas, Jéroboam, etc., tous morts de mort violente. En revanche, les empereurs chrétiens Constantin et Théodose ont montré leur révérence à Dieu, le premier en refusant de prendre la place d'honneur au concile de Nicée, le second en expiant son crime par l'exécution patiente et publique de la pénitence ordonnée par saint Ambroise. L'auteur rappelle enfin le meurtre de César, usurpateur de l'Empire, l'empoisonnement de Tibère et de Claude, le meurtre de Caligula, les morts violentes de Vitellius, Galba et Othon et, surtout, la fin misérable des empereurs persécuteurs de chrétiens depuis Néron. Ainsi l'Empire romain n'a été qu'une longue suite de morts violentes, châtiment divin d'empereurs indignes, une longue mais inéluctable marche à la ruine et à la disparition ou, plutôt, au transfert de sa puissance à d'autres.

Les douze chapitres de la seconde partie de la première lettre, consacrée à la discipline du roi à l'égard de lui-même *(diligentia sui)*, constituent, à l'intérieur de l'ensemble du traité, un « Miroir du prince » particulier, plus personnel et davantage centré sur la personne royale. Le développement du thème de la *diligentia sui*, des devoirs personnels du roi, se présente comme un commentaire du « Miroir des princes » contenu dans le chapitre XVII du Deutéronome. Selon les habitudes de l'exégèse biblique médiévale, Gilbert de Tournai y donne une interprétation dépourvue de toute base exégétique scientifique et historique. Il tourne des citations bibliques qui ont « un nez de cire » (selon le mot d'Alain de Lille, à l'extrême fin du XIIe siècle) dans le sens qui lui convient.

Les douze stipulations : « Le roi ne multipliera pas ses chevaux », « il ne ramènera pas son peuple en Égypte », « il n'aura pas plusieurs (ou beaucoup) d'épouses », « il n'aura pas de grands trésors d'argent et d'or », « monté sur le trône il lira et méditera le Deutéronome », « il recevra le texte de la loi des prêtres », « il apprendra à craindre le Seigneur son Dieu », « il respectera les termes de la Loi », « son cœur ne le fera pas se gonfler d'orgueil au-dessus de ses frères », « il ne se détournera ni à droite ni à gauche », « qu'il vive longtemps » et enfin « qu'il désire la vie éternelle » sont prétextes à autant de développements où apparaissent soit des lieux communs de la pensée chrétienne, soit des préoccupations contemporaines.

« Le roi ne multipliera pas ses chevaux. » La recommandation se transforme en diatribe contre la chasse. Texte étonnant où, à partir de condamnations antérieures de la chasse destinées aux évêques et aux clercs, et de rares allusions à l'inutilité ou à la nocivité de la chasse chez les rois (chez Jonas d'Orléans au IXe siècle, chez Jean de Salisbury, source de Gilbert de Tournai, au XIIe), se développe une anthropologie royale où la chasse apparaît comme un jeu puéril pour un roi. D'ailleurs, la condamnation traditionnelle qui s'ensuit des jeux de hasard (dés et autres) répond moins à des raisons religieuses et morales qu'à un système social de valeurs. Tout ce qui est puéril, tout ce qui rapprocherait le roi d'un enfant doit être évité. Il reste que cette diatribe est tout à fait contraire à la pratique de la chasse au Moyen Âge. Les rois ont tenté de faire de la chasse leur monopole ; ils se sont constitué de vastes réserves de chasse en créant la notion juridico-géographique de la « forêt », ils se sont adonnés avec passion à ce sport, conçu comme le sport royal par excellence. Curieusement, Saint Louis est le seul roi de France pour lequel on n'a conservé aucun document prouvant qu'il ait jamais pratiqué la chasse[10]. Et l'on sait qu'il détestait les jeux de hasard, qu'il s'est mis parfois en colère contre les joueurs et qu'il a légiféré à ce propos après son retour de Terre sainte.

« Le roi n'aura pas plusieurs épouses. » Sans qu'il y ait la moindre allusion contemporaine ou récente, on a bien l'impression que Gilbert de Tournai vise les rois capétiens qui, jusqu'à Philippe Auguste, ont eu une vie matrimoniale et amoureuse agitée, se heurtant à l'Église sur des problèmes de divorce, de concubinage et d'inceste (au sens des prohibitions ecclésiastiques de mariage entre parents jusqu'au quatrième, sinon au septième degré et, peut-être, au sens actuel dans le cas antérieur de Charlemagne). C'est bien de polygamie, en effet, qu'il faut parler, et Georges Duby a montré comment ce n'est qu'au XIIe siècle que l'Église a commencé à faire triompher son modèle matrimonial, monogamique et indissoluble, sur le modèle aristocratique polygamique et révocable par l'époux[11].

« Il n'aura pas de grands trésors d'or et d'argent. » Le commentaire est l'occasion d'aborder ce que nous appellerions le « domaine économique ». L'économie monétaire, les pratiques — de la thésaurisation aux manipulations des monnaies — ont été l'une des voies de la prise de conscience d'un domaine spécifique du pouvoir et du gouvernement : la monnaie. En 1259, sans qu'il y ait de lien direct, les décisions monétaires de Saint Louis ne vont pas tarder —

frappe des gros d'argents, reprise de la frappe de l'or, lutte contre le monnayage des barons[12].

« Monté sur le trône, il lira et méditera le Deutéronome. » Gilbert de Tournai reprend et développe l'adage de Jean de Salisbury : « Un roi illettré n'est qu'un âne couronné. » Dans la France de Saint Louis, dans la Chrétienté des universitaires, il ne suffit plus que le roi soit sage, il le faut « cultivé ». Il serait souhaitable qu'il fût, lui aussi, un intellectuel.

« Il recevra le texte de la loi des prêtres. » Le roi doit honorer, protéger, écouter l'Église. Le serment qu'il prête au sacre est d'abord destiné à satisfaire les évêques et les prêtres. La logique de la croissance du pouvoir royal aboutit à la diminution de l'emprise ecclésiastique. Dans la France de 1259, l'heure est donc à la recherche d'un équilibre entre le roi et l'Église. Le roi est le bras séculier de Dieu et de l'Église, il garantit la foi, il est lui-même le roi très-chrétien, mais il ne se laisse pas mener par l'Église, surtout dans les affaires temporelles. Pour Gilbert de Tournai, dans ces hautes sphères du pouvoir, le péché mortel numéro un reste la *superbia*, la superbe, l'orgueil. L'*avaritia*, la cupidité, qui a tendance à la supplanter dans la hiérarchie des vices, malgré la leçon sur le mépris des trésors, ne menace pas autant qu'elle le roi[13]. La fiscalité royale n'est pas encore insupportable.

Enfin, trois préoccupations doivent dominer l'esprit et l'action du roi : 1) il doit marcher droit, ne pas dévier, aller dans les chemins de la rectitude ; 2) il doit mériter d'avoir une progéniture et de vivre longtemps — des héritiers, une longue vie, voilà des gages de stabilité pour le bon gouvernement ; 3) le roi ne doit pas s'en tenir seulement à son élection divine que confirme l'onction sacrée. Autant que de l'origine, il doit se soucier de la fin. Il doit assurer son salut et celui de son peuple. L'horizon monarchique, c'est le Paradis. Un vrai roi doit être un roi eschatologique. Et Saint Louis sera de plus en plus hanté par cette vocation royale.

La deuxième lettre qui compose l'opuscule traite de la discipline des puissants et des officiers (entourage et fonctionnaires royaux). Elle est aussi fondée sur une opposition : la discipline négative, celle que le prince doit imposer aux mauvais penchants de ceux qui le servent, et la discipline positive, le devoir de ceux qui agissent au nom du roi. D'abord, les rois doivent corriger, ils doivent remplir leur devoir de bras séculier. Le prince, ensuite, doit être un modèle pour ceux qui dépendent de lui. Gilbert de Tournai reprend ici la métaphore organiciste lancée par Jean de Salisbury. Le roi doit agir comme la tête à l'égard des membres. De lui doivent partir les ondes positives qui se diffuseront dans le corps entier de la monarchie. Mais il doit aussi savoir rentrer en lui-même pour y contempler le spectacle de la société « dans le miroir de son esprit ». Il y découvrira les profondeurs du mal. Gilbert, en effet, accorde une grande importance au dévoilement de ce qui est caché, particulièrement le mal. Le roi doit être un investigateur du mal, un inquisiteur.

Parmi les maux à détecter et à corriger, il y a d'abord les maux urbains et les abus du peuple. À une époque où, à l'aboutissement d'une grande vague d'urbanisation, les villes sont en général louées et admirées, Gilbert est pourtant pessimiste sur le phénomène urbain. En ville, les péchés sont pires qu'ailleurs. Le ministre général de son ordre, saint Bonaventure, à peu près dans le même temps, le dit aussi avec force et en tire l'argument que les Franciscains doivent surtout s'installer là où les maux à combattre sont les plus graves. Le prince doit aussi réformer les lois. Il en est de bonnes, il en est de mauvaises. Gilbert de Tournai engage les princes dans la voie du *topos* qui s'épanouira au XIVe siècle, surtout en Italie : l'opposition entre le Bon et le Mauvais Gouvernement, qu'Ambrogio Lorenzetti peindra à fresque sur les murs du palais communal de Sienne.

Ces onze derniers chapitres de cette première partie sont consacrés aux personnages les plus exécrables de l'entourage royal, les *curiales*, les hommes de la *Curia*, la cour. Il ne faut pas ici prendre « cour » au sens seigneurial et cérémonial qu'il acquerra à partir du XVIe siècle. La *Curia*, c'est le lieu de l'appareil gouvernemental et administratif d'un roi féodal en train de développer l'idée et les organes d'un État centralisé et bureaucratique. Dans cette description critique des *curiales*, Gilbert de Tournai a parfois recours à un des grands procédés de « moralisation » du XIIIe siècle : la comparaison animalière. Ici, aux côtés de la Bible, des Pères et des auteurs païens antiques, apparaît un quatrième domaine de référence : la nature. Ses bêtes, ses plantes et fleurs, ses pierres sont la préfiguration et le symbole des vertus et des vices des humains. Au premier chef, la flatterie et l'hypocrisie, qu'incarnent le caméléon et le millepattes, les serpents et bêtes à venin, le léopard.

La seconde partie de cette deuxième lettre expose de façon positive la discipline des puissants et des officiers. L'origine de la bonne réputation *(bona fama)*, élément très important au Moyen Âge, y compris sur le plan juridique. Ce désir fait naître chez le prince la justice et la discipline. La justice est ici le sujet principal. Gilbert de Tournai rappelle qu'elle doit être la même pour tous, que le glaive du juge est au service de la justice. Le prince juste doit interdire les serments illicites, réprimer l'injustice des citoyens, des bourgeois à l'égard des clercs et des faibles (c'est une des clés de la politique des rois de France à l'égard des villes, au XIIIe siècle). Il doit surtout surveiller et punir, quand il le faut, ses « préfets » et ses baillis (c'est le sens des nombreuses enquêtes ordonnées par Saint Louis pour réparer les fautes de ses représentants). Enfin, le prince doit se refréner lui-même, éviter les abus de la justice royale à l'égard du pauvre, lui assurer cette justice sans laisser la sentence tarder pendant des années.

La troisième lettre du traité de Gilbert de Tournai, composée de sept chapitres seulement, concerne la conduite du roi à l'égard des sujets. Il leur doit affection et protection. Le franciscain le démontre d'abord par des exemples empruntés à la nature, aux reptiles, aux bêtes qui volent (essentiellement les abeilles), aux mammifères marins (dauphins, phoques). La poule, enfin, est une mère modèle qui se sacrifie pour ses poussins. À l'égard de ses sujets, le roi doit savoir être clément (les lieux communs de la modération et de la miséricorde sont au centre de l'éthique princière du XIIIe siècle), car la clémence n'affaiblit pas la justice. Il doit aussi être plus sévère à l'égard des injustices faites à autrui qu'à l'égard de celles dont il est victime. À vouloir être bon à l'égard de son peuple, le roi ne perdra rien, au contraire. Le meilleur rempart des rois, c'est l'amour de leur peuple. Cet amour est le meilleur garant de la plus haute finalité de la politique : la paix.

Les strates historiques et culturelles qui constituent le socle et une grande partie de la matière du traité de Gilbert de Tournai sont évidentes : la Bible — surtout, l'Ancien Testament, très présent, très vivant au XIIIe siècle ; la tradition des « Miroirs des princes », renouvelée par Jean de Salisbury et l'*Institutio Traiani* ; une certaine culture folklorique admise par la culture chrétienne, en particulier profondément enrichie par la « renaissance du XIIe siècle ». Mais le fond idéologique de ce traité, c'est la théologie hiérarchique du Pseudo-Denys. Après avoir profondément pénétré la pensée théologique culturelle et politique du haut Moyen Âge, les écrits de ce théologien grec, qui datent de la fin du IVe ou du début du Ve siècle, traduits en latin au IXe siècle et plus tard, conservent une grande influence au XIIIe siècle. Ils sont lus et commentés à l'université de Paris. Cette pensée, qui donne la hiérarchie céleste pour modèle à la hiérarchie terrestre, est accaparée par la réflexion théologico-politique sur la monarchie. Le traité de Gilbert de Tournai, qui fournit en ultime référence les Séraphins et les Dominations, en est un des meilleurs témoignages.

Enfin, l'*Eruditio regum et principum*, à travers ses autorités, ses exemples, esquisse une histoire de la royauté. Deux séries de modèles historiques fondent, positivement et négativement, la monarchie médiévale : la série biblique et la série antique, surtout romaine, impériale, puis chrétienne à ses débuts. Du Moyen Âge avant Saint Louis, aucun exemple n'est cité, sauf un. Au chapitre V de la seconde partie de la première lettre, dans le commentaire du Deutéronome à propos des rois « lettrés », après avoir cité David, Ézéchias et Josias d'une part, Constantin, Théodore, Justinien, Léon de l'autre, Gilbert de Tournai écrit : « Ajoutons-y le pieux et toujours auguste prince très chrétien et invincible Charlemagne, votre prédécesseur dont la mémoire est bénie. » Quel témoignage sur la force de l'image de Charlemagne, sur l'importance de la campagne capétienne pour réclamer la continuité du grand empereur à Louis ! Charlemagne est donc le lien entre l'Antiquité et le présent. Mais ce présent existe-t-il dans le traité au-delà de la dédicace et des références sous-jacentes à certaines situations contemporaines ? En général, les « Miroirs des princes » sont un genre hors de l'histoire. Si, au début du XIIIe siècle, Giraud de Galles avait vilipendé, dans son *De principum institutione*, le roi d'Angleterre Henri II, ses fils et successeurs, sa dynastie, c'est parce que son traité était plus une œuvre polémique contre les Plantagenêts qu'un véritable « Miroir des princes ».

Le traité de Gilbert de Tournai contient un chapitre étonnant et sans parallèle dans aucun autre « Miroir des princes », le second chapitre de la seconde partie de la première lettre. La phrase du Deutéronome (XVII), « Et il [le roi] ne ramènera pas son peuple en Égypte », est entièrement commentée à travers la captivité de Saint Louis en Égypte, un événement qui remonte à dix ans seulement avant la rédaction du traité, un événement *contemporain*. Le contenu n'est pas le plus intéressant : malgré la référence, le roi y est, en fait, loué pour son zèle religieux, mais l'échec de la croisade est imputé aux vices du peuple et, en particulier, de l'armée française. Nouveau Moïse, victime comme lui de son peuple, Louis n'est pas entré dans la Terre promise. Quand le Christ voudra libérer la Terre sainte, il le fera lui-même. Ce texte sonne, néanmoins, comme un adieu à la croisade. Saint Louis ne l'entendra pas, qui se contentera de remplacer l'Égypte par la Tunisie. Mais le plus important reste, à mes yeux, cette entrée de l'histoire contemporaine dans le domaine des exemples. Dans les recueils d'*exempla* du XIIIe siècle, on note cette même tendance à accorder de plus en plus d'importance à ce qui s'est passé *nostris temporibus*, « de notre temps ». Le prince peut désormais se voir lui-même dans le miroir.

LE SACRE, MIROIR DU PRINCE

La cérémonie du sacre des rois constitue, à sa manière, un « Miroir des princes » en action, en gestes et en paroles. J'y reviendrai plus en détail à propos de la sacralité royale de Saint Louis[14]. Le sacre obéit à un rituel destiné à ressourcer, à chaque changement de règne, le pouvoir royal dans son origine divine, à lui assurer la continuité de la protection de Dieu, et, en fonction d'un contrat à la fois explicite et symbolique, le soutien de l'Église en échange d'un statut privilégié du clergé, à reproduire les règnes précédents pour confirmer la stabilité du royaume, en tous ses membres, du haut en bas de la hiérarchie sociale. Pour être efficace, le sacre doit être une cérémonie profondément conservatrice, dont l'archaïsme garantit la validité. Les innovations ne peuvent y être que rares et renforcer les rites originaux en les poussant plus loin dans le même sens[15].

Avant le sacre de Charles V, au XIVe siècle (1364), nous ne possédons qu'une description très succincte du sacre de Philippe Ier en 1059. Les *ordines* sont plus des modèles, des instructions pour des sacres futurs, que des descriptions de sacres réels. En général, ils sont difficiles à dater. Il est malaisé de savoir s'ils ont été utilisés et pour quels sacres, car, à Reims, il existe une collection d'*ordines* dans laquelle le clergé et l'entourage du nouveau roi peuvent choisir. On ignore quel *ordo* a servi pour le sacre de Louis. Mais il est à peu près sûr que trois *ordines* nouveaux sont entrés dans la collection sous son règne : au début du règne, dit « *ordo* de Reims », un autre à la fin du règne, dit « dernier *ordo* capétien », car il n'y en eut pas de nouveau avant l'avènement des Valois (1328) ; et, surtout, l'« *ordo* de 1250 » dont je reparlerai[16]. Cela n'a rien d'étonnant, si l'on songe, d'une part, au surcroît de prestige symbolique acquis par la royauté française sous Louis IX et, d'autre part, à l'intérêt qu'il a lui-même porté à cette cérémonie puisqu'il a recommandé à son fils et successeur d'être « digne de recevoir l'onction avec laquelle les rois de France sont sacrés[17] ». Le plus intéressant de ces *ordines*, celui dit « de 1250 », le plus certainement composé pendant son règne, fait apparaître un nouvel insigne royal, la *main de justice*, tenue dans la main gauche, qui restera l'apanage de la monarchie française. La justice n'est pas seulement dans l'idéologie monarchique et, spécialement, dans l'idéologie monarchique chrétienne, la principale fonction royale, une fonction fondamentalement ancrée dans le sacré. Elle est tout particulièrement, avec la paix, la vertu en pensée et en acte que l'on a, dès son vivant, le plus associée à l'image de Saint Louis. On peut considérer que c'est directement ou indirectement sa contribution personnelle à l'imagerie royale, exprimée et diffusée par le sacre (et le sceau) et notée dans l'*ordo* du sacre comme dans un programme de « Miroir des princes ». On peut aussi penser que ce règne est celui où les *ordines* du sacre du roi de France reflètent plus pleinement qu'avant les caractéristiques essentielles de la monarchie française et témoignent qu'avec lui la construction de la religion royale a presque atteint son sommet[18].

Si le dossier des « Miroirs des princes » qui concerne de près ou de loin Saint Louis s'arrêtait là, le saint roi s'effacerait à peu près complètement derrière les généralités des « Miroirs des princes »

LES *ENSEIGNEMENTS*
À SON FILS ET À SA FILLE

Mais Saint Louis, fait exceptionnel[19], a composé lui-même un « Miroir des princes » : ce sont les *Enseignements* qu'il a rédigés pour son fils Philippe, le futur Philippe III, qui lui succédera devant Tunis, après sa mort. Des légendes et des obscurités entourent ce texte ou, plutôt, ces textes, car Louis a doublé ces *Enseignements* avec d'autres, destinés à sa fille Isabelle, reine de Navarre. On a romantiquement prétendu que le roi les avait dictés à Carthage sur son lit de mort. C'est certainement une fable. La date de composition a été, au contraire, donnée comme précoce : les *Enseignements* auraient été composés dès 1267, au lendemain de la décision de croisade. Il est plus vraisemblable de les dater de 1270, peu avant le départ pour la Tunisie. D'autre part, certains ont avancé que Saint Louis ne les aurait pas dictés à un scribe, mais que, étant donné leur caractère intime, il les aurait lui-même écrits. Ce serait contraire à l'habitude des laïcs, y compris et même surtout des laïcs importants. Mais, comme il est hors de doute que Saint Louis savait écrire et que ces textes sont de nature très personnelle (Saint Louis demande à Isabelle de ne montrer les *Enseignements* qu'il a composés pour elle à personne sans sa permission, sauf à son frère, Philippe), on peut le croire quand il dit à sa fille qu'il a « écrit de ma main ces enseignements » et on peut supposer qu'il fit de même pour ceux destinés à son fils, même si, pour ceux-là, il ne demande pas le secret. Le futur roi reste une personne publique là où la reine de Navarre reste une personne privée. Plus important est le problème des manuscrits qui nous ont conservé ces textes. Ils ne sont pas autographes et ne datent pas d'une période très proche de celle où ils ont été composés. Leurs textes ont été intégrés à la fin des *Vies* de Saint Louis de Guillaume de Chartres, de Guillaume de Saint-Pathus, de Guillaume de Nangis et de Joinville. Sans doute, les *Enseignements* ont donc été versés comme pièces du dossier du procès en canonisation. La version donnée par Joinville a été considérée comme la meilleure jusqu'à ce que le médiéviste américain David O'Connell, à partir de traductions latines, ne reconstitue le texte original[20]. Bien entendu, c'est celui-ci qu'il faut prendre pour authentique, exprimant les idées de Saint Louis. Il nous manque une étude, difficile, sur les manuscrits qui nous ont légué les textes manipulés. Toutefois, on peut penser que les versions différentes, les additions notamment, représentent le point de vue de personnes qui ont connu Louis ou recueilli ses déclarations à bonne source et que, à côté de modifications destinées à servir les intérêts de tel ou tel milieu, surtout ecclésiastique, c'est aussi un « enseignement » véritable de Saint Louis qui a été ajouté, comme, par exemple, sa recommandation de se soucier des « bonnes villes[21] ».

Saint Louis exprime d'abord — et le thème revient dans le texte — son affection pour sa famille et souligne les liens affectifs qui doivent exister entre parents et enfants. Il dit son « amitié de père » (paragraphe 1), désire « de tout son cœur » que son fils soit « bien enseigné » (22), il l'engage aussi à « aimer et honorer » sa mère et à suivre ses « bons enseignements » et ses « bons conseils » (21), il lui donne toute la bénédiction qu'un père peut et doit donner à son fils (31). Le premier enseignement met donc en valeur la cellule primordiale fondée sur l'affection et le respect de la famille restreinte aux parents et aux enfants. Mais ces recommandations vont presque de soi. La vraie leçon est ailleurs. Aucune affection terrestre ne doit passer avant l'amour du bien et le sens du devoir : « Mais prends garde que, par amour pour qui que ce soit, tu ne déclines de bien faire, ni ne fasses chose que tu ne doives. » Saint Louis se souvient sans doute des déclarations de Blanche de Castille affirmant qu'elle préférerait voir son fils mort plutôt qu'en état de péché mortel et retrouve ce que, selon Joinville, il dit lui-même à son fils aîné Louis, au cours d'une grave maladie : « Beau fils je prie que tu te fasses aimer du peuple de ton royaume ; car vraiment j'aimerais mieux qu'un Écossais vînt d'Écosse et gouvernât le peuple du royaume bien et loyalement, que si tu le gouvernais mal au vu de tous[22]. »

Tout attachement terrestre doit donc s'effacer devant l'amour de Dieu et des valeurs qui procèdent de lui.

Mais on sent Louis sensible à l'estime et à la confiance que son fils place en lui, car ce qui achève de le décider à écrire ce texte pour son fils, c'est que « je t'ai entendu dire plusieurs fois que tu retiendrais plus de moi que de tout autre ». Son charisme s'exerce d'abord à travers ses paroles et parce qu'il aime « enseigner » et qu'être bien enseigné, comme il l'a été lui-même, est essentiel, surtout pour un futur roi, enseigner son fils et successeur naturel après la mort de l'aîné est une satisfaction incomparable. Philippe est un disciple privilégié. Mais rien n'est valable sans la vertu essentielle, la foi : « Aime Dieu de tout ton cœur et de tout ton pouvoir », et son corollaire, la détestation du péché, qui est d'abord offense personnelle à Dieu. Dans ce monde féodal où les rapports personnels priment sur tout, pécher c'est « déplaire » à Dieu, et pour Louis, comme pour sa mère, le péché mortel conscient est si affreux que son évocation déclenche l'imagination la plus excessive : « Tu dois avoir cette volonté [...] qu'avant de faire un péché mortel avec connaissance, que tu souffrirais que l'on te coupe les jambes et les bras et que l'on t'enlève la vie par le plus cruel martyre. » Il l'avait déjà dit à Joinville :

> « Or je vous demande, fit-il, ce que vous aimeriez mieux, être lépreux ou avoir fait un péché mortel. » Et moi, qui jamais ne lui mentis, je lui répondis que j'aimerais mieux en avoir fait trente que d'être lépreux. Quand les frères furent partis, il m'appela tout seul, me fit asseoir à ses pieds et me dit : « Comment me dîtes-vous hier cela ? » Et je lui dis que je le disais encore. Et il me dit : « Vous parlâtes en hâtif musard [un étourdi qui parle sans réfléchir] et en fou ; car vous devez savoir qu'il n'y a pas de lèpre si laide que d'être en péché mortel, parce que l'âme qui est en péché mortel est semblable au diable : c'est pourquoi il ne peut y avoir de lèpre si laide.
>
> « Et il est bien vrai que quand l'homme meurt, il est guéri de la lèpre du corps ; mais quand l'homme qui a fait le péché mortel meurt, il ne sait pas ni n'est certain qu'il ait eu en sa vie tel repentir que Dieu lui ait pardonné : c'est pourquoi il doit avoir grand peur que cette lèpre lui dure tant que Dieu sera en paradis. Aussi je vous prie, fit-il, autant que je puis, d'habituer votre cœur pour l'amour de Dieu et de moi à mieux aimer que tout mal advînt à votre corps par la lèpre et toute autre maladie, que si le péché mortel venait dans votre âme [...].

La foi étant fidélité personnelle envers Dieu, il convient de le remercier toujours, aussi bien s'il envoie des épreuves (« persécution, maladie ou autre souffrance ») « car il faut comprendre qu'il l'a fait pour ton bien ». Et il faut réfléchir sur le fait qu'on a mérité ces punitions, car leur cause est qu'on a « peu aimé et peu servi » Dieu et qu'on a fait « beaucoup de choses contre sa volonté ». Ici encore, Louis pense à lui-même, à ses épreuves à la croisade. Et le roi souffrant a médité sur les causes de ces malheurs et les a trouvées en ses insuffisances et a donc cherché à s'amender. À plus forte raison doit-on montrer à Dieu de la reconnaissance si l'on en reçoit des bienfaits (« prospérité, santé de corps ou autre chose ») et, pour éviter le malheur, il faut ne pas commettre de fautes et, en particulier, pour tout chrétien, mais encore plus pour un roi, ne pas tomber dans le péché féodal par excellence, l'« orgueil ». Parmi les guerres injustes, la plus grave est celle qui consiste à combattre les dons de Dieu, « guerroyer notre Seigneur de ses dons ».

Voici maintenant les enseignements de dévotion. Le premier, c'est la pratique de la fréquente confession (qui n'entraîne pas celle de la fréquente communion). Depuis le quatrième concile du Latran (1215), la confession fondée sur l'aveu est au centre de la dévotion chrétienne et elle renforce le contrôle de l'Église sur la société chrétienne. Le choix du confesseur est donc essentiel — surtout pour un roi[23]. C'est ainsi que sont apparus ces personnages qui vont prendre une si grande importance, les confesseurs royaux : au temps de l'absolutisme, pour autant qu'ils en auront le courage, ils représenteront un des rares pouvoirs à contrebalancer la toute-puissance du prince. Saint Louis, qui croit en la nécessité et en la bienfaisance de l'instruction, recommande à son fils de choisir des confesseurs « qui soient non seulement pieux, mais aussi suffisamment bien instruits ». Et le chrétien puissant, le roi plus qu'un autre, doit permettre à son confesseur, pour qu'il soit efficace, de ne pas lui ménager les remontrances, ce qu'on doit attendre aussi de ses amis. « Qui aime bien châtie bien » : le christianisme a repris l'adage antique. Un confesseur courtisan et timoré est un malheur pour son pénitent. Le confesseur, au-delà de sa fonction religieuse et officielle, doit être un ami et il peut, comme tout ami « loyal », fidèle, en l'écoutant, donner à son pénitent qui a « malaise de cœur » le remède de l'apaisement. Toute une conception presque sacrée de la parole se dévoile ici[24]. À un confesseur et à un ami loyal on peut confier un « secret ». L'intensification de la confession (et de l'aveu) crée ou, au moins, agrandit un espace du secret avoué, mais ne peut forcer la forteresse de l'ineffable[25] : « pourvu que ce soit, bien sûr, une chose dont tu peux parler ». Ainsi, dans le cœur des chrétiens du XIIIe siècle, s'organise un espace du secret qui débouche sur une dialectique de l'ineffabilité et de l'aveu.

Après la confession vient, en ordre d'importance, l'assistance à la messe et à la prière. Il est bon d'entendre souvent la messe. Saint Louis a trouvé dans cette dévotion un concurrent redoutable, le roi d'Angleterre Henri III qui, lors des négociations du traité de Paris en 1259, arrivait souvent aux séances en retard, entrant pour écouter la messe dans toutes les églises rencontrées sur son chemin[26]. Il réussit ainsi à agacer Saint Louis. Le bâtiment ecclésial est, au XIIIe siècle, un lieu de sociabilité où l'écoute fervente de la messe est battue en brèche par de nombreuses distractions. Louis recommande à son fils de les éviter : « Quand tu seras à l'église, garde-toi de perdre ton temps et de parler vaines paroles. » La prière doit y être très recueillie, qu'elle soit orale ou intérieure (ou par bouche ou par pensée). Au XIIIe siècle, commence, semble-t-il, la pratique de la lecture silencieuse qui mord sur l'habitude traditionnelle de la lecture à haute voix[27]. La prière, plus encore, s'enfonce dans le silence, occupe l'espace intérieur de l'individu[28]. Mais il est un moment où la tension interne du chrétien à la messe est extrême. C'est lors de la consécration et de l'élévation de l'hostie : « et spécialement sois plus recueilli et plus attentif à l'oraison pendant que le corps de Notre-Seigneur Jésus-Christ sera présent à la messe et puis aussi pendant un petit moment avant ». Le XIIIe siècle est période d'attention au corps, de promotion du corps. Le premier corps promu, c'est celui du Christ, incarné dans l'hostie[29]. En ce siècle eucharistique, la liturgie, les gestes de la messe changent pour s'ordonner autour de l'eucharistie, de l'eucharistie présente et visible[30].

La trilogie de la dévotion : confession, messe et prière, est complétée par les œuvres de miséricorde. Philippe devra être charitable. Le roi souffrant doit secourir « tous ceux qu[il] considérer[a] comme souffrants », qu'il s'agisse de souffrance spirituelle ou corporelle (« de cœur ou de corps »). Le soutien lui-même sera moral ou matériel, s'exprimant en aumônes. Le roi doit être aumônier, comme Louis l'a été, et le sera dans le testament qu'il dictera bientôt. Au premier rang des souffrants à secourir, les pauvres. En ce siècle où la pauvreté, avec saint François, le *Poverello*, le petit pauvre, et les frères Mendiants dont Louis est environné, est reine, le roi doit être, comme Saint Louis, un roi des mendiants, des pauvres non symboliques, non volontaires, mais réels et contraints.

Après avoir demandé à son fils de rechercher la compagnie des bons et de fuir celle des mauvais, d'aimer le bien et de haïr le mal — ce qui est conforme à la mentalité fondamentalement manichéenne du Moyen Âge —, le roi revient à la parole, une de ses obsessions[31], et au combat nécessaire contre la « mauvaise parole » — l'incitation au péché, la médisance et, surtout, le blasphème. Saint Louis est ici animé par une telle ardeur qu'il recommande à son fils, pour le cas où le coupable ne relèverait pas de la justice royale, mais de la justice ecclésiastique ou d'une justice seigneuriale, de le faire poursuivre par le responsable de la justice compétente, définit à ce propos qui sont, à ses yeux, les personnes sacrées, à l'égard de qui la mauvaise parole signifie blasphème. Ce sont Dieu, Notre-Dame — ce qui n'a rien d'étonnant, car depuis le XIe siècle, le fulgurant essor en Occident du culte marial a fait de la Vierge presque une quatrième personne de la Sainte-Trinité —, mais aussi, plus surprenant, les saints. Ici comme en d'autres domaines, Saint Louis est un maximaliste, un extrémiste de certaines dévotions et, dans le cas présent, un champion de la répression morale.

Les articles suivants s'adressent plus particulièrement au futur roi. Ils composent un petit « Miroir des princes » à l'intérieur du plus grand que constitue l'ensemble des *Enseignements*.

Le premier précepte est d'être digne du don de Dieu, de l'élection divine que représente la fonction royale, plus particulièrement en France, en raison de l'onction du sacre, qui doit être accomplie avec une huile miraculeuse[32]. Cette « bonté en toutes choses » qui doit en résulter ne se contentera pas d'être réelle chez le roi, elle se montrera et se fera « évidente ». La morale royale de Saint Louis veut ajouter l'apparence à l'existence. Le roi doit être un symbole vivant, visible et manifeste à ses sujets. La royauté sacrée s'exprime parfois dans le registre du secret, du caché, par l'absence, par le trône vide ou le rideau devant le trône. Mais la royauté de Louis, en conformité avec les nouvelles théories et les mœurs politiques, est surtout une royauté qui se montre, qui, à la limite, s'exhibera[33].

La première vertu du roi, c'est la justice. Louis y insiste et fait un sort au cas où le roi serait engagé contre un adversaire en justice. Il ne doit pas influencer le conseil qui ne devra se prononcer qu'en raison de la vérité. Ici encore, les idéaux, les valeurs sont au-dessus de toute personne humaine, si puissante ou si aimée soit-elle (paragraphe 17). Saint Louis a travaillé au renforcement du pouvoir royal, mais il l'a maintenu loin de l'absolutisme dans lequel tomberont finalement les rois de France[34]. Non seulement la vérité (et la loi destinée à la faire respecter) est au-dessus de lui, mais le roi doit accepter les décisions des organismes qu'il a établis pour dire la justice, ces « membres de [son] conseil » qui constituent le Parlement qu'il vient de mettre en place.

Une autre obsession de Saint Louis apparaît surtout à partir de 1247 : le remords politique, car la politique est affaire de moralité. Le roi doit redresser tout tort fait à ses sujets, en particulier toute appropriation injuste « de terres ou de deniers ». Tel a été l'objet des enquêtes qu'il a si diligemment fait entreprendre. Un des grands soucis de l'Église, au XIIIe siècle, est de contraindre à restituer des bénéfices illicites, des intérêts prohibés, par les marchands et usuriers ou leurs héritiers. Nombreux sont les manuels qui traitent de ces restitutions et les testaments qui expriment, par la volonté de restitution, les remords de bénéficiaires d'acquisitions abusives. Plus rare et plus difficile encore à obtenir est la restitution de ce bien fondamental, la terre. Et Saint Louis sait bien que ce mot « rendre » qu'il recommande à son fils est dur à prononcer, car il désigne une action encore plus dure à accomplir. Il l'a confié à ses familiers, comme Joinville le lui a entendu dire[35]. Il définit ensuite l'attitude à avoir l'égard de l'Église, des clercs et des religieux.

On peut se demander s'il n'y a pas une note d'ironie — nous savons par Joinville que Louis en était capable — dans les conseils qu'énonce le roi au sujet des personnes de la Sainte Église en se référant à un mot de son grand-père Philippe Auguste. Des membres de son conseil lui ayant fait remarquer « que les clercs lui faisaient grand tort et que l'on se demandait avec étonnement comment il le supportait », Philippe Auguste répondit qu'il le savait bien mais que par reconnaissance pour Notre-Seigneur, il ne voulait pas qu'il arrivât « esclandre entre moi et Sainte Église ». Louis ne pense-t-il pas à une autre remarque de Philippe Auguste enseignant à son fils, son propre père, qu'il fallait, par intérêt, rester toujours en bons termes avec les gens d'Église[36] ? Il faut, parmi eux, aimer les religieux — moines et frères — plus que les autres, c'est-à-dire les séculiers. Car ce sont eux « par qui Notre Seigneur est le plus honoré et servi ». Il faut donc « les secourir volontiers » dans leurs besoins.

Enfin, le roi doit se montrer très attentif dans la pratique des droits qu'il détient en matière ecclésiastique, c'est-à-dire la collation de certains bénéfices (il avait été fort prudent dans la délégation de ces droits pendant ses croisades). Il ne doit les conférer qu'à de « bonnes personnes » et privilégier les clercs sans prébendes, au lieu de les accumuler toutes sur les mêmes têtes : conseils dictés par son sens de la justice et son attention à la pauvreté. Parce que les problèmes sont souvent très « épineux », comme dans le cas cité plus haut des restitutions, Louis recommande à son fils de prendre en ces matières conseil de prud'hommes. Voici encore un thème essentiel des « Miroirs des princes » chrétiens. Le roi doit consulter, choisir de bons conseillers et les écouter.

Cet ensemble de recommandations est couronné par l'enseignement d'être « dévoué à l'Église de Rome et à notre saint père le pape » auquel il faut « porter respect et honneur comme tu le dois à ton père spirituel ». Pour la pratique, on a déjà vu et on verra encore plus loin ce qu'il faut en penser[37].

Une des parties les plus originales de ces enseignements est celle qui est consacrée à la guerre et à la paix. C'est un véritable petit traité sur la guerre juste et injuste. C'est aussi l'une des obsessions de la Chrétienté des XIIe et XIIIe siècles[38] et de Saint Louis personnellement. La guerre est fondamentalement mauvaise, car il s'y commet fatalement des « péchés » et « les pauvres gens » en sont presque inéluctablement des victimes. Aussi Louis recommande-t-il de contraindre l'adversaire (non seulement il ne parle pas d'ennemi, mais il n'emploie que le mot « malfaiteur », car la guerre pour lui ne peut être qu'une opération de justice), non en ravageant sa terre selon la coutume de l'époque, qui lèse surtout les « pauvres gens », mais « en prenant ses possessions, ses villes ou ses châteaux par force de siège ». Il faut veiller à épargner églises et pauvres. Et avant de déclarer la guerre, il faut prendre un grand nombre de précautions : s'assurer de bons conseils (pour savoir s'il faut ou non la faire), être sûr que « la cause en est tout à fait raisonnable », avoir épuisé les efforts pour convaincre le « malfaiteur » et l'avoir « bien averti » et, enfin, avoir « assez attendu ». La guerre ne doit être pour un roi qu'un pis-aller.

Cette moralisation de la guerre est complétée par un second volet de la passion de Louis pour la paix, l'apaisement des conflits existants, surtout s'ils concernent des gens « de la terre » du roi ou certains de ses vassaux, de « ses hommes ». Et le roi, qui avait, peu auparavant, avancé un *exemplum* se référant à son grand-père, en propose un ici qui fait intervenir saint Martin. Celui-ci, « au moment où il savait par Notre Seigneur qu'il devait mourir, est allé faire la paix entre les clercs de son archevêché et il lui a semblé, en le faisant, qu'il mettait bonne fin à sa vie[39] ». Et Louis souligne que c'est « un très grand exemple ».

Cette action pour la justice ne doit pas être seulement menée contre la guerre et en temps de guerre, mais aussi en temps dit « de paix ». Elle requiert des soins particuliers : la surveillance des officiers royaux, la purgation du royaume de ses péchés, une gestion juste et économe des deniers royaux.

Le roi est responsable des hommes qu'il a nommés et dont il a fait ses représentants ou ses domestiques. Il doit veiller à avoir de bons prévôts, de bons membres de son « hôtel », c'est-à-dire de sa maison. Appelés à faire régner la justice, ils doivent eux-mêmes être justes. La purgation des péchés vise essentiellement ceux qu'il a pourchassés après son retour de Terre sainte : « les vilains serments et toute chose qui se fait ou se dit contre Dieu ou Notre-Dame ou les saints : péchés de corps, jeux de dés, tavernes ou autres péchés ». Il faut les « abattre ». Quant aux « hérétiques et autres mauvaises gens de ta terre » — il pense certainement aux usuriers cahorsins et lombards et aux juifs —, il faut aussi en purger celle-ci, mais pas en les détruisant, mais en les chassant. L'essentiel est cette purgation, cette purification, non la répression physique. Même les blasphémateurs seront, on l'a vu, sévèrement punis. Enfin, ce roi qu'on a accusé et qu'on accuse encore aujourd'hui d'avoir, pour ses croisades, dilapidé le trésor amassé par son grand-père Philippe Auguste invite son fils à ne dépenser ses deniers qu'« à bon usage » et « qu'ils soient levés justement ». Il demande même à Philippe d'avoir le « sens » de l'économie, de se garder des « dépenses frivoles », des « perceptions (impôts) injustes » et de « lever justement et bien employer » l'argent royal.

Une phrase résume tout ce programme moral et politique : « Avance le bien par tout ton pouvoir. » C'est le programme de gouvernement de Saint Louis depuis toujours et plus encore depuis 1254.

Quelques concepts, quelques obsessions peuvent résumer la vision qu'a Saint Louis de structures et de personnes essentielles pour l'action d'un homme, plus particulièrement pour un roi.

C'est d'abord l'opposition complémentaire entre le *cœur* et le *corps* que l'on retrouve en plusieurs endroits, doublement intéressante parce qu'elle réunit une attention au corps que les hommes du Moyen Âge n'ont souvent manifestée que par le mépris, à une localisation du spirituel dans le *cœur*, ce grand promu de la fin du Moyen Âge. Par là se révèlent une nouvelle fascination du sang et l'invasion de la spiritualité par l'affectivité.

C'est ensuite l'opposition, cette fois traditionnelle, entre clercs et laïcs. Elle se présente toutefois avec deux caractères originaux liés, eux aussi, aux nouveaux courants du XIIIe siècle : la préférence accordée, parmi les clercs, aux religieux et plus encore aux nouveaux frères Mendiants qu'aux moines, mais aussi la fréquente référence aux laïcs. Le roi, que l'on a dit exclusivement dans la main des Dominicains et des Franciscains, recommande à son fils de prendre conseil autant auprès des « bons » laïcs que des « bons » religieux.

C'est le couple « bouche » et « pensée », qui souligne l'importance de la parole, en ce siècle de « nouvelle parole », mais qui rappelle la nécessaire liaison entre ce qui est dit et ce qui est pensé. La parole ne devant pas avoir d'autonomie mais être soumise à la pensée, ce que l'on dit doit venir du cœur et de la raison, et les traduire fidèlement[40].

Le couple assister aux sermons et accomplir des pratiques pieuses « en privé » exprime la complémentarité de la dévotion publique et orale et de la piété privée et muette. L'expression entérine à la fois l'essor de la prédication et la construction d'une sphère du privé qui caractérisent tous deux le XIIIe siècle.

Enfin, parmi les personnes qui doivent retenir tout spécialement l'attention du futur roi, il y a, outre les gens d'Église et les religieux, les pauvres d'un côté, ces frères souffrants du chrétien, les ancêtres de l'autre, Saint Louis étant particulièrement sensible à cette pensée des morts de la famille, pensée aristocratique et lignagère, et surtout pensée royale et dynastique.

Les enseignements à sa fille Isabelle reprennent pour l'essentiel, souvent même mot à mot, ceux que le roi a laissés pour son fils. Sans doute toute la partie proprement « Miroir des princes », qui concerne le prince et le gouvernement, a disparu, mais on retrouve la foi, la haine du péché mortel, l'importance de la confession, de la messe et de la prière, la patience face à la souffrance, le rejet de l'orgueil, la pitié pour les malheureux et pour les pauvres, le choix d'un « bon » entourage. Seuls certains enseignements sont adaptés à la condition féminine. Conformément à ce que pense son temps, Louis croit à la nécessité d'enseigner aussi bien les filles que les garçons, les femmes que les hommes. Là où il recommande au fils l'épargne des deniers, il prône à la fille la modestie de l'habillement et de la parure : « N'ayez pas trop grand surcroît de robes à la fois ni de joyaux », « ne consacrez jamais trop de temps ni trop d'étude à vous parer et à vous ajuster », « n'allez pas à l'extrême dans vos atours et inclinez-vous toujours vers le moins plutôt que vers le plus ». Il reste que la femme a été créée pour obéir à l'homme : « Obéissez humblement à votre mari et à votre père et à votre mère selon les commandements de Dieu ; vous devez le faire volontiers pour l'amour que vous avez pour eux et surtout pour l'amour de Notre Seigneur qui l'a ordonné ainsi comme il convient. » Pourtant, tout comme à Philippe, il lui enseigne qu'aucune affection terrestre ne doit prévaloir sur l'accomplissement de la justice et du devoir voulus par Dieu : « Contre Dieu vous ne devez obéir à personne. » La sujétion de la fille aux parents et de la femme au mari a pour limite l'obéissance à Dieu et aux valeurs qu'il a données aux hommes.

Enfin, la dévotion féminine envers Dieu doit avoir quelque chose de plus extrême, de plus absolu que celle d'un homme. Pour « plaire à Notre Seigneur », « ayez un désir en vous qui ne vous quitte jamais ». En écrivant pour Isabelle, Louis, reprenant saint Bernard, en dit plus sur l'amour de Dieu qu'il n'en a confié à Philippe : « La mesure dont nous devons l'aimer, c'est de l'aimer sans mesure. »

VII

LE ROI
DES CHRONIQUEURS ÉTRANGERS

La culture du XIIIe siècle est d'abord chrétienne, européenne. La conscience collective, le sentiment d'identité occidental se fondent sur l'appartenance à la Chrétienté. Ce sentiment est d'autant plus fort chez un individu qu'il participe aux institutions et à la culture communes. Les clercs pensent en général en termes de Chrétienté. La Chrétienté est leur horizon, ce sont encore des chroniques universelles qu'ils écrivent le plus souvent[1]. Or Saint Louis s'impose doublement aux auteurs de ces chroniques, d'abord parce qu'il est un premier personnage de la Chrétienté, ensuite parce que son image d'exceptionnelle piété s'est très tôt répandue. Les deux principaux chroniqueurs étrangers quasi contemporains de Saint Louis — non français, mais chrétiens — ont parlé de lui, mais leurs témoignages se distinguent nettement l'un de l'autre. Dans la *Chronique (Chronica majora)* du bénédictin anglais Matthieu Paris, si le roi apparaît comme l'un des personnages de tout premier plan, car l'auteur rédige véritablement une chronique de la Chrétienté, il occupe la place qu'il a tenue dans l'histoire : c'est un roi comme les autres, simplement plus pieux qu'eux, et si Matthieu en a beaucoup entendu parler par des personnes qui l'ont plus ou moins bien connu, lui-même semble ne l'avoir jamais rencontré. L'atmosphère aussi est celle d'une

Chrétienté traditionnelle, où le pape et l'empereur, les rois, les grands, la société féodale du nord de l'Europe tiennent le devant de la scène. Fort différente est la *Chronique* du frère Salimbene de Parme. Elle est l'œuvre d'un franciscain, qui connaît de nouvelles formes de religiosité chrétienne, partageant son existence entre des séjours dans des couvents urbains et l'itinérance, plus soucieux de raconter ce qu'il a vu et entendu, à peu près comme dans un journal personnel ou des Mémoires, que l'histoire générale de la Chrétienté. C'est un homme qui baigne dans la culture méridionale, essentiellement italienne et urbaine. Il parle peu de Saint Louis, mais il l'a rencontré une fois et il a tiré de cette brève rencontre la plus émouvante vision que le XIIIe siècle nous ait donnée du saint roi.

MATTHIEU PARIS, BÉNÉDICTIN ANGLAIS

Matthieu Paris a passé presque toute sa vie dans le monastère aristocratique de Saint-Albans, dans le sud de l'Angleterre, fondé par le roi de Mercie, Offa II, dans la seconde moitié du VIIIe siècle[2]. Il y a pris l'habit monastique en 1217. Comme, en général, on ne devenait pas novice bénédictin avant l'âge de quinze ans, il dut naître vers 1200. À part un certain nombre de déplacements en Angleterre, surtout auprès du roi Henri III, à Londres (il séjournait alors à l'abbaye de Westminster), il ne semble avoir accompli qu'une seule mission à l'étranger. En 1247, le roi de Norvège Haakon IV a obtenu du pape une bulle envoyant Matthieu réformer l'abbaye de Saint-

Benet Holm, dans l'île de Nidarholm, près de Bergen, qui avait de grosses difficultés avec des financiers (« usuriers ») cahorsins. Matthieu était aussi porteur d'un message de Louis IX à Haakon lui demandant de se croiser avec lui. On ignore pourquoi et comment le roi de France confia cette mission au bénédictin anglais. C'est le seul contact, très vraisemblablement indirect, que l'on connaisse entre les deux personnages. Arrivé à Bergen en juin 1248, Matthieu revint de Norvège probablement l'année suivante. Rentré à Saint-Albans, il y est sans doute en 1259.

Les *Chronica majora* (« Grandes chroniques », en général appelées simplement *Chronique)* sont la principale de ses œuvres pour l'historiographie moderne. Mais les gens du Moyen Âge se sont surtout intéressés à un recueil d'anecdotes historiques, les *Flores historiarum* (« Fleurs des histoires »), à ses œuvres biographiques, hagiographiques : la *Vie des deux rois Offa* et, en vers anglo-saxons, les quatre vies de grands saints « anglais », saint Alban, saint Édouard le Confesseur, saint Thomas Becket, saint Edmond Rich, archevêque de Cantorbéry comme le précédent, et, à un moindre degré, à son « Histoire des Anglais » *(Historia Anglorum)* et à des œuvres consacrées à son monastère. Certaines particularités des œuvres de Matthieu Paris et de leur tradition leur confèrent un caractère original : plusieurs ont été conservées dans des manuscrits autographes, dont certains sont ornés de dessins de sa main[3]. Pour lever toute interrogation sur son nom, précisons que Matthieu Paris est un Anglais, le nom de Paris étant un patronyme assez courant dans l'Angleterre du XIIIe siècle qui ne suppose ni origine française ni fréquentation de l'université de Paris. Matthieu n'a d'ailleurs aucune formation universitaire.

La *Chronica majora*, où apparaît Saint Louis, est la suite de la chronique d'un prédécesseur de Matthieu à Saint-Albans, Roger Wendover, qu'elle copie de très près jusqu'en 1236 pour devenir originale à partir de cette date[4]. Si elle est universelle, elle a cependant pour centre le monastère de Saint-Albans, bon récepteur de renseignements sur la Chrétienté, mais surtout la France et l'Angleterre, la papauté et l'Empire au premier chef. Toutefois, Matthieu ne soumet les nouvelles qu'il reçoit à aucune vérification, à aucun examen critique, ses erreurs sont fréquentes (par exemple, il appelle Alphonse — prénom fréquent, il est vrai, chez les rois de Castille — le roi Ferdinand III, dont il dit beaucoup de bien), sa chronologie est très sujette à caution. C'est surtout un collecteur et un colporteur de rumeurs, de ragots. Il ne faut pas chercher chez lui la vérité des faits, des événements et des personnages, mais l'écho de ce qui, en son temps, se raconte dans la Chrétienté.

Matthieu se sent anglais, pourtant il n'aime pas le roi d'Angleterre Henri III (et encore moins son père, de mauvaise mémoire, Jean sans Terre), bien qu'il semble en avoir été un familier. Il le nomme toujours « le roi d'Angleterre » *(rex Angliae)* alors qu'il ne cite presque jamais Louis IX sans le doter d'une épithète louangeuse. Il a conscience de la supériorité des clercs, mais c'est un moine à l'ancienne, il n'aime pas les frères Mendiants, ces novateurs. Il déteste, en fait, toute innovation et, notamment, toute taxation nouvelle, tout impôt. Il nourrit donc la plus vive hostilité envers la papauté dont l'avidité fiscale ne cesse alors de grandir. Il est pessimiste sur le monde contemporain et son évolution. À la fin de chaque année, il note dans sa chronique les événements marquants de l'année comme le font aujourd'hui certains journaux. Mais il s'agit surtout de signes célestes comme les comètes, d'apparitions de monstres, de sécheresses, d'inondations, de mauvaises récoltes. Il n'a pas de conception précise de l'histoire, à part l'affirmation de la volonté de Dieu, surtout porté à punir, et les vices des hommes. Certains lui en imposent pourtant, tel l'empereur Frédéric II dont la personnalité le fascine même s'il voit en lui un tyran. Séduit par les fortes figures, il se laisse impressionner par tel ou tel prince oriental, quoique musulman. Intéressante est la façon dont il envisage l'opposition entre Occidentaux et Orientaux (c'est en ces termes qu'il les désigne) : une certaine impartialité, relative, lui fait reconnaître les qualités de tel sultan musulman ou même, chez les Orientaux, des vertus parfois supérieures à celles des Occidentaux chrétiens. Il rejoint par là Saint Louis, qui rend hommage, à l'occasion, à ses adversaires orientaux, sauf en ce qui regarde leur dévotion à l'horrible Mahomet. Matthieu sait observer, raconter et, chose plus rare, on l'a vu, dessiner. C'est un témoin engagé, sans esprit critique, sans hauteur de vues, tourné vers le passé, mais qui répercute les bruits et reflète les images de la Chrétienté avec talent.

Il semble avoir changé d'opinion sur Saint Louis et sur sa mère qui lui est très souvent associée, puisque c'est bien le couple que forment Louis et Blanche et qui est perçu comme tel qui a gouverné la France jusqu'à la mort de Blanche, à la fin de 1252. Quand la mère de Saint Louis disparaît, c'est l'occasion pour Matthieu Paris de lui rendre un hommage appuyé, de louer sa mort pieuse sous l'habit de moniale à Maubuisson et de la peindre en ces termes élogieux : « Blanche fut donc magnanime, femme par le sexe, mais mâle par le caractère, une nouvelle Sémiramis, une bénédiction pour le siècle, et elle laissa le royaume de France sans consolation[5]. » Sa vie n'a été qu'une collection de grandes douleurs : la mort prématurée de son mari Louis VIII, le souci du gouvernement du royaume, la santé maladive de son fils, son départ à la croisade, sa captivité, la mort honteuse à la croisade de son second fils, le comte d'Artois Robert, qui prit la fuite devant les musulmans avant d'être tué, la maladie incurable de son troisième fils Alphonse, qui devint paralysé, le bruit, enfin, qu'on lui rapporta que son fils aîné, le roi Louis, voulait demeurer le restant de ses jours en Terre sainte et y mourir, échangeant son royaume terrestre contre celui des cieux. C'est bien là une démarche typique de Matthieu Paris, louer, monter en épingle, tout en insistant, sans dénigrement, sur les malheurs et les faiblesses. Non sans quelque perversité, a-t-on parfois l'impression, comme s'il voulait laisser entendre qu'il s'agit peut-être de punitions pour des péchés cachés. Il en va de même avec Saint Louis.

Matthieu Paris s'intéresse au roi de France avant sa première croisade surtout dans trois domaines : les troubles politiques et militaires de sa minorité et de sa jeunesse, les manifestations de sa piété dans l'acquisition d'insignes reliques, les relations avec le roi d'Angleterre. En regard du témoignage des contemporains français, son choix n'a rien d'original. Le jeune Louis IX lui apparaît avant tout comme un être physiquement fragile, de complexion et de santé. À l'année 1242, alors que Louis a vingt-huit ans et qu'une épidémie frappe l'armée française après la victoire de Taillebourg, il note les craintes qu'inspire cette fragilité : « Le roi était en effet jeune, tendre et fragile[6]. » Il laisse ainsi entrevoir l'image qu'on a de Louis en Chrétienté. On retrouve cette peur persistante à l'égard des rois enfants[7]. Louis est à peine sorti de l'enfance, il est *iuvenis*. Sur lui pèse le souvenir de la mort prématurée de son père, Louis VIII, à trente-neuf ans : « Les Français craignaient terriblement de perdre leur roi, comme ils avaient perdu à l'improviste son père Louis devant Avignon[8]. » Or le principe d'hérédité est particulièrement fort chez les rois : tel père, tel fils ; pour le destin comme pour le reste. Dieu et la nature qu'il a créée combinent leurs efforts en ce sens.

Jusqu'en 1236, Matthieu Paris, tributaire de Roger Wendover, voit Louis dans la main de sa mère et il n'en montre guère de sympathie pour Blanche de Castille. Il se fait volontiers l'écho des calomnies que le baronnage français répand sur Blanche, qui aurait ainsi encore affaibli par sa conduite la fragilité de la minorité royale : « Les magnats accusaient le comte[9] de trahison et de lèse-majesté pour avoir tué, par amour pour la reine, son seigneur, le roi Louis au siège d'Avignon en l'empoisonnant, à ce qu'ils disaient. Et comme ces magnats avaient à plusieurs reprises voulu confondre le comte par un duel judiciaire[10], la reine, qui s'occupait de toutes les affaires du royaume à cause de la simplicité et de l'âge de l'enfant roi, refusa de les écouter. Aussi, renonçant à leur fidélité à l'égard du roi et de la reine, ils se mirent à ravager le royaume des Francs par la guerre. Ils s'indignaient en effet d'avoir pour dame et seigneur une femme qui, à ce qu'on disait, était maculée par le sperme aussi bien du comte que du légat et qui transgressait les bornes de la pudeur du veuvage[11]. » Voilà de la part du couple monastique, Roger Wendover et Matthieu Paris, une explication qui leur paraît sérieuse des troubles qui ont marqué la minorité de Saint Louis.

À propos des affaires de Bretagne, il accuse le jeune roi de dissimuler la vérité sur les droits du roi d'Angleterre « suivant davantage le conseil d'une femme [Blanche de Castille] que la loi de la justice[12] ». En 1236, les deux chroniqueurs anglais font mention de nouveaux troubles et d'une nouvelle insurrection des magnats français : « Ils s'indignaient en effet que le royaume des royaumes, la France[13], fût gouverné par le conseil d'une femme[14]. » Lors d'une rencontre des princes chrétiens convoqués par l'empereur Frédéric II à Vaucouleurs, Matthieu dit encore que le roi de France « a donné un mauvais exemple, terrifiant et pernicieux pour les autres, en venant avec toute une armée à une réunion de paix », alors que le roi d'Angleterre, donnant de bonnes excuses à son absence, s'est contenté d'envoyer son frère Richard de Cornouailles et quelques magnats, sous la conduite de l'archevêque d'York et l'évêque d'Ely, pour donner un air d'apaisement à la conférence[15]. Le ton change à partir de 1239-1240[16] avec l'acquisition des reliques de la Passion et la construction de la Sainte-Chapelle pour les abriter, acte hautement louable. Matthieu admire aussi la réponse du roi à sa mère[17] sur les Tartares[18] et fait l'éloge de « paroles nobles et louables qui fortifièrent le courage non seulement de la noblesse française, mais des habitants des frontières[19] ».

Lors de la guerre franco-anglaise de 1242, Matthieu tient la balance relativement égale entre les deux rois. En 1241, pourtant, quand Louis investit son frère Alphonse du comté de Poitiers que leur père Louis VIII lui avait assigné en apanage, il proteste vivement contre l'injustice commise par le roi de France à l'égard du frère du roi d'Angleterre, Richard de Cornouailles, à qui, selon les Anglais, revenait le comté qui leur était injustement enlevé par la cour des pairs française et par Philippe Auguste — puis par son fils Louis VIII. On dit alors du roi de France qu'il « suivit le conseil de ceux qui haïssent le royaume d'Angleterre[20] ». Quand la guerre éclate entre Saint Louis et Henri III venu soutenir les grands vassaux, Hugues de la Marche et Raimond de Toulouse, révoltés contre le roi de France, Matthieu est indigné de l'attitude de Louis qui fait arrêter les marchands anglais qui se trouvaient sur le territoire français et saisir leurs marchandises. Par cet acte de brigandage, « il fit un tort énorme à l'antique dignité de la France ; celle-ci, en effet, a traditionnellement offert un asile sûr et une protection à tous les réfugiés, et exilés, surtout aux pacifiques, leur tendant son giron pour les défendre, d'où l'origine du nom de France dans la langue du pays[21] ». Ce moine anglais a bien conscience que l'Angleterre est déjà un pays de commerce, où les marchands comptent.

Ce qui achève, néanmoins, ce qu'on peut appeler la conversion de Matthieu à Louis, c'est qu'avant même l'ouverture des hostilités, celui-ci aurait reconnu les droits du roi d'Angleterre sur ses anciennes possessions en France et aurait annoncé son intention de lui rendre le Poitou et une grande partie de la Normandie[22]. Cette affirmation va désormais revenir comme un leitmotiv dans la *Chronique* de Matthieu Paris et Louis sera « celui qui veut rendre, qui veut restituer ». Est-ce vrai ? À cette date, rien ne permet de le penser et il est à peu près sûr que le roi de France n'a jamais pensé rendre au roi d'Angleterre la Normandie conquise par son grand-père Philippe Auguste. Il semble bien que, lorsque Louis, selon Matthieu Paris, fait état de l'insurmontable hostilité de ses barons à cette restitution, c'est plus un prétexte, une « astuce », derrière laquelle il s'abrite, qu'une réalité. Il en est bien capable. Mais il reste troublant de constater que c'est — non pour la Normandie et le Poitou, mais pour d'autres territoires de l'Ouest et du Sud-Ouest français — ce qu'il fera lors du traité de 1259, malgré l'opposition déclarée d'une partie de ses barons et de son entourage[23]. On peut donc supposer que Matthieu n'a pas seulement pris ses désirs pour des réalités, mais que le bruit d'une attitude conciliante de Saint Louis quant aux anciennes possessions anglaises en France a couru bien avant 1259. Il faut y ajouter la référence, qui sera en effet si importante pour Louis, à sa parenté avec le roi d'Angleterre qu'il appelle *consanguineus*, bien qu'ils ne soient que beaux-frères, ayant épousé deux sœurs. Matthieu Paris lui renouvelle ses louanges quand, à la veille de partir pour la croisade en 1247, il institue des enquêteurs pour procéder à d'éventuelles restitutions de taxations et d'appropriations royales indues. Dans le cas des restitutions territoriales, c'est son « patriotisme » d'Anglais qui se réjouit. Dans le cas des enquêtes, c'est son hostilité à toute taxation, surtout royale (féodale ou « publique »), et à l'extension de l'intervention des officiers du roi dans un royaume.

Le chroniqueur est définitivement acquis à Saint Louis quand celui-ci se croise. Tout imbu de spiritualité féodale traditionnelle, même s'il est sans illusion sur les défauts des grands, Matthieu Paris est un dévot de la croisade. Il déplore seulement que pour la réaliser Saint Louis ait obtenu du pape la levée d'un lourd impôt frappant surtout le clergé. Il donne en exemple contraire un seigneur anglais qui, pour se croiser, a vendu ses terres et ses biens. Cette extorsion de fonds pour la croisade est d'ailleurs, à ses yeux, la cause et l'explication de son échec : « Le roi de France a donné un exemple pernicieux en arrachant à son royaume une quantité infinie d'argent qui, par la punition de Dieu, fut loin de profiter, pour réaliser sa croisade. Les fruits qu'il en récolta, on le verra par la suite[24]. » En revanche, il le loue fortement d'avoir voulu, avant son départ, rétablir dans son royaume la bonne monnaie. Le roi d'Angleterre avait lui-même fait rechercher avec soin les « faux-monnayeurs » *(falsarii)* qui rognaient les pièces de monnaie jusqu'à leur cercle intérieur, faisant disparaître ou abîmant le cercle extérieur avec les inscriptions. Il avait décrété que seules les pièces pesant le poids légal *(pondus legitimum)* et de forme parfaitement circulaire auraient désormais cours, et il avait fait punir les juifs, les cahorsins et quelques marchands flamands coupables de ces crimes. Louis a suivi cet exemple avec plus de sévérité : « Monseigneur le roi de France ordonna aussi de rechercher ces criminels dans son royaume et de les pendre au vent des gibets[25]. »

On ne connaît pas, par ailleurs, les mesures indiquées par Matthieu Paris en 1248, mais elles concordent avec ce que nous savons de la conduite de Louis dans les dernières années de son règne : effort pour assainir la situation monétaire et mesures contre les usuriers et manipulateurs de monnaies. Ici encore, une longue pensée du roi et du règne, une image tôt formée de Saint Louis : la monnaie relève de la morale, le roi a le devoir de faire circuler une « bonne » monnaie et les hommes d'argent — juifs et usuriers au premier rang — sont haïssables.

Matthieu Paris loue aussi le roi de France pour son attitude en une curieuse occasion survenue lors de son voyage de Paris à Aigues-Mortes, en partance pour la croisade en 1248. Louis passa par l'abbaye cistercienne à Pontigny-en-Bourgogne pour y honorer le corps de saint Edmond Rich (ou plutôt d'Abingdon), ancien archevêque de Cantorbéry, canonisé en 1246. Pour faire plaisir au roi et aussi, dit bizarrement Matthieu Paris, pour diminuer l'affluence des pèlerins qui les dérangeait, ou par cupidité, les

Cisterciens coupèrent un bras du saint et voulurent le donner en cadeau au roi de France. En moine noir, le bénédictin Matthieu Paris en profite pour dire du mal des concurrents, les moines blancs : « Ainsi fut multipliée la honte des moines de Pontigny, que dis-je ? de tous les Cisterciens, et beaucoup se lamentèrent qu'un corps aussi vénérable reposât dans une église de Cisterciens, alors que les corps des saints sont conservés si pieusement dans les églises des moines de l'ordre Noir. Ô téméraire présomption ! Ce que Dieu avait conservé intact et incorrompu[26], l'homme osa le mutiler[27]. Sur le chemin de la croisade, le pieux roi de France, à qui on offrit une partie du corps, répondit : "Plaise à Dieu qu'on ne tronçonne pas pour moi ce que Dieu a conservé intact." Ô manque de foi ! Ce que le Seigneur avait conservé incorrompu et beau, ce sont les moines eux-mêmes qui s'efforcèrent de l'embaumer et d'améliorer l'état de ce corps par cette onction, et ainsi la couleur de la chair redevint terrestre. Aussi est-il juste que le Seigneur en colère n'accomplisse plus désormais en ce lieu que rarement les miracles qui y florissaient auparavant. Ainsi, aux yeux des magnats, des prélats et des clercs, se détériora l'ordre vénérable des Cisterciens. Et, outre la réputation de l'ordre, ce comportement apparut comme un triste présage pour toute la Chrétienté. » Texte étonnant si l'on songe au fractionnement que subiront le corps de Saint Louis à sa mort et son squelette après sa canonisation[28], texte précurseur si l'on songe au respect que les cadavres et le corps humain inspireront par la suite et qui ira grandissant à la fin du siècle ; texte remarquable aussi par le jour qu'il jette sur la mentalité du bénédictin toujours en quête de présages dans l'histoire et qui réussit à annoncer l'échec futur de la croisade en glorifiant Saint Louis et en vilipendant les Cisterciens...

Désormais, Louis reçoit du bénédictin anglais deux louanges sous forme d'épithètes : la première est *christianissimus*, « très-chrétien ». Il est le plus chrétien des rois chrétiens. Matthieu reconnaît cette prééminence de la monarchie française due à l'onction du sacre de Reims accomplie avec l'huile miraculeuse du baptême de Clovis, le premier roi catholique. Il l'avait déjà reconnue avec des expressions telles que *regnum regnorum*, le « royaume des royaumes » pour parler de la France[29] ou avec l'acceptation de la supériorité de Saint-Denis en Chrétienté. Lors de la difficile élection du pape en 1243, les Français pressent les cardinaux de ne pas tarder à élire un pontife. Matthieu Paris justifie cette attitude « par leur antique privilège, accordé par saint Clément à saint Denis, concédant à Denis l'apostolat sur tous les Occidentaux[30] ». Quand, en route pour la croisade, Louis a rencontré à Lyon le pape Innocent IV, Matthieu, avec une évidente approbation, fait dire au roi de France qui reproche au pape son intransigeance à l'égard de Frédéric II, car elle met en péril le succès de la croisade : « La France, la France[31], garde-la comme la pupille de tes yeux, car de son état dépendent ta prospérité et celle de toute la Chrétienté[32]. »

Matthieu nomme une autre fois Louis *rex magnanimus*[33] et, surtout, en rappelant une nouvelle fois sa prééminence sur les rois terrestres, il l'appelle « successeur de l'invincible Charlemagne[34] » insinuant peut-être, avec son habituelle perversité, le contraste entre l'ancêtre victorieux et le descendant vaincu, mais reconnaissant la prétention acquise depuis Louis VIII par les rois de France de descendre de Charlemagne[35]. Consécration suprême, c'est dans la bouche d'un sultan qu'il place le plus bel éloge de Saint Louis. Aux musulmans qui lui reprochaient d'être prêt à relâcher le roi contre rançon au lieu de le tuer, le sultan aurait répondu : « Amis, sachez que de tous les chrétiens celui-là est le plus noble [...] je n'ai pas osé faire mourir par le poison une si digne personne[36]. » Louis est le premier des chrétiens car il allie la position prééminente du roi de France en Chrétienté avec des qualités personnelles exceptionnelles.

Mais si la croisade confirme l'amélioration définitive de l'image du roi de France aux yeux de Matthieu Paris, celle qu'il a des Français, négative, n'en devient que pire. Leur grand défaut, c'est l'orgueil, la jactance, la *superbia* qui s'exprime grossièrement et indécemment. Jactance de matamore que la réalité de la croisade est venue cruellement démentir[37].

L'incarnation de l'odieux Français, c'est le frère puîné de Saint Louis, Robert, comte d'Artois, qui aurait ajouté le déshonneur à la vantardise, car c'est lui qui, en désobéissant à son frère, s'est lancé inconsidérément à l'attaque des Sarrasins, puis, échouant, aurait fui et provoqué l'échec de la croisade. Matthieu le montre « fanfaronnant et jurant indécemment à la manière des Français[38] ». Il y a pis. Au contact des musulmans, la foi de beaucoup de croisés français aurait fondu. Matthieu Paris fait état de nombreuses défections de croisés passés à l'ennemi, trahison facilitée par la tolérance des musulmans à laquelle il rend involontairement hommage.

> De nombreux chrétiens [le contexte montre qu'il s'agit essentiellement de Français], à l'époque d'un si grand malheur, sortirent clandestinement des camps et de la ville et allèrent grossir les rangs ennemis grâce à la douceur des conditions des Sarrasins et résistè-

rent efficacement aux nôtres. Les Sarrasins les accueillirent et les félicitant nourrirent ces affamés. Et il est vrai que beaucoup de chrétiens, grâce à la « tolérance » des Sarrasins[39], purent garder leur religion[40].

Beaucoup de croisés auraient même dit : « À quoi nous sert notre dévotion, les prières des religieux, les aumônes de nos amis ? La loi de Mahomet n'est-elle pas meilleure que la loi du Christ[41] ? »

Soulignant le rapprochement qui s'impose, selon lui, avec les malheurs de la croisade, Matthieu Paris note qu'à peu près au même moment, l'année suivante, en 1251, une semblable désaffection se produit en France. Sous le coup du mouvement des pastoureaux auquel il accorde une grande attention[42], beaucoup de Français, à commencer par la reine Blanche de Castille, auraient ressenti un véritable traumatisme et perdu la foi :

> Des hommes sérieux et de qualité et des prélats de grand sens disaient que jamais depuis l'époque de Mahomet n'était survenue une peste aussi dangereuse dans l'église du Christ, apparue au moment où, à cause du malheur survenu au roi de France, la foi dans le royaume de France se mit à vaciller[43].

Tel est Matthieu Paris qui souffle alternativement le chaud et le froid. En même temps que le roi croisé grandit dans son admiration et son estime, il insiste avec une complaisance hypocrite, qui dissimule mal une satisfaction discrète, sur son humiliation.

> On ne trouve dans aucun récit historique que le roi de France ait été fait prisonnier et vaincu par les infidèles, sauf celui-ci qui, s'il avait été, fût-ce seul, sauvé de la mort et du déshonneur même si tous les autres avaient péri, les chrétiens auraient eu au moins quel-

que motif de respirer et d'éviter la honte. C'est pourquoi David dans les Psaumes prie spécialement pour que la personne royale soit sauvée, car d'elle dépend le salut de toute l'armée, quand il dit : « Dieu sauve le roi » *(Domine, salvum fac regem)*[44].

Tout le symbole de la personne royale est ici souligné. Pour Matthieu, Louis vaincu et prisonnier a perdu cette aura symbolique. Il est désormais *rex ingloriosus*, le « roi sans gloire[45] ». Son infortune entraîne le discrédit de la France : « Alors le nom du roi de France se mit à beaucoup s'avilir dans le royaume de France aussi bien parmi les nobles que dans le peuple d'abord pour avoir été si honteusement vaincu par les Infidèles en Égypte[46] […]. » On peut mesurer le sérieux de Matthieu Paris dans ce texte où, parmi de nombreux autres, il met sur le même plan l'échec de la croisade et le fait que Louis vaincu aurait offert au roi d'Angleterre de lui rendre la Normandie et ses autres anciennes possessions sur le continent. Le bénédictin vit de fantasmes et ce sont eux, plus que des renseignements sérieux, que véhicule sa *Chronique*. Il n'y a pas seulement de l'hypocrisie dans ce qu'il écrit sur le roi vaincu, mais c'est qu'il ne parvient pas à résoudre cette apparente contradiction : Louis devrait être déshonoré par sa défaite et elle lui vaut un surplus de prestige. Pour s'en tirer, il donne ce qu'il imagine pour un fait (mais il est probable que Saint Louis a eu, pour une part, ce sens de l'humiliation et du remords) et il doit équilibrer le dénigrement du roi de France par son éloge. Matthieu ne parvient pas à saisir et expliquer cette ambiguïté de l'image de Saint Louis vaincu et pourtant auréolé de sa défaite. Le moine vit sur l'idée féodale de la honte d'avoir été vaincu et ne peut se représenter la nouvelle vertu de l'imitation du Christ de la Passion.

Le *rex ingloriosus* est désormais *rex tristis*, le roi triste. Après sa capture, on craint qu'il ne meure de cette tristesse[47]. Quand il redevient libre, elle dure encore à Acre : « Le roi demeura dans Acre, triste et inglorieux, jurant dans l'extrême amertume de son cœur qu'il ne pourrait jamais dans cet abattement revenir dans la douce France[48]. » La raison en est que son humiliation personnelle a été celle de toute la Chrétienté. À un évêque qui voulait le consoler Louis aurait répondu : « Si j'avais à souffrir seul la honte et l'adversité et si mes péchés ne retombaient pas sur l'Église universelle, je les supporterais d'une âme égale. Mais hélas ! c'est toute la Chrétienté que j'ai plongée dans la confusion[49]. » Il est pour le reste de sa vie, comme s'il était déjà en face de sa mort, le roi triste à jamais : « Et en proie à une douleur prématurée, anticipant misérablement le moment de sa mort, il ne put plus désormais être déridé ni accepter la consolation de respirer[50]. » Sa seule vertu, désormais, c'est la patience *(patientia)*, la force de « souffrir l'adversité en silence[51] ». Et l'on se souvient de l'étonnant portrait du roi triste, gémissant et pleurant sur le chemin du retour d'Hyères à Paris[52].

Que Saint Louis ait désormais accentué ses pratiques pénitentielles, c'est une certitude, et c'est un trait fondamental de sa vie que la croisade a coupée en deux. Le renoncement définitif de Louis à toute gaieté, en revanche, est un fantasme de Matthieu Paris que démentent toutes les sources : non seulement Joinville, mais Matthieu Paris lui-même, quand il évoque le roi entre 1254 et 1259.

Pour les moines de Saint-Denis et les frères Mendiants, hommes du tournant du XIIe au XIIIe siècle, l'image de Saint Louis oscille entre le symbolisme typologique, l'*aggiornamento* vétéro-testamentaire d'un nouveau Josias et l'imitation moderne réussie de Jésus, du Christ de la Passion. Pour le bénédictin anglais traditionnel, le roi est une nouvelle incarnation du modèle du haut Moyen Âge de l'homme entièrement fidèle à Dieu mais écrasé par lui, Job : « On put vraiment le prendre pour un second Job[53]. »

Matthieu trouve enfin un dernier avantage à cette image d'un Saint Louis humilié et prostré. Il y voit l'occasion d'une leçon supplémentaire donnée à son propre roi, cet Henri III qu'il subit et même courtise, qu'il doit accepter comme son roi et celui des Anglais dont il se sent solidaire, mais qu'il méprise. Roi vaincu, lui aussi, et précisément par Saint Louis, non à la croisade mais dans une guerre pour récupérer les possessions anglaises. Roi qui n'a pas eu le courage ni la piété de se croiser. Roi qui n'en tyrannise pas moins, par ses méthodes de gouvernement et par ses levées de taxes, ses nobles, ses clercs et ses sujets. Un anti-Saint Louis, là où Saint Louis serait à admirer et à imiter, sauf, précisément, pour cette cupidité financière qui a entaché la dignité de la croisade : « L'exemple du roi de France que Dieu vous donne comme un miroir devrait vous terrifier. En extorquant de l'argent à son royaume il a engraissé nos ennemis les Sarrasins et sa défaite qui a sanctionné cette cupidité a apporté aux chrétiens une honte indélébile[54]. »

Après son retour en France, Louis n'intéresse plus Matthieu Paris qu'en trois domaines : les affaires de Flandre, les problèmes de l'université de Paris et, surtout, l'amélioration des relations franco-anglaises.

Matthieu Paris ne fait aucune mention de la politique d'ordre moral décidée par le roi à partir de 1254, sinon les mesures contre les juifs. En revanche, puisqu'elles intéressent les Anglais, il s'étend sur les affaires de Flandre car il y voit une grave menace pour la monarchie française[55] et la cause principale du retour de Louis de Terre sainte : perspective sinon fausse, du moins très réductrice, car ce sont l'annonce de la mort de sa mère et l'absence de fortes personnalités pour gouverner le royaume pendant la minorité de son fils qui ont décidé Louis à rentrer en France. Mettant en cause la comtesse Marguerite, Matthieu donne libre cours à sa misogynie : « La couronne de France titube à cause de l'orgueil d'une femme, la comtesse de Flandre[56]. »

Dans la querelle entre maîtres séculiers et maîtres réguliers Mendiants à l'université de Paris, en 1255, où le roi Louis se range du côté des Mendiants et accepte d'être le bras séculier de la papauté contre le chef des maîtres séculiers, Guillaume de Saint-Amour[57], le chroniqueur anglais attribue au contraire à Louis, tant il déteste lui-même Dominicains et Franciscains et le pape qui les soutient, le désir de soutenir les maîtres séculiers et l'autonomie (la « liberté ») de l'Université : « Bien que le roi de France souhaitât sauver la liberté des maîtres et étudiants de l'Université tout comme les citoyens de Paris », les frères Prêcheurs firent un meilleur calcul en se faisant les serviteurs du pape[58].

Mais ce qui importe surtout à Matthieu Paris, c'est l'amélioration des relations entre les rois de France et d'Angleterre[59]. Elle connaît un premier épisode essentiellement symbolique et sentimental en 1254. Henri III est venu faire transférer le corps de sa mère à la nécropole royale des Plantagenêts dans l'abbaye de Fontevrault, en Anjou, et se recueillir devant le corps de saint Edmond Rich, à Pontigny, qui, à cette occasion, semble avoir retrouvé son pouvoir d'intercession miraculeuse et guéri le roi d'Angleterre malade. Puis, Henri désirant regagner l'Angleterre en traversant la France proprement dite, Louis s'empresse de l'y autoriser et, soulignant leurs liens familiaux, l'invite à être son hôte à Paris et à y participer à une réunion familiale des quatre sœurs de Provence, leurs épouses Marguerite, reine de France, Éléonore, reine d'Angleterre, et leurs sœurs Sanchie, épouse du comte Richard de Cornouailles, frère d'Henri III, et Béatrice, épouse du comte Charles d'Anjou, son propre frère. Pour que la fête soit complète, Saint Louis a même invité sa belle-mère, la mère des quatre princesses, la comtesse douairière de Provence. Il se rend au-devant d'Henri à Chartres et, quand il l'aperçoit, il se précipite pour l'embrasser (« *ruit in oscula* ») et ce ne sont qu'« embrassements et salutations mutuelles et conversations affables entre eux ».

Arrivés à Paris, les deux rois visitent la ville et ils y prennent à plusieurs reprises des bains de foule (« des foules compactes s'agglomeraient en faisant la queue et se précipitaient en se battant pour voir le roi d'Angleterre à Paris[60] »), car la monarchie, au milieu du XIIIe siècle, se donne volontiers à voir.

Louis propose à Henri de choisir pour résidence soit son propre palais royal, au cœur de la cité, soit, hors les murs de son grand-père Philippe Auguste, la vaste demeure des Templiers. Accompagné d'une nombreuse suite et d'une foule de chevaux, le roi d'Angleterre choisit le vieux Temple. En compagnie de son hôte, il visite Paris en touriste, admire la Sainte-Chapelle, le quartier de Grève, les ponts et, surtout, les maisons de Paris bien construites en gypse, comprenant trois chambres et jusqu'à quatre appartements ou plus. À leurs fenêtres se penche une infinie multitude d'hommes et de femmes pleins de curiosité[61].

Henri demeure huit jours à Paris. Un soir, il donne dans la grande salle du Temple le plus splendide banquet de tous les temps, tel qu'on n'en a vu ni à la cour d'Assuérus, ni à celle d'Arthur, ni à celle de Charlemagne[62]. L'étiquette y est stricte parmi tant d'illustres commensaux : ducs, évêques, barons, dix-huit comtesses avec les reines-sœurs. Louis veut donner à Henri la place d'honneur, mais le roi d'Angleterre insiste : « Non, mon seigneur roi, vous devez être plus décemment et dignement assis, au milieu, vous êtes et serez mon Seigneur. » Louis se résigne et Matthieu Paris approuve cette hiérarchie : « Au centre monseigneur le roi de France qui est le roi des rois terrestres à cause de son onction céleste, de sa puissance et de sa supériorité militaire ; à sa droite monseigneur le roi d'Angleterre, à sa gauche monseigneur le roi de Navarre[63]. »

À la fin du repas, Louis impose au roi d'Angleterre de venir coucher cette nuit-là dans son palais. Le roi de France, qui semble avoir oublié sa tristesse, plaisante (« *jocose dicens* ») parodiant l'Évangile de Matthieu : « Laisse faire pour l'instant, il faut ainsi accomplir "facetie" *(facetiam)* et "justice" *(iustitia)*[64]. » Et il ajoute en riant : « Je suis seigneur et roi dans mon royaume. Je veux que tout le monde m'obéisse. » Et le roi d'Angleterre acquiesça[65].

Les rois mettent à profit cette rencontre pour avoir des entretiens intimes. Saint Louis y réaffirme son vif désir de rendre au roi d'Angleterre ses territoires en France, y compris la Normandie, mais il y fait aussi état de l'opposition absolue de ses barons. Il confie à son nouvel ami qu'il a conçu une grande amertume de son échec à la croisade, mais qu'il s'est ressaisi, maintenant qu'il est « rentré en son cœur », et qu'« il se réjouit plus des souffrances — *patientia* — que la grâce de Dieu lui a envoyées que si le monde entier lui était soumis[66] ».

À partir de 1258, le dialogue est sérieusement noué. Saint Louis a l'air décidé à imposer sa volonté à ses barons et à rendre les territoires usurpés au roi d'Angleterre. Mais c'est du côté de celui-ci qu'il y a maintenant des obstacles. Quand Matthieu Paris note le dernier état des négociations franco-anglaises, en 1259, probablement peu de temps avant de mourir, c'est la comtesse de Leicester, la femme de Simon de Montfort, qui s'oppose à la signature du traité de paix[67]. Sans doute Matthieu n'aura pas appris la signature du traité de Paris, il n'aura pas eu la satisfaction de savoir que certaines terres en France seraient remises au roi d'Angleterre et la déception de voir que Louis a gardé la Normandie à la France. Au fond, quelle qu'ait été la forte impression qu'a exercée sur lui Louis IX, Matthieu Paris a surtout vu un exemple (en général positif mais négatif, sur un point important, celui de la taxation) à proposer au roi d'Angleterre. Dans ce feuilleton sélectif de la vie de Louis IX, le choix des épisodes, l'interprétation du personnage, les leçons tirées des anecdotes expriment mieux les idées d'un bénédictin anglais qu'elles ne traduisent l'effort d'un historien impartial. Il semble, en parlant de Louis IX, penser davantage à Henri III.

SALIMBENE DE PARME, FRANCISCAIN ITALIEN

Le franciscain Fra Salimbene de Parme est l'auteur d'une chronique en latin dont la partie qui a été conservée va de 1168 à 1287, peu avant sa mort, survenue probablement en 1288. Elle appartient au genre de la chronique universelle, mais elle raconte surtout, à partir de 1229, les événements dont Salimbene a été le contemporain et dont il a été le témoin ou qu'il a recueillis par ouï-dire d'une source bien informée. Son champ d'intérêt couvre surtout les régions où il a vécu ou qu'il a visitées : l'Italie urbaine du Nord et du Centre, la France, où il a accompli deux voyages. Son point de vue fondamental est celui de l'ordre franciscain auquel il appartient[68].

Il est né le 9 octobre 1221 dans une famille de riches bourgeois de Parme. Il a été fortement impressionné dans sa jeunesse par le mouvement politico-religieux de réforme des communes de l'Italie du Nord, l'*Alleluia* qui agitait les foules urbaines à l'appel de certains dominicains et franciscains en 1233 : une sorte de Mai 68 médiéval[69]. À seize ans, il a décidé d'entrer chez les Mineurs. Malgré la violente hostilité de son père Guido de Adam, sur le modèle de la rupture entre saint François d'Assise et son propre père, il est entré au couvent franciscain de Parme le 4 février 1238. Il fait partie de ces frères du premier demi-siècle de l'ordre qui ne tiennent pas en place, qui vont d'un couvent à l'autre. Il fait son noviciat à Fano, passe deux ans à Lucques, deux autres à Sienne, quatre à Pise, avant de recevoir l'autorisation de prêcher en 1248 et d'être ordonné prêtre à Gênes en 1249. Il accomplit deux longs voyages en France en 1247-1248, puis de nouveau en 1249. Il passe ensuite par les couvents de Gênes, Bologne, Ferrare, Reggio, dit avoir séjourné cinq ans à Faenza, cinq encore à Imola, cinq à Ravenne. C'est probablement au couvent de Montefalcone, en Émilie, qu'il meurt en 1288.

Son éditeur, Giuseppe Scalia, dit de lui qu'il est « conscient de sa valeur, d'inspiration guelfe et de tendances aristocratiques ». Il nous intéresse pour deux raisons. Il est pendant longtemps un adepte des idées joachimites : jusqu'en 1260, dit-il, jusqu'au mouvement des Flagellants auquel il participe, mais qui l'inquiète et l'amène à rompre avec les disciples de l'abbé calabrais, nombreux alors dans l'ordre franciscain. Il nous aide à mieux comprendre l'attirance que, selon moi, ces idées ont exercée sur Saint Louis[70]. Il a été très lié avec le mineur joachimite Hugues de Digne, que le roi a rencontré à Hyères en 1254, au retour de la croisade, et qu'il a vainement tenté d'attirer à sa cour parisienne. Il a longuement parlé à Provins en 1248, puis à Mantoue en 1253, avec un autre grand joachimite, Gerardo da Borgo San Donnino, qui publie à Paris en 1254 une *Introduction à l'Évangile éternel de Joachim de Flore* qu'on vendait sur le parvis de Notre-Dame, mais qui est interdit par la papauté et par l'ordre franciscain, tandis que Gérard est emprisonné pour le reste de ses jours, privé de livres, d'amis et des sacrements.

La seconde raison de notre intérêt est que frère Salimbene s'est trouvé deux fois en présence du roi : vivant, en 1248, au chapitre général des Franciscains, à Sens, quand le roi part pour sa première croisade ; puis mort, en 1271, quand le cercueil contenant ses restes passe par Reggio d'Émilie où Saint Louis mort accomplit son premier miracle officiel. La description de la rencontre de 1248 est un document extraordinaire et les autres brèves notices qui concernent Louis dans la *Cronica* nous livrent une image du roi vu par un religieux très différent de Matthieu Paris et, par ailleurs, un peu décalé chronologiquement par rapport au saint roi. Matthieu est l'aîné de Louis de quinze à vingt ans et il est mort onze ans avant lui ; Salimbene avait sept ans de moins et il est mort dix-huit ans après lui.

L'un était bénédictin, l'autre franciscain ; l'un anglais, l'autre italien ; le premier ne l'a jamais rencontré, le second l'a vu. Matthieu a écrit d'un couvent traditionnel et il a vécu dans une société féodale traditionnelle ; Salimbene est issu du bouillonnant monde communal, allant d'un couvent à l'autre ; Matthieu écrit sa chronique en dehors de tout contexte intellectuel, malgré quelques allusions à l'université de Paris, Salimbene soutient de grandes disputes autour du joachimisme, l'étoffe même de sa chronique, et Louis a lui aussi partiellement vécu dans ces débats.

Salimbene appelle presque toujours le roi de France « saint » Louis, bien qu'il soit mort une dizaine d'années avant sa canonisation. William Jordan fait remarquer à juste titre qu'il ne faut pas oublier que « saint » *(sanctus)*, au XIIIe siècle, n'est pas réservé à un saint reconnu officiellement, objet d'un culte de la part de l'Église, mais s'applique à un personnage qui jouit d'une réputation de sainteté et que Salimbene, très au courant du développement du procès en canonisation, lui donne ce qualificatif par anticipation aussi[71]. De façon également habituelle, il lui confère l'épithète « de bonne mémoire », expression qui désigne communément un personnage dont on aime à rappeler le bon souvenir qu'il a laissé. Formule topique qui a l'avantage d'évoquer le rôle de ces recettes de mémorisation dans la production de l'image historique d'un grand personnage.

C'est avec la croisade que Louis IX apparaît dans la *Cronica*. De tendance guelfe, donc plutôt favorable au parti impérial qu'au parti pontifical, Salimbene souligne la résistance du roi de France au pape Innocent IV obsédé par son conflit avec l'Empereur et qui voudrait voir Louis retarder son départ pour la croisade afin de l'aider à mettre Frédéric II à la raison. Après la conversation entre le roi de France et le pape à Cluny en 1245[72], Louis refuse de repousser son départ pour la croisade en raison du conflit entre

Innocent IV et Frédéric II. Le franciscain insiste sur son engagement et son entêtement : « Le roi de France Louis s'obstinait donc à accomplir son irrévocable projet et se préparait avec résolution et dévotion à réaliser jusqu'au bout sa traversée et à porter le plus vite possible secours à la Terre sainte[73]. »

Et c'est le fameux récit de l'arrivée et du séjour à Sens du roi de France voyageant en croisé pénitent vers Aigues-Mortes et assistant au passage au chapitre provincial des Franciscains.

Salimbene, qui est en France depuis plusieurs mois et qui a voyagé l'année précédente dans la région d'Auxerre avec un frère qui prêchait la croisade du roi, est là. C'est un témoin oculaire. Et Salimbene sait voir et raconter.

> Comme le roi de France avait quitté Paris et venait au chapitre, quand il approcha du couvent, tous les frères Mineurs allèrent à sa rencontre pour l'accueillir avec honneur. Frère Rigaud[74], de l'ordre des Mineurs, titulaire d'une chaire magistrale à Paris et archevêque de Rouen, sortit du couvent revêtu des ornements pontificaux et se hâta à la rencontre du roi en demandant et en disant : « Où est le roi ? Où est le roi ? » Et moi je le suivais. Car seul et égaré, il allait la mitre sur la tête et le bâton pastoral à la main. Il avait en effet pris du retard en se préparant si bien que les autres frères étaient déjà sortis et attendaient de-ci de-là sur la route, le visage tourné dans la direction d'où devait venir le roi, désirant le voir arriver [...][75].

Et voici l'apparition royale :

> Le roi était élancé et gracile *(subtilis et gracilis)*, d'une maigreur harmonieuse et grand *(macilentus convenienter et longus)*. Son visage était angélique et ses traits gracieux. Et il venait à l'église des frères Mineurs, non avec la pompe royale, mais sous les

dehors d'un pèlerin, la besace et le bourdon au cou, parfaits ornements pour les épaules royales. Et il ne venait pas à cheval, mais à pied, et ses frères, trois comtes [...] le suivaient avec la même humilité et la même tenue [...]. Et le roi ne se souciait pas d'avoir une suite de nobles, mais il préférait être accompagné des prières et des suffrages des pauvres [...]. Et, en vérité, on aurait dit plutôt un moine, la dévotion au cœur, qu'un chevalier armé pour la guerre. Entré dans l'église des frères, il fit très pieusement une génuflexion devant l'autel et se mit à prier. Quand il sortit de l'église et s'arrêta sur le seuil, j'étais à côté de lui. On lui offrit de la part du trésorier de l'église de Sens un grand brochet qu'on lui montra vivant dans l'eau d'un bassin en bois de sapin, que les Toscans appellent « bigonça » dans lequel on lave et baigne les bébés au berceau, car en France le brochet est un poisson cher et précieux. Le roi remercia aussi bien le messager que le donateur. Puis le roi dit à haute voix que nul ne devait entrer dans la salle capitulaire s'il n'était chevalier, à l'exception des frères à qui il voulait parler.

Quand nous fûmes réunis dans le chapitre, le roi se mit à parler de ses entreprises se recommandant lui, ses frères, madame la reine, sa mère et tout son entourage et, fléchissant très pieusement le genou, il demanda les prières et les suffrages des frères. Quelques frères de France qui étaient à côté de moi par dévotion et piété pleuraient comme s'ils étaient inconsolables [...][76].

Le cardinal légat Eudes de Châteauroux qui accompagne le roi à la croisade prend ensuite la parole, puis le ministre général des Franciscains, Jean de Parme, fait l'éloge du roi qui, par son humilité et sa générosité, est à la fois « le roi *(rex noster)*, le seigneur, le père et le bienfaiteur » des frères et qui leur a si bien parlé. Il n'est pas venu pour leur demander de l'or et de l'argent (« car grâce à Dieu ses coffres en abondaient » — intéressant témoignage sur la réputation de richesse du roi de France), mais pour solliciter leurs prières et leurs suffrages. Il fait l'éloge de la croisade et de l'esprit de croisade que les Franciscains français montrent plus que les frères d'autres provinces et il décide de demander à tous les frères prêtres de dire quatre messes pour le roi et son entourage. Et si le roi venait à mourir, les frères devront accroître le nombre de ces messes. Si le roi trouve ces bienfaits insuffisants, qu'il commande, les frères lui obéiront. Louis, ravi, remercie le ministre général et demande que les paroles de Jean de Parme soient mises par écrit et qu'on appose le sceau de l'ordre à cet écrit et qu'on le lui donne, ce qui est fait. Louis est un homme d'archives, pour qui l'écrit officialisé est le complément et l'accomplissement nécessaire de la parole[77].

Pour fêter l'événement, le roi, malgré son humilité, offre aux frères un bon repas dans le réfectoire qu'il partage avec eux. Au menu, des cerises et du pain très blanc, et les Français, selon leur coutume, arrosent abondamment le repas de vin et forcent les frères réticents à boire avec eux. Puis, ce sont des fèves fraîches cuites dans du lait, des poissons et des écrevisses, des pâtés d'anguille, du riz avec du lait d'amande et de la poudre de cinnamome, des anguilles rôties avec un excellent assaisonnement, des tourtes, des fromages et des fruits en abondance. Et tout cela servi avec courtoisie et empressement[78]. Ils ont fait maigre, mais ce fut bombance. Le repas a été, malgré tout, royal.

La dévotion et l'humilité de Louis sont, en général, contagieuses et suscitent l'émulation. On l'a vu avec Henri III à Paris. À Sens, c'est le ministre général des Franciscains, Jean de Parme, qui prend ses distances par rapport au royal convive. Il déserte la table royale, fuyant ce groupe de nobles et de dignitaires : trois comtes, un cardinal, un archevêque, et va manger à une autre table avec les plus humbles[79]. De même, au couvent des Franciscains de Vézelay, Salimbene a vu avec admiration le plus jeune frère du roi, Charles, comte de Provence, s'attarder à prier dans l'église, tandis que le roi l'attend patiemment devant la porte[80].

Salimbene, qui avait la bougeotte, a obtenu de suivre le roi de France jusque dans le Midi. Il est ainsi témoin de sa dévotion. « Il se détournait sans cesse de la grand route *(strata publica)* pour aller dans les ermitages des frères Mineurs et des autres religieux de droite et de gauche, pour se recommander à leurs prières[81]. » À Vézelay, les Franciscains lui offrent, ainsi qu'à sa suite, des sièges et des morceaux de bois pour s'asseoir, mais, alors que l'église n'a pas de pavement, il s'assied par terre dans la poussière et il fait s'asseoir par terre aussi en cercle autour de lui ses frères et les religieux et leur demande de l'écouter[82].

Salimbene quitte le roi à Lyon, descend le Rhône jusqu'en Arles, gagne Marseille par la mer, puis se rend à Hyères pour rencontrer le fameux franciscain joachimite, Hugues de Digne, un petit homme noir, l'« un des plus grands clercs du monde », à la voix tonitruante et tumultueuse, grand prédicateur, parlant merveilleusement du Paradis et terriblement de l'Enfer, qui fait trembler ses auditeurs comme des roseaux. C'est ce même Hugues de Digne que, six ans plus tard, Saint Louis, de retour de la croisade, ira voir et s'efforcera vainement de s'attacher[83].

De la croisade Salimbene rapporte — comme les autres chroniqueurs, car ses sources sont les mêmes — les événements principaux et les faits divers qui nourriront plus tard l'histoire et la légende de Saint Louis. C'est la prise de Damiette, puis la mort de

Robert d'Artois et la défaite causée à la fois par les péchés des Français et par l'erreur tactique du frère de Saint Louis, le mal-aimé des chroniqueurs. C'est la captivité du roi et la mort d'une grande partie de son armée sous les coups des Sarrasins, de l'épidémie et de la famine. Louis, libéré, doit rendre Damiette et va fortifier des places en Terre sainte. Là se situe, dans la *Cronica*, un épisode qui impressionna aussi Joinville. Les Sarrasins ayant surpris un groupe de Français sans armes travaillant aux fortifications de Césarée et les ayant tous tués, Saint Louis fait creuser une fosse commune et les ensevelit de ses propres mains, ne craignant ni la fatigue ni la puanteur[84].

Quelle que soit l'admiration que garde Salimbene pour Saint Louis vaincu et captif, son jugement sur la croisade est nuancé. Il souligne qu'elle n'a pas fait l'unanimité. Il raconte qu'en 1248, alors qu'il résidait à Provins, il y a rencontré deux franciscains « joachimites extrémistes » *(totaliter Ioachimite)*, dont l'un était Gerardo da Borgo San Donnino, qui allait faire parler de lui. Ils ricanaient et se moquaient du roi de France qui se préparait à partir pour la croisade, prédisant que l'aventure finirait mal pour lui. Et ils citaient une prophétie de Joachim de Flore, dans son commentaire sur Jérémie, annonçant que « le roi de France serait pris, les Français vaincus et qu'une épidémie en ferait périr beaucoup[85] ».

Comme Matthieu Paris, Salimbene accorde une grande importance au mouvement des pastoureaux[86] et il en a, lui aussi, une vision apocalyptique. Il leur est très hostile, car le clerc qu'il est n'a que peur, mépris et haine pour ces rustres déchaînés. Mais il insiste sur leur volonté d'aller venger le roi de France des Sarrasins. Ils ont gagné à leurs idées beaucoup de Français qui se sont insurgés contre les frères Mendiants coupables d'avoir prêché cette croisade désastreuse et ils sont responsables de ce que beaucoup perdent la foi[87]. C'est un nouveau témoignage sur l'apparition d'une forme d'incroyance religieuse dans la France de Saint Louis. Tout un pan d'irréligion se laisse deviner sous le manteau de piété dont le saint roi couvre la France et la Chrétienté. La crise économique et sociale qui s'annonce à la fin de son règne est peut-être aussi une crise religieuse plus profonde que ces refus traditionnels : l'hérésie ou l'hostilité à la papauté. La phrase célèbre du Psalmiste : « L'insensé dit dans son cœur : il n'y a pas de Dieu », correspond peut-être alors à une réalité naissante[88]. Ainsi Saint Louis serait davantage encore un roi de la défaite. Mais les temps de l'incroyance, de l'athéisme ne sont pas encore venus.

À l'impatience des pastoureaux, Salimbene oppose la patience de Louis[89]. Mais si le roi sort grandi de l'épreuve, la croisade reste une défaite dans ce monde où la victoire est le signe de l'approbation divine. Un frère de Louis, Robert d'Artois, a été en partie responsable de l'échec de la croisade et de la honte qui en a résulté pour les Français.

Un jour, un autre Charles, devenu roi de Naples et de Sicile, effacera cette tache par ses victoires sur les descendants de Frédéric II. Quand il meurt, en 1285, Salimbene dit de lui qu'il qualifie souvent de « frère du roi de France » ou « frère du roi Louis » : « Ce fut un excellent guerrier et il fit disparaître la honte que les Français avaient encourue dans leur croisade sous Saint Louis[90]. »

De la seconde partie du règne de Saint Louis, après son retour de croisade, Salimbene, qui est rentré en Italie, ne dit presque rien. Mais il mentionne à deux reprises[91] l'expulsion[92] de France par Saint Louis, à la demande du pape, du maître séculier parisien, Guillaume de Saint-Amour, qui a violemment attaqué les ordres Mendiants « qu'il voulait expulser de l'Université ». Le roi a bien vengé les frères de ce furieux. Salimbene relate alors en une page la croisade de Tunis et la mort du roi qu'il nomme enfin, comme Matthieu Paris, « très-chrétien » *(christianissimus)*. Il donne une explication au choix de Tunis comme objectif de la première phase du projet : « Pour reconquérir plus facilement la Terre sainte, Louis et les chefs de la croisade eurent l'idée de soumettre d'abord aux chrétiens le royaume de Tunis qui est situé au milieu de la route et représente un obstacle non négligeable pour les croisés[93]. » Ce jugement semble bien justifier l'hypothèse selon laquelle le choix de Tunis résultait de l'ignorance géographique, des erreurs des chrétiens sur la distance qui séparait la Tunisie de l'Égypte et de la Palestine.

Il a enfin été réservé à frère Salimbene d'avoir une ultime rencontre avec Saint Louis et d'être le témoin d'un événement considérable dans la vie posthume du roi. En avril 1271, le nouveau roi de France Philippe, ramenant en France le corps de son père, « embaumé avec des aromates dans un cercueil[94] », passa par les villes de Reggio d'Émilie et de Parme, la patrie de Salimbene. Et voilà que dans chacune de ces villes les restes du saint roi font un miracle, les premiers d'une longue série qui se déroulera surtout au tombeau de Saint-Denis. À Reggio, il guérit la jambe malade d'un notable de la ville ; à Parme, une jeune fille, d'un ulcère qu'elle avait au bras depuis plusieurs années[95]. Saint Louis, fils obéissant de l'Église, a sagement attendu d'être mort pour faire des miracles, comme l'avait réclamé, au début du siècle, le pape Innocent III. Et Salimbene, témoin exceptionnel, était là. Plus tard, il s'intéresse au procès en canonisation de celui dont il avait admiré l'humilité et la piété avant d'en constater le pouvoir miraculeux. Mais il n'en connaîtra pas l'issue, qui a lieu une dizaine d'années après sa mort.

Il note, cependant, que le futur pape, Martin IV, rentrant de France où il a officiellement enquêté sur les miracles du feu roi, lui a confié, à Reggio, que Dieu avait accompli par amour pour Louis soixante-quatorze miracles dûment contrôlés et enregistrés. Il voudrait donc que le roi soit canonisé, mais, comme l'indique, avec un visible regret, Salimbene, il est mort en 1285 sans avoir pu réaliser son vœu. Le chroniqueur quitte Saint Louis sur une espérance qui, alors, n'est plus trop hasardeuse : « Peut-être cette canonisation est-elle réservée à un autre souverain pontife[96]. » Ce fut Boniface VIII, en 1297.

VIII

LE ROI DES LIEUX COMMUNS : SAINT LOUIS A-T-IL EXISTÉ ?

De sa vie, nous connaissons des événements, des noms de personnes et de lieux, mais Louis IX semble nous dérober sa personnalité. Les producteurs de la mémoire l'ont dissous dans les lieux communs dont ils avaient besoin pour leur démonstration. Du roi il leur fallait faire un modèle : celui de la sainteté et, plus particulièrement de la sainteté royale, le « réduisant » ainsi à sa sainteté. À cette méconnaissance où nous sommes de son for intérieur, certains historiens contemporains ont voulu trouver une explication qui renverrait à la personnalité même de Saint Louis : il aurait répugné à s'extérioriser, il se serait dissimulé par pudeur, par discrétion. Étienne Delaruelle écrit ainsi : « Il faut regretter la réserve dont le roi fit toujours preuve ; s'il n'est pas pour nous inconnu, il échappe pourtant trop souvent à l'historien qui essaie de saisir sa pensée intime et l'évolution de sa personnalité[1]. » Et Edmond-René Labande souligne : « Ce terme de "réserve" me paraît fondamental pour définir l'homme dont les Français en 1970 ont célébré la mémoire ; et sans doute est-il conforme à ce que fut son tempérament[2]. » Et de citer Jacques Madaule : « Ses œuvres les plus hautes et les plus difficiles, il les a accomplies dans le *secret*, car il devait sans cesse prendre garde que son goût de l'humilité ne contredît à la majesté royale. Ce secret ne peut pas être révélé. Nous devons nous résigner à ne pas savoir grand-chose de la vie intérieure de Saint Louis[3]. »

On se méfiera pourtant de ces libres interprétations psychologiques. Avant de tenter de définir le tempérament ou le caractère individuel d'un personnage historique, il faut confronter ce que les contemporains nous disent de son comportement avec les catégories éthiques de son époque et l'arsenal conceptuel des auteurs de portraits littéraires.

Plutôt que de « réserve », mieux vaut parler ici de mesure et de tempérance, dans les termes du code éthique élaboré au XIIe siècle contre les excès du comportement guerrier, de la « fureur », combattus par l'idéal de prud'homie qui donne alors une forme chrétienne à la morale antique de Cicéron et de Sénèque, mis à la mode par la « renaissance » du XIIe siècle. Cette mesure, qui s'exprime par le contrôle du corps et surtout par le contrôle des gestes que, dans la première moitié du XIIe siècle, un Hugues de Saint-Victor a défini pour les novices monastiques, trouve bientôt son application chez les laïcs[4]. Louis IX se veut avant tout prud'homme[5], comme l'atteste une liste de surnoms du début du XIVe siècle qui les égrène pour les trois derniers rois de France : Louis le Prudhomme, avant Philippe le Hardi et Philippe le Bel[6].

Loin de nous échapper, la pensée intime, la vie intérieure et l'évolution de la personnalité de Louis IX nous sont révélées par son confesseur, par ses biographes et ses hagiographes. Ils nous disent sa recherche de l'humilité, de la justice, du renoncement, conformément à l'idéal prêché par les frères Mendiants ; ils soulignent la grande cassure qui existe dans sa pensée et sa conduite et en font même la cause du partage du règne en deux parties — avant et après la croisade : une période de simple piété et de gouvernement normalement chrétien, puis une période de pénitence et d'ordre moral —, ce qui souligne encore la ressemblance avec Josias avant et après la découverte du Pentateuque[7]. Louis ne fait que se conformer en ceci aux idéaux de son siècle. Mais Jacques Madaule a bien vu le conflit fondamental que le roi a vécu entre l'idéal chrétien des Mendiants et un code de conduite monarchique élaboré selon une tradition royale, indépendante de la religion chrétienne et même antérieure à elle[8]. On rencontre ici l'intelligente et subtile hypothèse de William Jordan sur le trouble qu'aurait connu Saint Louis face aux critiques suscitées par sa conduite dévote et moraliste d'une part, et face au conflit qu'il aurait intériorisé sans le surmonter entre son idéal de chrétien et sa fonction de roi, d'autre part[9].

L'historien américain a certes raison de réagir contre l'absence d'esprit critique de la plupart des biographes modernes de Saint Louis qui les a fait accepter l'image idéale et intrépide construite par ses hagiographes. Je m'efforce ici de démonter cette construction. Je montrerai les fissures que notre documentation laisse entrevoir dans l'édification de cette belle statue. Mais je voudrais d'abord marquer que les contradictions justement aperçues par William Jordan appartiennent elles-mêmes aux lieux communs de l'époque et ne sont pas des témoignages sur le caractère individuel de Saint Louis. Jordan, d'ailleurs, le soupçonne, qui, à propos de la sensibilité du roi aux critiques, remarque : « Nous pouvons regarder ces [anecdotes] comme de plaisants petits *topoi*, elles aussi délibérément exprimées pour créer en nous l'image d'un saint roi. »

Qu'un gouvernant fût exposé aux critiques faisait partie, en effet, de son image traditionnelle, sans qu'il soit nécessairement un saint. De même, le *secret* que Louis aurait, selon Jacques Madaule, gardé sur ses bonnes actions, relève d'un lieu commun qui prend à son époque un relief particulier, car c'est alors qu'apparaît, par exemple, le type du pauvre honteux : taire sa misère ou sa charité ne traduit pas un trait individuel de caractère, mais renvoie à un code social et éthique partagé. Même dissimulation de ses stigmates chez saint François d'Assise, même pratique secrète de la prière chez saint Dominique.

Les manifestations excessives de douleur lors de la mort des proches, l'abondance des larmes versées, que relève avec pertinence William Jordan, font aussi partie des lieux communs sur les grands dont on montre ainsi l'humanité et le sens du lignage ou, plutôt, pour Saint Louis, de la famille. Si ce n'est pas une formule stéréotypée dans le style des chroniqueurs et des biographes, ce deuil bruyant et ces pleurs abondants sont les expressions rituelles des grandes douleurs des hauts personnages derrière lesquelles il est difficile de déceler, sinon une sincérité vraisemblable, au moins un ébranlement tout personnel. C'est pourquoi on ne peut faire la part exacte, chez Saint Louis menant grand deuil, de l'extériorisation des affections habituelle aux princes du temps. Le Charlemagne de *La Chanson de Roland* n'est-il pas le modèle de ces souverains larmoyants ?

Que Saint Louis montre une affliction exagérée aux yeux de Joinville et de son entourage à l'annonce de la mort de sa mère au printemps 1252 en Terre sainte, c'est, en vérité, le signe des liens affectifs exceptionnels qui unissaient le fils et sa mère[10]. Quand, en 1260, la mort, à seize ans, de son fils aîné et héritier le plonge dans l'expression d'une douleur que lui reproche cette fois Vincent de Beauvais dans son poème consolatoire[11], on peut être tenté d'y voir, plus que les lamentations rituelles d'un roi sur son héritier mort avant lui, la grande peine d'un père ou d'un roi pour qui cette mort est peut-être l'effet de la colère divine. Cet excès de douleur, on l'avait aussi reproché à Louis VI en 1131, lors de la mort accidentelle de son fils aîné Philippe déjà couronné roi[12]. Et Pierre de Blois avait réprimandé le roi d'Angleterre, Henri II, quand il s'était abandonné à la douleur et aux larmes après la mort du prince héritier[13]. Que penser de l'extrême affliction manifestée par Saint Louis lors de la mort au combat, en Égypte, de son frère puîné Robert d'Artois, en 1250 ? Et de ce dernier deuil familial (avant l'annonce *in extremis* à Tunis de la mort, quelques jours avant la sienne propre, de son fils Jean Tristan), du trépas de sa sœur Isabelle en février 1270 ? Devant le cadavre vêtu d'une robe de nonne et couché sur le lit de paille où elle est morte, le roi, vaincu par l'émotion, s'écroule sur les genoux[14]. Ou, faut-il y voir déjà une sensibilité macabre au cadavre qui préfigurerait l'automne du Moyen Âge ?

Voici donc Saint Louis et Henri II rois pleurants, rois du deuil ostentatoire. Mais voici aussi, dans la même attitude, le frère de Louis, Charles d'Anjou, comte de Provence et, à partir de 1266, roi de Naples et de Sicile, qui ne passe pas auprès des chroniqueurs pour une âme sensible et dont les relations avec Louis ont été le plus souvent conflictuelles. Quand le roi, ayant résolu de rester lui-même en Terre sainte, décide que ses frères Alphonse de Poitiers et Charles d'Anjou rentreront immédiatement en France pour aider leur mère à s'occuper du royaume, Joinville témoigne : « Quand le comte d'Anjou vit qu'il lui faudrait s'embarquer sur la nef, il mena un tel deuil que tous s'en émerveillèrent ; et toutefois s'en vint-il en France[15]. » Lors de la fatale croisade de 1270, le même, devenu roi de Sicile, arrive en retard devant Tunis. Louis vient d'expirer. Quand il découvre sous la tente royale le cadavre de son frère, il se jette en larmes à ses pieds. On a donc bien affaire à un modèle de conduite qui dépasse la personne.

Les attitudes que le mythe historiographique de Louis présente comme les plus caractéristiques de sa sainteté personnelle, très souvent on les retrouve aussi chez tel de ses contemporains ou de ses prédécesseurs.

La dévotion du roi d'Angleterre Henri III ne semble pas avoir été moins vive que la sienne, même si elle s'exprime parfois différemment : Louis est un fanatique des sermons, Henri de la messe[16]. Une véritable émulation, une rivalité même, paraît avoir existé entre les deux souverains en matière de piété comme en politique et à la guerre, avant le rapprochement spectaculaire des années 1250. Encore cette concurrence-là se poursuit-elle au-delà. En 1259, quand Henri III vient négocier la paix à Paris, Louis ne cache pas son irritation d'avoir à attendre l'Anglais dans son palais pour leurs réunions. Henri, pourtant logé dans l'île de la Cité, ne s'arrête-t-il pas dans toutes les églises sur son passage et n'y assiste-t-il à toutes les messes qu'il peut entendre ? En 1271, quand on enterre les restes du roi de France à Saint-Denis, sur le passage du cortège funèbre qui entend rendre clair que le défunt est un saint, un Anglais protestera que son propre roi ne l'est pas moins.

Et lorsqu'on a l'impression que la lettre à ses sujets sur sa défaite et sa captivité en Égypte est l'initiative nouvelle d'un souverain qui, dans sa quête de vérité et de confession, ne veut rien cacher de ses malheurs à son peuple et qui inaugure avec lui une relation inouïe de confidence et de confiance, ne vient-il pas à l'esprit que Richard Cœur de Lion avait adressé,

Le roi des lieux communs...

lui aussi, une lettre à ses sujets, pour leur annoncer, il est vrai, une victoire, celle de Gisors, qu'il venait de remporter sur Philippe Auguste en 1198[17] ?

C'est dans la tradition capétienne française qu'il faut chercher les préfigurations de Saint Louis.

La première et meilleure esquisse du modèle qu'incarne parfaitement Saint Louis a été Robert le Pieux tel que le dépeint le moine Helgaud. Celui-ci appartenait à l'abbaye bénédictine de Fleury (Saint-Benoît-sur-Loire), qui s'efforça de jouer pour les premiers Capétiens le rôle de foyer historiographique et idéologique, ainsi que d'agent publicitaire, que Saint-Denis a réussi à remplir à partir du XIIe siècle. Helgaud a écrit sa *Vie de Robert le Pieux*[18] entre la mort du roi (1031) et 1041. C'est un panégyrique, une œuvre « quasi hagiographique », pour reprendre l'expression de Robert-Henri Bautier, dont son auteur espérait qu'elle aiderait à faire reconnaître saint le fils et successeur de Hugues Capet. Cette *Vie*, placée sous l'invocation de Dieu et de saint Aignan, s'annonce comme une glorification des « œuvres de charité, d'humilité et de miséricorde, sans lesquelles nul ne pourrait parvenir aux royaumes des cieux », domaines dans lesquels « le très doux et très pieux Robert, roi des Francs [...] a brillé d'un tel éclat que, depuis le très saint roi et prophète David, nul ne l'a égalé ». Helgaud trace alors un portrait physique et moral de Robert, détaille sa miséricorde, son humilité, sa piété, son respect pour les reliques, son goût pour la prière. Il énumère ensuite les fondations de monastères et les donations aux églises accomplies par le roi et sa famille, et les miracles de Robert. Il le présente enfin comme un nouveau David.

Si l'on fait abstraction du portrait du roi, si l'on accorde une place à part aux miracles beaucoup plus nombreux (et vérifiés par la commission de canonisation) et si l'on remplace David par Josias, on reconnaît ici, pour l'essentiel, la structure des « Vies » de Saint Louis rédigées par Geoffroy de Beaulieu et Guillaume de Saint-Pathus. Seul l'habit des Mendiants dont ils revêtent Louis le distingue de l'apparence bénédictine que Helgaud confère à Robert.

Voici le passage le plus significatif de cette *Vie* de Robert le Pieux par le moine fleurisien du XIe siècle :

> Car cette terre possédant beaucoup de malades et surtout de lépreux, cet homme de Dieu ne s'en détourna pas avec horreur, car dans les Saintes Écritures, il avait lu que bien souvent le Christ notre Seigneur avait reçu, sous son aspect humain, l'hospitalité des lépreux. Il s'approchait d'eux avec empressement et l'âme pleine de désir, il entrait chez eux et, de sa propre main, leur donnait une somme de deniers, et de sa propre bouche, il imprimait des baisers sur leurs mains, louant Dieu en toutes choses et rappelant les paroles du Seigneur qui a dit : « Souviens-toi que tu es poussière et que tu retourneras en poussière. » À d'autres, il envoyait avec piété des secours, pour l'amour du Dieu tout-puissant qui accomplit de grandes choses là où il se trouve. Bien mieux, la vertu divine conféra à cet homme parfait une telle grâce pour guérir les corps que, lorsqu'il touchait de sa très pieuse main la plaie des malades et qu'il les marquait du signe de la Sainte Croix, il les délivrait de toute la douleur de leur mal[19].

Qui, lisant ce texte aujourd'hui, n'y verrait instinctivement l'évocation de Saint Louis ? Sauf que cette tentative, la plus ancienne connue, pour attribuer aux rois de France un pouvoir général de guérison par toucher se précisera et se restreindra, entre le XIe et le XIIIe siècle, au toucher des écrouelles[20].

N'est-ce pas encore à Saint Louis que fait penser aujourd'hui cet autre passage de la *Vie de Robert le*

Pieux de Helgaud, pour peu que l'on remplace David par Josias ?

> [...] car certainement il n'y a pas depuis le saint [roi] David parmi les rois de la terre, un seul qui lui fût semblable par ses saintes vertus, par son humilité, par sa miséricorde, par sa piété et par sa charité — cette vertu qui est au-dessus de toutes les autres et sans laquelle nul ne verra Dieu — parce que toujours il fut attaché au Seigneur et que, dans la perfection de son cœur, il ne s'éloigna jamais de ses préceptes[21].

Après cette première construction avortée d'un saint roi capétien que tente Helgaud de Fleury pour Robert le Pieux, une autre préfiguration de Saint Louis, un siècle après Robert et un siècle avant Louis IX, apparaît avec Louis VII, son arrière-grand-père. Certaines sources, qui semblent plus véridiques que Helgaud pour Robert, nous le présentent d'abord comme exceptionnellement dévot et, surtout, d'une piété qui n'est pas celle d'un laïc, mais d'un religieux. Son épouse, Aliénor d'Aquitaine, s'était plainte : « Ce n'est pas un homme, c'est un moine que j'ai épousé. » Et Louis VII fut pris, avant Saint Louis, comme arbitre à deux reprises par le roi d'Angleterre contemporain, Henri II. Une première fois dans les conflits qui l'opposèrent à ses fils et à l'archevêque de Cantorbéry, Thomas Becket, une seconde fois dans la lutte qui s'exacerba entre le roi et le prélat. Ce furent des échecs, mais là ne fut sans doute pas la raison pour laquelle le prestige politique de Louis VII ne se changea pas en réputation de sainteté morale. Il ne bénéficia pas de biographes convaincants et du soutien d'un groupe capable de convaincre l'Église de le mettre sur les autels. Sa piété, qui fut en partie la cause de la rupture du mariage avec Aliénor, qui épousa ensuite Henri II, n'apparut sans doute pas suffisamment rayonnante, et les arbitrages entre Anglais furent mis davantage au compte de manœuvres politiques liées à la rivalité entre le roi de France et le roi d'Angleterre qui résulta du remariage d'Aliénor.

On sera sans doute plus étonné en décelant une seconde préfiguration de Saint Louis en la personne de son grand-père Philippe Auguste, un roi guerrier, que le XIIIe siècle appelait non pas Auguste, mais Philippe le Conquérant[22], un roi porté sur le boire et le manger, sur les femmes — aux yeux de l'Église, il a longtemps passé pour bigame et a été excommunié pour avoir refusé d'accomplir son devoir conjugal envers sa deuxième épouse légitime, Ingeburg de Danemark —, un roi aux colères furieuses. Pourtant, à sa mort, il existait un véritable « dossier de sainteté » de Philippe Auguste que son entourage espéra pouvoir exploiter[23]. Tout dans sa vie ainsi arrangée respirait le miracle. Sa naissance, en 1165, d'un père, Louis VII, âgé de quarante-cinq ans et donc considéré comme vieux, à qui ses deux premières femmes n'avaient donné que des filles, ainsi que la troisième, après cinq ans de mariage. Pendant la grossesse de la reine, Louis VII a vu en rêve un héritier mâle donnant à boire à ses barons du sang humain dans un calice d'or — roi pélican, roi-Christ donnant son propre sang à ses grands vassaux. Son premier biographe, Rigord, fait accomplir trois miracles à Philippe lors de ses expéditions militaires : il a fait repousser des moissons, surgir de l'eau miraculeuse au milieu de la sécheresse, il a, avec sa lance, trouvé un gué également miraculeux dans la Loire. Selon son second biographe, Guillaume le Breton, il a été favorisé de deux visions. Assistant à la messe, il a vu, seul de toute l'assistance, au moment où le prêtre élevait l'hostie, le Christ enfant dans toute sa splendeur. Vision que lui a value sa « vertu mystique ». Sur le bateau qui l'emmène à la croisade avec son armée, en août 1190, pris dans une violente tempête, entre Gênes et la Sicile, Philippe a vu Dieu descendre du ciel pour les visiter et a rassuré ses compagnons. De Bouvines on a fait une victoire sacrée où le roi aurait eu la conduite du Christ. À la veille de sa mort, enfin, en 1223, une comète a annoncé sa fin prochaine, et saint Denis en a aussi averti un chevalier italien dans le même temps qu'il le guérissait. Le chevalier a fait savoir la nouvelle au pape.

Philippe Auguste, on le sait, n'est pas devenu saint. Sa conduite sexuelle et les démêlés qui s'ensuivirent avec l'Église lui ont fermé la route de la canonisation. Ses promoteurs, d'ailleurs, avaient sans doute eu tort d'insister sur des miracles suspects aux yeux d'une Église qui n'aimait guère les laïcs thaumaturges, alors que, désormais, la sainteté de la vie et des mœurs l'emportait sur les miracles, qui n'étaient plus que le sceau, certes nécessaire, apposé sur la perfection religieuse et morale. Pourtant, ses biographes n'avaient point négligé cet aspect de sa personnalité, et c'est sur ce point que Philippe Auguste fait remarquablement le lien entre Robert le Pieux et Saint Louis. Il ne participait pas aux chasses ni aux tournois, il était « le dompteur des superbes, le défenseur de l'Église et le nourrisseur des pauvres », il fit don de vêtements aux pauvres, créa une aumônerie à l'hôtel du Roi[24], fit de la chapelle royale une institution majeure qui orchestrait la dévotion du souverain, il prit, comme en 1195 à Paris, une part personnelle à la lutte contre les conséquences des famines et des inondations, suivant les processions expiatoires et distribuant du vin ; il confia des missions de justice aux baillis qu'il avait institués, nomma des enquêteurs chargés de les surveiller. Il détestait les jurons et les a réprimés. Saint Louis n'apparaît-il donc pas comme le produit abouti de la longue patience capétienne pour faire du roi de France l'incarnation du roi chrétien idéal, un roi saint ? Saint Louis n'est-il pas un Robert le Pieux, un Philippe Auguste qui a réussi ?

Ne répète-t-il pas des modèles plus anciens encore ? N'est-il pas, en cette époque où la dynastie capétienne parvient à réaliser la jonction avec les Carolingiens, le *reditus ad stirpem Karoli* (le « retour à la race de Charles »), un nouveau Charlemagne ? Le Miroir des princes qu'a offert, en 1201, Gilles de Paris à son père Louis, jeune prince héritier, à qui il donnait Charlemagne pour modèle — le *Karolinus* —, ne fait-il pas le lien entre le grand empereur et Saint Louis[25] ? Sur un point précis et exemplaire, la conduite alimentaire, ne semble-t-il pas que Saint Louis à table n'est qu'un nouveau Charlemagne mangeur et buveur[26] ?

N'est-il pas aussi, comme un texte le nomme, « un nouveau Constantin » ancré plus profondément encore dans le temps chrétien ? N'est-il pas, comme ses hagiographes et le pape Boniface VIII dans sa bulle de canonisation l'appellent, selon le symbolisme typologique qui fait des personnages de l'histoire et du Nouveau Testament les doubles d'un modèle vétéro-testamentaire, le Josias de la nouvelle loi[27] ? C'est que, depuis le XIIe siècle, comme l'a dit Caroline Bynum, la personnalité n'existe qu'en se moulant dans un répertoire de « types » et en se définissant selon le principe de similitude[28].

Un individu n'existe alors et ne se réalise qu'à travers une « identification collective », une catégorie. Saint Louis, ce fut le « roi chrétien[29] ». Un personnage ne se caractérise que par sa ressemblance à un modèle. Être saint, c'est être « comme Dieu ». Si l'homme, selon la Genèse, a été fait à l'image de Dieu, l'homme déchu ne devient une « image de Dieu » que s'il est capable, en l'imitant, de devenir un saint, ou d'atteindre à la perfection royale, car c'est la vocation du roi d'être ici-bas une *imago Dei*, une image de Dieu[30].

Quant aux miracles que Dieu fait par l'intermédiaire des ossements du roi mort, soit lors de son cortège funèbre, soit surtout au contact de son tombeau à Saint-Denis, ce sont des miracles traditionnels, banals. Saint Louis guérit comme n'importe quel saint de son temps[31].

Ainsi le personnage de Saint Louis produit par ses biographes et hagiographes est-il autre chose qu'une image idéale, un portrait-robot d'un modèle extraterrestre ? Saint Louis a-t-il existé ?

IX

LE « VRAI » LOUIS IX DE JOINVILLE

Quand tout semble achevé pour la production de la mémoire de Saint Louis, quand il a été canonisé et que Boniface VIII dans sa bulle et ses deux sermons a tracé son image officielle qui se veut définitive, quand les hagiographes qui l'ont connu ou ont recueilli les témoignages de ses proches ont écrit, que Guillaume de Saint-Pathus a rédigé, en utilisant les dépositions des témoins au procès de canonisation, la vie et les miracles authentiques du saint roi, un homme de quatre-vingts ans se met à dicter « un livre des saintes paroles et des bons faits de notre roi Saint Louis », et ce livre, s'il ne change pas tout, modifie fondamentalement nos possibilités d'approche de la « vraie » personnalité de Saint Louis.

Jean, sire de Joinville, sénéchal de Champagne, a été, de son propre aveu, sollicité par la reine Jeanne de Navarre, femme de Philippe le Bel, petit-fils de Louis IX, morte le 2 avril 1305, peu avant sa mort semble-t-il, pour écrire ce livre. Il l'a achevé en 1309 et l'a alors dédié au fils de Jeanne, Louis, roi de Navarre, comte de Champagne et de Brie, le futur roi de France Louis X le Hutin (1314-1316). Né en 1224, dix ans après Saint Louis, Joinville est octogénaire quand il compose cet ouvrage.

UN TÉMOIN EXCEPTIONNEL

Deux circonstances font de lui un témoin exceptionnel. D'abord il a bien connu le roi. Il a été, surtout pendant la plus grande partie de la croisade d'Égypte, l'un de ses plus proches familiers, mais il a aussi vécu dans son intimité à diverses périodes dans le palais royal de Paris ; et il s'est renseigné pour d'autres circonstances de la vie auprès de témoins bien placés, par exemple pour la croisade de Tunis et la mort du roi, auprès de son fils Pierre, comte d'Alençon, qui a assisté à la fin de son père. Il a été l'un des témoins interrogés lors de l'enquête menée en vue de la canonisation du roi en 1282 et c'est de lui que l'on tient l'un des traits de sainteté morale de Louis qui ont le plus étonné ses contemporains : la grande sensibilité du saint roi au mensonge. Pendant sa captivité, en effet, il a refusé de manquer de parole aux Sarrasins alors que tromper un Infidèle était considéré sinon comme un acte vertueux, en tout cas pas comme un péché. Cette extrême délicatesse morale a été retenue par Boniface VIII au moment de la canonisation et mentionnée par le frère dominicain qui prononça le sermon à Saint-Denis, le 25 août 1298, à l'occasion de l'élévation du corps du nouveau saint en présence du roi Philippe le Bel. Joinville était présent et le prédicateur, en le citant, l'a désigné à l'auditoire. Quelle douce revanche pour Joinville pour qui ni le fils ni le petit-fils de son ami Saint Louis, les rois Philippe III le Hardi et Philippe IV le Bel, n'eurent d'égards !

La seconde originalité de Joinville est d'être un laïc. Un laïc pieux sans doute, mais un laïc. Il ne se borne donc pas, comme les hagiographes Mendiants, à montrer le roi dans sa dévotion. Il donne aussi à voir le guerrier, le roi chevalier que Louis IX a été et que nous ne connaîtrions pas sans lui. À ces aspects, il consacre même un des deux volets de son livre : « La seconde partie du livre parle de ses grandes prouesses et de ses grands faits d'armes. » Le voici en 1242 à Taillebourg, contre les Anglais. Quand la mêlée commence, Louis ne se tient pas à l'écart mais « il se met dans le péril avec les autres ». Le voici surtout en 1249-1250 en Égypte. C'est là qu'il l'aperçoit, lors d'un engagement, le plus « beau chevalier » qu'il ait jamais vu[1].

Aussi Joinville insiste-t-il sur le fait exceptionnel que le roi a été canonisé, bien que laïc, et qu'il a bien été un saint laïc : « Jamais homme laïque de notre temps ne vécut si saintement pendant tout son temps, depuis le commencement de son règne jusqu'à la fin de sa vie. » Ce XIIIe siècle où s'affirme la promotion des laïcs mérite plus que tout autre de faire parvenir le laïcat à la reconnaissance d'une sainteté qui est habituellement réservée aux religieux et aux clercs[2].

Tout est exceptionnel dans ce témoignage de Joinville. C'est la première fois qu'un laïc écrit une vie de saint. Mais cette exception n'est pas inexplicable. La noblesse est en effet parvenue chez certains de ses membres à un degré d'instruction qui lui permet de faire œuvre littéraire. Joinville est certes un laïc spécialement cultivé. Michel Zink a noté avec perspicacité qu'à l'arrière-plan du passage où il montre Louis IX pleurant la mort de son frère Robert d'Artois il y a la rhétorique des plaintes de saint Bernard pleurant son frère un siècle auparavant[3]. Mais Joinville ne se conforme pas au plan conventionnel du genre qui fait se suivre la vie et les miracles.

Ce laïc très pieux n'a pourtant que faire de miracles qu'il n'a pas vus et qu'il se contente de mentionner en une phrase : « Et ses os furent gardés dans un coffre et apportés et enfouis à Saint-Denis en France, là où il avait élu sa sépulture, auquel lieu il fut enterré ; là où Dieu a depuis fait maint beau miracle pour lui, par ses mérites. » Même s'il a recours, là où cela lui semble nécessaire, au témoignage d'autrui, Joinville écrit d'abord son témoignage. S'il complète ses souvenirs par un récit de la mort du roi à laquelle il n'a pas assisté, c'est que, dans la vie d'un chrétien, la mort est l'accomplissement, le moment où l'on gagne ou l'on perd définitivement la vie éternelle, où l'on se révèle dans le dernier acte du rôle terrestre qu'on a joué. Dans le cas de Louis, cette mort est d'autant plus importante qu'elle vient confirmer le présage de la naissance, comme on l'a vu[4]. La mort du roi est donc l'accomplissement d'un destin. Elle manifeste aussi la réussite définitive de son imitation de Jésus : « Il imita notre Seigneur au fait de la croix car si Dieu mourut en croix, aussi fit-il ; car il était croisé quand il mourut à Tunis », à trois heures de l'après-midi, « en cette heure même que le Fils de Dieu mourut pour le salut du monde sur la croix ».

UN TÉMOIN CRÉDIBLE

Mais le livre de Joinville est un ouvrage si singulier qu'il faut, avant de l'utiliser comme voie d'accès à Saint Louis, se poser quelques questions. Il faut d'abord s'interroger sur la crédibilité de souvenirs écrits, pour la partie essentielle qui relate la croisade, plus d'un demi-siècle après les événements. Souvenons-nous d'abord que la société médiévale, où l'écrit est minoritaire, est une société de la mémoire qui y est plus forte, plus longue, plus précise que dans une société de l'écrit comme la nôtre. Il est d'autre part possible — des études philologiques et linguistiques comme celles de Jacques Monfrin ou de Michèle Perret en apporteront peut-être la preuve — que Joinville ait plus tôt (peut-être dès après la mort du roi, dont le souvenir était devenu le centre de son être et de sa vie) rédigé des Mémoires. En tout cas, le sénéchal a évoqué, lors de l'enquête du procès de canonisation en 1282, quelques traits de Saint Louis donnés comme preuves de sa sainteté qui ont été consignés dans le procès. Ces souvenirs constituent aussi un jalon pour la *Vie*[5]. Enfin, la vivacité même de cette mémoire du roi en lui a dû maintenir vivants ses souvenirs. Joinville, comme l'a bien noté Michel Zink, a une mémoire affective qui conserve le souvenir des images émouvantes et des sentiments qui y sont liés. Elle déborde même la personne du roi, encore qu'elle semble comme naître avec la première rencontre du jeune Joinville, âgé de dix-sept ans, avec Louis, en 1241, lors du grand banquet donné par le roi à Saumur où la cour plénière était réunie à l'occasion de la chevalerie de son frère Alphonse. De cet épisode Joinville garde d'ailleurs le souvenir qu'il relate dans une remarquable description[6]. Mais cette mémoire du roi cristallise surtout autour de la croisade, le grand moment de la vie de Joinville, d'abord parce que cette expérience a représenté pour la plupart des croisés un temps fort ; ensuite parce qu'elle a introduit le sénéchal dans l'intimité du souverain. Elle fut aussi la cause d'un grand déchirement pour Joinville dont le cœur a oscillé entre Dieu et le roi d'un côté, sa famille, sa terre et son château de l'autre. Toute la contradiction dramatique d'une mentalité féodale est là. « Le jour que je partis de Joinville... » Le récit est célèbre :

> Cet abbé de Cheminon me donna mon écharpe et mon bourdon ; et alors je partis de Joinville, sans rentrer au château jusques à mon retour, à pied, sans chausses et en chemise ; et j'allai ainsi à Blécourt et à Saint-Urbain, et à d'autres reliques qui sont là. Et pendant que j'allais à Blécourt et à Saint-Urbain, je ne voulus jamais retourner mes yeux vers Joinville, de peur que le cœur ne m'attendrît du beau château que je laissais et de mes deux enfants[7].

La mémoire de Joinville est, avec fraîcheur, visuelle et auditive.

Il se rappelle l'image de la flotte de Saint Louis appareillant de Chypre pour l'Égypte :

> Le samedi le roi fit voile, et tous les autres vaisseaux aussi, ce qui fut très belle chose à voir ; car il semblait que toute la mer, autant que l'œil pouvait voir, fût couverte de la toile des voiles des vaisseaux, qui furent évalués à dix-huit cents vaisseaux, tant grands que petits[8].

Il se rappelle le feu grégeois lancé par les musulmans sur l'armée des croisés :

> La façon du feu grégeois était telle qu'il venait bien par devant aussi gros qu'un tonneau de verjus, et la queue du feu qui en sortait était bien aussi grande qu'une grande lance. Il faisait un tel bruit en venant, qu'il semblait que ce fût la foudre du ciel ; il semblait un dragon qui volât dans les airs. Il jetait une si grande clarté que l'on voyait aussi clair parmi le camp que s'il eût été jour, pour la grande foison du feu qui jetait la grande clarté[9].

Il se rappelle Saint Louis bataillant en Égypte contre les Sarrasins, « le plus beau chevalier » qu'il eût jamais vu[10].

Joinville est spécialement sensible aux vêtements et aux couleurs. C'est un Saint Louis vêtu et coloré qu'il nous restitue avec précision. Déjà, à Saumur, lors de la première rencontre : « Le roi avait vêtu une cotte de satin bleu, et un surcot et un manteau de satin vermeil fourré d'hermine, et sur la tête un chapeau de coton, qui lui seyait mal parce qu'il était alors jeune homme[11]. » Et c'est, après le retour de la croisade perdue, le temps de la pénitence vestimentaire[12]. Et, enfin, quand Joinville voit, dans le premier des deux rêves qu'il fit de Saint Louis, le roi qui s'apprête à se croiser pour la seconde fois, c'est en habits de couleurs : « Et il m'était avis que plusieurs prélats en habits d'église le revêtaient d'une chasuble vermeille en serge de Reims. » La couleur est ici profondément symbolique comme l'était le rêve de sang et d'or qu'avait fait Louis VII de son fils à naître, Philippe Auguste :

> J'appelle après cette vision monseigneur Guillaume, mon prêtre, qui était très savant, et lui contai la vision. Et il me dit ainsi : « Sire, vous verrez que le roi se croisera demain. » Je lui demandai pourquoi il le pensait ; et il me dit qu'il le pensait à cause du songe que j'avais songé ; car la chasuble de serge vermeille signifiait la croix, laquelle fut vermeille du sang que Dieu y répandit de son côté, et de ses mains et de ses pieds. « Quant à ce que la chasuble était en serge de Reims cela signifie que la croisade sera de petit profit, ainsi que vous verrez si Dieu vous donne vie[13]. »

BIOGRAPHIE OU AUTOBIOGRAPHIE ?

Mais à lire Joinville, on se demande quel a été — consciemment ou inconsciemment — son objet : le roi ou lui-même ? S'agit-il d'une biographie ou d'une autobiographie ? Si Joinville a fait rédiger antérieurement des sortes de Mémoires, même s'il s'agissait d'y évoquer surtout le souvenir de Louis, cette hésitation sur leur héros peut s'expliquer. La nouvelle rédaction, pour satisfaire la demande de la reine Jeanne, n'aurait pas fait entièrement disparaître le caractère probablement autobiographique de la version précédente. Aucun argument décisif, cependant, ne soutient jusqu'à maintenant cette hypothèse. Il reste qu'il faut rendre compte de la présence anormalement insistante de Joinville dans une œuvre qui, même si elle se fonde en grande partie sur le témoignage personnel du sénéchal, a pour titre, selon les termes de la commande, « les saintes paroles et les bons faits de notre roi saint Louis ». Michèle Perret a calculé que « Joinville intervient dans 73 pour cent des paragraphes découpés par les éditeurs modernes dans son texte » et montré « qu'il privilégie tellement la relation entre le roi et lui et s'installe en même temps avec une telle vigueur au centre de son récit que celui-ci en est parfois obscurci ; on ne sait plus s'il a réellement assisté à tel épisode ni quel est son mode exact d'inclusion dans un *nous* englobant le roi ou situé par rapport à lui[14] ».

À la différence des clercs biographes, Joinville écrit en français et fait parler le roi dans la langue dans laquelle il s'exprimait réellement : en français aussi. Ainsi, que ses paroles aient été fidèlement retenues par Joinville ou que celui-ci ait mis dans sa bouche ce qu'il croyait — ou voulait croire — avoir entendu, ce n'est que dans Joinville qu'on entend le parler qui semble « vrai » du roi, si l'on met à part les *Enseignements*, texte normatif où Saint Louis parle personnellement à son fils et à sa fille.

Quant à la situation d'imbroglio « auto/exo-biographique » très subtilement analysée par Michel Zink, elle provient d'abord du fait que Joinville « est le premier, écrivant en français, à parler de lui-même à la première personne[15] », signe des temps, car le XIIIe siècle est l'époque du « passage de la poésie lyrique à la poésie personnelle ». Dans cette Vie, l'autobiographie et la biographie de l'« autre » sont indissolublement mêlées. Saint Louis semble étrangement se prêter à la constitution de couples « siamois » : dans un cas c'est lui qui s'unit à sa mère, dans l'autre c'est Joinville qui cherche à fusionner avec lui.

De cette nouveauté d'écriture, proclamant ensemble le *je* et le *nous*, Joinville semble, dès le début de son livre, se griser :

> Au nom de Dieu le tout-puissant, *je*, Jehan, sire de Joinville, sénéchal de Champagne, fais écrire[16] la vie de notre saint roi Louis, ce que *je* vis et ouïs par l'espace de six ans, que *je* fus en sa compagnie au pèlerinage d'outremer, et depuis que *nous* revînmes. Et avant que *je* vous conte ses grands faits et ses prouesses, *je* vous conterai ce que *je* vis et ouïs de ses saintes paroles et de ses bons enseignements[17] [...].

Puisque nous cherchons Saint Louis à travers des jeux de miroirs, celui que le sénéchal imagine n'est-il pas le plus troublant, le plus subtilement agencé pour produire une illusion dont Joinville veut faire, pour lui-même et pour ses lecteurs, une réalité ? « Joinville mêle le témoignage autobiographique, le regard rétrospectif du moi sur le saint roi et le regard rétrospectif du moi sur le moi [...]. Joinville laisse soupçonner que l'image qu'il donne du roi, fruit de sa propre émotion, renvoie à sa propre image et que son texte tout entier fonctionne à la manière des passages très nombreux où, de façon explicite, la personnalité du roi se révèle en même temps que la sienne propre, à travers une conversation familière des deux hommes qui les éclaire l'une et l'autre[18]. »

Cette symbiose nous conduirait-elle à une autre, à une nouvelle illusion, celle qu'engendrent la subjectivité et l'affectivité littéraire ? Le Saint Louis de Joinville qui nous paraît si proche, que nous croyons, avec lui, grâce à lui, voir, entendre, toucher, n'est-il que le fantôme créé par l'émotion du sénéchal ? Sans doute, « Joinville aimait le roi » et les détails « vrais » de son récit peignent le roi, mais plus encore l'amour que Joinville lui portait. Il construit donc encore un écran entre le roi et ce que nous savons de lui.

LE SAINT LOUIS CONCRET DE JOINVILLE

Il reste que le texte nous introduit au cœur d'une relation authentique, il nous fait rencontrer un « vrai » Saint Louis que Joinville a connu, et non celui d'un modèle idéal transmis par la culture. Même déformés ou enjolivés, les détails concrets dont se nourrit la mémoire amoureuse du sénéchal sont des détails « vrais ».

Joinville ne s'est pas contenté de voir et d'entendre Louis, il l'a touché, et il semble que ce besoin de proximité et de contact correspondait à un besoin que le roi lui-même éprouvait. On pourra, certes, voir dans cette attitude encore une imitation du Christ, rassemblant autour de lui, près de lui ses disciples. Mais relisons ces scènes qui ne sont empruntées ni à un Miroir des princes, ni à un code littéraire, ni à un manuel de gestuelle, ni même au Nouveau Testament. Si le Jésus des Évangiles a été, consciemment ou inconsciemment, un modèle pour Louis, les Évangiles n'ont pas été le modèle de Joinville. Ce qu'il a voulu dire vient de son expérience et de la mémoire du vécu. S'il a voulu, dans son livre, retrouver son ami, avoir recours à un mensonge, fût-il un beau mensonge littéraire, ruinerait son projet. Car le sénéchal — et c'est là sa modernité — n'écrit pas pour les autres, n'écrit pas pour la reine défunte ou pour son fils. Il écrit pour lui-même.

Quel est donc le Saint Louis qu'il nous livre ? D'abord un Saint Louis vu, touché de près.

La première de ces scènes de « toucher » eut lieu au palais de Paris et les acteurs en sont le roi, son fils Philippe, le futur Philippe III, son gendre Thibaud de Champagne, roi de Navarre et Joinville :

> Après cela, monseigneur le roi appela monseigneur Philippe, son fils, le père du roi actuel, et le roi Thibaud ; il s'assit à l'entrée de son oratoire, mit la main à terre et dit : « Asseyez-vous ici bien près de moi, pour qu'on ne nous entende pas. » — « Ah !, Sire, firent-ils, nous n'oserions pas nous asseoir si près de vous. » Et il me dit : « Sénéchal, asseyez-vous ici. » C'est ce que je fis, si près de lui que ma robe touchait la sienne[19].

Une seconde scène, à laquelle le contexte, grave, confère une portée encore plus grande, se situe à Acre, le jour où le roi réunit un conseil pour demander à son entourage s'il devait rester en Terre sainte ou rentrer en France. Joinville fut presque le seul à lui conseiller de rester, et, au repas qui a suivi, Louis ne lui a pas adressé la parole. Il crut le roi fâché contre lui.

> Tandis que le roi entendait ses grâces, j'allai à une fenêtre grillée, qui était dans un renfoncement vers le chevet du lit du roi ; et je tenais mes bras passés entre les barreaux de la fenêtre [...]. Pendant que j'étais là, le roi vint s'appuyer sur mes épaules, et me mit ses deux mains sur la tête. Et je crus que c'était monseigneur Philippe de Nemours, qui m'avait beaucoup tourmenté ce jour-là à cause du conseil que j'avais donné au roi ; et je lui dis : « Laissez-moi en paix, monseigneur Philippe. » Par un malheureux hasard, en tournant la tête, je fis tomber la main du roi au milieu de mon visage ; et je reconnus que c'était le roi à une émeraude qu'il avait au doigt[20].

Michel Zink a bâti une séduisante hypothèse freudienne sur ces contacts. Le bonheur d'avoir en quelques occasions « touché » le roi est un aspect, une preuve, de l'amour porté par Joinville à Saint Louis[21].

Il est difficile de décider si ce besoin de contact que Louis semble faire partager à Joinville est un trait individuel ou relève d'une gestuelle plus générale dans laquelle le toucher aurait une fonction particulière. On peut supposer que l'exemple de Jésus qui fait toucher à Thomas les plaies de son côté après la Passion et la Résurrection a fortement impressionné les hommes et les femmes du Moyen Âge, surtout en ce temps où la passion du Christ était une représentation presque obsédante. Plus généralement, dans une société à la recherche de preuves matérielles des sentiments intérieurs, de leurs signes visibles et tangibles et qui s'attend à ce que le surnaturel lui-même se produise en visions, en apparitions, il est plausible que le toucher eût une valeur particulière. Les miracles, en particulier les miracles de guérison par toucher, sont nombreux et édifiants. Saint Louis vivant a guéri les écrouelles en les touchant et, tout de suite après sa mort, le cercueil de ses ossements en Italie puis, après l'ensevelissement à Saint-Denis, son tombeau ont guéri les malades et les infirmes qui les ont touchés. Sans avoir, je crois, besoin de faire d'autres hypothèses, Joinville recherche le contact physique avec le roi parce qu'il pressent clairement le saint qu'il deviendra. C'est un corps qui est déjà une relique vivante qu'il touche. En tout cas, il le sait quand il compose la Vie du saint roi et le souvenir s'enrichit de cette confirmation objective, profitant du temps écoulé entre l'événement vécu et sa rédaction.

Une anecdote qu'il situe en Terre sainte révèle bien, sur le mode plaisant — une des formes pudiques de l'aveu —, ces secrètes pensées du sénéchal. Un jour, Louis campait près d'Acre. Passa une troupe de pèlerins arméniens chrétiens qui allaient à Jérusalem en payant un tribut aux Sarrasins qui les encadraient :

> J'allais au roi là où il était assis en un pavillon, appuyé au mât du pavillon ; et il était assis sur le sable, sans tapis et sans nulle autre chose sous lui. Je lui dis : « Sire, il y a là dehors une grande foule de la Grande Arménie qui vont en Jérusalem ; et ils me prient, sire, que je leur fasse voir le saint roi, mais je ne désire pas encore baiser vos os[22].

Voici un exemple de ce que Joinville est seul à nous dire sur le roi, une de ses habitudes, de ses attitudes coutumières, ordinairement négligées par les hagiographes, et qui, pourtant, évoquent au plus près la personnalité concrète de Louis : son goût pour la position assise par terre.

On en a déjà montré un exemple[23]. En voici d'autres : Louis laissait normalement ses conseillers régler les problèmes des plaignants ou des requérants qui s'adressaient — de plus en plus nombreux — à la justice royale. Mais il aimait aussi les « délivrer » de l'assaut des quémandeurs et il venait les aider en accueillant lui-même certains d'entre eux soit pour les répartir entre ses assistants, soit pour décider lui-même de leur cause.

> Et quand il revenait de l'Église, il nous envoyait quérir, et s'asseyait au pied de son lit, et nous faisait tous asseoir autour de lui, et nous demandait s'il y en avait aucuns à expédier qu'on ne pût expédier sans lui ; et nous les lui nommions, et il ordonnait de les envoyer quérir[24] […].

C'est ici que se place la fameuse scène du chêne de Vincennes.

> Maintes fois il advint qu'en été il allait s'asseoir au bois de Vincennes après sa messe, et s'accotait à un chêne, et nous faisait asseoir autour de lui. Et tous ceux qui avaient affaire venaient lui parler, sans empêchement d'huissier ni d'autres gens[25] […].

Mais ce qui est resté légendaire pour Vincennes se produisit aussi dans le jardin du palais royal de Paris et Joinville retrouve ici un autre de ses motifs favoris : les vêtements royaux.

> Je vis quelquefois, en été, que pour expédier ses gens il venait dans le jardin de Paris, vêtu d'une cotte de camelot, d'un surcot de tiretaine sans manches, un manteau de taffetas noir autour de son cou, très bien peigné et sans coiffe, et un chapeau de paon blanc sur sa tête. Et il faisait étendre des tapis pour nous asseoir autour de lui, et tout le peuple qui avait affaire par-devant lui, se tenait autour de lui debout. Et alors il les faisait expédier de la manière que je vous ai dite avant pour le bois de Vincennes[26].

Ce trait d'humilité qui est aussi et peut-être surtout un goût physique pour une attitude corporelle : la station assise par terre avec un groupe rassemblé autour de lui, Joinville est seul à nous le livrer. Et l'historien a le sentiment rare et sans doute trompeur (n'est-ce pas une attitude du Christ parmi les apôtres ?), mais auquel, finalement, quand il a exercé tout son métier critique, il en est réduit à se fier pour juger de l'authenticité d'un témoignage, d'être en face du « vrai » Saint Louis. Il est tenté de s'avouer à lui-même : « Cela, Joinville n'a pas pu l'inventer, cela sent bien la vérité, c'est bien ainsi qu'a dû être Saint Louis... » Cette impression, le lecteur de Joinville l'éprouve souvent. D'autant plus que, cherchant passionnément à retrouver dans sa mémoire Saint Louis tel qu'il l'a vraiment connu, sans mensonge ni fard, le sénéchal est amené à ne ménager ni lui-même ni le roi.

Il se présente souvent rabroué, taquiné (quel plaisir pour lui !) par un Louis qui aime donner des leçons et se plaît à se moquer, plus ou moins gentiment, du naïf sénéchal tremblant de déplaire, non par intérêt, mais par crainte d'être blessé dans son attachement. Joinville, d'après ses souvenirs, a formé auprès de Saint Louis un couple pittoresque avec un autre familier du roi, le chanoine Robert de Sorbon, le fondateur du collège pour pauvres étudiants parisiens en théologie qui deviendra la Sorbonne. Couple d'inséparables, unis par une même admiration affectueuse et passionnée pour le roi, mais rivaux dans cet amour, guettant jalousement les marques d'estime et d'amitié données à l'un plutôt qu'à l'autre. Louis paraît avoir joué malicieusement de cette jalousie et avoir pris plaisir, par amusement de cour, à attiser la rivalité de deux courtisans.

Les rapports entre Saint Louis et Joinville ont pris

parfois la forme d'un marivaudage, dans lequel le naïf sénéchal, amoureux transi, ne semble pas avoir toujours saisi l'ironie du saint roi à son endroit. Mais peut-être ne s'agit-il que d'une auto-ironie subtile qui feint de prendre pour argent comptant des propos dont la littéralité le comble. Le sénéchal nous montre un Louis malicieux et ironique qui se joue de lui, dans une sorte de dispute scolastique pour rire qu'il arbitre : car Joinville est aussi prompt à fondre de bonheur quand le roi lui confie qu'il est en réalité de son avis qu'il est au désespoir quand Louis a donné publiquement raison à maître Robert contre lui. Et il semble croire avec délectation le roi quand Louis est ironiquement flatteur à son endroit : « Il m'appela une fois et me dit : "Je n'ose vous parler, subtil comme vous êtes, de chose qui touche à Dieu[27] [...]". »

Ainsi Joinville nous révèle en Saint Louis le roi d'une cour qui mêle aux prélats et aux barons, membres traditionnels et conseillers obligés d'un roi féodal, des personnages plus modestes, élus de son cœur et créatures de son bon vouloir. Ces confidents et conseillers annoncent les favoris des époques suivantes au cours desquelles le roi de France prendra encore plus de distance avec la hiérarchie proprement féodale issue de la politique traditionnelle des rois capétiens. Et Louis fait progresser leur domestication par l'usage de l'ironie et de la plaisanterie.

Joinville nous montre ainsi un roi qui illustre, dans une certaine mesure, les nouvelles manières de cour, un roi qui doit amuser et faire rire par ses plaisanteries son entourage, *rex facetus*[28]. Mais aussi un roi qui sait s'évader du sérieux dévot où l'ont plongé ses hagiographes, un roi qui tient au monde et le dit alors qu'il n'hésite pas à braver le danger pour ne pas abandonner les siens. Quand on le presse de quitter son navire qui menace de couler devant Chypre, n'avoue-t-il pas : « Il n'y en a pas un qui n'aime autant sa vie que je fais la mienne[29] » ?

Il n'hésite pas à dire tout haut ce que beaucoup de chrétiens du XIIIe siècle pensent souvent tout bas en ce temps où, sans cesser d'être de bons chrétiens, ils font descendre les valeurs du ciel sur la terre, estiment que la vie terrestre vaut d'être vécue et que la préparation du salut éternel commence ici-bas non seulement négativement — dans la pénitence et le mépris du monde —, mais aussi dans la jouissance mesurée de cette vie terrestre[30].

LE ROI RIT

Grâce à Joinville, nous voyons Saint Louis rire et parfois rire aux éclats[31]. Quand Joinville fait le bon mot que j'ai rapporté plus haut[32] à propos des os-reliques du roi qu'il ne veut pas encore baiser, celui-ci éclate de rire : « Et il rit moult clairement[33]. »

Joinville a perdu tout ce qu'il avait avec lui lorsqu'il a été fait, lui aussi, prisonnier. Quand Saint Louis décida, comme le lui avait conseillé Joinville, de rester en Terre sainte, le sénéchal lui fit demander pour qu'il reste, lui aussi, deux mille livres pour l'entretenir pendant deux tiers d'année jusqu'à Pâques 1251, lui et trois chevaliers, et le roi les lui donna. Comme Pâques approchait, Joinville, qui savait que le roi n'aimait pas être l'objet de sollicitations, a recours à une ruse.

> Tandis que le roi fortifiait Césarée, j'allai dans son pavillon pour le voir. Dès qu'il me vit entrer dans sa chambre, là où il parlait au légat, il se leva et me tira

> à part, et me dit : « Vous savez, fit le roi, que je ne vous retins que jusques à Pâques ; ainsi je vous prie de me dire ce que je vous donnerai pour être avec moi en un an. » Et je lui dis que je ne voulais pas qu'il me donnât plus de ses deniers que ce qu'il m'avait donné ; mais que je voulais faire un autre marché avec lui.
>
> « Parce que, fis-je, vous vous fâchez quand on vous demande quelque chose, je veux que vous conveniez avec moi, que si je vous demande quelque chose pendant toute cette année, vous ne vous fâcherez pas ; et si vous me refusez, je ne me fâcherai pas non plus. » Quand il ouït cela, il commença à rire aux éclats, et me dit qu'il me retenait à cette condition, et me prit par la main, et me mena par devers le légat en vers son conseil, et leur répéta le marché que nous avions fait ; et ils en furent très joyeux, parce que j'étais le plus riche qui fût dans le camp[34].

Et le roi d'éclater cette fois encore de rire : « Quand il ouït celà, il se mit à rire moult clairement[35]. » Quand, un jour, il se fâche d'une demande de Joinville, celui-ci lui rappelle leur contrat et il rit de nouveau[36]. En une autre occasion, lors d'un parlement, les prélats prièrent le roi de venir leur parler tout seul. Une fois de plus, il trouve leurs demandes déraisonnables et les repousse.

> Quand il revint de parler aux prélats, il vint à nous qui l'attendions dans la chambre aux plaids et nous dit tout en riant le tourment qu'il avait eu avec les prélats. Et il raconte en les contrefaisant et en se moquant d'eux son dialogue avec l'archevêque de Reims, l'évêque de Chartres et l'évêque de Châlons[37].

Une partie du témoignage de Joinville confirme ce que disent les hagiographes. C'est bien, pour l'essentiel, le même homme. On retrouve la même horreur pour le péché (« il n'y a pas de lèpre si laide que d'être en péché mortel »), le même amour pour les pauvres — il demanda à Joinville de leur laver les pieds le jeudi saint comme il le faisait lui-même. Il l'incite à conserver une foi ferme et à se garder de la tentation du diable dont il aurait voulu qu'on ne prononçât même pas le nom dans son royaume comme il y réussit lui-même[38]. Il veut faire en tout temps respecter la justice. Il tient la dragée haute aux évêques et refuse de faire saisir par ses officiers les biens des excommuniés dont la condamnation lui paraît souvent injuste. Pendant sa captivité, il garde sa dignité et tient sa parole, même à l'égard des musulmans. C'est un grand amoureux de la paix : « Ce fut l'homme du monde qui se travailla le plus pour mettre la paix entre ses sujets... », mais aussi entre les étrangers, par exemple les Bourguignons et les Lorrains qui l'aiment et portent leurs procès à sa cour.

Sa charité est universelle.

> Le roi fut si large aumônier, que partout là où il allait en son royaume, il faisait donner aux pauvres églises, aux maladreries, aux hôtels-Dieu, aux hôpitaux, et aux pauvres gentilshommes et gentilles femmes. Tous les jours, il donnait à manger à une grande foison de pauvres, sans compter ceux qui mangeaient en sa chambre ; et maintes fois je vis que lui-même leur taillait leur pain et leur donnait à boire[39].

Joinville rapporte aussi — mais ce sont là des emprunts à une Chronique dont il s'est servi pour les faits dont il n'avait pas été lui-même témoin — avec quel soin il a fait enquêter dans son royaume pour redresser les injustices de ses baillis et des sénéchaux et pour les surveiller, tout comme il réforma la prévôté de Paris. Louis, enfin, a favorisé les ordres religieux, particulièrement les ordres Mendiants.

LES DÉFAUTS DU ROI

Mais il y a plus. En dehors des notations vivantes et concrètes qu'il est le seul à apporter, Joinville est un informateur unique sur les défauts du roi. Cette franchise lui vient de deux intentions profondes qui se recoupent dans ses Mémoires. La première est la volonté absolue de dire « vrai ». Avec fierté, il écrit de ses rapports avec le roi : « Moi qui jamais ne lui mentis... » Il veut continuer à ne pas lui mentir après sa mort. La seconde tient, comme on l'a vu, à ce que son ouvrage parle de lui autant que du roi ; c'est un livre sur eux deux, sur cette amitié exceptionnelle, mais faite de lucidité et de franchise mutuelles. Joinville n'a pas une conception idéalisée, aseptisée de la sainteté. Même un grand saint n'est pas un homme parfait.

Que reproche-t-il donc à Louis ? D'abord de ne pas avoir toujours gardé la mesure qui convenait au prud'homme que le roi se flattait de vouloir être. Face au guerrier matamore qui ne maîtrise pas sa fureur, le roi prud'homme devrait, même dans l'action guerrière, conserver sa raison. Or qu'a-t-il fait au moment d'aborder la terre d'Égypte ? Il s'est jeté impulsivement à l'eau et, apercevant des Sarrasins, a voulu se lancer contre eux sans réfléchir[40].

Joinville ne blâme pas explicitement le roi, mais il est évident que son silence est réprobateur, face à un tempérament fougueux et même colérique. Le sénéchal se contente de le montrer en colère, mais le récit est une critique implicite.

Pendant la traversée entre l'Égypte et Acre, après sa mise en liberté, le roi se confia encore à Joinville.

> Il se plaignait aussi à moi du comte d'Anjou, qui était sur sa nef, de ce qu'il ne lui tenait nullement compagnie. Un jour, il demanda ce que le comte d'Anjou faisait et on lui dit qu'il jouait aux tables[41] avec monseigneur Gautier de Nemours. Et il y alla tout chancelant de la faiblesse causée par sa maladie ; et il prit les dés et les tables et les jeta dans la mer ; et se courrouça très fort contre son frère de ce qu'il s'était si tôt mis à jouer aux dés[42].

Pieuse colère, sans doute, née de l'horreur louable du roi pour les jeux de hasard et l'oubli de la pénitence, mais qui montre un manque de maîtrise et de l'exagération.

Joinville désapprouve plus encore l'excès des manifestations de deuil de Saint Louis à l'annonce de la mort de sa mère. Il est normal, au Moyen Âge, on l'a vu, qu'un homme, qu'un guerrier, qu'un roi pleure publiquement en certaines circonstances, mais il doit le faire avec mesure[43].

Parfois, la haine du roi pour certains péchés lui fait commettre des actes d'une justice si outrée qu'elle en devient injuste. Justicier maniaque et pathologique, il fit montre de dureté et même de cruauté, en particulier dans le châtiment des blasphémateurs. Il est vrai qu'il envisageait d'être lui-même soumis à un tel traitement : « Je voudrais être marqué d'un fer chaud, à condition que tous vilains jurements fussent ôtés de mon royaume. » Déclaration qu'il est difficile de ne pas taxer d'hypocrisie. Louis savait bien qu'une telle éventualité ne risquait pas de se produire[44].

Joinville est encore le témoin réticent d'un autre trait d'inclémence du roi, pendant le voyage maritime de retour de croisade.

Nous vîmes une grande île en mer, qui avait nom Pantennelée, et était peuplée de Sarrasins qui étaient sous la sujétion du roi de Sicile et du roi de Tunis. La reine pria le roi qu'il y envoyât trois galères pour prendre du fruit pour ses enfants ; et le roi le lui octroya, et commanda aux maîtres des galères que quand la nef du roi passerait par-devant l'île, ils fussent tout prêts à venir à lui. Les galères entrèrent dans l'île par un port qui y était ; et il advint que quand la nef du roi passa par-devant le port, nous n'ouïmes aucunes nouvelles de nos galères.

Les mariniers commencèrent à murmurer l'un à l'autre. Le roi les fit appeler, et leur demanda ce qu'il leur semblait de cette aventure ; et les mariniers lui dirent qu'il leur semblait que les Sarrasins avaient pris ses gens et les galères. « Mais nous vous donnons l'avis et le conseil, Sire, de ne pas les attendre ; car vous êtes entre le royaume de Sicile et le royaume de Tunis, qui ne vous aiment guère ni l'un ni l'autre ; et si vous nous laissez naviguer, nous vous aurons, encore de nuit, délivré du péril ; car nous vous aurons passé ce détroit. » « Vraiment, fit le roi, je ne vous en croirai pas, de laisser mes gens entre les mains des Sarrasins, sans que je fasse au moins tout mon possible pour les délivrer. Et je vous commande que vous tourniez vos voiles, et que nous leur allions courir sus. » Et quand la reine ouït cela, elle commença à montrer un très grand deuil, et dit : « Hélas ! c'est moi qui ai fait tout cela. » Tandis que l'on tournait les voiles de la nef du roi et des autres, nous vîmes les galères sortir de l'île. Quand elles vinrent près du roi, le roi demanda aux mariniers pourquoi ils avaient fait cela ; et ils répondirent qu'ils n'en pouvaient mais, que ceux qui le firent étaient des fils de bourgeois de Paris, dont il y en avait six qui mangeaient les fruits des jardins ; c'est pourquoi les mariniers ne les pouvaient avoir, et ils ne les voulaient pas laisser. Alors le roi commanda qu'on les mît dans la chaloupe ; et alors ils commencèrent à crier et à braire : « Sire, pour Dieu, rançonnez-nous de tout ce que nous avons, pourvu que vous ne nous mettiez pas là où l'on met les meurtriers et les larrons ; car cela nous serait à jamais reproché. » La reine et nous tous fîmes notre possible pour que le roi se voulût désister ; mais jamais le roi ne voulut écouter personne : ils y furent mis et y demeurèrent jusques à tant que nous fûmes à terre. Ils y furent en tel danger, que quand la mer devenait grosse, les vagues leur volaient par-dessus la tête, et ils devaient s'asseoir de peur que le vent ne les emportât dans la mer.

Mais le sénéchal, qui a malgré tout de la peine à ainsi condamner son royal ami, conclut :

> Et ce fut à bon droit ; car leur gloutonnerie nous fit tel dommage que nous en fûmes retardés de huit bonnes journées, parce que le roi fit tourner les vaisseaux devant derrière[45].

Parfois, au contraire, le roi semble oublier l'incorruptibilité dont il s'est fait une règle pour lui-même et pour ses agents. Après son débarquement en Provence, il a attendu à Hyères qu'on lui amenât les chevaux nécessaires pour son voyage de retour en France. L'abbé de Cluny vint lui faire don de deux riches palefrois, un pour lui et un pour la reine. Le lendemain, il vint lui présenter un certain nombre de requêtes et le roi « l'ouït très attentivement et très longuement ». Joinville dit alors au roi : « Je veux vous demander, s'il vous plaît, si vous avez ouï plus débonnairement l'abbé de Cluny, parce qu'il vous donna hier ces deux palefrois. » Le roi réfléchit et avoua que oui. Joinville fait alors pour une fois la leçon au roi.

> « Sire je vous donne avis et conseil que vous défendiez à tous vos conseillers jurés, quand vous viendrez

en France, de rien prendre de ceux qui auront affaire par-devant vous ; car soyez certain, s'ils prennent, qu'ils en écouteront plus volontiers et plus attentivement ceux qui leur donneront ainsi que vous avez fait pour l'abbé de Cluny. » Alors le roi appela tout son conseil, et leur rapporta aussitôt ce que je lui avais dit ; et ils dirent que je lui avais donné un bon conseil[46].

Sans être inventée, l'histoire a été probablement arrangée par le bon Joinville, trop heureux de montrer que l'amitié qui existait entre le roi et lui l'autorisait parfois à lui faire à son tour la morale et à prononcer son propre éloge en même temps que celui de Louis. Bonne occasion de souligner que personne n'est parfait et, pour nous, d'apprécier ce lien avec un Saint Louis qui avait ses faiblesses : ce portrait-là a plus de chances d'être « vrai ». Du conseil de Joinville, on retrouvera l'écho dans la grande ordonnance de 1254, quelques semaines plus tard. Si l'on voulait être hypercritique, on pourrait se demander si ce n'est pas l'Ordonnance qui a inspiré à Joinville cette anecdote rétrospective tout à son honneur et non l'inverse. Il me semble qu'un tel mensonge ruinerait l'entreprise de Joinville. Enjoliver, détourner un peu à son profit, peut-être, inventer non.

Plus grave, aux yeux du sénéchal, est l'indifférence du roi pour son épouse. Joinville a presque autant d'admiration et d'affection pour la reine Marguerite que pour le roi. Il ne semble pas, en revanche, porter dans son cœur la reine mère. Il montre son comportement odieux envers sa bru[47]. Il est visiblement hostile à l'excès d'obéissance de son fils à l'égard de Blanche de Castille. Il souhaiterait que le roi eût été aussi ferme en face de sa mère que des autres membres de sa famille, de son entourage, des prélats et des barons. Il a probablement été jaloux de cette affection du roi pour sa mère, mais sa jalousie le rend lucide.

La reine qu'il estime a été admirable au pire moment de la croisade alors qu'elle enfantait Jean Tristan. Héroïque, elle avait prévu de se faire décapiter par un chevalier fidèle plutôt que de tomber aux mains des Sarrasins[48]. Elle a montré sa grandeur d'âme et sa générosité en manifestant de la douleur à l'annonce de la mort de sa terrible et détestable belle-mère[49]. Il est vrai, précise-t-elle à Joinville, qu'elle n'a pas pleuré la reine morte, mais le chagrin du roi. Et la pieuse reine Marguerite n'a pas oublié de remercier Dieu qui a sauvé la flotte royale de la destruction par la tempête lors du voyage de retour. Sur la suggestion de Joinville, n'a-t-elle pas fait faire à Paris, en guise d'ex-voto, une nef d'argent que le bon sénéchal a dû porter à Saint-Nicolas-du-Port, la grande église de pèlerinage au saint, protecteur des voyageurs maritimes[50] ?

En 1253, la reine accoucha pour la troisième fois en Terre sainte. Elle mit au monde une fille qui reçut le prénom de la grand-mère paternelle, Blanche, déjà donné au premier enfant du couple royal, une fille née en 1240 et morte en bas âge. Quelque temps après sa délivrance, Marguerite est allée retrouver le roi à Sayette (Sidon). Joinville va à sa rencontre.

> Et quand je revins au roi, qui était en sa chapelle, il me demanda si la reine et les enfants étaient bien portants ; et je lui dis que oui. Et il me dit : « Je savais bien, quand vous vous levâtes de devant moi, que vous alliez au-devant de la reine ; et pour cela j'ai fait attendre après vous pour le sermon. » Et je vous rappelle ces choses, parce que j'avais déjà été cinq ans auprès de lui, qu'il n'avait encore parlé de la reine ni de ses enfants que je susse, à moi ni à d'autres ; et ce n'était

pas une bonne manière, ainsi qu'il me semble, d'être étranger à sa femme et à ses enfants[51].

Devant cette attitude, Joinville ne peut taire, cette fois-ci, sa réprobation et ne trouve pas d'excuses au roi. Cinq ans sans parler à son entourage de la reine qui, enceinte, a réuni l'argent pour le paiement de sa rançon, de celle de l'armée et de ses enfants, dont trois sont nés outre-mer ! Quel homme étrange, quel saint bizarre !

C'est bien, d'ailleurs, ce qu'a pensé la reine, gênée en face de son royal époux. Et c'est sans doute la confidence la plus déconcertante, la plus inquiétante de Joinville sur Saint Louis.

Lors de cette même tempête, la reine se rendit dans la chambre du roi sur leur nef, mais on la força à la quitter, car la mer risquait de s'y engouffrer et le connétable Gilles le Brun et Joinville y étaient seuls couchés. Ce dernier demanda à la reine ce qui l'amenait. Elle lui répondit « qu'elle était venue parler au roi, pour qu'il promît à Dieu quelque pèlerinage, ou à ses saints, par quoi Dieu nous délivrât de ce péril où nous étions ». C'est alors que Joinville lui conseilla de promettre un pèlerinage à Saint-Nicolas-de-Varangéville (Saint-Nicolas-du-Port). Mais la reine ne voulut pas s'y engager : « Sénéchal, vraiment je le ferais volontiers ; mais le roi est si *divers* que s'il savait que je l'eusse promis sans lui, il ne m'y laisserait jamais aller[52]. » *Divers* : qu'est-ce à dire ? Le mot n'est pas facile à comprendre. Natalis de Wailly l'a traduit par *bizarre*. On dit alors d'un enfant qu'il est *divers*, instable, imprévisible. Le *Roman de la Rose* dit que la femme est *diverse* et *muable (donna mobile !)*. Il faudra essayer de cerner cette épithète de bonne source : la reine relayée par Joinville, décidément révélateur d'un Saint Louis singulier[53]...

UN RÊVE DE JOINVILLE

Les rapports entre Saint Louis et Joinville se concluent, dans le témoignage du sénéchal, sur un épisode étonnant, la sublimation d'un rêve.

Ce rêve est le second dans lequel Louis apparaît au sénéchal. Le premier avait été ce rêve de sang, à la veille du jour où Saint Louis se croisa pour la seconde fois[54].

> Je m'en allai à Paris. Quand je vins le soir de la vigile de Notre-Dame en mars, je ne trouvai personne, ni la reine ni autre, qui me sût dire pourquoi le roi m'avait mandé. Or il advint, ainsi que Dieu le voulut, que je m'endormis à matines ; et il me fut avis, en dormant, que je voyais le roi devant un autel à genoux ; et il m'était avis que plusieurs prélats en habits d'église le revêtaient d'une chasuble vermeille en serge de Reims.

Le second se produit quand tout est fini. Saint Louis est mort. Il est devenu officiellement saint. Joinville a déposé au procès en canonisation. Son témoignage a été retenu et le prédicateur de la cérémonie solennelle à Saint-Denis, en 1298, a montré au roi Philippe le Bel et à toute l'assemblée le vieillard de soixante-quatorze ans qui était présent.

Mais Joinville est malheureux. D'abord, il garde mauvaise conscience. Il n'a pas suivi le roi à Tunis. Il a refusé — avec violence même — de l'accompagner. Il lui a répondu que pendant sa première croisade, quand il était avec lui outre-mer, les sergents du roi de France et du roi de Navarre « avaient détruit et appauvri ses gens » et qu'il veut cette fois-ci rester « pour aider et défendre son peuple ». S'il se croisait, il mettrait en colère Dieu « qui mit son corps pour sauver son peuple ». C'est donc aussi une critique indirecte, mais claire et dure, du roi qui ne craint pas, lui, d'abandonner son peuple « au mal et au dommage ». Mais, maintenant, il en a du remords. Le saint roi ne lui en a-t-il pas voulu de cette désertion, de cette infidélité ? N'est-il pas mort en lui ayant retiré son amitié ? Que lui resterait-il alors à lui, Jean de Joinville, dont la vie, si elle a un sens, est cette amitié avec le saint roi ? S'il a perdu cette amitié — et, si c'est le cas, pour toujours — que devient-il ?

Et puis Joinville est malheureux parce que le roi actuel, le petit-fils de Louis, qui vient de procéder à une grande distribution des os reliques de son saint grand-père, ce roi qui ne l'aime pas, qui n'a pas d'égards pour lui, l'a oublié, ne lui a rien donné. Une relique dans son cœur, est-ce suffisant ? En une époque où, pour un chrétien, le surnaturel a besoin d'un support matériel, il faut à Joinville un souvenir tangible de son saint ami.

Survient le grand messager du ciel, l'informateur de l'au-delà, le rêve.

> Je veux encore ci-après dire de notre saint roi des choses qui seront à son honneur, que je vis de lui en dormant : c'est à savoir qu'il me semblait en mon songe que je le voyais devant ma chapelle à Joinville ; et il était, ainsi qu'il me semblait, merveilleusement joyeux et aise de cœur ; et moi-même j'étais bien aise parce que je le voyais en mon château, et je lui disais : « Sire, quand vous partirez d'ici, je vous hébergerai en une mienne maison sise en un mien village qui a nom Chevillon. » Et il me répondit en riant, et me dit : « Sire de Joinville, sur la foi que je vous dois, je ne désire point sitôt partir d'ici. »

Quand je m'éveillai, je me mis à penser ; et il me semblait qu'il plaisait à Dieu et à lui que je l'hébergeasse en ma chapelle, et ainsi ai-je fait ; car je lui ai établi un autel en l'honneur de Dieu et de lui, là où l'on chantera à jamais en l'honneur de lui ; et il y a une rente établie à perpétuité pour ce faire. Et j'ai raconté ces choses à monseigneur le roi Louis, qui est héritier de son nom ; et il me semble qu'il ferait au gré de Dieu et au gré de notre saint roi Louis, s'il se procurait des reliques du vrai corps saint, et les envoyait à ladite chapelle de Saint-Laurent à Joinville, pour que ceux qui viendront à son autel y eussent plus grande dévotion[55].

Joinville espère encore en de vraies reliques que le nouveau roi, Louis X (le Hutin), lui, lui donnera peut-être.

Mais l'essentiel est acquis. Saint Louis, en apparaissant joyeux à Joinville, chez lui, dans son château, en lui disant : « Je ne désire point sitôt partir d'ici », l'a assuré que son amitié n'est pas morte, que s'il lui en a voulu, il lui a maintenant pardonné et que leur couple d'amis va pouvoir se reformer.

Par la fondation de cet autel, c'est chez lui, dans sa chapelle, que Joinville a le saint roi et qu'il l'a tout entier et pour toujours puisqu'il a établi pour son culte une rente à perpétuité. Et c'est dans ce château, dans ce lieu symbolique de sa personne que Saint Louis va vivre à jamais. Ce que ne nous dit pas le sénéchal, c'est que, à défaut de relique, il va compléter cette capture du saint roi pour l'éternité en le faisant représenter par une statue sur son autel ou auprès de lui. L'image du roi serait son incarnation, son double, pour toujours possédé[56]. Le témoignage de Joinville s'achève en monument imaginaire.

X

SAINT LOUIS
ENTRE LE MODÈLE ET L'INDIVIDU

La production de la mémoire de Saint Louis nous condamne-t-elle donc, si nous voulons approcher l'individu Saint Louis, à écarter un dossier de lieux communs hagiographiques et de renseignements manipulés par l'entourage clérical et officiel du souverain et privilégier un témoignage exceptionnel qui révélerait des aspects au moins du « vrai » Saint Louis, celui de Joinville ?

Les choses ne sont pas aussi simples. Il faut, en effet, se demander si la société dont faisait partie le saint roi, si l'outillage mental des biographes et des témoins du procès en canonisation, si la sensibilité de l'époque et ses modes de mémorisation ont été indifférents à l'individu — y compris à celui qui se trouvait placé au sommet de la société — ou si, au contraire, la considération de la personnalité individuelle était un des modes de perception, de définition et d'explication de soi-même et d'autrui et, en particulier, des héros des biographies, des *Vitae*.

HISTOIRE ET INDIVIDU

C'est une habitude souvent irritante chez les historiens de voir dans de nombreuses périodes de l'histoire l'émergence ou l'affirmation de l'individu. Cette assertion répétitive finit par jeter le discrédit sur la quête de l'apparition de l'individu dans l'histoire. Il s'agit pourtant d'un problème réel qui nécessiterait de nombreuses, précises et délicates recherches. Contentons-nous d'abord de deux ou trois propositions d'expériences et de bon sens.

Comme beaucoup de phénomènes historiques dans la longue durée, l'affirmation de l'individu ne suit pas une ligne unique et constante d'évolution. Ce qui correspond à une époque donnée, dans une société particulière, à notre idée d'individu est différent[1]. L'individu socratique imaginé par la philosophie grecque antique, le chrétien doté d'une âme individuelle, l'homme de la Renaissance animé par sa *virtù*, le héros rousseauiste ou romantique, pour ne pas sortir de la culture occidentale, sont non seulement des types distincts d'individus, mais ils ne répondent pas au même concept de l'individu et, en particulier, ils n'ont pas le même rapport avec la société à laquelle ils appartiennent. Il y a un modèle de l'individu dans la cité antique, dans la Cité de Dieu augustinienne, dans l'abbaye de Thélème de Rabelais ou dans l'utopie de Thomas More, dans la Genève de Calvin, à Port-Royal ou dans la Société de Jésus, pour s'en tenir à des sociétés réelles ou imaginaires, et c'est chaque fois un modèle spécifique et différent des autres.

On ne peut, toutefois, parler vraiment d'individu et d'individualisme dans la société occidentale que dans la période contemporaine, et pour donner un repère à un phénomène, qui relève d'une longue, multiple et souvent souterraine préparation, il ne s'affirme qu'avec la Constitution américaine et la Révolution française. Mais il a existé, sans doute depuis les débuts de l'histoire, autour de notions différentes de l'individu, des poussées plus ou moins longues, plus ou moins fortes, plus ou moins durables d'individualisme suivies d'étiages ou même de reflux. S'il est une histoire discontinue et multiforme, c'est bien celle de la place et de la notion de l'individu.

Mais on relève aussi certaines séries de production de l'histoire précisément destinées à fixer la mémoire de l'individu, et qui marquent indubitablement un intérêt plus particulier, une affirmation plus nette : c'est le cas de l'autobiographie, du portrait. Plusieurs historiens, et non des moindres, ont récemment avancé que la période qui précède ou même qui englobe la vie de Saint Louis a été l'un de ces moments de poussée de l'individu.

L'Anglais Walter Ullmann, historien du droit et des institutions ecclésiastiques, estime dans *L'Individu et la société au Moyen Âge* que la notion médiévale de l'individu comme sujet a commencé à évoluer vers celle d'individu-citoyen dès le cœur du Moyen Âge, même si elle n'a trouvé son plein accomplissement qu'à la fin du XVIIIe siècle. Dans la société chrétienne médiévale, l'individu ne pouvait apparaître en raison de la contrainte de deux représentations fondamentales : celle de la supériorité de la loi et celle de la société comme corps organique. La première suppose l'image d'une société hiérarchique et inégalitaire où l'individu est un inférieur et doit obéir à un supérieur chargé d'appliquer la loi. Il n'existait pas de règle de majorité donnant une valeur égale à chaque individu, mais c'était la *sanior pars*, la minorité la plus « saine », celle des « meilleurs », qui s'imposait aux moins « bons ». L'individu n'était qu'un sujet *(subjectus*, « soumis »). Et Walter Ullmann souligne qu'en résulte, entre autres, le caractère si impersonnel, à nos yeux, de l'historiographie médiévale[2].

LE TOURNANT DU XIIe AU XIIIe SIÈCLE

L'autre représentation dominante, venue de saint Paul et revivifiée au XIIe siècle par Jean de Salisbury avec la conception organiciste de la société semblable à un être humain, dans lequel les membres doivent obéir à la tête (ou au cœur), faisait se fondre l'individu dans les communautés auxquelles il appartenait : l'ordre ou l'état social *(ordo, status)*, la paroisse, la corporation et, bientôt, l'État en gestation.

Pourtant, selon Walter Ullmann, c'est la suprématie même de la loi qui a favorisé la transformation de l'individu-sujet en individu-citoyen, en se combinant à d'autres éléments évolutifs. Pour lui, l'essence du système féodal est « le contrat individuel et personnel entre le seigneur et le vassal[3] ». Il voit l'expression la plus remarquable de cette tendance qui va unir primauté de la loi et considération de l'individu dans l'article 39 de la Grande Charte (1215) imposée par les barons au roi d'Angleterre : « Aucun homme libre ne sera arrêté ou emprisonné, ou saisi, ou mis hors la loi, ou exilé, ou lésé en quoi que ce soit, sauf par un jugement de ses pairs *(judicium parium suorum)* et par la loi du pays *(per legem terrae)*. » Cette interprétation me semble contestable : il faut constater, en effet, que la longue et lente marche des pays occidentaux chrétiens vers la démocratie a suivi deux voies principales. La voie anglaise repose sur la garantie des droits de l'individu par la loi du pays et par le jugement des pairs ; la française passe par l'affirmation de la loi de l'État égale pour tous, dont la formulation et l'application furent assurées par le roi au temps de l'État monarchique. C'est précisément ce que fit Saint Louis dans le cas du sire de Coucy[4]. Le système « féodal » peut donc être considéré comme une instigation à la protection de l'individu (cas anglais) ou comme une entrave à cette protection, en favorisant un système hiérarchique où l'égalité n'existe qu'au sein d'une couche supérieure privilégiée (cas français). Chaque système peut se pervertir, et c'est ce qui est advenu dès le Moyen Âge : dans un cas, c'est la domination des privilégiés ; dans l'autre, la tyrannie étatique, qui advint en France avec Philippe le Bel, peut-être déjà avec Philippe III, et qu'une partie, au moins, de la noblesse crut lire dans certains actes de Louis IX.

Revenons à la conception de Walter Ullmann : il décèle une troisième voie par où la notion d'individu fait son apparition dans l'Occident médiéval, qu'il nomme « humaniste ». Elle résulte de la convergence de l'évolution dans des champs très divers, mais très significatifs, de la pensée, de la mentalité et de la conduite humaines. Il invoque aussi bien ici la préparation philosophique et théologique à l'aristotélisme que la formation d'une littérature en langue vulgaire, le développement du « naturalisme » dans les arts visuels, la pensée humaniste de Dante, la philosophie politique de Marsile de Padoue, la pensée juridique de Bartole de Sassoferrato. Ces considérations nous entraînent au-delà de l'époque de Saint Louis. Mais, en revanche, son règne se situe au cœur de la période où Ullmann place l'élan décisif de la transformation de l'individu-sujet en individu-citoyen. « La science historique a fini par reconnaître qu'en Occident le tournant du XIIe au XIIIe siècle était la période où ont été semés les germes du futur développement constitutionnel ainsi que de la mise sur pied de l'individu[5]. » Et comme l'exprime surtout la littérature vernaculaire, un renversement fondamental de mentalité et de sensibilité s'opère, au cœur duquel émerge l'individu : « Tandis que dans le haut Moyen Âge c'était le *Memento mori* [« Souviens-toi que tu mourras »] qui donnait le ton à la littérature, depuis la fin du XIIe siècle c'était le *Memento vivere* [« Souviens-toi de vivre »]. L'ancien ton de résignation et de fuite du monde dans l'éternité était remplacé par une *joie de vivre*[6], un appel optimiste à la capacité personnelle de l'homme de porter sa vie terrestre à une complète jouissance[7]. » Qu'on se rappelle l'étonnant : « Il n'y en a pas un qui n'aime autant sa vie que je fais la mienne » de Louis[8] qui est, lui aussi, touché par cette « descente des valeurs du ciel sur la terre[9] ». Saint Louis navigue entre cette vie terrestre valorisée et individualisée et le ciel collectif de la communion de saints.

Un autre historien britannique, Colin Morris, va plus loin. Tout en faisant de l'Antiquité gréco-romaine un des foyers probables du concept d'individu et en soulignant les origines chrétiennes de la notion, il réserve au Moyen Âge un rôle de véritable « découverte de l'individuel », selon le titre de son livre[10]. Sa seconde originalité est d'avancer le début du phénomène au milieu du XIe siècle, l'aire chronologique de son étude s'étendant de 1050 à 1200. Mais l'époque décisive est pour lui le XIIe siècle et, tout en signalant qu'il n'existe pas alors de mot pour individu, les termes *individuum*, *individualis* et *singularis* étant étroitement circonscrits au langage technique de la logique, il insiste sur « la quête de soi », ce qu'on a appelé le socratisme chrétien. C'est le bénédictin Guillaume de Saint-Thierry (1085-1148), ami de saint Bernard, qui en donne la double source, dont son traité sur la « nature du corps et de l'âme » *(De natura corporis et animae)* : « La réponse de l'Apollon de Delphes était fameuse chez les Grecs : Homme, connais-toi toi-même. » Et Salomon, ou plutôt le Christ, a dit la même chose dans le Cantique des Cantiques (i, 7) : « Si tu t'ignores, sors » *(Si te ignoras... egredere)*. Ce socratisme chrétien a inspiré très diversement aussi bien un Abélard qu'un saint Bernard. La quête du moi se poursuit dans l'intensification de la confession privée, auriculaire, où l'on cherche à déceler les intentions du pécheur au lieu de punir simplement la faute objective. L'autobiographie, inspirée par les *Confessions* de saint Augustin, naît avec le moine de Ratisbonne Otloh de Saint-Emmeran (mort vers 1070) et se continue avec le bénédictin de la France du Nord, Guibert de Nogent (mort vers 1123). Otloh cherche « l'homme intérieur » et Guibert rencontre « le mystère intérieur »[11].

Ce moi va à la recherche d'autres « moi ». Le XIIe siècle est le siècle de l'éloge de l'amitié. Le cistercien anglais Aelred de Rievaulx redécouvre le traité sur l'amitié *(De amicitia)* de Cicéron et couronne sa carrière par un livre sur *L'Amitié spirituelle*, entre 1150 et 1165. Il affirme que « Dieu est amitié » et, plus loin, que l'amitié est le vrai amour. Amour sacré, amour profane, avec toutes les ambiguïtés que recèle le livre biblique le plus commenté au XIIe siècle, le Cantique des Cantiques. Saint Bernard, Guillaume de Saint-Thierry sont les chantres de l'amour de Dieu. Guillaume affirme : celui que tu cherches, s'il est dans ton amour, il est en toi et il ne veut pas seulement voir Dieu, il veut aussi le « toucher » et même

« entrer tout entier à l'intérieur de lui jusqu'à son cœur »[12]. Saint Bernard, on l'a vu, pleure son frère avec l'intensité que mettra Saint Louis à pleurer sa mère, son fils, son frère, sa sœur. Entre Joinville et Saint Louis, au cœur de la dévotion de Saint Louis, a existé cette intensité de l'amitié et de l'amour entre individus qui aboutira, au XVIe siècle, au modèle de Montaigne et La Boétie, « parce que c'était lui parce que c'était moi », où l'on retrouve cette fascination pour « l'homme intérieur ».

Enfin, l'individu nouveau explore de nouvelles voies religieuses : le culte de la Passion du Christ, l'eschatologie, la théologie mystique. La Passion de Jésus, la nouvelle Jérusalem, la quête de Dieu à travers l'amitié et l'amour des hommes, ce sera la religion de Saint Louis.

Le médiéviste russe Aaron J. Gourevitch est, lui aussi, un tenant de l'apparition de l'individu au XIIIe siècle. Après avoir souligné combien l'individu est absorbé, au Moyen Âge, par les collectivités dont il fait partie, combien ce qui comptait, en ce temps où l'on disait *individuum est ineffabile* (« l'individuel ne peut être exprimé »), ce n'était pas la partie mais le *tout, l'universitas*, il conclut son grand livre sur *Les Catégories de la culture médiévale* par un essai : « À la recherche de la personnalité »[13].

Pour lui, c'est en effet plutôt la « personnalité » que l'« individualité » qui cherche à s'affirmer au Moyen Âge. La notion de *persona*, qui, dans le monde romain, désignait d'abord le masque de théâtre, s'y transforma dans le domaine du droit en concept de personnalité. Mais le système féodal a empêché longtemps l'individu de se rendre indépendant. Il restait pour la pensée englobé dans l'universel, dans le type et, dans la réalité sociale, il était subordonné à la communauté à laquelle il appartenait. Le

XIIIe siècle, enfin, marqua un tournant où se manifestèrent « des symptômes témoins des prétentions grandissantes, chez la personne humaine, à être reconnue »[14].

Gourevitch est, par la suite, allé plus loin, faisant dater du Moyen Âge, non plus seulement la naissance de la personne morale, mais de l'individu proprement dit. À l'aide des récits de voyages dans l'au-delà, il soutint l'hypothèse que l'image d'une biographie individuelle conçue comme « le destin d'une âme » et la notion d'une personnalité humaine achevée au moment de la mort dans un jugement individuel au chevet du mourant apparaissent dès le VIIIe siècle dans le christianisme[15].

LE « MOI »

Ces conceptions ont fait l'objet de critiques nuancées. De la part, d'abord, de l'historienne américaine Caroline Bynum, qui a proposé d'opérer une première distinction entre l'individu *(individual)*, pour lequel on a vu que le Moyen Âge n'avait pas de mot véritable, et le moi *(self)* qui correspondrait aux termes « âme » *(anima)*, « soi » *(seipsum)*, « homme intérieur » *(homo interior)*[16]. Selon elle, le Moyen Âge méconnaîtrait, même après le XIIe siècle, l'*individu* en tant qu'*unique* et *séparable* (et séparé) de tout groupe. Ce que le XIIe et le XIIIe siècle auraient trouvé ou retrouvé, c'est l'homme intérieur, le moi. Mais ce moi n'existerait pas en dehors des groupes dont il fait partie. La nouveauté de ces siècles serait d'avoir remplacé ou doublé les vieilles conceptions unitaires, binaires ou ternaires de la société par une multiplicité de groupes. À côté de l'Église, de la Chrétienté, du corps mystique du Christ, du couple clercs et laïcs, puissants et pauvres, peuple gras et peuple menu *(popolo grasso/popolo minuto)*, et des systèmes ternaires plus récents : les trois ordres (clercs, guerriers, travailleurs, *oratores, bellatores, laboratores*) ou les grands, les moyens, les petits *(maiores, médiocres, minores)*[17], se développent de nouvelles typologies sociales et socioprofessionnelles tant à l'intérieur de l'Église (moines, chanoines, séculiers, ordres de tout genre[18] que chez les laïcs classés par « états » *(status)* pour lesquels, par exemple, les prédicateurs du XIIIe siècle composent des sermons spécifiques adaptés à leur profession et à leur situation dans la société (ce peut être les veuves, les gens mariés, les jeunes ou les juges, les marchands, les artisans, les paysans, les pauvres, les lépreux, les pèlerins, etc.). Ces états seraient définis selon des modèles ou types qui évolueraient en fonction de l'évolution de la société. L'autobiographie attribuée à Abélard, l'« Histoire de mes malheurs » *(Historia calamitatum)*, qu'elle soit une œuvre authentique ou un faux du XIIIe siècle, est, en réalité, « l'histoire de l'ascension et de la chute d'un type : "le philosophe" ». François d'Assise, que l'on regarde comme « l'individu qui se révolte contre le monde », deviendrait « un modèle pour le monde ».

Il faut enfin se demander quelle conscience Saint Louis a pu avoir de son « moi ». La distinction établie par Marcel Mauss entre « sens du moi » et concept d'individu est ici pertinente.

Si Louis a bien le « sens du moi », se pense-t-il comme un « individu » ? Rien n'est moins sûr[19].

Ainsi, faute de concept accompli de l'individu, aller à la recherche de l'individu Saint Louis, dont Caroline Bynum ne parle pas, serait une chimère. Le seul Saint Louis que nous pourrions atteindre serait soit le modèle du saint roi pour l'Église de la fin du XIIIe siècle, soit le modèle du roi selon les Mendiants, selon Saint-Denis ou selon un pieux chevalier.

Le jugement de Jean-Claude Schmitt est encore plus nuancé. Remontant aux origines de ce qu'il appelle la « fiction » historiographique de la « découverte de l'individu », qu'il attribue à la tradition germanique instaurée à la fin du XIXe siècle par Jacob Burckhardt et Otto von Gierke, il nie l'existence au Moyen Âge d'une notion d'individu, au sens contemporain du terme, d'ailleurs plein d'ambiguïtés, pour ne reconnaître que l'apparition tardive d'une conception de la personne prise elle-même dans des tensions contradictoires, car « loin d'exalter d'abord la conscience individuelle, elle tend à abolir le sujet dans la divinité dont il est l'image et dans l'humanité dont il partage le destin ». Pourtant, dans la lignée de saint Augustin, dès le XIe siècle, des clercs du Moyen Âge ont vécu un retournement imprévu de cette contradiction de la personne chrétienne : « L'abolition du moi suppose paradoxalement un approfondissement de la conscience individuelle. »

Cette conception me paraît expliquer la tension intérieure que William Jordan a cru déceler chez Saint Louis et dont je crois qu'elle a été harmonieusement surmontée par le roi au lieu d'être douloureusement vécue. Par sa foi en Dieu, Saint Louis a changé ses faiblesses individuelles en pouvoir personnel et fait coïncider morale et politique dans sa conduite. Sa personnalité s'est construite en conformant son individu à ce qu'il croyait être la volonté divine.

Enfin, Jean-Claude Schmitt pense qu'il faut aller à la recherche de ce qui correspond à un processus, encore sous-jacent, de genèse de l'individu non seulement, comme le fait Caroline Bynum, dans la perspective d'une histoire de la spiritualité, mais selon les voies convergentes, à partir du XIIe-XIIIe siècle, de l'essor de l'autobiographie, de l'intériorisation de la vie morale, de la transformation des techniques intellectuelles qui font reculer les « autorités » au profit des « raisons » et des mutations de l'affectivité et de la spiritualité, surtout sensibles dans les domaines de l'amour et de la mort[20].

LE CAS DE SAINT LOUIS

Le lent cheminement que j'ai accompli à travers les thèses de ces historiens me permet maintenant d'aborder l'individu Saint Louis tel qu'il me paraît émerger des sources faites pour l'immerger dans les modèles et les lieux communs. De ses biographes ressort une autobiographie du roi par lui-même, de sa vie intérieure une personne, de ses paroles un individu qui exprime ses raisons personnelles, de ses comportements affectifs et de ses attitudes face à la mort un roi chrétien singulier, que je crois pouvoir, non dans la fiction, non dans l'illusion, mais dans la réalité historique approcher.

Mais, s'il est vrai que la notion d'individu est différente au XIIIe siècle de celle qui est postérieure à la Révolution française, s'il est vrai que ce qui s'affirme, surtout à partir du XIIe siècle, c'est le *moi*, assimilé à l'homme intérieur que la quête de l'intention du pécheur et la pratique de la confession individuelle avivent, et s'il est vrai que l'individu n'existe pas en dehors de la communauté dont il fait partie ou, plutôt, vit dans une relation dialectique constante entre son moi et le groupe, il n'est pas moins vrai que ce moi parle de plus en plus fort et que les individus au XIIIe siècle se présentent comme un mixte de *moi*, d'homme intérieur et d'individu au sens plus moderne.

Saint Louis est un roi saint plus « personnel » que ses prédécesseurs[21]. Dans le Miroir des princes qu'il lui dédie, le franciscain Gilbert de Tournai insère dans un portrait impersonnel du roi idéal, inspiré du Deutéronome, un chapitre personnel, historique au sens événementiel, sur la captivité de Louis en Égypte. Il existe dans ce genre littéraire, l'un des plus goûtés au XIIIe siècle, de l'*exemplum*, anecdote glissée dans les sermons, dont Saint Louis était friand, une tendance à privilégier les faits contemporains, survenus « à notre époque » *(nostris temporibus)*, « vrais », et non réduits aux modèles et aux lieux communs, dont le prédicateur ou sa source peuvent dire « j'ai vu » *(vidi)*, « j'ai entendu dire » *(audivi)* plutôt que « j'ai lu » *(legi)*[22]. C'est exactement ce que fait et dit Joinville de Saint Louis. Il reconnaît ce qu'il doit à autrui, à Robert de Clermont, par exemple, qui lui a raconté la mort de son père à laquelle lui-même n'a pu assister ou ce qu'il a trouvé dans un ouvrage en français dont nous ne savons rien.

> Je fais savoir à tous que j'ai mis ici grande partie des faits de notre saint roi devant dit, que j'ai vus et ouïs, et une grande partie de ses faits que j'ai trouvés qui sont dans un ouvrage en français, lesquels j'ai fait écrire en ce livre. Et je vous rappelle ces choses, pour que ceux qui entendront ce livre croient fermement en ce que le livre dit que j'ai vraiment vu et ouï ; et les autres choses qui y sont écrites, je ne vous témoigne pas qu'elles soient vraies, parce que je ne les ai vues ni ouïes[23].

Il va avec Saint Louis comme avec un grand saint contemporain[24] dont on le sent parfois, quoique si différent de personnalité, de statut et de vie, très proche.

On peut observer pour saint François d'Assise cette lutte entre l'individu et le modèle. On a montré, en effet, comment, à partir d'un portrait fait peu de temps après sa vie et à partir de témoignages assez spontanés on est passé à un portrait qui fuit la singularité et recherche la similitude avec des modèles[25]. C'est ce qu'on peut voir en comparant la première « Vie » que Thomas de Celano a consacrée au saint *(Vita prima)* écrite en 1229, trois ans après la mort de François, à la seconde, qu'il a récrite en 1246 *(Vita secunda)*, pour obéir à l'évolution de l'ordre et montrer un François obéissant aux modèles. La *Vita prima* le présentait comme « un homme différent de tous les autres » (*virum omnibus dissimilem* : I, 57, 19). La *Vita secunda* le décrit « fuyant la singularité en tout » *(singularitatem in omnibus fugiens* : II, 14, 4). L'Église, qui fait de plus en plus sentir son poids sur l'ordre, lui fait ramener François à l'obéissance aux modèles traditionnels. C'est la même pression qui s'est exercée sur Louis, mais qui, grâce à Joinville surtout, se révèle parfois en défaut : la vivacité de l'individu brise l'harmonie du modèle de roi idéal dont on l'a habillé. C'est que l'époque permet ces affleurements, ces balbutiements de l'individu au sens moderne.

Certains types de documents, certaines modalités de l'énonciation me permettent de nuancer les thèses de ceux qui nient la possibilité de percevoir un individu au XIIIe siècle. Ce sont, par exemple, les sources littéraires en langue vernaculaire dans lesquelles on a montré l'apparition non du *moi* mais du *je*, l'épanouissement d'une *subjectivité littéraire*, indice d'une subjectivité plus générale. Joinville et son Saint Louis sont dans la lignée de cette série de textes[26].

Ce sont aussi les nouvelles pratiques judiciaires. C'est sous le règne de Saint Louis que commence à se substituer à l'ancienne procédure accusatoire, selon laquelle un coupable n'était poursuivi que s'il y avait un accusateur, la nouvelle procédure inquisitoire selon laquelle un magistrat compétent, ecclésiastique ou laïc, recherche les moyens d'accuser valablement un suspect. La meilleure preuve recherchée est désormais l'*aveu*, au besoin sous la torture. L'obsession inquisitoriale de l'Église, en la poussant à ne laisser échapper aucun hérétique, mais aussi à ne condamner que les coupables, en distinguant l'hérésie de ce qui n'est pas elle, a favorisé le traitement du suspect et de l'accusé comme cas individuel. Les conceptions juridiques tendent à séparer de plus en plus le privé du public. Il y a là une distinction essentielle qu'il faut appliquer au roi, comme le montre Gilbert de Tournai dans son *Miroir des princes* dédié à Saint Louis. Le privé se situe du côté du particulier, il devient un attribut de l'individu, au moins de certains individus, les plus puissants[27]. Ajoutons-y la renaissance du testament, qui individualise chaque testateur.

C'est surtout, sans doute, le remodelage de la géographie de l'au-delà et la modification en conséquence des croyances et des pratiques liées à la mort qui favorisent de la façon la plus nette l'affirmation de l'individu. Dieu décidera, au moment même de la mort, si le défunt doit subir un passage par le Purgatoire, ce nouveau lieu de l'au-delà auquel on attribue désormais un territoire, puisque le Purgatoire n'existera que jusqu'à la fin des temps et que Dieu ne peut plus attendre le Jugement dernier pour envoyer le défunt vers l'Enfer ou au Paradis, mais doit décider du lieu de séjour, éventuellement temporaire, de son âme. Le moment qui devient décisif pour le salut éternel ou la damnation, c'est le moment même de la mort, de la mort individuelle[28]. Mais je ne suivrai pas Aaron Gourevitch jusqu'au bout lorsqu'il soutient que la croyance au Purgatoire détache l'individu de toute communauté[29]. Le raccourcissement du séjour au Purgatoire dépend des suffrages que les vivants proches du mort en Purgatoire lui assurent par des prières, des messes, des aumônes. Ainsi se créent de nouveaux liens entre les vivants et les morts et se renforce l'importance, à côté de la famille charnelle, des familles spirituelles ou artificielles : ordres religieux, confréries, etc. Un nouvel équilibre s'établit entre l'individu et les groupes auxquels il est lié. C'est dans cet équilibre qu'a vécu Saint Louis.

LA CONSCIENCE

Le meilleur mot qui caractérise cet éveil à la fois du moi et du je est sans doute la *conscience*[30]. L'examen de conscience, les cas de conscience deviennent des réalités prégnantes au XIIIe siècle. On a souligné combien dans leur gouvernement, par exemple dans l'envoi d'enquêteurs, les rois de France des XIIIe et XIVe siècles ont écouté leur conscience et voulu être en paix avec elle, cette conscience devant assurer leur salut personnel et celui de leur peuple. Rencontre, à nouveau, de l'individu et de la communauté. De tous ces rois la plus haute conscience fut Saint Louis.

Cette pression de l'individu sur le modèle, sur ce que Thomas de Celano appelle à propos de François d'Assise la *forma*, le « moule », s'est exercée aussi sur les hagiographes qui ont pu parfois y céder, qu'ils aient connu le roi — et son confesseur, Geoffroy de Beaulieu, l'avait connu à la fois comme proche et comme confident de « l'homme intérieur » — ou qu'ils en aient entendu parler par son entourage — comme c'est le cas de Guillaume de Saint-Pathus, confesseur de la reine, qui avait eu communication du dossier de canonisation et des témoignages qu'il contenait.

Saint Louis, même chez eux, s'écarte parfois du modèle. D'abord, parce qu'un saint a aussi à lutter contre lui-même et contre le diable — personne, même un saint, n'est parfait ici-bas et il ne faut pas toujours l'idéaliser. Mais, surtout, ces témoins ne peuvent pas échapper à la connaissance directe qu'ils ont de la personnalité de leur héros. Leur expérience concrète les contraint, quoi qu'ils en aient, à peindre parfois le roi réel et non le roi typique, idéal.

Voici un trait personnel porté au compte de la résistance du saint roi à la tentation. Louis respectait scrupuleusement les interdits de l'Église en matière de relations sexuelles conjugales. Mais il a dû parfois lutter. C'est un lieu commun de l'hagiographie que de montrer le saint surmontant la tentation de la chair, et l'image stéréotypée de cette victoire — en particulier depuis la *Vie de saint Benoît* de Grégoire le Grand — était l'extinction du feu charnel dans le feu matériel des orties où le saint tenté allait se rouler. Mais chez Geoffroy de Beaulieu, le lieu commun se traduit en une attitude réaliste. « Si dans ces jours de continence il lui arrivait pour une raison quelconque de visiter son épouse la reine et de rester avec elle et de sentir parfois au contact de son épouse, en raison de la fragilité humaine, les mouvements désordonnés de la chair, il se promenait de long en large dans la chambre *(per cameram deambulans)*

jusqu'à ce que la rébellion de la chair se fût calmée[31]. »
Qui douterait de la conformité à la réalité de l'image de Louis arpentant la chambre conjugale ?

Parfois, le blâme exprimé par le confesseur hagiographe est provoqué par l'excès de sa piété. Louis avait pris l'habitude d'une dévotion nocturne de type monastique. Au milieu de la nuit, il se levait pour aller entendre chanter matines, puis priait un moment au pied de son lit, bon exemple de prière individuelle en privé. Mais il se relevait très tôt le matin, dès prime. « Comme ces veilles pouvaient affaiblir et affecter grandement son corps et en particulier sa tête, il finit par se ranger au conseil et aux instances de certaines personnes discrètes [de son entourage] et se leva pour matines à une heure [plus tardive] qui lui permit d'entendre à la suite presque aussitôt après prime, les messes, et les heures[32]. »

Même remarque à propos du cilice qu'il portait pendant l'avent et le carême et les quatre vigiles de la Vierge : « Son confesseur [c'est-à-dire lui-même, Geoffroy de Beaulieu] lui avait pourtant dit que cela ne convenait pas à son rang *(status)* et qu'il devait à la place donner de larges aumônes aux pauvres et procurer à ses sujets une justice accélérée *(festinata)*[33]. » Et encore à propos de ses jeûnes : aux jeûnes complets du vendredi et partiels (viande et graisses) du mercredi il voulut ajouter un jeûne supplémentaire du lundi « mais à cause de sa faiblesse physique il y renonça sur le conseil des personnes discrètes [de son entourage][34] ».

L'effet de réel peut aussi provenir non d'un écart par rapport au modèle, mais d'un détail concret qui ne semble pas avoir pu être inventé ni emprunté à une autre source que l'expérience directe.

Parfois le confesseur hagiographe glisse un détail connu de lui seul et qui, à nouveau, évoque concrètement la conduite très personnelle du roi, même si c'est pour ajouter à l'image très laudative qu'il veut en donner : « Il traitait toujours ses confesseurs avec un grand respect, si bien que quelquefois, alors qu'il s'était déjà assis devant le confesseur pour se confesser, si celui-ci voulait fermer ou ouvrir une porte ou une fenêtre il se hâtait de se lever à sa place et de le prévenir, et il allait humblement fermer [...][35]. »

Guillaume de Saint-Pathus rapporte son habitude de vouvoyer tout le monde, y compris la domesticité[36]. Le renoncement au *tu* traditionnel, qui noyait dans un troupeau ceux auxquels il s'adressait, dénote son attention à la dignité individuelle, mieux respectée par un *vous* de politesse.

UN ROI PARLANT FRANÇAIS

Ce qui accroît encore pour nous l'impression d'approcher et même d'entendre le « vrai » Saint Louis, c'est qu'une partie des sources de sa biographie le font parler en français.

C'est sous Louis IX, en effet, que le français progresse de façon décisive. Le nombre des chartes rédigées en français augmente de manière importante. Quand Louis lance ses enquêteurs en 1247, les premières pétitions adressées au roi sont encore rédigées en latin. À la fin du règne, elles le sont en français. Quand le roi écrit de sa main peu avant 1270 ses *Enseignements* à son fils aîné et à sa fille, il le fait, comme Guillaume de Nangis le note[37], en français. C'est aussi une version française des Chroniques de Saint-Denis qu'il demande au moine Primat. Si, sur son lit de mort, il retrouve le latin, langue des pères, il a promu le français, langue maternelle[38], et quand il accomplit de son tombeau à Saint-Denis un miracle linguistique, c'est en français de l'Île-de-France qu'il fait parler le miraculé, un Bourguignon pourtant[39]. Le premier roi de France que nous entendons parler s'exprime en français[40].

LE PORTRAIT DU ROI

L'histoire du portrait nous fournit un élément décisif pour repérer la naissance d'une attention à l'individu. Saint Louis n'appartient qu'à sa préhistoire[41].

Roland Recht a récemment rappelé[42] que le réalisme est un code. Le terme qui lui semble le meilleur pour définir cet intérêt au monde et aux êtres « réels » est le « principe de réalité » qu'il définit comme « la prise en compte du monde réel par le monde de l'art ». Il estime, à juste titre, que ce principe « est nécessairement un principe d'individuation » qu'il repère dans la sculpture « aux alentours de 1300 ». La sculpture funéraire est un domaine privilégié d'observation de ce principe, et c'est à partir des années 1320-1330 que se manifeste la « tentation du portrait », aboutissement des recherches du XIIIᵉ siècle, notamment en matière de physionomie. Ces préoccupations sont inspirées par un traité attribué à Aristote et par un ouvrage de l'un des savants de la cour de Frédéric II Hohenstaufen, Michel Scot, consacré à l'astrologie, mais qui comprend une partie sur la physiognomonie en tant qu'étude de la physionomie individuelle. Cet intérêt grandit avec la scolastique, dans la seconde moitié du XIIIe siècle, par exemple dans le *De animalibus* (« Sur les animaux ») d'Albert le Grand et dans un *De physiognomonia* attribué à saint Thomas d'Aquin. Mais la sculpture funéraire en reste aux portraits idéalisés, comme on peut le voir chez les gisants de Saint-Denis à l'occasion de la réorganisation des tombes royales en 1263-1264 à l'instigation de Saint Louis et de son proche conseiller, l'abbé Mathieu de Vendôme[43].

Les images réputées anciennes, voire contemporaines, de Saint Louis nous permettent-elles d'entrevoir son visage réel ?

L'étude du dossier iconographique de Saint Louis m'a conduit à la même conclusion qu'Alain Erlande-Brandenburg : « Nous ne connaissons aucun véritable portrait de Saint Louis. » Une miniature d'une Bible moralisée peinte à Paris à une date que les spécialistes pensent voisine de 1235 — c'est-à-dire du moment où Louis IX avait environ vingt ans — représente le roi assis avec un visage conventionnel. Le document est intéressant parce qu'il présente dans deux cadres symétriques, au même niveau, Blanche de Castille et Louis IX, et cette image me paraît bien définir l'étrange couple royal qu'ils ont, en effet, formé[44]. Tous deux sont assis couronnés sur un trône et, à première vue, une impression d'égalité, de corègne se dégage de l'image. Mais un regard plus attentif décèle que Saint Louis est assis sur un véritable trône, alors que sa mère est assise sur une sorte de chaise curule, du type de siège qu'on a appelé « trône de Dagobert ». Si l'on compare ces sièges à ceux qui apparaissent sur les sceaux des rois de France, celui de Blanche évoque ceux sur lesquels sont assis les rois de France sur leur sceau de majesté et celui de Louis un trône plus « moderne ». Surtout, alors que les pieds de la reine mère sont dissimulés sous les plis de sa longue robe, ceux de Louis, visibles, reposent sur un petit tapis rouge, symbole du pouvoir royal ; et si Blanche a un manteau doublé d'hermine, elle n'a rien dans les mains, alors que Louis tient les insignes du pouvoir royal, dans la main droite le sceptre surmonté d'une fleur de lys — signe distinctif des rois de France — et dans la main gauche un petit globe qui lui confère, mais en format réduit, un pouvoir symbolique de type impérial, de nature suprême[45]. Tels ont bien été les rapports entre Louis et sa mère, cas extraordinaire de couple royal. Derrière une égalité de façade, une inégalité au bénéfice du jeune roi qui a toujours été le seul à posséder tous les attributs du pouvoir royal suprême. Il n'y a pas eu de dyarchie à la tête du royaume de France. S'il y a ici réalisme, il est institutionnel, c'est la représentation de la fonction royale et des relations existant réellement entre le roi et sa mère.

Une autre image est de nature toute différente. C'est un dessin à la plume et au lavis sur parchemin, probablement exécuté au XVIIe siècle par un copiste parisien pour l'érudit provençal Fabri de Peiresc et représentant un fragment d'une des peintures de la Sainte-Chapelle de Paris du début du XIVe siècle. Ces peintures s'inspiraient sans doute d'un autre cycle de fresques sur la vie de Saint Louis, exécutées entre 1304 et 1320 à l'église des Cordelières (Clarisses) de Lourcine et commandées par Blanche, la fille de Saint Louis, celle-là même qui demanda à Guillaume de Saint-Pathus d'écrire la vie de son père[46]. Le document présenterait la tête de Saint Louis dans la scène du lavement de pieds des pauvres. Cette image, exécutée pour des religieuses Mendiantes sur la commande d'une fille attachée à l'image du père qu'elle a connu et à un moment où les premiers portraits réalistes de grands personnages apparaissent, est proche, sans doute, des traits réels de Saint Louis en posture d'humilité, le pénitent barbu au retour de sa première croisade.

Ces deux images anciennes me paraissent bien définir la place de Saint Louis dans la série qui conduit au portrait individuel proprement dit. Le dessin de Peiresc évoque cette « tentation du portrait » que signalait Roland Recht au tournant du XIIIe au XIVe siècle. La miniature de la Bible moralisée maintient le portrait du roi dans la tradition du portrait idéalisé symbolique et stéréotypé, quoique adapté à une situation de pouvoir singulière et réelle[47].

On a tenté, dès la fin du Moyen Âge, d'identifier Louis comme le modèle d'une statue qui se trouve dans l'église de Mainneville dans l'Eure et qui date des premières années du XIVe siècle[48]. On peut affirmer aujourd'hui que cette statue n'est pas celle de Saint Louis, mais de son petit-fils, Philippe le Bel. Cela, d'ailleurs, n'a rien d'étonnant dans l'église d'un fief d'Enguerran de Marigny, puissant conseiller de Philippe le Bel. La confusion témoigne néanmoins du sentiment qu'on a eu très tôt que Saint Louis avait vécu à l'époque où l'on commençait à envisager des portraits individualisés. Elle s'explique aussi par le fait que Saint Louis, comme Philippe le Bel, avait la réputation de beauté qui s'est attachée aux derniers Capétiens directs. Cette qualité a sans doute permis que la transition se fasse plus facilement de la statue idéalisée à la statue réaliste. La statue de Saint Louis qui fut placée au début du XIVe siècle sur sa tombe à Saint-Denis était symbolique : le roi, sans barbe, portant un manteau décoré de fleurs de lys, tient les trois clous de la Passion et une croix à deux barres qui est sans doute l'image du reliquaire de la vraie croix de la Sainte-Chapelle. Elle unit la symbolique de la monarchie française à celle de la dévotion à la Passion du Christ, à la croix et aux reliques[49].

Alain Erlande-Brandenburg observe que, de même que nous ne connaissons aucun véritable portrait de Saint Louis, « aucun chroniqueur n'a pris la peine de nous décrire ses traits ». Une Vie du saint roi, destinée en partie à des lectures conventuelles, en partie à la prédication, et rédigée peu après sa canonisation, nous donne une esquisse intéressante du physique du roi[50].

> Par sa stature il dépassait tout le monde des épaules et au-dessus, la beauté de son corps tenait à l'harmonie de ses proportions, sa tête était ronde comme il convient au siège de la sagesse, son visage placide et serein avait extérieurement quelque chose d'angélique, ses yeux de colombe émettaient des rayons gracieux, sa face était à la fois blanche et brillante, la blancheur précoce de ses cheveux (et de sa barbe) présageait sa maturité intérieure et même la vénérable sagesse de la vieillesse. Tout cela, il est peut-être superflu de le louer car ce n'est que l'ornement de l'homme extérieur. Les qualités intérieures viennent de la sainteté, et ce sont elles qu'il faut s'attacher à vénérer. C'est ce qui poussait à aimer davantage le roi, et on était mû intérieurement vers la joie au seul aspect extérieur du roi.

Telle est l'image du roi qui s'est fixée très tôt après sa mort et sa canonisation. C'est une image idéalisée, fondée sur l'harmonie traditionnelle — surtout depuis le XIIe siècle — entre l'homme intérieur et l'homme extérieur. Mais elle est en partie corroborée par les impressions sur le vif rapportées par Joinville quant à la stature, par Salimbene de Parme quant au visage angélique. Et le poil blanc de ses dernières années est bien celui du roi pénitentiel de la seconde partie du règne. Un dernier trait est davantage d'époque : la référence à la joie qui rayonnait du visage du roi. C'est bien un roi franciscain au visage riant qui transmet un message non de tristesse, mais de joie.

Décidément, le modèle et la réalité se confondent en Louis, et son physique en est le premier témoin. Résumons-nous. Ce qui permet, en effet, d'affirmer la possibilité d'une approche du « vrai » Saint Louis, c'est d'abord la volonté très tôt manifestée — celle de sa mère et de ses éducateurs, puis la sienne propre assistée par les religieux de son entourage et confortée par l'image de soi-même que lui renvoient ses contemporains — de réaliser, d'incarner le roi chrétien idéal et son indéniable réussite dans cette entreprise. Le roi idéal de ses hagiographes, c'est bien lui. En un sens un peu différent de celui proposé par Louis Marin pour le monarque absolu du XVIIe siècle, « le portrait du roi, c'est le roi ». Loin d'oblitérer la personnalité de Louis sous les lieux communs monarchiques, les Miroirs des princes et les hagiographies royales dépeignent un Saint Louis qui a voulu être l'incarnation vivante de ces lieux communs. Là est l'originalité profonde de Saint Louis et, par conséquent, de sa biographie. Le cas est rare pour les grands personnages de l'histoire, y compris pour les saints. Des premiers siècles du Moyen Âge jusqu'au XIIe, la personnalité des protagonistes de l'histoire nous échappe, soit dans les silences qui dérobent leur individualité, soit dans l'absorption de cette individualité par le modèle qu'on lui impose. L'*Histoire de Saint Louis* de Joinville, son familier, ajoute à ces structures objectives, mais particulières, de la personnalité du roi le détail anecdotique qui lui restitue sa part d'irréductible à un autre. Et nos documents, aussi bien hagiographiques que « réalistes », par admiration ou par réserve critique, nous en disent suffisamment pour que nous pressentions et même, souvent, sachions en quoi il s'écartait de son modèle, le plus souvent par excès, par zèle moral ou par tempérament. La connaissance qu'ont eue de lui certains de ses contemporains, par proximité avec lui ou grâce à la simple renommée, de ces « défauts » et des critiques auxquelles ils ont donné lieu de son vivant nous permet d'ajouter une troisième dimension à la perception du Saint Louis. Il a été de son vivant et dans son époque une personnalité controversée ; il en tire une épaisseur humaine plus « vraie ». Saint Louis a existé et on peut, à travers les documents, le rencontrer. Ce qui confère, enfin, une réalité propre à son image, c'est qu'il a vécu à un moment où commençait à s'affirmer un intérêt général pour l'individu en tant que tel. Conformément au vieil effort du christianisme pour construire et atteindre « l'homme intérieur » et faire se conformer les manifestations extérieures des personnages à leur être intérieur, par une adéquation des paroles, des gestes[51] et des attitudes aux mouvements de l'âme et du cœur, on en était venu de plus en plus à considérer le paraître comme l'expression de l'être. La connaissance des individus, longtemps fondée sur la considération de leurs antécédents familiaux, de leur statut social, de leur fonction professionnelle s'est alors orientée vers l'analyse des signes extérieurs individuels. On avait déjà trouvé le nom propre comme moyen d'identification. Le portrait « réaliste » va bientôt apparaître. Saint Louis est le premier roi de France dont on a imaginé dès le Moyen Âge de représenter visuellement les traits individuels et dont on a, semble-t-il, cherché à produire des portraits « ressemblants ». Il appartient encore au temps où ce sont les insignes du pouvoir et les instruments symboliques comme les sceaux qui identifient la personne royale. Il faut attendre le XIVe siècle pour trouver des autographes, des signatures et des portraits réalistes des rois de France. Mais, dès l'époque de Saint Louis, la singularité du roi a eu tendance à se traduire dans les formes extérieures. Deux mouvements contradictoires paraissent agir en sens contraire : l'image d'un roi exceptionnel, qui s'était vite et largement répandue, hâta l'intérêt pour sa personnalité, mais, d'autre part, la genèse de l'État, d'un système politique qui tendait à privilégier la couronne aux dépens de la personne qui la portait, a retardé l'apparition d'une représentation individuelle du roi. Pour reprendre les termes de Kantorowicz, la tension entre le corps politique et le corps naturel du roi laissait deviner ses traits singuliers, sans leur permettre de s'affirmer tout à fait[52].

TROISIÈME PARTIE

SAINT LOUIS, ROI IDÉAL ET UNIQUE

Il faut maintenant recomposer les éléments d'un Saint Louis à la fois exemplaire et unique, le rapporter au portrait d'un roi chrétien idéal et historique, rendre compte, par rapport à son modèle, du Saint Louis qui a existé. Il faudra, pour ce faire, reprendre parfois dans cette nouvelle perspective des textes déjà utilisés.

DE L'EXTÉRIEUR À L'INTÉRIEUR

Je tente maintenant, sachant dans quelle mesure je peux me fier aux sources, d'approcher Saint Louis, à travers sa vie et son activité, dans ses rapports avec le monde et la société où il vit.

Je le regarderai d'abord aux prises avec l'espace et avec le temps, objectifs et vécus, subis et marqués par ses choix et par son action, puis dans les réseaux des réalités matérielles, de l'organisation culturelle et sociale, de ses actes et de ses rêves. Puis je l'observerai dans l'environnement sensible et signifiant des images et des œuvres, des textes qu'il a eus sous les yeux ou qu'il a pu méditer, qu'il les ait ou non suscités. Je le mettrai ensuite lui-même en scène, s'extériorisant, s'exprimant par des paroles et des gestes, par des conduites spontanées ou réfléchies, dans son usage des codes de communication de son temps, langage des mots, langage du corps, code alimentaire. Dans un chapitre central, je chercherai à le définir dans sa triple fonction royale : sacrée et donc justicière, guerrière, bienfaitrice et donc économique, selon une organisation intellectuelle, sociale, politique, différente des nôtres.

Je m'efforcerai ensuite de rassembler quelques propositions synthétiques pour répondre aux préoccupations des historiens et des lecteurs qui voudront situer Saint Louis sur la trajectoire à laquelle on a encore trop tendance à réduire le XIIIe siècle, celle qui transforme une monarchie baptisée « féodale » en un État monarchique dit « moderne ».

Puis je reprendrai ma quête de l'homme intérieur, suivant le mouvement intellectuel et moral dominant de l'époque qui accorde une importance croissante à l'être sur le paraître ou, plutôt, qui cherche à subordonner le paraître à l'être, à en faire l'extériorisation de la vérité intérieure. C'est donc la religion de Saint Louis, entre la foi et les œuvres et son attitude à l'égard de ceux qui refusent cette foi : hérétiques, juifs, musulmans, que je scruterai.

Ensuite, il faudra, face aux membres de sa famille et par référence au modèle de la famille chrétienne — royale, il est vrai —, observer l'homme dans sa famille charnelle : sa femme, ses enfants, sa mère, ses frères et sœurs, la dynastie à laquelle il appartient et ces morts privilégiés que sont ses ancêtres. Ce sera alors le moment de s'interroger sur ce qui a conduit Louis à la sainteté, à la reconnaissance, à la proclamation de sa sainteté, distinguer en lui son mode personnel d'incarner des personnages collectifs, mais non inséparables : le roi sacré, le roi religieux, le roi thaumaturge et ce personnage qui ne doit son titre qu'à ses vertus et ses œuvres individuelles, le roi saint.

Je terminerai sur ce qui conduit au cœur du personnage et à l'image qu'il a donnée de lui à ses contemporains et léguée à la postérité : le roi souffrant dans son corps et dans son cœur, et qui, s'il échoue à être un martyr, réussit quand même à être un roi Christ.

I

SAINT LOUIS
DANS L'ESPACE ET LE TEMPS

LE MONDE DE SAINT LOUIS

Un chrétien joue d'abord son salut dans sa gestion de l'espace et du temps. *Homo viator*, « homme de la route », a-t-il su mener son pèlerinage terrestre en suivant les routes matérielles et spirituelles propres à sa vocation, en choisissant sur ces routes les bonnes haltes, les bonnes demeures ? Roi d'un royaume qui est un territoire, a-t-il su faire bon usage de l'espace de *sa terre* ?

Saint Louis et l'espace

Commençons par l'espace tel qu'il fut pour Saint Louis au XIIIe siècle. Dans ce mélange de réalités matérielles et d'idéologie, d'expériences et de représentations, essayons de discerner ce qui, au-delà de la conception chrétienne de l'*homo viator*, peut mettre Saint Louis en rapport avec l'espace et l'amener à penser et à agir en relation avec lui en tant qu'individu et en tant que roi : ses demeures, sa « terre », le domaine royal, le royaume, son royaume, l'ensemble dont il fait partie, la Chrétienté et le monde hors Chrétienté. Jusqu'aux limites de la Chrétienté, ce qui le préoccupe surtout, c'est de défendre sa terre, un ensemble de droits plus qu'un ensemble territorial unique, d'en retirer tous les profits licites et nécessaires, d'y faire régner la justice et la paix, d'y répandre ses bienfaits. D'où l'attention, croissante à son époque, portée aux frontières, limites de droits[1]. Les déplacements de Louis se situent souvent en deçà de ces frontières, tout près d'elles : ainsi, à Cluny pour la rencontre avec le pape, à Clermont en 1262 pour le mariage de son fils Philippe. À l'intérieur de ces frontières, il se déplace surtout chez lui, le long des routes, terrestres ou fluviales, plus rarement maritimes, malgré la grande longueur des côtes du royaume. Les raisons de parcourir cet espace sont diverses : passer d'une résidence à l'autre, aller en pèlerinage, rencontrer une personne importante : il retrouve encore Innocent IV en 1248 à Lyon, sur son chemin pour la croisade, il accueille le roi d'Angleterre à trois reprises, en 1254 à Chartres, en 1259 à Abbeville, en 1263 à Boulogne-sur-Mer ; l'entrevue prévue avec le roi Jacques Ier d'Aragon au Puy, en juillet 1243, n'a probablement pas eu lieu. C'est à Sens que Saint Louis va au-devant des rencontres les plus importantes de sa vie : celle de sa femme Marguerite de Provence, en 1234, celle de la couronne d'épines du Christ en 1239. Il voyage encore pour adouber quelqu'un qui lui est cher : son frère Robert, en 1237 à Compiègne, l'empereur latin de Constantinople Baudouin II de Courtenay à Melun en 1239, son frère Alphonse à Saumur en 1241, son frère Charles à Melun en 1246[2] ; pour aller rendre un arbitrage (à Péronne en 1256, à Amiens en 1264), plus rarement pour une expédition militaire, dans la France de l'Ouest dans la première partie de son règne, ou pour aller s'occuper d'une affaire qu'il doit aller examiner lui-même sur place, par exemple en novembre 1255 à Gand pour les problèmes de Flandre et de Hainaut.

Parfois, Saint Louis entreprend de grandes tournées en Île-de-France ou dans les provinces voisines (Normandie, Berry) qui sont aussi des tournées de redressement de torts. Saint Louis s'y présente comme le super-enquêteur, le maître des enquêteurs qu'il a lui-même envoyés dans le domaine royal et le royaume depuis 1247. Ce sont en même temps des tournées charitables, marquées par des distributions d'aumônes, et des voyages que je dirai, *mutatis mutandis*, « publicitaires ». Le roi se montre. La royauté se trouve alors à la croisée des chemins, entre plus d'ostentation[3] et plus de secret. Ce sont les deux pôles de la manifestation du pouvoir : la sortie ostentatoire en public et la retraite cachée. Les empereurs orientaux de l'Antiquité se dissimulaient, lors des cérémonies, derrière un rideau. Les empereurs romains du Bas-Empire et les empereurs byzantins faisaient de même, mais pratiquaient l'ostentation au cirque. Avec Saint Louis, le roi se montre, se montre de plus en plus, mais l'État se cache. Pouvoir rayonnant d'un côté (Saint Louis est un roi-soleil), pouvoir mystérieux de l'autre. Sous Louis XIV, les deux se réuniront. Le roi étant devenu l'État, le roi-soleil se montre et se cache à la fois. C'est la mise en scène de Versailles. Le Soleil ne se montrera qu'à la cour. Saint Louis aime se montrer, pour personnaliser le pouvoir, la justice — il ouvre les portes des jardins du palais à Paris et du bois de Vincennes, avec ce même mélange de charité, d'humilité et de mise en scène politique. Mais il tend à se dérober dans son hôtel qu'il purifie[4], et l'autre face de son humilité le pousse à faire aussi le bien, la charité *en secret*[5].

Quand il sort de la Chrétienté, en réalité, pour aller à la croisade, ou en pensée, en rêve, Louis s'évade souvent dans l'espace imaginaire. Parce qu'il s'agit de l'Orient, territoire par excellence de l'imaginaire médiéval[6], de la Terre sainte, lieu par excellence de l'imaginaire chrétien, parce que les chrétiens d'Occident connaissent très mal ces contrées.

Comment Saint Louis connaît-il l'espace ? C'est un roi sans carte. Il est peu probable qu'il ait vu aucune de celles, fort peu utiles matériellement, qui ont été réalisées antérieurement ou de son temps. La carte qu'il aurait eue sur son bateau en allant à Tunis en 1270 devait être fort rudimentaire[7]. Son savoir spatial livresque vient de la Bible et de ce que lui communiquent les clercs de son entourage, en particulier le dominicain encyclopédiste Vincent de Beauvais[8].

Pour ce qui est de son royaume[9], il bénéficiait du savoir accumulé sur place autour de lui par les clercs de sa chancellerie et des bureaux, par les ecclésiastiques et les religieux appartenant à des réseaux voyageurs et bien informés par les laïcs de son conseil et de sa mesnie originaire de divers lieux du domaine et du royaume. Et lui-même bougeait beaucoup.

Regardons d'abord une carte et voyons Saint Louis y résider et s'y déplacer.

Paris capitale

Depuis le XIe et, surtout, le XIIe siècle, plus encore sous Saint Louis, Paris est la résidence habituelle du roi et donc de son conseil, la *Curia*, qui peu à peu se transforme de cour féodale itinérante en organisme de gouvernement tendant à la stabilité. Paris est devenu *caput regni*, la capitale du royaume[10]. Mais

Saint-Denis, où le roi va prendre l'oriflamme avant de partir pour la guerre ou les attributs du pèlerin avant de partir pour la croisade, sur l'autel duquel il paie un tribut de quatre besants d'or soigneusement déposés chaque année, où sont gardés, entre les sacres, les insignes du pouvoir royal, où reposent ses prédécesseurs dans l'attente de la Résurrection, Saint-Denis est aussi appelé *caput regni*[11].

Le royaume de France a une capitale bicéphale, Paris et Saint-Denis, dont la route, bientôt parsemée de « montjoies[12] », est la véritable voie royale. Et le triangle sacré de l'espace monarchique est Reims où le roi reçoit le pouvoir royal, dans la cathédrale du sacre, Paris où il l'exerce habituellement dans son palais et Saint-Denis où il l'abandonne dans le « cimetière aux rois » de l'abbaye « nationale ».

À Paris, la résidence habituelle du roi est le palais de la Cité (sur l'emplacement de l'actuel Palais de justice), logement du comte à l'époque carolingienne, que Robert le Pieux avait récupéré au début du XIe siècle, avait fait restaurer et où il avait fait construire la chapelle dédiée à saint Nicolas[13]. Un siècle plus tard, Louis VI le fit renforcer par une tour, si bien que le palais devint une véritable forteresse qui dispensait les rois, surtout en ce XIIIe siècle où Paris ne fut pas menacé, de se réfugier dans la forteresse du Louvre que Philippe Auguste avait construite au tout début du XIIIe siècle, en avant de l'enceinte dont il avait entouré Paris. Le palais comprenait un jardin que Philippe Auguste avait fait emmurer et où se déroulèrent plusieurs cérémonies solennelles du règne, la prestation d'hommages par le roi d'Angleterre Henri III, le 4 décembre 1259, l'adoubement du futur Philippe III le Hardi le 5 juin 1267, jour de la Pentecôte. Saint Louis n'apporta qu'une nouveauté, mais considérable. Il fit élever, à la place de la chapelle Saint-Nicolas, la Sainte-Chapelle, pour abriter les reliques de la Passion du Christ, qu'il avait achetées[14], dont le pouvoir miraculeux en fit, à la fin, une protection pour le roi, sa famille et le royaume, et un objet de dévotion personnelle à portée de la piété fréquente du souverain.

Tout près de la Sainte-Chapelle, il fit bâtir un édifice plus petit, à deux étages, dont le rez-de-chaussée avait la hauteur de celui de l'église, mais dont les deux étages s'élevaient moins haut que la chapelle haute de la Sainte-Chapelle. Le rez-de-chaussée et le premier étage servaient de sacristies à la chapelle haute et à la chapelle basse de la Sainte-Chapelle. Au dernier étage vont être installées les archives royales auxquelles on donna, en raison du caractère quasi sacré qu'on leur attribuait, le nom de « Trésor des chartes » qui leur est resté dans la nomenclature érudite et qui sera étendu à tout le bâtiment. On y accédait par une vis (un escalier tournant en spirale), particulière appuyée à un contrefort de la Sainte-Chapelle, cet accès spécial réservant au roi l'usage exclusif des archives. Ainsi se manifestent à la fois la sédentarisation de la mémoire juridique et administrative du royaume et sa sacralisation, liée à la personne sacrée du souverain. Avec les chartes, on installa aussi la Bibliothèque royale, dont l'essentiel s'est constitué après la croisade d'Égypte, pendant laquelle Saint Louis avait pu voir la bibliothèque religieuse de l'émir et en était demeuré fort impressionné. C'est une bibliothèque religieuse, elle aussi, dont Saint Louis prête parfois les ouvrages à ses proches et qui sera dispersée après sa mort, soit à la faveur de son propre testament, soit par des dons de ses successeurs.

Mais Louis IX reste un roi itinérant aux multiples résidences. Ces résidences sont de trois sortes : les

« palais » royaux, les abbayes « royales », les demeures des seigneurs et des églises qui lui doivent le droit de gîte[15].

Demeures et trajets de Saint Louis

Comment savoir où Saint Louis a résidé et à quelle date ?

Les données que j'utilise ici ont été rassemblées au XIXe siècle. Elles sont sujettes à caution. D'abord parce que les documents médiévaux ne sont pas systématiques. Ensuite, parce que l'historien ne dispose pas des éléments qui lui permettraient d'en faire la critique. Il reste qu'il semble acquis que, sous le règne de Saint Louis, l'apposition du sceau ou la mention de la volonté royale, un jour donné, dans un lieu donné, telle qu'elle est précisée dans un acte, impliquait la présence effective du roi ce jour-là, en ce lieu. C'est un trait archaïque d'administration qui tient au caractère encore personnel du pouvoir royal sous Saint Louis, mais il est utile à qui s'intéresse à la personne du roi. En l'absence d'une publication scientifique récente des actes de Saint Louis[16], il faut avoir recours aux documents publiés par les érudits du XIXe siècle dans le *Recueil des historiens des Gaules et de la France*[17].

Il en résulte, de façon très approximative, que les séjours les plus fréquents ont eu lieu en Île-de-France. Trois demeures, en dehors du palais de la Cité à Paris, ont reçu le plus souvent la visite du roi : à l'est de Paris Vincennes (soixante mentions[18]), à l'ouest Saint-Germain-en-Laye (cinquante mentions), au nord-ouest Pontoise (quarante-huit mentions). Vincennes, que le roi semble affectionner, ne lui offre pourtant, à cette époque, qu'un manoir modeste. Il semble qu'il aille parfois loger chez les moines grandmontains qui y ont un prieuré dans le bois. Le lieu est en général désigné comme le « bois de Vincennes ». Saint Louis, qui ne semble pas y avoir chassé (pas plus qu'ailleurs[19]), a aimé y venir, appréciant sans doute la faible distance de Paris et la modestie des bâtiments. C'est aussi, grâce à la proximité de la voie fluviale, un point de départ et d'arrivée commode pour ses voyages dans le royaume. Vincennes a aussi été, avant Paris, son ultime étape au retour du voyage qui l'avait mené au-devant de la couronne d'épines, à Sens, en 1239. C'est de là qu'il est parti pour sa seconde croisade, son ultime voyage, en 1270, et c'est là qu'il a pris congé de la reine Marguerite par un adieu qui devait être le dernier[20].

Saint-Germain-en-Laye a un « palais » plus important et Saint Louis y a fait construire en 1238, probablement par l'architecte qui était en train de rénover Saint-Denis, une sainte chapelle plus grande et plus belle que celle qu'avait fait édifier Philippe Auguste[21]. Proche de la Seine, Saint-Germain joue vers l'ouest le rôle que joue Vincennes vers l'est et le sud-est.

Le « palais » royal de Pontoise exerce sur Saint Louis une attraction particulière parce qu'il est proche de l'abbaye cistercienne de Maubuisson qu'il a fondée en 1236 à la demande de sa mère, où il aime aussi séjourner, comme sa mère, qui s'y retirera pour mourir en 1252. Pontoise est aussi commode à atteindre par eau.

Car, aussi souvent qu'il le peut, Saint Louis gagne ses résidences d'Île-de-France en bateau. Les itinéraires le précisent souvent. Par exemple, le 15 mai 1239, « en bateau de Melun à Paris », le 18 juin, « en bateau de Paris à Auteuil pour Saint-Germain », le 30 juin, « en bateau de Pontoise à Mantes », le

5 juillet, « en bateau de Vernon à Rueil », etc. Le roi *viator* est, certes, souvent un « chevaucheur », mais partout où cela est possible — et l'Île-de-France possède un beau chevelu de rivières navigables pour des barques de faible tonnage —, c'est un voyageur en barque. C'est tellement plus simple pour les prières...

Je regroupe les autres séjours plus ou moins fréquents le long des voies fluviales. Il y a le groupe de la Seine, en amont de Paris, dont Vincennes pourrait être la tête de pont et dont les étapes sont Corbeil (dix-neuf occurrences), Melun (trente-cinq), Fontainebleau (vingt-deux) résidences royales. Celui de la Seine, en aval, comprend les ponts d'embarquement d'Auteuil (neuf) et de Neuilly (sept), les résidences de Mantes (quatre) et surtout Vernon (seize). Le plus important, peut-être, est le groupe de l'Oise, où Saint Louis continue la tradition mérovingienne et carolingienne et où l'attirent les deux monastères de cisterciennes et de cisterciens qu'il a fait construire : Maubuisson et Royaumont, près d'Asnières-sur-Oise, comme un centre d'édification pour lui-même et les siens et pour la sépulture de ses enfants. Si l'on remonte l'Oise, ce groupe part de Conflans, au confluent avec la Seine (huit) et a pour points d'attache Pontoise (quarante-huit) (et Maubuisson), Beaumont-sur-Oise (sept), Asnières-sur-Oise (vingt-neuf) et Royaumont (dix-huit), Senlis (onze) résidence royale depuis Clovis et où Hugues Capet fut élu roi en 987, un peu à l'est de l'Oise sur la Nonette et, enfin, Compiègne (vingt-trois), où retiennent Saint Louis non seulement le « palais » hérité des Mérovingiens et des Carolingiens, mais un couvent de Dominicains dont il a financé la construction et où il aime entendre la messe et des sermons. Il a fait construire un hôtel-Dieu à Compiègne, mais aussi à Pontoise et à Vernon.

Il y a, enfin, isolé, au bout de la courte « voie royale[22] » par excellence qui le relie à Paris, Saint-Denis (onze mentions).

Le roi de l'Île-de-France

Ainsi, malgré l'évolution, sous son règne, du sens de *Francia* qui a fini par désigner non plus seulement l'Île-de-France[23], mais le royaume de France tout entier, Saint Louis est d'abord un roi de l'Île-de-France. D'une Île-de-France où l'on note le relatif dépérissement de l'ancienne grande voie capétienne de Paris à Orléans. Saint Louis n'est allé que rarement à Orléans et à Fleury (Saint-Benoît-sur-Loire), même si sa présence est signalée huit fois à Étampes, le château royal où son aïeul Louis VII a appris en 1165 la naissance de son fils Philippe (Auguste), l'« enfant du miracle ». Il reste que Saint Louis va en tournées de montre, d'enquête et d'œuvres de miséricorde au-delà de l'Île-de-France, en Gâtinais (Montargis, Lorris), en Berry (Bourges) et surtout en Normandie, la belle province qui jouit de droits particuliers et qui doit être, depuis que Philippe Auguste l'a récupérée, défendue sans cesse, militairement et psychologiquement contre les Anglais. C'est ce que Guillaume de Saint-Pathus appelle visiter « plusieurs parties de son royaume[24] ».

Visiter le royaume

Au retour de la croisade, Saint Louis éprouve le besoin de « visiter son royaume » dont il a été si longtemps absent[25]. Troublé, comme on sait, par le souvenir de sa défaite en Orient, le roi déploie une activité fébrile dans cette seconde moitié de l'année 1254. Il s'est attardé dans ses sénéchaussées languedociennes. Rentré à Paris en septembre, il voyage dans le nord-est du royaume, certainement à Soissons, où il retrouve avec beaucoup de joie Joinville qui l'avait quitté à Beaucaire, et pousse peut-être jusqu'à Tournai et Vervins. En novembre, il est à Orléans où il reçoit le roi d'Angleterre Henri III sur la route de Fontevrault où celui-ci s'est recueilli dans la nécropole dynastique des Plantagenêts, puis à l'abbaye cistercienne de Pontigny-en-Bourgogne où il va prier sur le corps de saint Edmond Rich qu'il a forcé à s'exiler et qui vient d'être canonisé. Louis est de retour à Paris où il tient un parlement pour s'occuper des affaires de la succession de Navarre après la mort de Thibaud IV de Champagne, roi de Navarre, mort à Pampelune en 1253. C'est alors, probablement, qu'il promulgue la fameuse « grande ordonnance » datée de décembre 1254. Puis il part pour Chartres au-devant d'Henri III qu'il escorte jusqu'à Paris où les deux rois vont passer la Noël en famille.

En allant et en revenant de la croisade

Les routes vers et depuis les ports d'embarquement et de débarquement de la croisade sont marquées par des étapes qui s'écartent souvent de la voie normale pour permettre au roi la visite d'un lieu de pèlerinage[26].

Pèlerin de croisade, Louis accomplit les gestes rituels prescrits par la juridiction de croisade. Le 12 juin 1248, il est à Saint-Denis où le légat Eudes de Châteauroux lui remet le bâton et l'écharpe et où il lève l'oriflamme[27] qui donne le signal du départ à l'armée royale. Revenu à Paris, il va entendre la messe à Notre-Dame, se rend processionnellement nu-pieds et en costume de pèlerin à l'abbaye de Saint-Antoine pour y prier et va faire étape au château de Corbeil, où il prend congé de sa mère.

Il passe par Sens pour saluer le chapitre général des Franciscains où frère Salimbene de Parme le voit. Parmi les églises qu'il visite à l'est et à l'ouest de sa route, il fait une halte spéciale à Vézelay pour prier sainte Marie-Madeleine. À Lyon, il rencontre le pape Innocent IV. Lors de la descente du Rhône en bateau, entre royaume et empire, car le fleuve est frontière, il essuie des incidents au château de la Roche-de-Glun où, étant pèlerin, il refuse de payer un péage au seigneur, prend le château et le fait démanteler ; aussi à Avignon, où, selon Matthieu Paris, des habitants de la ville attaquent les pèlerins. Il parvient enfin à Aigues-Mortes où il reçoit son vassal, le comte de Toulouse Raimond VII, et où il s'embarque le 25 août.

Au retour, Saint Louis, qui ne veut traverser que les terres de son royaume et qui veut débarquer dans son propre port d'Aigues-Mortes qu'il a fait construire à dessein, accepte difficilement de descendre sur les terres de son frère Charles, comte de Provence, en terre d'empire. Des Salins d'Hyères où il est arrivé le 3 juillet, il rend visite au célèbre frère Hugues de Digne dans le couvent franciscain d'Hyères, puis gagne le royaume à Beaucaire[28]. En passant, il accomplit le pèlerinage de Marie-Madeleine dans l'un des deux lieux où l'on se rend pour la vénérer, l'autre étant Vézelay, la Sainte-Baume. L'endroit a impressionné Joinville, qui accompagnait le roi : « Le roi s'en vint par le comté de Provence à une cité qu'on appelle Aix-en-Provence, là où l'on disait que gisait le corps de la Magdeleine ; et nous fûmes sous une voûte de roche très haute, là où l'on disait que la Magdeleine avait été en ermitage dix-sept ans[29]. » Après s'être enquis des agissements de ses agents dans les sénéchaussées du Midi, il remonte par l'Auvergne pour visiter les grands sanctuaires de pèlerinage du Puy (la Vierge Marie) et de Brioude (Saint-Julien), passe par Issoire, Clermont, Saint-Pourçain, Saint-Benoît-sur-Loire, et parvient enfin à Vincennes, le 5 septembre. Un dernier détour le mène à Saint-Denis pour y reposer l'oriflamme et il ne rentre à Paris que le 7 septembre.

En 1270, le rite recommença : visite à Saint-Denis le 14 mars, procession pieds nus du palais de la Cité à Notre-Dame le 15 juin, puis départ pour Vincennes où il fait ses adieux (c'en étaient bien, en effet) à la reine Marguerite et, de nouveau, route de Sens, Vézelay, Cluny, Lyon et le Rhône. En attendant à Aigues-Mortes, il fait à la Pentecôte le pèlerinage de Saint-Gilles qui sera le dernier.

Saint Louis, donc, a peu visité le Midi et, malgré les tournées en Normandie et en Berry, l'arrêt dans les sénéchaussées languedociennes en 1454, il n'a pas pratiqué les tournées d'inspection et d'étalage du pouvoir qui deviendront plus habituelles à la fin du Moyen Âge et à la Renaissance. Il n'a pas non plus entrepris de voyage spécial dans la France méridionale. Le début de ces voyages politiques du roi de l'État moderne, ce sera la grande tournée de Philippe le Bel en 1303-1304[30].

Le roi pèlerin

Saint Louis profite de ses déplacements pour faire ses dévotions dans un centre de pèlerinage. Mais le pèlerinage est parfois le seul but d'un voyage[31].

Il avait une dévotion particulière à la Vierge, devenue, au XIIIe siècle, l'objet d'un culte en pleine expansion, d'autant plus fervente pour un roi qu'elle était la médiatrice suprême auprès de son fils Jésus, la meilleure auxiliatrice pour son royaume, pour ses sujets et pour lui-même[32]. Saint Louis alla plusieurs fois prier Notre-Dame de Chartres, Notre-Dame de Sées, Notre-Dame de la Couture à Bernay.

Le plus remarquable de ses pèlerinages à un sanctuaire marial est sans doute celui qu'il effectue, le 2 mai 1244, à Rocamadour[33] avec sa mère et ses trois frères. Pèlerinage familial donc, dans le meilleur style de Louis, pèlerinage royal aussi, car l'initiateur du pèlerinage à Rocamadour a été Henri II d'Angleterre qui s'y est rendu par deux fois, dont l'une après la découverte du corps de saint Amadur. Le propre père de Blanche de Castille, le roi Alphonse VIII (1158-1214), y est également venu. Or, comme le dit avec profondeur Alphonse Dupront, « outre l'aura thaumaturgique que déplace avec lui dans la rencontre des foules la personne du roi de France, le pèlerin royal confère au lieu de pèlerinage où il se rend une marque particulière[34] ». Pèlerinage de propitiation, fait pour obtenir la protection mariale. Pèlerinage d'action de grâces pour la guérison du roi après la bataille de Taillebourg et la naissance d'un premier fils. Alphonse Dupront avance encore que Saint Louis, comme les autres pèlerins, a dû être sensible (comme il le sera plus tard à la caverne de la Sainte-Baume) à la spiritualité du vertical que suggère le rocher et à la maternité du refuge dans le roc, asile d'une vierge mère, d'une vierge noire, qui évoque, une fois encore, l'Orient. Pèlerinage politique, enfin, qui, pour une rare fois, manifeste l'intention du roi de France de rechercher « un équilibre entre le Nord et le Midi ».

Louis s'est rendu au mont Saint-Michel en mars 1256, pèlerinage à l'archange des hauts lieux qui n'est pas encore le grand protecteur des rois et du royaume de France, mais qui se dresse non seulement face au péril de la mer, mais face aux Anglais, avec qui la paix alors n'est pas encore conclue. Sacralité d'une autre verticalité qui signifie cette prédominance du haut sur le bas, si fortement affirmée dans le christianisme, et que Saint Louis corrige par une sacralité à ras de terre, celle de l'humilité.

Si ce n'est pour aller en Orient à la croisade, Saint Louis, en Chrétienté, n'est pas sorti du royaume de France. C'est son espace. Il ne fait la guerre que si l'on vient la porter sur sa terre, comme les grands vassaux dans sa jeunesse et le roi d'Angleterre. Il rend la France de plus en plus indépendante de l'Empire, comme avait commencé à le faire, de façon décisive, son grand-père Philippe Auguste, mais il ne veut pas se mêler des affaires de l'Empire. Elles sont devenues, pour lui, des affaires étrangères.

Reste que, pour un chrétien du XIIIe siècle, il y a trois grands pèlerinages, dont deux sont en Chrétienté : Rome et Saint-Jacques-de-Compostelle. Louis n'y est pas allé et ne semble n'y avoir jamais songé. Rome, sans doute, n'est pas de tout repos, au moment où la papauté se heurte d'abord en Italie du Sud à Frédéric II, puis à Manfred. Mais des raisons plus profondes ont sans doute détourné Louis du pèlerinage au tombeau des apôtres. Rome est un lieu de voyage *ad limina* pour les gens d'Église. Lui est laïc. Il vénère Sainte Église et « l'apôtre de Rome », mais il les laisse chez eux. Et puis Rome est la ville de l'Empereur. Si le roi de France respecte aussi l'Empereur, il ne lui doit aucun hommage. Lui laisser, à lui seul parmi les princes laïques, le sol de Rome, c'est le respecter, sans avoir à lui manifester aucune reconnaissance hiérarchique.

L'indifférence à l'égard de Compostelle est plus étonnante. Son ami Joinville s'y est rendu, il en est fier et heureux. Saint Jacques, même si certains textes le font évoquer par Saint Louis mourant, ne semble pas avoir été un de ses saints de prédilection.

La grande trilogie qu'il prie, c'est le saint de son royaume et de sa dynastie, saint Denis, à portée d'une courte chevauchée de son palais de Paris, la Vierge, présente dans tant de lieux dont certains, parmi les plus éminents, sont dans son royaume ; enfin et surtout, il y a le Christ, et le Christ c'est Jérusalem. Jérusalem, son grand désir, sa grande douleur. Car il approchera de tout près le lieu saint, mais n'ayant pu le délivrer, il suivra le conseil de ses barons : il est impossible au roi très-chrétien de se contenter de voir Jérusalem en reconnaissant que l'Infidèle a tout pouvoir sur elle et qu'il faut lui demander un sauf-conduit. Libre à Frédéric II d'acheter la Ville sainte aux musulmans : faute d'avoir pu la conquérir, l'étreindre, il ne la verra pas. Mais quelle Jérusalem invoque-t-il avant de mourir ? la terrestre ou la céleste ? De cette grande confusion est née la croisade.

Pour Saint Louis, l'espace de la Chrétienté, c'est la Chrétienté romaine européenne plus la Terre sainte. La croisade n'est pas une conquête, mais une reconquête. Dans cet espace spirituel qui brave la géographie, peu importe ce qui sépare géographiquement le cœur original de la Chrétienté en Orient et son corps occidental. Terre sainte et Chrétienté, c'est tout un. Sa mission est de recréer cette unité.

Mais, au milieu de cette Chrétienté séparée, il y a un espace d'épreuve, la mer.

Saint Louis et la mer

De 1248 à 1254, la présence de la mer a été presque quotidienne dans l'activité et la pensée de Saint Louis[35] : il a passé plusieurs semaines en mer, il a pris en mer des décisions importantes et il est mort, en 1270, au bord de la mer après un nouveau voyage maritime. Cette mer, c'est, bien sûr, la Méditerranée.

Tempêtes et « aventures de mer » n'ont pas manqué, on l'a vu, à Saint Louis[36]. Ce sont les contemporains qui disent « aventures de mer » là où nous serions tentés de dire « fortunes de mer », expression qui va connaître bientôt un grand succès. De l'une à l'autre, il y a vraisemblablement le passage d'une mentalité d'hommes à l'esprit chevaleresque lancés sur la mer à celle d'hommes qui connaissent mieux les profits du commerce maritime et la façon dont celui-ci peut être menacé par ce qu'ils appelleront la fortune.

Les tribulations maritimes sont bien pour les hommes du Moyen Âge une épreuve caractéristique de la passion des saints, et le *topos*, le lieu commun hagiographique, du péril de la mer s'applique particulièrement aux croisés, ces héros pénitentiels qui entreprennent le plus dangereux des pèlerinages, celui qui, par le « passage » maritime, conduit aux régions que définit si bien le terme d'« outre-mer » *(partes ultramarinae)*. Le pape Boniface VIII, dans le sermon prononcé le 6 août 1297 à Orvieto, à l'occasion de la canonisation de Saint Louis, donnera comme une des preuves de sa sainteté la façon dont il affronta la mer pour la croisade : « Il exposa son corps et sa vie pour le Christ en traversant la mer[37]. »

Ensuite, la mer, c'est pour Saint Louis un lieu d'expériences personnelles et collectives. Il fut aussi un nomade en mer, avec les perturbations que cela pouvait entraîner chez un chrétien bien réglé. À ces perturbations il a cherché à remédier autant que possible. Il a obtenu de l'Église d'avoir sur sa nef un autel consacré et des hosties. On pouvait y dire la messe et communier. Le temps des prières pouvait, en général, être respecté sur les navires et le roi y était, comme à son habitude, entouré d'ecclésiastiques et de religieux comme de seigneurs laïques, tel Joinville. Mais une autre perturbation venait pour lui des matelots, engeance sauvage et pécheresse. Le monde des matelots est, pour ces terriens que sont très majoritairement les hommes du Moyen Âge, un monde mal connu, un monde inquiétant de nomades marins, qui se transforment de temps en temps en sédentaires provisoires, étrangers, souvent de mauvaises mœurs, dans leurs lieux d'escale. Quand Saint Louis embarque sur sa nef il est, nous dit Geoffroy de Beaulieu, surpris et attristé par la conduite peu dévote de ces marins[38]. Il leur impose, non sans les grognements de ces demi-sauvages, d'assister aux offices et aux prières qui rythment désormais le temps du voyage. La réaction de Saint Louis ne relève sans doute pas seulement de la surprise et de l'inexpérience, elle est aussi nourrie de l'image plutôt négative qu'a l'Église de ces marginaux. Un sermon ou, plus exactement, un modèle de sermon inédit d'un contemporain de la jeunesse de Saint Louis, Jacques de Vitry, prédicateur célèbre, qui est allé en Terre sainte, est adressé *ad marinarios* (« aux matelots et aux marins[39] »), prend pour thème le psaume CVI qui parle à la fois des dangers et des merveilles de la mer. La mer, c'est la mer de ce « siècle », c'est-à-dire celle de la société humaine, de l'univers terrestre. Elle est *tenebrosa et lubrica*, ténébreuse et dangereuse. Elle est multiple, diverse, *multiplex*[40].

Jacques de Vitry, qui connaît le langage des marins, emploie aussi des termes de la langue vulgaire. Il énumère les vices, les péchés des marins et des matelots. L'exagération est un trait générique de ces sermons, mais l'image est vraiment très noire. Tel est le type de littérature qui nourrissait assurément les perceptions de Saint Louis.

Que font les marins ? Tantôt ils abandonnent les pèlerins dans des îles, où ils les laissent mourir de faim, pour les voler ou, pis, ils les vendent comme esclaves aux Sarrasins, ou bien ils font naufrager le navire avec les pèlerins et les marchands qu'ils portent, abusant de leur inexpérience de la mer, et eux s'enfuient sur les chaloupes et les barques où ils ont chargé les biens et les marchandises. Pour ne pas parler de ceux qui provoquent des naufrages et dépouillent les naufragés : c'est ici une allusion à un épisode réel devenu presque légendaire dans le christianisme médiéval, le naufrage de saint Paul. Sont inquiétants aussi les vices des matelots à l'escale : habitués des tavernes et des bordels, ceux-ci dépensent tout l'argent qu'ils ont pu gagner sur mer dans ces plaisirs douteux. Sur la mer, le roi côtoie donc le danger, physique et moral.

Pour Saint Louis, la mer est, enfin et surtout, un espace religieux et symbolique. L'image de la mer, très présente dans la Bible, est une image terrible, venue de l'abîme chaotique des origines. Dans la Genèse, quand Dieu crée le monde, la mer apparaît comme le monde du chaos, le lieu où habitent et agissent les puissances démoniaques, les monstres et les morts, qui vont se déchaîner contre Dieu et contre les hommes. La terre se civilise, la mer reste sauvage. Dans cette autre version de la Genèse que l'on trouve dans le livre de Job, il y a à nouveau une évocation des monstres qui vivent dans la mer et qui parfois en sortent pour le plus grand effroi des hommes. C'est en particulier le cas du Léviathan. Daniel, à qui s'opposent des bêtes monstrueuses, voit surtout des bêtes marines. Et ces monstres reparaissent au premier plan dans l'Apocalypse : « Alors je vis surgir de la mer une bête à sept têtes, sur ses cornes des diadèmes et sur ses têtes des titres blasphématoires. » Une image aussi dangereuse de la mer apparaît encore dans le Nouveau Testament. Le lac de Tibériade y est assimilé à la mer. C'est un lac à tempêtes représentant physiquement et symboliquement la mer[41].

La peur de la mer, l'omniprésence de la tempête, du naufrage, Saint Louis les retrouve dans les Vies des saints qu'on lui raconte ou qu'il lit et, en particulier, dans un livre presque contemporain composé par un Génois, le célèbre recueil de *La Légende dorée*, compilée par Jacopo da Varazze (Jacques de Voragine). Madeleine, saint Maurice, saint Clément et bien d'autres sont des saints qui sauvent du naufrage.

Monde de la peur mais, au Moyen Âge, plus encore un monde fluctuant où le symbole de l'Église est le *topos* iconographique de la nef de saint Pierre. Les puissants aussi, s'ils ne sont entraînés par la roue de Fortune, sont ballottés par la mer. La nef réelle de Saint Louis est une autre incarnation du même symbole, en proie aux caprices des flots, à l'aventure de mer.

Mais c'est aussi le monde où Jésus maîtrise les flots déchaînés et marche sur les eaux, tandis que saint Pierre, par manque de foi, risque de se noyer. Une mer dont il ne faut pas finalement avoir peur, car, à la fin du monde, Dieu la détruira en priorité pour apporter la tranquillité avant le Jugement et l'éternité. « Et de mer il n'y en a plus » (Apocalypse, XXI, 1). « Et de mort », « il n'y en aura plus » (Apocalypse, XXI, 4). Car la mer, c'est la mort. Isaïe déjà avait dit : « Ce jour-là, Yahvé tuera le dragon qui habite la mer » (XXVIII, 1).

Mais la mer, c'est aussi l'espace vers la croisade, espace de pénitence, d'épreuve, mais aussi de désir et d'espoir, espoir qui est aussi celui de trouver au bout de la route liquide des princes musulmans prêts à la conversion, ce constant désir de Saint Louis. Le mirage de la conversion opéra pour l'Égypte comme pour Tunis.

Saint Louis ne méconnaît pas les images plus positives de la mer, léguées aussi par la tradition biblique et chrétienne. La première de ces images, c'est celle d'un monde de merveilles, en particulier les îles, îlots de bonheur, épaves précieuses de l'âge d'or, îles fortunées, selon une tradition que le christianisme a reprise à l'Antiquité, qu'il s'agisse des îles des mers du Nord, dans lesquelles saint Brandan fit sa navigation, qu'il s'agisse de celles de l'Atlantique, auquel on commence à s'intéresser, ou des îles de la Méditerranée. Il y a, chez Joinville, deux épisodes insulaires merveilleux, dans les voyages maritimes de Saint Louis[42]. Le premier raconte la halte dans une île, halte prolongée parce que des jeunes gens d'une des nefs descendent cueillir des fruits et ne reviennent pas à bord, l'autre, le plus significatif, met en scène Saint Louis, Joinville et quelques seigneurs débarqués sur une île où ils trouvent des fleurs, des herbes, des arbres et un très vieil ermitage avec des ossements qui évoquent non pas l'idée, chrétiens qu'ils sont, de l'âge d'or païen, mais une image de l'Église primitive, celle des premiers ermites chrétiens plongés dans la nature, dans la solitude merveilleuse d'une île. La mer est aussi un espace de miracles, et Joinville nous raconte celui qui sauva un compagnon de Saint Louis tombé à la mer[43].

Mais la mer, c'est surtout la voie qu'il a choisie et qu'il a voulu maîtriser pour accéder à l'Orient.

L'Orient de Saint Louis

L'Orient réel de Saint Louis[44] a d'abord été Chypre, cette étonnante plate-forme de la Chrétienté latine au cœur de la Méditerranée orientale, byzantine et musulmane ; Chypre, plaque tournante du commerce du Levant, base avancée des marchands et des croisés chrétiens. L'île, après de nombreuses vicissitudes, était gouvernée comme royaume par la famille française des Lusignan qui avait été déliée en 1247 par le pape de sa vassalité envers l'Empereur. De nombreuses familles nobles d'origine française y étaient installées. Saint Louis y a trouvé comme un morceau de France. Oui, la Chrétienté pouvait être chez elle en Orient.

Que sait le roi de l'Orient au moment d'aborder l'Égypte ? Les récits, oraux pour l'essentiel, des croisés revenus en Occident ont marqué le passage d'une « géographie sainte » à la « palestinographie », selon la belle expression d'Aryeh Grabois[45]. Mais ce passage d'un savoir biblique et paléochrétien à des connaissances plus contemporaines ne vaut que pour la Palestine chrétienne. Les descriptions continuent à s'intéresser surtout à ce qui concerne les sites et les monuments chrétiens, même si elles deviennent plus exactes. Pourtant, sous l'impulsion, ici encore, des ordres Mendiants, une meilleure connaissance de la population musulmane est acquise, en particulier dans une perspective de sa conversion au christianisme. Dominicains et Franciscains apprennent le « sarrasinois », c'est-à-dire l'arabe (en une occasion, Saint Louis aura recours à un dominicain arabophone). Si l'idée et la réalité de la croisade sont en pleine mutation au XIIIe siècle, on assiste en particulier à leur évolution vers une forme pacifique à laquelle saint François, après son voyage en Terre sainte, semble avoir donné une certaine impulsion, ce qu'on a appelé la « croisade spirituelle[46] ». Saint Louis est au confluent de la croisade militaire traditionnelle et de la nouvelle croisade spirituelle[47].

Mais, au plan des connaissances géographiques, l'ignorance du roi et de son entourage reste très grande. On l'a vu à propos de la croisade de Tunis. De la croisade de 1270, Mohamed Talbi a pu écrire : « La direction que lui a imprimée Saint Louis procède d'une série d'erreurs géographiques — fausse appréciation des distances — stratégiques, écologiques, politiques, diplomatiques et humaines[48]. »

Sarrasins, Bédouins, Assassins

Parmi les acquis de l'islamologie chrétienne au XIIIe siècle, il faut pourtant noter la distinction récente entre « Sarrasins », terme générique seul employé jusque-là et qui continue d'ailleurs à l'être, « Bédouins » et « Assassins ». Saint Louis apprend en Palestine à faire concrètement cette différence. Joinville nous apporte de très précieuses informations sur cette expérience.

Pour Saint Louis et Joinville, les Sarrasins (que Joinville appelle aussi Turcs) sont, d'une part, l'ensemble des musulmans, de ceux qui suivent la loi de Mahomet — mais ils n'en sont pas moins des « païens » — et, d'autre part, les sujets des princes dirigeant les États organisés auxquels ils se heurtent principalement, c'est-à-dire des sunnites[49]. Le retour en force du sunnisme au Proche-Orient s'était produit avec le Kurde Saladin, qui mit fin à la dynastie chiite fatimide du Caire en 1171.

Saint Louis et Joinville apprennent à connaître de près les Bédouins en Égypte en 1250 à l'occasion d'un épisode guerrier qui oppose chrétiens et Sarrasins. Après la bataille, les Bédouins viennent piller le camp sarrasin et Joinville, plus curieux sans doute que Louis, mais qui veut également, en s'informant, instruire aussi le roi, fait une longue digression sur ces pillards, différents des Sarrasins et plus frustes qu'eux.

Ce sont des pasteurs nomades, des pillards, armés seulement d'épées, qui s'en prennent aux plus faibles, et non de vrais guerriers. Ils sont fatalistes et ne craignent pas la mort qui vient à l'heure fixée en dehors même de la volonté de Dieu. Ils méprisent les Francs et leurs armures. Quand ils maudissent leurs enfants, ils leur disent : « Maudit sois-tu, comme les Francs qui s'arment par peur de la mort. » Ils sont redoutables parce que leur foi, qu'ils donnent pour celle d'Ali, non de Mahomet (ils sont donc chiites), est celle de Barbares qui croient en la métempsycose. Ainsi Joinville et sans doute le roi s'en tiennent-ils à une réaction de rejet. Ces Bédouins aux cheveux et aux barbes noires, avec une sorte de serviette sur la tête *(touaille)*, sont « laids et hideux ». Ils sont d'autant plus dangereux qu'ils obéissent au Vieux de la Montagne, le maître des Assassins[50].

Cette expérience de la diversité de ces peuples, que les chrétiens avaient l'habitude de nommer en bloc « Sarrasins », culmine dans les contacts avec les Assassins du Vieux de la Montagne[51].

Les Assassins sortent d'un groupe de musulmans partisans d'Ali qui, dans la seconde moitié du VIIe siècle, avait formé la secte, longtemps secrète, des ismaïliens. Ils attendaient le retour du vrai imam resté longtemps inconnu et caché. Il existait, dans la doctrine ismaïlienne, des tendances qui ressemblaient fort à certaines tendances millénaristes du christianisme. En 909, l'imam caché réapparut et se proclama calife de l'Afrique du Nord sous le titre de « al-Mahdi ». Il fonda la nouvelle dynastie des Fatimides qui s'installa en Égypte au Caire. Au XIe siècle, tandis que l'Empire fatimide amorçait une phase de déclin, l'empire des Turcs seldjoukides restaura puissamment le sunnisme. Les nombreux mécontents de l'Empire seldjoukide rejoignirent l'ismaélisme, qui fut réorganisé par un « révolutionnaire de génie », Hasan-i Sabbàh, natif de Qum, un des grands foyers du chiisme en Iran, qui s'installa dans le massif de l'Elbourz, dans le château fort d'Alamût, en 1090, où il resta jusqu'à sa mort en 1124[52].

Il y fonda un ordre de *fidâ'î* (les « dévoués ») qui promettaient d'exécuter sans faiblesse les ordres de l'imam. Celui-ci voulait établir le règne d'Allah et de la justice en faisant assassiner tous ceux qui représentaient une injure ou un danger.

Les ismaïliens de Syrie s'organisèrent, et leurs relations avec les chrétiens des principautés latines furent diverses. Il y eut parfois des alliances entre eux, mais des chefs chrétiens tombèrent aussi sous les coups des ismaïliens. Leur victime chrétienne la plus spectaculaire fut le marquis Conrad de Montferrat, roi de Jérusalem, qu'ils assassinèrent à Tyr le 28 avril 1192. Leur grand ennemi avait été Saladin, qui leur échappa, mais qui, après 1176, avait élu domicile dans une tour en bois spécialement aménagée où il était protégé par une garde qui ne le laissait approcher par aucun inconnu.

On attribua aux Assassins des meurtres commis hors de l'aire orientale en Chrétienté. Une psychose d'assassinat se répandit en Occident. Le bruit s'était répandu que Richard Cœur de Lion avait armé le bras des assassins de Conrad de Montferrat dont son protégé, Henri de Champagne, convoitait le trône, qu'il obtint en effet après l'assassinat de Conrad. On raconta alors que des Assassins étaient venus secrètement en Occident pour tuer Richard lui-même. Quelques années plus tard, on a répété la même chose au sujet de Philippe Auguste. On le dit encore pour Saint Louis. À l'année 1236 de sa *Vie*, Guillaume de Nangis écrit : « Le diable, dont le propre est de toujours envier les meilleurs, voyant la sainteté du roi Louis et son succès dans le gouvernement de son royaume, se mit, conspirateur occulte et détestable, à préparer un péril inouï et quasi inévitable au détriment du roi. » Le Vieux de la Montagne, circonvenu par le diable, se mit à machiner la mort du roi de France Louis.

Ce roi très mauvais et très méchant habitait aux confins d'Antioche et de Damas, à l'abri de forteresses très puissantes au sommet des montagnes. Il était très redouté des chrétiens et des Sarrasins du voisinage et même de plus loin, parce qu'il avait fait de nombreuses fois tuer indifféremment leurs princes par des envoyés. En effet, il faisait élever dans ses palais des adolescents de son pays, qui y apprenaient toutes les langues et lui vouaient une obéissance jusqu'à la mort, propre à leur assurer les joies du Paradis. Il envoya donc des émissaires en France avec l'ordre de tuer le roi de France Louis, d'une façon ou d'une autre.

> Heureusement Dieu, qui sait faire prévaloir ses plans sur ceux des princes, changea les sentiments du vieux roi et de ses projets de meurtre fit des projets de paix. Le vieux Roi envoya au roi de France d'autres émissaires qui devaient arriver avant les premiers et prévenir le roi.

C'est ce qui se passa, et les seconds envoyés ayant arrêté les premiers les livrèrent au roi de France. Louis, ravi, aurait accablé les uns et les autres de cadeaux et aurait envoyé au Vieux de la Montagne des présents royaux en signe de paix et d'amitié[53].

Cette légende montre à quel point l'image des Assassins a été présente dans l'Occident de la fin du XIIIe et du début du XIVe siècle[54] et provient sans aucun doute du récit enjolivé de l'épisode de la réception réelle par Saint Louis à Acre d'une ambassade du Vieux de la Montagne, le chef des ismaïliens de Syrie.

Le récit que fait Joinville de ces rencontres vaut la peine d'être reproduit pour l'essentiel.

> Tandis que le roi demeurait en Acre, les messagers du Vieux de la Montagne vinrent à lui. Quand le roi revint de sa messe, il les fit venir devant lui. Le roi les fit asseoir en telle manière, qu'il y avait un émir devant, bien vêtu et bien équipé ; et derrière l'émir, il y avait un bachelier bien équipé, qui tenait à la main trois couteaux, dont l'un entrait dans le manche de l'autre ; parce que si l'émir eût été refusé, il eût présenté au roi ces trois couteaux pour le défier. Derrière celui qui tenait les trois couteaux, il y en avait un autre qui tenait du bougran[55] entortillé autour de son bras, qu'il eût aussi présenté au roi pour l'ensevelir, s'il eût refusé la requête du Vieux de la Montagne[56].

L'émir présente des lettres de créance au roi et lui demande de payer au Vieux de la Montagne un tribut annuel comme font l'empereur d'Allemagne, le roi de Hongrie et le sultan de Babylone, pour qu'il le laisse vivre. À ces menaces de mort voilées, ils ajoutent que Louis doit faire supprimer le tribut que le Vieux de la Montagne paie au Temple et à l'Hôpital, car il sait que s'il fait assassiner les maîtres des deux ordres, ils seront remplacés par d'autres, aussi exigeants. Le roi fait répéter à l'émir son message en présence des deux maîtres. Ceux-ci ordonnent à l'émir, en « sarrasinois », de venir les voir le lendemain à l'Hôpital. Ils lui disent alors que, si l'honneur du roi n'était pas engagé — car ils sont des messagers officiels —, ils l'auraient fait jeter à la mer, qu'il doit revenir dans la quinzaine avec des cadeaux du Vieux de la Montagne pour le roi afin qu'il oublie les menaces inconsidérées qu'il lui a faites.

> Dans la quinzaine, les messagers du Vieux de la Montagne revinrent en Acre, et apportèrent au roi la chemise du Vieux ; et ils dirent au roi, de la part du Vieux, que c'était signe que comme la chemise est plus près du corps que nul autre vêtement, de même le Vieux voulait tenir le roi plus près de son amour que nul autre roi. Et il lui envoya son anneau, qui était d'or très fin, là où son nom était écrit ; et il manda que par son anneau il épousait le roi ; car il voulait que dorénavant ils fussent tout un.
>
> Entre autres joyaux qu'il envoya au roi, il lui envoya un éléphant de cristal très bien fait, et une bête qu'on appelle girafe, aussi en cristal, des pommes de diverses espèces en cristal, et des jeux de tables et d'échecs ; et toutes ces choses étaient semées de fleurs d'ambre, et l'ambre était lié au cristal par de belles vignettes de bon or fin. Et sachez que sitôt que les messagers ouvrirent leurs écrins là où ces choses étaient, il sembla que toute la chambre fût embaumée, tant elles fleuraient bon.
>
> Le roi renvoya ses messagers au Vieux, et lui renvoya une grande foison de joyaux, draps d'écarlate, coupes d'or et freins d'argent ; et avec les messagers, il y envoya frère Yves le Breton, qui savait le sarrasinois[57].

Joinville donne ensuite les détails sur le Vieux de la Montagne que frère Yves, qui n'a pu le convaincre, rapporte à Louis[58]. Ainsi se précisent les connaissances de Saint Louis et des siens sur la diversité du monde musulman du Proche-Orient. Ils réagissent à la façon habituelle des chrétiens, partagés entre un sentiment d'horreur et d'admiration. Même si leur mission était effroyable, ces terroristes fidèles jusqu'à la mort au Vieux de la Montagne étaient des héros de ce sentiment que les chrétiens féodaux prisaient plus que tout : la foi, la fidélité. Orient, détestable et merveilleux.

L'illusion mongole

Pendant son séjour en Palestine, Saint Louis reçut à Césarée une autre ambassade asiatique, venue de bien plus loin, une ambassade « tartare », c'est-à-dire mongole. Était-ce la concrétisation des espoirs du roi et de la Chrétienté de voir le grand Khan se convertir au christianisme ou, du moins, s'allier aux chrétiens contre les musulmans ? Jusque-là, ces espoirs avaient été déçus[59].

La papauté avait la première manifesté la curiosité de la Chrétienté. En 1245, Innocent IV envoie trois missions à la recherche du grand Khan. Deux dominicains, André de Longjumeau, qui deviendra plus tard un des familiers de Saint Louis, et Ascelin de Crémone, assisté du dominicain français Simon de Saint-Quentin, partirent de la Terre sainte, et un franciscain, Jean de Piano di Carpino (Plancarpin), qui, avec Benoît de Pologne, passa par la Bohême, la Pologne, Kiev et la basse Volga[60].

Plancarpin parvint jusqu'au grand Khan et assista à l'intronisation de Güyük, les autres arrivèrent jusqu'à des chefs importants. Tous ont rapporté la même réponse qui, dans la formulation donnée à Plancarpin, est : « Toi en personne, à la tête des rois tous ensemble, venez nous offrir service et hommage. »

Saint Louis connut ces réponses et les récits de leurs voyages par les frères. Au début de 1248, il reçut Plancarpin. Vincent de Beauvais transcrit dans son *Speculum historiale* de larges extraits des récits de Simon de Saint-Quentin et de Plancarpin.

Pendant son séjour à Chypre, Saint Louis avait eu la surprise de recevoir des messagers du « grand roi des Tartares » qui lui envoyait « beaucoup de bonnes et honnêtes paroles » et lui faisait dire « qu'il était prêt à l'aider à conquérir la Terre sainte et à délivrer Jérusalem des mains des Sarrasins[61] ». Louis, ravi, avait dépêché à Güyük deux prêcheurs qui parlaient arabe (langue supposée mieux connue que le latin) avec une tente en écarlate d'un très grand prix en guise de chapelle, avec dedans des « images » montrant l'essentiel de la foi chrétienne.

C'est en 1251 qu'André de Longjumeau revint avec des messagers mongols auprès de Saint Louis à Césarée. Ils rapportaient toujours la même réponse.

> Et nous te mandons cette chose pour t'avertir : car tu ne peux avoir la paix si tu ne l'as avec nous. Car prêtre Jean se leva contre nous, et tel roi et tel (et ils en nommaient beaucoup) ; et tous nous les avons passés au fil de l'épée. Ainsi nous te mandons que chaque année tu nous envoies tant de ton or et de ton argent, que tu nous retiennes comme ami ; et si tu ne le fais, nous te détruirons toi et tes gens, ainsi que nous avons fait de ceux que nous avons ci-devant nommés.

Saint Louis tira la triste conclusion de l'épisode : « Et sachez que le roi se repentit fort d'y avoir envoyé[62]. »

Saint Louis n'en avait pourtant pas fini avec les Mongols. En 1249 arrive la nouvelle qu'un Khan important, Sartaq, un des descendants de Gengis Khan, s'est converti au christianisme et s'est fait baptiser. Saint Louis envoie un nouveau messager, un franciscain flamand qui vit en Terre sainte et qui est son sujet, Guillaume de Rubrouck. Ce n'est pas un ambassadeur en titre, car Saint Louis veut éviter les rebuffades antérieures. Mais il porte une lettre de félicitations du roi de France qui met le franciscain à sa disposition. Rubrouck rencontre Sartaq qui n'a de chrétien que le nom, mais qui l'adresse au nouveau Khan des khans, Möngke, à Karakorum, la capitale au cœur de la Mongolie. Rubrouck reviendra sans plus de succès que ses prédécesseurs. Quand il rentre à Chypre en 1255, Saint Louis est rentré en France. Rubrouck lui enverra le récit de son voyage, le plus beau de tous, un chef-d'œuvre[63].

Un tournant aurait enfin pu se produire dans les relations entre chrétiens et Mongols au début des années 1260. Les chrétiens d'Acre, pressés de plus en plus par les musulmans, adressent en 1260 des ambassadeurs au nouveau grand Khan Hülegü pour lui demander la paix et de l'aide. Hülegü libère les captifs chrétiens, promet aux chrétiens de les laisser en paix et de leur faire restituer le royaume de Jérusalem.

Cela, Saint Louis ne le sait pas quand il reçoit une lettre que Hülegü a fait traduire en latin à Maragha, près du lac d'Ourmiah, le 10 avril de l'année du Chien (1262), et que porte son ambassadeur, un Hongrois, « au roi Louis et à tous les princes, ducs, comtes, barons, chevaliers et autres sujets du royaume de France[64] ».

Après le rappel de la souveraineté du grand Khan sur le monde entier et des victoires que ses ancêtres et lui-même ont remportées sur les peuples qui leur ont résisté, Hülegü, qui se pare du titre de « destructeur des perfides nations sarrasines, bienveillant zélateur de la foi chrétienne », insiste sur sa bienveillance à l'égard des chrétiens dans son empire et dans les régions où il a porté la guerre, et annonce au roi de France la libération de tous les chrétiens faits prisonniers et réduits en esclavage dans les pays qu'il a soumis. À Karakorum on reçut avec une grande satisfaction la belle tente d'écarlate apportée par André de Longjumeau, mais on se trompa sur la hiérarchie à la tête de la Chrétienté. On pensait que le pape en était l'unique chef suprême. On n'a compris que plus tard qu'il n'était qu'un chef spirituel et que le roi chrétien le plus puissant était le roi de France, un ami. Après avoir pris Alep et Damas aux Mamelouks, Hülegü a l'intention de les attaquer en Égypte et de les détruire. Il lui faut pour cela des navires. Il n'en a pas. Il les demande au roi de France qui doit avoir appris sa promesse de restituer le royaume de Jérusalem aux chrétiens.

Embarrassés, Louis et son conseil ne voudront prendre en considération que le préambule et le rappel de la suzeraineté du Khan, que le roi de France ne saurait accepter, même s'il n'est là que théorique. Saint Louis remercia et adressa l'ambassade à Rome où la papauté poursuivra pendant plusieurs années des conversations qui n'aboutiront pas.

Saint Louis a laissé passer l'occasion. L'espace mongol se referme ainsi pour lui.

L'Orient imaginaire et merveilleux

Quelle que soit la connaissance concrète, authentique, que Saint Louis acquiert en Égypte et en

1. La Sainte-Chapelle, chapelle privée du roi et de sa famille, sacralise le palais royal : c'est pour le roi un espace de prière et d'adoration des reliques de la Passion du Christ, sa plus grande obsession dévotionnelle.

Photo © Roger-Viollet.

2. Les remparts d'Aigues-Mortes : lieu royal d'accession à la Méditerranée et de départ du domaine royal pour la croisade. Du haut des remparts le roi voit Jérusalem.
Photo © Roger-Viollet.

3. Les remparts d'Acre : à défaut de reconquête des lieux saints, le roi veut défendre les têtes de pont chrétiennes en Palestine qui tomberont toutes aux mains des musulmans avant la fin du XIIIe siècle, Acre la dernière en 1291. C'est un lieu de l'illusion orientale.
Photo © Roger-Viollet.

4. Le chêne de Vincennes : c'est le lieu de la justice personnelle du roi, de l'accès pour ses sujets à l'exercice public en plein air de la principale fonction royale que va renfermer une administration impersonnelle, exercée au nom du roi mais non par lui. C'est un des lieux par excellence de la mémoire monarchique et nationale des Français : le chêne mythique, planté au XXe siècle, est toujours celui de Saint Louis dans l'imaginaire des Français.

Photo © Alain Couty /D.R.

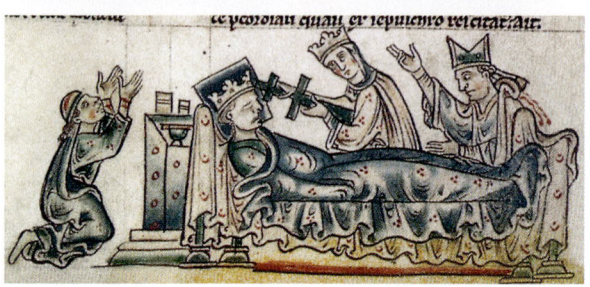

5. La monarchie bicéphale : Saint Louis et Blanche de Castille. Cette miniature, qui date de 1235 environ, représente le roi de vingt ans qui a accédé à l'exercice du pouvoir, mais sa mère reste sur le même plan de dignité que lui.

Pierpont Morgan Library, New York, Ms. 240, f° 8.

6. Le roi malade. Ce dessin du chroniqueur anglais Matthieu Paris, qui s'est beaucoup intéressé à Saint Louis, montre le roi pendant l'événement décisif de son règne : la grave maladie qui le conduit au vœu de croisade. Le roi, que l'on croit mourant sinon mort, est assisté par sa mère qui lui présente une croix-reliquaire, par l'évêque de Paris qui désigne le ciel à l'âme du roi qu'accompagne dans son ascension un assistant à genoux.

Corpus Christi College, Cambridge, Ms. 16, f° 182.

7. Saint Louis après la croisade : le roi barbu. Sur cette miniature d'une Bible impériale conservée à Vienne, exécutée avant la canonisation de Saint Louis (il ne porte pas d'auréole), le roi sur le trône, couronne sur la tête, le sceptre avec la fleur de lys dans la main gauche, lit une Bible enluminée, livre de luxe sacré et royal. Une architecture palatiale et ecclésiaste entoure d'une clôture sacrée le souverain déjà exemplaire et prestigieux, mais dont la figure barbue trahit une tendance au portrait réaliste. Le roi pénitent est aussi le roi sage et lecteur de la Bible.
Österreichische Nationalbibliothek, Vienne, Cod. 1179, f° 246 r°.

8. Le roi Christ : ce dessin, qui faisait partie de la collection du célèbre érudit provençal Peiresc, au début du XVIIe siècle, est sans doute inspiré par les fresques, aujourd'hui disparues, que la fille du roi, Blanche, avait fait exécuter dans l'église des Cordelières de Lourcine où elle s'était retirée. Selon une autre tradition, elle reproduirait la tête de Saint Louis lavant les pieds des pauvres d'une fresque de la Sainte-Chapelle. C'est le roi, imitateur du Christ, pénitent barbu et après la croisade, qui s'achemine lui-même par ses pratiques dévotionnelles et son aspect physique vers une image de l'Homme de douleurs.

Bibliothèque inguimbertine, Carpentras, Ms. 1779, f° 74 v°.

9. Saint Louis enfant en route avec sa mère pour le sacre de Reims. Cette miniature du livre d'*Heures de Jeanne* (1334), reine de Navarre, fille de Louis X le Hutin et donc arrière-arrière-petite-fille de Saint Louis (1311-1349), montre, dans un équipage dépourvu de toute pompe, la fragilité de la situation du jeune roi et de sa mère, au lendemain de son avènement et la modestie des moyens de transport de personnages, même royaux, quand ils ne chevauchent pas et ne se déplacent pas en bateau.

Bibliothèque nationale de France, Paris, Fr. 5716, f° 48 v°. Photo archives Gallimard.

10. Saint Louis lit ses heures en chevauchant. Cette miniature, datant aussi du début du XIVe siècle, illustrant un passage d'un manuscrit de la biographie hagiographique de Guillaume de Saint-Pathus, montre la pratique dévotionnelle itinérante de Saint Louis.

Bibliothèque nationale de France, Paris, Fr. 5716, f° 48 v°. Photo archives Gallimard.

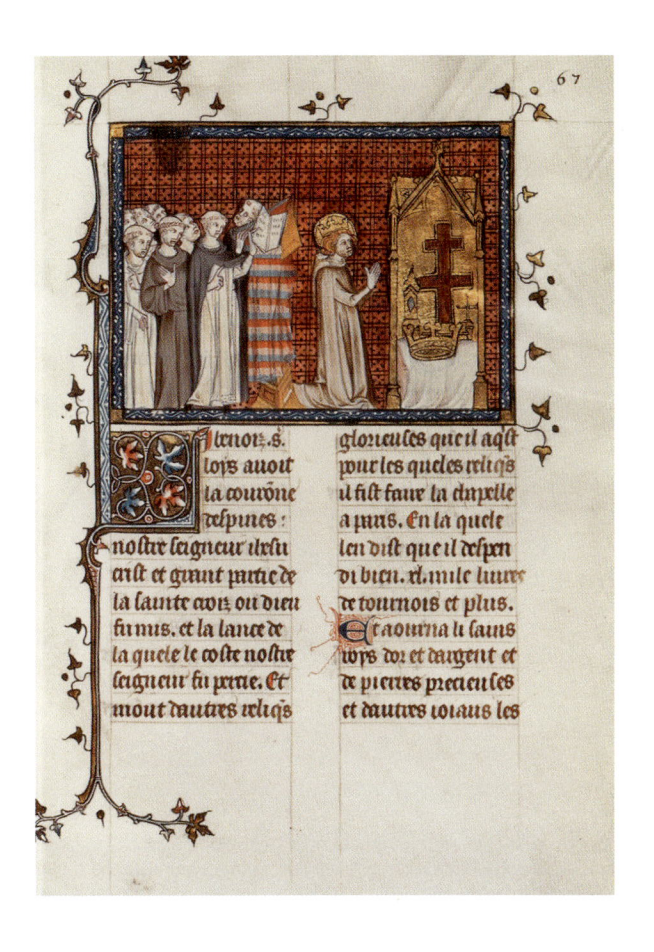

11. Saint Louis en prière devant les reliques de la Passion. Saint Louis, assisté par les clercs de sa chapelle, dans l'attitude habituelle d'adoration, à genoux, mains jointes, des reliques de la vraie croix et de la couronne d'épines, à la Sainte-Chapelle : ce sont les gestes de sa plus haute dévotion, celle qui s'adresse à ses plus précieuses reliques qui lui permettent l'approche terrestre la plus intime de la personne du Christ de la Passion.

Bibliothèque nationale de France, Paris, Fr. 5716, f° 67 v°. Photo archives Gallimard.

12. Le sceau de majesté de Saint Louis. Cet objet qui est à la fois une signature authentifiant les actes royaux et la monstration du roi en majesté, doté des *regalia*, les insignes royaux, le montre assis sur le siège traditionnel qui rappelle le trône dit de Dagobert, couronne sur la tête, vêtu du manteau orné de fleurs de lys, tenant le sceptre de la main gauche et, de la droite, la fleur de lys, l'insigne dynastique et national qui est devenu la forme de la verge royale primitive. La main de justice, attestée dans un texte de l'époque, n'apparaîtra sur les sceaux qu'au début du XIVe siècle. Ce sceau est le deuxième sceau de majesté de Saint Louis, très voisin du premier, mais il en diffère par quelques détails : le devant de l'estrade sur laquelle reposent les pieds du roi est décoré, le dessin de la fleur de lys de la bordure du manteau, celui de la couronne, du sceptre et de la fleur de lys qu'il tient de la main droite sont différents.

Archives nationales, Paris. Photo © Bridgeman Giraudon.

13. et 14. Deux moments du sacre royal : l'onction sur le front et la mise au doigt de l'anneau. Ces miniatures de l'*ordo* de 1250 datent du règne de Saint Louis. Elles représentent deux moments essentiels du sacre. L'archevêque de Reims, en haut, applique, sur le modèle d'une ordination d'évêque, l'onction sur le front du roi à l'aide d'une aiguille d'or trempée dans le saint chrême contenu dans la sainte ampoule. L'épaule et le bras du roi sont dénudés pour que l'archevêque puisse oindre ensuite l'épaule, le haut de la poitrine et la jointure du bras du roi. Sur l'autel sont posées la couronne et l'épée qui lui seront remises ultérieurement. De part et d'autre se tiennent un groupe de prélats et un groupe de hauts officiers et nobles laïques qui brandissent l'épée, symbole du pouvoir temporel royal. En bas, l'archevêque passe au doigt du roi l'anneau, symbole de la foi catholique. C'est le signe de l'ordination du roi comme tête et prince du peuple, ainsi que de son engagement à défendre la foi chrétienne.

L'Ordre de la consécration et du couronnement des rois de France (vers 1250). Bibliothèque nationale de France, Paris. Photos archives Gallimard.

15. Le roi sage et promoteur de savoir. Cette initiale historiée D ornant le prologue-dédicace du *Speculum historiale* de Vincent de Beauvais à Saint Louis, commanditaire de l'ouvrage, montre le roi trônant, couronné et tenant le sceptre à la fleur de lys dans la main droite. La main gauche fait un geste d'acceptation. Le manuscrit date du troisième quart du XIIIe siècle : le roi est barbu, sans auréole.

Bibliothèque municipale, Dijon, Ms. 568, f° 9. Photo © I. R. H. T.- C. N. R. S.

Palestine, il n'en abandonne pas pour cela la géographie mythique, imaginaire, qui fonde l'image qu'ont les chrétiens de l'Orient. Rien ne montre mieux cette persistance dans leur esprit d'un Orient fabuleux que ce que Joinville écrit du Nil.

Voici d'abord le Nil réel tel que Saint Louis et Joinville l'ont vu, après les Grecs, les Romains de l'Antiquité, après les Byzantins, tel qu'ils l'ont vu et en ont entendu parler en Basse-Égypte par des témoins oculaires :

> Il nous faut premièrement parler du fleuve qui vient par l'Égypte et du Paradis terrestre. Ce fleuve est différent de toutes les autres rivières ; car plus les autres rivières viennent en aval, plus il y tombe de petites rivières et de petits ruisseaux ; et en ce fleuve il n'en tombe aucune : au contraire il advient ainsi qu'il vient par un seul canal jusques en Égypte, et alors il jette de lui sept branches, qui se répandent parmi l'Égypte.
> Et quand a passé la Saint-Rémi, les sept rivières se répandent par le pays et couvrent les plaines ; et quand elles se retirent, les laboureurs vont labourer chacun dans sa terre avec une charrue sans roues, avec quoi ils retournent dans la terre les froments, les orges, les cumins, le riz ; et tout cela vient si bien que nul ne saurait quoi y amender. Et l'on ne sait pas d'où cette crue vient, sinon de la volonté de Dieu ; et si elle ne se faisait, aucun bien ne viendrait dans le pays, à cause de la grande chaleur du soleil qui brûlerait tout, parce qu'il ne pleut jamais dans le pays. Le fleuve est toujours trouble ; aussi ceux du pays qui en veulent boire, prennent de l'eau vers le soir, et écrasent quatre amandes ou quatre fèves ; et le lendemain elle est si bonne à boire que rien n'y manque[65].

Puis en remontant vers l'amont, le savoir géographique bascule dans le merveilleux :

Avant que le fleuve entre en Égypte, les gens qui sont accoutumés à le faire, jettent leurs filets déployés dans le fleuve au soir ; et quand on vient au matin, ils trouvent dans leurs filets ces denrées qui se vendent au poids que l'on apporte en ce pays, c'est à savoir le gingembre, la rhubarbe, le bois d'aloès et la cannelle. Et l'on dit que ces choses viennent du Paradis terrestre ; car le vent abat des arbres qui sont en Paradis, ainsi que le vent abat dans les forêts de ce pays le bois sec ; et ce qui tombe de bois sec dans le fleuve, les marchands nous le vendent en ce pays. L'eau du fleuve est de telle nature que quand nous la suspendions (dans des pots de terre blancs que l'on fait au pays) aux cordes de nos pavillons, elle devenait à la chaleur du jour aussi froide qu'eau de fontaine.

Ils disaient au pays que le soudan de Babylone avait maintes fois essayé de savoir d'où le fleuve venait ; et il y envoyait des gens qui emportaient une espèce de pains que l'on appelle biscuits, parce qu'ils sont cuits par deux fois ; et ils vivaient de ce pain jusqu'à ce qu'ils revinssent près du soudan. Et ils rapportaient qu'ils avaient remonté le fleuve, et qu'ils étaient venus à un grand tertre de roches à pic, là où nul ne pouvait monter. De ce tertre tombait le fleuve ; et il leur semblait qu'il y avait une grande foison d'arbres sur la montagne en haut ; et ils disaient qu'ils avaient trouvé des merveilles de diverses bêtes sauvages et de diverses façons, lions, serpents, éléphants, qui les venaient regarder de dessus la rive du fleuve cependant qu'ils allaient en amont[66].

On voit dans ce texte remarquable s'articuler le mythique, lié à la croyance aux fleuves du Paradis, à la géographie biblique, le doute rationnel sur le on dit traditionnel (« et l'on dit que... »), l'expérimentation (l'eau suspendue dans les pots spéciaux) et l'exploration scientifique, préoccupation commune aux dirigeants des États musulmans et chrétiens : c'est le sultan de Babylone qui a envoyé des explorateurs accomplir une recherche expérimentale scientifique de sources du fleuve. Ici encore, Saint Louis se trouve vivre à une époque charnière entre un savoir enraciné dans le mythe et un désir de connaissance expérimentale. Mais l'attitude devant le Nil reste caractéristique de ce merveilleux scientifique qui suppose qu'il n'y a ni contradiction ni coupure entre la nature et le mythe, entre l'Égypte et le Paradis. On passe de l'un à l'autre en remontant le fleuve. Peut-être seulement y a-t-il un lieu, un phénomène naturel qui remplit la fonction de lisière et de coupure à la fois entre les deux mondes : la cataracte, « ce grand tertre de rocher à pic, là où nul ne pouvait monter [...] d'où tombait le fleuve[67] ».

Au milieu du XIIIe siècle, pour connaître la géographie, le meilleur endroit pour un chrétien, c'est la Terre sainte, car elle est le rendez-vous de chrétiens venus de partout.

À Césarée, Saint Louis reçut ainsi un seigneur norvégien, et son horizon s'étendait jusqu'au pays des « nuits blanches ».

> Or, revenons à notre matière, et disons ainsi, que tandis que le roi fortifiait Césarée, arriva au camp monseigneur Alernard de Senaingan, qui nous conta qu'il avait fait sa nef au royaume de Norvège, qui est au bout du monde vers l'Occident ; et que dans le voyage qu'il fit vers le roi, il tourna tout autour de l'Espagne, et dut passer par les détroits de Maroc. Il traversa de grands périls avant qu'il vînt à nous. Le roi le retint, lui, dixième de chevaliers. Et il nous conta que dans la terre de Norvège, les nuits étaient si courtes en été, qu'il n'était nulle nuit où l'on ne vît la clarté du jour qui finit et la clarté du jour qui se lève.

À Césarée encore, arrive un certain Philippe de Toucy qui lui est apparenté et qui est au service de l'empereur latin de Constantinople. Celui-ci s'est allié contre l'empereur grec orthodoxe réfugié à Nicée, les Coumans (ou Coumains[68]), peuple turc païen qui menace la Hongrie. Philippe de Toucy raconte à Saint Louis leurs mœurs barbares : fraternité scellée dans le sang et dans le découpage d'un chien, enterrement d'un riche chevalier mort assis dans une fosse avec un cheval et un serviteur vivants et une grande foison d'or et d'argent.

Ainsi Saint Louis étend-il et peuple-t-il en pensée l'espace, toujours entre peur et émerveillement. Rendant grâces à Dieu pour cette grande diversité qu'il a voulue ou du moins acceptée sur la terre, il apprend à la connaître dans la perspective qui est la sienne : la conversion des peuples au christianisme. Son espace était un monde de conversion.

À la fin de sa vie, il voulut y joindre aussi un continent qu'il avait négligé, l'Afrique, c'est-à-dire l'Afrique du Nord.

Guillaume de Chartres le dit bien : « Il poussa les siens à s'efforcer de penser à la propagation et la multiplication de la foi dans ces régions africaines[69]. » Élargir l'espace de la foi chrétienne à l'Afrique, se tromper sur la distance de Tunis à l'Égypte : c'est la croisade de Tunis.

Ainsi fut l'espace de Saint Louis, partiel, fragmenté, mais unifié par le sens de l'universalité du christianisme et de la souveraineté de son Dieu qui devait s'exercer aussi en tous lieux. Cette captation par la foi est encore plus forte dans l'expérience du temps.

LES TEMPS DE SAINT LOUIS

À l'époque de Louis, la mesure du temps restait vague car la durée vécue était multiple, fragmentée. Ce n'est qu'à la fin du XIIIe siècle qu'apparaissent les premières horloges mécaniques. On ignore souvent les dates de naissance, même de grands personnages, et donc leur âge précis. La numérotation des rois, des princes, des membres de grands lignages est encore peu usitée et les incertitudes nombreuses. Saint Louis, de son vivant, n'a pas été appelé Louis IX. C'est dans la chronique de Primat, qu'il a commandée et qui sera terminée peu après sa mort en 1275, que la numérotation des rois de France est pour la première fois systématique. Les jours restent mieux désignés par le saint que l'on fêtait que par le quantième du mois. Saint Louis vivait dans une multiplicité de temps incertains.

Le bon usage du temps

Le roi Louis IX a su faire un bon usage de l'espace de *sa terre*, de son royaume. A-t-il su, en chrétien et en roi, tirer le meilleur parti des temps, dont l'entrelacement forme, au XIIIe siècle, la durée d'une vie, d'un règne : temps quotidien, celui de l'alternance irrégulière des jours et des nuits, au rythme des cloches cherchant à imposer un ordre chrétien jusqu'au cœur de la nuit ; temps circulaire de l'année liturgique, scandée par le calendrier qui fait revivre aux chrétiens la vie de leur Sauveur de Noël à Pâques, puis à l'Ascension et à la Pentecôte, se prolongeant jusqu'à ce que revienne l'attente de l'avent ; temps linéaire des années d'une vie, bref segment sur la voie qui, de la Création, puis de sa seconde origine, l'Incarnation de Jésus, va inexorablement vers les derniers temps pour décoller, à travers l'ultime tamis du Jugement dernier, vers l'éternité, paradisiaque ou infernale ; temps eschatologique d'attente et de crainte, d'espoir et d'effroi, plus redoutable encore pour un roi qui doit non seulement se présenter personnellement digne de la grâce divine, mais y présenter aussi en situation de salut le plus grand nombre de ses sujets ; temps multiples d'une société et d'une époque qui n'ont pas unifié le temps ni sa mesure (ce sont le petit-fils Philippe le Bel et les rois suivants qui disposeront peu à peu de l'horloge mécanique, instrument d'une meilleure maîtrise du temps qu'ils s'efforceront de faire contrôler, à l'instar de la monnaie, par l'État monarchique, en imposant l'heure de l'horloge du palais comme référence à la tête du nouveau système de mesure du temps) ; temps naturel des travaux des champs, essentiel dans un monde rural, temps urbain où communes et marchands installent les cloches du temps de travail, temps des expéditions militaires de la belle saison ou des croisades pluriannuelles, temps de l'exercice royal de la justice, temps de la prière et de l'adresse à Dieu, temps de la table, du loisir et du bavardage avec la famille et les familiers, temps longs et inégaux que mettent les nouvelles pour parvenir à un roi — Saint Louis en Terre sainte apprend la mort de sa mère plusieurs mois après...

Des chandelles, dont la hauteur est variable ou égale, mesurent des unités de durée, des cloches scandent le temps du chrétien. Et, dans les monastères, dans les châteaux, le temps se lit au cadran solaire. Le temps de Saint Louis, comme celui de ses contemporains, est donc étroitement lié à la nature et à l'expérience quotidienne de la durée. Le roi a ainsi appris la patience à l'égard de la durée : temps long du chemin à cheval au gré de routes en général de mauvaise qualité, immobilisation des navires de mer par de longs hivers où l'on ne sait pas naviguer et par les caprices du vent. Longues attentes et grands retards dans l'acheminement des nouvelles.

La durée qui parut sans doute à Saint Louis *a posteriori* la plus douloureusement longue fut le temps que mit à lui parvenir l'annonce de la mort de sa mère.

Certaines séquences de sa propre vie ont frappé les contemporains par leur durée. La durée de son règne d'abord : presque quarante-quatre ans. Guillaume de Saint-Pathus le souligne au début de sa *Vie* : « Le benoît Saint Louis gouverna son royaume de France par l'espace de long temps. » Il n'en a eu que plus de mérites à vivre si longtemps sans péché. Sa sainteté a été une sainteté de longue durée. L'autre temps long du règne, c'est celui qu'il a passé en Orient. Joinville en a connu la longueur pour l'avoir vécue avec le roi : « Pendant un temps aussi long que l'espace de six ans que je demeurai en la Terre sainte[70] [...]. »

Le temps circulaire et liturgique

Son temps habituel est celui du calendrier liturgique. Il conjugue un cycle annuel et un cycle quotidien. Guillaume de Saint-Pathus nous en livre l'essentiel dans son chapitre sur la « fervente dévotion » du roi.

> Le saint roi disait ses heures canoniales très dévotement avec un de ses chapelains aux heures voulues ou il les disait un peu avant l'heure mais le moins possible

[respect monastique du temps liturgique]. Et il faisait néanmoins chanter solennellement toutes les heures canoniales aux heures dues sans avancer l'heure, ou le moins possible, par ses chapelains et par ses clercs et il les oyait très dévotement [...] La coutume du saint roi envers le service de Dieu était la suivante : le saint roi se levait à minuit et faisait appeler clercs et chapelains et alors ils entraient dans la chapelle en présence du roi chaque nuit : et alors ils chantaient à haute voix et avec accompagnement les matines du jour et puis celles de Notre-Dame et pendant ce temps le saint roi disait les unes et les autres matines dans cette même chapelle à voix basse avec un de ses chapelains et matines dites, les chapelains retournaient à leur lit s'ils le voulaient. Un peu de temps passé, et parfois si petit qu'ils n'avaient pas le temps de dormir avant de revenir, il les faisait appeler pour dire prime, et ils chantaient prime dans la chapelle à haute voix et avec accompagnement et prime de Notre-Dame, le saint roi présent disant l'une et l'autre avec un de ses chapelains. Mais en hiver prime était dite avant le jour ; après Pâques c'étaient matines qu'on disait avant le jour ou peu après qu'il se fut levé [...] Et quand prime était chantée, le saint roi oyait tous les jours une première messe pour les morts qui était le plus souvent dite sans musique, mais pour les anniversaires ou si quelqu'un de sa mesnie était mort, il faisait chanter la messe avec accompagnement. Tous les lundis le saint roi faisait chanter à haute voix et avec accompagnement la messe des Anges, tous les mardis celle de la sainte Vierge Marie, tous les jeudis la messe du Saint-Esprit, tous les vendredis la messe de la Croix et tous les samedis encore la messe de Notre-Dame. Et avec ces messes il faisait tous les jours chanter la messe du jour à haute voix et avec accompagnement. En carême il oyait toujours trois messes le jour, dont une à midi ou vers midi [...].

Quand c'était l'heure de dîner, avant de manger il entrait dans sa chapelle et les chapelains disaient devant lui avec musique tierce et midi du jour et de Notre-Dame, mais il disait ces mêmes heures à voix basse avec un de ses chapelains [...]. Tous les jours, il oyait vêpres en musique et les disait avec un chapelain à voix basse. Après souper, les chapelains entraient dans sa chapelle et chantaient complies à haute voix et avec musique du jour et de Notre-Dame. Et le saint roi, quand il était dans son oratoire, s'agenouillait très souvent pendant que l'on chantait complie et passait tout ce temps en oraisons. Tous les jours, quand complie de la mère de Dieu était dite, les chapelains chantaient en ce lieu même une des antiennes de Notre-Dame très solennellement et en musique, parfois « *Salve regina* », parfois une autre. Après, le saint revenait dans sa chambre et alors venait un de ses prêtres qui apportait l'eau bénite dont il aspergeait la chambre en disant : « *Asperges me* » et l'oraison qu'on doit dire après. Et quand l'heure était venue que le saint roi entrât dans le lit, il disait l'une et l'autre complie avec le chapelain[71].

Programme de dévotion monastique où s'affirment deux piétés particulières : celle pour les morts et celle pour la Vierge. Cet emploi du temps aussi bien réglé que celui d'un moine, Saint Louis l'a vu à de nombreuses reprises perturbé. Quatre circonstances, en particulier, y introduisirent des changements que Saint Louis s'efforça de limiter autant qu'il le pouvait.

La première, qui se renouvela souvent, fut celle du voyage à cheval. Ce temps de la chevauchée a été soigneusement noté par les biographes, en particulier par Guillaume de Saint-Pathus, qui ont dû en être frappés. Le roi réduisait alors sa chapelle et le nombre des messes, mais plusieurs des clercs de sa chapelle l'accompagnaient et chantaient autour de lui à cheval, tandis que lui disait les chants et les prières à voix basse avec son chapelain ou un autre clerc[72].

La deuxième cause de dérangement dans l'ordre de dévotion fut la maladie. Saint Louis suivait alors les prières et les offices de son lit et y participait dans la mesure où son état le lui permettait.

Une autre perturbation se produisit lorsque l'endroit où demeurait le roi ne comportait pas de chapelle. Dans ce cas, sa chambre en tenait lieu, mais cette situation était rare, car « en tous les lieux du royaume il y avait chapelle ».

Enfin, il y eut le mois pendant lequel il fut fait prisonnier des musulmans en Égypte avec pour seul compagnon de son entourage son cuisinier chrétien. Il fit ce qu'il put, et sa dévotion frappa si fort ses geôliers qu'ils lui firent remettre un bréviaire trouvé sur le champ de bataille.

Le roi accorde une grande importance aux temps d'exception marqués soit par la tristesse et des restrictions, soit par la joie. Temps de pénitence et temps de fêtes.

C'est, bien entendu, le cas du carême.

> Il jeûnait le vendredi toute l'année, s'abstenait de viande et de gras le mercredi. Il voulut le faire aussi le lundi, mais on l'en dissuada. Il jeûnait au pain et à l'eau la veille de quatre grandes fêtes de la Vierge, de même le vendredi saint, la veille de la Toussaint, et à l'occasion de certains jours solennels dans l'année. Le vendredi pendant le carême et l'avent, il s'abstenait de poissons et de fruits. Cependant, quelquefois, avec la permission de son confesseur, il ne mangeait que d'une sorte de poisson et d'une sorte de fruit[73].

De même, on sait qu'il s'abstenait de tout commerce charnel avec sa femme pendant tout l'avent et tout le carême, certains jours de chaque semaine les veilles et jours de grandes fêtes, plusieurs jours avant les jours où il devait communier.

La piété mendiante, fortement influencée par la casuistique théologique et canonique, prescrit volontiers alors une discipline calendaire de conduite. Ainsi Louis, qui cherche à concilier un tempérament naturellement joyeux avec le vieux tabou chrétien sur le rire, tempéré par les nouvelles attitudes plus libérales[74], a-t-il été avisé par son confesseur de calmer sa conscience en se contentant de s'abstenir de rire le vendredi.

Pour les fêtes importantes, il aimait au contraire qu'elles soient marquées par une profonde solennité liturgique : ornements, cierges, chants, présence d'évêques — et tout cela comportait une grande longueur d'office qui faisait murmurer[75].

Il a institué à la Sainte-Chapelle des fêtes solennelles en l'honneur des reliques sacrées qui y étaient déposées, le 11 août pour la couronne d'épines, le 30 septembre pour les autres reliques. Les châsses et reliquaires précieux sont, à cette occasion, portés en procession. Il y a une foule d'ecclésiastiques en chapes de soie, chantant à haute voix, le roi lui-même, les magnats et une foule de peuple. Saint Louis se veut le metteur en scène d'un temps religieux festif. De même, Pâques donne lieu à de grandes festivités[76].

Guillaume de Saint-Pathus raconte avec quelle solennité il célèbre la Saint-Michel le 29 septembre — il narre la façon dont il alla une année la fêter à Royaumont — et la Saint-Denis, patron de la dynastie royale et de la France, le 19 octobre. Ce jour-là, accompagné de son fils aîné, il dépose sur l'autel du saint les quatre besants d'or de redevance au saint seigneur du royaume.

Le jeudi saint est le jour du lavement des pieds des pauvres. Saint Louis tenait beaucoup à ce rite d'humilité mais qui, aussi, renforce son image christique[77].

De même, selon la tradition aristocratique et royale — mais avec un soin tout particulier —, il célèbre de grandes fêtes profanes à l'ombre de grandes fêtes religieuses. Celles-ci continuent des traditions païennes, reprises sous une forme christianisée par une classe de guerriers qui ne sont pas entièrement détachés de leur sauvagerie primitive. Ainsi la rencontre avec le roi et la reine d'Angleterre, entre beaux-frères et sœurs, en 1254, prend-elle pour occasion les fêtes de Noël. L'adoubement des frères Robert et Charles, celui du fils et successeur Philippe, le mariage de Philippe avec Isabelle d'Aragon ont lieu un jour de Pentecôte, et celui d'Alphonse un 24 juin, jour de la Saint-Jean, riche en rites folkloriques. Saint Louis utilise toutes les richesses de l'inépuisable calendrier chrétien.

Mais l'emploi du temps quotidien, à l'exception des grandes fêtes, des modifications entraînées par le voyage ou la maladie, reste le plus souvent réglé par un rythme combinant rythmes religieux et rythmes corporels.

> Le gouvernement de sa terre fut réglé de telle sorte que tous les jours il entendait ses heures avec chant, et une messe de *Requiem* sans chant, et puis, s'il y avait lieu, la messe du jour ou du saint avec chant. Tous les jours, il se reposait dans son lit, après avoir mangé ; et quand il avait dormi et reposé, il disait dans sa chambre en son particulier l'office des morts, lui et un de ses chapelains, avant qu'il entendît ses vêpres. Le soir il entendait ses complies [...][78].

Saint Louis ne semble pas avoir observé l'emploi du temps qui sera généralement réservé à la journée d'un roi. Ce métier royal ne fixera son ordre temporel que lorsque l'existence d'une cour régulière autour d'un monarque et le fonctionnement de tâches royales également régulières prendront le souverain dans leur double réseau. C'est Christine de Pisan qui décrit pour la première fois une telle journée royale dans la seconde moitié du XIVe siècle, en détaillant celle de Charles V. Il est vrai que les biographes religieux de Saint Louis ont sans doute encore accentué son emploi du temps quasi monacal. Les tâches laïques venaient s'insérer dans cet emploi du temps. Ainsi, le devoir de justice — devoir sacré il est vrai — prenait une place régulière dans les journées du roi et de son entourage.

> On a vu que Hugues de Digne a conforté Saint Louis dans ce devoir quotidien de justice[79]. Mais Saint Louis se préoccupe aussi du temps dans la longue durée de l'histoire.

Saint Louis et le temps de l'histoire

Saint Louis joue un rôle important dans deux des principales entreprises historiques du XIIe siècle. Il commande au dominicain Vincent de Beauvais[80] une encyclopédie historique, le *Speculum historiale* (le « Miroir historial »), et il confie à un moine de Saint-Denis, Primat, la rédaction en français de l'histoire des rois de France, élaborée à partir des chroniques historiques en latin conservées ou rédigées à Saint-Denis, le « Roman aux rois[81] ». Il ne connut pas l'œuvre, qui fut achevée après sa mort et que Primat offrit à son fils Philippe III, en 1275.

Primat arrête son histoire à la mort de Philippe Auguste, en 1223. Après lui, d'autres chroniqueurs continuèrent son « roman », soit à Saint-Denis, soit ailleurs, et la partie concernant Saint Louis ajoutée après sa canonisation reprend d'autres sources et principalement Guillaume de Nangis. Elle ne nous apprend rien sur le saint roi.

Mais la chronique qui a été écrite par Primat à la demande de Saint Louis reflète une conception du temps de l'histoire qui est en grande partie celle selon laquelle il s'est réglé pendant sa vie et son règne[82].

La première caractéristique de la chronique est d'être historique, au sens presque moderne. Elle s'appuie d'abord sur une recherche des sources. Primat écrit : « Sera cette histoire décrite selon la lettre et l'ordonnance des chroniques de l'abbaye de Saint-Denis en France, où les histoires et les faits de tous les rois sont écrits, car là doit-on prendre et puiser l'original de l'histoire et s'il se peut trouver dans les chroniques d'autres églises chose qui vaille à la besogne il y pourra bien ajouter selon la pure vérité de la lettre. » Dans cette recherche d'une histoire plus « scientifique », Primat, selon Bernard Guenée, ne fait pas directement appel à la Providence et au surnaturel. Il croit, certes, comme les chroniqueurs antérieurs, que « la protection divine n'avait jamais manqué aux rois de France ». Mais « il fut gêné par l'insistance avec laquelle Suger ou Rigord avaient constamment dit l'intervention de Dieu et du Diable ». Et, en les traduisant, il supprime les expressions : « la main de Dieu était avec lui », « le diable le favorisant », « à l'instigation du Diable », etc. Mais Primat croit que l'histoire est d'abord « une longue leçon de morale » (Bernard Guenée) et il souligne à l'occasion que « tout prince doit prendre exemple » de tel personnage historique. Donc, le temps de l'histoire, si elle est documentée, vraie, est un temps instructif, exemplaire. C'est ce qui convient à Saint

Louis. Comme le sermon ou le Miroir des princes, l'historiographie est un genre utile au prince. Elle fait servir le temps du passé à l'instruction et à l'action du roi.

L'*Histoire* de Primat, d'autre part, est royale et, plus précisément, dynastique. C'est Primat qui institue la périodisation de l'histoire des rois de France en trois dynasties ou « races » ou, comme il dit, « générations », car son histoire est aussi, selon sa déclaration, une « généalogie » des rois de France. La monarchie française est bien cet arbre de Jessé que Suger avait fait le premier représenter par un vitrail célèbre de l'abbaye royale de Saint-Denis. C'est un arbre de Jessé à trois étages : le mérovingien, le carolingien, le capétien. Dans cette croissance, il y a eu un accident. Hugues Capet fut un « usurpateur ». Il fallait greffer le nouvel arbre sur le précédent. Car il y avait, dans cet arbre royal français, un refondateur central : Charlemagne. Le mariage de Philippe Auguste avec une descendante authentique de Charlemagne accomplit ce « retour à la race de Charles », qui réalise la légitimité définitive des Capétiens dans la lignée continue de la monarchie française. Saint Louis, si attentif à sa situation dans ce temps royal et dynastique, a vécu dans ce temps historique particulier et essentiel dont Primat a bien montré la construction.

Enfin, le « Roman des rois » de Primat, rythmé par l'action historiographique de Saint-Denis et par l'invention d'un temps royal et dynastique, débouche sur un temps dont l'abbaye et la monarchie, dans une entente étroite, ont été les réalisateurs : le temps de la France. Saint Louis est le premier roi qui, arrivant juste après le temps de l'*Histoire* de Primat baigne dans un temps national. Et comme il l'a demandé à Primat en lui commandant son livre, ce temps national s'écrit en français.

Le *Speculum historiale* de Vincent de Beauvais est une chronique universelle qui commence avec la Création, soit l'histoire biblique, puis la succession des empires et des empereurs. Il ne commence à s'intéresser vraiment à l'Histoire de France qu'avec Louis VII et surtout Philippe Auguste, mentionne le rattachement de la dynastie capétienne à Charlemagne *(reditus regni ad stirpem Karoli)*, mais il devient très approximatif après 1244. Vincent, qui voit surtout en Saint Louis un roi sacré et sage qui fait écho à David, le roi oint, et à Salomon, le roi sage, fait de lui le point d'aboutissement de ce transfert de savoir *(translatio studii)* qui a amené les sciences, les « arts » d'Athènes à Rome et à Paris. Il incarne pour lui « chevalerie », qui favorise « clergie », ce que déjà, plus d'un demi-siècle plus tôt, Chrétien de Troyes présentait comme un idéal éthique et social.

Serge Lusignan[83] a fait pertinemment remarquer que dans le texte de ses hagiographes, Saint Louis a réuni deux temps différents de l'histoire, deux temps de deux lignages différents : l'« humain lignage », depuis Adam et Ève, auquel il appartient, et celui des *Franci*, dont ses prédécesseurs, lui-même et ses successeurs ont la charge, un lignage dont l'origine est troyenne. De même que lui, Louis, est né par son baptême à Poissy, ce lignage est véritablement né par le baptême de Clovis. On peut aller plus loin, car Saint Louis pensait que le roi de France, en tant que très-chrétien, *christianissimus*, avait une responsabilité spéciale non seulement, comme c'est bien évident, à l'égard du lignage des Français, mais aussi à l'égard du lignage humain, qui doit s'identifier, à la fin des temps, au lignage chrétien, dont la vocation est de rassembler tous les hommes et toutes les femmes depuis Adam et Ève.

Mais le roi de France doit, d'un autre point de vue, s'inscrire de façon responsable dans le temps terrestre comme dans le temps eschatologique.

Le temps terrestre, l'homme le maîtrise en le divisant en passé, présent et futur, ce qui requiert mémoire, attention et prévoyance. C'est ce que Vincent de Beauvais pédagogue a écrit dans le Miroir des princes à l'usage de son fils Philippe : le *De eruditione filiorum nobilium*[84]. Le roi doit, en particulier, entretenir la mémoire du passé, faire écrire l'histoire, il doit agir dans le présent, prévoir et préparer l'avenir. C'est le programme que Saint Louis présente à son fils dans ses *Enseignements*.

Mais ce temps terrestre est lui-même inscrit dans une histoire qui commence et finit en Dieu. Sorti du Paradis, l'homme doit occuper son temps présent à mériter d'y retourner. Le temps d'ici-bas, temps de pénitence, d'épreuve, de patience, il faut en faire un temps de salut. Le roi de France a un devoir particulier d'utilisation de ce temps. Promis à un état éminent par son origine historique troyenne, il est devenu, par sa naissance spirituelle, capable, grâce à l'onction du sacre, de sauver les autres et d'abord ses sujets (« que tu sois digne de recevoir l'onction avec laquelle les rois de France sont sacrés »). Sa mission eschatologique, c'est d'amener son peuple au salut : d'où son devoir d'en ôter toute impureté (« mets grande peine à ce que les péchés soient supprimés en ta terre : vilains serments, péchés de corps, jeux de dés, tavernes ou autres péchés »). Cette politique eschatologique se lit aussi dans la durée de son règne : un grand tournant s'y dessine après le retour d'Orient quand il relie définitivement le présent dont il dispose avec un avenir orienté sur le temps de l'éternité heureuse, du salut éternel, du Paradis retrouvé (« qu'après cette mortelle vie nous puissions venir à lui pour la vie éternelle, là où nous puissions le voir, aimer et louer sans fin ») : tel est l'horizon de la « grande ordonnance » de décembre 1254.

Claude Kappler a émis l'hypothèse que Vincent de Beauvais, suivant une tradition remontant aux Mérovingiens, qui conférait aux rois de France une mission eschatologique exprimée, dans sa signification la plus profonde, par l'épithète *christianissimus*, a peut-être vu en Saint Louis ce roi des derniers temps : Louis IX serait-il le roi capable de faire la synthèse des temps et des espaces — Orient et Occident — et, par là même, le roi susceptible d'ouvrir la dernière phase de l'Histoire et d'amener son accomplissement ? Je n'ose aller si loin. Pour Saint Louis lui-même, en tout cas, il me paraît qu'il a voulu, dans sa durée terrestre personnelle, ancrer le temps de l'histoire terrestre, d'une histoire dont une historiographie savante devait conserver et développer la mémoire, celle de Saint-Denis et des bibliothèques de couvents, dans le temps divin, de la Création au Jugement dernier et à l'éternité sans l'y dissoudre avant que l'heure ne soit venue[85].

II

LES IMAGES ET LES MOTS

Dans l'environnement d'un roi du XIIIe siècle, les images et les mots comptent beaucoup. Les mots, ce sont encore surtout des paroles, de l'oral. On écoutera plus loin parler Saint Louis. Mais, en raison des progrès considérables de l'écrit en ce siècle, nous serons, bien entendu, attentifs aux textes.

La Chrétienté et, particulièrement, la France, dont c'est le premier « Grand Siècle », connaissent sous Saint Louis une exceptionnelle floraison dans le domaine de l'art et des images, comme dans celui de la littérature, de la philosophie et de la théologie. C'est le grand moment de l'édification des cathédrales gothiques avec leurs vitraux, des miniatures du nouveau style, de la théologie scolastique à l'université de Paris, du roman arthurien en prose, de la « Haute Escriture du Saint Graal », vers 1240 (Saint Louis a vingt-six ans), du *Roman de Renart* et du *Roman de la Rose*, celui du premier grand poète lyrique français : Rutebeuf, qui évoque le roi (qu'il n'aime pas) dans ses poèmes[1]. Quels rapports Saint Louis a-t-il entretenus avec ces œuvres, ces mouvements d'idées ? La tentation est grande de rapprocher, comme l'histoire l'a fait, ce grand moment de la culture et de la création en France et le plus grand roi de la France médiévale, leur contemporain.

Un roi, plus encore au Moyen Âge, doit plaire à

Dieu et manifester son prestige, en favorisant, en finançant l'activité artistique et intellectuelle. Si, de plus en plus, ce qui est essentiel dans l'homme et dans la société, c'est ce qu'il y a dans le cœur et la tête et dans l'âme, le paraître est capital aussi bien dans le système de valeurs féodales que dans celui, en construction, de l'État monarchique moderne. Dans cette société qui sécrète un monde ordonné de signes, les monuments et les œuvres sont des signes éminents. Saint Louis en a-t-il voulu, orienté ou, au contraire, subi la manifestation et la signification ?

UN ROI EN MUSIQUE

Je dis tout de suite mon regret, dû à mon ignorance et au manque d'études de synthèse comme d'analyses en profondeur[2], de la quasi-absence de la musique dans ce chapitre. Il n'y a pourtant pas de civilisation sans musique. Et le XIIIe siècle a été un grand siècle musical. À Paris, en particulier, se poursuit la grande école de polyphonie de Notre-Dame qui est née avec la construction de la cathédrale gothique à partir de 1165 et qu'a illustrée le grand nom de Léonin. Son disciple le plus réputé, Pérotin, vit probablement encore sous Saint Louis. Il est significatif que l'Île-de-France soit devenue un important foyer musical au tournant du XIIe au XIIIe siècle[3], en même temps qu'y naissait l'art gothique et que Paris devenait la capitale des rois capétiens. D'une certaine façon, donc, la musique est un art royal. Pérotin est organiste et compositeur de conduits (ou « chants de conduite ») processionnels à plusieurs voix, qui rompent avec la tradition « grégorienne ».

Par opposition à l'*ars nova* du XIVe siècle, on appellera cette phase polyphonique *ars antica* ; mais elle innove.

Le jeune Saint Louis a baigné dans cet environnement musical. Son rapport à la musique, quoique modeste, n'en a pas moins été réel, étroit, profond.

Le roi fait tous les jours chanter la messe et les heures canoniales par ses chapelains et ses clercs. La chapelle royale, dont il a fait une institution essentielle[4], l'entoure jour et nuit de chants, même en voyage :

> Le saint roi se levait à minuit et faisait appeler clercs et chapelains, et lors ils entraient dans la chapelle en présence du roi chaque nuit ; et lors chantaient à haute voix et à note [en musique] matines du jour et puis de Notre-Dame [...] et même quand il chevauchait il faisait dire les heures canoniales à haute voix et à note par ses chapelains à cheval[5].

La Sainte-Chapelle assure l'environnement de sacralité musicale qu'exige le prestige d'un roi médiéval. Louis a eu à cœur, plus que n'importe quel autre monarque ou prince, de baigner dans cette aura musicale. Sa vie royale et personnelle s'est déroulée dans la musique, une musique qu'il considérait comme une prière et un hommage à Dieu, mais aussi comme un instrument d'édification individuelle et comme un accompagnement transfigurant la fonction royale. Lui-même écoutait, mais ne chantait pas avec ses chapelains et priait en paroles.

En revanche, le roi n'appréciait guère les chansons profanes et n'aimait pas qu'on les chante autour de lui. Pour inciter son entourage à ne chanter que des chants religieux, il lui est arrivé de les chanter avec eux[6].

Il ne chantait pas les chansons du monde et ne souffrait pas que ceux qui étaient de sa mesnie [entourage familier] les chantassent : il commanda à un sien écuyer qui chantait de telles chansons au temps de sa jeunesse de s'abstenir de les chanter et il lui fit apprendre des antiennes de Notre-Dame et l'hymne « *Ave Maria Stella* », car c'était une chose fort bonne à apprendre ; et le saint roi lui-même chantait quelquefois ces [chansons religieuses] avec cet écuyer[7].

Louis ne semble pas avoir entretenu régulièrement des ménestrels auprès de lui. Mais il s'est parfois senti obligé de sacrifier à cette musique profane, surtout lorsque des nobles en faisaient jouer pour lui. Des ménestrels apparaissent ainsi dans un fragment des comptes royaux de 1234, recrutés pour les divertissements du mariage du roi à Sens. En des occasions moins solennelles, le roi acceptait d'en écouter : « Quand les ménétriers des riches hommes entraient et apportaient leurs vielles après le repas, il attendait pour ouïr ses grâces que le ménétrier eût fini son chant ; alors il se levait [...][8]. »

L'ARCHITECTURE : UN STYLE CURIAL ?

Roi en musique, Saint Louis est aussi un roi environné de monuments et d'images. Il est trop tentant et trop facile de céder à des envolées lyriques sur Saint Louis et l'art gothique. Ce qui est vrai, c'est que Saint Louis a vécu et agi alors que les grandes cathédrales étaient en construction, à peine achevées, ou encore inachevées ou en profond remaniement.

La cathédrale de Chartres, où il va rencontrer

Henri III d'Angleterre en 1254, ne sera définitivement consacrée qu'en 1260. Celle d'Amiens, où, en janvier 1264, il prononce sa célèbre « mise d'Amiens », est encore inachevée dans ses parties hautes et dans la couverture du chœur, Notre-Dame de Paris, terminée pour l'essentiel en 1245, voit les deux bras de son transept considérablement allongés à partir d'environ 1250. L'intérieur de l'abbatiale de Saint-Denis, chef-d'œuvre du premier gothique au siècle précédent, est profondément remanié à partir de 1231, jusqu'à la réorganisation de la nécropole royale au centre du transept en 1262-1263 (dans laquelle Louis intervient). Quant à Reims, la cathédrale du sacre, sa construction, commencée peu avant son avènement, ne sera achevée que peu après sa mort. Elle suit donc le roi pendant tout son règne.

Saint Louis a financé ou même ordonné la construction de nombreuses églises, mais nous ignorons s'il eut une part dans leur conception. Nous ne savons rien de ses goûts esthétiques. Il n'est pas l'inspirateur d'un style et d'une pensée en architecture, comme l'avait été, dans la première partie du XIIe siècle, l'abbé de Saint-Denis, Suger, tout-puissant conseiller de Louis VI et du jeune Louis VII. Peut-on se fier au témoignage tardif, et à mes yeux artificiel, de Gilles Colonna, archevêque de Bourges, qui déclare que lorsque Saint Louis désirait construire un bâtiment, il commençait par en parler à ses amis, conseillers et officiers, qui devaient discuter le projet avec lui et l'aider à le formuler de façon plus précise ? Ces hommes l'auraient communiqué à leur tour à d'autres personnes : à l'architecte qui dessinait l'ouvrage, aux auxiliaires du projet et à ceux qui acquéraient le terrain et s'occupaient du financement de la construction[9].

C'est un éloge bien vague, quoique admiratif, que lui rend Joinville en écrivant : « Ainsi que l'écrivain qui a fait son livre et qui l'enlumine d'or et d'azur, ledit roi enlumina son royaume de belles abbayes qu'il fit et de la grande quantité d'hôtels-Dieu et de couvents de Prêcheurs, de Cordeliers et d'autres ordres religieux[10]. » Pourtant, dans un livre « passionnément partisan[11] », l'excellent historien de l'art Robert Branner a soutenu que pendant le règne de Saint Louis l'architecture à Paris « est devenue un art sophistiqué », portant la marque du roi et de son entourage, ce qu'il nomme le « style curial ». Cet art se développe après le retour de Saint Louis de la croisade, en 1254, mais il a été formé avant la croisade dans un groupe de bâtiments d'Île-de-France où le roi est très présent : l'abbaye cistercienne de Royaumont, le monastère de Saint-Denis et, surtout, la Sainte-Chapelle. Cet art manifeste le prestige et la richesse du royaume de France et de son souverain. Témoin, Matthieu Paris, l'Anglais, qui voit en Louis IX « le roi des rois terrestres, à la fois à cause de son onction céleste et à cause de sa puissance et de sa supériorité militaires[12] ». Paris devient alors une capitale artistique avec le chantier de Notre-Dame, mais aussi ses ateliers d'arts de luxe : manuscrits enluminés, ivoires, broderies, tapisseries, joaillerie et objets liturgiques, camées et pierres précieuses à l'antique.

Outre l'architecture civile, le roi a favorisé trois autres genres : l'architecture militaire à Aigues-Mortes et à Jaffa en Terre sainte, par exemple ; la domestique, avec le nouveau château royal de Tours (qu'on ne connaît que par des textes) ; et, surtout, la religieuse. Il ne semble pas y avoir eu un maître des ouvrages royaux. Louis s'adressait à divers architectes. Il est vraisemblable qu'il finançait surtout la construction du bâtiment dont la réalisation était dirigée par le bénéficiaire, l'abbé cistercien à Royaumont, l'abbé bénédictin à Saint-Denis. Mais à Royaumont, Louis était chez lui et il allait (symboliquement) aider les moines, avec ses frères et ses fils aînés, à transporter les pierres. Saint-Denis est l'abbaye royale par excellence. Et la Sainte-Chapelle n'a pas seulement été sa chapelle privée, mais la châsse de sa plus belle acquisition, les reliques de la Passion du Christ, la concrétisation d'un des lieux les plus ardents — le plus ardent même —, le lieu de sa dévotion la plus profonde. Si le roi n'a pas lui-même guidé les architectes, il a sûrement fait connaître qu'il voulait que ce fût une merveille et dès son achèvement, en 1248, à la veille du départ pour la croisade, elle est apparue comme telle[13]. Lors de sa venue à Paris en 1254, le touriste exceptionnel qu'est Henri III d'Angleterre en fera le clou artistique de sa visite[14].

Quelle qu'ait été la part prise par Saint Louis au style de cette architecture, elle forme, il est vrai, un cadre dans lequel son image évolue avec une harmonieuse complicité. C'est, comme le définit bien Robert Branner, un art d'« élégance et de goût ». Un art ascétique aussi : « Léger et svelte à l'extrême, il a été la victoire absolue du vide sur le plein, un squelette auquel on avait enlevé toutes les parties inutiles, une spéculation sur la nature de la géométrie plane utilisant la ligne droite, le cercle, l'arc et le carré, un art qui innovait peu, mais portait à un haut degré inhabituel des tendances latentes dans le gothique classique du début du XIIIe siècle qui combinait de façon évidente la coordination des effets de surface et la dissolution des masses, une unité qui semblait partir du tracé des fenêtres pour s'envoler librement le long du triforium et de la plinthe, de la colonne, du portail et du pignon [...]. Et malgré toute leur finesse dans les détails, ces constructions n'étaient pas dépourvues de monumentalité[15]. » Cette apparence est celle de Saint Louis lui-même, « une élégance mesurée ». Le nom que les historiens de l'art ont donné à cet art, le gothique rayonnant, est bien en harmonie aussi avec la personnalité du saint roi.

DES LEÇONS EN IMAGES

J'ai donc fini par céder à la tentation de parler des rapports de Saint Louis avec le gothique en termes de connivence esthétique et morale. Peut-on l'éviter quand on en est réduit à des apparences et à des formes à travers lesquelles on cherche, peut-être vainement, un rapport plus profond entre des créations collectives et une sensibilité singulière ? Peut-on aller, sans textes, au-delà de cette notion d'environnement ?

Donna L. Sadler a tenté d'expliquer certains programmes iconographiques dont Saint Louis serait plutôt l'auteur que le sujet. Elle ne peut pas démontrer que le roi a véritablement défini personnellement ces programmes, et elle sait bien que lorsqu'elle l'imagine déambulant, bras dessus bras dessous, avec l'architecte Pierre de Montreuil en débattant des vertus esthétiques de la façade du transept sud de Notre-Dame de Paris, comme Alexandre le Grand l'avait fait avec Apelle et comme Philippe IV d'Espagne le fera avec Velázquez, ce n'est qu'un rêve[16]. Mais comme elle retrouve dans cette iconographie les principes qui ont inspiré Saint Louis dans sa conduite et dans sa politique, et comme elle sait que Saint Louis, comme les clercs et les princes de son temps, pensait que les images sont des programmes d'éducation religieuse et parfois des manifestes politiques, elle a cherché à travers ces images la façon dont Saint Louis a mis l'art au service de sa politique. Ce sont là des Miroirs des princes en images.

Cette historienne avait déjà donné une intéressante interprétation de la sculpture du revers de la façade occidentale de la cathédrale de Reims, exécutée entre 1244 et 1250 environ : « Le baptême du Christ y figure comme référence au baptême de Clovis et l'onction royale. La leçon y est faite aux rois sur la "voie royale" *(via regia)* qui peut être bonne ou mauvaise. Hérode y représente le mauvais roi, sourd aux avertissements de Jean-Baptiste et séduit par la diabolique Hérodias. David d'un côté, Melchisédech (ici représenté en prêtre, plus qu'en roi prêtre) et Abraham de l'autre y manifestent ce que doivent être les rapports entre Église et royauté. La communion du chevalier incarne l'investissement des guerriers par la religion au sein de la chevalerie dont l'Église est l'inspiratrice et le roi la tête[17]. »

Elle y est revenue pour souligner l'importance attachée par Saint Louis au lignage royal[18]. Déjà au portail, le lignage du Christ est présenté depuis David à travers la Vierge. C'est le thème de l'arbre de Jessé, que Suger avait fait représenter à Saint-Denis. Le Christ a dit : « Si vous êtes les enfants d'Abraham, accomplissez les œuvres d'Abraham. » D'où la juxtaposition verticale de la communion d'Abraham par Melchisédech et la prédication de saint Jean-Baptiste. Dans cette perspective, le Baptiste n'est pas seulement le précurseur du Christ, mais le descendant de Melchisédech et l'héritier d'Abraham. Hérode, en revanche, est l'incarnation du mauvais lignage.

Autre exemple : depuis Louis VII, le roi de France était représenté comme « le monarque des derniers temps », et son sacre inaugurait sa coroyauté avec le Christ, qui culminerait lors du Jugement dernier. Le portail du transept nord de Reims est orné d'« un Jugement dernier inhabituel : la séparation des Élus et des Damnés met en scène un roi trônant dans le ciel et son royal *alter ego* conduisant la procession des damnés vers le chaudron de l'Enfer ».

La représentation de scènes de guérison physique et spirituelle au portail intérieur nord, qui donnait accès à la chapelle où l'on apportait la sainte ampoule et par où passa Louis IX pour aller « toucher » des scrofuleux, pourrait être une allusion au fait que le pouvoir thaumaturgique du roi découlait de son onction.

Quant aux vitraux de la Sainte-Chapelle, ils mettraient en évidence la part du roi de France dans le processus de Rédemption continu qui va de la Genèse à l'Apocalypse à travers Job, le Christ et Saint Louis, acquéreur des reliques de la Passion du Christ. Dans ces vitraux, David évoquerait Louis et Esther, Blanche de Castille[19].

Enfin, le programme dynastique exprimé par la réorganisation de la nécropole royale de Saint-Denis en 1262-1263, serait « la culmination du désir de Louis IX d'évoquer le royaume chrétien sur terre à travers la dynastie capétienne continuant les dynasties mérovingienne et carolingienne[20] ». Ce sont là des hypothèses ingénieuses, vraisemblables, mais qu'aucun texte ne vient conforter.

LIVRES D'IMAGES

L'étude des rapports de Saint Louis avec la peinture, c'est-à-dire avec les manuscrits enluminés, est plus délicate encore. Il ne s'agit pas seulement de savoir si Saint Louis a commandé ces ouvrages, ni si les miniatures correspondent à des directives ou des intentions du roi, mais aussi de déterminer si elles nous renseignent sur lui. Il nous est même impossible de répondre à une question préalable : la notion d'environnement iconique correspond-elle, dans ce cas, à la simple possession des ouvrages enluminés, ou bien le roi avait-il l'habitude de les contempler, ou encore les a-t-il seulement vus ? Il nous faut admettre par hypothèse que Saint Louis a bien regardé les ouvrages dont je vais parler maintenant.

Le temps, alors, n'est pas encore venu où les rois possèdent une bibliothèque non plus seulement personnelle, mais dynastique, qu'ils lèguent à leur successeur. Il faudra attendre Charles V pour que cette institution de l'État monarchique, qui correspond aussi aux goûts du descendant de Saint Louis, prenne corps. Mais Louis IX a des livres et, après la croisade, on l'a vu, impressionné par la bibliothèque de l'émir musulman, il s'est constitué une bibliothèque de livres chrétiens religieux fondamentaux, notamment des Pères de l'Église, qu'il prête à son entourage ou à ceux de ses visiteurs qu'il honore ou dont il pense qu'ils auraient besoin d'une formation religieuse plus sûre[21]. Mais ces ouvrages ne devaient pas comporter d'images.

Surtout, le roi possède des manuscrits de luxe enluminés. Ainsi, depuis longtemps mais de plus en plus, font les grands laïcs. Le livre précieux, cela veut dire : écrit sur du parchemin de qualité, d'une belle écriture, magnifiquement relié et surtout richement enluminé avec des rubriques, c'est-à-dire des titres en rouge, avec des initiales en couleurs ou historiées et, mieux encore, avec des miniatures. Un roi de France au XIIIe siècle est d'autant plus sensible à la possession de ces livres de grand prestige qu'ils ont, à un haut niveau de qualité, un caractère *impérial*. Au siècle où le roi de France — de Philippe Auguste à Philippe le Bel — revendique un statut d'empereur[22], la possession de livres magnifiquement enluminés relève du domaine des rapports de l'art et du politique.

De tous les ouvrages intéressant les laïcs et qu'ils peuvent posséder, plus encore que la Bible complète, le plus important est le psautier — c'est-à-dire le livre des Psaumes, partie de l'Ancien Testament. C'était le texte où les enfants scolarisés ou appartenant à des familles nobles apprenaient à lire. Les plus puissants, les plus riches possèdent, devenus adultes, un psautier personnel qui leur tient lieu en quelque sorte — avec une périodicité de lecture qui dépend du degré de leur dévotion — de bréviaire. Des femmes laïques de haut rang peuvent posséder et même commander des psautiers. Ce fut le cas d'une femme de rang illustre, identifiée comme étant Blanche de Castille. Ç'avait été aussi le cas de la seconde épouse de Philippe Auguste, Ingeburg de Danemark, que le grand-père de Louis avait, dès le lendemain des noces, écartée et confinée dans un monastère[23]. Au cours du XIIIe siècle, sous l'effet du développement du culte marial, les femmes de cette classe remplacent peu à peu le psautier par le livre d'heures en tant que livre dévotionnel de chevet. Un des premiers livres d'heures richement enluminé a été fait pour Isabelle, fille de Saint Louis, probablement à l'occasion de son mariage avec Thibaud, comte de Champagne et roi de Navarre en 1258[24].

Nous savons que Saint Louis a possédé le psautier considéré comme ayant appartenu à sa mère et qu'il a eu au moins deux psautiers exécutés pour lui.

Le psautier d'Ingeburg avait été réalisé dans le nord de la France dans un atelier monastique. Avec Blanche de Castille, la production se déplace vers des ateliers parisiens. C'est pendant le règne de Saint Louis que Paris est devenu la capitale européenne de l'enluminure[25]. Le psautier de Blanche de Castille[26] comprend d'abord un calendrier avec vingt-quatre médaillons représentant les occupations des mois et les signes du zodiaque. La décoration se compose de vingt-deux miniatures à pleine page sur fond d'or, dont dix-sept sont formées de deux médaillons ronds superposés, en tout trente-neuf petits tableaux[27]. La première miniature, très remarquable, représente un astronome tenant à la main un astrolabe, entre un copiste et un computiste. Le corpus des autres miniatures va de la chute des anges rebelles, de la création d'Ève et de la chute originelle à la Résurrection et au Jugement dernier. C'est une représentation exceptionnelle par la pensée, le programme et la réalisation du temps chrétien de l'histoire[28]. Il y a enfin, ornant le texte des Psaumes, dix initiales historiées sur fond d'or. Elles représentent pour la plupart David, thème royal par excellence.

Louis n'a pas été un collectionneur de manuscrits. Il n'avait ni artiste ni atelier préféré[29]. Le premier des psautiers à son nom serait celui dans lequel il aurait appris à lire[30]. Une note datant du XIVe siècle affirme : « Ce psautier fut à monseigneur saint Louis qui fut roi de France, dans lequel il apprit dans son enfance. » Réalisé en Angleterre au début du XIIIe siècle, il y fut acquis par le futur Louis VIII, père de Saint Louis. Outre un calendrier, il comprend vingt-trois miniatures à pleine page représentant la Création et la Chute, le sacrifice d'Abel et de Caïn, le meurtre d'Abel, l'arche de Noé, l'histoire d'Abraham, Samson et la vie du Christ de l'Annonciation à la

Pentecôte. Par rapport au psautier de Blanche de Castille, il est dépourvu de perspective eschatologique, omettant aussi bien la chute des anges rebelles que l'Antéchrist et le Jugement dernier.

Le second psautier, le plus célèbre, porte une note du XIVe siècle : « Ce psautier fut à Saint Louis. » Le calendrier y indique les anniversaires de la mort de Philippe Auguste (14 juillet 1223), de Louis VIII (8 novembre 1226), de Robert d'Artois (9 février 1250), de Blanche de Castille (27 novembre 1252)[31]. Le manuscrit comprend ensuite soixante-dix-huit miniatures à pleine page que l'on considère comme le chef-d'œuvre de l'enluminure parisienne du XIIIe siècle. Elles comportent une légende explicative. Les éléments architecturaux des miniatures « reproduisent fidèlement les arcatures, les galbes, les roses de la Sainte-Chapelle et il paraît certain qu'il faut reconnaître ici les directives de l'architecte de Saint Louis, Pierre de Montreuil, peut-être même une action personnelle du roi[32] ». Il a été réalisé pour l'usage de la Sainte-Chapelle.

Les scènes sont toutes empruntées à l'Ancien Testament et vont du sacrifice d'Abel et de Caïn à l'onction de Saül. Elles sont dominées par l'idée de la mission providentielle de la royauté confiée au roi par l'onction du sacre.

Les scènes militaires sont nombreuses dans ce manuscrit et Harvey Stahl en a déjà souligné l'importance en étudiant les miniatures d'un autre manuscrit enluminé, un Ancien Testament conservé à la Pierpont Morgan Library à New York (M 638) et datant des années 1240, probablement avant le premier départ de Saint Louis pour la croisade. Il montre que l'illustration en « marque un important changement dans l'histoire de l'illustration de l'Ancien Testament ». Avant le XIIIe siècle, cette illustration était « en relation avec les textes bibliques et les programmes typologiques faisant se répondre l'Ancien et le Nouveau Testament ». Avec ce manuscrit, l'Ancien Testament devient une « histoire » — « c'est-à-dire une chronique narrative longue et continue, riche en détails pittoresques, montrant une action en progrès et n'ayant apparemment pas de signification christologique ni typologique[33] ».

Ce tournant iconographique renvoie à une évolution culturelle et mentale fondamentale du XIIIe siècle, dans laquelle Saint Louis se situe. C'est la promotion et le triomphe du narratif. Sur le modèle de la vie des personnages de l'Ancien Testament et de la vie du Christ, les vies individuelles deviennent une forme historique primordiale, dans l'histoire et dans la création artistique et littéraire. Ainsi, Gérard de Frachet écrit les vies des Dominicains en exécution d'une décision du chapitre général de l'ordre de Paris en 1256[34]. Ici encore, les Mendiants sont à l'avant-garde. Au-delà du modèle traditionnel de la vie de saint, de l'hagiographie, l'idée d'une vie comme chronique continue s'impose alors aux contemporains. Saint Louis a pensé son existence comme une histoire de vie, et ses contemporains l'ont vu sous cet angle. Cet épanouissement d'une nouvelle conception biographique est d'ailleurs la justification la plus profonde d'une biographie de Saint Louis.

D'autre part, l'importance accordée aux scènes de bataille et le caractère réaliste de l'équipement guerrier (armes, armures, machines de guerre) que l'on retrouve dans le psautier de Saint Louis permettent de penser à une actualisation des scènes de guerre de l'Ancien Testament. Cette évolution est due sans doute à l'intérêt porté à la lutte entre chrétiens et Sarrasins avant même la croisade de Saint Louis. Cet intérêt a vraisemblablement profité à cette croisade, qui a été plus populaire que ne pourrait le faire croire une opposition en train de se renforcer, mais encore minoritaire. On est bien là dans l'environnement iconique.

On reste dans cette perspective avec un autre manuscrit qui n'a certainement pas été commandé par le roi et qu'il n'a presque sûrement jamais vu : il s'agit du texte de la liturgie du sacre des rois de France exécuté vers 1250 et qu'on appelle pour cela l'*ordo* de 1250. Son caractère exceptionnel vient de son illustration : dix-huit miniatures forment un film de la cérémonie du sacre. Ce document était probablement destiné à l'évêque de Châlons-sur-Marne, suffragant de l'archevêque de Reims, principal acteur ecclésiastique du sacre[35].

Ce récit en images de la cérémonie met en valeur l'importance de la sainte ampoule (soulignant le caractère unique et miraculeux de l'onction du roi de France) et des insignes royaux, le caractère irremplaçable de rite de passage de cette cérémonie pour le roi de France, le rôle honorifique des pairs de France, l'équilibre subtil entre l'Église et la royauté, caractéristique de la politique de Saint Louis et des rapports entre le pouvoir sacerdotal et le pouvoir royal au milieu du XIIIe siècle[36].

Ces miniatures ne décrivent pas un sacre précis, et il n'y a pas de nom à mettre sur les personnages, à commencer par le roi anonyme qui y est représenté. Mais elles confirment et diffusent, même si c'est de façon très limitée, l'image que Saint Louis voulait donner du roi de France, roi sacré. Jamais ces scènes de sacre n'avaient auparavant été mises en images, et elles ne le seront plus jusqu'à l'*ordo* du sacre de Charles V en 1364, où figurera avec son identité, dans un portrait réaliste, le descendant de Saint Louis. Ces miniatures illustrent à nouveau les rapports entre l'art et le politique. Plus précisément, elles montrent combien Saint Louis a fortifié sinon la « religion royale », du moins le caractère sacré de la monarchie française et sa manifestation[37].

LE ROI ET SES INTELLECTUELS

Saint Louis a aussi vécu dans un environnement intellectuel exceptionnel. Le XIIIe siècle est le grand moment de l'épanouissement de l'université de Paris dans les facultés des arts et de la théologie. C'est le moment où s'affirme le profond renouvellement intellectuel dû aux nouveaux ordres Mendiants et surtout aux deux plus importants d'entre eux : les Dominicains (appelés à Paris « Jacobins », à cause de leur couvent situé sur le chemin des pèlerins de Compostelle), à qui leur fondateur saint Dominique (mort en 1221) a montré le chemin des études ; et les Franciscains ou Cordeliers, qui ont finalement fait leur place aux études supérieures de théologie, à l'égard desquelles saint François d'Assise (mort en 1226, l'année de l'accession au trône de Louis) avait été longtemps, sinon jusqu'à sa mort, méfiant.

Si l'on veut échapper aux légendes, aux formules creuses sur le « siècle de Saint Louis » et aux rapprochements purement rhétoriques entre le saint roi, la prestigieuse université de Paris et les grands intellectuels qui y enseignent, il faut d'abord reconnaître que Saint Louis n'a fréquenté que deux maîtres réputés en son temps et qui ne sont pas de première grandeur : le chanoine parisien Robert de Sorbon et le dominicain Vincent de Beauvais.

L'œuvre de Robert de Sorbon, né dans les Ardennes en 1201, mort à Paris en 1274, n'est pas complètement éditée et n'a pas encore été complètement étudiée[38]. Il est sûr que ses sermons en sont la partie la plus considérable. De quoi plaire à cet auditeur passionné de prédication qu'est Saint Louis. Nous connaissons le chanoine et nous avons l'impression de bien le connaître parce que Joinville en a parlé, avec sa vivacité habituelle, dans plusieurs passages de l'*Histoire de Saint Louis*. Ils ont été tous deux, souvent en même temps, dans la familiarité du roi. Tels qu'on les voit chez Joinville, ils semblent avoir été l'exemple même de ces tandems d'inséparables, très différents — le clerc et le laïc, le vieux et le jeune —, toujours en bisbille, toujours jaloux l'un de l'autre dans leur désir d'être le préféré de leur saint et royal compagnon et, pourtant, de vrais amis, liés par une estime et une affection mutuelles. Saint Louis s'est amusé — gentiment ? — à les faire se chamailler et à les laisser dans le doute sur sa préférence intime.

Joinville, le chevalier, le noble, le sénéchal, ne craint pas de rappeler à Robert de Sorbon sa modeste origine paysanne. Il l'évoque ouvertement devant le roi : « Vous, qui êtes fils de vilain et de vilaine... », et il lui reproche de s'habiller avec trop d'élégance au regard de l'obscurité de sa naissance. Robert de Sorbon est un exemple d'ascension sociale grâce aux études supérieures : l'université naissante peut être créatrice de réputation et de fortune si l'on sait tirer profit de l'état clérical des universitaires et récolter quelques bonnes prébendes. Il a probablement été remarqué par un ecclésiastique de sa région, a dû être assisté par lui pour faire des études, puis a bénéficié d'une bourse pour l'université de Paris. Il n'oubliera pas cette jeunesse sans doute difficile et cette promotion malgré tout assez exceptionnelle et chanceuse. Il fonde un collège pour les pauvres maîtres ès arts étudiants en théologie, qui a pris son nom et, en se développant, a fini par désigner toute la faculté de théologie, toute l'université. Robert est devenu dans l'histoire presque aussi célèbre que son royal ami. Il est le fondateur de la Sorbonne. Mais il n'a pu l'être qu'à cause du soutien de son ami, car Saint Louis a été, en fait, le cofondateur de la Sorbonne avec lui. C'est un couple étonnant.

Après avoir obtenu à Paris la maîtrise ès arts, puis la maîtrise en théologie, Robert est devenu chanoine à Cambrai, puis à Paris, en 1258. Il est surtout maître en théologie tenant école à Paris, et un témoignage bien généreux indique qu'on le considérait comme un des maîtres de l'Université les plus illustres aux côtés de Thomas d'Aquin, de Bonaventure et de Gérard d'Abbeville. La postérité l'a déboulonné de cette place prestigieuse et l'a peut-être fait tomber trop bas. Par la suite, il a été complètement occulté par sa fondation, devenue, elle, de plus en plus célèbre.

Il aurait été l'un des confesseurs de Saint Louis. Et c'est là encore une explication de sa familiarité avec le roi et de sa probable influence sur lui. Il est l'homme de la conscience, comme Saint Louis[39]. Parmi ses brefs traités, on trouve des manuels qui sont, selon Nicole Bériou, des « modèles d'examen de conscience ». Voilà un homme utile pour Saint Louis, un homme qui peut l'aider à faire son salut, ce qui est bien plus important pour le roi que la haute théologie universitaire. D'ailleurs, le bon chanoine « s'indigne de l'engouement de certains clercs pour l'étude des astres et de la métaphysique ou pour les subtilités de la théologie spéculative ». Il s'intéresse à Aristote, coqueluche des maîtres et étudiants dans le vent. Mais il le cite bien moins souvent que Sénèque ou Caton. C'est un produit et un disciple attardé de la Renaissance au XIIe siècle. Il a une prédilection pour la pastorale et surtout pour la charité. Quoique séculier, il a de la sympathie pour les frères Mendiants et leur esprit de pénitence, leur humilité. Il les admire de marcher pieds nus par tous les temps.

Rien d'étonnant à ce qu'il ait séduit Saint Louis qui a gardé à son égard, malgré tout, comme d'ailleurs avec Joinville, une certaine distance, nourrie d'humour, mais sans hauteur[40].

Mais l'« intellectuel » le plus proche de Saint Louis, celui qui a entrepris, sans doute à sa demande, en dialoguant avec lui et, d'une certaine façon, sous son contrôle, une œuvre scientifique et intellectuelle, c'est le dominicain Vincent de Beauvais[41]. Né à Beauvais vers 1190, Vincent a étudié à Paris à la fin du règne de Philippe Auguste et est entré chez les dominicains sans doute peu après leur installation au couvent Saint-Jacques, en 1218. Il a vraisemblablement pris part à la fondation du couvent des Prêcheurs à Beauvais en 1225, dont il devient le sous-prieur. C'est par l'intermédiaire de Radulfus, probablement un des premiers abbés de la nouvelle abbaye cistercienne de Royaumont, dans le diocèse de Beauvais, que Vincent, vers 1243-1245, a rencontré Saint Louis, fondateur de l'abbaye qu'il visite souvent. Et, en 1246, Vincent est appelé à Royaumont comme lecteur (enseignant).

UN ENCYCLOPÉDISTE AU SERVICE DU ROI : VINCENT DE BEAUVAIS

Le roi lui commande une encyclopédie ou s'intéresse à une encyclopédie qu'il a déjà entreprise. Voilà bien le type d'ouvrage qui séduit Saint Louis, une somme du savoir dont a besoin un prud'homme, non un ouvrage de haute théologie comme les sommes des grands universitaires contemporains, Alexandre de Halès ou Guillaume d'Auvergne, l'évêque de Paris (de 1228 à 1249), qui a pourtant été son conseiller et son ami, Albert le Grand ou Thomas d'Aquin. Le XIIIe siècle n'est pas seulement un grand siècle théologique, d'une théologie novatrice, il est aussi, plus modestement, un grand siècle encyclopédique[42], parce qu'il recueille l'énorme masse de faits et d'idées produits pendant les deux siècles précédents, en particulier par le bouillonnant et créatif XIIe siècle[43], et qu'il veut, selon son esprit propre, répertorier, classer, ordonner ce savoir nouveau. Le XIIIe siècle est un siècle du classement et des classifications, dans tous les domaines, scientifique et technologique, intellectuel, social, politique, religieux : un siècle de mise en ordre, d'universités, de corporations, de codes juridiques, de réglementation conciliaire, d'ordonnances (le mot est significatif, aux deux sens d'« ordonner »), d'encyclopédies et de sommes. Ici encore, Louis est bien l'homme de son temps, car lui aussi est profondément imbu d'ordre. La justice, la paix[44], ce sont des principes et des vertus d'ordre. Il constate, en outre, selon ce qu'il voit et en vertu de sa propre expérience, que les chrétiens sont souvent mis en difficulté dans le domaine du savoir par leurs interlocuteurs et contradicteurs, hérétiques, juifs, musulmans. Cette encyclopédie doit être pour le roi et pour les chrétiens un arsenal de connaissances, d'idées, d'armes pour la controverse.

Vincent de Beauvais, qui est un intellectuel moyen — il n'y a pas que de « grands intellectuels » chez les dominicains au XIIIe siècle — et qui a été très influencé par les Cisterciens, notamment dans le domaine historique où la chronique d'Hélinand de Froidmont lui a servi de modèle et de source, compose donc, selon au moins deux plans successifs, une encyclopédie, le *Speculum maius* (le « grand Miroir[45] »), divisé en trois parties principales : le Miroir de la nature *(Speculum naturale)*, le Miroir des sciences *(Speculum doctrinale)*, le Miroir de l'histoire *(Speculum historiale)*. C'est une compilation qui témoigne de vastes connaissances, d'autant plus étendues que Vincent a été aidé par deux équipes, l'une de cisterciens, à Royaumont, l'autre de dominicains, au couvent Saint-Jacques de Paris, et que Saint Louis l'a aidé à rassembler une bibliothèque de documentation[46].

Le « Grand Miroir » a été à plusieurs reprises remanié par Vincent de Beauvais lui-même et l'on estime que certains de ces remaniements ont été inspirés ou même demandés par Saint Louis dans le *Speculum historiale*, car le roi s'intéressait beaucoup à l'histoire et souhaitait que la dynastie capétienne y fût présentée sous le jour le plus favorable[47].

Saint Louis aurait pourtant été à Royaumont l'étudiant occasionnel de Vincent de Beauvais. Au début du *Liber consolatorius*, composé pour le roi à l'occasion de la mort de son fils aîné en 1260, Vincent écrit : « Lorsque j'habitais au monastère de Royaumont pour y exercer la fonction de lecteur, vous écoutiez de ma bouche humblement, avec respect pour Dieu, la parole divine[48]. » Et Guillaume de Saint-Pathus affirme : « Quand un maître de divinité [théologie] lisait le psautier en l'abbaye de Royaumont quand le roi y était, quand il entendait sonner la cloche, que l'on sonnait quand les moines devaient se rassembler pour aller aux écoles [pour aller écouter les leçons], il venait parfois à l'école et s'y asseyait parmi les moines, comme un moine, au pied du maître qui lisait [faisait la leçon], et il l'écoutait diligemment, et le saint roi agit ainsi plusieurs fois[49]. »

La culture de Vincent de Beauvais est celle d'un clerc du XIIe siècle, tributaire de la renaissance du XIIe siècle, comme Saint Louis lui-même. Serge Lusignan l'a montré pour la logique[50] et Jacqueline Hamesse pour la philosophie[51]. En conclusion d'une minutieuse étude du *Speculum doctrinale*, celle-ci conclut qu'Aristote, dans le domaine de l'éthique, première partie de la philosophie pratique, « n'est qu'une source parmi d'autres, et on peut même observer qu'il est un des auteurs les moins cités ». Comme Saint Louis, Vincent appartient à la phase pré-aristotélicienne du XIIIe siècle. Plus précisément encore : « Vincent de Beauvais ne se situe pas du tout au point de vue philosophique dans la ligne scolastique de son temps. La morale ne constitue pas pour lui une discipline philosophique, mais plutôt un des *artes*, une composante du savoir du XIIe siècle [...]. Vincent est bien plus disciple de l'école du XIIe siècle que de l'Université du XIIIe siècle[52]. » Plus encore, peut-être, est étonnante son imperméabilité — comme celle de Saint Louis — à l'histoire intellectuelle contemporaine : et, pourtant, cette histoire est brillante et bouillante. « On ne constate pas d'évolution philosophique dans les différentes étapes du *Speculum*. Malgré l'actualité brûlante à l'université de Paris, Vincent de Beauvais ne remanie pas son œuvre en fonction des événements[53]. »

Vincent de Beauvais a publié, en outre, quelques traités et quelques œuvres brèves parmi lesquelles plusieurs sont dédiées à Saint Louis ou à son entourage. À la mort de son fils aîné, en 1260, il lui écrit une épître de consolation selon la tradition du genre : le *Liber consolatorius pro morte amici*[54]. J'ai parlé du *De morali principis institutione* dédié au roi et à son gendre Thibaud de Navarre et du *De eruditione filiorum nobilium* offert à la reine Marguerite[55]. Je rappelle que certains historiens pensent que ces deux Miroirs des princes étaient des morceaux destinés à s'insérer plus tard dans une œuvre plus ample qui aurait constitué une sorte de « Miroir politique » faisant pendant au *Speculum maius*, un *Opus universale de statu principis* (« Traité universel sur l'état royal »), qui aurait constitué le grand Miroir des princes français du XIIIe siècle. Vincent aurait annoncé son projet qui ne fut jamais réalisé dans le prologue du *De eruditione filiorum nobilium* où il déclare vouloir, pour l'amour du « très illustrissime monseigneur notre roi », composer « un *Opus universale* sur l'état du prince et de toute la cour ou famille royale, sur l'administration publique et le gouvernement de tout le royaume ».

Saint Louis a-t-il commandé ou inspiré ce projet grandiose ? On ne sait. Mais Vincent de Beauvais ne semble pas avoir pu être à la hauteur d'un si grand dessein[56].

Vincent a quitté Royaumont peu avant 1259 et est revenu au couvent Saint-Jacques à Paris, ce qui lui a permis de continuer ses relations avec le roi. Il y mourut en 1264.

LE NOUVEAU SALOMON

Tout comme Vincent de Beauvais, Saint Louis ignore « l'actualité brûlante à l'université de Paris » au XIIIe siècle[57]. La tradition selon laquelle il aurait invité à sa table Thomas d'Aquin[58] m'apparaît à peu près certainement comme une légende. Et s'il invite saint Bonaventure à la cour, c'est pour y prêcher des sermons de caractère pastoral[59]. Il faut sans doute évoquer ici un autre grand clerc du XIIIe siècle : Eudes de Châteauroux, ancien chancelier de l'Église de Paris, maître en théologie, fait cardinal par Innocent IV en 1244. Comme légat pontifical pour la préparation de sa croisade, il a été en contact étroit avec le roi qu'il a accompagné en Égypte et il a rédigé sur la croisade un rapport adressé au pape. Les œuvres d'Eudes sont encore mal connues, mais elles font l'objet d'importants travaux. Il semble qu'il a surtout été un prédicateur célèbre. On reste donc à nouveau dans le domaine qui intéresse le plus Saint Louis, celui du sermon.

J'ai fait l'hypothèse qu'une des premières interventions du jeune roi a été pour pousser à la réconciliation de la royauté avec l'université de Paris lors de la grande grève de 1229-1231, malgré l'intransigeance initiale de sa mère. Si tel a bien été le cas, c'est sans doute parce qu'il avait compris l'avantage pour un souverain chrétien d'avoir cette source de savoir et de prestige dans sa capitale. Ses deux principales interventions dans l'histoire de l'université de Paris témoignent de préoccupations qui complètent cette vision politique.

La première intéresse, on l'a vu[60], la querelle entre les maîtres séculiers et les maîtres Mendiants. Si le roi fait exécuter les mesures requises par le pape Alexandre IV, c'est par sympathie pour les Mendiants et, surtout, parce qu'il s'agit d'une affaire d'Église où il n'intervient qu'au titre de bras séculier ; c'est aussi parce que l'exil de Guillaume de Saint-Amour, qui n'est pas son sujet puisque Saint-Amour est dans l'Empire, le meneur des maîtres séculiers, doit ramener dans l'Université l'ordre auquel Saint Louis tient par-dessus tout. Il s'attire ainsi l'hostilité de maîtres comme Gérard d'Abbeville, un des plus fameux théologiens de l'Université dans la dernière période de son règne, et d'autres disciples ou partisans de Guillaume de Saint-Amour, comme le poète Rutebeuf[61].

Le second événement qui requiert l'intervention de Saint Louis est la fondation d'un collège par son familier Robert de Sorbon. Il lui fait don, à cet effet, de plusieurs maisons qui lui appartenaient au quartier Latin, en particulier rue Coupe-Gueule, et il assurera l'entretien de plusieurs de ces étudiants. Ce geste prouve, certes, l'intérêt porté par Louis à l'étude de la théologie, fleuron de l'université de Paris, mais il est d'abord un acte charitable, un don fait pour des œuvres et une libéralité faite à un ami[62].

Ses intellectuels, ce sont ces deux esprits moyens, Robert de Sorbon et Vincent de Beauvais. La haute spéculation théologique et philosophique ne l'intéresse pas. Le savoir qu'il souhaite acquérir et voir diffuser, c'est celui qui est *utile*, utile au salut. Ce choix privilégie trois genres, le sermon, le traité spirituel ou pédagogique, trois genres intellectuellement et littérairement mineurs, même s'ils ont une importance considérable dans la culture et la mentalité médiévales. D'ailleurs, les clercs ne lui reconnaissent aucune activité intellectuelle supérieure, relevant de la raison, qu'ils se réservent[63]. Salomon était un sage, non un intellectuel. Tel fut Saint Louis, le nouveau Salomon.

III

LES PAROLES ET LES GESTES : LE ROI PRUD'HOMME

LA PAROLE DU ROI

Le XIIIe siècle est l'époque où les institutions, les collectivités, les individus même accordent de plus en plus d'importance à l'écrit et où la mémoire fondée sur l'oralité recule devant le document fixé par l'écrit[1]. Celui-ci devient, en particulier, de plus en plus un instrument de gouvernement. La monarchie, depuis Philippe Auguste, conserve soigneusement ses archives qui ne cessent de grossir tout au long du siècle[2]. Nouveau pouvoir, le savoir qu'incarne le *studium* (l'Université) produit toujours aussi davantage d'écrit. Les étudiants prennent des notes, les libraires et scribes universitaires, par le système de la *pecia*[3], reproduisent les cours, multiplient les manuels. Les marchands commencent à recourir aux écritures[4]. Le droit coutumier, à l'instar du droit romain et du droit canonique, est couché par écrit[5].

Et, pourtant, ce siècle est aussi celui d'un renouveau de la parole, d'une parole nouvelle[6]. Restauration de la parole divine à travers le nouvel essor de la prédication, qu'illustrent les ordres Mendiants[7]. Diffusion de la parole chuchotée, celle de la confession auriculaire imposée par le quatrième concile du Latran (1215), celle de la prière, celle de la lecture, qui ne se fait pas encore dans le silence[8]. Les espaces de parole s'élargissent, des églises des Mendiants à la ville, au « Parlement », au théâtre renaissant. Espace littéraire, enfin, de la parole. Paul Zumthor voit le XIIIe siècle comme celui du « triomphe de la parole[9] », il définit le « dit » par rapport au « chant » : comme « un lyrisme de persuasion » qui s'oppose au « lyrisme de célébration ». Il tient « du discours démonstratif ou délibératif ».

La parole royale

Dans ce « mouvement général de la parole[10] » émerge donc aussi la parole royale.

Dans les deux principales traditions dont hérite le roi chrétien médiéval, l'exercice par la parole est une caractéristique, mieux, un devoir de la fonction royale. Dans le système indo-européen, l'autorité du roi, exprimée par le verbe grec *krainein*, « exécuter » (de *kara*, « tête », « signe de tête »), « procède du geste par lequel le dieu donne existence à ce qui autrement ne serait que *parole*[11] ». L'autorité royale « permet à une parole de se réaliser en acte[12] ». Dans la Bible, l'efficacité et le devoir de parole du roi sont affirmés avec une particulière netteté par ce Lemuel, roi de Massa, qui répète ce que sa mère lui a enseigné :

> Ouvre la bouche en faveur du muet,
> pour la cause de tous les abandonnés ;
> Ouvre la bouche, juge avec justice,
> défends la cause du pauvre et du malheureux.
>
> Proverbes, XXXI, 8-9.

Les rois capétiens héritent plus précisément des portraits idéalisés des empereurs romains tels qu'ils ont été légués par Suétone et plus encore par Aurelius Victor, auteur, au IVe siècle, d'un *Liber de Caesaribus*, d'où il tira un *Epitome de Caesaribus* connu et utilisé au Moyen Âge. Emprunté au portrait de Pertinax décrit comme très sociable et entretenant avec son entourage des relations marquées par la conversation, les repas, les promenades en commun *(communi se affatu, convivio, incessu prebebat)*, ce trait qui donne la parole, avec la convivialité et la déambulation, comme expression et ciment du groupe royal, est repris textuellement par Helgaud de Fleury dans son portrait de Robert le Pieux (vers 1033[13]), tandis que Rigord de Saint-Denis, à l'extrême fin du XIIe siècle, traçant dans ses *Gesta Philippi Augusti* un portrait encore plus stéréotypé de Philippe Auguste, le disait *in sermone subtilis*, « subtil dans sa conversation[14] ». On perçoit bien ici la tradition d'un modèle que Saint Louis va porter à une quasi-perfection.

Saint Louis parle

Car le premier roi qui, dans l'histoire de la France, parle vraiment est Saint Louis. Certes, il ne s'agit pas de « recueillir les bribes d'un *parlé* ancien, de cette voix qui s'est tue, dont on n'entend pas les échos, mais la représentation[15] ». Pourtant, la parole de Saint Louis a exercé sur ses biographes et hagiographes une singulière fascination, et ils ont souvent voulu faire parler le roi au style direct. Les paroles qu'on lui a attribuées répondent sans doute au code traditionnel du parler des saints. Mais, à la fin du XIIIe siècle, depuis que la sainteté a subi la forte empreinte d'un saint très personnalisé, François d'Assise, les procès de canonisation s'efforcent aussi, au chapitre de la vie, non des miracles[16], d'approcher le saint réel[17], le « vrai saint ». Surtout, le laïc Joinville, qui a dicté son œuvre en français, dans la langue du roi, et qui s'est efforcé si passionnément de coller à son personnage, quand il le côtoyait de son vivant, Joinville rappelle, dans sa narration posthume, qu'on peut être sûr qu'il « buvait » les paroles, notées sans doute peu après la mort de Louis, bien avant la rédaction de la *Vie* du XIVᵉ siècle, au point qu'on peut souvent retrouver le *parlé* même du roi[18]. Joinville a défini ainsi la commande de la reine Jeanne de Navarre : « faire un livre des saintes *paroles* et des bons faits de notre roi Saint Louis ». On a donc pu recueillir, à juste titre, sur une vieille idée de Charles-Victor Langlois, « les propos de Saint Louis », en estimant qu'un corpus de textes du XIIIᵉ siècle (ou du tout début du XIVᵉ) « nous rapprochent [...] de la voix à jamais éteinte de Saint Louis [...], reflètent en gros la façon dont il parlait[19] ». L'auteur de ce recueil, David O'Connell, a pu d'ailleurs reconstituer la version authentique, originale, des *Enseignements* de Saint Louis à son fils et à sa fille[20].

La parole royale de Saint Louis s'inscrit donc dans une tradition, et Saint Louis rapporte notamment quelques-unes des paroles de son grand-père, Philippe Auguste. Mais elle est surtout marquée du sceau du XIIIᵉ siècle, vérifiant ainsi le mot de Marc Bloch selon lequel les hommes ressemblent plus à leur époque qu'à leur père.

La parole de Saint Louis est morale et enseignante, en ce siècle didactique et moralisateur. Elle est prêcheuse, en cette époque de prédication et dans la bouche d'un roi entouré de prédicateurs, dominicains et franciscains surtout. Elle prêche par *exempla*, à un moment où l'*exemplum*, anecdote enchâssée dans les sermons, prolifère. Elle est dévote selon la nouvelle mode, s'exprimant dans la prière et encore plus dans la confession. Elle est justicière, le roi exerçant lui-même par la parole le plus haut devoir royal — rendre la justice —, ou la déléguant à des représentants bien formés et surveillés. Elle est aussi — la paix étant avec la justice l'autre grand idéal royal — apaisante, s'exprimant à travers les arbitrages rendus par le roi. Elle est modérée, comme il est normal chez un roi épris de la mesure, qui a voulu remplacer l'idéal de démesure du preux par celui de modération du prud'homme. Mais elle est aussi répression de la parole mauvaise, du juron, du blasphème.

Parole familière

La parole royale à l'état direct s'adresse essentiellement à un petit groupe de familiers, d'interlocuteurs habituels du roi, invités par lui à lui répondre, mais au sein duquel Louis garde l'initiative de prendre cette parole. Ce groupe, dont la conversation royale est à la fois le centre, le lieu et la fonction, joue dans le gouvernement du royaume un rôle trop négligé par les historiens. Il est distinct de la *Curia*, organe féodal des conseillers du souverain. Il est à cheval sur l'espace intime du roi et sur son espace public. Nous le connaissons surtout grâce à Joinville et il est assez hétérogène dans sa composition. À lire ce dernier, on repère trois moments : pendant les périodes où le biographe est auprès du roi, entre les deux croisades, entre 1254 et 1270. Il y a le couple Joinville et Robert de Sorbon, compères inséparables. Il y a le jeune roi de Navarre, Thibaud II, gendre de Louis, et, dans les dernières années, Philippe, le fils, le futur Philippe III. Il y a des frères Mendiants, ses religieux préférés. Quand il évoque ce groupe, Joinville écrit « nous ». Ainsi :

> Quand nous étions privément là-dedans [à sa cour], il s'asseyait au pied de son lit, et quand les Prêcheurs et les Cordeliers qui étaient là lui rappelaient un livre qu'il aurait ouï volontiers, il leur disait : « Vous ne me lirez pas, car il n'est si bon livre après dîner comme quolibet[21]. »

Le « quolibet » est un propos *ad libitum*, à bâtons rompus. Le roi veut dire : « Que chacun dise ce qu'il veut. »

Guillaume de Saint-Pathus définit ce groupe de familiers comme « personnes honorables et dignes de foi qui conversèrent avec lui par long temps[22] ». Intimité *(conversatio)* qui s'exprime au mieux par la conversation, au sens moderne du mot. Joinville n'est jamais aussi heureux que lorsqu'il rapporte la parole royale comme s'adressant à lui exclusivement, en une sorte d'aparté.

> Il m'appela une fois et me dit : « Je n'ose vous parler, subtil de sens comme vous êtes, de choses qui touchent à Dieu, et pour cela j'ai appelé ces deux frères-ci, car je veux vous faire une demande. » La demande fut telle : « Sénéchal, fit-il, qu'est-ce que Dieu ? » Et je lui dis : « Sire, c'est si bonne chose que meilleure ne peut être. » « Vraiment, fit-il, c'est bien répondu, car la réponse que vous avez faite est écrite dans ce livre que je tiens à la main.
>
> « Or je vous demande, fit-il, ce que vous aimeriez mieux, être lépreux ou avoir fait un péché mortel ? » Et moi, qui jamais ne lui mentis, je lui répondis que j'aimerais mieux en avoir fait trente qu'être lépreux. Quand les frères furent partis, il m'appela tout seul, me fit asseoir à ses pieds et me dit : « Comment me dîtes-vous hier cela ? » Et je lui dis que je le disais

encore. Et il me dit : « Vous parlâtes en hâtif musard [un étourdi qui parle sans réfléchir][23] […]. »

Un groupe où la parole se fait encore plus intime, c'est celui des enfants du roi : « Avant qu'il se couchât en son lit, il faisait venir ses enfants devant lui et leur rapportait les faits des bons rois et des bons empereurs, et leur disait qu'ils devaient prendre exemple sur de telles gens[24]. »

Parole enseignante

Le mot qui vient à l'esprit de Joinville pour désigner cette parole didactique et morale est celui d'*enseigner*, d'*enseignement*. Le roi a une parole proche de celle de ces frères Mendiants, dont il s'entoure[25], enseignante et prêcheuse. Je ne crois pas qu'il ait jamais sérieusement songé, quoi qu'en dise son confesseur, Geoffroy de Beaulieu, à se faire lui-même dominicain ou franciscain. Mais, dans le domaine de la parole rendue justement plus proche, plus simple par les frères Mendiants, il s'avance aussi loin qu'un laïc peut le faire. Il profite du statut, malgré tout particulier, dont jouit le laïc exceptionnel qu'est le roi pour porter la parole royale tout près de celle de ces nouveaux prédicateurs qui sont des enseignants par la parole.

« Je vous raconterai, dit Joinville, ce que je vis et ouis de ses saintes paroles et de ses bons enseignements[26]. » Et voici le roi prêcheur qui s'aventure sur le terrain de la doctrine et même de la théologie : « Le saint roi s'efforça de tout son pouvoir, par ses paroles, de me faire croire fermement en la loi chrétienne que Dieu nous a donnée[27] […]. » Cette passion de la parole enseignante ne l'abandonne pas en mer, pendant le « passage » à la croisade ou au retour : « Vous entendrez ci-après un enseignement qu'il me fit en la mer, quand nous revenions d'outre-mer[28]. »

Cette propension à l'enseignement, il la satisfait pleinement à la fin de sa vie en dictant ou en rédigeant peut-être de sa main des *Enseignements* à son fils Philippe et ceux à sa fille Isabelle : « Cher fils, je t'enseigne... ». L'expression revient dix fois dans le texte à Philippe. « Chère fille, je vous enseigne [...] » : elle est moins fréquente dans le texte pour Isabelle, car, à l'égard de sa fille, le roi est à la fois plus courtois — il la vouvoie[29] — et plus direct. Il lui commande à l'impératif : entendez, écoutez, aimez, prenez garde, obéissez, etc.[30].

Roi de l'époque où triomphe, à l'université de Paris, la scolastique, il adopte, autant qu'on peut le faire quand on n'est pas de clergie et qu'on se situe à un niveau intellectuel sans prétention[31], certaines des méthodes nouvelles du milieu universitaire : on l'a vu plus haut susciter la parole libre du *quolibet*, par référence sans doute au *quodlibet* universitaire. Il aima organiser des « disputes » *(disputatio)* entre Joinville et Robert de Sorbon, sur le modèle d'un exercice universitaire et, comme un « maître », prononçait la conclusion : « Quand nous avions disputé un grand morceau de temps, alors il rendait sa sentence et disait[32] [...]. »

Des techniques nouvelles de la prédication, il en est une que Saint Louis pratique avec une particulière délectation, c'est l'*exemplum*[33]. Saint Louis émaille sa conversation d'*exempla*. Parfois, c'est un souvenir de son grand-père, Philippe Auguste. La parole royale est alors celle de la mémoire dynastique : « Le roi Philippe, mon aïeul, me dit que l'on devait récompenser sa mesnie en donnant à l'un plus, à l'autre moins, selon la valeur de leur service ;

et il disait encore que nul ne pouvait bien gouverner sa terre, s'il ne savait aussi hardiment et durement refuser qu'il saurait donner. » Et de tirer la morale : « Et ces choses, fit le roi, je vous les apprends parce que le siècle est si avide de demander, qu'il y a peu de gens qui regardent au salut de leurs âmes ni à l'honneur de leurs corps, pourvu qu'ils puissent attirer le bien d'autrui par devers eux, soit à tort, soit à raison[34]. »

Le gouvernement de la parole

Roi de parole, roi qui gouverne par la parole, Saint Louis exerce par la parole les deux plus hautes fonctions royales, exaltées par les Miroirs des princes, la justice et la paix.

Le roi justicier questionne et rend les sentences lui-même dans les célèbres « plaids de la porte », appelés depuis « requêtes », comme note Joinville, au palais ou, plus célèbres encore, les « parties » qu'il fait juger en sa présence, assis contre un chêne dans le bois de Vincennes : « Et alors il leur demandait de sa bouche [...]. Et alors il leur disait[35] [...]. » S'il le faut, sa parole reprend celle de ceux à qui il l'a déléguée : « Et quand il voyait quelque chose à amender dans les paroles de ceux qui parlaient pour lui, ou dans les paroles de ceux qui parlaient pour autrui, lui-même l'amendait de sa bouche[36]. »

Le roi apaiseur rend l'arbitrage de sa parole. Sa parole rétablit la paix non seulement dans le royaume, mais dans la Chrétienté. Comme on lui reproche de ne pas laisser les étrangers se combattre entre eux pour les affaiblir à son profit, il rappelle la parole de Dieu : « Bénis soient tous les apaiseurs[37]. »

Paroles de foi

Mais il est aussi le roi de la dévotion nouvelle, dont les frères Mendiants sont les propagandistes. C'est un roi de la prière, silencieuse ou à voix haute, « de bouche ou de pensée[38] ». Parole d'oraison qu'il n'oublie ni quand il est sédentaire ni quand il est sur les routes : « Même quand il chevauchait, il faisait dire les heures canoniales à haute voix et en chantant par ses chapelains à cheval[39]. » Parole d'oraison qu'il recommande à son fils : « Dis tes oraisons avec recueillement ou par bouche ou de pensée[40] », avant de lui conseiller les autres pratiques de la parole : la conversation avec le petit groupe des familiers (« Cher fils, recherche volontiers la compagnie des bonnes gens, soit des religieux, soit des laïcs [...]. Parle volontiers avec les bons ») et l'audition de la prédication publique ou privée (« et écoute volontiers parler de Notre Seigneur en sermons et en privé »)[41].

Parole de confession, cette parole de bouche à oreille avec le prêtre que le quatrième concile du Latran en 1215 avait rendue obligatoire au moins une fois l'an. Il a pratiqué assidûment et pieusement la confession, comme l'en loue son confesseur Geoffroy de Beaulieu, et la recommande vivement à son fils et à sa fille : « Si tu as malaise de cœur, dis-le à ton confesseur ou à quelqu'un d'autre que tu prends pour un homme loyal capable de garder bien ton secret, parce qu'ainsi tu seras plus en paix, pourvu que ce soit, bien sûr, une chose dont tu peux parler[42]. »

Sa parole est essentiellement de vérité, car il hait le mensonge, si fort qu'il refusera même de mentir aux Sarrasins quand il sera leur prisonnier. On l'en louera lors de son procès de canonisation et dans la bulle pontificale de canonisation.

Cet amour de la parole de vérité lui fait aussi haïr la parole mauvaise et l'amène, surtout après son retour de Terre sainte, en 1254, à réprimer sévèrement le « péché de langue[43] ». Lui-même évite soigneusement les jurons, les blasphèmes, toute parole se référant au diable. « Jamais je ne l'ouïs nommer le diable », affirme Joinville ajoutant : « Lequel nom est bien répandu par le royaume, ce qui, je crois, ne plaît pas à Dieu[44]. » Contre le blasphème, Saint Louis a eu recours à la violence :

> Le roi aimait tant Dieu et sa douce Mère, que tous ceux qu'il pouvait atteindre qui disaient de Dieu ou de sa mère choses déshonnêtes ou vilains jurons, il les faisait punir grièvement. Ainsi je vis qu'il fit mettre un orfèvre [qui avait blasphémé] à l'échelle à Césarée, en caleçon et en chemise, les boyeux et la fressure d'un porc autour du cou et en si grande foison qu'ils lui arrivaient jusqu'au nez. J'ai ouï dire que depuis que je revins d'outre-mer, il fit brûler pour cela [le blasphème] le nez et la lèvre inférieure à un bourgeois de Paris, mais je ne l'ai pas vu. Et le saint roi disait : « Je voudrais être marqué d'un fer chaud, à condition que tous les vilains jurements fussent ôtés de mon royaume[45]. »

À la fin de sa vie, l'aversion de Louis pour le « mauvais langage » s'exaspère. Le pape Clément IV l'approuve, mais le modère : le châtiment ne doit pas aller jusqu'à la mutilation ou à la peine de mort. L'ordonnance de 1269, un an avant sa mort, ordonne que le blasphémateur soit puni d'une amende ou du pilori ou du fouet[46].

Un texte, au moins, au-delà de la parole de Saint Louis, évoque sa voix[47]. Joinville, encore, nous le donne à entendre : « Il disait que c'était mauvaise chose de prendre le bien d'autrui : "car rendre était si dur que, rien qu'à le prononcer *rendre* écorchait la gorge par les deux rr *(erres)* qui y sont, lesquelles signifient les rateaux du diable, qui toujours tire en arrière ceux qui veulent rendre le bien d'autrui[48]. » Ce texte nous rappelle ainsi à la caractéristique fondamentale de la parole de Saint Louis. C'est le premier roi de France qu'il nous soit donné d'entendre parler en langue vulgaire, en français.

Il reste à évoquer deux traits de cette parole royale. Le premier est empreint du sceau de la modernité. Le second, au contraire, exprime un certain apparentement de la parole de Saint Louis à la grande tradition médiévale.

Le trait nouveau, c'est que cette parole échappe à la rhétorique habituelle des mentions de parler royal dans le haut Moyen Âge. Saint Louis s'est efforcé à une parole simple, et ses biographes ou hagiographes ont cherché à traduire cette simplicité qui relevait de la spiritualité mendiante et de l'idéal de mesure hérité de l'humanisme du XIIe siècle. Joinville a trouvé un beau mot pour la caractériser : « En ses paroles il fut attrempez », c'est-à-dire « le tempéré »[49].

Paroles dernières

À l'extrême fin de la vie, c'est pourtant la parole royale traditionnelle qui revient et que ses hagiographes nous ont léguée. Ils ont fait dire diverses choses à Saint Louis mourant, mais ce que Guillaume de Saint-Pathus en rapporte correspond à l'essentiel de tous les récits de l'agonie et de la mort de Saint Louis.

D'abord, le roi perd la parole à l'approche de la mort : « À la parfin, il fut quatre jours qu'il ne parla pas. » Il ne s'exprime plus que par signes. C'est le dernier assaut du diable qui tente d'empêcher l'ultime confession du mourant, mais ne peut rien contre sa contrition intérieure. Puis, la veille de sa mort, il retrouve la parole pour dire : « Ô Jérusalem ! Ô Jérusalem », rejoignant la parole eschatologique des croisés. Enfin, le jour de sa mort, il prononce d'abord les paroles traditionnelles du roi chrétien, recommandant son peuple à Dieu, adaptées à la situation de son armée en terre sarrasine : « Beau sire Dieu, aie merci de ce peuple qui ici demeure et conduis-le dans son pays, qu'il ne choie pas en la main de ses ennemis et qu'il ne soit contraint à renier ton Saint nom. »

Et les dernières paroles sont : « Père, je confie mon esprit à ta garde », mais « icelui benoît roi dit ces paroles en latin »[50]. Sur le seuil de la mort, Louis abandonne la langue maternelle pour retrouver la langue sacrée, la langue des pères.

LES GESTES BIEN TEMPÉRÉS

Nous savons que, dans une société, les gestes constituent un langage. Comme tous les langages, la gestuelle est codifiée et contrôlée par les instances idéologiques et politiques. Dans l'état actuel de notre enquête, il nous semble que l'Église chrétienne a surtout cherché à faire disparaître les systèmes de gestes païens, spécialement dans un domaine particulièrement odieux au christianisme, le théâtre, et à les refréner dans la manifestation la plus effrayante de la gesticulation, la possession diabolique. Le geste, moyen d'expression privilégié du paganisme et de Satan, toujours prêt à basculer du côté du mal, trop lié au corps, « cet abominable vêtement de l'âme », a, comme le rêve, paru dangereux et suspect aux yeux de l'Église des premiers siècles du Moyen Âge. Le mot de *gestus*, si commun dans les textes antiques et, à plus forte raison, celui de *gesticulatio* disparaissent, censurés, ou prennent des sens techniques et en partie nouveaux, surtout dans un domaine où le christianisme utilise le corps pour le soumettre à l'âme et façonner l'homme nouveau, la musique[51]. Depuis le rhéteur chrétien, Martianus Capella, au Vᵉ siècle, le geste n'est considéré de façon « harmonieuse » et licite que s'il est partie prenante de la liturgie.

À partir du XIIᵉ siècle, la répression cède peu à peu la place au contrôle. Elle apparaît d'abord dans la réglementation monastique. Les gestes étaient absents des règles et des coutumes monastiques du haut Moyen Âge. Ils tiennent une place importante dans un texte qui est le premier du genre, le *De institutione novitiorum*, que Hugues de Saint-Victor rédige dans la première moitié du XIIᵉ siècle. Ils font partie de la *disciplina*, qui est imposée aux novices et, au-delà du milieu monastique, modèle de la société humaine, aux clercs et aux laïcs, avec les modifications appropriées[52].

Entre le milieu du XIIᵉ et le milieu du XIIIᵉ siècle, la normalité des gestes, la frontière entre gestes licites et illicites sont définies par les codes qui règlementent la nouvelle société issue de l'essor et de la mutation de l'Occident chrétien depuis l'an mille : la réglementation ecclésiastique, mise au point par les ordres nouveaux et par le droit canonique, la législation monarchique, qui encadre l'ensemble de la société, les codes de courtoisie et de prud'homie s'imposent à l'élite du monde laïc. Désormais, même s'il y a toujours censure de la gestualité et méfiance à l'égard du corps, l'humanisme chrétien, qui s'est constitué essentiellement au XIIe siècle, exige que le chrétien se réalise dans son état terrestre et dans la perspective de son salut éternel, « corps et âme ». Il y a donc une dimension non seulement éthique, mais eschatologique de la gestualité.

Saint Louis est, au XIIIe siècle, au cœur, au centre du réseau de ces réglementations. Les nouveaux ordres Mendiants, dans la voie ouverte par Hugues de Saint-Victor, définissent le bon système de gestes, notamment saint Bonaventure, dans sa *Regula novitiorum*, Humbert de Romans, dans le *De officiis ordinis*, Gilbert de Tournai, dans ses *Sermones ad status*[53]. Le roi qui prend modèle sur les réguliers règle ses gestes sur les leurs. Ses hagiographes, on le verra, ne sont jamais aussi précis dans la description de sa gestuelle que lorsqu'ils le montrent dans ses pratiques de dévotion. Son chapelain dominicain, Guillaume de Chartres, souligne que son comportement, dans ses mœurs, ses actes et ses *gestes* était non seulement celui d'un roi, mais aussi celui d'un régulier : « *Mores enim ejus, actus, et gestus, non solum regales, sed etiam regulares*[54]. »

Gestes de roi : les gestes de Saint Louis se situent dans la ligne des Miroirs des princes, culminent dans les gestes du sacre et dans ceux des guérisons accomplies par les rois thaumaturges. Les deux termes essentiels sont ici *signer* (à cause du signe de croix fait par le roi sur les malades) et, surtout, *toucher*, puisque la guérison exige le contact[55].

Gestes du plus grand des laïcs, enfin : ici Saint Louis est le modèle de la forme qu'a prise au XIIIe siècle la courtoisie. Le preux est devenu prud'homme.

Où chercher les gestes de Saint Louis ?

Rouvrons un instant la question de la possibilité d'atteindre la réalité de Saint Louis. On a pu douter de la possibilité de retrouver la réalité des gestes avant l'époque de la photographie, voire du cinéma. On a tenté de privilégier l'iconographie comme documentation du geste. C'est oublier que l'art ou la simple figuration obéissent à des codes particuliers et que ce code qu'on a appelé le réalisme n'apparaît que tardivement au Moyen Âge. De plus, quand il s'agit des gestes d'un personnage historique comme Saint Louis, il convient de rappeler que nous n'avons conservé aucune image contemporaine du roi. Les fresques des Clarisses de la rue de Lourcine et celles de la Sainte-Chapelle, exécutées dans les premières années du XIVe siècle et qui auraient pu garder quelque chose des traits et des attitudes du roi dont auraient été témoins certaines personnes, ont disparu[56]. On en est donc réduit à relever les gestes du roi tels qu'ils peuvent être représentés dans des œuvres d'art contemporaines de Saint Louis, en particulier des miniatures. Ce souci a amené Henri Martin à s'intéresser jadis à l'« attitude royale » dans les miniatures médiévales, plus particulièrement à un geste qui semble avoir été caractéristique de la gestuelle royale au Moyen Âge : la position assise avec les jambes croisées, geste de supériorité et de colère du souverain. Cette attitude est notamment figurée de façon schématique sur un document contemporain de Saint Louis et d'une valeur générale inestimable, l'album de Villard de Honnecourt. Un autre document exceptionnel nous montre des gestes vraisemblablement « réels » et qui ont sans doute été accomplis, non par Saint Louis enfin couronné en 1226, mais par son fils Philippe III, lors de son sacre en 1271, selon les modèles mis au point pendant le règne de son père : ce sont les miniatures, comme on l'a vu[57], qui illustrent l'*ordo* de Reims, écrit et enluminé sans doute peu avant 1250. Mais il s'agit de gestes accomplis une seule fois par le roi lors de son sacre et qui sont représentatifs d'une cérémonie royale, certes essentielle, mais singulière[58].

Il nous faut, pour le reste, nous résigner à aller chercher les gestes de Saint Louis essentiellement dans des textes. Le problème ici est celui du choix de ces gestes par les biographes et de leurs modalités d'évocation qui vont de la simple allusion jusqu'à la description détaillée de l'un ou d'un ensemble. Deux remarques préalables s'imposent en ce point.

La première, c'est que les biographes de Saint Louis sont tous, à des degrés divers, non seulement des panégyristes, mais, plus précisément, des hagiographes. Non seulement la gestualité de Saint Louis y est présentée comme fondamentalement exemplaire et conforme aux modèles chrétiens les plus élevés, mais elle est déséquilibrée au bénéfice des gestes religieux. Ce souci hagiographique a parfois permis cependant de souligner, au niveau de la gestualité, certaines tensions entre les modèles incarnés par Saint Louis, le laïc qu'il était et le clerc, le régulier qu'il a peut-être voulu être, le roi qu'il devait et voulait être, exposé par sa fonction sinon à tomber dans l'orgueil, la *superbia*, du moins à se montrer plus ou moins souvent « en majesté », et le saint qu'il voulait être aussi et plus encore, un saint fortement marqué par les idéaux de sainteté du XIIIe siècle et d'abord par l'humilité. Un passage de Geoffroy de Beaulieu montre comment l'humilité de Saint Louis l'a conduit à accomplir des gestes jugés incompatibles avec la dignité royale.

Un samedi, alors qu'il était à l'abbaye de Clairvaux chez les cisterciens, le roi « voulut assister au lavement de pieds […], par humilité, il voulut à plusieurs reprises ôter son manteau et, à genoux, porter les mains aux pieds des serviteurs de Dieu pour les laver humblement : mais il y avait là des grands *(magnates)* qui n'étaient pas de ses familiers et sur leur conseil il s'abstint de ce devoir d'humilité[59] ».

Joinville a l'avantage, étant un laïc, de ne pas se laisser absorber par une vision trop ecclésiastique de son héros, et parce qu'il écrit des Mémoires personnels dont, sans doute, une première rédaction a été dictée peu après la mort du roi et bien avant sa canonisation, de ne pas se borner à décrire le saint, mais aussi les autres personnages de Saint Louis qu'il a connus : le roi, roi féodal dans ses fonctions essentielles de chevalier, de seigneur et de souverain délibérant en son conseil, de justicier et de pacificateur, et aussi l'ami. Joinville est témoin de la tension entre deux gestualités, celle du chevalier, du preux, homme d'impétuosité et de violence, et celle du prud'homme, homme de réflexion et de mesure. Ainsi, quand Saint Louis débarque en Égypte, il cède à la tentation de la prouesse et oublie la sagesse. Sa gesticulation, on l'a vu, est réprouvée par les « prud'hommes » qui sont avec lui[60].

La seconde remarque concerne les frontières à tracer à l'intérieur du domaine des gestes, en fonction de la nature des sources et des codes normatifs de l'époque. J'ai ainsi été amené à distinguer trois types de gestes dont la définition comme gestes — et gestes de Saint Louis — n'était *a priori* pas évidente.

Le premier type est celui des gestes *implicites*, contenus dans des actions où ils ne sont pas décrits ni même nommés par les biographes. Par exemple, manger, dormir, commander, chevaucher. Les ensembles gestuels associés à ces actes sont cependant importants. D'abord, le fait qu'ils sont, eux, souvent mentionnés par les biographes prouve qu'il s'agit d'une gestualité quantitativement et qualitativement significative dans sa globalité non détaillée. Tous ces actes ont posé, en effet, à Saint Louis des problèmes à cause des gestes qu'ils demandaient et que sa fonction royale imposait et, souvent contradictoirement, que son idéal religieux exigeait. Manger et dormir supposent une discipline du corps où son idéal ascétique s'est trouvé en opposition avec le luxe alimentaire attaché à son état et les habitudes de sommeil d'un laïc, qui plus est, d'un laïc couronné[61]. Commander devient particulièrement délicat quand les destinataires des ordres sont des ecclésiastiques pour qui Saint Louis a une révérence particulière[62]. Chevaucher perturbe l'emploi du temps normal des dévotions d'un roi dont la pratique religieuse semble requérir la sédentarité et la régularité d'une vie de couvent[63]. Contrairement à W. Ch. Jordan, je pense que Saint Louis a aisément résolu ces difficultés, mais les tensions ont existé.

Le second type est celui des gestes *passifs*. Dans un monde fortement hiérarchisé comme celui de l'Occident médiéval, la place sociale et la qualité éthique d'une personne se reconnaissent notamment à la balance entre les gestes par lesquels elle s'affirme, impose sa volonté, et ceux qu'elle subit[64]. Or, Saint Louis a été, si j'ose dire, positivement passif en deux aspects de sa vie. Dans sa jeunesse d'abord, où, conformément à l'image de l'enfant telle qu'elle se dégage du système de valeurs du Moyen Âge, sorte de non-être qui ne deviendra quelqu'un qu'en sortant le plus vite possible de l'enfance, il n'existe que par sa soumission, son obéissance ; il excelle alors à se laisser former, par sa mère, par son maître, bien que la première ne soit pas tendre[65] et que le second n'hésite pas à le corriger physiquement[66]. Mais aussi à Dieu, dans ses pratiques de dévotion et dans sa recherche du martyre[67].

La troisième catégorie de gestes que je crois utile d'identifier chez Saint Louis, ce sont les gestes *négatifs*. Un chrétien, au Moyen Âge, même en ce XIIIe siècle qui semble plus décidé à laisser aux hommes la possibilité de s'épanouir — oasis entre le christianisme du mépris du monde du haut Moyen Âge et le christianisme de la peur des derniers siècles médiévaux —, gagne son salut autant par ce dont il s'abstient, par ce qu'il ne fait pas, par sa résistance — fût-elle passive — à Satan que par ses actes et des gestes positifs. Une partie des gestes évoqués par ses biographes sont ceux que Saint Louis n'accomplit pas. Guillaume de Saint-Pathus, par exemple, observe : « Il évitait tous jeux inconvenants et se gardait de toutes déshonnêtetées et toutes laideurs, ni ne faisait à personne injure en fait ou en paroles ni ne méprisait ou blâmait personne en aucune façon, mais il reprenait très doucement ceux qui quelquefois faisaient une chose dont il pouvait être courroucé [...]. Il ne chantait pas non plus les chansons du monde et il ne souffrait pas que ceux qui étaient de sa mesnie les chantassent[68] [...]. »

Des biographies, celles qui sont les plus riches en corpus de gestes de Saint Louis sont l'*Histoire* de Joinville[69] et celle de Guillaume de Saint-Pathus. À cette dernière manquent les images concrètes, les souvenirs que l'on trouve chez les autres biographes qui ont approché le roi et ont été, à des titres divers, ses familiers. Mais c'est, sans doute, sur le fond des informations fournies par l'entourage de Saint Louis d'une part, à partir du dossier du procès de canonisation de l'autre, le texte normatif le plus complet, le meilleur « Miroir du roi saint ».

Les gestes d'un roi saint

Le confesseur de la reine Marguerite annonce dans son introduction qu'il n'a pas suivi dans son ouvrage l'ordre de déposition des témoins au procès, l'« ordonnance du temps », c'est-à-dire l'ordre chronologique, mais l'« ordonnance de la dignité » des faits rapportés, l'« ordonnance de plus convenable jointure », c'est-à-dire, après deux chapitres sur l'« enfance » et la « croissance » — temps faibles de la vie qui ne valent que par la préparation à la vie adulte —, un exposé des vertus selon la hiérarchie d'un ordre thématique. On peut y repérer, du plus important au plus extérieur, les gestes d'un roi saint. Ce sont d'abord ceux qui se rapportent aux vertus théologales (chapitres III à V) : « ferme créance », « droite espérance », « amour ardent », qui définissent les gestes de la foi, de l'espérance et de la charité. Ce sont ensuite les pratiques pieuses : « dévotion fervente », « sainte écriture étudier », « dévotement Dieu prier » (chapitre VI à VIII), qui donnent lieu à l'évocation des gestes de dévotion, de lecture biblique et de prière. Puis viennent les vertus : « amour fervent de ses proches » — ce qui, dans le cas de Saint Louis, mis à part son attachement à sa mère, Blanche de Castille, et le peu d'empressement autre que procréateur qu'il semble avoir manifesté à l'égard de sa femme, Marguerite de Provence, signifie gestes du père et du frère aîné —, « compassion », « œuvres de pitié » (c'est-à-dire miséricorde), « profonde humilité », « vigueur de patience », « roideur de pénitence », « beauté de conscience », « sainteté de continence » (chapitres IX à XVI), puis les vertus royales : « droite justice », « simple honnêteté », « débonnaire clémence » (chapitres IX à XVI), et enfin, au terme de ce qui fut la plus grande valeur de sa vie, la continuité dans la sainteté, le point culminant de cette vie, la mort à la croisade, équivalente du martyre : « sa longue persévérance et son trépas bienheureux ».

L'apothéose : les gestes de la sainte mort

Au chapitre XX et dernier, Guillaume de Saint-Pathus décrit les gestes de la mort royale et chrétienne de Saint Louis devant Tunis, une apothéose de gestes.

> Il fut malade trois semaines ou environ et, au commencement de sa maladie, bien qu'il fût dans un état très grave, il disait, couché dans son lit, ses matines et toutes les autres heures avec un de ses chapelains. Et, de plus, la messe et toutes les autres heures canoniales étaient chantées dans sa tente à haute voix et une messe basse y était dite en sa présence chaque jour. La croix était placée devant son lit et devant ses yeux, elle y fut mise par l'ordre du saint roi lui-même quand il commença à aller mal et il regardait très souvent et dirigeait ses regards vers elle et l'adorait mains jointes et se la faisait tous les jours apporter le matin quand il était à jeun et la baisait par grande dévotion et par grande révérence et l'embrassait. Il rendait souvent grâces à Dieu, son créateur, de sa maladie et disait très souvent et répétait *Pater Noster* et *Miserere* et *Credo*. Depuis que le saint roi commença à être malade et à être couché à cause de la maladie dont il mourut, il se parlait ainsi comme toujours à lui-même, disant, semble-t-il, psaumes et oraisons et il essuyait souvent ses yeux et louait et bénissait souvent Dieu. Pendant sa maladie, il se confessa souvent à frère Geoffroy de Beaulieu, de l'ordre des Prêcheurs.

Et, de plus, pendant sa maladie, le saint roi demanda le corps de Jésus-Christ et l'eut et reçut plusieurs fois. Une fois qu'il devait recevoir le corps de Jésus-Christ et qu'on le lui portait, quand celui qui le portait entra dans sa chambre, le saint roi, bien qu'il fût malade et faible, se jeta de son lit à terre, mais son entourage lui mit aussitôt son manteau sur lui. Le saint roi resta assez longuement courbé vers la terre en oraison avant de recevoir le corps de Jésus-Christ et il le reçut ensuite à genoux par terre en grande dévotion. Il ne put rentrer tout seul dans le lit mais les assistants le remirent au lit. Le saint roi demanda l'extrême-onction et fut oint avant de perdre la parole.

À la fin, il ne parla pas pendant quatre jours, mais il avait encore bonne mémoire et levait ses mains jointes au ciel et se frappait quelquefois la poitrine et reconnaissait les gens, comme il apparaissait aux signes qu'il faisait, et il mangeait et buvait, bien que peu, et il faisait signe de la main comme on le fait d'habitude soit pour refuser quelque chose soit pour le demander.

Son état s'aggravait et il parlait très bas, mais quand les autres disaient les psaumes, le bon roi remuait les lèvres.

Le dimanche qui précéda sa mort, frère Geoffroy de Beaulieu lui porta le corps de Jésus et en entrant dans la chambre où le roi était couché il le trouva hors de son lit à genoux, par terre, mains jointes, à côté de son lit[70] [...].

Gestes d'un malade qui prie, communie, remplace les gestes par des signes de visage, d'yeux, de mains. Gestes d'un chrétien alité qui quitte son lit, malgré son extrême faiblesse, en présence du corps de son Seigneur. Gestes d'un mourant qui ne peut plus parler et remplace les mots par des signes. Jusque dans l'agonie, Louis exprime sa foi avec toutes les ressources gestuelles qui lui restent.

Les gestes de la dévotion

Dans le système chrétien, les gestes doivent être l'expression, le prolongement des mouvements du cœur, des vertus de l'homme intérieur. Or sa dévotion, Saint Louis ne pouvait la « retenir au cœur », mais « la montra par plusieurs certains signes[71] ». Les gestes sont des signes, c'est-à-dire, au sens augustinien du terme *signum*, des symboles. Ils doivent ainsi être compris comme un élément essentiel du grand système symbolique médiéval.

Ils se définissent d'abord par rapport à l'espace où se meut le roi. Ici, deux grandes divisions se présentent, on l'a vu, quand le roi est en son palais ou à l'étape, « en l'ostel », ou quand il est sur les routes, quand « il chevauchait ». Dans le premier cas, Louis modèle ses pratiques pieuses sur celles des réguliers, et ses mouvements le mènent pour le chant des heures entre sa chambre et sa chapelle ou son oratoire (« il s'en revenait à sa chambre », « quand l'heure était venue que le benoît roi devait entrer au lit »). Son geste le plus significatif, pendant ses dévotions, est de s'agenouiller (« s'agenouillait mout souvent »), mais, surtout, il n'est jamais assis (sauf par terre) pendant ces exercices (« quand il était en l'église ou en la chapelle, il était toujours en estant [debout], dressé sur ses pieds ou agenouillé à terre ou sur le pavement, ou appuyé sur l'un des côtés au banc qui était devant et était assis par terre sans avoir sous lui nul coussin, mais avait seulement un tapis étendu à terre sous lui »). En ces circonstances — car le geste dépend aussi de l'environnement humain, des interlocuteurs et des spectateurs —, le roi n'est jamais seul. Ses chapelains sont autour de lui, « devant lui », et il est toujours accompagné dans ses dévotions par une sorte de double ecclésiastique, il accomplit chacun de ces gestes de dévotion « avec un de ses chapelains ». Quand il chevauche, il cherche à retrouver l'état de sédentaire où il peut le mieux accomplir les gestes de la dévotion.

Il faut ajouter à ces deux grands types un troisième cas. Louis IX est de santé fragile, et ses pratiques ascétiques n'arrangent pas son état. Les jours où « le roi fut malade », où « il gisait dans son lit », sa chambre se transformait en chapelle. Les gestes étaient réduits à la parole et « quand il était si faible qu'il ne pouvait parler », son double ecclésiastique le remplaçait : « Il avait un autre clerc près de lui qui pour lui disait les psaumes[72]. »

Ses autres pratiques religieuses concernent l'écoute de la prédication, la communion, la dévotion à la croix et aux reliques, ses marques de respect aux clercs. Le goût pour l'audition des sermons le conduit à deux types de gestes : « s'asseoir à terre » pour les écouter dans l'humilité et, dans ce même esprit d'humilité, parfois « il allait *à pied* deux fois en un jour par un quart de lieue pour ouïr le sermon[73] ». Les gestes de la communion (peu fréquente chez le roi qui ne communie normalement que six fois l'an, à Pâques, à la Pentecôte, pour l'Assomption de la Vierge, la Toussaint, Noël et la Purification de la Vierge) sont de « très grande dévotion » : « Avant il lavait ses mains et sa bouche et ôtait son chaperon et sa coiffe » ; parvenu au chœur de l'église, « il n'allait pas sur ses pieds jusqu'à l'autel, mais il allait à genoux », et devant l'autel, « il disait son Confiteor de lui-même les mains jointes avec beaucoup de soupirs et de gémissements[74] ».

Sa dévotion à la Croix, spécialement le vendredi saint, se marque par la visite des églises « proches du lieu où il était ». Il s'y rendait et y écoutait la messe « nus pieds », puis, pour adorer la croix, ôtait sa chape et sa coiffe et allait, nu-tête, à genoux, jusqu'à la Croix qu'il « baisait » et enfin « se mettait incliné à terre en manière de croix tout le temps qu'il la baisait et on croit qu'il versait des larmes en ce faisant[75] ».

Avec la dévotion aux reliques apparaissent d'autres gestes, ceux de la procession et du port des reliques sur les épaules : « Et à cette procession le benoît roi portait sur ses propres épaules, avec les évêques, les reliques devant dites. » En ces occasions, le roi ne fait pas ses dévotions devant ses seuls chapelains ou quelques clercs mais devant « le clergé de Paris et le peuple[76] ». Ce sont des gestes de la dévotion publique. Enfin, face aux clercs et en particulier aux moines ils mettent en relief certaines valeurs exprimées par le comportement la hiérarchie par rapport à la situation dans l'espace, l'observation admirative, l'imitation.

Le roi faisait manger ses chapelains à une table « plus haute que la table du benoît roi ou au moins égale » et, devant les « prud'hommes », « ledit saint roi se levait[77] ». Louis « visitait très souvent et très familièrement les églises et les lieux religieux », c'est-à-dire les couvents et les monastères. Il observait passionnément les faits et gestes des moines, notamment les cisterciens de Chaalis. Lors du lavement des pieds, le samedi après vêpres, il « regardait par moult grande dévotion ce que les moines dessudits faisaient ». Il accompagnait l'abbé à la porte du dortoir pour le voir donner l'eau bénite à chacun des moines qui allaient se coucher : « regardait par grande dévotion ce qui était fait[78] ». Il imitait les gestes des moines : « et recevait l'eau bénite dudit abbé comme un des moines et, la tête inclinée, sortait du cloître et allait à son hôtel[79] ».

Le luxe de détails gestuels que donne ici Guillaume de Saint-Pathus est destiné à montrer en Saint Louis un homme qui s'est rapproché, autant qu'il était possible à un laïc, de la conduite des moines et des clercs réguliers. Les gestes sont le code de repérage de l'état, du statut, de la valeur du chrétien. Tout comme ses gestes permettent de repérer l'hérétique[80], le pieux laïc, le saint se reconnaît à ses gestes.

Modèles et personnalité

À la fin du XIIIe siècle, les gestes permettent-ils d'exprimer, en même temps qu'un modèle, une personnalité ? Les gestes que nous ont rapportés les biographes nous informent-ils non seulement sur un modèle de la royauté et de la sainteté ou nous donnent-ils accès à l'individualité de l'homme Saint Louis ?

Il est certain que ses biographes se conforment, à travers lui, à des modèles. Mais il y a plus. Selon les termes de Boniface VIII, peut-être pas aussi exceptionnels qu'on l'a dit, mais malgré tout étonnants, ses contemporains semblent avoir vu en lui plus qu'un homme, un surhomme[81]. N'est-ce pas dire que sa personnalité leur échappait ? Joinville, selon Guillaume de Saint-Pathus, exprime de façon plus traditionnelle la même idée : « Il ne vit jamais homme plus harmonieux *(atempré)* ni de plus grande perfection en tout ce qui peut être vu en un homme[82]. »

Il me semble d'abord que lorsqu'on nous montre Saint Louis avec les pauvres, ses gestes semblent se mettre à leur niveau et apparaissent plus « vrais ». Ainsi, quand il donne à manger à des aveugles :

> Et s'il y avait parmi ces pauvres un aveugle ou un mal voyant, le benoît roi lui mettait le morceau de l'écuelle et lui enseignait comment il devait mettre la main à l'écuelle : et encore plus quand il y avait un mal voyant ou non puissant et qu'il avait du poisson devant lui, le benoît roi prenait le morceau de poisson et en retirait les arêtes diligemment de ses propres mains, et le mettait en la sauce, et alors le mettait en la bouche du malade[83].

Je crois surtout que les gestes évoqués ou décrits par ses biographes nous permettent d'approcher Saint Louis non seulement dans sa conformité à des modèles et dans son exemplarité, mais dans sa personnalité historique. Pour trois raisons au moins, qui m'autorisent, à propos des gestes, à réaffirmer ma conviction qu'il est possible d'accéder au « vrai » Saint Louis.

La première, c'est que ceux de ses biographes qui l'ont connu et approché ont cherché à persuader les lecteurs et les auditeurs de leur biographie qu'ils furent vraiment les familiers et parfois les amis de ce grand roi, de cet homme extraordinaire, de ce saint, et la fierté ou le bonheur, ou les deux à la fois, que leur procure ce privilège, ils veulent les justifier par l'évocation d'un vécu qui, en cette fin du XIIIᵉ siècle où se répand dans l'art le « réalisme » et où le portrait est près de naître, est la preuve que l'on attend. Un Joinville, surtout, a cette ambition. Joinville évoque Saint Louis venant par-derrière s'appuyer sur ses épaules et poser ses deux mains sur sa tête alors qu'il est à une fenêtre de la nef royale ; croyant qu'il s'agit de Philippe de Nemours, il s'écrie : « Laissez-moi en paix, mon seigneur Philippe », puis une main du roi ayant glissé sur sa figure, il reconnaît à une émeraude qu'il avait au doigt l'auteur de ce geste familier. Dans cette anecdote, c'est bien Louis qui nous est rendu, dans la simplicité et la familiarité de sa gestualité[84].

Quand ses biographes nous peignent si souvent le roi s'asseyant par terre, pour causer avec ses familiers au pied de son lit, pour rendre la justice dans le jardin du palais de Paris ou à Vincennes, pour écouter un sermon, nous ne saisissons pas seulement là les gestes conformes aux normes de l'humilité comme le souligne Boniface VIII[85], mais le goût de l'homme Saint Louis pour une posture corporelle.

Enfin, et surtout, la personnalité de Saint Louis ne s'est-elle pas essentiellement exprimée dans sa volonté de conformer tous ses gestes au modèle chrétien ? En Égypte, en Palestine, partout, il déclare qu'il faut prêcher par l'exemple. L'adéquation des gestes de Saint Louis rapportés par ses biographes au modèle de la gestualité chrétienne ne traduit-elle pas le fait que la personnalité de Saint Louis s'est identifiée à l'effort pour traduire en gestes ses idéaux ? Le roi et le portrait du roi ne se sont-ils pas historiquement rejoints ?

Le roi prud'homme

Dans ses paroles comme dans ses gestes, Saint Louis veut surtout réaliser l'idéal humain qui lui paraît le plus haut, celui qui, au XIIIe siècle, tend à remplacer les idéaux du preux et du courtois en les réunissant et en les domptant : l'idéal du *prud'homme*.

Le Moyen Âge a aimé donner des surnoms aux grands et, particulièrement, aux rois, à un moment où l'habitude n'était pas encore établie de leur donner un numéro d'ordre dynastique. Dans une chronique du ménestrel du comte de Poitiers, rédigée entre 1293 et 1297, qui comporte une généalogie des rois de France, Louis (IX), son fils Philippe (III) et son petit-fils Philippe (IV) sont ainsi désignés : Louis « le prud'homme », Philippe le Hardi, Philippe le Bel[86].

Le prud'homme se définit par sa prudence, sa sagesse, sa mesure. Joinville donne comme exemple d'un chevalier qui fut preux mais non prud'homme, le duc Hugues de Bourgogne[87], et il attribue à Philippe Auguste ce jugement sur Hugues « pour ce qu'il y a grande différence entre *preuhomme* (preux) et *preudomme* (prud'homme) ».

À Lyon, en 1244, l'empereur Frédéric II propose au pape Innocent IV l'arbitrage de Saint Louis au titre de sa prud'homie : « Et il était prêt de s'en remettre au roi de France qui prud'homme était[88]. » Mais le roi a lui-même revendiqué cette qualité. À Robert de Sorbon, selon Joinville, Louis aurait fait cette confidence : « Maître Robert, je voudrais bien avoir le nom de prud'homme, pourvu que je le fusse, et tout le reste je vous le laisserais ; car prud'homme est si grande chose et si bonne chose que rien qu'à le prononcer, il emplit la bouche[89]. »

La prud'homie unit « chevalerie » et « clergie », dans le prolongement de l'idéal de Chrétien de Troyes, ou encore *fortitudo* et *sapientia*, force et sagesse. Le prud'homme exprime l'évolution des valeurs morales au tournant du XIIe au XIIIe siècle. Le terme qualifie celui « qui a de l'autorité morale », qui est « plein de mérite » et pourrait, selon Charles Brucker, se traduire par « homme de valeur », « homme de bien ». C'est un peu l'équivalent médiéval de l'« honnête homme » de l'époque classique. Il désigne un homme qui se comporte selon « des valeurs morales à connotation religieuse ». Ou encore, c'est le « juste », comparable à ceux de l'Ancien Testament que Jésus a libéré quand il est descendu aux Limbes[90].

Si, du côté des guerriers, le prud'homme se distingue du « preux » et tempère la vaillance par la sagesse et la piété, du côté des clercs, il se distingue du « béguin », du dévot affecté. Robert de Sorbon, bien qu'appelé « prud'homme » par Joinville, a défendu devant le roi le béguin contre le sénéchal qu'interpellait le roi : « Sénéchal, dîtes les raisons pourquoi prud'homme vaut mieux que béguin[91]. » Et Saint Louis conclut par une profession de foi de prud'homie. Ainsi se situait, entre bellicisme et bigoterie, le roi prud'homme. Mais prud'homie n'est pas tiédeur. Elle est aussi combat et sagesse.

C'est donc un idéal de *laïc* que Louis a placé plus haut que tout. Nous savons qu'à cet idéal il n'a pas toujours été fidèle. Soit que, repris par la « furie » chevaleresque, il en oublie toute prudence, comme lors du débarquement en Égypte, soit que son irritabilité le fasse s'emporter contre son entourage ou ses interlocuteurs. Il s'en est rendu compte. Mais malgré quelques éruptions impulsives, Saint Louis a réussi en général à observer cette mesure, ce juste milieu qui lui paraissait la règle d'une bonne conduite. Il a traduit cette option de façon significative dans sa façon de se vêtir.

Lors d'une de ces querelles amicales entre le chanoine et le sénéchal qui eut lieu devant le roi à propos de vêtements, Saint Louis rend son jugement :

« Car, ainsi que le sénéchal le dit, vous vous devez bien vêtir et proprement, parce que nos femmes vous en aimeront mieux, et vos gens vous en priseront plus. Car, dit le sage, on se doit parer en vêtements et en armures de telle manière que les prud'hommes de ce siècle ne disent pas qu'on en fasse trop, ni les jeunes gens de ce siècle qu'on en fasse trop peu[92]. » Qu'en est-il de cette mesure, de cette prud'homie quand le roi est à table ? Biographes et chroniqueurs ont été prolixes sur les manières de table du roi : elles offrent un bon lieu d'observation de son comportement.

SAINT LOUIS À TABLE : ENTRE COMMENSALITÉ ROYALE ET HUMILITÉ ALIMENTAIRE

Cette volonté de mesure contre la tentation de l'excès, Saint Louis l'a aussi manifestée, de façon exemplaire, à table[93]. Le repas d'un roi chrétien au XIIIe siècle obéit à plusieurs rituels, essentiellement à deux. Le premier est celui qui s'impose à tout chrétien. Il comporte un code alimentaire qui consiste fondamentalement à jeûner ou à s'abstenir de viande ou d'autres aliments certains jours et à certaines périodes — pour l'essentiel le vendredi et en temps de carême. Le second rituel est celui qui s'impose aux grands personnages. La nourriture comme le vêtement étant un signe de statut, de rang social, les grands doivent tenir leur rang en manifestant un certain luxe alimentaire. S'agissant d'un roi, ce statut se marque dans le domaine alimentaire soit par certains tabous — mets réservés ou interdits au roi (mais ce n'est pas le cas des rois chrétiens) —, soit par certains cérémonials. Il existe des sociétés monarchiques où le roi doit manger seul (cela a été le cas dans l'Europe absolutiste ou pour le pape) ; et d'autres, au contraire, les plus nombreuses, où il doit marquer son statut soit par un cérémonial prandial particulier, qui le met, par la place, le siège, le couvert, la présentation des plats, au-dessus et en quelque sorte au-delà des autres convives, soit par l'obligation de manger en compagnie nombreuse ou choisie, ou les deux. Certaines de ces obligations relèvent d'une étiquette ritualisée et obligatoire, d'autres, les plus nombreuses, de la simple coutume et de la *fama*, de la réputation.

Dans les deux rituels, le religieux et le laïc, certaines occasions imposent une recrudescence de faste alimentaire : les grandes fêtes religieuses, les grandes fêtes chevaleresques, telles que les cérémonies d'adoubement, les festins des grandes assemblées féodales (notamment celles de la Pentecôte), les banquets offerts à d'importants personnages.

Mais, dans le cas de Saint Louis, à ces rituels généraux s'en ajoutent d'autres. Les clercs — et plus particulièrement le milieu monastique et dans une certaine mesure le milieu conventuel des frères Mendiants, qui suivent avec une moins grande austérité les traditions monastiques — observent des coutumes alimentaires (de caractère réglementaire, édictées par les « coutumes », *consuetudines*) plus rigoureuses que celles que suivent les laïcs. Or Saint Louis s'efforce de se rapprocher de la conduite des moines et des frères et recherche des mœurs alimentaires et des manières de table voisines des leurs. Il a d'ailleurs pour règle de dépasser, par esprit de pénitence, les restrictions prescrites aux simples laïcs. C'est ce qu'il fait, on l'a vu, en matière d'abstention de rapports conjugaux.

Mais, d'autre part, Louis veut se conformer à un modèle de conduite pour un laïc dont il a fait en termes chaleureux l'éloge : la prud'homie. Or la prud'homie se marque par une discipline de modération, de tempérance, de sagesse, de mesure en toute chose. Il est soucieux de respecter ce que j'appellerai une prud'homie alimentaire qui ne se confond pas avec la discrétion monastique ou religieuse.

Enfin, et cette attitude s'accentue après le retour de la croisade et avec l'âge, ici comme en d'autres domaines, Saint Louis s'efforce d'imiter le Christ. Il se préoccupe davantage encore de servir les pauvres, les malades et les lépreux à table, et, surtout, il pratique avant le repas le lavement de pieds des pauvres ou des moines ou des frères, dans un désir de renouveler la Cène.

Il est clair que si ces modèles de conduite alimentaire peuvent coexister chez le même personnage en se hiérarchisant ou en se distribuant suivant les moments et les occasions, certains conflits paraissent inévitables. Convivialité royale ou humilité alimentaire ?

Je regroupe ici l'ensemble des textes de contemporains qui nous présentent le saint roi à table. Voyons-les dans un ordre croissant de vraisemblance, en allant des hagiographes vers les chroniqueurs.

La modération

Mon premier témoin est Geoffroy de Beaulieu, le dominicain, confesseur du roi « pendant environ les vingt dernières années de sa vie », dans la *Vita* vraisemblablement rédigée en 1272-1273. C'est un traité sur les mœurs de Louis composé à partir de souvenirs personnels de Geoffroy, selon le modèle courant de l'hagiographie, fortement marqué par l'empreinte de la dévotion Mendiante, et rédigé dans la perspective d'une canonisation du souverain.

> Il avait l'habitude toute l'année de jeûner le vendredi et, le mercredi, de s'abstenir de viande et de gras. Il s'abstenait aussi quelquefois de viande le lundi. Mais à cause de la faiblesse de son corps il y renonça ce jour-là sur le conseil de familiers. De plus, il jeûnait au pain et à l'eau les quatre vigiles des principales fêtes de la Sainte Vierge. De même, il voulait jeûner au pain et à l'eau le vendredi saint et parfois la veille de la Toussaint et à certains autres jeûnes solennels dans l'année. Pendant le carême et l'avent, il s'abstenait de poisson et de fruit le vendredi. Cependant, avec la permission de son confesseur, il ne consommait ce jour-là qu'une seule espèce de poisson et une seule espèce de fruit. Il avait entendu parler d'un religieux qui s'abstenait complètement de manger aucune espèce de fruit ; sauf que, quand on lui offrait pour la première fois de l'année un fruit en primeur, il en goûtait une fois sous forme d'action de grâces, puis s'en abstenait pendant tout le reste de l'année. Le saint roi rapporta ce fait à son confesseur, en soupirant de n'avoir pas l'audace d'atteindre à cette perfection, mais il conçut du moins l'idée de faire l'inverse, c'est-à-dire que, quand on lui offrait un fruit nouveau en primeur, il n'en mangeait pas cette fois-là et faisait au Seigneur le sacrifice de ces primeurs, et ensuite il en mangeait sans mauvaise conscience. Et je crois, ce propos, il l'observa par la suite. Je ne me rappelle pas avoir vu personne — ou quasiment — qui ait coupé son vin d'une telle quantité d'eau comme lui[94].

On rencontre ici toute une casuistique du jeûne et de l'abstinence. Le jeûne complet n'est observé que le vendredi ; un jeûne moins sévère, au pain et à l'eau, les vigiles des quatre grandes fêtes de la Vierge — signe de sa dévotion mariale —, le vendredi saint, la veille de la Toussaint et certains autres jeûnes solennels. Un autre cas est celui de l'abstinence de certaines nourritures de qualité, la viande et le gras le mercredi, la viande le lundi, le poisson et les fruits les vendredis de carême et d'avent. Une autre casuistique suppose un ascétisme alimentaire et concerne la régularité des jeûnes et des abstinences : tantôt ils ne souffrent pas d'exception, tantôt ils ne se produisent que « quelquefois ». L'idéal d'ascétisme alimentaire de Saint Louis, voulu comme très rigoureux, subit des atténuations : le renoncement à l'abstention de viande le lundi, le remplacement d'abstention totale de poisson et de fruit par la consommation d'une seule espèce de poisson et de fruit les vendredis de carême et d'avent.

Trois facteurs entrent en jeu dans cette (relative) modération dans l'ascétisme alimentaire : sa mauvaise santé (la « faiblesse de son corps », *debilitas corporis*), l'influence modératrice de son confesseur et de son entourage, sa propre volonté de modération que l'on sent inspirée par le souci d'éviter l'orgueil d'un ascétisme excessif (il ne veut pas rivaliser avec le religieux qui s'abstient de fruits, sauf une fois l'an), d'observer aussi dans l'ascétisme alimentaire la modération du prud'homme, enfin, sans doute, certaines concessions à ses goûts. L'anecdote sur sa consommation de fruits tous les jours de l'année sauf un, à l'inverse du religieux exemplaire — qui n'est peut-être pas exempte d'une certaine ironie —, explique la conduite du roi en fonction de son goût prononcé pour les fruits signalé par ses biographes, même les hagiographes. Le Saint Louis qu'ils nous montrent est sans doute, selon leur volonté, un homme qui a des penchants pour certains plaisirs (outre les fruits, il raffole des bons poissons, tel le brochet), voire des passions, et qui n'en a donc que plus de mérite à les refréner. Le saint : un athlète qui lutte. Sur l'exemple de la proportion d'eau dans le vin, Louis est présenté comme un véritable champion. Le modèle alimentaire qui l'inspire est clairement monastique et l'on peut voir dans les conseils de modération qu'on lui prodigue, par-delà le soin de sa santé, le souci de son confesseur et de son entourage de le voir conserver dans sa pratique alimentaire la dignité que réclame son rang. Le modèle aristocratique et royal s'oppose bien ici au modèle monastique.

À travers Saint Louis, le texte de Geoffroy de Beaulieu permet enfin de repérer les aliments autour desquels se joue l'opposition d'un modèle riche et d'un modèle pauvre : les viandes et les matières grasses, le poisson, les fruits, le vin. Au-dessus du degré zéro du jeûne, le pain et l'eau définissent la pauvreté — volontaire — de l'alimentation.

L'humilité et l'ascèse

Mon second témoin est Guillaume de Saint-Pathus, le franciscain, confesseur de la reine Marguerite, chargé après la canonisation de 1297 d'écrire une vie officielle — une *Vita*, à proprement parler une hagiographie. Nous ne possédons que la traduction en français de cette vie qui date des toutes dernières années du XIIIe siècle[95].

Guillaume rapporte que Louis aimait avoir à sa table des « personnes de révérence », des religieux à qui il pouvait « parler de Dieu » à la place de la leçon qu'on lit au couvent « pendant les repas ». Il signale que lorsque le roi vient à Vernon, à la maison-Dieu, il sert les pauvres de ses propres mains « en présence de ses fils » qu'il veut « former et instruire en œuvres de pitié ». Et il fait préparer pour les leur servir « des plats de viande ou de poisson convenant à leurs maladies[96] ».

La table ne se réduit donc pas à l'alimentation. Elle est le lieu et l'occasion de faire son salut. Elle est le lieu du souci du corps (le nourrir, se nourrir) et de plaisirs (plaisir de la nourriture et plaisirs liés à la nourriture : la conversation, les divertissements), susceptibles de déraper dans des comportements vicieux : l'excès de nourriture et de boisson, l'indigestion et l'ivresse, dires exagérés ou obscènes, actes luxurieux si les sexes y sont mêlés (c'est le couple *gula, luxuria*). La table peut et doit être un instrument de perfection et d'édification, à travers la conversation édifiante et le service des pauvres. Saint Louis apparaît ici comme le roi nourricier, le roi de la troisième fonction dumézilienne.

Ce souci s'étale tout au long du chapitre XI consacré aux œuvres de « pitié » (miséricorde). On y trouve tout un calendrier du service de table des pauvres par le roi :

> [Premièrement chaque jour] de mercredi, de vendredi et de samedi en carême et pendant l'avent, il servait personnellement à treize pauvres qu'il faisait manger dans sa chambre ou dans sa garde-robe et il leur administrait [la nourriture] en mettant devant eux potage et deux paires de plats de poisson ou d'autres choses. Et il tranchait lui-même deux pains dont il mettait [les morceaux] devant chacun d'eux et les valets de la chambre du roi tranchaient les autres pains autant qu'il en fallait devant les pauvres dessusdits. Et de plus le benoît roi mettait devant chacun des devantdits pauvres deux pains qu'ils emportaient avec eux.

Ici se place l'épisode du pauvre aveugle[97]. Le roi accompagne son geste d'une aumône :

> Et avant qu'ils mangent, il donnait à chacun douze deniers parisis, et il donnait davantage à ceux de ces pauvres dont il voyait qu'ils en avaient un plus grand besoin ; et quand il y avait une femme avec un petit enfant avec elle, il augmentait son don[98].
> [...] le benoît roi faisait habituellement apporter devant lui trois écuelles de potage dans lesquelles il mettait lui-même les morceaux de pain qu'il avait devant lui et il faisait les soupes dans ces écuelles et faisait mettre les écuelles à soupe devant les devant dits pauvres. Et il faisait appeler à ce service les plus déplorables pauvres que l'on pouvait trouver et il servait plus volontiers et plus souvent devant de tels [pauvres] que devant d'autres. Chacun de ces dix pauvres recevait douze deniers parisis en aumône du saint roi[99].

Il agit de même dans un lieu où il va souvent : l'abbaye cistercienne de Royaumont. Parfois il mange au réfectoire, à la table de l'abbé. Souvent il y entre pour prendre sa place parmi les moines qui étaient de service de table pour les autres (une centaine environ, et à peu près quarante convers) :

> Il venait à la fenêtre de la cuisine et il y prenait les écuelles pleines de nourriture (« viande ») et les portait et les mettait devant les moines assis à table [...]. Et quand les écuelles étaient trop chaudes, il enveloppait parfois ses mains de sa chape à cause de la chaleur de la nourriture et des écuelles et il répandait quelquefois la nourriture sur sa chape. L'abbé lui disait qu'il salissait sa chape et le benoît roi répondait : « Ça n'a pas d'importance ; j'en ai d'autres » et lui-même allait parmi les tables et versait parfois le vin

dans les hanaps des moines et parfois il goûtait le vin de ces hanaps et louait le vin quand il était bon ou, s'il était aigre ou sentait le fût, il commandait que l'on apportât du bon vin[100] [...].

À Vernon une religieuse exprima même le refus de manger autrement que des mains du roi ; Saint Louis « alla auprès de son lit et lui mit les morceaux de ses propres mains dans sa bouche[101] ».

La table reparaît au chapitre XII, celui qui traite de la « haute humilité » du roi. On y retrouve d'autres exemples du service de table du roi aux pauvres et aux malades. Louis y mange avec les mains dans la même écuelle que les pauvres[102] et, en particulier, des lépreux. Il prépare une poire et, à genoux devant lui, la met dans la bouche du lépreux dont le sang et le pus qui coulent par ses narines souillent les mains du roi[103].

À Chaalis, où on lui donne meilleure nourriture que les moines, il fait porter son écuelle d'argent à un moine dont il reçoit en échange l'écuelle de bois avec une moins bonne nourriture[104].

Enfin, l'humilité du roi qui s'accroît après son retour de la croisade[105] se marque par plus de modestie dans le costume qu'il met à table (le manteau porté habituellement étant malcommode pour manger, on l'échangeait contre un surcot). À partir de 1254, on l'a vu, il ne porte plus de vêtements fourrés de vair ou de gris [petit-gris, l'écureuil du Nord], mais de lapin et d'agneau, mais il met parfois pour manger un surcot fourré d'agneau blanc — du demi-luxe[106].

Le chapitre XIV insiste largement sur la « raideur de pénitence » qui se manifesta surtout après le retour de Terre sainte :

Les paroles et les gestes : le roi prud'homme 725

Bien que le benoît roi mangeât volontiers de grands poissons, il laissait souvent [de côté] les grands qui lui étaient apportés et faisait apporter pour sa bouche de petits poissons dont il mangeait. Parfois, il faisait dépecer en morceaux (« pièces ») les grands poissons qui étaient apportés devant lui, pour qu'on crût qu'il en avait mangé, et pourtant il ne mangeait pas de ces grands poissons ni d'autres poissons, mais il se contentait du seul potage et il faisait mettre ces poissons en l'aumône [il les faisait donner pour le service de l'aumône]. Et on croit qu'il le faisait par abstinence. Après son retour d'outre-mer, bien qu'il aimât beaucoup les grands brochets et autres poissons délicieux et qu'on en achetait et portait devant lui à table, pourtant il n'en mangeait pas, mais ils étaient envoyés à l'aumône et il mangeait les autres petits poissons. Et souvent il advint quand on apportait devant lui du rôti ou d'autres mets et sauces délicieuses, qu'il mettait de l'eau dans l'assaisonnement *(saveur)* pour détruire la bonté de la sauce. Et quand celui qui servait devant lui lui disait : « Sire, vous détruisez votre saveur », il lui répondait : « Ne vous en préoccupez pas, je l'aime mieux ainsi. » Et on croit qu'il le faisait pour refréner son propre appétit. Il mangeait souvent de potage de mauvais goût « mal assavouré » dont un autre n'aurait pas mangé volontiers car il n'était pas savoureux. Le benoît roi mangeait des mets (« viandes ») grossiers, tels que des pois et autres semblables. Et quand on lui portait un brouet délicieux ou un autre mets [délicieux], il y mêlait de l'eau froide et ôtait la délectation de la saveur de ce mets. Quand on apportait les premières lamproies à Paris et qu'on en apportait à table devant le benoît roi et devant les autres, il n'en mangeait pas mais le donnait aux pauvres ou l'envoyait à l'aumône commune [...]. Ainsi, ces mets étaient si avilis qu'ils ne valaient plus que cinq sous ou environ là où ils valaient au commencement quarante sous ou quatre livres. Et il faisait de même des fruits nouveaux, bien qu'il les mangeât volontiers. Et il faisait ainsi de toutes autres choses qui étaient mises devant lui dans leur nouveauté. Et il faisait cela par seule abstinence, comme on croit vraiment, pour refréner l'appétit qu'il avait naturellement pour ces choses.

Sa prud'homie alimentaire qui confine à un véritable ascétisme de table se montre même, après 1254, dans l'usage du pain et du vin :

> Sa coutume fut de ne jamais faire d'excès (« outrages ») de boire et de manger, et il tranchait son pain à table de telle sorte que, lorsqu'il était en bonne santé, il n'en tranchait pas plus un jour que l'autre. Il avait devant lui une coupe d'or[107] et un verre, et sur le verre il y avait un trait (« une verge ») jusqu'auquel il le faisait emplir de vin ; et il faisait mettre au-dessus de l'eau en si grande quantité que le quart était du vin et environ les trois quarts de l'eau. Et pourtant il n'usait pas de vin fort, mais de vin très faible. Et après il buvait tantôt au verre ou, après que la boisson eut été ainsi mesurée, tantôt il la mettait dans la coupe d'or et buvait à la coupe. Et après il trempait tellement son vin d'eau qu'il demeurait très peu de saveur de vin.

Cette abstinence alimentaire atteint son point culminant avec la pratique du jeûne.

> Il jeûnait pendant tout le carême chaque année. Derechef il jeûnait pendant l'avent, quarante jours avant Noël, ne mangeant que de mets de carême ; et il jeûnait les vigiles où l'Église commande de jeûner et les Quatre Temps et les autres jeûnes de Sainte Église, c'est-à-dire les quatre vigiles des fêtes de Notre-Dame et le jour du vendredi saint et la vigile de la Nativité de Notre Seigneur il jeûnait seulement en pain et en eau. Mais les jours où il jeûnait en pain et en eau il faisait mettre haute table tout comme les autres jours et si certains de ses chevaliers voulaient aussi jeûner en pain et en eau, ils mangeaient avec lui à sa table. Le vendredi, pendant le carême, il ne mangeait pas de

poisson et les autres vendredis le benoît roi s'abstenait aussi très souvent de poisson et les vendredis de l'avent, il ne mangeait d'aucun poisson. Et de plus, toute l'année, le vendredi il ne mangeait d'aucun fruit, bien qu'il en mangeât très volontiers. Les lundis et mercredis en carême il mangeait beaucoup moins que ce qu'on considérait comme convenable. Le vendredi, il trempait tellement son vin d'eau qu'il semblait n'être que de l'eau. Et quoique le benoît roi n'aimât pas la bière (« cervoise »), ce qui paraissait à sa mine quand il en buvait, cependant il en buvait assez souvent en carême pour refréner son appétit. Derechef, le benoît roi avant d'aller outre-mer et depuis son retour jeûnait toujours le vendredi pendant toute l'année sauf quand le jour de Noël tombait un vendredi car alors il mangeait de la viande à cause de la grandeur (« hautesse ») de la fête. Derechef, il jeûnait chaque semaine le lundi, le mercredi et le samedi. Quand le benoît roi était outre-mer au temps de sa première croisade (« passage »), il commençait à jeûner quinze jours avant la fête de Pentecôte et ce jeûne il l'observa jusqu'à son décès. Derechef, il ne mangeait pas de tous les mets qu'on mettait devant lui et on croit qu'il le faisait par abstinence et pour Dieu[108].

Louis a donc mis au point toute une ascèse de la nourriture. Son système alimentaire consiste à manger ce qui est moins bon (par exemple les petits poissons plutôt que les gros), à déprécier ce qui est bon (par exemple mettre de l'eau froide dans les sauces, les soupes, le vin), à s'abstenir de ce qui est délicat (lamproies, fruits frais), à manger et boire modérément, manger et boire toujours la même quantité mesurément (par exemple pour le pain et le vin), pratiquer fréquemment le jeûne. Il corrige le caractère royal de la vaisselle — sa coupe d'or — par la médiocrité du contenu de nourriture ou de boisson. Par cette ascèse il renonce aux plaisirs de la table auxquels il est naturellement porté et, inversement, s'oblige à consommer ce qui ne lui plaît pas, par exemple la bière. Sa conduite est la même que face au danger qu'il brave bien qu'il « aime la vie » selon ses propres termes, ou dans sa pratique de la sexualité où son observation ultra-scrupuleuse de la réglementation ecclésiastique de la sexualité conjugale refrène un tempérament qui semble avoir été ardent.

Pris entre son désir de modération et sa passion pour l'excellence dévote et morale, Saint Louis veut être un champion de l'ascèse alimentaire, mais accepte, pour des raisons où se mêlent son état physique, son idéal de prud'homme mesuré et sa volonté de tenir malgré tout son rang, des tempéraments.

Joinville : la maîtrise de soi

Mon troisième témoin sera Joinville. Il veut montrer en Saint Louis un roi conforme à l'idéal de sainteté du XIIIe siècle, mais il est de loin le biographe le plus sincère et le plus authentique, le plus proche et le plus affectivement admiratif, il n'est pas aussi imbu qu'un clerc des lieux communs du comportement pieux.

Dès son introduction, Joinville note parmi les vertus du roi, sa sobriété :

> De la bouche il fut si sobre que jamais de ma vie je ne l'ouïs commander aucun mets, comme maints riches hommes le font ; mais il mangeait bonnement ce que son cuisinier lui préparait et qu'on mettait devant lui [...]. Il trempait son vin avec mesure, selon qu'il voyait que le vin le pouvait supporter. Il me demanda en Chypre pourquoi je ne mettais pas d'eau dans mon vin ; et je lui dis que la cause en était aux médecins, qui me disaient que j'avais une grosse tête

et un froid estomac, et que je ne pouvais m'enivrer. Et il me dit qu'ils me trompaient ; car si je ne l'apprenais en ma jeunesse et que je le voulusse tremper en ma vieillesse, les gouttes et les maladies d'estomac me prendraient, si bien que jamais je n'aurais de santé ; et si je buvais le vin tout pur en ma vieillesse, je m'enivrerais tous les soirs ; et c'était trop laide chose à un vaillant homme de s'enivrer[109].

Trois traits, donc : la mesure de Saint Louis dans la nourriture et même la recherche de l'indifférence dans le boire et le manger, une sorte d'ataraxie alimentaire ; la pratique du vin trempé d'eau et la condamnation de l'ivresse ; les considérations diététiques concernant l'usage de la boisson[110].

Nous avons vu que la première fois où Joinville présente Louis, c'est à table dans une circonstance pour lui mémorable. C'est au grand festin donné par le roi âgé de vingt-sept ans, lors de la cour plénière tenue à Saumur en 1241 après la chevalerie de son frère Alphonse de Poitiers. Il y participe comme jeune écuyer tranchant[111].

Nous n'avons pas de détail sur ce que mangea Louis, mais, en cette occasion, tout porte à croire que la nourriture a dû être à la mesure du faste d'un banquet royal exceptionnel.

Mais, par la suite, Joinville témoignera surtout, lui aussi, d'abord de la charité alimentaire de Saint Louis : « Tous les jours, il donnait à manger à une grande foison de pauvres, sans compter ceux qui mangeaient en sa chambre ; et maintes fois je vis que lui-même leur taillait leur pain et leur donnait à boire[112]. »

Il souligne à son tour la modération alimentaire du roi, qui se change après 1254 en véritable pénitence de table[113]. Pourtant, il n'oublie pas son rang et ses devoirs. On a vu qu'il accepte d'écouter les ménétriers des « riches hommes » et il satisfait à ses devoirs d'hospitalité : « Quand quelques riches hommes étrangers mangeaient avec lui, il leur tenait bonne compagnie[114]. »

Ce témoignage est précieux. Car si Louis devient un ascète, il continue à tenir son rang pour cette partie des manières de table qui ne concerne pas la nourriture elle-même : l'audition de la musique d'après le repas, la sociabilité de la table.

Les devoirs du roi

Restent les témoignages, non plus de biographes-hagiographes, mais de deux chroniqueurs. Tous deux sont étrangers et religieux.

Le plus jeune est le franciscain italien, Fra Salimbene de Parme. Nous l'avons vu assistant à l'arrivée du roi en route pour la croisade à Sens, où se tient le chapitre provincial des franciscains, en juin 1248[115]. Il souligne l'épisode de l'offrande au roi d'un grand brochet[116].

Ce n'est qu'un don et on ne voit pas le roi le manger, mais nous le savons amateur de brochets et l'épisode introduit une note gastronomique dans cette arrivée dévote. Car le roi n'échappe pas à la fête alimentaire. En l'honneur du roi et de ses compagnons, les bons franciscains amis de la joie n'ont pas hésité à mettre les petits plats dans les grands :

> Ce jour-là, le roi prit les dépenses à son compte et il mangea avec les frères, y mangèrent aussi les trois frères du roi, le cardinal de la curie romaine, le ministre général et le frère Rigaud, archevêque de Rouen, le ministre provincial de France, les custodes, défini-

> teurs et discrets, tous ceux qui faisaient partie du chapitre et les frères hébergés que nous nommons forains. Le ministre général voyant qu'il y avait avec le roi une société noble et digne [...] ne voulut pas agir avec ostentation [...] bien qu'il ait été invité à s'asseoir à côté du roi, et préféra montrer ce que le Seigneur enseigna par la parole et montra par l'exemple, c'est-à-dire la courtoisie *(curialitas)* et l'humilité [...]. Frère Jean [de Parme] choisit donc pour s'y asseoir la table des humbles qui fut anoblie par sa présence et où il donna à beaucoup le bon exemple [...][117].

Ici, ce n'est donc pas Saint Louis qui donne l'exemple de l'humilité à table, mais le ministre général Jean de Parme, un joachimite il est vrai, un « gauchiste ». Et voici le menu :

> Nous eûmes d'abord des cerises, puis du pain très blanc et du vin digne de la munificence royale, abondant et excellent. Et selon l'habitude des Français, il y en avait beaucoup qui invitaient à boire ceux qui ne le voulaient pas et ils les y forçaient. Puis il y eut des fèves fraîches avec du lait d'amande et de la poudre de cannelle, des anguilles rôties avec un excellent assaisonnement, des tartes et des fromages [dans de petites corbeilles d'osier] et des fruits en abondance. Et tout cela fut servi courtoisement et avec soin[118].

Menu qui concilie l'abondance de la fête et la qualité des mets avec une retenue franciscaine (il n'y a pas de viande). Saint Louis mangea-t-il de tout, mangea-t-il beaucoup ? Fra Salimbene ne nous le dit pas. Mais Saint Louis, dans son récit, est associé plutôt à un faste de table royale qu'à l'abstinence alimentaire.

Voici enfin mon dernier témoin, le chroniqueur bénédictin anglais Matthieu Paris.

Il a été bien renseigné sur le séjour à Paris, fin 1254, du roi d'Angleterre Henri III, invité par le roi de France. Le sommet en est le banquet que Saint Louis offre à son hôte royal :

> Le même jour, Monseigneur le roi de France, comme il l'avait promis, dîna avec Monseigneur le roi d'Angleterre dans ledit Vieux Temple, dans la grande salle royale du Temple, avec le nombreux entourage *(familia)* des deux rois. Et toutes les pièces étaient pleines de convives. Il n'y avait pas de portier ou de caissier à la porte centrale ni à aucune entrée, l'accès était largement ouvert à tous et on leur donnait une somptueuse restauration, le seul dégoût pouvait venir de la surabondance des mets [...]. On ne vit jamais dans le passé un banquet aussi noble, aussi brillant, aussi bien fréquenté, ni au temps d'Assuérus, ni au temps d'Arthur, ni au temps de Charlemagne. L'inépuisable variété des mets fut magnifique, l'abondance des boissons délicieuse, la qualité du service plaisante, l'ordonnance des convives bien réglée, la largesse des cadeaux surabondante [...]. Ils mangèrent dans cette disposition : Monseigneur le roi de France qui est le roi des rois du monde à la place centrale, éminente, avec à sa droite Monseigneur le roi d'Angleterre et à sa gauche Monseigneur le roi de Navarre [...]. Puis s'assirent les ducs selon leur dignité et leur rang et vingt-cinq personnes siégèrent sur une place plus élevée, mêlées aux ducs. Il y eut douze évêques que certains estimaient supérieurs aux ducs, mais on les mêla aux barons. Quant au nombre de chevaliers illustres, on ne put les compter. Les comtesses étaient dix-huit, dont trois étaient les sœurs des deux reines susdites, à savoir la comtesse de Cornouailles, la comtesse d'Anjou et de Provence avec la comtesse Béatrice, leur mère, qui étaient comparables à des reines. Après le repas somptueux et splendide, bien que ce fût un jour de poisson[119], le roi d'Angleterre passa la nuit dans le principal palais de Monseigneur le roi de France qui est au centre de Paris[120].

Nous voici donc en novembre 1254 à une date où, selon les autres biographes, le roi est accablé de tristesse de l'échec de la croisade et où il a commencé une ascèse alimentaire de plus en plus sérieuse. Or il donne un grand banquet où l'on fait gras un jour où l'on devrait faire maigre, la pompe royale s'y déploie, y compris dans des toasts à caractère politique, et le roi, même s'il s'est montré un convive mesuré (Matthieu Paris ne nous dit rien là-dessus), en sort riant et plaisantant.

Louis a respecté quand il le fallait son rang à table et a su sacrifier aux manières royales de table, y compris le faste alimentaire, la gastronomie princière.

Ici encore, je nuance l'opinion de William Ch. Jordan qui dépeint Saint Louis souffrant du conflit entre ses tendances à l'ascétisme et les obligations fastueuses de sa fonction, entre le modèle monastique et conventuel vers lequel il penchait et le modèle royal super-aristocratique que la tradition et l'opinion publique voulaient lui imposer. Conflit entre deux modèles extérieurs qu'il aurait intériorisés et qu'il aurait mal vécus. Je ne crois pas que Saint Louis, s'il a eu des tendances masochistes à table, y ait eu des comportements schizophréniques. De même qu'il harmonisait en lui le chevalier et l'apaiseur, la guerre et la paix, le respect de l'Église, des religieux et des clercs et la résistance aux évêques et à la papauté, les enquêtes sur les abus des officiers royaux et la poursuite de la construction de l'État monarchique centralisé, l'éthique et la politique, il a équilibré dans sa conduite et dans sa conscience sa morale de la table et l'accomplissement de son devoir royal à table. Certains de ses sujets et de ses contemporains ont pu, en revanche, y voir une des formes de l'hypocrisie qu'on lui a reprochée, à l'instar des frères Mendiants, ses conseillers et ses modèles.

Un modèle royal

Mais alors que nous avons l'impression que le dossier rassemblé ici nous permet d'approcher la vérité personnelle de Saint Louis à table, un texte au moins nous rejette dans le collectif, le normatif, le lieu commun.

Dans le *Carolinum*, le Miroir des princes en vers que Gilles de Paris offrit en 1200 au prince Louis, fils aîné et futur successeur de Philippe Auguste, le propre père de Saint Louis, où il propose Charlemagne en modèle au jeune prince, il décrit ainsi l'empereur à table :

> N'éprouvant aucune démangeaison du gosier
> Ni urgence du ventre ni frémissement, gorge déployée,
> Mais adepte d'une façon de vivre mesurée, sauf quand il convenait
> Que le palais royal brillât d'un luxe abondant, il n'était que
> Rarement un bon convive, n'admettant pas plus de quatre mets
> À table, préférant les viandes rôties
> Dont il affectait de faire sa nourriture préférée
> Demandant que l'on mît à la broche les morceaux de gibier
> Et même de ceux-là n'usant que modérément en deçà de la satiété
> Et ne buvant jamais plus de quatre fois du vin pendant les repas[121].

Derrière ces vers il y a évidemment la *Vita Caroli*, la *Vie de Charlemagne* d'Éginhard, du IXe siècle.

Dans le manger et le boire il était modéré *(temperans)*, mais encore plus modéré dans le boire, car il détestait l'ivresse non seulement chez lui et les siens, mais chez qui que ce soit. Il avait plus de difficulté à s'abstenir de nourriture et il se plaignait souvent que les jeûnes étaient nuisibles à son corps. Il ne participait à des banquets que très rarement, et seulement les jours de grande fête, mais alors au milieu d'une foule de gens. Au déjeuner il n'y avait habituellement que quatre mets, en dehors de la viande rôtie que les chasseurs avaient l'habitude de faire à la broche et qui était sa nourriture préférée. En mangeant il écoutait volontiers un chanteur ou un lecteur [...]. Il était si modeste en vin ou en toute autre boisson qu'il lui arrivait rarement de boire plus de trois fois pendant le repas. L'été, après le repas de midi, il prenait un fruit et ne buvait qu'une seule fois, puis, s'étant déshabillé comme pour la nuit, il faisait une sieste de deux ou trois heures[122].

Remplaçons les rôtis par les poissons, mettons de l'eau dans le vin, et Charlemagne à table devient Saint Louis à table. C'est au début du XIIIe siècle que les Capétiens réalisent leur rêve, rendre effectif, manifeste qu'ils descendent de Charlemagne, le *reditus ad stirpem Karoli*, et qu'ils se conduisent comme lui. Saint Louis à table, au fond, ce n'est, avec un peu d'exagération, qu'un Capétien imitant Charlemagne à table. Il est décidément bien difficile, quand on traque l'individuel et qu'on croit pouvoir le surprendre dans son particulier, d'échapper au collectif, aux modèles, aux lieux communs. Saint Louis a-t-il mangé ?

IV

LE ROI DES TROIS FONCTIONS

LES TROIS FONCTIONS

Depuis une trentaine d'années, quelques médiévistes ont reconnu que les hypothèses de Georges Dumézil sur l'existence dans les sociétés indo-européennes d'un principe général d'organisation de la pensée selon trois fonctions essentielles pouvaient s'appliquer à la société médiévale occidentale[1]. Depuis le Xe siècle (et déjà au IXe chez le roi anglo-saxon Alfred dans sa traduction de la *Consolation de la philosophie* de Boèce) selon des voies et dans des conditions encore obscures, l'Irlande pouvant avoir joué un rôle important dans ce processus, s'il y a diffusion, cette idéologie tri-fonctionnelle apparaît dans la pensée chrétienne latine. Elle s'affirme dans une formule célèbre du *Poème* adressé au roi capétien Robert le Pieux par l'évêque Adalbéron de Laon, vers 1027, selon qui la société est composée de trois ordres, ceux qui prient *(oratores)*, ceux qui se battent *(bellatores)* et ceux qui travaillent *(laboratores)*[2].

Georges Duby a montré que ce principe d'organisation était repérable dans une grande partie des structures intellectuelles et institutionnelles de la société occidentale aux XIe et XIIe siècles et que, en outre, il était toujours vivant, au XVIIe siècle, par exemple chez le théoricien politique Loyseau, et s'était prolongé jusqu'au début de la Révolution française qui en représentait, en quelque sorte, le triomphe et la fin[3].

LE ROI CHRÉTIEN, ROI DES TROIS FONCTIONS

Ce modèle me paraît aider à comprendre la nature et l'image de la royauté incarnée en Saint Louis. Rappelons d'abord que la grande caractéristique de l'application à la royauté par la pensée chrétienne médiévale de la trifonctionnalité est que, contrairement à l'Inde ancienne et à la Rome des origines, les rois n'y apparaissent pas, à l'instar des dieux, comme caractérisés par l'une ou l'autre des trois fonctions — roi essentiellement législateur ou guerrier, ou garant de la prospérité —, mais que chaque roi les réunit toutes en lui[4].

Soulignons enfin, sans entrer dans le détail des problèmes complexes de la diffusion de l'idéologie trifonctionnelle, qu'elle a été limitée dans l'Occident médiéval : par l'existence d'autres schémas concurrents, d'abord le plus souvent binaires (clercs et laïcs, puissants et pauvres, etc.), puis ternaires (vierges continents mariés ou, pour les femmes, vierges continentes épouses) et, enfin, multiples (les différents « états » du monde, jeu de catégories socioprofessionnelles, très en vogue au XIIIe siècle, le roi étant, avec l'évêque, après l'empereur et le pape, en tête de la chaîne des états), mais aussi par le fait, démontré par Georges Dumézil, que la pensée trifonctionnelle est étrangère au grand livre de référence de la Chrétienté, la Bible. Les clercs du Moyen Âge se sont efforcés d'introduire de la trifonctionnalité dans la Bible selon un lent processus qui parvient, par exemple, au XIIe siècle, à identifier les trois fils de Noé, Sem, Japhet et Cham avec les trois fonctions ou, plutôt, avec les trois groupes sociaux qui les incarnent, les clercs, les guerriers et les serfs, le troisième étant subordonné aux deux premiers.

À la fin du XIIIe siècle, le schéma des trois ordres existe toujours, plus ou moins explicite, plus ou moins clair dans le regard que les clercs posent sur la société du temps et le pape Boniface VIII s'y réfère dans sa bulle de canonisation de 1297. Souhaitant associer tous les Français à la joie de la canonisation d'« un prince d'une telle qualité et d'une telle grandeur » sorti de « l'illustre maison de France »[5], il les appelle à se réjouir, incluant la masse des travailleurs qui incarnent la troisième fonction dans l'ensemble des Français, « le peuple très dévot de France », puis « les prélats et le clergé » (qui représentent la première fonction), et « les grands, les magnats, les nobles et les chevaliers », hommes de la deuxième fonction. Ce n'est pas l'ordre habituel du schéma et la troisième fonction est dilatée à l'ensemble du peuple, mais c'est bien le même modèle de classification.

PREMIÈRE FONCTION :
LE ROI SACRÉ JUSTICIER ET PACIFIQUE

Roi sacré, Saint Louis incarne et pratique au plus haut point les valeurs et les rôles à travers lesquels se manifeste la première fonction dans une société chrétienne[6].

Le premier attribut sacré, c'est la justice[7].

Dès le préambule de sa biographie, Guillaume de Saint-Pathus dit que le roi « à personne ne fit injure ni violence et garda souverainement justice ». L'expression est pleinement adéquate. Sa justice est « souveraine » à la fois par sa perfection morale et par l'autorité juridique de celui qui la rend.

Boniface VIII le dit, dans un de ses sermons d'Orvieto : « Combien grande fut sa justice, cela apparut manifestement non seulement par des exemples mais on pouvait le toucher du doigt. Il s'asseyait en effet presque continûment par terre sur un tapis pour entendre les causes judiciaires, surtout celles des pauvres et des orphelins et il leur faisait rendre complètement justice[8]. » Et dans la bulle de canonisation, dès les premières phrases, il loue en Saint Louis « un juge juste et un rétributeur louable[9] ». En cette fonction de rétribution, le roi se montra l'image sur terre de Dieu rétributeur par excellence et pour l'éternité.

Mais ce jugement est aussi étayé par des témoignages contemporains. Au retour de la croisade de 1254, à Hyères, le franciscain joachimite Hugues de Digne, qui l'impressionna si fortement[10], « enseigna au roi en son sermon comment il se devait conduire au gré de son peuple ; à la fin de son sermon il dit ainsi [...], qu'il n'avait jamais vu ni au livre des croyants, ni aux livres des mécréants, que nul royaume ou nulle seigneurie fût jamais perdue, ou passée d'une seigneurie à une autre, ou d'un roi à un autre, excepté par défaut de justice. "Or, que le roi prenne garde, fit-il, puisqu'il s'en va en France, à faire si bien justice à son peuple qu'il en conserve l'amour de Dieu, de telle manière que Dieu ne lui ôte pas le royaume de France avec la vie[11]". »

Justicier, le roi ne l'est pas seulement en France, à Paris ou à Vincennes, il l'est aussi outre-mer. Joinville mentionne d'ailleurs quelques « condamnations et jugements » prononcés à Césarée en Palestine « tandis que le roi y séjournait[12] ».

Louis était capable de clémence, à l'imitation aussi de Dieu. Un jour de parlement, une femme, au pied de l'escalier du palais, injurie le roi et lui dit : « C'est grand dommage que tu sois roi de France et c'est grand merveille qu'on ne t'ait bouté hors du royaume. » Les sergents royaux veulent la battre et la chasser, mais Louis leur commande de ne pas la toucher et de ne pas la chasser. Et après l'avoir écoutée diligemment, il lui répond : « Certes, vous dîtes vrai, je ne suis pas digne d'être roi. Et s'il eût plu à Notre Seigneur, il eût été mieux qu'un autre eût été roi à ma place s'il avait mieux su gouverner le royaume. » Et il commanda à un de ses chambellans de lui donner de l'argent, « quarante sous à ce qu'on dit[13] ».

Guillaume de Saint-Pathus raconte aussi qu'on volait dans l'hôtel du roi des écuelles d'argent et d'autres objets. Louis le tolérait et donnait même de l'argent aux larrons puis les envoyait outre-mer[14]. Clémence et déportation : ce sont les deux faces de la justice de Saint Louis, justice royale.

Car il pouvait être aussi très rigoureux et même cruel dans ses jugements. Il punit impitoyablement les blasphémateurs. À Césarée, il a fait exposer au pilori un orfèvre blasphémateur. À Paris, « il fit brûler le nez et la lèvre à un bourgeois » coupable du même crime[15]. Mais le cas où la sévérité justicière lui fut le plus reprochée fut la fameuse affaire du sire de Coucy, Enguerran, qui avait fait pendre sans jugement trois nobles jouvenceaux égarés dans un bois de sa seigneurie, les ayant accusés d'être venus chasser sur ses terres alors qu'ils n'avaient ni armes ni chiens. Rappelons la réaction et la conduite de Louis. Il fait arrêter Enguerran, ses chevaliers et ses sergents en son conseil et lui refuse la « bataille » judiciaire que le sire lui demande. Les barons qui font partie du conseil lui demandent sa libération. Il refuse sèchement et se lève, laissant les barons « ébahis et confus ». Finalement, « sur le conseil de ses conseillers », il le libère, mais en le condamnant lourdement : il doit payer une amende de douze mille livres parisis qui seront envoyés à Acre pour la défense de la Terre sainte, il lui enlève le bois où il a fait pendre les jeunes gens, l'oblige à créer trois chapellenies pour prier en faveur des âmes des pendus et il lui ôte toute haute justice à propos de bois et de viviers.

La sévérité de Saint Louis ne s'explique pas seulement par le fait que l'oncle de l'un de ces jeunes gens, le plaignant en cette affaire, est un abbé, ni par la volonté du roi de substituer le droit à la « bataille » en matière judiciaire. Il s'agit pour lui de montrer que la justice est la même pour tous et que les puissants seigneurs n'y échappent pas. Et comme seule la justice royale est capable de faire respecter ce principe, il la fortifie ce faisant, face aux barons et aux nobles. En son conseil, il « moucha » vivement le comte de Bretagne, Jean Ier, le Roux qui déniait au roi le droit de mener des enquêtes contre les barons dans des matières qui touchaient « leurs personnes, leurs héritages et leurs honneurs ». Les nobles ne s'y sont pas trompés. La justice royale de Saint Louis n'est plus une justice différente selon le rang. L'affaire a fait grand bruit, malgré le demi-recul du roi[16].

Il serait pourtant faux et anachronique de voir chez Louis le projet d'une sorte de nivellement social. Il a bien l'esprit hiérarchique des hommes du

Moyen Âge. Mais face au péché, tous les hommes sont égaux. En effet, pour lui, la justice a toujours un horizon eschatologique. Elle préfigure l'égalité des élus et des damnés dans l'éternité[17]. À cet égard, Louis était prédisposé à entendre le joachimite Hugues de Digne. Et peut-être a-t-il été exposé à des vues plus radicales. Le millénarisme nourrit au Moyen Âge — et après — les idées et les pulsions les plus « révolutionnaires[18] ». Mais Saint Louis, l'esprit tourné vers l'éternité, est toujours resté les pieds sur terre.

LA PAIX

Avec la justice vient la seconde grande fonction royale sacrée exercée par Saint Louis, la *paix*[19].

Paix et justice sont associées dans le serment du sacre que Louis IX a prêté[20]. La justice doit rétablir la paix et le désir de paix inspirer la justice. Boniface VIII le dit à son tour : « La justice et la paix vont ensemble et il a si bien siégé dans la justice que son royaume a reposé dans la paix[21]. »

Dans ce monde médiéval belliqueux, Louis redoute la guerre parce qu'elle est inévitablement source d'injustice et de péché. Dans ses *Enseignements* à son fils, il écrit :

> Cher fils, je t'enseigne que tu te défendes, autant que tu pourras, d'avoir guerre avec nul chrétien ; et si l'on te fait tort, essaie plusieurs voies pour savoir si tu ne pourras trouver moyen de recouvrer ton droit avant de faire guerre, et fasse attention que ce soit pour éviter les péchés qui se font en guerre [...]. Et garde que tu sois bien conseillé avant de déclarer la guerre, que

> la cause en soit tout à fait raisonnable, que tu aies bien averti le malfaiteur et que tu aies assez attendu, comme tu le devras[22].

Il est le grand « apaiseur » de son époque. Il l'est d'abord chez lui, dans son royaume. Dans ses conseils à son fils, il poursuit :

> Cher fils, je t'enseigne que les guerres et les luttes qui seront en ta terre ou entre tes hommes, que tu te donnes la peine, autant que tu le pourras, de les apaiser, car c'est une chose qui plaît beaucoup à Notre Seigneur[23].

Mais il l'est aussi hors du royaume, surtout aux confins, comme pour créer une zone de paix aux frontières de la France. Guillaume de Saint-Pathus y fait allusion à la fin du chapitre sur l'amour du roi pour son prochain en évoquant l'instable et belliqueuse frontière de l'est :

> Quand il oyait dire qu'il y avait guerre entre de nobles hommes hors de son royaume, il leur envoyait des messages solennels pour les apaiser, et non sans grandes dépenses. Ainsi fit-il quand le comte de Bar et monseigneur Henri, comte de Luxembourg, guerroyaient l'un contre l'autre. Et aussi fit-il du duc de Lorraine et du comte de Bar dessusdit et de beaucoup d'autres. Et ainsi il apparaît qu'il n'entendait pas seulement former en bien son prochain mais encore le réformer en bien[24].

Joinville reprend, lui aussi, comme on a vu, les épisodes marquants de la politique d'apaiseur de Louis. Le terme revient de façon obsessionnelle dans ces pages[25].

Cette politique ne fait pas l'unanimité, on le sait, parmi les conseillers du roi. À son idéalisme, ils opposent le cynisme d'une tradition féodale, qui, loin d'éteindre les guerres, les attise pour en tirer profit. Mais, d'accord avec le roi, Joinville souligne que le roi retire aussi des bénéfices de sa politique d'apaiseur[26]. Comme presque toujours, il obtient la double récompense : dans le ciel en plaisant à Dieu, et ici-bas en s'étant fait un ou plusieurs débiteurs. C'est sa façon à lui de contribuer à cette « descente des valeurs du ciel sur la terre » qui me paraît caractériser le tournant du XIIe au XIIIe siècle[27].

Cette politique de paix, Saint Louis l'a surtout mise en œuvre quand le royaume de France et sa propre fonction royale étaient en jeu. C'est là surtout qu'il a montré comment les concessions pour la paix peuvent être tout à la fois actes pieux et habiletés politiques. Ainsi, lors du traité de paix de 1258 avec l'Aragon et, surtout, lors de celui avec l'Angleterre en 1259[28].

On voit bien ici le heurt entre deux systèmes de valeurs, l'un inspiré par la nouvelle religiosité — avec, d'ailleurs, de lointaines et profondes racines dans le christianisme —, l'autre hérité de la tradition féodale. Louis les combine, moment à peu près unique dans l'histoire de la France médiévale.

Le résultat en est, pour le royaume de France, le bienfait exceptionnel d'une longue période de paix. Guillaume de Nangis dans ses *Gesta* y consacre un long paragraphe, en faisant un des principaux mérites du saint roi à l'instar de « Salomon, le roi pacifique ». Dieu a, selon lui, accordé à Saint Louis que la paix règne dans le royaume de France à partir de son retour de Terre sainte, en 1254, jusqu'à sa mort, en 1270. Et il a même prolongé cette faveur au bénéfice de son fils et héritier Philippe III, du moins « aussi longtemps qu'il régna selon les mérites du saint roi » — c'est-à-dire jusqu'à la guerre contre l'Aragon

(1284-1285), hypocritement baptisée, il est vrai, « croisade » par la papauté qui en avait déjà fait autant contre Frédéric II[29].

Boniface VIII, reprenant le thème dans son second sermon d'Orvieto, le 11 août 1297, donne tout leur sens eschatologique aux termes *pax* et *rex pacificus*, par lequel il qualifie Salomon et qu'il applique à Saint Louis — c'est le thème du sermon tiré de l'Ancien Testament : « *Magnificatus est Salomon* » (I Rois, x, 23).

> Quand on le [Saint Louis] dit « pacifique » et « faisant la paix » *(pacem faciens)*, on désigne par ce don et cette vertu tous les dons et toutes les vertus. Il fut pacifique en lui-même et à l'égard de tous, non seulement ses sujets, mais aussi les étrangers. Il fut en lui-même pacifique. Il eut en effet la paix temporelle, la paix du cœur et ainsi il parvint à la paix de l'éternité. Comment il garda en paix son royaume, tous ses contemporains l'ont vu. Cette paix ne va pas sans justice. Et c'est parce qu'il fut juste à l'égard de soi-même, à l'égard de Dieu et à l'égard du prochain qu'il eut la paix[30].

Il ne s'agit donc pas seulement d'une absence de guerre, d'une tranquillité terrestre, mais d'une paix essentielle, eschatologique, qui ébauche ici-bas la paix du Paradis, de l'éternité. Il s'agit donc bien, comme pour la justice, d'une fonction du sacré.

Le prestige de Louis, son renom d'apaiseur, est si grand que déjà au moment du concile de Lyon, en 1244-1245, l'empereur Frédéric II, alors à couteaux tirés avec le pape Innocent IV, proposa l'arbitrage du roi de France « qui prud'homme était », jurant qu'il ferait tout ce qu'il ordonnerait[31]. Saint Louis fait ainsi figure d'arbitre de la Chrétienté.

Pourtant, il ne réussit pas toujours. Quand on lui demanda d'arbitrer entre le roi d'Angleterre et ses barons révoltés, il donna raison au roi de façon partiale. Ses liens de parenté avec le souverain, sa méconnaissance des structures sociales et politiques de l'Angleterre, de son histoire, sa conviction de l'éminente supériorité de la fonction royale le poussèrent à une décision qui n'apaisa rien et le fit, pour une fois, condamner pour partialité[32].

DEUXIÈME FONCTION : UN ROI GUERRIER

Saint Louis redoute la guerre et ses injustices. Elle est source de péché. Pas toujours. Elle ne l'est pas contre l'Infidèle, d'où la croisade. Elle ne l'est pas pour repousser des princes chrétiens agresseurs, qui violent leur serment de fidélité ou se soulèvent injustement. D'où la guerre contre les vassaux révoltés au début de son règne, l'expédition de 1242 contre le roi d'Angleterre et ses alliés français, la répression des séquelles occitanes de la guerre contre les hérétiques albigeois et leurs protecteurs glorieusement menée par son père Louis VIII. Quand il s'est engagé dans une guerre qu'il croit juste, Louis la fait sans état d'âme. Et, comme ses ancêtres, il participe au combat, se bat bien. Il est un roi chevalier, un roi de la deuxième fonction.

Les chroniques nous racontent les guerres du roi, mais nous parlent peu du roi à la guerre. Les biographes et les hagiographes qui sont des clercs et, le plus souvent, des Mendiants plus portés vers la paix que vers la guerre passent, eux aussi, sous silence cet aspect du roi.

Seul Joinville, parce qu'il est laïc et chevalier lui-même, et parce qu'il était aux côtés du roi à la croisade et en Terre sainte, insiste sur cet aspect du roi guerrier. Il évoque les « grandes prouesses » et les « grandes hardiesses » du roi. Lorsque à Taillebourg[33] le combat commença « fort et grand » entre Anglais et Français, « quand le roi vit cela il se mit dans le péril avec les autres[34] ». Et surtout, à la bataille de la Mansourah, quand le désastre n'est pas achevé, Joinville donne l'image visuelle emblématique, exemplaire de Saint Louis roi chevalier[35].

Louis accomplit son devoir militaire royal. Et l'on devine qu'il combat même avec l'élan du guerrier féodal. Sans joie peut-être, mais non sans une certaine griserie virile.

Sa fonction royale guerrière, il l'assume dans toutes les dimensions que la guerre au plus haut niveau a prises au XIIIe siècle[36]. Il a très soigneusement préparé la logistique matérielle de ses expéditions, surtout de ses croisades. Il a emmené en Égypte un parc important de machines de guerre, surtout des chats-châteaux[37]. Il a pris soin, là où il y avait guerre ou risque de guerre, de maintenir, réparer ou construire les châteaux forts et les fortifications. C'est l'objet essentiel de son séjour en Terre sainte où il fit, entre autres, fortifier ou renforcer les fortifications de Sayette (Sidon), Sur (Tyr), Acre, Châtel-Pèlerin, Césarée, Jaffa. En France même, tout en recherchant la paix, il préparait la guerre. Matthieu Paris raconte à deux reprises comment, en 1257 encore, il conduit une campagne de fortifications en Normandie[38].

Il avait été adoubé lui-même à douze ans, en décembre 1229, à Soissons, sur le chemin du sacre à Reims. Il fit célébrer en grande solennité l'entrée en chevalerie des jeunes hommes de la famille royale. En 1237, le 7 juin, jour de la Pentecôte, fête religieuse où l'on situe volontiers de grandes fêtes nobiliaires insérées dans un calendrier de fêtes traditionnelles, c'est l'adoubement de Robert d'Artois, son frère puîné, au palais de Compiègne lors d'une grande cérémonie où Louis aurait, en présence de deux mille chevaliers, adoubé de nombreux autres jeunes nobles. Le 24 juin 1241, jour de la Saint-Jean, fête sacrée païenne récupérée par la noblesse chrétienne, c'est l'adoubement non moins solennel du second frère, Alphonse de Poitiers, à Saumur[39]. En 1246, à la Pentecôte encore, c'est à Melun que le troisième et plus jeune frère, Charles d'Anjou, est adoubé. Les frères sont faits chevaliers en atteignant leur majorité, à vingt ans, quand ils sont mis par le roi en possession de l'apanage que leur a octroyé leur père Louis VIII et quand ils prêtent à leur royal frère l'hommage-lige. Enfin, c'est l'adoubement solennel du fils et désormais héritier, Philippe, à la Pentecôte toujours, le 5 juin 1267, dans le jardin du palais royal de la Cité à Paris, avec de nombreux autres jeunes nobles. Saint Louis apparaît bien comme le roi chevalier d'une famille chevaleresque, le roi guerrier d'une famille de guerriers.

SAINT LOUIS ET LA TROISIÈME FONCTION

La troisième fonction, Georges Dumézil l'a lui-même souligné, est la plus délicate à définir, fonction Protée, aux nombreux aspects, parfois déroutants. C'est en tant que roi de la troisième fonction, celle de la « production des biens matériels », que Saint Louis est le plus difficile à saisir. D'autant plus que cette fonction semble particulièrement se dérober dans l'Occident chrétien médiéval en dehors des cas où elle s'applique à des objets magiques, côtoyant le merveilleux ou, plus nettement, quand elle désigne des producteurs spécifiques, mais dominés, des plus importants de ces biens, paysans ou artisans et manœuvres, « ouvriers des mains » — les *laboratores* du schéma d'Adalbéron de Laon.

La royauté a une efficacité déclinante dans l'accomplissement de la troisième fonction. Malgré l'appel à Dieu lors de la cérémonie du sacre pour assurer au nouveau roi l'*abundantia*, l'abondante prospérité, on observe un affaiblissement et la quasi-disparition du pouvoir magique du roi en matière économique. Charlemagne était *summus agricola*, l'agriculteur par excellence, Dagobert faisait pousser les moissons sur son passage et, selon le dossier réuni au lendemain de la mort de Philippe Auguste pour tenter d'en faire un saint, trois miracles, qu'on dit s'être produits dans les premières années de son règne, relèvent de la troisième fonction[40].

Rien de semblable avec Saint Louis. C'est tout juste si parmi les soixante miracles du corpus officiel on en trouve un, modeste, par lequel le roi assèche les trois celliers parisiens inondés de la veuve d'un de ses écuyers qui lui reconnaît un pouvoir sur la nature. Sans doute insiste-t-on sur sa beauté physique, qui est l'une des faces de la troisième fonction. Elle est louée par ses contemporains en des termes qui évoquent les lieux communs de la rhétorique sur le physique humain, mais où l'on perçoit un reflet de la réalité[41]. On a vu le choc, en quelque sorte à l'état « brut », que la vue du visage royal a produit sur le franciscain Salimbene de Parme, à Sens, en 1248[42]. Ce sur quoi l'on insiste surtout, c'est sur le fait, conforme à la conception chrétienne médiévale de l'extérieur comme image de l'intérieur, que la beauté de son corps et de son visage exprimait la beauté de son cœur et de son esprit. Boniface VIII ne manque pas d'y faire allusion : « La sainteté de sa vie fut manifeste à tous ceux qui regardaient son visage : "Il était plein de grâce" (Esther, xv)[43]. » On a vu comment une *Vie* à usage liturgique, composée sans doute peu après sa canonisation, détaille sa beauté physique[44].

Mais, surtout, Saint Louis porte à son comble des bienfaits d'ordre matériel déjà attribués à ses prédécesseurs et à d'autres princes chrétiens. C'est un grand aumônier, il pourvoit largement en nourriture et en aumônes les pauvres, soit directement, soit par l'intermédiaire du clergé et des religieux. Il fait manger lui-même les moines, les frères, les malades et les pauvres. C'est un roi nourricier qui dépense en apparence sans compter jusqu'aux legs de son testament. En lui s'unissent trois traits de la troisième fonction royale : la largesse, caractéristique de la morale princière et aristocratique, l'aumône, centrale dans le système des œuvres de miséricorde qui se met en place au XIIIe siècle, la munificence des constructions — surtout religieuses —, qui s'hypertrophie en ce siècle d'épanouissement du gothique[45].

Le roi aumônier a particulièrement frappé ses contemporains en un siècle où la charité monnayée est pourtant largement exercée par les princes et les nobles — par les bourgeois, aussi, qui déjà s'insèrent mieux dans la haute société, à travers les nouvelles « œuvres de miséricorde » prônées par les Mendiants et alimentées par la monnaie dont l'usage se répand.

« Pour les œuvres », dit Boniface VIII dans son sermon d'Orvieto du 6 août 1297, « la sainteté de sa vie s'est surtout manifestée dans les aumônes aux pauvres, les constructions d'hospices et d'églises et toutes les autres œuvres de miséricorde dont la liste serait trop longue[46] ». Et le pape ajoute que si l'on veut estimer la quantité de ses aumônes, on peut prendre en exemple une seule des nouvelles mesures charitables qu'il a prises : il a décidé que, à chacune de ses « entrées » dans Paris, on donnerait des aumônes supplémentaires aux religieux et surtout aux frères Mendiants[47]. Guillaume de Saint-Pathus consacre un long chapitre à ses « œuvres de piété » et il souligne — ce que nous savons par ailleurs — que les chevauchées de Louis dans son royaume étaient avant tout des campagnes de distribution d'aumônes[48]. Joinville aussi le souligne : « Le roi fut si large aumônier, que partout là où il allait en son royaume, il faisait donner aux pauvres églises, aux maladreries, aux hôtels-Dieu, aux hôpitaux, et aux pauvres gentilshommes et gentilles femmes[49]. » Et lui aussi consacre tout un chapitre aux « grandes et larges aumônes » du roi, à la construction d'hospices, parmi lesquels la maison des Quinze-Vingts à Paris pour trois cents aveugles, à l'édification d'églises et de couvents[50]. Saint Louis ne s'est pas contenté d'augmenter considérablement le montant des aumônes royales. Il les a organisées dans un diplôme de 1260 qui donne un statut et un chef, l'aumônier, aux mesures prises par son grand-père Philippe Auguste vers 1190, à l'imitation de ce que faisait déjà le roi d'Angleterre. Louis y institutionnalise les aumônes distribuées par ses prédécesseurs et qu'il évaluait à 2 119 livres parisis, 63 muids de blé (un muid vaut environ 1 500 litres à Paris) et 68 milliers de harengs que l'aumônier et les baillis devaient distribuer. Un exemplaire de ce diplôme est déposé à l'hôtel-Dieu, destiné à servir de mémoire et de référence. Ce texte fixe les détails de la charité royale « avec une minutie telle qu'elle suffirait à nous fixer sur son esprit aussi généreux que scrupuleux, sinon tatillon[51] ». Enfin l'aumônerie est intégrée sous Saint Louis à l'hôtel du roi, lieu unissant la première fonction, administrative et sacrée, à la troisième, économique, financière, caritative[52].

Dans son testament rédigé en février 1270, il manifeste les grands principes de sa largesse et de sa charité. Il affecte tous ses biens meubles et le revenu des bois du domaine royal à trois sortes de destinataires : les victimes des exactions royales à qui il faudra faire restitution, ceux de ses officiers qu'il conviendra de récompenser, une longue liste de maisons-Dieu et d'ordres religieux — au premier rang desquels les Mendiants — qui les emploieront à des aumônes aux pauvres et à la construction d'églises. En retour, les bénéficiaires devront prier pour lui, pour sa famille et pour le royaume. Si, après ces restitutions et ces dons, il reste de l'argent, son successeur devra l'employer « pour l'honneur de Dieu et l'utilité du royaume[53] ».

Pourtant, Saint Louis n'a pas été aussi dépensier qu'on l'a dit. Partageant, sur ce point, les nouvelles valeurs d'une conduite d'économie, d'épargne, tout comme il modère en lui la fougue du preux par la sagesse du prud'homme, il participe à cette tendance à compter plus juste, plus modérément, dont Alexander Murray a montré qu'elle a été la caractéristique nouvelle d'une société qui commence, dans les actes publics et privés, à *calculer* selon le double sens de *ratio*, « calcul et raison[54] ». Dans ses *Enseignements* à son fils, il énonce :

> Cher fils, je t'enseigne que tu aies une solide intention que les deniers que tu dépenseras soient dépensés à bon usage et qu'ils soient levés justement. Et c'est un sens que je voudrais beaucoup que tu eusses, c'est-à-

dire que tu te gardasses de dépenses frivoles et de perceptions injustes et que tes deniers fussent justement levés et bien employés […].

Mais, surtout, ce qui, avec Saint Louis, passe au premier rang, dans la troisième fonction royale, c'est la fonction de thérapie miraculeuse. Le roi de France compense tout ce qu'il a abandonné de sa fonction d'agriculteur magique par l'acquisition du prestige de toucheur et guérisseur d'écrouelles[55].

Ce don de guérison miraculeuse, qui relève de la première fonction, de la sacralité du roi, évolue, me semble-t-il, vers la troisième fonction, à travers la dimension de santé, de guérison, de charité qu'elle prend avec Saint Louis, essentiellement. Le roi bienfaiteur éclipse aux yeux de ses contemporains le roi thaumaturge. Guérir est œuvre de miséricorde. Au XIIIe siècle, malade et pauvre, c'est tout un. Saint Louis ne les distingue pas.

Il me semble que le thème du roi-soleil, qui ne fait qu'affleurer chez les hagiographes de Saint Louis et qui vient sans doute d'une tradition royale hellénistique et impériale romaine, peut-être passée par Byzance, a tendance, dans la perspective du roi chrétien parfait occidental, à glisser de la fonction du sacré à celle de la bienfaisance.

Les rayons du soleil royal de Saint Louis éclairent et réchauffent ses sujets[56].

À nos yeux modernes, ce qui caractérise avant tout la troisième fonction définie par son lien à la prospérité et à la production matérielle de la société, c'est l'économique. Il faut maintenant regarder Saint Louis face à l'économie. Sa conduite n'est pas claire.

SAINT LOUIS ET L'ÉCONOMIE

Comment un roi de France du XIIIe siècle voit-il, conçoit-il l'économie ? Comment s'y intéresse-t-il, quelle prise peut-il avoir sur elle, quelle voie d'accès à la connaissance et à la compréhension du personnage peut-elle offrir ? L'enquête n'est pas facile à mener, d'autant plus qu'il n'existe pas, à ma connaissance, de précédents qui puissent nous aider. Et plus encore, elle est difficile pour une raison fondamentale : ce que nous appelons économie ne constitue pas, dans l'Occident du XIIIe siècle, un domaine perçu comme spécifique, ni en tant que réalité matérielle ni en tant que catégorie mentale. Il y a là un problème important pour l'étude des économies du passé et il a rarement été posé par les historiens et par les économistes. Seul parmi ceux-ci, Karl Polanyi[57] m'a été de quelque secours avec sa notion d'économie *encastrée (embedded)* — c'est-à-dire une économie qui n'apparaît pas en tant que telle, de façon spécifique, mais toujours prise dans un ensemble, englobée sans autonomie de nature ni de représentation — sans nom propre —, et sans qu'elle donne à cet ensemble sa coloration principale ou particulière.

Je vais pourtant tenter d'esquisser les rapports entre Saint Louis et l'économie, d'abord en cherchant à comprendre comment il percevait — le plus souvent fragmentairement — ce que nous appelons aujourd'hui économie, ensuite l'outillage idéologique et les concepts non économiques qui lui ont fourni des médiations, des grilles de lecture et des cadres d'action dans le domaine « économique ». Dans le premier cas, l'économie est encastrée dans l'administration et les finances ; dans le second cas,

ÉCONOMIE ET ADMINISTRATION

Saint Louis n'a eu ni conscience économique, ni politique économique, ni conduite économique consciente : comment aurait-il pu s'y former ? Contrairement à quelques historiens, je ne crois pas à l'existence d'une doctrine économique de l'Église au XIIIe siècle. Simplement, certains scolastiques — au premier rang desquels Thomas d'Aquin — et des frères Mendiants qui s'inspirent d'eux ont rappelé, à propos du commerce ou de l'usure — en particulier dans les traités sur les « restitutions » *(De restitutionibus)* exigées des usuriers —, quelques principes théologiques ou moraux qui ont eu des conséquences dans le domaine que nous appelons aujourd'hui économique. Mais le roi a rencontré de l'économique dans plusieurs secteurs importants de l'administration royale et il en a traité selon des critères autres qu'économiques. Sans entrer dans un détail qui nous entraînerait trop loin de sa personne, j'évoquerai cinq activités administratives royales à composantes économico-financières : la gestion du domaine, l'attitude à l'égard des villes et, notamment, de Paris, le financement de la guerre et de la croisade, la lutte contre l'usure, les problèmes monétaires.

Les revenus du domaine demeurent, au XIIIe siècle, l'essentiel des ressources du roi. Il « vit du sien ». Ils sont fondamentalement de nature agricole. Louis est un roi de la terre. De la terre et de la forêt, car les comptes subsistant de 1234, 1238 et 1248 font voir que ses forêts rapportent au roi le quart des recettes de ses domaines[58]. Le domaine a quadruplé de superficie sous Philippe Auguste. Louis est donc un riche héritier. Il n'y a pas de gestion économique spécifique du domaine. Baillis et sénéchaux, et, au-dessous d'eux, les prévôts, ont des attributions judiciaires, financières, militaires, administratives à la fois. Ils n'ont pas de spécialisation. Ce sont des factotums de la royauté.

Sans doute, un certain ordre financier et administratif se précise, dans la continuité de ce qui a été entrepris sous Philippe Auguste[59]. En 1238, est arrêtée une nouvelle classification des dépenses. On distingue désormais : les dépenses de nature « féodale », celles qui relèvent de l'autorité publique du roi, les gages des officiers royaux. Les premières se nomment « fiefs et aumônes » *(feoda et elemosynae)*. *Feodum* a ici le sens de *beneficium*, « bienfait », et ce peut être un fief représenté non par une terre, mais aussi bien par une somme d'argent, une sorte de pension qu'on appelle « fief de bourse ». Ces derniers commencent à se répandre parce que le roi ne veut plus distraire de terre du domaine et que la circulation de l'argent s'accélère, répondant aux besoins accrus des nobles tandis que Louis est riche en espèces. Joinville a été en Terre sainte le bénéficiaire d'un de ces fiefs de bourses. Sous cette rubrique peuvent apparaître les achats de fiefs qui viennent grossir le domaine royal comme, par exemple, l'achat du Mâconnais en 1240. Les dépenses du deuxième type sont appelées « œuvres » *(opera)* et comprennent la construction et l'entretien des édifices, la maintenance et le développement de l'infrastructure routière — la grand-route relève de l'autorité publique — et, plus généralement, ce que nous appellerions aujourd'hui l'« équipement » ou les « travaux publics ». Enfin, les salaires des agents royaux apparaissent sous la rubrique « libéralités » *(liberationes)*.

Le compte des prévôts et baillis de l'Ascension 1248 est considéré comme un chef-d'œuvre de présentation et servira longtemps de modèle. Les agents de Louis IX exercent aussi une meilleure surveillance du Trésor royal déposé au Temple, dont le rôle est réduit à une tenue de comptes.

Si le domaine des dépenses n'est l'objet que de mises en ordre limitées, celui des recettes offre encore moins de changements.

Des serfs royaux peuvent individuellement ou collectivement acheter leur affranchissement. C'est une ressource supplémentaire pour la royauté, le témoignage de l'aisance croissante de certains milieux ruraux et un phénomène qui va dans le sens du recul social et moral de la servitude. On a souvent estimé que le règne de Saint Louis avait été une période d'amélioration de la condition paysanne en France[60]. Le roi affranchit les serfs de Villeneuve-le-Roi en 1246 et, au plus tard en 1263, ceux de Thiais, de Val-d'Arcueil, de Grauchet, Orly, Paray, Issy, Meudon, Fleury, Villeneuve-Saint-Georges, Valenton. Le domaine royal a-t-il été un modèle pour les affranchissements de serfs dans les fiefs ? On peut le penser d'après la façon d'agir de certains seigneurs[61].

On a affirmé que « le regard que porte Saint Louis à l'économie du royaume est avant tout fiscal[62] ». Sans nier l'importance du souci fiscal du roi, il faut pourtant souligner que dans l'esprit du roi les problèmes de fiscalité sont d'abord des problèmes de moralité et de justice plus que de rapport. Sur le droit du roi à lever l'impôt — ce que certains commentateurs de la Bible contestent au XIIIe siècle —, Louis n'a pas de doute, mais il pense qu'il n'est justifié que s'il l'exige de façon juste et modérée[63].

Ce qui couronne, à la veille de la croisade, cette action de mise en ordre du domaine, c'est la mission confiée en 1247 aux enquêteurs royaux. Mais la finalité de l'opération n'est pas de nature économique. Son objectif est le rétablissement de l'ordre et de la justice, la restitution des exactions illégitimes, la punition des mauvais officiers royaux avec une volonté certaine de remise en ordre avant le départ pour la croisade. Mais dans ce mélange caractéristique de moralisme et de poursuite de ses intérêts matériels, le roi n'est pas perdant à ces mesures. S'il restitue, il récupère aussi. Il engrange tout à la fois bénéfice moral et bénéfice matériel.

De façon générale, dans le domaine, les fiefs et le royaume, Louis a cherché à tirer le meilleur parti des revenus féodaux et régaliens, mais sans innover. Il est bien ici le petit-fils de Philippe Auguste en qui Thomas Bisson[64] a vu le premier roi de France vraiment féodal, car tirant parti de l'accroissement de son pouvoir royal pour mieux exercer ses prérogatives féodales. Ainsi Louis use-t-il strictement de son « droit de gîte » — droit d'hébergement par des vassaux —, lève-t-il minutieusement l'aide — la redevance — qu'ils lui doivent pour la chevalerie de ses fils, se fait-il payer avec exactitude la ferme des droits sur la circulation des marchandises — péages et tonlieux. Mais c'est plus le respect de son autorité politique qu'il recherche que les profits du pouvoir économique. On a remarqué qu'en Flandre et dans les grands fiefs « le roi n'a pas récupéré le pouvoir économique, alors qu'il reprenait en main les contraintes non économiques si longtemps accaparées par les féodaux[65] ».

Plus généralement encore, s'il est attentif aux intérêts matériels de la royauté au nom de principes religieux et moraux, il est encore plus hostile, au nom de ces mêmes principes, à l'enrichissement temporel de l'Église. Louis est ici l'héritier d'une tradition qui, on l'a vu, s'épanouit au XIIIe siècle avec les ordres Mendiants dont les membres sont nombreux dans son entourage. Il est très à cheval sur les droits royaux dans les terres épiscopales, comme il l'a montré très tôt dans le conflit avec l'évêque de Beauvais et l'archevêque de Reims dans les années 1230[66], et cette motivation se combine avec la condamnation de la cupidité ecclésiastique. C'est encore plus vrai quand il s'agit de la curie romaine, Louis s'enfièvre alors comme il le fit dans sa « Protestation » de 1247 auprès du Saint Siège[67].

LE ROI ET SES BONNES VILLES

Les villes sont une puissance encore montante dans la France du XIIIe siècle : du point de vue économique, avec l'intensification du commerce et des marchés, le développement de l'artisanat, le rôle croissant de l'argent ; du point de vue social, avec le poids croissant des « bourgeois » ; sous l'angle politique, avec les progrès des conseils urbains ; dans le domaine culturel, où, par exemple, la copie des manuscrits et leur illustration passent des *scriptoria* monastiques ruraux aux ateliers urbains, où la poésie et le théâtre renaissant sont animés par des sociétés groupant des clercs et des bourgeois ; dans le domaine militaire même, où les contingents des milices urbaines — on les a vues à Bouvines — peuvent jouer un rôle important.

Face à elles, la monarchie, sous Saint Louis, poursuit une politique nuancée[68]. Les interventions royales dans les affaires des villes se font plus nombreuses. Des ordonnances définissent un cadre d'action des autorités urbaines[69]. La tendance est de placer les villes sous le contrôle royal. Comme l'a bien dit William Ch. Jordan, le gouvernement royal manifeste « de façon continue un vigoureux intérêt moral à l'égard de l'administration communale[70] ». Ici encore, les motivations essentielles sont religieuses et éthiques. Il s'agit de faire régner l'ordre et la justice dans les villes. Louis et ses conseillers sont scandalisés par la gestion financière des riches qui gouvernent les villes à leur profit en exploitant les pauvres. Dans des pages devenues classiques, le bailli Philippe de Beaumanoir dénonce l'inégalité et l'injustice que les riches imposent aux classes urbaines inférieures[71]. Mais, ici encore, l'intérêt royal se confond avec les impératifs moraux.

Deux nouveautés d'importance apparaissent sous Saint Louis concernant le contrôle royal sur les villes.

La première concerne Paris. Paris devient ce monstre démographique de deux cent mille habitants peut-être, alors qu'aucune autre ville de la Chrétienté ne dépasse cent mille habitants. Les paysans récemment immigrés, les jeunes à qui les étudiants donnent le mauvais (aux yeux de la royauté) exemple de la violence, du jeu et de la fréquentation des prostituées, les mendiants et les marginaux toujours plus nombreux font croître ces deux maux insupportables pour Saint Louis : le désordre et le péché, au moment où Paris devient la capitale de la monarchie[72].

À Paris Louis donne un statut spécial qui, sous des formes diverses, s'est perpétué jusqu'à nos jours. En 1261, le roi procède à une réforme de la prévôté qui accorde presque les pleins pouvoirs pour le maintien de l'ordre — notion très extensive — au prévôt qui devient ce que nous appellerions un « préfet de police ». Il confie l'office à un homme de confiance, un homme à poigne : Étienne Boileau. L'action qui lui est impartie comporte trois objectifs : faire respecter l'ordre, favoriser le développement de la prospérité, faire rentrer dans le Trésor royal des contributions financières en rapport avec l'enrichissement de la ville et de ses habitants aisés. Elle a donc un aspect proprement « économique » sous le couvert policier et fiscal.

Un secteur particulièrement important de la vie parisienne — et donc de la fonction du prévôt — est l'activité des métiers groupés en corporations. En 1269, un an avant la mort du roi, Étienne Boileau fait rédiger pour documenter et éclairer son action un livre devenu célèbre. D'après le contenu de sa première partie, il est connu comme le *Livre des métiers*[73]. Il regroupe d'abord, en effet, le texte des statuts des cent une corporations parisiennes recensées. Cette entreprise montre bien que si cette réglementation est faite par les gens de métier pour eux-mêmes, le gouvernement royal se présente comme le garant suprême de cet ordre professionnel et se donne les moyens d'intervenir, le cas échéant, en toute connaissance de cause. Ce texte, qui est notre principale source sur la vie économique parisienne au XIIIe siècle, est, en fait, un document de police et ne peut être généralisé à l'ensemble des villes du royaume.

La seconde partie dont les historiens parlent peu est la liste des impositions levées par le pouvoir royal à Paris. Sous le titre « Droitures et coutumes », elle dresse l'inventaire des péages et redevances rassemblant deux types d'impôts royaux : les contributions civiles communes à tous — taille, conduits, péages — et les contributions spécifiquement commerciales

— hauban, tonlieu, etc. C'est, pour le commerce, le pendant de ce que la première partie du *Livre des métiers* est pour l'artisanat.

Mais Paris n'est pas la seule préoccupation de la monarchie. Elle encourage, sous Saint Louis, un réseau urbain composé de villes plus importantes que les autres. C'est ce qu'on appelle les « bonnes villes », capables, grâce à la force de leurs murailles, d'être, s'il le faut, des centres de refuge et de résistance à des attaques ennemies et, grâce à leur activité économique, de constituer des noyaux de prospérité. « Bonnes » doit ici être pris au sens de « fortes et riches ». Pour le roi, les villes sont, au service de la monarchie, des réservoirs de richesse. Dans ses *Enseignements* à son fils, il lui rappelle : « En cas de besoin, tu pourras te défendre par la force et les richesses de tes bonnes cités[74]. »

Dans l'histoire urbaine de la France médiévale, l'époque de Saint Louis semble « s'imposer comme une véritable époque charnière[75] ». Saint Louis associe aux grandes décisions des représentants des villes aux côtés des barons jusqu'alors seuls consultés dans le cadre du conseil féodal[76].

L'attitude de Louis à l'égard des villes laisse donc supposer chez le roi une certaine perception de l'économique. Les villes deviennent une incarnation de la troisième fonction.

LE FINANCEMENT DE LA GUERRE ET DE LA CROISADE

Le règne de Saint Louis a été, pour le Moyen Âge, un règne plutôt pacifique et Boniface VIII le signale dans la bulle de canonisation du roi. Les seules opérations militaires ont été les expéditions « féodales » des premières années du règne, la campagne contre les Anglais de 1241-1242, les expéditions dans le Languedoc en 1240 et en 1242 et les deux croisades, surtout celle de 1248-1254. Le royaume de France est en paix de 1254 à 1270.

Jusqu'en 1253, où le relâchement du pouvoir royal entre la mort de Blanche de Castille et le retour de Louis IX provoque des difficultés dans l'approvisionnement en argent de Saint Louis et de son armée en Terre sainte, la croisade, la grosse dépense du règne, n'a pas obéré les finances royales. Les villes et surtout le clergé ont fourni l'essentiel du financement, et le transfert de l'argent, depuis Paris, par les soins du Temple et de la *Curia* royale, vers l'Égypte et la Palestine, s'effectue régulièrement et sans difficulté.

Il est piquant de constater que la croisade, acte religieux par excellence, est probablement le phénomène qui a le plus conduit Saint Louis et le gouvernement royal à perfectionner (mais il ne faut pas exagérer) les techniques financières[77].

L'USURE

La lutte contre l'usure[78] (ou plutôt *les* usures comme on disait au XIII siècle) est intimement liée aux mesures contre les juifs. De 1230 (ordonnance de Melun) à 1269, toute une série de mesures contre les juifs usuriers sont prises par Saint Louis ou en son nom[79]. La législation anti-usuraire de Saint Louis s'explique au regard de la floraison de textes et de traités où elle s'insère.

C'est la période au cours de laquelle, sur les bases très anciennes de la condamnation de l'usure, est décidé, d'une part, l'essentiel des dispositions contre l'usure et les usuriers et élaborés les textes théoriques ou pratiques les plus efficaces contre l'usure. Ce sont les textes des canons conciliaires : Latran III en 1179, Latran IV en 1215 qui ordonne des restitutions, Lyon II en 1274, des décrétales pontificales, de la décrétale *Consuluit* d'Urbain III (1187) au titre *De usuris* avec vingt-neuf chapitres dans les décrétales de Grégoire IX, des traités théologiques comme le traité *De Usura* de Robert de Courson dans les premières années du XIIIe siècle, l'exposé de Guillaume d'Auxerre (c'est le traité XXVI du livre) dans sa *Somme (Summa in IV libros sententiarum)*, celui de Thomas d'Aquin dans la *Somme théologique* (IIa, IIae q. 78), celui de Vincent de Beauvais, un intime de Saint Louis, au livre X du *Speculum doctrinale* et, finalement, après la mort de Saint Louis, le traité le plus complet, le *De usura* de Gilles de Lessines, disciple de Thomas d'Aquin entre 1276 et 1285. De nombreux *exempla* mettent en scène des usuriers voués, en général, à l'Enfer et exceptionnellement, mais significativement, au Purgatoire. Parallèlement, les canonistes élaborent les « excuses » qui permettent de légitimer la levée d'un intérêt sur un nombre croissant d'opérations financières et recommandent plutôt la *limitation des taux usuriers* que la répression de l'usure « *modérée* ».

Les usuriers chrétiens ne relèvent que des tribunaux ecclésiastiques, tandis que les usuriers juifs et étrangers (Italiens Lombards, cahorsins) sont l'objet d'une législation répressive laïque monarchique. Alors que le grand phénomène du XIIIe siècle, c'est la multiplication des usuriers chrétiens, la répression publique, monarchique (ordonnances de Saint Louis) ne frappe que les juifs et les étrangers qui ne relèvent pas de la justice de l'Église. Beaucoup plus qu'une mesure économique (confiscation par le roi des usures juives, annulation des dettes des chrétiens envers des usuriers juifs), c'est un élément du dossier d'accusation des juifs. Cependant, dans un préambule de l'ordonnance de 1258, Saint Louis dit des usures des juifs qu'« elles appauvrissent notre royaume ». C'est la part de l'économique dans un dossier d'exclusion essentiellement religieux, idéologique, politique[80]. Alors que l'usure était tolérée du côté chrétien comme du côté juif à l'égard de la communauté étrangère, il y a sous Saint Louis, par un renversement de pratique sinon de doctrine, une tendance à tolérer plus facilement l'usure dans le cadre de la communauté « fraternelle ». C'est, en fait, une protection des chrétiens contre les juifs. On peut voir une preuve que la motivation économique est relativement secondaire dans le fait que l'usure est désignée et condamnée comme un *vice*, non comme un crime ou un délit.

En 1247, on conseille à Saint Louis de confisquer les usures des juifs pour contribuer au financement de la croisade. Il refuse d'utiliser pour une fin aussi sainte des biens aussi honteusement acquis.

LA MONNAIE

On sait qu'à la fin de son règne, de 1262 à 1270, Saint Louis édicte une série d'ordonnances concernant la monnaie[81]. Retenons l'essentiel des mesures prises : l'interdiction de la circulation des esterlins anglais dans le royaume, la condamnation de la contrefaçon des monnaies royales, le monopole de la circulation dans tout le royaume réservé à la monnaie royale, les monnaies des seigneurs ne pouvant circuler que sur leur terre, la reprise de la frappe d'une monnaie d'or, l'écu, dont il ne sera produit qu'une très faible quantité avant le XIVe siècle, la frappe de gros d'argent (le gros tournois). Ces mesures répondent à d'évidents motifs économiques et politiques : lutter contre l'inflation et assurer l'irrigation monétaire des échanges dans le royaume, aider au développement du commerce à long rayon d'action portant sur des quantités et valeurs élevées (non la monnaie d'or — qui convient aux grandes cités marchandes italiennes, mais le gros d'argent qui est adapté à la place de la France dans ce marché), conquérir enfin dans le cadre de la construction de l'État monarchique le monopole régalien de la monnaie.

Mais à ces mesures, il y a aussi des raisons morales et religieuses, car ce sont des décisions de justice, « la monnaie forte garantissant aux yeux de Saint Louis la justice dans les échanges commerciaux[82] ». Il ne faut pas oublier la définition toujours présente de la monnaie par Isidore de Séville : *moneta*, vient de *monere* « avertir » « parce qu'elle met en garde contre toute espèce de fraude dans le métal ou le poids ». C'est une lutte contre la *mauvaise* monnaie, la monnaie *falsa* (« fausse ») ou *defraudata* (« falsifiée »), un effort vers la *bonne* monnaie, la monnaie « saine et loyale ».

Cette politique de Saint Louis trouble les milieux seigneuriaux et ecclésiastiques. En 1265, à la faculté de théologie de l'université de Paris, le maître Gérard d'Abbeville doit répondre à la question : « Le roi avait-il le droit dans son ordonnance récente d'imposer à ses sujets qui étaient aussi les sujets des évêques et dont certains étaient hommes d'Église de s'engager par serment à ne plus utiliser d'esterlins ? » C'est un prétexte pour traiter des problèmes monétaires et pour examiner la notion d'utilité publique *(utilitas publica)*[83]. Mais le débat avorte, faute de moyens intellectuels appropriés. Si les théologiens en sont dépourvus, combien plus encore l'est le roi ! Alors il recourt aux praticiens. Il réunit des assemblées, des conseils où appel est fait à la compétence des bourgeois. L'incompétence royale en matière monétaire fait de l'économique le fourrier de l'ascension politique bourgeoise et de sa pénétration dans la politique royale. Il faut encore noter les aspects symboliques de la monnaie au-delà de ses aspects moraux. Il s'agit de la *conservatio monetae*, « sauvegarde de la monnaie », dont Thomas Bisson a montré le caractère fétichiste, et de la *renovatio monetae* sous le signe du Christ. Sur l'écu de Saint Louis, on voit au droit les fleurs de lys et la légende : *Ludovicus Diei gracia Francorum rex* (« Louis par la grâce de Dieu roi des Francs ») et, au revers, une croix et la proclamation : *Christus vincit, Christus regnat, Christus imperat*[84] (« Le Christ est vainqueur, règne le Christ, commande souverainement le Christ »).

LE SALUT ET LA NÉCESSITÉ

Les cadres conceptuels et idéologiques de la troisième fonction sont difficiles à repérer, car les documents qui relèvent directement du pouvoir et du gouvernement royal les expriment rarement.

L'exposé des motifs, si éclairant, en général, même s'il faut savoir en décrypter les termes pour les actes publics et les chartes, est inexistant ou très laconique dans les ordonnances de Saint Louis. Je n'ai pu relever que deux expressions : *anime nostre cupientes providere saluti* (« désirant pourvoir au salut de notre âme »), qui marque bien le primat non seulement du religieux dans l'administration royale, mais la façon dont le salut personnel du roi y est mis en jeu (au sacre le roi a pris devant Dieu, le clergé et son peuple l'engagement de gouverner « droitement » qui fait de son salut personnel le gage de son action), et *pro communi utilitate* (« pour l'utilité commune ») qui sera commentée plus loin. Il faut aller chercher du côté de certains textes juridiques, d'actes administratifs, d'écrits moraux pour repérer les notions qui semblent inspirer la conduite royale dans les matières incluant de l'économique. Une partie des décisions royales en ce domaine vient de la nature suprême de son pouvoir, des plus hauts principes qui le fondent, de ce qui est proprement régalien.

Ce qui permet à Saint Louis, par exemple, de légiférer sur la monnaie, ce n'est pas seulement la *potestas* (le pouvoir suprême), l'*auctoritas* (le droit de légitimation et pouvoir de décision), c'est l'indéfinissable *majestas* qui exprime la sacralité du souverain. À Saint Louis, on dit non pas oralement, mais par écrit : « sa Majesté », « Votre Majesté ».

C'est aussi, on l'a vu, une des deux grandes vertus, des deux grandes fonctions royales avec la paix, la *justice*, qui justifie son action.

Mais les mesures qui concernent surtout l'économique sont indissociables d'autres finalités. Celles à l'égard des villes, gestion du domaine, droit de gîte, lutte contre l'usure, et celles en faveur d'une « bonne » monnaie relèvent surtout de principes moins éminents, d'un niveau subalterne, d'où émergent trois notions : l'*utilitas*, la *necessitas*[85], la *commoditas*, toutes marquées du sceau de la servitude de l'homme à l'égard de la matière et du corps.

Sans doute, il s'agit d'une forme de bien pour le peuple, pour les sujets du roi : *necessitas populi*, comme le disait déjà, en 1199, Innocent III au roi Pierre d'Aragon à propos de « mauvaise monnaie ». Mais, ici, ce n'est pas le bien de son âme qui est en cause, c'est la subsistance matérielle du royaume. Ce mot d'ordre s'imposera dans la réglementation urbaine au XIVe siècle[86] et trouve son origine chez les légistes du XIIIe siècle, qui font la théorie du pouvoir législatif royal, et chez les exégètes de la Bible. Le pouvoir urbain doit toujours s'exercer *pro communi utilitate, pro commodo et utilitate communi, pro necessitate et utilitate*, « pour le profit commun ». Il s'applique aux situations qui englobent des intérêts matériels.

Le plus souvent, on précise qu'il s'agit de la *necessitas corporis* ou *necessitates corporales* (« nécessité du corps », « nécessités corporelles ») ou encore *bonum corporis* (« le bien du corps ») (avec une référence biblique : *nemo carnem suam odio habuit*, « personne n'a eu sa propre chair en haine »). Il s'agit de ce qui concerne les *res corporales* (« les choses corporelles »), désignant les produits des *arts mécaniques*, à commencer par l'agriculture et les exigences vitales naturelles.

Ces biens sont entraînés sinon dans le mépris du corps dont ils relèvent, du moins dans la moindre valorisation de ce qui touche à lui. Ces biens naturels sont d'ailleurs plus ou moins menacés par la *fragilitas carnis*, la « fragilité de la chair ». C'est surtout vrai pour la monnaie. Mais là où il y a de l'économique, il y a aussi grand risque pour le roi et ses sujets de tomber dans deux grands péchés : la cupidité et la tromperie, *avaritia* et *fraus*. En tout cas, il ne semble pas qu'aux yeux de Saint Louis ces biens relèvent de ce que Thomas d'Aquin, après Aristote, appelle le « bien commun », qui se situera sur un plan plus élevé et dont le concept ne pénétrera dans les rouages de la monarchie française qu'après le *De regimine principum* de Gilles de Rome, dédié en 1280 au futur Philippe le Bel. Pour Louis, qui ne méprise pas le corps, mais qui le tient pour subalterne, ce que nous appelons l'économique lui est lié et se situe donc dans un état inférieur, particulièrement menacé par le péché.

Saint Louis n'a donc pas eu de rapports conscients avec l'économie et il semble avoir été — que ce soit personnellement ou à travers ceux qui ont gouverné en son nom — non interventionniste. Pourtant, en juillet et août 1254, deux ordonnances instituent dans les sénéchaussées de Beaucaire, Carcassonne et Nîmes de véritables conseils pour décider avec le sénéchal d'éventuelles interdictions d'exportation de blés et d'autres denrées, en cas de pénurie dans la région. En 1259, le sénéchal de Beaucaire et de Nîmes organise une réunion en vue d'autres interdictions possibles d'exportation de blés en direction de l'Aragon. Ces mesures économiques ont un aspect social et politique important. Les consuls et les représentants des bonnes villes sont assez largement représentés dans ces réunions à côté de barons, prélats, juges, viguiers et baillis. Les bourgeois apparaissent décidément comme les hommes de la troisième fonction aux côtés des officiers royaux et pénètrent en tant que tels dans les assemblées de l'administration royale. Bientôt, ils constitueront l'élite du tiers état — jusqu'en 1789.

Il reste à situer la conduite de Louis dans l'évolution économique que nous entrevoyons d'après l'ensemble des documents concernant la France et la Chrétienté du XIIIᵉ siècle. Tout nous permet de penser que ce règne se situe à la fin du grand essor économique des Xᵉ-XIIIᵉ siècles et que le début du renversement de tendance que l'on appelle la crise du XIVᵉ siècle débute à la fin du règne aux alentours de 1260[87]. Les dernières mesures de Saint Louis (en particulier dans le domaine monétaire) reflètent en partie ce début de crise. Mais Saint Louis et les contemporains n'en ont pas encore conscience.

Si, du point de vue de la conjoncture économique de longue durée, le phénomène essentiel semble bien être la situation de Saint Louis entre l'acmé du grand essor des Xᵉ-XIIIᵉ siècles et les débuts d'une crise majeure, un autre phénomène me paraît très important : les progrès d'une économie de marché que les ordres Mendiants, les grands amis et conseillers de Saint Louis se contentent vaguement de moraliser et d'endiguer par ce qui, sous un habillage religieux et moral, est surtout une justification du fonctionnement autonome du marché[88].

L'affaiblissement de la troisième fonction royale (en dehors de la charité) : l'abondance de l'argent que Louis a tiré de la prospérité pluriséculaire du royaume, de l'héritage de Philippe Auguste, des ponctions sur la richesse des villes et surtout du clergé ; son indifférence à l'égard d'un ensemble de réalités matérielles pour lesquelles il partageait le mépris idéologique de la plus grande partie de la noblesse et du clergé (les œuvres « économiques » sont « serviles », y compris les arts mécaniques, et sont refoulées vers un statut inférieur) ; le droit romain renaissant, la pensée théologique d'un Thomas d'Aquin accentuent ce rabaissement, en partie dû à l'absence d'un outillage conceptuel adéquat, tout ceci fait que Saint Louis a surtout pratiqué — en dehors d'interventions somme toute marginales là où la morale et le prestige de la royauté pouvaient en souffrir — un laissez-faire économique.

La rencontre entre Saint Louis et l'économie n'a pas eu lieu[89]. Il n'a pas personnellement participé aux grands débats chargés d'implications économiques de son époque et on ne perçoit pas dans son esprit ni dans son action l'écho de ces controverses présentes à l'université de Paris et dans les manuels de confesseurs, ou dans les ordres religieux, surtout l'ordre franciscain : le débat autour de la valeur du travail, la justification du commerce et des marchands. De même, il est resté en dehors du grand débat du XIIIe siècle sur l'argent, diabolique, comme le pensait saint François d'Assise, ou appréciable en fonction des intentions de son acquisition et de son utilisation, comme l'estimaient les scolastiques. Comment apprivoiser, moraliser l'argent ? Ce problème ne semble pas l'avoir intéressé[90]. Louis s'est conformé, sans état d'âme, aux mécanismes non perçus dont profitaient son royaume apparemment prospère et l'administration royale bien pourvue en deniers. Sa conscience est tranquille : la satisfaction que lui apportent son action en faveur des pauvres et la répression de l'usure juive lui évite de se poser des questions plus dérangeantes. Ici encore, il est le disciple de ceux des frères Mendiants qui élaborent, dans la théorie et la pratique, le compromis qui facilitera plus tard l'éclosion du capitalisme[91].

Il faut, je crois, conclure sur un paradoxe. Ce roi qui a tout misé sur les valeurs immatérielles a laissé dans l'imaginaire des Français, dès la fin du XIIIe siècle, plus encore que le souvenir de ses vertus et de ses miracles, celui de la prospérité matérielle du royaume en son temps qu'on lui a attribuée après sa mort. Car c'est bien cela que signifie « le bon temps Monseigneur Saint Louis », si souvent invoqué avec regret : un temps sans mutations monétaires, sans famines générales, sans hausse vive des prix. Le Saint Louis de la mémoire et de la nostalgie sera un Saint Louis de la prospérité économique. Il est pour une bonne part imaginaire.

V

SAINT LOUIS, ROI FÉODAL OU ROI MODERNE ?

À plusieurs reprises dans ce livre, j'ai évoqué le type de roi que fut Saint Louis par rapport à la trajectoire de la monarchie française médiévale. Quelle a été sa marque, volontaire ou involontaire, sur cette voie coupée par tant de chemins de traverse et à laquelle l'historien donne après coup une cohérence ? Je m'éloigne un peu ici de la personne du roi, corps et âme, qui est au cœur de mon approche. Mais Saint Louis fut un roi si personnel que je ne réussirai heureusement pas à lui échapper. Le lecteur qui connaît un peu d'histoire de France ne peut s'empêcher d'évoquer en même temps deux idées qu'on lui a présentées depuis l'école : d'une part, le noyau central du Moyen Âge — et nous y sommes au XIIIe siècle —, c'est la féodalité. Saint Louis doit donc être un roi féodal. Mais le XIIIe siècle, c'est aussi la naissance de l'État moderne. Déjà son grand-père Philippe Auguste avait été un monarque presque étatique et bientôt son petit-fils Philippe le Bel en serait plus ouvertement un. Alors, Saint Louis, un roi moderne ? Certains historiens ont insisté sur le premier aspect, considérant la monarchie du XIIIe siècle comme une monarchie enfin vraiment féodale[1]. D'autres ont été surtout attentifs au processus de construction de l'État moderne, et les remarquables recherches collectives conduites depuis quelque temps en Europe et en Amérique du Nord sur la naissance de l'État européen moderne[2] font s'emballer un peu la machine de l'histoire. Ils poussent Saint Louis vers Philippe le Bel. Je vais m'efforcer de rassembler certaines remarques éparses de ce livre pour tenter de définir l'environnement *politique* de Saint Louis. Bien entendu, le mouvement qu'il a vécu et auquel il a contribué n'est pas linéaire, il n'est pas dicté par une finalité providentielle ou rationnelle, ce qui revient souvent au même. Comme on le dit, mais il faut le rappeler, la réalité a été beaucoup plus complexe que ce schéma problématique : féodal ou moderne ? Les philosophes, les sociologues, les politologues ont le grand mérite, entre autres, d'obliger les historiens à *penser* l'histoire. Mais ils les induisent trop souvent à trahir la complexité structurelle et événementielle de l'histoire au profit de schémas simplificateurs, sinon simplistes. Certes, la science historique, comme les autres, progresse par abstractions. Mais les abstractions de l'histoire sont charnues et hésitantes. Telles sont celles dans lesquelles Saint Louis fut pris et qu'il contribua à nourrir. C'est à la fin de ce livre, presque au terme de mon cheminement vers le cœur de Saint Louis et de la royauté qu'il a incarnée, que je parlerai de ce qui est le fondement même de ce type de royauté, la sacralité, à qui Saint Louis aura ajouté la sainteté.

FÉODALITÉ ET ÉTAT MODERNE

Dans la France du XIIIe siècle, comme dans l'historiographie de la France médiévale, le règne de Saint Louis occupe une place à part. On y reconnaît généralement l'apogée de la France médiévale, mais on le situe rarement par rapport aux deux processus que je viens d'évoquer et qui caractérisent la majeure partie de l'Occident médiéval : l'affirmation de la féodalité et la genèse de l'État moderne.

La personnalité du roi, l'atmosphère religieuse qui entoure son règne, l'éclat de la civilisation en son temps ont voilé les infrastructures de ce demi-siècle d'histoire de la France. C'est à peine si, plus récemment, l'image de la prospérité qui l'entourait d'un halo aveuglant s'est un peu détériorée à la suite des études qui ont décelé dans les domaines de l'économie, des classes sociales et de la vie intellectuelle à partir de 1260 des symptômes annonciateurs de la grande crise du XIVe siècle[3]. Mais les historiens modernes ont partagé la nostalgie des Français du début du XIVe siècle pour « le bon temps monseigneur Saint Louis ».

Pour pouvoir définir le type de monarchie incarné par Saint Louis, il faut donc rectifier d'abord la question que, me situant par rapport à l'historiographie, j'ai posée en tête de ce chapitre. Il n'y a pas d'opposition historique nette entre un roi féodal et un roi moderne. L'évolution qui mène de la féodalité à l'État moderne passe au XIIIe siècle par une phase essentielle de « monarchie féodale » intermédiaire, dans laquelle Saint Louis occupe une place centrale.

Système féodal et système monarchique, même s'ils répondent à deux logiques en théorie distinctes, ne se sont pas opposés, mais combinés dans la réalité historique. La diminution du servage et l'essor de l'économie monétaire sous Saint Louis n'ont pas affaibli la féodalité, mais l'ont renforcée, les villes qui sont devenues ses « bonnes villes » ont été des éléments de ce système féodal — et Saint Louis a été le roi de France qui a le mieux incarné cette intégration originale[4].

Sous son règne, la monarchie féodale a poursuivi de façon décisive sa transformation en un État monarchique moderne[5].

DE L'USAGE ROYAL DU SYSTÈME FÉODAL

C'est avec Saint Louis que les prérogatives de la *suzeraineté* attribuée au roi comme tête de la pyramide féodale des hommages et des fiefs se sont le plus rapprochées de ce que les juristes pratiquant le droit romain et les historiens modernes nomment *souveraineté*. Le roi multiplie le nombre des seigneurs qui lui sont directement liés par l'hommage *lige*. Ainsi quand, pendant la croisade, Joinville, qui n'était jusque-là que l'arrière-vassal du roi, ayant perdu tout ce qui lui appartenait, reçut une subvention régulière du roi *(fief-rente* ou *fief de bourse)*, il devint son homme-lige. Seul le roi ne peut être le vassal de personne. Le *Livre de justice et de plet*, vers 1260, affirme, au chapitre « De l'office de roi » : « Le roi ne doit tenir de nul », de personne. Cette convergence entre les notions et les réalités de suzeraineté et souveraineté est attestée par l'emploi, à l'époque de Saint Louis, de l'expression « souverain fieffeux » comme synonyme de suzerain. Une double nomenclature témoigne de cet amalgame entre système féodal et système monarchique. D'un côté, le roi est « sire », « messire », « monseigneur », *dominus*, de l'autre, quand on s'adresse à lui en latin, il est *Vestra Serenitas*, « Votre Sérénité », et déjà *Vestra Majestas*,

« Votre Majesté ». *Majestas* est le terme qui exprime le mieux la souveraineté.

Dans cette société où, bien que l'usage et le prestige de l'écrit grandissent, le poids de la parole et du geste, la valeur du symbolique demeurent considérables, le roi s'approprie les mots et les rites de la féodalité. À la veille de partir pour la croisade, Louis IX mande tous ses barons à Paris et leur fait faire *serment* selon Joinville, qu'« ils garderaient foi et loyauté à ses enfants, si quelque chose lui arrivait dans le voyage ». Serment, foi, loyauté, les bases mêmes — avec le fief — des rapports féodaux.

Les *ordines* composés sous son règne et qui décrivent ou règlent le rituel du sacre royal intègrent les rites d'*adoubement*, rites essentiels de l'entrée en féodalité, avec la remise des *regalia* et le couronnement qui marquent l'entrée en royauté.

En dehors des revenus du domaine, Louis ne peut toujours avoir recours qu'à l'aide féodale[6]. Il s'efforce d'en obtenir le maximum, mais se heurte à des règles et à des mentalités encore très vivantes. Cependant, il obtient assez souvent de ses vassaux, sur lesquels il exerce une forte pression, l'autorisation de réclamer des aides à leurs propres vassaux, c'est-à-dire à ses arrière-vassaux à qui, en principe, il ne peut rien demander. Il doit respecter la coutume, mais chaque fois qu'il se trouve dans un cas prévu par la coutume, il exige l'aide féodale avec beaucoup de rigueur. Il limite le plus possible les privilèges d'exemption et rogne sur ceux qui ont été accordés par ses prédécesseurs. Il est particulièrement exigeant à l'égard des villes dont la plupart sont dans sa vassalité. Mais si, dans un nombre croissant de cas, il peut, en vertu de son pouvoir régalien, prendre, comme le dit le bailli Philippe de Beaumanoir dans ses *Coutumes du Beauvaisis*[7], des « établissements pour le commun profit » applicables à ses vassaux et à ses arrière-vassaux, pour l'aide féodale, source décisive pour ses finances, il échappe difficilement au carcan féodal. Enfin, il est impuissant contre la lenteur de la rentrée des aides. À son avènement, en 1270, son fils Philippe III devra réclamer non seulement l'aide pour sa propre chevalerie, en 1267, mais même celle pour le mariage de sa sœur Isabelle, en 1255.

En revanche, dans son action d'apaiseur, Louis use avec beaucoup de dextérité de l'instrument de domination que représente pour un roi la vassalité obtenue d'un puissant seigneur et même d'un autre roi. C'est un des avantages qu'il recherche vis-à-vis du roi d'Angleterre dans le traité de Paris en 1259, et c'est la conception qui anime son arbitrage dans la mise d'Amiens de 1260 entre Henri et ses barons. Charles T. Wood l'a bien vu : « Ce fut un précédent qui démontra à tous ses ambitieux successeurs comment la vassalité pouvait fournir un instrument pour une incroyable croissance de la compétence royale en matière de justice[8]. » C'est dans ce domaine, on l'a vu, que la justice royale accomplit des progrès décisifs sous le règne de Saint Louis, la procédure de l'*appel* ayant multiplié les recours directs au roi.

Plus généralement, à partir des années 1250, se multiplient les réunions de conseillers royaux rendues nécessaires par le gonflement du volume des « cas et affaires » qui parviennent jusqu'au roi[9]. Ces « parlements » ne peuvent pas se tenir en l'absence du roi et de ses conseillers. Les sessions se prolongent, le caractère bureaucratique de leur organisation s'accentue et bientôt leurs membres se constituent en sections. À la fin du règne de Saint Louis, ces parlements s'occupent particulièrement des affaires des villes et des problèmes monétaires. Le fonctionnement des « bonnes villes » fut réorganisé par Saint Louis en 1262. Les élections annuelles des nouveaux maires devaient se faire le 29 octobre et, le 18 novembre, trois élus parmi lesquels le roi choisirait le prochain maire et les trésoriers des villes devaient venir en « parlement » à Paris avec les maires sortants (la centralisation du royaume progressait).

Les grandes décisions sont toujours prises ou, en tout cas, annoncées dans des réunions de la *cour* royale, composée en majorité de prélats et de grands laïcs, dont certains sont ses conseillers plus particuliers et plus réguliers — réunions qui peuvent prendre aussi le nom de « parlements ». Des décisions plus spécialisées sont prises dans ces « parlements » d'un type plus ou moins nouveau.

L'affaire d'Enguerran de Coucy fut, on l'a vu, portée devant un parlement : « Dans de tels cas, le poids personnel de Saint Louis peut difficilement être exagéré[10]. »

Dans cette période de transition, Louis, une fois de plus, combine l'évolution, qui le dépasse en grande partie, des organes de gouvernement avec ses idées personnelles.

Louis se plaît, enfin, à s'entourer d'un cercle restreint de familiers d'une appartenance sociale très composite, qui comprend aussi bien un prince comme Thibaud, comte de Champagne et roi de Navarre, son gendre, que le chanoine Robert de Sorbon, ceux que Joinville appelle « nous qui étions autour de lui[11] ». C'est à proprement parler l'« entourage », un groupe avec qui Louis aime à discuter à bâtons rompus, plaisanter, auprès de qui il tient particulièrement à faire passer son message religieux et moral, et sur qui il teste les décisions qu'il envisage de prendre. C'est une version personnelle de la *familia*, de la *mesnie* féodale[12].

Mais cet accaparement du système féodal par Saint Louis n'a été possible que parce que, plus encore que son grand-père, Philippe Auguste, il est un *roi* très puissant, en raison des caractéristiques et des prérogatives de la monarchie, de sa richesse et de sa force militaire. Grâce aussi à son étroite alliance avec l'Église.

LA GRANDE ALLIANCE
DU TRÔNE ET DE L'AUTEL

Par sa piété, par sa conduite, qui refuse parfois certains excès de l'Église et de la papauté — en matière d'excommunication et de fiscalité notamment —, Saint Louis a porté à son comble l'alliance entre la monarchie et l'Église, ce qui a été une force de la monarchie capétienne dès ses débuts et dans la longue durée. Il l'a fait par conviction et par dessein politique aussi.

On a rapporté à Saint Louis que son grand-père Philippe Auguste aurait dit à son fils, le futur Louis VIII, sur son lit de mort : « Je te demande d'honorer Dieu et Sainte Église, comme je l'ai fait. J'en ai retiré une grande utilité et tu en obtiendras aussi une grande. » Et dans ses *Enseignements* à son fils, il rappelle que Philippe Auguste, selon ce que lui a rapporté un membre de son conseil, y aurait dit un jour : « Je préfère de beaucoup souffrir mon dommage que faire chose par laquelle il arrive esclandre entre moi et Sainte Église[13]. » Et il ajoute pour son propre compte : « Je te rappelle ceci pour que tu ne sois pas trop dispos à croire autrui contre les personnes de Sainte Église. Tu dois donc les honorer et les protéger afin qu'elles puissent faire le service de Notre Seigneur en paix. »

Or l'Église est la pièce maîtresse du système féodal non seulement parce que, même après la réforme grégorienne et désormais dégagée de l'emprise de l'aristocratie laïque, elle est par son rang social et par ses richesses l'un des bénéficiaires de l'ordre féodal, mais surtout parce qu'elle en est la justificatrice idéologique.

Même si l'enfant de douze ans n'a pas bien compris les paroles des serments qu'il a prononcés lors de la cérémonie du sacre[14], Louis IX adulte, bien qu'il n'aime pas les serments, se considère comme lié par ces engagements. L'assistance mutuelle entre la monarchie et l'Église en est la base. Chacun, à sa façon, y représente Dieu. Le roi tient sa fonction de sa naissance et directement de Dieu dont il est le lieutenant dans son royaume, l'« image », mais il n'entre en possession de cette grâce que par l'intermédiaire de l'Église, représentée par le prélat qui l'oint et le couronne. Elle le fait définitivement roi et lui s'engage à la protéger. Il va bénéficier de sa puissance sacralisante, il sera son bras séculier. Cette alliance du trône et de l'autel — dont Saint Louis a une conscience particulièrement aiguë — est la pierre angulaire de la monarchie française dans la longue durée, depuis le baptême de Clovis.

Cette alliance et le respect de l'Église n'empêchent pas le roi de combattre les prétentions des évêques en matière temporelle et judiciaire — on l'a vu dès sa jeunesse[15] — et de protester vigoureusement contre le comportement de la papauté vis-à-vis de l'Église de France[16]. Il ne se fait pas le bras droit de l'Église dans des causes qu'il n'estime pas justes[17]. Il exerce rigoureusement les prérogatives royales en matière ecclésiastique et applique dans la collation des bénéfices ecclésiastiques qui lui revient les principes moraux qu'il accuse la papauté de ne pas toujours respecter.

À ces prérogatives, Louis est très attentif. Dans ses *Enseignements*, il recommande à son fils :

> Cher fils, je t'enseigne que les bénéfices de Sainte Église que tu auras à donner, que tu les donnes à bonnes personnes par grand conseil de prud'hommes ; et il me semble qu'il vaut mieux les donner à ceux qui n'ont aucunes prébendes qu'à ceux qui en ont déjà ; car si tu les cherches bien, tu trouveras assez de ceux qui n'ont rien et en qui le don sera bien employé[18].

De même, Geoffroy de Beaulieu loue la conduite de Saint Louis dans la collation des bénéfices ecclésiastiques : choix de personnes d'excellente réputation, recours au conseil de prud'hommes, comme le chancelier de l'Église de Paris et surtout les frères Mendiants, souci du non-cumul de bénéfices, collation des bénéfices seulement en cas de certitude de vacance des bénéfices à conférer[19].

ADMINISTRATION LOCALE ET POUVOIR LÉGISLATIF

Philippe Auguste avait été le grand agrandisseur[20] du domaine royal qu'il avait multiplié par quatre. Il avait aussi mis en place une meilleure administration — financière notamment — du domaine. À l'imitation du roi, la plupart de ses vassaux ont cherché à améliorer, au XIIIe siècle, le rendement de l'administration féodale ou plutôt seigneuriale par de meilleures techniques financières et un meilleur fonctionnement de la *seigneurie banale*[21] et caractéristique de ce que Marc Bloch a appelé le second âge féodal[22]. C'est Saint Louis qui tire le meilleur profit de l'exploitation et de l'administration du royaume. La nomination d'*enquêteurs* chargés d'informer le roi sur la gestion de ses représentants, baillis et sénéchaux et de réparer les torts qu'ils auraient commis a pour objectif et pour conséquence de mieux assurer l'administration royale, de la rendre plus efficace et mieux acceptée. On a justement remarqué que « l'habileté avec laquelle les souverains » — et ceci est particulièrement vrai de Louis IX — « surent respecter les usages locaux et gagner les notables explique la réussite des agents royaux[23] ».

Mais les mesures que seul le roi est habilité à prendre se présentent sous forme de textes spéciaux.

On a appelé *ordonnances* ces textes exprimant des décisions royales prises en raison de la *souveraineté* du roi et diversement désignées, en particulier comme *établissements* ou parfois, plus simplement, *lettres*. Ce sont les expressions de ce que nous nommerions le « pouvoir législatif » du roi. Ces ordonnances, rares chez les prédécesseurs de Louis IX, dont le pouvoir législatif ne dépassait guère les limites du domaine royal, deviennent pour la première fois nombreuses avec Louis IX. On en a dénombré vingt-cinq pour Saint Louis, contre six pour Philippe Auguste, à quoi il faut ajouter huit règlements « que l'on n'a osé mettre au nombre de ses ordonnances », selon son éditeur du XVIIIe siècle, Eusèbe de Laurière.

Pourtant, elles n'ont parfois qu'un caractère limité, soit quant à leur aire d'application, soit quant aux personnes concernées. La limitation à des aires restreintes s'explique par les privilèges de certaines régions récemment soumises à la souveraineté royale.

C'est le cas surtout de la Normandie reconquise par Philippe Auguste sur les Anglais. Une ordonnance datée de mai 1246 à Orléans concerne les problèmes de bail et de rachat dans les coutumes d'Anjou et de Maine au moment où Charles d'Anjou va être mis en possession de son apanage. On voit qu'un certain nombre de ces textes légifèrent dans le domaine coutumier proprement « féodal », mais le roi, tout en y intervenant, respecte ce cadre : ainsi une ordonnance de mai 1235 réglemente le « relief et rachat des fiefs » et fixe la partie des « fruits » touchés par le Seigneur (tous les ans pour les terres labourables et les vignes, tous les cinq ans pour les viviers et les garennes, tous les sept ans pour les bois). Certains de ces règlements abolissent de « mauvaises coutumes » — revendication essentielle des populations soumises au régime « féodal ». Saint Louis continue à respecter les droits des seigneurs éminents dans leurs fiefs : comme le dit le coutumier de Touraine-Anjou, « Baron a toutes justices » — c'est-à-dire puissance publique —, « sur sa terre, le roi ne peut mettre ban en la terre au baron sans son assentiment ».

Les ordonnances qui s'appliquent à une seule catégorie de personnes concernent surtout les juifs[24].

L'ordonnance de Melun de décembre 1230, qui reprend les mesures édictées par Philippe Auguste contre les juifs et leurs usures, est la première ordonnance valable dans tout le royaume *(in toto regno nostro)*. C'est une date dans l'histoire du pouvoir royal. Les ordonnances, outre celles qui visent les juifs, concernent les autres intérêts obsessionnels de Louis, ceux qui lui paraissent plus particulièrement requérir en son temps l'intervention du pouvoir royal et ne relever que de lui.

Le premier domaine est celui de la guerre et de la paix : le roi doit être seul maître de déclencher ou d'arrêter la guerre et ne la laisser éclater qu'après épuisement des efforts de paix. C'est l'objectif des ordonnances de 1245, 1257 et 1260 qui instituent la « quarantaine le roi », trêve de quarante jours imposée aux « amis charnels » des adversaires dès le début d'un conflit armé, interdisent les guerres privées et des « jugements de Dieu », les défis ou « gages de bataille » et remplacent les « duels judiciaires » par des « preuves par témoins ».

Le deuxième est celui de la monnaie (ordonnances de 1262 et 1265) qui, pour des raisons de justice, doit être « bonne », « forte » et où le roi doit jouir du monopole de circulation de la seule monnaie royale dans tout le royaume[25].

Les ordonnances qui, aux yeux de Saint Louis, sont les plus importantes, ont des objectifs de moralité (contre la prostitution, le blasphème, la malfaisance, la scélératesse), et de justice (contre les exactions, injustices et abus de pouvoirs des agents royaux et des dirigeants des bonnes villes). Telles sont la « grande ordonnance » de 1254, l'ordonnance « pour l'utilité du royaume » de 1256 et la lettre adressée d'Aigues-Mortes le 25 juin 1270 à l'abbé Mathieu de Vendôme, abbé de Saint-Denis, et à Simon de Nesle, régents du royaume en l'absence du roi partant pour la croisade de Tunis.

Dans cet ensemble, un texte présente un intérêt tout particulier : on l'a considéré comme une ordonnance. Ce sont les lettres datées de juin 1248 à Corbeil par lesquelles Saint Louis confie à sa mère le gouvernement — nous dirions la régence — du royaume. Elles définissent la nature et le contenu du pouvoir royal qui lui est confié.

Saint Louis, roi féodal ou roi moderne ? 787

C'est d'abord le plein pouvoir de traiter les affaires du royaume, soit qu'elles lui aient été soumises, soit qu'elle ait décidé de s'en saisir :

> À notre très chère Dame et mère la reine nous concédons et voulons qu'en notre absence à la croisade elle ait plein pouvoir d'être saisie et de se saisir des affaires de notre royaume, selon ce qu'il lui aurait plu et paru bon de se saisir[26].

Il accorde aussi le plein pouvoir « d'abolir ce qui lui paraîtra devoir être aboli selon que cela lui semblera bon[27] ». Blanche de Castille a donc plein pouvoir pour traiter toutes les affaires du royaume, y compris celles dont elle ferait, en termes juridiques, la *saisine*, et plein pouvoir d'abolition. C'est là un aspect particulièrement important du pouvoir, non seulement parce que, en droit, ce pouvoir doit être spécialement mentionné, mais aussi parce que la mentalité médiévale considère comme particulièrement grave toute abolition, l'existant ayant vocation à perdurer. Ce plein pouvoir royal confine au bon plaisir, néanmoins il doit être subordonné au bien, un bien laissé sans doute à l'appréciation du roi, mais qui doit répondre à des critères objectifs : ceux du « bien commun » tel que l'a défini la pensée grecque antique et que l'a redéfini la doctrine chrétienne.

Comme on l'a bien remarqué, si Louis IX semble accorder le pouvoir suprême *(plena potestas)* à la régente, sa mère, en lui permettant de traiter toutes les affaires dont il lui semblerait bon de se saisir (il le fait par la formule *quos sibi placuerit*, « ce qui lui plaira », caractéristique du plein pouvoir), il corrige cette délégation de pouvoir en ajoutant « selon ce qui paraîtra conforme au bien » *(secundum quod ipsi videbitur bonum esse)*. Il s'agit moins de l'exercice d'un pouvoir personnel que de la reconnaissance d'un système d'administration et de gouvernement dominé par la notion de bien commun ou d'utilité commune, notion provenant de la confluence d'un droit coutumier réinterprété, d'un droit romain adapté et d'une conception éthico-politique antique, réélaborée par les théologiens scolastiques de l'époque, notion qui plaît à Louis pour sa connotation morale et religieuse[28].

Le pouvoir confié à la régente comprend ensuite la maîtrise de tous ceux qui administrent le royaume pour le service du roi, mais aussi du royaume — nous dirions de l'État, et, ici encore, qu'il s'agisse de nominations, de déplacements ou de destitutions :

> Qu'elle ait le pouvoir d'instituer les baillis, de nommer et d'ôter les châtelains, les forestiers et tous autres à notre service et à celui de notre royaume, selon qu'il lui paraîtra bon de le faire[29].

Enfin, il lui confie les pouvoirs d'intervention dans les affaires ecclésiastiques qui sont du ressort du roi de France :

> Qu'elle ait aussi le pouvoir de conférer les dignités et les bénéfices ecclésiastiques vacants, de recevoir la fidélité des évêques et des abbés et de leur restituer la régale [le roi touchait les revenus ecclésiastiques pendant les vacances épiscopales et abbatiales], de donner aux chapitres et aux couvents à notre place l'autorisation d'élire [évêques et abbés][30].

On voit comment Saint Louis a défini et pratiqué le pouvoir royal : un pouvoir d'absolue discrétion, mais qui reste subordonné au bien, une attention particulière à la qualité des personnes appartenant aux deux réseaux qui dépendent du roi, celui, nouveau, des officiers qui étendent le pouvoir royal à tout le royaume et sont ses représentants directs, celui, traditionnel, des titulaires de dignités ecclésiastiques à l'égard de qui il exerce minutieusement, mais en fonction de critères moraux, les droits régaliens.

Les mesures prises par beaucoup de grands féodaux dans leurs principautés, en particulier par les frères du roi — et surtout Alphonse de Poitiers — dans leurs apanages, imitent les mesures prises par le roi dans le domaine et parfois peut-être les précèdent. Elles aboutissent à une uniformisation des structures féodales de pouvoir et d'administration dans le royaume. En fait, de façon décisive, sous le règne de Saint Louis, le domaine royal devient le moule dans lequel se coule le royaume.

SAINT LOUIS ET LE DROIT

Ce n'est pas la diffusion du droit romain qui est le grand événement juridique du règne de Saint Louis. Elle demeure encore limitée et elle est surtout marquée dans la France méridionale, la France d'oc, où elle favorise d'ailleurs la pénétration du pouvoir royal. C'est dans le Midi et, notamment, dans la nouvelle université de Toulouse, qui échoue dans la lutte contre les hérétiques mais réussit dans l'enseignement juridique, que commencent à se former les légistes — avant que l'université d'Orléans n'assume ce rôle — qui seront les grands hommes du gouvernement royal sous Philippe le Bel. Dans la France septentrionale, où l'université d'Orléans demeure modeste, le droit romain n'est pas enseigné à l'université de Paris : selon certains, c'est à cause de la demande de Philippe Auguste au pape Honorius III de ne pas permettre l'enseignement dans sa capitale d'un droit qui, au XIIIe siècle, est encore considéré essentiellement comme un droit impérial, alors que le roi de France cherche à se soustraire à la supériorité de l'Empereur. D'autres estiment que c'est la papauté qui a voulu assurer la primauté à Paris de la théologie sans la concurrence du droit[31].

Le grand événement du règne en matière juridique, c'est, on l'a vu, la mise par écrit de la plupart des coutumes régionales : *Grand coutumier* de Normandie, *Conseil à un ami* de Pierre de Fontaines, bailli de Vermandois, *Livre de justice et de plet* pour l'Orléanais, *Établissements de Saint Louis* en Touraine et Anjou et, peu après la mort de Saint Louis, les célèbres *Coutumes du Beauvaisis* de Philippe de Beaumanoir. Le droit coutumier, caractéristique du droit féodal, passait de l'oral à l'écrit ; mais il n'en restait pas moins un droit féodal, renforcé par la rédaction écrite.

Quant aux enquêteurs de Saint Louis, une de leurs principales missions a été de réformer ou de supprimer les « mauvaises coutumes », dans la plus pure tradition féodale.

Sans doute, l'appel de plus en plus fréquent au roi qui parfois, spectaculairement et symboliquement, juge lui-même sous le fameux chêne de Vincennes et, le plus souvent, fait juger par ses conseillers contribue à l'accroissement du pouvoir royal et à l'unification judiciaire du royaume. Il ne s'agit pourtant pas de substituer une justice d'un autre ordre aux justices seigneuriales, mais d'imposer la supériorité de la justice du suzerain-souverain sur celle de ses vassaux. Comme le diront, au lendemain de la mort de Saint Louis, les avocats de son fils Philippe III face à ceux de son frère, Charles d'Anjou, oncle du nouveau roi, qui réclamaient le respect de la coutume, il s'agit de faire reconnaître la supériorité de la « coutume du royaume » sur celle des fiefs, des principautés féodales. Cette évolution n'est pas entièrement acquise.

Un juriste fortement marqué par le droit romain comme Jacques de Révigny, célèbre maître de l'université d'Orléans et ferme partisan du pouvoir royal[32], affirme encore qu'il faut préférer « sa propre patrie », c'est-à-dire la seigneurie où l'on vit, à « la patrie commune », c'est-à-dire le royaume.

UNE SOCIÉTÉ FÉODALE ET BOURGEOISE

Le royaume de France au temps de Saint Louis reste fondé sur la terre et l'économie rurale. Les paysans continuent de former au moins 90 pour cent de la population du royaume. Certes, Saint Louis multiplie les affranchissements, il recommande à ses agents de préférer l'intérêt des faibles à celui des puissants et de protéger les paysans. Mais il ne change rien au mode de production qui repose sur l'exploitation du vilain dont il ne modifie pas la place dans la hiérarchie sociale. L'évolution économique avec la diffusion de l'économie monétaire et des méthodes d'exploitation de la seigneurie transforment la nature des prestations paysannes ; les exactions monétaires, les cens l'emportent désormais sur les corvées et les redevances en nature, la rente féodale change, mais la part prise par l'argent, si elle accroît certaines différenciations sociales dans la masse paysanne, ne fait que renforcer globalement le système seigneurial. C'est l'apogée de ce système.

Si l'on regarde du côté de la noblesse, on est certes frappé par les cas où la justice royale a sanctionné des nobles et même des barons. Le cas d'Enguerran de Coucy, qui a causé à l'époque de Saint Louis des remous au sein du baronnage, est devenu célèbre. Mais il faut remarquer que toutes ces affaires opposent des nobles à d'autres nobles, tout au plus des chevaliers à des barons. Il n'y a pas de bourgeois dans l'entourage de Saint Louis. S'il y a des clercs modestes, comme Robert de Sorbon, fils de paysan, et des chevaliers d'un rang moyen comme Joinville, cela relève d'une tradition capétienne qui ne peut masquer la présence majoritaire de prélats et de barons. Saint Louis demeure lié, comme le sera la monarchie française jusqu'en 1789, à la noblesse et même à l'aristocratie. Il est sincèrement soucieux d'aider les nobles pauvres, les nobles ruinés par la croisade ou par l'essor de l'économie monétaire, et qui font partie de ces « pauvres honteux », une catégorie qui touche particulièrement ce disciple des frères Mendiants. Il les aide, soit en en faisant des vassaux recevant une pension assimilable à un « fief de bourse », soit en les embauchant dans l'administration royale en pleine expansion, dans laquelle, selon Guy Fourquin, ils feraient sous son règne « une entrée massive ». Mais j'hésite à y voir avec lui une « noblesse d'État », produit de la croisade[33]. Il ne faut pas tirer Saint Louis et la société française sous son règne ni trop en arrière ni trop en avant. L'idéal du laïc *prud'homme*, que le roi oppose au *preux*, n'en reste pas moins un idéal nobiliaire. Et au prud'homme s'opposent à la fois le bourgeois et le vilain.

Saint Louis n'a pas été le roi des bourgeois. D'ailleurs, les villes ne sont pas les organismes antiféodaux qu'a imaginés une certaine historiographie. L'économie urbaine se situe, on l'a vu, à l'intérieur du mode de production féodal. Les villes, d'ailleurs, comme on l'a justement dit, perçoivent et se conduisent comme des « seigneuries collectives ». On ne saurait parler de précapitalisme. Les fiefs d'artisan même ne sont pas rares dans la France de Saint Louis. Certes, des évolutions non négligeables apparaissent : l'esprit de croissance et de profit s'affirme, les marchands, par l'usure, se mettent à vendre le temps et les universitaires la science, qui, l'un et l'autre, n'appartenaient qu'à Dieu. Mais Saint Louis déteste les usuriers, qu'ils soient juifs ou chrétiens et, quoi qu'on en ait dit, se méfie des intellectuels. Je préfère, en observant l'économie et la société urbaine et marchande de son temps, parler, avec Jose Luis Romero, de société féodale-bourgeoise[34].

Roi souffrant, roi humble, ami des pauvres, roi des frères Mendiants, Saint Louis n'est un roi d'un nouveau type que dans la mesure où le Dieu, le Christ du XIIIe siècle est devenu lui-même un roi crucifié, un roi-Dieu de la passion[35]. Or si le Seigneur s'est fait humble, il ne s'est pas fait roturier. Aimer les pauvres et les faibles (« chétifs[36] ») est plus une œuvre de miséricorde que de justice pour Louis.

Saint Louis n'a pas été un roi révolutionnaire, ni même réformiste, au sens moderne. Il a été conforme aux « Miroirs des princes » apparus à l'époque carolingienne, modifiés par la renaissance du XIIe siècle et l'esprit des ordres Mendiants, nés au XIIIe. Il reste ou, même, il est devenu un roi féodal tirant tout le parti possible du système féodal. Il a été, en revanche, un roi utopique. *Rex pacificus*, comme l'appelle le pape Boniface VIII dans la bulle de sa canonisation, c'est-à-dire un roi des derniers temps qui veut conduire son peuple vers son salut dans l'au-delà, non vers le bonheur sur terre — idée qui n'existe pas encore au XIIIe siècle —, bien que les générations suivantes fassent de son règne un temps de paix et de prospérité ici-bas. Certes, sous son règne s'accélère le grand mouvement de descente des valeurs du ciel sur la terre[37], mais ces valeurs restent religieuses, et si le modèle féodal qui régnait dans le ciel du Pseudo-Denys avec la hiérarchie de la société céleste, des archanges et des anges descend sur terre, c'est pour s'y implanter plus fermement.

SAINT LOUIS NE CHASSE PAS

De Clovis à Louis XVI, il est une activité que tous les rois de France ont pratiquée plus ou moins passionnément, c'est la chasse. La chasse royale conduit à la création de nombreuses forêts royales et à la construction d'autant de résidences au cœur ou à proximité immédiate de ces forêts qui sont d'abord des résidences de France. L'Île-de-France a été pour les rois un vaste espace de chasse. Philippe Auguste a voulu faire surtout du « bois de Vincennes », essentiellement lieu de détente et de justice pour Saint Louis, un terrain de chasse. Le roi n'affirme jamais mieux son image et ses privilèges qu'en chassant[38].

Or aucun texte, aucun document ne permet de saisir Saint Louis à la chasse. Il est probable qu'il n'a jamais chassé[39]. Ce faisant ou, plutôt, ne faisant pas, il a aussi affirmé son statut exceptionnel parmi les laïcs. Cette abstention le rapproche d'abord des évêques ; à qui les plus anciens conciles, dès le quatrième concile, ont interdit cette activité, divertissement qui est aussi et surtout un signe de noblesse, de la noblesse laïque. En outre, toute une tradition attache une connotation négative aux chasseurs (Nemrod, le roi-tyran, qui défie Yahvé en construisant la tour de Babel n'était-il pas aussi un grand chasseur ?) et particulièrement aux princes chasseurs. Dans la Bible, les princes des peuples *(principes gentium)* « qui jouent avec les oiseaux du ciel » *(qui in avibus celi ludunt)* « ont été exterminés et sont descendus aux enfers » (Baruch, III, 16-10). Un texte attribué à saint Jérôme affirme : « Je n'ai jamais vu qu'un chasseur ait été saint[40]. » Dans un de ses traités, l'évêque Jonas d'Orléans, auteur d'un des principaux Miroirs des princes carolingiens au IXe siècle, consacre un chapitre *(De institutione laicali,* livre II, chapitre XXIII) à « ceux qui pour la chasse et l'amour des chiens négligent la cause des pauvres » (ceci ne semble-t-il pas avoir été écrit spécialement pour Saint Louis, serviteur des pauvres[41] ?).

Le grand canoniste Yves de Chartres, au début du XIIe siècle, avait dans son *Décret* réuni un impressionnant dossier contre la chasse qui ne comprend pas moins de sept titres où, à côté de canons conciliaires qui interdisent la chasse aux évêques, aux prêtres et aux diacres, des textes patristiques condamnent les chasseurs de tout statut. Saint Augustin déclare que donner à un chasseur est aussi mauvais que donner à un histrion ou à une prostituée : « Celui qui donne à un chasseur ne donne pas à l'homme mais à une activité très mauvaise, car si le chasseur n'était qu'un homme, on ne lui donnerait rien ; ce qu'on rétribue donc, c'est son vice et non sa nature. » Le même Augustin dit ailleurs : « Malheur à ceux qui se délectent à la vue d'un chasseur ! Qu'ils se repentent.

Sinon quand ils verront le Sauveur [au Jugement dernier], ils seront plongés dans la tristesse. » Saint Jérôme rappelle qu'Esaü était chasseur parce qu'il était pécheur, un homme de péché, et qu'« on ne trouve pas de chasseur saint dans les Écritures, les seuls saints y sont des pêcheurs ». Saint Pierre et ses compagnons deviennent, à l'appel de Jésus, pêcheurs et non chasseurs d'hommes. Enfin, saint Ambroise stigmatise l'homme qui, à l'aube, se lève non pour aller à l'église prier, mais qui rassemble ses serviteurs, prépare ses filets, fait sortir ses chiens et parcourt buissons et forêts[42].

LE SYSTÈME ROYAL

On peut tirer les éléments d'une théorie politique qui définit la nature de la royauté de Saint Louis à partir de deux textes qui lui sont directement liés. Le premier est une lettre du pape Grégoire IX, du 26 novembre 1229, adressée à Louis IX et à Blanche de Castille[43]. Le pape y souligne qu'entre les deux attributs principaux du roi, la *potentia*, la « puissance », qui entraîne le pouvoir de punir, et la *benignitas*, la « bonté », d'où découle le pouvoir de miséricorde, de pardon, le roi doit posséder la *sapientia*, la « sagesse » qui empêche la *potentia* de tourner à l'arrogance et la *benignitas* de dégénérer en « laxisme » *(dissolutio)*. On a vu que la *sapientia* est une vertu particulièrement louée en Saint Louis, nouveau Salomon. Cette triade d'attributs permet de regrouper d'autres facultés royales qui sont aussi des attributs du Christ-roi : la *potestas*, qui fait entrer la terminologie du droit romain dans le système, la *majestas*, vieille conception romaine aussi, que le roi chrétien est en train de récupérer au XIIIᵉ siècle dans la perspective de la théologie chrétienne[44], et la *timor*, crainte positive qui n'est pas la peur négative. Ainsi s'élabore une théorie de la souveraineté du roi chrétien. Médiatrice, vient ensuite la *sapientia*, la « sagesse », qui, chez le Christ, implique la *veritas*. Il y a donc chez le roi chrétien, image de Dieu, du Christ, la potentialité de penser et d'agir selon la vérité. De même que la *timor* correspond à la *potentia*, à la *sapientia* répond l'*honor*, l'honneur, terme qui a de complexes connotations dans le système féodalo-chrétien. Enfin, la *benignitas* du roi est la *bonitas* du Christ. C'est elle qui fonde la sainteté *(sanctitas)* du Christ. Il existe donc une sorte de vocation du roi chrétien à la sainteté. Mais cette sainteté de fonction est différente de ce que sera la sainteté personnelle de Saint Louis[45]. Enfin, à la *bonitas* se rattache l'*amor*, ce qui fonde la *compassion* et la *pitié* que Saint Louis manifeste à autrui. Il aime ses sujets et la propagande monarchique dont il est le premier grand modèle s'efforce de le faire aimer réciproquement par ses sujets, pendant sa vie et après sa mort.

Le second texte est le *De morali principis institutione* de Vincent de Beauvais, mixte de Miroir des princes et de traité de science politique conçu à l'instigation de Saint Louis[46]. Le thème du roi image de Dieu y prend la forme très intéressante, du point de vue du succès des schémas ternaires, du roi « image de la Trinité » *(rex imago trinitatis)*. Le premier aspect en est la *potentia regalis*. Cette *potentia*, cette puissance royale, est licite quand le roi évite l'« amour de dominer » *(amor dominandi)* et la tyrannie et se souvient de la parole de saint Augustin : « Les grands empires sont de grands brigandages[47] » et quand sa naissance le rend légitime. Et Vincent rappelle que Louis IX descend de Charlemagne[48] et que la longue durée de la dynastie capétienne (deux cent trente-six ans depuis l'avènement de Hugues Capet à celui de Louis VIII, père de Saint Louis) est une preuve de la faveur de la Providence. Le deuxième aspect est la sagesse du prince *(sapientia principis)*. Elle consiste en la maîtrise du caractère et de la conduite, dans le bon gouvernement de tout le corps social qui lui est soumis, dans l'aptitude à donner et à recevoir des avis et des conseils, dans l'administration personnelle de la justice, dans l'établissement de lois et de règles, dans le choix de bons amis, conseillers et agents, dans la bonne administration financière de sa maison et du royaume, dans la réflexion qu'on s'impose avant d'engager une guerre, dans l'instruction acquise tant dans les lettres sacrées que dans les lettres profanes. On reconnaît ici le thème lancé par Jean de Salisbury un siècle auparavant : « Un roi ignorant n'est qu'un âne couronné » *(rex illiteratus quasi asinus coronatus)*, dans la place centrale accordée à la sagesse *(sapientia)* par Grégoire IX dans sa lettre, comme dans la pratique courante de Saint Louis telle qu'elle est décrite et louée par ses biographes. Enfin, Vincent décrit la troisième composante de la trinité royale, la bonté *(bonitas)*. Il insiste sur la nécessité pour le roi de la défendre contre la médisance et la flatterie, grand thème de la morale politique dans les systèmes monarchiques.

Au XIIIe siècle, à côté des juristes romanistes, il faut compter avec les canonistes. C'est du monde ecclésiastique que vient un concept qui tend à résumer la nature de la fonction royale : la *dignitas*. Désignant les offices ecclésiastiques dont la « dignité » est indépendante de la personne qui en est titulaire, le terme en est venu à s'appliquer à divers offices séculiers. Il a eu pour les Capétiens une grande importance, car il impliquait la perpétuité de la fonction à travers ses titulaires successifs. Il répondait au souci majeur des princes et de leur entourage de réduire autant que possible la période de vacance du pouvoir entre deux règnes. Or, l'adage juridique affirme que « la dignité ne meurt jamais » *(dignitas nunquam moritur)*. Mais la pratique dynastique avec automaticité de la succession du fils aîné *(primogenitus)*, affirmée dans l'*ordo* du sacre et manifestée par la chancellerie, qui date le règne d'un nouveau roi du jour de la mort de son prédécesseur, tend, sous Saint Louis, à vider le concept de *dignitas* de sa principale utilité et à le faire s'effacer devant la *maiestas* qui exprimait mieux la plénitude la souveraineté.

LIMITES DU POUVOIR ROYAL

D'autres formules se répandent qui jouent en faveur de cette souveraineté du roi de France.

Il y a d'abord la concession faite au roi de France par le pape Innocent III dans sa bulle *Per venerabilem*, en 1205, par laquelle il a admis que « le roi ne reconnaît pas de supérieur au temporel ». De façon générale, selon certains historiens du droit et de la théorie politique[49], les canonistes plus que les romanistes auraient aidé à cette affirmation de la souveraineté royale. Les formules les plus caractéristiques en sont bien connues : « Le prince n'est pas soumis aux lois » *(princeps legibus solutus est : Digeste,* I, 3, 31) et : « Ce qui plaît au prince a force de loi » *(quod principi placuit legis habet vigorem : Digeste,* I, 4, 1, et *Institutes,* I, 2, 6)[50].

Mais, comme on l'a bien montré, la formule *quod principi placuit*, appliquée au roi au XIIIᵉ siècle, ne saurait en aucun cas lui conférer la possibilité d'agir selon sa seule volonté. Elle s'inscrit, au contraire, dans le cadre d'une stricte légalité. On a vu que Saint Louis, lorsqu'il fait jouer la formule en faveur de sa mère pour sa seconde régence, subordonne l'exercice de ce bon plaisir à la soumission au bien[51]. C'est précisément une des vertus de la *sagesse du prince* de savoir s'entourer de bons conseils et d'obéir à des principes éclairés qui lui éviteront d'user de son bon plaisir de façon arbitraire[52].

De même, le roi n'est pas vraiment « non lié par les lois » *(legibus solutus)* car, étant « au-dessus de la loi », mais aussi « sous la loi » *(supra et infra legem)*, « étant, en même temps, fils et père de la loi, il se trouve dans une situation qui lui interdit de la violer »[53].

Professeur de droit à Orléans à la fin du règne, Jacques de Révigny, quoique partisan du pouvoir royal, lui oppose deux limitations essentielles. À l'extérieur du royaume, il reste soumis sinon à l'Empereur, du moins à l'Empire, ce qui n'est guère différent : « Certains disent que la France jouit de l'exemption à l'égard de l'empire ; cela est impossible en droit. D'où il résulte que la France est soumise à l'empire[54]. » À l'intérieur, alors que « certains disent que, de même que Rome est la patrie commune, de même la couronne royale est la patrie commune, car elle en est la tête », mais Révigny, on l'a vu, estime aussi que « le devoir du vassal est de défendre sa propre patrie — c'est-à-dire, la baronnie dont relève son hommage — plutôt que la patrie commune, c'est-à-dire le roi[55] ». Joinville, le fidèle au roi par excellence, ne dit pas autre chose quand il refuse de suivre Saint Louis à la croisade de Tunis pour s'occuper de son devoir primordial, le bien de sa seigneurie champenoise, qui a beaucoup souffert de son absence.

Ainsi, les formules « *Quod principi placuit* et *Princeps legibus* ne paraissent avoir eu qu'une portée limitée dans la France du XIIIe siècle. Elles y sont connues et reçues, mais toujours de manière extrêmement formelle[56] ». Saint Louis est loin d'avoir été un roi absolu. Trois obligations l'en empêchent. La première, c'est l'exigence, qui prime tout, de l'obéissance à Dieu. Beaumanoir le dit bien, qui affirme que chacun, le roi comme ses sujets, « doit faire par-dessus toutes choses ce qui appartient au commandement de Notre Seigneur[57] ». Et je crois, comme Charles Petit-Dutaillis, que pour Saint Louis « l'obligation essentielle [...] fut de guider ses sujets vers le ciel, d'assurer le salut des âmes[58] ». Mais je crois aussi, avec Rigaudière, que Petit-Dutaillis exagère quand il réduit à cette exigence une seconde obligation, celle du bien commun : pour Saint Louis, « le commun profit, ce ne pouvait être que l'extinction du péché, l'expulsion du diable ». Pour le saint roi, le commun profit ne s'épuisait pas, en fait, dans cette visée eschatologique, même si celle-ci était l'essentiel. Le « commun profit », c'était aussi le principe qui inspirait un bon gouvernement ici-bas, dans des domaines de plus en plus techniques où devaient s'exercer de nouvelles formes de l'action royale liées à cette construction de l'État monarchique moderne : en premier lieu, la justice, les finances et la monnaie, qui ne s'étaient pas émancipées d'une vision religieuse et morale dont la *Cité de Dieu* augustinienne était toujours la référence ultime. Les hommes du Moyen Âge concevaient des lieux, une logique des rapports entre le ciel et la terre là où ne voyons qu'incompatibilité et nécessité de séparation. L'idée tentante d'une « sécularisation », d'une « laïcisation » du politique me semble anachronique[59].

En revanche, je suis d'accord avec Strayer et ses disciples comme Elizabeth Brown[60] lorsqu'ils soulignent l'importance d'une attitude qui constitue la troisième limitation au pouvoir absolu d'un roi chrétien à partir de Saint Louis chez ses successeurs, la *conscience*[61]. Elle s'incarne dans l'examen de conscience, lié à la pratique nouvelle de la confession, médiateur entre la volonté de Dieu et l'exercice de la souveraineté royale. En matière de fiscalité et de monnaie notamment, elle explique en partie les hésitations, les tâtonnements, voire les apparentes contradictions de la législation et de l'action du roi de France. En interrogeant sa conscience, Saint Louis est retenu sur le chemin de l'absolutisme qui ne s'imposera que plus tard[62].

SAINT LOUIS SE MONTRE À SES SUJETS

On a vu qu'entre l'occultation de la personne royale sacrée et l'ostentation — je suis tenté de dire : « ostension » — Saint Louis a choisi la seconde attitude[63]. Il use plus de cette « montre » de la personne royale que ses prédécesseurs, mais il enrobe cette « ostension » royale dans l'humilité des processions ou des tournées d'aumônes aux pauvres. On l'a vu chez Salimbene de Parme arrivant à pied dans la poussière de la route, en chemin pour la croisade, au chapitre provincial des Franciscains, à Sens, en 1248. Cette apparence d'humilité pénitente n'en fait que mieux briller la personne royale[64].

Deux textes de Guillaume de Saint-Pathus montrent bien cette façon de Saint Louis de prendre un bain de foule dans une atmosphère d'humble dévotion qui n'est pas exempte d'ostentation.

Le premier raconte la procession organisée publiquement en 1262 pour le transfert à Senlis, où il leur a fait construire une église, de vingt-quatre corps de saints martyrs de la légion de saint Maurice, qu'il avait acquis à l'abbaye de Saint-Maurice d'Agaune. Il les fit transporter dans plusieurs châsses, couvertes de draps de soie, réunit plusieurs évêques et abbés, en présence de nombreux barons et d'une « grande multitude de peuple ». « Il fit faire une procession en bon ordre par tout le clergé de la cité de Senlis », et fit porter les châsses contenant les reliques « en grande procession à travers la cité » jusqu'à la chapelle du palais royal où elles sont déposées en attendant l'achèvement de la construction de l'église Saint-Maurice. « Le saint roi lui-même portait sur ses propres épaules la dernière châsse avec son gendre le roi de Navarre Thibaud et les autres châsses furent portées devant lui par d'autres barons et chevaliers [...]. Quand les corps saints furent en ladite église, le saint roi y fit chanter la messe solennellement et il fit faire un sermon au peuple qui y fut assemblé[65]. » Louis s'humilie publiquement devant les reliques, mais il impose au clergé, aux nobles et au peuple l'image d'un roi dispensateur de reliques, assurant une protection dont il doit être le premier à bénéficier.

Le second texte montre le roi à cheval distribuant des aumônes aux pauvres : « Quand le saint roi chevauchait par le royaume, les pauvres venaient à lui et il faisait donner à chacun un denier, et quand il en voyait de plus indigents, il faisait donner cinq sous à l'un, dix sous à un autre et jusqu'à vingt sous à un autre[66] [...]. »

À son retour de Terre sainte, « quand il visitait sa terre, il servait chaque jour de sa propre main deux pauvres, en donnant à chacun deux pains et douze deniers parisis ». Il distribue aussi de l'argent et de la nourriture en temps de disette et de cherté des vivres, remplissant ainsi son rôle de roi, roi nourricier. « Et il disait parfois : "Allons visiter les pauvres de tel pays et faisons-les manger"[67]. »

Le vendredi saint est le jour de la grande « ostension » du roi aumônier :

> Et comme le saint roi alla au jour du Saint Vendredi par les églises, donnant deniers aux pauvres qui venaient à lui, il défendait à ses sergents qu'ils défendissent aux pauvres de s'approcher de lui. Ce faisant, les pauvres poussaient tellement le saint roi qu'ils manquaient de peu de le faire tomber. Et il prenait tout en patience, car bien qu'il fût tout pressé par les pauvres qui le suivaient pour recevoir l'aumône et qui parfois montaient jusque sur ses pieds tant ils étaient nombreux, il ne tolérait pourtant pas que les huissiers et les autres qui étaient autour de lui repoussent les pauvres en arrière[68] [...].

Tournées de charité, tournées d'« ostension » de la personne royale. Dans les palais royaux, particulièrement à Vincennes et, plus encore, dans le palais de la Cité à Paris, il combine la dérobée et la monstrance. Son « hôtel », on le verra, a tendance à devenir une « maison sacrée » pour lui et sa mesnie[69], sa Sainte Chapelle est devenue sa châsse privée pour les reliques de la Passion qu'il a exposées à leur arrivée à Paris, puis qu'il a enfermées dans sa chapelle privée à son propre usage. Mais dans les circonstances exceptionnelles, les reliques sortent en procession pour être montrées au peuple et le jardin du palais est ouvert à ceux qui viennent solliciter la justice personnelle du roi ou pour les grandes fêtes royales.

SAINT LOUIS CALCULATEUR ?

Les rois capétiens font donc progresser l'État monarchique sous le couvert de la féodalité et de la religion. C'est particulièrement vrai de Saint Louis. Sous son règne, l'État s'avance masqué, sous le masque de la sainteté. Signe des temps ou « machiavélisme » avant la lettre du souverain[70] ?

Il y a dans la conduite de Saint Louis un trait exceptionnel si étonnant qu'on peut se demander s'il n'y a pas un « secret » de Saint Louis. En obéissant à des impératifs religieux et moraux, en affirmant ne rien mettre au-dessus des intérêts de Dieu et de la religion, il n'a cessé de servir en même temps les intérêts du pouvoir royal et de la France. Voltaire l'avait compris[71]. Fustel de Coulanges aussi, qui a écrit : « Son habileté, c'est d'être juste[72]. »

En incarnant mieux que ne l'avaient fait ses prédécesseurs le modèle de roi « très-chrétien » *(christianissimus)*, il établit plus fermement l'épithète comme l'attribut naturel du roi de France l'élevant au-dessus des autres rois chrétiens. Il justifie que le roi de France soit appelé par l'Anglais Matthieu Paris « le plus haut et le plus digne des rois terrestres[73] ».

Quand Louis obtient du roi d'Angleterre qu'il lui prête hommage dans le palais de la Cité le 4 décembre 1259, comment démêler dans le geste un grand succès politique de l'expression d'une réconciliation très chrétienne ?

Quand Louis crée, en 1247, les enquêteurs pour

recueillir les plaintes contre les abus et les dénis de justice des officiers royaux, c'est aussi l'image de la justice royale qui s'impose et s'affirme. Quand les baillis royaux dénoncent la politique fiscale des bourgeois qui gouvernent les villes et font porter au peuple l'essentiel du poids des impôts, quand ils accusent d'injustice les « riches hommes », c'est le pouvoir qui s'immisce dans l'administration des « bonnes villes ».

La façon, en particulier, de rendre la justice ou d'établir la paix pour des motifs religieux et moraux explicites fait en même temps progresser le pouvoir et le prestige du souverain et renforcer l'État en construction.

Relisons le fameux passage de Joinville qui rappelle Saint Louis rendant la justice sous un chêne dans le bois royal de Vincennes :

> Maintes fois, il advint qu'en été il allait s'asseoir au bois de Vincennes après sa messe, et s'accotait à un chêne, et nous faisait asseoir autour de lui. Et tous ceux qui avaient affaire venaient lui parler, sans empêchement d'huissier ni d'autres gens. Et alors il leur demandait de sa propre bouche : « Y a-t-il ici quelqu'un qui ait sa partie ? » Et ceux qui avaient leur partie se levaient. Et alors il disait : « Taisez-vous tous, et on vous expédiera l'un après l'autre. » Et alors il appelait monseigneur Pierre de Fontaines et monseigneur Geoffroi de Villette, et disait à l'un d'eux : « Expédiez-moi cette partie[74]. »

Il fait de même au jardin du palais royal à Paris.

> Et il faisait étendre des tapis pour nous asseoir autour de lui ; et tout le peuple qui avait affaire par-devant lui se tenait autour de lui debout. Et alors il les faisait expédier de la manière que je vous ai dite avant pour le bois de Vincennes[75].

Joinville, qui écrit environ quarante ans après ces faits et qui n'aime pas le roi régnant Philippe le Bel (qui avait deux ans quand son grand-père mourut), non plus que le gouvernement dominé par les juristes et par des auxiliaires que nous nommerions bureaucrates, se plaît à souligner la facilité d'accès des plaideurs au roi et sa façon personnelle, directe, de rendre la justice[76]. Mais si Saint Louis laisse venir les plaignants à lui et les écoute, il les envoie, pour rendre la décision, le jugement, aux spécialistes qui l'entourent : Pierre de Fontaines est un juriste célèbre, Geoffroi de Villette un bailli connu. En fait, sous le couvert de cette justice personnelle, Saint Louis met en place la justice royale, met en pratique le grand progrès politique et administratif de son règne, le développement de l'appel au roi, c'est-à-dire une justice royale qui court-circuite les justices seigneuriales, subalternes, locales, privées. Montesquieu l'a écrit : « Saint Louis introduisit l'usage de fausser sans combattre : changement qui fut une espèce de révolution[77]. » L'accroissement du nombre d'affaires à juger qui en résulte requiert davantage de spécialistes de la justice ; pour les cas les plus importants, l'appel se fait de plus en plus à la cour royale en parlement. Saint Louis est encore un roi itinérant, mais sa justice est devenue sédentaire[78].

On a écrit : « L'afflux des procès portés à la cour du roi semble dû à l'influence morale de Saint Louis[79]. » Il faut s'entendre. Il n'existe pas deux mouvements distincts : l'un qui serait un développement institutionnel de la justice royale, l'autre qui répondrait à une préoccupation morale de Saint Louis. Il n'y a pas non plus d'habileté de Saint Louis, car son calcul politique, s'il y en a un, est inséparable de ses motivations religieuses. Saint Louis est tout à la fois un justicier chrétien et le constructeur d'une justice royale, car celle-ci n'est pour lui que l'instrument de son action morale. C'est sans doute cela, le « secret » de Saint Louis : ne pas séparer le politique et l'éthique.

C'est sa grande force. Même la croisade, qu'il a prolongée au-delà de son moment historique, mais qui était encore prestigieuse alors qu'elle commençait à paraître anachronique : bien qu'elle l'ait conduit à un double désastre, elle a enrichi son image et servi le prestige du royaume de France. Elle est encore héroïque avant de devenir seulement utopique. De même que l'aventure arthurienne, lorsqu'elle fut dépassée dans l'esprit du temps, ne put finir que par la mort d'Arthur, la croisade, quand elle sortit de la mentalité commune de l'époque, ne put finir que par une mort héroïque, celle de Saint Louis.

VI

SAINT LOUIS EN FAMILLE

Les hommes ne vivent pas seuls, ceux du Moyen Âge en particulier, et les réseaux de famille et de parenté les enserrent plus encore au sommet de la pyramide sociale qu'à sa base. Leur famille charnelle, celle du sang, est aussi une famille d'alliances où les grands, plus que tout autre, doivent assurer la reproduction, garantir l'assistance mutuelle et faire tout ce qui est possible pour maintenir le rang et accroître le lignage. Ce réseau humain et les devoirs qui lui sont attachés sont plus forts, plus contraignants si le chef doit, à travers son lignage aussi et même d'abord, assurer l'« état royal ». Car ce lignage est supérieur à tous les autres et il est différent d'eux. C'est une dynastie, une « race », comme on disait autrefois, une lignée sacrée. L'amour que Saint Louis doit manifester aux membres de son lignage est auréolé de cette sacralité[1].

LE PÈRE

L'amour se tourne d'abord vers l'amont, vers les parents. Nous ne connaissons pas de propos de Saint Louis sur son père. Dans l'ordonnance royale de

Melun contre les juifs usuriers en 1230, on trouve la mention stéréotypée : « En souvenir de l'illustre roi Louis notre père et de nos ancêtres », et elle vient de la chancellerie royale, non du jeune roi. Les ordonnances postérieures de Louis IX ne mentionneront que « nos ancêtres ». Il est vrai que Louis VIII n'a régné que trois ans, et les ordonnances royales, dont le nombre ne s'accroîtra que sous le règne de Saint Louis, n'ont pas eu le temps d'être nombreuses. Le souvenir de son père sera surtout célébré par l'Église qui lui est reconnaissante de son engagement militaire contre les albigeois et qui, peut-être, ce faisant, reproche discrètement au fils de ne pas montrer un zèle aussi actif contre les hérétiques.

De nombreux textes de la fin du XIIIᵉ siècle se contentent de rappeler le lieu commun : « Tel père, tel fils », que l'idéologie politique applique tout particulièrement aux rois. Ainsi Louis est-il loué comme « successeur des mérites de son père », de « sa piété et de sa foi »[2]. Sans doute, il n'a pas beaucoup connu son père, mort quand il avait douze ans. Jusqu'à sept ans, normalement, un enfant noble vit avec les femmes, et les hommes qu'il voit sont surtout des ecclésiastiques. En outre, Louis VIII a été souvent absent, à la guerre. Il a, avant tout, été un guerrier, et si Saint Louis tiendra vaillamment son rôle de chevalier, de chef de guerre, ce ne sont pas les preux mais les prud'hommes qu'il aimera fréquenter.

LE GRAND-PÈRE

En revanche, il conserve un vif souvenir admiratif de son grand-père, Philippe Auguste, mort quand il avait neuf ans. Saint Louis est le premier roi de France à avoir connu son grand-père. Il l'a connu à l'apogée de sa gloire, après Bouvines, où le roi, à quarante-neuf ans, a fait l'admiration de tous par son engagement au cœur de la bataille et où il a d'ailleurs failli trouver la mort. À cinquante ans, un homme est vieux au Moyen Âge. Philippe Auguste, qui va encore à la chasse, ne va plus à la guerre où il laisse aller son fils héritier. Il s'est réconcilié avec l'Église après la mort d'Agnès de Méran (morte en 1201) et il a libéré en 1213 de son confinement dans un couvent sa seconde épouse légitime, Ingeburg de Danemark.

Le pape Innocent III avait légitimé les enfants que Philippe Auguste avait eus d'Agnès de Méran, dont un fils, Philippe Hurepel, à qui il donna, après Bouvines, le comté de Boulogne. Blanche de Castille (et Louis) ménageront Philippe Hurepel qui ne se joignit pas aux grands vassaux révoltés pendant la minorité de Louis IX[3].

Philippe Auguste n'avait plus commis d'écarts de conduite depuis la naissance d'un fils naturel, en 1209, à qui il donna, par un coup d'audace particulièrement remarquable en faveur d'un bâtard, le prénom de Pierre Charlot, diminutif tout à fait honorifique qui était pour la première fois donné à un fils de roi dans la famille capétienne, s'appropriant enfin le prénom de Charlemagne. Il est vrai que, par son premier mariage avec Isabelle de Hainaut, Philippe Auguste avait pu faire de leur fils, le futur Louis VIII, le premier Capétien descendant réellement en ligne directe — par les femmes il est vrai — du grand empereur. Saint Louis a donc connu un grand-père vieillissant, rangé, qui aimait parler à son petit-fils devenu en 1218, à la mort, à neuf ans, de son frère aîné Philippe, un futur roi de France.

Pourtant, peut-on imaginer deux hommes plus différents que Philippe Auguste et celui qui sera Saint Louis ? L'un guerrier, conquérant, chasseur, bon vivant, aimant les femmes, coléreux, et l'autre, pacifique, même s'il se battait bien quand il le fallait, s'abstenant de la chasse, de la bonne chère, des femmes (sauf la sienne), maîtrisant ses pulsions, dévot et ascète. Mais l'enfant, fier sans doute de l'attention que lui portait le roi son grand-père, impressionné par son prestige et par la façon impérieuse avec laquelle il incarnait la dignité royale, buvait ses paroles et s'en souvint jusqu'à la fin de sa vie. Sous son règne, on rapporte des anecdotes au sujet de Philippe Auguste[4] et lui-même en racontait. Surtout, on a répété des paroles prononcées par son grand-père, à ses proches et même à ses domestiques, et qu'il considérait comme exemplaires[5].

Philippe Auguste est aussi pour lui une référence, une autorité derrière laquelle il lui arrivait de s'abriter.

Dans l'affaire d'Enguerran de Coucy, il rappelle que son grand-père avait confisqué le château d'un noble meurtrier et l'avait fait jeter en prison au Louvre[6]. Dans ses *Enseignements* à son fils, Philippe Auguste est la seule personne qu'il cite. Quand Louis recommande à Philippe de respecter l'Église, même quand les gens d'Église lui font du tort, il rappelle que Philippe Auguste avait dit que pour les grâces reçues de Dieu il préférait accepter les dommages que l'Église pouvait lui faire « plutôt qu'il ne s'élevât discorde entre moi et Sainte Église[7] ». Dans les deux cas, il veut faire passer des aspects contestés de sa propre politique : sa rigueur en justice, sa tolérance — limitée — à l'égard des gens d'Église.

Philippe Auguste est bien pour Saint Louis le modèle vivant du roi de France comme gouverneur du royaume. L'a-t-il vu dans sa gloire de roi mort lorsqu'on l'a transporté de Paris à Saint-Denis dans une litière, le corps revêtu d'un drap d'or, sceptre en main, couronne sur la tête[8] ? C'est peu probable. Mais l'image qu'il a gardée est celle d'un roi prestigieux. Ce qu'il doit au fait d'avoir vu, entendu, touché son grand-père, c'est la perception concrète et charnelle de cette continuité dynastique dont il a hérité, phénomène politique essentiel du XIIIe siècle et l'un des soucis les plus ardents de sa propre conduite politique. Le sentiment familial a toujours été mêlé chez lui au sens politique.

LA MÈRE

Saint Louis, selon l'habitude, depuis Charlemagne, de faire des rois de France de nouveaux rois d'Israël et de Juda, conformément aux correspondances typologiques du Nouveau et de l'Ancien Testament, a été pour ses contemporains instruits un nouveau David, un nouveau Salomon, mais surtout un nouveau Josias[9]. Geoffroy de Beaulieu, dans sa *Vie de Saint Louis*, écrite peu après sa mort, est parti de cette identification pour parler de Blanche de Castille[10]. Une des ressemblances, en effet, entre Louis et Josias, c'est d'avoir eu tous deux une mère remarquable.

> De plus il ne faut pas passer sous silence le nom de la mère de Josias qui s'appelait Ydida, ce qui signifie « Aimée du Seigneur » ou « qui plaît au Seigneur », ce qui convient parfaitement à la très illustre mère de notre roi, madame la reine Blanche, qui fut vraiment

aimée du Seigneur et agréable au Seigneur, et utile et agréable aux hommes[11].

Pour les biographes de Saint Louis, le roi doit une grande partie de ses vertus à sa mère. Sa personne, sa vie, son règne n'auraient pas été sans elle ce qu'ils ont été. On s'attendrait à voir louer en Blanche la femme qu'elle fut. Mais l'essentiel de ses mérites vient d'avoir été semblable à un homme et d'avoir formé un homme, son fils. Femme et enfant, au Moyen Âge, ne peuvent prétendre à la valeur qu'en devenant un homme adulte. Mâle Moyen Âge[12]...

> Sous la sainte éducation et le salutaire enseignement d'une si pieuse mère, notre Louis se mit à manifester dans sa nature d'enfant de belles dispositions et d'excellentes espérances et de jour en jour il grandit en devenant un homme accompli, cherchant le Seigneur, faisant ce qui était droit et agréable à la vue du Seigneur, vraiment tourné vers le Seigneur de tout son cœur, de toute son âme, de toutes ses forces, comme le bon fruit d'un bon arbre[13].

Voici donc réunies les conditions pour qu'un enfant devienne un bon chrétien : avoir un bon naturel — car les dons de nature sont indispensables — et bénéficier d'une bonne éducation. Pas de bons résultats en dehors de cette combinaison de l'inné et de l'acquis. C'est la doctrine des Miroirs des princes, telle que l'ont exposée Jean de Salisbury dans le *Policraticus*, grand inspirateur des clercs de l'entourage de Louis, et Vincent de Beauvais dans le *De eruditione filiorum nobilium* dédié à l'épouse de Saint Louis.

Mais Blanche de Castille a montré d'autres vertus quand son fils est devenu roi à douze ans.

Quand il commença à régner alors qu'il n'avait qu'environ douze ans, la force, le zèle, la rectitude, la puissance avec laquelle sa mère administra, garda et défendit les droits du royaume, ceux qui étaient alors dans l'entourage du roi en sont témoins ; et pourtant, à cette époque, le roi au début de son règne eut des adversaires nombreux et puissants. Mais grâce aux mérites de son innocence et à l'experte prévoyance de sa mère (qui se montra toujours une parfaite *virago*[14] et apportait naturellement à son esprit et à son sexe de femme un cœur d'homme[15]) les fauteurs de troubles du royaume furent confondus et succombèrent et la justice du roi triompha.

Ce qu'était l'amour d'une mère chrétienne, celui de Blanche pour son fils, une anecdote le montre alors. Et Blanche, elle aussi, parle, par l'intermédiaire de son fils, alors que l'histoire nous a légué un Louis VIII muet.

Il ne faut pas passer sous silence l'histoire d'un religieux qui, sur la foi de faux rapporteurs, affirmait avoir entendu dire que monseigneur le roi avant son mariage avait eu des concubines avec qui il péchait quelquefois, sa mère le sachant ou feignant de l'ignorer. Ce religieux, très surpris, en fit reproche à madame la reine. Celle-ci se disculpa humblement de ce mensonge, et elle-même et son fils, et elle ajouta un mot digne de louange. Si le roi son fils, qu'elle aimait plus que toutes les créatures mortelles, était malade et en danger de mort et qu'on lui dise qu'il serait guéri en péchant une seule fois avec une autre femme que la sienne, elle préférerait qu'il mourût plutôt que d'offenser le Créateur en péchant mortellement une seule fois[16].

À ce témoignage sur le rôle d'exceptionnelle mère et éducatrice font officiellement écho Boniface VIII, dans la bulle de canonisation de Saint Louis, et

Guillaume de Saint-Pathus, dans sa *Vie* fondée sur le dossier du procès de canonisation. Le pape déclare :

> Comme il avait douze ans, il fut privé du soutien de son père et resta sous la garde et la direction de Blanche d'illustre mémoire, reine de France, sa mère. Celle-ci, soucieuse avec ferveur des devoirs dus à Dieu, s'attacha à le diriger avec sagesse et à l'instruire avec diligence pour qu'il puisse se montrer digne, convenable et propre à gouverner le royaume qui réclamait, comme elle le lui avait appris, la prévoyance de sa direction[17].

Voilà la leçon fondamentale de Blanche à son fils qu'il n'oubliera pas et mettra magistralement en œuvre : ne pas séparer le service de Dieu et le gouvernement du royaume. L'obéissance à Dieu et l'intérêt du royaume ne sont qu'un seul et même devoir. Ils vont ensemble, ils doivent aller ensemble. Dévotion et habileté politique ne font qu'un[18].

Même évocation chez Guillaume de Saint-Pathus :

> Il eut pour mère l'honorable reine Blanche, qui, après la mort de son seigneur, éleva religieusement son fils qui commença à régner à l'âge de douze ans ; elle prit courage d'homme en cœur de femme et administra vigoureusement, sagement, puissamment et droiturièrement et garda les droits du royaume et le défendit contre plusieurs adversaires par sa bonne prévoyance[19].

Son dévot fils rappelait souvent son souvenir, et Guillaume reprend le récit de Saint Louis, racontant que sa mère aurait préféré le savoir mort plutôt que péchant mortellement.

Blanche était née en 1188. Elle était la fille du roi Alphonse VIII de Castille et d'Aliénor d'Angleterre.

Elle épousa à l'âge de douze ans Louis, fils aîné et héritier de Philippe Auguste en 1200, mariage conclu dans l'espoir qu'il scellerait la paix entre le roi de France et le roi d'Angleterre, ce qui ne fut pas le cas. Elle lui donna onze ou douze enfants dont trois ou quatre morts en bas âge, l'aîné Philippe, mort à neuf ans en 1218, Jean, mort à treize ans en 1232, Philippe Dagobert mort à sept ans en 1232 également. Restaient avec Louis, nés après lui, Robert, Alphonse, Isabelle et Charles.

Ces prénoms correspondaient à la politique dynastique en la matière. L'aîné, Philippe, le prénom du grand-père ; Louis, celui de son père ; Robert était dans la ligne des Robertiens, ancêtres des Capétiens et de Robert le Pieux, le deuxième roi capétien ; Alphonse fut nommé en hommage au grand-père espagnol ; Philippe Dagobert réunit le prénom du grand-père et celui d'un Mérovingien (auquel Saint Louis fit construire un nouveau tombeau à Saint-Denis) ; Charles introduisit définitivement le prénom de Charlemagne dans la famille capétienne ; et la seule fille survivante, Isabelle, porta le nom de sa grand-mère, Isabelle de Hainaut, première épouse de son grand-père, Philippe Auguste, et mère de son père Louis VIII.

À la mort prématurée de son époux, Louis VIII, Blanche est devenue tutrice de son fils de douze ans, le futur Saint Louis, et régente du royaume, non sans doute, comme on le dit alors, par la volonté de Louis VIII sur son lit de mort mais, comme on en a fait l'hypothèse, parce qu'elle a été choisie par les conseillers de son époux, anciens conseillers de Philippe Auguste, présents au chevet de Louis VIII au moment de sa mort, qu'ils aient ou non décelé les grandes qualités qu'elle allait aussitôt démontrer[20].

Elle héritait d'une situation difficile. Son fils mineur était menacé par la révolte latente de plusieurs grands vassaux. Elle était probablement enceinte de son dernier fils Charles. Elle était étrangère. Il ne faisait pas bon, en général, pour une reine au Moyen Âge et notamment en France d'être étrangère. Déjà, au XIe siècle, Constance d'Arles (ou de Provence), fille du comte de Toulouse, troisième femme de Robert le Pieux, avait eu à subir l'hostilité d'une cour de Français d'Île-de-France, de langue d'oui, à l'égard d'une princesse méridionale, de langue d'oc.

Castillane, elle l'était en effet par sa naissance et par son apparence, car de son aspect physique nous ne savons qu'une chose, c'est qu'on la disait « castillane », ce qui signifie que ses cheveux étaient très noirs[21]. Peut-être aussi avait-elle cette dévotion ardente, spectaculaire, qu'elle légua à son fils (bien que cette tradition de dévotion fût aussi capétienne, celle en particulier de son très pieux ancêtre Louis VII) et qui fut celle de son neveu, le roi de Castille Ferdinand III, dont la réputation de sainteté ne devait être sanctionnée par une canonisation qu'au XVIIe siècle.

Elle n'a pas eu seulement la tâche difficile de faire de son fils un roi aussi parfait que possible (car elle le programma pour qu'il fût un roi chrétien idéal, sinon un saint[22]), de tenir tête à la révolte des grands vassaux et de faire face à la menace des Anglais désireux de recouvrer les possessions perdues sous Philippe Auguste, d'administrer le royaume de France sans les conseillers disparus de Philippe Auguste, elle a été aussi en butte aux pires calomnies. On l'a accusée d'être la maîtresse du comte Thibaud IV de Champagne et, surtout, du légat pontifical le cardinal Romain de Saint-Ange (Romain Frangipani).

Forte, courageuse, autoritaire, elle a tenu tête et triomphé. Trop autoritaire même parfois, elle a failli, par son entêtement, faire perdre à Paris son université lors de la grande grève de 1229-1231. Elle n'a cédé alors, après une longue résistance, qu'aux instances du légat et peut-être du jeune roi, son fils.

Dans ces dures années se noua un lien intime et profond entre la mère et le fils. Au lendemain même de la mort de Louis VIII, elle emmena l'enfant pour être sacré à Reims dans un voyage en charrette pénible et risqué dont une miniature du début du XIVe siècle nous a laissé l'image[23]. Louis a gardé le souvenir de sa mère et lui pleins de crainte, terrés dans le château de Montlhéry, jusqu'à ce que les Parisiens en armes viennent les chercher et les raccompagnent jusqu'à la capitale au milieu des encouragements du peuple se pressant sur leur passage[24]. De tels souvenirs créent des liens indissolubles. Ils renforcèrent l'éducation assidue donnée par Blanche à son fils, et firent accepter la pratique de confier le gouvernement du royaume à la mère, en accord avec son fils.

Ainsi a débuté l'histoire singulière, unique dans les annales de la France, d'un tel amour entre un roi et sa mère ; d'une telle puissance, aussi, de la mère, même après la majorité de son fils. On peut caractériser cette situation exceptionnelle comme une coroyauté[25]. Sans doute, à partir de ses vingt ans et de son mariage en 1234, Louis est pleinement roi et gouverne la France, mais le nom de sa mère continue de figurer, sur le même plan, dans beaucoup d'actes officiels. À la tête de la France, entre 1226 et 1252, il y a « le roi Louis et la reine Blanche ». Ici encore, je crois que Louis concilie sans état d'âme la volonté qu'il a d'accomplir parfaitement son métier de roi, de remplir sa fonction royale. Car il n'est pas seulement imbu de son devoir, il est, lui aussi, autoritaire, malgré son respect, son amour pour sa mère qu'il accepte dans ce rôle de cosouveraine. Dans le couple, les deux caractères sont également forts, les deux têtes également passionnées pour le bien du royaume. Mais Saint Louis aime suffisamment sa mère, estime assez l'importance de ses conseils, il a assez de reconnaissance à l'égard de ce qu'elle a fait pour lui et pour le royaume pour accepter sans peine cette sorte de cogouvernement. Et elle aime assez son fils, elle a assez de confiance et d'admiration pour lui, elle est suffisamment convaincue que le roi est le monarque, la tête, pour qu'elle n'abuse pas de l'apparence et de la réalité du pouvoir qu'il lui laisse. Image idéalisée d'un couple surprenant. Il est remarquable que nous n'ayons pas de trace de désaccord entre eux. Peut-être Blanche a-t-elle été un peu plus indulgente que Louis à l'égard du peu sûr Raimond VII, comte de Toulouse ? Cela même n'est pas certain.

En une occasion seulement, l'affrontement est terrible et c'est Blanche qui cède, quand Louis décide de partir à la croisade. C'est en 1244[26]. Le roi est à l'article de la mort, il a perdu l'usage de la parole. Soudain, un jour, il ressuscite et fait presque aussitôt vœu de croisade. On vient l'annoncer à Blanche.

> Alors la reine sa mère ouït dire que la parole lui était revenue, et elle en montra aussi grande joie qu'elle put. Et quand elle sut qu'il était croisé, ainsi que lui-même le contait, elle montra aussi grand deuil que si elle l'eût vu mort[27].

Pourquoi cette douleur si grande et si spectaculaire ? Deux angoisses très fortes s'unissent en elle. L'une, c'est tout simplement, elle l'avoue, son amour maternel. Reverra-t-elle jamais son fils tant aimé ? De fait, elle ne le reverra pas. Pressentiment normal, tant il est vrai qu'à cinquante-six ans elle approche de l'âge périlleux. Et le roi lui-même est un malade, un homme souffrant[28]. Supportera-t-il les épreuves d'une croisade ? Et, comme toujours, le calcul politique se mêle aux sentiments. L'éloignement d'une croisade est-il compatible avec « les devoirs du souverain et les obligations que lui impose le salut du royaume » ? Ce n'est pas seulement le souvenir des difficultés « féodales » de la minorité de Louis qui l'anime, c'est davantage encore le sentiment que la complexité croissante de l'administration royale, la priorité de la paix intérieure et de la prospérité du royaume sur les expéditions militaires et les conquêtes qui caractérisent cette phase de construction de l'État monarchique réclament la présence du roi dans son royaume. D'instinct et instruite par l'expérience du gouvernement, elle a mieux compris que Louis l'évolution des structures politiques de son temps.

Rien n'y fait. Louis a décidé de se croiser et s'obstine. On voit que lorsque quelque chose lui tient vraiment à cœur, c'est lui qui décide. Et lui, pour apaiser sa conscience de roi, trouve une justification. C'est Blanche précisément. Elle a montré son énergie, son savoir-faire. Elle n'a jamais vraiment quitté les affaires. Elle sera à nouveau régente et cela le rassure.

C'est ici que prend place la cérémonie par excellence du couple royal. Le dimanche 26 avril 1248, le dimanche de la Quasimodo, à la veille de partir pour la croisade, Saint Louis inaugure la Sainte-Chapelle. Avec sa mère. C'est la première et la dernière fois qu'ils participeront ensemble à une cérémonie dans la Sainte-Chapelle.

Au printemps de 1253, Saint Louis qui est à Sidon apprend la mort de sa mère plusieurs mois plus tôt, le 27 novembre 1252. Louis se voue alors à un deuil d'une intensité et d'une théâtralité étonnante qui fait l'admiration de tous, mais soulève par son caractère excessif la réprobation de certains. C'est le cas de Joinville, qui oublie son admiration pour le roi et le respect qu'il lui porte. Jamais il n'a vu le roi aussi loin de la mesure à laquelle il veut toujours se conformer. La scène a frappé les contemporains et le récit en a été largement diffusé. Celui de Joinville, que je rappelle, est le plus vivant.

> À Sayette arriva au roi la nouvelle que sa mère était morte. Il en montra si grand deuil, que de deux jours on ne put jamais lui parler. Après cela, il m'envoya quérir par un valet de chambre. Quand je vins devant lui en sa chambre, là où il était seul, et qu'il me vit, il étendit les bras[29] et me dit : « Ah sénéchal, j'ai perdu ma mère. » « Sire, je ne m'en étonne pas, fis-je, car elle devait mourir ; mais je m'étonne que vous, qui êtes un homme sage, ayez montré si grand deuil ; car vous savez que le sage dit que quelque chagrin que l'homme ait au cœur, rien ne doit lui paraître au visage ; car celui qui le fait, en rend ses ennemis joyeux et en chagrine ses amis. » Il lui fit faire beaucoup de beaux services outre-mer ; et après il envoya en France un sommier chargé de lettres de prières pour les églises, afin qu'elles priassent pour elle[30].

Si Joinville n'avait pas écrit ses souvenirs de Saint Louis, on aurait conservé de Blanche de Castille l'image d'une femme forte et pieuse, qui avait beaucoup aimé son mari et ses enfants, surtout le roi son fils et qui, comme l'ont écrit les biographes de Saint Louis que je viens de citer, cherchait toujours le bien et faisait toujours le bien. Mais Joinville était là et il a raconté.

> Les duretés que la reine Blanche fit à la reine Marguerite furent telles, que la reine Blanche ne voulait pas souffrir, autant qu'elle le pouvait, que son fils fût

en la compagnie de sa femme, si ce n'est le soir quand il allait coucher avec elle. L'hôtel là où il plaisait le plus de demeurer, pour le roi et la reine, c'était à Pontoise, parce que la chambre du roi était au-dessus, et la chambre de la reine au-dessous. [...] Et ils avaient accordé leurs affaires ainsi, qu'ils tenaient leur parlement en un escalier à vis qui descendait d'une chambre en l'autre. Et ils avaient leurs affaires arrangées ainsi, que quand les huissiers voyaient venir la reine en la chambre du roi son fils, ils frappaient la porte de leur verge, et le roi s'en venait courant en sa chambre, pour que sa mère l'y trouvât ; et ainsi faisaient à leur tour les huissiers de la chambre de la reine Marguerite quand la reine Blanche y venait, pour qu'elle y trouvât la reine Marguerite[31].

Voici donc portées au paroxysme les relations typiques entre une belle-mère, mère possessive, et sa bru. Joinville est scandalisé par ce qu'il vient de raconter. Mais il reste, consciemment ou inconsciemment, un certain humour dans cette histoire tragi-comique.

Il n'y en a plus du tout dans l'histoire suivante :

> Une fois le roi était auprès de la reine sa femme, et elle était en grand péril de mort, parce qu'elle était blessée d'un enfant qu'elle avait eu. La reine Blanche vint là, et prit son fils par la main, et lui dit : « Venez vous-en, vous ne faites rien ici. » Quand la reine Marguerite vit que la mère emmenait le roi, elle s'écria : « Hélas, vous ne me laisserez voir mon seigneur ni morte ni vive. » Et alors elle se pâma, et l'on pensa qu'elle était morte ; et le roi qui pensa qu'elle se mourait, revint ; et à grand peine on la remit en état[32].

Saint Louis ne fait pas mieux ici que les fils qui se cachent pour ne pas obéir à une terrible mère. Heureusement, dans la pénible scène de l'accouchement de son épouse, Saint Louis se ressaisit, un peu tard et encore ne le fait-il que lorsque sa mère est déjà partie. Quant à celle-ci, agressive et insupportable dans l'anecdote précédente, elle est ici méchante, franchement odieuse. Saint Louis n'était pas parfait. Blanche de Castille l'était moins encore.

FRÈRES ET SŒURS

Après les ascendants, le lignage nous conduit non directement aux descendants, aux enfants, mais à ces collatéraux particuliers que sont, surtout dans le cas de Saint Louis, les frères et les sœurs.

Si la disparition de ceux qui sont morts en bas âge ou très jeunes a affecté Saint Louis, nous n'en savons rien. Ils n'ont laissé d'autre trace notable dans l'histoire que celle d'avoir abandonné la première place à Louis et d'avoir enrichi ou modifié des héritages.

Restent les survivants. Trois frères, puis deux : Robert, l'aîné, né en 1216, tué en Égypte à la bataille de la Mansourah en 1250 ; Alphonse, né en 1220, qui mourra en Italie au retour de la croisade de Tunis en 1271 ; Charles, né en 1226 (plus probablement qu'en 1227), qui deviendra roi de Naples et de Sicile en 1266 et mourra en 1285, après avoir perdu la Sicile en 1282, lors du soulèvement des Vêpres siciliennes qui profite aux Aragonais.

Ces frères, il faut les prendre ensemble. D'abord parce qu'ils constituent, en vertu d'une décision de leur père, le groupe des princes fils de roi qui ont reçu une seigneurie spéciale prise sur le domaine royal, un apanage[33]. Saint Louis respecte la volonté de son père, mais c'est lui qui l'exécute comme une décision propre. Quand ses frères ont successivement vingt ans, il les adoube et les met en possession de leur apanage : « Les apanages apparaissent comme une institution familiale, non royale[34]. » Mais il convient d'ajouter aussitôt : « mais dont le chef de famille n'oublie pas qu'il est le roi ». Il renouvelle très strictement les conditions de possession de l'apanage qui, notamment, doit revenir au domaine royal en cas de mort de l'apanagé sans héritier direct, ce qui sera le cas d'Alphonse[35].

Rappelons que la politique des apanages systématisée par Louis VIII n'a pas été cet instrument de démembrement du royaume qu'elle manquera de devenir à la fin du XIVᵉ siècle, quand l'avidité des oncles de Charles VI sera près de mettre à mal l'État monarchique, pourtant plus avancé qu'au siècle précédent. Elle a été, au contraire, le moyen bien adapté d'éviter les conflits entre frères, entre pères et fils, qui avaient déchiré l'Angleterre. Elle exprime la tradition toujours vivante de considérer le domaine royal comme la *terre* de la famille royale, dont chaque fils de roi hérite d'une *portion* à la mort de son père. Mais une pratique prudente assortie de clauses restrictives doit empêcher le morcellement du royaume et préserver les droits et l'autorité du roi[36]. Les apanages ont été la base matérielle et psychologique de l'entente entre Saint Louis et ses frères. Et, comme toujours, Louis, habile et bon à la fois, a fait le reste.

Le groupe de frères ne se divise pas entre le roi d'un côté, les frères de l'autre. Le roi en fait partie, même s'il garde par ailleurs sa prééminence. Égal et inégal à la fois : c'est là une structure fondamentale de la société féodale médiévale[37]. La réalité de ce groupe s'est manifestée en plusieurs occasions importantes. Dans le traité de 1259, il est spécifié que les frères de Louis n'auront pas à rendre hommage au roi d'Angleterre pour les terres qu'ils tiennent de lui. Lorsque Alphonse et Charles, après le désastre d'Égypte, alors que Louis demeure en Terre sainte, rentrent en France, ils y assument officiellement la régence : « C'est la première fois, dans la famille capétienne, que le rôle est confié à des cadets » (A. Lewis). Dès la mort de son père, Philippe III l'imite. À Carthage, environné de cadavres, dont celui de son père et de son frère Jean Tristan, c'est son frère Pierre, âgé alors de dix-neuf ans, qu'il désigne comme régent au cas où il mourrait avant la majorité de son fils héritier. Le simple apparat extérieur individualise le groupe des frères. Les puînés portent souvent des couronnes et des diadèmes assez semblables à la couronne royale. Et tous adoptent depuis Philippe Hurepel les fleurs de lys comme symbole dynastique.

Les femmes bénéficient aussi de cette promotion, car Louis a tendance, en certaines occasions, à faire se montrer l'ensemble de la famille royale. Ses sentiments le portent à ces manifestations où se mêlent le lignage, la famille du sang et la famille du pouvoir.

Les croisades sont ainsi pour lui des expéditions familiales. En 1248, il part avec ses trois frères et la reine — la présence de celle-ci s'explique parce que le roi est jeune (il a trente-quatre ans), a besoin de sa femme d'autant plus que la dynastie n'est pas encore assurée. Marguerite, pendant les six ans passés en Orient, aura trois enfants : Jean Tristan (1250), Pierre (1251), Blanche (1253).

En 1270, Alphonse et sa femme, ses trois fils aînés survivants dont l'héritier, Philippe, Jean Tristan et Pierre le suivent. Son frère Charles d'Anjou, roi de Naples, le rejoindra. Dans la lettre qu'il envoie en France de Carthage, un mois avant sa mort, le 25 juillet 1270, il souligne la présence dans le camp des croisés de sa bru, la femme de « notre fils premier-né Philippe » *(primogeniti nostri Philippi)*[38].

Il est très attentif, d'autant plus que ces cérémonies sont antérieures à son changement de conduite après la croisade, à l'éclat des fêtes qui marquent l'adoubement de ses frères qui est aussi l'âge de leur majorité (vingt ans) et l'entrée en possession de leur apanage.

Et puis les frères de Louis commencent à se prévaloir d'un état qui va devenir un titre : « fils de roi » et plus précisément « fils de roi de France », parfois raccourci en « fils de France », car seuls pourront au XIVe siècle se dire « de France » les enfants d'un roi[39]. Je ne crois pas que sous Saint Louis apparaisse déjà l'institution des « princes du sang ». Mais « fils de roi de France » est un des signes importants du renforcement de l'idée dynastique et en même temps « nationale ». L'idée peut même s'exprimer sous la forme de « frère du roi de France ». Le roi manie lui-même ce titre avec une grande habileté politique. On a vu comment il le jette à la face du pape pour rejeter une proposition de couronne impériale en faveur de son frère Robert[40].

À cette solidarité lignagère et dynastique des frères, Louis ajoute, comme souvent, le lien de l'amour fraternel qui semble avoir été vif et réciproque. Dans sa déposition au procès de canonisation de son frère, Charles d'Anjou, qui parle aussi, il est vrai, dans son propre intérêt, magnifie l'arbre des frères : « La racine sainte a produit de saints rameaux, non seulement le saint roi, mais aussi le comte d'Artois, glorieux martyr, et le comte de Poitiers, martyr par l'intention[41]. »

Sévèrement instruits par une mère pour qui la sexualité hors mariage était le pire des péchés mortels, les quatre frères eurent une réputation d'absolue chasteté dans le mariage. Charles d'Anjou jurera qu'à sa connaissance ni Robert ni Alphonse n'avaient jamais commis de péché mortel et lui-même a bénéficié de cette réputation[42].

Il reste que les frères étaient fort différents les uns des autres comme l'ont été les relations qui les ont unis à Louis.

Robert est le frère chéri. Deux années seulement les séparent, ils ont été élevés ensemble. C'est le frère compagnon. Robert est un brillant chevalier. Peut-être éblouit-il Louis pour cette conduite chevaleresque à l'égard de laquelle il éprouve à la fois réserve — car elle n'est pas raisonnée et relève même quelque peu d'un autre âge — et fascination. C'est un prince puissant. Son père lui avait destiné en apanage l'Artois, que Saint Louis lui remit à son adoubement, où l'on fêta aussi son mariage avec Mathilde de Brabant, qui fit de lui le cousin de l'empereur Frédéric II, le beau-frère du futur duc de Brabant, celui du landgrave de Thuringe et du duc de Bavière. Il est ainsi devenu « un personnage bien introduit en terre d'Empire[43] ». Saint Louis y a ajouté en dons Hesdin, Lens et Bapaume, échangés contre d'autres terres avec leur mère. Il lui donne, de plus, la châtellenie de Poissy, son lieu de naissance. Mais Louis n'a pas voulu s'engager en direction de l'Empire. Il a, comme on a vu, un œil vers l'ouest et les rapports avec l'Angleterre, l'autre vers la Méditerranée. Robert n'a pas toujours eu, de son vivant, bonne réputation. Matthieu Paris, qui ménage Saint Louis, n'est pas tendre pour son frère. Il l'accuse de s'être mal conduit à la croisade, d'avoir montré de la superbe à l'égard des autres chevaliers croisés, en particulier les Anglais, et de s'être conduit comme un lâche sur le champ de bataille : il a été tué non en combattant mais durant sa fuite[44].

En tout cas, par son indiscipline et son manque de réflexion, Robert semble bien avoir été à l'origine du désastre en se lançant prématurément et inconsidérément sur les musulmans.

Mais Louis ne voulut rien savoir. Il ne cessera jusqu'à sa mort de considérer Robert comme un martyr (leur frère Charles aussi, on l'a vu) et de réclamer à la papauté la reconnaissance de son martyre. En vain.

Alphonse est le second frère. Il fit le plus bel héritage. En exécution de la décision de Louis VIII, il reçut à son adoubement, en 1241, le Poitou et l'Auvergne, acquis de la croisade des albigeois, il fut fiancé, en 1229, à Jeanne de Toulouse, fille du comte Raimond VII. À la mort de celui-ci, en 1249, alors qu'il est en Orient, Blanche de Castille et les représentants d'Alphonse prennent sans difficulté possession pour lui des vastes domaines languedociens de son beau-père. Il devint ainsi « le plus grand des féodaux du royaume[45] ». Saint Louis avait tenu à le faire délivrer au plus vite de sa captivité par les musulmans qui le firent aussi prisonnier et le relâchèrent, la rançon payée, peu après son frère. En 1251, il rentra avec leur plus jeune frère, Charles, pour s'occuper du royaume et aussi de ses terres. Mais peu après son retour, il fut frappé de paralysie. Aussi bien soigné qu'on pouvait l'être à l'époque, ayant, en particulier, bénéficié des soins d'un célèbre médecin juif, il récupéra une partie de ses moyens, mais restera jusqu'à la fin de sa vie un malade qui vécut surtout à Paris ou, plus encore, aux environs. Il se fit construire près du Louvre un palais connu sous le nom d'hôtel d'Autriche (ou de l'Autriche), déformation pour « de l'hôte riche ». Mais, souvent de loin, il administre remarquablement ses terres. On a parfois vu en lui l'administrateur progressiste que le roi lui-même aurait imité dans son domaine et dans le royaume. Mais cette impression vient peut-être de ce que la documentation administrative est très riche pour le domaine d'Alphonse, ce qui s'explique à la fois par les traditions écrites de la France méridionale et par la perte quasi totale de la comptabilité royale dans un incendie au XVIIIe siècle. Ces archives nous font voir Alphonse à la tête de nombreux et, semble-t-il, compétents officiers assurer la frappe et la circulation des monnaies, la bonne marche des finances, la juste exécution de la justice, maintenir sans conflits majeurs son autorité à l'égard des « trois ordres », favoriser le développement économique et la diffusion du droit romain bien enraciné dans le Midi. C'est un frère sans histoire, fidèle, qui fait progresser sans éclats, par évolution parallèle plus que par assimilation, l'insertion de la France du Midi dans le royaume[46]. Rutebeuf a écrit un poème à la louange d'Alphonse de Poitiers, *La Complainte du comte de Poitiers*. On croirait entendre parler de Saint Louis, tant un modèle unique des frères semble s'être imposé[47]. « Il a tenu sa terre en paix [...], il aime Dieu parfaitement et honore la Sainte Église [...], il aime les ordres religieux, il fut un miroir de chevalerie [...], il aimait les pauvres, faisait largesses [...] justicier sévère [...] il n'eut que maladies et souffrances, mais la santé de son âme en fut affermie. » Le poème l'associe d'ailleurs, à plusieurs reprises, à son frère, dans cette litanie de lieux communs d'éloge funèbre qui semble bien refléter l'image laissée par Alphonse.

Malgré son état de santé (sa belle-sœur la reine Marguerite s'en informait quand elle lui écrivait), il part avec Saint Louis pour la croisade de Tunis. Depuis longtemps animé d'une ferveur personnelle pour la croisade, il s'efforcera, à son retour en Italie, d'en remettre une nouvelle sur pied, en particulier en achetant des bateaux aux Génois. Il est en Ligurie, à Savone, quand il tombe malade et meurt un an après son frère (21 août 1271). Sa femme le suit le lendemain dans la mort. Ils n'ont pas d'enfant. Tant aussi bien en vertu de la règle des apanages qu'en exécution du traité de Paris de 1229, leurs terres reviendront directement à la Couronne. Saint Louis a, grâce à son frère Alphonse, mais aussi en dehors de lui, accueilli la France d'oc dans le royaume de France.

On ignore tout des sentiments de Saint Louis à l'égard du Midi. Il a été, comme on a vu, soucieux de bien administrer les sénéchaussées de Beaucaire et de Béziers qui relevaient directement de lui, et de construire et développer le port d'Aigues-Mortes, le seul port royal français sur la Méditerranée. Il a pris les conseils de juristes du Midi, férus de droit romain mais aussi de droit coutumier, avant de prendre ceux des juristes formés à l'université d'Orléans. Il a laissé ou fait réprimer durement les révoltes comme celle de Raymond Trencavel en 1240. Il a fait échec aux velléités du comte de Toulouse, Raimond VII, souvent porté à favoriser les Anglais ou les cathares. Il a laissé son frère Alphonse gouverner le Midi, non pas tellement à l'imitation de la France du Nord que sur un modèle administratif qui s'imposait au Nord comme au Midi. Il n'a pas cherché à détruire une culture occitane qui n'a jamais eu de vraies dimensions politiques et qui s'essouffle d'elle-même. La phase la plus brutale avait eu lieu sous son grand-père et surtout sous son père, qui s'était fait le bras séculier de l'Église dans une croisade qu'il avait voulue et dirigée et largement ouverte à une soldatesque du Nord. Le dernier épisode fut la prise de Montségur, menée par un bailli royal et terminée par un bûcher de cathares (1244). Cette opération cruelle visait non des Occitans, mais des rebelles et, surtout, des hérétiques.

Il faudrait sans doute reprendre ce dossier avec autant de sérénité et d'objectivité que possible, en écartant aussi bien les mythes occitanistes, souvent anachroniques en perspective historique, que les passions jacobines, pour lesquelles l'unification et la centralisation excusent tous les crimes.

Si Saint Louis n'a pas été le bienfaiteur particulier de la France méridionale, il n'en a pas été, ni consciemment ni inconsciemment, le bourreau[48].

Le plus jeune frère, Charles, qui a douze ou treize ans de moins que Louis, est le plus turbulent — non sans talent. Il appartient plutôt à l'histoire de l'Italie qu'à celle de la France. Parvenu à l'année 1264, Guillaume de Nangis, dans sa *Vie de Saint Louis*, consacre de longues pages à celui qui est devenu roi de Sicile. Je ne le suivrai pas sur ce terrain.

Charles est né juste avant ou, plus probablement, peu après la mort du père. Louis conserve pour lui un mélange d'indulgence et d'agacement dû, vraisemblablement, autant à sa conduite qu'à sa situation au bout de la chaîne des fils. Je ne risque pas seulement ces hypothèses « psychologiques » parce que les documents les suggèrent, mais parce que, dans une famille royale au XIIIe siècle, relations humaines et stratégies dynastiques sont étroitement mêlées. En 1245, quand Charles a dix-neuf ans, des Aragonais entrent en Provence, dont le comte vient de mourir et dont le roi d'Aragon convoite la dernière fille pour son fils, et il est envoyé auprès de l'archevêque de Lyon, Philippe de Savoie, que Saint Louis vient sans doute de rencontrer en rendant visite au pape à Lyon à l'occasion du concile, pour conduire, afin de repousser les Aragonais, une petite armée avec l'archevêque, beau-frère du comte de Provence, lui-même beau-père de Saint Louis. Les Aragonais se retirent et Charles obtient en mariage la plus jeune fille du comte de Provence, Béatrice, princesse fort recherchée, qu'il épouse en 1246. C'est la sœur de la reine Marguerite, épouse de son frère le roi Louis. Il devient, en plus de son apanage d'Anjou et du Maine dont il est investi la même année, comte de Provence.

Si Alphonse prend aisément possession de l'héritage de son beau-père, il n'en va pas de même pour Charles d'Anjou. Il doit faire face à un soulèvement de seigneurs et de villes, qui reprend de plus belle pendant son séjour à la croisade auprès de son frère. À son retour, il aura beaucoup de mal à ramener à la raison les révoltés, auxquels il impose un viguier comtal, à Arles et à Avignon en 1251, à Tarascon en 1256 et, finalement, en 1257 à Marseille, qui se révoltera encore.

L'histoire de l'Italie du Sud après la mort de Frédéric II, empereur d'Allemagne et roi de Naples et de Sicile, est très complexe[49]. Les papes successifs, estimant avoir un droit éminent sur le royaume de Sicile, veulent le donner à un prince chrétien de leur choix à la place de Manfred, fils naturel de Frédéric II, qui s'était emparé de l'héritage italien de son père. Charles d'Anjou est l'un des candidats possibles. En mai 1263, Louis, qui avait jusqu'alors retenu son frère, se décide à accepter la proposition, renouvelée par le pape, et Charles, qui pour des raisons aussi bien politiques que morales avait attendu la décision de son frère, fait connaître son acceptation au pape.

Le nouveau pape élu en 1264, Clément IV, est Guy Foulcois, ancien conseiller de Saint Louis. Il presse les choses. Le roi mène toute l'affaire pour son frère.

Le 28 juin 1265, le pape donne à Charles, à Rome, la couronne de Sicile.

Louis tente de réunir toutes les conditions pour engager une de ces guerres dont il dénonce la malfaisance parce qu'elle est source de péchés et dont il recule l'accomplissement jusqu'à l'épuisement de tous les moyens pacifiques. Il souligne que la décision du pape est conforme au droit féodal, car il est suzerain du royaume de Sicile. L'alliance de Manfred avec des musulmans justifie plus encore que ses attaques contre le Saint Siège le caractère de croisade de la guerre qui lui est déclarée. Une dernière démarche est faite auprès de Manfred qui pourrait encore se sauver en acceptant une campagne avec l'empereur latin, chassé de Constantinople, contre l'Empereur byzantin reconquérant de sa capitale. Louis pense visiblement à l'intérêt d'une Sicile alliée au reste de la Chrétienté comme base d'opération en direction de Constantinople ou de la Terre sainte menacée. Manfred refuse.

Louis donne alors le feu vert à son frère. Charles d'Anjou conquiert son royaume dans la seule bataille de Bénévent, le 26 février 1266, où Manfred est tué. Mais Conradin, fils de Conrad et petit-fils de Frédéric II, descend en Italie à l'âge de quinze ans. Il se heurte à Charles à Tagliacozzo, le 22 août 1268, et est écrasé. Ainsi commence la dynastie angevine française de Naples.

Charles retrouve très vite son frère à l'occasion de la fatale croisade de Tunis en 1270[50]. On a fait l'hypothèse que c'était Charles qui, maître de la Sicile, avait poussé le roi de France à débarquer en Tunisie. Je ne le crois pas, car il semble bien que Charles, qui a depuis toujours des rêves impériaux, pensait surtout à la reconquête de Constantinople, repris par les Grecs aux Latins. Je me demande si ce n'est pas

Louis, au contraire, qui a finalement poussé son frère à la conquête du royaume de Naples et de Sicile pour en faire une base au débarquement auquel il pense depuis qu'il envisage une nouvelle croisade.

Charles, bien sûr, se croise par solidarité avec son frère. Il arrive quand Louis vient d'expirer. Il se jette en larmes aux pieds du cadavre. Puis il se ressaisit, se comporte en chef de l'armée, décide le retrait, négocie avec les musulmans une retraite honorable. Il tente d'obtenir de son neveu, le nouveau roi de France, Philippe III, les restes de son frère qui deviendront des reliques, mais ne reçoit que les entrailles, qu'il emmène dans son église de Monreale, près de Palerme.

Nous attachant à Saint Louis, nous ne retrouvons Charles qu'en 1282, quand il déposera en faveur de la sainteté de son frère à son procès en canonisation.

Il a parfois irrité Louis. Pendant les six jours où le roi, libéré en Égypte, fait voile vers Acre, il se plaint de son frère à Joinville et se met, comme on a vu, en colère contre lui qui, à peine libéré, joue aux dés[51]. Charles est aussi celui qui a mis le saint roi en colère : ainsi, dans l'affaire importante et embrouillée de la succession de Flandre[52].

Un frère, décidément, bien encombrant.

LA SŒUR

Telle n'est pas la conduite de l'unique sœur survivante, Isabelle, née en 1223. Selon la règle des apanages, les filles royales ne reçoivent pas de terres, mais de l'argent. C'est le cas d'Isabelle. Elle a de quoi vivre, à la cour, humblement et modestement. Elle aime son frère, vit comme lui — la pompe royale mise à part —, s'entend bien avec la reine, sa belle-sœur. On a voulu la faire entrer dans le manège des mariages des filles de roi, enjeu diplomatique et politique. Enfant, elle a été « fiancée » au fils de Hugues le Brun de Lusignan, comte de la Marche, le principal conjuré contre Saint Louis mineur. Le projet a fait long feu. À vingt ans, elle a eu un beau parti. L'empereur Frédéric II l'a voulue pour son fils Conrad. Majeure, elle a refusé. Elle ne veut pas se marier. Saint Louis ne l'y force pas. Elle souhaite vivre vierge, sans doute, parmi les siens, mais dans la dévotion et même l'ascétisme. Son royal frère l'aime et l'admire. En 1245, elle l'accompagne avec leur mère Blanche de Castille et leur frère Robert à Cluny pour y rencontrer le pape Innocent IV. Elle ne refuse donc pas de participer à ces voyages en famille qu'affectionne Louis, quand c'est pour aller en un lieu aussi saint rencontrer un aussi religieux personnage. Lieu bien éclatant et personnage bien prestigieux, sans doute, mais elle respecte le faste de Sainte Église, même si elle pense qu'il n'est pas pour elle. Les biographes de Saint Louis la mentionnent avec ses frères dans ce groupe d'enfants auquel Blanche de Castille avait pris tant de soin à faire donner une bonne éducation religieuse, dans ce groupe fraternel d'adultes princiers dont le dernier survivant, Charles d'Anjou, le roi de Sicile, dira en 1282 qu'ils ont tous été des saints, sa sœur comprise. Elle joua son rôle dans le programme de construction d'églises et de couvents de son royal frère et lui fit élever un couvent de Clarisses (qu'on appelait alors dames de Saint-Damien) à Longchamp, achevé en 1259. Elle s'y retire en 1263, mais sans prendre l'habit religieux. Elle appartenait à ce groupe de femmes pieuses, si caractéristique de la dévotion féminine du

XIIIe siècle, souvent dans l'ombre des ordres Mendiants, qui restent laïques mais mènent une vie proche de celle des religieuses, dans le siècle et hors du siècle en même temps[53]. Elle meurt à Longchamp en 1269, juste avant le départ de Saint Louis pour sa seconde croisade et c'est une des dernières grandes douleurs du roi. L'Église en fera une bienheureuse, mais seulement au XVIe siècle[54]. Ainsi reste-t-elle à côté de son frère, modestement. Nous ne devons pas les séparer.

Dans cette image presque idyllique d'une famille royale, il manque sinon une brebis galeuse, sinon une fausse note, du moins une note quelque peu discordante.

L'ÉPOUSE

Nous savons que Louis a épousé Marguerite de Provence en 1234, que sa plus jeune sœur, Béatrice, a épousé Charles d'Anjou en 1246. En réalité, elles sont quatre — sans frère — à être les filles du comte de Provence, Raimond Bérenger V. Et elles ont toutes été reines, pas en même temps, il est vrai. Marguerite est l'aînée. Née en 1221, elle a épousé le roi de France en 1234 et mourra vingt-cinq ans après lui, en 1295. Éléonore, la seconde, née en 1223, a épousé le roi d'Angleterre, Henri III, en 1236 et mourra en 1291. La troisième, Sanchie, née en 1228, a épousé en 1243 le frère d'Henri III, Richard de Cornouailles, qui deviendra en 1257 « roi des Romains », dans une élection contestée qui ne le conduira pas à la couronne impériale. Sanchie mourra dès 1261. Enfin, on s'en souvient, la plus jeune, qui s'appelle Béatrice comme sa mère, née en 1231, épouse en 1246, en conclusion de ce que Gérard Sivéry appelle « l'un des chefs-d'œuvre de la grande stratégie matrimoniale médiévale », Charles d'Anjou, frère de Saint Louis. Elle mourra jeune aussi, en 1267.

Un extraordinaire dîner, que décrit Matthieu Paris émerveillé[55], réunit un soir de 1257 au Temple, à l'occasion de la visite officielle d'Henri III d'Angleterre à Paris, les quatre sœurs et leur mère, la comtesse douairière de Provence, Béatrice de Savoie. Celle-ci est la belle-mère de la Chrétienté. Elle est encore, paraît-il, aussi belle que ses filles. Mais Sanchie n'est pas encore « reine des Romains » ni Béatrice reine de Sicile, titre qu'elle portera bien peu de temps. Saint Louis est ravi par ce dîner. Il aime les réunions familiales et il est enchanté de voir, réunies sous ses yeux avec leur mère, les quatre sœurs de Provence qui forment le pendant féminin du groupe qu'il constitue avec ses trois frères — parallélisme qui, d'une façon étonnante, se double du parallélisme entre les familles royales anglaise et française, où, dans chacune, le roi et son frère ont épousé deux des quatre sœurs.

Ce chef-d'œuvre d'alliance plaît d'autant plus à Louis qu'il accorde aussi une grande importance aux parentés par alliance. Il y voit un des gages de cette solidarité des grandes familles de la Chrétienté, en particulier des familles royales, qui lui paraît si nécessaire à la paix à l'intérieur et à l'union contre le païen, l'Infidèle. Il est heureux de voir se concrétiser l'amitié qui doit régner, malgré tant de graves différends, entre le roi d'Angleterre et lui, puisqu'ils sont beaux-frères. Il soulignera, en 1259, après la signature du traité de Paris qui réconcilie la France et l'Angleterre, qu'un des meilleurs fruits de ce traité est d'avoir restauré la paix et l'amitié entre les parents que sont Henri III et lui, « car nous avons pour femmes les deux sœurs et nos enfants sont cousins germains, c'est pourquoi il importe bien que la paix soit entre eux[56] ».

Quant à Marguerite, la reine de France, la femme de Saint Louis, qui est un maillon essentiel dans cette chaîne qui unit au plus haut niveau Anglais, Français et Provençales, elle semble parfaitement intégrée dans cette compagnie, heureuse d'être avec sa mère et ses sœurs (en particulier avec Éléonore, la reine d'Angleterre avec qui elle échange une correspondance fréquente), heureuse aussi d'être avec son mari, le roi de France. Elle a une raison profonde à cette joie. Depuis son retour de l'Orient, depuis deux ans, elle est débarrassée d'un cauchemar, sa belle-mère, Blanche de Castille. Non seulement la reine mère n'est plus là, prête à lui enlever le roi, mais aussi elle peut être enfin pleinement — et elle seule — la reine de France. Car, auparavant, c'était l'autre, la « Castillane », la reine de France. Si Marguerite n'a pas tenu jusqu'ici à la Cour, auprès du roi, la place harmonieuse que sa situation, son éducation, son caractère, ses capacités lui méritaient, c'est d'abord à cause de sa terrible belle-mère[57].

Pourtant, l'attitude de Saint Louis à l'égard de son épouse est déconcertante. Nous n'avons pas à le discerner nous-mêmes. Joinville nous le dit. Or Joinville admire le roi, plus encore, il l'aime[58]. Mais, lui aussi, comme Saint Louis et parfois mieux que Saint Louis, déteste ce qui est injuste. Or le roi est injuste envers la reine. On l'a vu dans ce que raconte Joinville à propos de l'attitude de Louis en deux circonstances en mer lors du retour de la croisade[59].

Le récit où Marguerite parle à Joinville de son royal époux en cette occasion nous livre deux renseignements sur l'attitude de Saint Louis avec sa femme[60]. D'abord, elle le déclare *divers*. Le traducteur a bien traduit par « bizarre ». C'est une épithète qu'on attribue souvent aux enfants : cela veut dire « instable, à qui on ne peut se fier ». J'interpréterais volontiers : « Le roi est lunatique, imprévisible. » Le reste de ce que dit la reine apporte une précision : si elle a pris l'initiative d'un pèlerinage sans lui en parler, il refusera qu'elle y aille. Une nouvelle facette du caractère du roi à l'égard de sa femme apparaît : il est tyrannique et sujet à des sautes d'humeur. Bref, il est difficile à vivre, oscillant entre l'indifférence et l'intervention intempestive et autoritaire.

Comment expliquer cette attitude et comment la concilier avec la masse des témoignages de la bonté du roi que nous avons par ailleurs ? Notons d'abord que ce qu'elle a confié à Joinville n'empêche pas la reine de dire avec sincérité, semble-t-il, que son époux est un homme bon. Il faut sans doute en conclure que pour les hommes et les femmes du XIIIe siècle, la sainteté ne concerne pas la vie domestique quotidienne, mais des conduites de dévotion et de charité particulières, à quoi il faut ajouter l'horreur du mensonge, la chasteté et l'abstention du blasphème et de certains jurons.

Cela ne suffit pas ; il y a, me semble-t-il, une certaine indifférence de la part du roi à l'égard des catégories de personnes concernées par ces deux anecdotes : l'épouse et les bébés.

Louis ne paraît pas s'intéresser aux très jeunes enfants, car on verra, comme par contraste, qu'il s'intéresse beaucoup aux siens quand ils sont plus grands. Il ne s'agit ici que des trois bébés nés entre 1250 et 1253 en Terre sainte. Il attend probablement qu'ils soient plus grands pour leur manifester de l'attention. La dévotion à l'enfant Jésus ne s'est pas encore répandue. Il faut qu'il sente le regard réprobateur de Joinville fixé sur lui pour qu'il lui demande, sans aller les voir, des nouvelles de la santé de sa femme et de ses enfants.

Quant à la reine, s'il ne s'inquiète pas d'elle, s'il se montre tyrannique envers elle dans le quotidien, ce n'est pas parce qu'elle est une femme. Louis, tout en appartenant au « mâle Moyen Âge », n'est pas particulièrement un contempteur des femmes. Ce n'est pas non plus parce que sa femme ne lui plaît pas : on a vu qu'elle l'attirait, au contraire, et s'il a eu avec elle onze enfants, ce n'est pas, semble-t-il, uniquement pour assurer la survie de la dynastie ni pour satisfaire un besoin purement physiologique. Marguerite a eu une bonne éducation et elle est aussi pieuse qu'on peut le demander à une reine, même dans une famille plutôt excessive en ce domaine. Elle n'est pas dépensière, sauf peut-être envers sa famille de Savoie, mais avec l'autorisation du roi. Louis semble aimer qu'elle remplisse son devoir de reine et d'épouse, surtout depuis que sa mère n'est plus là. Il y a autre chose. Je formule ici une hypothèse.

Saint Louis est un fervent, pour ne pas dire un fanatique, du lignage. Certes, la reine apporte une contribution indispensable à sa perpétuation et elle le fait généreusement. Mais elle n'appartient pas à ce lignage. C'est à l'intérieur de celui-ci qu'il sent le mieux pouvoir se développer les sentiments d'amour : en l'absence d'un père vraiment connu, une mère, un frère, une sœur. Une épouse ne suscite pas normalement un intérêt et des sentiments de la même intensité.

Pourtant, Saint Louis manifeste aussi des attentions à l'égard de la reine : le roi se levait habituellement la nuit pour dire prime, mais il s'en dispensait les jours et les nuits « où il était avec sa femme[61] ». Dans ses *Enseignements* à son fils, il lui recommande dans un chapitre spécial : « Cher fils, je t'enseigne que tu aimes et honores ta mère, et que tu retiennes volontiers et observes ses bons enseignements, et sois enclin à croire ses bons conseils[62]. » Quand Joinville faisait sa remarque, peut-être Louis était-il entièrement absorbé par le souci de la croisade et le ruminement de la défaite. Mais une épouse n'est-elle pas dans ces circonstances un réconfort, un soutien — ce que Marguerite a voulu être et a été — et que Saint Louis n'a pas reconnu ?

Sans doute, aussi, quelques « affaires » que l'historiographie a montées en épingle ont-elles apporté quelques nuages dans la vie du couple royal. Mais je doute de leur gravité. Il est peu probable, d'abord, que Marguerite, dans sa vive affection pour sa sœur Éléonore, ait animé à la Cour un parti « anglais », à moins que Blanche de Castille n'ait agité cet épouvantail pour irriter son fils à l'égard de sa bru.

Reste une étrange histoire, tardivement découverte dans les archives vaticanes. À la demande du roi, le pape Urbain IV relève le 6 juin 1263 Philippe, son fils et héritier, d'un serment solennel qu'il a fait à sa mère. Il avait promis à la reine Marguerite de rester sous sa tutelle jusqu'à l'âge de trente ans, de ne prendre aucun conseiller qui lui fût hostile, de ne contracter aucune alliance avec Charles d'Anjou, de la renseigner sur tous les bruits qui pourraient courir contre elle et de garder le silence sur ces promesses[63].

L'acte paraît authentique. Qu'est-ce qui a pu pousser Marguerite à exiger cet engagement ? Philippe fait-il figure, aux yeux de sa mère, d'esprit faible qu'il faut étroitement guider ? Son père n'est peut-être pas tellement éloigné de le penser quand il lui donne, en 1268, un précepteur, Pierre de La Brosse, ce qui ne se montrera pas par la suite une très bonne idée. A-t-elle voulu jouer enfin un rôle politique dont son époux la privait ? Pis, a-t-elle rêvé d'imiter sa terrible belle-mère et de faire de son fils un serviteur docile comme celle-ci avait cherché à le faire du sien ?

En tout cas, l'affaire a probablement été pour quelque chose dans une décision surprenante de Saint Louis. Au moment de partir pour la croisade, il refuse la régence à la reine Marguerite. Je crois, avec Jean Richard, que la principale raison en est que « le sens de l'État avait pris une dimension nouvelle » au temps de Saint Louis et que le roi a voulu laisser la garde et l'administration du royaume aux deux personnes qui étaient les plus étroitement associées à son gouvernement et qui pouvaient le mieux en assurer la continuité : Mathieu de Vendôme, abbé de Saint-Denis, et Simon de Clermont, sire de Nesle.

Je voudrais quitter Marguerite de Provence sur une autre belle anecdote de Joinville concernant son amour pour son époux.

Quand, après l'annonce de la mort de Blanche de Castille, Joinville se rend auprès de Marguerite, il la trouve en pleurs. Il s'étonne : « Car c'était la femme que vous haissiez le plus qui est morte et vous en montrez un tel deuil ? » Marguerite répond « que ce n'était pas pour la reine qu'elle pleurait, mais pour la peine que le roi avait du deuil qu'il montrait[64] ».

LES ENFANTS

On ne se mariait pas dans le seul but d'avoir des enfants, mais quand on était roi, il importait d'en avoir et avant tout des mâles. Que Saint Louis prît plaisir à l'acte de chair avec sa femme, il n'y a pas de doute. L'anecdote sur la fureur de Blanche de

Castille quand Louis va rejoindre sa femme dans sa chambre pendant le jour est assez claire. Plus nette encore, l'information que nous donne Guillaume de Nangis. Il rappelle ce que nous savons par ailleurs que Saint Louis, avec l'accord de la reine Marguerite, respecte en matière de relations charnelles ce que l'Église de son époque a déterminé comme « le temps d'embrasser[65] » : c'est-à-dire l'avent et le carême en entier, certains jours de la semaine, les veilles et jours des grandes fêtes et, s'il doit communier, plusieurs jours avant et après le jour de communion. C'est une façon d'obéir à l'Église et de pratiquer en même temps un certain contrôle des naissances. La civilisation passe toujours par la limitation des naissances. Mais la chair du roi comme plus ou moins celle de tous les hommes — la sienne plutôt plus — est faible. Il est sujet, on l'a vu, aux tentations nocturnes.

> Si pendant ces jours voués à la continence, il lui arrivait pour quelque raison d'aller visiter son épouse et de rester avec elle, et si la proximité de son épouse, en raison de la fragilité humaine, lui faisait ressentir des mouvements désordonnés de la chair, il se levait du lit et se promenait dans la chambre jusqu'à ce que la révolte de sa chair fût calmée[66].

Le résultat de cette ardeur combinée avec cette discipline a été la naissance de onze enfants. Louis VIII et Blanche de Castille en avaient eu neuf qui nous sont connus mais on sait qu'ils commencèrent par en perdre plusieurs, mort-nés ou en bas âge, trois probablement. À l'époque de Saint Louis, on mentionne avec plus d'exactitude les enfants royaux, même ceux morts à la naissance ou très jeunes. La médecine, notamment l'obstétrique et la pédiatrie, a fait des progrès, et la famille royale fait appel aux meilleurs médecins. La survie des enfants de Louis et de Marguerite a donc été mieux assurée que celle des enfants de Louis VIII et de Blanche de Castille.

Louis et Marguerite se sont mariés en 1234, Marguerite n'a que treize ans. Le premier enfant connu du couple, Blanche, naît en 1240, six ans plus tard. La reine a-t-elle eu préalablement des enfants mort-nés ou a-t-elle eu des fausses couches ? C'est possible, mais peu probable, car on finit par s'inquiéter de son infécondité dans l'entourage royal.

Le Nain de Tillemont, qui cite une *Vie de saint Thibaud* publiée par Duchesne, raconte :

> On parlait déjà d'un divorce qui eût été honteux et pernicieux à tout le royaume. On eut recours à cette occasion à diverses personnes de piété afin qu'elles implorassent la divine miséricorde et entre autres à saint Thibaud [...] qui était entré dans l'abbaye des Vaux de Cernay, de l'ordre de Cîteaux [...] et en était alors abbé. Ce saint homme, touché particulièrement de l'affliction de la reine, dit qu'il fallait encore un peu attendre, mais qu'il espérait que Dieu accorderait la grâce qu'on lui demandait. Il se mit en prières et fut enfin exaucé. La reine devint grosse, et accoucha heureusement, le 11 juillet de cette année [1240], ce qui fut une grande consolation pour tout le royaume [...]. On remarque que cette reine et Philippe le Hardi son fils témoignèrent beaucoup de dévotion pour saint Thibaud et vinrent visiter son tombeau[67].

Aucun biographe ne confirme cette histoire, mais la naissance « miraculeuse » du premier enfant d'un roi de France est un lieu commun.

C'est ici que se place une autre anecdote qui nous fait connaître l'irritation et la tristesse du roi à l'occasion de la naissance d'une fille et non d'un garçon.

L'évêque de Paris, Guillaume d'Auxerre, l'aurait consolé par un bon mot[68].

Si l'anecdote est vraie, il ne faut pas y voir un « anti-féminisme » particulier de Saint Louis. Dans une dynastie où il existe une tradition (consacrée par ordonnance seulement plus d'un siècle plus tard par Charles V) de succession par primogéniture mâle, l'attente d'un fils est une angoisse. Les chroniqueurs nous disent combien la naissance de Louis, en 1244, le fils « tant attendu », provoque de joie et de soulagement.

Marguerite fait, en définitive, l'admiration des contemporains pour sa fécondité : « C'est à la reine Marguerite que l'on doit le trésor du royaume. »

Les enfants naissent pendant les trois périodes que l'on a distinguées dans le règne de Saint Louis : avant, pendant et après la croisade. Le travail d'enfantement ne s'est pas arrêté pendant la période centrale de fécondité de la reine, de dix-neuf à trente-neuf ans, de 1240 à 1260. La répartition entre les sexes a été mieux équilibrée qu'à la génération de Saint Louis : six garçons et cinq filles.

Les prénoms sont conformes aux traditions dynastiques : une majorité de prénoms capétiens, une minorité d'entre eux provenant des alliances, mais, ici, il en vient plus de la grand-mère que de la mère. Ainsi se poursuit l'image de la continuité dynastique par les prénoms. Le fils aîné reçoit le prénom du grand-père, Louis, le deuxième celui de l'arrière-grand-père, Philippe, les deux suivants le prénom d'origine castillane Jean, auquel on adjoint, pour le second, Tristan, en référence à la tristesse de la naissance de l'enfant dans une ville assiégée et prête à être abandonnée, au lendemain d'un désastre militaire, alors que son père est prisonnier. La mémoire dynastique est longue. Il y a eu un Pierre parmi les nombreux fils de Louis VI, Pierre de Courtenay, et le bâtard de Philippe Auguste a porté le double prénom remarquable, comme on l'a vu, de Pierre Charlot. Agnès évoque une lointaine ancêtre castillane. Blanche, prénom relevé après avoir été perdu, est évidemment celui de la grand-mère, et Marguerite, née après la mort de Blanche de Castille, celui de la mère. Robert, enfin, est on ne peut plus capétien.

On a vu la douleur paternelle et royale de Saint Louis à la mort, à seize ans, de son fils aîné Louis[69]. On sait que deux autres enfants, une fille et un fils, sont morts en bas âge[70]. Quel est le sort terrestre assuré par Saint Louis à ses enfants survivants ? Il est dicté par le service de la dynastie et du royaume. Les trois moyens de l'assurer sont les terres, les mariages, l'argent.

C'est à la veille de son départ pour la croisade de Tunis, en 1269, que Louis attribue à ses fils leurs apanages[71]. Mieux que son père — en fonction, d'ailleurs, des possibilités —, le roi assure les droits et les pouvoirs de la couronne. Il ne leur donne d'abord que des comtés de faible étendue : à Jean Tristan le Valois, à Pierre Alençon et le Perche, à Robert Clermont-en-Beauvaisis. Mais il les marie à de riches héritières qui apportent au premier Nevers, au deuxième Blois, au troisième la seigneurie de Bourbon. Les mariages de Pierre et de Robert n'auront lieu qu'en 1272, après la mort de Louis. Sauf dans le cas de Pierre, les terres de leurs femmes ne sont pas contiguës aux leurs, pour éviter la formation de possessions territoriales d'un seul tenant trop importantes. Louis était mort avant d'avoir été marié. Dès 1258, Philippe avait reçu en promesse de mariage en annexe au traité de Corbeil qui réglait le contentieux entre l'Aragon et la France, Isabelle, fille du roi d'Aragon. Ce mariage très politique n'est célébré qu'en 1262, à Clermont-en-Auvergne, à la Pentecôte, et Saint Louis en profita pour faire promettre à Jacques Ier d'Aragon de ne pas soutenir les Marseillais à nouveau révoltés contre son frère Charles d'Anjou, comte de Provence.

En revanche, les filles qui reçoivent en apanage de l'argent constituant leur dot sont richement mariées. Isabelle épouse en 1255 Thibaud V, comte de Champagne et roi de Navarre. C'est un familier, un admirateur et un imitateur de Saint Louis, qui l'a aimé comme un fils. Rutebeuf lui a dédié *La Complainte du roi de Navarre*[72]. Isabelle et Thibaud meurent en 1271 au retour de la croisade de Tunis. Blanche épouse en 1269 l'infant Ferdinand de Castille, fils du roi Alphonse X le Sage, qui mourra dès 1275. Marguerite épouse en 1270 Jean Ier, duc de Brabant, et Agnès, en 1279, Robert II, duc de Bourgogne. Louis aura connu une dernière douleur terrestre avant de mourir lui-même. Parmi les premières victimes du typhus dans le camp chrétien à Carthage, il y a son fils Jean Tristan, l'enfant de la tristesse de la première croisade, qui a vingt ans. On cherche à cacher la nouvelle au roi déjà malade. Mais il l'apprend. Il semble avoir eu une particulière affection pour ce fils des moments douloureux. Geoffroy de Beaulieu note simplement : « À l'annonce de sa mort les entrailles du pieux père ne furent pas médiocrement remuées[73]. »

Le premier souci du roi a été d'assurer une bonne éducation religieuse et morale à ses enfants. Il aurait aimé que certains entrent dans les ordres. Il souhaita que Jean Tristan et Pierre se fassent frères Mendiants, l'un chez les Dominicains, l'autre chez les Franciscains, mais aucun ne l'a voulu et Louis n'a pas insisté. Même chez les religieux, on se méfiait de ce prosélytisme velléitaire de Saint Louis sur le dos de ses enfants. Entre 1261 et 1264, le pape Urbain IV a d'ailleurs accordé à Blanche, probablement à l'initiative de son confesseur, le privilège de ne pas rester religieuse à vie si son père lui imposait de prononcer des vœux[74].

Pour le reste, la plupart des biographes de Saint Louis nous renseignent sur la façon dont le roi imposait des exercices religieux à ses enfants. Ainsi Guillaume de Nangis :

> Par la grâce de Dieu, le saint couple avait eu une abondante progéniture. Leur pieux père se conduisit très chrétiennement dans l'instruction et le gouvernement de ses enfants. Il voulait que ses enfants approchant de l'âge adulte[75] entendent chaque jour non seulement la messe, mais aussi les matines et les heures canoniales chantées, et qu'ils aillent avec lui écouter les sermons. Il voulait que chacun soit instruit et chante les heures de la Sainte Vierge et qu'ils participent toujours avec lui aux complies qu'il faisait chanter tous les jours à l'église, solennellement, après son dîner. Et, à la fin, on chantait tous les jours à voix haute un chant spécial à la Sainte Vierge. Après les complies, il retournait à la chambre avec les enfants et après qu'un prêtre eut aspergé d'eau bénite le pourtour du lit et la chambre, les enfants s'asseyaient autour de lui. Et avant qu'ils ne le quittassent, il avait l'habitude de leur dire quelques paroles édifiantes pour leur instruction.

Joinville nous donne quelques détails.

> Avant de se coucher il faisait venir tous ses enfants devant lui et leur rappelait les faits des bons rois et des bons empereurs, et puis il leur disait de prendre exemple sur de tels gens. Il leur racontait aussi des faits des mauvais princes qui, par leur goût de luxe, leurs rapines et leur avarice avaient perdu leurs royau-

mes. Il leur disait alors : « Je vous rappelle ces choses pour que vous vous en gardiez afin que Dieu ne se courrouce pas contre vous[76]. » Il voulait que le saint jour du vendredi ils portent sur la tête des couronnes de roses ou d'autres fleurs en mémoire de la sainte couronne d'épines dont la tête du Sauveur avait été atrocement couronnée ce jour-là, couronne dont le Roi des rois Notre Seigneur Jésus Christ avait magnifiquement décoré son royaume[77].

On retrouve ici le plaisir que prend Louis en compagnie de ces groupes familiaux rassemblés. À la fin de sa vie, il associa chaque année son fils devenu « premier-né » et successeur, Philippe, à l'acte de vasselage à Saint-Denis, protecteur de la dynastie et du royaume, qui consistait en la remise de quatre besants d'or sur l'autel du saint martyr le jour de sa fête (9 octobre).

Les *Enseignements* de Saint Louis à son fils aîné Philippe et ceux adressés à sa fille Isabelle, reine de Navarre, montrent à la fois son amour et sa conscience de père. Les contemporains ont souligné le fait exceptionnel qu'il les aurait écrits de sa main au lieu de les dicter. C'est manifester l'importance qu'il y attache, leur caractère confidentiel. En fait, il s'agit d'abord d'un geste affectueux à l'égard de son fils et de sa fille à qui il s'adresse en termes stéréotypés mais à travers lesquels on sent un amour sincère.

« À son cher fils aîné Philippe, salut et amitié de père. » Et dix-sept des trente-quatre paragraphes du texte commencent par : « Cher fils... » Un mot revient, celui de *cœur* : « je désire *de tout mon cœur* », « que tu aies le *cœur* compatissant envers les pauvres », « si tu as malaise de *cœur* ». L'épître comprend une partie qui s'adresse à l'individu, une autre qui s'adresse au futur roi. Au premier, il rappelle la foi, la patience, la fréquente confession, la piété à l'Église, la charité envers les pauvres et les souffrants, la compagnie des bonnes gens, l'écoute des sermons, le refus des mauvaises paroles. Au second, il demande d'être digne de l'onction du sacre, de rendre la justice, d'apaiser les querelles, d'honorer les gens d'Église, d'éviter la guerre, d'avoir de bons officiers, de réprimer les péchés de bouche, de corps, de jeux d'argent, de chasser les hérétiques, d'être économe.

« Cher fils, je te donne toute la bénédiction qu'un père peut et doit donner à son fils », et il prie Dieu pour lui. Deux types de souhaits émergent de cette lettre. Le premier concerne la cohésion et l'amour mutuel au sein de la famille royale. On a déjà vu la recommandation d'aimer et d'honorer la mère, de suivre ses conseils. De même, Louis confie à l'aîné ses jeunes frères : « Aime tes frères et veuille toujours leur bien et leur avancement, et leur tiens lieu de père pour les enseigner à tous biens [...]. » Le christianisme du XIIIe siècle, le franciscain en particulier, aime mêler dans les familles spirituelles comme dans les familles charnelles les rôles paternels et maternels et les rôles fraternels. Saint François d'Assise distingue ainsi une mère et un fils parmi les frères qui vont vivre par couple dans les ermitages[78].

L'autre souhait concerne les prières pour les morts. Dans son profond sentiment dynastique, le roi embrasse le présent, mais aussi l'avenir et le passé. Les enfants sont le futur et il faut veiller à assurer, à travers eux, un futur bon pour le lignage. Mais, affectivement, la dynastie pour lui, ce sont surtout les morts.

Fais en sorte, demande-t-il à son fils, que « ton âme et celle de tes ancêtres soient en repos, et si jamais tu entends dire que tes ancêtres aient fait restitution, prends toujours soin à savoir s'il en reste encore quelque chose à rendre, et si tu la trouves, rends-la immédiatement pour le salut de ton âme et de celles de tes ancêtres ». Et il se recommande lui-même à ses fils comme le premier mort, le premier ancêtre à venir pour qui il doit prier : « Cher fils, je te prie que s'il plaît à Notre Seigneur que je trépasse de cette vie avant toi, que tu me fasses aider par messes et par autres oraisons et que tu demandes prières pour mon âme auprès des ordres religieux du royaume de France. » Les morts, les ancêtres, ce sont les plus importants membres du lignage, car ce sont les pères, les porteurs d'origine et de continuité et les plus menacés pour le salut qui doit être collectif, car les morts ne peuvent plus acquérir de mérites. Leur salut dépend de la mémoire et du zèle de leurs descendants. Ce sont les morts qu'il faut le plus aimer. D'où la place centrale dans l'action de Saint Louis du remaniement de la disposition des tombes royales à Saint-Denis.

La lettre à Isabelle commence par une déclaration qui exprime la chaleur de l'affection mutuelle particulière qui a uni le roi et sa fille aînée :

> À sa chère et bien-aimée fille Isabelle, reine Navarre, salut et amitié de père.
> Chère fille, parce que je crois que vous retiendrez plus volontiers de moi, parce que vous m'aimez, que vous ne feriez de plusieurs autres, j'ai pensé que je vous ferais quelques enseignements écrits de la main[79].

Le contenu ressemble beaucoup, en plus bref, à la partie individuelle des enseignements à Philippe avec les adaptations convenables au sexe de la destinatrice. Elle ne doit avoir à son service que des femmes parfaitement honnêtes, elle doit obéir à son mari, à son père et à sa mère et éviter tout luxe vestimentaire. Et, bien entendu, elle doit prier pour son âme.

Dans ce monde de prédécesseurs et d'ancêtres, les anniversaires de morts sont essentiels. Aux fêtes les plus solennelles, Louis faisait mettre douze cierges sur l'autel de sa chapelle, « et aussi pour l'anniversaire de son père et de sa mère et de tous les rois pour lesquels il faisait faire anniversaire[80] ». Et en dehors de ces morts exceptionnels, il y a la masse de tous les autres morts pour lesquels « il disait chaque jour le service des morts avec un de ses chapelains selon l'usage de l'Église de Paris[81] ». Saint Louis a été un roi des morts.

Dès après sa propre disparition, ses *Enseignements* deviennent paroles non plus celles d'un vivant, mais d'un mort, et agissent sur le fils pour lequel il les a écrits.

Dans la lettre que Philippe, devenu le roi Philippe III, fait porter alors à tous les membres de l'Église de France par les dominicains Geoffroy de Beaulieu et Guillaume de Chartres ainsi que par le franciscain Jean de Mons pour annoncer la mort de son père, parmi des formules obligées mais appuyées, on trouve un passage plus personnel où l'on sent combien la présence imposante et, aussi bien, rassurante et affectueuse de ce père va lui manquer, non seulement dans le conseil politique et moral, mais affectivement : « C'est sans doute une grande gloire d'avoir eu un tel père, mais c'est aussi une douleur irrémédiable d'avoir perdu la consolation si grande et si douce d'un tel père, sa conversation si exquise, son conseil si efficace, un tel secours. » Phrase conventionnelle peut-être, dictée par un conseiller, mais qui traduit bien l'impression laissée par Saint Louis sur son fils[82].

LA MESNIE ET L'ENTOURAGE

La famille de Saint Louis, c'est donc d'abord le lignage, le lignage dynastique, puis la famille étroite. Pourtant, il est sensible aussi à la famille charnelle plus large. Matthieu Paris note qu'il avait « habituellement des égards pour sa chair et son sang[83] ».

Le roi a enfin autour de lui une famille plus large et plus floue qui, à côté de son « hôtel[84] », ensemble des services qui assuraient son existence matérielle et celle de sa famille, rassemble des familiers nobles ou non. C'est sa *mesnie*. Cet ancien groupe d'hommes libres qui vivaient dans la maison d'un grand, sa clientèle, est en train de devenir, tout simplement, sa maisonnée. Guillaume de Saint-Pathus en parle fort bien : « Souvent quand il [Louis] était dans sa chambre avec sa mesnie, il disait paroles simples et discrètes et faisait belles narrations à l'édification de ceux qui autour de lui étaient, de bon et de saint propos » — bons serviteurs et prud'hommes[85]. Et encore :

> Le saint roi Louis avait très volontiers bons hommes honnêtes et justes en sa compagnie et très volontiers évitait la compagnie et la conversation des mauvais et de ceux qu'il savait qu'ils fussent en péché. Et les malfaiteurs et ceux qui parlaient laidement lui déplaisaient plus que tout. Il voulait que sa mesnie fût de si grande pureté que, si quelqu'un de sa mesnie jurait laidement de Dieu ou de la bienheureuse Vierge Marie, il les faisait aussitôt bouter hors de son hôtel [...]. Et s'il pouvait savoir que quelqu'un de son hôtel avait fait un péché mortel, il le boutait hors de sa cour et de sa mesnie[86] [...].

On retrouve ici toute l'ambiguïté de Saint Louis. D'un côté, sa mesnie est un cercle de personnes très morales liées à la personne du roi. De l'autre, c'est le reste d'une institution archaïque qui subsiste et se transforme en groupe de familiers. Le roi a toujours pour les affaires politiques importantes son conseil, qui se transforme en parlement dans les affaires de justice. Il n'hésite pas à demander à un groupe ce qui ne devrait relever que de l'autre. Sous couvert de conversations édifiantes, il prend l'avis de familiers qu'il a choisis parmi des hommes qui lui plaisent, contrebalançant plus ou moins le Conseil, institution féodale en train de devenir un organisme de l'État en formation, où il n'a pas la même liberté de choix, de parole ni de décision.

Mieux même. Pour des motifs explicitement religieux et moraux, il chasse de ces deux cercles qui le touchent de près, dont les membres peuvent matériellement le toucher, tous ceux qui risqueraient d'en altérer la pureté. Ainsi se crée autour du roi un espace purifié, pur, sacré. Par ces voies détournées se constitue l'espace de l'État sacralisé dont le roi est le centre, le soleil. Le roi et ses hommes forment une famille sacrée dans un hôtel sacré. Par une ruse de l'histoire et d'un roi convergent une institution archaïque et un État moderne. Plus encore, et dans une autre perspective, s'agissant de Saint Louis, Joinville, parlant des familiers du roi, utilise parfois la formule : « nous qui étions autour de lui[87] ». C'est reprendre l'expression évangélique qui désigne le groupe des apôtres de Jésus qui vient d'être reprise, au XIIIe siècle, par certains des premiers compagnons de François d'Assise, le saint christologique[88]. Avant de mourir à Carthage à trois heures de l'après-midi, Saint Louis était déjà un roi-Christ. Ce fut un des premiers « mystères d'État[89] ».

VII

LA RELIGION DE SAINT LOUIS

La religion de Saint Louis est d'abord pratique dévotionnelle. Elle s'exprime par des gestes, des rites, tout au long de la journée et même de la nuit, régulièrement et fréquemment répétés. Mais c'est aussi une foi, une piété qui, en harmonie avec l'évolution de la pratique religieuse de son temps, s'efforce de toujours pénétrer jusqu'à l'homme intérieur et d'en faire en retour le moteur de sa vie spirituelle[1].

Nous sommes bien renseignés sur la dévotion de Saint Louis grâce à ses nombreux biographes dont il ne faut toutefois pas oublier qu'ils ont tous été des hagiographes. Les uns, en effet, les plus nombreux, ont écrit après sa canonisation en 1297, les autres ont parlé du roi en vue de l'obtention de sa canonisation. Même s'ils l'ont fait avec quelque emphase, leurs intentions les amenaient, de toute façon, à privilégier le thème. Ils écrivent d'ailleurs à une époque où, aux yeux de l'Église et de ce qu'on peut appeler l'opinion publique, même si les miracles demeurent le principal critère de sainteté, on accorde de plus en plus d'importance à l'exercice des vertus et à la conduite de vie *(vita,* au sens restreint et précis, ou *conversatio*[2]). La dévotion décrite chez Louis IX n'est pas simplement celle d'un saint, mais celle d'un saint particulier : c'est un laïc (alors que moines, évêques et clercs ont le quasi monopole de la sainteté) et roi.

Sa dévotion est celle d'un laïc qui cherche à réaliser son salut personnel en grande partie à travers l'exercice de sa fonction royale. Louis IX a une perception rigoureuse de ce qui sépare un laïc d'un clerc, mais il cherche à exploiter sa place éminente dans la hiérarchie laïque pour se rapprocher le plus possible de la piété des clercs. Et, surtout, il estime que son plus haut devoir est de prier plus encore pour le salut de ses sujets que pour le sien propre ou, plutôt, de faire en sorte que l'un et l'autre se confondent presque entièrement. Sa prière est celle d'un orant royal.

La dévotion de Saint Louis embrasse tous les champs dévotionnels : offices, confession, communion, culte des reliques, respect pour l'Église (limité dans le domaine temporel), pratiques pénitentielles, charitables et ascétiques.

MODÈLE CISTERCIEN, MODÈLE MENDIANT

Il ne faut pas, en effet, négliger l'attrait de la spiritualité monastique sur Saint Louis, surtout celle des Cisterciens, les plus grands représentants du monachisme réformé du XIIe siècle, toujours très vivants au XIIIe, et qui relient, plus qu'on ne l'a dit, le monde des moines antérieur au XIIIe siècle et celui des frères Mendiants. Louis a fréquenté avec une égale ferveur les Cisterciens et les Mendiants. Les uns l'attirent dans la solitude monastique, les autres dans la sociabilité urbaine. Complémentarité qui lui permet de s'accomplir tout entier. Mais son lieu préféré, le lieu d'épanouissement de son cœur et de son âme, c'est Royaumont, chez les Cisterciens, dans la nature.

On a pourtant surtout insisté sur l'étroitesse de ses relations avec les Mendiants et il est vrai que pour son action publique, pour sa « politique », leur influence a été décisive[3].

Les deux grands ordres Mendiants, les Mineurs ou Franciscains, les Prêcheurs ou Dominicains, ont l'âge de Saint Louis. Ils ont établi l'essentiel de leur réseau de couvents — les Dominicains dans les « grandes » villes, les Franciscains aussi dans les petites — avant 1250. En les soutenant, en les fréquentant comme il le fait, Louis accueille et favorise une nouveauté. Ces religieux d'un nouveau genre, dont le succès rapide est extraordinaire dans toute la Chrétienté, vivent, à la différence des moines, parmi les hommes dans les villes, se mêlent étroitement aux laïcs et sont les grands diffuseurs de pratiques religieuses qu'ils renouvellent profondément : la confession, la croyance au Purgatoire, la prédication. Ils pénètrent les consciences et les maisons, s'introduisent dans la familiarité des familles et des individus. Ils pratiquent les vertus fondamentales du christianisme primitif dans une société nouvelle : la pauvreté, l'humilité, la charité.

Ils n'ont pas de biens propres, mais deviennent des champions de la quête, construisent, grâce à l'aide de riches laïcs comme Louis, des couvents de plus en plus imposants, en contradiction avec la volonté de leurs fondateurs, l'Espagnol saint Dominique et l'Italien saint François. Ces apôtres de la pauvreté deviennent ainsi des spécialistes des affaires d'argent, un des grands problèmes du siècle, s'efforçant de moraliser les nouvelles pratiques commerciales et bancaires, qui ébauchent le précapitalisme, sans en condamner les plus importantes. Ils préconisent des méthodes de persuasion par la parole et l'exemple pour faire le salut des hommes et des femmes, mais quand la papauté, dont ils dépendent directement, échappant à l'autorité épiscopale, leur confie, pour la répression de l'hérésie, les tribunaux d'inquisition, dans les années 1230, ils accomplissent cette tâche avec plus ou moins de dureté, mais, en général, avec un grand zèle, même si tous n'atteignent pas la cruauté du dominicain Robert surnommé le Bougre, c'est-à-dire le Bulgare, un des noms d'hérétiques qui soulignait les origines orientales de certaines hérésies. Bougre lui-même, Robert s'est converti, devint frère Prêcheur et, avec l'acharnement des convertis, sévit cruellement à la fin des années 1230 dans le royaume de France et surtout en Flandre, région où la prospérité économique a encouragé le développement des pratiques commerciales vite baptisées usures par notre inquisiteur qui couvre la Flandre de bûchers. Il fut rapidement grisé par son pouvoir et sa soif de flammes dévoratrices, mêla les bons aux mauvais, condamna les innocents et ceux qui n'étaient que simples. Il était devenu, dit Matthieu Paris, *formidabilis*, une terreur. Alerté, le pape le destitua, puis le condamna à la prison perpétuelle. Mais au temps de son déchaînement meurtrier, il reçut toute l'aide qu'il souhaitait de Saint Louis, qui a dépensé tout autant de zèle à accomplir son devoir de bras séculier. Le bénédictin anglais l'a fait savoir à la postérité[4].

Enfin, les frères Mendiants, malgré les réticences d'un saint François, estiment que l'apostolat doit être nourri de savoir. D'où la création d'écoles Mendiantes d'enseignement secondaire et supérieur — des *studia*[5] —, la fréquentation des universités et même l'intrusion, source de vifs conflits, de certains d'entre eux comme maîtres, dans les universités, où leur enseignement novateur eut en général un grand succès (c'est le cas de Thomas d'Aquin à Paris) auprès des étudiants. D'où l'attrait sur eux de Paris, le grand foyer de la théologie dans la Chrétienté du XIIIe siècle. Saint Louis a ainsi à sa disposition une élite intellectuelle de frères. Mais, on l'a vu, c'est leur piété, leur connaissance des problèmes de société, leur éloquence de prédicateur qui l'intéressent.

Il semble que tous ses confesseurs aient été des frères Mendiants. Le plus connu est le dominicain Geoffroy de Beaulieu qui écrira une précieuse *Vie* du roi, peu de temps après sa mort. Le seul autre nom connu est celui du franciscain Jean de Mons[6]. Comme il voulait toujours avoir un confesseur sous la main, il en a institué deux à son retour de Terre sainte, un dominicain et un franciscain.

Les Mendiants jouent aussi un grand rôle dans sa chapelle. Son chapelain Guillaume de Chartres, qui l'accompagne à Tunis comme Geoffroy de Beaulieu, est un dominicain. Ce sont des frères dominicains qui sont allés négocier à Constantinople l'achat des reliques de la Passion et qui les ont conduites à Paris. Saint Louis institue en leur honneur trois offices par an : l'un est confié aux dominicains de Paris, un autre aux franciscains et le troisième, par roulement, aux autres ordres religieux qui ont un couvent dans la capitale.

Grand amateur de sermons, il s'adresse surtout aux Mendiants pour la prédication particulière qu'il entend avec sa famille et ses familiers dans la Sainte-Chapelle. S'il a échoué à faire venir le franciscain Hugues de Digne de son couvent d'Hyères, il réussit à avoir un des plus grands prédicateurs de l'époque, le franciscain saint Bonaventure, maître à l'université de Paris, et, depuis 1257, ministre général de son ordre. Sur les cent treize sermons que Bonaventure prêcha à Paris entre 1257 et 1269, dix-neuf le sont devant le roi[7].

Le frère qui est probablement le plus intimement lié à Saint Louis est le franciscain Eudes Rigaud, maître en théologie à Paris, qui devint en 1248 archevêque de Rouen, tête de cette Normandie au statut particulier et si importante dans le royaume, mais qui restera un Mendiant sur le trône archiépiscopal. On a conservé — document unique pour la connaissance du clergé rural et de la vie religieuse au milieu du XIIIe siècle — le registre des visites paroissiales de ce prélat consciencieux[8]. Louis ne se contenta pas de lui demander son assistance ecclésiastique : il l'invita à prêcher à la Sainte-Chapelle pour la Pentecôte de 1261, par exemple, et même il célébrait la messe à Royaumont quand le roi y était, comme pour l'Assomption de 1262. En 1255, il célébra le mariage de la fille du roi, Isabelle, avec Thibaud de Champagne, roi de Navarre, et, le 8 novembre 1258, la messe anniversaire pour la mort de Louis VIII, père du roi, à Saint-Denis. En 1259, il va rendre visite, quoique convalescent lui-même, au roi malade à Fontainebleau ; en janvier 1260, il vient le consoler après la mort de son fils Louis. Le roi lui confie aussi des missions politiques. À partir de 1258, Eudes Rigaud siège souvent à la cour royale et dans les parlements qui se tiennent au palais de Paris. C'est lui encore qui négocie pour le roi le traité de Paris de 1259 avec l'Angleterre.

Quand, à partir de 1247, Saint Louis envoie des enquêteurs dans tout le royaume pour la réforme de l'administration royale et la réparation des injustices, beaucoup d'entre eux sont des frères Mendiants. Sur trente et un enquêteurs connus, huit sont dominicains et sept franciscains.

Les manuels écrits pour Saint Louis sont aussi, on s'en souvient, principalement l'œuvre de frères Mendiants, qu'il s'agisse de l'encyclopédie du dominicain

Vincent de Beauvais ou du Miroir des princes du franciscain Gilbert de Tournai.

Quand éclata l'épisode le plus vif de la querelle entre maîtres séculiers et maîtres Mendiants à l'université de Paris de 1254 à 1257, le roi appuya les décisions pontificales favorables aux Mendiants ; puis, de nouveau, quand le pape Alexandre IV condamna le chef des maîtres séculiers, Guillaume de Saint-Amour, à être privé de toutes ses charges et bénéfices, interdit d'enseignement et de prédication et exilé du royaume de France, Saint Louis exécuta rigoureusement la partie de la sentence qui relevait de son rôle de bras séculier.

Enfin, le bruit malveillant a couru qu'il songeait à abdiquer pour se faire frère Mendiant et qu'il y aurait renoncé moins à cause des objurgations de la reine Marguerite que de l'impossibilité de choisir entre Dominicains et Franciscains — ce qui sent l'anecdote inventée[9]. En revanche, il a souhaité que ses fils puînés entrent chacun dans un des deux ordres, mais il n'a pas insisté devant leur refus.

Ce qui est sûrement vrai, c'est que dans certains milieux et peut-être assez largement dans le royaume a couru l'image d'un roi non seulement manipulé par les Mendiants[10], mais lui-même religieux sur le trône. Une anecdote douteuse, mais qui exprime bien cette opinion réelle, veut qu'il ait répondu à un chevalier qui lui reprochait de laisser dire qu'il se conduisait plus en religieux qu'en roi :

> Ne faites pas attention à ce que disent les imbéciles. Je vais vous dire ce qui se passe quelquefois quand je suis seul dans mes appartements privés. J'entends les cris de « frère Louis » et des injures contre moi, dont on pense que je ne puis les entendre. Alors je me demande en moi-même si je ne devrais pas faire sup-

primer les auteurs de ces cris, mais je me rends compte que c'est un profit pour moi, si je le supporte pour l'amour de Dieu. Et, pour parler franchement, je ne regrette pas que cela arrive[11].

LA FOI DE SAINT LOUIS

Au fond de la religion de Saint Louis, il y a la foi, la foi inébranlable, une foi qui est d'abord amour de Dieu. Il le dit à Philippe dans ses *Enseignements* : « Cher fils, je t'enseigne premièrement que tu aimes Dieu de tout ton cœur et de tout ton pouvoir, car sans cela personne ne peut rien valoir[12]. »

Ce Dieu à aimer et en qui croire sans le moindre doute, c'est surtout le Fils — centre de la religion de Saint Louis. Sa foi, c'est « la foi de Jésus-Christ[13] ». Cette foi, c'est aussi celle de la tradition et des enseignements de l'Église :

> Le saint roi s'efforça de tout son pouvoir par ses discours de s'affirmer dans la loi chrétienne. Il disait que nous devions croire si fermement les articles de la foi que, quoiqu'il advienne, mort ou calamité corporelle, nous n'ayons nulle volonté de renoncer à la foi par parole ou par action[14].

Et encore :

> Le roi disait que la foi consistait à croire, même si notre certitude ne reposait que sur un dire. Sur ce point, il me demanda comment mon père s'appelait. Je lui dis que son nom avait été Simon. Il me demanda comment je le savais et je lui répondis que je le croyais fermement et le tenais pour certain parce que ma mère

me l'avait dit. « Alors, me dit-il, vous devez croire fermement tous les articles de la foi sur le témoignage des apôtres comme vous l'entendez chanter le dimanche au Credo[15]. »

Cette foi doit être défendue contre le doute et les tentations envoyés par l'Ennemi, le diable, et être confortée par l'aspiration au Paradis. L'assaut du diable est particulièrement agressif et dangereux au moment de la mort. Saint Louis participe de cette religion qui se focalise de plus en plus sur l'agonie et aboutira, aux XIVe-XVe siècles, à la dévotion des *Artes moriendi*, des « Arts de mourir[16] ».

> Il disait : « Le démon est si subtil qu'au moment de l'agonie il se travaille autant qu'il peut de nous faire mourir dans le doute en quelque point de la foi ; car il voit qu'il ne peut enlever à l'homme les bonnes œuvres qu'il a accomplies, en même temps que celui qui meurt en confessant la vraie religion est perdu pour lui[17].

Et plus loin :

> C'est pourquoi on doit se garder et se défendre de telle façon de ce piège que l'on dise à l'Ennemi quand il nous envoie telle tentation : « Va-t'en, tu ne me tenteras pas jusqu'à m'empêcher de croire fermement tous les articles de la foi. Même si tu me faisais trancher tous les membres, je voudrais toujours vivre et mourir dans cet état d'esprit. » Qui parle ainsi vainc l'Ennemi avec le bâton et l'épée dont voulait se servir l'Ennemi pour l'occire[18].

Louis rapporte à Joinville ce que Simon de Montfort dit de sa foi et il fait visiblement sienne cette foi.

> Le saint roi me raconta que quelques albigeois vinrent au comte de Montfort qui occupait alors, au nom

du roi, le pays des albigeois, et l'invitèrent de venir voir l'hostie qui s'était transformée en chair et en sang sous les mains du prêtre. Et il leur répondit : « Allez le voir, vous-même, vous qui ne le croyez pas, car moi, je crois fermement à la présence réelle comme Sainte Église nous l'enseigne. Et savez-vous ce que je gagnerai en y croyant, dans cette mortelle vie, comme Sainte Église nous l'enseigne ? J'aurai une couronne dans les cieux plus belle que celle des anges qui voient Dieu face à face et qui n'ont aucun mérite à croire en lui[19]. »

C'est ce qu'il définit encore comme une foi qui assure « d'être honoré dans le siècle et avoir le Paradis à la mort[20] ».

Sa foi, Saint Louis ne l'a jamais aussi fermement et courageusement affirmée que lorsqu'il fut prisonnier des Sarrasins et sommé de prêter un serment incompatible avec la foi chrétienne ou condamné à subir la torture. Il leur dit : « Mon corps vous pourrez bien occire, mais mon âme, vous ne l'aurez pas. » Pour lui, en effet, « il n'y avait rien de pire qu'être hors de la foi de Jésus-Christ[21] ».

De façon générale, les malheurs — corporels ou militaires ou psychologiques — sont reçus comme les épreuves que Dieu nous envoie pour nos péchés et pour que nous nous corrigions. Il adhère pleinement à la doctrine chrétienne du mal, châtiment de Dieu pour le bien des hommes qui savent l'entendre.

Après avoir échappé au naufrage, il dit à Joinville que les grandes tribulations et, en particulier, les grandes maladies sont des menaces pour que nous pensions à notre salut : « Il [Dieu] nous éveille par ses menaces pour que nous voyions clair à nos défauts et que nous ôtions de nous ce qui lui déplaît. » C'est en définitive l'explication qu'il donnera à l'échec de sa croisade.

Le Dieu de sa foi est un seigneur dont il est le vassal. Sa foi est aussi la fidélité de l'hommage prêté au sacre, un hommage qui s'exprime non par les mains, mais par l'âme, et qui fait du roi un vassal unique en son genre, ministre et image de Dieu dans son royaume. « Beau sire Dieu, je lèverai mon âme vers vous, et je me fierai à vous. »

Enfin, sa foi est confiante. Si la crainte de Dieu *(timor)* et la peur du Diable sont indispensables pour faire son salut, le Dieu de Saint Louis n'est pas un Dieu de colère. Sa religion n'est pas une religion de la peur. Il fait certainement sienne la parole de l'évêque de Paris, Guillaume d'Auvergne, conseiller et familier de sa jeunesse (Guillaume est mort en 1248), qu'il cite en présence de Joinville : « Nul ne peut tant pécher que Dieu ne puisse lui pardonner[22]. »

LE SAVOIR RELIGIEUX

Louis n'est ni un intellectuel ni un théologien, mais il a le souci de s'instruire dans les choses de la religion. Il lit la Bible, les Pères, discute de religion avec son entourage et, en particulier, questionne les clercs savants qu'il rencontre. On l'a excellemment dit : « Dans les catégories culturelles du XIIIe siècle, Saint Louis est grand clerc. Au sens non pas des grands clercs de nos églises, mais du niveau de culture [...] un clerc ayant une bonne culture, mais plus proche de celle des Dominicains français, plutôt traditionnels, que de celle des grands intellectuels étrangers comme Albert le Grand et Thomas d'Aquin[23]. »

Cet appétit de savoir religieux a frappé les contemporains. Guillaume de Saint-Pathus consacre tout un chapitre, le septième, de sa *Vie*, au thème « Sainte Écriture étudier » :

> Le saint roi Louis estimant qu'on ne doit pas perdre son temps en choses oiseuses ou en demandes curieuses sur ce monde, mais qu'on doit employer son temps en choses de poids et meilleures, travaillait à lire la Sainte Écriture, car il avait la Bible glosée et les originaux d'Augustin et d'autres saints et autres livres de la Sainte Écriture, qu'il lisait et faisait lire souvent devant lui entre le dîner et l'heure de dormir [...]. Les jours où il faisait la sieste, entre la sieste et vêpres, s'il n'avait pas à s'occuper d'affaires importantes, il faisait appeler des religieux ou d'autres personnes honnêtes à qui il parlait de Dieu, de ses saints et de leurs actes, et des histoires de la Sainte Écriture et des vies des Pères. Après complies dites par ses chapelains dans sa chapelle, il s'en allait dans sa chambre, faisait allumer une chandelle d'environ trois pieds, et tout le temps qu'elle brûlait il lisait dans la Bible ou dans un autre saint livre [...]. Et quand il pouvait avoir des personnes de révérence avec lui à sa table, il les y avait volontiers, c'est assavoir ou hommes de religion ou même séculiers, à qui il parlait de Dieu à sa table, à l'imitation de la leçon qu'on lit au couvent quand les frères se sont rassemblés à table[24].

Parfois, il va à Royaumont s'asseoir avec les moines au moment où se tient l'école. Et

> [...] comme un moine il s'asseyait aux pieds du maître qui faisait la leçon et il l'écoutait diligemment. Il alla plusieurs fois à l'école des frères Prêcheurs de Compiègne et il s'asseyait sur un carreau par terre devant maître qui lisait en chaire et il l'écoutait avec diligence. Les frères qui étaient assis sur de hauts sièges voulaient descendre pour s'asseoir par terre avec lui, mais il ne le leur permettait pas. Au réfectoire des

Prêcheurs de Compiègne, il montait au lutrin et restait à côté du frère qui y lisait la leçon[25].

On retrouve le thème avec d'autres précisions chez Geoffroy de Beaulieu : le fidèle roi entendit parler, alors qu'il était encore outre-mer, d'un grand sultan des Sarrasins qui faisait rechercher les livres de toutes sortes qui pouvaient être utiles aux philosophes Sarrasins, qu'il les faisait copier à ses frais et les gardait dans sa bibliothèque. Ainsi les lettrés pourraient disposer des livres dont ils avaient besoin.

> Le pieux roi estima que les fils des ténèbres étaient plus sages que les fils de la lumière et qu'ils étaient de plus grands zélateurs de leur erreur que ne l'étaient les fils de l'Église de la vraie foi chrétienne ; il conçut le dessein de faire transcrire à ses frais, à son retour en France, tous les livres de l'Écriture sainte, utiles et authentiques, qu'on pourrait trouver dans les bibliothèques de diverses abbayes pour que lui-même et des hommes lettrés ainsi que des religieux ses familiers puissent les étudier pour leur propre utilité et celle de leurs proches. À son retour, il réalisa son dessein et fit construire à cet effet un lieu approprié et bien défendu. Ce fut la salle du trésor de sa Sainte-Chapelle où il rassembla la plupart des originaux d'Augustin, d'Ambroise, de Jérôme, de Grégoire et les livres d'autres docteurs orthodoxes. Quand il en avait le loisir il aimait y étudier et permettait volontiers à d'autres d'y étudier [...]. Il préférait faire exécuter de nouveaux exemplaires de ces livres plutôt qu'en acheter d'anciens parce que de cette façon le nombre et l'utilisation de ces livres saints en étaient accrus[26].

Ces livres déposés dans sa bibliothèque de Paris, il les légua dans son testament, une partie aux frères Mineurs [de Paris], une « partie aux frères Prêcheurs [de Paris] et le reste aux moines cisterciens de l'abbaye de Royaumont qu'il avait fondée[27] ». Ainsi faudra-t-il attendre Charles V pour que naisse une bibliothèque royale que se transmettront les souverains et qui deviendra, après la chute de la monarchie, nationale. Il est vrai que Saint Louis mettait à part des manuscrits de luxe enluminés, sans doute peu nombreux[28]. Dernière précision avec laquelle nous retrouvons le roi de langue française :

> Quand il étudiait dans ces livres en présence de certains de ses familiers qui ignoraient le latin, à mesure qu'il lisait le texte et le comprenait, il le leur traduisait en français avec précision excellemment[29].

Il reste que ses lectures sont d'abord liées à sa foi : « Il n'aimait pas lire les écrits des maîtres [universitaires], mais les livres des saints, authentiques et confirmés[30]. »

D'où le désir de Saint Louis de s'instruire en doctrine chrétienne auprès de grands clercs. Ici il profite d'une conversation avec saint Bonaventure, venu prêcher devant lui :

> Frère Bonaventure, ministre général, rapporte que monseigneur Louis, roi de France, lui posa cette question : un homme pouvait-il préférer ne pas exister du tout plutôt que d'être toujours dans les tourments, par exemple en enfer ? Il lui répondit : « Sire, cette question est double, elle implique d'abord une offense perpétuelle faite à Dieu car Dieu qui est un juge juste n'infligerait pas autrement une peine perpétuelle ; et il y a d'autre part la souffrance interminable de la peine, et nul ne doit choisir de rester dans un état de perpétuelle offense à l'égard de Dieu. Il faut par conséquent préférer ne pas exister plutôt qu'être l'ennemi perpétuel de Dieu. » Le roi très pieux fidèle de Dieu et très chrétien ajouta : « J'adhère à l'opinion de frère Bonaventure et je vous assure, dit-il aux assistants,

que je préférerais ne pas exister du tout et être réduit à néant plutôt que vivre éternellement dans ce monde et régner toujours, comme je règne maintenant, en offensant perpétuellement mon Créateur[31]. »

Enfin, le voici encore, un saint livre à la main, posant une question, comme il aimait le faire impromptu, sur la religion, et non des moindres, à l'un de ses familiers, en l'occurrence Joinville : « Sénéchal, qu'est-ce que Dieu ? — Sire, c'est si bonne chose que meilleure ne peut être. » Nous connaissons la réponse de Joinville qui contenta Louis[32].

DÉVOTION ET ASCÉTISME

Disciple convaincu des livres saints qu'il lit, des enseignements de l'Église qu'il écoute, Louis fonde sa dévotion, avec l'amour de Dieu, sur le sens du péché et sa conséquence, la volonté de faire pénitence. Il a une horreur presque physique du péché mortel — d'autant plus forte que sa mère elle-même la lui a inculquée. Autre question jetée à Joinville : « Or je vous demande ce que vous aimeriez mieux, ou d'être lépreux ou d'avoir fait un péché mortel. » Réponse du sénéchal : « J'aimerais mieux en avoir fait trente que d'être lépreux. » Saint Louis ne lui répond pas car il y a des témoins, mais le lendemain : « Vous parlâtes en étourdi et en fou *(hâtif musard)* car vous devez savoir qu'il n'y a pas de lèpre si laide que d'être en péché mortel, parce que l'âme qui est en péché mortel est semblable au diable[33]. »

À danger de mort, il faut remède drastique. D'où cette « roideur de pénitence », cette rigueur pénitentielle, qui fait l'objet du quatorzième chapitre de la *Vie* de Guillaume de Saint-Pathus. La pénitence, c'est d'abord le refus du plaisir. Donc l'abstinence à table et au lit[34]. Son confesseur Geoffroy de Beaulieu témoigne de sa pureté de mœurs et de sa chasteté dans deux chapitres de sa biographie, le cinquième, « Sur la pureté et l'innocence de sa vie », le onzième, « Sur sa chasteté et sa continence en mariage ». Sa pénitence préférée, c'est le jeûne, de toutes les pénitences la plus physique et la plus spirituelle à la fois, qui donne à l'âme ce qu'elle retire au corps. Il la désire avec excès, même si bien que, selon son confesseur, on doit l'empêcher de faire maigre aussi le lundi, comme il le voudrait. « Il cède aux conseils de son entourage[35]. »

Ce n'est pas le seul excès pénitentiel qu'il commet et que ses conseillers religieux, partagés entre l'admiration et les réticences à l'égard d'un laïc, d'un roi, au surplus d'un homme maladif qui se conduit en ascète monastique, ne parviennent pas à lui faire abandonner. Tout au plus le persuadent-ils de mitiger ces mortifications corporelles. Ainsi pour la flagellation et le port du cilice.

Son époque connaît de grands ébranlements pénitentiels. Des épidémies de flagellation collective et publique traversent de temps en temps la Chrétienté. C'est le cas en 1260, date que les millénaristes joachimites attendent comme celle de la fin du monde[36]. Saint Louis est plus discret. Sa flagellation est une pénitence privée. Après chaque confession, il reçoit de la main de son confesseur la discipline faite de cinq petites chaînes de fer assemblées qui, pliables, tiennent dans le fond d'une petite boîte d'ivoire. Cette pyxide, il la porte toujours pendante à sa ceinture comme une bourse, mais invisible. Il en possède d'autres, dont il fait cadeau à ses enfants et à ses amis de cœur pour les inciter à la pénitence. La vigueur de cette flagellation dépend du tempérament de ses confesseurs. Geoffroy de Beaulieu croit savoir que l'un d'eux aurait frappé avec une force excessive, blessant sérieusement la chair du roi qui était tendre. Si tel confesseur (et il fait vraisemblablement allusion à lui-même) cherche à l'épargner, le roi lui demande de frapper plus fort et fait signe, quand l'intensité qu'il souhaite est atteinte[37].

Louis a aussi voulu porter un cilice à même la peau pendant l'avent, le carême et tous les vendredis. Son confesseur (Geoffroy de Beaulieu) doit lui répéter plusieurs fois que ce type de pénitence ne convient pas à un roi et qu'il doit la remplacer par des aumônes aux pauvres et davantage de célérité dans l'administration de sa justice. Saint Louis finit par se rendre à ses instances. Mais il continuera à porter pendant le carême un morceau de cilice formant une large ceinture autour de ses reins. Tous les vendredis de l'avent et du carême, il fait distribuer en secret par son confesseur quarante sous parisis aux pauvres. Pénitence de substitution, selon un usage que l'Église se met à multiplier. Saint Louis s'engage dans cette comptabilité ecclésiastique de la vie spirituelle[38] qui profitait de la diffusion de l'économie monétaire et qui ne comptera pas pour peu dans la révolte d'un Luther et dans le sursaut de la Réforme. Ce n'est pas que ces pénitences lui soient aisées. Elles représentent vraiment pour lui un effort, un renoncement. C'est aussi ce qui en fait leur prix. Louis a du tempérament, il a des besoins charnels, il est gourmand, il aime la vie, il aime plaisanter et rire. D'où sa décision de ne pas rire le vendredi, de faire aussi abstinence de rire : « Le saint roi s'abstenait de rire autant qu'il le pouvait le vendredi et si quelquefois il se mettait à rire sans y avoir pris garde, il s'arrêtait aussitôt[39]. »

Il ne faudrait pas limiter à des gestes la dévotion de Saint Louis. Ses biographes insistent sur son écoute constante de sa conscience et sur la qualité, sur la délicatesse de cette conscience[40]. Le quinzième chapitre de Guillaume de Saint-Pathus traite de ce « qui est de beauté de conscience » « pour ce que pure conscience plus que tous les biens de l'âme délecte les regards de Dieu, le bénit roi Saint Louis fut de si grande pureté qu'il put délecter les regards de Dieu[41] ».

En revanche, Saint Louis se désespère que la grâce du don des larmes, signe de l'acceptation par Dieu de la contrition du pécheur, expression de la *componction* dans la spiritualité traditionnelle marquée du sceau monastique, lui ait été refusée — c'est « le don des larmes refusé à Saint Louis » qui a frappé Michelet lecteur des biographes du XIIIe siècle. Mais « si le Seigneur lui concédait parfois quelques larmes dans sa prière, lorsqu'il les sentait suavement couler sur ses joues jusqu'à sa bouche, il les savourait très doucement, non seulement dans son cœur mais aussi avec son goût[42] ». Dans sa dévotion, Louis a besoin de ces jouissances physiques, surtout si elles viennent de l'intérieur.

LA CONSCIENCE

La dévotion de Saint Louis se situe ainsi à la charnière de deux styles de spiritualité : la première, traditionnelle, monastique, s'épanouit dans la componction et les larmes ; la seconde est associée à une nouvelle conception du péché jugé selon l'intention du pécheur, centrée sur la conscience et l'examen de conscience. Le refus des larmes chez Saint Louis est sans doute lié à une sensibilité individuelle, mais il participe aussi de cette mutation de la spiritualité. La conscience tend à tarir les larmes.

Cette conscience nourrit chez Saint Louis un ensemble de vertus : d'abord l'humilité, fondamentale chez lui, quasi franciscaine, dont nous avons vu tant de signes et qu'il s'étonne de ne pas trouver chez certains hommes d'Église. Après sa rencontre avec le pape Innocent IV, à Cluny, en 1246, où il n'a pas réussi à convaincre le pontife de se réconcilier avec Frédéric II pour réaliser l'unité de la Chrétienté en vue de la croisade.

> Comme le seigneur Pape avait refusé avec hauteur et morgue, monseigneur le roi de France s'en alla en colère et indigné de n'avoir pu trouver le moindre signe d'humilité chez celui qui s'intitulait serviteur des serviteurs de Dieu[43].

Puis la patience, essentielle chez ce roi-homme toujours tourné vers le Christ-homme, roi souffrant qui s'accepte et se veut comme une image de Jésus souffrant, du Christ de la Passion[44]. Ses biographes et hagiographes montent en épingle cette vertu de patience[45]. Écoutons alors le témoignage d'un chroniqueur plus indépendant, l'Anglais Matthieu Paris : « Le très chrétien roi de France demeura à Acre, supportant en silence avec patience cette adversité[46]. » Et conversant amicalement avec le roi d'Angleterre, Louis lui confie : « Pour en revenir à moi, et revenant à mon cœur et y entrant, je me réjouis plus de la patience que le Seigneur par sa grâce m'a concédée, que si le monde entier m'était soumis[47]. »

À sa conscience les contemporains rapportent surtout sa loyauté et sa passion pour la vérité. Une anecdote de Joinville l'illustre :

> On constate la loyauté de Saint Louis dans l'accueil qu'il fit à Monsieur Renaud de Trie qui lui apportait une lettre contenant la donation du comté de Dammartin-en-Gohelle aux héritiers de la comtesse de Boulogne naguère morte. Le sceau de la lettre était brisé et il n'y restait que la moitié des jambes de l'image et le tabouret où le roi pose ses pieds. Le roi nous le montra, nous demandant conseil.
> Nous nous accordâmes tous, sans aucune exception, qu'il n'était nullement tenu à mettre la lettre à exécution. Il ordonna alors à Jean Sarrasin, son chambellan, de lui montrer la lettre. Et lorsqu'il la tint entre ses mains il dit : « Seigneurs, voici le sceau que j'employais avant d'aller outre-mer, et on voit clairement que l'empreinte de la partie brisée se rapporte à l'ensemble du sceau. À cause de cela donc, je n'oserais pas en bonne conscience retenir ce comté. » Il appela alors Monsieur Renaud de Trie et lui dit : « Je vous rends le comté[48]. »

Cette loyauté, Saint Louis ne pouvait mieux la démontrer qu'en l'observant aussi à l'égard des musulmans. Le trait a tellement frappé les contemporains habitués à se considérer déliés envers les Infidèles des règles morales à respecter entre chrétiens que Boniface VIII le mentionne dans son sermon de canonisation du 6 août 1297[49]. Joinville, témoin de l'épisode, le raconte évidemment dans son *Histoire de Saint Louis*[50], mais il en a fait mention déjà dans sa déposition lors du procès de canonisation et Guillaume de Saint-Pathus a eu communication du dossier pour écrire sa *Vie*. Je m'appuie sur son récit. Après le paiement de trente mille livres sur les deux cent mille exigées par les musulmans pour sa rançon et celle des Français prisonniers, les Sarrasins relâchent le roi contre la promesse qu'il restera sur son navire au large de Damiette jusqu'à ce que la somme ait été intégralement payée. Saint Louis a promis oralement, non par écrit. Les barons qui sont avec lui lui conseillent d'en profiter et de lever l'ancre. Il leur répond qu'il n'est pas question de ne pas tenir sa promesse même si les musulmans, au mépris de la leur, ont massacré des prisonniers chrétiens dans Damiette. Quelque temps après, on annonce au roi que toute la rançon a été payée.

> Mais monseigneur Philippe de Nemours, chevalier du saint roi, lui dit : « La somme d'argent est toute payée, mais nous avons trompé les Sarrasins de dix mille livres. » Quand le saint roi entendit ces mots, il fut très courroucé et dit : « Sachez que je veux que les deux cent mille livres soient payées entièrement, car je leur ai promis et je veux qu'il n'en manque rien. » Alors le sénéchal de Champagne[51] marcha sur le pied de monseigneur Philippe, lui fit un clin d'œil et dit au saint roi : « Sire, vous croyez ce que dit monseigneur Philippe ? Il plaisante. » Et quand monseigneur Philippe entendit la voix du sénéchal, il lui souvint du très grand désir de vérité du saint roi, il reprit la parole et dit : « Sire, monseigneur le sénéchal dit vrai, je n'ai parlé ainsi que par jeu et plaisanterie et pour savoir ce que vous diriez. » Le saint roi répondit : « N'attendez pas de félicitations pour ce jeu et cette épreuve, mais prenez garde que la somme d'argent soit bien payée toute entièrement[52]. »

LA PRATIQUE SACRAMENTELLE

Saint Louis accorde une grande importance aux rites et à la médiation nécessaire de l'Église, des prêtres, dans la vie religieuse des laïcs, roi compris. Depuis le XIIᵉ siècle, en particulier depuis le *De sacramentis* de Hugues de Saint-Victor, la théologie des sacrements s'est stabilisée dans le cadre du septenaire sacramentel. Louis pense que l'Église n'est jamais aussi indispensable que dans sa fonction de dispensatrice de sacrements[53].

L'attitude de Saint Louis est bien conforme à ce que le père Gy dit de la pratique sacramentelle au XIIIᵉ siècle : « Il y a deux sacrements qui sont indispensables à chaque personne : c'est le baptême et, si on a commis un péché mortel, la confession[54]. » On a vu l'importance attachée par Saint Louis à son propre baptême et son zèle à faire baptiser les non-chrétiens. Le baptême marque l'entrée dans la communauté chrétienne, la vraie naissance, la naissance spirituelle, la condition de base, indispensable, pour pouvoir espérer faire son salut, pour aller au Paradis. Le lieu de baptême, qui est souvent le lieu de naissance, est en tout cas le vrai lieu de naissance. D'où l'insistance de Louis à s'appeler Louis de Poissy, où il fut baptisé.

La confession est le grand souci de Saint Louis, car c'est le sacrement qui efface les péchés mortels, celui qui recrée les conditions de pureté du baptême. Le XIIIᵉ siècle a été le siècle de la confession. C'est le quatrième concile du Latran, en 1215, l'année qui suit celle de la naissance de Louis, qui a institué la confession annuelle obligatoire pour tous les chrétiens. Ce rythme annuel est très insuffisant pour Saint Louis, il laisse subsister de trop longs intervalles où le péché mortel est bien trop grand, bien trop dangereux. Le rythme sécuritaire est hebdomadaire et le jour de la semaine qui s'impose est celui qui est plus particulièrement voué à la pénitence : le vendredi. Mais le roi peut craindre de commettre un péché, peut-être mortel, entre deux vendredis, et même ou plutôt surtout la nuit, ce temps des tentations, ce temps favori du diable pour ses assauts. D'où la nécessité d'avoir près de sa chambre un confesseur de jour et un de nuit, sur les deux qui se relaient pour entendre ses confessions.

On peut être étonné de voir la pratique eucharistique un peu en retrait dans l'activité sacramentelle de Louis. Mais, depuis le XIIe siècle, l'accent est mis surtout sur les conditions qui doivent rendre le pécheur digne de recevoir l'eucharistie : la confession et le repentir : « Avant de communier il faut éprouver sa conscience[55]. »

Louis ne pratique donc pas la fréquente communion. Guillaume de Saint-Pathus précise :

> Le benoît saint Louis était de fervente dévotion qu'il avait au sacrement du vrai corps [corps de Notre Seigneur], car tous les ans il restait communier à tout le moins six fois. C'est à savoir à Pâques, à la Pentecôte, à l'Assomption de la benoîte Vierge Marie, à la Toussaint, à Noël et à la purification Notre-Dame[56].

Texte qui nous renseigne aussi sur la hiérarchie de sa dévotion : dévotion au Christ (trois communions), à la Vierge (deux), aux saints (une).

Mais Louis entoure ces communions des « conditions de dignité » — et d'humilité — recommandées, Il rend hommage au corps du Christ en entourant ses communions — outre la confession préalable — de jeûnes, de continence, de prière. Dans l'accomplissement même de l'acte de communier sa gestuelle est impressionnante.

> Et il allait recevoir son sauveur par très grande dévotion car avant il lavait ses mains et sa bouche et ôtait

son chaperon et sa coiffe. Quand il était entré au chœur de l'église, il n'allait pas sur ses pieds jusqu'à l'autel, mais il y allait à genoux. Et quand il était devant l'autel, il disait son *Confiteor*[57].

Le XIIIe siècle est d'ailleurs aussi celui de l'épanouissement du culte eucharistique : le pape Urbain IV en 1264 institue la Fête-Dieu, la fête du *Corpus Christi*, où l'hostie est portée en procession sous le dais. Ce dernier entame ainsi la carrière d'objet sacralisant qui s'étendra bientôt à des cérémonies princières laïques[58]. Et, au XIIIe siècle, les miracles eucharistiques se multiplient aussi.

Pour les autres sacrements, Louis a reçu, bien entendu, celui du mariage[59]. Il a célébré le sien aussi dévotement qu'il était alors possible, en y incorporant une messe et en respectant les « trois nuits de Tobie », mais la liturgie du mariage n'a pas au Moyen Âge « l'importance qu'elle aura par la suite[60] ».

C'est aussi le cas de l'extrême-onction. Si le mourant a sa conscience, c'est la confession surtout qui compte, les prières, les gestes d'humilité comme l'abaissement du corps du mourant de son lit sur une couche à même la terre, ou — mais la dignité royale l'a encore interdit, sans doute, à Saint Louis — le revêtement d'un habit monastique. Blanche de Castille est morte à Maubuisson dans un vêtement de cistercienne. Les biographes de Saint Louis ont cependant tenu à signaler qu'il reçut l'extrême-onction conscient sur son lit de mort à Carthage[61].

SAINT LOUIS ET LA PRIÈRE

La prière[62] semble bien au cœur d'une dévotion qui est d'abord amour et qui instaure, à travers les textes traditionnels enseignés par l'Église et les clercs, une relation directe entre Dieu et l'orant. Lien d'autant plus important quand l'orant est un roi chef de son peuple.

L'évocation de Saint Louis en prière se rencontre surtout dans les *Vies* de Geoffroy de Beaulieu, son confesseur, et de Guillaume de Saint-Pathus. On trouve peu de renseignements, en revanche, chez les autres biographes, notamment chez Joinville, non plus que dans la bulle de canonisation et les deux sermons prononcés à cette occasion par Boniface VIII. Les deux seules allusions à la prière de Saint Louis se trouvent dans la bulle de canonisation. Boniface VIII souligne que la piété du roi s'est renforcée après le retour de sa première croisade. Pendant tout le carême, l'avent, les veilles de fête et les quatre temps, « il s'adonnait aux jeûnes et aux prières » *(in jejuniis et orationibus existebat)*[63]. Le pape insiste sur la longueur des oraisons, une sorte d'installation dans la prière, mais ce n'est pas le plus important, du point de vue de la curie, pour faire un saint. Boniface rappelle aussi les prières dites par le roi sur son lit de mort. Elles lui permettent de réaliser la *bonne* mort : « En recommandant son âme à Dieu par des prières dévotes et en prononçant à la lettre les mots suivants : "Père, je remets mon esprit entre tes mains", il passa heureusement au Christ » *(suam Domino* devotis precibus *animam recommendans, ac literaliter exprimens verba sequentia, videlicet :* Pater, in manus tuas commendo spiritum meum, *feliciter migravit ad*

Christum)[64]. Louis a recours aux prières et aux formules usuelles, mais il ne les dit pas machinalement, il donne aux mots leur sens réel et profond *(literaliter exprimens).*

On peut rapprocher cette évocation du roi en prière des recommandations faites à son fils dans ses *Enseignements*. À l'église, à la messe, il faut s'exprimer « par bouche et de pensée ». Il faut méditer les mots de la prière en même temps qu'on les prononce[65]. La prière doit être plus recueillie à partir de la consécration, à mesure que l'on s'approche de la communion. Dans la version de Joinville, il recommande à son fils : « Prie Dieu de cœur et de bouche spécialement en la messe [alors] que la consécration est faite », et, plus loin, il lui conseille encore : « et pourchasse volontiers prières *(proieres)* et pardons *(indulgences)* ». La dévotion du roi reste aux frontières indécises où se mêlent l'élan du cœur et les rites objectivement fixés.

Joinville ne mentionne de prières du roi qu'en deux occasions. La première est la mort de sa mère, dont Saint Louis n'apprit la disparition que plusieurs mois plus tard. On sait que sa douleur lui fit perdre pour une fois la mesure. Parmi ses réactions, figure l'envoi en France « d'un sommier chargé de *lettres de prières* aux églises pour qu'elles priassent pour elle[66] ».

Joinville revient sur les prières de Saint Louis quand il raconte sa mort telle que la lui a rapportée un témoin oculaire, Pierre, comte d'Alençon, fils du roi.

> [...] quand il approchait de la mort, il appela les saints pour l'aider et le secourir et spécialement monseigneur saint Jacques, en disant son *oraison* qui commence par *Esto, Domine*, c'est-à-dire « Dieu, soyez sanctificateur et gardien de votre peuple ». Il appela alors à son aide monseigneur saint Denis de France,

en disant son *oraison* qui veut dire : « Sire Dieu, donnez-nous que nous puissions mépriser la prospérité de ce monde, de sorte que nous ne redoutions nulle adversité[67]. »

Le vocabulaire de la prière est simple : en latin *orare, oratio* et rarement *preces*, en français « oraison » (et rarement « orer ») et, moins fréquemment, « prier », « prières » *(proieres)*. Mais toutes les manières de prier de Louis sont détaillées par ses biographes, en particulier par Geoffroy de Beaulieu et Guillaume de Saint-Pathus.

Geoffroy, quand il traite de sa dévotion dans l'assistance à la messe et aux sermons, détaille sa façon de prier[68].

Les offices de prières qu'il écoute quotidiennement sont les heures canoniques et les heures de la Vierge, et il veut les entendre avec chants. S'il est en voyage, il veut aussi les entendre et les dit à voix basse avec son chapelain. Tous les jours, il dit avec son chapelain, même lors des fêtes solennelles, l'office des morts avec neuf *lectiones*, c'est-à-dire des morceaux choisis tirés des Écritures ou des Pères, intégrés dans un office. Il écoute presque tous les jours deux messes et fréquemment trois ou quatre. Lorsqu'il entend dire que des nobles murmurent contre le temps qu'il passe à assister à tant de messes et de sermons, il répond qu'on ne dirait rien s'il passait le double de ce temps à jouer aux dés et à courir les forêts à la chasse[69].

Vers minuit, il a l'habitude de se lever pour chanter matines avec ses chapelains et ses clercs à la chapelle royale et, en revenant des matines, il prend un temps de repos *(quietum spatium)* à prier devant son lit. Il ne redoute pas alors, si le Seigneur lui suggère quelque dévotion, d'être dérangé par des intrus. Il veut rester en prière aussi longtemps que les matines durent à l'église. Mais comme il ne veut pas, à cause des affaires urgentes, se lever très tôt pour prime et comme ses veilles affaiblissent et alourdissent sérieusement son corps et surtout sa tête, il finit par se ranger aux conseils et aux prières de ses intimes et se lève pour matines à une heure qui lui permet d'entendre à la file, après un faible intervalle, prime, les messes et les autres heures. Pendant qu'on chante les heures, il ne veut être dérangé par aucune conversation, sauf s'il y a urgence, et, dans ce cas, il ne s'interrompt de prier que brièvement. Il agissait de même quand il résidait non dans un château royal mais, ce qui lui arrivait souvent, dans un monastère ou un couvent.

Il est aussi très attentif et très présent lors de la célébration des grandes fêtes. Il aime beaucoup les chants dans les offices : tout comme il accroît le nombre des clercs de sa chapelle, il augmente le nombre des chanteurs qui y sont attachés. Il montre une faveur particulière pour les Bons-Enfants, c'est-à-dire les enfants de chœur, en général des étudiants pauvres qui finissent par former une véritable manécanterie.

Saint Louis vit sensuellement sa prière et espère qu'elle l'émouvra au point de sentir des larmes couler le long de ses joues jusqu'à sa bouche.

Quand il visite une maison de congrégation religieuse, il demande instamment aux religieux de prier pour lui et pour les siens, vivants et morts. Quand il le leur demande à genoux dans la salle capitulaire, l'humilité de sa posture leur arrache souvent des larmes. Dans sa quête de *suffrages* (prières et messes) au-delà de lui-même et de sa famille pour ses familiers, ses serviteurs, ses amis défunts, il montre sa fidélité et sa solidarité à l'égard de cette famille

« artificielle » que constitue son entourage comme à l'égard de sa famille naturelle. La prière est un lien du sang et du cœur.

Selon Guillaume de Saint-Pathus, dans son chapitre « De dévotement Dieu prier », les prières et les œuvres forment dans la dévotion de Saint Louis un couple indissociable. Prier, c'est « mettre son esprit présent devant Dieu », c'est « avoir contemplation, consolation et aide de Dieu pour accomplir une bonne œuvre ».

Tous les soirs, quand il n'est pas malade, le roi prie après complies avec un chapelain dans sa chapelle ou dans sa garde-robe. Après le départ du chapelain, il continue à prier seul dans la chapelle, la garde-robe ou près de son lit. Il prie incliné à terre, les coudes sur le banc. Il le fait en général si longuement que les préposés à son service (« la maisnie de sa chambre ») s'impatientaient au dehors. Il s'agenouille chaque soir cinquante fois, se met droit, se ragenouille en disant lentement un *Ave Maria*, se relève, et ainsi de suite. Contrairement aux habitudes de ses contemporains qui boivent un verre de vin avant de se coucher, il ne prend pas de « vin de coucher ». Avant sa première croisade, il se couchait toujours après matines, même en hiver. Après son retour de la croisade, il se lève après matines mais, bien avant le jour, il récite tardivement matines, puis fait une prière solitaire devant l'autel ou près de son lit. Il prie tellement penché vers la terre et la tête si inclinée que sa vue et son esprit en sont affaiblis, et il ne sait revenir tout seul à son lit.

Guillaume de Saint-Pathus insiste sur ses multiples appels aux prières des autres. Quand il visite un monastère ou un couvent, Louis s'agenouille devant les religieux dont il réclame les prières. Il envoie à ce sujet une lettre annuelle aux Cisterciens. Chaque moine doit dire chaque année trois messes pour lui : une messe du Saint-Esprit, une messe de la Sainte-Croix, une messe de Notre-Dame. Il écrit à sa fille Blanche pour faire prier pour lui après sa mort. Il le demande de sa main dans ses *Enseignements* à son fils et à sa fille. Avant de partir pour Tunis, il visite les couvents parisiens et s'agenouille devant les frères en leur demandant de prier pour lui, en présence de sa mesnie, de chevaliers et autres assistants.

Guillaume cite encore des exemples exceptionnels de prières et de demandes de prières. Au moment de sa libération en Égypte, on entend un grand tumulte dans le camp musulman : le roi fait dire l'office de la Sainte-Croix, le service du jour, l'office du Saint-Esprit, celui des morts « et autres bonnes oraisons qu'il savait ». À Sidon, il fait venir à un sermon du patriarche la population chrétienne « nu-pieds et en langes [chemise de laine] » pour prier Dieu de montrer au roi s'il vaut mieux rester en Terre sainte ou rentrer en France. Enfin, de façon générale, quand il a un problème difficile à débattre avec son conseil, il fait prier les couvents de religieux de supplier Dieu dans leurs oraisons pour qu'il inspire au roi la bonne solution. Ainsi Saint Louis s'entoure, avant de prendre ses plus importantes décisions, d'une armée d'orants chargée d'arracher à Dieu le secret de la réussite.

Il combine la prière collective et la prière individuelle, la prière à voix haute et la prière à voix basse (« de bouche ou de pensée »). Mais la prière à voix haute prédomine dans sa pratique, même quand il est seul. C'est seulement à son époque, rappelons-le, que s'instaure lentement la « lecture silencieuse[70] ». Saint Louis recherche un équilibre entre la prière collective et la prière individuelle. Il prie souvent avec son chapelain ou avec les clercs de sa chapelle, mais il aime aussi prier seul.

Sa prière est aussi, dans sa forme, une prière royale. Il l'accomplit soit avec sa chapelle qui est chapelle royale, plus nombreuse et plus brillante que celles de tous les autres grands personnages et nobles du royaume soit seul. Quand il s'adonne à la prière privée, ce n'est pas seulement la prière de l'individu qui s'est affirmée au XIIIe siècle[71], c'est aussi la prière du chef solitaire.

La prière collective est celle des grandes occasions, des fêtes solennelles, où il tient sa partie de roi. Dans ces cérémonies, il est particulièrement attentif à ce qui est pour lui le prolongement naturel, l'enveloppe mystique de la prière : le chant.

Louis a tendance à pratiquer une prière ubiquiste et perpétuelle, partout — sur terre et sur l'eau, en demeure et en chevauchée, en privé et en public — et jour et nuit. Il lui faut pourtant accepter des discontinuités dans cet exercice. Dans la journée, il exige deux moments privilégiés : le matin et le soir. Mais la discontinuité est aussi liée à des moments exceptionnels : à de grandes fêtes et de grands périls. La prière pour Saint Louis informe aussi bien le quotidien que l'exceptionnel, l'habituel que le solennel. Mais sa tendance est au quotidien, au fréquent, au long. Ses hagiographes insistent sur l'impatience de son entourage face à la longueur de ses prières pour bien montrer que le roi est aussi différent, au-dessus des autres, séparé d'eux par l'ampleur de sa prière. C'est celle d'un saint.

Les hagiographes et, notamment, Guillaume de Saint-Pathus ont noté les gestes de l'orant chez Saint Louis. À cette époque, où renaît l'attention pour les gestes, où l'Église s'efforce de les codifier, cet homme de mesure et de juste milieu se montre excessif. La fréquence de sa dévotion, le nombre des agenouillements et des gestes fatiguants, l'exagération des inclinaisons à terre qui brouillent ses sens, tout cela va au-delà d'une pratique normale de la prière[72]. Mais il n'est pas de saint sans excès.

Même si le roi s'adonne aux prières joyeuses des grandes fêtes (et notamment à Pâques), même s'il est sensible aux beautés des chants d'allégresse, la prière est surtout pour lui *pénitence*.

À qui l'adresse-t-il ? À Dieu (vu surtout sous les traits du Fils, du Christ), au Saint-Esprit et à la Vierge Marie, devenue, au XIIIe siècle, comme la quatrième personne de la Trinité.

Quand, en 1254, il revient de la croisade accablé par le remords de sa défaite qui rejaillit sur toute la Chrétienté, « on chanta une messe en l'honneur du Saint Esprit pour que le roi reçut les consolations de Celui qui est au-dessus de tout ». Quant à la Vierge, on a vu que cette grande médiatrice des hommes auprès de son fils Jésus et donc l'objet, en général, d'une particulière dévotion des princes, qui se recommandent à elle avec leurs sujets, est tout spécialement vénérée et priée par Saint Louis, pèlerin aux sanctuaires mariaux, qui fait dire tous les jours l'office de la Vierge. Dans ses *Enseignements* à son fils, il lui demande de réprimer « toute chose qui se fait ou se dit contre Dieu ou Notre-Dame » et lui conseille qu'il prie Dieu de le garder « par sa grande miséricorde et par les prières et par les mérites de sa bienheureuse mère, la Vierge Marie[73] ».

Pour qui ? Pour soi-même. La prière est d'abord le moyen du salut personnel. Mais aussi pour les autres : roi tout dévoué à son lignage, à la mémoire de ses ancêtres, de son père et peut-être, plus encore, de son grand-père, Philippe Auguste, à sa mère, chérie entre toutes et tous, à ses frères et sœurs, à ses enfants (la reine appartient à un autre lignage), Saint Louis pratique une prière dynastique.

Roi de l'amitié, de la reconnaissance à l'égard de ses serviteurs et de son entourage, Saint Louis est aussi le centre d'une parenté « artificielle », liée dans une perspective religieuse et eschatologique par la prière. Roi conscient de ses devoirs envers son peuple (« sa gent », comme il dit de ses soldats à la croisade, ses sujets en général), il fait de sa prière royale pour le royaume et ses habitants un des devoirs les plus exigeants de sa fonction. Un bon roi chrétien est un roi qui prie pour son peuple.

Par-dessus tout, peut-être, Saint Louis prie et fait prier pour les morts. Roi d'un royaume dynastique d'une très grande ambition funéraire[74], contemporain de l'enracinement de la croyance au Purgatoire qui requiert les *suffrages* des vivants pour les morts[75], héritier de la grande tradition monastique et aristocratique de la dévotion pour les morts[76], pour qui prient spécialement depuis la fondation de Cluny des ordres dotés d'une clientèle de défunts, il accorde aux offices pour les morts une place disproportionnée avec la pratique pourtant attentive de son époque[77]. Le roi est celui des morts comme celui des vivants[78].

L'on prie, sans aucun doute, pour assurer son salut personnel et celui d'autrui par cette forme de pénitence, d'humilité, mais aussi pour accompagner les bonnes œuvres. Mais au bout de la dévotion orante, il y a le contact direct avec Dieu, sa contemplation et cet appel à l'aide pour soi-même et les autres que celui qui prie adresse à Dieu. Le roi, en priant, obéit à la mission que lui ont explicitement confiée les clercs le jour de son sacre et couronnement : être l'intermédiaire entre Dieu et ses sujets.

Un autre trait de l'époque pousse Louis à pratiquer la prière individuelle : la recherche de la dévotion et de la charité pratiquées en secret. À la pauvreté honteuse, qui grandit chez certaines catégories de pauvres, répond la charité cachée.

Suivant l'une des attitudes prônées par les règles de piété de son époque et, en particulier, par la dévotion mendiante d'humilité, il se cache pour faire le bien, il cherche à cacher par des ruses pieuses sa rigueur alimentaire, mais, en même temps, il ne parvient pas à réfréner entièrement un certain exhibitionnisme de l'ascèse. Si l'on essaie de le situer sur la trajectoire de la dévotion médiévale, on pourrait dire, en simplifiant les choses, que tout en participant à un certain amour « gothique » de la vie, il manifeste aussi les débuts d'un certain ascétisme « flamboyant ».

Il ne faut pas oublier enfin que, fréquentant assidûment les Cisterciens et les frères Mendiants qui, au XIIIe siècle, continuent souvent les pratiques et l'esprit de la dévotion cistercienne, Louis a vu dans l'oraison le moyen pour un laïc de se rapprocher d'aussi près que possible de la conduite, du statut, des chances de plaire à Dieu des religieux. Sa prière est peut-être avant tout une prière *monastique*. Elle entre dans l'image globale du roi qu'ont eue certains contemporains, ceux qui ont pensé, comme Geoffroy de Beaulieu, qu'il avait sérieusement songé à entrer dans un ordre Mendiant. Un autre de ses biographes, Guillaume de Chartres, écrit que « ses mœurs, ses actes, ses gestes n'étaient pas seulement ceux d'un roi, mais aussi ceux d'un religieux[79] ».

LA DÉVOTION AUX SAINTS

Si la Vierge est l'intermédiaire privilégiée entre les hommes et Dieu, il existe d'autres intercesseurs auprès du roi des cieux : les saints. Il les imagine à l'intérieur d'un gouvernement céleste qui fonctionne sur le modèle d'un régime monarchique féodal, et il voit en eux des auxiliaires pour réaliser son projet de fondre ensemble religion et politique : réussir sur terre *et* au ciel ou, plutôt, au ciel comme sur terre. Cette vision personnelle de Saint Louis est aussi celle des puissants et des riches au XIIIe siècle. Le rapport entre terre et ciel s'est en quelque sorte renversé relativement au modèle augustinien dans lequel la cité terrestre doit s'efforcer d'imiter la cité céleste. Le parallélisme demeure, mais à l'envers. Ce n'est plus « sur la terre comme aux cieux », mais « aux cieux comme sur la terre ». Le marchand veut posséder à la fois l'argent ici-bas et la vie éternelle dans l'au-delà[80]. Le puissant doit avoir « honneur » sur cette terre et « gloire » dans le ciel.

Louis expose à Joinville ébahi comment réaliser ce projet : « Voudriez-vous être instruit de la façon dont vous pourriez avoir honneur en ce monde et plaire aux hommes et avoir la grâce de Dieu et gloire dans le temps à venir ? » Ce moyen, c'est le recours aux saints :

> Le saint roi engagea le chevalier à fréquenter l'Église aussi lors des fêtes solennelles des saints et d'honorer les saints, et il disait que les saints au Paradis sont semblables aux conseillers des rois sur la terre. Car qui a affaire avec un roi terrestre, il demande qui est bien avec lui, qui peut lui demander quelque chose qu'il

sera sûr d'obtenir et qui le roi écoute. Et quand il sait qui est cette personne, il va la trouver et lui demande de prier le roi pour lui. Ainsi en est-il des saints du paradis qui sont les intimes *(privés)* de Notre Seigneur et ses familiers et qui peuvent lui demander à coup sûr, car il les écoute. Aussi devez-vous venir à l'église le jour de leur fête, les honorer et les prier qu'ils prient Notre Seigneur pour vous[81].

Louis n'a-t-il jamais rêvé qu'en devenant saint il pourrait continuer à jouer au Paradis ce rôle d'intermédiaire auprès de Dieu qu'il joue sur terre comme roi entre Dieu et ses sujets ? Le destin d'un bon roi n'est-il pas de devenir saint dans la pérennité de sa fonction ?

LES OBSESSIONS DÉVOTIONNELLES DE SAINT LOUIS

Je discerne, en outre, quatre types de dévotion où il s'est investi avec un engagement quasi obsessionnel : l'audition des sermons, le culte des reliques, l'accomplissement de la charité et la construction de bâtiments religieux.

J'ai déjà longuement évoqué le goût de Saint Louis pour les sermons (et lui-même ne s'est-il pas souvent comporté en prédicateur amateur ?) et je me contenterai d'une anecdote qui fait sentir le caractère quasi magique de cette passion.

> Il voulait écouter très fréquemment des sermons et, quand ils lui plaisaient, il les retenait très bien et savait les répéter aux autres avec beaucoup de succès. Pendant son voyage de retour de la croisade, qui dura dix

semaines, il ordonna que l'on fît sur son navire trois sermons par semaine. Quand la mer était tranquille et que le navire n'avait pas besoin du travail des marins, le pieux roi voulait que ces marins entendissent un sermon spécial sur un thème les concernant, par exemple les articles de la foi, les mœurs et les péchés, considérant que ce genre d'hommes entendait très rarement la parole de Dieu [...][82].

Louis a aussi une attirance quasi fétichiste pour les reliques. Il considère certainement comme le plus grand succès de son règne l'acquisition des reliques de la Passion pour lesquelles il a fait construire la Sainte-Chapelle et a institué trois offices annuels. Il acquit aussi des reliques de saint Maurice pour lesquelles il fit construire une église à Senlis, organisant à cette occasion une grande procession de corps saints[83].

La troisième de ses obsessions, c'est celle de la charité, dont nous avons vu de nombreux exemples sous ses deux formes principales : le service des pauvres à table, les soins aux malades et, surtout, les distributions d'aumônes, tantôt en secret, tantôt publiquement et même de façon ostentatoire. Et ce sont ces chevauchées par le royaume, ces tournées d'aumônes où il est assailli par des troupes de pauvres[84]. C'est que, pour Saint Louis, la foi et la dévotion ne vont pas sans les œuvres. Selon Guillaume de Saint-Pathus, « ces deux choses s'accordent l'une à l'autre envers Notre Seigneur tout puissant qu'œuvre soit appuyée d'oraison et oraison d'œuvres[85] ». Et le XIIIe siècle est un temps où, fortement préconisées par les frères Mendiants, les œuvres de miséricorde deviennent un élément essentiel de la piété, surtout celle des riches et puissants laïques. C'est le thème du long onzième chapitre de Guillaume de Saint-

Pathus, « Les œuvres de charité » : assister les malades, en particulier les « malvoyants » et les aveugles pour lesquels Louis fait construire l'hospice des Quinze-Vingts à Paris, destiné à recueillir trois cents aveugles, vêtir ceux qui sont nus, donner à manger aux affamés, faire des aumônes aux pauvres, loger les sans-abri, subvenir aux besoins des veuves des croisés morts outre-mer, délivrer les prisonniers des Infidèles, s'occuper des lépreux, enterrer les morts comme il le fait en Terre sainte, se tenir au chevet des mourants, comme il le fait dans l'hôtel-Dieu de Compiègne ou à l'abbaye cistercienne de Chaalis, en sont autant d'illustrations.

Joinville en est témoin.

> Le roi fut si large aumônier que partout là où il allait en son royaume, il faisait donner aux pauvres églises, aux maladreries [léproseries], aux hôtels-Dieu, aux hôpitaux et aux pauvres gentilshommes et gentilles femmes. Tous les jours, il donnait à manger à une grande foison de pauvres, sans compter ceux qui mangeaient en sa chambre et maintes fois je vis que lui-même leur taillait leur pain et leur donnait à boire[86].

À ces bonnes œuvres il faut ajouter la construction de bâtiments religieux. Saint Louis a pratiqué au plus haut degré cette passion des rois (et de certains chefs d'États républicains, aujourd'hui encore) : construire, laisser des monuments comme signes de mémoire. Il n'a fait construire que peu de bâtiments profanes, palais ou châteaux forts, mais il les a dotés de saintes chapelles, à Saint-Germain-en-Laye et au palais de la Cité à Paris. Ses biographes dressent avec complaisance, dans un mélange d'admiration et de réprobation pour l'excès des dépenses, la liste des édifices religieux qu'il a fait bâtir de son vivant et après sa mort grâce aux dons qui constituent l'essentiel de son testament[87]. Joinville en fait une énumération détaillée qui comprend l'abbaye cistercienne de Royaumont, les abbayes de moniales cisterciennes du Lys et de Maubuisson, à la demande de sa mère, le couvent de Saint-Antoine près de Paris (dans l'actuel faubourg Saint-Antoine), plusieurs couvents de Prêcheurs et de Cordeliers, les hôtels-Dieu de Pontoise et de Vernon, la maison des aveugles de Paris, l'abbaye des Cordelières de Saint-Cloud, à la demande de sa sœur Isabelle. Pour satisfaire ces obsessions pieuses, le roi prud'homme oublie sa volonté de respecter la mesure et d'être économe. Lui qui affirme préférer le *prud'homme* au *béguin*, au dévot sans ouverture ni modération, il se conduit souvent ici encore en laïc à la piété excessive, en roi à qui il ne manque que l'habit de religieux.

LA DÉVOTION À LA CROISADE

Il faut revenir encore brièvement sur Saint Louis à la croisade car, même si je ne lui accorde pas une place aussi centrale, aussi tentaculaire dans le programme de vie et de règne de Saint Louis, comme l'ont fait Jean Richard et surtout William Ch. Jordan, la croisade a été sa grande expérience religieuse et elle est encore, au milieu du XIIIe siècle, la grande aventure dévotionnelle des chrétiens. Puisque, avec Saint Louis, tout semble viser la perfection chrétienne, on s'est posé la question de savoir s'il fut le « croisé idéal[88] ».

Si l'on se réfère au concept de « croisé idéal », Saint Louis a été, aux yeux de ses contemporains, de la postérité et des historiens modernes l'une des meilleures incarnations de ce personnage imaginaire.

Il l'a été d'abord parce que, plus et mieux que la plupart des autres chefs croisés, il a accompli les actes de la préparation au « pèlerinage outre-mer ». La croisade, comme l'aventure chevaleresque, est une expédition religieuse qui requiert une préparation morale, des rites de purification[89]. Les biographes de Saint Louis ont noté son changement d'attitude à partir de sa première expédition : il renonce au luxe vestimentaire, à l'ostentation alimentaire. On a daté ce changement de son retour de Terre sainte et on l'a fait durer jusqu'à sa seconde croisade et à sa mort, puisque sa vie n'est désormais qu'une longue pénitence et une lente préparation à un nouveau et définitif « passage ». Mais cette transformation date du jour où Louis a pris la croix, comme le voulait la législation de la croisade édictée par les bulles pontificales.

Gestes de préparation que ces *tournées* dans le cœur du royaume, en Île-de-France, de l'Orléanais au Vexin, entreprises en 1248 et en 1269-1270. Et comme en Louis IX le souci de son royaume terrestre n'est jamais séparé de ses visées religieuses, il a lancé cette grande campagne d'enquêteurs à travers le royaume en 1247, puis en a dépêché une nouvelle vague après l'ordonnance de 1254 destinée à mettre fin aux abus commis par les officiers royaux.

On peut y associer la préparation que constitue la dévotion au Christ de la Passion, au Jésus historique (et divin) de la Terre sainte à travers les reliques de la Passion, de leur réception à Villeneuve-l'Archevêque, de leur escorte en procession, pieds nus, de Sens jusqu'à leur arrivée solennelle à Vincennes, à leur transfert au palais royal et à la construction de la Sainte-Chapelle, inaugurée le 25 avril 1248, juste avant le départ pour la croisade[90]. Ici encore, la préparation de l'acte dévotionnel est essentielle.

Croisé idéal, Louis IX l'a été peut-être aussi pour avoir réalisé la synthèse des motivations d'un croisé au XIIIe siècle : la conquête, la mission, la pénitence. Quand il part en 1248, refusant la voie diplomatique explorée par Frédéric II et la nouvelle voie missionnaire que vient de définir Innocent IV, « c'est le croisé à l'antique mode[91] ». C'est le vaillant soldat de la croisade que Joinville aperçoit un jour en Égypte, tout armé, resplendissant : « le plus beau chevalier qu'il ait jamais vu ». Mais c'est aussi le passionné de conversion dont l'objectif suprême aurait été le salut de l'âme du sultan d'Égypte en 1248 et de celle du sultan de Tunis en 1270.

Mais, paradoxalement, « croisé idéal » aussi parce qu'il a échoué et que ses croisades ont été presque anachroniques, Saint Louis a connu les deux plus grands malheurs qu'un croisé pouvait rencontrer : la captivité et la mort. Ces échecs — dans une société où le modèle du Christ offre la Passion comme une victoire suprême sur le monde — lui ont conféré une auréole plus pure que celle d'une victoire. Même si l'Église n'a pas voulu reconnaître en lui un martyr de la croisade, ses épreuves lui ont valu, aux yeux de ses contemporains — comme Joinville —, cette palme et — selon son confesseur Geoffroy de Beaulieu — ce caractère de victime expiatoire, d'hostie qui le fait ressembler au Christ. Même si, me semble-t-il, cette auréole « populaire » a été attribuée plutôt au roi-souffrant qu'au croisé-martyr.

Pour la postérité, il restera le dernier grand croisé. Après lui, l'aventure est finie. Ses expéditions sont à la croisade ce que « la mort le roi Arthur » est à la grande époque romanesque courtoise, un crépuscule des héros, une apothéose funèbre et quasi suicidaire.

Saint Louis a la double grandeur d'un croisé anachronique qui clôt une aventure héroïque et ouvre une utopie nostalgique — à la charnière d'une histoire réelle et morte et d'une histoire imaginaire à venir.

VIII

CONFLITS ET CRITIQUES

L'univers de la religion ne se limite pas, pour Saint Louis, à celui de la dévotion. Le roi a d'abord en face de lui l'Église, qu'il respecte et dont il se fait le serviteur et le soutien dans le domaine de la foi, mais avec qui il entre assez souvent en conflit sur le chapitre du temporel, de la juridiction et des prétentions de la curie romaine. Il est ensuite engagé contre les ennemis de la foi chrétienne : contre les hérétiques, nombreux et actifs dans son royaume, contre les musulmans, auxquels il se heurte directement dans ses croisades, face aux juifs, très présents en France et à l'égard de qui il fait alterner persécution et protection. Enfin, le pieux roi est l'objet d'un certain nombre de critiques — sinon d'une véritable opposition — par rapport auxquelles sa conduite dévote joue un rôle essentiel.

SAINT LOUIS ET L'ÉGLISE

Un engagement et un penchant voisin de l'obsession lient étroitement Saint Louis à l'Église[1].

L'engagement, c'est celui pris par le roi, lors du sacre, de soutenir l'Église, de la protéger, d'exécuter les ordres qu'elle ne peut elle-même accomplir et qui impliquent l'usage de la force ou l'exécution de sentences de mort. C'est la fonction de « bras séculier » de la royauté. « Honorer et protéger », c'est l'essentiel de son devoir et de sa promesse. Il y insiste auprès de son fils : « Sois bien diligent de protéger dans tes domaines toutes sortes de gens, surtout les gens de Sainte Église ; défends qu'on ne leur fasse tort ni violence en leurs personnes ou en leurs biens [...]. Tu dois les honorer et les protéger afin qu'elles puissent faire le service de Notre Seigneur en paix[2]. »

Mais il éprouve aussi une fascination pour les clercs et, surtout, les moines et les frères — les « religieux ». Joinville le dit bien : « Le roi aimait toutes gens qui se mettaient à Dieu servir et qui portaient habit de religieux[3]. » Il favorise les ordres nouveaux, en particulier les petits ordres Mendiants dont l'aspect contestataire (habit de mauvaise qualité, cheveux hirsutes) et la dévotion marginale (excès d'affectation de pauvreté et d'humilité, influences millénaristes) inquiète l'Église. Celle-ci, quatre ans après la mort du roi, les supprimera au deuxième concile de Lyon (1274) : tels les frères du Sac et ceux de Blancs-Manteaux ou ceux de la Sainte-Croix. Plus orthodoxes, les Carmes subsisteront, pour lesquels il fait construire une maison au bord de la Seine vers Charenton, les frères de Saint-Augustin pour qui il achète la grange d'un bourgeois avec ses dépendances hors de la porte Montmartre.

Louis, pourtant, n'est pas soumis en tout à l'Église. La façon dont, citant son grand-père Philippe Auguste, il dit à son fils pourquoi il faut ménager l'Église implique lucidité sur la volonté de puissance de l'Église et réalisme dans sa conduite à son égard[4]. Il ne tolère pas que les clercs empiètent sur le pouvoir légitime du roi, de l'État. Il l'a montré, tout jeune roi, à l'égard des évêques abusifs[5]. Il n'hésite pas à mettre l'Église en garde contre les errements qui compromettent sa propre efficacité, par exemple en abusant de l'excommunication au risque de ne plus impressionner quiconque. Joinville rapporte une entrevue chaude entre le roi et un certain nombre d'évêques au cours d'un parlement où il a été question des différends entre des seigneurs laïques et des évêques, notamment entre Joinville lui-même et l'évêque de Châlons. Après la réunion plénière, ils demandent au roi de venir seul leur parler. Après l'entretien, Saint Louis vient en faire le compte rendu à Joinville et à ses familiers (« nous qui l'attendions dans la chambre aux plaids ») : les évêques lui ont vertement reproché de ne pas les aider — en tant que bras séculier — dans l'exécution de sentences d'excommunication qu'ils ont prononcées à l'encontre de certains seigneurs laïques. Le roi leur narre « tout en riant » comment il ne leur a en rien cédé ; mais aussi il se moque d'eux. Autant il vénère les hommes d'Église qui se conduisent vertueusement et ne sortent pas de leur domaine, autant il condamne ceux qui excèdent leur pouvoir spirituel et se montrent affamés de victoire et de puissance. Il partage l'opinion de ceux, nombreux, qui, dans l'Église et hors de l'Église, critiquent son enrichissement et son appétit de biens et de vanités terrestres. On a vu comment, à deux reprises, il demande officiellement au pape de choisir de bons cardinaux, des prélats vraiment religieux.

Le pape et la curie pontificale ne sont pas à l'abri de ses critiques et de ses résistances. Il est, au contraire, très exigeant à l'égard de la tête de l'Église. Le pape doit donner l'exemple de l'humilité et de la miséricorde. Or il se montre souvent plein d'orgueil, d'envie de domination et d'intransigeance. C'est notamment le cas d'Innocent IV, en particulier dans sa lutte contre Frédéric II. On se rappelle l'entrevue orageuse du roi avec le pontife à Cluny en 1246[6]. L'hostilité de Louis, en accord sur ce point avec les prélats français, atteint son point culminant avec l'envoi, en 1247, d'une note de protestation contre l'attitude de la papauté dans ses relations avec l'Église de France[7]. En termes très vifs, le roi adresse au pape essentiellement deux griefs. Le premier dénonce les exactions financières de la papauté qui saigne les ressources de l'Église de France, fait preuve d'une cupidité peu chrétienne dans la levée de taxes et d'impôts sur le clergé français. Le second a trait à la collation des bénéfices. Le pape se réserve l'attribution de la plupart, prenant la place du roi, des nobles et des évêques qui revendiquent pour beaucoup des droits d'attribution bien établis ; il préfère nommer des étrangers qui ne résident pas dans leurs églises, et les aides pécuniaires prévues par les fondateurs de ces bénéfices pour la subsistance des pauvres et l'aide due au roi en cas de besoin ne sont pas respectées.

Plusieurs historiens éminents ont vu dans cette attitude de Saint Louis le développement du « processus par lequel un ordre laïc de la vie sociale tendait à prendre consistance[8] ». Je crois ce terme de laïcisation malheureux, car j'y vois plutôt un transfert de sacralité qui s'opère de l'Église à l'État et une appropriation par l'État monarchique d'une partie du pouvoir temporel de l'Église au nom du ministère royal. De même qu'il revendique dans son royaume un pouvoir de type impérial, le souverain réclame aussi pour lui et pour son clergé un pouvoir indépendant en matière de temporel, des églises. Il faudrait, je crois, parler plutôt de gallicanisme. C'est une erreur qui a forgé la légende d'une « pragmatique sanction » édictée par Saint Louis qui aurait ainsi organisé une Église « nationale », mais l'idée d'une autonomie de l'Église de France par un accord sur le plan temporel entre le roi et le clergé du royaume semble bien avoir été au moins caressée par Saint Louis.

SAINT LOUIS ET LES HÉRÉTIQUES

La conception qu'a Saint Louis de la royauté comme défenseur de la foi et bras séculier de l'Église l'amène, comme cela a d'ailleurs été le cas de ses prédécesseurs, à intervenir contre les ennemis de cette foi. Il y en a essentiellement de trois sortes : les hérétiques, les Infidèles, les juifs.

Bien que la croisade des albigeois ait porté un coup décisif aux hérétiques du Midi, les cathares et assimilés, surtout en Languedoc, Provence et Lombardie, sont encore nombreux et très présents. Ils se font cependant moins nombreux et moins visibles après 1230, sous l'effet conjugué de l'Inquisition, d'une désaffection croissante de la noblesse et de la bourgeoisie pour le catharisme et de l'essoufflement général de la doctrine, de la pratique et de l'organisation hérétiques.

Pour Saint Louis comme pour l'Église, les hérétiques sont les pires ennemis de la vraie foi chrétienne. En effet, ils l'ont connue, pratiquée et reniée. Ce sont des apostats, des traîtres, des félons à l'égard de Dieu.

Primat, dans sa *Chronique*, dit bien la priorité que Saint Louis accorde à la poursuite des hérétiques : « Et quand aucun négoce de la foi [le *negotium fidei* est la chasse aux hérétiques] lui était apporté par les prélats ou par les inquisiteurs des bougres [bulgares, hérétiques] toutes choses arrières mises [faisant passer tout le reste après], il le faisait hâtivement [en hâte] être dépêché[9]. »

En outre, Saint Louis, en application d'un canon du quatrième concile du Latran de 1215 qui a été incorporé à l'*ordo* du sacre des rois de France, a promis de poursuivre les hérétiques, de se faire le bras séculier de l'Église à leur encontre. Dans ses *Enseignements* à son fils, il lui recommande : « Fais chasser les hérétiques et les mauvaises gens de ta terre autant que tu le pourras en requérant comme il le faut le sage conseil des bonnes gens afin que ta terre en soit purgée[10]. » Guillaume de Saint-Pathus donne de ce conseil une version un peu différente : « Fais chasser de ton royaume selon ton pouvoir les bougres et les autres mauvaises gens, pour que ta terre en soit bien purgée, en prenant le conseil de bonnes gens qui te diront qu'il faut le faire[11]. »

Ce texte apporte plusieurs informations et pose une question à l'historien. L'affirmation la plus importante est la volonté de purification de Saint Louis dans l'expulsion des hérétiques. Saint Louis est bien en harmonie avec son siècle, mais il ressent sans doute avec plus de force que beaucoup l'horreur de l'impureté. La Chrétienté, qui récolte les résultats de son grand essor des XIe-XIIe siècles, veut préserver ses acquis, conserver l'identité conquise, défendre sa pureté. Elle ressent comme une menace tout ce qui est dissidence, elle taxe d'impureté tout ce qui peut troubler cette unité, cette harmonie. Robert I. Moore a bien décrit cette naissance de la dissidence et, corrélativement, d'une société persécutrice[12], qui marginalise et exclut, élimine tout ce qui s'éloigne de l'orthodoxie réalisée.

Cette conception de l'hérésie comme impureté et maladie contagieuse, Boniface VIII l'a bien exprimée dans sa bulle de canonisation :

> Il abhorrait ceux qui étaient infectés par la macule de la perversion, pour qu'ils n'infectent pas les adeptes de la foi chrétienne par la pourriture de cette maladie contagieuse en la chassant par des efforts efficaces hors des limites de son royaume et en accordant ses soins préventifs attentifs à l'état du royaume, il en rejeta ces ferments et permit qu'y brille la vraie foi dans son authenticité[13].

La seconde affirmation de ce texte réside dans la nécessité pour le roi, selon Saint Louis, de prendre le conseil d'experts, en quelque sorte, pour la caractérisation des hérétiques et le choix des mesures à prendre à leur égard. Ces experts, ce sont certainement les inquisiteurs d'abord — et, plus particulièrement, les frères Mendiants inquisiteurs — et aussi les hérétiques convertis, en qui il a particulièrement confiance en raison de leur connaissance personnelle de l'hérésie et de ses adeptes. C'est sans doute le motif pour lequel il a si fermement soutenu le déplorable Robert le Bougre — et Matthieu Paris le lui reprocha — avant qu'on ne découvrît quel monstre il était[14].

Une autre question concerne ce que Saint Louis appelle « les mauvaises gens ». De qui s'agit-il ? Quel type de personnes décriées et dangereuses associe-t-il aux hérétiques dans cette formule : « les bougres et les mauvaises gens de ta terre » ? Faut-il penser aux juifs, aux usuriers, ou, d'un autre point de vue, aux prostituées, aux criminels ? On en est réduit à noter qu'il ne considère pas les hérétiques comme une catégorie complètement à part.

Le plus remarquable est sans doute la volonté de Saint Louis de purifier le royaume des hérétiques, non par le feu — bien qu'il exécute les décisions des inquisiteurs de condamnation au bûcher —, mais par l'expulsion[15].

Peut-on trouver une cohérence entre ce type de punition et la fameuse déclaration que Louis aurait faite à Joinville à propos d'une « grande dispute » entre clercs chrétiens et juifs à l'abbaye de Cluny, dont le roi achève le récit par cette condamnation élargie à tous ceux qui « médisent de la loi chrétienne » ?

> Le roi ajoute : « Aussi, vous dis-je, que nul, s'il n'est très bon clerc, ne doit disputer avec eux [les juifs]. Mais un laïc, quand il entend médire de la loi chrétienne, ne doit pas la défendre, sinon avec l'épée, dont il doit donner [" enfoncer "] dans le ventre [de son adversaire], autant qu'elle peut entrer[16]. »

Peut-être ne faut-il pas chercher à mettre de la cohérence là où il est possible qu'il n'y en ait pas. Louis a bien pu, comme tout homme, avoir des réactions contradictoires. Peut-être faut-il distinguer le cas d'un hérétique qu'on débusque de celui qui attaque la loi chrétienne ouvertement. Peut-être Joinville, plus guerrier que son roi, a-t-il placé ses propres sentiments dans la bouche du roi.

Quoi qu'il en soit, l'attitude de Saint Louis à l'égard des hérétiques nous révèle trois principes qu'il a mis en acte à propos de tous ceux qu'il considère comme les ennemis de la foi chrétienne : ils polluent le royaume de France qui doit en être purifié ; il n'est de choix, au moins théoriquement, face aux « mauvaises personnes », qu'entre la conversion et l'expulsion, intégrer ou exclure ; les non-chrétiens orthodoxes sont redoutables, meilleurs débatteurs que les chrétiens, en tout cas que les laïcs chrétiens : il faut fuir la discussion avec eux.

SAINT LOUIS ET LES MUSULMANS

À l'égard des musulmans, sa position de principe est claire, son comportement pratique complexe. Les musulmans auxquels Louis a eu affaire, en Égypte, en Palestine, en Tunisie, il les nomme habituellement Sarrasins, terme ethnique qui a des implications religieuses. Le seul terme religieux dont il use dans les textes qui nous sont parvenus est celui d'« Infidèles »[17]. L'Occident chrétien considérait généralement les musulmans comme des païens, mais nous n'entendons Louis parler d'eux qu'à partir du moment où il les rencontre en Égypte. Il semble bien qu'il comprenne alors qu'ils ont une religion, ce qui empêche de les assimiler à des païens dont ils restent cependant proches, à ses yeux. Ce qu'il sait de Mahomet et du Coran lui semble relever surtout de l'impiété, voire de la sorcellerie. Dans une conversation avec le sultan, il évoque Mahomet comme un « magicien » *(illicebrosus)* « qui prescrit et permet tant de choses si malhonnêtes[18] » et son Coran *(Alchoran)* qu'il affirme avoir « regardé et examiné » comme « plein d'ordures » *(spurcissimus)*. Tout cela fait que l'attitude à observer avec les musulmans est simple. Contre eux, la guerre est non seulement permise, mais recommandée — alors qu'elle doit être évitée entre chrétiens. C'est la croisade définie et prêchée par l'Église. D'ailleurs, cette croisade n'est pas une guerre agressive, une guerre de conquête, c'est un moyen pour faire rentrer la Chrétienté en possession d'une terre qui lui appartient. C'est une reconquête. De même que les chrétiens en Espagne recouvrent les terres que les Sarrasins leur ont illicitement enlevées, de même les croisés veulent arracher aux Sarrasins d'Orient la Terre sainte qui est d'autant plus à eux qu'elle est le berceau du christianisme, le lieu de la vie terrestre de Jésus et du sépulcre où son corps humain a reposé, de sa mort sur la Croix dans l'après-midi du vendredi saint jusqu'à sa résurrection au matin de Pâques.

Pourtant, c'est un autre objectif de son expédition en Égypte qu'il donne au sultan avec qui il discute lors de sa captivité. Relisons la version que donne Matthieu Paris de cette étonnante conversation.

> Un de ces jours-là, après la confirmation de la trêve, tandis que le seigneur roi de France et le soudan de Babylone jouissaient d'une conférence longtemps souhaitée et s'instruisaient de leurs volontés mutuelles par le moyen d'un interprète fidèle, le soudan dit au roi, avec un visage serein et d'un ton joyeux : « Comment vous portez-vous seigneur roi ? »
>
> Le roi lui répondit d'un air triste et abattu : « Tant bien que mal.
>
> — Pourquoi ne répondez-vous pas : bien, reprit le soudan. Quelle est la cause de votre tristesse ? »
>
> Et le roi répondit : « C'est que je n'ai point gagné ce que je désirais le plus gagner, la chose pour laquelle j'avais laissé mon doux royaume de France et ma mère plus chère encore, qui criait après moi, la chose pour laquelle je m'étais exposé aux périls de la mer et de la guerre. »
>
> Le soudan, fort surpris et voulant savoir quelle était cette chose tant désirée, lui dit : « Et qu'est-ce donc, ô seigneur roi, que vous désirez si ardemment ?
>
> — C'est votre âme, reprit le roi, que le diable se promet de précipiter dans le gouffre. Mais jamais, grâce

à Jésus-Christ, qui veut que toutes les âmes soient sauvées, il n'arrivera que Satan puisse se glorifier d'une si belle proie. Le Très-Haut le sait, lui qui n'ignore rien ; si tout ce monde visible était à moi, je le donnerais tout entier en échange du salut des âmes. »

Le soudan répondit : « Eh quoi ! bon roi, tel a été le but de votre pèlerinage si pénible ! Nous pensions tous, en Orient, que vous tous, les Chrétiens, aspiriez ardemment à notre soumission, et vouliez triompher de nous par avidité de conquérir nos terres, et non par désir de sauver nos âmes.

— J'en prends à témoin le Tout-Puissant, dit le roi ; je n'ai point souci de retourner jamais dans mon royaume de France, pourvu que je gagne à Dieu votre âme et les âmes des autres infidèles, et qu'elles puissent être glorifiées. »

En entendant cela, le soudan dit : « Nous espérons, en suivant la loi du très-bénin Mahomet, arriver à jouir des plus grandes délices dans l'avenir. »

Le roi reprit aussitôt : « Voilà pourquoi je ne puis assez m'étonner que vous, qui êtes des hommes discrets et circonspects, vous ajoutiez foi à cet enchanteur Mahomet, qui commande et permet tant de choses déshonnêtes. En effet, j'ai regardé et examiné son Alcoran — et je n'y ai vu qu'ordures et impuretés, tandis que, d'après les sages anciens, voire les païens, l'honnêteté est le souverain bien dans cette vie[19]. »

Et Matthieu Paris arrive à un tableau idyllique. Le sultan est tellement ému par les paroles de Louis qu'il sanglote et Louis, gagné par l'émotion, sentant que le sultan est au bord de la conversion, déclare qu'il ne retournera jamais en France, mais demeurera pour le reste de sa vie en Terre sainte où son combat sera celui de gagner les âmes à Dieu, laissant le royaume de France à la garde de sa mère. Mais le sultan sera assassiné quelques jours plus tard et la Divine Providence effacera ce beau rêve.

Que penser de cette version certainement arrangée et embellie ? Propos d'un prisonnier qui veut se concilier son geôlier ? Sans doute, mais l'habile Saint Louis est toujours sincère et ses propos sont conformes à son désir obsessionnel de conversion. Cette motivation n'est d'ailleurs pas contradictoire avec le caractère militaire de l'entreprise, destinée à amorcer des rapports débouchant sur la conversion des Infidèles, avec la possible volonté de prendre pied dans la partie littorale de l'Égypte (ce que laisseraient supposer les instruments agricoles apportés, selon un texte, par le roi, l'occupation de ces territoires n'ayant pas d'autre but que d'assurer la sécurité d'une Terre sainte chrétienne, tout comme, peut-être, la seconde croisade de Tunis, car l'ignorance géographique a pu inciter Saint Louis à faire aussi de la Tunisie une porte de la Terre sainte). Surtout, nous savons que les bruits d'une disposition du sultan de Tunis à se convertir à la foi chrétienne ont été pour Saint Louis une des incitations à la croisade de Tunis.

Le texte irréel de Matthieu Paris s'enracine dans un imaginaire très réel et très vivant, qui n'est pas seulement celui de Saint Louis, mais de beaucoup de chrétiens du XIIIe siècle : l'illusion de la conversion qui fait naître une passion de convertir[20]. Et derrière cette première illusion, il en est une autre qui est la grande illusion de Saint Louis : celle du XIIIe siècle, celle de la paix universelle. Une paix qui, bien entendu, est celle d'une Chrétienté étendue à toutes les terres et à toutes les nations. Le voilà bien, paradoxalement, au cœur de cette croisade guerrière, le *rex pacificus* artisan de cette paix ici-bas, paix eschatologique, préfigurant la paix éternelle. Car ce siècle est millénariste et, l'aile du millénarisme, dépouillé de sa perversion hérétique, a effleuré Saint Louis, auditeur passionné du franciscain joachimite Hugues de Digne.

La vision que le roi très-chrétien a eue des Sarrasins a évolué pendant son séjour en Égypte et en Terre sainte. Ce qu'il voit, ce qu'on lui rapporte, les conversations qu'il a eues pendant sa captivité et au cours de son séjour ultérieur en Palestine éloignent l'idée de païens sans religion, et s'il ne change pas d'opinion sur Mahomet, le Coran, la foi musulmane, il reconnaît chez certains, au moins, de ses adversaires un véritable zèle religieux ; ils lui ont même donné des leçons — nous l'avons vu pour la création d'une bibliothèque religieuse à la Sainte-Chapelle. Quant à lui, il a impressionné certains des chefs musulmans qui l'ont rencontré ou ont entendu parler de lui. Les paroles très embellies encore que Matthieu Paris attribue au sultan sont l'écho sans doute de vrais sentiments d'admiration. Et quand Matthieu Paris met dans la bouche de Saint Louis les termes de « discrets et circonspects » *(discretos et circumspectos)*, il traduit certainement l'estime que le roi de France a conçue pour ses interlocuteurs qui sont aussi ses geôliers, estime qui lui fait d'autant plus regretter qu'ils soient sous le charme d'une doctrine fausse et ignoble conçue et répandue par un magicien. Nous savons par ailleurs qu'au XIIe siècle musulmans et chrétiens de Syrie et de Palestine se sont parfois estimés comme chevaliers, comme guerriers, comme chasseurs[21]. En de brefs moments, dans l'Égypte de 1250, un roi chrétien et un sultan musulman ont pu (pourquoi ne pas le croire ?) s'estimer en tant que croyants, en tant qu'hommes.

Revenons de nouveau aux textes et aux réalités plus sûres. Une certaine modération de Saint Louis et la confirmation — dans les faits et pas seulement dans les rêves — de sa politique de conversion sont attestées par deux textes.

Le premier est de Guillaume de Saint-Pathus.

> Le benoît Saint Louis fut de si grande débonnaireté que, quand il était outre-mer, il commanda et fit commander à ses gens qu'ils n'occissent pas les femmes et les enfants des Sarrasins, mais les prissent vivants et les amenassent pour les faire baptiser. En même temps, il commandait qu'autant qu'on le pouvait les Sarrasins ne fussent pas occis, mais fussent pris et tenus en prison[22].

Notre époque ne peut à juste titre accepter ces conversions forcées. Mais en un temps où l'autre terme de l'alternative — et la plus fréquente — est le meurtre, on comprend que le biographe franciscain ait pu parler de la « débonnaireté » de Saint Louis.

L'autre texte est de Geoffroy de Beaulieu.

> Pendant qu'il résidait en Terre sainte, de nombreux Sarrasins vinrent le trouver pour recevoir la foi chrétienne, qu'il recevait avec joie et faisait baptiser et instruire avec diligence dans la foi du Christ, et il assurait en tout à ses frais leur subsistance. Il les ramena en France avec lui et il leur assura des moyens de vivre pour eux, leurs femmes et leurs enfants pour toute leur vie. Il fit racheter aussi des esclaves, et beaucoup de Sarrasins, ou de païens, il les fit baptiser, et leur attribua aussi des moyens de vivre[23].

L'histoire de ces harkis du XIIIe siècle est un épisode curieux. Il faut ajouter qu'il a existé aussi de nombreux cas de conversion à l'islam de chrétiens de Syrie et Palestine et que l'histoire des croisades est bien plus complexe que celle d'un affrontement militaire et religieux entre chrétiens et musulmans.

SAINT LOUIS ET LES JUIFS

Les juifs ont probablement posé des problèmes plus délicats à Saint Louis[24]. Le premier vient du nombre. Les juifs sont nombreux dans la France de Saint Louis. Une étude attentive de Gérard Nahon aboutit à l'hypothèse que, contrairement à l'opinion reçue dès le XIIIe siècle et reprise par les historiens modernes, les juifs de France, très dispersés, étaient plus nombreux que les juifs d'Espagne, qui, eux, étaient réunis en vastes communautés : on a pu les évaluer, avec une assez grande approximation, à environ 50 000 personnes. Il y aurait donc eu entre 50 000 et 100 000 juifs en France, répartis dans l'ensemble du royaume. Dans les enquêtes, il y a cent cinquante-six localités « où les doléances mettent en cause des juifs ou émanent de juifs ». Une étude précise montre que la présence juive est très dispersée dans le royaume, qu'elle concerne surtout les villes, mais qu'elle n'est pas encore absente des villages et des bourgs[25].

Il y avait une importante communauté juive à Paris. Sur une population qui pouvait être d'environ 150 000 habitants (de loin la plus nombreuse agglomération de la Chrétienté), il y avait sans doute, selon des estimations sérieuses[26], de trois à cinq pour cent de juifs, c'est-à-dire de 4 500 à 7 500 personnes, avec une forte concentration dans l'île de la Cité, probablement vingt pour cent de la population de l'île. De son palais, le roi peut donc avoir l'impression d'une forte infiltration juive, sinon dans son royaume, du moins dans sa capitale.

Une importante évolution se dessine pendant son

règne, en grande partie à cause de la politique administrative du roi. Gérard Nahon estime qu'il faut envisager l'existence d'« une véritable géographie des sensibilités juives dans la France du XIIIe siècle ». Mais, surtout, il existait au début du règne un grand clivage historique entre juifs du Nord et juifs du Midi, qui tend à s'estomper[27].

Saint Louis sait aussi que le cas de la religion hébraïque est différent de celui de l'hérésie chrétienne ou de ce qui tient lieu de religion aux musulmans. Juifs et chrétiens ont l'Ancien Testament en commun. Le judaïsme est une vraie religion, sinon une religion vraie. Le christianisme est sorti du judaïsme, même si les juifs ont commis le grand péché de ne pas reconnaître Jésus et d'être donc restés sous l'ancienne loi, alors que la nouvelle loi de l'Évangile l'a remplacée. Les juifs sont donc le plus détestable exemple de ces catégories de personnes qui embarrassent tellement les chrétiens du Moyen Âge : ceux qui sont à la fois dedans et dehors. Dedans, ils le sont à la fois par leur localisation à l'intérieur de la Chrétienté et un peu partout dans le royaume de France et par cette communauté historique partielle de religion. Dehors, ils le sont par leur religion qui ne reconnaît pas la vraie foi, la foi chrétienne, par leur organisation solidaire en communautés spécifiques (même si elles ne sont pas en France aussi structurées qu'en Espagne), par leurs usages religieux particuliers, un calendrier liturgique différent, le rite de la circoncision des mâles, les tabous alimentaires, leurs édifices religieux et scolaires spéciaux, l'existence d'une sorte de clergé, les rabbins. Selon une symbolique à la fois très imagée et très intériorisée, la Synagogue s'oppose à l'Église comme l'Erreur s'oppose à la Vérité.

Enfin, troisième source d'embarras, le roi — comme tous les chefs spirituels et temporels en Chrétienté — a un double devoir, en principe contradictoire : un devoir de répression de leurs conduites perverses, conséquences de leur religion erronée, mais aussi un devoir de protection comparable à celui qu'il possède à l'égard des veuves, des mineurs, des étrangers. Selon Guillaume de Chartres, Louis déclarait « en tant que catholique », c'est-à-dire en ayant le souci de tous, « que les évêques fassent ce qui les regarde au sujet des chrétiens qui dépendent d'eux. Quant à moi, je veux faire ce qui m'appartient au sujet des juifs[28] ». Mais il entend surtout par là, comme on verra, qu'il lui revient de punir leurs mauvais agissements, comme les évêques punissent les péchés des chrétiens. Il doit être une sorte d'« évêque du dehors » pour les juifs.

Plus profondément encore, l'attitude de Saint Louis à l'égard des juifs s'inscrit dans la politique de la Chrétienté du XIIIe siècle, siècle politique de persécution et d'exclusion, dans l'entreprise de purification qui tend à purger la Chrétienté de ses impuretés[29]. Elle s'applique particulièrement aux juifs au sujet de qui, paradoxalement, les chrétiens, retournant le tabou alimentaire juif du porc, insinuent un rapprochement ignoble entre le juif et le cochon[30]. À ce type d'accusation Saint Louis est très sensible, obsédé par son désir de pureté, de purification.

Plus généralement, certaines accusations, anciennes ou nouvelles, ont créé autour des juifs une atmosphère de sacrilège et de criminalité antichrétienne. La première est celle qui fait des juifs les meurtriers de Jésus, des déicides. Saint Louis, fidèle passionné du Christ, obsédé par sa passion, partage cette abomination des juifs en lesquels la sensibilité médiévale, abolissant le temps et croyant à la culpabilité collective, voit les meurtriers de Jésus[31]. Il y a ensuite les accusations de meurtre rituel apparues au XIIe siècle, qui font des juifs des meurtriers d'enfants chrétiens[32]. Il y a, enfin, s'amplifiant à partir du XIIIe siècle, siècle de dévotion eucharistique, l'accusation de profanation de l'hostie, vrai déicide, puisque les chrétiens croient dans la transsubstantiation et dans la présence réelle de Jésus dans l'eucharistie.

Dans son attitude à l'égard des Juifs, Louis est aussi l'héritier de l'Église et de ses prédécesseurs. Le quatrième concile du Latran, dans ses canons 67, 68 et 69, « voulant empêcher les chrétiens d'être traités inhumainement par les juifs », avait exigé la restitution par les juifs des intérêts considérés comme usuraires *(graves et immoderatas*, c'est-à-dire exagérés) sur des prêts consentis à des chrétiens et, en cas de non-restitution, l'interdiction pour les chrétiens de commercer avec ces juifs. Il a obligé les juifs à porter des habits spéciaux, notamment une marque ronde, jaune ou rouge, la rouelle, sur la poitrine et le dos, il leur a interdit de sortir pendant les jours anniversaires de la Passion du Christ et d'exercer un emploi public. Il a déclaré enfin que les juifs devaient être traités comme des « serfs perpétuels ». Ces mesures n'ont été que partiellement appliquées par les princes et les seigneurs. Philippe Auguste, vers 1210, avait limité le taux d'intérêt que pouvaient lever les juifs du domaine royal sur le prêt aux chrétiens, mais il avait en quelque sorte légalisé ainsi le crédit juif. Le taux légal de cette « usure » était de deux deniers par livre par semaine, c'est-à-dire environ 43,3 pour cent. Cette législation avait été étendue en 1218 aux juifs de Normandie. Dès le début de son règne, Louis VIII, par une ordonnance de 1223, avait décidé la remise des intérêts dus aux créanciers juifs et le remboursement dans un délai de trois ans des sommes empruntées[33]. Les juifs ont été ainsi spoliés de tout bénéfice, même licite, d'après la législation ecclésiastique. Cette législation allait contre les intérêts du mouvement économique, car elle aboutissait à chasser les juifs du marché « noble » du crédit, celui qui se pratiquait sur gage foncier *(mort-gage)*, comme le faisaient aussi des établissements religieux, pour fournir des liquidités aux propriétaires fonciers, ce qu'on a appelé « un crédit agricole avant la lettre ». En effet, la hausse constante des prix au XIIIe siècle et l'immuabilité des revenus fonciers seigneuriaux entraînait une forte demande de crédit de la part des seigneurs[34]. Mais peut-être une des raisons de cette offensive contre le crédit juif à des emprunteurs aux fins d'investissement économique ou pour maintenir un niveau de vie élevé (alors que les juifs ne pratiquaient ni la banque de dépôt ni les transferts de fonds) est-elle venue de l'exigence croissante des marchands chrétiens, qui semblent faire alors une entrée en force sur ce type de marché financier. Quand le quatrième concile du Latran déclarait vouloir protéger les chrétiens de la « perfidie des juifs qui en peu de temps tarissent les richesses des chrétiens », ne s'agit-il pas aussi, sinon surtout, de protéger les marchands chrétiens face à des concurrents ? Cette protection, déjà néfaste, probablement, pour l'offre de crédit de l'économie en temps d'expansion, devient encore plus défavorable quand cet élan économique s'essouffle, dès la seconde partie du règne de Saint Louis.

Écartés de ce niveau supérieur du crédit, les juifs en sont réduits à pratiquer le crédit à la consommation portant sur de faibles sommes (dans 69 pour cent des prêts chiffrables d'après les *Enquêtes*, le capital prêté est inférieur à cinq livres, soit cent sous, alors que pour la plus grande partie de la population de la France, au XIIIe siècle, dix sous représentent peut-être un mois ou deux de revenus), souvent gagés sur des vêtements ou du cheptel. Cette « déchéance légale » du crédit juif (B. Blumenkranz) a contraint la majorité des prêteurs juifs à être de « petits prêteurs », « faisant leurs affaires surtout avec les couches modestes ». Ils sont ainsi devenus « le point de mire de la haine populaire » à cause de « leurs contacts avec la masse des petites gens, la mentalité populaire exagérant leur rôle et les décrivant comme des "usuriers par excellence[35]" ».

Cependant, la monarchie française (comme d'autres) pratiquait à l'égard des juifs une politique qui paraissait contredire les restrictions apportées au crédit juif. Elle cherchait à en tirer parti pour ses propres finances, exerçant une ponction sur les « usures » juives, en établissant arbitrairement des taxes sur leurs opérations financières ou en confisquant purement et simplement une partie de leurs biens, par exemple des maisons. Ce type de taxation s'appelait une *captio*, une « prise ». Philippe Auguste en opéra en 1210, Louis VIII en 1224, 1225 et 1226[36]. En étouffant le crédit juif, la monarchie capétienne tarissait une de ses sources financières.

Mais, par leur attitude à l'égard des « usures » juives, les Capétiens, appliquant plus ou moins les recommandations de l'Église — et Louis suit et aggrave le choix de son grand-père et de son père —, ont pratiqué une politique très incohérente du point de vue économique. Comme le dit bien Gérard Nahon : « Le crédit juif avait été contemporain de l'expansion ; son déclin est contemporain de la récession déjà sensible dans le XIIIe siècle finissant. La doctrine ecclésiastique de l'Église parvient à s'inscrire dans la loi en France au moment où la pression contraire, liée à l'expansion économique, faiblit[37]. »

Décrivant les sentiments et la conduite de Saint Louis à l'égard des Juifs, Guillaume de Chartres affirme :

> Quant aux Juifs, odieux à Dieu et aux hommes, il les avait en telle abomination qu'il ne les pouvait voir et qu'il voulait que rien de leurs biens ne fût tourné à son profit ; déclarant ne vouloir rien retenir de leur venin, ni leur permettre de prendre des usures, mais qu'il leur fallait tirer leur subsistance de métiers ou commerces licites, comme cela s'était pratiqué dans d'autres contrées. Plusieurs de ses conseillers cherchaient à le persuader en sens contraire, prétendant que le peuple ne pouvait vivre sans prêt, ni les terres être cultivées, ni les métiers et négoces être pratiqués. Et, disaient-ils, il est préférable et plus acceptable que les juifs, qui déjà sont damnés, pratiquent l'office de cette damnation, plutôt que certains chrétiens, qui, profitant de l'occasion, oppriment le peuple d'usures encore plus fortes. À cela, il répondait en tant que catholique : « Au sujet des chrétiens pratiquant le prêt et de leurs usures, il semble que cela concerne les prélats de leurs églises. Par contre, pour les juifs, cela me regarde : ils me sont soumis par le joug de la servitude ; il ne faut pas qu'ils oppriment les chrétiens par des usures et qu'à l'ombre de ma protection il leur soit permis d'en prendre et d'infecter ma terre de leur venin. Que les mêmes prélats fassent ce qui les regarde au sujet des chrétiens qui dépendent d'eux. Quant à moi, je veux faire ce qui m'appartient au sujet des juifs. Qu'ils abandonnent les usures ou bien qu'ils sortent tout à fait de ma terre pour qu'elle ne soit plus souillée par leurs ordures[38].

On a reconnu la phrase citée plus haut[39] par laquelle Louis se déclare responsable des juifs. Mais, comme on le voit, il entend son devoir de protection essentiellement comme un droit de répression. Quant à l'affirmation qu'il ne voulait rien retenir de leurs biens, les documents le démentent (ou, en tout cas, si telle a été son intention — l'opposant une fois de plus à ses conseillers plus réalistes —, ses agents ont agi autrement). Enfin, il laisse éclater sa répulsion pour l'impureté des pratiques juives : ce sont des ordures *(sordes)* qui souillent *(inquinare)* « sa » terre. C'est bien un programme de purification et d'exclusion qui s'expose ici. Et qui utilise le symbole du peuple juif dans la Chrétienté médiévale : le scorpion[40]. Car c'est lui qui émet le « venin » que, par deux fois dans ce texte, Saint Louis attribue aux juifs, ce venin qui infecte « sa » terre.

Le statut légal des juifs en Chrétienté et plus spécialement dans le royaume est défini par le quatrième concile du Latran en 1215 : ils sont des « serfs perpétuels ». Ce statut entre non dans le cadre de l'État monarchique, mais dans celui de la monarchie féodale. Louis agit donc comme il le fait généralement dans ce cas : il reconnaît les droits des seigneurs qui lui paraissent légitimes ou qu'il est obligé de respecter, et il les transgresse pour leur substituer l'autorité royale quand il le peut. Il profite même de la législation ecclésiastique pour affirmer cette autorité à propos des juifs. L'ordonnance de 1230 (ordonnance qui est sans doute le fait de sa mère et de ses conseillers, car il n'a que seize ans et n'a pas pris en main les rênes du royaume) est la première qui s'applique à *tout* le royaume. Elle est d'ailleurs l'expression d'un compromis entre le roi et les seigneurs possesseurs des grands fiefs, car l'article 2 stipule « que personne dans tout notre royaume ne pourra retenir le juif d'un autre domaine et qu'en quelque endroit que chacun trouve "son" juif, il lui sera loisible de le prendre comme son propre serf, par quelque espace de temps que ce juif se trouve être resté dans un autre domaine ou même dans un autre royaume ». Toutefois, l'article 5 combine habilement l'affirmation de l'autorité royale dans tout le royaume et l'appel à l'aide féodale des barons pour la faire respecter : « Et si quelques barons ne voulaient point garder cet établissement, nous les y forcerions, à quoi nos autres barons de tout leur pouvoir, de bonne foi, seront tenus de nous aider. » Et cette ordonnance royale de Melun de 1230, qui entre aussi dans la politique de pacification du royaume pendant la longue minorité du roi, est contresignée par le comte de la Marche, le comte de Montfort, connétable de France, le comte de Saint-Paul, le vicomte de Limoges, le duc de Bourgogne, le bouteiller de France, le comte de Bar-le-Duc, le comte d'Auge, le comte de Châlons, Enguerran de Coucy, Archambault de Bourbon, Guy de Dampierre, Jean de Nesle et Guillaume de Vergy. Cette politique a été, elle aussi, engagée par Philippe Auguste. Au début du XIIIe siècle, « dans l'esprit du peuple tout au moins l'équation serf = juif tend à se répandre[41] ». Dans ce cadre, Philippe Auguste établit après 1200 des accords de restitution réciproque de juifs vivant sur leurs terres entre le roi et divers seigneurs comme Gaucher de Châtillon en 1210[42] et le comte Thibaud de Champagne[43]. Mais c'est le quatrième concile du Latran qui lui a donné une impulsion systématique en s'appuyant sur la législation ecclésiastique. En 1218, Philippe Auguste établit un règlement *de judaeis potestatis suae*, « des juifs relevant de son pouvoir[44] ».

Louis continue à passer des conventions avec divers grands seigneurs, à propos des restitutions de juifs considérés comme des serfs[45].

Comme le montre bien William Jordan, l'expression *tanquam proprium servum* (« comme son propre serf »), employée dans l'ordonnance de Melun de 1230, établit une analogie avec le serf fugitif. Mais l'analogie s'arrête là : le serf peut se racheter ou, après un certain temps de résidence dans une autre seigneurie, être considéré comme affranchi. Le juif peut et doit être livré, repris, sans délai de temps. Il est bien, comme l'a décrété le quatrième concile de Latran, un *serf perpétuel*. Ainsi sont légalisées les taxations, les confiscations dont il peut être victime de par le roi, selon son bon plaisir : les *captiones*. Le juif est bien « taillable à merci[46] ».

Une fois de plus, la législation sur les juifs va à contre-courant de l'évolution économique et sociale. Le XIIIe siècle est, dans la Chrétienté et plus particulièrement en France, le temps de la grande accélération de l'affranchissement des serfs. L'asservissement des juifs se renforce au contraire. De plus en plus, le juif est dans la société française un paria, un exclu. Il vit déjà dans un ghetto légal.

À ces précédents et à ce contexte général sont venues s'ajouter, pour former l'attitude de Saint Louis, l'influence et les pressions de son entourage. Blanche de Castille était à l'évidence très hostile aux juifs. Beaucoup de frères Mendiants l'étaient également. Enfin, des juifs convertis — et souvent devenus dominicains — poussent Saint Louis (comme l'avait fait Robert le Bougre contre les hérétiques) à sévir très brutalement contre leurs anciens coréligionnaires.

D'où son extrême agressivité. Au début du texte rapporté plus haut, Guillaume de Chartres affirme : « Quant aux Juifs, odieux à Dieu et aux hommes, il les avait en telle abomination qu'il ne les pouvait voir. » Il poursuit et il aggrave la législation antijuive commencée par son grand-père et par son père. Une part importante des ordonnances qu'il proclame concerne les juifs[47].

La première, que nous connaissons déjà, est le fameux établissement de Melun de 1230. Aux deux articles déjà examinés s'en ajoutent trois autres qui interdisent aux juifs d'emprunter, qui ordonnent que leurs débiteurs les remboursent en trois termes aux trois fêtes prochaines de la Toussaint et que les juifs ne perçoivent aucune usure sur les prêts qu'ils auraient consentis. L'usure y est définie comme « toute somme au-delà du principal ».

L'ordonnance de 1234 remet aux débiteurs chrétiens le tiers de leur dette envers les juifs, interdit qu'ils puissent être saisis en cas de non-paiement de leurs dettes et que les juifs ne reçoivent aucun gage qui n'aurait pas été déclaré devant des témoins dignes de foi sous peine de perdre leur capital et d'être poursuivis devant la justice royale, les baillis royaux étant chargés de l'exécution de ces mesures.

La grande ordonnance de réforme de décembre 1254 comporte deux articles sur les Juifs. L'article 32 stipule qu'ils doivent cesser « leurs usures, sortilèges et caractères[48] » et que soient brûlés le Talmud[49] « et les autres livres dans lesquels sont découverts des blasphèmes ». Ceux qui n'observeraient pas ces mesures devront être expulsés. Tous les juifs doivent vivre « des labeurs de leurs mains, ou d'autres besognes, sans prêts à termes ou à usures ». L'article 33 interdit aux barons et aux agents royaux de les aider à recouvrer leurs créances : il répète l'obligation faite aux barons de ne pas retenir sur leurs terres les juifs d'une autre seigneurie et de les empêcher de « prendre des usures ». La définition de l'usure par « ce qui est au-delà du principal » est rappelée.

En ce qui concerne l'usure, ces ordonnances ne sont d'abord pas très strictement appliquées. Non seulement certains barons redoutent de tarir le crédit juif sur leurs terres, mais même certains baillis et sénéchaux ne montrent pas un très grand zèle dans l'application des décisions royales contre « les usures des juifs ». La répétition et le durcissement de ces mesures en 1254 s'accompagnent d'une plus grande rigueur dans leur application. On a daté de l'ordonnance de 1254 une troisième phase de l'action de la royauté française contre le crédit juif. Après l'encouragement au grand crédit fondé sur les biens immobiliers, puis la limitation (en particulier à partir de l'ordonnance de Melun de 1230) des activités bancaires juives au prêt sur gages, cette ultime phase prive le crédit juif de toute existence légale[50]. Une étude minutieuse de William Jordan a montré qu'en Picardie le combat contre l'usure juive a été gagné par la royauté[51] et il pense qu'il a dû en être à peu près de même dans toute la France du Nord[52]. Dans la France du Midi, Alphonse de Poitiers prend des mesures aussi rigoureuses que celles de son frère contre l'usure juive, mais on ne sait pas comment elles furent appliquées[53]. En revanche, les juifs du Narbonnais, bien organisés, ont mieux résisté[54].

À la lutte contre l'usure s'ajouta une nouvelle agression du pouvoir royal contre les juifs : le brûlement du Talmud. Dans la première moitié du XIIIe siècle apparaît l'idée que le livre sacré des juifs n'est plus la Bible, l'Ancien Testament, mais le Talmud. Le Talmud, la Loi « orale », est une compilation de commentaires de la Bible, la Loi « écrite », rédigés entre 200 de notre ère et le VIe siècle après. Le Talmud de Babylone, œuvre de la diaspora juive en Babylonie, a été composé à partir de la fin du Ve siècle[55]. Il semble que cette hostilité nouvelle soit née à l'occasion de la diffusion de nouvelles versions du Talmud ou, en tout cas, d'informations fournies par des frères Mendiants, surtout des dominicains, sur le contenu de certains Talmuds, en particulier du Talmud de Babylone[56].

Le rôle initiateur fut tenu par un juif converti, Nicolas Donin de la Rochelle : s'adressant directement au pape Grégoire IX, il l'invita à ne pas montrer à l'égard du Talmud la tolérance coupable de ses prédécesseurs qui estimaient que le Talmud faisait partie des livres sacrés dont les Juifs pouvaient légitimement se servir. Donin reprenait les accusations qui commençaient à courir parmi certains religieux chrétiens reprochant au Talmud d'avoir remplacé la Bible et d'être plein de blasphèmes et d'insanités, notamment à l'égard de Jésus et de sa mère. Louis ne pouvait qu'être sensible à ces arguments qui passaient pour fondés[57].

Grégoire IX adresse en 1239 à tous les princes de la Chrétienté une lettre circulaire leur demandant de saisir dans leurs domaines tous les exemplaires du Talmud « qui ont ancré les juifs dans leur perfidie ». Blanche de Castille et Louis IX s'empressent d'obéir. Les exemplaires du Talmud sont saisis le 3 mars 1240. Le 12 juin de la même année a lieu ce qu'on appelle tantôt une « controverse » entre juifs et chrétiens sur le Talmud, tantôt un « jugement » du Talmud et, parfois, « un procès inquisitorial » sur le Talmud. Il ne semble pas que Blanche de Castille et Saint Louis, leurs conseillers religieux et Nicolas Donin se soient prêtés à un débat contradictoire avec des juifs. La procédure d'inquisition instituée par le pape en 1233 n'était probablement pas encore au point ; il s'agissait, plus vraisemblablement, d'un procès d'allure inquisitoriale auquel participèrent, dans un rôle intermédiaire entre celui d'accusés et de défenseurs, des juifs savants, dont le plus connu est le rabbin Yehiel de Paris. Nicolas Donin mena l'interrogatoire.

Sur les blasphèmes à l'égard de Jésus, Yehiel répondit que le Jésus mentionné dans le Talmud n'était pas le Jésus du Nouveau Testament ; il fit remarquer qu'il existait de nombreux Jésus à cette époque tout comme, dans la France contemporaine, il y avait des Louis qui n'étaient pas rois de France. La remarque est d'autant plus ironique que le prénom de Louis est alors très rare en France en dehors de la dynastie capétienne et que les autres Louis sont le plus souvent des juifs convertis que le roi a porté sur les fonts baptismaux, leur donnant, selon l'habitude, son prénom de parrain. Quant aux attaques contre les chrétiens, Yehiel répondit que le mot *chrétiens* n'apparaissait pas une seule fois dans les textes incriminés, qui ne s'en prenaient qu'aux païens. À l'issue de ce « jugement », le Talmud est condamné à être brûlé. L'archevêque de Sens, Gautier Cornut, qui a assisté le roi et la reine mère et qui a contesté la sentence, meurt de façon inattendue l'année suivante en 1241 : cette mort apparaît aux chrétiens antijuifs comme un châtiment de Dieu. Le roi fait alors procéder à la crémation publique de vingt-deux charretées de manuscrits du Talmud. Le pape Innocent IV, qui a succédé à Grégoire IX et qui est plus hostile encore aux juifs, envoie à Louis, le 9 mai 1244, une lettre au ton comminatoire le félicitant pour le brûlement de 1242, mais l'invitant à faire brûler les exemplaires subsistants. Il y eut donc une deuxième crémation publique à Paris, en 1244, et d'autres autodafés les années suivantes.

Pourtant, en 1247, Innocent IV, probablement à la suite de diverses interventions et selon l'habituelle politique des papes qui fait alterner des instigations à la persécution et des appels à la protection des juifs, ordonne à Saint Louis et à son légat en France pour la préparation de la croisade, Eudes de Châteauroux, de rendre aux juifs les Talmuds subsistants parce qu'ils sont nécessaires à leur pratique religieuse. Mais Eudes de Châteauroux supplie le pape de laisser détruire ces exemplaires et, le 15 mai 1248, l'évêque de Paris Guillaume d'Auvergne, sans doute sous l'influence du dominicain Henri de Cologne, prononce une condamnation publique du Talmud[58].

Plusieurs maîtres universitaires éminents de l'époque, comme Albert le Grand, approuvèrent ces mesures. L'idée de tolérance n'existe pas. Seules, parfois, des pratiques relativement libérales, en général inspirées par l'opportunisme, peuvent se manifester. Louis renouvelle, comme on sait, l'appel à la destruction du Talmud dans la grande ordonnance de 1254.

On peut penser que, ici encore, le zèle conjugué des agents royaux et d'une grande partie des religieux Mendiants et de l'Église a été très efficace, car il ne subsiste qu'un seul exemplaire médiéval du Talmud en France. Une conséquence imprévue fut le départ de rabbins pour la Palestine et la fondation d'une école talmudique à Acre[59].

Louis prit aussi d'autres mesures contre les juifs, suivant ses prédécesseurs ou innovant.

Avant de partir pour la croisade, il ordonna une *captio* de biens juifs destinée à contribuer à son financement. Il s'engagea avec plus de constance dans la politique d'expulsion, l'esprit d'exclusion. Il envoya de Terre sainte un ordre d'expulsion des juifs du royaume en 1253 et réitéra cette décision sous forme de menace dans la grande ordonnance de 1254. Un nouvel ordre d'expulsion fut proclamé en 1256. Cette menace ne fut définitivement exécutée en France qu'au XIVe siècle, mais Saint Louis avait préparé la mise en œuvre de l'expulsion[60].

Enfin Louis ordonna l'exécution dans le royaume de la recommandation du quatrième concile du Latran que Philippe Auguste, Louis VIII et lui-même, pendant presque tout son règne, n'avaient pas voulu appliquer, sous la pression — on peut même, semble-t-il, parler de chantage — d'un dominicain, le juif converti Paul Chrétien. Par une ordonnance de 1269, il prescrit à tous les Juifs de porter le signe distinctif de la *rouelle*, non pas jaune mais écarlate. Voici ce texte honteux :

> Louis, Roi de France, aux baillis, comtes, sénéchaux, prévôts et à tous autres tenant de nous pouvoir, salut. Du fait que nous voulons que les Juifs puissent être distingués et reconnus des Chrétiens, nous vous ordonnons — sur la requête à nous présentée de notre frère en Christ Paul Chrétien de l'ordre des frères Prêcheurs — que vous imposiez à tous et chaque Juif des deux sexes, des insignes. C'est à savoir une roue de feutre ou de drap d'écarlate, cousue sur la partie supérieure du vêtement, sur la poitrine et dans le dos, qui les fasse connaître, que, de la roue, la largeur soit en circonférence de quatre doigts et que la concavité contienne une paume. Que si dans la suite un Juif était trouvé sans ce signal, son vêtement supérieur appartiendrait au dénonciateur. Que, néanmoins, le Juif trouvé sans signal soit frappé d'amende jusqu'à la somme de dix livres ; de manière cependant que sa peine n'excède pas ladite somme. Que l'amende de cette somme soit inscrite aux comptes, par nous, ou — sur notre mandat — convertie en usage pieux[61].

En regard de toutes ces persécutions, le roi a cru devoir opposer une mesure à ses yeux positive : la conversion des juifs. Il cherche à l'obtenir par des actes qui, sous l'apparence de la persuasion, sont en fait des conversions forcées. Par exemple, il fait obliger les juifs à assister à des sermons de prédicateurs chrétiens. Ses biographes ont insisté sur son zèle et les succès de ces efforts de conversion. Pour montrer l'importance qu'il y attache, il accepte souvent d'être lui-même parrain de juifs convertis. En voici un exemple, emprunté à Guillaume de Saint-Pathus.

> Le saint roi amena au baptême et fit baptiser au château de Beaumont-sur-Oise une juive et ses trois fils et une fille de cette même juive, et le saint roi, sa mère et ses frères levèrent des fonts baptismaux au temps de leur baptême ladite juive et ses enfants[62].

Le baptême a sans doute eu lieu en 1243. La juive reçoit le nom de Blanche, du nom de Blanche de Castille, et un des fils celui de Louis, du nom du roi. Pour appâter ces candidats espérés à la conversion, on leur assure une pension. On en trouve la trace dans les fragments de la comptabilité royale qui nous sont parvenus. Ainsi, pour le 18 mai 1239 : « Pour une convertie qui fut juive, logée à l'hôtel-Dieu de Paris : 40 sols, témoin : l'aumônier. Une convertie récente à Gonesse : 40 sols, témoin : Thibaud de Saint-Denis. »

La juive Blanche de Beaumont-sur-Oise aura d'ailleurs beaucoup de mal à obtenir d'Eudes Rigaud, archevêque de Rouen, la pension que le pape l'a chargé de lui verser pour subvenir à ses besoins.

Le nombre de ces convertis a sans doute été relativement important. Une ordonnance de 1260 confie aux maires des « bonnes villes » la justice sur les juifs convertis[63]. Selon G. Nahon, « l'érosion des positions juives » sous Saint Louis « n'est pas seulement économique, elle est aussi religieuse, avant même la grande politique de conversion des juifs entreprise vers 1253 [...]. L'attrait économique du baptême ne saurait être négligé [...]. L'importance plus grande du Nord et de l'Ouest au chapitre des conversions reste remarquable[64] ».

Comment les juifs réagissent-ils à toutes ces persécutions ? Le texte le plus complet que nous possédons est la protestation-réclamation envoyée à Saint Louis, entre 1245 et 1260, par le rabbin Meir ben Simeon de Narbonne.

Après avoir essayé de démontrer au roi l'utilité pour lui-même et ses sujets chrétiens du crédit juif, il énumère les sept lois iniques que le roi a prises contre les juifs.

> Voici que notre seigneur le roi a changé et a décrété à l'égard des membres de notre peuple qui sont sous son gouvernement, [des lois] et sentences injustes selon la Loi et les Prophètes. La première est qu'il a établi, comme loi sur les membres de notre peuple qu'un Juif ne peut quitter le domaine d'un seigneur pour gagner celui d'un autre seigneur. La seconde loi est qu'il a confisqué nos créances et notre argent : aussi, ne pouvons-nous nous nourrir ni nourrir nos enfants, ainsi que nos pauvres et miséreux, au point que bon nombre sont morts de faim. La troisième est qu'il a laissé en vigueur la levée des impôts et ne les a points abolis : il aurait dû ordonner, dans tout son royaume, de n'exiger d'impôt d'aucun Juif, puisqu'il a pris leur argent [...]. La question est qu'il ordonna à ses barons — encore que cela ne leur plût pas — de ne pas faire rembourser — et il l'ordonna même aux baillis — les créances des Israélites sur les Gentils — capital comme intérêt. La cinquième est, si un Israélite doit à un Gentil, de contraindre cet Israélite à rembourser au Gentil ce qu'il lui doit. La sixième, que nous ne prêterions plus du tout à intérêt, même dans les limites où cela nous est permis par la Thora, selon l'opinion des Anciens, arrachant par là la subsistance de nos pauvres et des miséreux de notre peuple qui ne trouvent point à s'employer parmi vous. La septième est qu'il confisque les grandes maisons que possédaient les riches de notre peuple dans son domaine, disant : « Qu'ils se contentent de petites maisons valant entre quarante et cinquante livres. » Mais si un

homme a deux ou trois héritiers, cette maison ne leur suffira pas, ni à la descendance qu'ils engendreront. Le Créateur — béni soit Son Nom — n'a-t-il pas créé le monde pour Adam et Ève afin qu'ils donnent naissance à des générations multiples ?

Il dresse ensuite la liste des trente-cinq conséquences pénibles de ces lois, qui vont des péchés et violations juridiques ainsi commis par le roi aux dommages physiques et moraux subis par les juifs. J'en extrais deux : « La vingt-cinquième est d'être cause que les méchants de son peuple vexent les Juifs de toutes les manières, la vingt-sixième que des gens crachent devant eux et sur eux. » Et il insiste sur l'appauvrissement des familles juives, leurs difficultés à élever beaucoup d'enfants, la nécessité économique pour les jeunes de se marier plus tard.

Cette adresse est habile : elle exprime tout ce qui devrait toucher le roi et le faire revenir sur ces « lois » : son intérêt, sa piété, sa volonté de justice et de paix, sa peur du péché et de l'enfer : « Prenez garde à votre personne et à votre âme afin de n'être pas frappé, dans ce monde et dans l'autre, de toutes les lourdes peines méritées par ces lois à cause des graves péchés qu'elles comportent[65]. »

On ne sait si ce texte est parvenu à Saint Louis. En tout cas, à la fin de sa vie, à la veille de sa seconde croisade, pour laquelle la purification du royaume lui apparaît comme une condition de réussite, il aura tendance à aggraver les mesures antijuives.

Quel bilan dresser de l'attitude de Saint Louis à l'égard des juifs ? Des tentatives touchantes ont été faites pour nier sa dureté à l'égard des juifs, mais elles supposent une tolérance, un œcuménisme inexistant au XIIIe siècle. Sa seule excuse est-elle dans les conceptions et conduites habituelles des hommes de son siècle, aggravés par ses responsabilités royales ? Il me paraît indéniable qu'il est plus antijuif qu'un certain nombre de papes, de prélats, de princes, de seigneurs de son temps. N'a-t-il pour autant aucune circonstance atténuante ?

Il est sûr qu'il a été poussé par plus hostile aux juifs que lui : certains papes, une grande partie de son entourage de frères Mendiants, l'attitude des intellectuels parisiens et, surtout, l'hystérie de certains juifs convertis. Faut-il aller plus loin et se demander si ses biographes, plus antijuifs que lui, n'ont pas forcé l'expression de ses sentiments hostiles aux juifs ? En un cas, au moins, cela est vrai. Nous savons que dans ses *Enseignements* à son fils il avait écrit : « Travaille à enlever les péchés et mêmement les vilains péchés et vilains serments et fais détruire et abaisser à ton pouvoir hérésies. » Son confesseur, Geoffroy de Beaulieu, modifia cette phrase et cette version modifiée a été jointe aux pièces du procès en canonisation. Au membre de phrase « et fais détruire et abaisser à ton pouvoir hérésies », le confesseur a substitué « et spécialement tiens en grand vilté [mépris] juifs et toutes manières de gens qui sont contre la foi[66] ».

De même, Aryeh Grabois pense que le fameux texte de Joinville où Louis invite les chrétiens à « donner de l'épée dans le ventre des juifs[67] » a été durci par le sénéchal qui a rédigé son *Histoire de Saint Louis* au temps de la grande expulsion des juifs par Philippe le Bel, en 1306. Même si Joinville a donné un coup de pouce aux sentiments de Saint Louis à l'égard des juifs, il me semble que celui-ci les a vraiment détestés. D'ailleurs, Joinville, qui n'aime pas Philippe le Bel, aurait été trop content de mettre le petit-fils en contradiction avec son saint grand-père[68].

Je ne crois pas non plus que l'on doive, avec Gérard

Nahon, expliquer par les seuls sentiments de l'époque l'attitude de Saint Louis : « Par sa politique juive, écrit-il, Louis IX fut pleinement un saint pour le peuple chrétien. C'est la notion même de sainteté selon les normes admises par l'Église, qui est ici en question[69]. » Comment se fait-il, alors, que Boniface VIII, dans sa bulle et ses deux sermons de canonisation, ne dise pas un mot de l'attitude de Saint Louis à l'égard des juifs ? Si l'attitude de Saint Louis à l'égard des juifs n'a évidemment pas empêché qu'on le proclame saint, elle n'a cependant pas été un argument en faveur de sa sainteté.

Saint Louis, qui fait en général coïncider sans état d'âme sa foi avec sa politique, dans la seule crainte de commettre des péchés et de ne pas être assez bon chrétien, a eu, face aux juifs, des incertitudes. Et ceci pour les raisons que j'ai indiquées en commençant cette étude. La religion juive est une vraie religion, il a fallu le persuader que le Talmud était un substitut perverti de la Bible. S'il sent le devoir de réprimer les insanités juives, il a aussi celui de protéger les juifs, puisqu'ils ne relèvent pas de l'Église chrétienne : celle-ci ne peut exercer qu'à l'égard des chrétiens cette double responsabilité de châtier et de protéger. D'où des flottements, des tergiversations, des demi-repentirs. La répétition des mesures montre non seulement la difficulté de les faire appliquer, mais sans doute une certaine réticence du roi à en pousser trop vite et trop loin la mise en œuvre. Sur la définition de l'usure, on perçoit des hésitations qui rejoignent celles de l'Église elle-même[70]. D'ailleurs, tant dans la question des usures que dans celle de la défense de la foi chrétienne, les juifs ne sont pas seuls en cause. Si Louis épargne l'usure chrétienne, il finit par condamner l'usure des Lombards (Italiens) et des cahorsins qui sont étrangers et sont donc touchés, eux aussi, par la purification du royaume. Entre septembre 1268 et 1269, le roi décide leur expulsion et leurs débiteurs doivent les rembourser, à l'exception de l'usure[71]. La rigueur des mesures annoncées est probablement en partie destinée à faire peur aux juifs et à les amener à la conversion — cette conversion hypocritement forcée considérée par les contemporains comme de la mansuétude à l'égard des juifs. Il a attendu la fin de son règne pour céder à la pression qui le conduisit à leur imposer la rouelle.

En 1257, nous ne savons dans quelles circonstances, Saint Louis a un peu corrigé les spoliations que ses mesures avaient entraînées à l'encontre des juifs. Il désigne trois ecclésiastiques qui ont sa confiance, l'évêque d'Orléans, l'abbé de Bonneval et l'archidiacre de Poissy, pour corriger les abus commis lors de la *captio* d'avant la croisade et lors des expulsions de 1253-1254. Tout en faisant restituer les usures juives, ces commissaires doivent se préoccuper de faire restituer aux juifs, si cela n'a pas été fait, les biens qu'on leur a pris, car il assure « ne pas avoir eu l'intention de les garder ». S'il donne « pleine puissance » à ces commissaires « de vendre les maisons, rentes et tous autres biens immeubles des juifs » légalement confisqués, il « veut pourtant que les anciennes synagogues avec les ustensiles sans lesquels ils ne peuvent se servir commodément de leurs synagogues soient rendues à ces Juifs[72] ». On a pu, sans doute, estimer que ces *vieilles* synagogues étaient celles qui existaient avant l'interdiction canonique faite aux juifs au début du XIIIe siècle sous Philippe Auguste de construire de nouvelles synagogues et qu'elles étaient peu nombreuses. Mais cet ordre de restitution montre que Saint Louis a entendu respecter la tradition chrétienne de tolérance de la pratique religieuse des juifs. La religion juive était toujours reconnue, au contraire de l'hérésie et de la religion musulmane.

De même, dans le seul cas de pogrom connu en France sous son règne, il fit arrêter ceux des coupables qui furent découverts. Nous ne connaissons ce massacre que par une lettre du pape Grégoire IX du 5 septembre 1236, qui demande au roi de France de protéger les juifs. Ce pogrom a été le fait, en Anjou et en Poitou, du petit peuple qui prétendait en faire une préparation à une croisade. Les baillis recherchèrent les chrétiens qui avaient participé à la « tuerie des Juifs » et infligèrent des amendes aux prétendus « croisés » qu'ils purent arrêter[73].

Enfin, on ne connaît pas sous son règne d'accusation de meurtre rituel portée contre des juifs.

Comment caractériser l'attitude et la politique de Saint Louis à l'égard des juifs ? Nous disposons aujourd'hui de deux termes : antijudaïsme et antisémitisme. Le premier concerne exclusivement la religion et, quelle que soit l'importance de la religion dans la société juive et dans la conduite de Saint Louis à son égard, il est insuffisant. L'ensemble des problèmes concernés par cette conduite dépasse le cadre strictement religieux et il met en jeu des sentiments de détestation et une volonté d'exclusion qui vont au-delà de l'hostilité à la religion juive. Mais « antisémitisme » est inadéquat, anachronique[74]. Il n'y a rien de racial dans l'attitude et les idées de Saint Louis. Il faut attendre le XIXe siècle pour que les théories raciales pseudo-scientifiques fassent s'épanouir des mentalités et des sensibilités racistes, antisémites. Je ne vois que le terme d'« antijuif » pour caractériser la conduite de Saint Louis. Mais ces conceptions et cette pratique, cette politique antijuives ont fait le lit de l'antisémitisme ultérieur. Saint Louis est un jalon sur la route de l'antisémitisme chrétien, occidental et français.

CRITIQUES ET RÉSISTANCES

Bien que les documents insistent sur la vénération et l'admiration qu'éprouvent pour Saint Louis son entourage, ses sujets, l'ensemble de la Chrétienté et même ses adversaires musulmans, ils ne cachent pas qu'un certain nombre de critiques et de résistances se sont exprimées à son endroit. Certaines viennent de son entourage même, d'autres de milieux sociaux divers, d'hommes et de femmes du royaume, et d'étrangers. Certaines visent sa conduite personnelle, d'autres certains aspects de sa politique. Mais c'est surtout autour de la religion que tournent la plupart de ces critiques. Elles visent sa dévotion, sa pratique de la paix et de la justice.

Il faut d'abord faire une place à part au reproche d'indifférence à l'égard de la reine et de ses proches enfants. On ne le trouve que chez Joinville, mais c'est un témoin oculaire et, on le sait, dans l'ensemble très favorable au roi[75].

Son entourage (clercs, serviteurs, familiers) s'irrite de ses pratiques de dévotion qu'ils jugent excessives et qui le rendent parfois difficilement supportable. Par exemple, il se lève sans faire de bruit et très tôt le matin pour aller à l'église et c'est la débandade chez ses gardes qui s'éveillent trop tard pour finir de s'habiller au moment de le suivre à l'église :

> Et souvent il se levait si doucement de son lit et se vêtait et se chaussait pour entrer si tôt dans l'église,

que les autres qui étaient couchés dans sa chambre n'avaient pas le temps de se chausser, mais couraient déchaussés après lui[76].

Quand il va à Royaumont aider les moines à transporter les pierres pour la construction de l'abbaye, il oblige ses frères à en faire autant, ceux-ci rechignent[77].

Quand il oblige les marins de son navire à suivre les offices religieux, quand il contraint son entourage à écouter d'interminables sermons, quand il fait s'asseoir sa mesnie autour de lui pour lui faire la morale, nous n'avons pas de témoignage sur les réactions de ces dévots forcés, mais nous pouvons supposer qu'ils n'ont pas eu que de la gratitude pour le roi qui veut faire leur salut malgré eux.

Que pensent, par exemple, ses gardes du corps qui ne peuvent plus aller manger dehors dans les tavernes, mais doivent écouter des sermons en mangeant ?

> Et pour que les sergents d'armes fussent plus volontiers aux sermons, il ordonna qu'ils mangeassent en salle, alors que lesdits sergents n'avaient pas l'habitude d'y manger, mais ils recevaient des gages pour leurs dépenses de nourriture à l'extérieur. Le saint continua à leur donner les mêmes gages alors qu'ils étaient désormais nourris à la cour[78].

Dévotion forcée mais rémunérée... Que pensent les hommes qui sortent de l'église de Compiègne où le roi écoute la messe au moment du sermon pour aller à la taverne en face et que Saint Louis fait ramener de force à l'église par ses sergents ?

En ce XIIIe siècle, les tavernes commencent à devenir le grand lieu du divertissement masculin, mais aussi de sociabilité et de communication. Saint Louis se déclare leur ennemi presque autant que des bordels. Pour ceux-ci, quand il voulut interdire complètement la prostitution, ses conseillers, religieux pour la plupart, le dissuadèrent d'entreprendre ce vain combat, car l'Église savait que la chair est faible et que le péché originel a rendu les rechutes inéluctables.

Les religieux de son entourage combattent aussi ses excès de dévotion et d'ascétisme personnels. Les jeûnes, les flagellations, l'assistance exagérée à d'innombrables offices, même la nuit, toutes ces pratiques caractéristiques des moines du haut Moyen Âge, des ermites, des religieux des ordres les plus ascétiques ne conviennent plus, surtout pour des laïcs, aux chrétiens d'une religion désormais moins excessive.

Si l'on est laïc et, plus encore, si l'on est roi. Le modèle obsessionnel de Saint Louis, c'est le Christ. Et à défaut de pouvoir accomplir les gestes réservés à la personne divine ou au prêtre, il est un acte d'humilité christique pour lequel il a une prédilection, on l'a vu : le lavement de pieds des pauvres ou des moines, en particulier pendant la semaine sainte[79]. Ainsi, le vendredi saint, quand on veut écarter de lui les pauvres qui l'assaillent, « il disait au contraire qu'on devait les laisser car Jésus a souffert davantage pour nous en ce jour que je ne souffre aujourd'hui pour lui ». Ici se dévoile l'aspiration profonde de Saint Louis : imiter le Christ dans la souffrance[80].

Quand il demande à Joinville s'il lave aussi les pieds de ses pauvres le jeudi saint, le sénéchal se récrie, Dieu l'en garde. Le roi est bien déçu par son fidèle compagnon. Le samedi, quand il le peut, il lave à genoux en secret, par excès d'humilité mais aussi pour éviter les reproches, les pieds de trois pauvres âgés puis il les baise, il leur lave ensuite les mains et les baise également, parfois il leur donne de l'argent et les sert lui-même à table[81].

Il voudrait aussi laver les pieds de certains moines. Cela compléterait ses pratiques d'humilité : laver les pieds des pauvres volontaires comme ceux des pauvres, malgré eux.

L'anecdote est racontée à la fois par Geoffroy de Beaulieu et par Guillaume de Saint-Pathus, mais avec deux différences. Tous deux sont d'accord pour la situer dans une abbaye cistercienne et lui donner pour contexte l'habitude qu'ont les moines cisterciens de se laver mutuellement les pieds le samedi. Geoffroy place la scène à Clairvaux. Saint Louis, présent à l'abbaye un samedi, veut participer au rite et laver les pieds des moines. Mais certains grands laïcs (des « magnats ») qui l'accompagnent et qui ne sont pas de ses familiers, ce qui suppose qu'ils sont d'autant plus choqués, lui représentent qu'il y a là un acte d'humilité qui ne lui convient pas. Louis s'incline[82]. Pour Guillaume, la scène se passe à Royaumont et c'est l'abbé lui-même qui dissuade le roi : « Il dit à l'abbé : "Ce serait bon que je lavasse les pieds des moines". Et l'abbé lui répondit : "Renoncez à le souffrir !" Et le saint roi lui dit : "Pourquoi ?" Et l'abbé répondit : "Les gens en parleraient [jaseraient]." Et le saint roi répondit et dit : "Qu'en diraient-ils ?" Et l'abbé répondit que les uns en diraient du bien et les autres du mal et ainsi le saint roi renonça à cause de la dissuasion de l'abbé, comme celui-ci le croit[83]. »

Quelle que soit la vérité, on voit que la tradition retient l'opposition à la fois des grands laïcs et ecclésiastiques, à ces auto-humiliations du roi. Les raisons de cette opposition sont complexes : le roi n'est pas chez lui dans une abbaye cistercienne, mais, surtout, le geste est incompatible avec ce qu'est devenue la *dignitas* royale. Saint Louis, dans la conception du

« roi image de Dieu », a tendance à se faire l'image du Christ, du Christ de la Passion, mais, pour ses sujets, il est aussi et de plus en plus l'image du Dieu de *majesté*. C'est la *majestas*, celle de Dieu le Père ou du Christ en majesté des portails des cathédrales qu'on sculpte dans son royaume. Louis n'est-il pas écartelé entre la majesté de Dieu et l'humilité du Christ ? Ici encore, il assume les deux images.

À ces excès d'humilité s'ajoute, dans la critique de la conduite royale, l'excès des dépenses charitables. On lui reproche de trop donner en aumônes, de trop dépenser en construction d'offices religieux. Mais ces reproches, il les repousse, justifie son attitude et n'en change pas.

Voici le témoignage de Guillaume de Nangis.

> Comprenant que certains de ses familiers murmuraient de la largesse de ses aumônes, il leur disait qu'à faire de temps en temps des excès de libéralité, il préférait que ces excès se fassent en aumônes faites pour l'amour de Dieu plutôt qu'en frivolités mondaines. L'excès qu'il faisait en actions spirituelles excusait et rachetait l'excès qu'il lui convenait trop souvent de faire en dépenses mondaines.

Et Guillaume d'ajouter, ce qui montre bien la politique d'équilibre de Saint Louis entre charité chrétienne et dignité royale.

> Pourtant, en effet, dans les solennités royales et dans les dépenses quotidiennes de sa maison aussi bien que dans les parlements et réunions de chevaliers et de barons, il se comportait avec libéralité et largesse comme il convient à la dignité royale ; et il était servi dans sa maison comme il convient à une cour plus qu'on ne le faisait à la cour des rois ses prédécesseurs depuis très longtemps[84].

Sa rigueur excessive, quand il s'agit de façons d'être qu'il déteste, lui est aussi reprochée, par exemple ses façons cruelles de punir les blasphémateurs[85].

Quand ses familiers lui reprochent l'excès de ses dépenses pour la construction des couvents des Franciscains et des Dominicains à Paris, il s'écrie :

> Mon Dieu ! comme je crois cet argent bien dépensé pour tous ces frères si éminents qui du monde entier confluent vers ces couvents parisiens pour étudier la science sacrée et qui, y ayant puisé, s'en retournent dans le monde entier pour la répandre pour l'amour de Dieu et le salut des âmes[86] !

D'autres fois, enfin, il justifie par sa fonction de ministre de Dieu chargé de dispenser ses largesses la générosité excessive qu'on lui reproche envers les religieux, envers les pauvres :

> Et quand certains de ses conseillers le reprenaient pour les grandes dépenses qu'il faisait pour les maisons de religieux et pour les grandes aumônes qu'il leur donnait, le saint roi répondait : « Taisez-vous. Dieu m'a donné tout ce que j'ai. Ce que je dépense ainsi, je ne pourrais pas mieux le dépenser[87]. »

DES CRITIQUES POLITIQUES

Avec ces derniers textes cités, nous sommes passés du terrain essentiellement privé et personnel au terrain public, politique.

On a vu que le bénédictin anglais Matthieu Paris n'a pas de Saint Louis une image uniformément favorable, bien qu'il admire, à beaucoup d'égards, le roi français[88]. Ce qui est intéressant, c'est que certaines de ses critiques avaient sans doute cours dans d'autres milieux que l'abbaye anglaise de Saint-Albans et en France même.

La première concerne l'abandon du pouvoir à une femme. Pour l'année 1235, Matthieu condamne le jeune roi qui refuse de reconnaître les droits anglais sur les territoires de la France de l'Ouest. La coupable, c'est Blanche de Castille, et la faute de Louis IX, c'est d'obéir à sa mère et non à la justice. « Tous ces droits [du roi d'Angleterre], le roi de France feint de les ignorer, préférant suivre le conseil d'une femme plus que la règle de la justice, oubliant la crainte du Dieu de vengeance[89]. » Matthieu approuve aussi la révolte des grands féodaux français en l'année 1236 : « Ils s'indignaient que le royaume des royaumes, c'est-à-dire la France [la Gaule-*Gallia*] soit gouvernée par une femme[90]. » En 1242, quand la rupture intervient entre Henri III et Louis IX, il s'indigne d'une mesure prise par le roi de France qui annonce les aspects économiques des guerres que se livreront désormais les États monarchiques.

> Le roi de France, de la façon la plus inconvenante, fit sauvagement saisir les personnes et les biens des marchands anglais qui commerçaient dans son royaume, causant un tort énorme à l'antique dignité de la France [Gaule]. Celle-ci, en effet, avait une tradition d'asile et de sécurité offerte à tous les fugitifs et les exilés dont elle prenait manifestement la défense, d'où le nom de *France* lui a été donné dans sa langue propre[91].

Enfin, Matthieu Paris, qui, entre-temps, est devenu un admirateur de Blanche de Castille (en 1241, lors de l'invasion mongole, il la nomme « la reine Blanche, mère du roi de France, matrone vénérable aimée de Dieu »), se déchaîne enfin contre Louis au moment de la croisade, lui reprochant violemment de la faire financer par l'Église, qu'écrase la lourdeur de la contribution financière exigée par le roi de France, avec l'autorisation du pape. Aigreur de religieux...

À l'intérieur du royaume de France, trois critiques principales s'expriment à l'égard de la politique du roi.

La première, surtout formulée par certains de ses conseillers, vise sa politique d'apaisement. Ils acceptent mal cet intermède pacifique que représente son règne entre les endémiques guerres féodales et les menaçantes guerres « nationales ». Ils critiquent surtout le traité de Paris avec l'Angleterre. Le roi, vainqueur sur le champ de bataille, pouvait dicter ses conditions, et le compromis offert au roi d'Angleterre est pour eux signe de faiblesse[92].

La deuxième, émanant du milieu seigneurial, concerne les restrictions apportées aux pouvoirs des nobles, la perte de leur indépendance et de leur autorité pleine et entière dans leurs fiefs. On l'a vu à propos de l'affaire d'Enguerran de Coucy[93]. Une chanson, que son savant éditeur date de l'extrême fin du règne, exprime la rancœur de celui qui voudrait bien « rester maître de mon fief[94] ».

> Gens de France, vous voilà bien ébahis ! Je dis à tous ceux qui sont nés dans les fiefs : De par Dieu, vous n'êtes plus francs, on vous a mis bien loin de vos franchises ; car vous êtes jugés par enquête. On vous a tous cruellement trompés et trahis, puisque nulle défense ne peut plus vous venir en aide. Douce France ! il ne faut plus t'appeler ainsi ; mais il faut te nommer un pays d'esclaves, une terre de lâches, un royaume de misérables, exposés à maintes et maintes violences.

Ce que je sais en vérité, c'est qu'un tel asservissement ne vient pas de Dieu, tant soit-il exploité. Hélas ! loyauté, pauvre chose ébahie, vous ne trouvez personne qui ait pitié de vous. Vous pourriez avoir force et puissance et être en pied, car vous êtes l'amie de notre roi, mais vos partisans sont trop clairsemés autour de lui. Je ne vous en connais qu'un seul, après le roi, et celui-là est si bien sous la main du clergé qu'il ne peut pas vous venir en aide. Ils ont broyé tout ensemble la charité et le péché.

Et qu'on ne croie que je dis cela pour attaquer mon seigneur ; Dieu m'en préserve : mais j'ai peur que son âme n'en soit perdue, et puis j'aime bien rester le maître de mon fief. Quand il saura cela, il fera prompte justice ; son noble cœur ne souffrirait pas le contraire. C'est pourquoi je veux qu'il en soit bien prévenu et instruit. Par ainsi le diable ennemi, qui le guette, n'aura sur lui nul pouvoir. J'aurais manqué à ma foi, si j'avais ainsi laissé mon seigneur déconseillé.

On trouve dans ce texte les lieux communs des remontrances à un prince. Le roi n'est pas le coupable. Tout est de la faute de ses conseillers. L'auteur de la chanson retourne perfidement contre le roi son éthique personnelle. Lui qui a un tel souci du salut de son âme, qui est tellement préoccupé de justice et qui appelle le conseil des gens de bien, il est en passe, pour avoir bafoué la justice et écouté les mauvais conseils, de devenir la proie du diable. Que pourrait-on dire de pire à Saint Louis ?

Enfin, il y a cette attaque inouïe qui montre bien que, en remplaçant les anciennes procédures respectant les franchises féodales par la procédure d'enquête, Saint Louis a frappé juste. L'auteur de la chanson n'hésite pas à parler de trahison et de *laudator temporis acti*, du bon vieux temps « féodal », il se déchaîne : « Douce France ! il ne faut plus t'appeler ainsi ; mais il faut te nommer un pays d'esclaves, une terre de lâches, un royaume de misérables, exposé à maintes et maintes violences. »

Il est intéressant de noter que ce violent pamphlet a pris la forme d'une chanson. Cela signifie, sans doute, que les tenants de ce point de vue n'avaient pas de moyens directs pour s'opposer par la force ni par le droit aux décisions. Mais comme le XIIIe siècle est l'époque où se développe la chanson politique, on saisit là l'un des instruments de formation d'une opinion publique qui apparaîtra pleinement dans la France de Philippe le Bel. En attendant, plus ponctuellement et plus quotidiennement, les griefs formulés par des individus contre les agissements des agents du roi révèlent le mécontentement soulevé par la centralisation du royaume[95].

Une troisième critique, enfin, semble assez généralement répandue, notamment dans des milieux qu'on peut qualifier de « populaires ». Elle dénonce la façon dont Louis s'entoure de religieux et en fait les principaux inspirateurs non seulement de sa conduite personnelle, mais de sa politique. Or l'opinion est très partagée à l'égard de ces religieux, surtout des frères des ordres Mendiants, Dominicains et Franciscains[96]. Beaucoup sont violemment hostiles à ces explorateurs de consciences, ces fouilleurs de la vie privée qui envahissent les familles et les maisons, ces captateurs de testament, ces zélateurs de la pauvreté devenus les grands spécialistes des affaires d'argent. L'image du frère Mendiant, c'est celle de l'hypocrite, du faux-semblant du *Roman de la Rose*. Mais si Jean de Meung et Rutebeuf — qui met directement en cause Saint Louis pour les relations privilégiées qu'il entretient avec les Mendiants[97] — représentent un milieu intellectuel plus ou moins restreint, un texte nous révèle cette hostilité qui a débordé ce milieu et a pu prendre parfois des expressions très violentes.

« TU N'ES QUE LE ROI DES FRÈRES »

On se rappelle l'épisode rapporté par Guillaume de Saint-Pathus[98]. Une femme nommée Sarrete injurie le roi au pied de l'escalier du Palais un jour de parlement. Elle s'étonne qu'on ne l'ait pas chassé de son trône. Que lui reproche-t-elle donc ? « Tu n'es que le roi des frères Mineurs et des frères Prêcheurs, des prêtres et des clercs[99] ! »

Si le franciscain a légué cette anecdote à la postérité, c'est parce qu'il veut la faire tourner à l'avantage de Saint Louis, qui empêche ses sergents de mettre Sarrete dehors et même de la toucher, déclarant à la femme qu'elle a raison, qu'il n'est pas digne d'être roi, qu'un autre gouvernerait mieux le royaume et lui faisant donner de l'argent par ses chambellans.

Mais le mal est fait. Nous apprenons ainsi qu'il y avait au moins une femme anticléricale au temps de Saint Louis et que tout le monde ne béait pas d'admiration devant le saint roi ni n'était impressionné favorablement par sa dévotion.

Une autre anecdote, qui ne se contente pas de critiquer mais qui veut ridiculiser — et par une caricature physique — le roi bigot, « beguin », a pour cadre social un milieu de haute noblesse. Le comte de Gueldre, Otton II (1229-1271), qui a épousé une française, Philippa, fille du comte de Ponthieu, Simon de Dammartin, a envoyé un messager à Paris, peut-être pour une affaire de procès. À son retour, Otton de Gueldre l'interroge sur le roi de France. Le messager raconte qu'un prédicateur séculier a accusé de péché mortel les frères Prêcheurs « qui conseillent tant d'humilité au roi ». Puis, mettant par dérision « son cou de travers », il dit au comte : « Je l'ai vu, j'ai vu ce misérable roi papelard, ayant pour couvre-chef une capuche par derrière. » L'histoire est narrée par le dominicain Thomas de Cantimpré, qui loue, au contraire, la conduite du roi de France et le fait venger par un miracle, qui aurait donc eu lieu du vivant du roi. Le messager injurieux qui avait singé le pieux roi et s'était moqué de sa silhouette demeura, pour le reste de sa vie, dans cette posture, « contrefait[100] ».

Au fond de ces divergences entre Saint Louis et ses contemporains, qui apparaissent sous des aspects qui peuvent souvent sembler anecdotiques, ce sont des mutations plus profondes de mentalité et de sensibilité qui sont en jeu. On est en face d'une sorte de chassé-croisé. Tout respectueux qu'il soit des pratiques essentielles de la société « féodale », Saint Louis se réfère à des valeurs de justice et de paix qui battent en brèche les habitudes féodales et transforment la fonction royale dans le sens de l'État moderne. De même, la façon dont il se sert des conceptions féodales pour faire progresser l'État monarchique n'est pas comprise. Quand il se conduit en roi moine et semble abandonner une part de son pouvoir aux religieux, l'opinion publique (ou ce qui en est l'ébauche) ne suit pas. La couronne est en train de devenir un objet sacré laïque.

Face à la croisade, l'opinion est plus divisée. Elle est encore avec Saint Louis nostalgique de Jérusalem — une Jérusalem qu'il s'agit d'ailleurs de récupérer avec des moyens qui ne sont plus seulement militaires, car saint François est passé par là. Mais Joinville n'est sans doute pas le seul dans le royaume de

France à regarder plutôt vers sa Champagne que vers la Terre sainte. Avec cette mutation du regard, qui est liée à un changement des représentations politiques (une Chrétienté européenne ou européo-orientale ?), nous ne nous éloignons pas de notre interrogation d'école : Saint Louis féodal ou moderne ? Mais nous parvenons à la poser en des termes différents : car si nous voulons utiliser ces concepts, la croisade est bien le stade suprême de la féodalité. Et en échouant de façon retentissante dans ses croisades, Saint Louis a, de cette façon aussi, sans le savoir, sans l'avoir voulu, porté un coup fatal à la féodalité classique.

IX

SAINT LOUIS, ROI SACRÉ, THAUMATURGE ET SAINT

Saint Louis est un personnage charismatique[1]. Ce charisme, dans la mesure où il peut être défini, provient pour ceux qui ont approché le roi de l'aura qui entoure sa personne et, pour ceux qui ne le connaissent que par ouï-dire, sur le caractère extraordinaire de l'image qui leur est transmise. Pour la désigner, ses contemporains n'ont guère à leur disposition que le terme de saint, mais il s'agit d'un saint exceptionnel : ce qu'a été saint François en tant que religieux, Louis l'est en tant que laïc et roi. Boniface VIII, dans sa bulle de canonisation, cherchera à l'exprimer par le terme *superhomo*, « surhomme ».

Ce charisme n'est pas seulement une donnée irrationnelle, instinctive. Il inclut des traits spécifiques, catégoriels, dynastiques, les qualités d'un roi sacré et thaumaturge, ainsi que les mérites individuels, de la sainteté sanctionnée par une canonisation officielle.

Il importe de bien distinguer les traits communs aux rois de France et ceux qui appartiennent en propre à Saint Louis.

LES SACRALITÉS DU ROI DE FRANCE

Il convient de mettre un peu de clarté dans un domaine souvent abordé de façon confuse en proposant de distinguer divers concepts : le sacré, le religieux, le sacerdotal, le thaumaturgique. Tous ensemble, ces divers aspects forment un système articulé qui caractérise le pouvoir royal et ses représentations dans la France médiévale. Ce système, à travers les échecs et les réussites de la monarchie capétienne dans ses efforts pour accroître cette réalité et cette image de son pouvoir, a été construit de l'avènement de Hugues Capet en 987 à la canonisation de Saint Louis en 1297[2].

Les valeurs du sacre

L'essentiel des aspects sacrés et religieux d'un roi capétien s'exprime dans la liturgie du sacre. Une autre source importante est constituée par les biographies royales et les chroniques, en l'occurrence la *Vie de Robert le Pieux*, rédigée par le moine Helgaud de Fleury, la *Vie de Louis VI le Gros* par Suger, les œuvres de Rigord de Saint-Denis et de Guillaume le Breton dont Philippe Auguste est le héros, les biographies, hagiographies et recueils de miracles consacrés à Saint Louis. Les Miroirs des princes du XIIIe siècle ajoutent en fait assez peu à l'image du roi capétien sacré. Mais la cérémonie du sacre peut être lue elle-même comme un Miroir des princes en condensé et en représentation. Nous possédons peu de récits de sacre de rois capétiens — le principal est celui du sacre de Philippe Ier en 1059, et ce récit est très succinct car son but est de justifier les droits exclusifs de l'Église de Reims au sacre et couronnement des rois des Francs occidentaux.

Du règne de Saint Louis datent très probablement trois *ordines* royaux : un du début du règne, dit *ordo* de Reims, un de la fin du règne, dit « dernier *ordo* capétien » et, entre les deux, l'*ordo* que j'appelle *ordo* de 1250, avec les inestimables dix-huit miniatures qui nous présentent la structure, le processus, les temps forts du sacre[3].

Le *sacré*[4], c'est ce qui exprime et le plus souvent *crée* (la consécration est une sacralisation) un lien avec les pouvoirs surnaturels, la participation à ces pouvoirs et, s'agissant d'une société chrétienne, un rapport direct avec Dieu. Plus qu'une délégation de pouvoir (signifiée, elle surtout, par le *couronnement : rex a Deo coronatus*, « roi couronné par Dieu »), le sacre assure l'insufflation de forces surnaturelles par l'onction, la manifestation de l'octroi de certaines de ces forces par la remise d'*insignes* symboliques du pouvoir.

Le *religieux*, plus difficile à définir dans une société qui n'a guère l'idée du *civil*, mais qui distingue le temporel et le spirituel, c'est tout ce qui concerne le fonctionnement régulier du sacré ici-bas, essentiellement assuré par l'Église. La fonction religieuse de la monarchie consiste donc à permettre, à aider et à favoriser le rôle et l'action de l'Église. Lors du sacre, elle s'exprime surtout dans les engagements pris par serment par le roi. On peut les résumer dans la notion de « bras séculier ».

Le *sacerdotal* désigne tout ce qui confère au roi des caractères ou des fonctions d'un homme d'Église. Le rituel du sacre évoque un certain caractère à la fois épiscopal, sacerdotal et diaconal du souverain. Mais des limitations strictes empêchent que le roi soit et apparaisse comme un *rex sacerdos*, un « roi prêtre ».

Enfin, le *thaumaturgique*, proche du magique, évoque le pouvoir surnaturel reconnu au roi de France de guérir, dans des circonstances plus ou moins solennelles et bien définies (jour de fête, lieu sacré tel qu'un cloître), par le toucher — accompagné d'un signe de croix (il s'agit de la christianisation d'un rite magique) — les malades souffrant d'une maladie particulière, les *écrouelles* ou adénite tuberculeuse, le *morbus regius*, la maladie royale, c'est-à-dire qui peut être guérie par le roi[5]. Les contemporains attribuent à Saint Louis la pieuse adjonction du signe de croix au toucher, mais il est attesté pour des rois antérieurs[6].

Le sacre royal

Le sacre est donc surtout lié à l'onction. Celle-ci est faite par l'archevêque de Reims sur la tête, sur la poitrine, entre les épaules, sur les épaules, à la jointure des bras et, enfin, un peu après, sur les mains. Tout le corps significatif du roi, tous les sièges de forces sont investis par le saint chrême, l'huile apportée miraculeusement par le Saint-Esprit à l'évêque de Reims, Rémi, pour le baptême de Clovis. L'archevêque le prélève à chaque fois dans la sainte ampoule où est conservée l'huile miraculeuse. L'ampoule est gardée au monastère de Saint-Rémi dont l'abbé vient l'apporter à la cathédrale pour le sacre.

Investi de cette puissance surnaturelle, le roi est désormais l'intermédiaire sacré entre Dieu et son peuple. Par lui, par son corps oint passent la protection divine, l'inspiration divine. Il est le trait d'union entre Dieu et son peuple et, jusqu'à sa mort, garantit à son royaume et à son peuple les secours divins, non seulement pour sa sauvegarde ici-bas, mais surtout pour son salut dans l'au-delà.

Le sacré est aussi transmis au roi par l'intermédiaire des insignes royaux dont il est investi au cours de la cérémonie.

Première phase qui précède l'onction, c'est l'adoubement royal[7]. Le roi commence à recevoir une partie des objets qui, déposés sur l'autel par l'abbé de Saint-Denis qui les a apportés, lui transmettent une sacralité accrue par ce contact avec la partie la plus sacralisée de l'église : l'autel. Le roi, accomplissant le rite de *séparation* qui constitue la phase initiale du rite de passage le transformant de roi par hérédité en roi par consécration religieuse, abandonne alors la partie extérieure de ses vêtements anciens. Il reçoit du grand chambrier les souliers ornés des fleurs de lys ; du duc de Bourgogne les éperons d'or ; et de l'archevêque le fourreau et l'épée, au cours d'un rite complexe où ils sont déposés puis retirés de l'autel. L'épée, qui fait du roi le bras séculier de l'Église et que commence à porter nue le sénéchal de France[8].

Seconde phase, après l'onction : la remise des insignes royaux proprement dits[9]. Le chambrier remet au roi la *tunique jacinthe*, couleur des habits du grand prêtre israélite, devenue la couleur des rois de France, qui ont lancé le bleu comme couleur du pouvoir, du sacré (c'est aussi la couleur de la Vierge qui est en outre devenue, avec l'exploitation intensive du pastel, la couleur à la mode), tunique parsemée de fleurs de lys d'or, et par-dessus une chape ou surcot. L'archevêque remet ensuite au roi l'*anneau*, signe de la dignité royale et de la foi catholique et peut-être du mariage que Dieu contracte avec son peuple, dans la main droite le *sceptre*, symbole du pouvoir sacré, et dans la gauche, pour la première fois, une *main de justice*, qui remplace l'ancienne *verge* antérieure.

Il faut souligner la présence sur les vêtements des fleurs de lys d'or qui sont en train de devenir le symbole le plus sacré des insignes royaux et qui, selon une récente étude, seraient un symbole solaire[10]. Saint Louis et probablement Philippe Auguste et Louis VIII avant lui sont déjà des rois-soleils.

Troisième phase, enfin : c'est le *couronnement* marqué par deux épisodes : l'imposition de la *couronne*, variante « barbare » du vieux *diadème* de la royauté sacrée hellénistique et impériale, et l'installation sur le *trône* surélevé, symbole de la montagne primordiale comme siège cosmique du pouvoir.

L'imposition de la couronne par l'archevêque met en jeu la collaboration à la sacralisation royale des douze pairs — héritage de la légende de Charlemagne — qui fait participer au rite royal six évêques et six grands seigneurs laïcs par un geste d'intégration de l'aristocratie ecclésiastique et laïque.

Le *religieux* est surtout présent dans les serments prononcés par le roi au cours du sacre.

Le roi, selon les *ordines* de Reims et de 1250, prononce quatre séries de serments :

1) il promet d'abord à l'Église de la protéger dans ses personnes et dans ses biens ;

2) il promet ensuite de faire régner la paix et la justice — valeurs à forte connotation religieuse et même eschatologique — et, à l'instar de Dieu, de faire preuve de miséricorde (un engagement supplémentaire, introduit après le quatrième concile du Latran — 1215 —, consiste à combattre les hérétiques) ;

3) il promet de défendre la sainte foi catholique, d'être le tuteur et le défenseur des églises et de leurs ministres, de régir et de défendre le royaume que

Dieu lui a donné selon la tradition de justice de ses pères ;

4) enfin, après le couronnement et l'intronisation, le roi fait une dernière promesse synthétique, *coram Deo, clero et populo* (« devant Dieu, le clergé et le peuple »).

En fait, dans ces serments, et de façon générale, lors du sacre, un pacte est conclu entre le roi et l'Église, laquelle parle pour elle-même et pour le peuple dont elle se donne pour le représentant. Les miniatures du manuscrit de l'*ordo* de 1250 montrent bien le souci de respecter une inégalité initiale entre le roi et le clergé, le consécrateur étant supérieur au consacré, qui aboutit, à la fin de la cérémonie, à une certaine supériorité du roi sur le clergé. Le baiser de paix (et sans doute d'hommage) que l'archevêque donne au roi couronné sur son trône est peut-être le symbole de cette promotion du roi oint et couronné, du roi « sacralisé ».

En ce qui concerne l'aspect sacerdotal, il faut surtout noter que le roi capétien n'est pas parvenu et n'a sans doute pas vraiment cherché à parvenir à un statut de *rex sacerdos*, de « roi prêtre ». Pendant et après le sacre, il reste un laïc. Mais, de même que le sacre et l'inhumation des rois se font dans une partie de l'église qui touche au chœur réservé au clergé ou même qui est au début de ce chœur, le roi capétien reçoit quelques éléments secondaires de dignité ecclésiastique

Au cours du rituel du sacre, le roi apparaît tantôt proche d'un diacre, tantôt proche d'un prêtre (sa chape est relevée sur le bras gauche comme une chasuble sacerdotale), tantôt même proche d'un évêque[11] : comme l'évêque, et seul avec lui, il reçoit une onction sur le front[12]. Surtout, lors de la messe qui suit la cérémonie, le roi, à l'instar de prêtres, *communie sous les deux espèces*. Mais il s'agit d'un moment unique qui ne se reproduira pas dans sa vie.

Enfin, il a le pouvoir *thaumaturgique*, celui de guérir les malades, restreint cependant à une maladie : les écrouelles. On distingue mal quand et comment la croyance antique en une maladie guérie par les rois a changé de contenu. Pour Isidore de Séville, au VIIe siècle, le *morbus regius* était la *jaunisse* et saint Jérôme y avait vu précédemment la *lèpre*. Pour les rois capétiens, ce sont les *écrouelles*. Marc Bloch a sans doute surestimé le sens de certains textes dans lesquelles il décelait la pratique du miracle royal du toucher des écrouelles, et il a probablement proposé une datation trop haute de l'exercice institutionnel et régulier du miracle royal par les Capétiens. Philippe Ier a touché les écrouelles puis a perdu, à cause de ses péchés, son pouvoir thaumaturgique. Louis VI a touché les écrouelles, mais combien de fois, nous l'ignorons. Aucun texte ne permet de dire que Louis VII, Philippe Auguste et Louis VIII ont exercé ce pouvoir. Il me semble prudent de faire commencer seulement à partir de Saint Louis la pratique régulière du toucher royal[13]. Ce premier exercice du toucher va, à partir de Saint Louis jusqu'à Louis XIV exclu, s'exercer dans le sanctuaire proche de Saint-Marcoul à Corbeny[14].

Le système du sacre

À la fin du règne de Saint Louis, les cérémonies qui fondent la sacralité du pouvoir royal forment un système.

L'ébauche de l'éveil du roi dans la chambre où vont le chercher deux évêques au matin du sacre complète en amont le rite d'initiation qui va transformer le roi, désigné par la coutume de transmission héréditaire du pouvoir en ligne masculine par primogéniture, en un roi sacralisé par l'onction divine, dispensée par l'Église en échange des promesses royales par serment. La liturgie rémoise lie les serments, l'onction, la remise des insignes royaux avec ses deux temps forts, le couronnement et l'intronisation[15]. Elle est complétée en aval par le premier exercice du toucher royal, en vertu du pouvoir thaumaturgique acquis par l'onction faite avec une huile elle-même miraculeuse et productrice, en la personne du roi touché par ce liquide miraculeux, du pouvoir de toucher (et de guérir miraculeusement) les malades des écrouelles.

La cérémonie de Reims réunit, en outre, par la présence et la participation de leurs chefs religieux, les trois sanctuaires où se localise la *religion royale* : Saint-Rémi de Reims, représenté par son abbé qui garde la sainte ampoule, la cathédrale de Reims, lieu du sacre opéré par son archevêque[16], Saint-Denis enfin, représenté par son abbé qui garde les insignes royaux. Saint-Denis où s'achève pour chaque roi, dans la sacralité d'une sépulture monastique, l'exercice du pouvoir sacré et religieux qu'il détenait depuis le sacre.

Avec Saint Louis, la construction de la « religion royale » a presque atteint son sommet.

Les nouveaux *ordines* détachent le sacre royal français du tronc commun européen dont il faisait partie depuis les origines et, en particulier, depuis l'*ordo* de Fulrad à la fin du Xe siècle. Si l'on retrouve dans un des serments prêtés par le roi de France un passage emprunté à l'*ordo* impérial et qui ne peut être valablement prononcé que par l'Empereur, ce n'est pas, je crois, comme le suggérait Schramm, parce qu'on aurait oublié de l'expurger, mais parce que le roi de France y trouvait le moyen solennel de s'affirmer non pas encore *imperator in regno suo* (« empereur dans son royaume »), mais, comme Innocent III l'avait admis pour Philippe Auguste, comme « ne reconnaissant pas de supérieur en son royaume[17] ».

Les nouveaux *ordines* installent la liturgie de la sainte ampoule au cœur de la cérémonie de consécration et proclament ainsi la supériorité du roi de France sur tous les autres rois chrétiens, car seul il est oint avec une huile miraculeuse contenue dans une relique : il est *rex christianissimus*. Et Saint Louis peut d'autant mieux légitimer le pouvoir thaumaturgique du toucher des écrouelles qu'il est donc sans doute le premier à l'avoir exercé de façon institutionnelle et régulière.

Les nouveaux *ordines* font encore apparaître un nouvel insigne royal, la *main de justice*. Or, la justice est, avec la paix, dans l'idéologie monarchique et spécialement l'idéologie monarchique chrétienne, la principale fonction royale, une fonction fondamentalement ancrée dans le *sacré*[18].

En écho à ce système du sacre qui s'affirme avec lui, n'oublions pas que Saint Louis est le roi qui réorganise la nécropole royale de Saint-Denis de façon à en faire la nécropole sacrée par excellence de la dynastie capétienne ou, mieux, de la monarchie française : une nécropole réservée aux rois et aux reines sacrés et couronnés, une nécropole où s'affirme la continuité sacrée des trois races, remontant même, au-delà du *reditus ad stirpem Karoli*, à la dynastie mérovingienne. À travers l'agencement des tombes et la représentation des gisants royaux, la monarchie française affirme ses liens de sacralité avec le passé dans la continuité de cette lignée de rois et de reines, avec le présent qui réunit synchroniquement les restes et les images de souverains qui, dans la réalité, se sont succédé, avec l'avenir sur lequel s'ouvrent les yeux de ces gisants royaux.

LA SAINTETÉ DE SAINT LOUIS

Même si l'on peut rattacher la sainteté de Saint Louis à divers modèles antérieurs ou contemporains de sainteté, elle présente une forte originalité. Elle combine divers types et se rattache à la transformation de la conception médiévale de la sainteté[19], elle est la synthèse et la plus haute expression des composantes de la sainteté au XIIIe siècle.

Son originalité vient d'abord du corpus. La fonction royale de Saint Louis permet de scruter son éventuelle sainteté à travers des sources involontaires produites de son vivant, avant l'émergence d'un horizon de sainteté. Les chroniques de Matthieu Paris et de Salimbene de Parme le mettent en scène et soulignent des traits qui sont déjà ceux d'un certain type de saint, bien avant sa canonisation. Le premier, par exemple, loue sa *puritas conscientiae*, aussi bien dans les missions confiées à ses enquêteurs que dans sa conduite à l'égard du roi d'Angleterre. Le second trace un inoubliable portrait du roi cheminant comme un pèlerin et un pénitent. Des actes royaux qui émanent de lui traduisent les préoccupations et les décisions d'un souverain qui se veut d'abord un roi chrétien. Une étude précise des ordonnances du règne, de leur contenu et de leurs motivations explicites, non seulement de la grande ordonnance d'« ordre moral » de 1254, mais de l'ensemble des édits généraux du roi, permet, on l'a vu, d'appréhender les structures mentales d'un roi dont la spiritualité et l'action feront un saint dans la pratique d'un pouvoir politique qui unit de façon indissociable la construction de l'État monarchique français et la réalisation d'une politique chrétienne.

Les textes à caractère hagiographique qui le concernent et qui datent de la période intermédiaire entre sa mort (1270) et sa canonisation (1297) nous révèlent avec une précision et une richesse exceptionnelles pourquoi et comment on prépare la canonisation d'un personnage médiéval. Ils nous offrent une chronique d'une sainteté annoncée. C'est le cas, en particulier, de la *Vita* de Geoffroy de Beaulieu, le confesseur dominicain du roi, qui construit une image d'un saint roi conforme aux impressions de l'entourage, aux motivations dynastiques de la famille royale, aux conceptions religieuses des ordres Mendiants et, sans doute, à la politique hagiographique de Grégoire X, pape hanté par l'idée de la croisade. C'est aussi le cas de la lettre des prélats de la province ecclésiastique de Sens au collège des cardinaux qui, en 1275, réclame la canonisation du roi défunt qui constitue un véritable programme de sainteté royale élaborée par une partie spécialement représentative de l'Église de France. C'était déjà le cas de la lettre adressée par le nouveau roi Philippe III, fils et successeur de Louis IX, à l'ensemble du clergé français. Document exceptionnel qui trace, au nom d'un roi entrant en fonction, le modèle d'un roi qui n'a pas seulement réalisé l'idéal d'un roi chrétien, mais dont son successeur affirme qu'il a déjà été transporté *ad aeternum regnum, et gloriam sine fine*, « dans le Royaume éternel et dans la gloire sans fin ».

Les pièces du procès de canonisation de Saint Louis, on l'a vu, sont perdues, à l'exception de quelques fragments, mais le franciscain Guillaume de Saint-Pathus, confesseur de la reine Marguerite, a eu ces pièces en main pour écrire sa *Vita* et ses *Miracula*. Représentant plusieurs étapes de rassemblement des témoignages, ces textes permettent de suivre la façon dont l'image de sainteté de Saint Louis s'est décantée dès le lendemain de sa mort, comment elle s'est dépouillée des références précises aux événements de la vie du saint roi pour s'idéaliser dans une vision essentiellement spirituelle et presque détachée de l'histoire. Ils offrent, d'autre part, le second volet de la sainteté, celui des miracles, très contrasté par rapport au volet « biographique ».

En revanche, la bulle de canonisation et les sermons prononcés à cette occasion par Boniface VIII, textes trop négligés par l'historiographie de Saint Louis, nous transmettent la vision qu'ont eue de la sainteté de Saint Louis le pape et la curie. Elle est parfois différente, sinon éloignée, de l'image que les autres documents nous apportent et de l'image que les historiens modernes, pas toujours bien affranchis de l'anachronisme, véhiculent. Les textes pontificaux, par exemple, rejettent par leur silence l'idée qu'en mourant à la croisade Louis a été un martyr, idée avancée par les promoteurs français de sa canonisation (Joinville la reprendra) et que Louis avait présentée lui-même en faveur de son frère Robert d'Artois et de ses compagnons tués en 1250, à la bataille de la Mansourah. Il faut aussi, comme on l'a fait, tenir compte des textes liturgiques postérieurs de peu à la canonisation. L'un d'entre eux, par exemple, définit Saint Louis comme *norma sanctitatis regibus* (« la norme de sainteté pour les rois ») et confirme la nécessité pour l'historien de le situer dans une typologie des saints rois. L'étude ainsi amorcée pourrait être étendue et approfondie[20].

Le dossier doit comprendre aussi un texte de Saint Louis lui-même, les *Enseignements* à son fils et ceux à sa fille. Miroir royal qu'un roi tend à son successeur, mais d'abord à lui-même, ce texte esquisse un autoportrait d'un roi saint. Robert Folz a bien montré combien son originalité éclate par rapport au *Libellus de institutione morum* attribué à saint Étienne de Hongrie pour l'édification de son fils. Cette étude comparée permet de mesurer le chemin parcouru d'un saint roi chrétien du XIe siècle, converti récent dans un état chrétien périphérique, à un autre saint roi chrétien du XIIIe siècle, *christianissimus*, héritant d'une longue tradition dynastique pieuse au cœur de la Chrétienté. Plus encore, il faut replacer ces textes dans l'ensemble des propos de Saint Louis. Nous atteignons en Saint Louis, en un siècle d'une « parole nouvelle », la parole d'un saint roi.

Le dossier se complète enfin avec ce document exceptionnel, œuvre au statut pseudo-hagiographique ambigu, due à un laïc, la *Vie de Saint Louis* de Joinville.

Un saint laïc

Si l'on cherche maintenant à définir la sainteté de Saint Louis, il faut souligner que l'originalité la plus fortement ressentie par les contemporains est celle d'un saint laïc, catégorie rare au Moyen Âge[21]. Saint Louis est un roi saint laïc postérieur à la réforme grégorienne, laquelle a bien distingué clercs et laïcs. Tout laïcs qu'ils fussent, les saints rois des siècles précédents étaient des laïcs mâtinés de sacralité sacerdotale. Si un roi de France au XIIIe siècle conserve et accroît même, on vient de le voir, un certain caractère sacré — reconnu, non sans quelque réticence, par l'Église et en tout cas par ce qu'on peut appeler l'opinion commune —, il n'est plus ce *rex sacerdos* (« roi prêtre ») que les empereurs et, à leur image, les rois avaient plus ou moins été précédemment. Un Joinville, laïc lui-même, souligne bien le caractère exceptionnel du saint laïc Louis.

Ce saint manifeste sa laïcité spécialement dans trois domaines : la sexualité, la guerre, la politique.

La sexualité définit fondamentalement depuis la réforme grégorienne le clivage entre clercs et laïcs. Les hagiographes de Saint Louis, en particulier les confesseurs, soulignent en conséquence la perfection de Saint Louis en matière de sexualité conjugale, celle qui exprime la condition même des laïcs. Non seulement Saint Louis et la reine Marguerite (car pour l'Église le mariage et la pratique sexuelle qui en découle sont fondés sur le consentement mutuel de l'époux et de l'épouse) respectent les périodes d'interdit des relations sexuelles normalement licites, celles entre époux, le « temps pour embrasser[22] », mais ils y ajoutent des temps supplémentaires de continence. Louis a été un champion, un héros de la sexualité conjugale. C'est un aspect de sa sainteté. Il rappelle à cet égard la sainteté de l'empereur d'Allemagne Henri II. On a montré qu'Henri II, mort en 1024, « répond pleinement à l'image du roi sacré d'avant la réforme grégorienne » et que, un siècle après sa mort, sa canonisation paraissait impossible parce qu'il « ne répondait absolument pas au type du roi serviteur du pouvoir spirituel, tel que l'avait défini la réforme grégorienne qui avait rejeté la tradition de la royauté sacrée ». Il fallut, plus d'un siècle plus tard, que le clergé de Bamberg imaginât la légende du mariage virginal d'Henri II avec Cunégonde de Luxembourg pour que le pape Eugène III proclamât, en 1146, la sainteté de l'Empereur, en se fondant en grande partie sur le fait qu'il « garda la plus absolue chasteté jusqu'à la fin de sa vie ». L'esprit de la réforme avait finalement remodelé la biographie d'Henri II, mais la chasteté supposée de celui-ci n'est pas l'observance sexuelle de Louis IX[23]. Seul ce dernier est conforme au modèle de la juste — et même plus que juste — sexualité conjugale laïque qui, chez un roi, doit être, au XIIIe siècle, compatible avec le devoir royal, dynastique, de procréation.

Louis est aussi un saint chevalier, un saint guerrier. On connaîtrait à peine cet aspect de sa personnalité et de sa vie si l'on ne possédait que les hagiographies des gens d'Église. C'est Joinville qui la met en valeur. Le roi applique les deux grandes règles de la guerre chrétienne, de la guerre juste, de la guerre licite. Face aux Infidèles, c'est le modèle de la guerre sainte. Malgré le refus de l'Église officielle d'en faire un saint martyr, il est un des très rares saints de la croisade. Jean Richard et William Chester Jordan, qui ont si bien étudié la fascination de la croisade sur Saint Louis, n'ont peut-être pas suffisamment vu le saint croisé en Louis IX[24]. Face aux princes chrétiens, la règle est de n'être jamais agresseur et de rechercher la juste paix. Ici encore, Saint Louis est un modèle. Il est l'apaiseur, au risque de se faire reprocher par son entourage ce qui apparaît comme de la faiblesse face au roi d'Aragon et surtout face au roi d'Angleterre. Mais il sait aussi être un saint de la paix, tout en servant les intérêts de la monarchie française, par exemple en liant, comme il l'a souligné lui-même, le roi d'Angleterre au roi de France par la prestation de l'hommage.

En politique, il a voulu être le roi chrétien idéal. D'où, pour comprendre sa sainteté d'un point de vue idéologique, l'importance non seulement des *Enseignements*, mais des cinq Miroirs des princes rédigés sous son règne à sa demande, à son intention ou dans son entourage, surtout l'*Eruditio regum et prin-*

cipum du franciscain Gilbert de Tournai (1259)[25]. À cet égard, il serait intéressant de comparer ces Miroirs des princes avec le *Speculum regale* norvégien contemporain (vers 1260), récemment replacé dans la typologie des Miroirs des princes[26]. Si je suis Einar Mar Jonsson dans la plupart de ses remarquables analyses, je ne suis pas d'accord avec son idée que « les *Fürstenspiegel* ne se développent pas dans le temps » et que « dans leur diversité ils possèdent une unité qui existe dès leur apparition et qu'on pourrait donc situer dans la longue durée ». J'observe, quant à moi, une mutation décisive dans l'idéal du prince entre les Miroirs du prince carolingiens et ceux de la période de 1160 environ à 1260, dates rondes, qui portent la marque du *Policraticus* de Jean de Salisbury (1159) et surtout de l'*Institutio Trajani* qui y est incluse, traité faussement attribué à Plutarque, soit composé à Rome vers 400, soit forgé par Jean de Salisbury lui-même. Un nouveau tournant se produit après 1260 avec Thomas d'Aquin et Gilles de Rome, mais ces Miroirs des princes, marqués par l'influence aristotélicienne, sont postérieurs à l'idéologie politique qui a inspiré Louis et son entourage. Dans la mesure où la sainteté politique du roi dans le gouvernement du royaume et l'attitude du roi à l'égard de ses sujets a subi l'influence des Miroirs du prince, la sainteté de Louis porte la marque de la renaissance du XIIe siècle, y compris la théorie organique de la société qui fait du roi la tête d'un corpus, d'un corps politique.

Quant au grand *opus politicum*, le grand traité politique dont Vincent n'aurait rédigé que le *De morali principis institutione* et le *De eruditione filiorum nobilium*, il devait définir la conduite du prince, de ses conseillers, de ses officiers en ce qui concerne « l'honnêteté de la vie et le salut de l'âme[27] ».

Nous sommes ici, plus encore peut-être que dans les autres Miroirs des princes, dans un domaine commun au roi idéal et au roi saint au sens du XIIIe siècle, bien que Vincent de Beauvais se réfère aussi aux auteurs carolingiens de Miroirs des princes, au *Policraticus* de Jean de Salisbury et au *De constituendo rege* (« De l'institution royale ») du cistercien Hélinand de Froidmont qu'il inclut dans sa Chronique (*Chronicon*, livre XI)[28]. Il y donne aussi Charlemagne pour exemple au roi et ce traité se rattache au grand mouvement capétien du *reditus ad stirpem Karoli*, dont on a vu l'importance pour Philippe Auguste, Louis VIII et Louis IX lui-même[29].

Le thème pertinent ici me paraît être celui du *rex imago Trinitatis* (le « roi image de la Trinité »), variante du thème du roi « image de Dieu » — structure trifonctionnelle différente de la trifonctionnalité indo-européenne, mais non sans rapports avec elle[30].

Vincent attribue au roi une vertu, *virtus*, qui se manifeste par trois attributs : le pouvoir, la sagesse et la bonté. Le « pouvoir » *(potentia)* est considéré par Vincent selon la théorie pessimiste de l'origine du pouvoir royal comme usurpation, dans la ligne de Caïn et de Nemrod, ce qui est la thèse de Jean de Meung dans le *Roman de la Rose*. Mais il le légitime grâce à la nécessité de réprimer le mal introduit dans la société par la « corruption de la nature », le péché originel. Pourtant, le roi qui use « droitement » de son pouvoir peut et doit le contrôler par un second attribut, la « sagesse » *(sapientia)*, qui lui évite de transformer son pouvoir en tyrannie. Cette sagesse inclut le bon usage de la guerre, lui fait bien choisir ses amis, ses conseillers et ses officiers, et l'oblige à être instruit dans les lettres sacrées et profanes. Un troisième attribut couronne cette Trinité de la vertu royale, la « bonté » *(bonitas)*, car le prince doit « surpasser en bonté tous ceux qu'il doit gouverner ». Il doit y parvenir en se gardant de l'envie, de la flatterie et de l'adulation. Elle rapproche le « bon » roi de la sainteté.

En Saint Louis, l'individu et ses modèles idéaux n'ont fait historiquement qu'un. C'est donc, on l'a vu, étudier le « vrai » Saint Louis qu'étudier les modèles de sa sainteté.

Les modèles de sainteté de Saint Louis

Le premier modèle est biblique. Saint Louis est, on l'a vu, un nouveau Josias[31]. Comme Josias, « il n'y eut pas avant lui de roi semblable à lui pour s'abandonner au Seigneur de tout son cœur, de toute son âme et de toute sa force ; et après lui, il n'en parut pas de pareil à lui » (Geoffroy de Beaulieu). Comme Josias, Saint Louis a été pieux dans la première partie de son règne ; mais, dans la seconde, après la croisade, il a connu une véritable conversion. En effet, Josias, en restaurant le Temple, y a trouvé le livre de la loi, le Deutéronome et, sur cette base, a renouvelé l'alliance avec Dieu, célébré une Pâque extraordinaire en l'honneur de Yahvé à Jérusalem et il est mort à Megiddo en luttant contre le Pharaon. Ainsi, selon la Bible, un roi passe de la dévotion à la sainteté.

Le second modèle est capétien. Déjà, au XIe siècle, Helgaud de Fleury avait essayé de faire de Robert le Pieux un saint en soulignant certains aspects de la conduite du fils de Hugues Capet dont la ressemblance avec la dévotion de Saint Louis est pour nous saisissante[32]. D'une façon qui nous paraît plus étonnante, l'entourage de Philippe Auguste a tenté aussi d'en faire un saint au lendemain de sa mort, et, cette fois encore, en s'appuyant sur des traits de charité qu'on a invoqués avec plus de vraisemblance et de témoignages en faveur de Saint Louis[33]. La sainteté capétienne avortée avec Robert le Pieux et Philippe Auguste réussit en Saint Louis. Il est un saint dynastique et sa canonisation eut d'indéniables aspects politiques ; Boniface VIII a encore en 1297 l'illusion de séduire le petit-fils de Saint Louis, Philippe le Bel, qui sera son adversaire implacable.

Enfin, la sainteté de Saint Louis répond à un modèle royal, celui des saints rois[34]. Mais entre les rois souffre-passion du haut Moyen Âge, les rois confesseurs des XIe-XIIe siècles, associés à des moments de conversion de peuples, à des modèles monastiques, à une idéologie de royauté sacrée, et Saint Louis, il y a plus rupture que continuité. Il faut savoir résister à une fausse longue durée de la sainteté royale. La sainteté de Louis est différente.

Elle est notamment marquée par un double modèle, caractéristique du XIIIe siècle. Louis est un saint des ordres Mendiants qui l'ont entouré, inspiré, façonné, au point que ses hagiographes et ses adversaires ont évoqué la tentation qu'il aurait eue de devenir un de ces frères. C'était bien inutile, s'agissant d'ordres qui admettaient un tiers ordre de laïcs, mais, même dans ce cadre, la fonction, la majesté royales étaient incompatibles avec l'appartenance à un ordre. Alain Boureau a pertinemment vu dans la sainteté de Saint Louis, sous l'influence des ordres Mendiants, « une figure publique de la dévotion privée[35] ».

Le second modèle contemporain est celui de la prud'homie, ce mixte de courtoisie et de raison, de prouesse et de modération, qui peut atteindre des sommets religieux. Saint Louis est un saint prud'homme, un héros courtois saisi par la dévotion, un Polyeucte médiéval[36].

Il faut éclairer la sainteté de Louis par deux enquêtes complémentaires esquissées plus haut. La première porte sur la nature et les fonctions d'un roi de France au XIIIe siècle. Il faut distinguer en Louis IX le saint roi individuel du roi chrétien fonctionnel et collectif. La sainteté de Saint Louis est individuelle, non automatiquement liée à la fonction royale, dépendante d'une simple décision pontificale.

Il faut analyser aussi la nature, la composition et l'action des *lobbies* qui ont produit, construit la sainteté de Saint Louis et obtenu sa reconnaissance : les partisans attardés de la croisade, à commencer par Grégoire X ; la dynastie capétienne, surtout son petit-fils, Philippe le Bel ; l'Église de France, s'exprimant notamment dans la pétition aux cardinaux des prélats de la province de Sens et le parti français à la curie romaine ; les ordres Mendiants assurément, mais aussi la *vox populi*. Saint Louis est un saint français, un saint des Mendiants, un saint « populaire » et spontanément reconnu par l'opinion commune aussi.

La seconde enquête concerne les miracles.

Les miracles de Saint Louis

L'étude des miracles de Saint Louis donne de sa sainteté une image beaucoup plus traditionnelle. Ce sont essentiellement des miracles de guérison, des miracles du corps. Mais cette sainteté, thaumaturgique, ne se manifeste qu'après la mort du roi, se conformant aux prescriptions d'Innocent III qui reconnaissait pour valables — afin d'éviter les miracles illusoires des pseudo-prophètes, des faux saints opérant de leur vivant — seulement les miracles accomplis après la mort[37]. Louis se montre ici encore un saint très orthodoxe, un saint qui obéit aux prescriptions de l'Église. Il faut regarder ces miracles de près[38].

Un saint chrétien se définit par la qualité de sa vie et des miracles. L'examen des miracles de Saint Louis rapportés dans les années qui précèdent ou suivent sa canonisation et au moment de sa canonisation doit permettre de répondre à une double question : quelle importance les miracles ont-ils eue dans la canonisation de Saint Louis ? Quelle a été la balance entre sa vie, ses vertus, d'une part, ses actions miraculeuses de l'autre ? Saint Louis a-t-il été original dans ses miracles ?

Les soixante-cinq miracles du corpus officiel permettent de déterminer les temps, les lieux où ils se sont produits, les personnes qui en ont été les bénéficiaires, la nature de ces miracles.

Premier fait essentiel donc : tous les miracles de Saint Louis ont eu lieu après sa mort. Les biographes le soulignent souvent. Déjà Geoffroy de Beaulieu indiquait qu'ils avaient suivi l'ensevelissement des os du roi à Saint-Denis : « *Sepultis igitur ossibus sacrosanctis divina non defuere magnalia ; sed mox mirificavit Dominus sanctum suum* [...][39] » Guillaume de Chartres, qui compare le défunt roi au soleil, « un nouveau soleil levé à l'Occident » *(sol novus ortus in partibus Occidentis)* affirme qu'« après son coucher », c'est-à-dire sa mort, il a « continué à briller grâce à la clarté de ses miracles » *(post occasum etiam lucere non desinens miraculorum evidentium claritate)*[40]. Et dans la bulle de canonisation du 11 août 1297, Boniface VIII souligne que le Christ voulut qu'après sa mort le saint roi « brillât par la multiplicité de ses miracles comme il avait resplendi (pendant sa vie) par la multitude de ses mérites[41] ».

Ainsi la sainteté de Louis IX respecte-t-elle les recommandations faites par Innocent III un siècle plus tôt. Il convenait de bien distinguer les deux manifestations de la sainteté : les vertus pendant la vie, les miracles seulement après la mort. L'Église avait jusque-là tant bien que mal accepté que l'opinion publique attribuât pendant leur vivant des miracles à des personnes en qui elle reconnaissait spontanément des saints. Mais le pape et la curie étaient désormais les maîtres de la reconnaissance de la sainteté grâce aux procès de canonisation. Il importait de donner du saint une image pleinement orthodoxe, en accord avec l'évolution générale d'une Église qui expulsait le plus possible de religion « populaire » qu'elle ne l'avait jusque-là toléré sinon intégré, cherchant à éviter soigneusement que le saint pût, de son vivant, être confondu avec le sorcier[42]. Cette politique qui différait les miracles après la mort a eu pour conséquence la concentration des miracles auprès des tombeaux des saints, selon l'antique tradition chrétienne.

Un seul miracle est évoqué du vivant de Saint Louis et il n'en est pas l'auteur (ou plutôt l'instrument divin) mais le bénéficiaire. Boniface VIII, voulant créer une atmosphère de sainteté et de miracles dès le vivant du roi, plus particulièrement pendant la période spécialement méritante, à ses yeux, de la captivité en Égypte, rapporte l'un des miracles survenus alors. Un jour, le roi, qui prie dans une chambre retirée, se plaint de ne pas avoir son bréviaire pour dire ses heures canoniales. Un religieux qui est auprès de lui le console, mais soudain le roi trouve à côté de lui son bréviaire que Dieu lui a fait miraculeusement apporter[43].

À cette exception près, les miracles attendent la mort du roi. Mais alors ils se multiplient. Ils commencent sur le chemin du retour des restes du roi de Tunis à Paris et à Saint-Denis. Jean de Vignay signale même, comme on a vu, deux miracles qui ont eu lieu en Sicile pendant la translation du cœur et des entrailles du roi réclamés par son frère Charles d'Anjou pour son monastère de Monreale. La liste officielle signale deux miracles survenus sur le passage des ossements du roi dans le nord de l'Italie, à Parme et à Reggio d'Émilie (miracles LXIV et LXV de Guillaume de Saint-Pathus). Un autre miracle se produit à l'entrée des ossements du roi à Paris (miracle XLVI). Le récit de Guillaume de Saint-Pathus est particulièrement vivant :

> Quand on annonça à Paris au printemps 1271 l'arrivée du roi Philippe III ramenant les os de son père de Tunis, les bourgeois de Paris allèrent au-devant du cortège, et, en avant-garde, les foulons [plus de trois cents selon Guillaume de Saint-Pathus] qui voulaient se plaindre au nouveau roi d'un tort qui leur aurait été fait à propos d'un emplacement près de la porte Baudroyer. Ils vont attendre le cortège à l'orme de Bonnel [Bonneuil-sur-Marne] au-delà de Cristeu [Créteil]. Ils y rencontrent une femme qui disait être venue de Bourgogne avec son fils, un enfant d'environ huit ans, affligé d'une grosseur — de la taille d'un œuf d'oie — sous l'oreille gauche. De nombreux saints aux sanctuaires desquels elle avait fait pèlerinage (en particulier Saint-Éloi-de-Ferrière) et de nombreux médecins s'étaient révélés impuissants. Quand le cortège arrive, la femme demande à ceux qui conduisent les deux chevaux qui portent la châsse avec les os de Saint Louis, devant laquelle tous s'agenouillent, de s'arrêter pour que l'enfant puisse faire toucher la châsse à la partie malade de son corps. L'un des conducteurs soulève l'enfant doucement et fait toucher la châsse par sa

bosse. L'enflure aussitôt crève, beaucoup d'« ordure » en sort et coule sur la poitrine et les vêtements de l'enfant qui ne montre aucun signe de douleur. Tous les gens présents crient au miracle et louent les mérites du benoît Saint Louis. Plusieurs pleurent de joie. Un évêque, qui est là, affirme que ce n'est pas le premier miracle que le benoît Saint Louis a fait sur son chemin[44].

Mais l'essentiel se passe, bien entendu, à Saint-Denis auprès du tombeau. Saint Louis est un saint de Saint-Denis.

L'évocation des troupes de malades, d'infirmes, d'estropiés, de mendiants se pressant autour du tombeau, le touchant, se couchant dessus (car on n'y avait pas encore sculpté l'« image royale »), est poignante. La mention de la pierre qu'on gratte et dont on avale la poudre rappelle que peu de chose a changé dans les croyances et les pratiques depuis les temps mérovingiens, depuis Grégoire de Tours.

Des soixante-quatre miraculés de Guillaume de Saint-Pathus, cinquante-trois sont guéris à Saint-Denis, cinq que leur état a empêchés de venir à Saint-Denis promettent d'y venir si Saint Louis les guérit et tiennent leur promesse, dans deux cas le miracle a lieu à Chaalis et à Paris par l'effet d'une relique de Saint Louis (un manteau et un chapeau que le roi avait portés), un enfant mort est ressuscité (miracle XIX) par l'offrande d'un cierge devant le tombeau du roi ; dans un autre cas, une simple invocation à Saint Louis suffit (miracle LXII) : c'est celui du châtelain d'Aigues-Mortes, de retour de Saint-Denis, qui a failli se noyer dans la Saône. À quoi il faut ajouter les deux miracles d'Italie et celui qui a eu lieu aux portes de Paris.

Malgré cette écrasante localisation des miracles à

Saint-Denis (plus des quatre cinquièmes au total), la plupart des biographes de Saint Louis indiquent que ses miracles ont eu lieu à Saint-Denis ou *ailleurs*[45], sans doute pour obéir à la tendance à la *délocalisation* des miracles sensible au XIIIe siècle[46]. Quant aux domiciles des miraculés — à l'exception des deux Italiens (miracles LXIV et LXV), du châtelain d'Aigues-Mortes (miracles LXI et LXII) et de l'enfant venu de Bourgogne aux portes de Paris pour l'arrivée des ossements du roi (miracle LVI), ainsi que d'un jeune valet originaire du Jura qui suit le cortège funèbre royal depuis Lyon (miracle XV) —, ils se répartissent en trois catégories — Saint-Denis, Paris, l'Île-de-France, jusqu'aux marges de la Normandie et de l'Artois[47].

Tous les miracles, à l'exception d'un seul (miracle XLVI, assèchement des trois celliers parisiens), concernent des personnes guéries de difformités ou de maladies ou dans deux cas sauvées du péril de la mort, de la noyade. Mais les malades l'emportent de façon écrasante sur les accidentés. Du point de vue du sexe et de l'âge, il y a un relatif équilibre entre ces miraculés : vingt-trois hommes et vingt femmes, onze enfants et adolescents de sexe masculin, neuf de sexe féminin. Une forte majorité des miraculés sont des gens modestes ou pauvres, cinquante sur soixante-trois, le reste se répartissant entre sept gens d'Église (un chanoine, deux prêtres, un moine cistercien, deux sœurs de la maison des Filles-Dieu de Paris, une sœur converse), trois bourgeois, cinq nobles (un châtelain, trois chevaliers, une damoiselle). On souligne souvent qu'il s'agit de gens qui doivent travailler de leurs mains ou qui sont acculés à la pauvreté ou même à la mendicité. Parfois même, on souligne que leur guérison leur a permis d'échapper à l'indigence[48].

On voit bien ici la fonction sociale du miracle : entretenir l'espoir chez les plus défavorisés, tenir la place de ce que représenteraient de nos jours la Sécurité sociale et la loterie.

Les miracles concernent presque tous, on l'a dit, l'état physique des bénéficiaires.

Faut-il faire un sort à part à la guérison des scrofules (adénite tuberculeuse) que les rois de France (saints ou non) avaient la réputation de guérir de leur vivant *ex officio* ? Oui et non. Non, car le pouvoir thaumaturgique des rois de France était indépendant de leur qualité spirituelle, de la valeur chrétienne de leur vie, il était considéré à part de leurs qualités personnelles. Geoffroy de Beaulieu consacre un bref chapitre à la guérison des écrouelles par Saint Louis et les autres biographes n'en parlent pas ou n'y font que de rapides allusions[49]. Et, pourtant, il semble bien y avoir eu un lien entre le pouvoir thaumaturgique spécialisé de Saint Louis en son vivant — en tant que roi de France — et son pouvoir miraculeux — en tant que saint supposé — après sa mort. En effet, une femme qui joua un rôle important dans un des miracles officiellement retenus (le soixantième), Emmeline de Melun, veuve d'un employé au cellier du roi, « dit sous serment que quand les os du benoît Saint Louis au retour d'outre-mer furent apportés en France, ils en guérirent beaucoup qui avaient les écrouelles et baisaient la châsse où ses os étaient, sur les routes et dans les villes où ils faisaient étape et on disait communément qu'ils étaient aussitôt guéris[50] ». On peut ainsi supposer que la réputation de guérisseur d'écrouelles que le roi a eue de son vivant attira des malades sur le passage de ses ossements. Le glissement de son pouvoir thaumaturgique du temps de sa vie à la période qui suivit immédiatement sa mort a joué un certain rôle dans la croyance en son pouvoir miraculeux après sa mort, donc en sa sainteté, même si, comme on l'a vu, d'autres miracles furent sollicités et obtenus de Dieu sur le passage de ses restes qui s'avérèrent ainsi des reliques. De Louis IX le thaumaturge à Saint Louis, la guérison des écrouelles ménagea une transition.

Mais ce que les biographes du roi soulignent, c'est que les miracles accomplis par l'intermédiaire de Saint Louis après sa mort ont été non seulement grands et nombreux, mais variés. Dans sa bulle de canonisation, Boniface VIII parle de la *diversitas miraculorum* du saint roi[51]. Autant, en effet, Louis IX de son vivant était doué d'un pouvoir thaumaturgique étroitement spécialisé, la guérison d'une seule maladie, les écrouelles, autant Saint Louis a été très tôt reconnu comme un de ces grands saints dont le pouvoir n'était pas restreint à un type de miracle accompli en un sanctuaire particulier, mais s'exerçait à l'égard de tous les maux pour lesquels on pouvait solliciter son intercession auprès de Dieu. Il ne s'est pas seulement manifesté au tombeau de Saint-Denis mais aussi « ailleurs ». La liste donc des miracles retenus par la curie romaine est un véritable inventaire des miracles considérés comme « grands » à la fin du XIIIe siècle.

Guillaume de Saint-Pathus en a donné deux listes : l'une dans un sermon, l'autre dans la partie « De miraculis » de sa *Vie*.

Dans le sermon il dénombre soixante miraculés guéris par Saint Louis se répartissant de la façon suivante :

aliénés *(alienati mente)*	III
atteints de dessèchement des membres *(aridi membris)*	II

sauvés de la noyade *(ab acque inundanti periculo)*	II
atteints de contraction *(contracti curati)*	VI
courbés redressés *(curvi erecti)*	II
boiteux recommençant à marcher *(claudi recuperaverunt gressum)*	V
aveugles retrouvant la vue *(ceci visum)*	III
atteints d'une fièvre incurable *(febricitantes continuo sanati)*	III
malades de fièvre quarte *(a febre quartana)*	III
atteints de fistule *(fistulati)*	III
malade de cataracte (?) *(a gutta forma[52])*	I
muets retrouvant la parole *(muti recuperaverunt verbum)*	II
paralytiques *(paralitici curati)*	XVI
atteints d'apostume scrofule sur l'œil et la gorge *(a struma super oculum et in gutture)*	II
scrofuleux *(a scrofulis)*	I
sourd retrouvant l'ouïe *(surdus recepit auditum)*	I
atteints d'une tumeur *(a tumore sil et dolore[53])*	III
ressuscités *(mortui suscitati sunt)*	II

Cette liste diffère peu de celle que l'on peut tirer des *Miracles*, où on en compte soixante-cinq au lieu de soixante[54]. Cette autre est ainsi résumée par Guillaume :

> Il a secouru ceux qui étaient contractés *(contrez)* et leur a étendu leurs membres, ceux qui étaient si courbés qu'ils touchaient presque la terre de leurs visages, il les a secourus et rétablis à pleine santé et redressé leurs faces en haut, il a secouru les bossus, les gouteux, ceux qui étaient malades d'une maladie forte et diverse qui est nommée fistule *(flestre)*, ceux qui avaient les membres secs, ceux qui étaient hors de leur mémoire [aliénés ou amnésiques], ceux qui avaient fièvres continues et quartes [...], plusieurs qui étaient paralytiques et d'autres qui étaient tenus par diverses sortes de langueurs il les a aidés, secourus, et leur a rendu pleine santé ; il a rendu aux aveugles la vue, aux sourds

l'ouïe, aux boiteux la locomotion, aux morts la vie[55] [...].

Bien que, selon certains historiens[56], la proportion des « contractés » diminue parmi les miraculés du XIIIe siècle, si l'on additionne les contractés, les courbés, les boiteux, ceux qu'on appelle paralytiques (parmi lesquels il semble y avoir plusieurs épileptiques — l'épilepsie est le mal Saint-Leu — ou des personnes atteintes de la maladie de Parkinson), bref tous ceux qui ont des problèmes de locomotion, cette catégorie demeure la plus importante parmi les miraculés officiels de Saint Louis. Le modèle des malheureux qu'il a guéris semble être celui (ou celle) qui arrive à grand-peine à Saint-Denis « a potences », c'est-à-dire sur des béquilles parce qu'il (ou elle) « a perdu » ses cuisses, une jambe, un pied, et qui s'en revient sans l'aide de ses béquilles. Guérison spectaculaire, objectivement constatable et qui redonne à un être humain, que son infirmité avait profondément diminué et voué à vivre à la charge d'autrui, des siens, d'un hôpital, des donneurs d'aumônes, sa nature et ses potentialités humaines : se déplacer, être droit, être indépendant, travailler.

Miracles de la restitution de la dignité humaine plus encore que de la disparition d'une souffrance.

Une autre catégorie importante compte : tous ceux qui sont guéris d'une maladie productrice de laideur et de saleté, de pus et d'« ordure » : fistules, apostumes, ganglions, plaies, etc., tout ce peuple purulent et fétide, enflé et troué, dont Piero Camporesi a magnifiquement évoqué les troupes tragiques dans l'Italie des XVIe-XVIIIe siècles[57]. À eux aussi, le miracle rend l'intégrité du corps, sinon la beauté, la propreté sinon l'éclat, un contact normal avec leur entourage.

En définitive, Saint Louis n'a rien d'exceptionnel

dans ses miracles. Il accomplit ceux qu'à la fin du XIIIe siècle on attend d'un grand saint, qu'il soit d'origine laïque ou ecclésiastique, qu'il ait été roi ou moine. À travers ses miracles il est, comme on l'a noté pour un autre saint, son neveu, saint Louis de Toulouse, un saint comme les autres[58].

Les miracles et la vie

Je ne m'étendrai pas sur le pèlerinage au tombeau de Saint Louis à Saint-Denis. Je note que le miracle survient souvent au cours et surtout à l'issue d'une neuvaine, continuation de vieilles pratiques d'incubation du haut Moyen Âge au tombeau des saints, qu'il se place souvent au terme (et au sommet) d'une série de pèlerinages infructueux à des sanctuaires de saints impuissants que Saint Louis surclasse par son pouvoir, que le miracle, une fois, ne se produit qu'au terme d'un second pèlerinage à Saint-Denis (miracle XXXIX). Le second pèlerinage réussit, car il a été précédé d'une confession de ses péchés par la postulante au miracle. Ici se pose le problème de la part de la nouveauté et de celle de la tradition dans les miracles de Saint Louis. L'atmosphère qui les entoure semble bien celle des vieilles pratiques « superstitieuses ». Il y a d'abord les deux miracles qui ont lieu non au tombeau, mais par l'intermédiaire d'objets-reliques ayant appartenu à Saint Louis. Un cistercien de Chaalis est guéri d'une douleur qui va de la tête au dos et aux reins en endossant un manteau que Saint Louis avait donné à l'abbaye (miracle XII). Les trois celliers de Paris inondés sont miraculeusement asséchés parce qu'on trempe dans l'eau, en faisant le signe de croix, un chapeau avec des plumes de paon que Saint Louis avait porté et qu'il avait donné à un de ses écuyers dont la propriétaire des celliers est la veuve (miracle XLVI). Plusieurs pèlerins apportent eux-mêmes, ou font porter au tombeau de Saint Louis à Saint-Denis, un cierge de la hauteur de leur propre taille — objet magique de substitution —, tandis qu'une des miraculées fait offrir à la basilique de Saint-Denis une jambe de cire en ex-voto pour la guérison de sa propre jambe (miracle LV).

Plusieurs pèlerinages ou miracles sont déclenchés par une vision du saint apparaissant à des vivants qui l'ont connu[59], par exemple à maître Dudes, chanoine de Paris et « physicien », qui avait accompagné le roi dans la croisade de Tunis comme médecin (miracle XXXVIII), ou encore frère Jehan de Lagny, curé de Thorigny, à qui Saint Louis apparaît avec les vêtements dont il l'avait vu souvent habillé (miracle L). Guillaume de Chartres raconte, de son côté, comment une matrone parisienne, dont le mari avait été un familier du roi, le vit en rêve, assisté par un autre personnage brillant d'un éclat extraordinaire semblant offrir le sacrifice à l'autel de sa chapelle royale à Paris. Vision classique, annonçant la mort d'un saint, alors que les nouvelles de la mort à Tunis de Louis IX et de son fils, Jean Tristan, comte de Nevers, n'étaient pas encore parvenues à Paris.

Face à cet imaginaire traditionnel de la sainteté et du miracle, je note qu'en revanche il est indiqué, dans certains cas (ainsi, pour la femme miraculée, seulement à son second pèlerinage à Saint-Denis), qu'une confession sincère de ses péchés est une condition à l'obtention d'un miracle et doit donc être faite avant le voyage à Saint-Denis. Témoignage d'un « progrès » de la vie spirituelle, d'une préparation personnelle et pieuse au miracle, du rôle croissant de la confession dans la vie chrétienne au XIIIe siècle.

Plus largement, si l'on reprend l'ensemble de l'œuvre des biographes de Saint Louis entre 1270 et le début du XIVe siècle, on a bien l'impression que ce qui compte surtout à leurs yeux, c'est la vie plus que les miracles[60]. C'est sur la vie qu'ils s'étendent longuement, ce sont les vertus, les mérites du roi qui en font surtout et d'abord un saint. Dans son sermon du 6 août 1297, Boniface VIII rappelle que son prédécesseur Nicolas III (1277-1280) avait déclaré « que la vie de ce saint lui était si bien connue, qu'il lui suffirait de deux ou trois miracles pour le canoniser », « mais la mort le prévint[61]. » Cette vie comporte, certes, des traits traditionnels (parfois même hypertrophiés, comme le culte des reliques, ou démodés, comme l'ardent esprit de croisade). Mais, pour l'essentiel, elle est marquée, je le rappelle, par la nouvelle piété du XIIIe siècle, d'un temps où le souvenir d'un saint Bernard et, plus proche, celui d'un saint François d'Assise, sans parler des courants profonds qu'ils représentent et qu'ils ont modelés, cautionne un nouvel esprit, des pratiques de piété nouvelles : une humilité profonde, la dévotion à l'eucharistie, l'imitation par les laïcs de la piété des religieux, la pratique des œuvres de miséricorde.

Faut-il, alors, faire deux parts dans la sainteté de Saint Louis ? La vie, qui serait la part de la modernité, et les miracles, qui représenteraient la part de la tradition ? La vie, où s'exprimeraient sa personnalité, son originalité, son message à l'histoire ? Les miracles, où il s'effacerait derrière les modèles, les lieux communs, le XIIIe siècle « profond » ? La vie, marquée par la mentalité « savante » et « progressiste » des clercs, les miracles, commandés par la mentalité « populaire » et « traditionnelle » ?

Soyons prudents. Saint Louis est un homme, un roi, un saint tout à la fois nouveau et traditionnel.

Les miracles comme la vie s'insèrent dans une longue tradition et expriment des mentalités nouvelles. Quant aux clercs, ils croient au miracle comme les autres. Cette croyance fait partie, à la fin du XIIIᵉ siècle, de la mentalité commune[62]. Et même le pape Nicolas III ne pouvait croire qu'il pût y avoir sainteté sans miracles.

Les reliques

À l'étude des miracles, il faudrait encore ajouter celle des reliques de Saint Louis. Histoire classique des corps royaux divisés et de reliques corporelles réparties entre un tombeau des entrailles à Monreale en Sicile, pour faire plaisir au frère Charles, le roi de Naples, et un tombeau des ossements à Saint-Denis selon les ordres, conformes à la tradition dynastique de la monarchie française, du fils, Philippe III. Histoire classique, aussi, du démembrement du squelette royal en un grand nombre d'ossements-reliques qui disséminent les preuves de la sainteté de Louis. Mais histoire singulière toutefois, parce que le transport du cadavre-relique prend des mois, de la Tunisie à Saint-Denis, et qu'une traînée de miracles vient aussitôt soutenir la croyance populaire à la sainteté du roi défunt. Histoire singulière, enfin, par le sort des entrailles de Monreale qui suivront les Bourbons de Naples dans leur exil autrichien au XIXᵉ siècle, puis léguées par eux aux Pères blancs français de Carthage, retournant ainsi aux lieux de la mort du saint roi[63].

Le dernier des rois saints

Saint Louis est, en définitive, un saint entre la tradition et la modernité, d'une sainteté qui s'est détachée de la sainteté royale du haut Moyen Âge, sans basculer entièrement vers la sainteté individuelle, charitable et mystique de l'automne du Moyen Âge. Il a été le dernier des rois saints, à l'exception de Ferdinand III de Castille, son quasi-contemporain, mais qui ne sera canonisé qu'en 1671. Il est aussi l'unique roi saint du XIIIe siècle, de la nouvelle société issue du grand essor de la Chrétienté depuis l'an mille. Après lui, les rois aristotéliciens et absolus échappent à la sainteté individuelle, désormais incompatible avec la sacralisation de l'État. Les seuls monarques canonisables seront maintenant des papes.

X

LE ROI SOUFFRANT, LE ROI CHRIST

Plus encore, sans doute, que le Richard II de Shakespeare, Saint Louis fut, dans le contexte médiéval, un « roi de douleurs ». Mais cette image du roi souffrant a posé à ses contemporains de grands et difficiles problèmes. La souffrance est-elle une valeur ? Peut-elle acquérir une image positive, servir au salut comme le travail, donné par Dieu à Adam en punition de son péché, et qui est passé, entre le XIe et le XIIIe siècle, d'une conception de travail-pénitence à une conception de travail-mérite ? Au Purgatoire, il est vrai, qui naît à la fin du XIIe siècle, la souffrance des âmes revêtues d'un certain corps les fait évoluer d'une situation de châtiment à un état de purification. Mais, aussi, un roi peut-il souffrir ? Saint Louis est très différent de ces rois anglo-saxons du haut Moyen Âge que Robert Folz, traduisant une expression russe *(strastoterptis)*, a appelés rois « souffre-passion » et qui ont connu un certain succès dans l'hagiographie slave et russe surtout, avec des arrière-plans byzantins[1]. Ces rois-martyrs ont subi leur destin tragique et leur souffrance n'entre que de façon posthume dans la valorisation de leur image. Saint Louis est un souffrant quotidien, structural, involontaire parce que malade, et volontaire parce que pratiquant l'ascèse. Son auréole de souffrant a été lentement acquise au cours de sa vie, et sa mort de martyr de la croisade ne fait qu'apposer un sceau traditionnel sur un roi souffrant d'un nouveau type, parce qu'en Occident la souffrance, en dehors même du martyre, est devenue valeur et qu'elle valorise même les rois. Elle ne dépend pas purement de la grâce de Dieu, mais se vit au point de rencontre de la grâce divine et de l'effort humain. Mais parce que le roi est toujours un personnage supérieur, le roi souffrant est un grand souffrant et un grand roi.

Joinville a présenté l'ouverture tragique et funèbre de la vie de Saint Louis le jour même, prophétique, de sa naissance. Quelques thèmes essentiels des rapports de Saint Louis avec la souffrance y sont exprimés[2].

C'est une souffrance individuelle d'abord, celle de la croix, du pèlerinage, de la croisade — le grand chemin de peine et de douleur par lequel l'homme suit et rejoint le crucifié, le Christ ; souffrance collective ensuite : partage de la souffrance et de la mort entre le roi et une foule de sujets et de compagnons ; valorisation de cette souffrance, enfin, puisque la douleur humaine d'ici-bas débouche sur la joie éternelle du paradis. Temps passé de l'histoire terrestre où se situe la douleur, temps déjà présent de l'éternité où la souffrance s'est changée en bonheur.

LES VALEURS DU CORPS

Saint Louis entretient avec son corps des relations complexes. Il combine la doctrine chrétienne sur le corps avec ses problèmes personnels de santé, ses obsessions, sa sensibilité propre. Le christianisme de son temps enseigne à la fois le mépris du corps, qui s'oppose à l'épanouissement de l'âme, le principe noble et même divin de l'homme, et un certain respect du corps qui ressuscitera au Jugement dernier. Il est porté à une évidente jouissance physique et mentale dans la mortification corporelle. Il se sent et se veut proche de l'ascétisme monastique rigoureux : postures pénibles dans la prière, jeûnes, port du cilice, flagellation. Il aime, au-delà du désir d'humilité et de pénitence, s'asseoir par terre, être couché inconfortablement. Il aime toucher. Sa vie psychologique et morale passe par le corps. Il trouve le mot « prud'homme », qui définit son idéal d'homme, délectable à prononcer. En revanche, le mot « rendre » — il est obsédé par le devoir de restitution — lui écorche la gorge : les « r » du mot sont « les rateaux du diable[3] ». Et l'on se rappelle sa joie sensuelle quand Dieu lui fait le don d'une larme qu'il sent glisser avec jouissance le long de sa joue et parvenir au coin de sa bouche qui la goûte et l'avale[4].

Il insiste dans ses *Enseignements* à son fils et à sa fille sur le don divin de la « santé de corps », sur la patience à montrer à l'égard de la maladie, sur la charité à manifester aux « souffrants de corps ». Philippe doit aussi bien se garder des « péchés de corps[5] ».

Louis est chaste et continent, il abomine la prostitution, mais il accomplit sans déplaisir son devoir conjugal. Dans la seule anecdote parvenue jusqu'à nous où on le voit face à une femme qui se veut tentatrice, il lui donne devant témoins une leçon de morale : elle est belle, mais la beauté du corps passe comme la fleur et quand l'âge vient, tous les artifices ne peuvent faire revivre cette beauté inutile ; la beauté de l'âme, en revanche, plaît à Dieu et assure le salut éternel[6].

Dans le cas d'une femme adultère, qui a fait tuer son mari par son amant, il se montre impitoyable.

Elle reconnaît les faits et se repent. La reine et d'autres grandes dames, des frères Mendiants même demandent à Louis sa grâce. Le roi consulte son fidèle conseiller Simon de Nesle qui a, comme lui, le sens des exigences de la justice royale, justice publique. Le roi suit son conseil et la fait brûler publiquement à Pontoise[7].

UNE AFFAIRE DE VIOL

De même quand, à Melun, une femme vint se plaindre à lui d'avoir été prise de force par un homme qui s'était introduit par la violence dans sa maison, il fit instruire la cause par Simon de Nesle et d'autres membres de son conseil. L'homme incriminé avoue avoir connu charnellement la femme, mais déclare qu'il s'agit d'une « folle femme » — une prostituée. Plusieurs membres de la cour demandent à Saint Louis de faire grâce de la pendaison à l'homme qui y a été condamné par les juges commis par le roi, car il a appartenu à sa mesnie. Mais le roi ordonne à Simon de Nesle de faire justice du coupable et il est pendu[8].

À l'autre extrémité de la chaîne des corps, loin des corps coupables de ces hommes et de ces femmes qui n'ont pas su les racheter de la corruption du péché originel, Louis vénère le corps immaculé d'où viennent la rédemption et le salut, celui du Christ.

Dans ses *Enseignements*, il nomme le corps suprême, « le corps de Notre Seigneur Jésus Christ », l'hostie, que Philippe doit particulièrement adorer « pendant qu'[il] sera présent à la messe et puis aussi pendant un petit moment avant[9] ».

Louis, pourtant, ne soustrait pas son propre corps aux soins humains. Ce corps soumis aux dures pénitences physiques, Saint Louis le propose, quand il est malade, à la science des médecins. Un roi doit avoir des médecins et un chrétien doit se soigner et éviter toute conduite qui reviendrait à un suicide.

Nous connaissons un certain nombre de médecins de Saint Louis. Deux d'entre eux apparaissent dans des actes particuliers. L'un d'eux est une femme. L'acte royal est donné à Acre, en août 1250, peu après que le roi libéré a quitté l'Égypte pour la Terre sainte. Il stipule que le prévôt de Sens assure une pension de douze deniers parisis par jour, autant qu'elle vivra, à une certaine Hersende qui a bien soigné le roi. Elle doit avoir des titres universitaires, car l'acte l'appelle *magistra*, maître au féminin. Comme elle doit toucher cette rente après être rentrée d'outre-mer en France, elle a vraisemblablement soigné le roi pendant la croisade d'Égypte et s'apprêter à rentrer à Sens ou dans la région avec les Français — dont ses frères — qui ne restent pas avec Saint Louis en Terre sainte[10].

L'autre est un Italien, probablement originaire de Crémone, « médecin de monseigneur le roi », mort en 1247, Pierre Lombard, dont le cartulaire de l'abbaye cistercienne de Froidmont a enregistré les legs qu'il a faits par testament. Il avait acheté des maisons dont il léguait certaines à l'abbaye de Sainte-Geneviève et à celle de Saint-Victor. Pierre Lombard fut chanoine de Chartres et il y fut inhumé, dans la cathédrale[11].

Un autre clerc médecin de Louis IX, maître Robert de Douai, chanoine de Senlis et de Saint-Quentin, légua à sa mort, en 1258, 1 500 livres pour aider à la fondation du collège voulue par Robert de Sorbon.

En échange, son anniversaire est célébré en divers établissements de Paris dont la Sorbonne.

Louis manifeste à l'égard de son corps une pudeur extrême, son dévoilement lui inspire un trouble. Guillaume de Saint-Pathus encore en témoigne.

> Toute l'honnêteté qui fut jamais en un homme marié fut en lui. Monseigneur Pierre de Laon, qui fut son chevalier et demeura longuement avec lui pendant environ trente-huit ans et fut son chambellan, couchant à ses pieds, le déchaussant et l'aidant à entrer dans son lit, comme le font les sergents des nobles seigneurs, pendant environ quinze ans, ne put jamais voir la chair [la peau] de ce saint roi sauf les pieds et les mains et parfois jusqu'au gras de la jambe quand il lui lavait les pieds, et le bras, quand il se faisait saigner, et sa jambe quand elle était malade. Personne n'aidait jamais le saint roi quand il se levait de son lit, mais il s'habillait et se chaussait tout seul, ses chambellans lui préparant ses vêtements et de quoi se chausser près de son lit, et il les prenait et s'habillait tout seul[12].

Saint Louis sait qu'il ne peut faire son salut ici-bas pour en jouir dans l'au-delà que corps et âme ensemble. Il le sait d'autant mieux qu'il est un roi malade.

LE ROI MALADE

Roi souffrant, Saint Louis l'a d'abord été dans son corps[13] : roi souvent malade, soit de maladies chroniques (un érésypèle à répétition à la jambe droite, le paludisme ou « fièvre tierçaine »), soit d'épidémies occasionnelles (la dysenterie après la campagne de

1242 contre les Anglais et en Égypte, la « maladie de l'ost » — le scorbut — à sa première croisade, le typhus qui l'emporta à la seconde[14]).

Le roi était revenu malade de la campagne contre les Anglais et leurs alliés en Poitou et Saintonge, en 1242, et il eut une grave rechute alors qu'il était à Pontoise en 1244 (un jour, on le crut même mort). C'est alors qu'il a fait la promesse de se croiser s'il guérissait.

Dans sa bulle de canonisation[15], Boniface VIII y fait allusion : « Durant sa trentième année, accablé par une maladie qui lui était survenue » *(In anno tricesimo constitutus, et quadam sibi aegritudine superveniente gravatus)*. De cette maladie, probablement le paludisme, parlent encore Guillaume de Saint-Pathus et Joinville. Guillaume de Saint-Pathus signale qu'« il fut une fois grièvement [gravement] malade à Pontoise[16] » et précise : « Et comme ledit benoît roi au temps de sa jeunesse fut à Pontoise malade de tierçaine double [paludisme ?], si fort qu'il crut mourir de cette maladie [...], il fut si fortement malade qu'on désespéra de sa vie[17]. » Joinville, qui n'était pas présent non plus, se trompe de lieu (Paris au lieu de Pontoise) : « Il advint, selon la volonté de Dieu, qu'une grande maladie prit le roi à Paris et il en fut en tel meschef [infortune] qu'on le crut mort[18]. »

Sur ses souffrances physiques à la croisade d'Égypte, ces mêmes auteurs témoignent. Guillaume écrit :

> Et lorsque le benoît roi fut fait prisonnier par les Sarrasins après son premier passage [croisade], il fut si malade que les dents lui lochaient [branlaient] et que sa chair était décolorée et pâle et il avait un flux de ventre très grave et il était si maigre sur ses os de l'échine du dos semblaient tous aigus et il était si faible

qu'il convenait qu'un homme de sa mesnie le portât à toutes ses nécessités [...].

Quant à Joinville, il ajoute un trait très réaliste.

> Ce conseil [d'aller de Mansourah à Damiette en bateau] lui fut donné à cause du meschef [infortune] de son corps provenant de plusieurs maladies, car il avait double tierceinne et menoison [dysenterie] très fort et la maladie de l'ost [armée] en la bouche et les jambes [scorbut] qu'il avait, il fallait le soir couper le fond de ses braies [culotte] et la force de la maladie de l'ost le fit se pâmer le soir à plusieurs reprises [...][19].

C'est Guillaume de Saint-Pathus qui nous renseigne sur cette maladie dont il souffrait par intermittence à la jambe droite :

> Le benoît roi avait une maladie qui chaque année le prenait deux, trois ou quatre fois, et parfois elle le tourmentait, plus ou moins. Quand cette maladie prenait le benoît roi, il ne comprenait pas bien et n'entendait pas tant que la maladie le tenait et il ne pouvait manger ni dormir [...]. Ladite maladie le tenait trois jours, parfois, parfois moins, avant qu'il puisse sortir de son lit par ses propres forces. Et quand cette maladie commençait à être moins pénible, sa jambe droite entre le mollet et la cheville devenait rouge comme sang et elle était enflée à cet endroit, cette rougeur et cette enflure duraient un jour entier jusqu'au soir. Et après cette enflure et cette rougeur s'en allaient peu à peu, si bien qu'au troisième ou au quatrième jour ladite jambe était redevenue comme l'autre et le benoît roi était complètement guéri[20].

Face à cette souffrance il se comporte comme tout homme : « Il se plaignait en gémissant. » Sans doute entre 1254 et 1260, Louis connut aussi à Fontainebleau en 1259 « une très grande maladie » évoquée par Joinville[21] et à laquelle Boniface VIII fait allusion. Le roi, qui crut sa mort proche, fit venir l'archevêque de Rouen Eudes Rigaud à son chevet[22].

Enfin, à la veille de sa seconde croisade, Louis fut si faible que Joinville s'indigna que son entourage le laissât partir. Quand il alla lui dire au revoir à Paris, il dut porter le roi dans ses bras.

> C'est grand péché que firent ceux qui le laissèrent aller, dans la grande faiblesse où son corps était, car il ne pouvait souffrir ni d'aller en charrette ni d'aller à cheval. Sa faiblesse était si grande qu'il souffrit que je le portasse de l'hôtel du comte d'Auxerre, où je pris congé de lui, jusqu'aux Cordeliers, entre mes bras[23].

Ce souvenir restera particulièrement gravé dans la mémoire de Joinville : il présente ici une des plus anciennes images de la *Pietà* qui deviendra bientôt un thème iconographique à succès. L'image d'un roi Christ inspire cette scène qui traduit aussi le fantasme maternel de Joinville.

LE ROI PATIENT

Ce qui permet à Saint Louis de convertir ses souffrances en mérites, c'est la patience. Quand il est prisonnier des Sarrasins et qu'il souffre terriblement de la « maladie de l'ost », il répond à ses souffrances par la patience et la prière. Le seul de ses domestiques demeuré avec lui, car tous les autres sont malades, est le cuisinier Ysembart, qui, par l'intermédiaire de Guillaume de Saint-Pathus, témoigne :

> Il ne vit alors jamais le benoît roi irrité ni révolté à cause de son état, ni murmurant de rien ; mais en toute patience et débonnaireté il supportait et soutenait ses dites maladies et la grande adversité de ses gens et il était toujours en oraison[24].

Boniface VIII fait écho à cette patience dans la bulle de canonisation[25], mais le mot latin *patiens* (« qui supporte avec patience », mais aussi « qui souffre de ») est plus ambigu : « Le roi souffrant alors patiemment [?] d'un flux de ventre et d'autres maladies » *(eodem rege tunc temporis fluxum ventris et aegritudines alias patiente)*.

Louis ne se contente pas d'accepter la souffrance, il la sublime :

> Ainsi en homme tout entier ancré dans la foi, et entièrement absorbé dans l'esprit, plus il était écrasé par les marteaux de l'adversité et de la maladie, plus il montrait de ferveur et plus se déclarait en lui le perfectionnement de la foi[26].

Dans ses *Enseignements*, il met sur le même plan la persécution, la maladie et la souffrance. Il ne recommande pas seulement à son fils et à sa fille de les supporter patiemment, mais d'être reconnaissant pour les mérites qu'ils en acquerront[27]. Dans ces textes, Saint Louis utilise aussi une expression très caractéristique de sa conception de la vie affective : il parle de « malaise de cœur », en parallèle sous-entendu avec « malaise de corps », car pour lui, plutôt que le couple âme et corps, esprit et corps, c'est le couple cœur et corps qui est essentiel. Avec la promotion du *cœur*, c'est un tournant de sensibilité et de vocabulaire qui s'esquisse ici[28].

Enfin, la seule fois où dans notre documentation

Louis parle du Purgatoire, c'est pour dire au lépreux de Royaumont qu'il visite que sa maladie est « son purgatoire en ce monde[29] ». Saint Louis, conservateur sur ce point, adhère donc à la vieille doctrine (mais saint Thomas d'Aquin n'exclut pas lui non plus cette possibilité) de Grégoire le Grand, selon qui on peut souffrir « la peine purgatoire » ici-bas. Surtout, Saint Louis montre ici sa conception fondamentale de la maladie : elle est l'occasion de passer de la purgation à la purification, du châtiment-pénitence au salut, par un mérite qu'on peut encore acquérir ici-bas mais non dans l'au-delà[30].

Roi malade, roi patient, roi faisant mérite de sa souffrance physique, Saint Louis n'en est pas pour autant un roi « triste ». Joinville nous dit bien qu'en dehors des périodes, le vendredi par exemple, où, pour des motivations religieuses, il bannit les signes extérieurs de bonheur, le tempérament naturel du roi est joyeux : « Quand le roi était en joie[31]. » C'est peut-être encore là un trait de spiritualité franciscaine.

LA SOUFFRANCE VOLONTAIRE : LE ROI ASCÈTE ET PÉNITENT

Roi marqué par la tradition monastique à travers les Cisterciens de Royaumont autant qu'influencé par la nouvelle spiritualité mendiante, Saint Louis n'omettait pas les pratiques traditionnelles d'ascétisme, de mortification. Cette attitude lui vient sans doute d'une certaine tendance personnelle un peu masochiste et des pratiques pénitentielles de l'époque, parfois outrées chez certains laïcs[32].

Le roi, on s'en souvient, se fait donner la discipline par son confesseur et se la donne lui-même, il porte souvent un cilice, couche sur un matelas de coton sans paille ni soie, jeûne plus que ne l'exigeait l'Église. Cet excès de pénitence s'affirme surtout après l'échec de sa première croisade.

Guillaume de Saint-Pathus détaille ces pratiques ascétiques.

> Depuis son retour d'outre-mer au temps de son premier passage, il ne se coucha jamais sur du foin ou de la plume, mais son lit était en bois et on le portait après lui en tous lieux où il allait, et on mettait dessus un matelas de coton couvert d'une couverture de laine et non de soie, et il gisait là sans autre foin [...]. Chaque vendredi saint et chaque carême depuis son retour d'outre-mer, tous les lundis, mercredis et vendredis, il portait la haire à même le corps[33]. Il accomplissait le plus secrètement qu'il pouvait ces pénitences et se cachait de ses chambellans, si bien qu'aucun d'entre eux, sauf un seul, ne sait l'âpreté des pénitences qu'il faisait. Il avait trois cordelettes jointes ensemble, longues de près d'un pied et demi, et chacune des cordelettes avait quatre nœuds ou cinq et tous les vendredis toute l'année et en carême les lundis, mercredis et vendredis il regardait dans tous les coins de sa chambre pour voir s'il n'y avait personne, fermait la porte et demeurait enfermé avec frère Geoffroy de Beaulieu, de l'ordre des Prêcheurs, dans la chambre où ils restaient longtemps ensemble. Les chambellans restés en dehors de la chambre croyaient et disaient que le benoît roi se confessait alors audit frère et que ledit frère le disciplinait avec lesdites cordelettes[34].

Son confesseur Geoffroy de Beaulieu, bien informé donc, confirme ces pratiques qu'il a tenté de limiter.

De ces pratiques, dans sa bulle de canonisation,

Boniface VIII retint le cilice, les jeûnes et le lit de bois portatif sans paille[35].

LA MORT DES PROCHES : LA DOULEUR FAMILIALE ET DYNASTIQUE

Le deuil est une autre de ces épreuves où l'homme de « cœur » éprouve sa souffrance et apprend à la transcender. Ce qui compte avant tout pour lui, c'est la famille ou, plutôt, le lignage royal : sa mère, sa mère surtout, ses frères, ses enfants. Comme Joinville le lui reproche, il semble éprouver une affection moins chaleureuse pour sa femme, la reine Marguerite de Provence, épouse et mère accablée de grossesses, qu'il ne trompa jamais, aux dires de son confesseur. Il a souffert de la mort de plusieurs de ses proches : son frère Robert d'Artois, tué en Égypte en 1250, sa mère Blanche de Castille, morte en 1252 alors qu'il est en Palestine, l'héritier du royaume, Louis, fauché à l'âge de seize ans en 1260 et un autre fils, Jean Tristan, né à Damiette en 1250, juste après la défaite de Mansourah et sa captivité, et nommé Tristan à cause de la triste situation du moment, mort devant Tunis, quelques jours avant son père. Relisons les textes qui nous montrent la douleur de Louis lors de ces morts familiales.

À la mort de Robert d'Artois, Joinville montre la « patience » de Saint Louis vaincue par la douleur : « Le roi répondit que Dieu devait être remercié pour tout ce qu'il lui donnait et alors les *larmes* lui tombaient des yeux, très grosses[36]. » Dans sa lettre d'Acre, en août 1250, le roi annonce à ses sujets la mort de son frère avec le même mélange de souffrance et de soumission à Dieu, la joie surgissant ici de l'espérance du roi que Robert soit en paradis comme martyr de la croisade[37].

Apprenant le décès de sa mère, Blanche de Castille, plusieurs mois après, Saint Louis, submergé par la douleur, se montre si affecté que Joinville se croit obligé de le réprimander[38].

D'une façon plus discrète et moins vantarde, Geoffroy de Beaulieu, qui était alors auprès du roi en tant que confesseur, souligne la soumission du roi à la volonté de Dieu, mais ne cache pas les sanglots, les larmes, les plaintes à haute voix, les soupirs de Louis, incapable de prier convenablement, et il parle d'une « tristesse immodérée[39] ».

Quand on annonce à Saint Louis, lui-même mourant, la mort de son fils, Jean Tristan, qu'on lui avait cachée quelques jours, « les entrailles de ce bon père en furent grandement remuées ».

LA DOULEUR NÉE DE L'ÉCHEC DE LA CROISADE

Roi souffrant, Saint Louis l'est aussi pour son armée qu'il appelle « ma gent », pour son peuple, pour la Chrétienté. Les malheurs de la croisade d'Égypte, son échec les atteignent d'une façon qui est pour lui une source supplémentaire de douleur.

Joinville est le témoin de la douleur du roi qui entend sous sa tente le feu grégeois des Sarrasins tomber sur son armée pendant la nuit. Il pleure et il prie : « Toutes les fois que notre saint roi entendait qu'ils nous jetaient le feu grégeois, il se dressait sur son lit et tendait les mains vers Notre Seigneur et disait en pleurant : "Beau Sire Dieu, gardez-moi ma gent[40]". »

Après son retour en France, il évoque devant Henri III d'Angleterre en 1254 ses souffrances outre-mer : « Mon ami roi, il n'est pas facile de te démontrer *quelle grande et douloureuse amertume de corps et d'âme* j'ai éprouvée par amour pour le Christ, dans mon pèlerinage[41]. » Le même Matthieu Paris raconte la tristesse, la véritable « dépression » qui atteignit Saint Louis lors de son retour en France en 1254.

> Le roi de France, consterné de cœur et de visage, ne voulait recevoir aucune consolation, et les instruments de musique, les mots plaisants, ou les paroles de consolation n'avaient le pouvoir ni de le faire rire, ni de l'égayer. Son passage à travers son pays natal, à travers son propre royaume, les salutations respectueuses d'un peuple qui se pressait sur ses pas et qui reconnaissait son souverain légitime en lui offrant des cadeaux, rien ne l'empêchait de fixer les yeux à terre avec une profonde tristesse, et de songer en poussant de profonds soupirs, que sa captivité avait entraîné la confusion générale de la Chrétienté.

À l'évêque qui veut le consoler, le roi répondit :

> « Si je souffrais seul l'opprobre et l'adversité, et si mes propres péchés ne retombaient pas sur l'Église universelle, je supporterais ma douleur avec fermeté. Mais par malheur pour moi, toute la Chrétienté a été couverte de confusion par ma faute. »
>
> On chanta donc une messe en l'honneur du Saint-Esprit, pour que le roi reçût les consolations de celui qui est au-dessus de tout. Et désormais, par la grâce de Dieu, il admit les avertissements d'une consolation salutaire[42].

Puis Louis se ressaisira, retrouvera son devoir et son activité de roi, qui puise dans sa défaite et sa douleur l'inspiration d'une politique pénitentielle qui poursuit, sous des formes nouvelles, sa tâche d'édification d'une monarchie chrétienne, plus résolue et plus forte.

LA SOUFFRANCE DU PRISONNIER

Saint Louis a connu les trois plus grandes formes de douleur que pouvait éprouver un homme à son époque, surtout si c'était un chef et un guerrier : la défaite, la prison et la mort, qu'il a vu venir, à l'occasion d'une expédition militaire, mais non sur le champ de bataille. Depuis l'emprisonnement des premiers martyrs, le christianisme a toujours considéré la captivité comme une épreuve majeure. Au début du XIIIe siècle, un ordre militaire avait été créé, spécialisé dans le rachat des captifs pris par les musulmans, l'ordre de la Merci, les Mercédaires. Mais dans cette aventure humiliante, Saint Louis trouve encore l'occasion de se grandir, et de grandir avec lui la fonction royale, son peuple et la Chrétienté.

Quand il rappelle le récit de ces malheurs (défaite et captivité du roi), Joinville prend le ton de la lamentation : « Or avez ouï ci-devant les grandes persécutions que le roi et nous souffrîmes en Égypte[43]. »

Dans la lettre à ses sujets de 1250, le roi dit très simplement sa douleur d'avoir été fait prisonnier avec la plus grande partie de son armée, alors qu'ils venaient délivrer les prisonniers chrétiens : « Nous qui étions venus à son secours [de la Terre sainte], plaignant la captivité et les douleurs de nos prisonniers[44]. »

Dans la même lettre, il justifie la trêve conclue avec les Sarrasins par les risques de la prison :

> [...] nous jugeâmes qu'il valait mieux pour la Chrétienté que nous et les autres prisonniers fussions délivrés au moyen d'une trêve, que de retenir cette ville [Damiette] avec le reste des chrétiens qui s'y trouvaient, en demeurant, nous et les autres prisonniers, exposés à tous les dangers d'une pareille captivité[45] [...].

Mais la récupération religieuse de cette épreuve change la souffrance du prisonnier en vertu et prestige. Pour Guillaume de Saint-Pathus, c'est par miséricorde et par désir de « merveille », sinon de miracle, que Dieu a livré Saint Louis aux Infidèles : « Et alors le Père de miséricorde, qui voulut se montrer en son saint merveilleux, bailla le benoît roi Saint Louis en la main des félons Sarrasins[46] [...]. »

C'est en prison que le roi peut montrer le mieux sa « patience ». Ainsi pour Guillaume de Chartres : « Je ne dois pas passer sous silence que lorsqu'il fut fait prisonnier par les Infidèles en Égypte aussi longtemps qu'il fut détenu en prison il n'arrêta pas ses pratiques habituelles de dévotion et ses louanges de Dieu. » Et le témoin détaille ici les offices qu'il récite, selon l'usage de Paris, avec un dominicain prêtre qui connaissait l'arabe et Guillaume de Chartres lui-même, grâce au bréviaire de sa chapelle et au missel que les Sarrasins lui ont rendus comme cadeau[47].

À cet épisode qui contribuera à sa réputation de sainteté, Boniface VIII fait écho dans son sermon du 6 août 1297. Saint Louis a poussé le zèle religieux « jusqu'à combattre les ennemis de la croix du Christ et de la foi catholique, jusqu'à la captivité et à l'emprisonnement de son propre corps, de sa femme et de ses frères ». Dans la bulle de canonisation, le pape rappelle que Saint Louis, a, en prison, « supporté patiemment et humblement les nombreux opprobres et les nombreuses insultes dont la misérable condition de ceux qui les lui infligeaient augmentait le caractère humiliant[48] ».

LA SOUFFRANCE
DES LARMES REFUSÉES

Parmi les signes de religion au sens étymologique du mot, les expressions que la grâce de Dieu accorde à l'homme pécheur, il en est une que Saint Louis a chérie plus que d'autres : ce sont les larmes. Tout au long de sa vie, il implore Dieu de lui « donner une source de larmes ». Les pleurs manifestent que Dieu a reconnu la fécondité de la pénitence du pécheur, qu'il fait jaillir en lui l'eau purificatrice. Tout au long de ses biographies, Saint Louis pleure.

Or il lui arrive souvent de ne pas y parvenir. Son cœur demeure « aride et dur ». On sent dans le récit de son confesseur, Geoffroy de Beaulieu, la souffrance du roi privé de larmes. Le grand intuitif de l'histoire de France — il avait aussi lu les textes —, Michelet, a compris le drame du « don des larmes refusé à Saint Louis[49] ». Romantique en un temps qui redécouvre, après les larmes de la vertu du XVIIIe siècle finissant, la source secrète des larmes jaillies du plus profond de l'être, source de création des productions artistiques de l'homme, larmes mêlées de souffrance et de joie, il donne, dans une version en ancien français postérieure à la canonisation, que je modernise ici, le texte du confesseur : « Le benoît roi désirait merveilleusement grâce de larmes, et se complaignait à son confesseur de ce que les larmes lui manquaient et il lui disait, débonnairement, humblement et en privé, que lorsqu'on disait dans la litanie ces mots : "Beau Sire Dieu, nous te prions que tu nous donnes fontaine de larmes", le saint roi disait dévotement : "Or Sire Dieu, je n'ose réclamer fontaine de larmes mais me suffiraient petites gouttes de larmes pour arroser la sécheresse de mon cœur." Et quelquefois il avoua à son confesseur en privé que le Seigneur lui concédait parfois quelques larmes dans sa prière : lorsqu'il les sentait couler sur ses joues suavement jusqu'à sa bouche, il les savourait très doucement non seulement dans son cœur, mais aussi avec son goût[50]. »

Rassemblant quelques citations de Joinville, Michelet a pensé que Saint Louis avait pu même souffrir de doutes sur la foi[51]. Mais je crois que ces signes, que d'ailleurs Michelet reconnaît « légers », concernaient la crainte de Louis quant à son salut, mais non sa foi.

LA SOUFFRANCE D'AUTRUI :
LES ŒUVRES DE MISÉRICORDE

Le sens de la souffrance fait naître en Saint Louis toute une dévotion à la souffrance. Cette dévotion, au-delà de sa personne, s'exerce à l'égard d'autrui. D'où le service des malades, des pauvres, des lépreux, la construction d'hôpitaux. Elle ne dissocie pas souffrance du corps et souffrance du cœur ou de l'âme.

Guillaume de Saint-Pathus montre à quel point le roi a pratiqué le code de la charité, nouveau sous

cette forme systématique au XIIIe siècle, celui des
« œuvres de miséricorde ».

> Il eut charité pour ses prochains et compassion
> ordonnée et vertueuse et il fit les œuvres de miséri-
> corde en hébergeant, en paissant [donnant à manger],
> en abreuvant [donnant à boire], en vêtant, en visitant,
> en confortant, en aidant par le service de sa propre
> personne et en soutenant les pauvres et les malades,
> en rachetant les captifs prisonniers, en ensevelissant
> les morts et en les aidant tous vertueusement et plan-
> tureusement [largement][52].

Cette pratique charitable, qui ne pouvait être tenue secrète, a beaucoup impressionné les contemporains. Les documents abondent. Guillaume de Saint-Pathus rapporte que toutes les fois qu'il allait à Royaumont, il faisait distribuer, selon les jours, de la viande ou du poisson à tous les malades de ladite abbaye, qu'ils fussent moines ou convers et, surtout, à tous les malades étrangers à l'abbaye qui demeuraient alors dans son hôpital[53]. Œuvre de miséricorde étendue à ce mal aimé, l'étranger.

À la maison-Dieu de Vernon, construite avec l'argent royal, il donne aussi « les lits et autres choses néces-saires pour les pauvres et pour les malades ». Pour l'inauguration de cet hôpital, il accomplit lui-même, avec son gendre le roi Thibaud de Navarre, très proche de lui, une sorte d'intronisation, de « sacre » du premier malade :

> Et quand la maison-Dieu de Compiègne fut faite, le
> saint roi d'une part, et mon seigneur Thibaud, jadis
> roi de Navarre, son gendre, qui l'aidait d'autre part, ils
> portèrent et mirent [dans son lit] le premier pauvre
> malade qui fût jamais mis dans la maison-Dieu nou-
> vellement faite[54].

La fondation de la maison des Quinze-Vingts à Paris « pour les pauvres aveugles » est rappelée aussi bien par Guillaume de Saint-Pathus[55] que par Geoffroy de Beaulieu[56].

Guillaume de Chartres insiste, de son côté, sur l'assistance du roi aux malades mourants et peut-être contagieux.

> Le roi était si plein de l'esprit de charité *(pietatis)* qu'il allait volontiers faire une visite de charité *(causa charitative visitationis)* aux malades encore dans les souffrances de l'agonie *(in extremis etiam laborantes)* bien que la plupart cherchassent à l'en dissuader à cause du péril, et il leur donnait les paroles d'une pieuse consolation et de salut, des conseils très nécessaires[57].

À la fin de sa vie, il recommande dans ses *Enseignements* à ses enfants de compatir à tous les souffrants de cœur ou de corps. À son fils : « Cher fils, je t'enseigne que tu aies le cœur compatissant envers les pauvres et envers tous ceux que tu considéreras comme souffrants ou de cœur ou de corps[58]. » À sa fille : « Ayez le cœur pitoyable envers toutes gens que vous saurez qui aient malheur ou de cœur ou de corps[59]. »

Le plus gros dossier a été rassemblé par Guillaume de Saint-Pathus dans sa *Vie de Saint Louis*[60]. Je n'en rappellerai que quelques traits. De façon générale, le « benoît roi Saint Louis eut une tendresse merveilleuse de compassion pour ceux dans le mésaise ». Guillaume le montre particulièrement pendant sa première croisade où se trouvent « dans son armée beaucoup de pauvres et autres malades de diverses maladies de reins, des dents et d'autres infirmités ». Pour les mettre à l'abri des Sarrasins, le roi fit vider les bateaux des vivres qui n'étaient pas indispensables et les emplit « de pauvres et de malades, jusqu'à mille ». Atteint à son tour de plusieurs maladies, « il voulut partager le meschief [malheur] et le péril de son peuple », « il voulut mettre son corps par amour et charité à toute mésaventure *(meschief)* pour garder le peuple qui était avec lui » et « il fut de si grande compassion qu'il ne voulut jamais monter dans les bateaux sans les autres »[61].

Le plus célèbre de ces passages de Guillaume de Saint-Pathus concerne la visite des malades de l'abbaye de Royaumont. L'hagiographe insiste sur le contact physique que le roi recherche avec les malades, son attitude de médecin, le service de nourriture qu'il offre aux plus affreux et particulièrement sa charité à l'égard d'un moine lépreux.

> Il entrait lui-même dans l'infirmerie de l'abbaye et visitait les frères malades, les confortait, demandait à chacun de quelle maladie il souffrait et touchait le pouls et les tempes de certains, même quand ils suaient, et appelait les médecins *(physiciens)* qui étaient avec lui et leur faisait examiner en sa présence les urines des malades […]. Il faisait venir de sa cuisine les nourritures qui leur convenaient.
>
> Il visitait avec plus de hâte [empressement] et plus soigneusement ceux qui étaient les plus malades et il touchait même leurs mains et les lieux de leur maladie. Et plus la maladie était grave, abcès ou autre chose, plus volontiers le roi attouchait le malade.
>
> Il y avait un moine qui s'appelait Léger. Il était lépreux *(mesel)*, vivait dans une maison à l'écart des autres, il était si misérable *(despis)* et si abominable que, du fait de sa grande maladie, ses yeux étaient si gâtés qu'il ne voyait goutte, avait perdu le nez, ses lèvres étaient fendues et enflées et les trous des yeux étaient rouges et hideux « à voir ».

Le roi s'agenouille devant lui, lui tranche la viande et lui met les morceaux dans la bouche. Il lui demande si des poules et des perdrix lui feraient plaisir et sur sa réponse affirmative en fait venir de sa cuisine. Le lépreux ayant souhaité que les mets soient salés, Saint Louis sale les morceaux, mais le sel entre dans les lèvres fendues du malheureux et en fait sortir du « poison » qui lui coule sur le menton. Le lépreux se plaint et le roi trempe les morceaux dans du sel pour leur donner du goût, puis enlève les grains de sel avant de le faire manger. Le roi allait voir souvent ce lépreux et disait à ses chevaliers : « Allons visiter notre malade », mais ils le laissaient entrer seul avec l'abbé ou le prieur[62].

Dans un hôtel-Dieu, Louis accomplit tous les gestes de service et de charité à l'égard des souffrants qui y sont hébergés. Mais il veut aussi, à l'occasion, donner, humblement mais publiquement, l'exemple de l'hommage à qui souffre dans son cœur et dans sa dignité. Le roi se montre : geste politique autant que religieux.

Un vendredi saint, Saint Louis, qui réside dans son château de Compiègne et visite pieds nus les églises de la ville, rencontre dans une rue un lépreux. Il traverse la rue en mettant un pied dans l'eau boueuse et froide au milieu de la rue et arrivé devant le « mesel » lui donne l'aumône et baise sa main. Les assistants se signent et se disent l'un à l'autre : « Regardez ce que le roi a fait : il a baisé la main du mésel[63]. »

Rien d'étonnant si cette conduite trouve un écho dans le sermon de Boniface VIII du 6 août 1297, puis dans la bulle de canonisation. Dans le sermon, le pape rappelle :

> Le roi, pieux médecin de ce lépreux, le visita souvent et le servit humblement, en essuyant soigneusement le pus de ses ulcères et en lui procurant de ses mains le manger et le boire. Ces choses et d'autres, il les accomplit habituellement dans les maisons-Dieu et les léproseries[64].

Dans sa bulle, Boniface cite « les visites que le roi faisait personnellement à des malades et à des infirmes dans divers monastères et hôpitaux », le lépreux de Royaumont, « que la lèpre avait attaqué à tel point qu'il était devenu abominable et profondément rejeté, vivant séparé *(segregatus)* des autres », ainsi qu'un malade atteint du mal Saint-Éloi (des ulcères), à qui le roi allait rendre visite à Compiègne[65].

LA LÈPRE DU PÉCHÉ

La cause profonde de la douleur qui habite continûment Saint Louis est le sens du péché, ce péché qui est une lèpre et auquel la mort physique doit être préférée. La souffrance volontaire en est le rachat.

Cette horreur du péché mortel, c'est Blanche de Castille qui l'a inculquée à son fils. Elle a dit haut et fort, confondant sa morale de chrétienne stricte avec sa passion de mère possessive et jalouse, qu'elle préférerait voir son fils mourir plutôt que de le voir pécher avec une autre femme que la sienne[66]. Il n'a pas oublié la leçon : « Il se rappelait que sa mère lui avait fait comprendre à plusieurs reprises qu'elle aimerait mieux qu'il fût mort plutôt que de commettre un péché mortel[67]. »

Saint Louis a posé à son tour sous une autre forme

la question à Joinville. Préfère-t-il commettre un péché mortel ou être lépreux ? Le sénéchal, homme et chrétien pieux mais normal, répond qu'il préférerait commettre trente péchés mortels plutôt que d'être lépreux. À quoi le roi lui répond :

> Vous devez savoir qu'il n'y a pas de lèpre aussi laide que d'être en péché mortel [...]. Quand l'homme meurt il est guéri de la lèpre du corps ; mais quand l'homme qui a commis un péché mortel meurt, il ne sait pas et n'est pas certain qu'il ait eu dans sa vie un repentir suffisant pour que Dieu lui ait pardonné. Il doit donc avoir grand peur que cette lèpre lui dure aussi longtemps que Dieu sera en Paradis. Aussi je vous prie de préférer que toutes les infortunes arrivent à votre corps, lèpre ou toute autre maladie, plutôt que le péché mortel advienne à votre âme [...][68].

Et Louis transmettra la leçon à son fils :

> [...] tu dois avoir cette volonté que tu ne fasses un péché mortel pour nulle chose qui puisse arriver et qu'avant de faire un péché mortel avec connaissance, que tu souffrirais que l'on te coupe les jambes et les bras et que l'on t'enlève la vie par le plus cruel martyre[69].

Louis est un maillon essentiel dans cette chaîne de culpabilisation morale et d'usage symbolique du corps souffrant du lépreux comme image de la lèpre de l'âme.

LE MODÈLE DU CHRIST CRUCIFIÉ

Cette souffrance face au péché engendre une dévotion particulière au Christ qui, par sa passion, a permis à l'homme de faire son salut malgré le péché originel, et à la Croix, qui a été l'instrument de cette passion et de ce rachat.

Le grand modèle de Saint Louis, c'est donc le Christ souffrant, le Christ de la Passion, le Christ de la Croix[70]. Le roi du XIIIe siècle, c'est le Christ crucifié portant la couronne. C'est la nouvelle image monarchique par excellence.

En des occasions solennelles, Saint Louis évoque le Christ crucifié. À Cluny, en 1246, il dit au pape Innocent IV : « Ne lit-on pas que le Christ s'est humilié jusqu'à souffrir l'ignominie de la Croix[71] ? » À ses sujets, dans sa lettre d'Acre d'août 1250, il demande : « Nous vous invitons tous à servir celui qui vous servit sur la croix, en répandant son sang pour votre salut [...][72]. » En acquérant l'insigne relique de la couronne d'épines et en faisant construire pour l'abriter le reliquaire de la Sainte-Chapelle, Saint Louis a voulu dédier la chapelle de son palais royal à la souffrance divine.

Paradoxalement, c'est à un infidèle que Joinville confie le soin de dire ironiquement à Saint Louis ce que lui-même a souffert pour eux. C'est lors de sa captivité en Égypte qu'un vieux musulman déclare à des prisonniers chrétiens : « Vous ne devez pas vous plaindre d'avoir été pris pour lui, battus pour lui, blessés *(navrés)* pour lui, comme il l'avait fait pour vous [...][73]. »

LE MARTYRE : AGONIE ET MORT

Louis, on l'a vu à propos de la mort de son frère Robert d'Artois, a toujours considéré la mort à la croisade comme une forme de martyre. Dès 1241, il déclare à sa mère au sujet des Tartares qui envahissent la Chrétienté : « Ou nous les repousserons, ou, s'il nous arrive d'être vaincus, nous nous en irons vers Dieu, comme des confesseurs du Christ, ou comme des martyrs[74]. »

Et quand, pendant son séjour en Terre sainte, entre 1250 et 1254, il va chercher des cadavres de chrétiens tués par les Sarrasins devant Sidon pour les ensevelir, il déclare à ses compagnons :

> Allons ensevelir ces martyrs [...]. Ils ont souffert la mort, nous pouvons donc souffrir cette chose [la puanteur de cadavres, le travail de l'inhumation]. N'ayez pas abomination pour ces corps car ils sont *martyrs* et en Paradis[75].

Dès le début de sa biographie écrite au lendemain de la mort de Louis, Geoffroy de Beaulieu présente le roi en victime volontaire.

> Lui qui, outre le sacrifice de la pénitence corporelle, que, selon son état et la faiblesse de son propre corps il manifestait à Dieu tous les jours, s'offrit enfin dans son second passage outre-mer, comme un parfait holocauste *(quasi holocaustum integrum)*, au seigneur en odeur de suavité [...] et qui là [en Tunisie] mérita de devenir l'*hostie* du Christ et y consomma heureusement dans le Seigneur la fin de la vie, comme un martyr et un champion infatigable du Seigneur[76].

Le récit de sa maladie, de son agonie et de sa mort devant Tunis devient, dès les premières biographies, un thème obligé, un morceau de bravoure inévitable où furent déversés la plupart des lieux communs de la mort du bon chrétien, de la bonne mort. Geoffroy de Beaulieu insiste sur cette grâce de Dieu qui veut une conclusion heureuse aux épreuves du roi *(qui labores ipsius voluit feliciter consummare)*. La maladie s'aggravant, il reçoit pieusement les derniers sacrements, « sain d'esprit et en possession de toute sa connaissance » *(sana mente et integro intellectu)*. À l'approche de la fin, il ne pense qu'à Dieu et à l'exaltation de la foi chrétienne. Il songe à l'envoi d'un prédicateur dominicain auprès du roi de Tunis. Alors que ses forces et sa voix déclinent peu à peu, il ne cesse de demander les suffrages des saints dont il est particulièrement dévot : saint Denis, « patron spécial de son royaume », saint Jacques et beaucoup d'autres. « Parvenu à sa dernière heure, il se fit déposer *les bras en croix* sur une couche recouverte de cendre et il rendit l'âme au Créateur. *C'était l'heure même où le fils de Dieu, mourant sur la croix pour le salut du monde, expira*[77]. » On trouve dans la bulle de canonisation de Boniface VIII d'autres allusions à cette bonne mort (« il passa heureusement au Christ », *feliciter migravit ad Christum*), mais toute référence christologique (mort les bras en croix, mort à trois heures de l'après-midi) a été écartée[78].

Joinville, au contraire, qui n'était pas présent à Tunis (et qui a souffert, lui, de remords), recueille la tradition de la mort de Saint Louis « en cette heure même où le fils de Dieu mourut pour le salut du monde sur la croix[79] ».

Surtout, il protestera que la canonisation n'en ait pas fait un saint martyr. On n'a pas rendu justice à Saint Louis, même dans la sainteté.

> Et il me semble qu'on n'en fit pas assez quand on ne le mit pas au nombre des martyrs pour les grandes peines qu'il souffrit au pèlerinage de la Croix et aussi parce qu'il suivit Notre Seigneur dans le haut fait de la Croix. Car si Dieu mourut sur la croix, il fit de même, car il était croisé quand il mourut à Tunis[80].

L'importance et les formes de la souffrance dans la personnalité et la vie de Saint Louis résument l'évolution du christianisme latin au XIIIe siècle : le rôle accru accordé au corps et à la douleur physique, la codification au sein du système des « œuvres de miséricorde », de la charité manifestée aux « corps et cœurs souffrants », la dolorisation du péché, l'omniprésence des larmes au-delà de la componction traditionnelle, la dévotion au Christ souffrant et à la Croix de la Passion, l'accent mis sur l'agonie des mourants, toute cette glorification douloureuse de la souffrance conduit à l'image proche de l'Homme de douleurs, de l'*Ecce homo* dont Saint Louis est un des précurseurs.

Mais il représente davantage encore dans l'histoire de la valorisation de la souffrance. Saint, il est un saint de la souffrance acceptée et désirée, dans la charité pour les pauvres et les malades, dans l'amour imitateur du Christ crucifié, un saint de la pénitence et de l'auto-immolation, le double laïc de François d'Assise. Si celui-ci a vu sa vocation souffrante couronnée par les stigmates, Saint Louis a achevé son chemin de douleur à l'heure tragique et glorieuse de la mort de Jésus.

La dévotion au Christ crucifié et à la Croix a conduit Saint Louis à parcourir lui-même le chemin du sacrifice : pénitent de cette pénitence supérieure à toute autre, la croisade, tourmenté par la maladie, la défaite, la prison, il est parvenu, à sa seconde croisade, au martyre. Roi s'autosacrifiant — un des aspects de la royauté sacrée dans diverses sociétés[81] —, roi-hostie, il parvient, au terme d'une longue agonie, à la grâce de mourir, à l'image de Jésus.

Ce saint est donc finalement un roi-modèle par la souffrance. Grâce à elle, il met la royauté au-dessus et au-delà de tous les avatars. Plus que ses victoires et ses richesses, ce qui fait sa gloire pour ses contemporains, c'est son comportement dans la maladie, la prison, l'échec, le deuil. Roi-Christ, ce souvenir extraordinaire qui réunit en un mélange indissociable sens politique et sentiment religieux a fait de la souffrance l'instrument d'un salut personnel en même temps que d'une réussite politique. Roi psychopompe, roi eschatologique, c'est sur la douleur — la douleur physique au premier chef — qu'il a fondé une idéologie et une pratique politiques.

Conclusion

Il est difficile dans un ouvrage qui s'est construit autour d'un grand personnage de l'histoire d'échapper d'abord à une confidence. Au cours de plus de dix ans passés à de nombreux moments, plus ou moins longs, en compagnie de Saint Louis, quels ont été, comment ont évolué mes rapports avec lui ? Je n'aurai certes pas l'outrecuidance d'esquisser un « Saint Louis et moi ». Je crois que l'historien a le droit, et peut-être le devoir, de s'impliquer dans son sujet, y compris quand ce sujet est un personnage historique. Mais il doit, comme tout homme de science, même s'il s'agit d'une science aussi particulière et aussi conjecturale que l'histoire, rester en dehors de ce qui est plutôt un objet, l'objet de son étude. L'historien n'est pas un juge. Il reste que c'est un des charmes et un des risques majeurs de la biographie historique que le lien qui s'instaure et se développe entre l'historien et son personnage. Il ne me revient pas de dire ce qui me prédisposait à tenter d'être l'historien de Saint Louis ni ce qui en moi a pu influer sur ma façon de le voir, de le montrer et de l'expliquer. S'ils le pensent utile, d'autres tenteront de répondre à cette question. Mais je dois au lecteur de lui confier ce que j'ai ressenti au contact du personnage. L'historien n'a pas avec le sujet d'une biographie le même rapport qu'avec d'autres problèmes historiques. Je suis parti d'un problème plus que d'un homme : pourquoi et comment écrire une biographie historique ? Je l'ai dit, ainsi que les raisons — toutes professionnelles — de mon choix de Saint Louis. Mais on ne vit pas impunément plus de dix ans avec un personnage, fût-il mort depuis sept siècles, surtout si l'on pense que l'imagination éclairée et contrôlée est nécessaire au travail de l'historien. Ainsi m'est venu peu à peu le sentiment — peut-être illusoire — que je connaissais de mieux en mieux Louis, que je le voyais, que je l'entendais, que je devenais, en gardant la distance, dans l'ombre, un nouveau Robert de Sorbon, un autre Joinville. Ce déplacement faisait d'ailleurs partie de mon entreprise, il était inscrit au cœur même de ma problématique : pouvait-on approcher l'individu Saint Louis ? Et la réponse affirmative que m'apportait peu à peu mon enquête me confortait dans un sentiment plus subjectif, plus intime.

Je me suis senti d'abord très loin de lui, par la distance du temps et le statut social. Comment, même avec les privilèges de l'historien, approcher un roi et un saint ? Puis, à travers les documents et l'analyse de leur production, je l'ai senti de plus en plus proche. Je ne l'ai pas vu en rêve, mais je crois que j'aurais, comme Joinville, pu le faire. Et ce que j'ai de plus en plus ressenti, c'est l'attraction, la fascination du personnage. Je crois avoir compris que beaucoup aient eu envie de le voir, de l'entendre, de le toucher. Au prestige de la fonction, que ses prédécesseurs capétiens avaient soigneusement édifié, s'ajoutait surtout un charisme personnel, celui d'un roi qui n'avait pas besoin de porter la couronne et les insignes du pouvoir pour impressionner, celui du roi, ce grand, maigre et beau Louis, aux yeux de colombe, que frère Salimbene de Parme avait vu arriver pieds nus dans la poussière du chemin qui menait à Sens. Un personnage impressionnant au-delà de son apparence, une des illustrations les plus saisissantes de la théorie wébérienne du charisme, une des plus remarquables incarnations d'un type, d'une catégorie du pouvoir : volonté de réaliser un type de prince idéal ; le talent d'être en même temps profondément idéaliste et considérablement réaliste ; la grandeur dans la victoire et la défaite ; l'incarnation d'une harmonie en apparence contradictoire entre la politique et la religion, un homme de guerre pacifiste, un bâtisseur de l'État, toujours prêt à s'inquiéter du comportement de ses représentants ; la fascination de la pauvreté tout en tenant son rang ; la passion pour la justice, tout en respectant un ordre profondément inégalitaire ; l'union de la volonté et de la grâce, de la logique et du hasard, sans lesquels il n'y a pas de destin.

Puis il m'est devenu plus familier, je l'ai entendu rire, plaisanter, taquiner ses amis, faire avec un minimum d'affectation des gestes simples comme celui de s'asseoir par terre. J'ai cru comprendre qu'il lui en coûta de réfréner son naturel, la chaleur de son sang dans l'action amoureuse, la colère ou l'élan physique, le goût de la bonne nourriture, des beaux poissons et des fruits bien frais, le besoin de rire, fût-ce le vendredi, le plaisir de bavarder. Un homme, tout simplement, derrière le « surhomme » qu'érige la bulle de canonisation. Et j'ai conçu pour lui un mélange d'admiration et d'amitié, l'éloignement dans le temps et l'impertinence de l'historien lui permettant d'oublier son rang. Devenu, sans avoir à chercher s'il m'acceptait, un de ses familiers, je me suis enfin mis à ressentir pour lui les sentiments que l'on nourrit pour un proche. Et je l'ai détesté autant que je l'ai aimé. Une détestation, certes, qui provenait surtout de mes sentiments d'homme du XXe siècle.

Une hostilité fondamentale à son idéal d'ascétisme lié à des pratiques pénitentielles extérieures — flagellation surtout —, à son intolérance venue du respect à la lettre des rigueurs de la religion, à son fanatisme à l'égard des juifs, à sa volonté d'imposer sa dévotion à son entourage, à sa marche irrésistible vers un ordre moral de plus en plus rigoureux et aveugle (Joinville aurait-il résisté à une fréquentation quotidienne du roi après son retour de croisade ?), à son moralisme toujours plus étroit, à ses propos toujours plus sermonneurs, à son dolorisme toujours moins humain. Et cette indifférence aux autres qui le saisissait souvent et que Joinville a stigmatisée quand elle concernait sa femme et ses enfants, indifférence où l'entraînait son penchant à préférer la rumination religieuse et la poursuite de l'idéal aux attachements terrestres qui, pourtant, le reprenaient parfois. Alors, il pleurait encore.

Mais la fascination, je l'avoue, demeure.

Il me faut aussi, je crois, tenter de répondre à deux questions traditionnelles : le rôle des grands hommes en histoire et la situation du héros entre tradition et modernité. Je laisse à d'autres le soin d'étudier Saint Louis dans la perspective d'une théorie du grand homme ou d'une histoire comparée des grands hommes. Je me contente de signaler certaines conditions générales et certaines circonstances qui ont permis à Louis de s'affirmer en son temps et durablement comme un personnage exceptionnel. Il a bénéficié de sa position au sommet de deux hiérarchies principales, la hiérarchie temporelle de la royauté et la hiérarchie spirituelle de la sainteté. Dans le premier cas, il s'est contenté d'être un héritier mais en jouant à plein du prestige dynastique[1]. Comme l'ont manifesté le remaniement de la nécropole royale de Saint-Denis et les encouragements donnés à une rédaction en français du « Roman des rois », noyau des *Grandes Chroniques de France*, Louis s'est appuyé sur le prestige de la continuité de trois dynasties et des figures emblématiques des deux premières, Clovis et Charlemagne. Insistant sur l'héritage de ses « prédécesseurs » et de ses ancêtres, il a multiplié les références au plus illustre de ses ascendants proches, son grand-père Philippe Auguste ; il a bénéficié de l'image d'un père curieusement plus lointain et éphémère dans la fonction royale, mais paré de l'auréole de vainqueur des plus redoutables hérétiques, les cathares.

Il a su tirer parti de trois héritages exceptionnels. Le premier est politique : appartenir à une dynastie sacrée, sacralisée par un geste exceptionnel, l'onction accomplie avec une huile miraculeuse qui faisait de lui le « roi très chrétien », au-dessus des autres monarques de la Chrétienté et qui l'auréolait d'un pouvoir thaumaturgique.

Le second héritage est économique : il a disposé de revenus extraordinaires dus à l'accumulation de richesses réalisée dans le Trésor royal par son grand-père Philippe Auguste ainsi qu'à la prospérité considérable du royaume de France dans son ensemble et du domaine royal en particulier : l'Île-de-France, la Picardie, la Normandie, le Languedoc sont des régions que l'essor économique a particulièrement touchées.

Le troisième héritage est « national ». Depuis 1229, le Midi, directement ou indirectement, a été soudé au nord du royaume, alors que la présence de la monarchie y avait été jusqu'alors lointaine et théorique. Pour la première fois, Louis est roi effectif de tout le royaume. Il ne semble guère s'être soucié du Midi avant la croisade de 1248 que pour en confirmer l'ancrage dans le royaume : la révolte de Raymond

Trencavel en 1240 a été vaincue, les sénéchaussées de Beaucaire et de Carcassonne, stabilisées. La défaite de Raimond VII, allié aux Anglais, a suivi l'échec de ceux-ci en 1242 et la paix de Lorris, en 1243, a normalisé la suzeraineté du roi sur les terres du comte de Toulouse (mais celui-ci, en particulier, semble-t-il, grâce à la protection de Blanche de Castille, a été ménagé). La fin du catharisme actif, bien que due essentiellement à l'Église, à l'Inquisition et à l'érosion de l'hérésie elle-même, a conforté le retour à la tranquillité. Il est clair que ce second quart du XIIIe siècle a marqué l'échec, face à la France du Nord, de la France du Midi, sur le double plan politique et culturel. Quoi qu'on pense de la brutalité des « Français du Nord » agresseurs en cette affaire, il ne faut pas minorer l'impuissance des Méridionaux à créer un État occitan avant la croisade des albigeois et à l'essoufflement interne de la culture d'oc à la fin du XIIIe et au début du XIVe siècle, après l'apogée de la civilisation des troubadours, étroitement liée à l'aristocratie militaire. Il est légitime que le renouveau occitan des XIXe et XXe siècles ait été marqué par la nostalgie de ces échecs et l'hostilité à la façon brutale dont les croisés du Nord et la monarchie capétienne en ont profité. Mais, plus que des outrances anachroniques trop partiales, s'impose une approche sensible, mais sereine, des rapports entre la France du Nord et la France du Midi au Moyen Âge[2].

Plus encore que la royauté, la sainteté conquise par ses mérites et le zèle de quelques promoteurs a mis Louis au-dessus du commun des grandes figures de l'histoire. On a vu ce que cette sainteté, fortement marquée par l'influence de la dévotion Mendiante, présente de neuf dans le paysage hagiographique du Moyen Âge, quand bien même d'autres aspects en sont plus traditionnels. Dans la très petite compagnie de saints rois, qui se raréfie de plus en plus après la réforme grégorienne, il marque une nette rupture avec les modèles antérieurs et, comme il est le premier et le dernier de la série, il constitue un modèle unique. Cela aussi a servi et sert encore son image.

Sa sainteté lui a valu un avantage supplémentaire : Louis est devenu le héros d'une littérature qui s'efforce de le montrer dans sa vérité, tout en soulignant ses qualités et ses vertus et en gommant ses faiblesses. S'il n'a pas été le premier roi capétien à faire l'objet de biographies quasi officielles et forcément laudatives — ce fut le cas de Robert le Pieux, de Louis VI, de son grand-père Philippe Auguste avant lui —, Saint Louis est le premier à avoir bénéficié d'une biographie écrite par un laïc qui l'avait bien connu. Il doit beaucoup à Joinville. Un Saint Louis sans Joinville ne serait pas ce qu'il est depuis le XIVe siècle, une image vivante. Plus encore, peut-être, que Charlemagne face à Éginhard, Louis VI face à Suger, Napoléon face à Las Cases, Saint Louis est une création de Joinville. Mais, au bout de son enquête, l'historien a tendance à penser que le modèle ressemblait au héros du livre.

Dernière chance : comme Joinville écrivait non en latin mais en français, et comme il buvait les paroles du roi, son idole et son ami, il l'a souvent fait parler à la première personne. En ce temps où l'écrivain se met à dire « je », Saint Louis a été le premier en dignité et en autorité à parler ainsi à la première personne[3]. Si l'on fait abstraction des discours stéréotypés mis dans la bouche des grands personnages de l'Antiquité et du haut Moyen Âge, depuis les souverains très anciens figés dans une parole officielle et formalisée, dans la pierre des inscriptions, il a été le premier grand homme d'Occident à parler au quotidien.

Dans la longue durée, Louis a bénéficié d'avoir été le contemporain d'un grand moment de civilisation, particulièrement brillant dans son royaume, sans que son action y ait été pour beaucoup : l'épanouissement de l'art gothique, la gloire de l'université de Paris, le prestige de la langue française. Sa mémoire est, il est vrai, liée à un monument éclatant, modeste et brillant comme lui, la Sainte-Chapelle.

Cette fortune a duré. Le saint roi a eu la chance de subir sans grand dommage les avatars de la mémoire historique à travers des changements de régime, de sociétés et de mentalités. À partir de sa mort et jusqu'à la Révolution, il a incarné l'essence inégalée de la monarchie française. Ses descendants, qu'ils aient régné ou non, qu'ils descendent de lui par primogéniture, par ses puînés ou même par les femmes, qu'ils soient Capétiens, Valois ou Bourbons, pourvu que, grâce à la puissante idéologie du *sang*, ils aient eu une goutte de son sang dans les veines (et celui de ce roi vertueux et sans bâtard était forcément *pur),* tous appartenaient à cette élite supérieure à toute autre, les princes et princesses issus de Saint Louis. Le prêtre qui accompagna Louis XVI sur l'échafaud lui dit, ou on lui fit pertinemment dire au moment suprême : « Fils de Saint Louis, montez au ciel ! » Roi très-chrétien, surtout vénéré après la Révolution et l'Empire dans les milieux catholiques et conservateurs sinon contre-révolutionnaires, il a bien résisté à l'établissement de la République et aux progrès des idées laïques, car il a su aussi incarner des idéaux professés par les nouveaux milieux : la modération et, surtout, la justice et la paix. C'est même la Troisième République qui, à travers l'*Histoire de France* de Lavisse et les manuels scolaires, a promu un bref passage de Joinville à la dignité d'une image mythologique : Saint Louis rendant la justice sous le chêne de Vincennes. Aujourd'hui, son identification profonde avec la Chrétienté peut le faire respecter par les tenants de l'idée européenne.

Les révisions auxquelles les progrès de la recherche historique et les orientations nouvelles de l'historiographie donnent périodiquement lieu l'ont épargné. On n'a pas découvert ni documenté un envers du siècle de Saint Louis, même si l'on sait plus sûrement que les lumières du XIIIe siècle ont laissé subsister de grands pans d'ombre dans la vie des hommes et des femmes de ce temps. Les famines ont plutôt reculé, et les œuvres de miséricorde ont certainement progressé. L'accusation d'avoir abandonné et affaibli la France par ses croisades et son long séjour en Terre sainte ne tient pas à un examen attentif, j'espère l'avoir montré.

Ses échecs mêmes ont servi son image. Ils l'ont rendu plus humain et l'ont situé dans le fil d'une histoire nationale faite d'une alternance de bonheurs et d'épreuves qui ont permis à la conscience collective d'intégrer les malheurs dans l'identité historique.

Restent, pour un Français de la fin du XXe siècle, les zones d'ombre : le soutien donné à l'Inquisition, son attitude à l'égard des juifs, son rôle dans la croisade et les relations entre chrétiens et musulmans. Tous ces domaines relèvent d'une même obsession qui s'est formée au cours du XIIe siècle et s'est institutionnalisée au XIIIe : la volonté de constituer la Chrétienté en un corps, corps naturel et corps mystique à la fois, qui devait exclure tous ceux qui pourraient le souiller, le corrompre, l'affaiblir, le dissoudre, hérétiques, juifs, à un moindre degré homosexuels, d'une façon ambiguë lépreux, d'une manière problématique musulmans car, avec la Reconquista espagnole, l'Islam n'est plus à l'intérieur de la Chrétienté. Mais la Terre sainte et Jérusalem n'appartenaient-ils pas à la Chrétienté et, même, n'en étaient-ils pas le centre, le cœur ? Saint Louis est le produit de cette société qui a peur de l'impureté, mais il n'en a été, contrairement aux apparences, qu'un acteur modéré, soumis à d'autres courants : la casuistique scolastique modératrice, la pédagogie Mendiante de la mesure par la parole et par l'exemple.

Pourtant, parce que je me situe ici dans la longue durée, je ne retiens pas l'argument selon lequel il n'a fait, en ces domaines, qu'agir en homme de son temps. D'abord, l'engagement personnel dans tel ou tel mode d'action du passé peut avoir été plus ou moins grand ; il est en outre normal de peser le poids du passé dans les phénomènes de longue durée.

Pour ce qui est de l'Inquisition, on a vu que, pas plus que presque tous les gouvernants de l'époque, il n'a songé à s'opposer à la demande de la papauté d'être le bras séculier de l'Église et d'exécuter les mesures découlant des condamnations des tribunaux ecclésiastiques d'Inquisition, mais, comme l'a très bien remarqué Jean Richard, aucun de ses hagiographes n'a signalé qu'il ait montré un zèle particulier — ce qu'ils auraient sans doute aimé pouvoir faire — dans la répression de l'hérésie. Il a été trompé par Robert le Bougre au début de sa furie antihérétique. Il a cherché à limiter l'étendue de la répression. Son but était la conversion, le retour de brebis égarées au bercail de l'orthodoxie, la réconciliation de tous les chrétiens.

C'était aussi son objectif avec les juifs : le baptême d'un juif était l'une de ses grandes joies et il a été dans plusieurs cas le parrain de juifs convertis. Son hostilité était d'ordre religieux. Non seulement il n'avait pas été touché par le virus racial, l'idée de race n'étant pas médiévale, mais il ne rangeait pas les juifs parmi les « nations », terme qui correspond plus ou moins, aujourd'hui, à celui d'ethnie. Les juifs étaient des étrangers d'une nature particulièrement perfide et haïssable, il est vrai, à l'égard de qui il hésitait entre répression et protection.

Par son engagement dans la croisade, enfin, il a participé à une agressivité de la Chrétienté occidentale à l'égard de l'Islam dont le souvenir sera durable. Mais l'échec de ses croisades en fait plus un héros piteux de ce qu'on a appelé le précolonialisme occidental qu'un ennemi triomphant des musulmans. Et, là encore, il a nourri l'illusion de la conversion.

Dans ses succès comme dans ses échecs, Louis n'a pas innové. Il a continué, en voulant aller plus loin, de grands mouvements nés avant lui, l'aspiration à la justice et à la paix, faisant progresser les institutions et les pratiques qui favorisaient le pouvoir royal et l'État unifié et confortant un changement de mentalité qui voulait limiter la violence et déplacer le centre de gravité de la dévotion. Celle-ci, tout en continuant à se fonder sur le culte des reliques et les pratiques ascétiques, mettait l'accent sur l'humilité, l'imitation du Christ, l'exercice des œuvres de miséricorde, une piété « mendiante » qui n'était pas encore la « dévotion moderne » *(devotio moderna)*, mais une réponse au défi du grand essor de la Chrétienté, du Xe au XIIIe siècle. Il a fait aussi progresser les techniques de contrôle social et a contribué à la transformation profonde, entre Moyen Âge et Renaissance, celle des rapports que les hommes entretenaient « avec l'autorité, la vérité, la croyance[4] ».

Il a été ce type de grand homme qu'on peut considérer comme un « grand homme d'apogée », portant à leur accomplissement les conquêtes matérielles, spirituelles, politiques, d'une longue période d'essor, mais porté lui-même par son époque. Louis pourrait être la figure emblématique d'un « siècle » comparable à ceux que l'âge des Lumières a aimé découper dans le passé : siècle de Périclès, siècle d'Auguste, siècle de Louis XIV. On a d'ailleurs dit : « siècle de Saint Louis ». Il est peut-être une figure plus emblématique que créatrice. Ses contemporains ont eu l'impression qu'il dominait l'époque, et l'histoire ne leur donne pas tort, si l'on considère toute la symbolique qui s'est cristallisée en lui.

Mais il est vrai que l'idéal qu'il a incarné, même s'il est marqué par l'évolution de structures politiques et des valeurs de son temps, est situé sur le versant du passé plutôt que sur celui de l'avenir. Saint Louis a été le roi idéal de la Chrétienté définie par l'Europe romaine et la Terre sainte, par l'Ancien Testament et la Renaissance du XIIe siècle. Après lui, plus de roi de la croisade, plus de roi saint, plus de roi sans visage. Le temps va venir des rois du droit, de la politique et de l'économie, des rois des légistes, d'Aristote et de la crise. Saint Louis a été le roi d'un idéal politique qui est venu mourir au bord de cet autre âge.

Comme symbole sacré de la Chrétienté, Saint Louis n'a pas eu en son temps de rival. Ce sont le XIXe et surtout le XXe siècle qui ont dressé en face de lui une autre grande figure du XIIIe siècle : l'empereur Frédéric II. En celui-ci, pour le meilleur ou pour le pire, les historiens ont vu — au mépris d'une vérité historique beaucoup plus complexe — le premier souverain moderne pour qui la Justice, au lieu d'être une fin en soi, n'a été qu'un moyen au service de la véritable fin, la Raison, la raison d'État ; qui se serait efforcé de constituer en Sicile « un État commercial fermé », appuyé sur les monopoles d'État et sur un système douanier perfectionné ; qui aurait pratiqué la tolérance à l'égard des musulmans et des juifs ; qui aurait préfiguré un État pluri-ethnique, pluriculturel et plurireligieux ; qui aurait été un des premiers intellectuels « scientifiques » et peut-être incroyant, un mixte de tyran et de despote éclairé. Ernst Kantorowicz qui a mieux approché Frédéric II, malgré les anachronismes de son idéologie d'Allemagne prénazie, le voit au contraire tourné, dans ses rêves antiques, vers un passé impérial dont il est l'ultime effort de réincarnation, mais qui, en son temps, lui a valu l'image de l'Antéchrist : « Frédéric II fut le dernier empereur à connaître la déification et à trouver place parmi les étoiles[5]. » Aux yeux de l'historien d'aujourd'hui, le couple extraordinaire que forment le dernier empereur déifié et le dernier roi saint — quelles que soient les anticipations qu'ils ont pu préparer dans tel ou tel domaine — est un couple tourné vers le passé dans un songe d'universalité, celle d'Empire universel à l'antique pour Frédéric, celle de la Chrétienté universelle selon saint Augustin pour Louis. Ils clôturent sur une apothéose de grands rêves qui se sont écroulés avec eux. Quand bien même ils l'auraient annoncé par telle ou telle de leurs idées ou de leurs actes, l'avenir commence après eux.

La modernité à venir va d'abord se manifester dans la crise des anciennes valeurs et l'ébranlement de cet accomplissement qu'ont atteint la Chrétienté et la France sous le règne de Saint Louis. Survient le début d'une crise économique et sociale dont les premiers conflits du travail de même que les premières manipulations monétaires de la fin du règne sont le prélude, avec d'autres signes annonciateurs[6] : les attaques contre l'équilibre scolastique entre la raison et la foi manifestées entre autres par le naturalisme agressif du *Roman de la Rose* de Jean de Meung ; les critiques féroces d'un Rutebeuf contre les ordres Mendiants et, finalement, l'échec de la croisade. De ce tournant, de cette fin d'une longue période ascendante, les contemporains de la fin du règne de Saint Louis n'ont pas eu conscience. Quand ils percevront la présence et l'aggravation de la crise, à l'extrême fin du XIIIe et au début du XIVe siècle, la personne et le règne de Saint Louis ne leur en apparaîtront que plus brillants, plus bénéfiques, plus dignes de regret. Partiellement conforme à la réalité et partiellement né de l'embellissement du souvenir, le mythe d'un âge d'or sous Saint Louis et grâce à Saint Louis se développera. Les difficultés du présent trouveront leur contrepoint dans l'évocation du « (bon) temps monseigneur Saint Louis ». La dernière chance de Saint Louis pour s'imposer comme un grand homme aura été d'être un roi de nostalgie. Mais la nostalgie d'un monarque du passé, paré des prestiges refusés au temps présent, n'est-ce pas aussi un *topos*, un lieu commun du sentiment historique ? À la fin, Saint Louis a-t-il existé ?

ANNEXES

ANNEXE I

LA « FORMULE SOMATIQUE » DE SAINT LOUIS SELON LE Dr AUGUSTE BRACHET (1894)

Auguste Brachet[1] est un personnage singulier. Obligé de vivre d'occupations modestes dont un emploi subalterne au bureau du catalogue de la Bibliothèque nationale (alors impériale) et répétiteur de l'impératrice Eugénie, Auguste Brachet, né à Tours en 1844, mourut de la tuberculose en 1898. Spécialiste en partie autodidacte (il ne fit qu'un bref passage à l'École des chartes) de philologie romane, il a publié une grammaire française « fondée sur l'histoire de la langue » qui eut de nombreuses réimpressions à partir de 1867. Disciple du grand Littré, le savant éditeur d'Hippocrate et le philologue positiviste, il entreprit en 1880, grâce à ses connaissances médicales, philologiques et historiques une Pathologie mentale des Rois de France qu'il ne put mener que jusqu'à la fin du Moyen Âge. Une première publication, en 1896, ne fut pas diffusée. L'édition utilisée est celle, posthume, que fit paraître en 1903 sa veuve, Anna Brachet, née Korf[2].

Obsédé par la théorie de l'hérédité, Auguste Brachet cherche à situer Saint Louis dans la chaîne capétienne qui conduira à Charles VI, roi fou, et à Louis XI, roi épileptique. Médecin positiviste, il ne réduit pourtant pas tout le comportement de Saint Louis à la physiologie. Il écrit, par exemple, que « chez Louis IX les fonctions génésiques sont normales. La continence du roi [...] relève de scrupules religieux, nullement de causes physiologiques ». Ce qui est étonnant, mais qui s'explique par les méthodes érudites de ce quasi-chartiste, c'est qu'il a réuni le dossier exhaustif de tout ce qui concerne le corps et la santé de Saint Louis dans les sources du temps.

Du système nerveux du roi, Brachet dit qu'il souffre d'« anesthésie olfactive » : il ne sent pas l'odeur des cadavres sur un champ de bataille près de Sidon. Mais s'il ne se bouche pas le nez, n'est-ce pas par respect pour les morts ?

L'« obnubilation » de sa vision quand, après une prière près de son lit, il demande à son entourage : « Où suis-je ? », n'est-elle pas un effet rhétorique de Guillaume de Saint-Pathus qui veut mettre en relief l'intensité de l'oraison du saint ?

La douleur accompagnée de rougeurs que Louis ressent périodiquement à la jambe droite, et que Brachet diagnostique comme un érésypèle à répétition de nature infectieuse, est-elle bien, comme le médecin en fait l'hypothèse, un symptôme de paludisme ? Louis l'aurait contracté lors de la campagne contre les Anglais en Poitou et Saintonge. Ce serait aussi l'origine du célèbre coma dans lequel tomba le roi avant de prononcer son vœu de croisade. Est-il nécessaire de recourir aux termes savants employés par le cuistre Brachet qui parle d'« une forme mixte typho-palustre, allure qu'affectent souvent les comitées *(febris intermittens comitata)* » ?

Les maladies du roi pendant la croisade d'Égypte, qui affectent aussi une grande partie de son armée, n'ont rien d'extraordinaire : « rechute de paludisme et dysenterie..., scorbut ».

Rentré de la croisade, le roi souffre de maladies non identifiées par Brachet à cause de l'imprécision des sources et, plus généralement, d'un « état cachectique consécutif aux maladies infectieuses contractées en Palestine ». Au moment du départ pour la croisade de Tunis, Louis, comme en témoigne Joinville, ne peut plus monter à cheval.

Il meurt de « la dysenterie, la fièvre pernicieuse, le typhus des camps ».

Le dernier effort du Dr Brachet pour attribuer une pathologie anormale à Saint Louis se manifeste dans le commentaire de la perte de parole qui affecte le roi peu avant sa mort : « S'agit-il là d'un mutisme morbide produit sous le coup de l'émotion causée par l'extrême-onction, et disparaissant sous l'influence de l'émotion due à l'apport du Saint-Sacrement ? »

Ainsi, malgré le désir de Brachet de montrer la lourde hérédité de Louis XI, l'honnête et positiviste médecin ne parvient pas à faire de Louis un chaînon important de la chaîne pathologique des Capétiens et des Valois. Mais l'érudit a réuni un beau dossier de textes sur le corps physique, naturel, du roi.

ANNEXE II

LETTRE DE TERRE SAINTE DE LOUIS IX À SES SUJETS (1250)

LOUIS, par la grâce de Dieu, roi des Français, à ses chers et fidèles prélats, barons, guerriers, citoyens, bourgeois, et à tous les autres habitants de son royaume à qui ces présentes lettres parviendront, salut :

Pour l'honneur et la gloire du nom de Dieu, désirant de toute notre âme poursuivre l'entreprise de la Croisade, nous avons jugé convenable de vous informer tous qu'après la prise de Damiette (que Notre Seigneur Jésus-Christ, par sa miséricorde ineffable, avait comme par miracle livrée au pouvoir des Chrétiens, ainsi que vous l'avez sans doute appris, de l'avis de notre conseil), nous partîmes de cette ville le 20 du mois de novembre dernier. Nos armées de terre et de mer étant réunies, nous marchâmes contre celle des Sarrasins, qui était rassemblée et campée dans un lieu qu'on nomme vulgairement *Massoure*. Pendant notre marche, nous soutînmes les attaques des ennemis, qui éprouvèrent constamment des pertes assez considérables. Un jour, entre autres, plusieurs de l'armée d'Égypte qui étaient venus attaquer les nôtres, furent tous tués. Nous apprîmes en chemin que le soudan du Caire venait de terminer sa vie malheureuse ; qu'avant de mourir il avait envoyé chercher son fils qui restait dans les provinces de l'Orient, et avait fait prêter serment de fidélité en faveur de ce prince à tous les principaux officiers de son armée, et qu'il avait laissé le commandement de toutes ses troupes à un de ses émirs, Facreddin. À notre arrivée au lieu que nous venons de nommer, nous trouvâmes ces nouvelles vraies. Ce fut le mardi d'avant la fête de Noël que nous y arrivâmes ; mais nous ne pûmes approcher des Sarrasins, à cause d'un courant d'eau qui se trouvait entre les deux armées et qu'on appelle le fleuve Thanis, courant qui se sépare en cet endroit du grand fleuve du Nil. Nous plaçâmes notre camp entre ces deux fleuves, nous étendant depuis le grand jusqu'au petit. Nous eûmes là quelques engagements avec les Sarrasins, qui eurent plusieurs des leurs tués par l'épée des nôtres, mais dont un grand nombre fut noyé dans les eaux. Comme le Thanis n'était pas guéable à cause de la profondeur de ses eaux et de la hauteur de ses rives, nous commençâmes à y jeter une chaussée pour ouvrir un passage à l'armée chrétienne ; nous y travaillâmes pendant plusieurs jours avec des peines, des dangers et des dépenses infinis. Les Sarrasins s'opposèrent de tous leurs efforts à nos travaux. Ils élevèrent des machines contre nos machines ; ils brisèrent avec des pierres et brûlèrent avec leur feu grégeois les tours en bois que nous dressions sur la chaussée. Nous avions presque perdu tout espoir de passer sur cette chaussée, lorsqu'un transfuge sarrasin nous fit connaître un gué par où l'armée chrétienne pourrait traverser le fleuve. Ayant rassemblé nos barons et les principaux de notre armée le lundi d'avant les *Cendres*, il fut convenu que le lendemain, c'est-à-dire le jour de *carême-prenant*, on se rendrait de grand matin au lieu indiqué pour passer le fleuve, et qu'on laisserait une petite partie de l'armée à la garde du camp. Le lendemain, ayant rangé nos troupes en ordre de bataille, nous nous rendîmes au gué, nous traversâmes le fleuve, non sans courir de grands dangers ; car le gué était plus profond et plus périlleux qu'on ne l'avait annoncé. Nos chevaux furent obligés de passer à la nage, et il n'était pas aisé de sortir du fleuve à cause de l'élévation de la rive qui était toute limoneuse. Lorsque nous eûmes traversé le fleuve, nous arrivâmes au lieu où étaient dressées les machines des Sarrasins en face de notre chaussée. Notre avant-garde, ayant attaqué l'ennemi, lui tua du monde et n'épargna ni le sexe ni l'âge. Dans le nombre, les Sarrasins perdirent un chef et quelques émirs. Nos troupes s'étant ensuite dispersées, quelques-uns de nos soldats traversèrent le camp des ennemis et arrivèrent au village nommé *Massoure*, tuant tout ce qu'ils rencontraient d'ennemis ; mais les Sarrasins, s'étant aperçus de l'imprudence des nôtres, reprirent courage et fondirent sur eux ; ils les entourèrent de toutes parts et les accablèrent. Il se fit là un grand carnage de nos barons et de nos guerriers, religieux et autres, dont nous avons avec raison déploré et dont nous déplorons encore la perte. Là, nous avons perdu aussi notre brave et illustre frère le comte d'Artois, digne d'éternelle mémoire. C'est dans l'amertume de notre cœur que nous rappelons cette perte douloureuse, quoique nous dussions plutôt nous en réjouir ; car nous croyons et nous espérons qu'ayant reçu la couronne du martyr, il est allé dans la céleste patrie, et qu'il y jouit de la récompense accordée aux saints martyrs. Ce jour-là les Sarrasins fondant sur nous de toutes parts et nous accablant d'une grêle de flèches, nous soutînmes leurs rudes assauts jusqu'à la neuvième heure, où le secours de nos balistes nous manqua tout à fait. Enfin, après avoir eu un grand nombre de nos guerriers et de nos chevaux blessés ou tués, avec le secours de Notre Seigneur, nous y conservâmes notre position, et, nous y étant ralliés, nous allâmes le même jour placer notre camp tout près des machines des Sarrasins. Nous y restâmes avec un petit nombre des nôtres, et nous y fîmes un pont de bateaux pour que ceux qui étaient au-delà du fleuve pussent venir à nous. Le lendemain il en passa plusieurs qui campèrent auprès de nous. Alors les machines des Sarrasins ayant été détruites, nos soldats purent aller et venir librement et en sûreté d'une armée à l'autre en passant le pont de bateaux. Le vendredi suivant, les enfants de perdition, ayant réuni leurs forces de toutes parts dans l'intention d'exterminer l'armée chrétienne, vinrent attaquer nos lignes avec beaucoup d'audace et en nombre infini : le choc fut si terrible de part et d'autre qu'il ne s'en était jamais vu, disait-on, de pareil dans ces parages. Avec le secours de Dieu, nous résistâmes de tous côtés, nous repoussâmes les ennemis, et nous en fîmes tomber un grand nombre sous nos coups. Au bout de quelques jours, le fils du soudan, venant des provinces orientales, arriva à *Massoure*. Les Égyptiens le reçurent comme leur maître et avec des transports de joie. Son arrivée redoubla leur courage ; mais depuis ce moment, nous ne savons par quel jugement de Dieu, tout alla de notre côté contre nos désirs. Une maladie contagieuse se mit dans notre armée, et enleva les hommes et les animaux, de telle sorte qu'il y en avait très peu qui n'eussent à regretter des compagnons, ou à soigner des malades. L'armée chrétienne fut en peu de temps très diminuée. Il y eut une si grande disette que plusieurs tombaient de besoin et de faim ; car les bateaux de Damiette ne pouvaient apporter à l'armée les provisions qu'on y avait embarquées sur le fleuve, parce que les bâtiments et les pirates ennemis leur coupaient le passage. Ils s'emparèrent même de plusieurs de nos bateaux, et prirent ensuite successivement deux caravanes qui nous apportaient des vivres et des provisions, et tuèrent un grand nombre de marins et autres qui en faisaient partie. La disette absolue de vivres et de fourrages jeta la désolation et l'effroi dans l'armée, et nous força, ainsi que les pertes que nous venions de faire, de quitter notre position et de retourner à Damiette ; telle était la volonté de Dieu ; mais, comme les voies de l'homme ne sont pas dans lui-même, mais dans celui qui dirige ses pas et dispose tout selon sa volonté, pendant que nous étions en chemin, c'est-à-dire le 5 du mois d'avril, les Sarrasins, ayant réuni toutes leurs forces, attaquèrent l'armée chrétienne, et, par la permission de Dieu, à cause de nos péchés, nous tombâmes au pouvoir de l'ennemi. Nous et nos chers frères les comtes de Poitiers et d'Anjou, et les autres qui retournaient avec nous par terre, fûmes tous faits prisonniers, non sans un grand carnage et une grande effusion de sang chrétien. La plupart de ceux qui s'en retournaient par le fleuve furent de même faits prisonniers ou tués. Les bâtiments qui les portaient furent en grande partie brûlés avec les malades qui s'y trouvaient. Quelques jours après notre captivité, le soudan nous fit proposer une trêve : il demandait avec instance, mais aussi avec menaces, qu'on lui rendît sans retard Damiette et tout ce qu'on y avait trouvé, et qu'on le dédommageât de toutes les pertes et de toutes les dépenses qu'il avait faites jusqu'à ce jour, depuis le moment où les Chrétiens étaient entrés dans Damiette. Après plusieurs conférences, nous conclûmes une trêve pour dix ans aux conditions suivantes :

Le soudan délivrerait de prison et laisserait aller où nous voudrions, nous et tous ceux qui avaient été faits captifs par les Sarrasins depuis notre arrivée en

Égypte, et tous les autres Chrétiens, de quelque pays qu'ils fussent, qui avaient été faits prisonniers depuis que le soudan Kamel, aïeul du soudan actuel, avait conclu une trêve avec l'empereur ; les Chrétiens conserveraient en paix toutes les terres qu'ils possédaient dans le royaume de Jérusalem au moment de notre arrivée. Pour nous, nous nous obligions à rendre Damiette, et à payer huit cent mille besants sarrasins, pour la liberté des prisonniers et pour les pertes et dépenses dont il vient d'être parlé (nous en avons déjà payé quatre cents), et à délivrer tous les prisonniers sarrasins que les Chrétiens avaient faits en Égypte depuis que nous y étions venus, ainsi que ceux qui avaient été faits captifs dans le royaume de Jérusalem depuis la trêve conclue entre le même empereur et le même soudan. Tous nos biens meubles et ceux de tous les autres qui étaient à Damiette seraient, après notre départ, sous la garde et la défense du soudan, transportés dans le pays des Chrétiens lorsque l'occasion s'en présenterait. Tous les Chrétiens malades et ceux qui resteraient à Damiette pour vendre ce qu'ils y possédaient auraient une égale sûreté, et se retireraient par mer et par terre quand ils voudraient, sans éprouver aucun obstacle ou contradiction. Le soudan était tenu de donner un sauf-conduit jusqu'au pays des Chrétiens à tous ceux qui voudraient se retirer par terre.

Cette trêve, conclue avec le soudan, venait d'être jurée de part et d'autre, et déjà le soudan s'était mis en marche avec son armée pour se rendre à Damiette et remplir les conditions qui venaient d'être stipulées, lorsque, par le jugement de Dieu, quelques guerriers sarrasins, sans doute de connivence avec la majeure partie de l'armée, se précipitèrent sur le soudan au moment où il se levait de table, et le blessèrent cruellement. Le soudan, malgré cela, sortit de sa tente, espérant pouvoir se soustraire par la fuite ; mais il fut tué à coups d'épée en présence de presque tous les émirs et de la multitude des autres Sarrasins. Après cela plusieurs Sarrasins, dans le premier moment de leur fureur, vinrent les armes à la main à notre tente, comme s'ils eussent voulu (plusieurs d'entre nous le craignirent) nous égorger nous et les Chrétiens ; mais, la clémence divine ayant calmé leur furie, ils nous pressèrent d'exécuter les conditions de la trêve. Toutefois leurs paroles et leurs instances furent mêlées de menaces terribles ; enfin, par la volonté de Dieu, qui est le père des miséricordes, le consolateur des affligés, et qui écoute les gémissements de ses serviteurs, nous confirmâmes par un nouveau serment la trêve que nous venions de faire avec le soudan. Nous reçûmes de tous, et de chacun d'eux en particulier, un serment semblable, d'après leur loi, d'observer les conditions de la trêve. On fixa le temps où l'on rendrait les prisonniers et la ville de Damiette. Ce n'était point sans difficulté que nous étions convenus avec le soudan de la reddition de cette place ; ce ne fut point encore sans difficulté que nous en convînmes de nouveau avec les émirs. Comme nous n'avions aucun espoir de la conserver, d'après ce que nous dirent ceux qui revinrent de Damiette et qui connaissaient le véritable état de choses, de l'avis des barons de France et de plusieurs autres, nous jugeâmes qu'il valait mieux pour la chrétienté que nous et les autres prisonniers fussions délivrés au moyen d'une trêve, que de retenir cette ville avec le reste des Chrétiens qui s'y trouvaient, en demeurant, nous et les autres prisonniers, exposés à tous les dangers d'une pareille captivité : c'est pourquoi au jour fixé les émirs reçurent la ville de Damiette, après quoi ils nous mirent en liberté nous et nos frères, et les comtes de Flandre, de Bretagne et de Soissons,

Guillaume de Dampierre, Pierre Mauclerc et Jean de Nesle et plusieurs autres barons et guerriers des royaumes de France, de Jérusalem et de Chypre. Nous eûmes alors une ferme espérance qu'ils rendraient et délivreraient tous les autres Chrétiens, et que, suivant la teneur du traité, ils tiendraient leur serment.

Cela fait, nous quittâmes l'Égypte, après y avoir laissé des personnes chargées de recevoir les prisonniers des mains des Sarrasins et de garder les choses que nous ne pouvions emporter, faute de bâtiments de transport suffisants. Arrivés ici, nous avons envoyé en Égypte des vaisseaux et des commissaires pour en ramener les prisonniers (car la délivrance de ces prisonniers fait toute notre sollicitude), et les autres choses que nous y avions laissées, telles que des machines, des armes, des tentes, une certaine quantité de chevaux et plusieurs autres objets ; mais les émirs ont retenu très longtemps au Caire ces commissaires, auxquels ils n'ont enfin remis que quatre cents prisonniers de douze mille qu'il y a en Égypte. Quelques-uns encore ne sont sortis de prison qu'en donnant de l'argent. Quant aux autres choses, les émirs n'ont rien voulu rendre ; mais ce qui est plus odieux après la trêve conclue et jurée, c'est qu'au rapport de nos commissaires et des captifs dignes de foi qui sont revenus de ce pays, ils ont choisi parmi leurs prisonniers des jeunes gens qu'ils ont forcés, l'épée levée sur leur tête, d'abjurer la foi catholique et d'embrasser la loi de Mahomet, ce que plusieurs ont eu la faiblesse de faire ; mais les autres, comme des athlètes courageux, enracinés dans leur foi et persistant constamment dans leur ferme résolution, n'ont pu être ébranlés par les menaces ou par les coups des ennemis, et ils ont reçu la couronne du martyre. Leur sang, nous n'en doutons pas, crie au

Seigneur pour le peuple chrétien, ils seront plus utiles dans cette patrie que si nous les eussions conservés sur la terre. Les Musulmans ont aussi égorgé plusieurs Chrétiens qui étaient restés malades à Damiette. Quoique nous eussions observé les conditions du traité que nous avions fait avec eux, et que nous fussions toujours prêts à les observer encore, nous n'avions aucune certitude de voir délivrer les prisonniers chrétiens, ni restituer ce qui nous appartenait. Lorsque après la trêve conclue et notre délivrance, nous avions la ferme confiance que le pays d'outre-mer occupé par les Chrétiens resterait dans un état de paix jusqu'à l'expiration de la trêve, nous eûmes la volonté et le projet de retourner en France. Déjà nous nous disposions aux préparatifs de notre passage ; mais, quand nous vîmes clairement, par ce que nous venons de raconter, que les émirs violaient ouvertement la trêve, et, au mépris de leur serment, ne craignaient point de se jouer de nous et de la chrétienté, nous assemblâmes les barons de France, les chevaliers du Temple, de l'Hôpital, de l'ordre teutonique, et les barons du royaume de Jérusalem, et nous les consultâmes sur ce qu'il y avait à faire. Le plus grand nombre jugea que si nous nous retirions dans ce moment et si nous abandonnions ce pays, que nous étions sur le point de perdre, ce serait l'exposer entièrement aux Sarrasins, surtout dans l'état de misère et de faiblesse où il était réduit, et que nous pouvions regarder comme perdus et sans espoir de délivrance les prisonniers chrétiens qui étaient au pouvoir des ennemis. Si nous restions au contraire, nous avions l'espoir que le temps amènerait quelque chose de bon, la délivrance des captifs, la conservation des châteaux et forteresses du royaume de Jérusalem, et autres avantages pour la chrétienté, surtout depuis que la discorde s'était élevée entre le soudan d'Alep et ceux qui gouvernaient au Caire. Déjà ce soudan, après avoir réuni ses armées, s'est emparé de Damas et de quelques châteaux appartenant au souverain du Caire. On dit qu'il doit venir en Égypte pour venger la mort du soudan que les émirs ont tué, et se rendre maître, s'il le peut, de tout le pays. D'après ces considérations, et compatissant aux misères et aux tourments de la Terre sainte, nous qui étions venu à son secours, plaignant la captivité et les douleurs de nos prisonniers, quoique plusieurs nous dissuadassent de rester plus longtemps outre-mer, nous avons mieux aimé différer notre passage et rester encore quelque temps en Syrie, que d'abandonner entièrement la cause du Christ et de laisser nos prisonniers exposés à de si grands dangers. Mais nous avons décidé de renvoyer en France nos chers frères les comtes de Poitiers et d'Anjou, pour la consolation de notre très chère dame et mère et de tout le royaume. Comme tous ceux qui portent le nom de Chrétien doivent être pleins de zèle pour l'entreprise que nous avons formée, et vous en particulier, qui descendez du sang de ceux que le Seigneur choisit comme un peuple privilégié pour la conquête de la Terre sainte, que vous devez regarder comme votre propriété, nous vous invitons tous à servir celui qui vous servit sur la croix, en répandant son sang pour votre salut ; car cette nation criminelle, outre les blasphèmes qu'elle vomissait en présence du peuple chrétien contre le Créateur, battait de verges la croix, crachait dessus, et la foulait aux pieds en haine de la foi chrétienne. Courage donc, soldats du Christ ! Armez-vous et soyez prêts à venger ces outrages et ces affronts. Prenez exemple sur vos devanciers, qui se distinguèrent entre les autres nations par leurs belles actions. Nous vous avons précédés dans le service de Dieu ; venez vous joindre à nous. Quoique vous arriviez plus tard, vous recevrez du Seigneur la récompense que le père de famille de l'Évangile accorda indistinctement aux ouvriers qui vinrent travailler à sa vigne à la fin du jour, comme aux ouvriers qui étaient venus au commencement. Ceux qui viendront ou qui enverront du secours pendant que nous serons ici obtiendront, outre les indulgences promises aux croisés, la faveur de Dieu et celle des hommes. Faites donc vos préparatifs, et que ceux à qui la vertu du Très-Haut inspirera de venir ou d'envoyer du secours soient prêts pour le mois d'avril ou de mai prochain. Quant à ceux qui ne pourront être prêts pour ce premier passage, qu'ils soient du moins en état de faire celui qui aura lieu à la Saint-Jean. La nature de l'entreprise exige de la célérité, et tout retard deviendrait funeste. Pour vous, prélats et autres fidèles du Christ, aidez-nous auprès du Très-Haut par la ferveur de vos prières ; ordonnez qu'on en fasse dans tous les lieux qui vous sont soumis, afin qu'elles obtiennent pour nous de la clémence divine les biens dont nos péchés nous rendent indignes.

Fait à Acre, l'an du Seigneur 1250, au mois d'août[1].

APPENDICES

Chronologie

1200 *23 mai :* mariage du futur Louis VIII et de Blanche de Castille, ses parents.
1214 *25 avril :* jour de la Saint-Marc. Le futur Louis IX naît (ou est baptisé ?) à Poissy.
Dimanche 27 juillet : victoire de son grand-père Philippe Auguste à Bouvines.
1223 *14 juillet :* mort de Philippe Auguste.
1226 *8 novembre :* Louis devient roi à la mort de Louis VIII ; Blanche de Castille est chargée de sa tutelle et de la garde du royaume.
29 novembre : adoubé à Soissons, Louis est sacré à Reims.
1227-1234 Révoltes des barons.
1229 Traité de Meaux-Paris avec le comte de Toulouse. Fin de la croisade contre les albigeois.
1229-1231 Grève de l'université de Paris.
1231-1232 Disparition et réapparition du saint clou.
1233 Premiers inquisiteurs nommés par la papauté en France.
1234 *25 avril :* Louis est considéré comme majeur.
27 mai : mariage à Sens avec Marguerite de Provence.
1235 *19 octobre :* consécration en présence de Louis de l'abbaye cistercienne de Royaumont.
1237 *7 juin :* chevalerie de son frère Robert d'Artois à Compiègne.
1239 *11-18 août :* Louis accueille les reliques de la Passion du Christ.
Louis acquiert le comté de Mâcon qu'il joint au domaine royal.
Mort de Philippe Hurepel, oncle de Louis.
1240-1241 Révolte et défaite de Raymond Trencavel, vicomte de Béziers.

1240 Controverse avec les juifs à propos du Talmud en présence de Louis et de Blanche de Castille.

1241 *Mars-avril :* les Mongols ravagent l'Europe centrale.
Saint Jean : Louis donne de grandes fêtes à Saumur pour la chevalerie de son frère Alphonse de Poitiers.

1242 Brûlement du Talmud.
21-22 juillet : victoire de Louis sur le roi d'Angleterre Henri III à Taillebourg et à Saintes.

1242-1243 Soulèvement et défaite de Raimond VII de Toulouse et de divers seigneurs du Midi ; consolidation des sénéchaussées royales de Nîmes-Beaucaire et de Béziers-Carcassonne.

1244 Nouveau brûlement du Talmud.
Chute de Montségur et développement de l'Inquisition en France.
23 août : prise de Jérusalem par les musulmans.
17 octobre : désastre des chrétiens de Palestine face aux musulmans à La Forbie près de Gaza.
Décembre : maladie de Louis et vœu de croisade.

1245 *Novembre :* rencontre à Cluny de Louis et du pape Innocent IV.

1246 *27 mai :* chevalerie du plus jeune frère de Louis, Charles d'Anjou.

1247 Louis crée des enquêteurs pour réformer les abus royaux dans le royaume.

1248 *26 avril :* consécration de la Sainte-Chapelle du palais royal. *12 juin :* Louis quitte Paris pour partir à la croisade. *28 août :* Louis part d'Aigues-Mortes pour l'outre-mer.
18 septembre : débarquement à Chypre.
Décembre : Louis rencontre à Nicosie le dominicain André de Longjumeau de retour d'un voyage en Asie centrale et reçoit deux envoyés des Mongols.

1249 *Janvier :* départ de Chypre d'André de Longjumeau et d'une ambassade de Louis auprès du grand Khan mongol avec un riche présent.
Mai : arrivée de Louis en Égypte où il séjournera jusqu'au 8 mai 1250.
Prise de Damiette en juin.

1250 *5 avril :* défaite de Mansourah : mort de Robert d'Artois et capture de Louis par les musulmans.
6 mai : la rançon est payée et Louis libéré.
Début de l'agitation dans les métiers parisiens.

1250-1251 *Mai à mars :* Louis à Acre.
1251 Mouvement des pastoureaux en France.
1251-1252 *Mai à mai :* Louis à Césarée.
1251 *Printemps :* retour d'André de Longjumeau à Césarée.
1252-1253 *Mai à juin :* Louis à Jaffa.
1252 *Novembre :* mort de Blanche de Castille.
1253 *Fin de l'hiver :* le franciscain Guillaume de Rubrouck, muni d'une lettre de recommandation de Louis, quitte la Terre sainte pour se rendre auprès du prince mongol Sartaq.
1253-1254 *Juin à février :* Louis à Sidon.
Hiver : Guillaume de Rubrouck séjourne à la cour du grand Khan Möngke à Karakorum.
1254 *25 avril :* Louis se rembarque à Acre.
17 juillet : il débarque aux Salins d'Hyères, entrevue avec le franciscain Hugues de Digne.
7 septembre : retour de Louis à Paris.
Décembre : la « Grande Ordonnance » pour la réforme du royaume : de 1254 à 1270, c'est l'« ordre moral ». Premiers registres du Parlement de Paris, les *Olim*.
1255 Mariage d'Isabelle, fille de Louis, avec Thibaud V, comte de Champagne et roi de Navarre.
29 juin : retour de Guillaume de Rubrouck à Nicosie.
24 septembre : Louis par le Dit de Péronne, règle la succession de Flandre.
1257 Le chanoine Robert de Sorbon, familier de Louis, fonde un collège pour douze pauvres étudiants en théologie de l'université de Paris.
1258 Étienne Boileau est nommé prévôt pour faire régner l'ordre à Paris : il fera rédiger le *Livre des métiers*.
11 mai : traité de Corbeil avec le roi d'Aragon.
28 mai : le traité de Paris est juré au Temple entre Louis et Henri III d'Angleterre (ratifié en décembre 1259).
1259 Procès d'Enguerran de Coucy.
Le franciscain Guibert de Tournai dédie à Louis un « Miroir des princes ».
1260 *Janvier :* mort de Louis, fils aîné et héritier de Louis.
1262 Mariage à Clermont de Philippe, héritier du royaume avec Isabelle d'Aragon.
1263-1266 Ordonnances monétaires.
1264 *24 janvier :* le Dit d'Amiens, arbitrage de Louis entre le roi d'Angleterre et ses barons, échoue.

Mort de l'encyclopédiste dominicain Vincent de Beauvais, précepteur des enfants de Louis.
1265 *27 février :* le sultan Baïbars prend Césarée.
Charles d'Anjou devient roi de Naples et de Sicile.
1267 *24 mars :* Louis se croise pour la seconde fois.
Pentecôte : fêtes au palais royal de Paris pour la chevalerie de Philippe, fils et héritier de Louis.
1268 *7 mars :* le sultan Baïbars prend Jaffa.
1269 Ordonnance contre le blasphème ; imposition du port de la rouelle aux juifs.
1270 *23 février :* mort d'Isabelle, sœur de Louis.
1er juillet : Louis s'embarque à Aigues-Mortes.
25 août : Louis meurt devant Tunis : son corps est dépecé, bouilli dans du vin et les chairs séparées des os.
1271 *22 mai :* les ossements de Louis IX sont inhumés à Saint-Denis.
1272-1273 Geoffroy de Beaulieu écrit une *Vie* de Louis.
1273, 1278, 1282 Enquêtes pontificales pour la canonisation de Louis IX.
1285 Lecture du rapport d'enquête au pape Honorius IV.
1297 *6 août :* bulle de canonisation de Louis IX promulguée par Boniface VIII à Orvieto.
1298 *25 août :* exhumation et « élévation » du cercueil de Saint Louis et prêche du frère Jean de Samois devant Philippe le Bel et de nombreux prélats et seigneurs (dont Joinville, témoin au procès de 1282).
1302-1303 Guillaume de Saint-Pathus écrit une *Vie* officielle de Saint Louis.
1308 *17 mai :* Philippe le Bel partage les ossements de Saint Louis donnés comme reliques à de grands personnages et à des églises.
1309 Joinville présente au futur Louis X son *Histoire de Saint Louis*.

Bibliographie

Sommaire

SOURCES

Actes et documents administratifs et législatifs
Biographies et hagiographies
Chroniques
Enseignements de Saint Louis
Documents divers
Documents sur la canonisation
Littérature
Art
Chansons
Expositions (catalogues)

POUR ÉCLAIRER L'ENVIRONNEMENT DE SAINT LOUIS

BIOGRAPHIES ET OUVRAGES GÉNÉRAUX SUR SAINT LOUIS

Les ouvrages les plus importants
D'une abondante production
Études particulières

LISTE DES TITRES ABRÉGÉS
DES SOURCES CITÉES DANS LES NOTES

Boniface VIII	Voir *Documents sur la canonisation*
Enseignements (D. O'Connell éd.)	Voir *Enseignements de Saint Louis*
Geoffroy de Beaulieu, *Vita*	Voir *Biographies et hagiographies*
Guillaume de Chartres, *De Vita et de Miraculis*	Voir *Biographies et hagiographies*
Guillaume de Nangis, *Chronicon*	Voir *Chroniques*
Guillaume de Nangis, *Gesta Ludovici IX*	Voir *Biographies et hagiographies*
Guillaume de Saint-Pathus, *Les Miracles de Saint Louis*	Voir *Biographies et hagiographies*
Guillaume de Saint-Pathus, *Vie de Saint Louis*	Voir *Biographies et hagiographies*
Joinville, *Histoire de Saint Louis*	Voir *Biographies et hagiographies*
Layettes du Trésor des chartes	Voir *Actes et documents administratifs et législatifs*
Le Nain de Tillemont, *Vie de Saint Louis*	Voir *Biographies et ouvrages généraux*
Matthieu Paris, *Chronica majora*	Voir *Chroniques*
Ordonnances des rois de France	Voir *Actes et documents administratifs et législatifs*
Salimbene de Adam, *Cronica*	Voir *Chroniques*

N.B. Toutes les traductions de biographes que je donne dans ce livre, excepté Joinville, et sauf avis contraire, sont miennes.

SOURCES

Actes et documents administratifs et législatifs

Il n'y a pas d'édition des Actes de Saint Louis, pas plus que de ceux de Louis VIII et de Philippe III, ce qui crée un hiatus pour la plus grande partie du XIIIe siècle royal français, entre 1223 et 1285.

Le registre de chancellerie de frère Guérin (mort en 1227), principal conseiller de Philippe Auguste, évêque de Senlis, garde des sceaux sous Louis VIII et au début de la minorité de Saint Louis, est conservé aux Archives nationales (JJ26). Il a servi jusqu'en 1276. Saint Louis en a emmené une copie en Égypte, conservée à la Bibliothèque nationale (Ms. latin 9778) et a peut-être emporté le registre à Tunis en 1270.

Les chartes et d'autres actes ont été publiés dans les *Layettes du Trésor des chartes* : t. II (1223-1246), A. TEULET (éd.), Paris, 1866 ; t. III (1246-1262), J. DE LABORDE (éd.), Paris, 1875 ; t. IV (1262-1270), Élie BERGER (éd.), Paris, 1902.

Les actes du Parlement, à partir de 1254, ont été publiés dans les *Olim ou registres des arrêts rendus par la cour du roi sous les règnes de Saint Louis, Philippe le Hardi, etc.*, Arthur BEUGNOT (éd.), t. I, *1254-1273*, Paris, 1839. Edgar BOUTARIC en a donné une analyse dans *Actes du Parlement de Paris*, t. I, *1254-1299*, Paris, 1863.

Il ne reste que des épaves des comptes royaux détruits dans l'incendie de la Chambre des comptes en 1737. Elles ont été publiées (comptes de l'Hôtel en 1231, 1234, 1238, 1248, 1267, décimes levées sur le clergé pour la croisade, récapitulation des dépenses de la croisade de 1248, service d'ost, listes de croisés) par Natalis de WAILLY dans le *Recueil des historiens des Gaules et de la France*, t. XXI, Paris, 1855, et t. XXII, Paris, 1865. Les enquêtes ordonnées par Saint Louis ont été publiées par Léopold DELISLE dans le même *Recueil*, t. XXIV, Paris, 1904.

Des listes de voyages et séjours de Saint Louis *(Itinera et Mansiones)* ont été également publiées dans le tome XXII de ce *Recueil*.

Les ordonnances ont été publiées de façon peu satisfaisante par Eusèbe de LAURIÈRE dans *Ordonnances des rois de France de la troisième race*, t. I, Paris, 1723. Ce volume doit être complété par l'ouvrage, également sujet à caution, de JOURDAN, DECRUSY et ISAMBERT, *Recueil général des anciennes lois françaises...*, Paris, 1822-1833.

Biographies et hagiographies

GEOFFROY DE BEAULIEU, *Vita et sancta conversatio piae memoriae Ludovici quondam regis Francorum*, dans *Recueil des historiens des Gaules et de la France*, t. XX, pp. 3-27.

GUILLAUME DE CHARTRES, *De Vita et Actibus Inclytae Recordationis Regis Francorum Ludovici et de Miraculis quae ad ejus Sanctitatis Declarationem Contingerunt*, ibid., pp. 27-41.

GUILLAUME DE SAINT-PATHUS, *Vie de Saint Louis* (conservée dans sa version française), éd. H.-F. Delaborde, Paris, 1899.

La Vie et les Miracles de Monseigneur Saint Louis, éd. Percival B. Fay, Paris, 1931.

DELABORDE, Henri-François, « Une œuvre nouvelle de Guillaume de Saint-Pathus » (un sermon sur Saint Louis), *Bibliothèque de l'École des chartes*, 63, 1902, pp. 263-288.

GUILLAUME DE NANGIS, *Gesta Ludovici IX* ; versions latine et française dans *Recueil des historiens des Gaules et de la France*, t. XX, éd. Cl. Fr. Daunou et J. Naudet, Paris, 1840, pp. 312-465.

Jean de JOINVILLE, *Histoire de Saint Louis*, éd. Natalis de Wailly (je cite l'édition avec traduction en français moderne de 1874). N. L. CORBETT a publié en 1977 à Sherbrooke (Canada) un texte de Joinville reconstruit pour approcher l'original à partir d'un seul manuscrit du XIVe siècle : *La Vie de Saint Louis. Le témoignage de Jehan, seigneur de Joinville*, Naamon éd. Des extraits de l'œuvre en français moderne ont été présentés par A. DUBY, *Saint Louis par Joinville*, Paris, 1963. Une traduction moderne de Joinville (partielle) a été publiée dans *Historiens et Chroniqueurs du Moyen Âge*, Paris, 1963, pp. 195-366. Une nouvelle édition et traduction par Jacques MONFRIN, avec Introduction, vient d'être publiée (JOINVILLE, *Vie de Saint Louis*, Paris, 1995). Je n'ai pu la consulter.

Chroniques

Philippe MOUSKÈS : *Chronique rimée de Philippe Mouskès*, éd. F. de Reiffenberg, 2 vol., Bruxelles, 1836-1838.

MATTHIEU PARIS, *Chronica majora*, éd. Henry R. Luard, 7 vol., Londres, 1872-1883.

SALIMBENE DE ADAM (de Parme), *Cronica*, éd. G. de Scalia, 2 vol., Bari, 1966.

PRIMAT, dans *Les Grandes Chroniques de France*, J. Viard (éd.), t. I, Paris, 1920. Traduction en français de la Chronique latine de Primat par Jean de Vignay (première moitié du XIVe siècle) dans *Recueil des historiens des Gaules et de la France*, t. XXIII, pp. 1-106.

GUILLAUME DE NANGIS, *Chronicon*, H. Géraud (éd.), 2 vol., Paris, 1843-1844, et *Recueil des historiens des Gaules et de la France*, t. XX, pp. 544-586, et t. XXI, pp. 103-123.

LE MÉNESTREL DE REIMS, *Récits d'un ménestrel de Reims au XIIIe siècle*, Natalis de Wailly (éd.), 1876.

Enseignements de Saint Louis

Le texte primitif des *Enseignements* de Saint Louis à son fils et à sa fille a été publié par :

DELABORDE, Henri-François, « Le texte primitif des enseignements de Saint Louis à son fils », *Bibliothèque de l'École des chartes*, LXXIII, 1912.

Et dans un essai de reconstitution de la version originale par :

O'CONNELL, David, *The Teachings of Saint Louis. A Critical Text*, Chapel Hill, 1972. Voir la traduction française dans *Les Propos de Saint Louis* (préfacés par Jacques Le Goff), Paris, 1974.

Documents divers

Leur provenance est signalée à l'endroit où ils sont cités. Ils proviennent de DUCHESNE, André, *Historiae Francorum Scriptores*, t. V, Paris, 1649.

MARTÈNE, E., et DURAND, U., *Thesaurus novus anecdotorum*, t. I, Paris, 1717.

D'ACHERY, Luc, *Spicilegium sive collectio veterum aliquot scriptorum*, nouv. éd., 3 vol., Paris, 1723.

Documents sur la canonisation

Un essai de *Reconstitution* remarquable (même si le principe peut être contesté) *du procès de canonisation de Saint Louis (1272-1297)* par Louis CAROLUS-BARRÉ (publication posthume mise au point par H. PLATELLE) vient d'être édité par l'École française de Rome, Rome, 1995 : les textes utilisés par Guillaume de Saint-Pathus sont présentés en traduction.

Les deux sermons et la bulle de canonisation de BONIFACE VIII (août 1297) ont été publiés dans le *Recueil des historiens des Gaules et de la France*, t. XXIII, pp. 148-160.

Comte P. E. RIANT, « Déposition de Charles d'Anjou pour la canonisation de Saint Louis », dans *Notices et documents publiés par la Société de l'histoire de France à l'occasion de son cinquantième anniversaire*, Paris, 1884, pp. 155-176.

DELABORDE, Henri-François, « Fragments de l'enquête faite à Saint-Denis en 1282 en vue de la canonisation de Saint Louis », *Mémoires de la Société de l'Histoire de Paris et de l'île-de-France*, t. XXIII, 1896, pp. 1-71.

Un Miroir des princes offert à Saint Louis :

GILBERT DE TOURNAI, *Eruditio regum et principum (1259)*, A. de POORTER (éd.), dans *Les Philosophes belges*, Louvain, t. IX, 1914.

Anthologie de sources traduites :

O'CONNELL, David, *Les Propos de Saint Louis* (avec une introduction de J. Le Goff), Paris, 1974.

Littérature

RUTEBEUF, *Œuvres complètes*, Michel Zink (éd.), 2 vol., Paris, 1990.

DUFOURNET, Jean, *Rutebeuf. Poèmes de l'infortune et poèmes de la croisade*, Paris, 1979.

Moos, Peter von, « Die Trotschrift des Vincenz von Beauvais für Ludwig IX. Vorstudie zur Motiv und Gattungsgeschichte der *consolatio* », *Mittellateinisches Jahrbuch*, 4, 1967, pp. 173-219 (présentation et édition de la « consolation » écrite par

Vincent de Beauvais pour Saint Louis à l'occasion de la mort de son fils aîné en 1260).

Art

BRANNER, Robert, « Saint Louis et l'enluminure parisienne au XVIIe siècle dans *Septième centenaire de la mort de Saint Louis (Actes des colloques de Royaumont et de Paris, mai 1970)*, Paris, 1976, pp. 69-84. — *The Manuscript Painting in Paris during the Reign of Saint Louis. A Study of Styles*, University of California Press, 1977.
Le Psautier de Saint Louis, Graz, Akademische Druck-und-Verlagsanstalt, 1972 (fac-similé).
LENIAUD, Jean-Michel, et PERROT, Françoise, *La Sainte-Chapelle*, Paris, 1991.

Chansons

PARIS, Gaston, « La chanson composée à Acre », *Romania*, 22, 1893.
Adrien LEROUX DE LINCY a publié la chanson « Gent de France, mult estes esbahie », *Bibliothèque de l'École des chartes*, I, 1840.
MEYER, W. a publié la chanson sur la prise de croix par Saint Louis en 1244 « Wie Ludwig IX der Heilige das Kreuz nahm », dans *Nachrichten der königlichen Gesellschaft der Wissenschaften zu Göttingen*, 1907, pp. 246-257.

Expositions (catalogues)

Au temps de Saint Louis, Musée de Melun, 1970 (dactylographie).
Saint Louis à la Sainte-Chapelle, Direction générale des Archives de France, Paris, mai-août 1960.
La France de Saint Louis, Paris, Salle des gens d'armes du palais, octobre 1970-janvier 1971.
Le Mariage de Saint Louis à Sens en 1234, Musée de Sens, 1984.

POUR ÉCLAIRER L'ENVIRONNEMENT DE SAINT LOUIS

ALPHANDÉRY, Paul, DUPRONT, Alphonse, *La Chrétienté et l'idée de croisade*, 2 vol., Paris, 1954-1959, nouv. éd. (avec une postface de M. Balard), Paris, 1995.

BARBEY, J., *Être roi. Le roi et son gouvernement en France de Clovis à Louis VI*, Paris, 1992.

BARLOW, Fred, « The King's Evil », *English Historical Review*, 1980, pp. 3-27.

BEAUNE, Colette, *Naissance de la nation France*, Paris, 1985.

BERGES, Wilhelm, *Die Fürstenspiegel des hohen und späten Mittelalters*, Leipzig, 1938.

BLOCH, Marc, *Les Rois thaumaturges [Strasbourg, 1924]*, 3ᵉ éd., Paris, 1983 (avec une préface de J. Le Goff).

BOGYAY, Th. von, BAK, J., SILAGI, G., *Die heiligen Könige*, Graz, 1976.

BOURIN-DERRUAU, M., *Temps d'équilibre, temps de rupture*, Paris, 1990.

BUC, Philippe, *L'Ambiguïté du livre. Prince, pouvoir et peuple dans les commentaires de la Bible au Moyen Âge*, Paris, 1994.

BULST, N., GENET, J.-P. (éd.), *La Ville, la bourgeoisie et la genèse de l'État moderne (XIIᵉ-XVIIᵉ siècles)*, Paris, 1988.

BURNS, R. I., « Christian Islamic Confrontation in the West : The Thirteenth Century Dream of Conversion », *The American Historical Review*, 76, 1971, pp. 1386-1434.

CAZELLES, Raymond, *Paris de la fin du règne de Philippe Auguste à la mort de Charles V (1223-1380)*, dans *Nouvelle histoire de Paris*, Paris, t. III, 1972.

CONTAMINE, Philippe (éd.), *L'État et les aristocraties (France, Angleterre, Écosse, XIIᵉ-XVIIᵉ siècles)*, Paris, 1989.

— et alii, *L'Économie médiévale*, Paris, 1993.

— *La Guerre au Moyen Âge*, Paris, 3ᵉ éd., 1992.

Comprendre le XIIIᵉ siècle, sous la direction de Pierre GUICHARD et Danièle ALEXANDRE-BIDON, Lyon, 1995 (non consulté).

Culture et idéologie dans la genèse de l'État moderne, Rome, 1985.

Droits savants et pratiques françaises du pouvoir (XIᵉ-XVᵉ siècles) (sous la direction de Jacques Krynen et d'Albert Rigaudière), Presses universitaires de Bordeaux, 1992.

DUBY, Georges, *Le Temps des cathédrales. L'art et la société (980-1420)*, Genève, 1962 (illustré) ; nouv. éd., Paris, 1976.

Duby, Georges, Mandrou, Robert, *Histoire de la civilisation française*, t. I, Paris, 1967.

Duggan, A. J. (éd.), *Kings and Kingship in Medieval Europe*, Londres, King's College, 1993.

Durchhardt, H., Jackson, R.A., Sturdy, D. (éd.), *European Monarchy*, Stuttgart, 1992.

Erlande-Brandenburg, Alain, *Le roi est mort. Étude sur les funérailles, les sépultures et les tombeaux des rois de France jusqu'à la fin du XIIIe siècle*, Paris, 1975.

Faral, Edmond, *La Vie quotidienne au temps de Saint Louis*, Paris, 1942.

Fawtier, Robert, *Les Capétiens et la France. Leur rôle dans sa construction*, Paris, 1942.

Folz, Robert, *Les Saints Rois du Moyen Âge en Occident (Ve-XIIIe siècles)*, Bruxelles, 1984.

Fossier, R., *La Société médiévale*, Paris, 1991.

— et alii, *Le Moyen Âge* : t. II, *L'Éveil de l'Europe (950-1250)* ; t. III, *Le Temps des crises (1250-1520)*, Paris, 1990.

Genet, Jean-Philippe (éd.), *État moderne. Genèse : bilan et perspectives*, Paris, 1990.

— et Vincent, B. (éd.), *État et Église dans la genèse de l'État moderne*, Madrid 1986.

Génicot, Léopold, *Le XIIIe siècle européen*, Paris, 1968.

Gorski, K., « Le Roi-Saint, un problème d'idéologie féodale », *Annales. E.S.C.*, 1969.

Guenée, Bernard, *Histoire et culture historique dans l'Occident médiéval*, Paris, 1980 ; nouv. éd., 1991.

— « La fierté d'être capétien, en France, au Moyen Âge », *Annales. E.S.C.*, 1978, pp. 450-477 ; repris dans *Politique et histoire au Moyen Âge*, Paris, 1981, pp. 341-368.

— « État et nation au Moyen Âge », *Revue historique*, t. 237, 1967, pp. 17-30.

Guérout, Jean, « Le palais de la Cité à Paris des origines à 1417. Essai topographique et archéologique », dans *Paris et Île-de-France. Mémoires de la Fédération des sociétés historiques et archéologiques de Paris et de l'Île-de-France*, t. I, 1949, p. 57-212 ; t. II, 1950, pp. 21-204 ; t. III, 1951, pp. 7-101.

Histoire de la France urbaine, sous la direction de Georges Duby ; t. II, *La Ville médiévale*, sous la direction de J. Le Goff, Paris, 1980.

Histoire de la France rurale, sous la direction de Georges Duby, t. I, *Des origines à 1340*, Paris, 1975.

Histoire de la France, sous la direction d'André BURGUIÈRE et Jacques REVEL ; t. II, *L'État et les pouvoirs*, sous la direction de J. LE GOFF, Paris, 1989.

Histoire de la France religieuse, sous la direction de Jacques LE GOFF et René RÉMOND ; t. I, *Des dieux de la Gaule à la papauté d'Avignon*, sous la direction de J. LE GOFF, Paris, 1988.

JORDAN, William Ch., *The French Monarchy and the Jews from Philip Augustus to the Last Capetians*, Philadelphie, University of Pennsylvania Press, 1989.

KANTOROWICZ, Ernst H., *The King's Two Bodies. A Study in Medieval Theology*, Princeton, 1957 ; trad. fr., *Les Deux Corps du roi*, Paris, 1989.

KRYNEN, Jacques, *L'Empire du roi. Idées et croyances politiques en France, XIIIe-XVe siècles*, Paris, 1993.

LAFAURIE, J., *Les Monnaies des rois de France. De Hugues Capet à Louis XII*, Paris et Bâle, 1951.

LECOY DE LA MARCHE, Albert, *La France sous Saint Louis et sous Philippe le Hardi*, Paris, 1893.

LE GOFF, Jacques, « Le roi enfant dans l'idéologie monarchique de l'Occident médiéval », dans *Historicité de l'enfance et de la jeunesse* (Congrès international d'Athènes, 1984), Athènes, 1986, pp. 231-250.

— « Portrait du roi idéal », *L'Histoire*, n° 81, septembre 1985, pp. 70-76.

— « Reims, ville du sacre », dans P. NORA (éd.), *Les Lieux de mémoire*, t. II, *La Nation*, vol. 1, Paris, 1986, pp. 89-184.

— « La genèse du miracle royal », dans *Marc Bloch aujourd'hui. Histoire comparée et sciences sociales*, textes réunis et présentés par H. ATSMA et A. BURGUIÈRE, Paris, 1990, pp. 147-158.

LEMARIGNIER, Jean-François, *La France médiévale. Institutions et sociétés*, Paris, 1970 ; rééd., 1991.

Le Siècle de Saint Louis, Paris, 1970.

LEWIS, Andrew W., *Royal Succession in Capetien France : Studies on Familial Order and the State*, Cambridge, Mass., 1981 ; trad. fr., *Le Sang royal. La famille capétienne et l'État. France, xe-xive siècles*, Paris, 1986.

LORCIN, Marie-Thérèse, *La France au XIIIe siècle*, Paris, 1975.

LOT, Ferdinand, et FAWTIER, Robert (éd.), *Histoire des institutions françaises au Moyen Âge*, t. II : *Les Institutions royales*, Paris, 1958.

MC GOVERN, J.F., « The Rise of the New Economic Attitudes. Economic Humanism, Economic Nationalism during the

Later Middle Ages and the Renaissance, A.D. 1200-1550 », *Traditio*, XXVI, 1970, pp. 217-253.

MIROT, L., *Manuel de géographie historique de la France*, 2 vol., Paris, 1948-1950.

NORA, Pierre (éd.), *Les Lieux de mémoire*, t. II, *La Nation*, Paris, 1986.

PANGE, J. de, *Le Roi très chrétien*, Paris, 1949.

PAUL, Jacques, *Histoire intellectuelle de l'Occident médiéval*, 2 vol., Paris, 1973.

PETIT-DUTAILLIS, Charles, *La Monarchie féodale en France et en Angleterre, Xe-XIIIe siècles*, Paris, 1933 ; nouv. éd., 1971.

RIGAUDIÈRE, Albert, *Pouvoirs et institutions dans la France médiévale*, t. II, *Des temps féodaux aux temps de l'État*, Paris, 1994.

— *Gouverner la ville au Moyen Âge*, Paris, 1993.

— et GOURON, André (éd.), *Renaissance du pouvoir législatif et genèse de l'État*, Montpellier, 1987.

SCHRAMM, Percy Ernst, *Der König von Frankreich. Das Wesen der Monarchie vom 9. bis zum 16. Jahrhundert*, 2 vol., Weimar, 1939 ; nouv. éd. 1960.

SPIEGEL, Gabrielle M., *The Chronicle Tradition of Saint-Denis : A Survey*, Brookline, Mass., et Leyde, 1978.

STRAYER, Joseph R., *Medieval Statecraft and the Perspectives of History*, Princeton, 1971, trad. fr., *Les Origines médiévales de l'État moderne*, Paris, 1979.

— « France : the Holy Land, the Chosen people and the most Christian King », dans *Action and Conviction in Early Modern Europe*, Princeton, 1969, pp. 3-16.

TESSIER, Gaston, *La Diplomatique royale française*, Paris, 1962.

TÖPFER, B., « Staatliche Zentralisation im regionalen und im national-staat-lichen Rahmen in Frankreich vom 13 bis zum 15 Jahrhundert », *Jahrbuch für Geschichte des Feudalismus*, 11, 1987, pp. 159-173.

VAUCHEZ, André, *La Sainteté en Occident aux derniers siècles du Moyen Âge*, Rome, 1981.

ZINK, Michel, *La Subjectivité littéraire. Autour du siècle de Saint Louis*, Paris, 1985.

BIOGRAPHIES ET OUVRAGES GÉNÉRAUX
SUR SAINT LOUIS

Les ouvrages les plus importants

La Vie de Saint Louis, roi de France, rédigée par Louis Sébastien Le Nain de Tillemont (mort en 1698), publiée par J. de Gaulle, 6 vol., Paris, Société de l'Histoire de France, 1847-1851, reste fondamentale par l'utilisation de sources aujourd'hui disparues et par l'ampleur de la conception.

Les biographies marquantes de Saint Louis sont :
Jordan, William Ch., *Louis IX and the Challenge of the Crusade. A Study in Rulership*, Princeton, 1979.
Langlois, Charles Victor, *Saint Louis, Philippe le Bel : les derniers Capétiens directs (1226-1328)*, t. III/2 de l'*Histoire de France depuis les origines jusqu'à la Révolution*, d'Ernest Lavisse, Paris, 1901 ; rééd., Paris, 1978.
Richard, Jean, *Saint Louis, roi d'une France féodale, soutien de la Terre sainte*, Paris, 1983 ; rééd. Paris, 1986.

Une excellente synthèse sommaire récente :
Saint-Denis, Alain, *Le Siècle de Saint Louis*, Paris, 1994.

Le Siècle de Saint Louis, R. Pernoud (éd.), Paris, 1970.
Septième centenaire de la mort de Saint Louis. Actes des colloques de Royaumont et de Paris (21-27 mai 1970), publiés par Louis Carolus-Barré, Paris, 1976.
Wallon, Henri-Alexandre, *Saint Louis et son temps*, 2 vol., Paris, 1875.

D'une abondante production

Bailly, *Saint Louis*, Paris, 1949.
Benouville, G. de, *Saint Louis ou le printemps de la France*, Paris, 1970.
Beer, J. de, *Saint Louis*, 1984.
Bordeaux, H., *Un précurseur. Vie, mort et survie de Saint Louis, roi de France*, Paris, 1949.

BOULENGER, Jacques Romain, *La Vie de Saint Louis*, Paris, 1929.
CRISTIANI, Mgr, *Saint Louis, roi de France*, Paris, 1959.
EVANS, J., *The History of Saint Louis*, Oxford, 1938.
EYDOUX, Henri-Paul, *Saint Louis et son temps*, Paris, 1971.
FAURE, F., *Histoire de Saint Louis*, 2 vol., Paris, 1966.
GAPOSCHKIN, M. Cecilia, *The Making of Saint Louis. Kingship, Sanctity, and Crusade in the Later Middle Ages*, Ithaca, New York, 2008.
GOYAU, G., *Saint Louis*, Paris, 1928.
GUTH, P., *Saint Louis*, Paris, 1960.
JORDAN, William Chester, *Men at the Center. Redemptive Governance under Louis IX*, Budapest/New York, CEU Press, 2012.
KLEIN, C., *Saint Louis, un roi au pied du pauvre*, Paris, 1970.
LABARGE, M. W., *Saint Louis*, Londres, 1968 (en anglais).
LECOY DE LA MARCHE, Albert, *Saint Louis, son gouvernement et sa politique*, Paris, 1889.
LEVIS-MIREPOIX, duc de, *Saint Louis, roi de France*, Paris, 1970 (avec une préface de G. Walter : « Saint Louis, fou du Christ »).
LEVRON, J. P., *Saint Louis ou l'apogée du Moyen Âge*, Paris, 1969.
MADAULE, Jacques, *Saint Louis de France*, Paris, 1943.
MERCURI, Chiara, *Saint Louis et la couronne d'épines. Histoire d'une relique à la Sainte-Chapelle (Corona di Cristo, corona di re*, Rome, 2004), trad. fr. Paris, 2011.
MOUSSET, J., *Saint Louis*, Paris, 1950.
OLIVIER-MARTIN, F., *Saint Louis*, dans *Hommes d'État*, t. II, Paris, 1937, pp. 131-212.
PERNOUD, Régine, *Un chef d'État. Saint Louis, roi de France*, Paris, 1960.
SERTILLANGES, P., *Saint Louis*, Paris, 1918.
SIVÉRY, Gérard, *Saint Louis et son siècle*, Paris, 1983.
— *Louis IX, le roi saint*, Paris, 2002.

Études particulières

AUGUSTIN, Jean-Marie, « L'aide féodale levée par Saint Louis et Philippe le Bel », *Mémoires de la Société pour l'histoire du droit et des anciens pays bourguignons, comtois et romands*, fasc. 38, 1981, pp. 59-81.

BABELON, Jean-Pierre, « Saint Louis dans son palais de Paris », dans *Le Siècle de Saint Louis, op. cit. supra*, pp. 45-56.
— « La monnaie de Saint Louis », *ibid.*, pp. 83-92.
— « Saint Louis et le traité de Paris », *ibid.*, pp. 227-229.
BASTIN, Julia, « Quelques propos de Rutebeuf sur le roi Louis IX », *Bulletin de l'Académie royale de langue et littérature française*, 1960, 38, I, pp. 5-14.
BAUTIER, Robert-Henri, « Les aumônes du roi aux maladreries, maisons-Dieu et pauvres établissements du royaume. Contribution à l'étude du réseau hospitalier et de la fossilisation de l'administration royale de Philippe Auguste à Charles VII », *Actes du 97ᵉ Congrès national des sociétés savantes (Nantes, 1972)*, dans *Bulletin philologique et historique*, 1975, pp. 37-105.
BEAUNE, Colette, « La légende de Jean Tristan, fils de Saint Louis », *Mélanges de l'École française de Rome. Moyen Âge, Temps modernes*, 98, 1986/1, pp. 143-160.
BEMONT, Charles, « La campagne de Poitou, 1242-1243. Taillebourg et Saintes », *Annales du Midi*, V, 1893, pp. 289-314.
BERGER, Élie, *Histoire de Blanche de Castille*, Paris, 1895.
— *Saint Louis et Innocent IV. Étude sur les rapports de la France et du Saint Siège*, Paris, 1893.
BISSON, Thomas N., « Consultative Functions in the King's Parlements (1250-1314) », *Speculum*, XLIV, 1969, pp. 353-373.
BOUGEROL, Jacques-Guy, « Saint Bonaventure et le roi Saint Louis », dans *San Bonaventura (1274-1974)*, t. II, Grottaferrata, 1973, pp. 469-493.
BOULET-SAUTEL, Marguerite, « Le concept de souveraineté chez Jacques de Révigny », dans *Actes du congrès sur l'ancienne université d'Orléans (XIIIᵉ-XIIIᵉ siècles)*, Orléans, 1982, pp. 17-27.
— « Jean de Blanot et la conception du pouvoir royal au temps de Louis IX », dans *Septième centenaire (op. cit. supra)*, pp. 57-68.
BOUREAU, Alain, « Saint Louis », dans *Histoire des saints et de la sainteté*, A. VAUCHEZ (éd.), t. VI, *Au temps du renouveau évangélique*, Paris, 1986, pp. 196-205.
BOUTARIC, Edgar, *Saint Louis et Alphonse de Poitiers. Étude sur la réunion des provinces du Midi et de l'Ouest à la Couronne et sur les origines de la centralisation administrative*, Paris, 1870.
BRACHET, Auguste [A. Brachet, né Korff éd.], *Pathologie mentale des rois de France*, Paris, 1903.

BRANNER, Robert, *The Manuscript Painting in Paris during the Reign of St Louis. A Study of Styles*, University of California Press, 1977.

— *Saint Louis and the Court Style in Gothic Architecture*, Londres, 1965.

BROWN, Elizabeth A.R., « Philippe le Bel and the Remains of Saint Louis », *Gazette des Beaux Arts*, 1980-1981, pp. 175-182.

— « Burying and Unburying the Kings of France », dans *Persons in Groups. Social Behavior as Identity Formation in Medieval and Renaissance Europe*, R. C. TREXLER (éd.), Binghampton, 1985, pp. 241-266.

— « The Chapels and Cult of Saint Louis at Saint Denis », *Mediaevalia*, 10, 1984, pp. 279-331.

— « Taxation and Morality in the XIIIth and XIVth centuries : conscience and political power and the Kings of France », *French Historical Studies*, VII/1, printemps 1973, pp. 1-28.

BUC, Philippe, « David's adultery with Bathsheba and the healing powers of the Capetian kings », *Viator*, 23, 1993, pp. 101-120.

BUISSON, Ludwig, *König Ludwig IX der Heilige und das Recht*, Fribourg, 1955.

— « Saint Louis. Justice et Amour de Dieu », *Francia*, 6, 1978, pp. 127-149.

— « Saint Louis et l'Aquitaine (1259-1270) », dans *Actes de l'Académie nationale des sciences, belles-lettres et arts de Bordeaux*, 4e série, t. XXVI, Bordeaux, 1972, pp. 15-33, repris dans *Lebendiges Mittelalter*, Cologne, Böhlau, 1988, pp. 251-269.

CAHEN, Claude, « Saint Louis et l'Islam », *Journal asiatique*, t. 258, 1970, pp. 3-12.

CAMPBELL, Gerard J., « The Attitude of the Monarchy Towards the Use of Ecclesiastical Censures in the Reign of Saint Louis », *Speculum*, 35, 1960, pp. 535-555.

CAROLUS-BARRÉ, Louis, « La grande ordonnance de 1254 sur la réforme de l'administration et la police du royaume », dans *Septième centenaire (op. cit. supra)*, pp. 85-96.

— « Les enquêtes pour la canonisation de Saint Louis, de Grégoire X à Boniface VIII, et la bulle *Gloria, laus* du 12 août 1287 », *Revue d'histoire de l'Église de France*, 57, 1971.

— « Saint Louis et la translation des corps saints », *Études d'histoire du droit canonique dédiées à M. G. Le Bras*, t. II, Paris, 1965.

— « Saint Louis dans l'histoire et la légende », *Annuaire-bulletin de la Société de l'histoire de France*, 1970-1971.

— « Le prince héritier Louis et l'intérim du pouvoir royal de la mort de Blanche (novembre 1252) au retour du roi (juillet 1254) », *Comptes rendus de l'Académie des inscriptions et belles-lettres*, 1970.

CAZELLES, Raymond, « Une exigence de l'opinion depuis Saint Louis : la réformation du royaume », *Annuaire-bulletin de la Société de l'histoire de France*, 469, 1963, pp. 91-99.

— « La réglementation royale de la guerre privée, de Saint Louis à Charles V », *Revue historique de droit français et étranger*, 1960, pp. 530-548.

CHAPLAIS, Pierre, « Le traité de Paris de 1259 et l'inféodation de la Gascogne allodiale », *Le Moyen Âge*, 1955, pp. 121-137.

CHENNAF, Sarah, et REDON, Odile, « Les miracles de Saint Louis », dans GELIS, Jacques, et REDON, Odile (éd.), *Les Miracles, miroirs des corps*, Paris, 1983, pp. 53-85.

COLE, P., D'AVRAY, D. L. et RILEY-SMITH, J., « Application of Theology to current *Affairs :* Memorial Sermons on the Dead of Mansurah and on Innocent IV », *The Bulletin of Historical Research*, 63, n° 152, 1990, pp. 227-247.

CONGAR, Yves, « L'Église et l'État sous le règne de Saint Louis », dans *Septième centenaire (op. cit. supra)*, pp. 257-271.

COORNAERT, E., « Les corporations au temps de Saint Louis », *Revue historique*, 1936.

DELABORDE, Henri-François, « Joinville et le conseil tenu à Acre en 1250 », *Romania*, 23, 1894.

— « Instructions d'un ambassadeur envoyé par Saint Louis à Alexandre IV à l'occasion du traité de Paris (1258) », *Bibliothèque de l'École des chartes*, 1888, pp. 530-534.

DELARUELLE, Étienne, « Saint Louis devant les Cathares », *Septième centenaire (op. cit. supra)*, pp. 273-280.

— « L'idée de croisade chez Saint Louis », *Bulletin de littérature ecclésiastique*, 1960, puis réédité dans *L'Idée de croisade au Moyen Âge*, Turin, 1980.

DIMIER, Louis, *Saint Louis et Cîteaux*, Paris, 1954.

DUFEIL, M.M., « Le roi Louis dans la Querelle des mendiants et des Séculiers (université de Paris, 1254-1270) », dans *Septième centenaire (op. cit. supra)*, pp. 281-289.

ERLANDE-BRANDENBURG, Alain, « Le tombeau de Saint Louis », *Bulletin monumental*, 126, 1968, pp. 7-30.

FAVIER, Jean, « Les finances de Saint Louis », dans *Septième centenaire (op. cit. supra)*, pp. 133-140.

FAWTIER, Robert, « Saint Louis et Frédéric II », dans *Convegno internazionale di Studi Federiciani*, Palerme, 1950.

FIETTER, Roland, « Le choix des baillis et sénéchaux aux XIIIe et XIVe siècles (1250-1350) », *Mémoires de la Société pour l'histoire du droit et des institutions des anciens pays bourguignons, comtois et romands*, 29e fasc., 1968-1969, pp. 255-274.

FOLZ, Robert, « La sainteté de Louis IX d'après les textes liturgiques de sa fête », *Revue d'histoire de l'Église de France*, 57, 1971, pp. 30-45.

FRANÇOIS, M., « Initiatives de Saint Louis en matière administrative : les enquêtes royales », dans *Le Siècle de Saint Louis (op. cit. supra)*, pp. 210-214.

GAVRILOVITCH, *Étude sur le traité de Paris de 1259 entre Louis IX, roi de France, et Henri III, roi d'Angleterre*, Paris, 1899.

GIESEY, Ralph E., « The Juristic Basis of Dynastie Right to the French Throne », *Transactions of the American Philosophical Society*, New Series, vol. 51, part 5, Philadelphie, 1961.

GIORDANENGO, Gérard, « Le pouvoir législatif du roi de France (XIe-XIIIe siècles) : travaux récents et hypothèses de recherche », *Bibliothèque de l'École des chartes*, t. 147, 1989, pp. 283-310.

GRABOIS, Aryeh, « Du crédit juif à Paris au temps de Saint Louis », *Revue des études juives*, 1970, pp. 5-22.

GRIFFITHS, Q., « New Men among the Lay Counsellors of Saint Louis Parlement », *Medieval Studies*, 32-33, 1970, 1971, pp. 234-272.

GUILHIERMOZ, P., « Les sources manuscrites de l'histoire monétaire de Saint Louis », *Le Moyen Âge*, 34, 1923.

— « Saint Louis, les gages de batailles et la procédure civile », *Bibliothèque de l'École des chartes*, 48, 1887, pp. 11-20.

HALLAM, E.M., « Philip the Fair and the Cult of Saint Louis. Religion and National Identity », *Studies in Church History*, 18, 1982, pp. 201-214.

HASELOFF, Arthur, « Les Psautiers de Saint Louis », *Mémoires de la Société des antiquaires de France*, 59, 1898, pp. 18-42.

JORDAN, William Chester, « *Persona* et *gesta* : the Image and Deeds of the Thirteenth Century Capetians. 2. The Case of Saint Louis », *Viator*, 19, 1988, 2, pp. 209-218.

— « Supplying Aigues-Mortes for the Crusade of 1248 : the Problem of Restructuring Trade », dans *Order and Innovation (Mélanges J. Strayer)*, Princeton, 1976.
— « Communal Administration in France 1257-1270. Problems discovered and Solutions imposed », *Revue belge de philologie et d'histoire*, 59, 1981, pp. 292-313.
— « The psalter of St Louis. The Program of the seventy-eight full page illustrations », *Acta : the High Middle Ages*, 7, 1980, pp. 65-91.

LABANDE, Edmond-René, « Saint Louis pèlerin », *Revue d'histoire de l'Église de France*, 57, 1971.
— « Quelques traits de caractère du roi Saint Louis », *Revue d'histoire de la spiritualité*, 50, 1974/2, pp. 135-146.

LABARGE, M.W., « Saint Louis et les juifs », dans *Le Siècle de Saint Louis (op. cit. supra)*, pp. 267-274.

LANGLOIS, Ch. V., « Doléances recueillies par les enquêteurs de Saint Louis », *Revue historique*, t. 92, 1906.

LECOY DE LA MARCHE, Albert, « Saint Louis, sa famille et sa cour d'après les anecdotes contemporaines », *Revue des questions historiques*, t. XXII, 1877, pp. 465-484.

LE GOFF, Jacques, « La sainteté de Saint Louis. Sa place dans la typologie et l'évolution chronologique des rois saints », dans *Les Fonctions des saints dans le monde occidental (IIIe-XIIIe siècles)* (Colloque de l'École française de Rome, 1988), Rome, 1991, pp. 285-293.
— « Saint Louis a-t-il existé ? », *L'Histoire*, n° 40, décembre 1981.
— « Saint Louis et les corps royaux », *Le Temps de la réflexion*, Paris, 1982, pp. 255-284.
— « Saint Louis et la parole royale », dans *Le Nombre du temps. En hommage à Paul Zumthor*, Paris, 1988, pp. 127-136.
— « Les gestes de Saint Louis », *Mélanges Jacques Stiennon*, 1982 pp. 445-459.
— « Royauté biblique et idéal monarchique médiéval. Saint Louis et Josias », dans *Les Juifs au regard de l'histoire. Mélanges Bernhard Blumenkranz*, 1985, pp. 157-168
— « Saint de l'Église et saint du peuple. Les miracles officiels de Saint Louis entre sa mort et sa canonisation (1270-1297) », dans *Histoire sociale, sensibilités collectives et mentalités. Mélanges Robert Mandrou*, 1985, pp. 169-180.
— « Saint Louis et la prière », *Horizons marins, itinéraires spi-

rituels (Ve-XVIIIe siècles), vol. I, *Mentalités et sociétés* (Études réunies par Henri DUBOIS, Jean-Claude HOCQUET, André VAUCHEZ), *Mélanges Michel Mollat*, Paris, 1987, pp. 85-94.

— « Un roi souffrant : Saint Louis », dans *La Souffrance au Moyen Âge (France, XIIe-XVe siècles)*, Les Cahiers de Varsovie, 1988, pp. 127-136.

— « Saint Louis and the Mediterranean », *Mediterranean Historical Review*, 5/1, 1990, pp. 21-43.

— « Saint Louis, croisé idéal ? », *Notre histoire*, n° 20, février 1986, pp. 42 et s.

— « Saint Louis et la pratique sacramentelle » (dialogue avec Pierre Marie GY), *La Maison-Dieu*, 197, 1994/1, pp. 99-124.

— « Ludwig IX der Heilige und der Ursprung der feudalen Monarchie in Frankreich », *Jahrbuch für Geschichte des Feudalismus*, 14, 1990, pp. 107-114.

— « Saint Louis et la mer », dans *L'uomo e il mare nella civiltà occidentale : da Ulisse a Cristoforo Colombo (colloque de Gênes, 1992)*, Gênes, 1992, pp. 11-24.

— « Saint Louis à table : entre commensalité royale et humilité alimentaire », dans *La Sociabilité à table. Commensalité et convivialité à travers les âges (colloque de Rouen, 1990)*, Rouen, 1992, pp. 132-144.

LERNER, Robert E., « The uses of Heterodoxy, the French Monarchy and Unbelief in the XIIIth century », *French Historical Studies*, IV, 1965, pp. 189-202.

LINEHAN, Peter, et HERNANDEZ, Francisco, « *Animadverto* : a recently discovered *consilium* concerning the sanctity of King Louis IX », *Revue Mabillon*, nouv. série 5 (t. 66), 1994, pp. 83-105.

LITTLE, Lester K., « Saint Louis'Involvement with the Friars », *Church History*, XXXIII/2, juin 1964, pp. 125-148.

LONGNON, Auguste N., *Documents parisiens sur l'iconographie de Saint Louis*, 1882.

MICHAUD-QUANTIN, Pierre, « La politique monétaire royale à la faculté de théologie de Paris en 1265 », *Le Moyen Âge*, 17, 1962, pp. 137-151.

MICHEL, R., *L'Administration royale dans la sénéchaussée de Beaucaire au temps de Saint Louis*, Paris, 1910.

MOLLARET, H.H., et BROSSOLET, J., « Sur la mort de Saint Louis », *La Presse médicale*, vol. 74, n° 55, 25 décembre 1966, pp. 2913-2916.

MOLLAT, Michel, « Le "passage" de Saint Louis à Tunis. Sa place dans l'histoire des croisades », *Revue d'histoire économique et sociale*, 50, 1972, pp. 289-303.

MONFRIN, Jacques, « Joinville et la prise de Damiette (1249) », *Comptes rendus de l'Académie des inscriptions et belles-lettres*, 1976, pp. 268-285.

— « Joinville et la mer », *Études offertes à Félix Lecoy*, Paris, 1973, pp. 445-468.

MUSSET, Lucien, « Saint Louis et la Normandie », *Annales de Basse-Normandie*, 1972, pp. 8-18.

NAHON, Gérard, « Les ordonnances de Saint Louis et les juifs », *Les Nouveaux Cahiers*, 23, 1970.

— « Une géographie des Juifs dans la France de Louis IX (1226-1270) », dans *The Fifth World Congress of Jewish Studies*, vol. II, Jérusalem, 1972, pp. 127-132.

— « Le crédit et les juifs dans la France du XIIIe siècle », *Annales. E.S.C.*, 1964, pp. 1121-1148.

PARENT, M., « Les assemblées royales en France au temps de Saint Louis », dans *Positions des thèses de l'École des chartes*, 1939, pp. 155-161.

PELICIER, P., « Deux lettres relatives à Louis IX » [démêlés entre l'évêque et les bourgeois de Châlons], *Bulletin du Comité des travaux historiques. Histoire et Philologie*, 1892, pp. 229-231.

PERNOUD, Régine, *La Reine Blanche*, Paris, 1972.

PETIT, E., « Saint Louis en Bourgogne et principalement dans les contrées de l'Yonne », *Bulletin de la Société des sciences historiques et naturelles de l'Yonne*, 1893, pp. 576-591.

PINOTEAU, Hervé, « La tenue du sacre de saint Louis IX roi de France, son arrière-plan symbolique et la *renovatio regni Juda* », *Itinéraires*, 1972, n° 162, pp. 120-166.

— et LE GALLO, C., *Héraldique de Saint Louis et de ses compagnons*, Paris, 1966.

POGNON, E., « Les arbitrages de Saint Louis », dans *Le Siècle de Saint Louis (op. cit. supra)*, pp. 221-226.

PONTAL, Odette, « Le différend entre Louis IX et les évêques de Beauvais et ses incidences sur les conciles (1232-1248) », *Bibliothèque de l'École des chartes*, 123, 1965.

RICHARD, Jean, « La politique orientale de Saint Louis. La croisade de 1248 », dans *Septième centenaire (op. cit. supra)*, pp. 197-208.

— « La fondation d'une église latine en Orient par Saint Louis :

Damiette », *Bibliothèque de l'École des chartes*, 120, 1962, repris dans *Orient et Occident au Moyen Âge*, Londres, 1976.
— « Sur les pas de Plancarpin et de Rubrouck. La lettre de Saint Louis à Sartaq », *Journal des savants*, 1977.
— « Une ambassade mongole à Paris en 1262 », *Journal des savants*, 1979.
— « L'adoubement de Saint Louis », *Journal des savants*, 1988, pp. 207-217.
SABLOU, J., « Saint Louis et le problème de la fondation d'Aigues-Mortes », dans *Hommages à André Dupont*, Montpellier, 1974, pp. 256-265.
SADLER, Donna L., « The King as Subject, the King as Author : Art and Politics of Louis IX », dans H. DURCHHARDT, R. A. JACKSON, D. STURDY (éd.), *European Monarchy (op. cit. supra)*, pp. 53-68.
SAYOUS, André, « Les mandats de Saint Louis sur son trésor pendant la septième croisade », dans *Revue historique*, 167, 1931.
SCHNEIDER, Jean, « Les villes du royaume de France au temps de Saint Louis », *Comptes rendus de l'Académie des inscriptions et belles-lettres*, 1971.
SERPER, Arié, « L'administration royale de Paris au temps de Louis IX », *Francia*, 7, 1979, pp. 123-139.
SIVÉRY, Gérard, « L'équipe gouvernementale, Blanche de Castille et la succession de Louis VIII en 1226 », *L'Information historique*, 1979, pp. 203-211.
— *Marguerite de Provence. Une reine au temps des cathédrales*, Paris, 1987.
— *L'Économie du royaume de France au siècle de Saint Louis*, Lille, 1984 (voir le compte rendu d'H. DUBOIS, *Revue historique*, 109, 1985/1, pp. 472-473).
— *Les Capétiens et l'argent au siècle de Saint Louis*, Paris, 1995 (non consulté).
SLATTERY, M., *Myth, Man and Sovereign Saint. King Louis IX in Jean de Joinville's Sources*, New York, Berne, Francfort, 1985.
SOMMERS WRIGHT, Georgia, « The Tomb of Saint Louis », *Journal of the Warburg and Courtauld Institute*, XXXIV, 1971, pp. 65-82.
STAHL, Harvey, « Old Testament Illustration during the Reign of St. Louis : The Morgan Picture Book and the New Biblical Cycles », dans *Il Medio Oriente e l'Occidente nell'arte del XIIIe secolo. Atti del XXIV congresso internazionale di storia dell'arte*, H. BELTING, éd., Bologne, pp. 79-93.

STEIN, Henri, « Pierre Lombard, médecin de Saint Louis », *Bibliothèque de l'École des chartes*, 1939, pp. 63-71.

STRAYER, Joseph, « The Crusades of Louis IX », dans K. M. SETTON (éd.), *History of the Crusades*, vol. II, Londres, 1962, pp. 487-521.

— *The Administration of Normandy under Saint Louis*, 1932.

— « La conscience du roi. Les enquêtes de 1258-1262 dans la sénéchaussée de Carcassonne-Béziers », dans *Mélanges Roger Aubenas*, Montpellier, 1974.

TARDIF, J., « Le procès d'Enguerran de Coucy », dans *Bibliothèque de l'École des chartes*, 1918.

TUILIER, André, « La révolte des pastoureaux et la querelle entre l'université de Paris et les ordres Mendiants », dans *Actes du 99ᵉ congrès national des sociétés savantes*, Besançon, 1974, Section de philologie et d'histoire, I, 1977, pp. 353-367.

— « La fondation de la Sorbonne, les querelles universitaires et la politique du temps », dans *Mélanges de la Bibliothèque de la Sorbonne*, 3, 1982, pp. 7-43.

UITTI, K. D., « Nouvelle et structure hagiographique : le récit historiographique nouveau de Jean de Joinville », dans *Mittelalterbilder aus neuer Perspektive*, E. RUHE, R. REHRENS (éd.), Munich, 1985, pp. 380-391.

WOOD, Charles T., « The mise of Amiens and Saint Louis' Theory in King-ship », *French Historical Studies*, 6, 1969/1970, pp. 300-310.

— *The French Apanages and the Capetian Monarchy, 1224-1328*, Cambridge, Mass., 1966.

— « Regnum Francie : A Problem in Capetian Administrative Usage », *Traditio*, 23, 1967, pp. 117-147.

ZINK, Michel, « Joinville ne pleure pas, mais il rêve », *Poétique*, 33, février 1978, pp. 28-45.

Jerzy PRSIAK a écrit un intéressant *Ludwik Swiety. Portret hagiograficzny idealnegi wladcy* (Saint Louis. Portrait hagiographique du souverain idéal), en polonais, non publié, thèse de magistère de l'université de Varsovie, 1994, sous la direction de H. Samsonowicz.

Notes

PREMIÈRE PARTIE
LA VIE DE SAINT LOUIS

I

DE LA NAISSANCE AU MARIAGE

1. La numérotation des grands personnages homonymes ne commence qu'au XIIIᵉ siècle, le siècle de Saint Louis. Le premier à numéroter les rois de France est Vincent de Beauvais, très lié à Saint Louis. Et, à Saint-Denis, c'est Primat qui écrit une chronique des rois de France à la demande de Saint Louis. Cette tâche délicate, qui nécessitait une très bonne documentation et exigeait des choix politiques (tel personnage méritait-il de figurer dans une liste d'empereurs, de papes, de rois ?), ne fut à peu près au point qu'à la fin du XVᵉ siècle (voir Bernard GUENÉE, *Histoire et culture historique dans l'Occident médiéval*, Paris, 1980, pp. 162-163).

2. L'exclusion des femmes et de leurs descendants de la succession au trône de France ne devint officielle qu'avec l'ordonnance de Charles V d'août 1374. C'est seulement sous ce roi qu'on invoqua aussi la loi salique. L'histoire institutionnelle est lente, le droit n'officialisant souvent le fait qu'après une longue pratique et les autorités appelées à le fonder n'étant souvent trouvées qu'a *posteriori*. Voir Tableaux généalogiques, pp. 1215-1219.

3. Sur Bouvines il faut lire le grand livre de Georges DUBY, *Le Dimanche de Bouvines*, Paris, 1973.

4. JOINVILLE, *Histoire de Saint Louis*, pp. 40-41.

5. LE NAIN DE TILLEMONT, t. I, pp. 419-420.

6. *Rex illiteratus quasi asinus coronatus*.

7. Alain ERLANDE-BRANDENBURG, *Le roi est mort. Étude sur les funérailles, les sépultures et les tombeaux des rois de France jusqu'à la fin du XIIIe siècle*, Genève, 1975, pp. 18-19.

8. Philippe Auguste veuf s'était remarié avec la princesse danoise Ingeburg qu'il prit en aversion dès la nuit de noces et envers qui il ne put accomplir le devoir conjugal. Il la répudia et lui assigna une résidence forcée dans divers monastères ; il se remaria avec Agnès de Méran. La papauté ne reconnut pas ce mariage et considéra Philippe Auguste comme bigame.

9. Innocent III retrouvait ainsi la conception primitive des saints dans le christianisme : les saints sont des morts exceptionnels.

10. Voir André VAUCHEZ, *La Sainteté en Occident aux derniers siècles du Moyen Âge*, Rome, 1981. Sur la tentative de « canonisation » de Philippe Auguste, voir J. LE GOFF, « Le dossier de sainteté de Philippe Auguste », *L'Histoire*, n° 100, mai 1987, pp. 22-29. Dans une anecdote — un *exemplum* destiné aux prédicateurs — on voit saint Denis arracher Philippe Auguste au Purgatoire — nouveau lieu de l'au-delà au début du XIIIe siècle — parce qu'il avait honoré les saints, respecté leurs fêtes, défendu les églises, les lieux saints et les religieux : voir J. LE GOFF, « Philippe Auguste dans les *exempla* », dans Robert-Henri BAUTIER (éd.), *La France de Philippe Auguste. Le temps des mutations*, Paris, 1982, pp. 150-151, et J. LE GOFF, *La Naissance du Purgatoire*, Paris, 1981. Voir le chapitre IX de la IIIe partie.

11. GUILLAUME DE SAINT-PATHUS, *Vie de Saint Louis*, p. 117.

12. JOINVILLE, *Histoire de Saint Louis*, pp. 363-365.

13. David O'CONNELL, *The Teachings of Saint Louis*, Chapel Hill, 1972, p. 57.

14. F. AUBIN, article « Mongolie (Histoire) », dans *Encyclopaedia Universalis*, vol. 11, Paris, 1971, p. 241.

15. David BIGALLI, *I Tartari e l'Apocalisse. Ricerche sull'escatologia in Adamo Marsh e Ruggero Bacone*, Florence, 1971.

16. Raoul MANSELLI, « I popoli immaginari : Gog e Magog », dans *Popoli e paesi nella cultura alto medievale* (Settimane di Studio del Centro Italiano di Studi sull'Alto Medioevo, Spolète, 1981), Spolète, 1983, t. II, pp. 487 *sq*.

17. D. BIGALLI, *I Tartari e l'Apocalisse, op. cit.*, p. 163.

18. Cité par F. ALESSIO, *Introduzione a Ruggero Bacone*, Rome et Bari, 1985, p. 112.

19. MATTHIEU PARIS, *Chronica majora*, t. IV, p. 76.
20. Infernales.
21. MATTHIEU PARIS, *Chronica majora*, t. IV, pp. 111-112.
22. *Ibid.*, p. 112. Partout où ils passèrent, les Mongols, en effet, terrifièrent par leur cruauté, laissant derrière eux les cadavres des villes et des populations qui avaient résisté. Mais cette cruauté avait un but : la soumission des peuples et des États. Celle-ci acquise, les Mongols s'urbanisèrent, habitant les villes, sans oublier les tentes, créèrent une administration, développèrent l'économie et les échanges, favorisèrent la littérature et les sciences. Grâce à eux, les tronçons commerciaux antérieurs furent réunis en une seule voie, de la Chine à la mer Noire. Ce fut la fameuse route de la soie. Elle fonctionna grâce à la *pax mongolica*, la paix mongole, qui régna en Asie comme la *pax romana*, la paix romaine, avait régné en Occident un peu plus d'un millénaire auparavant.

23. Les nestoriens étaient des chrétiens disciples du patriarche de Constantinople Nestorius, condamné en 431 par le concile d'Éphèse. Ils professaient qu'il y avait dans le Christ non seulement deux natures, mais deux personnes. L'Église nestorienne, dont le chef, *catholikos*, résidait depuis la conquête arabe à Bagdad, se répandit dans toute l'Asie jusqu'à la Chine. Elle déclina après la conversion du Khan mongol de Perse à l'islam à la fin du XIIIe siècle et s'éteignit après la fin de l'Empire mongol (1368). Voir Jean RICHARD, *La Papauté et les missions d'Orient au Moyen Âge (XIIIe-XVe siècle)*, Rome, 1977.

24. GUILLAUME DE RUBROUCK, envoyé de Saint Louis, *Voyage dans l'Empire mongol*, traduction et commentaire de Claude et René Kappler, qui ont réédité cette traduction et leur commentaire dans un superbe livre illustré, Paris, 1993 (1re éd., Paris, 1985) ; Jean RICHARD, « Sur les pas de Plancarpin et de Rubrouck. La lettre de Saint Louis à Sartaq », *Journal des savants*, 1977.

25. P. MEYVAERT, « An unknown letter of Hulagu il Khan of Persia, to King Louis IX of France », *Viator*, 11, 1980, pp. 245-249 ; Jean RICHARD, « Une ambassade mongole à Paris en 1262 », *Journal des savants*, 1979.

26. Pour une vue d'ensemble, je me permets de renvoyer à Jacques LE GOFF, *L'Apogée de la Chrétienté (v. 1180-v. 1330)*, Paris, 1982 (repris d'un texte en allemand de 1965). Voir aussi, entre autres, le livre de Léopold GÉNICOT cité ci-dessous

et John H. MUNDY, *Europe in the High Middle Ages (1150-1309)*, Londres, 1973.

27. JOINVILLE, *Histoire de Saint Louis*, pp. 369. Le terme a peut-être ici le sens restreint de « juridiction ecclésiastique ». B. LANDRY (*L'Idée de chrétienté chez les scolastiques du XIIIe siècle*, Paris, 1929) ne pose aucun problème de vocabulaire. L. GÉNICOT, dans son excellente synthèse, *Le XIIIe Siècle européen* (Paris, 1968, pp. 386-387), souligne les ambiguïtés de l'expression au XIIIe siècle.

28. *Insolentia Saracenorum, schisma Graecorum, sevitia Tartarorum*, dans *Brevis nota* (*Monumenta Germaniae Historica, Legum sectio IV, Constitutiones et acta publica*, III, n° 401), cité par L. GÉNICOT, *Le XIIIe Siècle européen, op. cit.*, p. 288.

29. Oscar HALECKI, « Diplomatie pontificale et activité missionnaire en Asie aux XIIIe-XIVe siècles », *XIIe Congrès international des sciences historiques*, Vienne, 1965, Rapports II : *Histoire des continents*, pp. 5-32.

30. *Stadtluft macht frei* (« L'air de la ville rend libre »).

31. Jacques VERGER, *Les Universités du Moyen Âge*, Paris, 1973, et « Des écoles à l'Université. La mutation institutionnelle », dans *La France de Philippe Auguste*, Paris, 1982.

32. Jacques LE GOFF, *Les Intellectuels au Moyen Âge*, Paris, 1957, 2e éd., 1984 (avec bibliographie), et « Quelle conscience l'Université médiévale a-t-elle eue d'elle-même ? », dans *Pour un autre Moyen Âge*, Paris, 1977, nouv. éd., 1994, pp. 181-197.

33. Jean GAUDEMET, « Les ordalies au Moyen Âge : doctrine, législation et pratique canoniques », *Recueils de la société Jean Bodin*, vol. 17/2, *La Preuve*, 1965 ; Dominique BARTHÉLEMY, « Moyen Âge : le jugement de Dieu », *L'Histoire*, n° 99, avril 1987, pp. 30-36 ; John BALDWIN, « The intellectual preparation for the canon of 1215 against ordeals », *Speculum*, 36, 1961, pp. 613-636.

34. Thibaud V, comte de Champagne, roi de Navarre (sous le nom de Thibaud II), était gendre de Saint Louis et lui était très attaché.

35. JOINVILLE, *Histoire de Saint Louis*, pp. 399-401.

36. *Ibid.*, p. 69.

37. *Ibid.*, p. 407.

38. Sur le mouvement religieux des XIe-XIIIe siècles, voir Jacques LE GOFF et René RÉMOND (éd.), *Histoire de la France religieuse*, t. I, Paris, 1988.

39. Cf. Olga DOBRIACHE-ROJDESVENTSKY, *La Poésie des Goliards*, Paris, 1981.

40. Sur les hérésies, voir Jacques LE GOFF (éd.), *Hérésies et sociétés dans l'Europe pré-industrielle, XIe-XVIIIe siècles*, Paris et La Haye, 1968 ; Malcolm LAMBERT, *Medieval Heresy*, Oxford, 2e éd., 1992 ; Robert I. MOORE, *The Formation of a Persecuting Society*, Oxford, 1987 ; trad. fr., *La Persécution. Sa formation en Europe (Xe-XIIIe siècles)*, Paris, 1991.

41. Voir *infra*, pp. 210-213.

42. Sur le catharisme, Arno BORST, *Les Cathares*, 1953, trad. fr., Paris, 1953 ; Raoul MANSELLI, *L'Eresia del male*, Naples, 1963 ; René NELLI, *Le Phénomène cathare*, Toulouse, 1976, t. II, *L'Histoire des cathares*, 1980. Vues originales dans Jean BIGET, « Les Cathares : mise à mort d'une légende », *L'Histoire*, n° 94, novembre 1986, pp. 10-21. La plus vivante présentation d'un groupe de cathares est celle d'Emmanuel LE ROY LADURIE, *Montaillou, village occitan de 1294 à 1324* (Paris, 1975), mais ils sont un peu postérieurs à Saint Louis.

43. Monique ZERNER-CHARDAVOINE, *La Croisade albigeoise*, Paris, 1979.

44. *L'Aveu. Antiquité et Moyen Âge* (Actes du colloque de Rome, 1984), Rome, 1986.

45. À vrai dire, le recours au bras séculier avait déjà fonctionné avant lui en France. En 1210, un synode ecclésiastique à Paris, présidé par Pierre de Corbeil, archevêque de Sens, avait condamné les membres d'une secte mal connue, dont les chefs spirituels étaient les universitaires Amaury de Bène (mort vers 1205) et David de Dinant, et les avait livrés au bras séculier. Une tradition figurée par une miniature qui fit régulièrement partie, à la fin du Moyen Âge, de l'iconographie des *Grandes Chroniques de France* — histoire officielle du royaume — montre Philippe Auguste assistant en personne à la mort des hérétiques sur le bûcher : Marie-Thérèse D'ALVERNY, « Un fragment du procès des Amauriciens », *Archives d'histoire doctrinale et littéraire du Moyen Âge*, vol. 25-26, 1950-1951 ; G. C. CAPELLE, *Autour du décret de 1210. III. Amaury de Bène : étude sur son panthéisme formel*, Paris, 1932.

46. Pierre Marie GY, « Les définitions de la confession après le quatrième concile du Latran », dans *L'Aveu, op. cit.*, pp. 283-296 ; R. RUSCONI, « Ordinate confiteri. La confessione dei peccati nelle "summae de casibus" e nei manuale per i confessori (metà XII-inizio XIV secolo) », *ibid.*, pp. 297-313 ;

Pierre MICHAUD-QUANTIN, *Sommes de casuistique et manuels de confession au Moyen Âge (XIIᵉ-XVIᵉ siècles)* (Analecta mediaevalia Namurcensia, 13), Louvain, Lille, Montréal, 1962 ; Nicole BÉRIOU, « Autour de Latran IV (1215). La naissance de la confession moderne et sa diffusion », dans *Pratiques de la confession : des Pères du désert à Vatican II. Quinze études d'histoire*, Paris, 1983.

47. Jacques LE GOFF et Jean-Claude SCHMITT, « Au XIIIᵉ siècle : une parole nouvelle », dans *Histoire vécue du peuple chrétien*, Jean Delumeau (éd.), Toulouse, 1979, t. I ; David L. D'AVRAY, *The Preaching of the Friars. Sermons Diffused from Paris before 1300*, Oxford, 1985 ; Nicole BÉRIOU, « La prédication au béguinage de Paris pendant l'année liturgique 1272-1273 », *Recherches augustiniennes*, 13, 1978, pp. 105-229 ; ID., *La Prédication de Ranulphe de la Houblonnière. Sermons aux clercs et aux simples gens à Paris au XIIIᵉ siècle*, 2 vol., Paris, 1987 ; Jean LONGÈRE, *La Prédication médiévale*, Paris, 1975.

48. J. LE GOFF, *La Naissance du Purgatoire, op. cit.*

49. On appellera aussi dans la France du XIIIᵉ siècle les Dominicains Jacobins (du nom de leur couvent de Paris) et les Franciscains Cordeliers, à cause de la grosse corde à nœuds qui leur sert de ceinture.

50. Voir Lester K. LITTLE, « Saint Louis' Involvement with the Friars », *Church History*, XXXIII, n° 2, 1964, pp. 1-24 (tiré à part).

51. Voir André VAUCHEZ, *Les Laïcs au Moyen Âge. Pratiques et expériences religieuses*, Paris, 2ᵉ éd., 1987 ; Guy LOBRICHON, *La Religion des laïcs en Occident, XIᵉ-XVᵉ siècles*, Paris, 1994.

52. G. G. MEERSSEMAN, *Ordo fraternitatis. Confraternite e pietà dei laici nel Medioevo (Italia sacra*, vol. 24-26), 1977 ; *Le Mouvement confraternel au Moyen Âge : France, Italie, Suisse*, Rome, 1987.

53. Sur les béguines de Paris à la fin du règne de Saint Louis, voir Nicole BÉRIOU, « La prédication au béguinage de Paris pendant l'année liturgique 1272-1273 », art. cité *supra* p. 72 n. 47.

54. Sur le millénarisme médiéval, grandes lignes et bibliographie essentielle dans Jacques LE GOFF, article « Millénarisme » dans *Encyclopaedia Universalis*. D'une bibliographie considérable sur Joachim de Flore et le joachimisme, Henri MOTTU, *La Manifestation de l'Esprit selon Joachim de Fiore*, Neuchâtel et Paris, 1977 ; Marjorie REEVES, *The Influence of*

Prophecy in the Later Middle Ages. A Study in Joachimism, Oxford, 1969 ; ID., « The originality and influence of Joachim of Fiore », *Traditio*, 1980.

55. *Il movimento dei Disciplinati nel settimo centenario del suo inizio (Perugia, 1960)*, Pérouse, 1962.

56. Voir le grand livre d'André VAUCHEZ cité p. 45 n. 10.

57. Jean DELUMEAU, *La Peur en Occident (XIVe-XVIIIe siècles)*, Paris, 1978 ; ID., *Le Péché et la Peur. La culpabilisation en Occident (XIIIe-XVIIIe siècles)*, Paris, 1983.

58. Jacques-Guy BOUGEROL, *La Théologie de l'espérance aux XIIe et XIIIe siècles*, 2 vol., Paris, 1985.

59. Sur Frédéric II, le chef-d'œuvre d'Ernst H. KANTOROWICZ, paru en 1927 dans la trouble atmosphère de la République de Weimar, a été traduit en français : *L'Empereur Frédéric II*, Paris, 1987. On y trouvera aux pages 514-515 un remarquable portrait de Saint Louis.

60. Le jeu d'échecs a fait l'objet, à la fin du règne de Saint Louis, vers 1270, d'un traité du dominicain Jacques de Cessoles, qui y trouve une explication symbolique du fonctionnement de la société chrétienne. C'est un jeu monarchique dominé par le roi et la reine, cette dernière étant une invention de l'Occident. Sur ce *Liber de moribus hominum ac officiis nobilium super ludum scaccorum* (« Livre des mœurs humaines et des offices des nobles d'après le jeu des échecs), voir Jean-Michel MEHL, « L'*exemplum* chez Jacques de Cessoles », dans *Le Moyen Âge*, 1978, pp. 227-246.

61. Excellente étude de John W. BALDWIN, *The Government of Philip Augustus. Foundations of French Royal Power in the Middle Ages*, University of California Press, 1986 ; trad. fr., *Philippe Auguste et son gouvernement. Les fondations du pouvoir royal en France au Moyen Âge*, Paris, 1991.

62. Outre J. W. Baldwin, voir Thomas N. BISSON, « The Problem of Feudal Monarchy Aragon, Catalonia and France », *Speculum*, 1978, pp. 460-478. *La Monarchie féodale en France et en Angleterre* (Paris, 1933, nouv. éd. 1971) de Charles PETIT-DUTAILLIS est toujours intéressante. La synthèse intelligente de Joseph R. STRAYER, *Les Origines médiévales de l'État moderne* (1970, trad. fr., Paris, 1979), apporte des réflexions sur l'antagonisme entre l'édification de l'État et les structures familiales, locales et religieuses.

63. J. C. HOLT, *Magna Carta*, Cambridge, 1965 ; *Magna Carta and Medieval Government*, Londres, 1985.

64. En fait, le gouvernement de Frédéric II en Sicile apparaîtra aux contemporains plus comme un pouvoir tyrannique (le pire, aux yeux des théoriciens chrétiens du politique au XIIIe siècle, nourris des théories antiques christianisées par un Jean de Salisbury au XIIe siècle) que comme un pouvoir monarchique authentique et légitime.

65. André VAUCHEZ, « Une campagne de pacification en Lombardie autour de 1233. L'action politique des ordres Mendiants d'après la réforme des statuts communaux et les accords de paix », *Mélanges d'histoire et d'archéologie publiés par l'École française de Rome*, 78, 1966, pp. 503-549.

66. Il sera lui aussi canonisé, mais seulement en 1671. Ce n'est pas un saint médiéval.

67. Régis BOYER, « Introduction » (p. XXXII) à l'édition de la traduction française des *Sagas islandaises*, Paris, 1987.

68. Karol GORSKI, *L'ordine teutonico. Alle origini dello stato prussiano* (traduit du polonais), Turin, 1971.

69. C'est le sujet du célèbre film d'Eisenstein, *Alexandre Nevski* (1938).

70. Sur la France au XIIIe siècle, une bonne vue d'ensemble dans Marie-Thérèse LORCIN, *La France au XIIIe siècle*, Paris, 1975. Sur la genèse de l'État monarchique français, on peut se reporter aux synthèses récentes de Jean FAVIER, *Histoire de France*, t. II, *Le Temps des principautés*, Paris, 1984 ; Georges DUBY, *Histoire de France*, t. I, *Le Moyen Âge de Hugues Capet à Jeanne d'Arc (987-1460)*, Paris, 1987 ; Jacques LE GOFF, « La genèse de l'État français au Moyen Âge », dans *Histoire de la France*, dirigée par André Burguière et Jacques Revel, t. II, *L'État et les pouvoirs*, Paris, 1989, pp. 19-180.

71. Chiffres de R. FOSSIER, « Les campagnes au temps de Philippe Auguste : développement démographique et transformations sociales dans le monde rural », dans *La France de Philippe Auguste. Le temps des mutations*, Paris, 1982, p. 628, et L. GÉNICOT, *Le XIIIe Siècle européen, op. cit.*, p. 52.

72. Estimation de Philippe Wolff, cité par John H. MUNDY, *Liberty and Political Power in Toulouse (1050-1230)*, New York, 1954, p. 225.

73. « En 1200 [...] le nombre des habitants de Reims dépasse certainement 10 000, seuil à partir duquel il est d'usage de parler de grande ville pour le Moyen Âge » (P. DESPORTES, *Reims et les Rémois aux XIIIe et XIVe siècles*, Paris, 1979, p. 93).

74. Henri DUBOIS, « Le commerce et les foires au temps de

Philippe Auguste », dans *La France de Philippe Auguste, op. cit.*, p. 701.

75. L'enluminure des manuscrits a également connu sous Philippe Auguste une remarquable phase d'essor. Paradoxalement, c'est pour l'épouse répudiée et enfermée du roi, la reine danoise Ingeburg, qu'a été exécuté le premier chef-d'œuvre d'un type d'ouvrages dont le succès dénote les progrès de la piété des laïcs, le psautier. Le Psautier d'Ingeburg, qui date probablement des premières années du XIIIe siècle, ouvre la voie à d'autres psautiers royaux, dont celui de Blanche de Castille, qui appartiendra après sa mort à Saint Louis, et celui de Saint Louis lui-même. Un important changement est entre-temps intervenu. Les ateliers producteurs de psautiers étaient à la fin du XIIe siècle et au début du XIIIe exécutés dans des ateliers monastiques en Angleterre ou dans le nord-est de la France. À partir de 1220-1230, l'essentiel de cette production se fait dans des ateliers parisiens. Louis GRODECKI, « Le psautier de la reine Ingeburg et ses problèmes », dans ID., *Le Moyen Âge retrouvé*, Paris, 1986, et Robert BRANNER, *Manuscript Painting in Paris during the Reign of Saint Louis. A Study of Styles*, University of California Press, 1977.

76. Robert-Henri BAUTIER, « Le règne de Philippe Auguste dans l'histoire de France », dans *La France de Philippe Auguste, op. cit.*, p. 17.

77. J. W. BALDWIN, *Philippe Auguste, op. cit.*, p. 42, n. 59.

78. R.-H. BAUTIER, « Le règne de Philippe Auguste », art. cité, pp. 22-23.

79. A. G. POULAIN, *Les Séjours du roi Saint Louis en Normandie et particulièrement à Vernon-sur-Seine*, Rouen, 1957.

80. Cette expression est peut-être exagérée : si le roi, la famille royale et la royauté sont auréolés d'un prestige religieux, on ne peut parler de « religion royale » proprement dite. Voir le chapitre IX de la IIIe partie : « Saint Louis, roi sacré thaumaturge et saint ».

81. « Li rois ne tient de nului, fors de Dieu et de lui » *(Établissements de Saint Louis...)*, t. II, p. 135.

82. *Ibid.*, p. 262.

83. Charles PETIT-DUTAILLIS, *Étude sur la vie et le règne de Louis VIII (1187-1226)*, Paris, 1894.

84. Je suis ici le beau livre d'Andrew W. LEWIS, *Le Sang royal. La famille capétienne et l'État, France, X[e]-XIVe siècle* (1981, trad. fr., Paris, 1986, pp. 209 *sqq.*). Le texte du testament se

trouve dans les *Layettes du Trésor des chartes*, t. II, n° 1710. Il faisait donc partie des archives royales, qui avaient à la fois un caractère « privé » (familial) et « public » (proprement royal, presque « étatique »).

85. Les bijoux royaux étaient liés à l'existence de chaque roi et sortaient du Trésor royal avec lui ; en particulier, les nombreuses couronnes dont il disposait.

86. Rappelons que l'essentiel du Trésor non familial mais proprement royal était gardé dans la tour du Temple. Philippe le Bel le transféra au Louvre dès 1295 avant la suppression de l'ordre des Templiers. C'est dans cette tour du Louvre qu'était emprisonné, depuis Bouvines (1214), le comte de Flandre, Ferrand, qui sera libéré peu après l'avènement de Saint Louis.

87. Charles T. Wood, *The French Apanages and the Capetian Monarchy, 1224-1328*, Cambridge, Mass., 1966 ; A. W. Lewis, *Le Sang royal, op. cit.* : voir « apanages » à l'Index ; J. Le Goff, article « Apanage », dans *Encyclopaedia Universalis*, t. II, Paris, 1970, pp. 1322-1324.

88. On aimerait qu'une étude sur la légende de Charlemagne dans la France médiévale soit réalisée à l'exemple du beau livre de Robert Folz, *Le Souvenir et la légende de Charlemagne dans l'Empire germanique médiéval*, Paris, 1950.

89. Bernard Guenée, « Les généalogies entre l'histoire et la politique : la fierté d'être Capétien, en France, au Moyen Âge », *Annales. E.S.C.*, 1978, pp. 450-477, repris dans *Politique et Histoire au Moyen Âge*, Paris, 1981, pp. 341-368. Voir aussi Karl Ferdinand Werner, « Die Legitimität der Kapetinger und die Entstehung des "Reditus regni Francorum ad Stirpem Karoli" », dans *Die Welt als Geschichte*, 1952, pp. 203-225 ; Gabrielle M. Spiegel, « The *Reditus Regni ad Stirpem Karoli Magni* : A New Look », *French Historical Studies*, 1972, pp. 145-174.

90. Ferdinand Lot, « Quelques mots sur l'origine des pairs de France », *Revue historique*, t. 54, 1894, pp. 34-37.

91. Elizabeth A. R. Brown, « La notion de la légitimité et la prophétie à la cour de Philippe Auguste », dans *La France de Philippe Auguste, op. cit.*, pp. 77-111.

92. En fait, toutes les épouses des rois capétiens, à l'exception de la princesse russe Anne de Kiev, épouse d'Henri Ier, étaient d'ascendance carolingienne.

93. Karl Ferdinand Werner, « Andrew von Marchiennes

und die Geschichtsschreibung von Audouin und Marchiennes am Ende des 12. Jahrhunderts », *Deutsches Archiv*, 1952, pp. 402-463.

94. Voir *infra*, p. 320.

95. On aura noté que cette descendance carolingienne passe par les femmes. Tant qu'on n'invoquera pas la loi salique pour exclure les femmes et leur descendance de la succession au trône de France (à la fin du XIVe siècle), cette généalogie contraire à la pratique successorale capétienne ne semble pas avoir soulevé de problème. Ensuite, un silence prudent entourera cette contradiction.

96. Le château de Montpensier, dans l'actuel Puy-de-Dôme, fut rasé sur ordre de Richelieu au XVIIe siècle.

97. Des chroniques de la fin du Moyen Âge disent que « Louis laisse le gouvernement du royaume à sa femme » (LE NAIN DE TILLEMONT, t. I, p. 395). Elles n'en apportent aucune preuve sérieuse et sont démenties par la suite des événements.

98. A. TEULET, *Layettes du Trésor des chartes*, t. II, n° 1811.

99. *Chronique rimée* de Philippe MOUSKÈS, éd. F. de Reiffenberg, Bruxelles, t. II, 1838, vers 27251-27258.

100. François OLIVIER-MARTIN, *Études sur les régences. I. Les régences et la majorité des rois sur les Capétiens directs et les premiers Valois (1060-1375)*, Paris, 1931. Excellent, même s'il donne trop d'importance au problème de la régence — qui n'intéressait que les grands — et non à celui du roi enfant, dont le retentissement symbolique était plus large.

101. Nous savons qu'il était né en 1052, mais nous ne connaissons ni le mois ni le jour de sa naissance. Henri Ier mourut le 4 août 1060.

102. Jean-François LEMARIGNIER, *Le Gouvernement royal aux premiers temps capétiens (987-1108)*, Paris, 1965, p. 152.

103. « ... ad etatem legitimam » : texte dans A. TEULET, *Layettes du Trésor des chartes*, t. II, n° 1828.

104. « ... voluit et disposuit. »

105. « ... in bona deliberatione. »

106. *Et sana mente*. Cette « attestation » des trois prélats donne à la volonté que le roi mourant leur aurait exprimée une forme très proche de celle d'un testament ; la mention d'une délibération, l'affirmation de la santé d'esprit et la présence de trois témoins, une décrétale du pape Alexandre III (1159-1181) ayant décidé qu'en droit canonique un testament était valide s'il avait été fait en présence de deux ou trois témoins.

107. MÉNESTREL DE REIMS, p. 176 ; pour Hugues de la Ferté, voir Fr. OLIVIER-MARTIN, *Études sur les régences, op. cit.*, p. 60.

108. L'expression est de Gérard SIVÉRY, « L'équipe gouvernementale, Blanche de Castille et la succession de Louis VIII en 1226 », *L'Information historique*, 1979, pp. 203-211. C'est G. Sivéry qui a formulé l'hypothèse à laquelle je me rallie pour l'essentiel.

109. Yves SASSIER a utilisé le verset de l'Ecclésiaste, « Malheur à la terre dont le prince est un enfant », dans son excellent *Louis VII* (Paris, 1991, p. 85). Mais quand Louis VII devint roi en 1137, il a dix-sept ans et gouverne aussitôt en se débarrassant de sa mère et en s'appuyant sur Suger.

110. « Il n'est pas besoin de recommander beaucoup les enfants [aux parents] », écrit dans le *Policraticus* (1159, éd. C. Webb, pp. 289-290) Jean de Salisbury, « car personne ne déteste sa chair » *(nemo carnem suam odio habuerit)*.

111. Philippe ARIÈS, *L'Enfant et la vie familiale sous l'Ancien Régime*, Paris, 1960, nouv. éd. 1973, avec une importante préface ; Jacques LE GOFF, « Images de l'enfant léguées par le Moyen Âge », *Les Cahiers franco-polonais*, 1979, pp. 139-155 ; ID., « Le roi enfant dans l'idéologie monarchique de l'Occident médiéval », dans *Historicité de l'enfance et de la jeunesse*, Athènes, 1986, pp. 231-250. Voir aussi *L'Enfant au Moyen Âge*, colloque au C.U.E.R.M.A., *Senefiance*, n° 9, Aix-en-Provence, 1980 ; *Enfants et Sociétés*, numéro spécial des *Annales de démographie historique*, 1973. B. VADIN, « L'absence de représentation de l'enfant et/ou du sentiment de l'enfance dans la littérature médiévale », dans *Exclus et systèmes d'exclusion dans la littérature et la civilisation médiévales*, C.U.E.R.M.A., *Senefiance*, n° 2, 1978, pp. 363-384 ; Roger COLLIOT, « Perspectives sur la condition familiale de l'enfant dans la littérature médiévale », dans *Morale, pratique et vie quotidienne dans la littérature française du Moyen Âge*, *Senefiance*, n° 1, 1976 ; Silvana VECCHIO, « L'imagine del *puer* nella letteratura esegatica del Medioevo » (dans K. ARNOLD, éd., *Kind und Gesellschaft in Mittelalter und Renaissance. Beiträge und Texte zur Geschichte der Kindheit*, Paderborn et Munich, 1980), pèche par défaut d'esprit critique. Approche psychanalytique intéressante dans *Hönt ihr die Kinder weinen. Eine psychogenetische Geschichte der Kindheit*, éd. L. de MAUSE, Francfort-sur-le-Main, 1977. Au côté éclairant de la littérature médicale, S. NAGEL, « *Puer* e *pueritia* nella lettera-

tura medica del XIII secolo. Per una storia del costume educativo (Età classica e Medio Evo) », dans *Quaderni della Fondazione G. G. Feltrinelli*, 23, 1993, pp. 87-108. D'après l'iconographie, Danièle ALEXANDRE-BIDON et M. CLASSON, *L'Enfant à l'ombre des cathédrales*, Lyon, 1985. Conception différente dans Pierre RICHÉ, « L'enfant au Moyen Âge », dans *L'Histoire*, 1994. Cette conception qui valorise l'enfant et l'enfance au Moyen Âge a été développée par Pierre RICHÉ et Danièle ALEXANDRE-BIDON dans un beau livre : *L'Enfance au Moyen Âge*, Paris, 1994, en marge d'une exposition de la Bibliothèque nationale (Paris, octobre 1994-janvier 1995). La bibliographie sur l'enfant dans l'histoire est considérable. On trouvera d'autres études mentionnées dans les ouvrages cités ici.

112. Ernst Robert CURTIUS, *La Littérature européenne et le Moyen Âge latin*, trad. fr., Paris, 1956, « L'enfant et le vieillard », p. 122-125.

113. GRÉGOIRE LE GRAND, *Dialogi*, livre II : « *Fuit vir vitae venerabilis* [...] *ab ipso suae pueritiae tempore cor gerens senile* » ; GEOFFROY DE BEAULIEU, *Vita*, chap. IV (*Recueil des historiens des Gaules et de la France*, t. XX, p. 4) : « *de die in diem in virum perfectum crescere* ».

114. Henri-Irénée MARROU, *Histoire de l'éducation dans l'Antiquité*, 1948, nouv. éd., 1965, p. 325.

115. Sur Jean de Salisbury, *The World of John of Salisbury*, éd. M. WILKS, Oxford, 1984 ; B. MUNK-OLSEN, « L'humanisme de Jean de Salisbury, un cicéronien au XIIe siècle », dans *Entretiens sur la Renaissance du XIIe siècle*, éd. M. de GANDILLAC et E. JEAUNEAU, Paris et La Haye, 1968, pp. 53-83. H. LIEBESCHÜTZ, *Medieval Humanism in the Life and Writings of John of Salisbury*, Londres, 1950. Robert W. SOUTHERN, « Humanism and the School of Chartres », dans *Medieval Humanism and Other Studies*, Oxford, 1970.

116. Sur la Renaissance du XIIe siècle, d'une vaste bibliographie, je signale les *Entretiens* cités à la note précédente. Marshall CLAGETT, Gaines POST et R. REYNOLDS (éd.), *Twelfth Century Europe and the Foundations of Modern Society*, The University of Wisconsin Press, 1961 ; R. L. BENSON et Giles CONSTABLE (éd.), *Renaissance and Renewal in the Twelfth Century*, Cambridge, Mass., 1992, et le grand livre de Marie-Dominique CHENU, *La Théologie du XIIe siècle*, Paris, 1957.

117. JEAN DE SALISBURY, *Policraticus*, IV, 11 et 12 (éd. Webb, 533 b, p. 269, et 537 a, b, c, p. 276).

118. « *Vae, terra, cujus rex puer est.* » La Bible de Jérusalem souligne, un peu inutilement : « Malheur à toi, pays, dont le roi est un gamin. » On peut penser, entre autres, à la pièce de Montherlant, *La ville dont le prince est un enfant* (1952).

119. *Policraticus*, éd. Webb, 550 a, p. 300.

120. *Policraticus*, livre IV, chapitre VII.

121. Voir, *infra*, pp. 456-457.

122. C'est l'objet de la première ordonnance de 1374. Voir Raymond Cazelles, *Société politique, noblesse et couronne sous Jean le Bon et Charles V*, Genève, 1982, pp. 579-580.

123. René Metz, « L'enfant dans le droit canonique médiéval », *Recueils de la société Jean Bodin*, t. XXXVI, 2, *L'Enfant*, Bruxelles, 1976, pp. 9-96.

124. Fr. Olivier-Martin, *Études sur la régence, op. cit.*, note 30, pp. 77 *sqq.*, dont je m'inspire. Voir aussi A. Wolf, « Königtum Minderjährigkeit und die Institution der Regentschaft », *Recueils de la société Jean Bodin*, cité n. 4, pp. 97-106. Pour la minorité, légèrement antérieure, d'Henri III d'Angleterre, roi en 1216, dix ans avant Louis, à sept ans, voir D. A. Carpentier, *The Minority of Henri III*, Londres, 1990.

125. Blanche de Castille est enceinte de son dernier enfant, fils posthume de Louis VIII, qui naîtra au début de 1227 et qui sera Charles d'Anjou, le futur roi de Naples et de Sicile.

126. Cette miniature, qui se trouve au folio 97 du manuscrit Nouvelles Acquisitions latines 3145 de la Bibliothèque nationale de Paris, est reproduite à la page 216 de l'article de Marcel Thomas, « L'iconographie de Saint Louis dans les *Heures de Jeanne de Navarre* », dans *Septième centenaire de la mort de Saint Louis... (1970)*, Paris, 1976. Voir *ill. 9*.

127. Jean Richard, « L'adoubement de Saint Louis », *Journal des savants*, 1988, pp. 208-217.

128. Matthieu Paris, *Chronica majora*, t. III, p. 118.

129. En 1316, la petite Jeanne, âgée de deux ans, fille aînée de Louis X le Hutin, cumulera les deux infortunes, celle du sexe féminin et celle du soupçon de bâtardise (né de l'affaire de la tour de Nesle) pour être écartée du trône. La famille capétienne, pour se distinguer des autres grandes familles aristocratiques, semble bien avoir exclu les bâtards aussi bien que les femmes de la succession royale. Au début du XVe siècle, cela jouera contre le futur Charles VII.

130. Joinville, *Histoire de Saint Louis*, pp. 42-43.

131. *Ibid.*, p. 43.

132. C'est là un *topos* de l'hagiographie féminine. Abbesses et moniales injustement accusées de mauvaises mœurs se déshabillent pour montrer qu'elles ne sont pas enceintes. Le Ménestrel de Reims aura malignement transposé ce lieu commun dans les attaques contre la reine mère. C'est une présomption supplémentaire de son innocence, s'il en était besoin.

133. Le nouveau pape, Grégoire IX, avait octroyé à l'avance les dispenses nécessaires, car les futurs époux étaient consanguins au troisième et quatrième degré.

134. J. Verger a indiqué que les maîtres formés à l'université de Paris sous Philippe Auguste, entre 1200 et 1220 environ, ne se multiplient dans le haut clergé et les offices que sous Saint Louis : « Des écoles à l'Université », art. cité (p. 62 n. 31), p. 842.

135. Adaptation de la version en ancien français de la *Vie de Saint Louis* de Guillaume de Nangis, dans *Recueil des historiens des Gaules et de la France*, t. XX, pp. 519-521.

136. Il a fait l'objet d'un intéressant article d'Odette Pontal, « Le différend entre Louis IX et les évêques de Beauvais et ses incidences sur les conciles (1232-1248) », *Bibliothèque de l'École des chartes*, 123, 1965, pp. 7-34.

137. Un accord entre le roi de France et l'évêque de Beauvais réglant le droit de gîte royal n'intervint pourtant qu'en juin 1248, à la veille du départ du roi pour la croisade.

138. Selon Joinville, le roi montra bientôt sa fermeté dans une assemblée d'évêques du royaume. Contrairement à ce qu'on peut penser au XXe siècle, il n'y a là pour Saint Louis aucune contradiction entre sa volonté de grand respect pour l'Église pour tout ce qui touche au spirituel et sa fermeté sur le plan temporel.

139. Traduction en français moderne de Natalis de Wailly, dans l'édition de 1874. Le texte du manuscrit dit : « dès qu'il se sut *apercevoir* » (pour *connaître*), c'est-à-dire à peu près : « dès qu'il sut ce qu'il voulait faire » (aperçu signifie « sage, prudent, instruit »), dès qu'il fut « instruit sur lui-même ». Notation intéressante pour l'historien de l'homme Saint Louis. Le manuscrit parle encore non pas d'églises et maisons religieuses, mais de « moustiers et maisons de religion », c'est-à-dire de monastères et de couvents de religieux. Parmi les gens d'Église, Saint Louis est attiré plus par ceux qui suivent une règle que par les séculiers, attachés aux choses du siècle, fussent-elles ecclésiastiques. Enfin, Joinville parle de « l'honneur et la hautesse » de l'abbaye de Royaumont. Le vocabu-

laire esthétique n'est pas encore dégagé d'autres valeurs et d'un vocabulaire où les notions artistiques sont mêlées aux notions éthiques.

140. Guillaume de Saint-Pathus, *Vie de Saint Louis*, p. 71. On porte les pierres sur une civière. La brouette, invention du XIIIe siècle, n'apparaîtra qu'un peu plus tard sur les chantiers des cathédrales.

141. Il n'est pas question de Jean et de Philippe Dagobert ; ils sont probablement morts et la scène se passe sans doute entre 1232 et 1234. En 1233, Louis a dix-neuf ans, Robert dix-sept ans, Alphonse treize ans et Charles six ans.

142. Sans doute pour que le pensum fût fini plus vite.

143. Ce fut cette année-là le vendredi saint.

144. Guillaume de Nangis, *Vie de Saint Louis, op. cit.*, pp. 320-326. Sur le saint clou de Saint-Denis, voir la remarquable étude d'Anne Lombard-Jourdan, « L'invention du "roi fondateur" à Paris au XIIe siècle. De l'obligation morale au thème sculptural », *Bibliothèque de l'École des Chartes*, t. 155, 1997, pp. 495-496.

145. Voir p. 396 *sq.*

II

DU MARIAGE À LA CROISADE

1. Voir *infra*, pp. 595-596 et 818-819.
2. Gérard Sivéry fait toutefois l'hypothèse que Saint Louis s'était peut-être renseigné sur la jeune fille, car le chroniqueur Guillaume de Puylaurens mentionne que Louis IX, l'année précédente, a demandé à Gilles de Flagy, son envoyé en Languedoc, de faire un détour par la Provence afin d'y rencontrer le comte et sa fille.
3. Guillaume de Nangis, *Vie de Saint Louis*, p. 323.
4. Sur la famille comtale de Provence, on peut consulter Gérard Sivéry, *Marguerite de Provence. Une reine au temps des cathédrales*, Paris, 1987.
5. C'est, selon G. Sivéry, « l'un des chefs-d'œuvre de la grande stratégie matrimoniale médiévale ».
6. On sait qu'à l'extinction de la maison d'Anjou et de Sicile en 1481 la Provence sera rattachée au royaume de France.
7. La plus grande partie de la dot de Marguerite ne sera pas payée.

8. On trouve le dossier de cet événement dans le catalogue *Le Mariage de Saint Louis à Sens en 1234*, catalogue de l'exposition organisée à Sens en 1984.

9. Voir Jean-Baptiste MOLIN et Pierre MUTEMBE, *Le Rituel du mariage en France, du XIIe au XVIe siècle*, Paris, 1974 ; Jean-Baptiste MOLIN, « La liturgie du mariage dans l'ancien diocèse de Sens », *Bulletin de la Société d'histoire et d'art du diocèse de Meaux*, 1968, pp. 9-32, et ID., « L'iconographie des rites nuptiaux », dans *102e Congrès national des sociétés savantes*, Limoges, 1977, pp. 353-366.

10. Jusqu'à ce que Marie de Médicis obtienne difficilement d'être couronnée *in extremis*, puisqu'elle le fut la veille même de l'attentat de Ravaillac qui coûta la vie à son époux Henri IV, en 1610.

11. Le festin et les adoubements ressortent des comptes royaux. Le toucher des écrouelles est peut-être une invention de Le Nain de Tillemont, qui ne donne pas de sources.

12. La genette est un petit mammifère carnassier de la famille des viverridés (civette, mangouste, etc.).

13. L'erreur provient très probablement d'une mauvaise interprétation des expressions *in nova militia sua* dans les comptes royaux des cérémonies de Sens, à propos de Gautier de Ligne, et *pro factione robarum regis et fratrum et novarum militium* (probablement mauvaise lecture pour *novorum militum*), « et pour la confection des robes du roi, de ses frères et des nouveaux chevaliers ». Il s'agit des chevaliers qui viennent d'être adoubés et reçoivent à cette occasion des gratifications. Dans la première moitié du XIIIe siècle, l'expression *nova militia* ne peut avoir que deux sens : 1) l'adoubement ; 2) la métaphore employée par saint Bernard, au siècle précédent, dans un traité célèbre pour désigner les nouveaux ordres militaires (Templiers, Hospitaliers, etc.). Et, dans ce cas, il faudrait *militiarum*.

14. Ces comptes ont été publiés dans le *Recueil des historiens des Gaules et de la France*, t. XXI, 1855, pp. 226-251. Ils ont été analysés et commentés par Régine PERNOUD dans *La Reine Blanche*, Paris, 1972.

15. Sur les fourrures au Moyen Âge, voir Robert DELORT, *Le Commerce des fourrures en Occident à la fin du Moyen Âge (vers 1300-vers 1450)*, 2 vol., Rome, 1978. Ce grand livre apporte aussi des informations pour la période antérieure.

16. Les rites des « joyeuses entrées » royales ne se mirent en place qu'au XIVe siècle.

17. Joinville, *Histoire de Saint Louis*, op. cit., pp. 55-57.

18. La mère de Baudouin, Yolande, était la sœur d'Isabelle, première femme de Philippe Auguste et grand-mère de Louis IX.

19. Gautier Cornut, *Historia susceptionis coronae spineae Iesu Christi*, dans *Historiae Francorum Scriptores*, t. V, pp. 407-414.

20. *Ibid.*, p. 409.

21. Les historiens modernes ont faussement vu en Guibert de Nogent un précurseur de l'esprit critique moderne, mais ce traité prouve que, sur des bases profondément différentes (qui admettaient l'authenticité de beaucoup de reliques), les intellectuels du Moyen Âge, loin d'être dépourvus de tout esprit critique, ont élaboré des techniques de repérage des faux qui obligent non seulement à modérer le reproche de « crédulité » adressé par les Modernes aux hommes du Moyen Âge, mais surtout qui doit conduire l'historien à réviser les lieux communs traditionnels sur les mentalités médiévales. La critique médiévale des faux cohabite sans gêne avec des structures de croyance très différentes de nos critères. La vérité de l'Incarnation et de ses traces terrestres, la vérité de l'existence du surnaturel et du miraculeux ici-bas engendrent des techniques très particulières de détection des faux, mais ne les supprime pas, au contraire. L'enjeu est si grand, puisque le salut individuel et collectif peut en dépendre, qu'une méfiance à l'égard des supercheries des méchants ou des croyances « superstitieuses » des rustiques et des simples s'impose. Cf. Klaus Schreiner, « "Discrimen veri ac falsi". Ansätze und Formen der Kritik in der Heiligen- und Reliquienverehrung des Mittelalters », *Archiv für Kulturgeschichte*, 48, 1966, pp. 1-53.

22. Gautier Cornut, *Historia susceptionis*, op. cit., p. 410. L'archevêque a été témoin visuel de la scène.

23. P. Rousset, « La conception de l'histoire à l'époque féodale », dans *Mélanges d'histoire du Moyen Âge dédiés à la mémoire de Louis Halphen*, Paris, 1951, pp. 623-633.

24. Jean-Michel Leniaud et Françoise Perrot, *La Sainte-Chapelle*, Paris, 1991. Voir *ill. 1*.

25. Matthieu Paris, *Chronica majora*, t. IV, p. 92.

26. Henri Focillon, *Art d'Occident* (nouv. éd.), Paris, 1938, t. II, *Le Moyen Âge gothique*, p. 104.

27. Le 19 mai 1940, en présence du gouvernement français et du corps diplomatique lors d'une cérémonie religieuse à

Notre-Dame de Paris pour protéger Paris et la France de la foudroyante avance allemande, on promena en procession la sainte couronne d'épines. Cf. Jean-Pierre AZÉMA, « 1939-1940. L'année terrible », VI, *Le Monde*, 25 juillet 1989, p. 2.

28. J.-M. LENIAUD et Fr. PERROT, *La Sainte-Chapelle, op. cit.*

29. Voir *supra* pp. 51-59.

30. Isabelle, sœur d'Henri III et épouse de Frédéric II, mourut en décembre 1241.

31. MATTHIEU PARIS, *Chronica majora*, t. III, pp. 626-627.

32. L'éphémère Célestin IV n'était resté pape que du 25 octobre au 10 novembre.

33. Je suis l'étude de Charles BEMONT, « La campagne de Poitou 1242-1243, Taillebourg et Saintes », *Annales du Midi*, 1893, pp. 289-314.

34. Jean RICHARD (*Saint-Louis*, Paris, 1983, p. 116) cite Montreuil-en-Gâtine, Fontenay-le-Comte, Moncontour, Vouvant et Frontenay. La liste que je donne provient de la *Vie de Saint Louis* de GUILLAUME DE NANGIS, pp. 335-338, et conserve l'orthographe de l'édition française de la fin du XIIIe siècle, *Recueil des historiens des Gaules et de la France*, t. XX, 1940.

35. Jean RICHARD *(op. cit.)* donne respectivement le 10 et le 15 mai.

36. GUILLAUME DE NANGIS, *Vie de Saint Louis*, p. 339.

37. Voir *infra*, « Le roi malade », pp. 988-991.

38. JOINVILLE, *Histoire de Saint Louis*, pp. 61-63. Voir le dessin de Matthieu Paris représentant le roi malade, *ill.* 6.

39. La bibliographie sur la croisade est immense. Deux guides bibliographiques : A. S. ATIYA, *The Crusades. Historiography and Bibliography*, Bloomington, 1962 ; H. E. MAYER, « Literaturbericht über die Geschichte der Kreuzzüge », *Historische Zeitschrift*, Sonderheft 3, Munich, 1969, pp. 642-736. Bilan annuel des derniers travaux parus dans le *Bulletin* de la Society for the Study of the Crusades and the Latin East. Les synthèses de René GROUSSET (*Histoire des croisades et du royaume franc de Jérusalem*, Paris, 3 vol., 1934-1936 ; rééd. 1975) et de Steven RUNCIMAN, 3 vol., 1951-1954, ont vieilli. La synthèse monumentale et collective dirigée par K. M. SETTON, *A History of the Crusades*, 5 vol., Pennsylvania University Press, 1955-1985, fait référence. Plus rapides mais bien faits, Michel BALARD, *Les Croisades*, Paris, 1988 ; Cécile MORRISSON, *Les Croisades*, Paris, 1969 ; James A. BRUNDAGE (éd.), *The Crusades. Motives and Achievements*, Boston, 1964 ; Hans Eber-

hard MAYER, *The Crusades*, Oxford, 2ᵉ éd., 1988. Recueil d'essais rapides et inégaux mais souvent suggestifs dans « Les croisades », *L'Histoire*, numéro spécial, introduction de Robert Delort, Paris, 1988 ; Fr. CARDINI, *Le crociate tra i mito e la storia*, Rome, 1971. Sur le droit et l'idéologie de la croisade, L. et J. RILEY-SMITH, *The Crudades : Idea and Reality 1095-1274*, Londres, 1981 ; Paul ALPHANDÉRY et Alphonse DUPRONT, *La Chrétienté et l'idée de croisade*, 2 vol., Paris, 1954-1959 ; nouv. éd. (postface de M. Balard), Paris, 1995 ; James A. BRUNDAGE, *Medieval Canon and the Crusader*, Madison, Milwaukee, 1969 ; Jean RICHARD, *L'Esprit de la croisade*, Paris, 1969 ; Paul ROUSSET, *Histoire d'une idéologie de la croisade*, Lausanne, 1983 ; Benjamin Z. KEDAR, *Crusade and Mission. European Approaches toward the Muslims*, Princeton, 1984. Sur l'environnement historique de la croisade : Claude CAHEN, *Orient et Occident au temps des croisades*, Paris, 1983 ; P. M. HOLT, *The Age of the Crusades*, Londres, 1986.

40. Sur la critique médiévale de la croisade, P. A. THROOP, *Criticism of the Crusade*, Amsterdam, 1940 ; E. SIBERRY, *Criticism of Crusading. 1095-1274*, Oxford, 1985.

41. Fragment de l'extrait cité par J. RICHARD, *Saint Louis, op. cit.*, p. 173. Le texte intégral du poème a été publié par W. MEYER, « Wie Ludwig IX der Heilige das Kreuz nahm », *Nachrichten der königlichen Gesellschaft der Wissenschaften zu Göttingen*, 1907, pp. 246-257.

42. Sur le millénarisme et Saint Louis, voir *infra*, pp. 246-249, la rencontre entre Louis IX de retour d'Égypte et le franciscain joachimite Hugues de Digne, au couvent des Mineurs d'Hyères.

43. Voir M. BALARD, *Les Croisades, op. cit.* (p. 157 n. 2), pp. 84-85.

44. Steven RUNCIMAN, « The decline of the crusading idea », dans *Relazioni del X congresso internazionale di scienze storiche*, Florence, 1955, vol. 3, pp. 637-652 ; E. SIBERRY, « Missionaries and Crusaders, 1095-1274 : opponents or allies ? », *Studies in Church History*, 20, 1978, pp. 103-110 ; Franco CARDINI, « Nella presenza del Soldan superbo : Bernardo, Francesco, Bonaventura e il superamento dell'idea di Crociata », *Studi Francescani*, 71, 1974, pp. 199-250 ; B. Z. KEDAR, *Crusade and Mission, op. cit.*

45. Jacques LE GOFF, « Saint Louis, croisé idéal ? », *Notre histoire*, n° 20, février 1986, pp. 42 *sqq*.

46. La chanson de geste *Le Pèlerinage de Charlemagne*, qui recueille et accrédite cette légende, est de 1150 environ (la fin de la *Chanson de Roland* laissait prévoir une expédition de Charlemagne en Terre sainte). Cf. Jules HORRENT, « La chanson du Pèlerinage de Charlemagne et la réalité historique contemporaine », dans *Mélanges Frappier*, I, 1970, pp. 411-417.

47. Sidney PAINTER, « The crusade of Theobald of Champagne and Richard of Cornwall, 1239-1241 », dans K. M. SETTON, *A History of the Crusades, op. cit.*, vol. II, pp. 463-486.

48. Je discuterai plus loin (p. 212) les opinions de W. C. JORDAN et J. RICHARD sur l'importance de la croisade dans la pensée et le règne de Saint Louis.

49. C'est à propos du conflit entre Frédéric II et la papauté et de la conduite de Saint Louis en cette affaire qu'Ernst Kantorowicz trace un brillant portrait du roi de France parmi les souverains européens. Il conclut : « À côté de Louis IX les autres rois font piètre figure » (E. KANTOROWRCZ, *L'Empereur Frédéric II, op. cit.*, pp. 514-515).

50. J'ai modernisé, en restant le plus près possible de l'original, le texte de la version en ancien français de la *Vie de Saint Louis* de GUILLAUME DE NANGIS.

51. Le texte du chroniqueur est conforme aux documents originaux (les lettres de Frédéric et de Louis ont été publiées — dans un ordre chronologique inversé — dans la *Chronique des ducs de Brabant (Collection de Chroniques belges)*, t. II, pp. 171-172. Voir le commentaire de Carlrichard BRÜHL, *Naissance de deux peuples : Français et Allemands (IXe-XIe siècle)*, Paris, 1995, p. 305.

52. Selon Matthieu Paris, les Français auraient menacé les cardinaux, s'ils n'élisaient pas un pape pour toute la Chrétienté, d'en élire un pour la Chrétienté au nord des Alpes *(citra montes)* en vertu d'un prétendu privilège octroyé jadis par saint Clément à saint Denis. On voit combien ce qu'on appellera le gallicanisme aurait d'anciennes racines, mais la majorité des spécialistes ne croit pas à l'authenticité de cette lettre. Comme le document se trouve parmi les archives de Frédéric II (publié dans Jean HUILLARD-BRÉTOLLES, *Historia Diplomatica Frederici secundi*, Paris, 1852-1861, t. VI/1, p. 68), on peut songer à un faux de la chancellerie impériale voulant compromettre Louis IX en lui attribuant les idées de l'empereur. Il faudrait reprendre la question.

53. Je suis, sur cette affaire, Élie BERGER, *Saint Louis et Innocent IV. Étude sur les rapports de la France et du Saint-Siège* (Paris, 1893), toujours valable.

54. C'est au cours de ce voyage que Louis IX conclut à Mâcon l'achat du Mâconnais à la comtesse Alix, qui se retira à l'abbaye de Maubuisson près de Pontoise, fondée par Blanche de Castille.

55. Louis a été heurté par l'arrogance du pape. Voir pp. 873-875.

56. Louis envoya deux ambassades successives au pape. Dans le mémoire très détaillé de réclamations apporté par la seconde, l'agent royal déclare : « Le roi mon maître a depuis longtemps supporté à grand-peine le tort qu'on fait à l'église de France et par conséquent à lui-même, à son royaume » (document publié par Matthieu Paris en annexe à sa chronique : MATTHIEU PARIS, *Chronica majora*, t. VI, pp. 99-112). Cf. Gerard J. CAMPBELL, « The protest of Saint Louis », *Traditio*, 15, 1959, pp. 405-418. Campbell pense que ce mémoire exprime bien les idées de Saint Louis, mais que la rédaction est de l'envoyé, qui donna à ses idées une forme abrupte et agressive ne correspondant pas aux intentions du roi. Voir *infra* pp. 900-901.

57. Jean RICHARD, « La politique orientale de Saint Louis : la croisade de 1248 », dans *Septième centenaire de la mort de Saint Louis (1970)*, Paris, 1976, pp. 197-207 ; J. LE GOFF, « Saint Louis and the Mediterranean », *Mediterranean Historical Review*, 5, 1990, pp. 21-43. Remarques fondamentales de Pierre CHAUNU dans *L'Expansion européenne du XIIIe au XVe siècle*, Paris, 1969 : IIe partie, chap. I/2, « La Méditerranée », pp. 61-64.

58. P. ALPHANDÉRY et A. DUPRONT, *La Chrétienté et l'idée de croisade, op. cit.*, t. I, p. 133.

59. Jean RICHARD, *Le Royaume latin de Jérusalem*, Paris, 1953, pp. 120-121.

60. E. C. FURBER, « The Kingdom of Cyprus, 1191-1291 », dans K. M. SETTON, *A History of the Crusades, op. cit.*, vol. II, pp. 599-629.

61. Josuah PRAWER, *The World of the Crusaders*, Londres et Jérusalem, 1972, p. 83.

62. ID., *Histoire du royaume latin de Jérusalem*, 2 vol., Paris, 1969-1970 ; J. RICHARD, *Le Royaume latin de Jérusalem, op. cit.*

63. Voir *supra*, p. 50.

64. Frederick C. LANE, « The Economic Meaning of the

Invention of the Compass », *American Historical Review*, LXVIII, 1963, pp. 605-617.

65. JOINVILLE, *Histoire de Saint Louis*, pp. 70-71.

66. Jean-Claude HOCQUET, *Le Sel et la Fortune de Venise*, vol. 2, *Voiliers et commerce en Méditerranée, 1200-1650*, Lille, 1959, p. 102.

67. Sur les navires méditerranéens, voir outre J.-Cl. HOCQUET (note précédente), R. BASTARD DE PÈRE, « Navires méditerranéens au temps de Saint Louis », *Revue d'histoire économique et sociale*, t. 50, 1972, pp. 327-356 ; Michel MOLLAT (éd.), *Le Navire et l'économie maritime du Moyen Âge au XIIIe siècle, principalement en Méditerranée* (Actes du 2e colloque international d'histoire maritime, 1957), Paris, 1958 ; Eugene H. BYRNE, *Genoese Shipping in the XIIth and XIIIth Centuries*, Cambridge (Mass.), 1930 ; Ugo Tucci, « La navigazione veneziana nel Duecento e nel primo Trecento e la sua evoluzione tecnia », dans *Venezia e il Levante* (Actes du congrès tenu à la Fondazione Cini, 1968), 2 vol., Florence, 1973.

68. Selon Patrick Gautier-Dalché, historien de l'espace au Moyen Âge, elle ne devait guère donner d'informations utilisables.

69. Quand, après la mort de Saint Louis devant Tunis, la flotte française revint en Sicile, dans la nuit du 15 au 16 novembre 1270, une violente tempête détruisit la plus grande partie des navires. Cette destruction rendait impossible une reprise rapide de la croisade, à supposer qu'on l'ait véritablement désiré.

70. JOINVILLE, *Histoire de Saint Louis*, pp. 72-73.

71. Jacques MONFRIN, « Joinville et la mer », dans *Études offertes à Félix Lecoy*, Paris, 1973, pp. 445-468.

72. Jean DELUMEAU, *La Peur en Occident (XIVe-XVIIIe siècles)*, *op. cit.* (« La peur de la mer », pp. 31 *sqq.*) Voir *infra*, IIIe partie, chap. I, pp. 625-630.

73. J. RICHARD, *Saint Louis*, *op. cit.*, p. 100 et p. 200.

74. P. ALPHANDÉRY et A. DUPRONT, *La Chrétienté et l'idée de croisade*, *op. cit.*

75. B. Z. KEDAR, *Crusade and Mission*, *op. cit.* ; E. SIBERRY, « Missionaries and Crusaders », art. cité. Voir *supra* p. 16 n. 3.

76. John MOORMAN, *A History of the Franciscan Order*, Oxford, 1968, pp. 46 et 226 *sqq.* ; M. RONCAGLIA, *Saint Francis of Assisi and the Middle East*, Le Caire, 1957 ; F. VAN ORTROY,

« Saint François d'Assise et son voyage en Orient », *Analecta Bollandiana*, 31, 1912, pp. 451-462.

77. À Majorque, notamment, un *studium* pour l'apprentissage de la langue arabe fut fondé à la demande du pape Jean XXI en 1276. Voir J. MOORMAN, *A History, op. cit.*, p. 170, n. 3.

78. Cet intérêt de Louis IX pour les Byzantins apparut surtout à la fin de son règne. En 1269 et en 1270 (jusque dans son camp devant Tunis), il échangea des ambassades avec l'empereur Michel VIII Paléologue, auteur de la reconquête par les Grecs de ce qui restait de l'empire latin de Constantinople en 1261. Saint Louis montra alors — se distinguant une fois de plus de son frère Charles d'Anjou — qu'il faisait passer l'union des chrétiens (les Grecs étant censés se « convertir ») avant les intérêts égoïstes des Latins. Voir M. DABROWSKA, « L'attitude pro-byzantine de Saint Louis », *Byzantinoslavia*, L, 1989, pp. 11-23.

79. J. MORIZE, « Aigues-Mortes au XIIIe siècle », *Annales du Midi*, XXVI, 1914, pp. 313-348 ; Jean COMBES, « Origine et passé d'Aigues-Mortes. Saint Louis et le problème de la fondation d'Aigues-Mortes », dans *Hommages à André Dupont*, Montpellier, 1974, pp. 255-265 ; W. C. JORDAN, « Supplying Aigues-Mortes for the crusade of 1248 : the problem of restructuring trade », dans *Order and Innovation* (Mélanges J. Strayer), Princeton, 1976. Voir *ill. 2*.

80. Pour les contrats de location de bateaux, voir L. T. BELGRANO, *Documenti inediti riguardanti le due crociate di San Ludovico*, Gênes, 1959.

81. JOINVILLE, *Histoire de Saint Louis*, pp. 72-75 et 80-81.

82. Voir W. C. JORDAN, *Louis IX and the Challenge of the Crusade. A Study in Rulership*, Princeton, 1979, chap. IV : « War finance : men, material and money ».

83. W. C. JORDAN, « Supplying Aigues-Mortes... », art. cité *supra*, p. 206 n. 79.

84. André SAYOUS, « Les mandats de Saint Louis sur son Trésor pendant la septième croisade », *Revue historique*, 167, 1931.

85. W. Ch. JORDAN, *Louis IX and the Challenge of the Crusade, op. cit.*, p. 103.

86. Voir *infra* pp. 235 *sqq*.

87. Eudes de Châteauroux ne semble pas mériter en tant que prédicateur et homme d'État le mépris de Barthélemy HAURÉAU (*Notices et extraits des manuscrits de la Bibliothèque*

nationale, t. XXIV/2/2, pp. 204-235, Paris, 1876). Voir le mémoire de D.E.A. inédit d'A. CHARANSONNET que je remercie (université de Paris-I, 1987/1988, sous la direction de Bernard Guenée) : *Études de quelques sermons d'Eudes de Châteauroux (1190 ?-1274) sur la croisade et la croix*.

88. Jacques LE GOFF, « Réalités sociales et codes idéologiques au début du XIIIe siècle : un *exemplum* de Jacques de Vitry sur les tournois », dans *L'Imaginaire médiéval*, Paris, 1985, pp. 238-261.

89. Liste détaillée des articles en faveur de la croisade dans É. BERGER, *Saint Louis et Innocent IV*, *op. cit.*, pp. 134-137.

90. Voir *infra*, pp. 923-924. M. W. LABARGE, « Saint Louis et les Juifs », dans *Le Siècle de Saint Louis*, R. Pernoud, éd., Paris, 1970, pp. 267-273. Je traite de l'attitude de Saint Louis dans son ensemble à l'égard des juifs au chapitre VIII de la IIIe partie.

91. Claude CAHEN, « Saint Louis et l'Islam », *Journal asiatique*, t. 258, 1970, pp. 3-12 ; Marie-Thérèse D'ALVERNY, « La connaissance de l'Islam au temps de Saint Louis », dans *Septième centenaire de la mort de Saint Louis, op. cit.*, pp. 235-246 ; Aryeh GRABOIS, « Islam and Muslims as seen by Christian pilgrims in Palestine in the XIIIth century », *Asian and African Studies. Journal of the Israel Oriental Society*, 20, 1986, pp. 309-327.

III

LA CROISADE ET LE SÉJOUR EN TERRE SAINTE

1. W. Ch. JORDAN, *Louis IX and the Challenge of the Crusade, op. cit.*, 1979.

2. P. ALPHANDÉRY et A. DUPRONT, *La Chrétienté et l'idée de croisade, op. cit.*, t. II, p. 201.

3. Sur Saint Louis et la croisade, voir *infra*, IIIe partie, chap. VII, et J. LE GOFF, « Saint Louis, croisé idéal ? », art. cité.

4. C'est « l'Égypte charnière », selon l'expression de Pierre Chaunu.

5. Voir J. PRAWER, *Histoire du royaume latin de Jérusalem, op. cit.*, t. II, p. 326 n. 14, et J. RICHARD, « La politique orientale de Saint Louis : la croisade de 1248 », art. cité, pp. 203-205.

6. Jean RICHARD, « La fondation d'une église latine en

Orient par Saint Louis : Damiette », *Bibliothèque de l'École des chartes*, 120, 1962, pp. 44-73.

7. J. RICHARD, « La politique orientale de Saint Louis... », art. cité, pp. 205-207.

8. Voir *supra*, p. 187.

9. P. ALPHANDÉRY et A. DUPRONT, *La Chrétienté et l'idée de croisade, op. cit.*, t. I, p. 18.

10. Par exemple, en 1217, à l'occasion de la prise de Damiette par Jean de Brienne que Louis IX jeune a bien connu à la cour de France.

11. LE NAIN DE TILLEMONT, *Vie de Saint Louis*, t. III, pp. 180-181. Le terme de *régence* et de *régente* n'existe pas au XIIIe siècle. Blanche a reçu la « garde » *(custodia)* du royaume et continue évidemment de porter le titre de « reine ». MATTHIEU PARIS (*Chronica majora*, t. V, p. 248) l'appelle, en 1251, *moderatrix et regina*, « modératrice et reine » (mais *moderare*, déjà en latin classique, signifie « diriger, gouverner »).

12. Voir *infra* pp. 785-789.

13. Rappelons toutefois que le bleu était la couleur de la monarchie française. Saint Louis, comme souvent, combinait une attitude religieuse avec une manifestation de publicité politique.

14. Le camelot désigne, dès le XIIIe siècle, une imitation de tissu de grande valeur et une imitation locale qui laisserait penser que le camelot d'origine appartenait par son armure à la famille des serges ou des reps. La matière première du camelot était à l'origine une « laine » : poil de chèvre mohair ou cachemire ? poil de chameau ? Mais l'étymologie de ce terme serait dérivée de l'arabe *Khamlat* (surface pelucheuse) et non du chameau (Françoise PIPONNIER, « À propos de textiles anciens principalement médiévaux », *Annales. E.S.C.*, 1967, pp. 864-880).

15. LE NAIN DE TILLEMONT, *Vie de Saint Louis*, t. III, pp. 177-178.

16. Voir IIe partie, chap. VII.

17. Voir IIIe partie, chap. VI, « Saint Louis en famille ».

18. Il y arrive trop tard pour pouvoir s'embarquer avant la saison d'hiver qui arrêtait la navigation au long cours. Il doit attendre le printemps de 1249 pour prendre la mer.

19. *Voir supra* pp. 202-204.

20. Sur la manière de raconter la croisade de Joinville, cf. Jacques MONFRIN, « Joinville et la prise de Damiette, 1249 »,

Comptes rendus de l'Académie des inscriptions et belles-lettres, 1976, pp. 268-285.

21. Jean-Noël BIRABEN et Jacques LE GOFF, « La peste du haut Moyen Âge », *Annales. E.S.C.*, 1969, pp. 1484-1510.

22. Le feu grégeois dont les musulmans arrachèrent le secret aux Byzantins fut inventé par ceux-ci dans la seconde moitié du VIIe siècle et leur valut de grands succès surtout maritimes contre leurs ennemis, musulmans et Russes, au moins jusqu'au XIe siècle. Ce *palladium* de Constantinople fut érigé par l'empereur Constantin VII (mort en 959) en talisman sacré de l'Empire. On a beaucoup discuté sur sa nature et son mode d'emploi. Après avoir rejeté l'idée du rôle du salpêtre, inconnu au haut Moyen Âge, on pense aujourd'hui à un mélange de naphte (pétrole brut) et de craie que l'on mettait en contact avec de l'eau ; le chauffage de la craie faisait se développer des vapeurs de naphte qui, mélangées à l'air, explosaient en parvenant à une certaine température. Transformées en des sortes de torches qui s'allumaient elles-mêmes, ces boules de feu étaient projetées par des lance-flammes ou canon primitif (ici cette « pierrière » ou « arbalète à tour »). Le feu grégeois, cette arme secrète, est l'ancêtre des missiles. Voir J. F. PARTINGTON, « A history of problem of greek fire », *Byzantinische Zeitschrift*, 1970, pp. 91-99 ; J. R. ELLIS DAVIDSON, « The secret weapon of Byzanticum », *ibid.*, 1973, pp. 71-74 ; E. GABRIEL, article « Griechisches Feuer », dans *Lexikon des Mittelalters*, IV/8, 1989, col. 1711-1712.

23. Le *chat* est une « machine de guerre roulante ayant la forme de galerie couverte qui, approchée des murailles, protégeait ceux qui devaient les saper » et le *chat-château* est un chat garni de beffrois pour protéger et défendre ceux qui travaillaient dans la galerie » (Algirdas-Julien GREIMAS, *Dictionnaire de l'ancien français jusqu'au milieu du XIVe siècle*, Paris, 1968, p. 108).

24. Ce qui fit considérablement monter le prix du bois.

25. JOINVILLE, *Histoire de Saint Louis*, pp. 113-115.

26. JOINVILLE, *ibid.*, pp. 125-127. Voir *infra* IIIe partie, chap. IV, « Le roi des trois fonctions ».

27. *Ibid.* pp. 124-127.

28. *Ibid.*, pp. 118-121. Hormis le coup de passion du débarquement, Saint Louis, toujours d'après Joinville, recommande la prudence. Par exemple : « Le jour de la Saint-Nicolas, le roi commanda qu'on se préparât à chevaucher, et

défendit que nul ne fût si hardi que de faire une pointe sur ces Sarrasins qui étaient venus [...] » *(ibid.*, p. 103).

29. *Ibid.*, pp. 408-409. Voir *infra*, pp. 355-356.

30. Voir IIIe partie, chap. VII, « La religion de Saint Louis ».

31. Richard Cœur de Lion avait aussi, il est vrai, envoyé une lettre à ses sujets après sa victoire sur Philippe Auguste à Gisors en 1198 (citée par Georges DUBY, dans *Histoire de France*, t. I, *Le Moyen Âge de Hugues Capet à Jeanne d'Arc, 987-1460, op. cit.*, p. 260). Voir Annexe II, pp. 1032 *sqq.*

32. Le texte latin original de la lettre a été publié par DUCHESNE, *Historiae Francorum Scriptores*, Paris, 1649, t. V, pp. 428 *sqq.* ; traduction française dans David O'CONNELL, *Les Propos de Saint Louis*, Paris, 1974, pp. 163-172. Cette initiative est nouvelle pour un roi de France.

33. JOINVILLE, *Histoire de Saint Louis*, p. 239.

34. Du dossier dont on trouvera les références dans N. COHN (p. 322, n. 14), je retiens les deux récits les plus détaillés : GUILLAUME DE NANGIS, *Chronicon*, pp. 553-554 ; MATTHIEU PARIS, *Chronica majora*, t. V, pp. 246 *sqq.* Cet étonnant et très révélateur épisode n'a pas encore trouvé son historien. Esquisse d'étude dans Norman COHN, *The Pursuit of Millenium*, trad. fr., *Les Fanatiques de l'Apocalypse*, nouv. éd., 1983, pp. 97 *sqq.* (« Dans le ressac des croisades : le Pseudo-Baudouin et le Maître de Hongrie ») ; G. FOURQUIN, *Les Soulèvements populaires au Moyen Âge*, Paris, 1972.

35. Le Maître de Hongrie, coiffé d'une mitre, avait violemment prêché contre le clergé à Saint-Eustache.

36. Le mot latin employé, *dux*, a donné au XXe siècle, comme il serait bon qu'on s'en aperçoive en réfléchissant sur cet épisode un peu occulté de l'histoire de la France médiévale, *duce, Führer, caudillo, conducator*, etc., *mutatis mutandis* naturellement.

37. C'était un moine apostat qui se disait originaire de Hongrie.

38. Gérard SIVÉRY, *Saint Louis et son siècle*, Paris, 1983, p. 438.

39. Louis CAROLUS-BARRÉ, « Le prince héritier Louis (1244-1260) et l'intérim du pouvoir royal de la mort de Blanche (nov. 1252) au retour du roi (juillet 1254) », *Comptes rendus de l'Académie des inscriptions et belles-lettres*, 1970, pp. 588-596.

40. Voir ci-dessus, chap. I, pp. 56-59.

41. On pourra m'objecter les nombreux projets ultérieurs de croisade, notamment aux XIVᵉ et XVᵉ siècles. Je ne mets pas en cause la sincérité de leurs instigateurs, mais je ne les tiens que pour des fantasmes. Voir le grand livre d'Alphonse DUPRONT sur la croisade dans la longue durée : *Le Mythe de croisade*, 4 vol., Paris, Gallimard, 1997.

42. Paul DESCHAMPS, *Les Châteaux des croisés en Terre sainte*, 2 vol., Paris, 1934-1939 ; Henri-Paul EYDOUX, *Les Châteaux du soleil. Forteresses et guerres des croisés*, Paris, 1982 ; Michel BALARD, « Des châteaux forts en Palestine », dans *Les Croisades*, d'après un numéro spécial déjà cité de la revue *L'Histoire*, pp. 167-183. Voir *ill 3*.

43. Ce calcul, que l'on trouve au tome XXI (pp. 513 *sqq.*) du *Recueil des historiens des Gaules et de la France* est sujet à caution : Gérard SIVÉRY, *Saint Louis et son siècle, op. cit.*, pp. 466-467. Ce chiffre a déjà été donné par LE NAIN DE TILLEMONT, *Vie de Saint Louis, op. cit.*, t. IV, p. 45.

44. JOINVILLE, *Histoire de Saint Louis*, p. 233.

45. *Ibid.*, p. 241.

46. *Ibid.*, p. 275.

47. Voir IIIᵉ partie, chap. IV, « Le roi des trois fonctions ».

48. Bernard LEWIS, *Comment l'Islam a découvert l'Europe* (1982), trad. fr., Paris, 1984, p. 17.

49. Voir, entre autres, la belle présentation par André MIQUEL de l'autobiographie d'un noble musulman dans la Syrie du XIIᵉ siècle : *Ousâma, un prince syrien face aux croisés*, Paris, 1986. On songe au film de Jean Renoir, *La Grande Illusion*.

50. Jacques LE GOFF, *La Civilisation de l'Occident médiéval* (1964), nouv. éd., 1984, p. 85.

51. « Tandis que les chrétiens oubliaient la croisade, l'esprit du *djihad* recommençait de souffler sur les musulmans qui entamèrent une nouvelle guerre sainte au nom de leur foi, afin, dans un premier temps, de reprendre aux envahisseurs chrétiens tout ce qu'ils leur avaient arraché, puis, dans le sillage de la victoire, d'étendre le message et le pouvoir de l'Islam à de nouvelles contrées et de nouveaux peuples qui ne les avaient jamais connus » (B. LEWIS, *Comment l'Islam a découvert l'Europe, op. cit.*, p. 17). Voir Emmanuel SIVAN, *L'Islam et la Croisade. Idéologie et propagande dans les réactions musulmanes aux croisades*, Paris, 1968 ; N. DANIEL, *Islam and the West. The Making of an Image*, Édimbourg, 1960 ; ID., *The Arabs and Medieval Europe*, Londres, 1975 ; Amin MAALOUF, *Les Croisades vues par les Arabes*, Paris,

1983 ; E. Weber et G. Reynaud, *Croisade d'hier et djihad d'aujourd'hui*, Paris, 1990 ; Franco Cardini, *Noi e l'Islam. Un incontro possibile ?* (avec une bibliographie), Rome, 1994.

52. S. Runciman, *A History of the Crusades, op. cit.*, p. 480, repris dans J. A. Brundage (éd.), *The Crusades Motives and Achievements, op. cit.*, p. 81. Voir *supra* p. 187 n. 39.

53. Joshua Prawer, *The Latin Kingdom of Jerusalem. European Colonialism in the Middle Ages*, Londres, 1972.

54. Joinville, *Histoire de Saint Louis*, p. 237.

55. Voir *infra*, p. 822.

III

D'UNE CROISADE À L'AUTRE ET À LA MORT

1. Joinville, *Histoire de Saint Louis*, pp. 351-353. Voir une autre aventure *infra*, pp. 567.

2. *Ibid.*, p. 359.

3. A. Sisto, *Figure del primo Francescanesimo in Provenza : Ugo e Douceline di Digne*, Florence, 1971 ; P. Peano, dans *Archivum Franciscanum Historicum*, 79, 1986, pp. 14-19.

4. Traduction française de la vie écrite en provençal vers 1300 : R. Gout, *La Vie de sainte Douceline*, Paris, 1927 ; Claude Carozzi, « Une béguine joachimite, Douceline sœur d'Hugues de Digne », *Cahiers de Fanjeaux*, 10, 1975, pp. 169-201, et « Douceline et les autres », *ibid.*, 11, 1976, pp. 251-267.

5. Salimbene de Adam, *Cronica*, in *Monumenta Germaniae Historica, Scriptores*, t. XXXII (éd. O. Holder-Egger, Hanovre, 1905-1913), notamment, pp. 226-254 ; nouvelle édition par Giuseppe Scalia, Bari, 1966 ; traduction française partielle dans Marie-Thérèse Laureilhe, *Sur les routes d'Europe au XIIIe siècle*, Paris, 1954.

6. Joinville, *Histoire de Saint Louis*, p. 361.

7. *Ibid.*, p. 363.

8. Michel-Marie Dufeil, *Guillaume de Saint-Amour et la polémique universitaire parisienne, 1250-1259*, Paris, 1972.

9. Matthieu Paris, *Chronica majora*, t. V, pp. 465-466. La traduction est mienne. On trouvera *infra* (pp. 996-997) celle de D. O'Connell pour la partie du texte que j'utilise à nouveau dans une autre perspective.

10. Joinville, *Histoire de Saint Louis*, pp. 367-369.

11. Geoffroy de Beaulieu, *Vita*, dans *Recueil des historiens des Gaules et de la France*, t. XX, pp. 18-19.

12. La Normandie, depuis sa reconquête par Philippe Auguste sur les Anglais, avait des privilèges spéciaux. Voir Joseph R. Strayer, *The Administration of Normandy under Saint Louis*, Cambridge, Mass., 1932, et Lucien Musset, « Saint Louis et la Normandie », *Annales de Basse-Normandie*, 1972, pp. 8-18.

13. Louis Carolus-Barré, « La grande ordonnance de 1254 sur la réforme de l'administration et la police du royaume », dans *Septième centenaire de la mort de Saint Louis, op. cit.*, pp. 85-96.

14. Charles Petit-Dutaillis, « L'essor des États d'Occident », dans *Histoire générale* (fondée par Gustave Glotz), t. IV, *Histoire du Moyen Âge*, Paris, 1937, p. 273.

15. Edgar Boutaric, *Saint Louis et Alphonse de Poitiers. Étude sur la réunion des provinces du Midi et de l'Ouest à la couronne et sur les origines de la centralisation administrative*, Paris, 1870, p. 150.

16. L. Carolus-Barré, « La grande ordonnance... », art. cité *supra*, p. 96.

17. Là où le texte original du XIIIe siècle parle de « bordels » *(bordeaux)*, le résumé de l'édition par E. de Laurière en 1723 des ordonnances royales dit pudiquement « mauvais lieux ». Le Moyen Âge, y compris celui de l'administration, n'avait pas peur des mots.

18. Le texte original dit « folles femmes et ribaudes communes », le sommaire du XVIIIe siècle édulcore aussi en parlant de « femmes publiques ».

19. La Troisième République interdira les débits de boisson à proximité des écoles. La nature des vices publics et des lieux sacrés évolue avec l'histoire.

20. Sur Saint Louis et les juifs, voir *infra*, pp. 912 *sq*.

21. Sur Joinville, voir *infra*, IIe partie, chap. IX.

22. On possède le registre de ses visites pastorales qui fournit la description la plus concrète de la vie d'un diocèse au XIIIe siècle : P. Andrieu-Guitrancourt, *L'Archevêque Eudes Rigaud et la vie de l'Église au XIIIe siècle*, Paris, 1938. Sur Saint Louis et Eudes Rigaud, voir *infra*, p. 861.

23. Q. Griffiths, « New men among the lay counselors of Saint Louis Parliament », *Medieval Studies*, t. 32-33, 1970, 1971, pp. 234-272 ; Fred Cheyette, « Custom, Case Law and

medieval constitutionalism : a reexamination », *Political Science Quarterly*, 78, 1963, pp. 362-390.

24. Marguerite BOULET-SAUTEL, « Le concept de souveraineté chez Jacques de Révigny », dans *Actes du congrès sur l'ancienne université d'Orléans*, Orléans, 1962, pp. 22 *sqq*. D'ailleurs, Jacques de Révigny est un universitaire qui se limite aux textes et garde de la distance vis-à-vis des réalités, fussent-elles juridiques, et encore plus de la politique. À propos des rapports du roi de France et de l'empereur, il écrit : « Certains disent que la France est indépendante de l'Empire : c'est impossible en droit. Mettez-vous bien dans la tête que la France est soumise à l'Empire », et il ajoute : « Que le roi de France ne le reconnaisse pas, je m'en moque » (*de hoc non curo*, c'est-à-dire : « ce n'est pas mon problème »).

25. Ed. A. MARNIER, *Le Conseil de Pierre de Fontaines*, Paris, 1846 ; Q. GRIFFITHS, « Les origines et la carrière de Pierre de Fontaines », dans *Revue historique de droit français et étranger*, 1970 ; Pierre PETOT, « Pierre de Fontaines et le droit romain », dans *Études d'histoire du droit. Mélanges Gabriel Le Bras*, t. II, Paris, 1965, pp. 955-964.

26. Roland FIETIER, « Le choix des baillis et sénéchaux aux XIIIe et XIVe siècles (1250-1350) », *Mémoires de la Société pour l'histoire du droit et des institutions des anciens pays bourguignons, comtois et romands*, 29e fasc., 1968-1969, pp. 255-274.

27. Ce texte est rédigé en latin puisque, tout en excluant l'usage de la langue d'oc, probablement mal connue de la chancellerie royale et des agents royaux, presque tous issus de la France d'oïl, le gouvernement royal n'avait pas voulu imposer la langue d'oïl aux gens du Midi.

28. Joseph R. STRAYER, « La conscience du roi : les enquêtes de 1258-1262 dans la sénéchaussée de Carcassonne-Béziers », dans *Mélanges Roger Aubenas*, Montpellier, 1974, pp. 725-736.

29. *Layettes du Trésor des chartes*, n°s 4207, 4269, 4272, 4320, 4367 ; *Recueil des historiens des Gaules et de la France*, t. XXIV, pp. 530-541 ; R. MICHEL, *L'Administration royale dans la sénéchaussée de Beaucaire au temps de Saint Louis*, Paris, 1910.

30. *Recueil des historiens des Gaules et de la France*, t. XXIV, pp. 619-621.

31. Il prend ainsi une position « libérale », de justice individuelle, dans un grand débat du XIIIe siècle, qui s'est surtout posé à propos des femmes d'usuriers dont on se demandait si

elles devaient être ou non solidaires des restitutions imposées à leurs maris, pendant leur vie ou après leur mort.

32. Voir *infra*, pp. 899-900.

33. Sur le mouvement d'ensemble, Jacques LE GOFF, « La monarchie et les villes », dans *Histoire de la France urbaine* (sous la direction de Georges DUBY), t. II, *La Ville médiévale*, Paris, 1980, pp. 303-310. Sur l'évolution sous Louis IX : Jean SCHNEIDER, « Les villes du royaume de France au temps de Saint Louis », *Comptes rendus de l'Académie des inscriptions et belles-lettres*, 1981 ; W. Ch. JORDAN, « Communal administration in France, 1257-1270 : problems discovered and solutions imposed », *Revue belge de philologie et d'histoire*, 59, 1971, pp. 292-313.

34. Bernard CHEVALIER, *Les Bonnes Villes de France du XIVe au XVIe siècle*, Paris, 1982 ; G. MAUDUECH, « La "bonne" ville : origine et sens de l'expression », *Annales. E.S.C.*, 1972, pp. 1441-1448 ; M. FRANÇOIS, « Les bonnes villes », *Comptes rendus de l'Académie des inscriptions et belles-lettres*, 1975 ; Albert RIGAUDIÈRE, « Qu'est-ce qu'une bonne ville dans la France du Moyen Âge ? », dans *La Charte de Beaumont et les franchises municipales entre Loire et Rhin* (colloque), Nancy, 1988, pp. 59-105.

35. La version originale a été retrouvée et restituée par D. O'CONNELL, *The Teachings of Saint Louis, op. cit.*, trad. fr. citée, *Les Propos de Saint Louis*, pp. 183-191. Les deux extraits cités ici et par A. Rigaudière sont tirés de la version remaniée par Geoffroy de Beaulieu que Joinville a insérée dans son *Histoire de Saint Louis : Joinville et les Enseignements de Saint Louis à son fils*, Natalis de Wailly (éd.), Paris, 1872, p. 52.

36. Voir *supra* pp. 118-119.

37. Voir *infra*, p. 302.

38. Les documents ont été publiés dans les *Layettes du Trésor des chartes*, volumes II, III et IV.

39. Ces ordonnances ont été publiées par Eusèbe de LAURIÈRE, *Ordonnances des rois de France*, t. I, 1723, pp. 82-83 ; Augustin THIERRY, *Recueil des monuments inédits de l'histoire du tiers état*, t. I, 1850, p. 219 ; Arthur GIRY (éd.), *Documents sur les relations de la royauté avec les villes en France*, Paris, 1885, pp. 85 et 88, et en appendice de son article cité p. 179, n. 1, par W. Ch. JORDAN, pp. 312-313, en traduction anglaise.

40. J. LE GOFF, « La monarchie et les villes », dans *Histoire*

de la France urbaine, op. cit., t. II, p. 308. Le texte de Philippe de Beaumanoir se trouve au tome II, paragraphes 1516 et 1520, de l'édition d'A. Salmon des *Coutumes du Beauvaisis*, 1970 (rééd.).

41. Jean Richard, « Une consultation donnée par la commune de Soissons à celle de Beaune (1264) », *Annales de Bourgogne*, XXI, 1949.

42. Albert Rigaudière, « Réglementation urbaine et « législation d'État » dans les villes du Midi français aux XIIIe et XIVe siècles », dans *La Ville, la bourgeoisie et la genèse de l'État moderne (XIIe-XVIIIe siècles)*, Paris, 1988, pp. 35-70 ; André Gouron, *La Science du droit dans le Midi de la France au Moyen Âge*, Londres, 1984.

43. Sur Paris, « capitale inachevée » jusqu'à la Révolution, voir Jacques Le Goff, « La genèse de l'État français au Moyen Âge », art. cité, pp. 26-28 ; Raymond Cazelles, « Paris, de la fin du règne de Philippe Auguste à la mort de Charles V », dans *Nouvelle Histoire de Paris*, Paris, t. III, 1972 ; Robert-Henri Bautier, « Quand et comment Paris devint capitale », *Bulletin de la Société historique de Paris et de l'Île-de-France*, 105, 1978, pp. 17-46 ; Anne Lombard-Jourdan, *Paris, genèse de la ville. La rive droite de la Seine des origines à 1223*, Paris, 1976 ; « *Montjoie et Saint-Denis !* » *Le centre de la Gaule aux origines de Paris et de Saint-Denis*, Paris, 1989.

44. Arié Serper, « L'administration royale de Paris au temps de Louis IX », *Francia*, 7, 1979, p. 124.

45. Ce chiffre est exceptionnel pour la Chrétienté. Les plus grandes villes après Paris, Milan ou Florence, ne dépassent pas 100 000 habitants. Une ville est « grosse » (grande) à partir de 20 000 habitants environ.

46. *Recueil des historiens des Gaules et de la France, op. cit.*, t. XXI, 1855, pp. 117-118.

47. Joinville, *Histoire de Saint Louis*, pp. 389-391.

48. Pour le reste, la légende dorée de la « réforme parisienne » de Saint Louis rapportée par Guillaume de Nangis et Joinville a été vigoureusement critiquée par l'érudit Borelli de Serres à la fin du XIXe siècle dans un important ouvrage. Je n'entrerai pas dans le détail un peu oiseux de cette polémique qui, au surplus, nous éloigne de la personne de Saint Louis : Borelli de Serres, *Recherches sur divers services publics du XIIIe au XVIIe siècle*, vol. I, Paris, 1895. Voir IIIe partie, chap. IV.

49. Pour commercer à Paris, un marchand étranger doit

obligatoirement prendre un marchand parisien pour associé.

50. Paris a un maire depuis 1977.

51. Sur Saint Louis et le blasphème, voir *infra*, p. 740 et Index, *s.v.* « Blasphème ».

52. Matthieu, v, 11.

53. GUILLAUME DE NANGIS, *Vie de Saint Louis*, p. 399.

54. L'affaire est de 1259.

55. L'époque de Saint Louis est celle de l'apogée du français comme langue internationale de culture, à côté du latin, « la plus délectable qui soit au monde », dit le Florentin Brunetto Latini, le maître de Dante.

56. Gilles le Brun, seigneur de Trazegnies dans le Hainaut, n'était pas français. Louis IX l'avait fait connétable de France, probablement à son retour de croisade, à cause de sa piété et de son courage. Il n'y a pas encore de nation en France. Les grands offices peuvent aller à des étrangers qui sont liés par leur fidélité au roi. Gilles le Brun jouera un rôle important dans la conquête du royaume de Naples par le frère de Louis IX, Charles d'Anjou.

57. 1. Le texte de la version française étant corrompu dans ce passage, je l'ai restitué à l'aide de la version latine (pp. 398-400) et du récit de Le Nain de Tillemont (IV, 188-192) qui a disposé d'autres sources. Enguerran de Coucy se racheta de son vœu de croisade en 1261 pour 12 000 livres. Voir D. BARTHÉLEMY, *Les Deux Âges de la seigneurie banale. Coucy (XIe-XIIe siècle)*, Paris, 1984.

58. GUILLAUME DE NANGIS, *Vie de Saint Louis*, pp. 399-401.

59. C'est ce que vont montrer dans une importante étude sur le crime de lèse-majesté Jacques Chiffoleau et Yann Thomas.

60. Ce terme, employé par exemple par J. RICHARD (*Saint Louis, op. cit.*, p. 310), souligne que nombre de principes et de pratiques juridiques nouvelles au XIIIe siècle provenaient de contaminations entre droit romain renaissant et droit canonique (ecclésiastique) qui se développait rapidement après le Décret de Gratien (Bologne, 1140), premier élément du Code de droit canonique, qui se constitua jusqu'au XIVe siècle.

61. Sur les ordalies, J. W. BALDWIN, « The intellectual preparation for the canon of 1215 against ordeals », art. cité ; Dominique BARTHÉLEMY, « Présence de l'aveu dans le déroulement des ordalies (IXe-XIIIe siècles) », dans *L'Aveu, op.*

cit., pp. 191-214 ; Robert BARTLETT, *Trial by Fire and Water. The Medieval Judicial Ordeal*, Oxford, 1986 ; Jean GAUDEMET, « Les ordalies au Moyen Âge : doctrine, législation et pratique canonique », dans *La Preuve (Recueils de la société Jean Bodin)*, XVII/2, Bruxelles, 1965, pp. 99-135 ; Charles RADDING, « Superstition to science : nature, fortune and the passing of the medieval ordeal », *American Historical Review*, 84, 1979, pp. 945-969.

62. P. GUILHIERMOZ, « Saint Louis, les gages de bataille et la procédure civile », *Bibliothèque de l'École des chartes*, 48, 1887, pp. 11-120. Le texte du chroniqueur anonyme se trouve dans *Recueil des historiens des Gaules et de la France, op. cit.*, t. XXI, 1855, p. 84.

63. *Ordonnances des rois de France*, t. I, p. 85.

64. On fait venir le terme, en général, de la ville de Cahors, présentée comme un grand centre d'hommes d'affaires. Cahors était une seigneurie épiscopale : voir *supra* p. 69. Je vois mal, cependant, l'assimilation des habitants de Cahors à des étrangers, ce qui est dit, sans contestation possible, dans l'ordonnance de 1268. Voir Philippe WOLFF, « Le problème des Cahorsins », *Annales du Midi*, 1950, pp. 229-238 ; Yves RENOUARD, « Les Cahorsins, hommes d'affaires français du XIIIe siècle », *Transactions of the Royal Historical Society*, XI, 1961, pp. 43-67.

65. *Ordonnances des rois de France*, t. I, p. 96.

66. Cette attitude s'explique toutefois par la valeur juridique que l'on accorde alors à la *fama*, la « réputation ».

67. Voir *infra*, pp. 658 *sqq.*

68. On a même parlé de « *la* réforme monétaire du roi ». Si ces mesures forment un ensemble, elles ne constituent pas, cependant, « une » réforme cohérente, un programme monétaire systématique.

69. L. BLANCHARD, « La réforme monétaire de Saint Louis », *Mémoires de l'Académie des sciences, lettres et arts de Marseille*, 1833 ; Jean LAFAURIE, *Les Monnaies des rois de France. De Hugues Capet à Louis XII*, Paris et Bâle, 1951 ; E. FOURNIAL, *Histoire monétaire de l'Occident médiéval*, Paris, 1970 ; Marc BLOCH, *Esquisse d'une histoire monétaire de l'Europe*, Paris, 1954 (posthume).

70. Sur l'inflation, voir Thomas N. BISSON, *Conservation of Coinage. Monetary Exploitation and its Restraint in France, Catalonia and Aragon (c. 1000-1225 A.D.)*, Oxford, 1979.

71. Jean FAVIER, « Les finances de Saint Louis », *Septième centenaire, op. cit.*, p. 135.

72. Pierre MICHAUD-QUANTIN, « La politique monétaire royale à la Faculté de théologie de Paris en 1265 », *Le Moyen Âge*, 17, 1962, pp. 137-151.

73. *Ordonnances des rois de France*, t. I, p. 94.

74. Voir *infra*, p. 767 *sqq*.

75. Voir *infra*, pp. 742-746.

76. On trouvera un clair et excellent récit de l'affaire dans J. RICHARD, *Saint Louis, op. cit.*, pp. 329-337.

77. Le terme « Guyenne » désigna, à partir du XIIIe siècle, l'ensemble des possessions anglaises sur le continent, y compris la Gascogne.

78. Selon Matthieu Paris, dont un manuscrit contemporain montre le dessin de l'éléphant avec son cornac muni d'une échelle pour monter sur l'animal, ce fut le premier éléphant vu en Angleterre.

79. M. GAVRILOVITCH, *Étude sur le traité de Paris de 1259 entre Louis IX, roi de France, et Henri III, roi d'Angleterre*, Paris, 1899.

80. JOINVILLE, *Histoire de Saint Louis, op. cit.*, p. 375. Voir *infra*, p. 941.

81. *Ibid.*, pp. 377-379.

82. Pierre CHAPLAIS, « Le traité de Paris de 1259 », *Le Moyen Âge*, 1955, pp. 121-137.

83. Charles T. WOOD, « The Mise of Amiens and Saint Louis' theory of kingship », *French Historical Studies*, 6, 1969/1970, pp. 300-310.

84. Voir *infra*, p. 339 et pp. 639-640.

85. *Ordonnances des rois de France*, t. I, p. 84.

86. Raymond CAZELLES, « La guerre privée, de Saint Louis à Charles V », *Revue historique de droit français et étranger*, 1960, pp. 530-548.

87. Ferdinand LOT et Robert FAWTIER, *Histoire des institutions françaises au Moyen Âge*, t. II, *Les Institutions royales*, Paris, 1958, pp. 425-426.

88. *Ordonnances des rois de France, op. cit.*, t. I, p. 344, et F. LOT et R. FAWTIER, *Histoire des institutions françaises, op. cit.*, p. 426.

89. Il laissait aussi une fille, Blanche, qui épousa en 1259 Henri, fils de Thibaud V de Champagne et d'Isabelle, fille de Louis IX, ce qui resserra les liens entre la famille royale et la famille comtale de Champagne.

90. Peter von Moos, « Die Trostschrift des Vincenz von Beauvais für Ludwig IX. Vorstudie zur Motiv und Gattungsgeschichte der *consolatio* », *Mittellateinisches Jahrbuch*, 4, 1967, pp. 173-219.

91. Voir *infra*, p. 847.

92. Voir *infra*, pp. 847-848.

93. Voir *infra*, pp. 832-837.

94. Joinville, *Vie de Saint Louis*, p. 57.

95. E. Boutaric, *Saint Louis et Alphonse de Poitiers, op. cit.*

96. Voir *infra*, pp. 832-835.

97. Georges Duby, « Le lignage », dans P. Nora (éd.), *Les Lieux de mémoire*, t. II, *La Nation*, vol. 1, Paris, 1986, pp. 31-56.

98. Voir le premier numéro de la revue *Dialogus. I discorsi dei corpi*, 1993, et le beau livre d'Agostino Paravicini Bagliani, *Il corpo del Papa*, Turin, 1994. Voir aussi S. Bertelli, *Il corpo del re*, Florence, 1990 ; M.-Ch. Pouchelle, *Corps et chirurgie à l'apogée du Moyen Âge*, Paris, 1983, et celui de Peter Brown, *Le Renoncement à la chair. Virginité, célibat et continence dans le christianisme primitif*, trad. fr., Paris, 1995.

99. *La Mort, les morts dans les sociétés anciennes* (sous la direction de G. Gnoli et J.-P. Vernant), Cambridge et Paris, 1982.

100. Jean-Pierre Vernant, « Introduction », dans *La Mort, les morts, op. cit.*, p. 10 ; Elena Cassin, « Le mort : valeur et représentation en Mésopotamie ancienne », *ibid.*, p. 366.

101. J.-P. Vernant, « Introduction » citée, p. 5-15 ; Id., « La belle mort et le cadavre outragé », in *La Mort, les morts, op. cit.*, pp. 45-76, et, surtout, Nicole Loraux, « Mourir devant Troie, tomber pour Athènes : de la gloire du héros à l'idée de la cité », *ibid.*, pp. 2-43, et *L'Invention d'Athènes. Histoire de l'oraison funèbre dans la cité classique*, Paris et La Haye, 1981 ; rééd., Paris, 1994.

102. Paul Veyne, *Le Pain et le Cirque*, Paris, 1976, notamment pp. 245-251.

103. Pauline Schmitt-Pantel, « Évergétisme et mémoire du mort », dans *La Mort, les morts, op. cit.*, pp. 177-188.

104. E. Cassin, « Le mort : valeur et représentation en Mésopotamie ancienne », art. cité, p. 366.

105. Erwin Panofsky (*Tomb Sculpture. Its Changing Aspects from Ancient Egypt to Bernini*, Londres, 1964, p. 45) rappelle qu'Artémis quitte Hippolyte mourant, qu'Apollon s'éloigne de

la demeure d'Admète avant qu'Alceste meure et que, lorsqu'on dédia l'île de Délos à Apollon, toutes les tombes en furent vidées de leurs ossements qu'on transporta dans une île voisine.

106. J.-P. VERNANT, « Introduction » citée, p. 10.

107. Peter BROWN, *Le Culte des saints. Son essor et sa fonction dans la chrétienté latine*, trad. fr., Paris, 1984.

108. *Ibid.*, p. 3.

109. « La levée de l'interdit religieux sur la sépulture *intra muros*, vieux d'un millénaire [...] est le signe d'une véritable mutation historique » (Jean GUYON, « La vente des tombes à travers l'épigraphie de la Rome chrétienne », *Mélanges d'archéologie et d'histoire : Antiquité*, 86, 1974, p. 594).

110. E. PANOFSKY, *Tomb Sculpture, op. cit.* (*supra*, p. 322 n. 105).

111. Sur un autre cas de morts exceptionnels qui ont, dès le haut Moyen Âge, bénéficié de conditions particulières de lieu de sépulture et de monuments funéraires, les papes, voir Jean-Charles PICARD, « Étude sur l'emplacement des tombes des papes du IIIe au Xe siècle », *Mélanges d'archéologie et d'histoire*, 81, 1969, pp. 735-782. Dans son étude « Sacred corpse, profane carrion : social ideals and death rituals in the later Middle Ages » (dans *Mirrors of Mortality. Studies in the Social History of Death*, Joachim Whaley éd., Londres, 1981, pp. 40-60), Ronald C. FINUCANE étudie les attitudes médiévales à l'égard de quatre catégories de morts : les rois, les criminels et les traîtres, les saints, les hérétiques et les enfants mort-nés.

112. Je suis Alain ERLANDE-BRANDENBURG, *Le roi est mort, op. cit.*, à qui le présent développement doit beaucoup.

113. François HARTOG met l'inhumation des rois scythes aux extrémités du territoire en rapport avec les traditions nomades (*Le Miroir d'Hérodote*, Paris, 1980 ; le chapitre IV, de la Ire partie : « Le corps du roi : espace et pouvoir », est très suggestif).

114. Il y a trois erreurs dans la liste des *Annales de Saint-Denis* (dans *Monumenta Germaniae Historica, Scriptores*, t. XIV) : le fils de Dagobert ne s'appelle pas Louis, mais Clovis II ; Charles Martel n'a pas été roi ; Carloman, fils de Pépin le Bref et frère de Charlemagne, n'avait pas été enterré à Saint-Denis, mais à Saint-Rémi de Reims. Ces erreurs s'expliquent (à l'exception de celle concernant Charles Martel, qui

est peut-être volontaire) par la difficulté de reconnaître les tombes et les corps et par les limites de la mémoire historique des moines de Saint-Denis, pourtant spécialistes de cette mémoire.

115. B. GUENÉE, « Les généalogies entre l'histoire et la politique », art. cité.

116. Cette information provient de la lettre d'un témoin, Pierre de Condé (Luc d'ACHERY, *Spicilegium sive collectio veterum aliquot scriptorum*, nouv. éd., 3 vol., Paris, 1723, t. III, p. 667).

117. Voir Georges DUBY, *Le Chevalier, la Femme et le Prêtre. Le mariage dans la France féodale*, Paris, 1981.

118. Sur les *ordines*, manuels liturgiques pour les rois de France, rédigés à l'époque de Saint Louis, voir Richard A. JACKSON, « Les manuscrits des *ordines* de couronnement de la bibliothèque de Charles V, roi de France », *Le Moyen Âge*, 1976, pp. 67-88, particulièrement p. 73, qui corrige Percy Ernst SCHRAMM, « Ordines-Studien II : Die Krönung bei den Westfranken und den Franzosen », *Archiv für Urkundenforschung*, XV, 1938. D'un particulier intérêt est l'*ordo* de 1250 environ, contenu dans le manuscrit latin 1246 de la Bibliothèque nationale de Paris à cause de la série de miniatures qu'il renferme.

119. L'absence de Charles le Chauve parmi les corps du programme de Saint Louis est étonnante.

120. « *Quia nec fas nec consuetudo permittit reges exhospitari* » (SUGER, *Vie de Louis VI le Gros*, H. Waquet éd., p. 285).

121. Voir un résumé de la discussion dans A. ERLANDE-BRANDENBURG, *Le roi est mort, op. cit.*, p. 81. Les *Annales de Saint-Denis* (*op. cit.*, p. 721) signalent qu'en 1259, quatre ans donc avant le transfert des corps royaux, les corps de sept abbés de Saint-Denis furent transférés dans le bras sud du transept.

122. Sur le gisant, voir, pour l'idéologie, Philippe ARIÈS, *L'Homme devant la mort*, Paris, 1977 ; pour l'iconographie, E. PANOFSKY, *Tomb Sculpture, op. cit.*, pp. 55 sqq. ; Willibald SAUERLÄNDER, *Gotische Skulptur in Frankreich, 1140-1270*, Munich, 1970 (trad. fr., *La Sculpture gothique en France*, Paris, 1977), pp. 18-20 ; A. ERLANDE-BRANDENBURG, *Le roi est mort, op. cit.*, pp. 109-117.

123. De façon énigmatique, Jean, mort en bas âge, est représenté avec un sceptre dans la main gauche.

124. C'est sans doute le contexte italien qui explique l'originalité du tombeau des « chairs » (entrailles) de la reine Isabelle d'Aragon, première femme de Philippe III, dans la cathédrale de Cosenza en Calabre. La bru de Saint Louis est morte accidentellement en janvier 1271 lors du retour de la croisade de Tunis. L'interprétation du monument qui représente Isabelle et Philippe, agenouillés de part et d'autre de la Vierge debout, et qui est sans doute l'œuvre d'un artiste français, est difficile. Cf. Émile BERTAUX, « Le tombeau d'une reine de France à Cosenza en Calabre », *Gazette des beaux-arts*, 1898, pp. 265-276 et 369-378 ; G. MARTELLI, « Il monumento funerario della regina Isabella nella cattedrale di Cosenza », *Calabria nobilissima*, 1950, pp. 9-22 ; A. ERLANDE-BRANDENBURG, « Le tombeau de Saint Louis », *Bulletin monumental*, 126, 1968, pp. 16-17.

125. E. PANOFSKY, *Tomb Sculpture, op. cit.*, p. 62.

126. Voir le livre célèbre de Marc BLOCH, *Les Rois thaumaturges* [1924], Paris, 3ᵉ éd., 1983.

127. A. ERLANDE-BRANDENBURG, *Le roi est mort, op. cit.*, pp. 15 *sqq*. Voir le beau livre de Ralph E. GIESEY, *Le roi ne meurt jamais. Les obsèques royales dans la France de la Renaissance* [1960], trad. fr., Paris, 1987, qui remonte au Moyen Âge. Pour tout l'arrière-plan de cette idéologie, le livre classique d'Ernst H. KANTOROWICZ, *The King's Two Bodies*, Princeton, 1957 ; trad. fr. *Les Deux Corps du roi*, Paris, 1989.

128. Jean-Claude SCHMITT a souligné, à partir d'exemples iconographiques, que seule la position verticale permet l'entrée en Enfer (« Le suicide au Moyen Âge », *Annales. E.S.C.*, 1975, p. 13).

129. Voir J. LE GOFF, *La Naissance du Purgatoire, op. cit.*, pp. 311 *sqq*.

130. Voir Elizabeth A. BROWN, « Burying and unburying the kings of France », dans Richard C. TREXLER (éd.), *Persons in Groups. Social Behavior as Identity Formation in Medieval and Renaissance Europe*, Binghampton, 1985, pp. 241-266.

131. J. RICHARD, *Saint Louis, op. cit.*, pp. 455 *sqq*.

132. ID., « Une ambassade mongole à Paris en 1262 », art. cité, et P. MEYVAERT, « An unknown letter of Hulagu, il-Khan of Persia to King Louis IX of France », art. cité (*supra* p. 58 n. 25).

133. Michel MOLLAT, « Le "passage" de Saint Louis à Tunis. Sa place dans l'histoire des croisades », *Revue d'histoire économique et sociale*, 50, 1972, pp. 289-303.

134. *Ordonnances des rois de France*, t. I, pp. 99-102.

135. Voir ce texte *infra*, pp. 807-808.

136. Franco Cardini, « Gilberto di Tournai : un francescano predicatore della crociata », dans *Studi francescani*, 72, 1975, pp. 31-48.

137. Voir *supra*, pp. 158 et 160-161.

138. Joinville, *Histoire de Saint Louis*, pp. 397-398.

139. Julia Bastin et Edmond Faral, *Onze poèmes de Rutebeuf concernant la croisade*, Paris, 1946 ; Jean Dufournet, *Rutebeuf. Poèmes de l'infortune et poèmes de la croisade*, Paris, 1979.

140. Yves Dossat, « Alphonse de Poitiers et la préparation financière de la croisade de Tunis : les ventes de forêts (1268-1270) », dans *Septième centenaire, op. cit.*, pp. 121-132.

141. J. Richard, *Saint Louis, op. cit.*, p. 554.

142. *Ibid.*, p. 553.

143. Pendant l'escale à Cagliari, Louis dicta un codicille à son testament : il demandait à son fils aîné Philippe de se comporter « comme un père » à l'égard de ses deux plus jeunes frères, Jean Tristan et Pierre ; il augmentait la somme d'argent destinée à Pierre et demandait à Philippe de garder ses serviteurs.

144. De Carthage, Louis IX envoya une lettre en France racontant le débarquement et la prise de Carthage. Il signalait parmi les croisés la présence de la femme de son fils et héritier, Philippe, lui aussi présent à Carthage *(primogeniti nostri Philippi)*. Après la mort de Louis, Philippe était devenu le « premier-né », titre équivalent à celui d'héritier. Voir L. d'Achery, *Spicilegium, op. cit.*, t. II, 4, *Miscellanea, Epistularum...*, p. 549.

145. *Super cuius morte pii patris viscera non modicum sunt commota* (« de cette mort ses entrailles de père aimant ne furent pas peu remuées »).

146. Il aurait aussi, selon Guillaume de Nangis, répété : « J'entrerai dans ta maison, j'irai t'adorer dans ton saint temple, et je me confesserai à toi, Seigneur. »

147. Traduit de Geoffroy de Beaulieu, dans *Recueil des historiens des Gaules et de la France, op. cit.*, t. XX, p. 23. On trouvera en appendice la traduction de la lettre que Philippe III envoya au clergé français sur la mort de son père.

IV

VERS LA SAINTETÉ : DE LA MORT À LA CANONISATION

1. A. ERLANDE-BRANDENBURG, *Le roi est mort, op. cit.*, p. 96.
2. Louis CAROLUS-BARRÉ, « Les enquêtes pour la canonisation de Saint Louis, de Grégoire X à Boniface VIII, et la bulle *Gloria, laus* du 11 août 1287 », *Revue d'histoire de l'Église de France*, 57, 1971, p. 20.
3. Voir *infra*, pp. 360-361.
4. GEOFFROY DE BEAULIEU, *Vita*, p. 24.
5. PRIMAT, dans *Recueil des historiens des Gaules et de la France*, t. XXIII, pp. 87-88.
6. On possède maintenant l'excellente publication de Louis CAROLUS-BARRÉ, *Le Procès de canonisation de Saint Louis (1272-1297). Essai de reconstitution* (Rome, 1995), qui a rassemblé tout ce qui permet un essai de reconstitution du dossier perdu du procès. Ces textes avaient été édités, mais leur rassemblement et leur traduction ainsi que leur présentation rendront de grands services. Il faut y ajouter le texte inédit récemment publié par Peter LINEHAN et Francisco J. HERNANDEZ, « *Animadverto* : a recently discovered *consilium* concerning the sanctity of king Louis IX », *Revue Mabillon*, nouv. série, 5 (t. 66), 1994, pp. 83-105.
7. C'est la *Vita et sancta conversatio et miracula sancti Ludovici quondam regis Francorum, op. cit.*, pp. 3-27. Voir *infra*, pp. 386-388.
8. Le sujet a été à peine effleuré. À ma connaissance : Colette BEAUNE, *Naissance de la nation France*, Paris, 1985, pp. 126-184 ; Alain BOUREAU, « Les enseignements absolutistes de Saint Louis, 1610-1630 », dans *La Monarchie absolutiste et l'histoire en France* (Actes du colloque), Paris, 1986, pp. 79-97 ; Christian AMALVI, *De l'art et la manière d'accommoder les héros de l'histoire de France. De Vercingétorix à la Révolution. Essais de mythologie nationale*, Paris, 1988 ; J. BUISSON, *La Représentation de Saint Louis dans les manuels d'histoire des écoles élémentaires (du XVIe siècle à nos jours)*, Mémoire de diplôme de l'É.H.É.S.S., inédit, 1990 (directeur M. Ferro).
9. Patrick J. GEARY, *Furta Sacra. Thefts of Relics in the Central Middle Ages*, Princeton University Press, 1978.
10. Le bénédictin dom Poirier, témoin de cette opération au nom de la Commission des monuments de la Convention,

écrivit dans un sec compte rendu : « Le samedi 19 octobre 1793 [...]. En continuant la fouille dans le chœur, on a trouvé, à côté du tombeau de Louis VIII, celui où avait été déposé Saint Louis, mort en 1270. Il était plus court et moins large que les autres : les ossements en avaient été retirés lors de sa canonisation en 1297. *Nota*. La raison pour laquelle son cercueil était moins large et moins long que les autres, c'est que, suivant les historiens, ses chairs furent portées en Sicile : ainsi on n'a apporté à Saint-Denis que les os, pour lesquels il a fallu un cercueil moins grand que pour le corps entier » (Alain Boureau, *Le Simple Corps du roi*, Paris, 1988, p. 86).

11. Elizabeth A. R. Brown, « Philippe le Bel and the remains of Saint Louis », *Gazette des beaux-arts*, 1980/1981, pp. 175-182 ; *Acta Sanctorum*, mois d'août, vol. V, pp. 536-537 ; Robert Folz, *Les Saints Rois du Moyen Âge en Occident (VIe-XIIIe siècles)*, Bruxelles, 1984, pp. 179-180.

12. Voir Auguste Molinier, *Les Sources de l'histoire de France des origines aux guerres d'Italie (1494)*, vol. II, *Les Capétiens (1180-1328)*, Paris, 1903, n. 2542.

13. A. Erlande-Brandenburg, *Le roi est mort, op. cit.*, p. 96.

14. *Ibid.*, p. 96, n. 103.

15. Sur le développement d'une curieuse légende tunisienne de Saint Louis, voir A. Demeerseman, *La Légende tunisienne de Saint Louis*, Tunis, 1986. Nous avons vu en 1990 un tombeau contenant, d'après une inscription, les restes de Saint Louis dans la cathédrale désaffectée de Carthage.

16. A. Erlande-Brandenburg, *Le roi est mort, op. cit.*, p. 30 ; Elizabeth A. R. Brown, « Death and human body in the later Middle Ages : the legislation of Boniface VIII on the division of the corpse », *Viator*, 12, 1981, pp. 221-270 ; A. Paravicini Bagliani, *Il corpo del Papa, op. cit.* (*supra* p. 320 n. 98).

DEUXIÈME PARTIE

LA PRODUCTION DE LA MÉMOIRE ROYALE : SAINT LOUIS A-T-IL EXISTÉ ?

1. Marc Bloch, *La Société féodale*, Paris, nouv. éd. 1968, p. 16.

I
LE ROI DES DOCUMENTS OFFICIELS

1. De grands progrès ont été faits à cet égard dans l'historiographie française grâce à Jean-François Lemarignier et à ses élèves. Voir, en particulier, LEMARIGNIER, *Le Gouvernement royal aux premiers temps capétiens, op. cit. supra* p. 98 n. 102 ; ID., La France médiévale. Institutions et société, Paris, 1970 ; E. BOURNAZEL, *Le Gouvernement capétien au XIIe siècle, 1108-1180. Structures sociales et mutations institutionnelles*, Paris, 1975. Sur l'apport de la méthode prosopographique, voir *Genèse de l'État moderne : prosopographie et histoire de l'État* (Table ronde, Paris, 1984), Paris, 1986.

2. Michel PASTOUREAU, *Les Sceaux*, Turnhout, 1981 ; Brigitte BEDOS REZAK, « Signes et insignes du pouvoir royal et seigneurial au Moyen Âge : le témoignage des sceaux », dans *Actes du 105e Congrès national des sociétés savantes (Caen, 1980)*, Comité des travaux historiques, Philologie et histoire, t. I, 1984, pp. 47-82. Voir le deuxième sceau de majesté de Saint Louis, *ill. 12*.

3. Gaston TESSIER, *La Diplomatique royale française*, Paris, 1962, pp. 237 *sqq*.

4. *Ibid.*, pp. 244-246.

5. *Ibid.*, pp. 246-247.

6. Natalis DE WAILLY, dans *Recueil des historiens des Gaules et de la France*, pp. XXVIII-XLIV, et 407-512 (*regum mansiones et itinera*) ; G. TESSIER, *La Diplomatique royale française, op. cit.*, p. 293.

7. Le cas de la monarchie anglaise a été remarquablement étudié par M. CLANCHY, *From Memory to Written Record. England, 1066-1307*, Londres, 1979 ; nouv. éd. 1993

8. Ce registre est conservé aux Archives nationales sous la cote TJ 26. Georges TESSIER a défini un registre comme « un livre manuscrit dans lequel une personne physique ou morale transcrit ou fait transcrire les actes qu'elle expédie, qu'elle reçoit ou qui lui sont communiqués au fur et à mesure de leur expédition, de leur réception ou de leur communication ». La transcription vaut enregistrement.

9. G. TESSIER, *La Diplomatique, op. cit.*

10. G. SIVÉRY, *Saint Louis et son siècle, op. cit.*

11. A. TEULET (éd.), *Layettes du Trésor des chartes*, t. I, Paris, 1863, p. VI.

12. Voir, toutefois, Robert-Henri BAUTIER, « Critique diplomatique, commandement des actes et psychologie des souverains du Moyen Âge », *Comptes rendus de l'Académie des inscriptions et belles-lettres*, 1978, pp. 8-26. Élie Berger a mené une enquête sur « les dernières années de Saint Louis d'après les layettes du Trésor des chartes » (*Layettes du Trésor des chartes*, t. IV, Paris, 1902). On pouvait espérer sous ce titre, précisément, une étude de ce qu'apportent les archives royales à la connaissance de celui qui les a fait rassembler pendant la dernière décennie de sa vie et de son règne (1261-1270). Malheureusement, Élie Berger, malgré des références aux documents des layettes du Trésor des chartes, a surtout pris prétexte de ces documents pour esquisser en termes généraux la politique royale des dix dernières années, avec une attention particulière à ce qu'il appelle, de façon très anachronique, la « politique étrangère » de Saint Louis et avec la volonté de juger, d'une façon tout aussi caractéristique de l'histoire positiviste de la fin du XIXe siècle, cette politique de Saint Louis.

13. Arthur BEUGNOT (éd.), *Olim ou registres des arrêts rendus par la cour du roi sous les règnes de Saint Louis, Philippe le Hardi, etc.*, t. I, *1254-1273*, Paris, 1839 ; Edgar BOUTARIC, *Actes du Parlement de Paris*, t. I, *1254-1299*, Paris, 1863, en particulier pp. LXIV-LXVI.

14. *Olim*, t. I, p. 131, n. 75.

15. *Recueil des historiens des Gaules et de la France*, t. XXI, pp. 284-392. Les restes subsistant de la comptabilité royale ont été publiés par Natalis DE WAILLY aux tomes XXI et XXII de ce *Recueil*, 1855 et 1865. Pour l'hôtel, voir F. LOT et R. FAWTIER, *Histoire des institutions françaises au Moyen Âge*, t. II, *Les Institutions royales, op. cit.*, « L'Hôtel du roi », pp. 66 *sqq.*

16. Voir *supra*, pp. 160-161 et pp. 235-236.

17. *Recueil des historiens des Gaules et de la France*, t. XXIII.

18. Les enquêtes de Saint Louis ont été publiées par Léopold DELISLE, *ibid.*, t. XXIV, 1904.

19. Sur les progrès du calcul au XIIIe siècle, voir le beau livre d'Alexander MURRAY, *Reason and Society in the Middle Ages*, Oxford, 1978.

20. Sur les ordonnances, voir *infra*, pp. 784-785.

21. Voir *supra*, p. 128.

22. À la demande de Louis XV, c'est-à-dire du Régent,

Eusèbe de LAURIÈRE a publié en 1723 les *Ordonnances des rois de France* dans une édition très fautive qu'il importerait de remplacer (*op. cit.* ; réimpr. Farnborough, 1967). Gérard GIORDANENGO a pris la défense de cette édition ainsi que du *Recueil général des anciennes lois françaises depuis 420 jusqu'à la Révolution de 1789* (Paris, 1822-1833) pour le motif « qu'une vision [...] plus proche [que celle des médiévistes actuels] de la réalité médiévale, a présidé à cette compilation » (« Le pouvoir législatif du roi de France, XIe-XIIIe siècles : travaux récents et hypothèses de recherche », *Bibliothèque de l'École des chartes*, t. 147, 1989, pp. 285-286). Il me semble qu'une édition vraiment « scientifique » donnerait de meilleurs textes des ordonnances permettant leur utilisation par les historiens d'aujourd'hui, tout en respectant la pratique et la mentalité administratives médiévales. Sur l'évolution du pouvoir législatif de Saint Louis, voir Albert RIGAUDIÈRE, « Législation royale et construction de l'État dans la France du XIIIe siècle », dans André GOUDRON et Albert RIGAUDIÈRE (éd.), *Renaissance du pouvoir législatif et genèse de l'État*, Montpellier, 1988.

23. Voir *supra*, p. 227 et n. 32.
24. Voir *supra*, p. 345 n. 144.
25. G. TESSIER, *La Diplomatique royale française, op. cit.*

II

LE ROI DES HAGIOGRAPHES MENDIANTS : UN SAINT ROI DU CHRISTIANISME RÉNOVÉ

1. Plusieurs petits ordres Mendiants et un assez important, les Sachets ou frères du Sac, furent supprimés par le deuxième concile de Lyon, en 1274, qui ne laissa subsister que les quatre grands ordres Mendiants : Dominicains, Franciscains, Carmes et Augustins.

2. Je me permets de renvoyer à ma préface à une nouvelle édition de Max WEBER, *L'Éthique protestante et l'esprit du capitalisme*, Paris, 1964 ; nouv. éd., 1990, pp. 7-24.

3. Lester K. LITTLE, *Religious Poverty and the Profit Economy in Medieval Europe*, Londres, 1978 : ouvrage essentiel.

4. Jean DANIEL, *Les Religions d'un Président : regards sur les aventures du mitterrandisme*, Paris, 1988.

5. Richard W. EMERY, *The Friars in Medieval France. A*

Catalogue of French Mendicant Couvents (1200-1550), New York et Londres, 1962 ; Jacques LE GOFF, « Ordres mendiants et urbanisation dans la France médiévale », *Annales. E.S.C.*, 1970, pp. 924-943.

6. L. WADDING, *Annales Minorum*, 3e éd., Quarrachi, 1931, t. II, p. 182.

7. Voir *infra*, pp. 857-863. Colette Beaune émet l'hypothèse vraisemblable que « l'étroitesse des relations entre Saint Louis et les Franciscains est une légende » (je dirais une exagération) « née à la cour angevine de Naples dans la seconde moitié du XIIIe siècle » pour rapprocher Saint Louis de son petit-neveu Louis, évêque de Toulouse, franciscain, canonisé en 1317. Giotto, lié à la cour angevine, représente, vers 1330, dans la chapelle Bardi de l'église de Santa Croce, à Florence, Saint Louis avec la robe et le cordon des tertiaires franciscains assistant son petit-neveu. En 1547, une bulle du pape Paul IV fit officiellement de Saint Louis un tertiaire franciscain et l'office de ces tertiaires, vers 1550, affirme : « Louis s'associa à saint François pour qu'il dirige ses pas sous la règle de la pénitence » (C. BEAUNE, *Naissance de la nation France, op. cit.*, pp. 138-139).

8. A. VAUCHEZ, « Une campagne de pacification en Lombardie autour de 1233 », art. cité (*supra*, p. 77 n. 65).

9. Voir *infra*, pp. 958 *sqq.*, et particulièrement p. 967.

10. L. CAROLUS-BARRÉ, *Le Procès de canonisation de Saint Louis, op. cit.*

11. *Sancta* ne veut pas dire saint(e) au sens officiel, juridique du mot, mais signifie « très pieux ». On dit aujourd'hui encore « une sainte femme, un saint homme » pour désigner des personnes qui ne sont nullement canonisées.

12. *Recueil des historiens des Gaules et de la France*, t. XX, pp. 3-27. On trouvera une traduction de Geoffroy de Beaulieu dans L. CAROLUS-BARRÉ, *Le Procès de canonisation de Saint Louis, op. cit.*, pp. 29 *sqq.*

13. L'édition du tome XX du *Recueil des historiens des Gaules et de la France* se termine par une version en français des *Enseignements* de Saint Louis à son fils.

14. Voir *infra*, p. 454-455 et pp. 456 *sqq.*

15. « *De statu ejus, quantum ad regimen subditorum.* »

16. Treize pages du tome XX in folio du *Recueil des historiens des Gaules et de la France*, pp. 28-41, contre vingt-trois pour Geoffroy de Beaulieu.

17. Voir *infra*, pp. 590 *sqq*.

18. « *Sol et decus regum ac principum orbis terrae* » (Recueil des historiens des Gaules et de la France, op. cit., p. 37).

19. Des pièces originales du procès, il ne subsiste que de rares vestiges aux Archives du Vatican. Ils ont été publiés par Henri-François DELABORDE, « Fragments de l'enquête faite à Saint-Denis en 1282 en vue de la canonisation de Saint Louis », *Mémoires de la Société de l'histoire de Paris et de l'Île-de-France*, t. XXIII, 1896, pp. 1-71, et Louis CAROLUS-BARRÉ, « Consultation du cardinal Pietro Colonna sur le deuxième miracle de Saint Louis », *Bibliothèque de l'École des chartes*, t. 118, 1959, pp. 57-72. Une copie retrouvée de la déposition de Charles d'Anjou a été publiée par le comte P. E. RIANT : « 1282 : déposition de Charles d'Anjou pour la canonisation de Saint Louis », dans *Notices et documents publiés pour la Société de l'histoire de France à l'occasion de son cinquantième anniversaire*, Paris, 1884, pp. 155-176.

20. Pour les *Miracles*, voir *infra*, pp. 968-978.

21. GUILLAUME DE SAINT-PATHUS, *Vie de Saint Louis*, Paris, 1899. Je suis ici le point de vue de Delaborde. L. CAROLUS-BARRÉ, dans son *Essai de reconstitution* du procès *(op. cit.)*, a cru pouvoir rendre son dû à chacun des témoins qui ont déposé au procès. Malgré l'ingéniosité, l'érudition et l'intérêt de cette tentative, je ne suis pas toujours persuadé par cette déconstruction de la *Vie* de Guillaume de Saint-Pathus et je regrette qu'elle ne détruise l'unité de cette *Vie* qui constitue bien un texte cohérent, œuvre du franciscain, même si j'y vois aussi « la création collective des témoins du procès ».

22. GUILLAUME DE SAINT-PATHUS, *Vie de Saint Louis*, pp. 7-11.

23. On trouvera le plan de son œuvre qui remplit 155 pages dans l'édition Delaborde, pp. XXIX-XXXII. Voici les titres des vingt et un chapitres tels que les donne le manuscrit et que Guillaume leur a très probablement attribués : « Le premier chapitre est de la sainte nourriture en enfance ; le second de sa merveilleuse conversation en croissance ; le tiers de sa ferme croyance ; le quart de sa droite espérance ; le quint de son amour ardent ; le sixième de sa dévotion fervente ; le septième de sainte écriture étudier ; le huitième de dévotement Dieu prier ; le neuvième d'amour à ses proches fervant ; le dixième de compassion à eux s'empressant *(decorant)* ; le onzième de ses œuvres de pitié ; le douzième de sa profonde humilité ; le treizième de vigueur de patience ; le quatorzième

de roideur de pénitence ; le quinzième de beauté de conscience ; le seizième de sainteté de continence ; le dix-septième de droite justice ; le dix-huitième de sa simple honnêteté ; le dix-neuvième de sa débonnaire clémence ; le vingtième de sa longue persévérance.

Et du trépas bienheureux
Dont il alla d'ici aux cieux. »

24. On avait l'habitude, dans les couches supérieures de la société, de boire avant d'aller au lit ce qu'on appelait « le vin de coucher ».

25. GUILLAUME DE SAINT-PATHUS, *Vie de Saint Louis*, pp. 54-55.

26. *Ibid.*, p. 50.

27. *Ibid.*, p. 83. Je donne, dans la troisième partie, des détails sur ces largesses.

28. Je montrerai plus loin l'influence des Mendiants et de leur idéal sur la sainteté de Saint Louis (IIIe partie, chap. IX).

29. Henri-François DELABORDE, « Une œuvre nouvelle de Guillaume de Saint-Pathus », *Bibliothèque de l'École des chartes*, 63, 1902, pp. 267-288.

30. Si j'insiste sur ce problème de *genres littéraires* à travers lesquels les clercs du Moyen Âge ont forgé la mémoire des saints et hommes illustres qu'ils jugeaient mémorables et nous l'ont livrée, c'est parce que ces formes nous renseignent sur les mécanismes de production de cette mémoire.

31. H.-Fr. DELABORDE, « Une œuvre nouvelle... », art. cité, p. 268.

32. La reine a raconté à un confesseur que le roi, en période de continence sexuelle, s'il allait, pour se reposer des affaires, retrouver sa femme et ses enfants, s'abstenait de regarder la reine par chasteté.

33. Voir *infra*, pp. 871-872.

34. Voir *infra*, p. 465.

35. On peut ajouter à ces trois légataires Mendiants de la mémoire de Saint Louis le dominicain Thomas de Cantimpré, entré probablement au couvent des Prêcheurs de Louvain en 1232 et mort à peu près en même temps que Saint Louis, vers 1270-1272. Dans son *Bonum universale de apibus* (« Le Bien universel tiré des abeilles »), rédigé entre 1256 et 1263 (avec des additions ultérieures), « sorte de traité de morale pratique dans le cadre d'un développement allégorique sur les abeilles », Thomas évoque à plusieurs reprises son

contemporain le roi de France Louis, pour illustrer telle ou telle vertu par son exemple. Habituellement sévère pour les seigneurs et les princes, il exprime son admiration pour Louis IX en ces termes : « Rends grâces au roi du ciel, rends grâces au Christ, prince du salut, ô Église ; rends grâces surtout prêcheur et mineur ; rendons tous de solennelles actions de grâces à Dieu qui a donné un tel roi à ce temps, un roi qui tient son royaume d'une main forte et qui pourtant fournit à tous des exemples de paix, de charité, d'humilité » (THOMAS DE CANTIMPRÉ, *Bonum universale de apibus*, éd. G. Colvenere, Douai, 1617, pp. 588-590, traduit par L. CAROLUS-BARRÉ, *Le Procès de canonisation, op. cit.*, pp. 247-248).

III

LE ROI DE SAINT-DENIS :
UN SAINT ROI DYNASTIQUE ET « NATIONAL »

1. *Caput regni*, qui désigne aussi bien Saint-Denis que Paris : Anne LOMBARD-JOURDAN, « Montjoie et Saint-Denis ! », *op. cit.* (*supra*, p. 271 n. 43).

2. Voir *supra*, pp. 82 et 320 *passim*.

3. Bernard GUENÉE, « Chancelleries et monastères. La mémoire de la France au Moyen Âge », dans P. NORA (éd.), *Les Lieux de mémoire*, t. II, *La Nation*, vol. 1, Paris, 1986, pp. 15-21 ; Alexandre VERDIER, *L'Historiographie à Saint Benoît-sur-Loire et les miracles de saint Benoît*, Paris, 1965.

4. Colette BEAUNE, « Les sanctuaires royaux », dans P. NORA (éd.), *op. cit.*, t. II, *La Nation*, vol. 1, pp. 58 sqq. ; Gabrielle M. SPIEGEL, dans le résumé de sa thèse *The Chronicle Tradition of Saint-Denis* (Brookline, Mass. et Leyde, 1978), n'élucide pas pleinement les problèmes complexes des manuscrits historiographiques de Saint-Denis.

5. J. LE GOFF, « Le dossier de sainteté de Philippe Auguste », art. cité (*supra*, p. 45 n. 10).

6. *Roman* signifie, je le rappelle, œuvre écrite en français.

7. Bernard GUENÉE, « Histoire d'un succès », dans Fr. AVRIL, M.-Th. GOUSSET, B. GUENÉE, *Les Grandes Chroniques de France*, Paris, 1987, p. 93.

8. B. GUENÉE, « Chancelleries et monastères. La mémoire de la France au Moyen Âge », art. cité (*supra*, p. 400 n. 3), p. 25.

9. On a attribué à Primat une chronique en latin s'étendant

de 1250 à 1285, dont on ne possède qu'une traduction française de Jean de Vignay au XIVe siècle. Cette attribution reste, me semble-t-il, à démontrer. Cf. G. Spiegel, *The Chronicle Tradition of Saint Denis, op. cit.*, pp. 89-92.

10. J.-B. La Curne de Sainte-Palaye, « Mémoire sur la vie et les ouvrages de Guillaume de Nangis et de ses continuateurs », *Mémoires de l'Académie royale des inscriptions et belles-lettres*, 8, 1733, pp. 560-579 ; H. Géraud, « De Guillaume de Nangis et de ses continuateurs », *Bibliothèque de l'École des chartes*, 3, 1841, pp. 17-46 ; Léopold Delisle, « Mémoire sur les ouvrages de Guillaume de Nangis », *Mémoires de l'Académie des inscriptions et belles-lettres*, 27, 2e partie, 1873, pp. 287-372 ; H.-F. Delaborde, « Notes sur Guillaume de Nangis », *Bibliothèque de l'École des chartes*, 44, 1883, pp. 192-201 ; G. M. Spiegel, *The Chronicle Tradition of Saint-Denis, op. cit.*, pp. 98-108.

11. H. Géraud, art. cité, p. 46, repris par G. M. Spiegel, *op. cit.*, p. 101.

12. La *Vie* de Saint Louis et la *Vie* de Philippe III ont été éditées par M. Daunou dans *Recueil des historiens des Gaules et de la France*, t. XX, pp. 310-465 (texte latin) et traduction française de la fin du XIIIe siècle. La *Chronique* latine a aussi été éditée dans ce tome XX (pp. 544 *sqq.*) et par H. Géraud avec les *Continuations* de la *Chronique* (2 vol., Paris, 1843). Guillaume de Nangis a également écrit une *Chronique abrégée* éditée par M. Daunou dans le *Recueil des historiens des Gaules et de la France*, t. XX, pp. 645-653.

13. Voir *supra*, pp. 146-149.

14. Chronique latine de Guillaume de Nangis, dans *Recueil des historiens des Gaules et de la France*, t. XX, pp. 545-546 (une page et demie de l'édition M. Daunou, pp. 180-181).

15. Comme l'a justement remarqué Bernard Guenée.

16. B. Guenée, « Chancelleries et monastères », art. cité (*supra* p. 400 n. 3), p. 25.

17. « *Fredericus imperator Romanus misit nuntios ad soldanum Babyloniae et contrapit cum eo, ut dicitur, amicitias Christianitati suspectas* » (*ibid.*, p. 181).

18. C'est, je le rappelle, la première grève connue de l'histoire européenne.

19. « *Studium litterarum et philosophiae, per quod thesaurus scientiae qui cunctis aliis praeminet et praevalet acquisitur* » (p. 182).

20. « *Divitiae salutas sapientia et scientia* » : c'est une citation d'Isaïe, XXXIII, 6.

21. « *Quia repulisti scientiam, repellam te* » : c'est une citation d'Osée, IV, 6.

22. « *Si autem de eodem separata fuerint vel aversa, omne regnum in seipsum divisum desolabitur atque cadet* » (p. 183).

23. H. GRUNDMANN, « *Sacerdotium-Regnum-Studium*. Zur Wertung der Wissenschaft im 13. Jahrhundert », *Archiv für Kulturgeschichte*, 34, 1951.

24. Je penche pour Guillaume de Nangis, car le développement se retrouve intégralement dans la *Vie*, publiée d'après un manuscrit censé donner le texte de Guillaume (pp. 318-320).

25. Il est bien l'aboutissement de la nouvelle conception du roi qu'a exprimée, comme on l'a vu, Jean de Salisbury au milieu du XIIe siècle : « Un roi illettré n'est qu'un âne couronné » *(Rex illiteratus quasi asinus coronatus).*

26. Voir J. LE GOFF, « La France monarchique. I. Le Moyen Âge », dans A. BURGUIÈRE et J. REVEL (éd.), *Histoire de la France*, t. II (*op. cit.*, *supra*, p. 79 n. 70), pp. 83-85.

27. *Francia* a ici le sens restreint d'Île-de-France.

28. *Ibid.*, p. 183.

29. *Ibid.*, p. 433.

30. *Recueil des historiens des Gaules et de la France, op. cit.*, t. XX, p. 343.

31. La métaphore solaire ne me paraît pas appartenir à la tradition de la symbolique royale du christianisme latin. Elle mériterait une recherche. Voir *infra*, pp. 611, 753, et *supra*, p. 390 n. 18.

32. *Recueil des historiens des Gaules et de la France, op. cit.*, t. XX, pp. 315-317.

33. Voir le récit de cet épisode, p. 631-637. Bernard LEWIS (*Les Assassins. Terrorisme et politique dans l'Islam médiéval* [1967], trad. fr., Paris, 1982 ; nouv. éd., Bruxelles, 1984) indique qu'il n'est pas documenté, mais confirme que Saint Louis a eu des relations avec les Assassins durant son séjour en Terre sainte (p. 163 *sqq.*). Un envoyé de Frédéric Barberousse, en 1175, donne pour étymologie : *Heyssessini*, c'est-à-dire « seigneur de la montagne » (*ibid.*, p. 37).

IV

LE ROI DES *EXEMPLA*

1. Au XIXe siècle, l'érudit Albert Lecoy de la Marche intitule un recueil d'*exempla* médiévaux qu'il a réunis *Anecdotes historiques* (voir *infra*, pp. 423-425 et n. 8).

2. Cl. Brémond, J. Le Goff, J.-Cl. Schmitt, *L'« Exemplum »*, Turnhout, 1982 ; J.-Th. Welter, *L'Exemplum dans la littérature religieuse et didactique du Moyen Âge*, Toulouse, 1927 ; Jacques Berlioz et Marie-Anne Polo de Beaulieu, *Les Exempla médiévaux. Introduction à la recherche*, suivie des Tables critiques de *l'Index exemplorum* de F. C. Tubach, Carcassonne, 1992 ; C. Delcorno, « Nuovi studi sull' "exemplum". Rassegna », in *Lettere italiane*, 1994, pp. 459-497. Un colloque sur « Les *exempla* médiévaux : nouvelles perspectives » s'est tenu à Saint-Cloud à l'automne 1994 sous la direction de M. Brossard, J. Berlioz et M. A. Polo de Beaulieu.

3. Cl. Brémond, J. Le Goff, J.-Cl. Schmitt, *L'« Exemplum »*, p. 37.

4. *Ibid.*, p. 164.

5. Marie-Anne Polo de Beaulieu, « L'anecdote biographique dans les *exempla* médiévaux », *Sources. Travaux historiques*, n° 3-4, *La Biographie*, 1985, pp. 13-22.

6. J. Le Goff, « Philippe Auguste dans les *exempta* », art. cité (*supra*, p. 45 n. 10), pp. 145-154.

7. Sur Étienne de Bourbon, on consultera l'introduction de l'édition par Jacques Berlioz du *Tractatus de diversis materiis praedicabilibus* (sous presse).

8. Étienne de Bourbon, *Anecdotes historiques (Tractatus de diversis materiis praedicabilibus)*, A. Lecoy de la Marche (éd.), Paris, 1877, p. 443 ; traduction de A. Lecoy de la Marche, dans *L'Esprit de nos aïeux. Anecdotes et bons mots tirés des manuscrits du XIIIe siècle*, Paris, 1888, pp. 95-96.

9. Voir *supra*, p. 102.

10. Texte latin dans l'édition d'extraits du *Tractatus* par Lecoy de la Marche citée plus haut (p. 424), p. 63 ; traduction du même érudit, *L'Esprit de nos aïeux, op. cit.*, p. 97.

11. Tours, Bibliothèque municipale, Ms. 205.

12. A. Lecoy de la Marche, *Anecdotes historiques, op. cit.*, p. 388, n. 1.

13. Ce n'est pas dit explicitement, mais s'il ne s'agit pas du fils aîné, l'*exemplum* n'a plus grand sens.

14. Voir *infra*, pp. 738 *sqq*.

15. A. LECOY DE LA MARCHE, *L'Esprit de nos aïeux, op. cit.*, pp. 98-100.

16. Voir *infra*, pp. 731-732.

17. A. VAUCHEZ, *Les Laïcs au Moyen Âge, op. cit.* (*supra*, p. 73 n. 51) ; G. LOBRICHON, *La Religion des laïcs en Occident, op. cit.* (*supra*, p. 73 n. 51).

18. A. LECOY DE LA MARCHE, *L'Esprit de nos aïeux, op. cit.*, pp. 100-101.

19. Voir *infra*, pp. 866-870.

20. A. LECOY DE LA MARCHE, qui en a donné la traduction, le présente ainsi : « Ce dialogue entre Saint Louis et saint Bonaventure, que celui-ci a rapporté lui-même, est tiré d'un manuscrit d'Italie récemment découvert par le P. Fedele da Fanna et cité par lui dans l'Introduction écrite pour la nouvelle édition des œuvres du docteur Séraphique » (*L'Esprit de nos aïeux, op. cit.*, pp. 102-103).

21. Voir *infra*, pp. 861 et 868-870.

22. Voir *infra*, 757 et Index, *s. v.* « Péché ».

23. *Tractatus de diversis historiis Romanorum et quibusdam aliis verfangt in Bologna im Jahre 1326*, S. HERZSTEIN (éd.), Erlanger Beiträge, Helft XIV, 1893. Voir J.-Th. WELTER, dans *L'Exemplum, op. cit.*, p. 358 n. 54.

24. *Tractatus de diversis historiis Romanorum, op. cit.*, pp. 29-30.

25. Voir *supra*, pp. 279-281 et *infra*, pp. 694-695 et 740-742.

26. *Tractatus de diversis historiis Romanorum, op. cit.*, p. 27.

27. LE MÉNESTREL DE REIMS, éd. Natalis de Wailly citée. Son savant éditeur de la fin du XIXe siècle a élaboré un « sommaire critique de l'œuvre » qui rassemble ses principales erreurs et s'étale sur plusieurs pages.

28. *Ibid.*, p. 98.

29. LE MÉNESTREL DE REIMS le dit : « La reine Blanche menait grand deuil [...] son enfant était petit et elle était une femme seule d'étrange contrée » (p. 174). « Les barons pensaient beaucoup de mal de la reine de France. Ils faisaient souvent parlements ensemble et disaient qu'il n'y avait personne en France qui pût les gouverner, ils voyaient que le roi et ses frères étaient jeunes et ils prisaient peu la mère » (p. 176).

30. *Ibid.*, pp. 182-183.

31. Il semble que Louis était donc mort et que le Ménestrel aurait écrit ce passage après 1260.

32. Ce qui permet de dater le texte de 1261 probablement ou même de la fin de 1260.

33. Le Ménestrel de Reims, éd. citée, pp. 189-190 : « et encore i pert ».

34. *Ibid.*, p. 190. Pour Matthieu Paris, voir *infra* pp. 500-521.

35. Joinville, *Histoire de Saint Louis, op. cit.*, p. 69. Joinville, noble traditionnel, cherche à se rapprocher du modèle de Godefroy de Bouillon, même s'il a bien l'espoir de revenir. Il hypothèque ses terres plutôt que de s'endetter en argent. « Parce que je ne voulais emporter nuls deniers à tort, j'allai à Metz en Lorraine laisser en gage grande foison de ma terre. Et sachez qu'au jour où je partis de notre pays pour aller en la Terre sainte, je ne tenais pas mille livres de rente en terres, car, madame ma mère vivait encore, et pourtant j'y allai moi dixième de chevaliers et moi troisième de bannerets » (*ibid.*, p. 65).

36. Le Ménestrel de Reims, éd. citée, pp. 190-191.

37. Voir *infra*, p. 873, et le grand texte de Michelet, pp. 1000-1001.

38. Le Ménestrel de Reims, éd. citée, pp. 191-192.

39. Je n'en ai pas tenu compte dans la première partie, le témoignage du Ménestrel étant très sujet à caution. Mais sur les conduites, mentalités et intérêts des hommes du XIIIe siècle, c'est une source intéressante.

40. *Ibid.*, pp. 192-193.

41. Le Ménestrel de Reims, éd. citée, pp. 193-194.

42. Joinville, *Histoire de Saint Louis*, pp. 89-91.

43. Voir *infra*, pp. 746-748.

44. Voir *supra*, p. 263 n. 28 et *infra*, pp. 801-802 et 873-876.

45. Voir *infra*, pp. 713-716 et p. 967-968.

46. Le Ménestrel de Reims, pp. 234-235. Le « mauvais roi Jehan » est Jean sans Terre.

47. Voir, à propos de Matthieu Paris, *infra*, pp. 518 *sqq.*

48. Le Ménestrel de Reims, p. 235.

49. *Ibid.*, p. 236.

50. *Ibid.*, p. 235.

51. Marie-Dominique Chenu, *L'Éveil de la conscience dans la civilisation médiévale*, Montréal et Paris, 1969.

52. LE MÉNESTREL DE REIMS, p. 237. Sur la mort du jeune Louis et le deuil de Saint Louis, voir *supra*, p. 313-314, et *infra*, p. 847.
53. Voir *infra*, p. 516.
54. LE MÉNESTREL DE REIMS, p. 237 *sqq*.
55. *Ibid.*, p. 239.

V

PRÉFIGURATION DE SAINT LOUIS
DANS L'ANCIEN TESTAMENT

1. Marc REYDELLET, *La Royauté dans la littérature latine, de Sidoine Apollinaire à Isidore de Séville*, Rome, 1981. Sur la Bible comme « Miroir des princes », voir le chapitre suivant.
2. F. LANGLAMET, « Pour ou contre Salomon ? La rédaction pro-salomonienne de I Rois I-II », *Revue biblique*, 83, 1976, pp. 321-379 et 481-528.
3. Aryeh GRABOIS, « L'idéal de la royauté biblique dans la pensée de Thomas Becket », dans *Thomas Becket* (Actes du colloque international de Sédières, 19-24 août 1973), publiés par R. FOREVILLE, Paris, 1975, p. 107.
4. Alexandre CISEK, « La rencontre de deux "sages" : Salomon le "Pacifique" et Alexandre le Grand dans la légende hellénistique médiévale », dans *Images et signes de l'Orient dans l'Occident médiéval*, Senefiance, n° 11, 1982, pp. 75-100. Cf. Marc BLOCH, « La vie d'outre-tombe du roi Salomon », *Revue belge de philosophie et d'histoire*, 4, 1925, repris dans *Mélanges historiques*, t. II, Paris, 1963, pp. 920-938. Il y eut pourtant, au XIIIe siècle, une réhabilitation de Salomon comme modèle du roi sage. Voir Philippe Buc, *L'Ambiguïté du livre. Prince, pouvoir et peuple dans les commentaires de la Bible au Moyen Âge*, Paris, 1994, pp. 28-29.
5. Eugen EWIG, « Zum christlichen Königsgedanken im Frühmittelalter », dans *Das Königstum. Seine geistigen und rechtlichen Grundlagen*, Mainauvorträge, 1954 (Vortrage und Forschungen, éd. Th. Mayer, t. III), Lindau et Constance, 1956, pp. 11 et 21 ; Frantisek GRAUS, *Volk, Herrscher und Heiliger im Reich der Merowinger*, Prague, 1965, p. 344, n. 223.
6. L. K. BORN, « The Specula Principis of the Carolingian Renaissance », *Revue belge de philosophie et d'histoire*, 12, 1933, pp. 583-612 ; H. H. ANTON, *Fürstenspiegel und Herrscher-*

ethos in der Karolingerzeit, Bonn, 1969 ; Walter ULLMANN, *The Carolingian Renaissance and the Idea of Kingship*, Londres, 1969. Voir le chapitre suivant.

7. H. STEGER, *David rex et propheta. König David als vorbildliche Verkörperung des Herrschers und Dichters im Mittelalter*, Nuremberg, 1961.

8. Ernst H. KANTOROWICZ, *Laudes regiae. A Study in Liturgical Acclamations and Mediaeval Ruler Worship*, Berkeley et Los Angeles, 1946, pp. 53-54 ; Robert FOLZ, *Le Couronnement impérial de Charlemagne*, Paris, 1964, pp. 97-98 et 118-120.

9. Percy Ernst SCHRAMM, « Das Alte und das Neue Testament in der Staatslehre und der Staatssymbolik des Mittelalters », dans *Settimane di studio del Centro italiano di studi sull'Alto Medioevo*, 10, Spolète, 1963, pp. 229-255.

10. *Patrologie latine*, vol. 102, col. 934 *sqq.*

11. « La crainte de Dieu, la sagesse, la prudence, la simplicité, la patience, la justice, le jugement [droit], la miséricorde, l'humilité, le zèle pour la droiture, la clémence, le [bon] conseil. »

12. *Gesta Treverorum Continuatio*, dans *Monumenta Germaniae Historica. Scriptores*, t. XXIV, Leipzig, 1879, pp. 388-389, cité par E. A. R. BROWN, « La notion de la légitimité et la prophétie à la cour de Philippe Auguste », art. cité (*supra*, p. 91 n. 92), p. 87.

13. GUILLAUME DE CHARTRES, *De Vita et de Miraculis*, p. 30.

14. GEOFFROY DE BEAULIEU, *Vita*, pp. 3-4.

15. Voir *infra*, p. 948.

16. *Recueil des historiens des Gaules et de la France*, t. XXIII, p. 153.

17. HELGAUD DE FLEURY, *Vie de Robert le Pieux*, texte édité, traduit et annoté par R.-H. BAUTIER et G. LABORY, Paris, 1965, *sub verbo* et notamment p. 58 et p. 138.

18. G. DUBY, « Le lignage », art. cité (*supra*, p. 319 n. 97), pp. 31-56.

19. Wilhelm BERGES, *Die Fürstenspiegel des hohen und späten Mittelalters*, Leipzig, 1938, pp. 24 *sqq.*

20. A. GRABOIS, « L'idéal de la royauté biblique dans la pensée de Thomas Becket », art. cité.

21. Robert BARTLETT, *Gerald of Wales, 1146-1223*, Oxford, 1982, p. 712.

22. Voir *infra*, pp. 469-470.

23. Toutefois, « dans la préface de l'*Admonitio generalis* de

787, Charlemagne se compare au roi Josias qui tentait de ramener le royaume qui lui avait été confié par Dieu au vrai culte divin » (Pierre RICHÉ, *Les Carolingiens*, Paris, 1983, p. 123). J'espère la publication prochaine de la thèse de Dominique ALIBERT, *Les Carolingiens et leurs images. Iconographie et idéologie* (université de Paris IV, 1994). Je reprends ici l'essentiel de mon étude « Royauté biblique et idéal monarchique médiéval : Saint Louis et Josias », dans *Les Juifs au regard de l'histoire. Mélanges Bernhard Blumenkranz*, Paris, 1985, pp. 157-168.

24. Voir *supra*, p. 396 n. 39. Il est difficile de savoir si ce sermon a été écrit avant ou après la rédaction de la *Vie*. Mais il renferme des détails presque certainement tirés de la *Vita* perdue rédigée à la Curie romaine. Le plan du sermon publié par H.-F. Delaborde permet de repérer que Guillaume de Saint-Pathus a au moins deux fois pris David comme modèle de Saint Louis.

25. « Splendeur de sagesse, douceur de compassion, pureté de continence, ferveur de dévotion. »

26. « David assis dans une chaire, prince très sage. »

27. « Mon serviteur David sera prince au milieu de vous. »

28. Robert FOLZ, « La sainteté de Louis IX d'après les textes liturgiques de sa fête », *Revue d'histoire de l'Église de France*, 57, 1971, p. 36.

29. « Tu es un prince très illustre et grand. »

30. Théodore et Denis GODEFROY, *Le Cérémonial français*, Paris, 1649, t. I, p. 17. Un *ordo* est un manuel liturgique pour la consécration d'un personnage sacré, évêque ou roi par exemple.

31. M. BLOCH, *Les Rois thaumaturges*, *op. cit.* (*supra*, p. 335 n. 126), p. 68.

32. *Recueil des historiens des Gaules et de la France*, t. XXIII, p. 152 (« Le roi pacifique a été magnifié », le thème étant : « Le roi Salomon a été magnifié sur tous les rois de la terre par ses richesses et sa sagesse »).

33. VINCENT DE BEAUVAIS, *De eruditione filiorum nobilium*, éd. A. Steiner, Cambridge (Mass.), 1938, rééd. New York, 1970.

34. Voir *supra*, pp. 102 *sqq.*, sur le roi enfant. Sur la valorisation de l'enfant, voir P. RICHÉ et D. ALEXANDRE-BIDON (*L'Enfance au Moyen Âge*, *op. cit.*, *supra*, p. 102 n. 110), un peu trop optimistes.

35. Vincent de Beauvais, *De eruditione filiorum nobilium, op. cit.,* éd. citée, p. 87.

36. R. Folz, art. cité, p. 34 n. 22 : « *Toto corde cum rege Josia quaesivit Deum ab infantia.* »

37. *Ibid.,* p. 38 : « *culta colebat sedula Deum verbis et actibus* ».

38. « *Similis illi non fuit ante eum rex, qui reverteretur ad Dominum in omni corde suo, et in tota anima sua, et in universa virtute sua.* »

39. Geoffroy de Beaulieu, *Vita,* pp. 3-26.

40. Traduction de la Bible de Jérusalem.

41. David n'est en fait que son ancêtre.

42. « Il enleva les abominations de l'impiété et gouverna son cœur en le dirigeant vers le Seigneur et, en un temps de péché, il raffermit sa piété pour le culte divin. »

43. Guillaume de Chartres, *De Vita et de Miraculis,* p. 29. Ces métaphores aromatiques sont plus importantes qu'on ne pourrait le croire. Jean-Pierre Albert a montré qu'elles participent de l'idéologie royale et du modèle christique, *Odeurs de sainteté. La mythologie chrétienne des aromates,* Paris, 1990.

VI

LE ROI DES « MIROIRS DES PRINCES »

1. Pierre Gibert, *La Bible à la naissance de l'histoire,* Paris, 1979.

2. Sur les ancêtres des « Miroirs des princes », voir Pierre Hadot, *s.v.* « Fürstenspiegel », dans *Reallexikon für Antike und Christentum,* t. VIII, 1972, col. 555-632.

3. H. H. Anton, *Fürstenspiegel und Herrscherethos in der Karolingerzeit, op. cit.* (*supra,* p. 450 n. 6). Michel Rouche s'est récemment posé la question de savoir si ces « Miroirs » ne reflétaient pas surtout leurs auteurs ecclésiastiques : « Miroir des princes ou miroir du clergé ? », dans *Commitenti e produzione artistico-letteraria nell'alto medioevo occidentale,* Spolete Centro italiano di studi sull'Alto Medioevo, 1992, pp. 341-367. C'est un aspect du problème que je me pose ici.

4. J. Dickinson, « The medieval conception of Kingship and some of its limitations as developed in the "Policraticus" of John of Salisbury », *Speculum,* 1926, pp. 308-337. Voir *supra,* p. 455.

5. L. K. Born, « The Perfect Prince : a study in 13th and 14th

century ideal », *Speculum*, 1928, pp. 470-504. Pour la période antérieure, Georges Duby, « L'image des princes en France au début du XIe siècle », *Cahiers d'histoire*, 1982, pp. 211-216. De façon générale, D. M. Bell, *L'Idéal éthique de la monarchie en France d'après quelques moralistes de ce temps*, Paris et Genève, 1962.

6. Dans le *De eruditione filiorum regalium*, Vincent de Beauvais reprend les idées de Jean de Salisbury sur l'éducation à donner aux enfants, mais manifeste une conception nettement plus positive de l'enfant.

7. Sur Vincent de Beauvais et cette entreprise, voir *infra*, p. 682 et p. 964. Robert J. Schneider vient de publier le *De morali principis institutione* (Corpus Christianorum, Continuatio Mediaevalis, vol. 137), Turnhout, 1995.

8. *Éducation des rois et des princes*, édité par A. de Porter, dans *Les Philosophes belges*, t. IX, Louvain, 1914.

9. Si on les compte, on obtient respectivement 45 (soit 46 %), 41 (soit 42 %) et 12 (soit 12 %).

10. Sur Saint Louis et la chasse, voir *infra*, pp. 794-796.

11. G. Duby, *Le Chevalier, la Femme et le Prêtre*, *op. cit.* (*supra*, p. 331 n. 117).

12. Voir *supra*, pp. 285-292 et *infra*, pp. 765-767.

13. Lester K. Little, « Pride goes before Avarice : Social Change and the Vices in Latin Christendom », *American Historical Review*, LXXVI, 1971.

14. Voir *infra*, pp. 951-955.

15. Richard A. Jackson a insisté sur les innovations introduites dans le sacre de la suite des rois de France dans son remarquable ouvrage : *Vivat rex. Histoire des sacres et couronnements en France, 1634-1825* (Strasbourg, 1984). J'ai davantage insisté sur le conservatisme dans mon étude « Reims, ville du sacre » (dans P. Nora, [éd.], *Les Lieux de mémoire*, *op. cit.*, t. II, *La Nation*, vol. 1, pp. 89-184) et souligné les forces de résistance à l'innovation devant les pressions des Lumières et de la Révolution au moment des sacres de Louis XVI (1775), de Charles X (1825) et du sacre raté de Louis XVIII (entre 1815 et 1824).

16. Voir *infra*, pp. 674-675.

17. D. O'Connell, *Les Propos de Saint Louis*, *op. cit.*, p. 187.

18. Voir *infra*, pp. 955-958.

19. Robert Folz a pertinemment comparé les *Enseignements* de Saint Louis à ceux de saint Étienne, premier roi

chrétien de Hongrie dans les premières années du XIe siècle, seul précédent.

20. D. O'Connell, *The Teachings of Saint Louis*, op. cit., texte français dans D. O'Connell, *Les Propos de Saint Louis*, op. cit., pp. 29 à 55.

21. Voir *infra*, p. 761.

22. Joinville, *Histoire de Saint Louis*, pp. 11-13.

23. Groupe de la Bussière, *Pratiques de la confession*, Paris, 1983.

24. Carla Casagrande, Silvana Vecchio, *Les Péchés de la langue. Discipline et éthique de la parole dans la culture médiévale*, trad. fr., Paris, 1991.

25. Jacques Chiffoleau, « Dire l'indicible. Remarques sur la catégorie du *nefandum* du XIIe au XVe siècle », *Annales. E.S.C.*, 1990, pp. 289-324.

26. Ce chemin, de l'hôtel où il était logé à la pointe sud de la Cité au palais royal, nous paraît court, mais les églises étaient très nombreuses dans l'île de la Cité au XIIIe siècle.

27. P. Saenger, « Silent Reading : Its Impact on Late Medieval Script and Society », *Viator*, 13, 1982, pp. 367-414 ; Id., « Prier de bouche et prier de cœur », dans *Les Usages de l'imprimé*, Roger Chartier (éd.), Paris, 1987, pp. 191-227.

28. Voir Nicole Bériou, Jacques Berlioz et Jean Longère (éd.), *Prier au Moyen Âge*, Turnhout, 1991, et C.U.E.R.M.A., *La Prière au Moyen Âge*, Senefiance, n° 10, Aix-en-Provence, 1991.

29. A. Paravicini Bagliani, *Il corpo del papa*, op. cit. (*supra*, p. 320 n. 98).

30. Jean-Claude Schmitt, « Entre le texte et l'image : les gestes de la prière de saint Dominique », dans *Persons in Groups. Behaviour as Identity Formation in Medieval and Renaissance Europe*, New York, 1985, pp. 195-214 ; Id., *La Raison des gestes dans l'Occident médiéval*, Paris, 1990 ; Miri Rubin, *Corpus Christi. The Eucharist in Late Medieval Culture*, Cambridge, 1991 ; Pierre Marie Gy, *La Liturgie dans l'histoire*, Paris, 1990 (notamment sur la Fête-Dieu).

31. Jacques Le Goff, « Saint Louis et la parole royale », dans *Le Nombre du temps. En hommage à Paul Zumthor*, Paris, 1988, pp. 127-136 ; voir *infra*, pp. 686 *sqq*.

32. Saint Louis ne le dit pas, mais il est clair qu'il pense, en parlant de « l'onction avec laquelle les rois de France sont sacrés », à la sainte ampoule de Reims contenant l'huile du

baptême de Clovis miraculeusement apportée par le Saint-Esprit. C'est sous Saint Louis que la sainte ampoule prend définitivement la place essentielle dans la première partie du sacre royal. Voir *infra*, p. 956-957.

33. Voir *infra*, pp. 802-805.

34. Jacques KRYNEN croit à une marche, sinon délibérée, du moins à peu près constante, de la monarchie française médiévale vers l'absolutisme ; cf. son beau livre *L'Empire du roi. Idées et croyances politiques en France, XIIIᵉ-XVᵉ siècles*, Paris, 1993.

35. JOINVILLE, *Vie de Saint Louis*, pp. 18-19, voir *infra*, p. 984.

36. Voir *infra*, pp. 781 et 813.

37. Voir *supra*, pp. 138-142, et *infra*, pp. 836-902.

38. Philippe CONTAMINE, *La Guerre au Moyen Âge*, Paris, 3ᵉ éd., 1992 (chap. X, « La guerre : aspects juridiques, éthiques et religieux », pp. 419-477) ; F. H. RUSSELL, *The Just War in the Middle Age*, Cambridge, 1975.

39. SULPICE SÉVÈRE, *Vie de saint Martin*, XI, 2, éd. et trad. Jacques Fontaine, Paris, t. I, 1967, pp. 336-339.

40. J. LE GOFF et J.-Cl. SCHMITT, « Au XIIIᵉ siècle : une parole nouvelle », art. cité (*supra*, p. 72 n. 47), pp. 257-280.

VII

LE ROI DES CHRONIQUEURS ÉTRANGERS

1. B. GUENÉE, *Histoire et culture historique dans l'Occident médiéval*, *op. cit.* (*supra* p. 37 n. 1), pp. 20-22 : « L'espace et le temps ».

2. Sur Matthieu Paris, voir R. VAUGHAN, *Matthew Paris*, Cambridge, 1958, 2ᵉ éd., 1979.

3. M. R. JAMES, « The Drawings of Matthew Paris », *Walpole Society*, 14, 1925-1926.

4. La chronique de Roger Wendover s'intitule *Flores historiarum*, à ne pas confondre avec l'œuvre de même titre de Matthieu Paris.

5. MATTHIEU PARIS, *Chronica majora*, t. V, p. 354.

6. *Ibid.*, t. IV, p. 225 : « *Erat namque rex juvenis, tener et delicatus.* »

7. Voir *supra*, pp. 102 *sqq*.

8. C'est une des nombreuses erreurs de Matthieu Paris. On a vu que Louis VIII est mort à Montpensier en Auvergne et non au siège d'Avignon. L'erreur est d'autant plus étonnante

que l'inconséquent bénédictin oublie qu'il a cru Louis VIII empoisonné par le comte de Champagne : ce genre de mort peut difficilement être héréditaire.

9. Thibaud de Champagne présenté comme son amant.

10. Le « jugement de Dieu ».

11. MATHIEU PARIS, *Chronica majora*, t. II, p. 196.

12. *Ibid.*, p. 325.

13. Le texte latin dit : « *regnum regnorum, scilicet Gallia* », ce qui montre le prestige de la France en Chrétienté, *Gallia* étant employé pour désigner la France, *Francia* désignant habituellement alors le cœur de la France qu'on appellera, à la fin du Moyen Âge, « l'Île-de-France ».

14. MATTHIEU PARIS, *Chronica majora*, t. II, p. 366.

15. *Ibid.*, p. 393.

16. C'est aussi le moment où sa chronique ne dépend plus de celle de Roger Wendover.

17. Blanche de Castille est devenue, en 1241, *venerabilis ac Deo dilecta matrona* (« une matrone vénérable et aimée de Dieu ») !

18. Voir *supra*, p. 176.

19. MATTHIEU PARIS, *Chronica majora*, t. IV, p. 112.

20. *Ibid.*, p. 137.

21. *Ibid.*, p. 198. *Francus*, « franc », « libre ».

22. *Ibid.*, pp. 203-204.

23. Voir *supra*, pp. 304-305 et s. et *infra*, pp. 941-943.

24. *Ibid.*, t. V, p. 102. Pour une liste des extorsions de Saint Louis en France pour la croisade : *ibid.*, t. V, pp. 171-172.

25. *Ibid.*, p. 16.

26. On sait que les hommes du Moyen Âge croyaient à l'incorruptibilité du corps des saints ainsi qu'à la bonne « odeur de sainteté » qu'ils devaient répandre. C'était même un des critères de reconnaissance de la sainteté.

27. En 1297 l'année de la canonisation de Saint Louis, le pape Boniface VIII, par la bulle *Detestande feritatis*, interdit le démembrement des cadavres (E. A. R. BROWN, « Death and Human Body in the Later Middle Ages », art. cité, *supra*, p. 361 n. 16) ; A. PARAVICINI-BAGLIANI, *Il Corpo del Papa*, *op. cit.* (*supra* p. 320 n. 98).

28. Voir *supra*, pp. 348-350.

29. Voir *supra*, pp. 506-507.

30. *Chronica majora, op. cit.*, t. IV, p. 249 : « *apostolatum super gentem Occidentalem* ».

31. Le texte dit *Francia :* le mot prend petit à petit la place de *Gallia* pour désigner la France tout entière.

32. *Chronica majora, op. cit.*, t. V, p. 23.

33. *Ibid.*, t. V, p. 239.

34. *Ibid.*, t. V, p. 307.

35. Voir *supra*, pp. 91-92.

36. *Ibid.*, t. V, p. 202.

37. *Ibid.*, t. V, p. 247 : « en effet, la jactance militaire des Français déplut à Dieu » *(non enim complacuit Deo Francorum superbia militaris).*

38. *Ibid.*, t. V, p. 151 : *« more Gallico reboans et indecenter inhians ».*

39. Le mot est prononcé : *« ex Sarracenorum tolerantia ».*

40. *Ibid.*, t. V, pp. 106-107.

41. *Ibid.*, t. V, p. 108.

42. Voir *supra*, pp. 228-232.

43. *Ibid.*, t. V, p. 254.

44. *Ibid.*, t. V, p. 158.

45. *Ibid.*, t. V, p. 385 : *« dominus rex Francorum tempore tribulationis in Terra Sancta ingloriosus ».*

46. *Ibid.*, t. V, p. 280.

47. *Ibid.*, t. V, p. 160 : *« ne forte rex moreretur prae tristitia ».* On se rappelle qu'on donne à son fils né pendant sa brève captivité le prénom de Jean *Tristan*. Il mourra devant Tunis quelques jours avant son père.

48. *Ibid.*, t. V, p. 175.

49. *Ibid.*, t. V, p. 466.

50. *Ibid.*, t. V, p. 312.

51. *Ibid.*, t. V, p. 203.

52. Voir *supra*, pp. 249-251.

53. *Chronica majora*, t. V, p. 331.

54. *Ibid.*, t. V, p. 239 ; c'est à propos d'un incident où il montre son acceptation des coups de Dieu : *« ut secundus Job vere posset censeri ».* L'évêque qui veut consoler Louis au retour de la croisade (voir *supra*, pp. 249-251) lui donne aussi en exemple Job, ce qui ne console pas du tout le roi dont la spiritualité est différente, plus moderne.

55. Voir *supra*, pp. 293-297.

56. *Chronica majora*, t. V, p. 433 : *« per superbiam muliebrem ».*

57. Voir *infra*, p. 684.

58. *Chronica majora*, t. V, pp. 506-507.

59. Voir *supra*, pp. 300 *sqq*.

60. *Chronica majora*, t. V, p. 481.

61. *Ibid*., t. V, pp. 478-479.

62. *Ibid*., t. V, p. 479.

63. *Ibid*., t. V, pp. 480-481.

64. Le texte de Matthieu est la réponse de Jésus qui réplique à Jean-Baptiste qui veut être baptisé par Jésus et non l'inverse : « *sine modo, sic enim decet omnem adimplere justitiam* [...] » (Matth., III, 15). Louis, en *rex facetus*, insère *facetiam* qui donne, surtout dans le contexte, un tour parodique et plaisant à la phrase très sérieuse de Jésus.

65. *Chronica majora*, t. V, p. 481. Je reprends avec plus de détails ce festin dans la troisième partie, pp. 731-734. Une autre fête est organisée par les universitaires parmi lesquels les maîtres et étudiants anglais sont nombreux. Ils suspendent leurs cours pour faire des processions en habits de fête, chanter en tenant des branches et des fleurs, en portant des couronnes et en jouant divers instruments de musique. La fête dure deux jours et une nuit dans tout Paris, merveilleusement orné et illuminé. C'est la plus belle fête dont on ait jamais entendu parler en France *(ibid*., t. V, p. 477).

66. *Ibid*., t. V, p. 482.

67. *Ibid*., t. V, p. 745.

68. SALIMBENE DE ADAM, *Cronica*, nouv. éd. citée G. Scalia, 2 vol.

69. Récit dans la *Cronica, op. cit.*, vol. 1, pp. 99 *sqq*. Voir l'excellente étude d'A. VAUCHEZ, « Une campagne de pacification en Lombardie autour de 1233 », art. cité *(supra*, p. 77 n. 65).

70. Voir *supra*, pp. 246-249. Sur les idées de Joachim, voir H. MOTTU, *La Manifestation de l'Esprit selon Joachim de Fiore, op. cit. (supra*, p. 73 n. 54) ; D. C. WEST (éd.), *Joachim of Fiore in Christian Thought*, New York, 1975. Sur le prophétisme au XIIIe siècle : Marjorie REEVES, *The Influence of Prophecy in the Later Middle Ages. A Study in Joachimism*, Oxford, 1969. Sur le millénarisme : Bernhard TÖPFER, *Das Kommende Reich des Friedens*, Berlin, 1964 ; Ernst BENZ, *Ecclesia Spiritualis. Kirchenidee und Geschichtstheologie der Franziskanischen Reformation, Stuttgart, 1934*. J. LE GOFF, s. v. « Millénarisme », art. cité *(supra*, p. 73 n. 54).

71. W. Ch. JORDAN, *Louis IX and the Challenge of the Crusade, op. cit.*, p. 182.

72. Salimbene, *Cronica*, vol. 1, p. 256.
73. *Ibid.*, p. 304.
74. Il s'agit d'Eudes Rigaud dont je parle à plusieurs reprises, un ami et conseiller de Saint Louis.
75. *Cronica*, p. 318.
76. *Ibid.*, pp. 319-320.
77. *Ibid.*, pp. 320-321.
78. *Ibid.*, p. 322. Je développe la partie « gastronomique » de l'étape de Louis à Sens aux pages 730-731.
79. *Ibid.*, pp. 321-322.
80. *Ibid.*, p. 323.
81. *Ibid.*, pp. 322-323.
82. *Ibid.*, p. 323.
83. Voir *supra*, pp. 246-249.
84. *Ibid.*, p. 486. Voir *infra*, p. 1009 et Appendice II.
85. *Ibid.*, p. 340.
86. Voir *supra*, pp. 228-232.
87. *Cronica*, pp. 645-646.
88. C'est un argument en faveur de la thèse de R. E. Lerner sur l'existence de formes d'incroyance au XIIIe siècle, alors que l'idée d'une protection des hérétiques et de ces incroyants par la monarchie capétienne me paraît sans fondement : « The Uses of Heterodoxy : the French Monarchy and Unbelief in the XIIIth Century », *French Historical Studies*, IV, 1965. Voir *infra*, p. 901 n. 8.
89. *Cronica*, p. 646.
90. *Ibid.*, p. 821.
91. *Ibid.*, pp. 438 et 659.
92. Qu'il date du pontificat d'Alexandre IV (1253-1261).
93. *Cronica*, pp. 702-703.
94. Il n'y avait là, en fait, que les ossements du défunt : voir *supra*, pp. 350-351.
95. *Cronica*, p. 707.
96. *Ibid.*, p. 865.

VIII

LE ROI DES LIEUX COMMUNS :
SAINT LOUIS A-T-IL EXISTÉ ?

1. Étienne Delaruelle, « L'idée de croisade chez Saint Louis », *Bulletin de littérature ecclésiastique*, 1960, p. 242.

2. Edmond-René LABANDE, « Saint Louis pèlerin », *Revue d'histoire de l'Église de France*, 57, 1971, pp. 5-17.

3. Jacques MADAULE, *Saint Louis, roi de France*, Paris, 1943, p. 23.

4. Voir J.-Cl. SCHMITT, *La Raison des gestes, op. cit.*

5. Voir *infra*, pp. 713 *sqq.*

6. C'est une généalogie des rois de France extraite d'une chronique du ménestrel du comte de Poitiers écrite entre 1293 et 1297 ; approximative pour les âges et les dates : « Louis le Prudhomme fut couronné à XIII ans et VII mois [...]. Il mourut à Carthage après avoir régné XLIII ans et il était âgé de LVIII ans. Il y eut la paix dans le royaume en son temps, il aima Dieu et Sainte Église, et on dit qu'il est Saint » (*Recueil des historiens des Gaules et de la France*, t. XXIII, p. 146). Écrit avant la canonisation, ce texte est intéressant par ce qu'il dit et ce qu'il tait (la défaite et l'emprisonnement en Égypte), ainsi que pour son témoignage sur l'outillage des clercs du Moyen Âge en matière de chronologie : des âges de personnages et des durées (de prison et de règne) et pas de date.

7. Voir *supra*, pp. 456-463.

8. On verra plus loin la manière dont Louis a trouvé à table un compromis entre ces deux codes : *infra*, pp. 716 *sqq.*

9. William Ch. JORDAN, « *Persona* et *gesta :* the Image and Deeds of the Thirteenth Century Capetians. The Case of Saint Louis », *Viator*, vol. 19, 1988, 2, pp. 209-218.

10. Voir *infra*, pp. 822-823.

11. Voir *supra*, pp. 314.

12. SUGER, *Vie de Louis VI le Gros*, éd. citée (*supra*, p. 332 n. 120), p. 267. L'adolescent royal, âgé de quinze ans, fit une chute mortelle avec son cheval qu'un porc errant dans un faubourg de Paris avait heurté.

13. PIERRE DE BLOIS, *Epistola* 2, dans *Patrologie latine*, t. 207.

14. Voir LE NAIN DE TILLEMONT, *Vie de Saint Louis, op. cit.*, t. V, p. 117. Sur le couple frère-sœur, Louis-Isabelle, voir W. Ch. JORDAN, *Louis IX and the Challenge of the Croisade, op. cit.*, pp. 9-12.

15. JOINVILLE, *Histoire de Saint Louis*, p. 243.

16. L. K. LITTLE, « Saint Louis' Involvement with the Friars », art. cité *(supra*, p. 73 n. 50), p. 5.

17. Citée par G. DUBY, *Le Moyen Âge, de Hugues Capet à Jeanne d'Arc, op. cit.* (*supra*, p. 79 n. 70), p. 260. Voir *supra* p. 226 n. 31.

18. Helgaud de Fleury, *Vie de Robert le Pieux*, éd. citée (*supra*, p. 452 n. 17).

19. Helgaud de Fleury, *Vie de Robert le Pieux*, éd. citée, pp. 127-129.

20. M. Bloch, *Les Rois thaumaturges*, *op. cit.* (*supra*, p. 335 n. 126). Jacques Le Goff, « Le miracle royal », dans *Actes du colloque de Paris pour le centenaire de la naissance de Marc Bloch*, Paris, 1986.

21. Helgaud de Fleury, *Vie de Robert le Pieux*, *op. cit.*, pp. 138-139.

22. Le surnom « Auguste », donné très tôt à Philippe II pour avoir « augmenté » le domaine royal, s'effaça tout au long du XIIIe siècle devant celui de « Conquérant », avant de devenir habituel à partir du XIVe siècle.

23. J. Le Goff, « Le dossier de sainteté de Philippe Auguste », art. cité (*supra*, p. 45 n. 10).

24. Robert-Henri Bautier, « Les aumônes du roi aux maladreries, maisons-Dieu et pauvres établissements du royaume. Contribution à l'étude du réseau hospitalier... de Philippe Auguste à Charles VII », dans *Actes du 97e congrès national des sociétés savantes (Nantes, 1972), Bulletin philologique et historique*, Paris, 1979, pp. 37 à 105.

25. M. M. Colker (éd.), « The Karolinus of Egidius Parisiensis », Traditio, 34, 1973, pp. 99-325. Cf. Andrew W. Lewis, « Dynastic structures and Capetian throne-right : One View of Giles of Paris », *Traditio*, 33, 1977.

26. Voir *infra*, pp. 734-735.

27. Voir *supra*, pp. 456-463.

28. Caroline Bynum, « Did the Twelfth Century discover the individual ? », *Journal of Ecclesiastical History*, 31, 1980, repris dans *Jesus as Mother. Studies in the Spirituality of the High Middle Ages*, Berkeley, 1982, pp. 82-109. Sur l'individu au XIIIe siècle, voir *infra*, pp. 575 *sqq*.

29. Sur le modèle du roi chrétien, voir *supra*, le chapitre sur les Miroirs des princes, pp. 464-499, et la troisième partie.

30. Cf. W. Berges, *Die Fürstenspiegel des hohen und späten Mittelalters*, *op. cit.* (*supra*, p. 452 n. 19).

31. Voir les miracles de Saint Louis, *infra*, pp. 968-982.

IX

LE « VRAI » LOUIS IX DE JOINVILLE

1. Voir *supra*, pp. 223-224.

2. A. VAUCHEZ, *Les Laïcs au Moyen Âge, op. cit.* (*supra*, p. 73 n. 51) ; G. LOBRICHON, *La Religion des laïcs en Occident, op. cit.* (*supra*, p. 73 n. 51).

3. M. ZINK, « Joinville ne pleure pas mais il rêve », *Poétique*, 33, 1978, p. 34.

4. Voir *supra*, p. 41.

5. Louis Carolus-Barré cite les extraits de la *Vie* de Saint Louis par Guillaume de Saint-Pathus qui transcrivent, selon lui, la déclaration de Joinville au procès et les confronte avec les passages correspondants de l'œuvre de Joinville lui-même (L. CAROLUS-BARRÉ, *Le Procès de canonisation, op. cit.*, pp. 78-87, et la présentation du témoin Jean de Joinville — qu'il fait naître en 1225, et non 1224, sans qu'il s'agisse d'une transcription en style chronologique moderne, ajoutant une année à la datation médiévale pour les mois de janvier et de février, l'année commençant alors en mars, puisqu'il fait l'hypothèse du 1er mai comme date de naissance de Joinville — pp. 152-158).

6. *Histoire de Saint Louis*, p. 69. Voir *supra*, pp. 162-163.

7. *Ibid.* pp. 54-57.

8. *Ibid.*, pp. 82-83.

9. *Ibid.*, pp. 112-113.

10. *Ibid.*, pp. 124-127.

11. *Ibid.*, pp. 54-55. Voir *supra*, p. 163.

12. Voir *supra*, p. 251.

13. *Ibid.*, pp. 396-399.

14. Michèle PERRET, « À la fin de sa vie ne fuz je mie », *Revue des sciences humaines*, 183, 1981-1983, pp. 17-37. Je remercie pour leurs précieuses analyses présentées à mon séminaire de l'École des hautes études en sciences sociales Michèle PERRET (« Le statut du narrateur dans l'*Histoire de Saint Louis* de Joinville ») et Christiane MARCHELLO-NIZIA (« Formes verbales et stratégie discursive dans l'*Histoire de Saint Louis* de Joinville »).

15. Michel ZINK, *La Subjectivité littéraire. Autour du siècle de Saint Louis*, Paris, 1985, p. 219. Voir aussi le remarquable article déjà cité : « Joinville ne pleure pas, mais il rêve ».

16. C'est-à-dire « dicte », comme le font la plupart des « auteurs », y compris les clercs.
17. *Histoire de Saint Louis*, pp. 10-11.
18. M. ZINK, *La Subjectivité littéraire, op. cit.*, pp. 220 et 226.
19. *Histoire de Saint Louis*, pp. 20-21.
20. *Ibid.*, pp. 234-237.
21. M. ZINK, « Joinville ne pleure pas... », art. cité, pp. 42-44.
22. *Histoire de Saint Louis*, pp. 308-311.
23. Voir *supra*, p. 527-528.
24. *Histoire de Saint Louis*, pp. 35-35.
25. *Ibid.*, pp. 34-35. La scène, bien entendu, est faite pour souligner l'opposition entre la libre accessibilité à la justice personnelle du roi et les écrans qui s'interposent entre les plaignants et l'appareil judiciaire de plus en plus lourd, déjà un peu sous Louis IX et beaucoup plus sous Philippe le Bel sous le règne duquel Joinville compose sa Vie. C'est le modèle idéalisé d'un gouvernement monarchique direct, personnel, qu'a connu le jeune Joinville et qu'il oppose au modèle contemporain d'une monarchie bureaucratique dont il déprécie, dans sa vieillesse et sa nostalgie, le fonctionnement, et où il voit la personne du roi se dérober derrière elle.
26. *Ibid.*, pp. 34-35.
27. *Ibid.*, pp. 14-15.
28. J.S.P. TATLOCK, « Mediaeval Laughter », *Speculum*, 21, 1946, pp. 290-294 : Henri II d'Angleterre (1154-1189) est dit *rex facetus*.
29. *Histoire de Saint Louis*, pp. 8-9 et 344-345.
30. Voir Jacques LE GOFF, « Du ciel sur la terre : la mutation des valeurs du XIIe au XIIIe siècle dans l'Occident chrétien », dans *Odysseus. Man in History. Anthropology History Today*, Moscou, 1991, pp. 25-47 (en russe).
31. Ceci a été bien noté par Edmond-René LABANDE, « Quelques traits de caractère du roi Saint Louis », *Revue d'histoire de la spiritualité*, 50, 1974, pp. 143-146 ; voir *supra*, p. 237.
32. *Supra*, p. 558.
33. *Histoire de Saint Louis*, p. 310
34. *Ibid.*, p. 275.
35. *Ibid.*, pp. 274-275.
36. *Ibid.*, pp. 278-279.
37. *Ibid.*, pp. 370-373.
38. « Jamais je ne lui ai ouï nommer le diable si ce n'est en

quelque livre là où il convenait de le nommer, ou en la vie de saints de quoi le livre parlait » (*Histoire de Saint Louis*, pp. 378-379).

39. *Ibid.*, pp. 380-381.
40. *Ibid.*, pp. 89-91. Voir *supra*, pp. 443.
41. Jeu de tric-trac.
42. *Histoire de Saint Louis*, pp. 220-221.
43. *Ibid.*, p. 331. Voir *infra*, p. 822.
44. Joinville qui, lui aussi, déteste le blasphème est plus modéré : « En l'hôtel de Joinville qui dit une telle parole, il reçoit un soufflet *(bafe)* ou une tape *(paumelle)*. »
45. *Histoire de Saint Louis*, pp. 353-355.
46. *Ibid.*, pp. 358-361.
47. Voir *infra*, pp. 809-853, un traitement plus approfondi des rapports de Saint Louis avec sa famille, envisagés d'un autre point de vue, celui de Saint Louis lui-même.
48. *Histoire de Saint Louis*, pp. 216-219.
49. *Ibid.*, pp. 330-333.
50. *Ibid.*, p. 347.
51. *Histoire de Saint Louis*, pp. 326-327.
52. *Ibid.*, pp. 346-347.
53. Voir *infra*, pp. 839-840.
54. *Histoire de Saint Louis*, pp. 397-399. Voir *supra* p. 552.
55. JOINVILLE, *Histoire de Saint Louis*, pp. 411-413.
56. Sur la signification des « images » pour les hommes du Moyen Âge, voir J. WIRTH, *L'Image médiévale. Naissance et développement (VIe-XVe siècles)*, Paris, 1989, et Jean-Claude SCHMITT, « L'historien et les images aujourd'hui », *Xoana*, 1, 1993, pp. 131-137.

X

SAINT LOUIS ENTRE LE MODÈLE ET L'INDIVIDU

1. E. H. WEBER dans *La Personne humaine au XIIIe siècle* (Paris, 1991, p. 496 n. 6) parle également de « l'histoire agitée de la notion de "personne" ». J'ai laissé de côté cette notion car elle me paraît confinée, au Moyen Âge, dans le domaine de la philosophie et de la théologie. Il faut résister à la tentation de faire déborder dans la mentalité commune des concepts qui restent limités au monde des théologiens. Je crois que, de façon générale, l'univers de la théologie scolastique

du XIIe siècle n'éclaire pas l'outillage mental de la grande majorité des laïcs et même des clercs de l'époque. Seule, sans doute, la pensée politique d'un Thomas d'Aquin se diffusera (mais après Saint Louis) ainsi que certaines formes de pensée « rationnelle ».

2. Walter ULLMANN, *The Individual and Society in the Middle Ages*, Baltimore, 1966, p. 45.

3. *Ibid.*, p. 73.

4. Voir *supra*, pp. 279-282, et *infra*, pp. 740-741.

5. W. ULLMANN, *The Individual and Society, op. cit.*, p. 69.

6. En français dans le texte.

7. W. ULLMANN, *The Individual and Society, op. cit.*, p. 109.

8. Voir *supra*, p. 562.

9. Voir *ibid.*

10. Colin MORRIS, *The Discovery of the Individual, 1050-1200*, Londres, 1972. C. Morris a apporté des compléments à son livre dans l'article : « Individualism in XIIth century religion : some further reflexions », *Journal of Ecclesiastical History*, 31, 1980, pp. 195-206. Voir aussi le livre récent de Aaron GOUREVITCH, *La Naissance de l'individu au Moyen Âge* (version française), Paris, 1995.

11. Georg MISCH, *Geschichte der Autobiographie*, 2e éd., 4 vol. en 8 tomes, Francfort, 1949-1969 ; K. J. WEINSTRAUB, *The Value of the Individual. Self and Circumstance in Autobiography*, Chicago, 1978, 1982 (2e éd.) ; Sverre BAGGE, « The Autobiography of Abelard and Medieval Individualism », *Journal of Medieval History*, 19, 1993, pp. 327-350. Sv. Bagge a entrepris une recherche sur « L'individu dans la culture européenne ».

12. Claudio LEONARDI, Introduction à l'édition avec traduction italienne de GUILLAUME DE SAINT-THIERRY, *La lettera d'Oro* (« La lettre d'or »), Florence, 1983, p. 25.

13. 1972 ; trad. fr., Paris, 1983.

14. Sur ce que je pense de la notion de « personne », voir *supra*, p. 1142 n 1.

15. Aaron GOUREVITCH, « Au Moyen Âge : conscience individuelle et image de l'au-delà », *Annales. E.S.C.*, 1982, pp. 255-275 ; repris sous le titre « Perceptions of the Individual and the Hereafter, in the Middle Ages », dans *Historical Anthropology of the Middle Ages*, Polity Press, 1992, pp. 65-89. Je discute cette thèse, *infra* p. 590.

16. C. BYNUM, « Did the XIIth Century Discover the indivi-

dual ? », art. cité *(supra,* p. 544 n. 28). Voir aussi sur le thème de l'apparition de l'individu au XIIe-XIIIe siècle, John BENTON, *Self and Society in Medieval France. The Memoirs of Abbot Guibert of Nogent*, New York, 1970 ; « Individualism and Conformity in Mediaeval Western Europe », dans A. BANANI et S. VRYONIS Jr. (éd.), *Individualism and Conformity in Classical Islam*, Wiesbaden, 1977, pp. 148-158, et John BENTON, « Consciousness of Self and Perceptions of "Personality" », dans *Culture, Power and Personality in Medieval France*, Th. N. BISSON (éd.), Londres, 1991, pp. 327-356, ainsi que l'article très suggestif de Peter BROWN, « Society and the Supernatural : a Medieval Change », *Daedalus*, 104, 1975, et deux études d'histoire littéraire : Peter DRONKE, *Poetic Individuality in the Middle Ages*, Oxford, 1970, et R. W. HANNING, *The Individual in Twelfth Century Romance*, New Haven, 1977. Un colloque sur le thème *Individuum und Individualität im Mittelalter* s'est tenu au Thomas-Institut de l'université de Cologne en septembre 1994.

17. Jacques LE GOFF, « Le vocabulaire des catégories sociales chez saint François d'Assise et ses biographes au XIIIe siècle », dans *Ordres et classes. Colloque d'histoire sociale* (Saint-Cloud, 1967), Paris et La Haye, 1973, pp. 93-123.

18. Auxquels est consacré un traité anonyme du XIIe siècle : *Libellus de diversis ordinibus quae sunt in ecclesia* (« Livre des différents ordres qui sont dans l'Église »).

19. Voir Introduction, p. 27.

20. Jean-Claude SCHMITT, « La "découverte de l'individu" : une fiction historiographique ? », dans P. MENGAL et F. PAROT (éd.), *La Fabrique, la Figure et la Feinte. Fictions et statut des fictions en psychologie*, Paris, 1984, pp. 213-236. J.-Cl. Schmitt se réfère notamment à Jacob BURCKHARDT, *La Civilisation en Italie au temps de la Renaissance* (1860), Paris, 1885, IIe partie « Développement de l'individu » ; Otto VON GIERKE, *Deutsches Genossenschaftrecht* (1891), trad. partielle en français : *Les Théories politiques au Moyen Âge*, Paris, 1914 ; Louis DUMONT, *Essais sur l'individualisme. Une perspective anthropologique sur l'idéologie moderne*, Paris, 1983 ; Charles M. RADDING, *A World Made by Men : Cognition and Society. 400-1200*, Chapel Hill, 1985.

21. Voir *infra*, pp. 958 *sqq*. Robert FOLZ a bien analysé la différence qu'il y avait entre les *Enseignements* de Saint Louis et le manuel écrit au XIe siècle par le saint roi Étienne de

Hongrie pour son fils dans son beau livre sur *Les Saints Rois du Moyen Âge, op. cit.*

22. Cl. BRÉMONT, J. LE GOFF, J.-Cl. SCHMITT, *L'Exemplum, op. cit.* Voir *supra*, « Le roi des *exempla* », pp. 420-447.

23. *Histoire de Saint Louis*, p. 413.

24. François d'Assise est mort en 1226, l'année où l'enfant Louis devient roi. Il est canonisé dès 1228, soixante-neuf ans avant lui.

25. Francis DE BEER, *La Conversion de saint François selon Thomas de Celano*, Paris, 1963, en particulier pp. 240-243.

26. M. ZINK, *La Subjectivité littéraire, op. cit.*

27. Paul OURLIAC et Jean-Louis GAZZANIGA, *Histoire du droit privé français de l'an mil au Code civil*, Paris, 1985,

28. J. LE GOFF, *La Naissance du Purgatoire, op. cit.*

29. A. GOUREVIC, « Conscience individuelle et image de l'au-delà au Moyen Âge », art. cité (p. 506 n. 1). J'ai proposé dans ce même numéro des *Annales* (note de la p. 255) de nuancer cette thèse.

30. M.-D. CHENU, *L'Éveil de la conscience dans la civilisation médiévale, op. cit.* (*supra*, p. 444 n. 51) ; Joseph R. STRAYER, « La conscience du roi », *Mélanges R. Aubenas*, Montpellier, 1974 ; Elizabeth A.R. BROWN, « Taxation and Morality in the XIIIth and XIVth centuries : conscience and political power and the kings of France », *French Historical Studies*, 8, 1973, pp. 1-28.

31. GEOFFROY DE BEAULIEU, *Vita*, p. 7.

32. *Ibid.*, p. 13.

33. *Ibid.*, p. 10.

34. *Ibid.*

35. *Ibid.*, p. 6.

36. GUILLAUME DE SAINT-PATHUS, *Vie*, p. 19.

37. GUILLAUME DE NANGIS, *Vie de Saint Louis*, p. 456 : « *manu sua in gallico scripserat* ».

38. Jean BATANY, « L'amère maternité du français médiéval », *Langue française*, n° 54, mai 1982, p. 37.

39. De même, la reine Marguerite écrit avant 1270 ses lettres en latin et ensuite en français : G. SIVÉRY, *Marguerite de Provence, op. cit.*

40. D. O'CONNELL, *Les Propos de Saint Louis, op. cit.*

41. Voici le dossier que j'ai consulté sur l'iconographie du saint : Gaston LE BRETON, *Essai iconographique sur Saint Louis*, Paris, 1880 ; Auguste LONGNON, *Documents parisiens sur l'iconographie de Saint-Louis*, Paris, 1882 ;

Émile Mâle, « La vie de Saint Louis dans l'art français au commencement du XIVe siècle », dans *Mélanges Bertaux*, Paris, 1924, pp. 193-204 ; Émile Van Moe, *Un vrai portrait de Saint Louis*, Paris, 1940 ; P. M. Auzas, « Essai d'un répertoire iconographique de Saint Louis », dans *Septième centenaire de la mort de Saint Louis, op. cit.*, pp. 3-56. Les deux études que j'ai trouvées les plus intéressantes sont celles de Meredith Parsons Lilich, « An Early Image of Saint Louis », *Gazette des beaux-arts*, 1970-1971, pp. 251-256, et surtout A. Erlande-Brandenburg, « Le tombeau de Saint Louis », art. cité.

42. Roland Recht, « Le portrait et le principe de réalité dans la sculpture : Philippe le Bel et l'image royale », dans *Europäische Kunst um 1300* (XXVe Congrès international d'histoire de l'art, Vienne, 1984), 6, pp. 189-201, où l'on pourra consulter d'autres articles sur le thème du portrait. R. Recht s'appuie notamment sur un travail ancien, mais remarquable, de F. Siebert, *Der Mensch um Dreizehnhundert im Spiegel deutscher Quellen. Studien über Geisteshaltung und Geistesentwicklung* (Historische Studien CCVI), Berlin, 1931, important pour l'étude de la naissance de l'individu au XIIIe siècle. Sur les débuts de l'histoire du portrait, voir, notamment, Pierre et Galienne Francastel, *Le Portrait. Cinquante siècles d'humanisme en peinture*, Paris, 1969, et Enrico Castelnuovo, *Portrait et société dans la peinture italienne*, Paris, 1993 ; Jean-Baptiste Giard, « L'illusion du portrait », *Bulletin de la Bibliothèque nationale*, 1978, pp. 29-34 ; Percy Ernst Schramm, *Die deutschen Kaiser und Könige in Bildern ihrer Zeit, 751-1152*, 2 vol., Leipzig et Berlin, 1928 ; Gerhard B. Ladner, *Papstbildnisse des Altertums und des Mittelalters Bd II. Von Innocenz II zu Benedikt XI*, Cité du Vatican, 1970 ; Jean-Claude Bonne, « L'image de soi au Moyen Âge (IXe-XIIe siècle) : Raban Maur et Godefroy de Saint-Victor », dans Br. Gentili, Ph. Morel, Cl. Cieri Via (éd.), *Il ritratto e la memoria*, 1993, pp. 37-60.

43. Voir *supra*, pp. 320 *sqq*.

44. Voir *supra*, p. 151, et *infra*, pp. 819-820.

45. Cette miniature se trouve au folio 8 du manuscrit 240 de la Pierpont Morgan Library à New York. Voir *ill. 5*.

46. Catalogue de l'exposition « Saint Louis » organisée à la Sainte-Chapelle en mai-août 1960 par la Direction générale des Archives de France, n° 117. Giles Constable a étudié le symbolisme de la barbe au Moyen Âge dans sa longue intro-

duction à l'édition de Buchard de Bellevaux, *Apologia de barbis*, éd. R.B.C. Huygens, Corpus Christianorum, Continuatio Mediaevalis, vol. 62, Turnhout, 1985, et dans son article « Beards in History : Symbols, Modes, Perceptions » (en russe), *Ulysse. Revue de l'Académie russe des sciences*, 1994, pp. 165-181. Voir *ill. 8* et les représentations de Louis barbu aux *ill. 7* et *15*.

47. Roland Recht (art. cité, p. 190) définit avec bonheur la situation du portrait vers 1300 : « Sont alors en présence deux conceptions distinctes de l'effigie royale : l'une mettant en œuvre un principe général d'idéalisation — le portrait rétrospectif —, l'autre tendant à intégrer l'observation *ad vivum*. »

48. Paul Deschamps, « À propos de la statue de Saint Louis à Mainneville (Eure) », *Bulletin monumental*, 1969, pp. 35-40.

49. Georgia Sommers Wright, « The Tomb of Saint Louis », *Journal of the Warburg and Courtauld Institute*, XXXIV, 1971, pp. 65-82.

50. *Beati Ludovici vita, partim ad lectiones, partim ad sacrum sermonem parata*, dans *Recueil des historiens des Gaules et de la France, t. XXIII*. pp. 167-176.

51. J.-Cl. Schmitt, *La Raison des gestes dans l'Occident médiéval, op. cit.*

52. E. H. Kantorowicz, *Les Deux Corps du roi, op. cit.* (*supra*, p. 335 n. 127).

TROISIÈME PARTIE

SAINT LOUIS, ROI IDÉAL ET UNIQUE

I

SAINT LOUIS DANS L'ESPACE ET LE TEMPS

1. *Histoire de la France, op. cit.* (*supra* p. 79 n. 70), dirigée par A. Burguière et J. Revel, t. I, *L'Espace français*, Paris, 1989. Intéressantes remarques de P. Gautier-Dalché dans « Un problème d'histoire culturelle : perception et représentation de l'espace au Moyen Âge », *Médiévales*, n° spécial, *Espaces du Moyen Âge*, n° 18, 1990, p. 7. Voir aussi Charles Higounet, « À propos de la perception de l'espace au Moyen Âge », dans *Media in Francia. Mélanges Karl Ferdinand Werner*, 1988.

2. C'est à Paris qu'il adoubera son fils et successeur Philippe, dans le jardin au cœur de son palais royal, en 1267.

3. Voir *infra*, pp. 802-805.

4. Voir *infra*, pp. 854-855.

5. Jacques MADAULE, *Saint Louis de France*, op. cit., p. 23.

6. Jacques LE GOFF, « L'Occident médiéval et l'océan Indien : un horizon onirique », dans *Mediterraneo e Oceano Indiano*, Florence, 1970, pp. 243-263, repris dans *Pour un autre Moyen Âge, op. cit. (supra,* p. 63 n. 32), pp. 280-298.

7. Voir P. GAUTIER-DALCHÉ, dans *L'Uomo e il mare nella civiltà occidentale*, cf. *infra*, p. 625 et n. 35.

8. Voir *infra*, pp. 678.

9. Robert FAWTIER, « Comment le roi de France, au début du XIVe siècle, pouvait-il se représenter son royaume ? », dans *Mélanges P. E. Martin*, Genève, 1961, pp. 65-77.

10. Sur la transformation de Paris en capitale, voir, outre l'ouvrage d'A. LOMBARD-JOURDAN, « *Montjoie et Saint-Denis !* », *op. cit.* (p. 233 n. 2) R.-H. BAUTIER, « Quand et comment Paris devint capitale », art. cité *(supra,* p. 271 n. 43).

11. Sur le couple de Paris et Saint-Denis, voir A. LOMBARD-JOURDAN, « *Montjoie et Saint-Denis !* », *op. cit.*

12. On préférera Anne LOMBARD-JOURDAN, « Montjoies et Montjoie dans la plaine Saint-Denis », *Paris et Île-de-France*, 25, 1974, pp. 141-181, à Robert BRANNER, « The Montjoies of Saint Louis », dans *Essays presented to Rudolf Wittkower*, t. I, Oxford, 1967, pp. 13-16. La première « montjoie » (au sens de « protège-pays ») fut le tumulus où était censé reposer un ancêtre patriarcal divinisé, transformé par le christianisme en tombeau du saint tutélaire Denis. Les montjoies étaient de petits monuments comportant un socle, une haute croix fleurdelysée et trois grandes statues de rois qui jalonnaient la route de Paris à Saint-Denis. Elles furent construites au XIIIe siècle. Le cri de guerre « Montjoie et Saint-Denis ! » fut adopté par les chevaliers français du XIIe siècle.

13. Jean GUÉROUT, « Le palais de la Cité, à Paris, des origines à 1417 », *Fédération des sociétés historiques et archéologiques de Paris et de l'Île-de-France. Mémoires*, 1949, 1950 et 1951, t. I, II et III.

14. Voir *supra*, pp. 172-173 *sqq.*, et *infra*, pp. 663-665.

15. Carlrichard BRÜHL, *Fodrum, Gistum, Servitium Regis*, Cologne et Graz, 1968, 2 vol.

16. Il y a une lacune dans la publication des actes royaux

du Moyen Âge entre la mort de Philippe Auguste, en 1223, et l'avènement de Philippe le Bel, en 1285.

17. Au tome XXI du *Recueil des historiens des Gaules et de la France*, on trouve : 1) dans les « Séjours et itinéraires des rois » *(Regum Mansiones et Itinera)* les « Séjours et itinéraires de Louis IX » *(Ludovi Noni Mansiones et Itinera)*, pp. 408-423 ; 2) la plupart des « Compléments aux séjours et itinéraires des rois » *(Addenda mansionibus et itineribus regum)*, pp. 498-499, concernent Louis IX ; 3) un autre « Complément aux séjours et itinéraires des rois » *(Additum regum mansionibus et itineribus alterum supplementum)*, pp. L-LI, concerne aussi assez largement Louis IX ; 4) les « Gîtes pris par Louis IX de 1254 à 1269 » *(Gista quae Ludovicus IX cepit ab anno MCCLIIII ad annum MCCLXIX)*, pp. 397-403. Au tome XXII (pp. XXV-XXXVI) se trouvent des « Extraits de comptes concernant les séjours et itinéraires des rois » *(Excerpta e rationibus ad mansiones et itinera regum spectantia)* pour les mois de février à mai 1234 et de mai à octobre 1239, qui ne font que partiellement double emploi avec les lieux mentionnés dans les listes susmentionnées du tome XXI. Voir aussi *Carte 3*.

18. Depuis Philippe Auguste un bond est fait, qui résulte à la fois de l'augmentation de la bureaucratie royale et de la plus grande faveur accordée à Vincennes par Saint Louis. Philippe Auguste n'a, d'après ce que nous avons conservé, signé que six actes à Vincennes.

19. Voir *infra*, pp. 794-796.

20. Voir Jean CHAPELOT, *Le Château de Vincennes*, Paris, 1994. J. Chapelot dirige sur le site d'intéressantes fouilles archéologiques et a organisé (avec Élisabeth Lalou) un colloque (1994) dont on attend les actes avec intérêt.

21. Robert Branner y voit une étape décisive dans la constitution du *court style* dont il lui accorde le patronage. Voir *infra*, p. 664 n. 11.

22. A. LOMBARD-JOURDAN, « Montjoie et Saint-Denis », *op. cit.*

23. On sait que le terme Île-de-France n'apparaît qu'au XVe siècle et ne devient une division administrative qu'au début du XVIe siècle.

24. GUILLAUME DE SAINT-PATHUS, *Vie de Saint Louis*, p. 90.

25. Voir « Le roi enquêteur », *supra*, pp. 262 *sqq.*

26. Voir *supra*, pp. 215 *sqq.* et p. 249-250.

27. Philippe CONTAMINE, « L'oriflamme de Saint-Denis aux

XIVᵉ et XVᵉ siècles. Études de symbolique religieuse et royale », *Annales de l'Est*, 1973, pp. 179-244.

28. Voir *supra*, p. 215.
29. JOINVILLE, *Histoire de Saint Louis*, p. 365.
30. Jean FAVIER, *Philippe le Bel*, Paris, 1978, pp. 335 *sqq.*
31. Intéressant article de E.-R. LABANDE, « Saint Louis pèlerin », art. cité *(supra*, p. 533 n. 2).
32. Alphonse X le sage, roi de Castille, contemporain de Saint Louis, se pose en dévot intime de la Vierge pour qui il compose les *Cantigas de Santa Maria*.
33. Je remercie Marie-Claire Gasnault pour le dossier qu'elle a réuni pour moi sur ce pèlerinage ; Jacques JUILLET, « Saint Louis à Rocamadour », *Bulletin de la Société des études littéraires, scientifiques et artistiques du Lot*, t. 92, 1971, pp. 19-30.
34. Alphonse DUPRONT, *Du sacré. Croisades et pèlerinages. Images et langages*, Paris, 1987, pp. 317-318.
35. Voir Jacques LE GOFF, « Saint Louis et la mer », dans *L'Uomo e il mare nella civiltà occidentale : da Ulisse a Cristoforo Colombo*, Gênes, 1992, pp. 13-24, et dans la Iʳᵉ partie, chap. II, « Saint Louis et la Méditerranée », art. cité, pp. 169-175.
36. Voir *supra*, p. 203.
37. « *Corpus suum et vitam suam exposuit pro Christo, mare transfretando.* »
38. *Recueil des historiens des Gaules et de la France, op. cit.*, t. XX, pp. 14-15.
39. Je remercie Marie-Claire Gasnault pour la transcription de ce sermon d'après le manuscrit latin 17 509 de la Bibliothèque nationale de Paris (f° 128 v°-130).
40. Il faut distinguer une mer inférieure et une mer supérieure, une mer intérieure et une mer extérieure. La mer inférieure, c'est l'enfer et elle est *amarissimum*, très amère. La mer supérieure c'est ce monde, qui, telle une prostituée, est un réservoir de péchés et de périls. Une très intéressante description énumère les différents périls de la mer et la façon dont ils sont aggravés par les vents. Jacques de Vitry insiste sur l'importance des détroits : *Bitalassum*, c'est l'endroit où deux mers se rencontrent, endroit très dangereux, et le danger inverse c'est *bonatium*, la « bonasse », l'absence de vent qui immobilise les bateaux.
41. C'est l'épisode bien connu de la tempête qui se lève et menace la barque de Pierre et de ses compagnons marins où

le Christ dort. Pierre et ses compagnons ont peur et s'écrient : « Au secours, Seigneur, nous périssons », et Jésus apaise la tempête comme Yahvé l'avait apaisée dans l'Ancien Testament.

42. Voir *supra*, pp. 244-245 et 567-568.

43. JOINVILLE, *Histoire de Saint Louis*, p. 357.

44. J'ai évoqué, au chapitre I de la Première Partie, le monde et, en particulier, l'Orient, tels qu'ils existent autour de Saint Louis. Je parle ici de *son* Orient, tel qu'il l'a connu, réel et imaginaire à la fois.

45. Aryeh GRABOIS, « From "Holy Geography" to "Palestinography" », *Cathedra*, 31 (1984), pp. 43-66 (en hébreu) ; « Islam and Muslims as seen by Christian Pilgrims in Palestine in the XIIIth century », art. cité (p. 180 n. 2). L'ouvrage classique et utile reste J. K. WRIGHT, *Geographical Hore in the Times of the Crusades*, New York, 1925. Sur l'image de l'islam chez les chrétiens du Moyen Âge, Robert W. SOUTHERN, *Western Views of Islam in the Middle Ages*, Cambridge, Mass., 1962 ; Claude CAHEN, « Saint Louis et l'Islam », art. cité (*supra*, p. 211 n. 91).

46. F. VAN ORTROY, « Saint François d'Assise et son voyage en Orient », art. cité (*supra*, p. 205 n. 76).

47. Voir *infra*, pp. 894-897.

48. Mohamed TALBI, « Saint Louis à Tunis », dans *Les Croisades* (ouvrage collectif publié par la revue *L'Histoire*), Paris, 1988, p. 78.

49. Sur la genèse de la grande division des musulmans entre sunnites et chiites, voir Hichem DJAÏT, *La Grande Discorde. Religion et politique dans l'Islam des origines*, Paris, 1989.

50. JOINVILLE, *Histoire de Saint Louis*, pp. 136-141.

51. B. LEWIS, *Les Assassins*, *op. cit.* (*supra*, p. 418 n. 33).

52. *Ibid.*, p. 63.

53. GUILLAUME DE Nangis, *GESTA LUDOVICI IX*, p. 324.

54. Guillaume de Tyr, mort en 1185, les mentionne. Ils apparaissent dans le récit du voyage du dominicain Guillaume de Rubrouck envoyé en Asie par Saint Louis, mais c'est vers 1300 qu'on en parle surtout quand écrivent Guillaume de Nangis et Joinville. Marco Polo les signale et, en 1332, le prêtre allemand Brocardus écrit un traité sur les Assassins à l'usage de Philippe de Valois qui songe à une nouvelle croisade et qu'il veut mettre en garde. Matthieu Paris avait accusé non pas les Assassins, mais de façon générale les « Sarrasins », d'avoir en 1245 tenté d'empoisonner massivement des

Chrétiens en Occident en y envoyant du poivre empoisonné. Après quelques accidents alimentaires, on s'en aperçut et on mit les gens en garde en faisant crier des annonces par les hérauts publics dans les grandes villes. Il n'y eut cependant pas pénurie de poivre car les marchands chrétiens disposaient de grands stocks de poivre sain qu'ils écoulèrent (IV, 490). Dante, au XIXe chant de l'Enfer, fait une brève allusion au « perfide assassin » *(lo perfido assissin)*. Dès l'époque de Saint Louis, le mot « assassin » s'était répandu en Europe avec le sens de « tueur professionnel ».

55. Le « bougran » (du nom de la ville de Boukhara) est une grosse toile forte et gommée.

56. JOINVILLE, *Histoire de Saint Louis*, p. 247.

57. *Ibid.*, p. 251.

58. On les lira aux pages 251-255 de l'*Histoire de Saint Louis* de Joinville.

59. Sur les Mongols et la Chrétienté, voir *supra*, pp. 51-59.

60. J. RICHARD, *La Papauté et les missions d'Orient au Moyen Âge, XIIIe-XVe siècles, op. cit.* (*supra*, p. 56 n. 23).

61. JOINVILLE, *Histoire de Saint Louis*, p. 75.

62. *Ibid.*, pp. 259-271. André de Longumeau rapporta toutefois de nouvelles informations très intéressantes dont Joinville donne une partie. On y voit comment les Mongols eux-mêmes tirent parti pour leur gloire de l'histoire imaginaire. Ils se font un titre de gloire d'avoir vaincu et tué le légendaire Prêtre Jean et l'empereur de Perse.

63. Superbe édition de Claude et René KAPPLER : voir *supra*, p. 58 n. 24.

64. J. RICHARD, *Saint Louis, op. cit.*, p. 509. La lettre a été retrouvée et publiée par P. MEYVAERT, « An unknown letter of Hulagu, il-Khan of Persia, to King Louis IX of France », art. cité *(supra*, p. 58 n. 25).

65. JOINVILLE, *Histoire de Saint Louis*, pp. 103-105.

66. *Ibid.*, p. 105.

67. J. LE GOFF, « Le merveilleux scientifique au Moyen Âge », dans *Zwischen Wahn Glaube und Wissenschaft*, J.-F. Bergier (éd.), Zurich, 1988, pp. 87-113.

68. Ils sont appelés « Qiptchaqs » par les sources arabes et orientales, « Polovtsy » par les Russes. On connaît les danses polovtsiennes du *Prince Igor* de Borodine. Voir JOINVILLE, *Histoire de Saint Louis*, p. 273.

69. GUILLAUME DE CHARTRES, *De Vita et de Miraculis*, p. 36.

70. JOINVILLE, *Histoire de Saint Louis*, p. 65.
71. GUILLAUME DE SAINT-PATHUS, *Vie de Saint-Louis*, pp. 33-35.
72. Voir *ill. 10*.
73. GEOFFROY DE BEAULIEU, *Vita*, pp. 10-11. Saint Louis aimait beaucoup les gros poissons et les fruits frais. Voir l'anecdote racontée *infra*, pp. 725-726.
74. J. LE GOFF, « Rire au Moyen Âge », *Cahiers du Centre de recherches historiques*, avril 1989, n° 3, pp. 1-14.
75. GUILLAUME DE SAINT-PATHUS, *Vie de Saint Louis* : « Il ennuyait tous les autres pour la longueur de l'office » (p. 37).
76. GUILLAUME DE CHARTRES, *De Vita et de Miraculis*, p. 24.
77. GUILLAUME DE SAINT-PATHUS, *Vie de Saint Louis*, pp. 42-44.
78. JOINVILLE, *Histoire de Saint Louis*, p. 33.
79. Voir *supra* pp. 248-249.
80. Voir *infra*, pp. 678-679.
81. « Roman » veut dire « œuvre écrite en langue romane », c'est-à-dire en français.
82. B. GUENÉE, *Histoire et culture historique dans l'Occident médiéval*, *op. cit.* (*supra*, p. 37) ; « Les Grandes Chroniques de France. Le Roman aux roys (1274-1518) », dans P. NORA (éd.), *Les Lieux de mémoire*, t. II, *La Nation*, vol. 1, Paris, 1986, pp. 189-214 ; G. M. SPIEGEL, *The Chronicle Tradition of Saint Denis*, *op. cit.* (*supra*, p. 400 n. 4). Sur Primat, voir aussi *supra*, pp. 401-403.
83. Serge LUSIGNAN, « Le temps de l'homme au temps de monseigneur Saint Louis : le *Speculum historiale* et les *Grandes Chroniques de France* », dans *Vincent de Beauvais. Intentions et réceptions d'une œuvre encyclopédique au Moyen Âge* (sous la direction de Serge Lusignan, Monique Paulmier-Foucart et Alain Nadeau), Saint-Laurent et Paris, 1990, pp. 495-505.
84. Chapitre XL : « *Quod vir praeterita debet recolere et presentia attendere* » ; chapitre XLI : « *Quodliter eciam futura debet providere* » (*De eruditione*, éd. A. Steiner, pp. 159-166 et 166-172).
85. Cl. KAPPLER, dans *Vincent de Beauvais, op. cit.* (*supra*, p. 656 n. 83), p. 238.

II

LES IMAGES ET LES MOTS

1. Voir *infra*, p. 684 et pp. 944-945.
2. Plusieurs groupes de musiciens et d'érudits ont fait faire

de grands progrès à la connaissance des manuscrits musicaux du Moyen Âge et à leur interprétation. Je citerai le groupe Organum sous la direction de Marcel Pérès, dans le centre de Royaumont, lieu imprégné du souvenir de Saint Louis. Voir Mark EVERIST, *Polyphonic Music in XIIIth Century France. Aspects of Sources and Distribution*, New York et Londres, 1989.

3. Jacques CHAILLEY, *Histoire musicale du Moyen Âge*, 3e éd., 1984 (chap. XII : « Le primat de l'Île-de-France : fin XIIe-début XIIIe siècle » ; chap. XIII, « Le Grand Siècle : siècle de Saint Louis »).

4. Claudine BILLOT, « Les saintes chapelles de Saint Louis », dans *Les Capétiens et Vincennes au Moyen Âge* (colloque de 1994, actes à paraître).

5. GUILLAUME DE SAINT-PATHUS, *Vie de Saint Louis*, p. 33.

6. Robert BRANNER, « The Sainte-Chapelle and the *Capella Regis* in the XIIIth century », *Gesta*, 10/1, 1971, pp. 19-22.

7. GUILLAUME DE SAINT-PATHUS, *Vie de Saint Louis*, p. 19.

8. JOINVILLE, *Histoire de Saint Louis*, p. 369.

9. R. BRANNER : voir note 11 *infra*.

10. JOINVILLE, *Histoire de Saint Louis*, p. 407

11. Robert BRANNER, *Saint Louis and the Court Style in Gothic Architecture*, Londres, 1965.

12. MATTHIEU PARIS, *Chronica*, p. 480

13. Voir *supra*, pp. 172-175.

14. Voir *supra*, pp. 301 et 519-520.

15. R. BRANNER, *Saint Louis and the Court Style, op. cit.*, p. 12.

16. Donna L. SADLER, « The King as Subject, the King as Author. Art and politics of Louis IX », 1990 (je remercie Donna Sadler pour la communication de ce beau texte). D. Sadler a publié une autre étude sur les rapports entre le roi et les sculptures de Notre-Dame de Villeneuve-l'Archevêque, où Saint Louis était allé accueillir les reliques de la Passion (« Courting Louis IX in the Sculptural Program of Villeneuve-l'Archevêque », *Majestas*, 2, 1994, pp. 3-16).

17. J. LE GOFF, « Reims, ville du sacre », art. cité (*supra*, p. 483 n. 15), p. 127, d'après la communication présentée par D. Sadler au colloque de Toronto sur les couronnements royaux au Moyen Âge et à la Renaissance et qui n'a pas été publiée dans les Actes du congrès, *Coronations, Medieval and Early Modern Monarchic Ritual*, Janos M. BAK (éd.), University of California Press 1990.

18. Voir *infra*, p. 851-852.

19. Françoise Perrot a donné une interprétation renouvelée dans le sens d'un programme royal des vitraux de la Sainte-Chapelle dans J.-M. LENIAUD- Fr. PERROT, *La Sainte-Chapelle*, *op. cit.* (*supra*, p. 173 n. 24).

20. Voir *supra*, pp. 320-338.

21. Voir *infra*, p. 867-868. Günter HASELOFF, « Die Psalterillustration », dans *13. Jahrundert. Studien zur Geschichte der Buchmalerei in England, Frankreich und den Niederlanden*, Florence, 1938 ; Victor LEROQUAIS, *Les Psautiers manuscrits latins des bibliothèques publiques de France*, 2 vol. et 1 album, Mâcon, 1940-1941.

22. Voir J. KRYNEN, *L'Empire du roi*, *op. cit.* (*supra*, p. 493 n. 34).

23. Florens DEUCHLER, *Der Ingeborg Psalter*, Berlin, 1967 ; François AVRIL, « Der Ingeborg Psalter », *Bulletin monumental*, 1969, pp. 58-60 ; Louis GRODECKI, « Le psautier de la reine Ingeburg et ses problèmes », art. cité.

24. Ce manuscrit est conservé à Cambridge (Fitzwilliam 300) et est habituellement désigné sous le nom de « Psautier d'Isabelle », car il n'est pas encore tout à fait un livre d'heures.

25. R. BRANNER, *Manuscript Painting in Paris during the Reign of Saint Louis*, *op. cit.* (*supra*, p. 81 n. 75).

26. Paris, bibliothèque de l'Arsenal, Ms. 1186.

27. V. LEROQUAIS, *Les Psautiers manuscrits latins*, *op. cit.*, t. II, p. 16.

28. Voir *supra*, pp. 645 *sqq*.

29. Robert BRANNER, « Saint Louis et l'enluminure parisienne au XIIIe siècle », dans *Septième centenaire de la mort de Saint Louis* (Actes des colloques de Royaumont et de Paris, mai 1970), Paris, 1976, pp. 69-84.

30. Leyde, Bibliothèque de l'Université, Ms. BPL (76A).

31. On y retrouve l'attention portée par Saint Louis aux anniversaires dynastiques. Voir *infra*, p. 853.

32. Catalogue de l'exposition « Saint Louis » à la Sainte-Chapelle (mai-août 1960), p. 95. Sur ce manuscrit, en attendant le livre d'Harvey Stahl, sur le point d'achever une étude d'ensemble de ce psautier qui s'annonce d'un intérêt exceptionnel, voir Arthur HASELOFF, « Les Psautiers de Saint Louis », *Mémoires de la Société des antiquaires de France*, t. 1, 59, 1898, pp. 18-42 ; H. OMONT, *Le Psautier de Saint Louis*, Graz, 1972 ; William Ch. JORDAN, « The Psalter of Saint Louis. The

Program of the 78 full pages illustrations », *Acta. The High Middle Ages*, 7, 1980, pp. 65-91. Un fac-similé du psautier de Saint-Louis (Paris, Bibliothèque nationale, Ms. latin 10525) a été publié par l'Akademische Druck und Verlagsanstalt, Graz, 1972.

33. Harvey STAHL, « Old Testament Illustration during the Reign of St Louis : The Morgan picture book and the new biblical cycle », dans *Il Medio oriente e l'Occidente nell'Arte del XIII secolo*, Hans Belting (éd.), Atti del XXIV Congresso Internazionale di storia dell'Arte (1979), Bologne 1982, pp. 85-86.

34. Gérard de FRACHET, *Vitae Fratrum ordinis Praedicatorum necnon Cronica ordinis ab anno MCCIII usque ad MCCLIV*, Louvain, 1896.

35. Nous avons présenté et commenté ces miniatures, Jean-Claude Bonne et moi, en 1985, au colloque de Toronto sur les couronnements dont les actes ont été publiés par Janos M. BAK dans *Coronations, op. cit.* : J. LE GOFF, « A Coronation Program for the Age of Saint Louis », pp. 46-57 ; J.-Cl. BONNE, « The Manuscript of the *ordo* of 1250 and its illuminations », pp. 58-71. Nous avons l'intention de publier intégralement (avec commentaires) ce manuscrit et ses illustrations avec la collaboration d'Eric Palazzo pour la partie liturgique. Voir ici *ill.* 13 et 14.

36. C'est aussi le contexte qu'assigne Philippe Buc à une « Bible moralisée », c'est-à-dire munie de commentaires et de gloses, qui aurait été réalisée dans le deuxième quart du XIIIe siècle et offerte à Saint Louis et qui est aujourd'hui conservée en trois parties à Paris (Bibliothèque nationale, Ms. lat. 11560), à Oxford (Bodleian 270 B) et à Londres (British Museum, Harley 1526 et 1527). Certaines de ses miniatures auraient proposé à Saint Louis des images de la royauté biblique selon les interprétations des glossateurs du XIIIe siècle. Voir Ph. Buc, *L'Ambiguïté du livre, op. cit.*, p. 189 *sqq*.

37. Cf. *infra*, p. 955-956.

38. Palémon GLORIEUX, *Aux origines de la Sorbonne*, t. I, *Robert de Sorbon*, Paris, 1966 ; Nicole BÉRIOU, « Robert de Sorbon », dans *Dictionnaire de spiritualité*, 13, Paris, 1988, col. 816-824 ; « Robert de Sorbon. Le prud'homme et le béguin », *Comptes rendus de l'Académie des inscriptions et belles-lettres*, avril-juin 1994, pp. 469-510 ; A.L. GABRIEL, « Robert de Sorbon at the University of Paris », *The American Ecclesiastical Review*, t. 134, 1956, pp. 73-86.

39. Voir *supra*, pp. 443-444, pp. 590-591 et *infra*, p. 802.

40. Le bon chanoine n'était pas toujours tendre dans sa religion. Voici comment son savant éditeur de 1902, Félix Chambon (qui était bibliothécaire à la Sorbonne), résume le petit traité de Robert sur la conscience *(De conscientia)* qu'il a édité : « Ce traité a pour sujet le Jugement dernier que l'auteur compare à l'examen pour la licence ; le chancelier c'est Dieu ; les anges sont ses assesseurs, mais l'examen céleste est plus minutieux que l'examen universitaire, car si l'on ne répond pas à une question, à une seule, on est immédiatement refusé, c'est-à-dire condamné à l'enfer, non pour un an, comme les ajournés des examens, mais pour toujours. Il importe donc de connaître à fond le livre sur lequel on sera interrogé, le livre de conscience... ». Robert ignore le Purgatoire — auquel croit Saint Louis (ROBERT DE SORBON, *De conscientia*, F. Chambon [éd.], Paris, 1902).

41. Serge LUSIGNAN, *Préface au « Speculum maius » de Vincent de Beauvais : réfraction et diffraction*, Montréal et Paris, 1979 ; *Vincent de Beauvais, op. cit.* (*supra*, p. 656 n. 83). L'atelier Vincent de Beauvais à Nancy, animé par M. Paulmier-Foucart sous la direction de J. Schneider, poursuit d'importantes recherches et publie des cahiers spécialisés : *Spicae*. L'atelier de recherche sur les textes médiévaux de Nancy, la fondation Royaumont et l'université de Montréal ont organisé en juin 1995 à Royaumont une table ronde sur « Vincent de Beauvais, frère Prêcheur : un dominicain et son milieu intellectuel ».

42. J. LE GOFF, « Pourquoi le XIIIe siècle est-il un grand siècle encyclopédique ? », dans *L'enciclopedismo medievale*, a cura di M. Picone, Ravenne, 1994, pp. 23-40.

43. Dans une abondante bibliographie sur le XIIe siècle et sur ce qu'on nomme la Renaissance du XIIe siècle, je signale surtout le grand livre du Père CHENU, *La Théologie du XIIe siècle* (*op. cit.*, *supra*, p. 104 n. 116), qui déborde son titre ou, plutôt, lui donne toutes ses dimensions dans un profond esprit historique.

44. Cf. *infra*, pp. 738-746.

45. Sur le sens de « miroir », « *speculum* », voir Einar MAR JONSSON, « Le sens du titre *Speculum* aux XIIe et XIIIe siècles et son utilisation par Vincent de Beauvais », dans *Vincent de Beauvais, op. cit.*, pp. 11-32.

46. Sur le travail en équipe, particulièrement développé par

les Dominicains au XIIIᵉ siècle, voir Yves CONGAR, « *In dulcedine societatis quaerere veritatem*. Notes sur le travail en équipe chez S. Albert et chez les Prêcheurs au XIIIᵉ siècle », dans *Albertus Magnus Doctor Universalis 1280-1980*, G. Meyer et A. Zimmerman (éd.), Mayence, 1980.

47. Voir sur *l'ill. 15* l'image de Saint Louis en tête d'un manuscrit du *Speculum historiale*.

48. S. LUSIGNAN, *Préface au « Speculum maius »*, *op. cit.*, p. 57.

49. GUILLAUME DE SAINT-PATHUS, *Vie de Saint Louis*, p. 79.

50. *Le « Speculum doctrinal », livre III. Études de la logique dans le Miroir des sciences de Vincent de Beauvais*, Thèse de doctorat de Montréal, 1971.

51. J. HAMESSE, « Le dossier Aristote dans l'œuvre de Vincent de Beauvais. À propos de l'*Éthique* », dans *Vincent de Beauvais, op. cit.*, pp. 197-218.

52. *Ibid.*, pp. 213-215.

53. *Ibid.*, p. 216.

54. Voir *supra*, p. 314, et Peter VON MOOS, « Die Trotschrift des Vincenz von Beauvais für Ludwig IX », art. cité (*supra*, p. 314 n. 90).

55. Voir *supra*, p. 471.

56. Robert J. Schneider, qui a étudié ce dossier de façon remarquable, estime que l'ouvrage n'aurait pas été une véritable synthèse de doctrine politique, mais un ensemble de quatre traités juxtaposés dont Vincent n'a eu le temps d'écrire que les deux Miroirs susdits. Cette œuvre et ces traités n'auraient pas constitué une somme et seraient restés conformes au principe de compilation, et pourtant Vincent aurait réalisé une œuvre personnelle et y aurait atteint « sa maturité comme savant et comme penseur ». J'estime que Schneider embellit quelque peu la réalité. Vincent de Beauvais y serait resté (on peut le dire d'après ce qui a été réalisé de l'œuvre) fidèle au cistercien Hélinand de Froidmont, dont il a inséré le *De constituendo rege* (sous le titre *De bono regimine principis*) dans le *Speculum historiale*. L'*Opus universale* aurait été une œuvre déjà démodée en son temps, pris entre les deux grands traités politiques novateurs du Moyen Âge central : le *Policraticus*, de Jean de Salisbury (1159), composé à Chartres, et le *De regimine principum* de Gilles de Rome (1280, écrit pour le futur Philippe le Bel). Robert J. SCHNEIDER, « Vincent of Beauvais, *Opus universale de statu principis :* a reconstruction

of its history and contents », dans *Vincent de Beauvais, op. cit.*, pp. 285-299. Michel SENELLART a repris (*Les Arts de gouverner. Du* regimen *médiéval au concept de gouvernement*, Paris, 1995, p. 147) l'hypothèse que j'avais formulée du projet de Saint Louis « de fonder une académie ayant mission de constituer une vaste somme politique » (« Portrait du roi idéal », *L'Histoire*, n° 81, septembre 1985, pp. 72-73).

57. Marie-Christine DUCHENNE, « Autour de 1254, une révision capétienne du *Speculum historiale* », dans *Vincent de Beauvais, op. cit.*, pp. 141-166.

58. LE NAIN DE TILLEMONT (t. V, p. 337), incapable de citer une source écrite, en est réduit à déclarer : « J'ai *ouy dire* que saint Thomas, mangeant une fois à la table de Saint Louis, demeura quelque temps sans parler et ensuite s'écria tout d'un coup : "J'ai convaincu les Manichéens", ce que Saint Louis trouva fort bon. »

59. L'édition et l'étude des sermons font l'objet d'excellents travaux. Je citerai surtout pour le XIIIᵉ siècle ceux de Nicole BÉRIOU, *La Prédication de Ranulphe de la Houblonnière*, *op. cit.* (*supra*, p. 72 n. 47) et de David D'AVRAY, *The Preaching of the Friars, op. cit.* (*supra*, p. 72 n. 47).

60. Voir *supra*, pp. 517-519.

61. *Le Dit de Maître Guillaume de Saint-Amour* et *La Complainte de Maître Guillaume*, dans RUTEBEUF, *Œuvres complètes*, M. Zink (éd.), t. I, Paris, 1989, pp. 137-157.

62. P. GLORIEUX, *Aux origines de la Sorbonne, op. cit.*, t. II, *Le cartulaire*, Paris, 1965.

63. Voir Ph. Buc, *L'Ambiguïté du livre, op. cit.*, pp. 176 *sqq*.

III

LES PAROLES ET LES GESTES : LE ROI PRUD'HOMME

1. Michael T. CLANCHY, *From Memory to Written Record, op. cit.* (*supra*, p. 371 n. 7). Sur les progrès et les conséquences de pratiques culturelles liées à l'écrit : Brian STOCK, *The Implications of Literacy : Written Language and Models of Interpretation in the XIᵗʰ and XIIᵗʰ Centuries*, Princeton, 1983.

2. J. W. BALDWIN, *Philippe Auguste, op. cit.* (*supra*, p. 75 n. 61).

3. Jean DESTREZ, *La Pecia dans les manuscrits universitaires des XIIIᵉ et XIVᵉ siècles*, Paris, 1935 : vieilli mais pionnier.

4. Je renvoie aux articles classiques d'Henri PIRENNE :

« L'instruction des marchands au Moyen Âge », *Annales d'histoire économique et sociale*, 1, 1929, pp. 13-28, et d'Armando SAPORI, « La cultura del mercante medievale italiano », *Rivista di storia economica*, II, 1937, pp. 89-125, repris dans *Studi di storia economica, sec. XIII-XV*, vol. 1, Florence, 1985, pp. 53-93.

5. Dans la France du XIIIe siècle, sont rédigés quatre grands coutumiers. *Le Conseil à un ami*, de PIERRE DE FONTAINES, bailli de Vermandois (avant 1258) ; *Jostice et Plait* (entre 1255 et 1260) ; les *Établissements de Saint Louis* (de peu antérieurs à 1273) : les *Coutumes de Beauvaisis* de PHILIPPE DE BEAUMANOIR (1283). Cf. P. OURLIAC et J.-L. GAZZANIGA, *Histoire du droit privé, op. cit. (supra*, p. 589 n. 27), pp. 99 sqq.

6. J. LE GOFF et J.-Cl. SCHMITT, « Au XIIIe siècle : une parole nouvelle » art. cité (*supra*, p. 72 n. 47). D'un point de vue philosophique et linguistique : Irène ROSIER, *La Parole comme acte. Sur la grammaire et la sémantique au XIIIe siècle*, Paris, 1994.

7. D. L. D'AVRAY, *The Preaching of the Friars, op. cit.*

8. P. SAENGER, « *Silent Reading* », art. cité (supra, p. 491 n. 27).

9. Paul ZUMTHOR est, une fois de plus, pionnier dans son *Essai de poétique médiévale* (Paris, 1972, pp. 405-428) où il explique que ce nouveau discours s'inscrit dans « un univers de parole, coagulé de façon souvent incohérente autour de quelques types d'origine cléricale, et qui trouve dans le dit "lyrique" un principe d'organisation : en fonction et à propos d'un *moi* ou d'un *vous* fictivement identifiés avec le poète ou son public ».

10. P. ZUMTHOR, *ibid.*, p. 419 ; J. LE GOFF, « Saint Louis et la parole royale », art. cité (*supra*, p. 492 n. 31).

11. Émile BENVENISTE, *Le Vocabulaire des institutions indo-européennes*, t. II, Paris, 1969, p. 42.

12. *Ibid.*, p. 35.

13. HELGAUD DE FLEURY, *Vie de Robert le Pieux*, éd. cit. (*supra*, p. 452 n. 17), p. 60.

14. Henry-François DELABORDE (éd.), *Œuvres de Rigord et de Guillaume le Breton, historiens de Philippe Auguste*, Paris, t. I, 1882, p. 31.

15. B. CERQUIGLINI, *La Parole médiévale. Discours, syntaxe, texte*, Paris, 1981, p. 247. Sur l'importance du fait que les sources nous présentent un Saint Louis parlant en français, voir *supra*, p. 593. Pour une étude approfondie des rapports

entre un saint du XIIIe siècle et les langues qu'il parle, voir I. BALDELLI, « La "Parola" di Francesco e le nuove lingue d'Europa », dans *Francesco, il francescanesimo e la cultura della nuova Europa*, I. BALDELI et A. M. ROMANINI (éd.), Rome, 1986, pp. 13-35.

16. Les miracles attribués à Saint Louis, tous posthumes, sont des miracles traditionnels, « ordinaires » : Sarah CHENNAF, Odile REDON, « Les miracles de Saint Louis », dans Jacques GELIS et Odile REDON (éd.), *Les Miracles, miroirs des corps*, Paris, 1983, pp. 53-85 ; Jacques LE GOFF, « Saint de l'Église et saint du peuple : les miracles officiels de Saint Louis entre sa mort et sa canonisation », dans *Histoire sociale, sensibilités collectives et mentalités. Mélanges R. Mandrou*, Paris, 1985, pp. 169-180. Voir *infra*, pp. 958-961.

17. Sur l'évolution de la conception de la sainteté au XIIIe siècle : A. VAUCHEZ, *La Sainteté en Occident*, op. cit. (*supra*, p. 45 n. 10). Sur la construction d'un « principe de réalité » à la fin du XIIIe siècle, Roland RECHT, « Le portrait et le principe de réalité dans la sculpture », art. cité (*supra*, p. 594 n. 42).

18. Sur les rapports entre Joinville et Saint Louis, Michel ZINK, « Joinville ne pleure pas, mais il rêve », art. cité, et *La Subjectivité littéraire*, op. cit., 219-239 (« le balancement entre l'hagiographie et l'autobiographie chez Joinville et ses causes : l'attendrissement comme ressort de l'écriture »).

19. D. O'CONNELL, *Les Propos de Saint Louis*, op. cit., p. 30.

20. ID., *The Teachings of Saint Louis*, op. cit

21. JOINVILLE, *Histoire de Saint Louis*, pp. 3468-3469. Voir *infra*, p. 855.

22. GUILLAUME DE SAINT-PATHUS, *Vie de Saint Louis*, p. 123.

23. JOINVILLE, *Histoire de Saint Louis*, pp. 14-15.

24. *Ibid.*, pp. 380-381.

25. L. K. LITTLE, « Saint Louis'Involvement with the Friars », art. cité.

26. JOINVILLE, *Histoire de Saint Louis*, pp. 10-11.

27. *Ibid.*, pp. 24-25.

28. *Ibid.*, pp. 22-23.

29. GUILLAUME DE SAINT-PATHUS a noté l'emploi habituel du vouvoiement par Saint Louis « et à chacun il parlait toujours au pluriel » (*Vie de Saint Louis*, p. 19).

30. Je renvoie à la traduction du texte « original » retrouvé par David O'CONNELL dans les manuscrits français 12814 et

25462 de la Bibliothèque nationale de Paris : *Les Propos de Saint Louis, op. cit.*, pp. 183-194.

31. Voir le chapitre précédent.

32. JOINVILLE, *Histoire de Saint Louis*, pp. 16-19.

33. Cl. BRÉMONT, J. LE GOFF, J.-Cl. SCHMITT, *L'« Exemplum », op. cit.* (*supra*, p. 420 n. 2) ; *Prêcher d'exemples. Récits de prédicateurs du Moyen Âge*, présenté par J.-Cl. SCHMITT, Paris, 1985. Voir *supra* p. 420 *sqq.* et pp. 688-689.

34. JOINVILLE, *Histoire de Saint Louis*, pp. 364-365.

35. *Ibid.*, pp. 34-35.

36. *Ibid.*

37. *Ibid.*, pp. 376-377.

38. Sur la dévotion orante de Saint Louis voir *infra*, pp. 880 *sqq.*

39. JOINVILLE, *Histoire de Saint Louis*, p. 33.

40. D. O'CONNELL, *Les Propos de Saint Louis, op. cit.*, p. 186.

41. *Ibid.*, p. 187.

42. *Ibid.*, p. 187 et p. 193.

43. C. CASAGRANDE et S. VECCHIO, *Les Péchés de la langue, op. cit.* (*supra*, p. 490 n. 24).

44. JOINVILLE, *Histoire de Saint Louis*, pp. 12-13, repris pp. 378-379.

45. *Ibid.*, pp. 378-379. Joinville note encore : « Je fus bien vingt-deux ans en sa compagnie, sans que jamais je l'aie ouï jurer par Dieu, sa Mère ou ses saints ; et quand il voulait affirmer quelque chose, il disait : "Vraiment, ce fut ainsi" ou "vraiment cela est ainsi". » Sur le châtiment d'un bourgeois parisien blasphémateur, voir *supra*, p. 278, et sur celui d'un orfèvre à Césarée, voir *infra*, p. 740-741.

46. J. RICHARD, *Saint Louis, op. cit.*, pp. 286-287.

47. Sur « parole » et « voix », voir les deux beaux livres de Paul ZUMTHOR, *Introduction à la poésie orale*, Paris, 1983, et *La Poésie et la Voix dans la civilisation médiévale*, Paris, 1984.

48. JOINVILLE, *Histoire de Saint Louis*, pp. 18-19. Voir *supra*, p. 493, et *infra*, pp. 984-985.

49. *Ibid.*, pp. 12-13.

50. GUILLAUME DE SAINT-PATHUS, *Vie de Saint Louis*, pp. 154-155.

51. Sur le rôle des gestes dans le système féodal, voir J.-Cl. SCHMITT, *La Raison des gestes dans l'Occident médiéval, op. cit.* (*supra*, p. 491 n. 30) ; Jacques LE GOFF, « Le rituel symbo-

lique de la vassalité » (Spolète, 1976). repris dans *Pour un autre Moyen Âge, op. cit.*, pp. 349-420

52. HUGUES DE SAINT-VICTOR, *De institutione novitiorum*, dans *Patrologie latine*, t. 176, col. 925-952, cap. XII : « De disciplina servanda in gestu » ; cap. XIII : « De disciplina in mensa et primo in habitu et gestu ».

53. BONAVENTURE, *Regula novitiorum*, dans *Opera omnia*, t. XII, Paris, 1968, pp. 313-325 ; HUMBERT DE ROMANS, *De officiis ordinis*, cf. V : « De officio magistri noviciorum », dans B. HUMBERTI DE ROMANIS, *Opera*, éd. J. Berthier, Rome, 1888, II, 213 *sqq.* ; GUIBERT DE TOURNAI, *Sermones ad status*, Lyon, 1511 : « Ad virgines et puellas sermo primus », f° CXLVI.

54. *De vita et actibus [...] regis Francorum Ludovici auctore fratre Guillelmo Carnotensi*, dans *Recueil des historiens des Gaules et de la France*, t. XX, p. 29. Voir *infra*, chap. VI.

55. Sur les gestes de la guérison des écrouelles par les rois de France, cf. M. BLOCH, *Les Rois thaumaturges, op. cit.*, *passim*, et, notamment, pp. 90 *sqq.* Témoin GEOFFROY DE BEAULIEU, au chapitre XXXV de sa *Vita* : « *quod in tangendo infirmos signum sanctae crucis super addidit* » (p. 20). En fait, déjà Robert le Pieux faisait le signe de croix. Cf. GUILLAUME DE SAINT-PATHUS, *Vie de Saint Louis*, p. 99 (« il fesoit apeler ses malades des escroeles et les touchoit ») et p. 142 (« il avoit touché ses malades du mal des escroeles »).

56. C'est ce que pense Henri MARTIN, « Les enseignements des miniatures. Attitude royale », *Gazette des beaux-arts*, mars 1913, p. 174. L'article est d'ailleurs remarquable pour son époque et pionnier.

57. Voir *supra*, p. 674.

58. Voir *infra*, pp. 951-955.

59. GEOFFROY DE BEAULIEU, *Vita, op. cit.*, p. 6.

60. JOINVILLE, *Histoire de Saint Louis*, pp. 89-91. Voir *supra*, p. 443.

61. Sur les habitudes alimentaires de Saint Louis et les tensions qu'elles révèlent, voir plus loin, pp. 716 *sqq.*

62. Sur les signes de respect manifestés par Saint Louis aux clercs, voir GUILLAUME DE SAINT-PATHUS, *Vie de Saint Louis*, pp. 50-51 et 53-54.

63. Sur les perturbations qu'entraîne la chevauchée dans les pratiques dévotionnelles de Saint Louis, voir GUILLAUME DE SAINT-PATHUS, *ibid.*, pp. 34-35 et *supra*, p. 649, et *infra*, pp. 708-709, 882 et 886.

64. Sur un cas extrême, celui des trépassés au Purgatoire qui ne peuvent plus acquérir de mérites, qui sont livrés aux peines expiatoires et purificatrices et dont les gestes sont passifs, voir J. LE GOFF, « Les gestes du Purgatoire », dans *Mélanges offerts à Maurice de Gandillac*, Paris, 1985, pp. 457-464.

65. Les biographes relatent à l'envi l'épisode où Blanche de Castille aurait déclaré préférer voir son fils mort plutôt que coupable d'un péché mortel (GUILLAUME DE SAINT-PATHUS, *Vie de Saint Louis*, p. 13), ou le royaume de France gouverné par un Écossais plutôt que par son fils s'il se révélait mauvais roi (JOINVILLE, *Histoire de Saint Louis*, éd. Corbett, pp. 86-87).

66. « Le devant dit maître le battait quelque fois pour cause de discipline » (GUILLAUME DE SAINT-PATHUS, *Vie de Saint Louis*, p. 18).

67. Par exemple, *ibid.* : « De sa dévotion au corps Nostre Seigneur recevoir » (p. 39) ; JOINVILLE pense que déjà la conduite de Saint Louis lors de sa première croisade était équivalente au martyre (« et, me semble-t-il, on ne lui rendit pas justice quand on ne le mit pas au nombre des martyrs, pour les grandes peines qu'il souffrit au pèlerinage de la croisade, après l'espace de six ans où je fus en sa compagnie ») (éd. Corbett, p. 84). Et GUILLAUME DE CHARTRES : « Après la fin du combat, l'arrivée de la course, l'accomplissement glorieux du gouvernement, le Roi aurait dû aller dans le royaume céleste pour y recevoir pour prix de sa peine la couronne incomparable du martyre » (*De Vita et de Miraculis, op. cit.*, p. 36).

68. GUILLAUME DE SAINT-PATHUS, *Vie de Saint Louis*, pp. 18-19.

69. J'ai étudié, au chapitre IX de la deuxième partie, l'image que Joinville donne de Saint Louis. Cf. Maureen DURLAY SLATTERY, *Joinville's Portrait of a King* (Thèse de doctorat de l'Institut d'études médiévales, université de Montréal, 1971), que je n'ai pu consulter.

70. GUILLAUME DE SAINT-PATHUS, *Vie de Saint Louis*, pp. 153-155.

71. Je ne prends en compte ici que les gestes évoqués dans le plus long des vingt chapitres de cette *Vie*, le sixième, consacré à la « fervente dévotion » de Louis IX. Il remplit vingt pages sur les cent quarante-trois que compte l'édition Delaborde, en dehors des treize pages d'introduction.

72. GUILLAUME DE SAINT-PATHUS, *Vie de Saint Louis*, pp. 32-52.
73. *Ibid.*, pp. 38-39.

74. *Ibid.*, p. 39.
75. *Ibid.*, p. 40. Voir *ill. 11*.
76. *Ibid.*, p. 42.
77. *Ibid.*, p. 50.
78. *Ibid.*, p. 51.
79. *Ibid.*
80. Sur les gestes de l'hérétique, cf. Jean-Claude SCHMITT, « *Gestus, gesticulatio*. Contribution à l'étude du vocabulaire latin médiéval des gestes », dans *La Lexicographie du latin médiéval et ses rapports avec les recherches actuelles sur la civilisation du Moyen Âge*, Paris, 1981, p. 386 et n. 45 ; Emmanuel LE ROY LADURIE, *Montaillou, village occitan de 1294 à 1324*, Paris, 1975, « Le geste et le sexe », pp. 200-219.
81. « *Et sicut nos in parte vidimus et per probata audivimus et scimus, vita ejus non fuit solum vita hominis, sed super hominem* » (*Recueil des historiens des Gaules et de la France*, t. XXIII, p. 149) ; « *Et hoc possumus secure asserere quod facies sua benigna et plena gratiarum docebat eum esse supra hominem* » (*ibid.*, p. 153). On a jusqu'à maintenant estimé que ces expressions étaient uniques dans la littérature médiévale. En fait, J.-Cl. Schmitt me fait remarquer que Jacques de Voragine emploie dans *La Légende dorée* (éd. Graesse, p. 449) à propos de Germain d'Auxerre la phrase suivante : « *super hominem siquidem fuit omne, quod gessit* ». Cette expression ne se rencontre pas dans la vie originelle de saint Germain d'Auxerre par Constance de Lyon au Ve siècle. L'expression *super hominem* semble donc appartenir, à propos de saints accomplissant une certaine catégorie de miracles, au vocabulaire de l'hagiographie du Moyen Âge central. Mais une expression voisine employée par Dante à propos du mystique du XIIe siècle, Richard de Saint-Victor, dont il dit qu'il était « plus qu'un homme *(più che viro)* quand il contemplait » (*Divine Comédie*, Paradis, X, v. 132), invite à étendre l'idée au-delà du domaine de la sainteté. Frère B. Beguin me signale que l'expression est employée dans la littérature franciscaine primitive à propos de saint François et des frères mineurs.
82. GUILLAUME DE SAINT-PATHUS, *Vie de Saint Louis*, p. 133.
83. *Ibid.*, pp. 79-80.
84. JOINVILLE, *Histoire de Saint Louis*, éd. Corbett, p. 172. Je rappelle l'interprétation de cet épisode par M. ZINK, « Joinville ne pleure pas, mais il rêve », art. cité.
85. « *Sedebat enim quasi continue in terra super lectum...* »

(*Recueil des historiens des Gaules et de la France*, t. XXIII, p. 149).

86. Un fragment de la généalogie de cette chronique contenu dans le manuscrit français 4961 de la Bibliothèque nationale de Paris a été publié dans le *Recueil des historiens des Gaules et de la France*, t. XXIII, p. 146.

87. JOINVILLE, *Histoire de Saint Louis*, pp. 115-116 et 200. Sur la définition du prud'homme et l'évolution de la notion qui évince peu à peu *sage* au XIIIe siècle, cf. Ch. BRUCKER, *Sage et sagesse au Moyen Âge (XII et XIIIe siècles)*, Genève, 1987, *passim*, cf. Index, *s.v.* « Prudom/prodome/preudom/preudome ».

88. MÉNESTREL DE REIMS, p. 126.

89. JOINVILLE, *Histoire de Saint Louis*, pp. 16-19.

90. Dans son *credo*, Joinville dit des rayons de miel que Samson arracha à la gueule du lion : « par les rayons qui sont doux et profitables, sont signifiés les saints et les prud'hommes que Dieu tira d'Enfer » (*ibid.*, p. 427).

91. JOINVILLE, *Histoire de Saint Louis*, p. 217. Je remercie Nicole BÉRIOU de m'avoir communiqué le texte d'un sermon inédit de Robert Sorbon et son très intéressant commentaire : « Robert de Sorbon, le prud'homme et le béguin », art. cité (*supra*, p. 676 n. 38).

92. *Ibid.*, pp. 20-23. Ce trait de modestie dans le vêtement a été aussi attribué à Philippe Auguste et à Louis VIII. Encore un lieu commun royal. Voir LE NAIN DE TILLEMONT, *Vie de Saint Louis*, t. III, pp. 178-179.

93. J. LE GOFF, « Saint Louis à table : entre commensalité royale et humilité alimentaire », dans *La Sociabilité à table. Commensalité et convivialité à travers les âges* (Actes du colloque de Rouen, 1990), Rouen, 1992, pp. 132-144.

94. Traduit de GEOFFROY DE BEAULIEU, *Vita*, pp. 10-11.

95. Voir *supra*, pp. 390 *sqq.*

96. GUILLAUME DE SAINT-PATHUS, p. 64. On note le souci diététique de Saint Louis pour la santé des pauvres (santé du corps, santé de l'âme).

97. Voir *supra*, p. 712.

98. *Ibid.*, pp. 79-80.

99. *Ibid.*, p. 81. Il observe la même charité alimentaire outre-mer.

100. *Ibid.*, pp. 85-86. Au couvent des dominicains de Compiègne aussi, il entrait souvent dans la cuisine pour commander de la nourriture pour le couvent et il allait au réfectoire

assister au repas des frères qu'il avait fait apporter de sa cuisine personnelle.

101. *Ibid.*, pp. 98-99.

102. *Ibid.*, p. 105. Le roi, est-il souligné, se conduit ce faisant en « vrai humble » et voit dans le pauvre dont il mange les restes « Notre Seigneur Jésus Christ » lui-même.

103. *Ibid.*, p. 107.

104. *Ibid.*, p. 109.

105. Un certain niveau alimentaire avait été maintenu pendant le mois de captivité de Saint Louis aux mains des musulmans en Égypte. Seul de la domesticité du roi à avoir échappé à la maladie, un nommé Ysembart faisait la cuisine pour le roi malade et faisait du pain de chair [viande] et de farine, qu'il apportait de la cour du sultan.

106. GUILLAUME DE SAINT-PATHUS, *Vie de Saint Louis*, p. 111. Voir aussi JOINVILLE, *Histoire de Saint Louis*, pp. 367-369, et *supra*, p. 251.

107. Cette coupe d'or devint dans la famille royale une sorte de relique. Dans l'inventaire des objets ayant appartenu à Louis X après sa mort on lit : « Item, la coupe d'or [de] Saint Louis où l'on ne boit point » (d'après Delaborde, p. 120 n. 1).

108. GUILLAUME DE SAINT-PATHUS, *Vie de Saint Louis*, pp. 119-122.

109. JOINVILLE, *Vie de Saint Louis*, p. 13.

110. Lors de la croisade, Joinville note que, au contraire du roi, « les barons qui auraient dû garder le leur [leurs biens, leur argent] pour le bien employer en temps et lieu, se prirent à donner de grands repas avec excès de viandes » (*ibid.*, p. 95).

111. Voir *supra*, pp. 162-163.

112. *Ibid.*, p. 381.

113. *Ibid.*, pp. 367-369. Voir *supra*, p. 251.

114. JOINVILLE, *Histoire de Saint Louis*, p. 369. Voir *supra*, p. 662.

115. SALIMBENE DE ADAM, *Cronica*, t. I, p. 318.

116. *Ibid.*, p. 319.

117. *Ibid.*, pp. 321-322.

118. *Ibid.*, p. 322. Voir *supra*, pp. 527-528.

119. *Ad piscem* : « un jour maigre ».

120. MATTHIEU PARIS, *Chronica majora*, t. V, pp. 480-481.

121. « The "Karolinus" of Egidius Parisiensis », éd. M. L. Colker, *Traditio*, 29, 1973, p. 290 (livre IV, vers 11-20).

122. ÉGINHARD, *Vita Caroli Imperatoris*, éd. Claudio Leonardi, § 24, p. 100.

IV

LE ROI DES TROIS FONCTIONS

1. Georges DUMÉZIL, *L'Idéologie tripartite des Indo-Européens*, Bruxelles, 1958. Ultime mise au point : « À propos des trois ordres », dans *Apollon sonore et autres essais : vingt-cinq esquisses de mythologie*, Paris, 1982, pp. 205-259 ; Jean BATANY, « Des "trois fonctions" aux "trois états" », *Annales. E.S.C.*, 1963, pp. 933-938 ; J. LE GOFF, *La Civilisation de l'Occident médiéval, op. cit.* (*supra* p. 239 n. 50), pp. 290-295 ; ID., « Note sur société tripartite, idéologie monarchique et renouveau économique dans la Chrétienté du IXe au XIIe siècle » (1965), repris dans *Pour un autre Moyen Âge, op. cit.*, pp. 80-90. Sur l'idéologie trifonctionnelle : Michel ROUCHE, « De l'Orient à l'Occident. Les origines de la tripartition fonctionnelle et les causes de son adoption par l'Europe chrétienne à la fin du Xe siècle », dans *Occident et Orient au Xe siècle*, Paris, 1979, pp. 321-355 ; Otto Gerhard OEXLE, « Deutungsschemata der sozialen Wirklichkeit im frühen und hohen Mittelalter. Ein Beitrag zur Geschichte des Wissens », dans Frantisek GRAUS (éd.), *Mentalitäten im Mittelalter*, Sigmaringen 1987, pp. 65-117.

2. ADALBÉRON DE LAON, *Poème au roi Robert*, introduction, édition et traduction de Claude CAROZZI, Paris, 1979.

3. Georges DUBY, *Les Trois Ordres ou l'imaginaire du féodalisme*, Paris, 1974 ; J. LE GOFF, « Les trois fonctions indo-européennes, l'historien et l'Europe féodale », *Annales. E.S.C.*, 1979, pp. 1184-1215.

4. Voir J. LE GOFF, « Note sur société tripartite », art. cité, *supra*, p. 736 n. 1. Daniel DUBUISSON, « Le roi indo-européen et la synthèse des trois fonctions », *Annales. E.S.C.*, 1978, pp. 21-34.

5. BONIFACE VIII, p. 159.

6. Sur le sacre, voir *infra*, pp. 951-958.

7. Voir le remarquable livre de Ludwig BUISSON, *Ludwig IX, der Heilige, und das Recht*, Fribourg, 1954, chap. III, « Der König und die iustitia », pp. 87-130.

8. BONIFACE VIII, p. 149.

9. *Ibid.*, p. 154.
10. Voir *supra*, pp. 246-249.
11. JOINVILLE, *Histoire de Saint Louis*, p. 363.
12. *Ibid.*, pp. 277-283.
13. GUILLAUME DE SAINT-PATHUS, *Vie de Saint Louis*, pp. 118-119. Voir *infra*, p. 945.
14. *Ibid.*, pp. 151-152.
15. Pour le contexte, voir *supra*, pp. 239 et 605.
16. GUILLAUME DE SAINT-PATHUS, *Vie de Saint Louis*, 135 *sqq.* Voir *supra*, pp. 279-281, où je raconte en détail ce fait divers exemplaire qui fit grand bruit.
17. Sur l'affrontement entre une tendance hiérarchique et une tendance égalitaire au XIIIe siècle, voir Ph. BUC, *L'Ambiguïté du livre, op. cit.*
18. J. LE GOFF, *s. v.* « Millénarisme », art. cité (*supra* p. 73 n. 54).
19. Voir L. BUISSON, *Ludwig IX, op. cit.*, chap. V, « Der König und der Fried », pp. 183-248.
20. Voir *infra*, pp. 953-954 et L. BUISSON, *Ludwig IX, op. cit.*, p. 131.
21. BONIFACE VIII, p. 149.
22. *Enseignements* (D. O'Connell éd.), p. 189.
23. *Ibid.*, p. 189.
24. GUILLAUME DE SAINT-PATHUS, *Vie de Saint Louis*, pp. 73-74.
25. JOINVILLE, *Histoire de Saint Louis*, pp. 375-377.
26. *Ibid.*, pp. 377-379.
27. J. LE GOFF, « Du ciel sur la terre : la mutation des valeurs », art. cité (*supra*, p. 562 n. 30). Voir ma critique de ce qu'on a appelé « laïcisation » et qui est une collaboration de la terre avec le ciel dans la conduite des affaires du monde. Hiérarchie et partenariat : le Moyen Âge central a tiré grand parti de ces pratiques égalitaires à l'intérieur d'une structure inégalitaire. Voir le cas des relations féodo-vassaliques : J. LE GOFF, « Le rituel symbolique de la vassalité », art. cité (*supra*, p. 698 n. 51).
28. Voir *supra*, pp. 297-308.
29. GUILLAUME DE NANGIS, *Gesta Ludovici IX*, p. 400.
30. BONIFACE VIII, pp. 152-153. Yves SASSIER, dans son Louis VII (*op. cit.*, *supra*, p. 102 n. 109), p. 347, applique aussi l'expression *rex pacificus* à l'arrière-grand-père de Saint Louis, mais ce n'est qu'avec celui-ci que ce lien commun royal prend un sens explicitement eschatologique.
31. LE MÉNESTREL DE REIMS, p. 126.

32. Ch. T. Wood, « The Mise of Amiens and Saint Louis' Theory of Kingship », art. cité (*supra*, p. 309 n. 83).

33. Voir *supra*, pp. 181-183.

34. Joinville, *Histoire de Saint Louis*, p. 59.

35. Voir *supra*, pp. 223-224.

36. Voir Ph. Contamine, *La Guerre au Moyen Âge*, *op. cit.* (*supra*, p. 494-495).

37. Voir *supra*, pp. 222-223.

38. Matthieu Paris, *Chronica majora*, t. V, p. 626, p. 636.

39. Joinville, *Histoire de Saint Louis*. Voir *supra*, pp. 162-163.

40. J. Le Goff, « Le dossier de sainteté de Philippe Auguste », art. cité (*supra* p. 45 n. 10).

41. La beauté de Saint Louis a été suffisamment soulignée par les biographes pour faire l'objet d'une entrée à l'index du tome XXIII du *Recueil des historiens des Gaules et de la France*, p. 1025 : « *Qua forma fuerit Ludovicus IX* ».

42. Voir *supra*, pp. 525-526.

43. Boniface VIII, p. 149.

44. *Recueil des historiens des Gaules et de la France*, t. XXIII, p. 173. Voir *supra*, pp. 598-599.

45. Cf. *supra*, pp. 662 *sqq.*

46. Boniface VIII, p. 149. Sur les pauvres et la pauvreté au Moyen Âge, voir les travaux fondamentaux de M. Mollat : *Les Pauvres au Moyen Âge*, Paris, 1978 ; (éd.), *Études sur l'histoire de la pauvreté*, 2 vol., Paris, 1974.

47. *Ibid.*, p. 150.

48. Guillaume de Saint-Pathus, *Vie de Saint Louis*, chap. XI, pp. 79-90, notamment p. 89.

49. Joinville, *Histoire de Saint Louis*, p. 381.

50. *Ibid.*, pp. 391-395

51. R.-H. Bautier, « Les aumônes du roi aux maladreries, maisons-Dieu et pauvres établissements du royaume », art. cité (*supra*, p. 543 n. 24), p. 44.

52. Xavier de la Selle, « L'aumônerie royale aux XIIIe-XIVe siècles », communication au colloque « Les Capétiens et Vincennes au Moyen Âge », dont les actes sont à paraître. Pour l'hôtel royal, voir *infra*, pp. 854-855.

53. André Duchesne, *Historiae Francorum scriptores*, Paris, t. V, 1649, pp. 438-440. Plus récemment, dans les *Layettes du Trésor des chartes*, t. IV, 1902, n° 5638. Les exécuteurs testamentaires sont les évêques de Paris et d'Évreux, les abbés de Saint-Denis et de Royaumont et deux de ses chapelains.

54. A. MURRAY, *Reason and Society in the Middle Ages*, op. cit. (*supra*, p. 378 n. 19).

55. Voir *infra*, p. 955.

56. Voir *supra*, pp. 416-417 et 611.

57. Lucette VALENSI, « Anthropologie économique et histoire : l'œuvre de Karl Polanyi », *Annales. E.S.C.*, 1974, pp. 1311-1319 ; S.C. HUMPHREY, « History, Economics and Anthropology. The Work of Karl Polanyi », *History and Theory*, 1969, vol. 8, pp. 165-212.

58. Philippe CONTAMINE *et alii*, *L'Économie médiévale*, Paris, 1993, p. 222.

59. J. BALDWIN, *Philippe Auguste*, op. cit. (*supra*, p. 75 n. 61) ; Gérard SIVÉRY, *L'Économie du royaume de France au siècle de Saint Louis*, Lille, 1984.

60. Guy FOURQUIN, *Les Campagnes de la région parisienne à la fin du Moyen Âge*, Paris, 1964.

61. Marc BLOCH, *Rois et serfs. Un chapitre d'histoire capétienne*, Paris, 1920.

62. G. SIVÉRY, *L'Économie du royaume de France*, op. cit., p. 33.

63. Ph. BUC, *L'Ambiguïté du livre*, op. cit., pp. 239 sqq.

64. Th. BISSON, « The Problem of Feudal Monarchy : Aragon, Catalonia and France », art. cité (*supra*, p. 75 n. 62).

65. G. SIVÉRY, *L'Économie du royaume de France*, op. cit., p. 32.

66. Voir *supra*, pp. 138 sqq.

67. Voir *infra*, pp. 900-902.

68. Charles PETIT-DUTAILLIS, *Les Communes françaises. Caractères et évolution des origines au XVIIIe siècle*, Paris, 1947. J. SCHNEIDER, « Les villes du royaume de France au temps de Saint Louis », art. cité (*supra*, p. 266 n. 33).

69. A. GIRY (éd.), *Documents sur les relations de la royauté avec les villes en France*, op. cit. (*supra*, p. 269 n. 39), pp. 85-88.

70. W. Ch. JORDAN, « Communal Administration in France 1257-1270 », art. cité (*supra*, p. 269 n. 39).

71. Philippe DE BEAUMANOIR, *Coutumes du Beauvaisis*, A. Salmon (éd.), t. II, 1970 (rééd.), pp. 266-270.

72. A. SERPER, « L'administration royale de Paris au temps de Louis IX » art. cité (*supra* p. 272 n. 44).

73. *Le Livre des métiers d'Étienne Boileau*, R. de Lespinasse et F. Bonnardot (éd.), Paris, 1879.

74. N. de Wailly (éd.), *Joinville et les Enseignements à son fils*, Paris, 1872, pp. 26-28 et 52.

75. Albert Rigaudière, *Gouverner la ville au Moyen Âge*, Paris, 1993, pp. 7-8.

76. *Ibid.*, p. 60, dans l'excellente mise au point : « Qu'est-ce qu'une bonne ville dans la France du Moyen Âge ? » (pp. 53-112).

77. A. Sayous, « Les mandats de Saint Louis sur son trésor pendant la septième croisade », art. cité.

78. La bibliographie sur l'usure est abondante. L'article « Usure » de Gabriel Le Bras dans le *Dictionnaire de théologie catholique* (t. XV, 1950, col 2336-2372) est essentiel. Je me permets de renvoyer pour la bibliographie à mon essai *La Bourse et la Vie. Économie et religion au Moyen Âge*, Paris, 1986.

79. Voir *infra*, pp. 914 sqq.

80. Voir *infra*, pp. 914 sqq. Les deux textes essentiels sont ceux du Deutéronome, XXIII, 19-20 : « *Non foenerabis fratri tuo ad usuram pecuniam [...] sed alieno...* » (Tu ne prêteras pas à intérêt à ton frère de l'argent en usure [...], mais à l'étranger [tu peux]) et de l'Évangile de Luc, VI, 34-35 : « *Mutuum date, nil inde sperantes* » (Prêtez sans rien en attendre). Dans son beau livre, *The Idea of Usury. From Tribal Brotherhood to Universal Otherhood* (Princeton, 1949 ; 2e éd. 1969), Benjamin N. Nelson situe l'évolution des attitudes à l'égard de l'usure dans un passage de la « fraternité tribale » à un « altruisme universel ». En 1268, Saint Louis parle d'« usuriers étrangers » *(alienigene usurarii)*. Ce sont ceux que l'on réprime. Le problème de l'usure est pris dans un processus général d'intégration et d'exclusion à l'intérieur de la Chrétienté. Voir R. I. Moore, *La Persécution, op. cit. (supra*, p. 67 n. 40). Sur les mesures monétaires de Saint Louis, voir *supra*, pp. 288-292.

81. Voir *supra*, pp. 288-292.

82. R. Folz, *Les Saints Rois du Moyen Âge en Occident, op. cit. (supra*, p. 360 n. 11).

83. P. Michaud-Quantin, « La politique monétaire royale à la Faculté de théologie de Paris en 1265 », art. cité.

84. Th. Bisson, *Conservation of Coinage, op. cit. (supra*, p. 287 n. 70).

85. Sur la *necessitas* comme principe politique, voir Ph. Buc, *L'Ambiguïté du livre, op. cit.*, pp. 260-271.

86. A. Rigaudière, « Réglementation urbaine et législation d'État dans les villes du Midi français aux XIIIe et XIVe siècles », dans *Gouverner la ville, op. cit.*, pp. 113-159.

87. Les premiers conflits dans le monde du travail parisien apparaissent dans les années 1250. Bronislaw GEREMEK signale celui qui oppose alors maîtres et valets foulons comme le premier repérable : *Le Salariat dans l'artisanat parisien aux XIIIe-XVe siècles*, Paris et La Haye, 1968, p. 102.

88. John BALDWIN a bien montré que le « juste prix » des scolastiques n'est pas autre chose que le prix du marché : *The Mediaeval Theories of the Just Price. Romanists, Canonists, and Theologians in the XIIth and XIIIth Centuries*, Philadelphie, 1959.

89. G. SIVÉRY, dans l'ouvrage déjà cité *(L'Économie du royaume de France au siècle de Saint Louis)*, a émis l'hypothèse que la France de Saint Louis aurait connu une économie à deux vitesses, l'une traditionnelle, menacée par les famines et fragile, l'autre « nouvelle », réagissant au développement des grands échanges et au dynamisme urbain à travers des « cycles ». Saint Louis aurait « découvert » cette économie nouvelle. Henri DUBOIS a judicieusement critiqué cette hypothèse dans la *Revue historique*, 109, 1985, pp. 472-473.

90. Il apparaît pourtant en filigrane chez Gilbert de Tournai.

91. Voir J. LE GOFF, *La Bourse et la Vie, op. cit.*

V

SAINT LOUIS, ROI FÉODAL OU ROI MODERNE ?

1. Par exemple, Th. BISSON, « The problem of the feudal monarchy », cité *supra*, p. 758 n. 64.

2. Jean-Philippe GENET (éd.), *État moderne : genèse, bilan et perspectives*, Paris, 1990. L'excellent ouvrage de J. KRYNEN *(L'Empire du roi, op. cit.)* précipite quelque peu la marche vers l'absolutisme royal en France et minimise le frein à cette évolution. Excellente présentation équilibrée d'Albert RIGAUDIÈRE, *Pouvoirs et institutions dans la France médiévale. Des temps féodaux aux temps de l'État*, t. II, Paris, 1994.

3. C'est la position de G. DUBY dans sa grande synthèse *Le Moyen Âge (987-1460)*, dans *Histoire de France*, t. I, *op. cit.* (*supra*, p. 79 n. 70).

4. Des médiévistes américains ont affirmé récemment que le roi capétien ne s'est pas d'abord appuyé sur le système féodal pour faire ensuite triompher sur lui le système monarchi-

que étatique, mais qu'il a, au contraire, commencé par asseoir sa puissance royale et s'est ensuite appuyé sur elle pour tirer parti du système féodal et le mettre au service du renforcement du pouvoir : Th. BISSON (« The problem of the feudal monarchy », art. cité) et J. BALDWIN *(Philippe Auguste, op. cit.)* ont placé ce moment décisif sous le règne de Philippe Auguste en qui Th. Bisson a vu « le premier roi féodal de France ». Ch. PETIT-DUTAILLIS, dans sa *Monarchie féodale en France et en Angleterre (op. cit.)*, avait déjà affirmé, sans le prouver suffisamment, que le règne de Saint Louis a été « l'apogée de la monarchie féodale ». Deux historiens allemands, H. KOLLER et B. TÖPFER *(Frankreich, ein historischer Abriss*, Berlin, 1985), ont repris, sans le démontrer davantage, cette affirmation : « Saint Louis a contribué de façon essentielle à la poursuite du renforcement de la monarchie. » J. RICHARD a intitulé un des chapitres de son *Saint Louis (op. cit.)* : « La transformation des structures de la royauté féodale ». Roger FÉDOU écrit à propos de la « politique féodale » des grands Capétiens : « Un des "secrets" de leur réussite a consisté à utiliser à fond les ressources du droit féodal pour préparer ou légitimer leurs conquêtes aux dépens des principaux feudataires » (*L'État au Moyen Âge*, Paris, 1971, p. 64).

5. Je me permets de renvoyer à J. LE GOFF, « Le Moyen Âge », dans A. BURGUIÈRE et J. REVEL (éd.), *Histoire de la France*, t. II, *op. cit.* (*supra*, p. 79 n. 70).

6. Jean-Marie AUGUSTIN, « L'aide féodale levée par Saint Louis et Philippe le Bel », *Mémoires de la Société pour l'histoire du droit*, 6, 37, 1980, pp. 59-81.

7. *Coutumes du Beauvaisis*, A. Salmon (éd.), t. II, 1900, n° 1499.

8. Ch. T. WOOD, « The Mise of Amiens and Saint Louis' Theory of Kingship », art. cité.

9. Thomas N. BISSON, « Consultative Functions in the King's Parlements (1250-1314) », *Speculum*, vol. XLIV, 1969, pp. 353-373.

10. *Ibid.*, p. 361.

11. Sur l'horizon christologique de cette expression, voir *infra*, p. 855. Voir aussi *supra*, pp. 689-691.

12. GUILLAUME DE SAINT-PATHUS, *Vie de Saint Louis*, p. 71 : « Et ainsi le saint roi formait sa mesnie à bien faire. » Voir *infra*, pp. 854-855.

13. Voir *supra*, pp. 46-47, et *infra*, p. 813.

14. Voir *infra*, p. 957 (et *supra*, pp. 112-113).

15. Voir *supra*, pp. 138 *sqq*.

16. G. Campbell, « The Protest of St. Louis », art. cité (*supra*, p. 198 n. 56).

17. Voir sa critique des excommunications épiscopales inconsidérées et vaines, *infra*, pp. 899-902.

18. *Enseignements* (D. O'Connell éd.), p. 189.

19. Geoffroy de Beaulieu, *Vita*, p. 12.

20. C'est le sens premier d'« auguste », « celui qui augmente ».

21. Georges Duby, *La Société aux XIe et XIIe siècles dans la région mâconnaise*, Paris, 1953 ; *L'Économie rurale et la vie des campagnes dans l'Occident médiéval*, 2 vol., Paris, 1962.

22. M. Bloch, *La Société féodale, op. cit.* (*supra*, p. 367 n. 1).

23. J. Schneider, « Les villes du royaume de France... », art. cité.

24. Voir *infra*, pp. 912 *sqq*.

25. Sur les réformes monétaires de Saint Louis, voir *supra*, pp. 285-292 et pp. 765-767.

26. « *Carissimae Dominae et matri reginae concessimus et voluimus quod ipsa in hac nostrae peregrinationis absentia plenariam habeat potestatem recipiendi et attrahendi ad regni nostri negotia*, quod sibi placuerit et visum fuerit *attrahere* [...] » (Fr. Olivier-Martin, *Études sur les régences, I, op. cit.* [*supra*, p. 96 n. 100], p. 101 n. 107).

27. « [...] *removendi etiam quos viderit removendos, secundum* quod ipsi videbitur bonum esse » (*ibid.*).

28. Albert Rigaudière, « *"Princeps legibus solutus est"* (*Dig.*, I, 3, 31) et *"Quod principi placuit legis habet vigorem"* (*Dig.* I, 4, 1) à travers trois coutumiers du XIIIe siècle », dans *Hommages à Gérard Boulvert*, Nice, 1987, pp. 438-439. Du droit coutumier, ce texte retient l'idée de la jouissance collective d'un bien par une communauté selon la coutume de celle-ci, mais l'idée prend une valeur abstraite et générale au niveau de l'ensemble des sujets du royaume. Du droit romain, il garde l'idée d'utilité publique, mais il l'adapte à la société d'une monarchie chrétienne. Il se réfère enfin à la conception aristotélicienne de bien commun, mais sous la forme donnée par les théologiens scolastiques du XIIIe siècle (notamment Thomas d'Aquin, mais après 1248) qui la réélaborent dans la perspective de *La Cité de Dieu* de saint Augustin.

29. « *Baillivos etiam instituere valeat, castellanos, forestarios et alios in servitium nostrum vel regni nostri ponere et amo-*

vere, prout vident expedire » (dans Fr. OLIVIER-MARTIN, *Études sur les régences, op. cit.*).

30. « *Dignitates etiam et beneficia ecclesiastica vacantia conferre, fidelitates episcoporum et abbatum recipere et eis regalia restituere, et eligendi licentiam dare capitulis et conventibus vice nostra* » (*Ibid.*).

31. C'est l'hypothèse de Jacques Krynen. J. VERGER ne croit pas non plus à une intervention de Philippe Auguste en ce sens : « Des écoles à l'université : la mutation institutionnelle », art. cité (*supra*, p. 62 n. 31), p. 844.

32. M. BOULET-SAUTEL, « Le concept de souveraineté chez Jacques de Révigny », art. cité.

33. G. FOURQUIN, *Les Campagnes de la région parisienne à la fin du Moyen Âge, op. cit.* (*supra*, p. 757 n. 60), p. 152.

34. José Luis ROMERO, *La Revolución burguesa en el mundo feudal*, Buenos Aires, 1969.

35. Voir *infra*, « Le roi souffrant, le roi Christ », pp. 983 *sqq.*

36. GUILLAUME DE SAINT-PATHUS, *Vie de Saint Louis*, p. 79.

37. Voir notre essai cité p. 562 n. 30.

38. Louis XI, apprenant la mort de son père Charles VII, partira aussitôt à la chasse.

39. Je dois faire remarquer que cette affirmation, qui correspond très probablement à la réalité, reste une hypothèse. Je ne connais pas non plus de document déclarant ou montrant que Saint Louis n'a jamais chassé. En revanche, des témoins oculaires affirment qu'on ne l'a jamais vu jouer « à des jeux de hasard ou à des jeux semblables », ni « à aucun jeu déshonnête » (GUILLAUME DE SAINT-PATHUS, *Vie de Saint Louis*, p. 133).

40. Voir Ph. BUC, *L'Ambiguïté du livre, op. cit.*, p. 113. On trouvera dans cet ouvrage un dossier remarquable sur la chasse, enjeu idéologique de pouvoir. Sur la chasse au Moyen Âge, voir l'article « Chasse » d'Alain GUERREAU, in *Dictionnaire raisonné de l'Occident médiéval*, sous la direction de J. LE GOFF et de J.-Cl. SCHMITT, Paris, 1999, pp. 166-178 (avec la bibliographie essentielle). À Byzance, voir Évelyne PATLAGEAN, « De la chasse et du souverain », dans *Homo Byzantinus. Papers in Honor of Alexander Kazhdan*, Dumbarton Oaks Papers, n° 46, 1992, pp. 257-263. La chasse royale y est prouesse et substitut de la victoire guerrière, comme dans l'Antiquité.

41. Le texte de Jonas d'Orléans se trouve dans la *Patrologie latine* de MIGNE, t. 106, col. 215-228.

42. YVES DE CHARTRES, *Décret*, dans MIGNE, *Patrologie latine*, t. 161/1, col. 808-810.

43. Texte publié par Denifle et Chatelain dans le *Chartularium Universitatis Parisiensis*, n° 71, t. I, pp. 128-129, cité par H. GRUNDMANN dans son article « *Sacerdotium-Regnum-Studium* » (*supra*, p. 410 n. 23) cité et commenté par Ph. BUC dans *L'Ambiguïté du livre* (*op. cit.*, pp. 178 *sqq.*) que je suis ici. Voir aussi, du même auteur, « Pouvoir royal et commentaires de la Bible (1150-1350) », *Annales. E.S.C.*, 1989, pp. 691-713.

44. Le thème de la *majestas* s'exprime aussi, et peut-être surtout, au XIIIe siècle dans l'art et la littérature, quoique selon des modalités propres à ces arts de l'imaginaire. Voir Alain LABBÉ, *L'Architecture des palais et jardins dans les chansons de geste. Essai sur le thème du roi en majesté*, Paris et Genève, 1987. Sur le roi dans la littérature des XIIe-XIIIe siècles, voir le beau livre de Dominique BOUTET, *Charlemagne et Arthur ou le roi imaginaire*, Paris, 1993. Sur la *maiestas* d'un point de vue théologico-juridique, voir les travaux en cours de Jacques Chiffoleau et Yann Thomas : J. CHIFFOLEAU, « Sur le crime de majesté médiéval », dans *Genèse de l'État moderne en Méditerranée*, Rome, 1993, pp. 183-213.

45. Voir *infra*, pp. 958 *sqq.*

46. Ce texte a été remarquablement analysé par Robert J. SCHNEIDER dans une conférence prononcée à l'université de Groningue en 1987 dont il a bien voulu me communiquer la teneur : « *Rex imago trinitatis :* Power, Wisdom and Goodness in the *De morali principis institutione* of Vincent of Beauvais ». Je le suis ici.

47. « *Magna regna, magna latrocinia* ».

48. C'est le thème du « retour à la lignée de Charlemagne » *(reditus ad stir pem Karoli)*, voir p. 93.

49. Ralph E. GIESEY, *The Juristic Basis of Dynastie Right to the French Throne*, Baltimore, 1961, p. 7. Et le grand livre d'E. H. KANTOROWICZ, *Les Deux Corps du roi, op. cit.*

50. S. MOCHY ONORY, *Fonti canonistiche dell'idea moderna dello stato*, Milan, 1951.

51. A. RIGAUDIÈRE, « *"Princeps legibus solutus est"* et *"quod principi placuit legis habet vigorem"* », art. cité (*supra* p. 788 n. 28).

52. Voir *supra*, p. 376.

53. A. Rigaudière, art. cité (*supra*, p. 800 n. 51), p. 441.

54. M. Boulet-Sautel, « Le concept de souveraineté chez Jacques de Révigny », art. cité, p. 31. Voir aussi, du même auteur, « Jean de Blanot et la conception du pouvoir royal au temps de Saint Louis », dans *Septième centenaire de la mort de Saint Louis, op. cit.*, pp. 57-68.

55. M. Boulet-Sautel, art. cité, p. 23. Voir *supra*, pp. 790-791.

56. A. Rigaudière, art. cité, p. 444.

57. Philippe de Beaumanoir, *Coutumes du Beauvaisis, op. cit.*, chap. XLIX, § 1515. Voir A. Rigaudière, art. cité note précédente, p. 449 et n. 70.

58. Charles Petit-Dutaillis, « L'établissement pour le commun profit au temps de Saint Louis », *Annuario de Historia del Derecho español*, 1933, pp. 199-201.

59. Joseph R. Strayer, « The Laicization of French and English Society in the Thirteenth Century » (1940), repris dans *Medieval Statecraft and the Perspectives of History*, Princeton, 1971, pp. 251-265. L'impressionnant ouvrage de Georges de Lagarde, *La Naissance de l'esprit laïque au déclin du Moyen Âge* (1934-1946), 3e éd., Louvain et Paris, 1956-1970, soutient des vues qui me paraissent également contestables.

60. Elizabeth A. R. Brown, « Taxation and Morality in the XIIIth and XIVth Centuries : Conscience and Political Power and the Kings of France », *French Historical Studies*, VIII, 1973, p. 1-28, repris dans E. Lites (éd.), *Conscience and Casuistry in Early Medieval Europe*, Cambridge et Paris, 1988.

61. Voir *supra*, pp. 443-444 et 590-591, et *infra*, pp. 873-876.

62. Si le processus « absolutiste » remarquablement étudié par J. Krynen continue sous Saint Louis, il ne s'accélère qu'après lui.

63. Voir *supra*, pp. 611-612.

64. Voir *supra*, pp. 525-526.

65. Guillaume de Saint-Pathus, *Vie de Saint Louis*, pp. 45-46.

66. *Ibid.*, p. 89.

67. *Ibid.* pp. 89-91.

68. *Ibid.* pp. 117-118. Voir plus loin, p. 816, la fin de ce texte qui me paraît donner la clé de la conduite de Saint Louis en profondeur.

69. Voir *infra*, pp. 854-855.

70. J. KRYNEN s'est posé la question d'un éventuel machiavélisme dans la pratique politique médiévale (voir *L'Empire du roi, op. cit.*).

71. Voir le texte placé en épigraphe de ce livre.

72. N.D. FUSTEL DE COULANGES, *Leçons à l'impératrice*, Colombes, 1970, p. 176 (« Saint Louis et le prestige de la royauté »).

73. MATTHIEU PARIS, *Chronica majora*, t. V, p. 307.

74. JOINVILLE, *Histoire de Saint Louis*, p. 35. Voir *ill.* 4.

75. *Ibid.*, p. 35.

76. Je dois cette remarque pertinente à Bernard Guenée.

77. *De l'esprit des lois*, livre XXVIII, chapitre XXIX. « Fausser sans combattre » signifie qu'on fait appel au roi d'un jugement seigneurial sans avoir à demander, comme auparavant, le combat judiciaire. « Fausser » veut proprement dire « redresser ». N'oublions pas que Saint Louis a supprimé les « gages de bataille », le duel judiciaire comme moyen de preuves.

78. F. LOT et R. FAWTIER, *Institutions royales, op. cit.*, pp. 332-333

79. *Ibid.*, p. 333

VI

SAINT LOUIS EN FAMILLE

1. Voir l'excellent ouvrage de A. W. LEWIS, *Le Sang royal, op. cit.*, chap. IV « Le développement du sentiment dynastique. »

2. *Recueil des historiens des Gaules et de la France*, t. XXIII, p. 168. Sur Louis VIII, voir le portrait favorable de G. SIVÉRY, *Louis VIII le Lion* (Paris, 1995), qui consacre un intéressant chapitre au *Carolinus* de Gilles de Rome : « Un programme politique offert au prince Louis », pp. 29-52.

3. Voir *supra*, pp. 115-117.

4. J. LE GOFF, « Philippe Auguste dans les *exempla* », dans *La France de Philippe Auguste, op. cit.*, pp. 145-156.

5. Voir *supra* pp. 45-46.

6. GUILLAUME DE SAINT-PATHUS, *Vie de Saint Louis*, pp. 137-138.

7. *Ibid.*, pp. 67-68. Voir Ire partie, chap. I, p. 11, la version de cette anecdote par Joinville. Voir aussi *supra*, p. 781.

8. *Chronique rimée* de Philippe MOUSKÈS, éd. citée, t. II,

pp. 431-432, vers 23861-23884, cité par A. ERLANDE-BRANDENBURG, *Le roi est mort, op. cit.*, p. 18. Voir Ire partie, chap. I.

9. Voir *supra*, pp. 454-455.

10. Élie BERGER, *Histoire de Blanche de Castille*, Paris, 1895 ; Régine PERNOUD, *La Reine Blanche, op. cit.*

11. GEOFFROY DE BEAULIEU, *Vita*, p. 4.

12. Georges DUBY, *Mâle Moyen Age*, Paris, 1968 ; nouv. éd. 1990.

13. GEOFFROY DE BEAULIEU, *Vita*, p. 4.

14. *Tota virago*, c'est-à-dire une femme-homme *(vir)*, forte et guerrière.

15. *Masculinum animum*.

16. GEOFFROY DE BEAULIEU, *Vita*, pp. 4-5

17. BONIFACE VIII, p. 155.

18. Voir *supra*, pp. 805-808.

19. GUILLAUME DE SAINT-PATHUS, *Vie de Saint Louis*, p. 114.

20. Voir *supra*, chap. I (Ire partie). Je reprends ici du point de vue de Blanche de Castille les événements racontés pp. 114 *sqq.* selon l'ordre chronologique.

21. G. SIVÉRY, *Marguerite de Provence, op. cit.*, p. 125.

22. Sur le rôle de la mère dans la formation religieuse d'un fils, voir Jean DELUMEAU (éd.), *La Religion de ma mère. Le rôle des femmes dans la transmission de la foi*, Paris, 1992.

23. Voir *supra*, pp. 109-110.

24. JOINVILLE, *Histoire de Saint Louis*, p. 43.

25. J'ai signalé cette situation exceptionnelle à sa place chronologique dans la première partie p. 150 et l'ai commentée à propos d'une miniature pp. 595-596.

26. Voir *supra*, p. 190.

27. JOINVILLE, *Histoire de Saint Louis*, p. 63.

28. Voir *infra*, « Le roi souffrant, le roi Christ », p. 983 *sqq.*

29. François GARNIER, dans son étude sur *Le Langage de l'image au Moyen Âge. Signification et symbolique*, Paris, 1982 (p. 223), retient que les bras écartés signifient « un comportement émotionnel ».

30. JOINVILLE, *Histoire de Saint Louis*, p. 331.

31. *Ibid.*, p. 333.

32. *Ibid.*

33. Sur les apanages, voir A. W. LEWIS, *Le Sang royal, op. cit.* Je me permets de renvoyer à mon article « Apanage » de l'*Encyclopaedia Universalis*, cité *supra*, p. 90 n. 87.

34. A. LEWIS, *Le Sang royal, op. cit.*, p. 213.

35. En 1252, Jeanne, fille de Philippe Hurepel, l'oncle de Saint Louis, mourut sans héritier. Le sort de ses terres, dont Alphonse de Poitiers et Charles d'Anjou réclamèrent chacun un tiers à titre de neveux, demeura en suspens jusqu'en 1258, date à laquelle un tribunal qui avait consulté des « prud'hommes » donna le tout au roi.

36. Je suis ici l'excellent exposé d'A. W. LEWIS, *Le Sang royal, op. cit.*, p. 299 *sqq*.

37. J'ai essayé de le montrer à propos des rapports entre le seigneur et le vassal : J. LE GOFF, « Le rituel symbolique de la vassalité », art. cité (*supra*. p. 698 n. 51), pp. 349-420

38. L. d'ACHERY, *Spicilegium*, t. II, 4, *Miscellanea, Epistularum*, n° LXXX-VII, p. 549.

39. A. W. LEWIS, *Le Sang royal, op. cit.*, pp. 235-238.

40. Voir *supra*, p. 179.

41. P. E. RIANT, « 1282 : déposition de Charles d'Anjou pour la canonisation de Saint Louis », art. cité (*supra*, p. 391 n. 19), p. 175. L'Église n'a jamais reconnu comme martyr Robert d'Artois, tué à la bataille de la Mansourah, et encore moins Alphonse de Poitiers, mort de maladie en Italie au retour de la croisade de Tunis.

42. On trouvera les références dans A. W. LEWIS, *Le Sang royal, op. cit.*, p. 341, n. 98.

43. J. RICHARD, *Saint Louis, op. cit.*, p. 135.

44. MATTHIEU PARIS, *Chronica majora*, t. V, p. 280. Dans une page de violent affrontement idéologique anglo-français, Matthieu Paris lui oppose l'exemple d'un vaillant jeune chevalier appartenant à la famille royale anglaise, Guillaume Longuépée, comte de Salisbury, qui, lui, fut un vrai héros et qui mourut en combattant. C'est celui-ci, non Robert, qui devrait, selon lui, être considéré comme un vrai martyr, surtout avec l'aide de ce grand saint anglais, saint Edmond (Rich). Edmond Rich ou d'Abingdon, archevêque de Cantorbéry en 1233, vint en France en 1240, peut-être pour se rendre à Rome. Il séjourna dans l'abbaye cistercienne de Pontigny où il mourut la même année. Considéré comme un « martyr » mort en exil, il fut canonisé en 1246.

45. J. RICHARD, *Saint Louis, op. cit.*, p. 138.

46. E. BOUTARIC, *Saint Louis et Alphonse de Poitiers, op. cit.*, toujours utile.

47. RUTEBEUF, *Œuvres complètes*, éd. citée, t. II, Paris, 1990, pp. 391-399.

48. Daniel Borzeix, René Pautal, Jacques Serbat, *Louis IX (alias Saint Louis) et l'Occitanie*, Pignan, 1976 : un exemple de délire occitaniste. Jacques Madaule, *Le Drame albigeois et l'unité française* (Paris, 1973), est un essai sympathique à l'égard des Occitans, mais qui s'efforce à l'objectivité.

49. On en trouvera l'essentiel dans J. Richard, *Saint Louis, op. cit.*, pp. 455 sqq.

50. Voir *supra*, pp. 339-340.

51. Joinville, *Histoire de Saint Louis*, p. 221. Voir *supra* pp. 565-566.

52. Voir *supra*, pp. 293-297, et pour les détails, J. Richard, *Saint Louis, op. cit.*, pp. 329 sqq.

53. André Vauchez, *La Spiritualité au Moyen Âge occidental, VIIIe-XIIe siècle*, nouv. éd., Paris, 1994, « Le christianisme au féminin », pp. 158-168.

54. Sur l'échec d'une religion royale autour des princesses royales en Occident, voir Ire partie, p. 271. Au contraire, en Europe centrale, et spécialement en Hongrie, voir Gabor Klaniczay, *La Sainteté des souverains. La sainteté dynastique hongroise et la typologie de la sainteté en Europe médiévale*, thèse à paraître.

55. Voir *supra*, pp. 519-520.

56. Joinville, *Histoire de Saint Louis*, p. 39.

57. Sur la reine Marguerite, voir G. Sivéry, *Marguerite de Provence, op. cit.*

58. M. Zink, « Joinville ne parle pas, mais il rêve », art. cité, et *supra*, p. 555.

59. Voir *supra*, pp. 567-571.

60. Joinville, *Histoire de Saint Louis*, p. 347.

61. Guillaume de Saint-Pathus, *Vie de Saint Louis*, p. 34.

62. *Enseignements* (D. O'Connell éd.), p. 188.

63. G. Sivéry, *Marguerite de Provence, op. cit.*, p. 210.

64. Joinville, *Histoire de Saint Louis*, p. 333.

65. Jean-Louis Flandrin, *Un temps pour embrasser. Aux origines de la morale sexuelle occidentale (VIe-XIe siècles)*, Paris, 1983.

66. Guillaume de Nangis, *Gesta Ludovici IX*, p. 402

67. « Saint » Thibaud mourut en 1247. Le Nain de Tillemont, *Vie de Saint Louis, op. cit.*, t. II, pp. 393-394 ; A. Duchesne, *Historiae Francorum Scriptores, op. cit.*, t. I, Paris, 1636, p. 406.

68. Voir *supra*, pp. 426-427.

69. Voir *supra*, Ire partie.
70. Voir *supra*, Ire partie.
71. Je suis ici A. LEWIS, *Le Sang royal*, *op. cit.*, pp. 222-224.
72. RUTEBEUF, *Œuvres complètes*, éd. cit., t. II, pp. 381-390.
73. GEOFFROY DE BEAULIEU, *Vita*, p. 23.
74. Voir Ire partie, p. 316.
75. On voit à nouveau qu'il s'intéresse vraiment à eux quand ils ont grandi.
76. JOINVILLE, *Histoire de Saint Louis*, p. 381.
77. Allusion à la relique de la couronne d'épines de la Sainte-Chapelle.
78. C. BYNUM, *Jesus as Mother*, *op. cit.* (*supra*, p. 544 n. 28) ; J. LE GOFF, « Le vocabulaire des catégories sociales chez saint François d'Assise et ses biographes du XIIIe siècle », art. cité (*supra*, p. 584 n. 17).
79. *Enseignements* (D. O'Connell éd.), p. 191.
80. GUILLAUME DE SAINT-PATHUS, *Vie de Saint Louis*, p. 36.
81. *Ibid.*, p. 37.
82. *Epistola publicata super obitum Ludovici noni regis*, dans A. DUCHESNE, *Historia Francorum Scriptores*, *op. cit.*, t. V, 1649, pp. 440-441.
83. MATTHIEU PARIS, *Chronica majora*, t. V, p. 436.
84. L'hôtel du roi fut profondément réorganisé sous Saint Louis. Voir *Vincennes aux origines de l'État moderne. Actes du colloque scientifique sur Les Capétiens et Vincennes au Moyen Âge, Vincennes, les 8, 9 et 10 juin 1994*, sous la direction de Jean CHAPELOT et Élisabeth LALOU, Paris, 1996.
85. GUILLAUME DE SAINT-PATHUS, *Vie de Saint Louis*, p. 124.
86. *Ibid.*, p. 130.
87. JOINVILLE, *Histoire de Saint Louis*, p. 33. Voir *supra*, pp. 689-690.
88. Raoul MANSELLI, « *Nos qui cum eo fuimus...* » *Contributo alla questione francescana*, Rome, 1980.
89. Ernst H. KANTOROWICZ, « Mysteries of State » (1955), trad. fr. « Mystères de l'État. Un concept absolutiste et ses origines médiévales », dans *Mourir pour la patrie*, Paris, 1984.

VII

LA RELIGION DE SAINT LOUIS

1. Voir J. LE GOFF et R. RÉMOND (éd.), *Histoire de la France religieuse*, t. I, *op. cit.*

2. Cf. *infra*, « La sainteté de Saint Louis », pp. 958 *sqq.*, plus particulièrement pp. 854-855.

3. L. K. LITTLE, « Saint Louis' Involvement with the Friars », art. cité, que je suis ici.

4. MATTHIEU PARIS, *Chronica majora*, t. III, p. 520.

5. *Le scuole degli ordini mendicanti (secoli XIII-XIV)*, Convegno del Centro di studi sulla spiritualità medievale, 17 (1976), Accademia Tudertina, Todi, 1978.

6. On a supposé que Robert de Sorbon avait été aussi un de ses confesseurs. Voir *supra*, p. 677.

7. Jacques-Guy BOUGEROL, « Saint Bonaventure et le roi Saint Louis », dans *San Bonaventura, 1274-1974*, t. II, Grottaferratta, 1973, pp. 469-493.

8. EUDES RIGAUD, *Registrum visitationum archiepiscopi rothomagensis*, Théodose Bonnin (éd.), Rouen, 1852 ; nouv. éd. J. F. Sullivan, *The Register of Eudes of Rouen*, 1964. Eudes Rigaud mourut archevêque de Rouen en 1274. Saint Louis n'avait pu obtenir pour lui le chapeau de cardinal.

9. Voir *supra*, pp. 383-385.

10. Voir *infra*, p. 945.

11. Anecdote rapportée sans référence par G. G. COULTON, *From Saint Francis to Dante*, Londres, 1907, p. 405, et citée par L. K. LITTLE, « Saint Louis' Involvement with the Friars », art. cité, p. 21.

12. *Enseignements* (D. O'Connell éd.), pp. 185-186.

13. Voir notamment GUILLAUME DE SAINT-PATHUS, *Vie de Saint Louis*, pp. 23-25.

14. JOINVILLE, *Histoire de Saint Louis*, p. 23.

15. *Ibid.*, p. 25.

16. Alberto TENENTI, *La Vie et la mort à travers l'art du XVe siècle*, Paris, 1953 ; J. DELUMEAU, *La Peur en Occident*, *op. cit.* (*supra*, p. 74 n. 57).

17. JOINVILLE, *Histoire de Saint Louis*, p. 23.

18. *Ibid.*

19. *Ibid.*, p. 27.

20. *Ibid.*, p. 25.

21. GUILLAUME DE SAINT-PATHUS, *Vie de Saint Louis*, pp. 23-24 ; GUILLAUME DE NANGIS, *Gesta Ludovici IX*, p. 381.

22. JOINVILLE, *Histoire de Saint Louis*, p. 45.

23. P. M. GY et J. LE GOFF, « Saint Louis et la pratique sacramentelle », *La Maison-Dieu*, 197, 1994, pp. 118-120.

24. GUILLAUME DE SAINT-PATHUS, *Vie de Saint Louis*, pp. 52-53.

25. *Ibid.*, p. 53.
26. GEOFFROY DE BEAULIEU, *Vita*, p. 15.
27. *Ibid.*
28. Voir *supra*, pp. 669-672.
29. GEOFFROY DE BEAULIEU, *Vita*, p. 15.
30. Voir *supra*, p. 677.
31. Voir J.-G. BOUGEROL, « Saint Bonaventure et le roi Saint Louis », art. cité.
32. JOINVILLE, *Vie de Saint Louis*, p. 15. Voir *supra*, p. 600.
33. *Ibid.*, pp. 15-17. Voir *supra*, pp. 689-691.
34. Sur sa conduite à table, voir *supra*, pp. 624 *sqq*.
35. GEOFFROY DE BEAULIEU, *Vita*, p. 10.
36. Raoul MANSELLI, « L'anno 1260 fu anno gioachimitico ? », dans *Il movimento dei disciplinati nel settimo centenario del suo inizio, op. cit.* (*supra* p. 74 n. 55).
37. GEOFFROY DE BEAULIEU, *Vita*, p. 10.
38. Voir pour le Purgatoire, Jacques CHIFFOLEAU, *La Comptabilité de l'au-delà. Les hommes, la mort et la religion dans la région d'Avignon à la fin du Moyen Âge*, Rome, 1980.
39. GUILLAUME DE SAINT-PATHUS, *Vie de Saint Louis*, p. 123.
40. Même MATTHIEU PARIS (*Chronica majora*, t. IV, p. 646) le reconnaît, à propos du problème auquel il est pourtant très sensible, celui des droits respectifs des Anglais et des Français sur la Normandie : « Mais comme la pureté de conscience de Monseigneur le roi de France n'était pas satisfaite par ces arguments, cette question douteuse fut remise à la décision des évêques de Normandie. »
41. GUILLAUME DE SAINT-PATHUS, *Vie de Saint Louis*, p. 123.
42. GEOFFROY DE BEAULIEU, *Vita*, p. 14. Voir l'ensemble de ce texte et le commentaire de Michelet, *infra*, pp. 1000-1001.
43. MATTHIEU PARIS, *Chronica majora*, t. IV, p. 524.
44. Voir le dernier chapitre : « Le roi souffrant, le roi Christ ».
45. C'est l'objet du chapitre XIII de Guillaume de Saint-Pathus : « De vigueur et patience ».
46. MATTHIEU PARIS, *Chronica majora, op. cit.*, t. V, p. 203.
47. *Ibid.*, t. V, p. 482.
48. JOINVILLE, dans D. OCONNELL, *Les Propos de Saint Louis, op. cit.*, pp. 116-117.
49. BONIFACE VIII, p. 150.
50. JOINVILLE, *Histoire de Saint Louis*, p. 211.
51. C'est Joinville qui connaît bien le roi et ses colères et

pense qu'il pourrait en cuire à Philippe de Nemours et à ceux qui ont trompé les musulmans.

52. GUILLAUME DE SAINT-PATHUS, *Vie de Saint Louis*, pp. 127-128.

53. P. M. GY et J. LE GOFF, « Saint Louis et la pratique sacramentelle », art. cité.

54. *Ibid.*, p. 112.

55. *Ibid.*, pp. 112-113.

56. GUILLAUME DE SAINT-PATHUS, *Vie de Saint Louis*, p. 39.

57. *Ibid.*, p. 39.

58. Voir le beau livre de M. RUBIN, *Corpus Christi*, *op. cit.* (*supra*, p. 491 n. 30).

59. Voir *supra*, pp. 156-159.

60. P. M. GY et J. LE GOFF, « Saint Louis et la pratique... », art. cité, p. 112.

61. De la confirmation, enfin, il n'est presque jamais question dans les textes de l'époque et l'ordination est, bien entendu, réservée aux prêtres.

62. Cf. *La Prière au Moyen Âge*, Senefiance, n° 10, Aix-en-Provence, 1991. J'utilise ici mon essai « Saint Louis et la prière » d'abord présenté au séminaire du père Pierre-Marie Gy à l'École normale supérieure de la rue d'Ulm, publié ensuite dans les mélanges offerts à mon maître et ami Michel Mollat du Jourdain, *Horizons marins, itinéraires spirituels (Ve-XVIIIe siècles)*, vol. 1, *Mentalités et sociétés* (Études réunies par Henri DUBOIS, Jean-Claude HOCQUET, André VAUCHEZ), Paris, 1987, pp. 85-94.

63. BONIFACE VIII, p. 158.

64. *Ibid.*, p. 159.

65. D. O'CONNELL, *Les Propos de Saint Louis*, *op. cit.*, p. 186.

66. JOINVILLE, *Histoire de Saint Louis*, p. 331.

67. *Ibid.*, p. 407

68. GEOFFROY DE BEAULIEU, *Vita*, pp. 13-14. Je reprends ici — autour de la prière — des éléments présentés *supra*, pp. 647-649, autour de l'emploi du temps de Saint Louis. On trouvera ici à propos de la prière des détails supplémentaires. De même, j'ai développé la gestuelle de la prière de façon plus approfondie que *supra*, pp. 708-711.

69. On sait que les ordonnances de 1254 et 1256 enjoignaient aux fonctionnaires royaux de réprimer, entre autres choses, le jeu, non seulement dans le domaine royal, mais

dans tout le royaume. Cf. *supra*, pp. 254-256. Sur Saint Louis qui ne chasse pas, voir *supra*, pp. 794-796.

70. Cf. P. SAENGER, « Silent Reading : its Impact on late Script and Society », art. cité (*supra*, p. 491 n. 27) et, du même auteur, *Manières de lire médiévales*, dans *Histoire de l'édition française*, t. I, Paris, 1982, pp. 130-141.

71. Sur l'affirmation de l'individu aux XIIe-XIIIe siècles, voir *supra*, pp. 575-578.

72. J.-Cl. SCHMITT, *La Raison des gestes*, *op. cit.* (*supra*, p. 491 n. 30), notamment le chapitre VIII, « De la prière à l'extase ».

73. *Enseignements* (D. O'Connell éd.), pp. 190-191.

74. J. LE GOFF, « Saint Louis et les corps royaux », *Le Temps de la réflexion*, III, 1982. Saint Louis évoque à deux reprises la délivrance de l'âme de ses ancêtres dans les *Enseignements* à son fils (chap. XVIII).

75. J. LE GOFF. *La Naissance du Purgatoire*, *op. cit.* (*supra*, p. 45 n. 10).

76. D'une abondante bibliographie, je ne retiens que des travaux traitant surtout de problématique : Nicolas HUYGHEBAERT, *Les Documents nécrologiques*, dans *Typologie des sources du Moyen Âge occidental*, fasc. 4, Turnhout, 1972 ; Karl SCHMIDT et Joachim WOLLASCH, « Die Gemeinschaft der Lebenden und Verstorbenen in Zeugnissen des Mittelalters », *Frühmittelalterliche Studien*, I, 1967, pp. 365-405 ; J.-L. LEMAÎTRE, « Les obituaires français. Perspectives nouvelles », *Revue d'histoire de l'Église de France*, LXIV, 1978, pp. 69-81 ; Karl SCHMIDT et Joachim WOLLASCH (éd.), *Memoria. Das geistlike Zeugniswerk des liturgischen Gedenkens im Mittelalter*, Munich, 1984 ; Otto Gerhard OEXLE, « Memoria und Memorialüberlieferung im früheren Mittelalter », *Frühmittelalterliche Studien*, X, 1976, pp. 70-95. La belle thèse de Michel LAUWERS, *La Mémoire des ancêtres, le souci des morts. Fonction et usage du culte des morts dans l'Occident médiéval (diocèse de Liège, XIe-XIIIe siècles)*, Paris, 1997. Sur Saint Louis et les morts, voir aussi pp. 333-338 et 851-853.

77. *Prier au Moyen Âge. Pratiques et expériences (Ve-XVe siècles)*, Brépols, 1991.

78. Le père Gy a bien voulu m'indiquer que la pratique de la prière de Saint Louis était proche de la pratique dominicaine du XIIIe siècle, sauf sur deux points : d'abord, l'importance chez lui des prières pour les morts ; ensuite, sa propension

aux prières longues (surtout, il est vrai, pour la prière individuelle), alors que les constitutions dominicaines recommandent que les prières et les offices soient dits *breviter et succincte* (répété deux fois au début des constitutions). Cf. Roger CREYTENS, « Les constitutions des frères Prêcheurs dans la rédaction de S. Raymond de Penafort », *Archivum Fratrum Praedicatorum*, 189, 1948, p. 30. Il faudrait, pour préciser la pratique de Saint Louis, consulter l'ordinaire de la chapelle du roi de France (on en possède un manuscrit de la fin du XIVe-XVe siècle : le manuscrit Paris, B.N., cod. lat. 1435). Cf. Jean DUFRASNE, *Les Ordinaires manuscrits des églises séculières conservés à la Bibliothèque nationale de Paris*, Paris, Institut catholique, Institut supérieur de liturgie, dact., 1959, pp. 125-134.

79. *Recueil des historiens des Gaules et de la France*, t. XX, p. 29.

80. J. LE GOFF, *La Bourse et la Vie, op. cit.*

81. GUILLAUME DE SAINT-PATHUS, *Vie de Saint Louis*, pp. 72-73.

82. GEOFFROY DE BEAULIEU, *Vita*, p. 14.

83. Voir pp. 802-803.

84. GUILLAUME DE SAINT-PATHUS, *Vie de Saint Louis*, p. 89.

85. *Ibid.*, p. 54.

86. JOINVILLE, *Histoire de Saint Louis*, p. 381.

87. Voir *supra*, p. 752.

88. J. LE GOFF, « Saint Louis, croisé idéal ? », art. cité.

89. W. Ch. JORDAN a très bien compris l'importance de ces gestes : voir *Louis IX and the Challenge of the Crusade, op. cit.*, pp. 105 et s.

90. Voir *supra*, pp. 169-173.

91. P. ALPHANDÉRY et A. DUPRONT, *La Chrétienté et l'idée de croisade, op. cit.*, nouv. éd., 1995, p. 425. Voir aussi « *Militia Christi* » *e Crociata nei secoli XI-XIII (Mendola, 1989)*, Milan, 1992.

VIII

CONFLITS ET CRITIQUES

1. Les relations entre Saint Louis et l'Église ont fait l'objet d'un remarquable article du père Y. CONGAR, « L'Église et l'État sous le règne de Saint Louis », art. cité.

2. *Enseignements* (D. O'Connell éd.), p. 188.

3. Joinville, *Histoire de Saint Louis*, pp. 395-397.
4. *Enseignements* (D. O'Connell éd.), p. 188. Voir *supra*, p. 781.
5. Voir *supra*, pp. 138 *sqq*.
6. Voir *supra*, pp. 196-198 et pp. 873-874. L'étude fondamentale reste celle d'Élie Berger, *Saint Louis et Innocent IV, op. cit.*
7. Ce document a été conservé dans une version de Matthieu Paris. Le bénédictin anglais, vivant dans un pays où l'hostilité à la curie pontificale était encore plus grande qu'en France, a peut-être durci le ton de la lettre. Elle a fait l'objet d'une excellente étude du père G. J. Campbell, « The Protest of Saint Louis », art. cité (*supra*, p. 198 n. 56), qui la définit comme *a wild document*.
8. Y. Congar, « L'Église et l'État sous le règne de Saint Louis », art. cité, p. 271. Le principal texte où J. Strayer a émis cette opinion est son article « The laicization of French and English Society in the XIIIth century », art. cité (*supra*, p. 802 n. 59), pp. 76-86. Cette théorie a été généralisée dans les volumes séduisants de G. de Lagarde, *La Naissance de l'esprit laïque au Moyen Âge, op. cit.* (*supra*, p. 802 n. 59), qui me semblent avoir engagé la réflexion à propos des structures et de la pensée politique du bas Moyen Âge sur des voies erronées. Dans un curieux article (« The Uses of Heterodoxy : the French Monarchy and Unbelief in the XIIIth century », cité *supra*, p. 530 n. 88), E. Lerner estime que les Capétiens au XIIIe siècle ont eu « une politique de tolérance à l'égard des mouvements anticléricaux ou hérétiques » et il appuie son jugement essentiellement sur l'attitude de Philippe Auguste à l'égard de l'hérésie de l'universitaire parisien Amaury de Bène et des juifs et sur l'attitude de Blanche de Castille face aux pastoureaux de 1251 (voir *supra*, pp. 228-232). En ce qui concerne Saint Louis, il se réfère à sa résistance à l'égard des excommunications épiscopales et à sa protestation de 1247 au pape. S'il y a bien derrière l'attitude de Saint Louis « le développement d'un ordre nouveau opposé aux prétentions universelles de l'Église et soutenant l'exercice de l'autorité nationale », je ne vois aucun lien entre cette politique et une quelconque tolérance à l'égard de « l'hétérodoxie » ou de « l'incroyance ». Cet article me paraît largement fondé sur des concepts anachroniques pour le XIIIe siècle.
9. Primat, dans *Recueil des historiens des Gaules et de la France*, t. XXIII, p. 68.

10. *Enseignements* (D. O'Connell éd.), p. 190.

11. GUILLAUME DE SAINT-PATHUS, *Vie de Saint Louis*, p. 26.

12. R. I. MOORE, *La Persécution. Sa formation en Europe (Xe-XIIIe siècles)*, *op. cit.* (*supra*, p. 67 n. 40).

13. ID., « Heresy as disease », dans W. LOURDEAUX et D. VERHELST (éd.), *The Concept of Heresy in the Middle Ages (11th-13th Century)*, Louvain et La Haye, 1976 ; BONIFACE VIII, p. 258.

14. Voir *supra*, pp. 858-860.

15. JOINVILLE, *Histoire de Saint Louis*, pp. 29-31.

16. *Ibid.*

17. Il les nomme aussi (c'est l'expression, en tout cas, employée par Geoffroy de Beaulieu dans un raisonnement qu'il prête au roi) « fils des ténèbres », par opposition aux chrétiens « fils de la lumière » (*Vita*, p. 15).

18. MATTHIEU PARIS, *Chronica majora*, t. V, p. 310.

19. D. O'CONNELL, *Les Propos de Saint Louis*, *op. cit.*, pp. 81-82.

20. B. Z. KEDAR, *Crusade and Mission*, *op. cit.*

21. A. MIQUEL, *Ousâma, un prince syrien face aux croisés*, *op. cit.* (*supra*, p. 239 n. 49).

22. GUILLAUME DE SAINT-PATHUS, *Vie de Saint Louis*, p. 151.

23. GEOFFROY DE BEAULIEU, *Vita*, pp. 16-17.

24. Les principales esquisses d'ensemble sont l'article de Margaret WADELABARGE, « Saint Louis et les juifs », dans *Le Siècle de Saint Louis*, Paris, 1970, pp. 267-275, et ceux très rapides de Jacques MADAULE, « Saint Louis et les juifs », *L'Arche*, novembre-décembre 1970, n° 165, pp. 58-61, et de Bernhard BLUMENKRANZ, « Louis IX ou Saint Louis et les juifs », *Archives juives*, 10, 1973-74, pp. 18-21. Voir aussi S. MENACHE, « The King, the Church and the Jews », *Journal of Medieval History*, 13, 1987, pp. 223-236.

25. Gérard NAHON, « Une géographie des Juifs dans la France de Louis IX (1226-1270) », dans *The Fifth World Congress of Jewish Studies*, vol. II, Jérusalem, 1972, pp. 127-132 (avec une carte) : « Sur l'ensemble de nos localités, 98 révèlent une présence juive. 23 sont situées dans le bailliage de Tours, 13 dans la sénéchaussée de Beaucaire, 11 dans la connétable d'Auvergne, 10 dans la sénéchaussée de Poitou-Limousin, 9 dans le bailliage de Vermandois, 9 dans la prévôté de Paris, 6 dans la sénéchaussée de Carcassonne, 5 dans la sénéchaussée de Saintonge, 3 dans le bailliage de Caen, 3

dans celui de Gisors, 3 dans la sénéchaussée de Toulouse et d'Albigeois, 1 dans le bailliage de Cotentin, 1 dans la sénéchaussée d'Agenais et Quercy. S'agit-il de villes, de bourgs ou de villages ? À considérer les chiffres actuels de population, on trouverait 22 localités de moins de 1 000 habitants, 37 de moins de 5 000, 40 de plus de 5 000 habitants. Les Juifs vivraient donc dans des villages (22 %), des bourgs (27 %), des villes (40 %). Par contre, les localités où les Juifs ont des clients mais non leur résidence — au nombre de 51 — sont des villages (pour 36 d'entre elles), des bourgs (pour 13 d'entre elles), des villes (2 seulement). Pratiquement, 70 % des localités dépourvues de Juifs sont des villages, tandis que 77 % des localités à présence juive sont des bourgs ou des villes. S'il subsiste donc un certain habitat rural juif, une tendance à l'urbanisation paraît nettement. L'habitat juif coïncide fréquemment avec la présence d'un siège administratif. »

26. Michel ROBLIN, *Les Juifs de Paris*, Paris, 1952 ; William Ch. JORDAN, *The French Monarchy and the Jews. From Philip Augustus to the Last Capetians*, Philadelphie, 1989, p. 9.

27. G. NAHON, « Une géographie des Juifs dans la France », art. cité, p. 132.

28. GUILLAUME DE CHARTRES, *De Vita et de Miraculis*, p. 34. Aryeh Grabois a attiré mon attention sur cette déclaration. Mais il me semble qu'il en donne une interprétation un peu trop favorable à Saint Louis. Sa protection est en fait un droit de punition. Et on ne peut lui appliquer l'adage : « Qui aime bien, châtie bien », car Saint Louis n'aimait pas les juifs.

29. Voir *supra*, R. I. MOORE, p. 903 n. 12.

30. Claudine FABRE-VASSAS, *La Bête singulière. Les juifs, les chrétiens, le cochon*, Paris, 1994. Voir également Noël COULET, « Juif intouchable et interdits alimentaires », dans *Exclus et systèmes d'exclusion dans la littérature et la civilisation médiévales*, Aix-en-Provence et Paris, 1978, qui porte surtout sur les XVe et XVIe siècles.

31. Paul ROUSSET, « La conception de l'histoire à l'époque féodale », dans art. cité (supra, p. 170 n. 23).

32. N. Cohn a justement rappelé que cette accusation avait été portée par les Romains contre les chrétiens.

33. G. LANGMUIR, « *Judei nostri* and the Beginning of Capetian Legislation », *Traditio*, XVI, 1960.

34. Je suis ici l'excellente étude de Gérard NAHON, « Le crédit et les Juifs dans la France du XIIIe siècle », *Annales. E.S.C.*,

XXIV, 1969, pp. 1121-1449. Voir également Aryeh GRABOIS, « Du crédit juif à Paris au temps de Saint Louis », *Revue des études juives*, CXXIX, 1970.

35. A. GRABOIS, « Le crédit et les juifs », art. cité, pp. 7-8.

36. Voir W. Ch. JORDAN, *The French Monarchy and the Jews*, *op. cit.*, index *s.v.* « *captiones* ».

37. G. NAHON, « Le crédit et les Juifs », art. cité, p. 142, qui rappelle l'opinion plus générale de Raymond de ROOVER (« New Interpretations of the History of Banking », *Cahiers d'histoire mondiale*, 1954, pp. 38-76), selon qui la doctrine de l'Église sur l'usure a eu sur l'histoire bancaire des répercussions plus grandes qu'on ne l'a cru.

38. GUILLAUME DE CHARTRES, *De Vita et de miraculis*, p. 34 : traduction de Gérard Nahon (art. cité note précéd.), pp. 30-31.

39. Voir *supra*, pp. 913-914.

40. Luigi AURIGEMMA, *Le Signe zodiacal du scorpion dans les traditions occidentales de l'Antiquité gréco-latine à la Renaissance*, Paris, 1976.

41. S. SCHWARZFUCHS, « De la condition des Juifs en France aux XIIe et XIIIe siècles », *Revue des études juives* (Memorial Maurice Liber), CXXV, 1966, p. 223 ; G. LANGMUIR, « *Tanquam servi*. The Change in Jewish Status in French Law about 1200 », dans *Les Juifs dans l'histoire de France* (1er colloque international de Haïfa), Leyde, 1980.

42. *Layettes du Trésor des chartes*, t. IV, n° 922, p. 350.

43. *Ordonnances des rois de France*, t. I, p. 36.

44. *Ibid.*, t. I, p. 197.

45. Ces textes ont été publiés traduits par Gérard NAHON dans « Les ordonnances de Saint Louis sur les juifs », *Les Nouveaux Cahiers*, n° 23, 1970, pp. 26-29.

46. W. Ch. JORDAN, *The French Monarchy and the Jews*, *op. cit.*, p. 133.

47. G. NAHON, « Les ordonnances de Saint Louis sur les Juifs », art. cité, avec les documents traduits du latin et de l'hébreu. Voir *supra* p. 918.

48. Les *caractères* sont les signes de l'écriture hébraïque considérés comme magiques.

49. Voir *infra* pp. 923 *sqq*.

50. G. NAHON, « Le crédit et les Juifs », art. cité.

51. William Ch. JORDAN, « Jewish-Christian Relations in Mid-Thirteenth Century France : An unpublished *Enquête* from Picardy », *Revue des études juives*, 138, 1979, pp. 47-54.

52. W. Ch. JORDAN, *The French Monarchy and the Jews*, *op. cit.*, pp. 161-162.

53. P. FOURNIER et P. GUÉBIN, *Enquêtes administratives d'Alphonse de Poitiers*, Paris, 1959 ; M. JURSELIN, « Documents financiers concernant les mesures prises par Alphonse de Poitiers contre les Juifs (1268-1269) », *Bibliothèque de l'École des chartes*, 68, 1907, pp. 130-149.

54. W. Ch. JORDAN, *The French Monarchy and the Jews*, *op. cit.*, pp. 162-168.

55. Voir Adin STEINALTZ, *Introduction au Talmud*, Paris, 1994.

56. Yvonne FRIEDMAN, « Les attaques contre le Talmud (1144-1244), de Pierre le Vénérable à Nicolas Donin », communication au colloque international *Le Brûlement du Talmud à Paris, 1242-1244*, qui s'est tenu à Paris les 2 et 3 mai 1994, auquel j'ai participé et dont j'exploite ici les communications qui ont été publiées (sous la direction de Gilbert DAHAN, 1999). Les principaux travaux sur le « jugement » du Talmud à Paris en 1240 sont ceux de Gilbert DAHAN, « Rashi sujet de la controverse de 1240 », *Archives juives*, 14, 1978, pp. 43-54 ; d'I. LOEB, « La controverse de 1240 sur le Talmud », *Revue des études juives*, 1880-1881, t. I, II, III ; de J. REMBAUM, « The Talmud and the Popes : Reflection on the Talmud Trials of the 1240 », *Viator*, 13, pp. 203-221 ; de J. ROSENTHAL, « The Talmud on Trial », *Jewish Quarterly Review*, new series, 47, 1956-1957, pp. 58-76 et 145-169 ; d'Alberto TEMKO, « The Burning of the Talmud in Paris. Date : 1242 », *Commentary*, 20, 1955, pp. 228-239. L'abbé de Cluny, Pierre le Vénérable, un siècle plus tôt, en 1144, avait vivement attaqué le Talmud, mais il en méconnaissait les versions modernes, et il ne saurait être « tenu pour responsable du brûlement du Talmud ».

57. La personne et les motivations de Nicolas Donin sont mal connues et controversées. Pour certains, il aurait été, au moins au début, plutôt un « hérétique » juif qu'un converti. Il aurait voulu protester contre l'oblitération de la Bible par le Talmud, tout comme certains chrétiens, par exemple le grand universitaire franciscain Roger Bacon au XIIIe siècle qui contestait l'importance prise dans les universités chrétiennes par les *Commentaires des sentences* de Pierre Lombard, l'évêque parisien du XIIe siècle, au détriment d'une lecture directe des Écritures saintes. On a même supposé que Nicolas Donin avait été en relation avec certains milieux franciscains pari-

siens, adeptes d'un retour à l'Écriture sainte, débarrassée de sa glose et de ses commentaires scolastiques.

58. Je suis ici la communication d'André TUILIER, « La condamnation du Talmud par les maîtres universitaires parisiens au milieu du XIIIe siècle, ses causes et ses conséquences politiques et idéologiques », présentée au colloque de Paris de mai 1994 (*Le Brûlement du Talmud à Paris, 1242-1244*, sous la direction de Gilbert DAHAN, *op. cit.*, pp. 59-78).

59. Aryeh GRABOIS, « Une conséquence du brûlement du Talmud : la fondation de l'école talmudique d'Acre », communication au colloque de Paris de mai 1994 (cf. p. 926 n. 58).

60. Les juifs avaient été expulsés de Bretagne par le comte en 1236.

61. Traduction de G. NAHON dans « Les ordonnances de Saint Louis », art. cité.

62. GUILLAUME DE SAINT-PATHUS, *Vie de Saint Louis*, p. 20.

63. G. NAHON, « Les ordonnances de Saint Louis », art. cité, p. 28.

64. ID., « Une géographie des Juifs », art. cité, p. 131.

65. G. NAHON, « Les ordonnances de Saint Louis », art. cité, pp. 32-33.

66. *Ibid.*, p. 25.

67. À un chevalier et à un abbé qui parlent de discussions qu'ils ont eues avec des juifs, le roi répondit (voir *supra* pp. 904-905) : « Aussi, vous dis-je, que nul, s'il n'est très-bon clerc, ne doit disputer avec eux ; mais un laïc, quand il entend médire de la loi chrétienne, ne doit pas la défendre, sinon avec l'épée, dont il doit donner dans le ventre, autant qu'elle peut entrer » (JOINVILLE, *Histoire de Saint Louis*, p. 31).

68. Communication orale d'Aryeh Grabois.

69. G. NAHON, « Les ordonnances de Saint Louis », art. cité, p. 25.

70. Voir J. LE GOFF, *La Bourse et la Vie*, *op. cit.* (*supra*, p. 763 n. 78).

71. Sur mon interprétation de l'ensemble de ces mesures, voir *supra* pp. 255-257.

72. G. NAHON, « Les ordonnances de Saint Louis », art. cité, p. 28.

73. *Ibid.* p. 23. Parfois les juifs s'organisèrent, résistèrent et échappèrent au pogrom. Ce fut le cas des juifs de Niort.

74. G. LANGMUIR, « Anti-Judaïsm as the Necessary Preparation for Anti-Semitism », *Viator*, 2, 1971, pp. 383-390.

75. Voir *supra*, pp. 570-571 et 838-843.

76. Guillaume de Saint-Pathus, *Vie de Saint Louis*, pp. 37-38.
77. *Ibid.*, p. 71.
78. *Ibid.*, p. 39
79. Voir *supra*, p. 651.
80. Voir *supra*, pp. 803-804. Voir le dernier chapitre « Le roi souffrant, le roi Christ ».
81. Geoffroy de Beaulieu, *Vita*, p. 6.
82. *Ibid.*, p. 6.
83. Guillaume de Saint-Pathus, *Vie de Saint Louis*, pp. 109-110.
84. Guillaume de Nangis, *Gesta Ludovici IX*, p. 406.
85. Voir *supra*, p. 279, pp. 694-695 et 740.
86. Geoffroy de Beaulieu, *Vita*, p. 11.
87. Guillaume de Saint-Pathus, *Vie de Saint Louis*, pp. 88-89.
88. Cf. *supra*, pp. 501 *sqq*.
89. Matthieu Paris, *Chronica majora*, t. III, p. 325.
90. *Ibid.*, p. 336.
91. *Ibid.*, t. IV, p. 198 (franc = libre).
92. Voir *supra*, pp. 303-305.
93. Voir *supra*, pp. 279-281 et 740-742.
94. « Chanson sur les établissements du roi Saint Louis », *Bibliothèque de l'École des chartes*, I, 1840, pp. 370-374.
95. Gérard Sivéry, « Le mécontentement dans le royaume de France et les enquêtes de Saint Louis », *Revue historique*, 545, 1983, pp. 3-24.
96. Sur les relations de Saint Louis avec les frères Mendiants voir *supra*, pp. 380-398 et l'excellent article déjà cité de L. K. Little, « Saint Louis' Involvement with the Friars ».
97. Rutebeuf est particulièrement violent. Voir l'énumération de ses griefs contre Saint Louis dans Jean Dufournet, « Rutebeuf et les moines mendiants », *Neuphilologische Mitteilungen*, 85, 1984, pp. 165-166, avec la bibliographie du sujet.
98. J'en ai déjà fait mention comme illustration de la clémence du roi *supra*, p. 740.
99. Guillaume de Saint-Pathus, *Vie de Saint Louis*, pp. 118-119.
100. L. Carolus-Barré, *Le Procès de canonisation, op. cit.*, p. 248. Sur Thomas de Cantimpré et Saint Louis, voir *supra*, p. 1121 n. 35.

IX

SAINT LOUIS, ROI SACRÉ, THAUMATURGE ET SAINT

1. Ce charisme ne répond que partiellement à la conception wébérienne de la domination charismatique, car le prestige charismatique de Saint Louis ne vient pas que de sa personnalité propre ; il se fonde aussi sur le prestige objectif de la fonction royale et des principes chrétiens définis par les Miroirs des princes qui posent des limites à cet ascendant personnel : le charisme se nourrit de l'image divine et du modèle religieux.

2. Le grand livre d'où est sortie toute la problématique moderne de la royauté médiévale est celui de M. BLOCH, *Les Rois thaumaturges*, *op. cit.* (*supra*, p. 1111 n. 126).

3. Il s'agit de l'*ordo* contenu dans le manuscrit latin 1246 de la Bibliothèque nationale de Paris. Je le date de 1250 environ, avec Jean-Claude Bonne, en accord avec Richard Jackson et François Avril. Voir *supra*, p. 674, mon article dans *Coronations*, J. M. BAK (éd.), *op. cit.*, « A coronation program for the Age of Saint Louis : The Ordo of 1250 », pp. 46-57, et celui de Jean-Claude BONNE, « The Manuscript of the ordo of 1250 and its Illuminations », *ibid.*, pp. 58-71, ainsi que Jean-Claude BONNE, Marie-Noël COLETTE, Jacques LE GOFF et Éric PALAZZO, *Le Sacre royal à l'époque de Saint Louis. D'après le manuscrit latin 1246 de la BNF*, Paris, Gallimard, 2001.

4. A. DUPRONT, *Du sacré*, *op. cit.* (*supra*, p. 1150 n. 34).

5. Le nom d'« écrouelles » ou « scrofules » était donné au Moyen Âge à diverses sortes de gonflement des ganglions et affections purulentes de la peau.

6. J. LE GOFF, « Le miracle royal », voir *infra*, p. 955.

7. À distinguer de l'adoubement chevaleresque. On se souvient que Saint Louis enfant a été adoubé à Soissons juste avant le sacre à Reims. Voir J. RICHARD, « L'adoubement de Saint Louis », art. cité (*supra*, p. 1084 n. 127).

8. Voir J. LE GOFF, « Reims, ville du sacre », art. cité (*supra*, p. 1131 n. 15), particulièrement pp. 118-122.

9. Hervé PINOTEAU, « La tenue de sacre de Saint Louis IX, roi de France. Son arrière-plan symbolique et la *renovatio regni Iuda* », *Itinéraires*, 162, pp. 120-166, repris dans *Vingt-cinq ans d'études dynastiques*, Paris, 1982, pp. 447-504 ; ID., « Les insignes du pouvoir des Capétiens directs », *Itinéraires*, 323, mai 1988, pp. 40-53.

10. Anne LOMBARD-JOURDAN, *Fleurs de lys et oriflamme. Signes célestes du royaume de France*, Paris, 1991.

11. Dans un texte qu'on a vu plus haut, p. 914, Saint Louis se présente comme une sorte d'« évêque du dehors » des juifs, mais l'expression n'est pas prononcée.

12. Ce rite, pratiqué dès le VIIIe siècle au sacre de Pépin, ne s'introduisit qu'au IXe siècle dans l'ordination épiscopale : l'onction épiscopale imita donc l'onction royale et non l'inverse.

13. J'ai essayé de le démontrer dans une étude récente : J. LE GOFF, « Le miracle royal », art. cité (*supra*, p. 1140 n. 20) ; ID., « Le mal royal au Moyen Âge : du roi malade au roi guérisseur », *Mediaevistik*, I, 1988, pp. 101-109. Fred BARLOW (« The King's Evil », *English Historical Review*, 1980, pp. 3-27) emploie des arguments convergents pour soutenir que le toucher royal anglais ne s'est institutionalisé qu'avec Henri III.

14. La réputation de guérisseur de Louis se répand dans la Chrétienté. Un certain Lanfranchino, habitant Montassenti près de Sienne, malade des écrouelles, part pour la France en 1258 pour se faire « toucher » par le roi (Odile REDON, dans *Archeologia medievale*, XIV, 1987, pp. 390-393).

15. Il faudrait consacrer au trône un discours particulier.

16. Ou, *sede vacante*, par son suffragant, le plus souvent le premier, l'évêque de Soissons.

17. C'est un jalon dans la construction de ce que J. KRYNEN a appelé *L'Empire du roi, op. cit.* (*supra*, p. 1133 n. 34).

18. Voir *supra*, pp. 738-742.

19. A. VAUCHEZ, *La Sainteté en Occident, op. cit.*

20. R. FOLZ, « La sainteté de Louis IX d'après les textes liturgiques de sa fête », art. cité.

21. A. VAUCHEZ, *Les Laïcs au Moyen Âge, op. cit.*

22. J.-L. FLANDRIN, *Un temps pour embrasser, op. cit.* (*supra*, p. 1182 n. 65).

23. R. FOLZ, *Les Saints Rois du Moyen Âge en Occident (VIe-XIIIe siècles), op. cit.*

24. J. LE GOFF, « Saint Louis, croisé idéal ? », art. cité.

25. Voir *supra*, pp. 472-482. On peut ajouter à ces cinq Miroirs, quoique sans doute sans influence sur le roi et le règne, le *De eruditione principum* du dominicain Guillaume Perrault (vers 1265) et, plus difficilement, le *De regimine principum* composé pour le roi de Chypre par Thomas d'Aquin qui le commença vers 1265 et qui fut complété par Ptolémée de

Lucques en 1304. Je parle à la page suivante du *De morali principis institutione*.

26. Sverre BAGGE, *The Political Thought of the King's Mirror*, Odense University Press, 1987 ; Einar MAR JONSSON, « La situation du *Speculum regale* dans la littérature occidentale », *Études germaniques*, octobre-décembre 1987, pp. 391-408.

27. Je dois ces précisions au texte de la conférence de R. J. SCHNEIDER, « *Rex imago Trinitatis :* Power, Wisdom et Goodness in the *De morali principis institutione* of Vincent de Beauvais », prononcée à l'université de Groningue le 23 janvier 1987 (citée *supra*, p. 1177 n. 46). Je remercie très vivement Robert J. Schneider d'avoir bien voulu me communiquer le texte inédit de cette conférence de même que celui de la communication citée à la note 29, p. 1198. Voir *supra*, pp. 472 et 1158 n. 156. Sur l'*opus politicum* de Vincent de Beauvais voir *supra*, pp. 681-682.

28. Qui aurait été perdue si Vincent de Beauvais ne l'avait pas reproduite dans le livre XXIX de son *Speculum historiale*.

29. Voir *supra*, pp. 464-482, « Le roi des Miroirs des princes ». Robert J. SCHNEIDER, « Vincent of Beauvais on political legitimacy and the Capetian Dynasty : The Argument of the *De morali principis institutione* », conférence prononcée au 22ᵉ congrès international d'études médiévales : « The Capetian Millenium : 987-1987 » (Kalamazoo, 8 mai 1987).

30. Voir *supra*, pour le roi « image de Dieu », pp. 465-467 et pour la tri-fonctionnalité IIIᵉ partie, chap. IV, pp. 736-773. Malgré son succès relatif chez les auteurs de Miroirs des princes, la conception du roi « image de Dieu » reste fondamentale chez les théologiens et probablement dans la mentalité commune.

31. Voir *supra*, pp. 456-463.

32. Voir *supra*, pp. 539-541.

33. Cf. J. W. BALDWIN, *Philippe Auguste et son gouvernement*, *op. cit.* (*supra* p. 1077 n. 61), pp. 491-495, et J. LE GOFF, « Le dossier de sainteté de Philippe Auguste », art. cité.

34. Voir la remarquable étude de R. FOLZ, *Les Saints Rois du Moyen Âge en Occident*, *op. cit.*

35. Alain BOUREAU, « Saint Louis », dans *Histoire des saintes et de la sainteté chrétienne*, t. VI, *Au temps du renouveau évangélique (1054-1274)*, André VAUCHEZ (éd.), Paris, 1986, pp. 196-205.

36. Voir *supra*, pp. 713-718.

37. A. Vauchez *(La Sainteté, op. cit.)* a bien montré que cette conception ne s'impose que lentement et très imparfaitement au cours du XIIIe siècle.

38. Je reprends ici l'essentiel de mon étude déjà citée : J. Le Goff, « Saint de l'Église et saint du peuple : les miracles officiels de Saint Louis entre sa mort et sa canonisation (1270-1297) ». Voir l'excellente étude parallèle menée dans une perspective un peu différente, celle d'une histoire du corps (qui est la mienne surtout à propos du corps de Saint Louis dans le dixième et dernier chapitre de cette IIIe partie) par S. Chennaf et O. Redon, « Les miracles de Saint Louis », art. cité *(supra*, p. 1161 n. 16).

39. « Après l'ensevelissement des saints os, les miracles divins ne manquèrent pas ; Dieu fut prompt à faire bénéficier son [nouveau] saint de miracles » *(Recueil des historiens des Gaules et de la France*, t. XX, p. 25).

40. *De Vita et de Miraculis, ibid.*, p. 28.

41. Boniface VIII, *ibid.*, t. XXIII, p. 159.

42. La position d'Innocent III est exprimée dans la bulle de canonisation de saint Homebon (12 janvier 1199), éditée par O. Hageneder et A. Haidacher, *Das Register Innocenz III*, I, Graz et Cologne, 1964, pp. 761-764 : « Bien que, selon le témoignage de la vérité, seule la persévérance finale soit exigée pour qu'une âme parvienne à la sainteté dans l'Église triomphante, puisque "celui qui aura persévéré jusqu'à la fin sera sauvé", cependant, dans l'Église militante, deux choses sont requises pour que quelqu'un puisse être réputé saint : la vertu des mœurs et la vérité des signes, c'est-à-dire les œuvres de piété dans la vie et les manifestations des miracles après la mort » (A. Vauchez, *La Sainteté en Occident, op. cit.*, pp. 42-43).

43. *Recueil des historiens des Gaules et de la France*, t. XXIII, p. 150.

44. Guillaume de Saint-Pathus, *Les Miracles de Saint Louis*, pp. 171-174.

45. Par exemple Guillaume de Chartres : « [...] *ac de miraculis, quae circa ejus sepulcrum et alias* » *(De Vita et de Miraculis*, dans *Recueil des historiens des Gaules et de la France*, t. XX, p. 28).

46. Par délocalisation on entend la tendance à situer les miracles ailleurs que dans les lieux marqués par la présence du saint pendant sa vie ou par ses reliques. Cf. A. Vauchez,

La Sainteté en Occident, op. cit., pp. 519-529 : « Du tombeau à l'image : le lieu de l'invocation ».

47. On trouve douze habitants de Saint-Denis, vingt-cinq Parisiens, vingt résidents en Île-de-France et dans les régions avoisinantes et deux d'origine un peu plus lointaine, un chevalier hennuyer du diocèse d'Arras et un valet porcher venu de Ranton, près de Loudun, dans la Vienne, au diocèse de Poitiers.

48. Voici, par exemple (miracle XLII), Jehanne de Sarris (près de Crécyen-Brie), femme de Jehan le Charpentier qui, une nuit en 1276, perd l'usage de ses jambes et de ses pieds. Au bout d'un mois, « comme elle était pauvre et n'avait personne qui l'aidât, et que son mari ne voulait pas lui donner ce qu'il lui fallait », on la porte à l'hôtel-Dieu de Paris. Au bout de quelque temps, elle voulut rentrer chez elle et y retourna sur des béquilles avec l'aide de son mari, mais celui-ci à nouveau ne s'occupe pas d'elle. Elle va donc « à grand peine » (à béquilles) mendier à l'église de Saint-Merri à Paris. Ayant entendu parler des miracles qui avaient lieu au tombeau de Saint Louis, elle décida d'aller à Saint-Denis et d'y subsister avec ce qu'elle aurait elle-même gagné. Elle « fila tellement qu'elle gagna trois sous » et, avec ce viatique, elle gagna péniblement, toujours à béquilles, Saint-Denis, avec l'aide d'une de ses filles. Elle offre au tombeau du roi « une chandelle de sa longueur ». Au bout de quatre jours, elle se sent mieux. Au bout de neuf jours elle rentra à Paris « droite sur ses pieds, sans bâton ni béquilles et sans aide de personne ». Depuis, elle fut en bonne santé « et fit sa besogne comme une autre femme sainte » (Guillaume de Saint-Pathus, *Les Miracles de Saint Louis*, pp. 131-134).

49. Geoffroy de Beaulieu, *Vita*, cap. xxxv, « Quod in tangendo infirmos signum sanctae crucis super addidit » (huit lignes dans le *Recueil des historiens des Gaules et de la France*, t. XX, p. 20). Guillaume de Saint-Pathus, par exemple, dans *Vie de Saint Louis* — puisqu'il s'agit de guérisons accomplies du vivant du roi — fait deux brèves allusions : « Chascun jour, au matin, quand il avoit oy ses messes et il revenoit en sa chambre, il fesoit apeler ses malades des escroeles et les touchoit » (éd. Delaborde, p. 99), et encore : « Et par bonc tens li benoiez rois ot de coutousme que quant il avoit ses messes oyes et il a [voit] touchié ses malades du mal des

escroeles » (*ibid.*, p. 142). J'ai gardé le vieux français original aisé à comprendre ici.

50. Guillaume de Saint-Pathus, *Les Miracles de Saint Louis*, p. 188.

51. Boniface VIII, dans *Recueil des historiens des Gaules et de la France*, t. XXIII, p. 159.

52. H.-Fr. Delaborde pensait qu'il fallait peut-être lire *fortissima* et renvoyait à l'expression « goutte flestre » de la traduction française des *Miracles*, mais comme *flestre* signifie « fistule » et que dans le manuscrit du sermon (provenant de Chartres) *a gutta forma* figure sous *fistulati*, ce rapprochement n'est pas très convaincant (H.-Fr. Delaborde, « Une œuvre nouvelle de Guillaume de Saint-Pathus », art. cité, p. 277, n. 2).

53. J'ai gardé pour les nombres les chiffres romains figurant dans le manuscrit. H.-Fr. Delaborde indique que le texte original portait *timore* et non *tumore* et n'a pas déchiffré l'abréviation *sil* qui m'est demeurée mystérieuse (*ibid.*, p. 277, n. 3 et 4).

54. La difficulté de définir avec précision, dans un certain nombre de cas, la catégorie des miracles mentionnés et, en particulier, la difficulté de définir la catégorie des paralytiques ne m'ont pas permis de repérer les cinq miracles qui ne sont pas comptabilisés dans le sermon.

55. Guillaume de Saint-Pathus, *Les Miracles de Saint Louis*, pp. 1-2.

56. Pierre-André Sigal, « Maladie, pèlerinage et guérison au XIIe siècle. Les miracles de Saint-Gibrien à Reims », *Annales. E.S.C.*, 24, 1969, pp. 1-27 ; A. Vauchez, *La Sainteté en Occident, op. cit.*, pp. 549-552.

57. Piero Camporesi, *Il pane selvaggio* [1980], trad. fr., *Le Pain sauvage. L'imaginaire de la faim de la Renaissance au XVIIIe siècle*, Paris, 1981.

58. Jacques Paul, « Miracles et mentalité religieuse populaire à Marseille au début du XIVe siècle », *La Religion populaire en Languedoc du XIIIe à la moitié du XIVe siècle. Cahiers de Fanjeaux*, 11, Toulouse, pp. 61-90.

59. On se rappelle le célèbre rêve de Joinville voyant Saint Louis lui apparaître après sa mort et lui demander de placer une statue de lui dans la chapelle de son château. Cf. M. Zink, « Joinville ne pleure pas, mais il rêve », art. cité. Il faut noter que l'apparition de Saint Louis en rêve à ses familiers semble

avoir été un *topos* dans les années qui ont suivi la mort du roi.

60. Un texte récemment retrouvé le confirme. Il s'agit de la réponse de l'archevêque de Tolède, D. Gonzalo Pérez, à un questionnaire de Boniface VIII sur les miracles de Saint Louis (déjà recueillis au cours du procès, notamment en 1282 : voir *supra*, p. 355), rédigé à Rome dans les premiers mois de 1297. Gonzalo Pérez retrouve bien en Saint Louis deux des vertus que l'Église, depuis Innocent III, reconnaît à un saint, la *virtuositas operationum* (les actions vertueuses) et la *continuatio vel continuitias actionum* (la persévérance dans le bien), et l'archevêque de Tolède, homme de grande culture, s'appuie, entre autres, sur des arguments tirés de l'*Éthique à Nicomaque* d'Aristote, dont il possède un manuscrit écrit à Viterbe en 1279, donc après la mort de Saint Louis. Quant à la troisième caractéristique, la *claritas seu evidentia miraculorum* (la clarté ou évidence des miracles), il se contente de dire qu'elle apparaît clairement dans le cas de Louis IX, sans plus. Il évite ainsi de se prononcer sur ces miracles et ne leur accorde pas de véritable importance. Je remercie très vivement P. LINEHAN et Fr. J. HERNANDEZ qui ont retrouvé et publié ce texte avec un excellent commentaire (« *Animadverto* : a recently discovered *consilium* concerning the sanctity of King Louis IX », art. cité).

61. Boniface VIII, dans *Recueil des historiens des Gaules et de la France*, t. XXIII, p. 151.

62. A. VAUCHEZ, *La Sainteté en Occident, op. cit.*, pp. 615-622 : « Mentalité hagiographique et mentalité commune ».

63. Voir *supra*, pp. 361-362. Je rappelle l'étonnant récit de Matthieu Paris, mort en 1259, racontant la colère de Saint Louis à qui l'on remet, à l'abbaye de Pontigny, un membre du corps d'un saint.

X

LE ROI SOUFFRANT, LE ROI CHRIST

1. Robert FOLZ, « Trois saints rois "souffre-passion" en Angleterre : Oswin de Deira, Ethelbert d'Est-Anglie, Édouard le Martyr », *Comptes rendus de l'Académie des inscriptions et belles-lettres*, 1980, pp. 36-49. Dans son livre (*Les Saints Rois du Moyen Âge en Occident, op. cit.*), R. Folz inclut Saint

Louis. Je ne suis pas d'accord avec ce grand savant sur plusieurs points importants. Il est vrai que, « entre le VIe et le XIIIe siècle, le type de saint roi a évolué à mesure que la royauté elle-même se consolidait », bien que je ne pense pas qu'il y ait une relation aussi étroite entre les deux phénomènes. « Au martyr qui portait la couronne royale s'est substitué progressivement le roi sanctifié en raison de la manière dont il avait exercé son pouvoir » (p. 21). Mais en affirmant qu'« il est frappant de remarquer que les premiers rois à être considérés comme saints ont été complètement dépourvus de cette "vertu" royale, créatrice de la victoire ou seulement du succès, hypothétiquement reconnue à certains de leurs devanciers païens », il ne met pas, je crois, en bonne lumière cette importante remarque. La victoire reste un attribut de l'image royale, mais le contenu de ce succès change avec le christianisme pour lequel le martyre est la plus belle des victoires. C'est cette conception qui domine encore pour la canonisation de Saint Louis. Néanmoins, il y a entre les rois « souffre-passion » et Saint Louis une différence profonde qui tient à l'époque et marque une rupture avec la tradition, alors que R. Folz insiste plutôt sur une continuité. La souffrance de Saint Louis est plus une souffrance quotidienne dans son corps et son cœur, acceptée avec patience ou recherchée avec zèle, qu'un événement dramatique entièrement imposé de l'extérieur. La souffrance, qui est devenue valeur, ne rejoint qu'à la fin le Christ de la passion. C'est la souffrance de l'homme qui accepte sa condition humaine et fait d'elle un aspect de son pouvoir au lieu d'une agression contre ce pouvoir, une augmentation et non une diminution de prestige. Ce n'est pas tant la conception de la royauté qui a changé que celle de la souffrance. Et les attitudes à l'égard du corps.

2. JOINVILLE, *Histoire de Saint Louis*, pp. 40-41. Le texte se trouve dans la Ire partie, ch. I, pp. 34-35. Un numéro spécial très suggestif de la revue *Médiévales* a été consacré à diverses formes de la souffrance au Moyen Âge : *Du bon usage de la souffrance*, n° 27, automne 1994.

3. Une des principales tâches des enquêteurs royaux est de recueillir les plaintes pour exaction injuste qui doivent entraîner restitution de la part du roi. La restitution des usures par l'usurier ou ses héritiers est la condition essentielle — avec le repentir — de son salut. Les traités « sur les restitutions » *(De restitutionibus)*, nombreux au XIIIe siècle, sont parmi les plus

intéressants à propos des pratiques du crédit et de la doctrine ecclésiastique en la matière. Saint Louis insiste beaucoup sur son devoir de restitution dans ses *Enseignements* à son fils. Voir JOINVILLE, *Histoire de Saint Louis*, p. 19.

4. GEOFFROY DE BEAULIEU, *Vita*, p. 14.

5. Voir *supra*, pp. 850-851.

6. GUILLAUME DE CHARTRES, *De Vita et de Miraculis*, p. 33. « Il arriva une fois dans un parlement qu'une dame ornée de façon extravagante *(non modicum curiose)* après le règlement de son affaire à la cour entra avec un petit nombre de gens dans la chambre du roi et se fit remarquer du roi. Elle était, en effet, selon le siècle trompeur et le faux jugement des gens du siècle quant à la vaine beauté du corps, extrêmement belle et réputée pour sa beauté. Le roi tout dévoué à Dieu dans son cœur voulut lui parler familièrement de son salut. Il appela frère Geoffroy [de Beaulieu] qui était présent et lui dit : "Je veux que vous soyiez avec moi et que vous entendiez ce que je me propose de dire à cette dame ici présente qui demande à me parler personnellement." Les autres affaires expédiées, comme cette dame était restée seule avec le roi et ledit frère, le roi lui dit : "Madame, je ne veux que vous rappeler une chose pour votre salut. On a dit que vous avez été une belle dame, mais, vous le savez, ce que vous avez été est déjà passé. Réfléchissez donc au fait que cette beauté était vaine et inutile et qu'elle s'est vite évanouie, comme une fleur, qui se fane aussitôt et ne dure pas. Et vous ne pouvez la rappeler, quelque soin et quelque diligence que vous y mettiez. Souciez-vous donc d'acquérir une autre beauté, non pas celle du corps, mais celle de l'âme. Grâce à celle-ci, vous plairez à notre créateur et elle rachètera les fautes que vous avez commises au temps de cette beauté passée." La dame accueillit sans réaction ces paroles. Elle s'améliora ensuite et se conduisit avec plus d'humilité et d'honnêteté. » Sur l'image des rapports avec les femmes d'un saint dont Saint Louis est à la fois très proche et très éloigné, voir le beau livre de Jacques DALARUN, *Francesco : un passagio. Donna e donne negli scritti nelle leggende di Francesco d'Assisi*, Rome, 1994. Le modèle de la femme tentatrice dont l'homme doit se détourner appartient à la tradition monastique.

7. GUILLAUME DE SAINT-PATHUS, *Vie de Saint Louis*, pp. 142-143. « Comme une femme qui appartenait à la meilleure société de Pontoise et au lignage de Pierrelaye avait été arrê-

tée par les sergents du saint roi parce que, à ce que l'on disait, elle avait fait occire son mari par un homme qu'elle aimait d'un mauvais amour, à ce que l'on disait, et l'avait fait jeter en une privée *(latrines)* quand il fut mort, la dame ayant reconnu le fait lors du jugement, le saint roi voulut que justice fût faite de cet acte, bien que la reine de France et la comtesse de Poitiers [sa belle-sœur, femme de son frère Alphonse] et d'autres dames du royaume et certains frères Mineurs et Prêcheurs le prient que la mort fût épargnée à ladite dame, parce qu'elle montrait grande contrition et grande repentance. Les amis et les cousins de ladite dame, la reine et les autres personnes susdites supplièrent le roi que, si elle devait absolument mourir, son exécution n'ait pas lieu à Pontoise. Le roi demanda à noble et sage monseigneur Simon de Nesle son avis, et monseigneur Simon répondit que justice faite publiquement était bonne. Alors le saint roi ordonna que ladite femme fût brûlée au château de Pontoise, et elle fut brûlée publiquement. »

8. GUILLAUME DE SAINT-PATHUS, *Vie de Saint Louis*, p. 144.

9. *Enseignements* (D. O'Connell éd.), p. 186.

10. Georges DAUMET, « Une femme-médecin au XIIIe siècle », *Revue des études historiques*, 1918, pp. 69-71.

11. Henri STEIN, « Pierre Lombard médecin de Saint Louis », *Bibliothèque de l'École des chartes*, 100, 1939, pp. 63-71.

12. GUILLAUME DE SAINT-PATHUS, *Vie de Saint Louis*, pp. 132-133.

13. Je reprends ici du point de vue du corps et de la douleur des textes déjà cités soit à leur place chronologique, soit dans une autre perspective.

14. Il y a un excellent dossier pathologique et nosologique sur Saint Louis dans l'ouvrage vieilli du Dr Auguste BRACHET, *Pathologie des rois de France* (Paris, 1903), malgré le caractère peu convaincant de la thèse de l'auteur qui, voulant prouver le caractère héréditaire de l'épilepsie, dont aurait été atteint Louis XI, et de la folie de Charles VI, va chercher au moins un grain de folie ou des tares physiologiques chez tous les rois capétiens depuis Hugues Capet. On trouvera un résumé de cette étude en Annexe I, pp. 1029-1031. Sur les rapports entre sainteté et maladie, cf. C. L. B. TRUB, *Heilig und Krankheit* (*Bochumer historische Schriften*, 19), Stuttgart, 1978. Voir aussi Claude GAUVART, « Les maladies des rois de France », *L'Histoire*, numéro spécial, *Les maladies ont une*

histoire, n° 74, 1984, pp. 93-95. Certes, chroniqueurs et biographes ont rapporté les « flux de ventre » de Louis VI, l'obésité devenue pathologique à la fin de leur vie de Philippe Ier (1060-1108) et de Louis VI (1108-1137), la maladie faussement identifiée comme la suette dont ont été sans doute victimes Philippe Auguste et Richard Cœur de Lion au cours de la croisade en 1191, la santé fragile du père de Saint Louis, Louis VIII (1223-1226). Mais ces maux corporels sont décrits comme des faiblesses, des handicaps, alors que les maladies de Saint Louis lui valent mérites et aura de sainteté.

15. BONIFACE VIII, p. 155.
16. GUILLAUME DE SAINT-PATHUS, *Vie de Saint Louis*, p. 71.
17. *Ibid.*, p. 21.
18. JOINVILLE, *Histoire de Saint Louis*, p. 60.
19. *Ibid.*, p. 6.
20. GUILLAUME DE SAINT-PATHUS, *Vie de Saint Louis*, p. 116.
21. JOINVILLE, *Histoire de Saint Louis*, p. 10.
22. EUDES RIGAUD, dans *Recueil des historiens des Gaules et de la France*, XXI, p. 581.
23. JOINVILLE, *Histoire de Saint Louis*, p. 400.
24. GUILLAUME DE SAINT-PATHUS, *Vie de Saint Louis*, p. 113.
25. BONIFACE VIII, p. 156.
26. « *Sic vir totus in fide fixus, et totus in spiritum absorptus, quanto magis erat malleis adversitatis et infirmatis adtribulatus, eo plus fervorem emittens, in se perfectionem fidei declarabat* » (GUILLAUME DE CHARTRES, *De Vita et de Miraculis*, p. 36).
27. À son fils : « Si Notre Seigneur t'envoie *persécution, maladie* ou autre *souffrance*, tu dois la supporter débonnairement, et tu dois l'en remercier et lui savoir bon gré car il faut comprendre qu'il l'a fait pour ton bien » (D. O'CONNELL, *Les Propos de Saint Louis, op. cit.*, p. 186). À sa fille : « Chère fille, si vous subissez aucune *souffrance*, ou de *maladie* ou d'autre chose [...] souffrez-la débonnairement, en remerciez Notre Seigneur et sachez-lui-en bon gré, car vous devez croire que c'est pour votre bien et que vous l'avez *mérité* » (*ibid.*, p. 193).
28. À son fils : « si tu as *malaise de cœur*, dis-le à ton confesseur » *(ibid.*, p. 193).
29. « Et avec tout cela le benoît roi confortait ledit *malade* et lui disait *qu'il devait souffrir en bonne patience cette maladie et que c'était son purgatoire en ce monde* et qu'il valait mieux qu'il souffrît cette maladie ici [bas] qu'il souffrît autre

chose dans le siècle à venir » (GUILLAUME DE SAINT-PATHUS, *Vie de Saint Louis*, p. 95).

30. Voir J. LE GOFF, *La Naissance du Purgatoire, op. cit.*

31. JOINVILLE, *Histoire de Saint Louis, op. cit.*, p. 16.

32. Cf. G. G. MEERSSEMAN, *Dossier de l'ordre de la pénitence au XIIIe siècle*, Fribourg, 1961 ; ID., « Disciplinati e penitenti nel Duecento », dans *Il movimento dei Disciplinati nel settimo centenario del suo inizio, op. cit.* (*supra* p. 1077 n. 55), pp. 43-72 ; Ida MAGLI, *Gli uomini della penitenza*, Milan, 1977.

33. Les haires et les disciplines de Saint Louis furent conservées après sa mort à l'abbaye du Lys, près de Melun.

34. GUILLAUME DE SAINT-PATHUS, *Vie de Saint Louis*, pp. 122-123.

35. « *Carnem ipsam quasi assidui asperitate cilicii [...] edomans [...] districtis etenim corpus atterebat jejuniis [...], post ejus reditum supradictum, non in pluma vel paleis jacuit sed super ligneum lectum portabilem, mataratio simplici superjecto, stramine nullo supposito decumbebat* » (Boniface VIII, p. 158).

36. JOINVILLE, *Histoire de Saint Louis*, p. 134.

37. « Là nous avons perdu aussi notre brave et illustre frère le comte d'Artois, digne d'éternelle mémoire. C'est dans l'amertume de notre cœur que nous rappelons cette perte douloureuse, quoique nous dussions plutôt nous en réjouir ; car nous croyons et nous espérons qu'ayant reçu la couronne du martyr, il est allé dans la céleste patrie, et qu'il y jouit de la récompense accordée aux saints martyrs » (D. O'CONNELL, *Les Propos de Saint Louis, op. cit.*, p. 165).

38. JOINVILLE, *Histoire de Saint Louis*, p. 330. Voir *supra*, p. 822.

39. GEOFFROY DE BEAULIEU, *Vita*, p. 17.

40. JOINVILLE, *Histoire de Saint Louis*, p. 114.

41. MATTHIEU PARIS, *Chronica majora*, t. VIII, p. 89 ; D. O'CONNELL, *Les Propos de Saint Louis, op. cit.*, p. 139.

42. MATTHIEU PARIS, *Chronica majora*, t. VIII, pp. 64-65 ; voir D. O'CONNELL, *Les Propos de Saint Louis, op. cit.*, p. 102. J'ai cité ce texte en entier dans la Ire partie, à sa place chronologique, pp. 214-215.

43. JOINVILLE, *Histoire de Saint Louis*, p. 216.

44. D. O'CONNELL, *Les Propos de Saint Louis, op. cit.*, p. 171.

45. *Ibid.*, p. 169.

46. GUILLAUME DE SAINT-PATHUS, *Vie de Saint Louis*, p. 23.

47. GUILLAUME DE CHARTRES, *De Vita et de Miraculis*, p. 30.

48. BONIFACE VIII, pp. 149-150 et 156.

49. Ce trait très profond, très cruel en Saint Louis a été parfaitement senti par ces deux grands historiens et psychologues du biologique : MICHELET et Roland BARTHES. Michelet, dans la version 1833 de *l'Histoire de France* (t. II, livre IV, chap. VIII, dans *Œuvres complètes ;* éd. P. Viallaneix, t. IV, 1974, p. 586), cite le *confesseur*, en fait la traduction en ancien français que Guillaume de Saint-Pathus avait faite du passage de Geoffroy de Beaulieu en latin, et, dans la célèbre préface de l'*Histoire de France* de 1869, il écrit : « Ce don que Saint Louis demande et n'obtient pas, je l'eus : "le don des larmes". » Roland Barthes commente ainsi l'intérêt de Michelet pour ce défaut de larmes chez Saint Louis : « Autre milieu d'incubation : les larmes. Les larmes sont un don ; Saint Louis les demandait en vain à Dieu ; Michelet a connu, lui, le pouvoir germinant des pleurs ; non point larmes mentales, larmes de métaphore, mais larmes d'eau et de sel, qui viennent aux yeux, à la bouche, au visage ; car les larmes sont le milieu liquide de l'expansion cordiale, dont on sait qu'elle n'est rien d'autre que la véritable force génitrice » (*Michelet par lui-même*, Paris, 1965, p. 157). Michelet vit dans les larmes une caractéristique du Moyen Âge gothique : « Une larme, une seule, jetée aux fondements de l'église gothique, suffit pour l'évoquer » (Préface de 1869, dans *Œuvres complètes*, éd. citée, t. IV, p. 167). Idée développée dans « La passion comme principe d'art au Moyen Âge » : « Voilà tout le mystère du Moyen Âge, le secret de ses larmes intarissables et son génie profond. Larmes précieuses, elles ont coulé en limpides légendes, en merveilleux poèmes, et s'amoncelant vers le ciel, elles se sont cristallisées en gigantesques cathédrales qui voulaient monter au Seigneur ! » (éd. citée, p. 593).

50. Voir *supra* p. 873. Ce passage se trouve dans le beau texte de Michelet cité à la note précédente (éd. citée, t. IV, p. 586). Voici le texte original en latin (GEOFFROY DE BEAULIEU, *Vita*, p. 14) : « *Lacrymarum gratiam plurimum affectabat, et super hoc defectu confessori suo pie et humiliter conquerebatur, familiariter ei dicens, quod quando in letania dicebatur,* Ut fontem lacrymarum nobis dones, *devote dicebat : "O Domine, fontem lacrymarum non audeo postulare, sed modicae lacrymarum stillae mihi sufficerent ad cordis mei ariditatem et duritiam irrigandam." Aliquando etiam confessori suo familiariter recognovit,* quod quandoque Dominus in oratione aliquas lacrymas

sibi dedit ; *quas cum sentiret per genas suaviter in os influere, non solum cordi, sed gustui suo dulcissime sapiebant.* »

51. P. VIALLANEIX, éd. citée, pp. 590-593.

52. GUILLAUME DE SAINT-PATHUS, *Vie de Saint Louis*, p. 104.

53. *Ibid.*, p. 86.

54. *Ibid.*, p. 99.

55. *Ibid.*, p. 86.

56. GEOFFROY DE BEAULIEU, *Vita*, p. 11.

57. GUILLAUME DE CHARTRES, *De Vita et de Miraculis*, p. 52.

58. D. O'CONNELL, *Les Propos de Saint Louis, op. cit.*, pp. 186-187.

59. *Ibid.*, p. 193.

60. GUILLAUME DE SAINT-PATHUS, *Vie de Saint Louis*, pp. 59-111. Chap. IX : « son amour du prochain » ; X : « sa compassion pour le prochain » ; XI : « ses œuvres de charité » ; XII : « son humilité ».

61. *Ibid.*, pp. 74-75.

62. *Ibid.*, pp. 93-96.

63. *Ibid.*, pp. 107-108.

64. BONIFACE VIII, p. 150.

65. *Ibid.*, p. 157.

66. GEOFFROY DE BEAULIEU, *Vita*, pp. 4-5.

67. JOINVILLE, *Histoire de Saint Louis*, p. 42.

68. *Ibid.*

69. D. O'CONNELL, *Les Propos de Saint Louis, op. cit.*, p. 186.

70. Sur la genèse de cette image et de ce culte, voir l'excellente étude de M.-Ch. SEPIÈRE, *L'Image d'un Dieu souffrant. Aux origines du crucifix*, Paris, 1994. Sur l'émergence de la dévotion au Christ de la Passion, au Christ crucifié du XIe au XIIIe siècle, les études sont nombreuses. Je renvoie à Galienne FRANCASTEL, *Le Droit au trône. Un problème de prééminence dans l'art chrétien du IVe au XIIe siècle*, Paris, 1973, chap. VIII : « Le Christ souffrant et la Vierge triomphante ». Pour Saint Louis, voir les paroles révélatrices transmises par Guillaume de Saint-Pathus, *supra*, p. 937.

71. MATTHIEU PARIS, *Chronica majora*, t. VI, p. 202 ; D. O'CONNELL, *Les Propos de Saint Louis, op. cit.*, p. 91.

72. *Ibid.*, p. 171.

73. JOINVILLE, *Histoire de Saint Louis*, p. 430.

74. MATTHIEU PARIS, *Chronica majora*, t. V, p. 147 ; dans D. O'CONNELL, *Les Propos de Saint Louis*, p. 147 ; ce même chroniqueur donne une autre version des paroles de Saint

Louis : « Ou nous ferons rentrer ces Tartares [...] dans leurs demeures tartaréennes [...] ou bien ils nous feront tous monter au ciel. »

75. GUILLAUME DE SAINT-PATHUS, *Vie de Saint Louis*, p. 101.
76. GEOFFROY DE BEAULIEU, *Vita*, pp. 3-4.
77. *Ibid.*, p. 23.
78. BONIFACE VIII, p. 159.
79. JOINVILLE, *Histoire de Saint Louis*, p. 406.
80. *Ibid.*, p. 4.
81. Luc de HEUSCH, « The Sacrificial Body of the King », dans *Fragments for a History of the Human Body*, éd M FEHER, t. III, New York, 1989, pp. 387-394.

CONCLUSION

1. Voir A. LEWIS, *Le Sang royal, op. cit.*
2. On trouvera un exemple de condamnation sans nuance et anachronique de la politique de Louis IX dans le Midi occitan dans le pamphlet de D. BORZEIX, R. PAUTAL, J. SERBAT, *Louis IX (alias Saint Louis) et l'Occitanie, op. cit.* (*supra*, p. 1182 n. 48). J. MADAULE (*Le Drame albigeois et l'unité française, op. cit. supra*, p. 1182 n. 48) reconnaît les excès de l'administration royale dans le Midi, aligne sur ce modèle le gouvernement de tout le royaume, mais estime que « malgré ce défaut, le gouvernement de Louis IX fut, en somme, excellent : il fit régner la paix dans un pays qui ne l'avait guère connue depuis les Romains et qui devait bientôt la perdre ; il ferma les plaies faites par une guerre religieuse et politique de près de trente ans ».
3. M. ZINK, *La Subjectivité littéraire, op. cit.*
4. Jacques CHIFFOLEAU, « Pour une histoire de la religion et des institutions médiévales », *Cahiers d'histoire*, 1991, pp. 3-21.
5. E. H. KANTOROWICZ, *L'Empereur Frédéric II, op. cit.*
6. Voir *supra*, pp. 769-773.

ANNEXE I

1. Je remercie Colette Ribaucourt et Marie-Claire Gasnault pour leurs recherches sur Auguste Brachet dont elles m'ont fait bénéficier. On pourra consulter sur A. Brachet la notice

nécrologique de Paul Meyer dans *Romania*, t. 27, 1898, pp. 517-519, et l'article *Brachet (Auguste)* de Roman d'Amar dans le *Dictionnaire de biographie française*, VII, 1956, col. 128.

2. La partie qui concerne Loui IX se trouve aux pages 353-408. Un avant-propos est consacré à la « Méthodologie de la clinique historique », thème d'avenir. Auguste Brachet est toujours un pionnier.

ANNEXE II

1. Trad. dans D. O'Connell, *Les Propos de Saint Louis, op. cit.*, pp. 163-172.

Index des noms

ABRAHAM : 451.
ADALBÉRON DE LAON : 736, 749.
ADÈLE DE CHAMPAGNE : 93, 97.
AGNÈS (fille de Saint Louis) : 315, 438, 847, 848.
AGNÈS DE MÉRAN OU DE MÉRANIE (épouse de Philippe Auguste) : 95, 115, 811, 1072 n.
AIMERY, vicomte DE NARBONNE : 184.
ALBERT LE GRAND (saint) : 398, 679, 866, 926.
ALBIGEOIS : 69, 746.
ALERNARD DE SENAINGAN : 643.
ALEXANDRE DE HALÈS : 398, 679.
ALEXANDRE III, pape : 196.
ALEXANDRE IV, pape : 246, 249, 309, 314, 683, 862.
ALIÉNOR D'ANGLETERRE (épouse d'Alphonse VIII de Castille) : 816.
ALIÉNOR D'AQUITAINE (épouse de Louis VII, puis d'Henri II d'Angleterre) : 300.
ALIÉNOR OU ÉLÉONORE (fille de Raimond Bérenger V, épouse d'Henri III d'Angleterre) : 152, 301, 519, 652, 732, 837, 839, 842.
ALIÉNOR, comtesse DE LEICESTER : 302, 303, 521.
ALIX, reine de Chypre : 130, 1092 n.
ALMOHADES : 50.
ALPHONSE DE POITIERS (frère de Saint Louis) : 107, 117, 126, 127, 129, 144, 155, 161, 162, 163, 177, 178, 182, 185, 196, 219, 226, 227, 258, 259, 303, 306, 317, 318, 342, 351, 505, 507, 537, 550, 610, 622, 652, 729, 748, 789, 817, 824, 825, 826, 827, 828, 829, 830, 831, 833, 923, 1036, 1039, 1041.
ALPHONSE III DE PORTUGAL : 155, 160.
ALPHONSE VIII DE CASTILLE : 287, 622, 816.
ALPHONSE X LE SAGE, roi de Castille : 301, 848, 1150 n.
AMAURY DE MONTFORT : 87, 126, 199, 215.
AMAURY Ier, roi de Jérusalem : 213.
ANDRÉ (frère) : 167, 169.

Index des noms

André de Longjumeau : 57, 233, 637, 638, 640.
André de Marchiennes : 93.
Anglais : 176, 177, 179, 180, 181, 183, 184, 238, 763, 785, 818, 828, 831, 839, 1030, 1185 n.
Anne de Kiev (épouse d'Henri Ier) : 39, 1080 n.
Antéchrist : 53, 54, 672, 1025.
Aragonais : 50, 208, 824, 832, 833.
Archambaud IX, sire de Bourbon : 155, 162, 920.
Ascelin de Crémone : 637.
Assassins : 418, 631, 632, 633, 634, 635.
Auge, comte d' : 920.
Augustin (saint) : 170, 467, 585, 795, 797, 867, 1025, 1175 n.
Augustins : 73, 382, 899.
Avesnes, famille : 211, 294, 295, 296.
Ayyūb, sultan : 192.
Ayyūbides : 51.

Baïbars, sultan : 51, 340.
Bar-le-Duc, comte de : 920.
Barthélemy de Roye : 96, 100, 129, 155.
Baudouin d'Avesnes (fils de la comtesse Marguerite de Flandre), comte de Hainaut : 107, 296.
Baudouin Ier, comte de Boulogne, roi de Jérusalem : 213.
Baudouin Ier, empereur latin d'Orient (Baudouin IX de Flandre) : 49, 165.
Baudouin II de Courtenay, empereur latin d'Orient : 49, 165, 166, 167, 168, 169, 294, 610.
Béatrice (épouse de Raimond Bérenger V) : 519, 732, 838.
Béatrice ou Béatrix (fille de Raimond Bérenger V, épouse de Charles d'Anjou) : 153, 206, 219, 301, 318, 519, 732, 833, 837, 838.
Beauvais, évêque de : 141, 436, 437, 759.
Bédouins : 631, 632.
Bénédictins : 20, 859.
Benoît Caetani : *voir* Boniface VIII.
Benoît de Pologne : 637.
Bernard (saint) : 68, 191, 314, 581, 582, 980, 1087 n.
Bernard Aton : 126.
Bernard, évêque d'Auxerre : 170.
Berthe (épouse de Pépin III le Bref) : 327, 329, 331.
Béziers, évêque de : 265.
Blanche (autre fille de Saint Louis) : 315, 316, 387, 390, 395, 438, 570, 596, 826, 847, 848, 849, 885.
Blanche (fille de Robert d'Artois) : 1107 n.
Blanche (fille de Saint Louis) : 164, 314, 330, 334, 336, 427, 438, 847.
Blanche de Castille : 23, 37, 38, 39, 42, 55, 98, 99, 101, 108, 109, 110, 111, 118, 119, 120, 121, 122, 124, 128, 133, 134, 143, 146, 150, 155, 163, 166, 169, 170, 177, 184,

185, 190, 192, 195, 198, 214, 215, 216, 227, 228, 229, 231, 242, 295, 313, 317, 330, 384, 387, 393, 410, 436, 437, 438, 441, 443, 460, 487, 504, 506, 507, 514, 1079 n., 1189 n.

BLANCS-MANTEAUX (frères des) : 899.

BOHÉMOND, prince d'Antioche : 200.

BONAVENTURE (saint) : 72, 247, 249, 398, 431, 478, 677, 683, 699, 860, 869.

BONIFACE VIII, pape (BENOÎT CAETANI) : 113, 142, 355, 356, 357, 358, 361, 451, 456, 532, 544, 546, 547, 625, 711, 713, 738, 739, 742, 745, 750, 762, 793, 815, 816, 875, 880, 904, 932, 948, 960, 967, 969, 970, 975, 980, 989, 991, 992, 995, 999, 1005, 1006, 1010, 1134 n.

BONNEVAL, abbé de : 933.

BOUCHARD D'AVESNES : 294.

BOURGOGNE, duc DE : 920, 952.

BULGARES : 48, 49.

BYZANTINS : 49, 234, 1094 n., 1097 n.

CAHORSINS : 69, 764, 932.

CAPÉTIENS : 38, 39, 44, 67, 85, 87, 91, 92, 93, 95, 99, 107, 122, 137, 143, 152, 257, 266, 271, 297, 300, 307, 312, 314, 320, 326, 327, 328, 329, 400, 401, 476, 539, 597, 655, 660, 668, 680, 686, 735, 799, 805, 811, 817, 826, 846, 847, 917, 925, 949, 951, 952, 954, 955, 957, 965, 966, 968, 1020, 1029, 1031, 1084 n., 1174 n., 1189 n., 1205 n.

CARLOMAN : 328, 329.

CARLOMAN III : 328, 330.

CARMES : 73, 382, 899.

CAROLINGIENS : 42, 91, 92, 95, 107, 147, 199, 297, 326, 328, 329, 379, 401, 449, 450, 467, 468, 469, 544, 617, 668.

CASTILLANS : 50.

CATHARES : 69, 902.

CÉLESTIN IV, pape : 196, 1089 n.

CÉLESTIN V, pape : 355.

CHÂLONS, comte de : 920.

CHARLEMAGNE : 53, 62, 91, 92, 93, 94, 192, 326, 328, 329, 401, 450, 476, 481, 512, 520, 536, 544, 655, 656, 732, 734, 735, 749, 798, 811, 813, 817, 953, 965, 1017, 1019.

CHARLES D'ANJOU (frère de Saint Louis), comte de Provence, roi de Naples et de Sicile : 107, 129, 144, 153, 161, 206, 219, 226, 227, 245, 295, 296, 300, 301, 303, 318, 319, 339, 340, 347, 348, 354, 355, 392, 415, 438, 519, 528, 530, 537, 566, 610, 620, 622, 652, 748, 785, 791, 817, 824, 826, 827, 828, 829, 832, 833, 834, 835, 836, 837, 838, 842, 848, 971, 981, 1036, 1039, 1041, 1084 n., 1094 n., 1105 n., 1119 n.

CHARLES II LE CHAUVE : 146, 332.

Charles IV le Bel : 307.
Charles Martel : 327, 329.
Charles ou Charlot : *voir* Pierre Charlot.
Charles V : 106, 150, 669, 674, 846, 869, 1071 n.
Charles VI : 160, 825.
Chrétien de Troyes : 656, 714.
Cisterciens (ordre de Cîteaux) : 68, 143, 144, 145, 195, 209, 249, 352, 395, 511, 617, 679, 680, 702, 710, 857, 884, 889, 993.
Claire (sainte) : 73.
Clément IV, pape : *voir* Gui Foulques.
Clément V, pape : 358.
Clovis : 324, 325, 326, 403, 512, 617, 656, 667, 951, 1017.
Clovis II : 327, 329.
Cluny, abbé de : 193, 194, 231, 568, 569.
Conrad de Montferrat, roi de Jérusalem : 633, 634.
Conrad IV de Hohenstaufen (fils de Frédéric II) : 317, 836.
Conradin (petit-fils de Frédéric II) : 834.
Constance d'Arles (troisième épouse de Robert le Pieux) : 327, 330, 331.
Constance de Castille (deuxième épouse de Louis VII) : 327, 330.
Constantin : 544.
Cordeliers : *voir* Franciscains.
Coumans (ou Coumains) : 52, 60, 189, 644.

Dagobert : 329, 336, 400, 749.
Dampierre, famille : 211, 294, 295, 296.
David : 449, 450, 452, 453, 454, 455, 456, 457, 458, 459, 461, 465, 468, 481, 539, 540, 541, 656, 667, 668, 671, 813.
Denis (saint) : 346, 624, 1091 n.
Denys (Pseudo-Denys) : 794.
Diable : 53, 65, 69, 104, 654, 695, 697, 698, 704, 870, 908.
Domingo de Guzman : *voir* Dominique (saint).
Dominicains : 20, 58, 72, 167, 196, 209, 246, 249, 344, 352, 359, 381, 383, 384, 387, 388, 392, 393, 433, 456, 471, 497, 518, 522, 617, 630, 637, 673, 675, 678, 679, 680, 688, 691, 848, 858, 859, 860, 861, 862, 866, 927, 940, 944, 945, 946, 1120 n., 1166 n., 1187 n., 1188 n., 1205 n.
Dominique (saint) : 72, 73, 382, 383, 536, 675, 858.
Dominique de Calaruega : *voir* Dominique (saint).
Douce de Sarlat (épouse de Raimond Bérenger III) : 298.
Douceline (sœur de Hugues de Digne) : 247.
Dudes, maître (médecin) : 979.

Edmond (fils d'Henri III) : 303.
Edmond Rich (ou d'Abingdon), archevêque de Cantor-

béry (saint) : 301, 502, 510, 518, 619, 1181 n.

ÉDOUARD Ier (1274, 1286) : 307, 342.

ÉDOUARD II (1304) : 307.

ÉDOUARD III (1325, 1329) : 307.

ÉLIE (frère) : 205.

EMMELINE DE MELUN : 974.

ENGUERRAN DE COUCY : 120, 162, 279, 280, 281, 282, 433, 740, 741, 780, 792, 812, 920, 942.

ERMENTRUDE (épouse de Charles le Chauve) : 328, 329.

ERMITES DE SAINT-AUGUSTIN : *voir* AUGUSTINS.

ÉTIENNE BOILEAU, prévôt de Paris : 272, 273, 274, 276, 761.

ÉTIENNE DE BOURBON (frère) : 423, 425, 426.

ÉTIENNE TEMPIER, évêque de Paris : 344.

EUDES CLÉMENT, abbé de Saint-Denis : 412.

EUDES DE CHÂTEAUROUX : 59, 209, 215, 295, 526, 619, 683, 925, 926.

EUDES RIGAUD (frère), archevêque de Rouen : 258, 304, 313, 445, 525, 730, 861, 928, 991.

EUDES, roi de France : 327, 330.

EVROUIN DE VALENCIENNES : 272.

FACREDDIN (Fakhr al-Din), émir : 1033.

FATIMIDES : 633.

FERDINAND DE CASTILLE (gendre de Saint Louis) : 390, 395.

FERDINAND III DE CASTILLE : 77, 503, 818, 848, 982.

FERRAND (Ferdinand) DE FLANDRE (ou de Portugal), comte DE FLANDRE : 95, 116, 120, 123, 129, 294, 1080 n.

FIESCHI, Ottobono (puis pape HADRIEN V) : 247.

FIORE, abbé de : *voir* JOACHIM DE FLORE.

FLAGELLANTS : 523.

FLORENT DE VERENNES : 343.

FOUQUES PESNEL : 123.

FRANCISCAINS : 20, 73, 189, 196, 205, 209, 246, 247, 258, 344, 352, 381, 382, 383, 384, 433, 478, 497, 518, 521, 522, 523, 525, 526, 527, 528, 529, 620, 630, 675, 688, 691, 730, 772, 802, 848, 858, 860, 861, 862, 869, 940, 944, 945, 991, 1193 n., 1205 n.

FRANÇOIS D'ASSISE (saint) : 20, 72, 73, 189, 205, 247, 381, 382, 384, 491, 522, 536, 584, 588, 590, 631, 675, 687, 772, 851, 855, 858, 859, 946, 948, 980, 1011.

FRANÇOIS II, roi de Sicile : 361.

FRÉDÉRIC Ier BARBEROUSSE : 187, 197, 203.

FRÉDÉRIC II : 16, 51, 55, 75, 76, 138, 141, 169, 179, 183, 187, 188, 189, 193, 194, 195, 196, 197, 198, 208, 212, 218, 221, 287, 294,

Index des noms 1217

295, 310, 317, 319, 407, 418, 504, 507, 512, 524, 525, 530, 594, 623, 624, 714, 745, 828, 833, 834, 836, 874, 896, 901, 1024, 1025.

Gaucher de Châtillon : 920.
Gautier Cornut, archevêque de Sens : 98, 99, 101, 129, 154, 166, 170, 171, 925.
Gautier d'Écurey : 222.
Gautier de Coincy : 437.
Gautier de Ligne : 1087 n.
Gautier de Nemours : 566.
Gengis Khan (Cinggis qan) : 51, 52, 53, 56, 57, 639.
Génois : 50, 219, 343, 831.
Geoffroi de Villette : 806, 807.
Geoffroy de Beaulieu : 103, 251, 258, 268, 345, 349, 350, 353, 386, 387, 388, 389, 390, 398, 414, 417, 451, 457, 458, 459, 460, 461, 540, 591, 592, 626, 691, 694, 701, 706, 707, 718, 719, 721, 783, 813, 848, 853, 860, 868, 871, 872, 880, 882, 889, 896, 911, 931, 938, 959, 966, 969, 974, 994, 996, 1000, 1003, 1009, 1010, 1163 n., 1190 n., 1204 n.
Geoffroy de Rançon : 182.
Gérard d'Abbeville : 290, 291, 292, 677, 684, 766.
Gérard de Frachet (frère) : 673.
Gerardo da Borgo San Donnino : 246, 523, 529.
Gervais d'Escrennes : 194.

Gilbert (ou Guibert) de Tournai (frère) : 472, 474, 475, 476, 477, 478, 479, 480, 481, 482, 587, 589, 699, 862, 964, 1173 n.
Gilles (frère) : 205.
Gilles Colonna, archevêque de Bourges : 663.
Gilles de Flagy : 1086 n.
Gilles de Lessines : 764.
Gilles de Paris : 544, 734.
Gilles de Rome : 770, 964, 1158 n.
Gilles le Brun : 279, 282, 571.
Gilon de Reims : 414.
Giraud de Galles : 482.
Gonzalo Pérez : 1202 n.
Grandmontais : 196.
Grecs : 49, 165, 169, 201, 834, 1094 n.
Grégoire de Tours : 972.
Grégoire Ier, dit Grégoire le Grand, pape : 467.
Grégoire IX, pape : 70, 134, 136, 141, 154, 177, 179, 188, 193, 196, 407, 764, 796, 798, 924, 925, 934, 1085 n.
Grégoire X, pape : 353, 386, 457, 959, 968.
Guérin (frère), évêque de Senlis) : 43, 96, 100, 112, 129, 373.
Gui (Guy) Foulques (ou Foulcois), puis pape Clément IV : 54, 216, 258, 259, 311, 319, 342, 695, 833.
Gui d'Auxerre : 60.
Guibert de Nogent : 168, 200.

GUIGUES V, comte de Forez : 155.

GUILLAUME D'AUVERGNE, évêque de Paris : 190, 211, 249, 426, 427, 679, 866, 926.

GUILLAUME D'AUXERRE : 764, 846.

GUILLAUME DE BEAUMONT : 241.

GUILLAUME DE CHARTRES : 225, 371, 388, 389, 450, 460, 486, 644, 699, 853, 860, 889, 914, 918, 921, 969, 979, 999, 1003, 1164 n.

GUILLAUME DE DAMPIERRE, comte DE FLANDRE : 294, 295, 1038, 1039.

GUILLAUME DE NANGIS : 134, 146, 151, 181, 183, 194, 203, 228, 230, 268, 272, 273, 276, 278, 279, 328, 336, 403, 404, 405, 406, 407, 408, 409, 411, 412, 413, 414, 415, 416, 417, 418, 486, 593, 634, 654, 744, 832, 844, 849, 939, 1112 n., 1151 n.

GUILLAUME DE PUYLAURENS : 1086 n.

GUILLAUME DE RUBROUCK : 57, 58, 233, 639, 1151 n.

GUILLAUME DE SAINT-AMOUR : 249, 518, 530, 683, 684, 862.

GUILLAUME DE SAINT-PATHUS : 45, 144, 390, 391, 392, 393, 394, 395, 396, 397, 398, 399, 455, 486, 540, 546, 591, 593, 596, 618, 647, 649, 651, 680, 690, 696, 704, 706, 711, 721, 739, 740, 743, 751, 802, 816, 854, 866, 871, 873, 874, 875, 878, 880, 882, 884, 885, 886, 892, 903, 911, 928, 938, 945, 959, 971, 972, 975, 976, 988, 989, 990, 991, 1140 n., 1161 n., 1163 n., 1185 n., 1208 n., 1209 n.

GUILLAUME DE SAVOIE, évêque de Valence : 155, 156.

GUILLAUME DE TYR : 1151 n.

GUILLAUME DE VERGY : 920.

GUILLAUME JULIEN : 358.

GUILLAUME LE BRETON : 542, 949.

GUILLAUME LONGUÉPÉE, comte de Salisbury : 1181 n.

GUILLAUME PEYRAUT : 158, 472.

GUY DE DAMPIERRE : 295, 920.

GUY DE LÉVIS : 124.

GÜYÜK, khan mongol : 57, 233, 637, 638.

HAAKON IV, roi de Norvège : 501, 502.

HAAKON V MAGNUSSON, roi de Norvège : 359.

HADRIEN V, pape : *voir* FIESCHI.

HAFSIDES : 50.

HELGAUD DE FLEURY : 44, 452, 539, 540, 541, 687, 949, 966.

HÉLINAND DE FROIDMONT : 680, 965, 1158 n.

HENRI (fils de Frédéric II) : 138.

HENRI (fils de Thibaud V de Champagne et d'Isabelle, fille de Saint Louis) : 1107 n.

HENRI DE BRAINE : 435.

HENRI DE COLOGNE : 926.

HENRI Ier DE LUSIGNAN, roi de Chypre : 221.

Index des noms

Henri Ier, roi de France : 38, 39, 327, 330, 372, 1080 n.

Henri II d'Angleterre : 163, 542, 622.

Henri II, comte de Champagne : 130, 634.

Henri III d'Angleterre : 75, 117, 118, 123, 133, 152, 153, 154, 176, 184, 195, 268, 287, 301, 302, 303, 306, 307, 308, 309, 313, 335, 375, 379, 429, 438, 439, 444, 490, 501, 503, 506, 507, 508, 509, 510, 515, 517, 518, 519, 520, 521, 527, 538, 613, 619, 623, 652, 663, 665, 731, 732, 745, 746, 779, 805, 826, 837, 838, 839, 874, 1084 n.

Hersende : 987.

Hohenstaufen : 138.

Hollande, comte de : 295, 296.

Honorius III, pape : 76, 115, 132, 139, 141, 177, 790.

Honorius IV, pape : 355.

Hospitaliers : 1040, 1087 n.

Hubert de Burgh : 176.

Hugues (frère de Henri Ier) : 38.

Hugues Capet : 44, 91, 92, 93, 101, 118, 137, 143, 297, 327, 328, 329, 330, 617, 655, 798, 949, 966.

Hugues d'Arcis : 185.

Hugues de Digne ou de Barjols (frère) : 25, 246, 247, 248, 249, 264, 375, 523, 528, 620, 739, 742, 860, 910, 1090 n.

Hugues de la Ferté-Bernard : 100.

Hugues de Saint-Victor : 534, 698, 699, 877.

Hugues IV, duc de Bourgogne : 107, 204, 714.

Hugues X de Lusignan (Hugues le Brun) (1226), comte de la Marche : 95, 116, 123, 155, 156, 162, 177, 178, 180, 182, 317, 416, 438, 439, 508, 836, 920.

Hugues XI de Lusignan, comte de la Marche (fils de Hugues X) : 177, 178, 317, 836.

Hülegü, khan mongol : 58, 310, 339, 639, 640.

Humbert de Romans : 471, 699.

Imbert de Beaujeu : 162.

Ingeburg de Danemark : 109, 115, 401, 542, 670, 671, 811, 1072 n., 1079 n.

Innocent III, pape : 45, 85, 115, 193, 291, 391, 531, 769, 799, 811, 957, 968.

Innocent IV, pape : 57, 60, 74, 141, 179, 188, 189, 196, 197, 198, 208, 209, 218, 221, 512, 524, 525, 610, 620, 637, 683, 714, 745, 836, 874, 896, 900, 925, 1008.

Isabelle (épouse d'Édouard II) : 307.

Isabelle (fille de Saint Louis et épouse de Thibaud V), reine de Navarre : 164, 257, 314, 343, 438, 441, 485, 498, 499, 670, 692, 694, 848, 850, 852, 861, 1107 n.

Isabelle (ou Élisabeth) de Hainaut (première épouse de Philippe Auguste) : 93, 811, 817, 1088 n.

ISABELLE (sœur d'Henri III, épouse de Frédéric II) : 1089 n.

ISABELLE (sœur de Saint Louis) : 117, 177, 178, 316, 317, 537, 817, 835, 894.

ISABELLE D'ANGOULÊME (épouse de Jean sans Terre puis de Hugues X de Lusignan) : 178.

ISABELLE D'ARAGON (épouse de Philippe III le Hardi) : 351, 652, 847, 1111 n.

ISIDORE DE SÉVILLE : 26, 459, 465, 766, 955.

ITALIENS : 764.

JACOBINS : *voir* DOMINICAINS.

JACQUES (frère) : 167, 169.

JACQUES DE CESSOLES : 1077 n.

JACQUES DE RÉVIGNY : 259, 791, 800.

JACQUES DE VITRY : 626, 627.

JACQUES DE VORAGINE (JACOPO DA VARAZZE) : 628, 1165 n.

JACQUES Ier, roi d'Aragon (JAIME Ier) : 153, 299, 342, 406, 610, 832, 848, 963.

JEAN (fils de Saint Louis) : 164, 314, 330, 334, 336, 438, 846.

JEAN (frère de Saint Louis) : 117, 129, 817, 1086 n.

JEAN D'ACRE : 392.

JEAN D'AVESNES (fils de la comtesse Marguerite de Flandre) : 107, 295.

JEAN DE BEAUMONT : 241.

JEAN DE BRIENNE, roi de Jérusalem et empereur latin d'Orient : 51, 165, 213, 221, 1096 n.

JEAN DE DREUX : 162.

JEAN DE LIMOGES : 472.

JEAN DE MEUNG : 944, 965, 1025.

JEAN DE MONS : 853, 860.

JEAN DE MONTLUÇON : 376.

JEAN DE NESLE, comte DE SOISSONS : 96, 100, 129, 154, 162, 920, 1038, 1039.

JEAN DE PARME (frère) : 246, 247, 526, 527, 730, 731.

JEAN DE PIANO DI CARPINO : *voir* PLANCARPIN.

JEAN DE SALISBURY : 42, 104, 106, 454, 469, 475, 477, 478, 480, 578, 798, 814, 964, 965, 1078 n., 1123 n., 1131 n., 1158 n.

JEAN DE SEMOIS : 225.

JEAN Ier LE ROUX, comte DE BRETAGNE : 107, 741.

JEAN Ier, duc de Brabant (gendre de Saint Louis) : 848.

JEAN III ASEN, tsar de Bulgarie : 49.

JEAN SANS TERRE (roi d'Angleterre) : 176, 178, 300, 302.

JEAN SARRASIN : 377, 875.

JEAN TRISTAN (fils de Saint Louis), comte DE NEVERS : 315, 316, 330, 345, 350, 438, 537, 570, 826, 846, 847, 848, 979, 995, 996, 1135 n.

JEAN, abbé de Saint-Victor : 143.

JEANNE (fille de Philippe Hurepel) : 1181 n.

JEANNE DE NAVARRE (épouse de Philippe IV le Bel) : 546, 553, 688.

Index des noms

JEANNE DE TOULOUSE (fille de Raimond VII, épouse d'Alphonse de Poitiers) : 125, 177, 306, 317, 318, 351, 829, 1205 n.

JEANNE, comtesse DE FLANDRE et DE HAINAUT (veuve de Ferrand de Portugal) : 155, 294.

JEHAN DE LAGNY (frère) : 979.

JOACHIM DE FLORE : 67, 73, 188, 246, 523, 529.

JOINVILLE, Jean de : 19, 31, 41, 46, 57, 64, 65, 118, 122, 144, 161, 162, 163, 186, 190, 202, 203, 206, 207, 216, 220, 221, 222, 224, 225, 233, 235, 236, 237, 240, 241, 242, 244, 247, 248, 249, 250, 251, 257, 273, 274, 304, 305, 313, 317, 342, 355, 356, 392, 432, 440, 442, 443, 446, 459, 486, 487, 488, 493, 494, 516, 1085 n., 1104 n., 1152 n., 1201 n.

JOSIAS : 387, 388, 454, 456, 457, 458, 459, 460, 461, 462, 463, 468, 481, 516, 535, 540, 541, 544, 813, 966.

JOURDAIN DE SAXE (frère) : 383.

JUIFS : 230, 283, 284, 285, 449, 517, 606, 679, 765, 793, 898, 902, 904, 905, 912, 913, 914, 915, 916, 917, 918, 919, 920, 921, 922, 923, 924, 925, 926, 927, 928, 929, 930, 931, 932, 933, 934, 1021, 1189 n., 1197 n.

KALOJAN : 49.
KHĀREZMIENS : *Voir* TURCS.

LANFRANCHINO : 1197 n.

LE NAIN DE TILLEMONT : 217, 219, 845, 1087 n., 1105 n., 1159 n.

LÉONIN, musicien : 660.

LIMOGES, vicomte de : 920.

LITUANIENS : 60.

LOMBARDS : 283, 284, 764, 932.

LOUIS (fils de Saint Louis) : 38, 164, 302, 313, 314, 330, 415, 438, 441, 445, 446, 487, 536, 681, 682, 846, 847, 995.

LOUIS Ier LE PIEUX : 468.

LOUIS III : 328, 330.

LOUIS VI LE GROS : 38, 39, 42, 137, 327, 330, 332, 337, 372, 400, 613, 663, 847, 955, 1019, 1206 n.

LOUIS VII : 38, 40, 82, 86, 88, 97, 117, 143, 191, 196, 200, 212, 300, 327, 330, 372, 400, 403, 427, 541, 542, 552, 618, 656, 663, 667, 818, 1082 n.

LOUIS VIII : 37, 38, 39, 40, 42, 43, 47, 69, 70, 87, 88, 89, 90, 91, 93, 94, 95, 96, 98, 99, 100, 101, 106, 107, 109, 110, 111, 115, 116, 117, 121, 124, 126, 129, 139, 143, 145, 154, 161, 178, 183, 192, 199, 206, 235, 300, 315, 317, 320, 401, 454, 459, 460, 505, 507, 512, 671, 672, 734, 746, 748, 781, 798, 810, 811, 815, 817, 819, 825, 829, 1114 n., 1166 n., 1206 n.

LOUIS X LE HUTIN : 546, 574, 1167 n.

LOUIS XIV : 611.

LUSIGNAN : 201, 221, 630.

MAÎTRE DE HONGRIE : 230, 231.
MAMELOUKS : 51, 56, 640.
MANFRED (fils de Frédéric II) : 623, 833, 834.
MARCOUL (saint) : 955.
MARGUERITE (fille de Saint Louis) : 315, 438, 847, 848.
MARGUERITE DE PROVENCE (fille de Raimond Bérenger V, épouse de Saint Louis) : 109, 152, 153, 154, 155, 156, 157, 158, 160, 161, 164, 203, 219, 225, 301, 314, 318, 344, 390, 395, 398, 427, 438, 471, 519, 569, 570, 571, 610, 616, 621, 705, 721, 822, 823, 826, 830, 837, 839, 841, 842, 843, 844, 845, 846, 862, 959, 962, 986, 995, 1145 n.
MARGUERITE, comtesse DE FLANDRE : 107, 211, 293, 294, 295, 296, 518.
MARIE-MADELEINE (sainte) : 620.
MARTIN (saint) : 262.
MARTIN IV, pape : *voir* SIMON MONPRIS DE BRIE.
MATHATHIAS : 455.
MATHIEU DE VENDÔME, abbé de Saint-Denis : 328, 341, 344, 348, 354, 401, 595, 786, 843.
MATHILDE D'ARTOIS, comtesse DE COURTENAY et DE NEVERS : 155.
MATHILDE DE BRABANT : 828.
MATTHIEU PARIS : 54, 55, 111, 173, 175, 180, 190, 197, 213, 219, 220, 228, 230, 250, 251, 439, 443, 445, 446, 500, 501, 502, 503, 504, 505, 506, 507, 508, 509, 510, 511, 512, 513, 514, 515, 516, 517, 518, 520, 521, 523, 524, 529, 531, 620, 664, 731, 733, 747, 805, 828, 838, 854, 859, 874, 904, 907, 908, 909, 910, 940, 941, 958, 997, 1089 n., 1091 n., 1107 n., 1184 n., 1185 n., 1189 n., 1202 n.
MEIR BEN SIMEON DE NARBONNE : 929.
MELCHISÉDECH : 149, 465, 667.
MENDIANTS (frères) : 58, 59, 68, 71, 72, 73, 78, 143, 149, 189, 195, 205, 246, 248, 249, 258, 342, 380, 381, 382, 383, 384, 385, 387, 388, 390, 392, 395, 398, 399, 412, 417, 419, 429, 431, 434, 445, 471, 491, 497, 503, 516, 518, 529, 531, 534, 535, 547, 564, 585, 596, 630, 673, 675, 678, 683, 685, 686, 689, 691, 694, 699, 717.
MÉNESTREL DE REIMS : 100, 122, 435, 436, 437, 438, 439, 441, 442, 443, 444, 445, 446, 447, 1126 n.
MÉNESTREL du comte de Poitiers : 714.
MERCÉDAIRES : 998.
MÉRINIDES : 50.
MÉROVINGIENS : 39, 92, 199, 325, 326, 328, 329, 338, 401, 468, 617, 658, 668, 817, 957, 972.
MICHEL VIII PALÉOLOGUE : 49, 319, 1094 n.

Index des noms

MILON DE NANTEUIL : 139, 140.
MINEURS : *voir* FRANCISCAINS.
MOÏSE : 450.
MONFORT, comte DE : 920.
MONGKE, khan mongol : 58, 639.
MONGOLS : 51, 52, 53, 54, 55, 56, 57, 58, 59, 60, 175, 192, 205, 339, 638, 639, 1152 n.
MUSULMANS : 23, 51, 52, 54, 56, 58, 59, 61, 77, 187, 188, 192, 208, 211, 222, 224, 230, 234, 236, 239, 339, 442, 513, 514, 517, 529, 551, 564, 606, 624, 629, 631, 632, 637, 639, 643, 650, 679, 829, 834, 835, 865, 868, 875, 876, 906, 910, 1167 n.

NANTHILDE : 329.
NICOLAS DE SOISI : 245.
NICOLAS DONIN DE LA ROCHELLE : 924.
NICOLAS III, pape : 354, 980, 981.
NICOLAS IV, pape : 355.
NORMANDS : 201, 234, 287.

ÖGÖDEÏ, khan mongol : 53.
ORLÉANS, évêque d' : 933.
OTTON II, comte DE GUELDRE : 945.

PAUL CHRÉTIEN : 927.
PÉPIN III LE BREF : 327, 328, 329, 331, 1197 n.
PÉROTIN (musicien) : 660.
PHILIPPA, comtesse DE GUELDRE : 945.
PHILIPPE (fils de Louis VI et frère de Louis VII) : 38, 42, 327, 330.

PHILIPPE (frère de Saint Louis) : 38, 40, 811, 817.
PHILIPPE DAGOBERT (frère de Saint Louis) : 129, 330, 817, 1086 n.
PHILIPPE DE BEAUMANOIR : 107, 269, 760, 778, 790, 801, 1160 n.
PHILIPPE DE NEMOURS : 557, 713, 876.
PHILIPPE DE SAVOIE (archevêque de Lyon) : 832.
PHILIPPE DE TOUCY : 644.
PHILIPPE HUREPEL (le Hérissé), comte de Boulogne : 95, 100, 115, 116, 118, 120, 123, 129, 811, 826, 1181 n.
PHILIPPE Ier : 108, 143, 949, 955, 1206 n.
PHILIPPE II AUGUSTE : 15, 30, 37, 39, 40, 42, 43, 44, 45, 46, 47, 50, 69, 75, 77, 79, 80, 81, 82, 83, 84, 85, 86, 87, 88, 89, 92, 93, 95, 96, 97, 100, 108, 109, 115, 117, 119, 129, 131, 139, 140, 154, 155, 176, 187, 191, 200, 203, 206, 212, 235, 262, 265, 266, 267, 271, 272, 286, 300, 320, 335, 369, 372, 373, 374, 378, 400, 401, 403, 422, 427, 444, 453, 476, 494, 1075, 1088 n., 1098 n., 1101 n., 1166 n., 1174 n., 1189 n., 1206 n.
PHILIPPE III LE HARDI (fils de Saint Louis) : 38, 47, 107, 302, 311, 314, 315, 343, 347, 348, 349, 351, 353, 354, 361, 392, 402, 404, 415, 417, 438, 441, 456, 471, 472, 485, 487, 491,

493, 494, 497, 498, 499, 531, 534, 547, 556, 610, 613, 652, 653, 657, 689, 692, 694, 701, 713, 714, 744, 748, 779, 790, 812, 1111 n., 1112 n.

PHILIPPE IV LE BEL : 15, 120, 142, 259, 282, 307, 343, 355, 356, 357, 358, 359, 369, 371, 372, 404, 406, 534, 546, 547, 572, 573, 597, 621, 646, 670, 714, 770, 774, 775, 789, 807, 931, 944, 967, 968, 1080 n., 1141 n., 1149 n., 1158 n.

PHILIPPE LE CONQUÉRANT : *voir* PHILIPPE AUGUSTE.

PHILIPPE MOUSKET (ou MOUSKÈS) : 96, 111.

PHILIPPE V LE LONG : 317.

PHILIPPE VI DE VALOIS : 307.

PIERRE (fils de Saint Louis), comte d'Alençon : 315, 316, 354, 392, 438, 547, 826, 847, 848, 881, 1112 n.

PIERRE CHARLOT (bâtard de Philippe Auguste, évêque de Noyon) : 39, 93, 115, 811, 847.

PIERRE D'AVALLON : 241.

PIERRE DE CHAMBLY : 392.

PIERRE DE COLMIEU : 141.

PIERRE DE FONTAINES : 259, 790, 806, 807, 1160 n.

PIERRE DE LA BROSSE : 842.

PIERRE DE LAON : 988.

PIERRE DE MONAY, évêque d'Auxerre : 359.

PIERRE DE MONTREUIL (architecte) : 666, 672.

PIERRE DE VILLEBÉON (chancelier de Saint Louis) : 351.

PIERRE II D'ARAGON : 291, 298, 769.

PIERRE II DE COURTENAY, empereur latin d'Orient : 165, 847.

PIERRE LOMBARD (médecin) : 987.

PIERRE LOMBARD, évêque de Paris : 1193 n.

PIERRE MAUCLERC, comte DE BRETAGNE : 95, 117, 118, 122, 123, 133, 162, 176, 177, 180, 405, 416, 1038, 1039.

PISANS : 219.

PLANCARPIN (JEAN DE PIANO DI CARPINO) (frère) : 637, 638.

PLANTAGENÊTS : 44, 83, 84, 117, 335, 453, 518, 619.

POISSY, archidiacre de : 933.

PONCE (écuyer de Saint Louis) : 46.

PORTUGAIS : 50.

PRÊCHEURS : *voir* DOMINICAINS.

PRÉMONTRÉS : 196, 381.

PRÊTRE JEAN : 638.

PRIMAT, moine de Saint-Denis : 94, 305, 306, 350, 402, 403, 593, 645, 653, 654, 655, 656, 902, 1071 n., 1121 n.

PRUSSIENS : 60, 189.

QARA-KITAI : 52.

QIPTCHAQS : *voir* COUMANS.

RADULFUS, abbé (?) de Royaumont : 678.

RAIMOND BÉRENGER III : 298.

RAIMOND BÉRENGER V, comte DE PROVENCE : 152, 153, 154, 301, 318, 438, 833, 837.

RAIMOND VI, comte DE TOULOUSE : 69, 124.

Index des noms

RAIMOND VII, comte DE TOULOUSE : 89, 94, 124, 125, 133, 152, 155, 177, 178, 180, 184, 185, 219, 227, 238, 318, 508, 620, 820, 829, 831, 1018.

RAOUL GROSPARMI : 258.

RAYMOND LULLE : 205.

RAYMOND TRENCAVEL, vicomte DE BÉZIERS : 126, 184, 831, 1017.

REIMS, archevêque de : 141, 456, 674, 759, 951.

RENAUD DE TRIE : 875.

RENAUD, comte DE BOULOGNE : 116.

RENAUD, seigneur DE PONS : 182.

RICHARD CŒUR DE LION : 187, 201, 208, 221, 224, 225, 232, 372, 538, 633, 1098 n., 1206 n.

RICHARD DE CORNOUAILLES (frère d'Henri III) : 117, 153, 176, 183, 192, 215, 301, 302, 303, 438, 507, 519, 837.

RIGORD DE SAINT-DENIS : 400, 401, 542, 654, 687, 949.

ROBERT (fils de Robert d'Artois) : 312.

ROBERT (fils de Saint Louis), comte DE CLERMONT : 315, 438, 587, 847.

ROBERT D'ARTOIS (frère de Saint Louis) : 96, 107, 129, 144, 155, 161, 162, 171, 172, 179, 193, 196, 219, 224, 312, 443, 505, 513, 529, 530, 537, 548, 610, 622, 652, 672, 748, 817, 824, 827, 828, 829, 836, 960, 995, 996, 1009, 1034.

ROBERT DE COURSON, cardinal : 81, 764.

ROBERT DE DOUAI (médecin) : 987.

ROBERT DE DREUX : 130.

ROBERT DE SORBON : 257, 560, 561, 675, 676, 677, 684, 689, 692, 714, 715, 780, 792, 987, 1014.

ROBERT II LE PIEUX : 38, 44, 327, 330, 452, 539, 540, 541, 543, 544, 613, 687, 736, 817, 966, 967, 1019, 1163 n.

ROBERT II, duc DE BOURGOGNE (gendre de Saint Louis) : 848.

ROBERT LE BOUGRE : 859, 904, 921, 1022.

ROBERTIENS-CAPÉTIENS : 39, 143, 327, 817.

ROGER BACON : 54, 1193 n.

ROGER DE CLÉRIEU : 218.

ROGER WENDOVER : 503, 1134 n.

ROMAIN DE SAINT-ANGE (ROMAIN FRANGIPANI), cardinal : 121, 124, 436, 818.

RUTEBEUF : 242, 342, 659, 684, 830, 848, 944, 1026, 1195 n.

SAC (frères du) : 899, 1117 n.

SAINT LOUIS, évêque DE TOULOUSE : 978, 1118 n.

SAINTE-CROIX (frères de la) : 899.

SAINT-PAUL, comte de : 920.

SAINT-VICTOR (ordre de) : 89.

SALADIN, sultan d'Égypte et de Syrie : 51, 191, 632, 633.

SALIMBENE DE PARME (frère) : 218, 247, 501, 521, 523, 524, 525, 526, 528, 529, 530, 531, 532, 598, 620, 730, 731, 749, 802, 958, 1014.

SALOMON : 449, 452, 453, 454, 455, 456, 465, 468, 656, 684, 745, 796, 813.

SAMUEL : 451, 455, 456.

SANCHIE ou SANCHE (fille de Raimond Bérenger V, épouse de Richard de Cornouailles) : 153, 301, 519, 732, 837, 838.

SARRASINS : *voir* MUSULMANS.

SARRETE : 945.

SARTAQ, khan mongol : 57, 639.

SATAN : *voir* DIABLE.

SAÜL : 465.

SERBES : 48.

SIGEBERT DE GEMBLOUX : 404.

SIMON (clerc et maître d'école) : 456.

SIMON DE DAMMARTIN, comte DE PONTHIEU : 945.

SIMON DE MONTFORT, comte DE LEICESTER : 126, 298, 303, 308, 377, 521, 864.

SIMON DE NESLE (OU DE CLERMONT) : 341, 344, 348, 355, 392, 786, 843, 986.

SIMON DE SAINT-QUENTIN : 637, 638.

SIMON MONPRIS DE BRIE, puis pape MARTIN IV : 258, 353, 354, 355, 532.

SOISSONS, évêque de : 1197 n.

SPIRITUELS : 246.

STAUFEN : 188.

SUGER, abbé de Saint-Denis : 97, 332, 337, 400, 452, 654, 655, 663, 667, 949, 1019, 1082 n.

TARTARES : 53, 54, 55, 57, 58, 60, 65, 176, 189, 415, 507, 638, 1009.

TEMPLIERS : 207, 238, 342, 519, 1040, 1087 n.

TEMÜDJIN : *voir* GENGIS KHAN.

THEBALDO VISCONTI DE PLAISANCE : *voir* GRÉGOIRE X.

THIBAUD (saint) : 845.

THIBAUD IV, comte DE CHAMPAGNE (THIBAUD Ier, roi de Navarre) : 95, 107, 118, 120, 121, 123, 124, 128, 130, 162, 191, 192, 204, 214, 342, 619, 818, 920, 1134 n.

THIBAUD V, comte DE CHAMPAGNE (THIBAUD II, roi de Navarre), gendre de Saint Louis : 257, 345, 351, 438, 472, 520, 556, 572, 670, 682, 689, 732, 780, 803, 848, 861, 1002, 1074 n., 1107 n.

THOMAS D'AQUIN (saint) : 398, 472, 677, 679, 682, 755, 764, 770, 771, 859, 866, 964, 993, 1175 n., 1197 n.

THOMAS DE CANTIMPRÉ (frère) : 946, 1120 n., 1121 n.

TRENCAVEL, famille : 298.
voir aussi RAYMOND TRENCAVEL.

TURCS KHĀREZMIENS : 192.

TURCS SELDJOUKIDES : 48.

URBAIN II, pape : 60.

URBAIN III, pape : 764.

URBAIN IV, pape : 309, 316, 331, 842, 849, 879.

Index des noms

VAUDOIS : 188.
VÉNITIENS : 50, 168, 169.
VIEUX DE LA MONTAGNE : 418, 632, 634, 635, 636, 637.
VILLARD DE HONNECOURT : 700.
VINCENT DE BEAUVAIS : 94, 106, 314, 456, 457, 471, 472, 536, 612, 638, 653, 656, 657, 658, 675, 678, 679, 680, 681, 682, 684, 764, 797, 798, 814, 862, 964, 965, 1071 n.

WINCHESTER, évêque de : 302.

YEHIEL DE PARIS, rabbin : 924, 925.
YOLANDE (épouse de Pierre de Courtenay et mère de Baudouin II) : 1088 n.
YOLANDE (fille de Pierre Mauclerc, comte de Bretagne) : 117, 177.
YSEMBART (cuisinier de Saint Louis) : 991, 1167 n.
YVES LE BRETON, frère : 636, 637.

ZIYANIDES : 50.

Index des lieux

Abbeville : 610.
Acre : *voir* Saint-Jean-d'Acre.
Afrique : 205, 214, 349, 644.
Agde : 126.
Agen : 124.
Agenais : 299, 302, 303, 306, 1191 n.
Aigues-Mortes : 126, 185, 199, 203, 204, 206, 207, 215, 219, 220, 245, 250, 341, 343, 344, 441, 510, 525, 620, 621, 664, 786, 831, 972, 973.
Aix-en-Provence : 249, 620.
Aix-la-Chapelle : 153, 326.
Albi : 125, 185.
Albigeois : 124, 1191 n.
Alcira : 299.
Alémanie : 330.
Alep : 227, 640, 1041.
Alès : 207, 250.
Alexandrie : 168.
Allemagne : 179, 193.
Amalfi : 204.
Amiénois : 82.
Amiens : 63, 81, 307, 308, 309, 380, 610, 663, 779.
Ampurdán : 297.
Anatolie : 201.
Ancenis : 123.
Anduze : 184.
Angers : 117, 123, 134, 136.
Angleterre : 183, 188, 218, 219, 230, 744, 746, 825, 828, 838, 861.
Anjou : 82, 117, 123, 129, 161, 162, 206, 300, 301, 302, 318, 785, 790, 833, 934, 1086 n.
Antioche : 205, 634.
Aquitaine : 86, 300, 413.
Aragon : 77, 199, 297, 298, 744, 770.
Arles : 125, 152, 179, 833.
Armagnac : 184.
Artois : 82, 161, 262, 828, 973.
Asie : 233.
Asnières-sur-Oise : 145, 617.
Aunis : 117, 178.
Auteuil : 616, 617.
Auvergne : 178, 317, 621, 829, 1190 n.
Auxerre : 344, 383, 528.
Avignon : 94, 117, 199, 506, 620, 833.
Avignonet : 184.
Avranches : 123.

Bagdad : 51.
Baléares : 50, 299.

Index des lieux

Bapaume : 828.
Barbeau : 143, 327.
Barbezieux : 182.
Barcelone : 77, 297, 298, 299.
Bas-Berry : 82.
Baugé : 117, 123.
Bayonne : 178, 303.
Beaucaire : 126, 199, 250, 253, 263, 299, 344, 619, 620, 770, 831, 1018, 1190 n.
Beaufort-en-Vallée : 117, 123.
Beaumont-sur-Oise : 617, 928.
Beaune : 270.
Beauvais : 139, 140, 142, 145, 393, 678.
Beauvaisis : 269, 790.
Beja : 50.
Bellême : 123.
Bénévent : 319, 834.
Bernay : 622.
Berry : 611, 618, 621.
Béruge : 181.
Besalú : 297, 299.
Beyrouth : 205.
Béziers : 94, 126, 184, 263, 384, 831.
Blaye : 180, 182, 184.
Blois : 130.
Blois-Champagne : 130.
Bohême : 637.
Bologne : 81, 351.
Bonneuil-sur-Marne : 352, 971.
Bordeaux : 178, 182, 301, 303, 439.
Bosphore : 172.
Boulogne-sur-Mer : 301, 610, 811.
Bourges : 82, 191, 230, 270, 618.
Bourgogne : 270, 329, 330.
Bouvines : 40, 43, 86, 119, 266, 759, 811, 1080 n.
Bove : 280.
Bresles : 140.
Bretagne : 108, 122, 127, 506, 1194 n.
Brioude : 250, 621.
Byzance (empire byzantin) : 48, 49, 50, 201, 287, 339, 753.

Cadix : 50.
Caen : 384, 1190 n.
Cagliari : 1112 n.
Cahors : 124, 303, 1106 n.
Calabre : 351.
Cambrai : 677.
Carcassès : 184.
Carcassonne : 94, 126, 184, 199, 263, 298, 299, 384, 770, 1018, 1190 n.
Carthage : 41, 361, 379, 442, 485, 826, 848, 855, 879, 981, 1112 n.
Carthagène : 50.
Castille : 77.
Catalogne : 77, 297.
Cerdagne : 297.
Césarée : 233, 529, 562, 637, 638, 643, 644, 695, 740, 747.
Ceuta : 205.
Cévennes : 184, 207.
Chaalis : 392, 395, 710, 724, 893, 972, 978.
Châlons-sur-Marne : 351, 393, 674, 900.
Champagne : 78, 80, 122, 123, 130, 163, 250, 262, 947.
Charente : 181, 303, 899.
Chartres : 81, 104, 130, 262, 292, 301, 393, 470, 519, 610, 619, 622, 662.

Châteaudun : 130.
Châtel-Pèlerin : 747.
Chinon : 180.
Chypre : 57, 58, 201, 203, 205, 207, 220, 221, 234, 244, 339, 441, 551, 561, 630, 638, 639, 728, 1039.
Cîteaux : 143, 144, 145, 195.
Clairvaux : 702, 938.
Clermont-en-Auvergne : 250, 610, 621, 848.
Clermont-en-Beauvaisis : 847.
Clisson : 123.
Cluny : 197, 344, 351, 524, 610, 621, 836, 874, 888, 901, 905, 1008.
Colombières : 182.
Comminges : 184.
Compiègne : 82, 384, 393, 610, 617, 723, 748, 867, 868, 893, 1002, 1005, 1006.
Comtat Venaissin : 299.
Conflans : 617.
Conflent : 297.
Constantinople : 49, 50, 59, 165, 166, 167, 168, 169, 170, 187, 201, 319, 339, 644, 834, 860, 1094 n.
Corbeil : 118, 216, 218, 297, 299, 617, 620, 786.
Corbeny : 955.
Cordoue : 50.
Corfou : 319.
Cosenza : 1111 n.
Cotentin : 1191 n.
Cracovie : 53, 175.
Crémone : 351.
Créteil : 971.
Cuimont (lieu primitif de Royaumont) : 145.

Damas : 56, 634, 640, 1041.

Damiette : 213, 221, 330, 438, 442, 443, 528, 529, 876, 990, 995, 999, 1032, 1035, 1036, 1037, 1038, 1040, 1096 n.
Dammartin-en-Gohelle : 875.
Dijon : 344.

Égée (mer) : 319.
Égypte : 23, 41, 51, 56, 57, 201, 203, 211, 213, 214, 220, 226, 230, 340, 342, 345, 373, 441, 442, 443, 461, 473, 482, 515, 531, 537, 538, 547, 548, 551, 565, 566, 587, 614, 629, 630, 632, 633, 640, 641, 642, 643, 644, 650, 702, 713, 715, 724, 747, 763, 824, 826, 835, 885, 896, 906, 1090 n.
Épire : 319.
Espagne : 188, 201, 208, 239, 297, 643.
Étampes : 618.
Évreux : 393.

Fariskur : 224.
Fenouilledès : 299.
Flandre : 85, 86, 107, 211, 228, 262, 293, 294, 295, 296, 297, 444, 517, 518, 611, 758, 835, 859.
Fleury-sur-Loire (Saint-Benoît-sur-Loire) : 44, 143, 250, 327, 400, 539, 618, 621, 757.
Florence : 287, 351, 1104 n.
Foix : 184, 185, 299.
Fontainebleau : 155, 617, 861, 990.
Fontenay-le-Comte : 181.
Fontevrault : 117, 301, 335, 518, 619.

Fréteval : 372, 374.
Froidmont : 987.
Frontenay : 1089 n.

Gand : 296, 297, 611.
Garonne : 230.
Gascogne : 183, 300, 303, 306.
Gâtinais : 618.
Gaza : 192.
Gênes : 77, 200, 202, 204, 206, 207, 287.
Gérone : 297.
Gévaudan : 298, 299.
Gibraltar : 219.
Gien : 82.
Gisors : 1098 n., 1191 n.
Gonesse : 928.
Goulette (la) : 345.
Gournay : 280.
Grauchet : 757.
Grèce : 167.
Grenade : 50.
Grizes : 299.
Guyenne : 300, 307.

Hainaut : 294, 295, 296, 318, 611.
Ham : 344.
Haye-Pesnel (château de la) : 123.
Hesdin : 828.
Hollande : 296.
Hongrie : 60, 175, 644.
Hyères : 46, 67, 206, 245, 246, 247, 249, 516, 523, 528, 568, 620, 739, 860, 1090 n.

Île-de-France : 82, 127, 130, 228, 269, 318, 393, 594, 611, 615, 616, 617, 618, 660, 664, 794, 818, 895, 973, 1017, 1123 n., 1134 n.

Irlande : 736.
Issoire : 250, 621.
Issy : 757.
Italie : 197, 201, 830, 832, 833, 834, 972, 1181 n.

Jaffa : 205, 232, 384, 664, 747.
Jativa : 299.
Jérusalem : 51, 58, 65, 125, 138, 167, 170, 187, 189, 191, 198, 200, 205, 213, 214, 215, 227, 232, 233, 234, 243, 313, 339, 346, 394, 440, 558, 624, 638, 639, 640, 697, 946, 1022, 1037, 1039, 1040.
Joinville (château de) : 65, 550, 551, 574.

Karakorum : 58, 639, 640.
Kiev : 637.

La Forbie : 192.
La Réole : 178.
La Rochelle : 180, 183.
Lampedouse : 245.
Languedoc : 43, 94, 127, 179, 185, 238, 252, 262, 265, 278, 377, 379, 763, 829, 902, 1017, 1086 n.
Laon : 279, 292.
Las Navas de Tolosa : 50.
Latran (quatrième concile du) : 28, 64, 71, 78, 156, 209, 210, 283, 341, 381, 445, 489, 685, 694, 764, 877, 903, 915, 916, 919, 920, 921, 926, 953.
Latran (troisième concile du) : 764.
Lauragais : 299.

Le Caire : 227, 632, 633, 1032, 1039, 1041.
Le Mans : 117.
Le Puy : 250, 610, 621.
Lens : 828.
León : 77.
Ligurie : 831.
Lillebonne : 116.
Limassol : 203, 207.
Limoges : 303.
Limousin : 300.
Lituanie : 60.
Lodève : 265.
Loire (la) : 179.
Lombardie : 193, 902.
Londres : 501.
Longchamp : 317, 836, 837.
Lorraine : 203.
Lorris : 185, 618, 1018.
Louvain : 1120 n.
Lucques : 287.
Lyon : 154, 197, 198, 218, 351, 353, 423, 512, 528, 610, 620, 621, 714, 832.
Lyon (premier concile de) : 60, 78, 189, 208, 209, 216, 745, 832.
Lyon (second concile de) : 49, 78, 353, 764, 899, 1117 n.
Lys (abbaye du) : 894, 1207 n.

Mâcon : 344, 351, 384, 1092 n.
Mâconnais : 1092 n.
Maghreb : 50.
Maguelonne : 298.
Maine : 82, 117, 129, 206, 300, 302, 318, 785, 833.
Malaga : 50.
Mansourah (la) (Massoure) : 223, 312, 747, 824, 960, 990, 995, 1032, 1034, 1035, 1181 n.
Mantes : 275, 616, 617.
Maragha : 639.
Maroc : 201, 643.
Marseille : 152, 200, 202, 204, 206, 207, 219, 221, 246, 247, 318, 528, 833, 848.
Matus : 181.
Maubuisson : 231, 313, 316, 504, 617, 879, 894, 1092 n.
Maurienne (la) : 351.
Meaux : 124, 344.
Meaux-Paris (traité de) : 126, 177, 184.
Melun : 123, 128, 206, 327, 344, 610, 616, 617, 748, 763, 785, 810, 920, 921, 922, 923, 986, 1207 n.
Melun (traité de) : 126.
Mésopotamie : 192.
Meudon : 757.
Milan : 351, 1104 n.
Millau : 298, 299.
Minervois : 299.
Mirepoix : 124.
Modène : 351.
Moncontour : 1089 n.
Mongolie (empire mongol) : 48, 639.
Monreale : 349, 361, 835, 971, 981.
Mons : 295.
Montargis : 618.
Mont-Cenis : 351.
Montefiascone : 351.
Montlhéry : 118, 119, 819.
Montpellier : 199, 206, 298, 299, 1094 n.
Montpensier : 94, 98, 99, 100, 111, 139, 183, 1133 n.
Montreuil-Bonin (Montreuil-en-Gâtine) : 180.

Index des lieux

Montségur : 184, 185, 831.
Morée : 319.
Mortain : 116.
Murcie : 50.
Muret : 298.

Namur : 294, 295, 297.
Nantes : 123, 133, 393.
Naples : 153, 194, 354, 834, 835, 1105 n.
Narbonnais : 923.
Narbonne : 184, 185, 206.
Navarre : 619.
Nazareth : 387.
Neuilly : 617.
Neustrie : 329.
Nicée : 644.
Nicosie : 233.
Nil (le) : 224, 236, 641, 643, 1033.
Nîmes : 126, 250, 253, 770.
Niort : 1194 n.
Nonette (la) : 617.
Normandie : 43, 82, 84, 85, 86, 195, 252, 262, 269, 300, 302, 444, 508, 515, 520, 611, 618, 621, 747, 785, 790, 861, 915, 973, 1017, 1185 n.
Norvège : 643.
Noyon : 393.

Occitanie : 126.
Oise (l') : 617.
Orléanais : 130, 790, 895.
Orléans : 82, 118, 132, 134, 136, 229, 230, 259, 292, 305, 618, 785, 789, 791, 800, 831.
Orly : 757.
Orvieto : 351, 355.
Osona : 297.

Ourmiah (lac d') : 639.
Oxford : 54, 302, 308, 309, 310.
Oxford (université d') : 133.

Palerme : 835.
Palestine : 205, 213, 442, 531, 631, 637, 641, 713, 740, 763, 906, 910, 911, 926, 995, 1031.
Pamiers : 94.
Pampelune : 619.
Pantennelée : 567.
Paray : 757.
Paris : 37, 54, 58, 79, 81, 82, 83, 85, 86, 100, 104, 113, 118, 119, 124, 127, 131, 132, 134, 135, 136, 140, 143, 147, 154, 161, 167, 171, 181, 183, 186, 215, 216, 217, 227, 229, 231, 232, 250, 259, 262, 268, 270, 271, 272, 273, 274, 275, 277, 278, 279, 292, 296, 301, 303, 305, 313, 318, 324, 325, 326, 344, 351, 352, 358, 359, 360, 380, 383, 384, 393, 395, 1080 n., 1147 n., 1148 n., 1183 n.
Baudroyer, porte : 971.
Chambre des comptes : 377.
Châtelet : 85, 276, 428.
Cité : 85, 538, 912.
Grève : 519.
Louvre : 85, 89, 95, 112, 116, 125, 271, 318, 613, 812, 813, 829.
Notre-Dame : 42, 81, 172, 344, 351, 358, 359, 360, 380, 440, 620, 621, 660, 663, 664, 666.
palais de la Cité, palais royal, jardin du palais : 82, 172, 276, 303, 316,

344, 547, 559, 611, 613, 615, 621, 624, 713, 748, 804, 805, 806, 861, 893.
Parlement : 375, 376.
Quinze-Vingts : 751, 893, 1003.
Saint-Antoine-des-Champs, église et abbaye : 171, 216, 620, 894.
Sainte-Chapelle : 172, 173, 174, 226, 349, 357, 358, 360, 374, 377, 380, 384, 389, 507, 519, 596, 597, 614, 651, 661, 664, 665, 668, 672, 700, 804, 821, 860, 861, 868, 892, 895, 910, 979, 1008, 1020.
Sainte-Geneviève, église et abbaye : 325, 987.
Saint-Germain-des-Prés, église et abbaye : 325, 334, 433, 471.
Saint-Jacques, église et couvent : 249.
Saint-Victor, abbaye : 987.
la Sorbonne : 560, 677, 988.
Temple : 83, 238, 519, 732, 757, 763, 838.
Paris, université de : 81, 108, 131, 132, 133, 134, 136, 150, 246, 276, 410, 431, 472, 481, 502, 517, 518, 524, 531, 659, 675, 676, 681, 682, 683, 684, 692, 766, 772, 790, 819, 860, 862, 1020.
Paris, traité de : 268, 300, 302, 303, 304, 306, 308, 314, 317, 326, 444, 490, 521, 538, 779, 831, 838, 942.
Parme : 198, 351, 352, 531, 971, 972.

Pékin (Tahing) : 52.
Perche : 847.
Périgord : 300, 303.
Périgueux : 303.
Péronne : 296, 610.
Peyrepertuse : 298, 299.
Picardie : 228, 262, 923, 1017.
Pise : 204.
Poissy : 37, 656, 828, 877.
Poitiers : 178, 180, 298.
Poitou : 117, 161, 178, 181, 186, 300, 302, 317, 413, 508, 829, 934, 989, 1030, 1190 n.
Pologne : 60, 175, 637.
Pons : 182.
Pontigny-en-Bourgogne : 301, 510, 511, 518, 619, 1181 n., 1202 n.
Pontoise : 186, 359, 615, 616, 617, 823, 894, 986, 989, 1092 n.
Pont-sur-Yonne : 155.
Portsmouth : 181.
Portugal : 208.
Prez : 181.
Proche-Orient : 239.
Prouille : 383.
Provence : 25, 153, 154, 206, 245, 298, 318, 330, 375, 568, 832, 848, 902, 1086 n.
Provins : 529.
Psalmodi : 204.
Pyrénées : 298, 306.

Quercy : 300, 302, 1191 n.
Quéribus : 298.

Razès : 299.
Reggio d'Émilie : 352, 523, 531, 532, 971, 972.
Reims : 63, 81, 82, 97, 104,

110, 111, 113, 119, 140, 141, 142, 159, 168, 305, 359, 393, 400, 435, 468, 512, 613, 663, 667, 668, 701, 747, 819, 950, 951, 956.
Rhône (le) : 152, 218, 528, 620, 621.
Rocamadour : 622.
Roche-sur-Glun (la) : 218, 620.
Rodez : 184.
Rome : 45, 76, 194, 294, 295, 351, 355, 623, 640, 834, 1181 n., 1202 n.
Rouen : 344, 384, 393.
Rouergue : 125.
Roussillon : 199, 297, 299.
Royan : 181.
Royaumont : 68, 142, 143, 144, 145, 249, 313, 330, 334, 336, 359, 392, 407, 408, 471, 472, 617, 651, 664, 665, 678, 680, 682, 723, 857, 861, 867, 869, 894, 936, 938, 993, 1002, 1004, 1006.
Rueil : 617.
Russie : 175.

Saint-Affaire : 181.
Saint-Amour : 249.
Saint-Aubin-du-Cormier : 123.
Saint-Benoît-sur-Loire : *voir* Fleury-sur-Loire.
Saint-Cloud : 894.
Saint-Denis : 20, 42, 44, 47, 82, 85, 94, 97, 98, 101, 113, 135, 136, 141, 143, 145, 146, 147, 159, 165, 215, 225, 250, 251, 303, 313, 320, 324, 325, 326, 327, 328, 329, 330, 331, 332, 335, 337, 338, 344, 346, 348, 349, 351, 352, 354, 356, 357, 358, 360, 361, 387, 389, 392, 399, 400, 401, 402, 404, 406, 409, 411, 412, 414, 417, 440, 512, 516, 531, 538, 539, 545, 547, 1071 n.
Sainte-Baume (la) : 249, 620, 622.
Saint-Émilion : 178.
Saintes : 180, 181, 182, 183, 184.
Saint-Eustache : 1098 n.
Saint-Gelais : 181.
Saint-Germain-en-Laye : 310, 615, 616, 893.
Saint-Gilles : 125, 126, 199, 250, 253, 258, 298, 299, 621.
Saint-Jacques-de-Compostelle : 623, 624, 675.
Saint-Jean-d'Acre : 51, 191, 205, 224, 226, 234, 235, 342, 516, 556, 558, 566, 635, 636, 639, 741, 747, 835, 874, 926, 987, 995, 1008, 1042.
Saint-Jean-d'Angély : 117, 178.
Saint-Malo : 123.
Saint-Michel (mont) : 623.
Saint-Nicolas-au-Bois (abbaye) : 279, 282.
Saint-Nicolas-de-Varangéville (Saint-Nicolas-du-Port) : 203, 570, 571.
Saintonge : 82, 300, 303, 306, 317, 989, 1030, 1190 n.
Saint-Pol : 116.
Saint-Pourçain : 250, 621.
Saint-Rémi de Reims

(abbaye) : 330, 412, 469, 951, 956, 1109 n.
Sancerre : 130.
Saône (la) : 972.
Sardaigne : 345.
Sarlat : 298.
Saumur : 162, 163, 178, 317, 550, 552, 610, 729, 748.
Savone : 351, 831.
Sayette (Sidon) : 205, 242, 570, 747, 821, 822, 885, 1009.
Sées : 622.
Seine (la) : 171, 172, 271, 275, 276, 616, 617.
Senlis : 82, 124, 393, 395, 617, 803, 892.
Sens : 124, 154, 155, 159, 160, 171, 172, 247, 292, 344, 393, 523, 525, 526, 527, 610, 616, 620, 621, 662, 730, 749, 802, 959, 968, 987, 1015.
Séville : 50.
Sicile : 153, 198, 201, 234, 239, 287, 319, 339, 340, 345, 348, 349, 350, 352, 361, 567, 824, 834, 835, 838, 971, 981, 1024, 1114 n.
Sidon : *voir* Sayette.
Sisteron : 154.
Soissons : 111, 113, 270, 393, 619, 747, 1196 n.
Storeham : 230.
Sur : *voir* Tyr.
Suse : 351.
Syrie : 51, 56, 58, 192, 205, 339, 633, 635, 910, 911, 1041.
Syrie-Palestine : 239, 240.

Tagliacozzo : 319, 415, 834.
Taillebourg : 181, 182, 505, 548, 622, 747.
Tarascon : 833.
Tarragone : 297.
Thanis (bras du Nil) : 1033.
Thiais : 757.
Thoré : 181.
Tolède : 230.
Tonnay-Boutonne : 181.
Toulousain : 125.
Toulouse : 79, 87, 124, 125, 132, 152, 184, 259, 298, 299, 383, 789, 1191 n.
Touraine : 82, 300, 302, 318, 790.
Tournai : 619.
Tournus : 155.
Tours : 143, 183, 262, 344, 664, 1190 n.
Trapani : 350, 351.
Tripoli : 205.
Troyes : 351.
Tunis : 50, 203, 205, 234, 242, 315, 330, 340, 343, 345, 346, 350, 354, 373, 386, 387, 389, 392, 401, 415, 442, 451, 459, 485, 531, 537, 538, 547, 549, 567, 572, 612, 629, 631, 644, 706, 786, 800, 824, 830, 834, 847, 848, 860, 885, 896, 909, 971, 979, 995, 1093 n., 1111 n., 1135 n., 1181 n.
Tunisie : 347, 350, 361, 482, 485, 531, 906, 909, 981, 1009.
Tyr (Sur) : 205, 241, 633, 747.

Ukraine : 175.
Urgel : 297.

Index des lieux

Val-d'Arcueil : 757.
Valence : 50, 299.
Valenciennes : 295.
Valenton : 757.
Valois : 82, 847.
Vaucouleurs : 193, 507.
Vaux de Cernay (abbaye) : 845.
Vendôme : 117, 344.
Venise : 168, 169, 170, 202, 204, 207, 287.
Verceil : 351.
Vermandois : 82, 259, 790, 1190 n.
Vernon : 85, 617, 721, 724, 894, 1002.
Vervins : 619.
Vexin : 895.
Vézelay : 195, 344, 383, 620, 621.
Vienne : 175, 344.

Villeneuve-l'Archevêque : 170, 171, 895.
Villeneuve-le-Roi : 757.
Villeneuve-Saint-Georges : 344, 757.
Vincennes : 171, 250, 344, 559, 611, 615, 616, 617, 621, 693, 713, 740, 790, 794, 804, 806, 895, 1021.
Viterbe : 319, 351, 353.
Vitry : 191.
Vitteaux-en-Auxois : 195.
Volga : 637.
Volhynie : 60.
Vouvant : 1089 n.

Walcheren : 295.
Westminster : 303, 501.

Yonne (l') : 171.

Zélande : 295.

TABLEAUX GÉNÉALOGIQUES

1240 Saint Louis

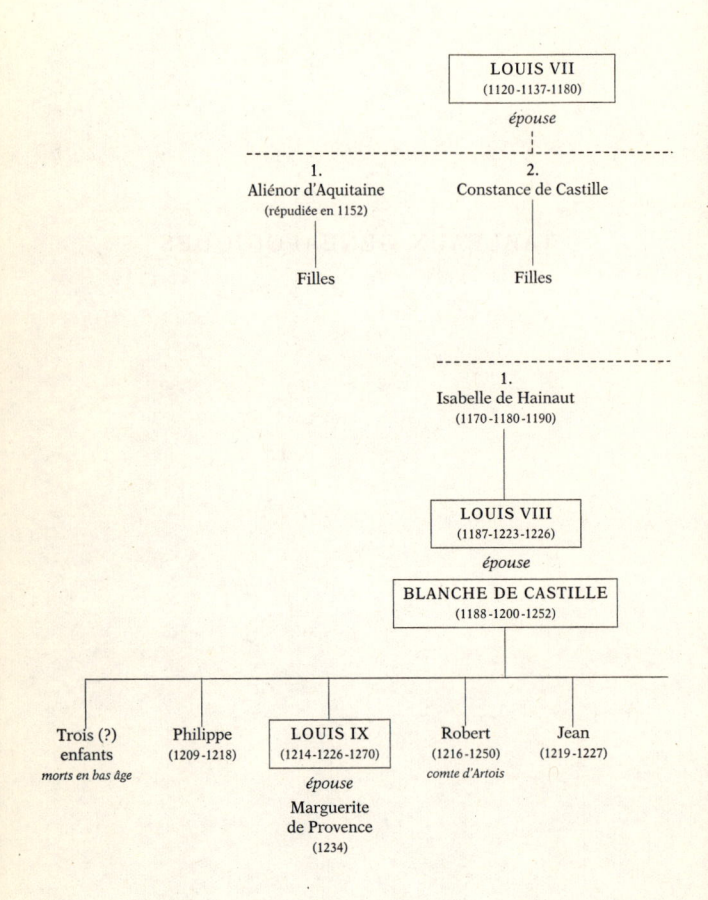

LOUIS VII
(1120-1137-1180)

épouse

1.
Aliénor d'Aquitaine
(répudiée en 1152)

2.
Constance de Castille

Filles

Filles

1.
Isabelle de Hainaut
(1170-1180-1190)

LOUIS VIII
(1187-1223-1226)

épouse

BLANCHE DE CASTILLE
(1188-1200-1252)

| Trois (?) enfants *morts en bas âge* | Philippe (1209-1218) | **LOUIS IX** (1214-1226-1270) *épouse* Marguerite de Provence (1234) | Robert (1216-1250) *comte d'Artois* | Jean (1219-1227) |

Tableaux généalogiques

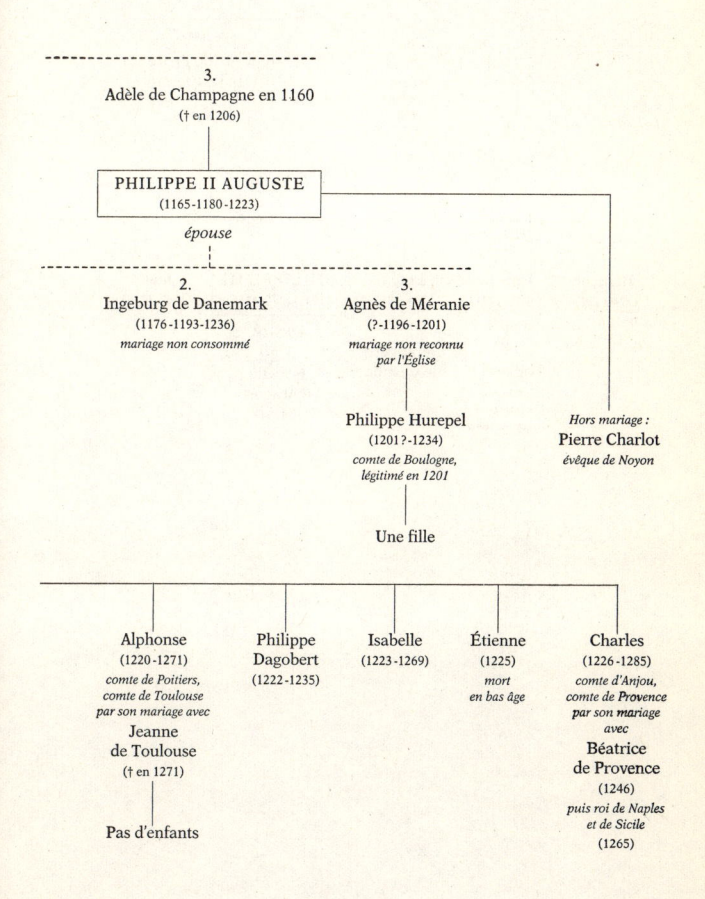

3.
Adèle de Champagne en 1160
(† en 1206)

PHILIPPE II AUGUSTE
(1165-1180-1223)

épouse

2.
Ingeburg de Danemark
(1176-1193-1236)
mariage non consommé

3.
Agnès de Méranie
(?-1196-1201)
*mariage non reconnu
par l'Église*

Philippe Hurepel
(1201?-1234)
*comte de Boulogne,
légitimé en 1201*

Hors mariage :
Pierre Charlot
évêque de Noyon

Une fille

Alphonse
(1220-1271)
*comte de Poitiers,
comte de Toulouse
par son mariage avec*
Jeanne
de Toulouse
(† en 1271)

Pas d'enfants

Philippe
Dagobert
(1222-1235)

Isabelle
(1223-1269)

Étienne
(1225)
*mort
en bas âge*

Charles
(1226-1285)
*comte d'Anjou,
comte de Provence
par son mariage
avec*
Béatrice
de Provence
(1246)
*puis roi de Naples
et de Sicile*
(1265)

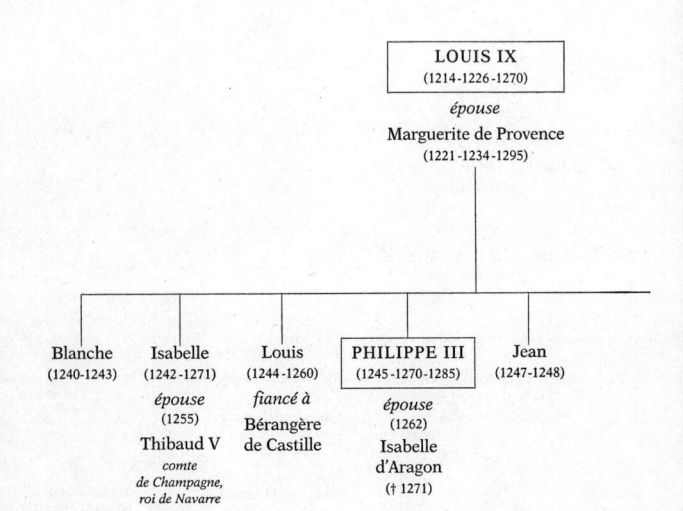

```
                    ┌─────────────────────┐
                    │     LOUIS IX        │
                    │ (1214-1226-1270)    │
                    └─────────────────────┘
                            épouse
                   Marguerite de Provence
                      (1221-1234-1295)
```

Blanche	Isabelle	Louis	PHILIPPE III	Jean
(1240-1243)	(1242-1271)	(1244-1260)	(1245-1270-1285)	(1247-1248)
	épouse (1255)	*fiancé à*	*épouse* (1262)	
	Thibaud V	Bérangère	Isabelle	
	comte de Champagne, roi de Navarre	de Castille	d'Aragon († 1271)	

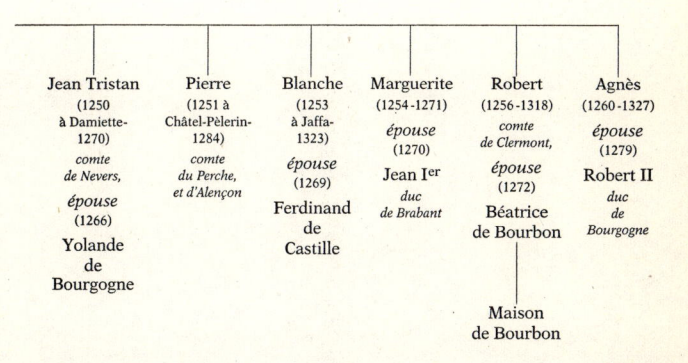

Jean Tristan	Pierre	Blanche	Marguerite	Robert	Agnès
(1250 à Damiette-1270)	(1251 à Châtel-Pèlerin-1284)	(1253 à Jaffa-1323)	(1254-1271)	(1256-1318)	(1260-1327)
comte de Nevers,	*comte du Perche, et d'Alençon*	*épouse* (1269)	*épouse* (1270)	*comte de Clermont*,	*épouse* (1279)
épouse (1266)		Ferdinand de Castille	Jean Ier *duc de Brabant*	*épouse* (1272)	Robert II *duc de Bourgogne*
Yolande de Bourgogne				Béatrice de Bourbon	
				Maison de Bourbon	

CARTES

Carte 1. Le royaume de France à la fin du règne de Louis IX

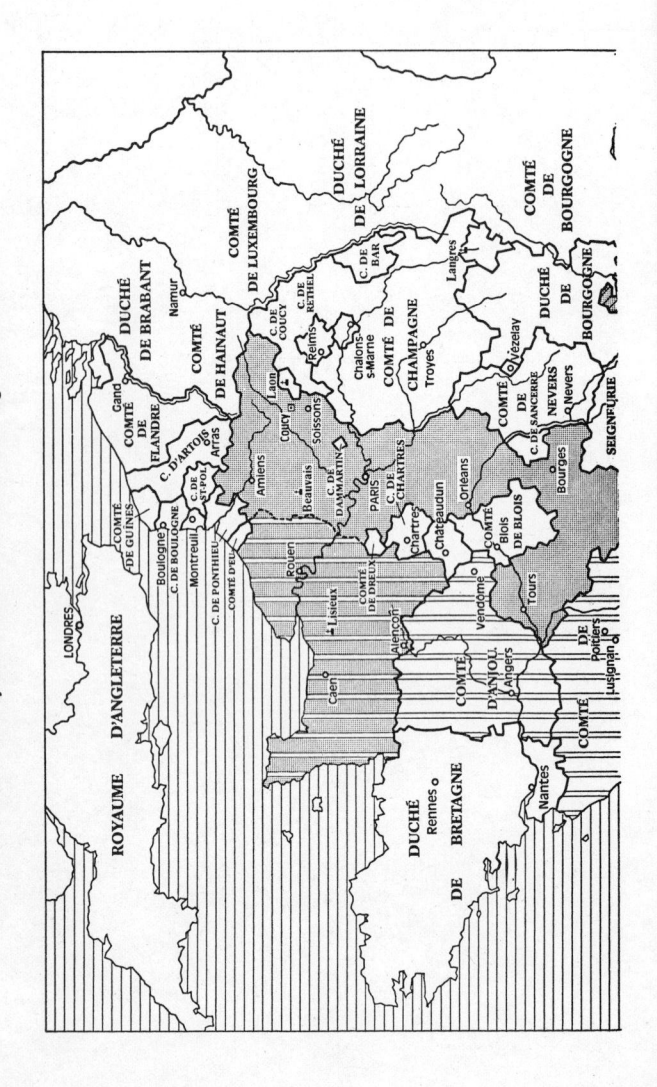

Cartes 1247

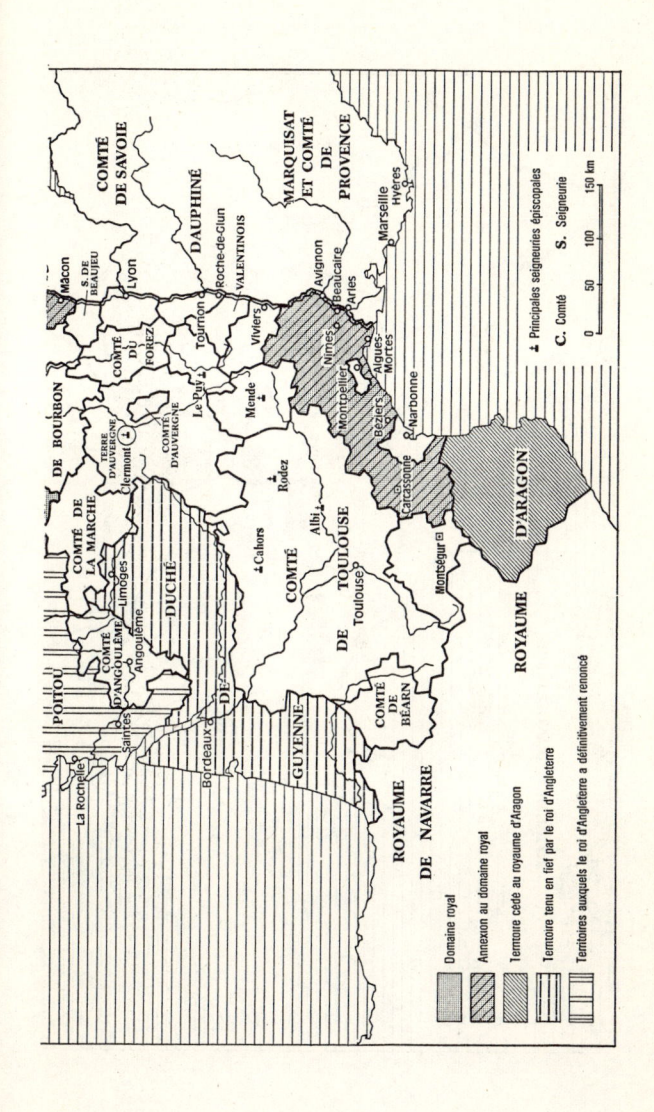

Carte 2. La France de Louis IX

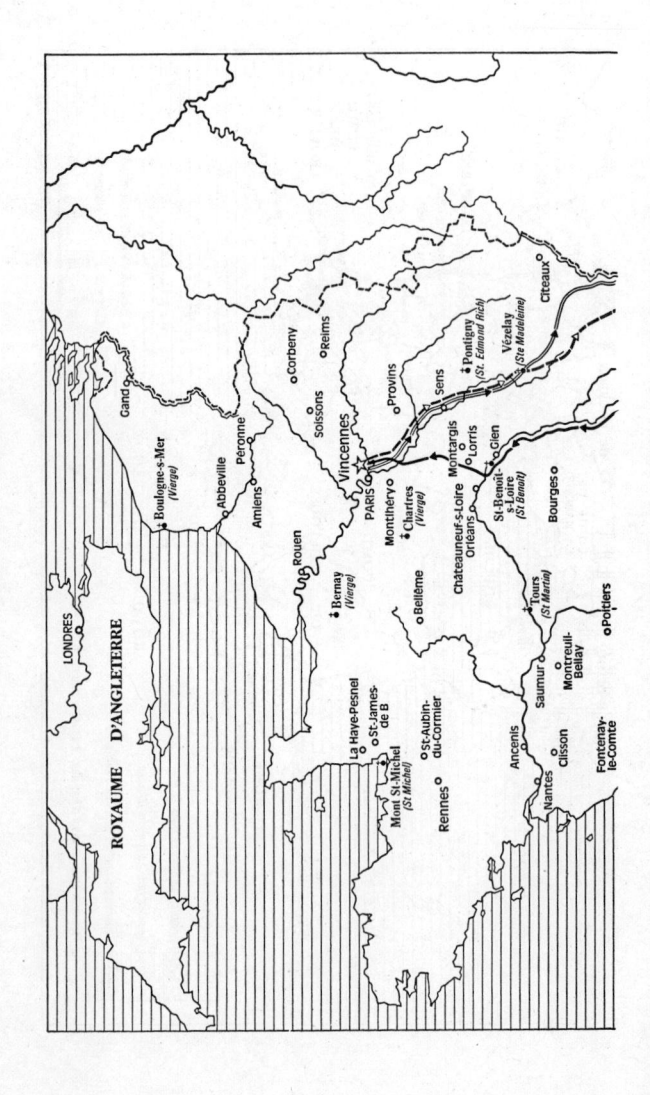

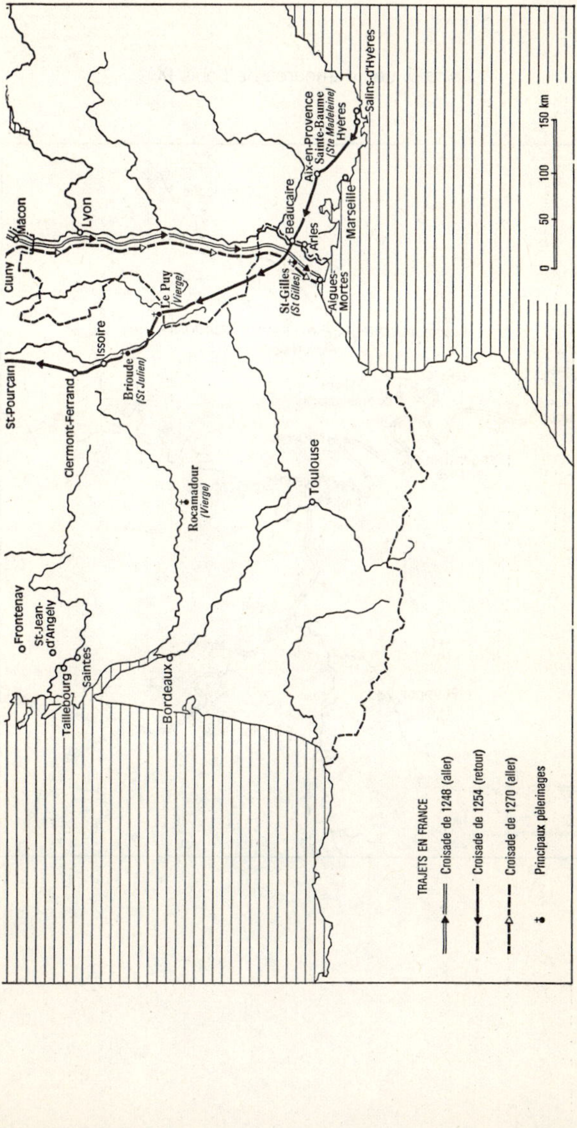
TRAJETS EN FRANCE
Croisade de 1248 (aller)
Croisade de 1254 (retour)
Croisade de 1270 (aller)
Principaux pèlerinages
0
50
100
150 km
Cluny
Macon
Lyon
St-Pourçain
Clermont-Ferrand
Issoire
Brioude
(St Julien)
Le Puy
(Vierge)
Beaucaire
Aix-en-Provence
Sainte-Baume
(Ste Madeleine)
Hyères
Salins-d'Hyères
Arles
Marseille
St-Gilles
(St Gilles)
Aigues-Mortes
Toulouse
Rocamadour
(Vierge)
Frontenay
St-Jean-d'Angely
Saintes
Taillebourg
Bordeaux

Carte 3. Les demeures de Louis IX

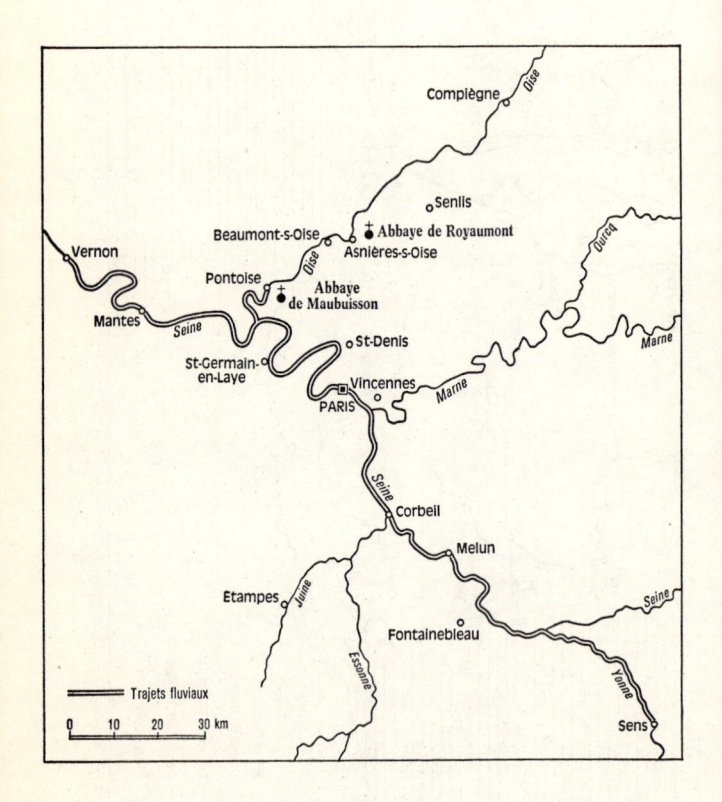

Carte 4. La Méditerranée de Louis IX

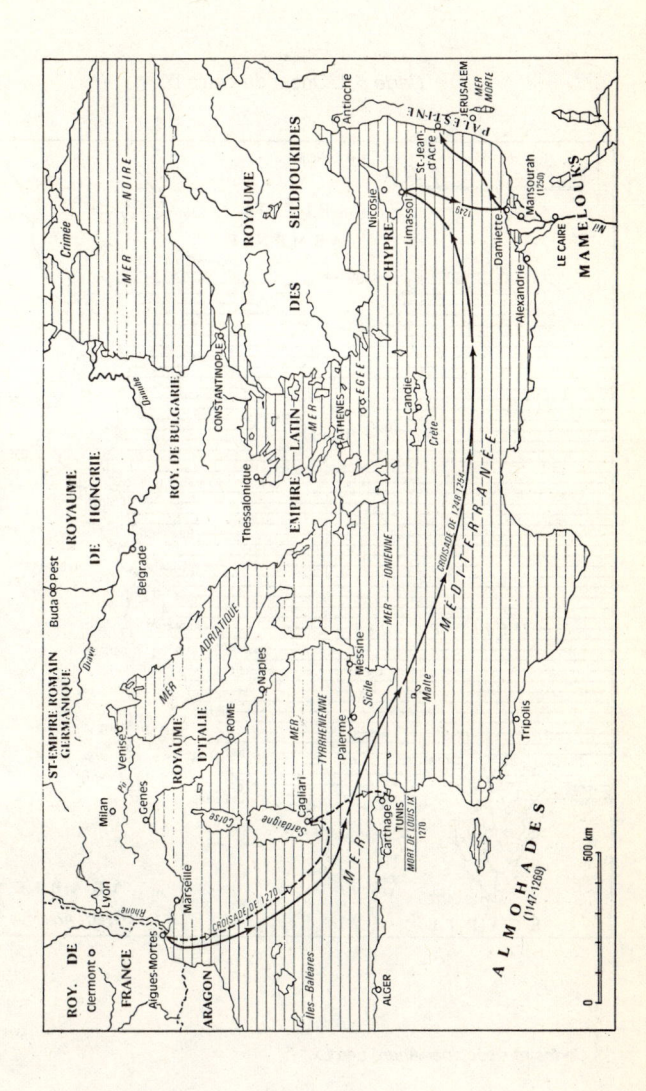

Carte 5. L'Orient de Louis IX

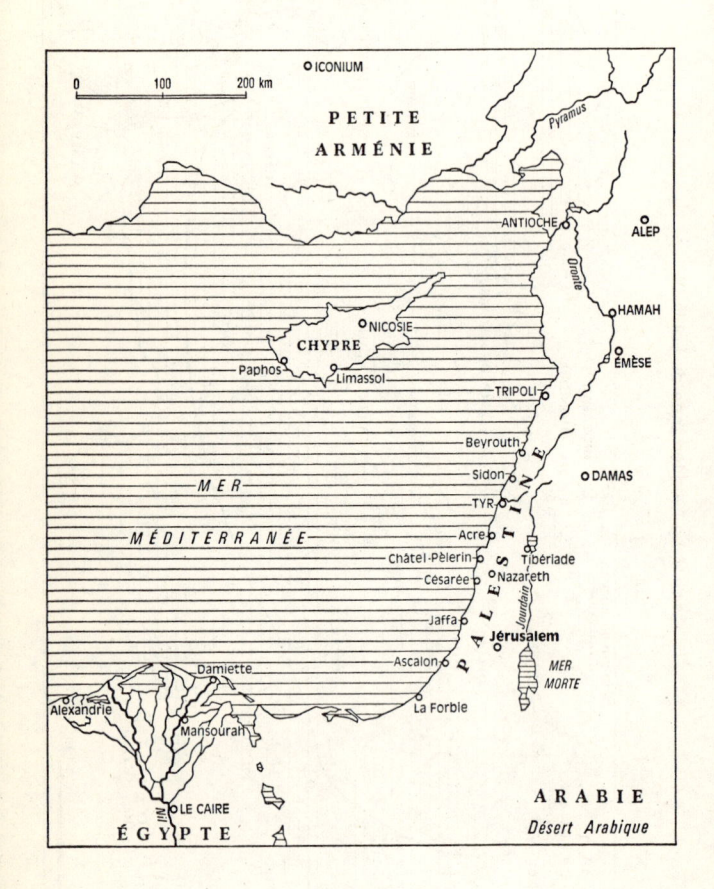

Cartes réalisées par André Leroux.

Carte 6. La domination mongole à l'époque de Louis IX

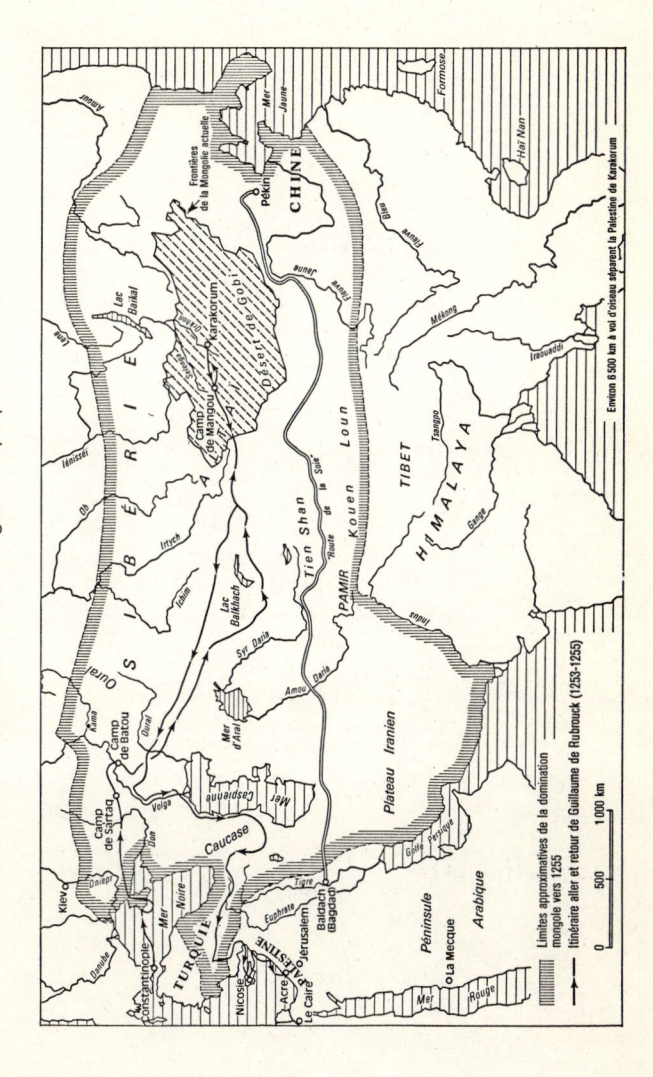

Avant-propos	11
Introduction	15

PREMIÈRE PARTIE

LA VIE DE SAINT LOUIS

CHAPITRE I. *De la naissance au mariage (1214-1234)* — 37

L'enfant héritier	42
Le monde autour de l'enfant roi	47
L'horizon oriental : Byzance, Islam, Empire mongol	48
La Chrétienté	59
À l'aboutissement d'un essor	61
Inquiétudes religieuses	65
Organisation politique : émergence de l'État monarchique	74
La France	79
L'héritage du grand-père	83
Le bref règne du père	87
La mort du père	94
Malheur à la terre dont le prince est un enfant	102
Le sacre de l'enfant roi	109
Une minorité difficile	114
L'affaire de l'université de Paris	131
Louis et l'empereur Frédéric II	137

Conflits avec les évêques : l'affaire de Beauvais	138
Le roi dévot : la fondation de Royaumont	142
Le roi dévot : la perte du saint clou	146

CHAPITRE II. *Du mariage à la croisade (1234-1248)* 150

Le mariage de Louis IX (1234)	151
La « chevalerie » des frères. Apparition de Joinville	161
Le roi père	164
Le roi des reliques : la couronne d'épines	165
La Sainte-Chapelle	172
Un roi eschatologique : l'Apocalypse mongole	175
Le roi vainqueur : la guerre contre les Anglais	176
La maladie du roi et le vœu de croisade	186
Le roi, le pape et l'empereur	192
Saint Louis et la Méditerranée	198
Les préparatifs de la croisade	206

CHAPITRE III. *La croisade et le séjour en Terre sainte (1248-1254)* 212

La croisade, pensée du règne ?	212
Saint Louis et l'Orient	213
De Paris à Aigues-Mortes	215
Voyage et campagne d'Égypte	220
Le roi prisonnier	225
Le roi lointain	226
L'affaire des pastoureaux	228
Louis IX en Terre sainte	232
La croisade, Louis IX et l'Occident	233
La mort de la mère	242

CHAPITRE IV. *D'une croisade à l'autre et à la mort (1254-1270)* 244

Fortunes de mer	244
La rencontre de Hugues de Digne	246

Le retour d'un croisé accablé	249
Le réformateur du royaume	252
Les nouveaux hommes du roi	257
La justice dans les villes	260
Le roi enquêteur	262
Le roi et les enquêtes en Languedoc	262
Le roi et les villes	266
Louis et Paris	271
Le justicier sans indulgence : deux cas spectaculaires	277
Nouvelles mesures de purification : contre les ordalies et l'usure, contre juifs et lombards	283
La « bonne » monnaie	285
L'apaiseur	293
L'héritage flamand	293
La paix avec l'Aragon : le traité de Corbeil (1258)	297
La paix franco-anglaise : le traité de Paris (1259)	300
La « mise » d'Amiens	308
Louis IX et l'avenir de la dynastie capétienne et de la famille royale	312
Morts et naissances	312
La sœur et les frères	316
Saint Louis et les corps royaux	320
Louis IX se croise pour la seconde fois	339
Ultimes purifications avant la croisade	341
CHAPITRE V. *Vers la sainteté : de la mort à la canonisation (1270-1297)*	347
Les tribulations du corps royal	347
Le retour en France	350
Vers la canonisation	351
Histoire des reliques	356

DEUXIÈME PARTIE

LA PRODUCTION
DE LA MÉMOIRE ROYALE :
SAINT LOUIS A-T-IL EXISTÉ ?

CHAPITRE I. *Le roi des documents officiels*	369
CHAPITRE II. *Le roi des hagiographes Mendiants : un saint roi du christianisme rénové*	380
Les ordres Mendiants	381
Geoffroy de Beaulieu	386
Guillaume de Chartres	388
Guillaume de Saint-Pathus	390
CHAPITRE III. *Le roi de Saint-Denis : un saint roi dynastique et « national »*	399
Primat	401
Guillaume de Nangis et la *Vie de Saint Louis*	403
La *Chronique universelle* de Guillaume de Nangis	404
La *Vie* de Saint Louis de Guillaume de Saint-Pathus	413
CHAPITRE IV. *Le roi des* exempla	420
Le témoignage limité des *exempla*	423
Les histoires du Ménestrel de Reims	435
CHAPITRE V. *Préfiguration de Saint Louis dans l'Ancien Testament*	448
David et Salomon	452
Louis et Josias	456

CHAPITRE VI. *Le roi des « Miroirs des princes »* — 464

Miroirs carolingiens — 467
Le *Policraticus* de Jean de Salisbury — 469
Miroirs du XIIIe siècle — 471
L'*Eruditio regum et principum* de Gilbert de Tournai — 472
Le sacre, miroir du prince — 483
Les *Enseignements* à son fils et à sa fille — 485

CHAPITRE VII. *Le roi des chroniqueurs étrangers* — 500

Matthieu Paris, bénédictin anglais — 501
Salimbene de Parme, franciscain italien — 521

CHAPITRE VIII. *Le roi des lieux communs : Saint Louis a-t-il existé ?* — 533

CHAPITRE IX. *Le « vrai » Louis IX de Joinville* — 546

Un témoin exceptionnel — 547
Un témoin crédible — 549
Biographie ou autobiographie ? — 552
Le Saint Louis concret de Joinville — 555
Le roi rit — 562
Les défauts du roi — 565
Un rêve de Joinville — 572

CHAPITRE X. *Saint Louis entre le modèle et l'individu* — 575

Histoire et individu — 576
Le tournant du XIIe au XIIIe siècle — 578
Le « moi » — 583
Le cas de Saint Louis — 586
La conscience — 590
Un roi parlant français — 593
Le portrait du roi — 594

TROISIÈME PARTIE

SAINT LOUIS, ROI IDÉAL ET UNIQUE

De l'extérieur à l'intérieur   605

CHAPITRE I. *Saint Louis dans l'espace et le temps*   609

Le monde de Saint Louis   609
   Saint Louis et l'espace   609
   Paris capitale   612
   Demeures et trajets de Saint Louis   615
   Le roi de l'Île-de-France   618
   Visiter le royaume   618
   En allant et en revenant de la croisade   619
   Le roi pèlerin   621
   Saint Louis et la mer   625
   L'Orient de Saint Louis   630
   Sarrasins, Bédouins, Assassins   631
   L'illusion mongole   637
   L'Orient imaginaire et merveilleux   640
Les temps de Saint Louis   645
   Le bon usage du temps   645
   Le temps circulaire et liturgique   647
   Saint Louis et le temps de l'histoire   653

CHAPITRE II. *Les images et les mots*   659

Un roi en musique   660
L'architecture : un style curial ?   662
Des leçons en images   666
Livres d'images   668
Le roi et ses intellectuels   675
Un encyclopédiste au service du roi : Vincent de Beauvais   678
Le nouveau Salomon   682

CHAPITRE III. *Les paroles et les gestes : le roi prud'homme* — 685

La parole du roi — 685
La parole royale — 686
Saint Louis parle — 687
Parole familière — 689
Parole enseignante — 691
Le gouvernement de la parole — 693
Paroles de foi — 694
Paroles dernières — 696
Les gestes bien tempérés — 697
Où chercher les gestes de Saint Louis ? — 700
Les gestes d'un roi saint — 705
L'apothéose : les gestes de la sainte mort — 706
Les gestes de la dévotion — 708
Modèles et personnalité — 711
Le roi prud'homme — 713
Saint Louis à table : entre commensalité royale et humilité alimentaire — 716
La modération — 718
L'humilité et l'ascèse — 721
Joinville : la maîtrise de soi — 728
Les devoirs du roi — 730
Un modèle royal — 734

CHAPITRE IV. *Le roi des trois fonctions* — 736

Les trois fonctions — 736
Le roi chrétien, roi des trois fonctions — 737
Première fonction : le roi sacré justicier et pacifique — 738
La paix — 742
Deuxième fonction : un roi guerrier — 746
Saint Louis et la troisième fonction — 748
Saint Louis et l'économie — 754
Économie et administration — 755
Le roi et ses bonnes villes — 759
Le financement de la guerre et de la croisade — 762
L'usure — 763
La monnaie — 765
Le salut et la nécessité — 767

CHAPITRE V. *Saint Louis, roi féodal ou roi moderne ?*   774

    Féodalité et État moderne   775
    De l'usage royal du système féodal   777
    La grande alliance du trône et de l'autel   781
    Administration locale et pouvoir législatif   783
    Saint Louis et le droit   789
    Une société féodale et bourgeoise   791
    Saint Louis ne chasse pas   794
    Le système royal   796
    Limites du pouvoir royal   799
    Saint Louis se montre à ses sujets   802
    Saint Louis calculateur ?   805

CHAPITRE VI. *Saint Louis en famille*   809

    Le père   809
    Le grand-père   810
    La mère   813
    Frères et sœurs   824
    La sœur   835
    L'épouse   837
    Les enfants   843
    La mesnie et l'entourage   854

CHAPITRE VII. *La religion de Saint Louis*   856

    Modèle cistercien, modèle Mendiant   857
    La foi de Saint Louis   863
    Le savoir religieux   866
    Dévotion et ascétisme   870
    La conscience   873
    La pratique sacramentelle   876
    Saint Louis et la prière   880
    La dévotion aux saints   890
    Les obsessions dévotionnelles de Saint Louis   891
    La dévotion à la croisade   894

Table des matières

CHAPITRE VIII. *Conflits et critiques* — 898

Saint Louis et l'Église — 898
Saint Louis et les hérétiques — 902
Saint Louis et les musulmans — 906
Saint Louis et les juifs — 912
Critiques et résistances — 935
Des critiques politiques — 940
« Tu n'es que le roi des frères » — 945

CHAPITRE IX. *Saint Louis, roi sacré, thaumaturge et saint* — 948

Les sacralités du roi de France — 949
  Les valeurs du sacre — 949
  Le sacre royal — 951
  Le système du sacre — 955
La sainteté de Saint Louis — 958
  Un saint laïc — 961
  Les modèles de sainteté de Saint Louis — 966
  Les miracles de Saint Louis — 968
  Les miracles et la vie — 978
  Les reliques — 981
  Le dernier des rois saints — 982

CHAPITRE X. *Le roi souffrant, le roi Christ* — 983

Les valeurs du corps — 984
Une affaire de viol — 986
Le roi malade — 988
Le roi patient — 991
La souffrance volontaire : le roi ascète et pénitent — 993
La mort des proches : la douleur familiale et dynastique — 995
La douleur née de l'échec de la croisade — 996
La souffrance du prisonnier — 998
La souffrance des larmes refusées — 1000
La souffrance d'autrui : les œuvres de miséricorde — 1001
La lèpre du péché — 1006

Le modèle du Christ crucifié	1008
Le martyre : agonie et mort	1009
Conclusion	1013

ANNEXES

Annexe I. La « formule somatique » de Saint Louis selon Dr Auguste Brachey (1894)	1029
Annexe II. Lettre de Terre sainte de Louis IX à ses sujets (1250)	1032

APPENDICES

Chronologie	1045
Bibliographie	1049
Notes	1071
Index des noms	1212
Index des lieux	1228
Tableaux généalogiques	1239
Cartes	1245
1. Le royaume de France à la fin du règne de Louis IX	1246
2. La France de Louis IX	1248
3. Les demeures de Louis IX	1250
4. La Méditerranée de Louis IX	1251
5. L'Orient de Louis IX	1252
6. La domination mongole à l'époque de Louis IX	1253

DU MÊME AUTEUR

Aux Éditions Gallimard

POUR UN AUTRE MOYEN ÂGE. Temps, travail et culture en Occident : 18 essais, coll. Bibliothèque des Histoires, 1978 ; rééd. coll. Tel n° 181, 1991.

LA NAISSANCE DU PURGATOIRE, coll. Bibliothèque des Histoires, 1981 ; rééd. coll. Folio Histoire n° 31, 1991.

HISTOIRE ET MÉMOIRE, coll. Folio Histoire n° 20, 1988.

L'IMAGINAIRE MÉDIÉVAL. Essais, coll. Bibliothèque des Histoires, 1991.

SAINT FRANÇOIS D'ASSISE, coll. Bibliothèque des Histoires, 1999.

UN AUTRE MOYEN ÂGE : Pour un autre Moyen Âge — L'Occident médiéval et le temps — L'Imaginaire médiéval — La Naissance du Purgatoire — Les Limbes — La Bourse et la vie — Le Rire dans la société médiévale, coll. Quarto, 1999.

HÉROS DU MOYEN ÂGE, LE SAINT ET LE ROI : Saint François d'Assise — Saint Louis — Reims, ville du sacre — Le Roi dans l'Occident médiéval — La Cour royale — Ordres mendiants et villes — Conclusion, coll. Quarto, 2004.

AVEC HANKA, hors série Connaissance, 2008.

DANS LA COLLECTION FOLIO / HISTOIRE

HISTOIRE DE FRANCE

Maurice Agulhon : *Les Quarante-huitards*, n° 42.
Yves Marc Ajchenbaum : *Combat, 1941-1974. Une utopie de la Résistance, une aventure de presse*, n° 217.
Jean-Paul Bertaud : *Valmy. La démocratie en armes*, n° 215.
Bronislaw Baczko : *Politiques de la Révolution française*, n° 162.
Jean-Pierre Bat : *Le syndrome Foccart. La politique française en Afrique, de 1959 à nos jours*, n° 202.
Yves-Marie Bercé : *Croquants et nu-pieds. Les soulèvements paysans en France du XVIe au XIXe siècle*, n° 34.
Emmanuel Berl : *La fin de la IIIe République*, n° 208.
Marc Bloch : *L'étrange défaite. Témoignage écrit en 1940*, n° 27.
Léon Blum : *Souvenirs sur l'Affaire*, n° 51.
Michel Borwicz : *Écrits des condamnés à mort sous l'occupation nazie. 1939-1945* précédé de *Ma pendaison*, n° 75.
Pierre Bouretz : *La République et l'universel*, n° 119.
Jean-Denis Bredin : *Joseph Caillaux*, n° 2.
José Cabanis : *Le Sacre de Napoléon. 2 décembre 1804*, n° 59.
Michel de Certeau : *La possession de Loudun*, n° 139.
Michel de Certeau, Dominique Julia, Jacques Revel : *Une politique de la langue. La Révolution française et les patois : l'enquête de Grégoire*, n° 117.
Christian Chevandier : *Policiers dans la ville. Une histoire des gardiens de la paix*, n° 198.
Dominique Colas : *Citoyenneté et nationalité*, n° 130.
Philippe Contamine : *Azincourt*, n° 209.
Daniel Cordier : *Jean Moulin. La République des catacombes I*, n° 184.
Daniel Cordier : *Jean Moulin. La République des catacombes II*, n° 185.
Jean-Louis Crémieux-Brilhac : *La France Libre. De l'appel du 18 juin à la Libération I*, n° 226.
Jean-Louis Crémieux-Brilhac : *La France Libre. De l'appel du 18 juin à la Libération II*, n° 227.
Annie Crépin : *Histoire de la conscription*, n° 169.
Le Débat : *Les idées en France 1945-1988. Une chronologie*, n° 25.
Le Débat : *1789. La Commémoration*, n° 91.
Francis Démier : *La France de la Restauration (1814-1830). L'impossible retour du passé*, n° 191.

Jean-Paul Demoule : *On a retrouvé l'histoire de France. Comment l'archéologie raconte notre passé*, n° 225.

Marcel Detienne : *L'identité nationale, une énigme*, n° 177.

Alain Dewerpe : *Charonne 8 février 1962. Anthropologie historique d'un massacre d'État*, n° 141.

Jean-Philippe Domecq : *Robespierre, derniers temps*, n° 186.

Jean-Marie Donegani, Marc Sadoun : *La Ve République. Naissance et mort*, n° 95.

Georges Duby : *L'An Mil*, n° 52.

Georges Duby : *Dames du XIIe siècle I. Héloïse, Aliénor, Iseut et quelques autres*, n° 84.

Georges Duby : *Dames du XIIe siècle II. Le souvenir des aïeules*, n° 89.

Georges Duby : *Dames du XIIe siècle III. Ève et les prêtres*, n° 96.

Georges Duby : *Le dimanche de Bouvines. 27 juillet 1214*, n° 1.

Georges Duby, Andrée Duby : *Les procès de Jeanne d'Arc*, n° 69.

Claude Dulong : *Anne d'Autriche. Mère de Louis XIV*, n° 8.

Alphonse Dupront : *Qu'est-ce que les Lumières ?*, n° 76.

Roger Dupuy : *La Garde nationale. 1789-1872*, n° 181.

Philippe Erlanger : *Henri III*, n° 21.

Arlette Farge : *Vivre dans la rue à Paris au XVIIIe siècle*, n° 43.

Arlette Farge et Michel Foucault : *Le désordre des familles. Lettres de cachet des Archives de la Bastille au XVIIIe siècle*, n° 237.

Lucien Febvre : *Amour sacré, amour profane. Autour de* L'Heptaméron, n° 74.

Hector Feliciano : *Le musée disparu. Enquête sur le pillage d'œuvres d'art en France par les nazis*, n° 197.

Jean-Louis Flandrin : *Les amours paysannes. XVIe-XIXe siècle*, n° 53.

Michèle Fogel : *Roi de France. De Charles VIII à Louis XVI*, n° 240.

Robert Folz : *Le couronnement impérial de Charlemagne. 25 décembre 800*, n° 26.

Michel Foucault (dir.) : *Moi, Pierre Rivière, ayant égorgé ma mère, ma sœur et mon frère... Un cas de parricide au XIXe siècle*, n° 57.

Geneviève Fraisse : *Muse de la Raison. Démocratie et exclusion des femmes en France*, n° 68.

Marc Fumaroli : *Trois institutions littéraires. La Coupole, la conversation, « le génie de la langue française »*, n° 62.

François Furet : *Penser la Révolution française*, n° 3.

François Furet : *La Révolution en débat*, n° 92.

Benoît Garnot : *Histoire de la justice. France, XVIe-XXIe siècle*, n° 173.

Robert Gauthier : *« Dreyfusards! ». Souvenirs de Mathieu Dreyfus et autres inédits*, n° 140.

Gérard Gayot : *La franc-maçonnerie française. Textes et pratiques (XVIIIe-XIXe siècles)*, n° 37.

Jean Giono : *Le désastre de Pavie. 24 février 1525*, n° 204.

Jacques Godechot : *La prise de la Bastille. 14 juillet 1789*, n° 24.

Pierre Goubert : *L'avènement du Roi-Soleil 1661*, n° 238.

Pierre Goubert, Michel Denis : *1789 Les Français ont la parole. Cahiers de doléances des États généraux*, n° 210.

Grégoire de Tours : *L'Histoire des rois francs*, n° 187.

Jean-Pierre Hirsh : *La Nuit du 4 août*, n° 223.

Philippe Joutard : *Les Camisards*, n° 60.

Pierre Laborie : *Le chagrin et le venin. Occupation. Résistance. Idées reçues*, n° 232.

Jacques Le Goff : *Saint Louis*, n° 205.

Jacques Le Goff : *Saint François d'Assise*, n° 234.

Emmanuel Le Roy Ladurie : *Le Carnaval de Romans. De la Chandeleur au mercredi des Cendres (1579-1580)*, n° 10.

Emmanuel Le Roy Ladurie : *Montaillou, village occitan de 1294 à 1324*, n° 9.

André Loez : *14-18. Les refus de la guerre. Une histoire des mutins*, n° 174.

Jean Maitron : *Ravachol et les anarchistes*, n° 41.

Manufacture Française des Pneumatiques Michelin : *Les lieux de l'histoire de France. De la Préhistoire à 1945*, n° 189.

Karl Marx : *Les Luttes de classes en France*, suivi de *La Constitution de la République française adoptée le 4 novembre 1848* et de *Le 18 Brumaire de Louis Bonaparte*, n° 108.

Jules Michelet : *Histoire de la Révolution française I, vol. 1*, n° 151.

Jules Michelet : *Histoire de la Révolution française I, vol. 2*, n° 152.

Jules Michelet : *Histoire de la Révolution française II, vol. 1*, n° 153.

Jules Michelet : *Histoire de la Révolution française II, vol. 2*, n° 154.

Gérard Monnier : *L'art et ses institutions en France. De la Révolution à nos jours*, n° 66.

Paul Morand : *Fouquet ou le Soleil offusqué*, n° 7.

Roland Mousnier : *L'assassinat d'Henri IV. 14 mai 1610*, n° 45.

Robert Muchembled : *La sorcière au village. XVe-XVIIIe siècle*, n° 36.

Jean Nicolas : *La rébellion française. Mouvements populaires et conscience sociale (1661-1789)*, n° 165.

Gérard Noiriel : *État, nation et immigration. Vers une histoire du pouvoir*, n° 137.

David O'Connell : *Les propos de Saint Louis*, n° 212.

Zoé Oldenbourg : *Le bûcher de Montségur. 16 mars 1244*, n° 23.

Pascal Ory : *La France allemande. 1933-1945*, n° 67.

Jacques Ozouf : *Nous les maîtres d'école. Autobiographies d'instituteurs de la Belle Époque*, n° 50.

Mona Ozouf : *La Fête révolutionnaire. 1789-1799*, n° 22.

Mona Ozouf : *Varennes. La mort de la royauté (21 juin 1791)*, n° 193.

Martine Poulain : *Livres pillés, lectures surveillées. Les bibliothèques françaises sous l'Occupation*, n° 224.

Antoine Prost: *Les Anciens Combattants*, n° 229.

Miguel Rodriguez : *Le 1er Mai*, n° 213.

Pierre Rosanvallon : *La démocratie inachevée. Histoire de la souveraineté du peuple en France*, n° 126.

Pierre Rosanvallon : *Le peuple introuvable. Histoire de la représentation démocratique en France*, n° 118.

Pierre Rosanvallon : *Le sacre du citoyen. Histoire du suffrage universel en France*, n° 100.

Henry Rousso : *Vichy. L'événement, la mémoire, l'histoire*, n° 102.

Antoine-Louis de Saint-Just : *Œuvres complètes*, n° 131.

Jean-François Sirinelli (dir.) : *Les droites françaises. De la Révolution à nos jours*, n° 63.

Jean-François Sirinelli : *Intellectuels et passions françaises. Manifestes et pétitions au XXe siècle*, n° 72.

Albert Soboul: *Le procès de Louis XVI*, n° 236.

Zeev Sternhell : *La droite révolutionnaire (1885-1914). Les origines françaises du fascisme*, n° 85.

Zeev Sternhell : *Ni droite ni gauche. L'idéologie fasciste en France*, n° 203.

Alexis de Tocqueville : *L'Ancien Régime et la Révolution*, n° 5.

Alexis de Tocqueville : *Souvenirs*, n° 94.

Jean Tulard : *L'anti-Napoléon. La légende noire de l'Empereur*, n° 214.

Michel Vovelle : *Mourir autrefois. Attitudes collectives devant la mort aux XVIIe et XVIIIe siècles*, n° 28.

Patrick Weil : *La France et ses étrangers. L'aventure d'une politique de l'immigration de 1938 à nos jours*, n° 135.

Patrick Weil : *Liberté, égalité, discriminations. L'« identité nationale » au regard de l'histoire*, n° 168.

Patrick Weil : *Qu'est-ce qu'un Français ? Histoire de la nationalité française depuis la Révolution*, n° 134.

Michel Winock : *L'agonie de la IVe République. 13 mai 1958*, n° 206.

Michel Winock : *La République se meurt. 1956-1958*, n° 4.

ANTIQUITÉ ET MOYEN ÂGE

Jérôme Baschet : *L'iconographie médiévale*, n° 161.

Marie-Françoise Baslez : *Bible et Histoire. Judaïsme, hellénisme, christianisme*, n° 121.

Pierre Bordreuil, Françoise Briquel-Chatonnet : *Le temps de la Bible*, n° 122.

Jean Bottéro : *Mésopotamie. L'écriture, la raison et les dieux*, n° 81.

Jean Bottéro : *Naissance de Dieu. La Bible et l'historien*, n° 49.

Jean Bottéro : *La plus vieille religion. En Mésopotamie*, n° 82.

Collectif : *Aux origines du christianisme*, n° 98.

Collectif : *Le monde de la Bible*, n° 88.

Collectif : *Les premiers temps de l'Église. De saint Paul à saint Augustin*, n° 124.

Olivier Delorme : *La Grèce et les Balkans I. Du Ve siècle à nos jours*, n° 220.

Marcel Detienne : *Les dieux d'Orphée*, n° 150.

Marcel Detienne : *Les jardins d'Adonis. La mythologie des parfums et des aromates en Grèce*, n° 149.

Hichem Djaït : *La Grande Discorde. Religion et politique dans l'Islam des origines*, n° 164.

François-Xavier Fauvelle : *Le rhinocéros d'or. Histoires du Moyen Âge africain*, n° 239.

Israel Finkelstein, Neil Asher Silberman : *La Bible dévoilée. Les nouvelles révélations de l'archéologie*, n° 127.

Israel Finkelstein, Neil Asher Silberman : *Les rois sacrés de la Bible. À la recherche de David et Salomon*, n° 159.

Bronislaw Geremek : *Truands et misérables dans l'Europe moderne (1350-1600)*, n° 235.

Véronique Grandpierre : *Histoire de la Mésopotamie*, n° 175.

Véronique Grandpierre : *Sexe et amour de Sumer à Babylone*, n° 195.

Élisabeth Laffont : *Les livres de sagesses des pharaons*, n° 87.

Jacques Le Goff : *La naissance du Purgatoire*, n° 31.

Mario Liverani : *La Bible et l'invention de l'histoire. Histoire ancienne d'Israël*, n° 178.

Arnaldo Momigliano : *Sagesses barbares. Les limites de l'hellénisation*, n° 35.

Claude Nicolet : *Les Gracques. Crise agraire et révolution à Rome*, n° 233.

Zoé Oldenbourg : *Les croisades*, n° 172.

Javier Teixidor : *Le judéo-christianisme*, n° 146.

Jean-Pierre Vernant : *L'individu, la mort, l'amour. Soi-même et l'autre en Grèce antique*, n° 73.

Jean-Pierre Vernant, Charles Malamoud (dir.) : *Corps des dieux*, n° 120.

MONDE MODERNE ET CONTEMPORAIN

Taner Akçam : *Un acte honteux. Le génocide arménien et la question de la responsabilité de la Turquie*, n° 201.

Anne Applebaum : *Goulag. Une histoire*, n° 160.

Hannah Arendt : *Eichmann à Jérusalem. Rapport sur la banalité du mal*, n° 32.

Stéphane Audoin-Rouzeau, Annette Becker : *14-18, retrouver la Guerre*, n° 125.

Jean Baechler : *Le capitalisme I. Les origines*, n° 64.

Jean Baechler : *Le capitalisme II. L'économie capitaliste*, n° 65.

Paul Bairoch : *Victoires et déboires. Histoire économique et sociale du monde du XVIe siècle à nos jours I*, n° 78.

Paul Bairoch : *Victoires et déboires. Histoire économique et sociale du monde du XVIe siècle à nos jours II*, n° 79.

Paul Bairoch : *Victoires et déboires. Histoire économique et sociale du monde du XVIe siècle à nos jours III*, n° 80.

Lucien Bianco : *Les origines de la révolution chinoise. 1915-1949*, n° 147.

Jung Chang, Jon Halliday : *Mao. L'histoire inconnue I*, n° 182.

Jung Chang, Jon Halliday : *Mao. L'histoire inconnue II*, n° 183.

Norman Cohn : *Histoire d'un mythe. La « conspiration » juive et les protocoles des sages de Sion*, n° 44.

Georges Corm : *Le Proche-Orient éclaté. 1956-2012 I*, n° 199.

Georges Corm : *Le Proche-Orient éclaté. 1956-2012 II*, n° 200.

Bernard Cottret : *La Glorieuse révolution d'Angleterre, 1688*, n° 219.

Olivier Delorme : *La Grèce et les Balkans II. Du Ve siècle à nos jours*, n° 221.

Olivier Delorme : *La Grèce et les Balkans III. Du Ve siècle à nos jours*, n° 222.

Marc Ferro : *La Grande Guerre. 1914-1918*, n° 29.

Orlando Figes : *La Révolution russe. 1891-1924 : la tragédie d'un peuple I*, n° 170.

Orlando Figes : *La Révolution russe. 1891-1924 : la tragédie d'un peuple II*, n° 171.

Orlando Figes: *Les Chuchoteurs. Vivre et survivre sous Staline*, I, n° 230.

Orlando Figes: *Les Chuchoteurs. Vivre et survivre sous Staline*, II, n° 231.

John Kenneth Galbraith : *L'argent*, n° 61.

Emilio Gentile : *Qu'est-ce que le fascisme ? Histoire et interprétation*, n° 128.

Jean Heffer : *La Grande Dépression. Les États-Unis en crise (1929-1933)*, n° 33.

Raul Hilberg : *La destruction des Juifs d'Europe I*, n° 142.

Raul Hilberg : *La destruction des Juifs d'Europe III*, n° 143.

Raul Hilberg : *La destruction des Juifs d'Europe III*, n° 144.

Raul Hilberg : *Exécuteurs, victimes, témoins. La catastrophe juive (1933-1945)*, n° 133.

Eric Hobsbawm : *Nations et nationalisme depuis 1780. Programme, mythe, réalité*, n° 99.

André Kaspi : *La Révolution américaine 1763-1789*, n° 218.

Gilles Kepel : *Le Prophète et Pharaon. Les mouvements islamistes dans l'Égypte contemporaine*, n° 194.

Ian Kershaw : *Hitler. Essai sur le charisme en politique*, n° 104.

Ian Kershaw : *Qu'est-ce que le nazisme ? Problèmes et perspectives d'interprétation*, n° 83.

Michel Lesure : *Lépante. La crise de l'Empire ottoman*, n° 211.

Bernard Lewis : *Le retour de l'Islam*, n° 54.

Élise Marienstras: *La résistance indienne aux États-Unis*, n° 228.

Henri Mendras : *Les sociétés paysannes. Éléments d'une théorie de la paysannerie*, n° 70.

Kazimierz Moczarski : *Entretiens avec le bourreau*, n° 192.

Zoé Oldenbourg : *Catherine de Russie*, n° 14.

Bino Olivi, Alessandro Giacone : *L'Europe difficile. Histoire politique de la construction européenne*, n° 156.

Geoffrey Parker : *La Révolution militaire. La guerre et l'essor de l'Occident 1500-1800*, n° 216.

Philippe Pelletier : *L'Extrême-Orient. L'invention d'une histoire et d'une géographie*, n° 190.

Olivier Pétré-Grenouilleau : *Les traites négrières. Essai d'histoire globale*, n° 148.

Jean Poirier (dir.) : *Histoire des mœurs I, Les coordonnées de l'homme et la culture matérielle, vol. 1*, n° 109.

Jean Poirier (dir.) : *Histoire des mœurs I, Les coordonnées de l'homme et la culture matérielle, vol. 2*, n° 110.

Jean Poirier (dir.) : *Histoire des mœurs II, Modes et modèles, vol. 1*, n° 111.

Jean Poirier (dir.) : *Histoire des mœurs II, Modes et modèles, vol. 2*, n° 112.

Jean Poirier (dir.) : *Histoire des mœurs III, Thèmes et systèmes culturels, vol. 1*, n° 113.

Jean Poirier (dir.) : *Histoire des mœurs III, Thèmes et systèmes culturels, vol. 2*, n° 114.

Léon Poliakov : *Auschwitz*, n° 145.

Michael Pollack : *Vienne 1900. Une identité blessée*, n° 46.

Jacques Solé : *Révolutions et révolutionnaires en Europe. 1789-1918*, n° 163.

Zeev Sternhell : *Les anti-Lumières. Une tradition du XVIIIe siècle à la guerre froide*, n° 176.

Zeev Sternhell : *Aux origines d'Israël. Entre nationalisme et socialisme*, n° 132.

Zeev Sternhell, Mario Sznajder, Maia Ashéri : *Naissance de l'idéologie fasciste*, n° 58.

Alexandre Sumpf : *De Lénine à Gagarine. Une histoire sociale de l'Union soviétique*, n° 207.

Wassyla Tamzali : *Une éducation algérienne. De la révolution à la décennie noire*, n° 196.

Alexis de Tocqueville : *De la Démocratie en Amérique I*, n° 12.

Alexis de Tocqueville : *De la Démocratie en Amérique II*, n° 13.

Patrick Verley : *La Révolution industrielle*, n° 77.

Nathan Wachtel : *La vision des vaincus. Les Indiens du Pérou devant la Conquête espagnole 1530-1570*, n° 47.

Henri Wesseling : *Les empires coloniaux européens. 1815-1919*, n° 166.

Henri Wesseling : *Le partage de l'Afrique. 1880-1914*, n° 107.

L'HISTOIRE ET SES MÉTHODES

Michel de Certeau : *L'écriture de l'histoire*, n° 115.

Michel de Certeau : *Histoire et psychanalyse entre science et fiction*, n° 116.

Christian Delacroix, François Dosse, Patrick Garcia, Nicolas Offenstadt (dir.) : *Historiographies. Concepts et débats I*, n° 179.

Christian Delacroix, François Dosse, Patrick Garcia, Nicolas Offenstadt (dir.) : *Historiographies. Concepts et débats II*, n° 180.

Christian Delacroix, François Dosse et Patrick Garcia : *Les courants historiques en France. XIXe-XXe siècle*, n° 158.

Christian Delage, Vincent Guigueno : *L'historien et le film*, n° 129.

Marc Ferro : *Cinéma et Histoire*, n° 55.

Marc Ferro : *L'histoire sous surveillance. Science et conscience de l'histoire*, nᵒ 19.

Geneviève Fraisse : *Les femmes et leur histoire*, nᵒ 90.

François Hartog : *Évidence de l'histoire. Ce que voient les historiens*, nᵒ 157.

François Hartog : *Le miroir d'Hérodote. Essai sur la représentation de l'autre*, nᵒ 101.

Christian Jouhaud, Dinah Ribard, Nicolas Schapira : *Histoire, Littérature, Témoignage. Écrire les malheurs du temps*, nᵒ 167.

Jacques Le Goff : *Histoire et mémoire*, nᵒ 20.

Jacques Le Goff, Pierre Nora (dir.) : *Faire de l'histoire. Nouveaux problèmes, nouvelles approches, nouveaux objets*, nᵒ 188.

Gérard Noiriel : *Sur la « crise » de l'histoire*, nᵒ 136.

Krzysztof Pomian : *Sur l'histoire*, nᵒ 97.

Michel Vovelle : *Idéologies et mentalités*, nᵒ 48.

DANS LA COLLECTION FOLIO / ESSAIS

527 Sigmund Freud : *Totem et tabou (Quelques concordances entre la vie psychique des sauvages et celle des névrosés).*
528 Sigmund Freud : *Conférences d'introduction à la psychanalyse.*
529 Sigmund Freud : *Sur l'histoire du mouvement psychanalytique.*
530 Sigmund Freud : *La psychopathologie de la vie quotidienne (Sur l'oubli, le lapsus, le geste manqué, la superstition et l'erreur).*
531 Jared Diamond : *Pourquoi l'amour est un plaisir (L'évolution de la sexualité humaine).*
532 Marcelin Pleynet : *Cézanne.*
533 John Dewey : *Le public et ses problèmes.*
534 John Dewey : *L'art comme expérience.*
535 Jean-Pierre Cometti : *Qu'est-ce que le pragmatisme ?*
536 Alexandra Laignel-Lavastine : *Esprits d'Europe (Autour de Czeslaw Milosz, Jan Patočka, Istán Bibó. Essai sur les intellectuels d'Europe centrale au XXe siècle).*
537 Jean-Jacques Rousseau : *Profession de foi du vicaire savoyard.*
538 Régis Debray : *Le moment fraternité.*
539 Claude Romano : *Au cœur de la raison, la phénoménologie.*
540 Marc Dachy : *Dada & les dadaïsmes (Rapport sur l'anéantissement de l'ancienne beauté).*
541 Jean-Pierre Luminet : *Le Destin de l'Univers (Trous noirs et énergie sombre) I.*
542 Jean-Pierre Luminet : *Le Destin de l'Univers (Trous noirs et énergie sombre) II.*
543 Sous la direction de Jean Birnbaum : *Qui sont les animaux ?*
544 Yves Michaud : *Qu'est-ce que le mérite ?*
545 Luc Boltanski : *L'Amour et la Justice comme compétences (Trois essais de sociologie de l'action).*

546 Jared Diamond : *Le troisième chimpanzé (Essai sur l'évolution et l'avenir de l'animal humain)*.
547 Christian Jambet : *Qu'est-ce que la philosophie islamique ?*
548 Lie-tseu : *Le Vrai Classique du vide parfait*.
549 Hans-Johann Glock : *Qu'est-ce que la philosophie analytique ?*
550 Helène Maurel-Indart : *Du plagiat*.
551 Collectif : *Textes sacrés d'Afrique noire*.
552 Mahmoud Hussein : *Penser le Coran*.
553 Hervé Clerc : *Les choses comme elles sont (Une initiation au bouddhisme ordinaire)*.
554 Étienne Bimbenet : *L'animal que je ne suis plus*.
555 Sous la direction de Jean Birnbaum : *Pourquoi rire ?*
556 Tchouang-tseu : *Œuvre complète*.
557 Jean Clottes : *Pourquoi l'art préhistorique ?*
558 Luc Lang : *Délit de fiction (La littérature, pourquoi ?)*.
559 Daniel C. Dennett : *De beaux rêves (Obstacles philosophiques à une science de la conscience)*.
560 Stephen Jay Gould : *L'équilibre ponctué*.
561 Christian Laval : *L'ambition sociologique (Saint-Simon, Comte, Tocqueville, Marx, Durkheim, Weber)*.
562 Dany-Robert Dufour : *Le Divin Marché (La révolution culturelle libérale)*.
563 Dany-Robert Dufour : *La Cité perverse (Libéralisme et pornographie)*.
564 Sander Bais : *Une relativité bien particulière...* précédé de *Les équations fondamentales de la physique (Histoire et signification)*.
565 Helen Epstein : *Le traumatisme en héritage (Conversations avec des fils et filles de survivants de la Shoah)*.
566 Belinda Cannone : *L'écriture du désir*.
567 Denis Lacorne : *De la religion en Amérique (Essai d'histoire politique)*.
568 Sous la direction de Jean Birnbaum : *Où est passé le temps ?*
569 Simon Leys : *Protée et autres essais*.
570 Robert Darnton : *Apologie du livre (Demain, aujourd'hui, hier)*.

571 Kora Andrieu : *La justice transitionnelle (De l'Afrique du Sud au Rwanda)*.
572 Leonard Susskind : *Trous noirs (La guerre des savants)*.
573 Mona Ozouf : *La cause des livres*.
574 Antoine Arjakovsky : *Qu'est-ce que l'orthodoxie ?*
575 Martin Bojowald : *L'univers en rebond (Avant le big-bang)*.
576 Axel Honneth : *La lutte pour la reconnaissance*.
577 Marcel Gauchet : *La révolution moderne (L'avènement de la démocratie I)*.
578 Ruwen Ogien : *L'État nous rend-il meilleurs ? (Essai sur la liberté politique)*.
579 Gilles Cohen-Tannoudji et Michel Spiro : *Le boson et le chapeau mexicain (Un nouveau grand récit de l'univers)*.
580 Thomas Laqueur : *La Fabrique du sexe (Essai sur le corps et le genre en Occident)*.
581 Hannah Arendt : *De la révolution*.
582 Albert Camus : *À « Combat » (Éditoriaux et articles 1944-1947)*.
583 Sous la direction de Jean Birnbaum : *Amour toujours ?*
584 Jacques André : *L'Imprévu (En séance)*.
585 John Dewey : *Reconstruction en philosophie*.
586 Michael Hardt et Antonio Negri : *Commonwealth*.
587 Christian Morel : *Les décisions absurdes II (Comment les éviter)*.
588 André Malraux : *L'Homme précaire et la Littérature*.
589 François Noudelmann : *Le toucher des philosophes (Sartre, Nietzsche et Barthes au piano)*.
590 Marcel Gauchet : *La crise du libéralisme. 1880-1914 (L'avènement de la démocratie II)*.
591 Dorian Astor : *Nietzsche (La détresse du présent)*.
592 Erwin Panofsky : *L'œuvre d'art et ses significations (Essais sur les « arts visuels »)*.
593 Annie Lebrun : *Soudain un bloc d'abîme, Sade*.
594 Trinh Xuan Thuan : *Désir d'infini (Des chiffres, des univers et des hommes)*.
595 Sous la direction de Jean Birnbaum : *Repousser les frontières ?*

*Composition Nord Compo
Impression Maury Imprimeur
45330 Malesherbes
le 2 février 2015.
Dépôt légal : février 2015.
1er dépôt légal dans la collection : février 2013.
Numéro d'imprimeur : 195740.*

ISBN 978-2-07-041830-5. / Imprimé en France.

280552